350 Jahre Kevelaer-Wallfahrt 1642 – 1992

Consolatrix Afflictorum · Das Marienbild zu Kevelaer

350 Jahre Kevelaer-Wallfahrt
1642 – 1992
Herausgegeben von Richard Schulte Staade, Rektor der Wallfahrt

Band I
Josef Heckens / Richard Schulte Staade (Herausgeber)
Consolatrix Afflictorum · Das Marienbild zu Kevelaer

Band II
Peter Dohms
in Verbindung mit Wiltrud Dohms und Volker Schroeder
Die Wallfahrt nach Kevelaer
zum Gnadenbild der „Trösterin der Betrübten“

Josef Heckens · Richard Schulte Staade
Herausgeber

CONSOLATRIX AFFLICTORUM

Das Marienbild zu Kevelaer

Botschaft, Geschichte, Gegenwart

Verlag Butzon & Bercker Kevelaer

Dieses Werk erscheint mit Förderung durch
das Bistum Münster,
die Anton-Betz-Stiftung der Rheinischen Post e.V., Düsseldorf,
den Verkehrsverein e.V., Kevelaer
den Kreistag und die Kreisverwaltung Kleve,
den Rat und die Verwaltung der Stadt Kevelaer,
die Verbandssparkasse Goch-Kevelaer-Weeze,
die Volksbank eG, Kevelaer
und durch ungenannte Förderer, deren Beitrag die Drucklegung
mit ermöglichte.
Beneficii accepti decet meminisse.

Die Deutsche Bibliothek – CIP-Einheitsaufnahme

Kevelaer-Wallfahrt <1642–1992>:
350 Jahre Kevelaer-Wallfahrt / hrsg. von Richard Schulte
Staade. – Kevelaer: Butzon und Bercker.
NE: Schulte Staade, Richard; Kevelaer-Wallfahrt <1642–1992>:
Dreihundertfünfzig Jahre Kevelaer-Wallfahrt; Dreihundertfünfzig
Jahre Kevelaer-Wallfahrt; HST

Bd. 1. Consolatrix afflictorum. – 1992

Consolatrix afflictorum: das Marienbild zu Kevelaer;
Botschaft, Geschichte, Gegenwart / Josef Heckens; Richard
Schulte Staade Hrsg. – Kevelaer: Butzon und Bercker, 1992
(350 Jahre Kevelaer-Wallfahrt; Bd. 1)
ISBN 3-7666-9600-9
NE: Heckens, Josef (Hrsg.)

Für die Bildredaktion sind die Herausgeber verantwortlich.
Lektorat: Josef Heckens. Layout und Herstellung: Otto Paustian.
Einband-Vignette von Herbert Kreutzer.

ISBN 3-7666-9600-9

Satz: Bernd Orgassa GmbH, Kamp-Lintfort
Reproduktion: Reprotechnik GmbH, Geldern
Druck und Einband: Bercker Graphischer Betrieb GmbH, Kevelaer

Inhalt

Maria, „Zeichen sicherer Hoffnung und des Trostes für das wandernde Gottesvolk"

Im Wechsel der Zeiten

Georteter Glaube

Kevelaer – Eigenart und Wirklichkeit

Anhang

1642

IMago parVa sanCtae VIrgInIs ConsoLatrICIs
hIC eXposIta fVIt beLLo terrIbILI fVrente

Dieses bescheidene Bild der heiligen tröstenden Jungfrau
wurde einst aufgestellt, als ein furchtbarer Krieg hier tobte

1992

DeIpara VIrgo MarIa
ConsoLare affLICtos
tVere popVLos
aVerte beLLa
Vt fIat paX sIne fIne

Gottesgebärerin Jungfrau Maria
Tröst' die Betrübten
Schütze die Völker
Verhüte die Kriege
Damit Friede sei ohne Ende

Chronogramme von Thomas Horst OSB, deutsch von Peter Stenmans

Zum Geleit

Welche Botschaft vermittelt uns die Gnadenstätte von Kevelaer? Es ist die biblische und kirchliche Botschaft von Maria, der Mutter unseres Herrn Jesus Christus, von Maria als dem Urbild der glaubenden Kirche. „Denn der Mächtige hat Großes an mir getan" (Lk 1,49). Davon kündet auch diese Festschrift zuerst.

Aber das Gnadenbild der „Consolatrix Afflictorum", der „Trösterin der Betrübten", hat auch seine ganz eigene Botschaft. Es ist die Botschaft des Trostes. Nur Gott weiß die „Verborgenheit der Glaubens- und Herzensgeschichte der Pilger" (Johannes Bours) an dieser Gnadenstätte in dreieinhalb Jahrhunderten. „Trösterin der Betrübten", ruft uns Johannes Paul II. zu, „das ist eine Dimension der mütterlichen Gegenwart Mariens in der Kirche und Welt ... Gott, 'der voll Erbarmen ist' (Eph 2,4), schenkte uns sozusagen den mütterlichen Widerschein seines Trostes."

Joachim Kardinal Meisner
Erzbischof von Köln

Adrianus Kardinal Simonis
Erzbischof von Utrecht

Godfried Kardinal Danneels
Erzbischof von Mechelen-Brüssel

Hubertus C. A. Ernst
Bischof von Breda

Johann B. W. Möller
Bischof von Groningen

Henricus J. A. Bomers, c.m.
Bischof von Haarlem

Paul Van den Berghe
Bischof von Antwerpen

Emile Josef De Smedt
Bischof em. von Brügge

Leonce-Albert van Peteghem
Bischof von Gent

Pierre Raffin
Bischof von Metz

Klaus Hemmerle
Bischof von Aachen

Wolfgang Große
Diözesanadministrator von Essen

Reinhard Lettmann
Bischof von Münster

Ludwig Averkamp
Bischof von Osnabrück

Hermann Josef Spital
Bischof von Trier

„So ein kleines Bild, es ist wie das Senfkorn im Evangelium", sagte Papst Johannes Paul II. bei seiner Begegnung mit dem Gnadenbild in Kevelaer. Im Magnificat beten wir: „Auf die Niedrigkeit seiner Magd hat er geschaut" (Lk 1,48) und „Die Niedrigen erhöht er" (Lk 1,52). Viele Pilger werden bei der Betrachtung des Gnadenbildes diese Gedanken empfinden und gleichnishaft erkennen: Trost empfangen wir, „damit auch wir die Kraft haben, alle zu trösten, die in Not sind, durch den Trost, mit dem auch wir von Gott getröstet werden" (2 Kor 1,4).

Wir Bischöfe der Diözesen, die der Gnadenstätte Kevelaer besonders verbunden sind, grüßen zur 350-Jahrfeier der Wallfahrt zum Gnadenbild der Gottesmutter die „Trösterin der Betrübten".
"Du Mutter der Gnaden, o reich uns die Hand
auf all unsern Wegen durchs irdische Land ...
Von Gott über Engel und Menschen gestellt,
erfleh uns das Heil und den Frieden der Welt." (Friedrich Dörr)

Fernand Franck
Erzbischof von Luxemburg

Johannes Joachim Degenhardt
Erzbischof von Paderborn

Charles Amarin Brand
Erzbischof von Straßburg

Johannes G. Ter Schure
Bischof von 's-Hertogenbosch

Johannes M. Gijsen
Bischof von Roermond

Ronald Ph. Bär
Bischof von Rotterdam

Paul Schruers
Bischof von Hasselt

Albert Houssiau
Bischof von Lüttich

André-Mutien Léonard
Bischof von Namur

Johannes Dyba
Bischof von Fulda

Josef Homeyer
Bischof von Hildesheim

Franz Kamphaus
Bischof von Limburg

Das Gnadenbild zu Kevelaer

CONSOLATRIX AFFLICTORUM ORA PRO NOBIS
Trösterin der Betrübten, bitte für uns

Die Inschrift am Fuß des Bildes:

Vera Effigies Matris JESU Consolatricis afflictorum
in agro suburbano Luxemburgi
Miraculis et Hominum Visitatione celebris Anno 1640

Wirkliches Abbild der Mutter Jesu, der Trösterin der Betrübten
auf dem Gelände unmittelbar vor der Stadt Luxemburg,
berühmt durch Wunder und den Besuch der Menschen, im Jahre 1640

Im Schmuck der vergoldeten Silberfassung, 1664 gefertigt
durch den Silberschmied van der Laer aus s'Hertogenbosch und von ihm
gemeinsam mit dem Pastor Boxmeer von Eindhoven gestiftet

CONSOLATRIX AFFLICTORVM ORA PRO NOBIS

Protokoll der Synodalversammlung zu Venlo im Jahre 1647 [1]

In der Synodalversammlung der kirchlichen Obrigkeit des Bistums Roermond und anderer geistlicher und hochgelehrter Herren, in der Medizin Doktoren, gehalten am 12. Februar 1647 in der Stadt Venlo in dem Kloster in der Weyden ebenda, ist in eigener Person erschienen Hendrick Busman, geboren in Niedermörmter, im Lande von Kleve gelegen, vierzig Jahre alt, und hat erklärt unter üblichen Feierlichkeiten ebenda, dem allmächtigen Gott und seiner allerheiligsten Mutter und den anderen Heiligen getan einen geschworenen Eid, freiwillig und ungezwungen, lediglich zur Vermehrung und Verbreitung von Gottes Ehre und Ruhm und zur Erhöhung der allerseligsten Magd und Mutter Gottes Maria:

daß er verheiratet sei mit Mechteldt Schrouse[2], etwa 50 Jahre alt, seiner Hausfrau, mit selbiger sich ernährend mit etwas geringem Kaufhandel, und deshalb oft hier und da zu reisen genötigt, so daß er bei solcher Gelegenheit im Jahre unseres Herrn XVI. ein und vierzig (1641) gegen Weihnachten von Weeze gekommen ist auf dem Wege, der dicht bei Kevelaer ist, wo zu der Zeit ein Hagelkreuz stand, und hat dort gehört eine Stimme, die sagte: „Ihr sollt hier ein Heiligenhäuschen machen." Worüber sehr verwundert und rundum sehend hat er doch niemanden bemerkt, so daß er weiter gegangen ist und dieses aus seinem Kopf geschlagen hat für dieses erste Mal, bis daß ungefähr sieben oder acht Tage danach – nach seiner besten Erinnerung – denselben Weg passierend für die zweite Reise zum selben Ort, er die vorgenannte Stimme und Worte, kommend wiederum von der Seite des Hagelkreuzes, ausdrücklich gehört hat, so daß er darüber erstaunte und zu größerer Unruhe gekommen ist, und überdenkend seine schlechte Lage und kleinen Mittel, und daß darum seine Hausfrau darin nicht würde einwilligen, schließlich trotzdem dieselbe beauftragt hat, täglich aus dem Gewinn ihrer Geschäfte Erspartes, zwei oder drei Stüber, zur Seite zu legen, um in der Länge der Zeit so einhundert Gulden zu sammeln und zum Aufbau eines Heiligenhäuschens allda zu benutzen. Welcher wenige Tage später wiederum danach an demselben Weg und Platz vorbeikommend, hat dort zum dritten Mal gehört die vorstehende Stimme und Worte, so daß er, darüber erschrocken, eine lange Zeit stillgestanden, um zu sehen und festzustellen, ob auch ein Betrug darunter versteckt wäre. Als er dann nichts feststellte, hat er gedacht, in seinem Vorhaben auszuharren.

Wonach etwa einen Monat vor Pfingsten geschehen ist, daß seine vorgenannte Hausfrau Mechteldt bei Nacht in einer Vision gesehen hat: ein großes, strahlendes Licht mit der Darstellung eines Heiligenhäuschens und darin ein Bildchen von der gleichen Art, wie dieselbe etwa einige Zeit vorher gesehen hatte in den Händen von zwei Soldaten, die zwei Papierbildchen mitgebracht hatten von Unserer Lieben Frau von Luxemburg, die denselben gegeben waren, um sie abzugeben dem Leutnant von der Kompanie von Kap. Machewitz; welche dieselben oder eines von diesen der vorgenannten Mechteldt des Gewinnes wegen für einen Blaumeuser das Stück zu verkaufen verhandelt hatten, welches dennoch, indem der Preis ihr zu teuer war, nicht geschehen ist, dann dieselben dem vorstehenden Leutnant geliefert sind. Als dieses Gesicht oder Vision vorgenannte Mechteldt ihrem Manne Hendrick Busman, der dasselbe nicht gesehen hat, zur Kenntnis gegeben, hat er dasselbe schlecht wollen glauben, bis daß zwei Soldaten, seine Nachbarn, nachts die Runde gehend und das Licht in seinem Hause gesehen habend, am Tage ihn fragten, welches Licht er nachts so spät in seinem Hause gehabt habe, da doch er und all seine Hausgenossen früh waren zu Bett gegangen und alles Licht hatten ausgemacht, so daß er, dadurch der Sache mehr Glauben entgegenbringend, seine vorgenannte Hausfrau zu den Soldaten geschickt hat, um nach diesen Bildchen zu sehen. Diese sagten, dieselben dem vorgen. Leutnant ausgeliefert zu haben, welcher zu der Zeit, in der Schlacht von dem H. General Lamboy gefangen, saß zu Kempen, wodurch er bis zu dessen Entlassung sich gedulden mußte, die auch bald danach erfolgt ist. Und daß inzwischen er, Busman, den Bau des Heiligenhäuschens befördert, wozu der Herr Pastor von Kevelaer sehr willig mit Heranholen und Beibringen von Materialien geholfen, und der Bau in der Woche vor der Kirmes von Kevelaer, kommend sonntags vor Pfingsten, fertig geworden ist. Danach ist der genannte Leutnant aus seiner Gefangenschaft gekommen, und die vorgenannte Mechteldt ist zu ihm gegangen und hat gebeten um eines von diesen Bildchen, welche derselbe weder für Geld noch anderswie hat wollen geben, sondern schon vorher begehrte zu wissen, wozu sie solchen Eifer dazu habe; wovon die Ursach ihm zu wissen gebend – sehend, anders dazu nicht gelangen zu können –, hat derselbe sofort freiwillig sie eines davon wählen lassen, welches sie ihrem Mann gebracht und derselbe hat auf einem Brett oder Plänkchen malen und genanntes Bildchen darauf kleben lassen, um bequemer in das Heiligenhäuschen gestellt werden zu können.

Und als nun dasselbe war gekommen zu Ohren der frommen Schwestern des Klosters der Karmeliten in Geldern, haben dieselben den Maler gebeten, das Bildchen einmal ins Kloster zu bringen, wo dasselbe die ganze Nacht mit Andacht behalten wurde. Noch anderen Tags demselben Maler es trotz seines ernstlichen Widerstrebens und Anbietens eines gleichen Bildes nicht haben zurückgeben wollen, so daß derselbe solches dem Hendrick Busman zu sagen genötigt war; welcher dahin gegangen und das Bildchen als ihm zustehend wieder zu haben stark versucht hat; das nach langem Versuch bekommen habend und nach Hause tragend er von viel Volkes, um es zu sehen, verfolgt worden ist, so daß es sofort zu einem überflutenden Zulauf ebendort gekommen ist von Leuten, die gegen seinen Willen dasselbe mit großen Opfern von Geld und Wachslicht verehrt haben und er, dasselbe genötigt zu verstecken, es zu den Kapuzinerpatres getragen hat, allwo es in der Kirche bis zum dritten Tag geblieben ist, mit großem Zulauf des Volkes und großzügigen Opfern, die dieselben Patres ihn, Busman, beauftragt haben wegzuholen, was er nicht durfte noch begehrte zu tun. Dann zum Schluß durch Befehl der Patres mitgeteilt dem Bruder Lutgens, der ihm auch befohlen hat, dasselbe an sich zu nehmen und zu bewahren, bis es sollte geliefert werden, wo solches hingehören sollte, indem er es nachher in die Hände des Pastors von Kevelaer hingebracht und geliefert hat.

Inzwischen haben die Kapuzinerpatres und die Gemeinde begehrt, das genannte Bildchen in Prozession nach Kevelaer zu tragen. Dann ist es aus bestimmten Gründen heimlich samstagabends, den letzten Mai 1642, durch den Herrn Pastor von Kevelaer weggeholt worden und anderentags gestellt in das genannte, von Hendrick Busman aufgebaute und nach Form und Art, wie seine Hausfrau Mechteldt in ihrer Vision gesehen hatte, gemachte Heiligenhäuschen. Allda ist am selben Tage mannigfacher Zulauf und Besuch des Volkes sowohl von Geldern als auch von anderen verschiedenen Orten gekommen und einige Miraculen sind geschehen, wovon eine besondere Aufzeichnung gemacht ist. Und da alles und jegliches von jenem Vorgenannten sich genauso zugetragen hat und geschehen ist und daß alles aufrichtig und wahrhaftig ist, wie ich, Hendrick Busman vorgen. unter vorgenommenem Eide vorgetragen habe, und nochmals vorher über des Meineids Verfluchung und Verdammnis desselben belehrt und ermahnt seiend, zur Beförderung und Vermehrung von Gottes Ehre und Ruhm und seiner allerheiligsten unbefleckten Magd und Mutter Maria erkläre ich mit öffentlichem und feierlichem Eide und bekenne, davon nun und nimmermehr etwas zu widerrufen oder eine andere Auslegung zu geben; fest und unwiderruflich gelobend habe ich gerufen und rufe hiermit, mit zwei ausgestreckten Fingern Gott als Zeugen nennend: So helfe mir Gott und alle seine lieben Heiligen; und habe darüber, nachdem mir dieses klar und sehr ausdrücklich mit guter Erklärung von allem und jeglichem vorgelesen war, mit der Unterschrift meines Merkzeichens – als des Lesens und Schreibens unerfahren – eigenhändig unterzeichnet.

Geschehen auf der vorgen. Synodalversammlung in der Stadt Venlo, im Kloster in der Weyden, alldort den 13. Februar 1647.

Dies ist + das Zeichen von Hendrick Busman.

Ita est
Und war unterzeichnet
J. van Aken
Sekret. Synodi

Die Mitglieder der Synode[3]

1. Sede vacante Ant. Bosman, Kapitularvikar.
2. Theod. Moeits, Offizial.
3. A. Strickers, Pastor von Niederweert und Dechant des Dekanates Weert.
4. H. Vos, Pastor in Nieukerk und Dechant von Geldern.
5. Norbert Velden, Pastor in Erkelenz, Dechant.
6. Gerard Ponten, Pastor in Viersen, Dechant d. Bezirks von Krickenbeck.
7. J. van Aken, Pastor in Roermond, Dechant von Montfort.
8. Stephan Canisius, Pastor in Schennen, Dechant von Valkenburg.
9. Heinrich Sybkens, Pastor in Wansum, Dechant des Bezirks Kessel.
10. Frater Martinus Puteanus, Prämonstratenser, Pastor in Venlo, Lektor der Theologie.
11. Johann Brosche, Pastor in Lottum.
12. Frater Adrianus Meygaert, Prior der Karmeliten und Pastor in Geldern, Lektor der Theologie.

13. Frater Leonard van Ruweel, Prior und Definitor der Kreuzherren in Venlo.
14. Frater Johannes Bentinck, Guardian der Franziskaner in Venlo.
15. Frater Aegidius Wallravens, Guardian der Minoriten in Roermond.
16. Frater Theodor van der Smitzen, Guardian der Minoriten zu Heinsberg, Lektor der Theologie.
17. Frater Wilhelm Timmermans, Lektor der Theologie bei den Minoriten in Roermond.
18. Frater Jakob Gyselinck, Minorit, Lektor der Theologie in Roermond.
19. Frater Jakob Struys, Vikar in Weert, in Abwesenheit des Guardians.
20. Frater Bartholomäus Moenen, Lektor der Theologie bei den Minoriten in Venlo.
21. Antonius Peelen, Doktor der Medizin und Pastor in Boxmeer.
22. Jakob Pesch, Pastor in Nutt, Doktor der Medizin.
23. Jan van Winden, Doktor der Medizin.
24. Franz Hals, Doktor der Medizin.

[1] Übersetzung von Peter Stenmans „möglichst wörtlich" nach C. H. (= Christian Hubens), Beschryving van Kevelaer . . ., Roermond 1792 und Geldern 1792, S. 14–19 (s. Kevelaer-Bibliographie).
Die Synode wurde vom Kapitularvikar des Bistums Roermond, Antonius Bosman, auf den 11. Februar 1647 in das Kloster „in der Weyden" zu Venlo einberufen. Die Versammlung hielt am 12. und 13. Februar 1647 zwei Sitzungen ab (s. J. van Ackeren, Die Wallfahrt in Kevelaer. Kevelaer 1907, 4. Aufl., S. 18f.).
[2] Der Gedenkstein unter dem Schrein des Gnadenbildes trägt die Inschrift: ANO 1642 HENDRICK BUSMAN MECHEL SCHOLT GEGEV. Der unterschiedliche Zuname der Ehefrau des Busman konnte bisher nicht aufgeklärt werden.
[3] Nach F. Dyckmans: Kevelaer. Das Marienheiligtum am Niederrhein. Kevelaer ^{6}1970. S. 17.

Kloster „in der Weyden", Venlo, Zeichnung von Richard Bellm 1983

Maria,
„Zeichen sicherer Hoffnung
und des Trostes
für das wandernde Gottesvolk"

Heinrich Spaemann

Maria

In meinem Verhältnis zu Maria gab es eine lebensgeschichtlich bedingte Verstehensentwicklung, an der ich (nahe an der Grenze, die hohes Alter bedeutet) Sie gerne beteiligen möchte.

Ich wuchs evangelisch auf, lebte vom etwa 16. Lebensjahr an durch eine längere Zeit völlig gottfern, erfuhr dann eine entscheidende Wende und wurde mit 27 Jahren katholisch.

In meiner Kindheit kam Maria nicht vor, außer an einer Stelle. In meinem Heimatdorf gab es ein Armenhaus, darin unter anderen Insassen eine katholische Witwe mit mehreren kleinen Kindern, der ich jeweils zu Beginn des Monats, vom Armenpfleger, meinem Vater, geschickt, einen Geldbetrag zu bringen hatte. In einem Winkel der großen Stube mit dem eisernen Ofen und der an Bindfäden aufgehängten Kinderwäsche gab es ein Bild der Maria, wohl ein Öldruck, davor brannte in einer Ampel ein rotes Licht, ich vermute Tag und Nacht. Denn wenn man spätabends an dem Fenster dieser Stube vorbeikam, sah man drinnen im Dunkeln den roten Schein, weshalb ich zuweilen eigens bei Anbruch der Nacht auf die Straße ging – dort vorbei –, da war ein Schimmer von Geheimnis, von Durchlässigkeit zu einer anderen Wirklichkeit. In meinem Elternhaus gab es nur das Bild des flötespielenden Friedrichs des Großen von Menzel, Landschaften aller Art und im Elternschlafzimmer einen mit Wolle gestickten „Sturm auf dem Meer".

Der Erstling

Bekehrung, Konversion – was da passieren kann, drückt ein japanisches Haiku, ein Liebesgedicht, mit zwei Zeilen so aus: „Wie neu die Welt geworden ist, ich sehe alles mit seinen Augen!" Die Sonne geht auf wie zum erstenmal, die Milchstraße leuchtet anders, der Orion und die Plejaden sind Verheißungen jener kommenden Welt, die in dem, der gläubig wurde, bereits Einzug zu halten begann. Der gleiche Gott, der da sprach: „Es werde Licht", der den Glauben schenkte und das Gewissen erleuchtete, wird nun gleichsam mit Augen wahrgenommen als der Schöpfer der Sterne und der Welten. „In deinem Lichte schauen wir das Licht." Und mit immer neuem Staunen realisiert es nun das Bewußtsein, daß dieser winzige Stern Erde, den wir bewohnen, dieses Staubkorn im Weltall, tatsächlich die Mitte ist, um derentwillen das All geschaffen wurde: denn es ist der Stern, auf dem Gott Mensch wird. Ihm leuchtet eine Sonne so, daß Leben auf ihm entstehen konnte, die Erdkrume, das Gras, die Pflanzen, die Blumen, die Bäume, die Vögel, die Meere, die Fische, die Tiere und zuletzt der Mensch.

Wenn es wahr ist, was der Kolosserbrief sagt, daß auf Ihn hin, den auf dieser Erde Menschgewordenen hin, den Erstgeborenen der Schöpfung, alles geschaffen ist, und daß es um seinetwillen Bestand hat, dann

Die Schöpfung, nördliches Querschiff der Marien-Basilika Kevelaer

stimmt die Weltsicht des Kindes, wie es der 8. Psalm ausdrücklich sagt: „Aus der Kinder und Säuglinge Mund hast du ein Lob dir bereitet"; dann sind die Myriaden von Sternen ein Baldachin über seinem Haupt, dann sind die Wiesen, die Matten und Gräser, die Gärten, der Meeresstrand und die Marmorklippen der Teppich unter seinen Füßen; – dann ist um seinetwillen das Universum da, was zugleich heißt, es ist da für die ganze Familie Mensch, die ja die seine ist, ohne sie wäre auch Jesus nicht Mensch, in ihrem Wir-mit-Ihm ist sie die Ausdehnung und Verdeutlichung seiner geschöpflichen Ebenbildlichkeit mit dem unsichtbaren Gott in die Welt hinein.

„Auf ihn hin ist alles geschaffen." Den nächsten Gedankenschritt von da auf Maria hin legte mir die Liturgie des 8. Dezember nahe, die Lesung an diesem Fest, damals noch die aus dem Buch der Weisheit (Spr 8,22–35; inzwischen wurde sie leider durch eine andere Perikope ersetzt), ein Text, den die Kirche früher ohne Zögern auf die Mutter Jesu bezog. Einige Verse daraus: „Der Herr schuf mich, seines Waltens Erstling . . . Als er den Himmel baute, war ich dabei. Als er die Gewölbe absteckte über der Urflut, als er die Wolken droben befestigte und die Quellen der Urflut stark machte, als er dem Meer seine Schranken setzte, daß die Wasser seinem Befehle gehorchten, als er die Grundfesten der Erde legte, da war ich als Liebling ihm zur Seite, war lauter Entzücken Tag für Tag und spielte vor ihm allezeit, spielte auf seinem Erdenrund."

Wie die Fuge ihr Motiv hat, das Gedicht seinen Skopus und so jedes wirkliche Kunstwerk eine verborgene Mitte seiner Schönheit und Gestalt, und wie der Künstler immer im Sinn hat, worin sein Kunstwerk gipfeln und was er letztlich aussagen will, so daß er alles daraufzu komponiert oder gestaltet, so ist die Mutter Jesu gleichsam der Erstling im Gedanken des göttlichen Bildners, immer schon dabei, wenn er das Weltall entstehen läßt, um es seinem Sohn zu schenken, damit dieser seine Herrlichkeit dahinein ausdehne und es so seinerseits dem Vater schenke.

Die Intimität zwischen dem Wesen einer Mutter und ihrem Kind ist nach unserer Erkenntnis heute weit tiefer, als das vergangene Zeiten wußten. Ein Kind empfängt von der Mutter, in der es sich ausformt, untrennbar Seelisches, Geistiges wie Leibliches. Um der Gott-*Mensch* zu sein, braucht Jesus als erstes Geschenk diese Mutter.

Sie ist faktisch die Erstlingsgabe Gottes an ihn, die Vorausgabe seiner Inkarnation. Sie wird ihn durch neun Monate in ihrem Leibe tragen, mit ihrem Blute nähren, ihn gebären, ihn stillen, ihn die ersten Lebensschritte lehren, ihn eingewöhnen in Erkennen und Tun, ihn eingewöhnen in Geliebtwerden und Lieben.

Die Erstlingsgabe des Abel, nördliches Querschiff der Marien-Basilika

Maria, der Erstling in der Schenkung der Schöpfung durch den Vater an den Sohn und durch den Sohn an den Vater, diese Erwägung war für mich Ansporn, die Einzigartigkeit des Geschöpfes Maria und seiner Berufung in weiteren biblischen Hinweisen zu erkennen. Entdeckung in dieser Richtung waren da für mich zunächst all die Stellen, die in der Bibel von Erstlingen handeln. Gott weist sein Volk an, ihm die Erstlinge darzubringen, Erstes und Schönstes jeweils von all dem, was Gott den Menschen wachsen läßt, von der Weizen- und von der Olivenernte, vom Lämmerwurf und von der Schafschur usf. Die Erstlinge aber, so will es Gott, sollen fehlerlos sein, erlesen, ganz schön.

Sollte man nun nicht von dieser Bundesweisung Gottes (die Einübung Israels in die Gottesliebe über alles intendierend) auf Gottes eigenes urbildliches Verhalten schließen? Es ist mir nie schwergefallen, von daher das Wort zu verstehen: „Tota pulchra es Maria“ („Ganz schön bist du, Maria.“). Maria, der Erstling, vom Vater dem Sohn zu seiner Menschwerdung geschenkt, ist das unverdorbene Konzept Gottes vom Menschen, so hat Ida Friederike Görres den Begriff Immaculata conceptio verdeutscht.

Die Verkündigung

Die Marienperikope des Neuen Testamentes ist die Verkündigungsgeschichte, zu der man die von der Heimsuchung hinzurechnen muß, die Annuntiatio setzt sich in der Visitatio fort, beide Perikopen sind, wie wir noch sehen werden, im Grunde *eine* Erzählung, übrigens wohl das schönste und dichteste Stück narrativer Theologie in der ganzen Bibel, ihm kommt für dic Erkenntnis der Rolle Marias im Heilsgeschehen eine besondere Bedeutung zu.

Im Neuen Testament ist die Verkündigungsgeschichte der einzige Dialog einer vollkommenen Konsonanz von offenbarendem Gott und gläubigem Menschen, ohne irgendein vorgängiges Ringen des göttlichen

Die Immaculata im Schöpfungszyklus, nördliches Querschiff der Marien-Basilika

Lichtes mit der Verdunkelung eines Herzens, mit Zweifel, Trauer oder Mißverstehen. Theologisch gesehen ist sie die österlichste aller Geschichten.

Lukas ist der Dichter unter den Synoptikern, ein vom Geist inspirierter Dichter. Die göttliche Inspiration verbindet sich bei ihm mit seinem dichterischen Charisma auf eine Weise, daß man nichts Besseres tun kann, als sich von ihm Erzähltes mit allen Einzelheiten zunächst so sagen zu lassen, wie es dasteht. Dann öffnet sich ein Offenbarungszusammenhang, der vollkommen stimmig ist. Jedes große Kunstwerk zeichnet sich dadurch aus, daß es in seiner Gestalt keine leere Stelle gibt, kein bloßes Beiwerk, nichts Überflüssiges, so wie etwa auch im menschlichen Leib jeder Nervpunkt mit dem Ganzen zusammenhängt.

Wir gehen nun dem Text der Verkündigung nach. Lukas hat ihm die Geschichte von der göttlichen Botschaft an Zacharias vorausgeschickt und die beiden Perikopen bewußt so ähnlich gestaltet, daß die feinen Unterschiede zwischen ihnen für den gläubigen Leser um so auffälliger hervortreten.

Von Zacharias wie von Elisabeth wird eigens gesagt, daß sie gerecht waren, daß ihr Wandel nach allen Geboten und Satzungen des Herrn untadelig war, und Zacharias Priester einer bestimmten Dienstklasse. Sodann wird eigens hervorgehoben, wo Zacharias sich aufhält und was er tut, als der Engel vor ihm erscheint. Er ist im Heiligtum, er bringt das Weihrauchopfer dar, das ganze Volk draußen betet mit ihm.

Was will das alles besagen? Noch braucht der Mensch, um Gott zu erfahren, ein Beten und Tun, das sein Angesicht so sucht, wie das Gesetz es vorschreibt. Und noch bindet Gott seine Gnade an die heilige Stätte, den Tempel, noch ist dieser die Mitte des Bundes. Dann also erscheint dem Zacharias der Engel. Er erfährt ihn wie einen plötzlichen Einbruch der ganz anderen göttlichen Welt in den irdischen Raum: Furcht überfällt ihn.

Verkündigung, von Friedrich Stummel, Kuppel der Gnadenkapelle Kevelaer

Ganz anders geht es bei Maria. Über ihren Wandel oder ihre Bewährung im Gesetz oder anderes, was sie kennzeichnen könnte, wird nichts gesagt. Auch nicht, wo sie sich befindet, noch was sie tut, als die Offenbarung an sie ergeht. Und der Engel „erscheint" bei ihr nicht, wie aus einer anderen Welt kommend, sondern er tritt zu ihr ein, wie jemand beim andern über die vertraute Schwelle. Was liegt darin? Wo immer sie ist, was immer sie tut, da ist auch Raum für den Engel.

Das erste Wort Gabriels an Zacharias lautet: „Fürchte dich nicht!" So spricht der Engel später auch zu den Hirten, so zu den Frauen am Grab. Erst muß er Gerichtsfurcht nehmen, die sein Erscheinen auslöst, bevor er Freude kündet, – der Sünder ist dem göttlichen Licht nicht gewachsen.

Bei Maria heißt es gleich zu Beginn: „Freu dich, du Begnadete, der Herr ist mit dir!" Der Eintritt des Engels löst keine Furcht in ihr aus. Warum erschrickt sie dann über den Gruß? Weil dieser sie selbst ins Licht rückt, und weil sie bis dahin gewiß keinen Anlaß gehabt hatte, sich selbst in den Blick zu nehmen. Wer reinen Herzens ist, hat nicht sich im Auge. Es fehlt Maria für diesen Engelgruß aller Zusammenhang mit ihrem Bisher. Das ist ihres Erschreckens Grund.

Aber nun tut Maria etwas, was Zacharias nicht tut und nicht tun kann, weil die Furcht, die die Engelerscheinung in ihm auslöst, es nicht möglich macht (dafür geht sie zu tief): Maria denkt nach. Mit dieser kleinen Bemerkung unterscheidet Lukas ihre Furcht von der des Zacharias. Sie ist von anderer Art, für sie keine Übermächtigung durch das Licht, sie läßt ihr durchaus die Möglichkeit, das Erschrecken bei sich selbst zu hinterfragen. Ihr muß daher auch nicht gleich vom Engel übernatürlich weitergeholfen werden, sie soll erst das Ihre tun, das Normale: nachdenken, wenn sie das Ungewöhnliche nicht gleich einordnen kann in ihr Bisher.

Und so lange wartet der Engel. Dann greift er ein, dann fährt er fort. Seine Botschaft ist eindeutig: Gott hat Maria zur Mutter des Messias ersehen. In reinem Glanz erstrahlt vor ihr das Bild des Verheißenen: Thron seines Vaters David ... König über das Haus Jakob in Ewigkeit ... seines Reiches kein Ende. Das ist bereits der Osterchristus, der Christus der Parusie, des vollendeten göttlichen Heilsplans. Fülle von Gnade und Wahrheit leuchtet auf. Sie trifft bei Maria auf eine entsprechende Vertrauenstiefe und Verfügungsbereitschaft für den göttlichen Plan im Ja des Glaubens, wie es sich im Fortgang des Evangeliums erweist.

Um so mehr aber überrascht zunächst ihre Frage: „Wie soll das geschehen, da ich keinen Mann erkenne?" Es lag für Maria nahe, die Botschaft in Verbindung zu bringen mit ihrer bevorstehenden Heimführung durch Josef, dem sie anverlobt war. Es wurde ihr ja zunächst nichts gesagt, was auf einen anderen als den natürlichen Weg des Mutterseins verwies.

Gerade darum ist ihre Frage nur verstehbar als Ausdruck einer inneren Verpflichtung auf jenes Charisma, das Jesus später (Mt 19,12) vor seinen Jüngern ausdrücklich zur Sprache bringt: Jungfräulichkeit in Verbindung mit der Himmelreichnähe.

In den allgemeinen Anschauungen des Israel jener Tage hatte eine solche Lebensform als Entschluß bei einem Mädchen absolut noch keinen Sitz im Leben – so schien es lange. Ein innerlich prägendes und verpflichtendes Charisma der Jungfräulichkeit bei Maria anzunehmen, schien auch im Widerspruch zu stehen mit ihrer Verlobung, die rechtlich Ehe begründete.

Nun haben die Qumranfunde überraschend ergeben, daß ein Teil der Männer und Frauen dort sich in Erwartung der nahen Gottesherrschaft aus Bußernst der Ehe enthielten, dergleichen war also im Judentum jener Zeit nicht schlechthin undenkbar. Zwar war eine Jungfrau in solchen Fragen nach Brauch und Gesetz nicht entscheidungsfrei; Maria hatte nicht die Möglichkeit, sich einer Verheiratung zu entziehen. Konnte sie aber nicht auf einen Mann treffen, der in der gleichen Ausrichtung auf das messianische Endheil lebte wie sie? Daß Josef sich später, wie wir bei Matthäus lesen, durch ein Traumgesicht entsprechend von Gott widerspruchslos in Dienst nehmen läßt, macht dies wahrscheinlich. In kleinen Gruppen von intensiver Gemeinsamkeit der Überzeugung und Hoffnung entstehen auch nicht selten entsprechende Ehen.

Die Frage Marias „Wie soll das geschehen, da ich keinen Mann erkenne?" erweist sich als das Bestehen einer Glaubensprüfung: sie bewegt sich auf dem schmalen Grat des Glaubens zwischen zwei Möglichkeiten des Versagens im Unglauben. Wird sie um der glanzvollen Aussicht willen, Mutter des Messias zu werden, ein Charisma preisgeben, das, gnadenhaft verfügt, entsprechende Wesensprägung und darum bleibende Verpflichtung ist? Das wäre dann die eine Möglichkeit des Versagens: Untreue gegenüber einer verbindlichen, den ganzen Menschen nach Wesen und Werden in Anspruch nehmenden inneren Bindung, in der sie schon stand – Untreue also gegenüber sich selbst und Gott.

Oder aber wird sie angesichts der Unvereinbarkeit von Jungfräulichkeit und Mutterschaft für bisherige menschliche Erfahrung der Botschaft ein „Unmöglich" entgegenhalten? Das würde bedeuten, daß sie dem Boten Gottes, obwohl sie ihn als solchen erkennt, einfach nicht glaubt – die andere Möglichkeit des Versagens.

Was tut sie? Sie fragt schlicht und einfach nach dem Wie, nach der Vereinbarkeit der beiden Berufungen, der zur Jungfräulichkeit um des kommenden Reiches willen und der zur Mutter des Messias. Um das Wie muß sie wissen, da die Frage ihre ganze Leibhaftigkeit und ihre ganze Freiheit ins Spiel bringt.

Die Formulierung der Marienfrage bei Lukas läßt zurückdenken an die wiederum ähnliche des Zacharias: „Wie soll ich erkennen? Ich selbst bin nämlich alt, und meine Frau ist vorgerückt in ihren Tagen!" In beiden Antworten, der Marias und der des Zacharias, fällt sicher nach der Absicht des Evangelisten nicht zufällig das Wort „erkennen", aber in gegenteiliger Akzentuierung. Zacharias zieht das durch den Engel angekündigte Geschehen in Zweifel. Er fragt nach der Möglichkeit des Erkennens, bevor er zum Glaubensvollzug bereit ist. Maria zweifelt nicht, sondern fragt gläubig nach dem Wie des Geschehens im durchhaltenden persönlichen Nein zum „Erkennen". In beiden Fällen hat „Erkennen" die Nuance der Geschlechtsgemeinschaft.

Die Antwort des Engels an Maria: „Heiliger Geist wird über dich kommen und Kraft des Höchsten dich überschatten, darum wird auch das Gezeugte ein Heiliges heißen, Sohn Gottes" – sie offenbart und verhüllt zugleich. Eines sagt sie klar: Heiliger Geist wird der Schöpfer und Bildner des Messias im Schoße der Jungfrau sein.

Daß Jesus von einer Jungfrau empfangen und geboren wird, ist Mysterium, von natürlichen Kriterien und Maßstäben her ebensowenig verstehbar wie seine Auferstehung. Wie für Maria selbst in der Stunde der Verkündigung, so geht es hier für den Christen um Glauben oder kopfschüttelnden Unglauben.

Die Antwort der Jungfrau: „Siehe, die Magd des Herrn, mir geschehe nach deinem Wort", drängt danach, daß auch wir sie geben, im Hören der gleichen Botschaft.

Der Bericht schließt mit den Worten: „Da schied der Engel von ihr." So wie er bei ihr eintrat, nicht unversehens erschien, so entschwindet er jetzt nicht einfach wie bei Zacharias, sondern scheidet von ihr. – Dieser kleine Satz will noch einmal die Vorstellung ausschließen, daß Maria etwa nur eine Erscheinung gehabt habe und die Erzählung der Geschehenswirklichkeit entbehre. So hält sich die Verkündigungsperikope bis zum Schluß nahtlos auf der Ebene der Gnade.

In der Verkündigungsgeschichte wie in der nachfolgenden Erzählung von der Heimsuchung entdeckt man Parallelen zum Pfingstgeschehen. Lukas schlägt hier wohl bewußt einen Bogen. Er will deutlich machen, hier wie dort geschieht Herabkunft des Geistes. Pfingsten sieht Maria eingereiht in die Gemeinde. Der im Schoße Mariens der Bildner des Leibes Jesu war, wird nun von Ostern her den Leib Christi, die Kirche, zu bilden beginnen. Das Christusgeschehen kommt vom ersten Beginn an, so will Lukas verdeutlichen, bis zu seiner Vollendung ganz aus Gott, ganz aus Heiligem Geist.

Ein zweites gemeinsames Stichwort in den parallelen Geschehnissen von Heilsanfang und Heilsvollendung heißt Glaube. Geistmitteilung gibt es nicht ohne ihn. Pfingsten geschieht in das Warten und Beten der an den erhöhten Christus glaubenden Jüngerschar hinein. Niemand als diese kleine gläubige Gemeinschaft kann den Beginn der Geistausgießung in eine nach Erlösung von Unrecht und Tod sich sehnende Menschheit hinein erbitten und erfahren. Entsprechend geschah auch der Beginn des messianischen Geschehens, die Herabkunft des Geistes auf Maria in ihren Glauben hinein. Dieser Glaube reicht der Botschaft des Engels entsprechend über alle irdischen Horizonte hinaus implizit bis zur Parusie. In einer durch die dreißig Nazarethjahre mit Jesus wachsenden Bewußtseinserhellung, die zeitweilige Unbegreiflichkeiten nicht ausschließt, wird er in der Kreuzigung Jesu der letzten entscheidenden Prüfung unterworfen. Wie hieß das Wort der Verkündigung durch den Engel Gabriel? „Gott der Herr wird ihm den Thron seines Vaters David geben, er wird über das Haus Jakob herrschen in Ewigkeit, und seines Reiches wird kein Ende sein." Maria vergaß dieses Wort nicht, sie gab den Glauben an dieses Wort nicht auf, hätte sie es uns sonst überliefert? Anders und tiefer noch als ihr Erzvater Abraham, da er Isaak opfern sollte, bedachte sie, daß Gott „mächtig ist, auch von den Toten zu erwecken" (Hebr 11,19).

Der Verkündigung an Maria folgt sofort ihr Aufbruch zu Elisabeth. Auch hier die Parallele zu Pfingsten. Der Geist kommt, ergreift, greift aus, nun springen die Türen auf. Was drinnen war, drängt nach draußen. Maria eilt zu Elisabeth. Der Hinweis auf diese Frau und ihre Schwangerschaft im sechsten Monat zeigt ihr diesen nächsten Schritt. Und der Hinweis genügt, Schwerhörigere brauchen Befehle. – Je näher einer Gott ist, desto weniger hat er Anweisungen nötig, desto gewisser kommt seine Freiheit ins Spiel. Im Mitteilen bestimmter Gegebenheiten oder auch nur eines Namens verbirgt sich für das Gespür eines in der Liebe lebendigen Glaubens das ihm Nahegelegte.

Maria eilt. Das ist Eile, wie sie der Geist weckt und schenkt. Auf sie stoßen wir in vielen Geschichten des Neuen Testamentes, wenn Gottes Geist sich ins Spiel bringt. Tut man sogleich, was Gott will, empfängt man von ihm auch die Kraft, diesen Willen zu tun, man läßt sich nicht irremachen oder aufhalten, bis er erfüllt ist, und Gottes Freude geht mit. Läßt man umgekehrt erst alle möglichen Gegenargumente zu Wort kommen, die sich einstellen, wenn Hängen am Bisherigen, wenn Gewohn-

Maria inmitten der Apostel, Chormantelkappe des Pfingstornates, um 1800, Marien-Basilika

heiten oder Angst das Neue Gottes verhindern wollen; zögert man also mit dem Aufbruch, dem Wagnis, dann weicht die Kraft. Man muß die Segel setzen, wenn der Wind bläst, sonst kommt wieder Windstille. Man muß entbrennen, wenn Gottes Feuer zünden, sonst hat man das Feuer bald wieder mit der Asche seiner Kleingläubigkeit zugedeckt. Gott verfügt über uns, nicht wir über ihn, das läßt er uns erfahren. – Drei Kennzeichen eines Gehorsams im Heiligen Geist: gleich, freudig, ganz.

Ein praktischer Zweck des Aufbruchs von Maria zu Elisabeth wird nicht genannt. Daß Elisabeth sich vor Nachbarn und Verwandten verborgen hielt, wissen wir vom Evangelisten, Maria wurde es nicht mitgeteilt, so denkt sie auch nicht an einen Helferdienst. Sie glaubt dem Zeichen, das ihr gegeben wurde, bevor sie es schaut, aber dann bricht sie sofort auf, es wahrzunehmen; sie weiß, erst wenn man es wahrnimmt, erkennt man vollends, wozu es gegeben ist und was es Weiterweisendes enthält.

„Sie trat in das Haus des Zacharias und grüßte Elisabeth" –, sie setzt fort, was ihr selbst geschah. In der Verkündigungsgeschichte heißt es: „Der Engel trat bei ihr ein und sprach: Gegrüßet seist du, Begnadete." So tritt auch sie ein bei Elisabeth und grüßt – von Gott. Was der Bote Gottes für sie war, wird sie für Elisabeth. Der Geist, der auf sie herabkam, dringt über die Stimme ihres Grußes in Elisabeths Ohr bis in das Herz des Kindes in ihrem Schoß, so daß dieses aufhüpft vor Freude und nun auch Elisabeth, vom Heiligen Geist erfüllt und zur Prophetin wird: denn sie begrüßt Maria als Mutter ihres Herrn. Damit setzt sie den Gruß des Engels fort, wird in ekstatischer Freude jetzt ihrerseits Gottesbotin für den Gast. Durch sie erst bekommt Maria die Gewißheit, daß sie Mutter bereits *ist*. Der Engel hatte ihr ja nicht gesagt, daß die Stunde der Verkündigung bereits auch die der beginnenden Menschwerdung sein werde. Elisabeths Gruß ist die Vollendung der Frohbotschaft an Maria. Damit ist der Augenblick für das Magnifikat gekommen, für den Lobgesang des Gottesvolkes und der ganzen Menschheit.

Es ist einer eigenen Hervorhebung wert, daß die Stimme des Grußes der Maria den Gottesgeist auf Elisabeth übergreifen läßt bis hin zum Kind in ihrem Schoß. Maria vibriert von Gott, und das geht in ihre Stimme ein. Das Kind Johannes, der Vorläufer des Messias, auf dessen Sendung hin Elisabeth Mutter wurde, wird von dieser Stimme und von der Erregung, die sie in Elisabeth auslöst, unmittelbar miterreicht (von der Ultraschallpraxis her weiß man heute, daß das Kind im Mutterleib von einer Erregung der Mutter mitergriffen wird, sein Pulsschlag beschleunigt sich). Die Bewegung Elisabeths in der Begegnung mit Maria wird vom Gottesgeist in der Jungfrau ausgelöst. Die Stimme ihres Grußes steckt an mit Heiligem Geist, so daß nun Elisabeth ihrerseits zur prophetischen Stimme für Maria wird. Wörtlich heißt es: „Elisabeth rief mit lauter Stimme: Hochgelobt bist du unter den Frauen; und hochgelobt ist die Frucht deines Leibes. Woher geschieht mir dies, daß die Mutter meines Herrn zu mir kommt? Denn siehe, als die Stimme deines Grußes in mein Ohr drang, da hüpfte frohlockend das Kind in meinem Leib. Selig, die geglaubt hat, daß sich erfüllen werde, was ihr vom Herrn gesagt worden ist."

Maria hat eine Vollmacht vorwegnehmen dürfen, die Jesus dreißig Jahre später seinen Jüngern mit auf den Weg gibt mit den Worten: „Wenn

Maria begegnet Elisabeth, Buchmalerei von Friedrich Stummel im Rituale zur Erteilung des Päpstlichen Segens, Marien-Basilika

Die Verheißung an Abraham, „In dir und deinem Samen werden gesegnet alle Völker der Erde“ (Gen 22,18). Nördliches Querschiff der Marien-Basilika

ihr in ein Haus kommt, und ihr sagt dort: Friede diesem Haus: – und wenn dort ein Kind des Friedens ist, so wird euer Friede auf ihm ruhen, wenn nicht, wird er zu euch zurückkehren" (Lk 10,5). Leider unterschlägt die neue Einheitsübersetzung hier die Wendung *euer* Friede. Da heißt es jetzt: „. . . so wird der Friede, den ihr ihm wünscht, auf ihm ruhen", statt: „euer Friede auf ihm ruhen". Als ob eine Formel genügen würde, damit der Friede sich mitteilt. Nur der Friede, den der Jünger als Wirklichkeit in sich trägt, identisch mit dem Heiligen Geist, den Jesus ihm schenkte, teilt sich schon durch das bloße Grußwort einem anderen mit, der ihn ersehnt. Wer selber vom Heiligen Geist erfüllt ist, gibt ihn weiter. Jesus gibt seinen Jüngern keine Grußformel mit auf den Weg, ihr Gruß ist kein anderer als das altjüdische Schalom, sondern die Gabe Gottes, den Geist, und damit die Vollmacht zur Weitergabe einer Wirklichkeit, die sie selbst erfüllt. Wenn diese Wirklichkeit Heiliger Geist nicht mehr in ihnen lebt und sie nicht in ihr, richten sie nichts aus. *Wer* den Frieden entbietet, entscheidet also, nicht die Grußvokabel. Darum läßt das Evangelium Elisabeth ausdrücklich zu Maria sagen: „Als die *Stimme* deines Grußes in mein Ohr drang." In der Stimme ist unverwechselbar die Person, verleiblicht sich schon der ihr geschenkte Geist, so daß sie ihn mitteilt dem, der das Ohr für diese Stimme hat.

Auch hier weicht die Einheitsübersetzung vom Urtext ab. Sie läßt die Vokabel „Stimme" in der Heimsuchungsgeschichte einfach weg, wie auch das für die Stimme geöffnete „Ohr", sie sagt nur: „Als ich deinen Gruß hörte", statt: „Als die Stimme deines Grußes in mein Ohr drang."

Es konnte keine freudigere Begegnung für die schwangere Elisabeth geben als die mit der hoffenden Maria. Nichts konnte sie tiefer bewegen als die durch Marias Gruß ihr geschenkte geistgewirkte Gewißheit: der Messias wird geboren. Von dieser aus Gottes Geist kommenden Bewegung wird das Kind in ihrem Schoße mitergriffen. So verwirklicht sich die Zacharias gegebene Verheißung, Heiliger Geist werde dieses Kind schon im Schoß der Mutter erfüllen. Die Szene weitet sich hier für uns zum heilsgeschichtlichen Symbol. Das Pochen des Kindes gegen die Bauchwand der Mutter (jede Schwangere kennt es), das sind gleichsam die Klopfzeichen eines Gefangenen drinnen, der draußen die Stimme des Freundes, des nahenden Befreiers hört: die Mutterschoßphase Israels ist zu Ende, jetzt soll dieses Volk das Licht der Welt erblicken, den Messias, auf den hin es als Volk Gottes aus Ägypten gerufen und gerettet wurde. Ein Jahrtausend lang wurde es im Gewahrsam des Gesetzes gehalten, in einzigartiger Behütung durch Gott inmitten von heidnischen Großvölkern, aber durch die Jahrhunderte hindurch auch eingeübt im Erfahren seines immer neuen Versagens vor der göttlichen Weisung und in der Angewiesenheit auf Erbarmen und Rettung durch den Gott des Bundes, um so für den Tag seiner Bestimmung als messianisches Volk zu reifen und wie Simeon sagt, „mit seinen Augen das Heil zu schauen", – den, der Israels und aller Welt Sünde hinwegträgt und der das Gesetz Gottes fortan in die Herzen aller schreiben wird, die Gottes Angesicht suchen. Israels Sehnsuchtsziel ist mit Jesu Kommen erreicht, das Reich Gottes beginnt, das Licht beginnt zu leuchten, denen, „die in Finsternis und Todesschatten sitzen". Das läßt den im Schoß Elisabeths Verborgenen vor Freude hüpfen. Zur Welt geboren, wird er selber die Stimme des Rufenden in der Wüste werden: „Bereitet den Weg des Herrn!"

Im vierten Evangelium gibt es die Entsprechung und Ergänzung zu dieser Szene des Erreichtwerdens des noch Ungeborenen von der Stimme des Befreiers: der Täufer hört die Stimme des Bräutigams. Ihm die Brautgemeinde Israel zuzuführen, war seine Sendung, jetzt ist sie erfüllt, jetzt beginnt die messianische Freude: Jesus, der Messias, der die Braut heimholt, ist da, die Hochzeit bricht an, das Reich Gottes schenkt sich in ihm, mit ihm.

Maria bleibt drei Monate bei Elisabeth, bis diese ihr Kind zur Welt bringt. Da die alte Frau ihre Schwangerschaft vor den Menschen verborgen hält (sie weiß sich einbezogen in die Stummheit ihres Mannes; wenn dieser nicht mit Worten von der Empfängnis des Johannes reden konnte, dann durfte sie es nicht mit dem Zustand ihres Leibes), braucht sie den Dienst der jungen Verwandten. Gottes Vorsehung hat sie ihr zugeführt. Bei der Feier der Beschneidung des Johannes wird Maria nicht mehr erwähnt. Die Zeit bis dahin ist für sie ein Geschenk der Stille im Hause dieser Frommen, die wie sie in der Naherwartung des Messias und im Schweigen leben. Das Ereignis der Verkündigung legte Maria (wie gewiß kein früheres einem Menschen) das stille Verweilen vor Gott, aber auch den Austausch mit einer ihr in der Gemeinsamkeit der Erwartung verbundenen Frau nahe.

Drei Monate war Maria im fernen Judäa, im vierten Monat wird sie wieder nach Nazareth kommen. Sie muß es vorausgesehen haben, daß sich sehr bald alles dort gegen sie zusammenziehen wird, daß man sie am Brunnen stehenläßt und daß Josef ihretwegen in ungeahnte Not gerät. Aber es gehört zu der Glaubensgnade, die ihr geschenkt ist, daß sie sich und alles Kommende Gott überläßt in einem Vertrauen, wie es in seiner einzigartigen Unbedingtheit 19 Jahrhunderte später Charles de Foucauld zu betendem Ausdruck gebracht hat mit den Worten: „Mein Vater, ich überlasse mich dir; mach mit mir, was dir gefällt. Was du auch mit mir tun magst, ich danke dir. Zu allem bin ich bereit, alles nehme ich an. Wenn nur dein Wille sich an mir erfüllt und an allen deinen Geschöpfen ..."

Im Folgenden möchte ich noch einige Anmerkungen machen, die meinen weiteren Verstehensweg in Hinsicht auf Maria betreffen. – Ich will so gliedern:

1. Maria in Nazareth

Ich erkenne einen Zusammenhang zwischen der sechsten Seligkeit der Bergpredigt und der Tatsache, daß Maria durch dreißig Jahre die Gegenwart Jesu teilen durfte.

Die sechste Seligpreisung lautet: „Selig, die reinen Herzens sind, denn sie werden Gott schauen."

Jede der acht Grundhaltungen, die Jesus seligpreist, hat ihren eigenen Verheißungsakzent. Und die Verheißung beginnt sich in der Regel nicht erst jenseits der Todesgrenze zu erfüllen.

Herzensreinheit ist für das Neue Testament identisch mit ungebrochen wirklichem Glauben, insofern Glaube die gottgeschenkte Offenheit ist für Jesus als den, der uns sagt und zeigt, wer und wie Gott ist, und wie Gott sich den Menschen denkt.

Die Herzensreinen, die in eminenter Weise Glaubenden, werden Gott schauen, das ist ihre Sehnsucht, ihr Lebensmotiv und Lebensziel. Maria faßt nicht zufällig alle Seligkeit, die sie als Mutter des Messias erfüllt, in das Wort: „Er hat gesehen auf seine niedrige Magd." – Er hat mich gesehen; so kann lobpreisend nur sprechen, wer seinerseits Gottes Angesicht sucht, es sehen möchte, entsprechend dem Psalmwort „Herr, zeige uns dein Antlitz, und wir werden gerettet."

„Ist dein Auge klar, so ist dein ganzer Leib im Licht", so heißt es bei Mt 6,22. Wenn du mit deinem Denken und Tun Jesus, den Offenbarer Gottes, im Auge hast, bewegt sich deine ganze Existenz im Strahlbereich des Lichtes der Welt.

Maria erfuhr die Vorerfüllung der Verheißung, Gott schauen zu dürfen, die den Herzensreinen gilt, darin, daß sie durch dreißig Jahre hindurch die Gegenwart Jesu teilen durfte. Sie hat ihn gläubig geschaut, erlebt, erfahren als das Kind, den Knaben, den Jüngling, den Mann, in allen Phasen seines Lebens und Reifens und seines entsprechenden Verhaltens. Insofern war sie der einzige Mensch, dem nichts von Jesus entging, aufgrund ihrer Herzensreinheit, ihrer Glaubensgnade. Wie er ihr ähnlich war durch Geburt, so wurde sie ihm fortschreitend ähnlich durch Glaube. Offenbar sollte es einen Menschen geben, in dem nichts verlorenging von der Christusgnade. Dieser Mensch war sie, darin das personale Urbild der endzeitlich vollendeten Kirche, die der Epheserbrief 1,23 die Fülle dessen nennt, der alles in allem erfüllt. Diese Fülle Christi wurde Maria gegeben, um sie auszuwerten für alle Geschlechter.

2. Maria im Ostergeschehen

An keiner Stelle der Ostergeschichte wird Maria erwähnt.

Je größer ein Geheimnis der Gnade, desto eifersüchtiger ist Gott darauf bedacht, es im Verborgenen sich vollenden zu lassen, und um so mehr ist wohl auch der Begnadete selbst gehalten und innerlich gedrängt, diese Gnade vor den Augen Außenstehender oder einfach Neugieriger zu verbergen.

Gott „sieht im Verborgenen", so steht es dreimal in der Bergpredigt an den Stellen, wo es ums Beten, Fasten und Almosengeben geht.

„*Im* Verborgenen", sagt der Urtext, nicht „ins Verborgene", was dann so klingt, als ob Gott nur von außen her etwas feststellte bei einem betenden, fastenden oder Almosen gebenden Menschen.

„Im Verborgenen", das ist Anspielung auf den Mysterienbereich der sich schenkenden göttlichen Gegenwart und Gnade, die sich nur dem schenkt, der in diese Gegenwart eintritt und keine andere sucht, wie manche mit ihren frommen Übungen. Gott sieht im Verborgenen, wie er im Verborgenen *ist*.

Freilich, Maria sagt auch: „Siehe, von nun an werden mich seligpreisen alle Geschlechter."

„Denn nichts ist ja verborgen, es sei denn, damit es offenbar würde" (Mk 4,22), aber zu seiner Zeit, wenn Gott es will und fügt, nicht von sich aus der Mensch.

Maria ist mit den Worten des Hohenliedes „der versiegelte Quell und der verschlossene Garten", vorbehaltener Ort des göttlichen Ausgangs in diese menschliche Welt hinein. Zugang ist hier nur im Glauben. Glaube allein erschließt diesen Garten, Glaube entsiegelt die Quelle, so daß sie strömt und erquickt. Darum ist die Entdeckung und das Verstehen Mariens an die innere Zugehörigkeit zur Kirche gebunden, insofern diese Jüngergemeinde Jesu ist . . . Bezeichnenderweise hat in Zentren, wo die ökumenische Sehnsucht brennt, wie Taizé, Imshausen oder Kappel, die Marienverehrung einen neuen eigenen Platz bekommen.

In den Ostertexten scheint Maria also nicht vorzukommen. Und doch bleibt sie darin nicht ganz unverborgen – für den aufmerksamen Glauben.

Zunächst: es muß auffallen, daß ihr Name nicht unter den Namen der in der Osterfrühe mit Spezereien ans Grab des Herrn kommenden Frauen genannt wird. Sie stand doch unter dem Kreuz! Und diesen Dienst der Pietät vollzieht sie nicht mit? (Salbung geschah, um den Leichnam noch eine Weile vor Verwesung zu schützen.)

Der zweite Hinweis auf Marias Osterglauben: der schnellere Lauf des Jüngers, den Jesus liebhat, zum leeren Grab. Er hat die Mutter Jesu zu sich genommen. Das wird vom Evangelisten unmittelbar vorher gesagt. Die Nachricht der Maria von Magdala muß mit Johannes zugleich auch sie erreicht haben. Sie bricht jetzt nicht ihrerseits auf. Jedoch der schnellere Lauf des Jüngers, den Jesus liebt, ist jetzt ein Indiz. Wofür? Ihr

Maria und Johannes unter dem Kreuz. Evangelium der Votivmesse von Kevelaer. Im Fuß des Kreuzes „Bethlehem". Altarkreuz der Gnadenkapelle

Glaube, wie er der das Ostergeschehen einschließenden Engelverkündigung in Nazareth entsprach, hielt stand. Bei der Nachricht vom leeren Grab greift ihre stille, starke Zuversicht, die dem Abraham ähnliche (Hebr 11,19), auch auf den Jünger über. Hoffnung beflügelt seinen Lauf und *ein* Blick in das leere Grab mit den geordnet daliegenden Tüchern genügt für ihn, daß auch er glaubt, während Petrus, vom Geschehen des Todes Jesu her noch wie gelähmt, erst einer eigenen Erscheinung des Auferstandenen bedarf. Weder der Jünger, den Jesus liebhat, noch Maria bedurften ihrer.

3. Maria und wir

„Es standen aber bei dem Kreuze Jesu seine Mutter und die Schwester seiner Mutter, Maria, (die Frau) des Klopas, und Maria von Magdala. Als Jesus nun die Mutter und den Jünger, den er liebte, dastehen sah, sagt er zur Mutter: Weib, siehe da, dein Sohn. Dann sagt er zu dem Jünger: Siehe da, deine Mutter. Und von jener Stunde an nahm der Jünger sie zu sich."

Unter dem Kreuz sind Maria und der Jünger, den Jesus liebt, die von Jesus eigens „Gesehenen". Jesus sieht, – dieses Wort leitet bei Johannes in der Regel einen eigenen Gnadenvorgang ein. In unserem Text fällt die Wendung „Jesus sah" besonders auf, weil sie nur im Hinblick auf Maria und Johannes, nicht auf die beiden anderen Frauen unter dem Kreuz gebraucht wird.

Jesu Sehen umfängt vom Kreuz her Maria und den Jünger, den er liebt, in *einem* Vermächtnisakt. Zu Maria sagt er: „Siehe da, dein Sohn", zu Johannes: „Siehe da, deine Mutter." Die göttliche Beziehungsstiftung zwischen den beiden wird dadurch nachdrücklich gemacht, daß Jesus Maria und den Jünger, den er liebt, je eigens auf das Verhältnis anspricht, das er zwischen ihnen stiftet. – Danach heißt es: „Von jener Stunde an nahm sie der Jünger zu sich." Diese Stunde ist johanneisch immer die seiner Erhöhung am Kreuz, die zugleich die zum Vater ist, Verherrlichung. Aufgrund jener Stunde und von ihr aus besteht nun ein unlöslicher Zusammenhang zwischen dem Jünger, den Jesus liebhat, und Maria. Dieser Jünger ist im Johannes-Evangelium Inbegriffgestalt von Jüngerschaft, ihr Typos. In ihm sind alle mitgemeint, die sich zur Jüngerschaft in der Nachfolge Jesu bekennen. Das Vermächtnis Jesu reicht über die Golgothastunde hinaus zur kommenden Kirche, zu jedem von uns.

Damit komme ich zum Schluß. „Er nahm sie zu sich", das will ja wohl sagen: er nahm sie in sein Jünger- und Lebensganzes mit hinein, so daß sie bei ihm ihr Zuhause hatte, wie er bei ihr.

Spät, sehr spät, habe ich selbst erkannt, was ich Ihnen jetzt am Ende meiner Erwägungen sagen möchte: es ist wichtiger und besser, daß man lebt und glaubt, was das Vermächtniswort Jesu: „Siehe da, deine Mutter" sagt (und zuvor, das Wort: „Siehe da, dein Sohn"), als daß man sich die Bedeutung dieses Testamentes nur als Bibelleser und Theologe nahegehen läßt.

Karl Kertelge

Maria, die Mutter Jesu, in der Heiligen Schrift

Ein Beitrag zum ökumenischen und innerkatholischen Gespräch*

1. Maria als Thema heutiger Theologie

Das Thema „Maria in der Heiligen Schrift" steht für den katholischen Christen unter bestimmten Erwartungen und Vorstellungen, die durch eine in langer Zeit entwickelte kirchliche Lehre über Maria und vor allem durch eine intensive Marienverehrung der Kirche bzw. weiter Kreise der Kirche bestimmt sind. Darüber läßt auch das deutliche Ritardando in der Zeit nach dem II. Vatikanum nicht hinwegsehen. Für das katholische Glaubensverständnis sind das Mariendogma und die Anrufung Marias geradezu zum Prüfstein des rechten Glaubens geworden. Nach Michael Schmaus[1] erweist sich die Mariologie als Schnittpunkt der wichtigsten theologischen Aussagen des christlichen Glaubensbekenntnisses. „In der Mariologie laufen . . . fast alle theologischen Linien zusammen, die christologische, die ekklesiologische, die anthropologische und die eschatologische . . . Sie erweist sich als Schnittpunkt der wichtigsten theologischen Aussagen."

Die in diesen Worten schlaglichtartig vorgestellte kriterielle Bedeutung der Mariologie innerhalb der katholischen Theologie ist im Grunde bis heute erhalten geblieben. Es haben sich in neuerer Zeit gewiß auch weitere Gesichtspunkte zur Behandlung des Marienthemas ergeben, etwa

- Maria in der Ökumene,[2]
- Maria in der Perspektive der Theologie der Befreiung,[3]
- Maria aus der Sicht feministischer Theologie.[4]

Aber die verschiedenen Gesichtspunkte, unter denen das Thema „Maria" heute behandelt oder wieder aufgegriffen wird, setzen im Grunde die Einschätzung der Lehre über Maria im Sinne des katholischen Mariendogmas voraus. Das Marienthema behält auch unter den neueren Gesichtspunkten seine kriterielle Bedeutung für Theologie und Glaube.

Insbesondere das Thema „Maria in der Ökumene" erinnert daran, daß „Maria" und die Mariologie zwar innerhalb der katholischen Theologie wie auch in der orthodoxen Tradition eine unverzichtbare Bedeutung gewonnen haben, daß sie zunehmend aber auch die *evangelische Theologie* beschäftigen – bis in die katechetische Glaubensverkündigung hinein. „Maria ist nicht nur ‚katholisch'; sie ist auch evangelisch."[5] So

* Zuerst als Vortrag, gehalten im Rahmen der „Kevelaerer Gespräche" zum Thema „Maria und die Ökumene" am 4. 2. 1986. Erstveröffentlichung in: Catholica 40 (1986) 253–269. Diese Fassung wird hier, durchgesehen und versehen mit einigen ergänzenden Hinweisen, erneut vorgelegt.

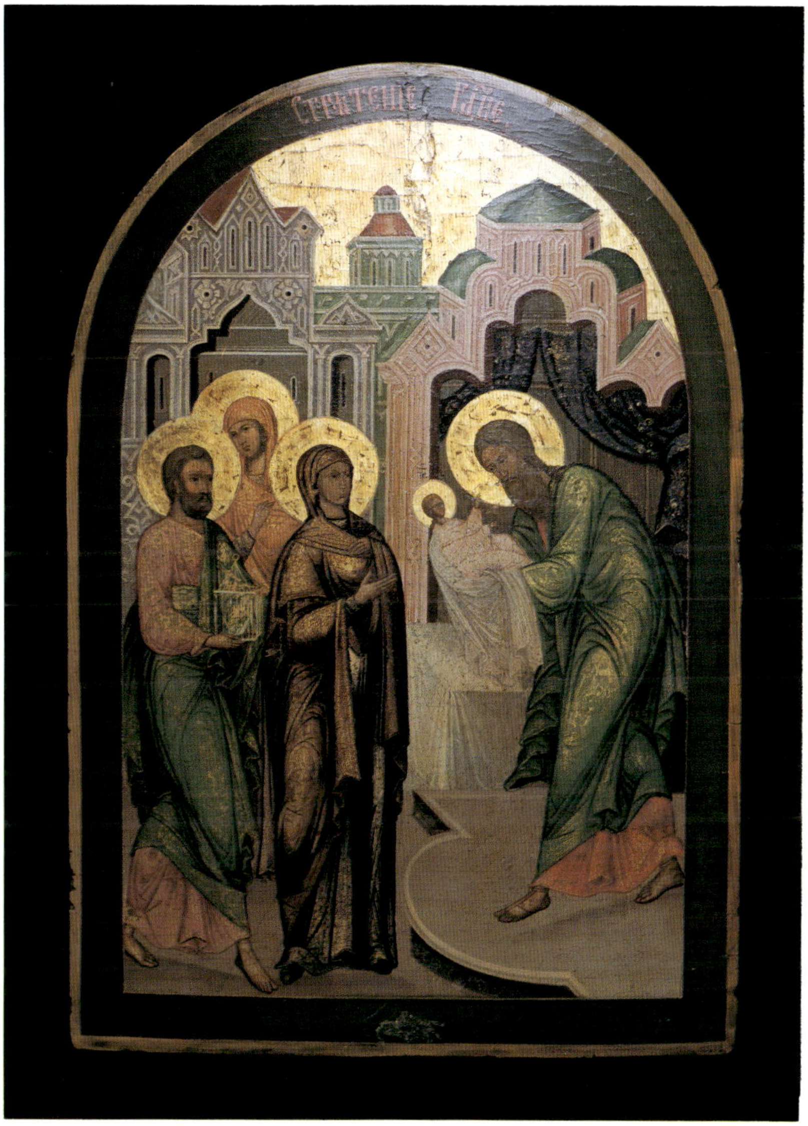

Darstellung Jesu im Tempel, Ikonen-Darstellung aus dem Marienleben, 18. Jahrhundert. Kanzel der Kerzenkapelle Kevelaer

erklärt der Evangelische Erwachsenenkatechismus. Maria gehört zur Überlieferung des Evangeliums im Neuen Testament, und sie hat ihren festen Platz im altkirchlichen Glaubensbekenntnis. Evangelische Theologen suchen diesem Sachverhalt daher Rechnung zu tragen. Und dazu gehören nach Karl Barth auch die Aussagen von der „Mutter Gottes" und von der Jungfrauengeburt. Er teilt damit nicht nur wichtige Überzeugungen des altkirchlichen Glaubensbekenntnisses, sondern er sieht darin ein urprotestantisches Anliegen festgehalten: den Vorrang der Gnade Gottes vor aller menschlichen (Mit-)Wirksamkeit. Das Bekenntnis zur Jungfrauengeburt mache deutlich, „daß Gott am Anfang steht, . . . nicht die willkürliche Klugheit, Tüchtigkeit oder Frömmigkeit eines Menschen".[6] Bei aller hohen Einschätzung der altkirchlichen Lehraussagen über die Gottesmutter ist Karl Barth nach seinem eigenen Verständnis jedoch weit entfernt von der Mariologie der katholischen Kirche. An ihr kritisiert er vor allem jene Entwicklung, die das „theotokos" von Ephesus (451) nicht mehr *christologisch*, sondern *mariologisch* interpretierte, eine „Entwicklung, die ich nur als eine Wucherung verstehen kann, die ... in der Folgezeit auf weite Strecken so übermütig wurde, daß sie dem Stamm, von dem sie lebte, nämlich dem Werk und Wort Gottes in Jesus Christus, geradezu bedrohlich werden mußte. Die *ancilla Domini* von Lukas 1 wurde nun ... zur Trägerin einer eigenen Krone, an der man immer neue Perlen (bis hin zu den von Pius XII. 1950 und von Paul VI. während des Zweiten Vatikanischen Konzils entdeckten) nachweisen zu sollen und zu können meinte".[7]

Mit dieser Kritik Karl Barths an den „Auswüchsen" und „Wucherungen" in der katholischen Mariologie ist das ökumenische Gespräch über Maria allerdings nicht beendet. Im Gegenteil, in den letzten Jahren haben die Bemühungen um eine theologische Verständigung zwischen Vertretern der christlichen Kirchen und Konfessionen, insbesondere zwischen evangelischen und katholischen Theologen, auch zu den Fragen der Mariologie zugenommen.[8] Und es hat ein neues Nachdenken hierzu auch innerhalb einzelner Kirchen gegeben.[9] „Maria" zählt nach wie vor zu den „offenen Fragen zwischen den Kirchen".[10] Aber wir haben guten Grund anzunehmen, daß weitere ökumenische Verständigungen auch in den Fragen der Mariologie möglich sind, besonders dann, wenn nach den gemeinsamen Grundlagen in der Heiligen Schrift und der altkirchlichen Tradition gefragt und ihre kriterielle Bedeutung für die Entwicklung der Mariologie und der Marienverehrung in den Kirchen beachtet wird.[11]

Die Mariologie ist aber nicht nur ein ökumenisch wichtiges und fruchtbares Thema, sie stellt immer auch noch eine notwendige Aufgabe für die *katholische Theologie* selbst dar.[12] Man muß hierbei nicht sogleich an die problematischen und theologisch umstrittenen Vorstellungen von einer „Heilsmittlerschaft" oder gar einer „Miterlöserschaft" der Mutter Jesu denken. Diese Worte sind, auf Maria angewandt, unter exegetischen und dogmatischen Gesichtspunkten mehr als mißverständlich und sollten daher vermieden werden. Zwar läßt das II. Vatikanische Konzil in seiner Erklärung über Maria im 8. Kapitel der „Dogmatischen Konstitution über die Kirche" die Anrufung Marias als „Mittlerin" gelten und stellt sie in eine Reihe mit den Titeln „Fürsprecherin", „Helferin" und „Beistand"; zudem ist diese Bezeichnung an dieser Stelle deutlich abgehoben von dem Mittleramt Christi als „des einzigen Mittlers" (Art. 62).[13] Aber das Konzil weist mit der gesamten Erklärung in eine andere Richtung: Wenn es eine „Mitwirkung" Marias am Werk ihres Sohnes gibt, dann nicht anders als in der Weise des „freien Glaubens und Gehorsams" (Nr. 56). Die besondere Bedeutung, die sie in der und für die Kirche erlangt hat – als „Typus der Kirche", ist aus ihrer Gemeinschaft mit ihrem Sohn erwachsen; und diese Gemeinschaft war nach den neutestamentlichen Zeugnissen lebensmäßig gekennzeichnet durch den „Pilgerweg des Glaubens" (Nr. 58), den auch sie wie die Christen in der Nachfolge Jesu gehen mußte. Maria als Glaubende, als Glied und Urbild der Kirche zugleich; hiermit sind neue Möglichkeiten genannt, durch die die theologische Behandlung des Themas „Maria" wie auch das praktisch-religiöse Verhältnis zu Maria neue Lebendigkeit gewinnen kann. Was äußerlich dabei als Reduktion einer reichen Glaubens- und Frömmigkeitstradition erscheinen mag, kann seine

Berechtigung und theologische Notwendigkeit als „Relecture" dieser Tradition im Lichte der Heiligen Schrift erweisen, die dem inneren Aufbau einer echten, biblisch begründeten Marienverehrung – innerkatholisch und ökumenisch zugleich – zugute kommen sollte. Diesem Ziel sollen auch die weiteren Ausführungen dienen.[14]

Maria, Urbild der Kirche, Ikone, Privatbesitz Kevelaer

Im folgenden stellen wir zunächst die hauptsächlichen Aussagen des Neuen Testaments über die Mutter Jesu zusammen und suchen sie im Blick auf das Ganze der urchristlichen Glaubensverkündigung theologisch zu gewichten. Hieraus sollten sich auch einige Hinweise ergeben, die die religiöse Einschätzung und Verehrung der Mutter Jesu möglicherweise neu anregen könnten.

2. Die Aussagen des Neuen Testaments über Maria in historisch-kritischer Auslegung

Die Hauptquelle für zuverlässige Nachrichten über Maria, die Mutter Jesu, ist das Neue Testament. Davon sind die apokryphen Schriften wie etwa das Protevangelium des Jakobus (um 150 n.Chr.) mit seinem dezidierten Interesse an Interna (und Intima) der Lebensgeschichte Marias und Jesu grundsätzlich und deutlich zu unterscheiden. (Das wurde in der christlichen Überlieferung nicht immer so gehalten.) Aber auch die neutestamentlichen Schriften bieten uns nicht eine zusammenhängende Biographie Marias, sondern sie kommen aus besonderer Veranlassung – in der Regel im Zusammenhang mit der Lebensgeschichte Jesu – auf Maria zu sprechen und stellen sie vornehmlich als die *Mutter Jesu* dar. Zudem ist zu beachten, daß an den einschlägigen Stellen nicht ein vordergründiges biographisches Interesse die Aussagen über Maria bestimmt. Was grundsätzlich für die Darstellung der Geschichte Jesu in den Evangelien gilt, daß nämlich Geschichtliches und Kerygmatisches vielfach unlösbar miteinander verbunden sind, das gilt auch für die Darstellungen über Maria. Das zeigt uns einerseits, wo die eigentlichen Absichten der neutestamentlichen Autoren gelegen haben, nämlich eher darin, uns Maria im Zusammenhang eines heilsgeschichtlichen Gesamtbildes vom Handeln Gottes darzustellen. Andererseits erschwert dieses Ineinander von Geschichte und Kerygma die Aufgabe eines Historikers sehr, insofern er sich um historische Evidenz bemühen muß.

Der Exeget hat diese Situation zu berücksichtigen.[15] Er sieht aber prinzipiell seine Aufgabe nicht in bloßer historischer Rekonstruktion, um so die „historische Zuverlässigkeit" der neutestamentlichen Quellen zu erweisen. Vielmehr liegt ihm an der *Unterscheidung* als Mittel zur Deutung. Als Exeget kann ich die wenig ausgeglichene Darstellung über Maria in den verschiedenen neutestamentlichen Schriften positiv deuten, nämlich als Hinweis auf eine bestimmte Einschätzung der Gestalt Marias im Urchristentum und auf eine Entwicklung dieser Einschätzung von den ersten literarischen Anfängen etwa bei Paulus bis zu den Kindheitserzählungen und zum Johannesevangelium.

Der Exeget geht also von den *Texten* aus und nicht sogleich von dem in diesen Texten Dargestellten. Die Texte sind Zeugnisse aus einer bestimmten Zeit. Mit ihrer Hilfe sucht er sodann eine Erhellung, eine Erklärung des Dargestellten – möglicherweise sogar bis hin zum historischen Befund. Von diesem Ansatz aus möchte ich einige Beobachtungen zu den neutestamentlichen Textzeugnissen über Maria zusammenstellen, die so etwas wie ein *genetisches Bild* von Maria im Neuen Testament ergeben.

Eine erste Beobachtung ist, daß die Mutter Jesu im Neuen Testament *keine zentrale Stellung* einnimmt. Dennoch kommt ihr in einigen Schriften eine nicht unwesentliche Bedeutung zu. Hierzu gehören das Lukasevangelium und das Johannesevangelium. Im Lukasevangelium wird ihre Bedeutung gleich am Anfang durch die Kindheitsgeschichte signalisiert, nicht zuletzt durch das Motiv der Jungfrauengeburt, während das Johannesevangelium vor allem die Stellung der Mutter Jesu neben dem Lieblingsjünger unter dem Kreuz ihres Sohnes festhält. Beide

Schriften sind zeitlich verhältnismäßig spät anzusetzen: gegen Ende des 1. Jahrhunderts. Dagegen finden sich in den älteren Schriften des Neuen Testaments nur sehr wenige Erwähnungen der Mutter Jesu. Hierzu gehört eine Stelle aus den Paulusbriefen: Gal 4,4, wo Maria nicht namentlich, sondern als „Frau" zur Kennzeichnung der menschlichen Herkunft Jesu erwähnt wird. Sodann sind zwei oder drei Stellen aus dem Markusevangelium zu nennen: 3,31–35 (Parr. Mt 12,46–50; Lk 8,19–21 und 6,3). (Von Bedeutung ist vielleicht auch noch Mk 3,20.)

Suchen wir diese einzelnen Texte zu überblicken und miteinander zu vergleichen, so ergibt sich kein einheitliches Bild. Von den späteren Aussagen her erscheinen die zeitlich früheren nur schwer verständlich. So schreibt Paulus in Gal 4,4 in geradezu enigmatischer Kürze: „Als aber die Fülle der Zeit kam, sandte Gott seinen Sohn, geboren von einer Frau, gestellt unter das Gesetz . . ." Diese älteste, nicht namentliche Erwähnung der Mutter Jesu dient zweifellos nicht einer mariologischen Aussage, sondern der Kennzeichnung der menschlichen Herkunft des Gottessohnes Jesus. Sie läßt sich nicht ohne weiteres mit den Aussagen über die Mutter Jesu in den Kindheitsgeschichten in eins setzen. Als relativ früher Text hat er sein eigenes theologisches Gewicht, wie andererseits auch die späteren Texte über die Mutter Jesu – etwa in den Kindheitsgeschichten – von ihren besonderen Verstehensvoraussetzungen her zu interpretieren sind.

Unter exegetischen Gesichtspunkten ergibt sich noch eine weitere Beobachtung. Auch die Darstellungen über die Mutter Jesu innerhalb der *Evangelien* sind nicht ganz einheitlich und spannungsfrei. Insgesamt zeigt sich eine wachsende Tendenz zur Ausgestaltung des Marienbildes von den ersten Anfängen im Markusevangelium hin zu den Darstellungen der Großevangelien, wobei letztere nicht einfach als entfaltende Ausprägungen des früheren gelten können. Gerade in den Kindheitsgeschichten des Matthäus und Lukas sind über die einfachen Aussagen des Markusevangeliums hinaus weitere Traditionen und Vorstellungen wirksam geworden, die offenkundig von vornherein besondere *theologische* Intentionen mit der Gestalt der Mutter Jesu verknüpften. Daher können auch die späteren Evangelien des Matthäus und Lukas trotz ihrer größeren Ausführlichkeit, besonders in den Kindheitsgeschichten, nicht ohne weiteres die Lücken schließen, die die ältesten Schriften, die Paulusbriefe und das Markusevangelium, hinsichtlich der Erstellung einer Marienbiographie lassen. Eine „Vita Mariae" lag noch weniger im Blick der Evangelisten als eine „Biographie" Jesu. Was christliche Tradition dennoch über das Leben Marias zu „berichten" weiß, entstammt weitgehend den nachneutestamentlichen Apokryphen, deren Quellenwert unter historischen Gesichtspunkten jedenfalls äußerst gering ist.

Dennoch ist von einigen in den Evangelien bezeugten biographischen Rahmenangaben über Maria auszugehen. Hierzu gehört,

– daß die Heimat Marias Nazaret in Galiläa war,

– daß sie „verlobt" war mit Josef, d.h. sie war gesetzlich Josef als ihrem Ehemann zugehörig,

– daß zur leiblichen Familie Jesu Brüder und Schwestern gehörten, über deren genauen Verwandtschaftsgrad zu Maria und Jesus die Evangelien keine historisch eindeutigen Ausführungen machen. Auch wenn das Motiv von der Jungfrauengeburt, das in den Kindheitsgeschichten des Matthäus und des Lukas Verwendung gefunden hat, unter exegetischen Gesichtspunkten nicht ohne weiteres zur Erklärung dieses Problems heranzuziehen ist, so ist doch der Verwandtschaftsgrad der Brüder und Schwestern zu Jesus mit ihrer Nennung nicht schon eindeutig bestimmt.[16]

Folgen wir der Darstellung der einzelnen *Evangelien*, so werden wir die verschiedenen Erwähnungen Marias nicht von vornherein zu einem geschlossenen Bild verbinden können. Dennoch ergeben sich, beginnend mit dem ältesten Evangelium nach Markus, einige wichtige Elemente, die einem Überlieferungsprozeß zuzuordnen sind, aus dem dann auch ein Bild von Maria erkennbar wird, das sowohl biographisch-historisch vertretbar als auch theologisch verstehbar ist. Das älteste Evangelium nach *Markus* (um 70 n.Chr.) hat noch keine Kindheitsgeschichte. Man kann die wenigen und zum Teil auch befremdlichen Angaben dieses Evangeliums über Maria daher auch nicht einfach durch die der späteren Evangelien ergänzen, um sie dadurch „verständlicher" zu machen. Andererseits sind auch die Darstellungen der Evangelien nach *Matthäus* und *Lukas* (80–90 n.Chr.) mit ihrer Verwendung des Motivs der Geburt Jesu von der Jungfrau Maria in ihrer stark christologischen Ausrichtung von den besonderen entstehungs- und theologiegeschichtlichen Bedingungen ihrer Kindheitsgeschichten und ihrer Gesamtentwürfe her zu interpretieren. So tritt mit den einzelnen Evangelien zunächst eine recht unausgeglichene Überlieferungsgeschichte von Maria in den Blick, die wir von ihren Elementen her möglichst in ihrer einheitlichen Grundstruktur zu erkennen suchen.

Nach dem Markusevangelium erfüllt Jesus seinen Auftrag, die nahegekommene Gottesherrschaft zu verkünden, auch gegen den Widerstand von Menschen, vor allem der verantwortlichen Führer des Volkes. Von dieser Gesamtsicht her sind auch die zunächst befremdlich anmutenden Erwähnungen Marias bzw. der Angehörigen Jesu in diesem Evangelium zu verstehen. Die erste in diesem Sinne zu beachtende Stelle lautet: „Jesus kam nach Hause, und wieder strömte das Volk zusammen, so daß sie nicht einmal ihr Brot essen konnten. Als das seine Angehörigen (hoi par´ autou)[17] hörten, kamen sie, um ihn zu ergreifen; sie sagten nämlich: er ist von Sinnen (hóti exéste)" (Mk 3,21). Die hier erwähnten „zu ihm Gehörigen" sind wahrscheinlich „Angehörige seiner Familie und Sippe".[18] Jesus wird von seinen eigenen Angehörigen nicht verstanden. Drastischer kann dieser Sachverhalt kaum gezeichnet werden als in diesem Text. Für den Evangelisten ergibt sich damit ein Hinweis auf die verschiedenen Dimensionen der „Ablehnungsfront" gegen Jesus. In 3,22–30 sind es die Schriftgelehrten, die Jesus verdächtigen: Er ist von Beelzebub besessen.

Im Anschluß an diese Perikope wird nun eine kleine Begebenheit berichtet, wo zum erstenmal auch die Mutter Jesu ausdrücklich erwähnt wird, in 3,31–35. „Es kamen seine Mutter und seine Brüder, sie blieben draußen stehen und schickten zu ihm, um ihn rufen zu lassen. Um ihn herum saß eine Volksmenge. Da sagte man ihm: Siehe, deine Mutter, deine Brüder (und deine Schwestern) draußen, sie suchen dich. Er ant-

Verkündigung, Chormantelkappe, süddeutsch, 19. Jahrhundert. Marien-Basilika Kevelaer

wortete ihnen: Wer ist meine Mutter und wer sind meine Brüder? Dann blickte er auf die im Kreis um ihn Sitzenden und sagte: Seht da meine Mutter und meine Brüder! Denn jeder, der den Willen Gottes tut, der ist mir Bruder und Schwester und Mutter."

Mit Schnackenburg ist festzustellen, daß hier, anders als in 3,21, von einer ablehnenden Haltung der Verwandten nichts zu erkennen ist. Aber das Wort Jesu lasse erkennen, daß Jesus sich „innerlich von ihnen gelöst hat, nicht aus Gefühlskälte oder Verachtung der Familienbande . . ., sondern um ganz *Gott zu gehören*". Der Grundtenor dieses Textes erinnert an ein anderes Wort Jesu (aus der Logienquelle), Mt 10,37 (Par. Lk 14,26): „Wer Vater oder Mutter mehr liebt als mich, ist meiner nicht wert."[19] Was Jesus damit von seinen Jüngern fordert, daß sie sich nämlich von allem, was ihnen lieb ist, trennen, das realisiert er auch selbst. R. Pesch setzt in diesem Sinne für Mk 3,31–35 „authentische Jesustradition mit familienkritisch-radikalem Nachfolgeethos voraus".[20]

Theologisch werden solche Traditionen allerdings in den späteren Evangelien weitergeführt und in einem Gesamtbild aufgehoben, das auch die überlieferten Einzelheiten in einem neuen Licht erscheinen lassen. So ist besonders auch Lk 11,27f. zu verstehen: „Als er das sagte, rief eine Frau aus der Menge ihm zu: Selig der Schoß, der dich getragen hat, und die Brust, die dich genährt hat. Er aber erwiderte: Selig sind, die das Wort Gottes hören und befolgen." Sicher ist hieraus keine Zurückweisung der Seligpreisung herauszuhören. Aber das Wort Jesu legt allen Nachdruck auf das „eine Notwendige" (10,42), das Hören des Gotteswortes. Daß Maria für dieses „Hören und Befolgen" selbst auch ein Vorbild ist, daran läßt der Evangelist Lukas mit der Kindheitsgeschichte freilich keinen Zweifel. Insofern ist die Distanz Jesu zu seiner Mutter bei Lukas (wie auch im vierten Evangelium) nicht wirklich durchgehalten, sondern aufgehoben in ihrem lernenden Glaubensgehorsam.[21]

Maria im Haus des Zacharias, Detail aus der alten Kanzel von Jakob Holtmann, Marien-Basilika

Insgesamt zeigt sich also in der Breite der Evangelientexte einerseits eine wohl ursprünglichere Überlieferung von einer gewissen Fremdheit zwischen Jesus und seiner Mutter und andererseits eine hohe Einschätzung der Mutter Jesu, vor allem in den Kindheitsgeschichten und in dem testamentarischen Wort Jesu am Kreuz nach Joh 19,25–27. Diese hohe Einschätzung der Mutter Jesu ist offenkundig in dem besonderen Verhältnis zu ihrem Sohn begründet. Dabei geht es nicht mehr nur um die genaue Registrierung der einzelnen Erlebnisphasen im Leben Marias, die offenkundig nicht ohne Spannungen waren. Das Verhalten und der Anspruch Jesu mußten auch menschlich von seiner Mutter verkraftet werden. Und hinsichtlich des menschlichen Verstehensprozesses bezüglich der Sendung ihres Sohnes blieb ihr nichts erspart. Insgesamt aber gelangen wir mit der urchristlich-neutestamentlichen Überlieferung zu dem Urteil, daß sie *mit den Jüngern Jesu* und auch mit den „Brüdern Jesu"[22] verstehen gelernt hat. Das Johannesevangelium kann sie daher unter dem Kreuz mit dem *verstehenden* Lieblingsjünger zusammenschließen. Und Lukas vermag dann auch die Wurzeln des positiven Verhältnisses der Mutter zu ihrem Sohn aufzudecken, wenn er sie durch den Verkündigungsengel als die Begnadete (1,28) ansprechen läßt. Als *Begnadete* steht sie ganz im Dienst Gottes und seines Heilsplanes, unabhängig davon, ob und wieweit sie diesen Dienst einsieht und begreift.

Sicher wird von ihr eine grundsätzliche Einwilligung vorausgesetzt. Aber die weitreichenden Konsequenzen bis hin zu dem Schwert, das ihre Seele durchdringen soll (2,35), bleiben für sie noch weitgehend verdeckt. Als *Glaubende* steht sie in einer tiefen, grundsätzlichen Übereinstimmung mit dem Willen Gottes.

Aber in diesem Glauben ist sie nicht den Belastungen entzogen, die Christen als Glaubensprüfungen empfinden. Der Evangelist Lukas hat dieses Motiv des geprüften und sich bewährenden Glaubens Marias in der Erzählung vom zwölfjährigen Jesus zur Geltung gebracht: „Kind, wie konntest du uns das antun? . . . Doch sie verstanden nicht, was er damit sagen wollte" (2,48-50). Der Glaubende ist ja nicht dadurch ausgezeichnet, daß er seiner Sache immer schon absolut sicher wäre; vielmehr kennzeichnet ihn im alttestamentlichen Sinne nach dem Vorbild Abrahams die Bereitschaft, auf Gottes Wort hin aufzubrechen und seine

Sicherheit in dem Gott zu suchen, der durch alle Unsicherheitsgeschichte hindurch sicher zu führen weiß.

Wir sehen also, beide Linien der neutestamentlichen Marienüberlieferung, nämlich die der bestehenden Distanz zwischen Jesus und Maria und die einer bewegten Teilnahme Marias am Weg ihres Sohnes, müssen aufeinander bezogen werden. Maria wird im Neuen Testament nicht mit den glänzenden Zügen der Heiligenlegende beschrieben, die sich später auch um ihre Gestalt legen sollten, sondern als ein Mensch, der zu lernen hat, dessen Leben aber zutiefst getragen wird von der Führungsgeschichte Gottes.

3. Eine Theologie der Mutter Jesu aus dem Geist der Heiligen Schrift

Die theologischen Aussagen über Maria bleiben im Neuen Testament in dem Rahmen, der mit den zentralen Themen von der Sendung Jesu, seiner eschatologischen Reich-Gottes-Verkündigung, seines Erlösungstodes und seiner Auferstehung gegeben ist. In die urchristliche Verkündigung vom Erlösungswerk Jesu Christi ist Maria nicht unmittelbar einbezogen, sondern nur mittelbar. Das wird für die Verkündigung des Apostels Paulus in Gal 4,4 besonders deutlich, da dies die einzige Stelle im Corpus Paulinum ist, an der auf die Mutter Jesu hingewiesen wird – allerdings ohne Nennung ihres Namens. In die Sendung des Sohnes durch Gott ist seine menschliche Mutter einbezogen. Paulus berührt damit die Paradoxie der Geburt des Gottessohnes „von einer Frau", ohne dabei das Wie der Menschwerdung des von Gott gesandten Sohnes weiter zu reflektieren. Der Gedanke an eine „Mitwirkung" Marias liegt an dieser Stelle jedenfalls fern. Im Gegenteil, die Parallelisierung der beiden Aussagen „geworden (= geboren) von einer Frau" und „gestellt unter das Gesetz" weist in eine andere Richtung. Betont wird hierdurch das gänzliche Betroffensein des Gottessohnes von den Bedingungen hinfälliger menschlicher Existenz. Die Darstellung der Geburt Jesu in den Evangelien kommt hier jedenfalls nicht in den Blick. Sie hat gewiß ihre eigenen überlieferungsgeschichtlichen und ideellen Voraussetzungen, die für das Verständnis der beiden Kindheitsgeschichten des Matthäus und des Lukas zu beachten sind.

Maria findet Jesus im Tempel wieder, Detail aus der alten Kanzel von Jakob Holtmann, Marien-Basilika

Auch die beiden Kindheitsgeschichten, in denen Maria wie sonst an keiner anderen Stelle des Neuen Testaments eine besondere Rolle spielt, lassen die Begrenzung ihrer Geschichte und ihrer Bedeutung durch die Geschichte ihres Sohnes deutlich erkennen. Sie gewinnt ihre Bedeutung von den heilsgeschichtlichen Führungen Gottes her, die mit dem „Stammbaum" Jesu gleich am Anfang des Matthäusevangeliums, wenn nicht direkt, so doch indirekt – über Josef, „den Mann Marias" (1,16), auf sie und ihre Beteiligung bei der Menschwerdung des Gottessohnes zielen. Auf diesen Zusammenhang verweist auch das Motiv der „Jungfrauengeburt" an dieser Stelle. Daß Maria „vom Heiligen Geist" empfangen hat (Mt 1,20f), wird vom Evangelisten mit einem Reflexionzitat aus Jes 7,14 (griechischer Text) „erklärt". Im Lichte dieses Prophetenwortes erscheint Maria als „die Jungfrau, die schwanger sein und einen Sohn gebären wird", dessen Name „Immanuel: Gott mit uns" sein wird. Der

Evangelist sieht das prophetische Wort des Alten Testaments jetzt in und durch Maria in Erfüllung gehen. Das heißt: Der Evangelist erkennt im Hintergrund des beschriebenen Geschehens der Geburt Jesu von Maria Gott selbst am Werk, und zwar den Gott, der inmitten der Geschichte hoffender und versagender Menschen (siehe den Stammbaum Jesu 1,1–16) *sein* Werk zum Ziele führt. Das prophetische Wort Jes 7,14 ist ein Ausdruck des unbedingten Heilswillens Gottes; als solches zitiert es Matthäus. Dieser Heilswille Gottes erfüllt sich jetzt – in Jesus Christus. Und Maria wird dabei – als Jungfrau und „Magd des Herrn" (vgl. Lk 1,38) zum Zeichen (nach Lk 1,39–56 auch zur prophetischen Verkünderin) der anbrechenden endzeitlichen Erfüllung des Werkes Gottes, der ein „Gott-mit-uns" ist.

Die Aussage über Maria ist also in diesem Text bemerkenswert *heilsgeschichtlich* gefaßt. Das gilt im Prinzip auch für die lukanische Darstellung der Ankündigung der Geburt Jesu (Lk 1,26–38).[23] Dieser heilsgeschichtliche Zusammenhang ist notwendiger Verstehenskontext auch für die Geburt Jesu von der Jungfrau Maria. Moderne Verstehensversuche, die eine „biologische Seite" aus diesem Zusammenhang herauslösen wollen, um sie argumentativ für andere Zwecke (Wunderbeweis) einzusetzen, setzen damit den eigentlichen theologischen Gehalt aufs Spiel, der der Geschichte Marias in den neutestamentlichen Kindheitsgeschichten eigen ist. Die sehr positive Darstellung der heilsgeschichtlichen Rolle Marias in den Kindheitsgeschichten des Matthäus und des Lukas läßt freilich nicht übersehen, daß Maria ganz im *Dienste* der Heilszuwendung Gottes zu den Menschen steht. Dieser Dienst bestimmt die eigentliche Würde Marias im Neuen Testament.

Neben dieser *theo-logischen* Deutung der Mutter Jesu, die zugleich auch eine christologische ist, und mit ihr zusammen wird im Neuen Testament auch schon eine weitere Deutelinie erkennbar, die sich in der späteren kirchlichen Verkündigung, beginnend mit den Vätern, als weiterführend im Sinne einer Neuinterpretation erweisen sollte. Wir können sie, bei aller gebotenen hermeneutischen Differenzierung, als *„ekklesiologische"* Deutung bezeichnen.

Die ekklesiologische Deutung der Mutter Jesu stützt sich in der kirchlichen Tradition gerne auf die Szene Joh 19,26–27: das Vermächtnis Jesu am Kreuz für seine Mutter und den Lieblingsjünger. „Als nun Jesus die Mutter sah und neben ihr den Jünger stehen, den er liebhatte, sagte er zur Mutter: Frau, siehe, dein Sohn! Hierauf sagte er zum Jünger: Siehe, deine Mutter! Und von jener Stunde an nahm sie der Jünger in sein Haus."

Eine „typologisch-symbolische Auslegung" versteht Maria hier als Bild der Kirche.[24] Maria ist dabei die Mutter der Gläubigen, wobei die Gläubigen durch den Jünger repräsentiert erscheinen. Eine solche „typologische" Deutung arbeitet mit direkten Identifizierungen im Stil allegorischer Ersetzung. Dem steht allerdings in der Szene Joh 19,26f entgegen, daß der Jünger Maria „in sein Haus nimmt" und nicht umgekehrt. Dennoch ist mit einem symbolischen Verständnis dieses Textes im Sinne der johanneischen Hermeneutik zu rechnen.

Dem sucht die Auslegung von Rudolf Schnackenburg im Anschluß an Heinz Schürmann[25] zu entsprechen, indem er beobachtet, daß zwischen den beiden Stellen Joh 2,4 und 19,26–27 eine gewisse Verbindung besteht. Maria repräsentiert „in ihrem zuversichtlichen Verhalten bei der Hochzeit diejenigen, die das Heil von Jesus erwarten. Sie ist die stellvertretend um Jesu Gabe Bittende". Jetzt, unter dem Kreuz, werde ihr „bleibende Erfüllung zuteil. Sie soll den Jünger, den Jesus liebte, an Sohnes Statt annehmen und bei ihm bleiben. Er wird ihr das vermitteln, wonach sie verlangt, das erschließen, was Jesus hinterläßt."[26] Maria repräsentiert also nicht die Kirche schlechthin, sondern die das wahre Heil *Suchenden*, vielleicht damit auch in besonderer Weise „den für das messianische Heil empfänglichen Teil Israels"[27].

Hochzeit zu Kana, „Was willst du von mir, Frau? Meine Stunde ist noch nicht gekommen" (Joh 2,4). Detail aus der alten Kanzel von Jakob Holtmann, Marien-Basilika

Diese Linie, die hier mit Schürmann und Schnackenburg für Joh 19,26–27 aufgezeigt wurde, dürfte in der Tat für eine neutestamentlich-ekklesiologische Deutung der Gestalt Marias fruchtbarer und hilfreicher sein als jene andere aus der Tradition bekannte, wonach Maria unter dem Kreuz unmittelbar mit der Kirche identifiziert wird, etwa auch hinsichtlich einer heilsmittlerischen Funktion der Kirche. Grundlegend ist vielmehr der Sachverhalt, daß Maria (von Anfang an) ganz unter dem Anspruch Gottes steht und diesen Anspruch an der Seite ihres Sohnes glaubend und leidend besteht. So wird Maria zum *belehrenden* Hinweis für die Kirche.

Dieser Sicht entspricht auch die exemplarisch-vorbildliche Bedeutung, die Maria im Lukasevangelium für die Kirche gewinnt. Nach Lk 1,38 spricht sie das „Fiat", ihr Einverständnis mit Gott, der sie im konkreten Zusammenhang der Menschwerdung seines Sohnes in einmaliger, unvergleichlicher Weise beansprucht. Eben diese Grundeinstellung Marias wird in der Anrede Elisabeths, 1,45, als Glaube identifiziert. Maria ist die *Glaubende* und damit das Vorbild *aller Glaubenden*, und so ist sie nicht nur eine, wenn auch wichtige „Modellgestalt", sondern „Typos", bewegendes Urbild und Vorbild für die Kirche als Gemeinschaft der Glaubenden.

Diese Interpretation, Maria als Vorbild der Glaubenden und der glaubend Leidenden und Hoffenden, ist auch für den heutigen Christen verständlich und mitvollziehbar. Diese Interpretation sollte daher katechetisch und homiletisch stärker herangezogen werden, ohne dadurch andere Elemente der theologischen, heilsgeschichtlichen Deutung der Person Marias zu leugnen und zu verdrängen. Unter dogmatischen Gesichtspunkten muß natürlich auch das Geheimnis der Gottesmutterschaft Marias einschließlich der jungfräulichen Geburt Jesu, um nur die biblisch besonders relevanten Themen zu nennen, bedacht, behandelt und verkündigt werden[28]. Aber in Verkündigung und Katechese ist ja auch zu beachten, daß die verschiedenen Aspekte in ihrem sachgemäßen Zusammenhang darzustellen sind. Dann dürfte eine biblisch begründete Mariologie durch die Beachtung dieses Ansatzes, Maria – Vorbild und Mutter der Glaubenden, gute Möglichkeiten finden, um nicht beim Exemplarischen der Person Marias stehenzubleiben, sondern auch den eigentlichen heilsgeschichtlichen Grund für ihre überragende Bedeutung zu entdecken. Damit scheint mir auch die Möglichkeit gegeben zu sein, neben der christologischen Bindung der Aussagen über Maria auch die „relative" Eigenständigkeit Marias im Sinne einer persönlichen Beanspruchung durch Gott und einer entsprechenden Lebenserfüllung wahrzunehmen und zur Geltung zu bringen. Daß hierbei Einseitigkeiten,

Übertreibungen und Veräußerlichungen zu vermeiden sind, versteht sich von der Gesamtsicht unseres Glaubens.

Nur noch *anhangweise* sei davon gesprochen, daß insbesondere die Liturgie der Marienfeste zahlreiche biblische Texte aus dem *Alten Testament* mit heranzieht, um die heilsgeschichtliche Bedeutung Marias – durchweg in typologischer Weise – zu beleuchten. Alttestamentliche Gestalten und Erzählungen werden für die neutestamentliche Geschichte transparent gemacht, so daß sich aus den alttestamentlichen Texten über ihren Literalsinn hinaus eine tiefere, geistliche Bedeutung ergibt, die sie mit der neutestamentlich erkannten und verkündeten Wahrheit zusammenschließt. So wird die Lesung aus Gen 3,9–15 über die „Feindschaft zwischen dir (der Schlange) und der Frau" am Fest der „ohne Erbsünde empfangenen Jungfrau und Gottesmutter Maria" transparent für die die Sünde überwindende Macht der Gnade Gottes in Maria. Diese Deutung liegt auf der Linie der Kirchenväter, die Maria als „neue Eva" verstanden[29] – in mehr oder weniger deutlicher Parallele zu Jesus Christus als dem „neuen Adam". Diesen Zusammenhang verstärkte die Liturgie mit dem Liebesgespräch zwischen Braut und Bräutigam im Hld 2,8–14 als Lesung von „Mariä Heimsuchung" nach der früheren Ordnung.

Das Fest „Mariä Aufnahme in den Himmel" sieht nach der neuen Ordnung einige Verse aus 1 Chr 15 und 16 von der Übertragung der Bundeslade in das neue Heiligtum auf dem Sion vor. Der zugrundeliegende Leitgedanke wird im „Großen Sonntags-Schott" von 1975 folgendermaßen wiedergegeben: „Im Neuen Bund ist in besonderer Weise Maria die Verkörperung Israels und Zions als Ort der göttlichen Gegenwart. Sie ist das neue Bundeszelt; die Herrlichkeit Gottes hat sie überschattet ..." Die typologische Schriftauslegung ermöglicht hier die Anwendung eines alttestamentlichen Motivs auf Maria. Daß diese Deutung nicht in historisch-kritischer Auslegung am Literalsinn des alttestamentlichen Textes festzumachen ist, mag die historisch geschulte Rationalität des modernen Menschen stören.[30] Aber eine solche Schriftauslegung findet dennoch ihre Berechtigung innerhalb des geistlichen Zusammenhangs gefeierter kirchlicher Liturgie, die freilich in der Auswahl der gottesdienstlichen Lesungen den Regeln der genuin biblischen Typologie folgen sollte.

Viel unmittelbarer kann dagegen die Anwendung von Gen 12,1–7 auf Maria in der ersten Lesung des Rosenkranzfestes verstanden werden. Hier wird der Aufbruch Abrahams aus seiner Heimat zu einem veranschaulichenden „Vorbild" für den Glauben Marias.[31]

4. Ausblick: Möglichkeiten einer ökumenischen Verständigung über Maria in Theologie und Praxis

Suchen wir die Möglichkeiten einer ökumenischen Verständigung über Maria abzutasten, steht verständlicherweise das Zeugnis der Heiligen Schrift an erster Stelle. Aber auch die recht umfassende Tradition der Marienverehrung in der Geschichte der Kirche ist dabei nicht zu übergehen. So auch die Studie des Catholica-Arbeitskreises der VELKD.[32]

Pieta. „Groß wie das Meer ist dein Schmerz" (Klgl 2,13). Sieben-Schmerzen-Altar von Ferdinand Langenberg, Detail. 19. Jahrhundert. Marien-Basilika

Der Ausgang von den gemeinsamen biblischen Wurzeln bringt allerdings nicht von selbst schon die gewünschte Klarheit in der Einschätzung Marias. Mit der orthodoxen Kirche und den reformatorischen Kirchen besteht Übereinstimmung hinsichtlich des Vorrangs der Christologie vor der Mariologie (soweit evangelische Theologen überhaupt von „Mariologie" sprechen). Diese Übereinstimmung zeigt sich auch in der generellen Bejahung der dogmatischen Aussagen der großen Konzilien des 4. und 5. Jahrhunderts. Dies ist besonders im Blick auf die Kirchen der Reformation festzustellen. Für die evangelischen Freikirchen ist diese Übereinstimmung allerdings nicht in gleicher Deutlichkeit gegeben. Zudem zeigen sich auch hinsichtlich der Interpretation des altkirchlichen Mariendogmas durch evangelische Theologen gewisse Grenzen der Übereinstimmung.

So ist für Karl Barth die Aussage von Maria als Mutter Gottes sinnvoll, erlaubt und notwendig als „christologischer Hilfssatz". Zugleich lehnt er eine mariologische Betrachtung ab, die Maria, wie er meint, in ungebührlicher Weise als tragenden Faktor im Offenbarungsgeschehen verselbständigt und ihr eine außerordentliche Rolle zuspricht. Maria ist für Karl Barth einfach der Mensch, an dem das Wunder der Offenbarung geschieht.[33] Damit ist ein Grundeinwand evangelischer Theologie gegen die katholische Mariologie angesprochen: Verselbständigung Marias, ihre Parallelisierung mit Jesus. Besonders belastend wirken Tendenzen, die Maria eine aktive Teilnahme am Erlösungswerk ihres Sohnes zuschreiben: Maria als „corredemptrix" (vermieden im Vaticanum II). In der Soteriologie gibt es für die Kirche der Reformation kein Zusammenwirken von Gott und Mensch und daher auch nicht ein Mit-Wirken Marias im Erlösungswerk; vielmehr gelten „solus Christus", „sola gratia" und „sola fide".

Daher ergibt sich für die katholische Theologie die Anfrage, ob und wieweit eine Mariologie, die Maria eine „selbständige" Beteiligung am Erlösungswerk Gottes zugesteht, die christologischen Grundlagen des gemeinsamen Glaubens nicht in Frage stellt. Am „Mitwirken" Marias in der Heilsökonomie hält das Vaticanum II ausdrücklich fest, interpretiert dieses aber zugleich als Ausdruck des „freien Glaubens und Gehorsams" (LG 56). Solches „Mitwirken" Marias im Glauben kann allerdings prinzipiell nicht anders gedacht werden als in der Rechtfertigungslehre, wo ein solcher Glaube nach katholischem Verständnis nicht auf reine Passivität zu reduzieren ist. Daß sich aber auch hierin Möglichkeiten einer ökumenischen Verständigung neu ergeben, zeigt nicht zuletzt die Ausarbeitung des „Ökumenischen Arbeitskreises" zum Thema „Rechtfertigung" (1986).[34] Gegen eine mißverstehende Einseitigkeit in der Frage der „Kooperation" betont immerhin auch schon das Vaticanum II: „Jeglicher heilsame Einfluß der seligen Jungfrau auf die Menschen kommt nicht aus irgendeiner sachlichen Notwendigkeit, sondern aus dem Wohlgefallen Gottes, fließt aus dem Überfluß der Verdienste Christi, stützt sich auf seine Mittlerschaft, hängt von ihr vollständig ab und schöpft aus ihr seine ganze Wirkkraft" (LG 60).[35]

Der zweite Hauptpunkt, der eine ökumenische Verständigung insbesondere zwischen der katholischen Kirche und den Kirchen der Reformation belastet, betrifft das Thema *„Maria und die Kirche"*. Auch hier gibt es einen gewissen Konsens, der sich auf Maria als „Urbild" (Typus) der Kirche bezieht. „Urbild" wird dabei allerdings vornehmlich exemplarisch verstanden, also als „Vorbild". Die Berufung auf den *Glauben* Marias nach dem Zeugnis des Neuen Testaments bietet dazu zweifellos die legitimierende Basis. Die Einwände richten sich hierzu allerdings besonders auf gewisse theologische Übertragungen zwischen Maria und der Kirche. Maria stehe der Kirche nicht *gegenüber* in dem Rang wie Christus. Maria gehöre vielmehr ganz auf die Seite der Kirche; sie ist Mensch und nicht Gott (sie ist daher auch nicht mediatrix), und sie nimmt teil an der Geschöpflichkeit und damit auch an der Sündigkeit der Kirche.

Eine gewisse Möglichkeit zur Verständigung in dieser Frage bietet m.E. auch die schon öfter zitierte Erklärung des Vaticanum II über Maria im 8. Kapitel von „Lumen gentium". In Nr. 53 sucht das Konzil beides festzuhalten: den Vorrang Marias „vor allen anderen himmlischen und irdischen Kreaturen. Zugleich aber findet sie sich mit allen erlösungsbedürftigen Menschen in der Nachkommenschaft Adams verbunden ..."

Es bleiben Probleme, die zum Teil auf Mißverständnissen beruhen (Gebet zu Maria, Verdacht der „Anbetung" ...). Zum Teil können sie auf dem Weg differenzierender Interpretation behoben und geklärt werden.

Rosa mystica, Kuppel der Gnadenkapelle Kevelaer

Hierbei spielt das Schriftzeugnis eine erhebliche Rolle und damit verbunden die Methoden, mit denen wir die Schrift befragen und auslegen (wobei dem „argumentum e silentio" in der Tradition häufig zuviel Beweiskraft zugeschrieben wurde).

Besonders wir Katholiken müssen uns mahnen lassen, mit Hilfe des Schriftzeugnisses das *Wesentliche* zum Ausgangspunkt zu machen, das ist das Evangelium vom Heil schaffenden Handeln Gottes. In diesem Evangelium hat Maria einen bestimmten Platz, dessen Bedeutung sich von seinem Verhältnis zum Ganzen und zur Mitte des Evangeliums bestimmt. Vom Neuen Testament her sind wir gehalten, Maria als Mutter des Herrn ihre volle Würde zu belassen, die ihr von Gott her – aufgrund ihrer Berufung – zukommt, und zugleich wahrzunehmen, daß Maria mit uns auf dem Weg ist, den wir den Weg der Nachfolge Jesu nennen. Sie begleitet uns dabei als Glaubende und Hoffende und Mitleidende und als die, die daher – aufgrund eigener Erfahrung – die Leidenden zu trösten und zu ermutigen vermag. Als solche wird sie auch zur Fürsprecherin für die Glaubenden bei Gott und bei ihrem Sohn.

Anmerkungen

1 M. Schmaus, Katholische Dogmatik, Bd. 5*, München ²1961, 8.

2 Siehe das gleichnamige Bändchen von P. Meinhold, Maria in der Ökumene. Die Mutter Jesu im Neuen Testament, Wiesbaden 1978. Zum Thema wäre auf eine Reihe neuerer Beiträge hinzuweisen. Hier stellvertretend für viele andere: W. Beinert u.a., Maria – eine ökumenische Herausforderung, Regensburg 1984.

3 Vgl. etwa A. Exeler, Dem Glauben neue Bahnen brechen. Anstöße für die Praxis, Freiburg 1982 (darin: Drittes Kapitel, C.: V. Unser Sprechen von Maria, 130–136).

4 Vgl. etwa Catharina J. M. Halkes, Art. Maria/Mariologie. B: Aus der Sicht feministischer Theologie, in: NHThG 3, München 1985, 62–70; E. Moltmann-Wendel, Das Land, wo Milch und Honig fließt. Perspektiven einer feministischen Theologie, Gütersloh 1985, wo sie bemerkt, daß wir es heute mit einer massiven Rückkehr zu Maria im feministischen Gewand zu tun haben; W. Schöpsdau (Hg.), Mariologie und Feminismus (Bensheimer Hefte 64), Göttingen 1985, um nur einige Artikel zu nennen. Die verschiedenen Beiträge, die zum Teil nur den Namen „Feminismus" gemeinsam haben, bedürfen besonders aus exegetischer Sicht einer kritischen Entgegnung, die an dieser Stelle allerdings nicht geleistet werden kann und soll. – Kritische Anmerkungen zu allzu krampfhaften Neuinterpretationen der Gestalt Marias bietet H.-B. Gerl, Ist Vollkommenheit langweilig? Auf der Suche nach einer „anderen" Maria, in: Int. Kath. Zeitschrift ‚Communio' 17 (1988) 281–286. Um eine differenziertere „feministische" Sicht bemüht sich Marie-Louise Gubler, Selig, die geglaubt hat – Das Marienbild des Lukas. Überlegungen aus der Perspektive einer Frau, in: ThPQ 136 (1988) 130–139 (in Abgrenzung von einer „Typologisierung Marias" ohne „geschichtliche Konturen").

5 Evangelischer Erwachsenenkatechismus, Gütersloh ³1977, 392.

6 K. Barth, Kirchliche Dogmatik I,2, Zürich ⁶1975, 151f.

7 K. Barth, Ad Limina Apostolorum, Zürich 1967, 64f. Vgl. ders., Kirchliche Dogmatik I,2.

8 Siehe besonders: Mary in the New Testament, Philadelphia 1978 (Ergebnis einer ökumenischen Arbeitsgruppe), in deutscher Übersetzung: Maria im Neuen Testament. Eine ökumenische Untersuchung, hg. von R.E. Brown, K. P. Donfried, J. A. Fitzmyer und J. Reumann, Stuttgart 1981. Hingewiesen sei außerdem aus neuerer Zeit auf die Diskussion des Themas „Maria/Mariologie" in der Arbeitsgemeinschaft christlicher Kirchen (ACK) in den Jahren 1980–82. Siehe hieraus die Beiträge von A. Basdekis (Die Gottesmutter. Marienverehrung und Marienfrömmigkeit in der orthodoxen Theologie und Kirche) und D. Ritschl (Überlegungen zur gegenwärtigen Diskussion über Mariologie), in: ÖR 31 (1982) 424–442 und 443–461.

9 Siehe besonders die Studie des Catholica-Arbeitskreises der VELKD: Maria. Evangelische Fragen und Gesichtspunkte. Eine Einladung zum Gespräch vom 26. März 1982.

10 Neues Glaubensbuch. Der gemeinsame christliche Glaube, Freiburg 1973, Nr. 28, wo freilich im Blick auf die Ökumene noch etwas resignativ bemerkt wird: „Weniger als sonst haben wir hier von Bemühungen um Verständigung, von der Aussicht auf Konsens zu berichten" (ebd. S. 609).

11 Siehe aus neuerer Zeit u. a. auch E. Moltmann-Wendel, H. Küng, J. Moltmann (Hg.), Was geht uns Maria an? (GTB 493), Gütersloh 1988.

12 Vgl. besonders W. Löser, Marienlehre und Marienfrömmigkeit in der katholischen Kirche – nach neueren lehramtlichen Verlautbarungen, in: ÖR 31 (1982) 411–424; W. Beinert. Art. Maria/Mariologie. A: Systematik, in: NHThG 3, München 1985, 53–62.

13 Vgl. auch Art. 60 im gleichen Kapitel: „Ein einziger ist unser Mittler nach dem Wort des Apostels ... (1 Tim 2,5-6)." Zur Anwendung des Titels „Mittlerin" auf Maria bemerkt J. Ratzinger in seiner Einleitung zur „Dogmatischen Konstitution über die Kirche" (Münster 1965, S. 18), „daß dieses Wort nicht den Rang eines präzisen theologischen Begriffes hat; es ist ein Titel, der nicht aus der Relation des Gebetes herausgelöst werden und in eine unsachgemäße Sachlichkeit transponiert werden darf".

14 Mit unserem Beitrag möchten wir nicht die Gesichtspunkte außer acht lassen, an die die Enzyklika „Redemptoris Mater" von Papst Johannes Paul II. (25.3.1987) erinnert hat, indem sie einen betont biblischen Leitfaden zugrundelegt. Der Text der Enzyklika liegt vor in: Maria – Gottes Ja zum Menschen, mit einer Hinführung von Joseph Kardinal Ratzinger und einem Kommentar von Hans-Urs von Balthasar, Freiburg 1987. Zu der besonderen Hermeneutik der Schriftaussagen in dieser Enzyklika vgl. K. Kertelge, Maria im Neuen Testament. Schriftgebrauch und Schriftauslegung in der Enzyklika Redemptoris Mater, in: KNA – Ökumenische Information Nr. 38, 16.9.1987, 5–8.

[15] Hierzu besonders K. H. Schelkle, Die Mutter des Erlösers. Ihre biblische Gestalt, Düsseldorf [3]1967; A. Smitmans, Maria im Neuen Testament, Stuttgart 1970; H. Räisänen, Die Mutter Jesu im Neuen Testament, Helsinki 1969; L. Scheffczyk, Das biblische Zeugnis von Maria: Maria in der Heilsgeschichte, Wien 1979; R. Mahoney, Die Mutter Jesu im Neuen Testament, in: G. Dautzenberg u. a. (Hg.), Die Frau im Urchristentum (QD 95), Freiburg 1983, 92–116; F. Mußner, Die Mutter Jesu im Neuen Testament, in: W. Beinert u. a. (a. a. O.), 9–30.

[16] Als „Vettern" und „Cousinen" Jesu werden sie seit der Zeit der Alten Kirche traditionell verstanden. Siehe hierzu besonders J. Blinzler, Die Brüder und Schwestern Jesu (SBS 21), Stuttgart 1967. Um eine konsequent historische-kritische Erklärung des Problems ist R. Pesch bemüht – allerdings auch mit dem Risiko, die dogmatischen Anfragen zu vernachlässigen: Das Markusevangelium I (HThK II,1), Freiburg 1976, 322–325; Exkurs: Zur Frage der Brüder und Schwestern Jesu; dazu ders., Nachtrag zur 3. Auflage, 1980, 453–462 (mit weiteren Differenzierungen und Diskussionsbeiträgen).

[17] Zürcher Bibel: „die Seinigen". Ebenso die Kommentare zum Markusevangelium von J. Gnilka, R. Pesch und J. Ernst.

[18] R. Schnackenburg, Das Evangelium nach Markus I (Geistliche Schriftlesung NT 2,1), Düsseldorf 1986, 85.

[19] Vgl. auch den vorhergehenden V. 35: „Denn ich bin gekommen, einen Menschen mit seinem Vater zu entzweien und eine Tochter mit ihrer Mutter . . ." (nach Mt 7,6). Diese Worte stehen in einer Spruchreihe (Mt 10, 16–39) zum Thema „furchtloses Bekenntnis".

[20] R. Pesch, Das Markusevangelium I, 224.

[21] Das „Lernen" des Gehorsams blieb nach Hebr 5,8 selbst dem Sohne Gottes nicht erspart.

[22] Vgl. Gal 1,19; 1 Kor 9,5.

[23] Siehe hierzu die Kommentare zum Lukasevangelium von H. Schürmann, G. Schneider und J. Ernst, die sehr instruktive exegetische Untersuchung von R. E. Brown, The Birth of the Messiah. A Commentary on the Infancy Narratives in Matthew and Luke, New York 1977, sowie die eingehende Analyse und ökumenisch akzentuierte Interpretation von U. Wilckens (Hg.), Zur Theologie der Kindheitsgeschichten. Der heutige Stand der Exegese, München und Zürich 1981, 49-73.

[24] Vgl. hierzu besonders R. Schnackenburg, Das Johannesevangelium III (HThK IV,3), Freiburg 1975, 326f.

[25] H. Schürmann, Jesu letzte Weisung Jo 19,26–27c, in: ders., Ursprung und Gestalt, Düsseldorf 1970, 13–29, bes. 20–25.

[26] R. Schnackenburg, a. a. O. 324.

[27] R. Schnackenburg, ebd.

[28] Aus neuester Zeit sei hierzu verwiesen auf G. L. Müller, Was heißt: Geboren von der Jungfrau Maria? Eine theologische Deutung (QD 119), Freiburg 1989.

[29] Vgl. schon Justin, Dial. 100, und besonders Irenäus, Adv. haer. III 22,3: „Was die Jungfrau Eva durch ihren Unglauben gebunden hatte, das löste die Jungfrau Maria durch ihren Glauben"; ferner V 19j,1. Siehe außerdem die Konstitution des Vat. II LG Art 56 und die dort verzeichneten Väterstellen. Als „neue Eva" wird Maria auch in LG Art 63 bezeichnet. – Zur Bedeutung der patristischen Aussagen seit Justin und Irenäus für die Entwicklung der Mariologie vgl. A. Müller, in: MySal 3,2, 397–404.

[30] Der Schwierigkeit, die die in der katholischen Tradition geläufige typologische Anwendung alttestamentlicher Texte auf Maria dem protestantischen Schriftverständnis bereitet, sucht B. Langemeyer zu begegnen mit seinem Aufsatz: Konziliare Mariologie und biblische Typologie. Zum ökumenischen Gespräch über Maria nach dem Konzil, in: Cath (M) 21 (1967) 295–316.

[31] Zu „Parallelität" zwischen „Abraham, dem Vater der Glaubenden, und Maria, der Mutter der Glaubenden", vgl. besonders Joseph Kardinal Ratzinger, „Du bist voll der Gnade". Elemente biblischer Marienfrömmigkeit, in: Intern. Kath. Zeitschrift ‚Communio' 17 (1988) 540–550, hier 544.549f.

[32] Siehe oben Anm. 9.

[33] K. Barth, Kirchliche Dogmatik I,2, 151–160.

[34] In: K. Lehmann und W. Pannenberg (Hg.), Lehrverurteilungen – kirchentrennend? I, Freiburg 1986.

[35] Vgl. W. Löser, Marienlehre (a. a. O.), 414–419.

Isa Vermehren

Maria – Mutter des Glaubens

Es ist seltsam: eine lange Zeit hindurch hat man den Katholiken vorgeworfen, sie neigten dazu, der Muttergottes mehr Andacht und Glauben zu bezeugen als ihrem göttlichen Sohn, unserem Erlöser Jesus Christus. Heute wirft man der Kirche vor, den Menschen ein einseitig maskulines Gottesbild vor Augen gestellt zu haben, das wesentlich schuld sei an der Unterdrückung der Frau in der Kirche und der abendländischen Gesellschaft überhaupt.

Dabei hat sich der Glaube an Gott, den Vater im Himmel und den Vater Jesu Christi, von Anfang an auch verstanden und artikuliert als Glaube an Maria, die von Gott auserwählte Mutter seines menschgewordenen Sohnes und an Maria, die von ihrem Sohn seinen Jüngern, also auch uns

Maria, Mutter des Herrn, von Friedrich Stummel, Antoniuschor der Marien-Basilika Kevelaer

als Mutter gegeben wurde. Wann war unser Glaube je ein mutterloser Glaube?

Christus wollte uns nicht als Waisen zurücklassen, darum sandte er uns seinen Geist. Durch ihn haben wir Zugang zum Vater, wie er bisher nur dem Sohn offengestanden hatte. Mit Recht nennen wir uns darum seit unserer Taufe Kinder Gottes; durch sie wurden wir mit dem Geist der Sohnschaft erfüllt. Gott ist nicht nur unser Schöpfer und Erhalter, er ist nun wahrhaft unser Vater und Vollender.

In vielen Gleichnissen hat der Herr uns deutlich zu machen versucht, wer, vor allem wie der Vater im Himmel uns Menschen gesonnen ist. Die

Der verlorene Sohn und der barmherzige Vater, Portal der Beichtkapelle Kevelaer von Roland Friederichsen, Detail

ergreifendste Darstellung der Vaterliebe Gottes ist die Geschichte vom verlorenen Sohn. Sie ist wegweisend und maßgebend für das Verständnis christlicher Vaterschaft. Es gibt kein entsprechendes Gleichnis für die Mutterschaft, nur das eine zu Herzen gehende Bild, das der Heiland auf sich selber anwendet: „wie eine Henne ihre Küchlein unter ihre Flügel sammelt . . .", so wollte er die Kinder Jerusalems bei sich bergen. Statt einer eigenen Gleichnisrede aber gibt es die Gestalt der Mutter selber, Maria. Sie wurde vom Vater von Ewigkeit her erwählt, die Mutter seines Sohnes zu sein, in ihrem Schoß die Frucht der Überschattung durch den Heiligen Geist zu einem Menschenkind heranwachsen zu lassen und ihm sein einzigartiges Leben zu schenken.

Als der Sohn vom Kreuz herab die verfügenden Worte sprach: „Frau, siehe da, dein Sohn", da lenkte er die Liebe seiner Mutter von sich weg auf den Jünger, den er liebte und damit zugleich auf alle, die auf sein Wort hin sich dieser Liebe anschließen und anvertrauen würden. In dieser Stunde wurde Maria auch unsere Mutter. Der Vater weiß, was wir brauchen, noch ehe wir ihn darum bitten (Mt 6,8); er weiß auch, daß die wichtigste Mitgift zur Bewältigung des Lebens für jeden Menschen eine gute Mutter ist.

Wahrhaftig, er hat uns nicht als Waisen zurückgelassen, sondern er, der Sohn des Allerhöchsten, hat uns hineingenommen in seine Liebe zum himmlischen Vater und hat uns gleichzeitig der Liebe seiner irdischen Mutter anvertraut.

Am Anfang von Marias Mutterschaft steht ein Doppeltes: ihre Erwählung durch Gott und ihr Glaube an diese Erwählung, ihre Einwilligung. „Selig bist du, weil du geglaubt hast", so grüßt Elisabeth Maria und nennt sie „die Mutter meines Herrn". Können wir aus dem wenigen, das uns das Evangelium von dieser Mutter berichtet, dennoch die Merkmale ablesen, die durch alle Jahrhunderte hindurch maßgeblich waren für das christliche Selbstverständnis einer Mutter?

Drei Kennzeichen, meine ich, springen ins Auge:

– Maria empfängt ihr Kind als Gabe von Gott, nicht als ihr Eigentum, sondern als ihr anvertraut. Es wird seine eigene Berufung haben. Ihre Aufgabe ist es, das Kind bis an diese Schwelle zu führen.

– Nach einer Reihe von Jahren, in denen das Kind „ihr untertan" war und in denen sie es ernährt, erzogen, unterwiesen hat in allem, was es wissen muß, um sein Leben selbstverantwortlich führen zu können – praktisch, sittlich, religiös – entläßt sie es in seine eigene Freiheit, sein eigenes Schicksal, geprägt von Gnade, Schuld und wieder Gnade und über das weder sie noch Josef zu bestimmen haben, sondern allein der mündig gewordene Sohn selber und Gott, der Herr des Himmels und der Erde.

– Maria bleibt ihrem Sohn treu bis ans Ende. Sie folgt ihm auf allen Höhen und in den Tiefen seines Lebensweges, hält die Nähe ebenso aus wie die Ferne, die vielen kleinen und großen Abschiede, die er von ihr nimmt, die wechselvollen Erfahrungen hingebungsvoller Begeisterung und haßerfüllter Ablehnung, die ihm zuteil wurden, die unerträgliche Spannung, die ihn schließlich sein Leben kostete: sein Gehorsam in der Liebe zum Vater und zu den Menschen. Die Mutter bleibt ihm treu bis ans Ende, bis über das Ende hinaus, bis zum neuen Anfang, beseelt von dem einzigen Wunsch und Verlangen: daß ihr Kind lebe, daß es überlebe, daß es im Leben bleibe. Es ist derselbe Wunsch, den auch der Vater des verlorenen Sohnes zum Ausdruck bringt, wenn er voll Freude sagt: „Mein Sohn war tot und lebt wieder, er war verloren und ist wiedergefunden worden."

Es ist die tiefste Absicht von Gottes Schöpferliebe, daß wir leben! Und darum ist das untrüglichste Merkmal väterlicher und mütterlicher Liebe

Die Heilige Familie. „Er ging mit ihnen nach Nazareth und war ihnen untertan, und seine Mutter bewahrte alle diese Worte in ihrem Herzen" (Lk 2,51). Von Friedrich Stummel, Josephs-Chor der Marien-Basilika

die Selbstlosigkeit, mit der sie wünschen und wollen, daß ihre Kinder leben um ihrer selbst, um des Lebens willen, das Gott ihnen geschenkt hat, um Gottes willen, der sich selbst als Sinn und Ziel und Erfüllung allen Lebens uns zu erkennen gegeben hat.

Was hat es bewirkt, wodurch ist es gelungen, dieses Wissen: „ich/wir haben eine Mutter" so tief in den Herzen der Christen zu verankern?

Die Menschwerdung Gottes ist kein punktuelles Ereignis „damals in Judäa . . .", sondern etwa so, wie ein ins Wasser geworfener Stein immer weitere Wellenkreise erzeugt, bis diese schließlich an alle Ufer des Teiches schlagen, so hat auch das Kommen Gottes im Fleisch seine ausstrahlende Wirkung bis an die Grenzen der Erde.

Die beiden ersten Menschen, die von diesem Ereignis ergriffen, betroffen, vereinnahmt wurden, waren Johannes der Täufer und Maria, mittelbar um ihretwillen auch Elisabeth und Zacharias und Josef, Marias Verlobter. Dann ergreift es die Hirten, die Weisen aus dem Morgenland, den greisen Simeon und die Prophetin Anna.

Direkt vom Ruf des Herrn erfaßt werden die Zwölf, angezogen werden die Siebzig, die er aussendet, die Frauen, die ihm folgen und die in der Ferne stehend den Ereignissen seiner Kreuzigung ganz nah verbunden bleiben und am Ostermorgen die ersten bei ihm sind, schließlich die Fünfhundert, von denen der Apostel Paulus spricht, Paulus selber und alle, die sich auf sein und das Wort der anderen Apostel hin bekehren.

Der konkrete Ausgangspunkt dieser immer weiter um sich greifenden Entwicklung bleibt das Ja-Wort Mariens zu Gottes unerhörtem Vorhaben. Das Wachstumsgesetz dieser Entwicklung ist immer dasselbe und ist uns vorgelebt und vorgezeichnet von Maria: das erste Wort spricht Gott – wie bei Maria; der Mensch hört dieses Wort – wie Maria (oder er hört es nicht); er nimmt es auf – wie Maria (oder lehnt es ab); das heißt: er glaubt – wie Maria (oder verweigert den Glauben). Wer das Wort aufgenommen hat, verlangt nach mehr von seiner Wahrheit und fühlt sich gedrängt, es weiterzugeben – wie Maria.

Der entscheidende Sprung in dieses Mehr, in das Bekenntnis zu diesem Wort ist der Empfang der Taufe. Sie bewirkt unsere Neugeburt, weil sie uns jenes eigentliche, heilige Leben, das göttliche Leben vermittelt, um dessentwillen es überhaupt sinnvoll ist, eine unsterbliche Geistseele zu haben, die ihre unendliche Lebenskraft niemals aus eigenen Kräften mit sättigendem Sinn füllen könnte.

Was mit dieser Erfüllung von Leben und Sinn gemeint ist, erschließt sich uns im Glauben an die Auferstehung und Himmelfahrt Jesu Christi und hat für uns definitive Gestalt angenommen in Maria, aufgenommen in den Himmel. Sie ist aus unserem Geschlecht die Nächste am Throne Gottes, und sie vermittelt uns diese Nähe ständig im Tun der Kirche, als deren Urbild Maria ja auch definiert wird.

So wie Maria durch Empfängnis und Geburt Jesu Christi den Weg zu seiner Erlösungstat geöffnet hat, so öffnet uns die Kirche durch ihr Tun – Verkündigung des Wortes und Spendung der Sakramente, in denen sich die Weitergabe des Lebens Gottes vollzieht –, den Weg zu unserer Erlösung, hinein in die Fülle dessen, was Erlöstsein bedeutet. Wie Maria hat die Kirche das Wort von Gott empfangen, um ihm Gestalt zu geben in den Gemeinden der Getauften, die im Herzen glauben, daß Christus von den Toten auferstanden ist und dieses auch mit dem Munde bekennen. Wie Maria unterweist sie ihre neugeborenen Kinder in der Gottes- und Sittenlehre, sie ernährt sie mit der Speise der Sakramente, damit der Glaube wachse und stark werde im Bekenntnis. Wie Maria entläßt sie ihre Kinder – wie oft mit bangem Herzen! – in das je eigene Zusammenspiel von Gnade und freier Entscheidung für oder gegen Gottes Wort und

Willen, für oder gegen sie selbst, die Kirche Jesu Christi. – Wie Maria folgt sie ihren Kindern in die Paläste der Reichen und die Hütten der Armen, folgt ihnen in die Eiswüsten der Eskimos, in die trockene Hitze der Sahelzone, in die stinkenden „Favelas" unserer mörderischen Großstädte, folgt ihnen in die Krankenhäuser und Gefängnisse, bis in die letzten Schluchten und Abgründe menschlicher Einsamkeit. Sie folgt ihnen ein Leben lang und findet sich, wenn man sie ruft, noch in der letzten Stunde am Sterbebett ein mit der Botschaft von der verzeihenden, barmherzigen Liebe Gottes.

Kein Wunder, daß die Christen von diesem Tun ihrer Kirche her wissen, daß sie eine Mutter haben, ja daß diese Kirche ihre Mutter ist, weil in ihr der Geist der Mutter des Herrn lebendig ist: er ist eine Ausstrahlung von Gott, der sich selber Jahwe nennt, „ich bin da – bin für euch da!"

Wie tief die Christen diese unverbrüchliche Treue Mariens als unerschöpfliche Lebenshilfe begriffen haben, läßt sich leicht belegen mit den unzähligen Wallfahrtsorten, die der Muttergottes geweiht sind und zu denen die Gläubigen in unübersehbaren Scharen gepilgert sind und pilgern. Es gibt keine Not, aus der wir nicht zu ihr rufen könnten, keine, aus der nicht zu ihr gerufen wurde! Der erste Trost, den sie gewährt, ist der, daß sie uns hört. Allein das Wissen, einer weiß um meine Not, einer weiß um mich in meiner Not, bedeutet Trost.

Beter vor der Gnadenkapelle in Kevelaer

Zu ihr rufen enthält das Eingeständnis der Verwiesenheit auf Gottes Hilfe, Eingeständnis von Grenze und Schwäche, Absage an Autonomie und Autarkie. Es rückt uns in die Nähe der Wahrheit unserer Geschöpflichkeit, ist darum Brückenschlag zu Gott. Wem der Weg zu ihm zu weit, zu steil, zu höhenflugartig vorkommt, der vertraut sich erst einmal der Mutter Gottes an, sie hält die absolute Nähe zu uns und zu ihm, sie ist die Mittlerin zum einzigen Mittler zwischen Gott und dem Menschengeschlecht, zu ihrem vielgeliebten Sohn Jesus Christus. Und so wie Maria die mütterliche Mittlerin im Himmel am Throne Gottes ist, so ist es die Kirche hier auf Erden, so lange wir auf dem Weg der mühsamen Pilgerschaft sind in der Nachfolge des Herrn.

Maria begegnet ihrem Sohn auf dem Kreuzweg. Sieben-Schmerzen-Altar von Ferdinand Langenberg, Detail, 19. Jahrhundert. Marien-Basilika

Oder ist die Kirche das nicht mehr: mütterliche Mittlerin? Vor Jahren erschien ein vielgelesenes Buch mit dem Titel „Die vaterlose Gesellschaft“. Es scheint an der Zeit, den zweiten Band zu schreiben mit der Überschrift: die mutterlose Gesellschaft. Blicken wir in die Geschichte: es waren Männer, welche die Kriege geführt und Leben vernichtet haben um irgendwelcher, letztlich untergeordneter Vorteile willen, während gleichzeitig die Frauen alle Kräfte daran setzten, das ihnen anvertraute Leben, sei es der Kleinen oder der Alten und Schwachen, zu schützen und vor dem Untergang zu retten.

Heute sind die Frauen die großen Lebensvernichterinnen, denn keine Abtreibung geschieht ohne ihre ausdrückliche Einwilligung. 300 000 geheime Morde jährlich am ungeborenen, wehrlosen Leben allein in unserem reichen Land, das ist ein deutliches Zeichen dafür, wie kinderfeindlich unsere Gesellschaft ist, wie mutterlos, ja wie gottlos. Denn Mutterliebe und Gottesliebe gibt es nur zusammen, nicht getrennt.

Der Glaube an einen liebenden Vatergott ist vielen Menschen durch die Greueltaten unseres Jahrhunderts, deren Zeugen oder gar Opfer sie waren, genommen worden. Seitdem traut sich offenbar auch die Kirche nicht mehr, sich selber als Mutter der Gläubigen zu bezeichnen, obgleich sie es doch ist. Die Christen sind mündige Menschen, heißt es, sie brauchen keine Mutter mehr. Gewiß, wenn man bei dem Wort „Mutter“ an eine lebenslange Gouvernante denkt, dann brauchen wir sicher keine Mutter mehr. Aber eine Mutter ist ja mehr und ganz etwas anderes: sie ist mit ihrer leidenschaftlichen Liebe zum Leben ihrer Kinder die Vergegenwärtigung der Vaterliebe Gottes in diesem oft recht jammervollen Leben; ihre Liebe ist so viel wie eine Garantie, daß unsere Hoffnung auf Leben und Lebenserfüllung nicht vergeblich ist, daß wir über alle vernichtenden Erfahrungen hinweg an Liebe und Leben glauben dürfen. Das ist auch die Botschaft der Kirche!

Maria, aufgenommen in den Himmel, Königin der Engel und Patriarchen, aller Apostel und Märtyrer – sie ist das große, leuchtende Zeichen am Horizont unserer Geschichte, der durchdringende Strahl jenes Lichtes, das in der Finsternis leuchtet.

Maria, aufgenommen in den Himmel, Buchmalerei von Friedrich Stummel im Rituale zur Erteilung des Päpstlichen Segens, Marien-Basilika

Joseph Ratzinger

Nicht unmöglich ist es für Gott, in seiner Schöpfung zu handeln

Wenn wir in dieser Stunde Gott feiern, dann treten wir hinein in das Beten der Jahrhunderte, die hier ihre Leiden und Freuden zur Mutter aller Gnaden getragen haben. Wir bitten in dieser Stunde um den Heiligen Geist, daß er uns Licht sei und Weg für diese Tage, für diese Zeit, und wir tun es im Hinschauen auf Maria, in Gemeinschaft mit ihr, die von einem alten Gebetswort „Gefäß des Heiligen Geistes" genannt wird. Darin verdichtet sich, was die Heilige Schrift uns von ihr sagt, daß sie nicht ein Mensch war, der in sich geschlossen sich selbst zu vollenden und zu verwirklichen suchte, sondern ein ganz offener, ein Mensch, der nicht einfach aus *sich* lebte, sondern vom Geist erfüllt, im Geheimnis des Heiligen Geistes. Und wenn sich so in dieser Stunde der Zusammenhang Maria und der Heilige Geist aufdrängt, dann verbinden wir nicht mit der Gewalttätigkeit eigener Spekulationen zwei Wirklichkeiten, die eigentlich weit auseinanderliegen, sondern wir sehen auf einen inneren Zusammenhang hin, der uns Licht gibt, denn der Heilige Geist, verborgen und geheimnisvoll, macht sich uns sichtbar, hörbar, verständlich und nahe durch Menschen hindurch, in denen er wirkt und die sich ihm öffnen.

Und umgekehrt, diese Frau Maria tritt aus der Vergangenheit mitten in unsere Gegenwart hinein gerade dadurch, daß sie nicht nur sie selbst war, sondern in dem Beständigen lebte, in der Gnade des Heiligen Geistes. Wenn wir so von ihr uns führen lassen wollen, um *geistlich* zu werden, um darum *lebendig* zu werden, das wahre Leben, das Beständige zu finden, dann drängt sich uns natürlich die Frage auf: Wie ist das, wenn ein Mensch geistlich ist, voll des Heiligen Geistes, Gefäß des Geistes, aus und mit ihm lebend?

Die Lesungen aus der Heiligen Schrift, die uns eben begegnet sind, stellen uns gleichsam *drei Bilder* vor die Seele, in denen etwas davon sichtbar wird. *Das erste: Der Engel tritt zu Maria ein und grüßt sie.* Maria ist ein Mensch, der wach genug ist nach innen und nach oben, um den Engel wahrzunehmen und seinen Gruß zu hören; ein Mensch, dessen Welt nicht in dem Greifbaren endet, dessen Ohren nicht so vollgeschrien sind von dem Laut dieser Welt, dessen Augen nicht so geblendet sind von ihren Bildern, daß sie durch sie hindurch ins Ganze hineinsehen und hineinhören können. Und er grüßt sie: Freue dich, Maria, denn du bist voll der Gnade. Sie kann sich freuen nicht um irgendwelcher banaler Erfolge wegen, sondern freuen aus dem eigentlichen und tiefsten Grund heraus: weil sie voll der Gnade ist. Und im Geist der Heiligen Schrift dürfen wir dieses „voll der Gnade" auch übersetzen: voll des Heiligen Geistes, denn die Gnade ist ja nicht irgendein Ding, das Gott uns gibt, sondern Gottes Gabe ist er selbst. Die Gnade, die er gibt, ist eben dies, daß er uns anrührt, daß er mit uns in Gemeinschaft tritt, daß er unser wird und so wir seiner

„Der Engel des Herrn brachte Maria die frohe Botschaft.“ Altarbild der Gnadenkapelle Kevelaer, 17. Jahrhundert

und damit offen, weit und groß und wahrhaft wir selbst werden. Die Gnade, das ist Gott als der Sich-schenken-Könnende, Gott als Gabe, als sich mitteilende Kraft, und das heißt eben, der Heilige Geist, durch den wir in die mitteilende Macht, in die dreifaltige Liebe Gottes hineingeführt werden. Du bist voll des Heiligen Geistes. Das heißt noch einmal, sie ist ein Mensch, dessen Atemraum, dessen Lebensraum nicht nur das Zuhandene, sondern der Grund aller Dinge, der lebendige Gott, die schöpferische Liebe ist. In ihm bewegt sie sich, lebt sie und ist sie.

Und nun fragen wir noch einmal: Wie ist das praktisch? Und wieder bietet uns die Schrift eine Reihe von Bildern an, in denen es sichtbar wird. Nehmen wir ein erstes, das Magnifikat, das Gebet, in dem sie Elisabet begrüßt und ihren Gruß beantwortet. Wir können dabei ruhig jene etwas allzu besser-wisserischen Einsprüche beiseite lassen, die uns sagen, so könne ja Maria nicht gesprochen haben, das sei zu gelehrt, zu überlegt, zu bedacht, das müsse irgendwann von urchristlichen Lehrern komponiert worden sein. Lukas, die Kirche des Anfangs, die näher am Ereignis war, wußte, daß dies gleichsam ihr Originalton gewesen ist, daß darin sie selbst uns hörbar und sichtbar wird.

Wenn wir Maria so zuhören, was vernehmen wir? Zunächst einmal dies, daß sie ein Mensch ist, der in der Nähe Gottes lebt, für den Gott nicht irgend etwas Aufgesetztes ist, das man in bestimmten Stunden dann herbeiruft, etwas im Grunde Fremdes und Äußerliches, sondern der innere beständige Raum ihres Lebens. Daß sie ein betender Mensch ist, der vom Grund her im Gespräch mit Gott, im Miteinandersein mit ihm lebt und der daher mit ihm zu reden weiß, dem Gottes Worte eigene Worte geworden sind, weil Gottes Wort ihm Leben geworden ist. Das Wunderbare an diesem Gebet ist ja, daß es ein Geflecht von Worten der Bibel ist, die nun doch nicht irgendwo künstlich aneinandergereiht sind, sondern aus dem Inneren eines Lebens heraustreten. Sie lebt im Wort, so daß Gottes Wort ihr Wort wird und ihr Leben ist.

Gottes Wort ist Gegenwart des Heiligen Geistes unter uns. In ihm spricht er, und wenn Maria also zuhause ist in Gottes Wort, dann heißt es, daß sie durch dieses Daheimsein im Wort Gottes voll des Geistes ist; und dazu zuerst will sie uns hinführen, daß Gottes Wort für uns nicht eine fremde, erhabene Sache sei, die wir vielleicht am Festtag irgendwann aufschlagen und wieder beiseite legen, und nicht irgendwie ein Studienobjekt, das wir aufspießen, wie man Schmetterlinge in einer Sammlung zusammenstellt, wie man Dinge analysiert und zerlegt, sondern Raum des Lebens, in dem wir daheim sind, in dem unser Zuhause ist. Man spürt es, wie da nicht nur ihr Verstand ein paar Worte gedacht hat und nachsprechen kann, sondern wie sie vom Grund ihres Lebens her durchdrungen ist, Bewußtes und Unbewußtes schauen, denken und sehen, die Person eins geworden ist, bis in den Grund des Unbewußten hinunter durchtränkt und durchdrungen ist.

Und weil es so ist, weil Maria von innen her dort hineinlebt und von dort wieder herauslebt, weil Gottes Wort lebendige Führung ihrer Tage ist und in ihr sein wird, darum lebt sie auch in Gottes Willen. Darum ist ihr dieser Wille nicht ein fremdes Gesetz, das sie vergewaltigt, gegen das sie sich wehrt, sondern von innen her kommender Ruf. Daraus kommt ihre Fühlsamkeit für die Antriebe, für das Wollen Gottes in jeder Stunde, etwa wenn wir an Kana denken, wo sie durch das Wort der Abweisung hindurch spürt, was zu geschehen hat, einfach dieses Sich-Öffnen, dieses Sich-Lassen an ihn. Und dann den ganzen Weg hindurch immer neu dieses Ihn-Lassen, dieses Ihn-Freigeben und Sich-darin-Freigeben, worin sie das Grundwort ihres Lebens einlöst: Mir geschehe, wie du gesagt hast – das Einwilligen in Gottes Wille, das daraus wächst, daß sie zunächst eingesenkt ist in Gottes Wort und in Gottes Sinn.

„Voll des Heiligen Geistes." Dieser Gruß, der uns erkennen läßt, aus welchem Grund sie lebt und von wo sie die innere Einheit ihrer Person empfangen hat, der läßt uns nun auch *die zweite Rede des Engels* verstehen: „Heiliger Geist wird über dich kommen, und du wirst einen Sohn gebären. Man wird ihn Sohn Gottes nennen." Schöpfungsmorgen wiederholt sich darin. So wie damals über dem Abgrund der Heilige Geist schwebte und Chaos in Kosmos, Nichts in Sein verwandelte, so wie die Kraft des Heiligen Geistes Schöpfung rief, daß ein Raum sei für Gottes

Liebe, so ist nun wieder Heiliger Geist über der, die ganz offen ist für ihn und die so gleichsam die heilige Erde für Gottes neue Schöpfung wird. Gott beginnt in der Schöpfung neue Schöpfung, und erst damit wird sie ganz, indem er sie in sich hineinführt, sich der Schöpfung eint und die Schöpfung ihm selbst.

Und wieder brauchen wir uns durch jene aufgeklärte Banalität nicht beunruhigen zu lassen, die uns sagt, so etwas kann gar nicht geschehen, durch jene Banalität, die sich nur an das hält, was der mittleren Erfahrung jeden Tag zugänglich wird, und die uns sagt, außerdem hätte das ja gar keinen Sinn, was sollten wir damit anfangen. Unmöglich für Gott ist

„Von nun an werden mich selig preisen alle Geschlechter." Grundstein unter dem Schrein mit dem Gnadenbild in Kevelaer, im alten Bildstock, errichtet von Hendrick Busman und seiner Frau Mechel. Anno 1642

nur das Widersinnige, das Absurde, das Unmoralische, das Gottes-Unwürdige. Aber nicht unmöglich ist es für Gott, in seiner Schöpfung zu handeln. Nie hat er sie aus den Händen gelassen. Nicht unmöglich ist es für Gott, dies Ganze seiner Schöpfung immerfort in Händen zu halten. Nicht unmöglich ist es für ihn, mit ihr sich zu einen und darin das Neue zu tun. Und dies gerade ist das Wesentliche: Gott hat die Schöpfung nicht aus der Hand gelassen, und Gott ist nicht nur ein Gott der Gedanken und der Ideen und der Meinungen; Gottes Macht endet nicht an der Grenze der Materie und ihrer Gesetze; die ganze Schöpfung gerade auch als Materie ist nur eine, und die ganze Schöpfung ist aus dem Grundgesetz seiner Liebe geboren und von ihm geprägt. Wie sollte seine Liebe plötzlich Ohnmacht sein in dieser Schöpfung? Gerade dies ist wichtig, und heute in der Bedrängnis der Schöpfung verstehen wir es wieder neu, wie sehr es wesentlich ist, daß auch die Materie ihm gehört, daß es nur eine Schöpfung Gottes gibt und daß er in ihr bis in ihren Grund hinab da ist und sie in seine Hände nimmt. Neuschöpfung geschieht in ihr, indem er als Geist *Macht* ist darin und selbst Geschöpf wird und doch ihr Schöpfer bleibt.

Und wenn uns gesagt wird, aber die Mythen erzählen doch alle das Gleiche, dann müssen wir das Prinzip Newmans anwenden, der uns zunächst unterscheiden lehrt: Alle die Mythen, die Ähnliches erzählen, sind bei näherem Hinschauen doch mehr unähnlich als ähnlich zu dem, was in der Stunde zu Nazaret geschieht. Aber sie haben auch ihre Ähnlichkeit. Gerade damit weisen sie auf die Wahrheit hin, die im Spiele ist, nämlich daß in der Tat im Geheimen die Schöpfung darum weiß, daß Gott sie will, daß Gott selbst sein Geschöpf werden kann und dadurch das Geschöpf Gott werden läßt. In all diesen Mythen ist das Zugehen der Sehnsucht des Menschen auf das Geheimnis Jesu Christi da, das Rufen nach ihm, nach der neuen Schöpfung, das Rufen nach dem Sohn, damit wir Söhne und Töchter werden, Kinder Gottes, die die Erlösung der Schöpfung sind.

Maria inmitten der Apostel, Altarantependium von Hans Dinnendahl, Hauskapelle des Priesterhauses Kevelaer

Und von da aus finden wir den Weg zu dem *dritten Bild: Maria mit den Aposteln,* mit den Verwandten Jesu, mit den 120 Jüngern, die geblieben sind, betend, vereint *im Abendmahlssaal.* Und über diese betende Gemeinschaft kommt wiederum der Schöpfergeist, und so wird sie Kirche. Wir erfahren an dieser Stelle, wie Kirche zustande kommt; nicht durch Beschlüsse, durch Resolutionen, durch Pläne; Kirche kann nicht gemacht, sie muß geboren werden, weil sie lebendig ist. Und zu diesem Geboren-Werden der Kirche gehört immer beides, die Kreatur, die offen ist für das Geheimnis des Heiligen Geistes, die sich nicht schließt, um sich selbst zu genügen, sondern öffnet und ausstreckt nach ihm, und dann sein Handeln.

Lukas hat ganz bewußt den Anfang seines Evangeliums und den Anfang der Apostelgeschichte der Kirchengeschichte parallelisiert. Beide Male geschieht am Anfang Geburt Jesu Christi, beide Male steht am Anfang Maria, beide Male steht am Anfang das Wirken des Heiligen Geistes, und so zeigt er uns, daß in der pfingstlichen Stunde nun für die ganze Weite der Geschichte in der Geburt der Kirche, in der Geburt seines weltumspannenden Leibes das endgültig wird, was in der Stunde zu Nazaret begonnen hat.

Maria steht in der Mitte, und sie verkörpert beides, die leibliche Nähe zu Jesus, die immer für die Kirche entscheidend ist, weil sie immer Leib ist und nie bloß Idee, weil sie immer von jenem Anfang, von ihrem schöpferischen Beginn in Nazaret her lebt, und das Wirken des Geistes, der der Schöpfergeist ist und Kirche schafft. Sie verkörpert beides, und so läßt sie uns sichtbar werden, wie auch in dieser Stunde Kirche geboren werden kann, denn Maria ist nicht bloß irgendein abstrakter Typus, an dem man einiges über das christliche Leben ablesen könnte, und sie ist nicht bloß eine Figur einer fernen Vergangenheit, sondern zu diesen beiden ineinandergehörenden Geschichten am Anfang des Evangeliums und der Apostelgeschichte gilt, was der heilige Bernhard über die wesentlichen Gründungsereignisse des Christlichen sagt: *semel et est semper,* einmal, das heißt, es ist beständig.

So ist Maria nicht einfach Vergangenheit, nicht eine Figur des Damals und nicht Abstraktion, sondern sie ist und bleibt die Mutter, und nur im Versammeltsein mit ihr, in diesem Einssein mit der Gnadenvollen, können wir immer neu Geburt der Kirche empfangen. Wir wollen in dieser Stunde darum beten, daß auch heute wieder Kirche geboren werde, daß Christus durch den Glauben Gestalt annehme in uns.

Predigt zur Eröffnung des 10. Mariologischen Weltkongresses in Kevelaer am 11. September 1987.

Friedrich Janssen

Die Lehre der Kirche über Maria

Wer von Maria reden will, muß Gottes Gnade rühmen, die sich an diesem Menschen maximal manifestiert hat: „Im Hinblick auf ihn (Christus) wurde sie von Gott Vater seit aller Ewigkeit auserwählt als die ganz heilige Mutter und mit Gaben des Heiligen Geistes geschmückt, wie sie in solcher Fülle niemand sonst geschenkt wurden"[1]. Mariologie ist aber zugleich ein Loblied auf die Mitwirkung Mariens mit der Gnade, wobei ihre Kooperation freilich nur durch Gottes personale Zuwendung (das meint Gnade) initiiert, ermöglicht und vollendet worden ist. Das paulinische Wort: „Durch Gottes Gnade bin ich, was ich bin, und sein gnädiges Handeln an mir ist nicht ohne Wirkung geblieben" (1 Kor 15,10) findet auch und gerade in den marianischen Wahrheiten seine volle Bestätigung.

Wenn wir die Kernelemente: Göttliche Gnade und Marias Mitwirkung und damit eigentlich die Quintessenz der mariologischen Dogmen bereits an den Anfang unserer Reflexionen stellen, so deswegen, um die beiden Pole einer authentischen Mariologie zu markieren:

1. Was die Kirche von Maria lehrt, hat nichts mit der Verabsolutierung eines Menschen zu tun, vielmehr geht es um die Glorifizierung Gottes, der aus reiner Gnade (gratia), also gratis, umsonst, ungeschuldet sich Maria zugewandt und gnädig an ihr gehandelt hat, so daß sie im Magnifikat jubeln darf: „Der Mächtige hat Großes an mir getan" (Lk 1,49). So sagt auch Papst Paul VI.: „Höchstes und letztes Ziel aller Marienverehrung ist die Verherrlichung Gottes"[2]. Marienlob ist immer Gotteslob.

2. Die Gnade Gottes wirkt nicht automatisch, sondern postuliert das freie Ja des Menschen zur göttlichen Heilsinitiative. Der Mensch ist keine Marionette, sondern ein vernunft- und freiheitsbegabtes Geschöpf und darum eine dialogische Existenz, die auf Gottes Ruf und Wort Antwort geben kann und soll. Gott zwingt sich dem Menschen nicht auf, „er polt die Natur der freien Kreatur nicht um"[3]. Gottes Allmacht „erweist gerade dadurch ihre Souveränität, daß sie nicht alles alleine tut, sondern die Kreaturen zum Mittun einlädt, wo immer das möglich ist ... Unbeschadet der Priorität der Gnade wird dem ‚Gott allein' mehr Genüge getan, wenn der Mensch nicht aus-, sondern eingeschaltet wird, wenn die Allwirksamkeit Gottes die Mitwirksamkeit des Menschen einschließt"[4]. Dieses Prinzip der Einschaltung der Geschöpfe und deren Einladung zur Kooperation ist ein fundamentales Gesetz, das sowohl in der Schöpfungs- als auch in der Erlösungsordnung gilt, folglich auch in der konkreten Heilsgeschichte im Leben Marias. So kommt denn dem „Fiat": „Mir geschehe, wie du es gesagt hast" (Lk 1,38), durch das die „Magd des Herrn" (ebd.) ihren Glauben, ihre Ganzhingabe an den Willen Gottes und damit ihre Bereitschaft zur Mitwirkung im göttlichen Heilsplan zum Ausdruck bringt, eine zentrale Bedeutung zu. Das Zweite Vatikanische Konzil sagt, „daß Maria nicht bloß passiv von Gott benutzt

Maria, Königin aller Heiligen. Buchmalerei von Friedrich Stummel im Rituale zur Erteilung des Päpstlichen Segens, Marien-Basilika Kevelaer

Sanctorum, quibus solemnitatibus major peregrinorum numerus confluere solet, una dumtaxat vice, omnibus devotionis causa ibi adunatis, dummodo confessi et sacra synaxi refecti fuerint.

Ex aedibus Vaticanis die 10 Maji 1884.
benigne annuimus secundum preces. Leo PP XIII.

wurde, sondern in freiem Glauben und Gehorsam zum Heil der Menschen mitgewirkt hat"[5].

Gottes Heilshandeln an Maria und deren kooperatives Fiat sind Grunddaten, die im folgenden anhand der einzelnen mariologischen Glaubenswahrheiten verifiziert werden sollen.

Die mariologischen Dogmen im Sinnzusammenhang

1. Was ist ein Dogma?

Darstellung und Deutung der Lehre der katholischen Kirche über Maria haben ein Grundverständnis des kirchlichen Dogmas überhaupt zur Voraussetzung.

Das Dogma ist ein Satz, den die Kirche ausdrücklich (durch das ordentliche und allgemeine Lehramt oder durch eine päpstliche oder konziliare Definition) als von Gott geoffenbart verkündigt. Dabei sind zwei Momente hervorzuheben: „a) die ausdrückliche und definitive Vorlage des Satzes als einer geoffenbarten Wahrheit durch die Kirche ... und b) die Zugehörigkeit des Satzes zur göttlichen Offenbarung ... und somit sein Enthaltensein in dem Wort Gottes, wie es in der Schrift oder (und) Tradition an uns ergeht"[6]. Ein solcher Glaubenssatz ist Interpretation der göttlichen Offenbarung durch die lebendige kirchliche Tradition in der lehramtlichen Fixierung. Dem Dogma kommt dabei eine dreifache Funktion zu: Zum einen dient es der Abwehr irriger, häretischer Positionen; zum anderen der Aktualisierung einer bestimmten Offenbarungswahrheit hinsichtlich ihrer konkreten zeitgeschichtlichen Relevanz; schließlich zielt es auf die Präzisierung dessen, was Gott geoffenbart hat.

Die Offenbarungsbotschaft ist ja weder statischer Stoff noch tote Materie, sondern eine lebendige Wirklichkeit, in die es immer tiefer einzudringen, ein Glaubensschatz, den es mehr und mehr zu heben gilt. Jesu Worte selbst weisen darauf hin: „Der Beistand aber, der Heilige Geist, den der Vater in meinem Namen senden wird, der wird euch alles lehren und euch an alles erinnern, was ich euch gesagt habe" (Joh 14,26); „Wenn aber jener kommt, der Geist der Wahrheit, wird er euch in die ganze Wahrheit führen" (Joh 16,13). So ist seit der urkirchlichen Zeit ein Auslotungsprozeß vom Impliziten zum Expliziten im Gang, d. h. eine dynamische Entfaltung und/oder ausdrückliche Formulierung dessen, was in der Offenbarung enthalten ist. Die „apostolische Überlieferung kennt in der Kirche unter dem Beistand des Heiligen Geistes einen Fortschritt: es wächst das Verständnis der überlieferten Dinge und Worte durch das Nachsinnen und Studium der Gläubigen ..., durch innere Einsicht, die aus geistlicher Erfahrung stammt, durch die Verkündigung derer, die mit der Nachfolge im Bischofsamt das sichere Charisma der Wahrheit empfangen haben; denn die Kirche strebt im Gang der Jahrhunderte ständig der Fülle der göttlichen Wahrheit entgegen"[7].

Zu den Faktoren der Dogmenentwicklung gehören demnach nicht nur das kirchliche Lehramt, sondern auch – und dies wird vielfach vergessen – die Meditation und Reflexion der Gläubigen, ja im Glaubenssinn (sensus fidelium) artikuliert sich die Irrtumslosigkeit (Inerranz) der Gesamt-

Bündelpfeiler mit Kapitellen in den heraldischen Farben, von Friedrich Stummel, nach dem Vorbild von Sainte- Chapelle, Paris, Marien-Basilika

kirche: „Das heilige Gottesvolk nimmt auch teil an dem prophetischen Amt Christi ... Die Gesamtheit der Gläubigen, welche die Salbung von den Heiligen haben, kann im Glauben nicht irren. Und diese ihre besondere Eigenschaft macht sie durch den übernatürlichen Glaubenssinn des ganzen Volkes dann kund, wenn sie ‚von den Bischöfen bis zu den letzten gläubigen Laien' ihre allgemeine Übereinstimmung in Sachen des Glaubens und der Sitten äußert. Durch jenen Glaubenssinn nämlich, der vom Geist der Wahrheit geweckt und genährt wird, hält das Gottesvolk unter der Leitung des heiligen Lehramtes ... den ... Glauben unverlierbar fest. Durch ihn dringt es mit rechtem Urteil immer tiefer in den Glauben ein"[8]; „Christus ... erfüllt ... sein prophetisches Amt nicht nur durch die Hierarchie, ... sondern auch durch die Laien ... Er ... rüstet sie mit dem Glaubenssinn aus"[9], so daß der Papst, wenn er einen Glaubenssatz definiert, immer den Glauben der Gesamtkirche verkündet.

Ein sich so unter dem Impuls des Gottesgeistes aus der theologischen Reflexion des kirchlichen Lehramtes sowie aus der gläubigen Überlegung aller Getauften herauskristallisierendes Dogma[10] ist „kein Zusatz zum ursprünglichen Evangelium oder gar eine neue Offenbarung, sondern eine amtliche, für die ganze Kirche verbindliche Auslegung der einen ein für allemal ergangenen Offenbarung"[11], deren Wahrheit und Bedeutung für den Glauben transparenter gemacht werden: „Die theologisch entscheidende Funktion der ... dogmatischen Aussage ist die, das wirklich Geglaubte besser zu sehen und zu bekennen, Hilfe also für den Glauben selbst zu sein"[12]. Dogmenentwicklung und Dogmatisierung gefährden nicht die Identität der göttlichen Offenbarungswahrheiten und des Glaubens der Kirche, aber angestrahlt von den Reflektoren gläubigen Studiums, erscheint ein und derselbe Glaube in je neuem Licht.

2. Die mariologischen Dogmen

Fragen wir nach Maria im Dogma, so finden wir folgende Definitionen:
- Maria ist Mutter Gottes,
- Maria ist immerwährende Jungfrau,
- Maria ist die Immaculata (die unbefleckt Empfangene, d. h. vor der Erbschuld Bewahrte),
- Maria ist die Assumpta (die mit Leib und Seele in den Himmel Aufgenommene).

Mutter Gottes

Der Glaubenssatz von der Gottesmutterschaft Mariens basiert auf eindeutigen biblischen Aussagen. So begegnen wir im Neuen Testament allenthalben Texten, die Maria als die Mutter Jesu bezeugen (u. a. Mt 1,18; 2,11.13.20; 12,46; 13,55; Joh 2,1; Apg 1,14). Mit Ausnahme des Empfängnisaktes betonen die Kindheitsgeschichten bei Mattäus und Lukas eine „völlig reguläre Mutterschaft"[13], die sich als solche von keiner anderen unterscheidet: „Er (Josef) wollte sich eintragen lassen mit Maria, seiner Verlobten, die ein Kind erwartete. Als sie dort waren, kam für Maria die Zeit ihrer Niederkunft, und sie gebar einen Sohn, den Erstgeborenen. Sie wickelte ihn in Windeln und legte ihn in eine Krippe, weil in der Herberge kein Platz für sie war" (Lk 2,5–7).

Diese Mutterschaft ist gleichwohl durch ein besonderes Charakteristikum gekennzeichnet: Maria wird leibliche Mutter Jesu, weil sie an den Heilsplan Gottes geglaubt und ihre Bereitschaft zur Kooperation im Erlösungswerk bekundet hat. Sie wird Mutter nicht irgendjemandes, sondern des Retters der Welt: „Sie wird einen Sohn gebären; ihm sollst du den Namen Jesus geben; denn er wird sein Volk von seinen Sünden erlösen" (Mt 1,21). Durch das Ja zur Mutterschaft („Ich bin die Magd des Herrn, mir geschehe, wie du es gesagt hast": Lk 1,38) wird diese aus der rein privaten Sphäre herausgehoben und erhält eine singuläre heilsgeschichtliche Relevanz. Die Mutter Jesu ist die Mutter des Erlösers und Herrn, so daß Elisabet zu Recht ausruft: „Wer bin ich, daß die Mutter meines Herrn zu mir kommt? ... Selig ist die, die geglaubt hat" (Lk 1,43.45). Ja mehr noch: Maria ist die Mutter des Sohnes Gottes: „Er wird

Andachtsbild S. Maria Kevelaer, 17. Jahrhundert

groß sein und Sohn des Höchsten genannt werden . . . Der Heilige Geist wird über dich kommen, und die Kraft des Höchsten wird dich überschatten. Deshalb wird auch das Kind heilig und Sohn Gottes genannt werden" (Lk 1,32.35).

Diese biblischen Daten sowie die gläubige Reflexion innerhalb der lebendigen kirchlichen Überlieferung bilden das Fundament für die dogmatische Formulierung der Gottesmutterschaft Mariens auf dem Konzil von Ephesus im Jahre 431. Dort wird definiert:

„Wer nicht bekennt, daß der Emmanuel in Wahrheit Gott und die heilige Jungfrau deshalb Gottesgebärerin (theotókos, Dei genetrix) ist, weil sie das fleischgewordene, aus Gott entstammte Wort dem Fleische nach geboren hat, der sei ausgeschlossen"[14].

Schon auf den ersten Blick wird klar, daß das Dogma von der Gottesmutterschaft nicht isoliert, sondern nur in innerstem Zusammenhang mit dem Christusgeheimnis gedeutet werden kann. Denn primär und vor allem betont das Konzil die Gottheit des Wortes, das Fleisch, also Mensch geworden ist. Jesus Christus ist in einer Person wahrer Gott und wahrer Mensch. Diese fundamentale christologische Aussage findet zwanzig Jahre später auf dem Konzil von Chalcedon (451) in der sogenannten „hypostatischen Union" (Einigung der göttlichen und menschlichen Natur Christi in der einen göttlichen Person) ihren „dogmatischen Kulminationspunkt"[15]. In diesem christologischen Kontext wird nun das Mariendogma plausibel: Ist Jesus wahrer Gott und wahrer Mensch zugleich – denn bei seiner Menschwerdung hat er ja nicht aufgehört, Gott zu sein; vielmehr war und blieb er das ewige göttliche Wort (der Logos). Das, was er war (nämlich Gott), blieb er; das, was er nicht war (Mensch), wurde er –, wenn seine Menschheit also wesenhaft mit der Gottheit verbunden ist, dann folgt daraus mit logischer Konsequenz, daß Marias Sohn auch als Mensch immer schon Gott, ergo seine Mutter Mutter Gottes ist.

Das Konzil von Ephesus argumentiert gegen den Irrlehrer Nestorius, der behauptet hatte, Maria sei nicht Gottes-, sondern nur Christusgebärerin. In diesem Falle aber wäre Christus nicht identisch mit der göttlichen Person des ewigen Wortes, sondern eine andere, eben menschliche Person, ein gewöhnlicher Mensch, auf den dann das Wort herabgestiegen wäre. Dies würde die Einheit von Gottheit und Menschheit in dem *einen* Christus und Sohn – ohne daß die beiden Naturen fusionieren, sich vermischen – sprengen[16]. Chalcedon formuliert die für die Gottesmutterschaft Marias höchst relevante Einheit von göttlicher und menschlicher Natur in Christus mit äußerster Präzision. Es sagt:

„daß der Sohn, unser Herr Jesus Christus, *ein und derselbe* sei. Der *eine und selbe ist vollkommen der Gottheit und vollkommen der Menschheit nach, wahrer Gott und wahrer Mensch,* bestehend aus einer vernünftigen Seele und dem Leibe. Der *eine und selbe* ist wesensgleich dem Vater der Gottheit nach und wesensgleich auch uns seiner Menschheit nach, ‚er ist uns in allem ähnlich geworden, die Sünde ausgenommen' (Hebr 4,15). Vor aller Zeit wurde er aus dem Vater gezeugt seiner Gottheit nach, in den letzten Tagen aber wurde *derselbe* für uns und um unseres Heiles willen *aus Maria, der Jungfrau, der Gottesgebärerin, der Menschheit nach geboren:* Wir bekennen *einen und denselben* Christus, den Sohn, den Herrn, den Einziggeborenen, der in zwei Naturen unvermischt, unverwandelt, ungetrennt und ungesondert besteht. Niemals wird der Unterschied der Naturen wegen der Einigung aufgehoben, es wird vielmehr die Eigentümlichkeit einer jeden Natur bewahrt, indem beide in eine Person und Hypostase zusammenkommen. Wir bekennen *nicht einen in zwei Personen getrennten und zerrissenen,*

Hl. Cyrillus, Bischof von Jerusalem (351–386), Verteidiger der Gottesmutterschaft Mariens. Marien-Basilika

sondern einen und denselben einziggeborenen Sohn, das göttliche Wort, den Herrn Jesus Christus“[17].

Die Gottesmutterschaft selbst darf nicht mißverstanden werden. Gemeint ist damit nicht, Maria habe Gott *als Gott* geboren: „Das wäre bare Mythologie, wo oft von einem weiblichen Prinzip in der Gottheit oder manchmal von einer Quaternität (Viergottheit) die Rede ist“[18], also Gott *als Gott* eine (dann notwendig auch göttliche) Mutter hat. Maria wäre dann kein menschliches Geschöpf mehr. Gemeint ist vielmehr,daß Maria „Jesus Christus seiner mit der Gottheit wesenhaft verbundenen Menschheit nach“ geboren hat[19].

Bezeichnend ist, daß sowohl das Konzil von Ephesus wie auch das von Chalcedon nicht den Begriff „Gottesmutter“, sondern den der „Gottesgebärerin“ benutzen. Damit soll die biologische Tatsache der menschlichen Geburt Christi und dadurch die Wirklichkeit der Menschwerdung (Inkarnation) Gottes verdeutlicht werden. Gott hat sich wirklich inkarniert, ist real in unser Fleisch (caro) und Blut eingegangen, „das Wort ist Fleisch geworden“ (Joh 1,14). Von hier erhält das Dogma von der Mutterschaft Mariens eine antihäretische Funktion: Es richtet sich gegen alle leibfeindlichen Tendenzen von Gnosis und Manichäismus, die eine Vereinigung von göttlichem Geist mit menschlicher Materie (Leib) für unvereinbar mit dem Wesen Gottes halten. Ferner verteidigt das Mariendogma die Realität der Inkarnation des Gottessohnes gegen den Doketismus, eine Irrlehre, nach der Gott, wenn überhaupt, nur zum Schein Mensch geworden ist.

Der Realinkarnation kommt aber eine enorme Heilsbedeutung zu. Es gilt nämlich das Axiom: Was nicht angenommen worden ist, ist auch nicht erlöst worden. Wenn der Sohn Gottes, das göttliche Wort, nicht die volle menschliche Natur angenommen hat, dann sind wir auch nicht voll erlöst. Mit der Wirklichkeit der Menschwerdung Gottes steht und fällt die Wirklichkeit der Erlösung des Menschen. Folglich hat auch der Glaubenssatz, daß Maria Christus geboren hat („Et incarnatus est de Spiritu Sancto ex Maria Virgine“) und somit die wahrhafte und wirkliche Mutter des Menschen ist, der zugleich Gott ist, eine fundamentale soteriologische (unser Heil betreffende) Relevanz: Indem Maria Gott das menschliche Leben schenkt, wird sie „wahre Mutter Gottes und des Erlösers“[20], der gekommen ist, die menschliche Natur zu heilen.

An dem zentralen mariologischen Dogma von der Gottesmutterschaft – Fundament aller anderen marianischen Glaubenswahrheiten – lassen sich in besonderer Weise die beiden eingangs skizzierten Momente der göttlichen Gnade und der menschlichen Mitwirkung mit derselben aufzeigen. Marias Mutterschaft beruht auf reiner, zuvorkommender, erwählender, ungeschuldeter Heilsinitiative Gottes. Gott ist es, der an Maria gratis handelt. Aber das göttliche Heilshandeln ist keine „Einbahnstraße“, vielmehr appelliert die Richtung Gottes zum Menschen an die Richtung des Menschen zu Gott. Das Verhältnis zwischen Gott und Mensch hat eine Dialogstruktur, erst recht ist „die Erlösung responsorial strukturiert“[21], d. h. Gottes heilendes Wort erheischt die Antwort des zu erlösenden Menschen. Es geht um die Akzeptanz der Gnade. Gott oktroyiert sich dem Menschen nicht auf: „der Schöpfer zwingt nicht sein

Geschöpf, manipuliert es nicht, nimmt ihm nicht die Freiheit, sondern lädt es ein, sich auf ihn einzulassen"[22]. Nimmt der Mensch die Einladung Gottes an, so ist „die Mitwirkung des Menschen ... nichts anderes als die Zustimmung zum Wirken Gottes. Unser Tun besteht darin, daß wir Gott tun lassen, unsere Kooperation ist der Konsens zur Operation Gottes"[23].

Daher erfolgt auch die Verwirklichung des göttlichen Heilsplans nicht ohne das Jawort und die Zustimmung Mariens, „nicht als ob er (Gott) nicht alleine das Heil des Menschen bewirken könnte, sondern so verstanden, daß er ... Menschen in sein Erlösungswerk ... einbezieht"[24]. Das Zweite Vatikanische Konzil führt aus: „Der Vater der Erbarmungen wollte aber, daß vor der Menschwerdung die vorherbestimmte Mutter ihr empfangendes Ja sagte, damit auf diese Weise so, wie eine Frau zum Tode beigetragen hat, auch eine Frau zum Leben beitrüge. Das gilt in erhabenster Weise von der Mutter Jesu, die das Leben selbst, das alles erneuert, der Welt geboren hat ... So sagt der heilige Irenäus, daß sie ,in ihrem Gehorsam für sich und das ganze Menschengeschlecht Ursache des Heils geworden ist'"[25]. Diese Vermittlung Marias beeinträchtigt in keiner Weise die eine, einzige und ausschließliche Mittlerschaft Christi: „Einer ist Gott, Einer auch Mittler zwischen Gott und den Menschen: der Mensch Christus Jesus" (1 Tim 2,5), aber das Fiat Mariens hat die Menschwerdung des Erlösers möglich gemacht. Ihr Ja hat das Heil nicht be-, sondern er-wirkt, wobei ihr zustimmender Glaubensakt natürlich selbst schon wieder das Werk der Gnade war, „denn getrennt von mir könnt ihr nichts vollbringen" (Joh 15,5).

Die Heilsereignisse der Inkarnation Gottes und der Gottesmutterschaft Marias sind Paradebeispiele für die Wechselwirkung von Gottes Gnade und menschlicher Mitwirkung. Das Fiat konstituiert eine bleibende „Verbindung der Mutter mit dem Sohn im Heilswerk"[26]. Die Magd des Herrn ist „Mutter Gottes und erhabene Gehilfin des Erlösers"[27].

Immerwährende Jungfrau

Die Glaubensüberzeugung von der Jungfräulichkeit Marias enthält drei Aspekte:

a) die jungfräuliche Empfängnis Jesu. Seit Beginn des 3. Jahrhunderts begegnet diese Überzeugung in den Glaubensbekenntnissen, wie sie vor allem bei der Taufe abgelegt wurden (Taufsymbola). Sie wird aber auch als konziliare Aussage artikuliert, so auf dem Konzil von Konstantinopel (381): „Für uns Menschen und um unseres Heiles willen ist er vom Himmel herabgestiegen. Er hat Fleisch angenommen durch den Heiligen Geist aus Maria, der Jungfrau, und ist Mensch geworden"[28].

b) die jungfräuliche Geburt Jesu, welche die Unversehrtheit der Mutter nicht verletzt hat,

c) die immerwährende Jungfrauschaft. Dieses Bekenntnis wurde vom Zweiten Konzil von Konstantinopel (553) dogmatisiert. Es beinhaltet, daß Maria nicht nur *vor* der Geburt, sondern auch in der Geburt wie nach der Geburt Jesu jungfräulich blieb.

Keines der mariologischen Dogmen ist so sehr ins Kreuzfeuer der Kritik geraten wie das von der permanenten Jungfrauschaft. Schon von naturwissenschaftlich-biologischen Denkprinzipien her erscheint die Zeugung menschlichen Lebens ohne männliches Zutun ausgeschlossen, wiewohl es auch in der Natur Beispiele für Entstehung von Leben ohne Chromosomenkombination gibt. Ferner will man hinsichtlich der Parthenogenese (Jungfrauengeburt) Parallelen in antiken Mythologien gefunden haben. Bei genauerem Zusehen kann jedoch von direkten

Maria, „voll der Gnade", von Friedrich Stummel, Kuppel der Gnadenkapelle Kevelaer

Übereinstimmungen und Entsprechungen keinerlei Rede sein, denn in den Mythen handelt es sich immer um einen normalen Zeugungsakt, bei dem der Gott die Funktion des menschlichen Mannes wahrnimmt. Letzteres aber kann sich weder auf die Heilige Schrift noch auf die Tradition stützen.

Auch seitens der historisch-kritischen Exegese (Bibelauslegung) werden gravierende Probleme aufgeworfen. Die jungfräuliche Geburt hat zwar ein biblisches Fundament, vor allem in den beiden Kindheitsgeschichten bei Mattäus (1,18–25) und Lukas (1,26–38), aber die Schriftaussagen sind „ein schwieriger historischer Befund"[29], was übrigens für die Evangelien insgesamt gilt. Diese sind ja keine detaillierten Protokolle und Reportagen über Jesu Leben und Wirken, sondern Glaubenszeugnisse, Dokumentationen des Glaubens an Jesus Christus. Das heißt nicht, solche Zeugnisse seien bar jeglichen historischen Gehalts, wohl aber, daß „nicht zunächst der historische Kern eruiert, sondern in erster Instanz nach der theologischen und kerygmatischen Relevanz gefragt werden muß", d. h. nach dem theologischen Anliegen und der Verkündigungsabsicht der Evangelisten; „die theologische Reflexion hat Priorität vor der Frage nach der Historizität"[30].

Für die Erschließung des Dogmas von der Jungfräulichkeit Mariens ergeben sich daraus zwei Auslegungskriterien: Zum einen darf hier nicht primär die Frage nach der Historizität gestellt werden (womit diese aber auch nicht ausgeschlossen wird), sie läßt sich nämlich „von der Natur der Sache her gar nicht verifizieren. Ist Maria tatsächlich durch Überschattung des Heiligen Geistes schwanger geworden, dann kann das mit empirischen oder historischen Mitteln nicht nachgewiesen (und nicht bestritten) werden, weil sich das Wirken des ... Gottesgeistes dem ... entzieht"[31]. Die jungfräuliche Empfängnis Jesu ist ein Geheimnis, das von rein historischer Optik gar nicht eingefangen, erst recht nicht mit dem biologischen Seziermesser analysiert werden kann.

Zum anderen haben die biblischen Aussagen über die Jungfrau Maria – wie die Evangelien überhaupt – eine christozentrische Richtung, sie sind zunächst und vor allem Bekenntnisse des Glaubens an Jesus Christus. Folglich wird auch der dogmatisierte Satz von der Jungfrauschaft wie schon der von der Gottesmutterschaft nur im christologischen Zusammenhang, nämlich im Kontext der Inkarnation Gottes verständlich.

Der da Mensch wird, ist der Sohn Gottes, der als solcher alles, was er ist, von seinem Vater her hat. Mit dem Vater ist er gleich ewig und präexistent, d. h. vor der Welterschaffung war er immer schon da; er ist also ganz und gar von oben: „Ich stamme von oben" (Joh 8,23); „nicht aus dem Blut, nicht aus dem Willen des Fleisches, nicht aus dem Willen des Mannes, sondern aus Gott geboren" (Joh 1,13). In dieser Sicht wird die jungfräuliche Geburt Jesu zum Zeichen seiner wahren Gottessohnschaft. Freilich wäre eine normale Zeugung des menschlichen Lebens Jesu kein prinzipielles Gegenargument zu seiner Gottheit, aber „der Vorgang des Werdens Jesu aus dem Geist und der Jungfrau ... soll und kann deutlicher (obgleich andere Weisen des Werdens des Erlösers, absolut geurteilt, nicht unmöglich wären) zur Klarheit bringen, daß der menschgewordene Sohn Gottes nicht ‚von unten her', von der Natur her hervorgebracht werden kann ..., sondern daß die Geburt angemessenerweise ‚von oben her' erfolgen sollte, damit so Herkunft und Wesen des Christusereignisses von neuem beleuchtet und bekräftigt würden"[32]. Die jungfräuliche Geburt korrespondiert mit der Menschwerdung *Gottes*, geschieht in Konvenienz zum *Gott*menschen.

Ferner: Der da Mensch wird, ist der, mit dessen Kommen die endgültige Herrschaft Gottes (vgl. Mt 12,28; Lk 11,20), die neue Welt und das ewige, eschatologische (über den Tod hinausreichende) Heil anbrechen. Gottesherrschaft, Heil und Erlösung können nicht vom Menschen, sondern nur von Gott selbst geschaffen und bewirkt werden. Die Heilsinitiative liegt einzig und allein bei Gott. So wie der menschgewordene Sohn Gottes als Gott ganz und gar von oben ist, so kommt auch das Heil ganz von oben, ist somit etwas völlig Neues.

Erlösung heißt Neu-Schöpfung: „Wenn jemand in Christus ist, dann ist er eine neue Schöpfung: Das Alte ist vergangen, Neues ist geworden" (2 Kor 5,17). Erlösung durch Christus bedeutet einen absolut neuen Anfang. Mit der Menschwerdung Christi wird dieser Neuanfang gemacht. Die kreative Kraft des Heiligen Geistes, der schon am Anfang der Schöpfung „über dem Wasser schwebte" (Gn 1,2), bewirkt nun auch die

Neuschöpfung, indem er die Jungfrau Maria überschattet. Die jungfräuliche Geburt ist ein leibhaftiges Zeichen dieses Neubeginns durch Gott.

Wenn Wundertaten ganz allgemein das Kommen der Gottesherrschaft und des göttlichen Heils signalisieren (vgl. Lk 7,22), dann geschieht erst recht das Wunder der Jungfrauengeburt in wunderbarer Entsprechung zum Anbruch des Reiches und Heiles Gottes. Denn der bei seiner Geburt als „Retter, Messias und Herr" (Lk 2,11) verkündigt wird, wird eine ewige Gottesherrschaft herbeiführen, durch seinen Tod und seine Auferstehung die Dimensionen der irdischen Existenz und des sterblichen, vergänglichen Lebens sprengen und dauerhaftes, ewiges Leben bringen. Als Garant des unvergänglichen Lebens ist Christus der Punkt Alpha einer völlig neuen Generation, die ihren Punkt Omega in der ewigen Herrlichkeit Gottes findet. Ist es da nicht sinnvoll, daß der, der das Leben schlechthin ist (Joh 11,25), bei seiner Menschwerdung nicht aus sterblichem, vergänglichem, endlichem Samen gezeugt wird? Die Inkarnation Gottes aus der Jungfrau Maria ist das schöpferische Werk des unsterblichen Gottesgeistes, ohne daß man deswegen eine weniger wirkliche Menschwerdung oder manichäische (leibfeindliche) Tendenzen unterstellen kann („Er wurde . . . den Menschen gleich. Sein Leben war das eines Menschen": Phil 2,7).

Wer gegen diesen „unnatürlichen" Weg der Fleischwerdung des Wortes Gottes (Joh 1,14) opponiert, spricht Gott die Allmacht ab. Sollte der, der alles aus dem Nichts erschaffen hat, nicht imstande sein, auf eine die menschliche Art transzendierende Weise menschliches Leben zu wecken? „Würde so etwas wie eine jungfräuliche Geburt grundsätzlich ausgeschlossen, wäre die Gottes- und Glaubensfrage überhaupt gestellt. Dann wäre die Welt als ein hoffnungslos in sich geschlossenes System verstanden"[33]. Nur ein rein weltimmanentes, von einer keinen Eingriff von außen zulassenden Naturkausalität ausgehendes Denken kann bezweifeln, daß für Gott nichts unmöglich ist (Lk 1,37).

Was die *immerwährende*, also auch nach der Empfängnis Jesu gelebte Jungfräulichkeit Mariens betrifft, so ist hierin ein letzter Reflex ihres Ja-Wortes und ihrer restlosen Bereitschaft und Verfügbarkeit für Gott zu sehen. Maria hat nicht nur punktuell bei der Menschwerdung Ja zu Gott gesagt, sondern dieses Ja kontinuierlich durchgehalten und zeitlebens mit der Gnade kooperiert, gehorsam gegenüber dem Willen Gottes: „Deshalb sagen nicht wenige der alten Väter . . . gern: ‚daß der Knoten des Ungehorsams der Eva gelöst worden sei durch den Gehorsam Marias; und was die Jungfrau Eva durch den Unglauben gebunden hat, das habe die Jungfrau Maria durch den Glauben gelöst'"[34]; „so ging auch die selige Jungfrau den Pilgerweg des Glaubens. Ihre Vereinigung mit dem Sohn hielt sie in Treue bis zum Kreuz"[35].

Immaculata (Unbefleckte Empfängnis)

Ein Zugang zu dieser marianischen Glaubenswahrheit eröffnet sich nur von der heilsgeschichtlichen Stellung und Sendung Marias her. Durch Gottes ungeschuldete Gnade war sie vor aller Zeit dazu auserwählt, die Mutter des Erlösers zu werden. Solche Erwählung schließt eine vollkommene Begnadung, ein restloses Von-Gott-Erfülltsein der Erwählten ein. Dieses „Voll der Gnade“ (Lk 1,28) umfängt und erfüllt Maria in der Totalität ihrer Existenz; es setzt nicht an irgendeinem Punkt im Laufe ihres Lebens ein, sondern sozusagen „synchron“ mit dem ersten Augenblick ihres irdischen Daseins. Und weil ihr ganzes Dasein begnadet war, konnte sie auch und nur kraft dieser Gnadenfülle an Stelle der ganzen Menschheit ihr Fiat zur Menschwerdung Gottes sprechen.

Das totale Begnadetsein, negativ formuliert: Von-Sünde-Freisein Mariens vom ersten Moment ihrer irdischen Existenz an wurde als Dogma von der „Unbefleckten Empfängnis“ durch Papst Pius IX. im Jahre 1854 verkündet:

Pius IX. verkündete 1854 als Dogma: „Maria blieb im ersten Augenblick ihrer Empfängnis von jedem Fehl der Erbsünde bewahrt.“ Marien-Basilika

„Die seligste Jungfrau Maria blieb im ersten Augenblick ihrer Empfängnis durch einzigartiges Gnadengeschenk und Vorrecht des allmächtigen Gottes, im Hinblick auf die Verdienste Christi Jesu, des Erlösers des Menschengeschlechts, von jedem Fehl der Erbsünde rein bewahrt“[36].

Der Interpretation des Dogmas muß zunächst die Korrektur eines weitverbreiteten dreifachen Mißverständnisses vorangestellt werden:
– Die „Unbefleckte Empfängnis“ Marias wird meist mit der jungfräulichen Empfängnis Jesu durch Maria verwechselt, d. h. der Begriff „Empfängnis“ wird fälschlicherweise aktivisch statt passivisch gedeutet. Es geht hier aber nicht darum, daß Maria als Jungfrau unter dem Wirken des Heiligen Geistes Jesus empfangen hat, sondern um die unbefleckt Empfangene selbst.
– Die „Unbefleckte Empfängnis“ wird als Kontrapunkt gesehen zum als etwas Beflecktes oder Befleckendes und deshalb Unmoralisches beurteilten Akt der Zeugung und der Empfängnis. Eine solche – übrigens wiederum in der bereits erwähnten Häresie des Manichäismus wurzelnde – Einschätzung würde der Würde und dem Gutsein der von Gott selbst stammenden Schöpfung eklatant widersprechen („Gott sah alles an, was er gemacht hatte: Es war sehr gut“: Gn 1,31). Aber unabhängig davon will der Glaubenssatz überhaupt keine sittlichen Bewertungsmaßstäbe bezüglich Zeugung und Empfängnis setzen, sondern einzig und allein von der Gezeugten und Empfangenen selbst etwas aussagen, nämlich daß diese vom ersten Augenblick ihres irdischen Daseins an von der Erbschuld bewahrt geblieben ist.
– Schließlich wird die Unbefleckte Empfängnis der Mutter als unabdingbare Prämisse für die Erbsündenfreiheit des Sohnes betrachtet. In diesem Falle müßte man aber eine konstante und lückenlose Generationenfolge von erbschuldfreien Menschen in Jesu Stammbaum fordern.

Die Problematik des Dogmas liegt in der Erbsündenlehre. Diese besagt, daß *alle* Menschen von der Schuld Adams betroffen und damit einem generellen Schuldzusammenhang verfallen sind, der überdies noch durch persönliche Sünde fortwährend wächst. Der Universalität der Erbschuld („*Alle* haben gesündigt und die Herrlichkeit Gottes verloren“: Röm 3,23) entspricht die Universalität der Erlösung Christi: *Alle* Menschen sind durch Jesus Christus erlöst worden.

Die Glaubenswahrheit von der Erbsündenfreiheit Mariens erscheint diesen fundamentalen Fakten diametral entgegengesetzt; denn entweder wird die Unheilstatsache der allgemeinen Erbschuld oder die Heilstatsache der allgemeinen Erlösung ausgehöhlt. Ein Ausweg aus dem Dilemma ist nur möglich, wenn man – unbeschadet ihrer Universalität – *zwei Weisen der Erlösung* unterscheidet: *Bewahrung und Befreiung*, und den Zeitpunkt der Auswirkung der Erlösungstat Christi differenziert. Im Augenblick der Taufe (im Verlauf eines menschlichen Lebens) wäre Erlösung Befreiung von der Erbschuld, im ersten Augenblick der irdischen Existenz des Menschen wäre sie Bewahrung vor der Erbschuld. Exakt letzteres ist Inhalt des Dogmas. Die Erlösungstat Christi wirkt bei Maria *zeitlich voraus* – *„im Hinblick auf die Verdienste Christi Jesu, des Erlösers des Menschengeschlechts,* blieb sie von jedem Fehl der Erbsünde rein bewahrt" – und zeigt gerade in der Immaculata ihre Effizienz (was nicht heißt, das Geheimnis der Unbefleckten Empfängnis bestünde nur darin, daß Maria „bloß zeitlich ein wenig früher begnadigt wurde als wir"[37]; vielmehr ist es das Geheimnis ihrer Erwählung und Vorherbestimmung, die Mutter des Gottmenschen und Erlösers zu werden, das die Zeitdifferenz zwischen ihr und uns bedingt).

Maria fällt also nicht aus dem Rahmen der Adamiten, im Gegenteil: „sie findet sich mit allen erlösungsbedürftigen Menschen in der Nachkommenschaft Adams verbunden"[38]; das Privileg der Adamstochter, Mutter Jesu zu werden, enthebt sie nicht der Solidargemeinschaft mit allen, die auf das Heil angewiesen sind. Ja mehr noch: Indem sie speziell und „auf erhabenere Weise erlöst"[39] wurde, ist die Vor-erlöste der „vollkommene, urbildliche, reine Fall der Erlösung überhaupt ... Der in Gnade Bewahrte ist ebenso radikal, wenn nicht mehr, der Gerettete und Erlöste ... Die erlösende Bewahrung vor der Erbsünde ist die radikalste und seligste Weise der Erlösung"[40].

Wenn Erlösung Neuschöpfung bedeutet („Wenn jemand in Christus ist, dann ist er eine neue Schöpfung": 2 Kor 5,17), so ist die unbefleckt Empfangene die „nova creatura" schlechthin, da sie als ein Geschöpf ins Dasein kommt, das vom ersten Augenblick seiner Empfängnis an im Glanz einer einzigartigen Heiligkeit erstrahlt. Hier fallen Schöpfung und Erlösung zusammen. Und in dieser Koinzidenz von Schöpfung und Neuschöpfung verwirklicht die Immaculata Conceptio (Unbefleckte Empfängnis) „vom ersten Moment ihrer Existenz an die ursprüngliche Konzeption Gottes vom Menschen als einem immer auf ihn ausgerichteten Wesen"[41]. Der Mensch ist erschaffen worden, um in Gott „seine Finalität zu finden, zu Gott zu kommen"[42]. Gott (Christus) ist Ursprung und Ziel des Menschen, ja „Kausal- und Finalursache der ganzen Schöpfung"[43]: „Alles ist durch ihn und auf ihn hin" (Kol 1,16). Dieses Von-Gott-Her und Auf-Gott-Hin findet in der unbefleckt Empfangenen seinen unvergleichlichen Kristallisationspunkt: Als erbsündeloses Geschöpf ist Maria von Anfang an total auf Gott hin, ja sie blieb in permanenter Ausrichtung auf ihren Schöpfer, weil sie sich in keinem Augenblick ihres Lebens durch persönliche Sünde von Gott abgesondert hat (Marias Freiheit von persönlicher Sünde wird seit dem 3. Jahrhundert geglaubt; das Trienter Konzil sagt, daß sie sogar ohne läßliche Sünden war[44].) Die Immaculata ist das unbefleckte, „immakulate Konzept"

Kostbare Innengestaltung im Tabernakel der Kerzenkapelle Kevelaer. Um 1700

eines ganz auf Gott ausgerichteten und – unter Mitwirkung mit der Gnade – sich auf Gott ausrichtenden Menschen.

Dieses faszinierende Dogma von der wunderbaren Vollerlöstheit eines Menschen vom ersten Moment seines Daseins an ist zugegebenermaßen nicht unmittelbar in der Schrift enthalten, es ergibt sich aber aus der Reflexion über die Position und Funktion Mariens im göttlichen Heilsplan, nämlich Gottesmutter und Mutter dessen zu werden, der die Menschheit aus der Verfallenheit in Sünde und Schuld erlösen und befreien sollte. Der Glaubenssatz von der Unbefleckten Empfängnis ist ein klassisches Beispiel für den Prozeß der Auslotung der göttlichen Offenbarung, insofern das in ihr Enthaltene mehr und mehr explizit ausgesagt wird.

Da jedes Dogma in einer bestimmten Beziehung zur jeweiligen Zeit, in der es verkündet wird, steht – die Offenbarung muß ja aktualisiert, ihre heilsgeschichtliche Relevanz je neu erhellt werden (Papst Johannes XXIII. sprach von der Notwendigkeit des „aggiornamento" = wörtlich: des An-den-Tag-legens, also der „Heutigung", des hier und heute Verständlichmachens der Botschaft Gottes) –, wohnt auch der Glaubenswahrheit von der Immaculata eine Verkündigungsabsicht inne: Einer vom aufklärerischen, den Menschen verabsolutierenden und verherrlichenden Denken geprägten Zeit und Generation wird ein soteriologisches (die Erlösung betreffendes) Dogma zugesprochen, um zu zeigen, daß der Mensch außerstande ist, sich selbst zu erlösen, vielmehr ganz und gar auf Gottes Gnade, Heil und Rettung angewiesen ist, wie es sich in der Unbefleckten Empfängnis auf besondere Weise manifestiert.

Assumpta (mit Leib und Seele in den Himmel Aufgenommene)

Das jüngste Mariendogma – es wurde am Allerheiligentag des Jahres 1950 von Papst Pius XII. verkündet – stellt uns die glorreiche Vollendung der Jungfrau und Gottesmutter vor Augen. Die Definition dieses Glaubenssatzes hat in der Apostolischen Konstitution „Munificentissimus Deus" folgenden Wortlaut:

„Nachdem Wir nun immer wieder inständig zu Gott gefleht und den Geist der Wahrheit angerufen haben, verkünden, erklären und definieren Wir zur Verherrlichung des allmächtigen Gottes, dessen ganz besonderes Wohlwollen über der Jungfrau Maria gewaltet hat, zur Ehre seines Sohnes, des unsterblichen Königs der Ewigkeit, des Siegers über Sünde und Tod, zur Mehrung der Herrlichkeit der erhabenen Gottesmutter, zur Freude und zum Jubel der ganzen Kirche, in Kraft der Vollmacht unseres Herrn Jesus Christus, der heiligen Apostel Petrus und Paulus und Unserer eigenen Vollmacht: es ist eine von Gott geoffenbarte Glaubenswahrheit, daß die unbefleckte, immer jungfräuliche Gottesmutter Maria nach Vollendung ihres irdischen Lebenslaufes mit Leib und Seele zur himmlischen Herrlichkeit aufgenommen worden ist"[45].

Der Schlüssel zum Verständnis dieses Dogmas liegt wiederum in Gottes erwählender Gnade, wie sie schon im Zusammenhang mit der Gottesmutterschaft, Jungfräulichkeit und Unbefleckten Empfängnis sich als Kernelement der marianischen Wahrheiten herauskristallisiert hat.

Germanus von Konstantinopel (+733) lehrte, daß Maria als Vollerlöste mit Leib und Seele in die himmlische Herrlichkeit eingegangen ist. Marien-Basilika

Gottes „besonderes Wohlwollen" und gnädige Erwählung gipfeln konsequent in der eschatologischen (endzeitlichen, endgültigen) Vollendung Mariens. Gnade hat immer eine Tendenz zur Glorie, eine „eschatologische Finalität"[46], Gnade ist nichts anderes als ein Anfang der Glorie.

Als ganz Begnadete und zeitlebens auf Gott hinfinalisierte Jungfrau und Mutter des Erlösers hat Maria auch an der Verherrlichung teil. Das endgültige Leben in der Herrlichkeit Gottes wird ihr aber auch geschenkt, weil sie die ganz Glaubende war und mit der Gnade korrespondiert hat. Und weil die Gnade wie auch die Kooperation mit der Gnade bei Maria einzigartig und außerordentlich waren, „ist auch ihre Verherrlichung eine außerordentliche. Aus der Totalität von Gnade und Glauben folgt die Totalität des eschatologischen Heils"[47], nämlich das ewige Leben, das dem ganzen Menschen mit Leib und Seele verheißen ist.

Wenngleich auch das Dogma von der Assumpta ebenso wie das von der Immaculata kein direktes und explizites Schriftfundament hat – es handelt sich aber um „eine Wahrheit, die sich auf die Heilige Schrift stützt, ... die mit den übrigen Offenbarungswahrheiten in vollem Einklang steht"[48] –, so ist es dennoch eine Konsequenz vor allem aus zwei Tatbeständen:

– Die enge und einzigartige Verbundenheit Marias mit Jesus Christus, ihrem Sohn, und seinem Weg. Christusgemeinschaft ist Gemeinschaft des Kreuzes und der Auferstehung. Aufgrund ihrer unauflöslichen Verbindung mit Christus, zu dessen Menschwerdung, Erlöserleiden und Heilstod sie ihr Fiat gesprochen hat, partizipiert sie nun auch als Erste an der Frucht des Erlösungswerkes: der Auferstehung des Leibes. An ihr wird zu Recht vorweggenommen, wozu grundsätzlich alle Christen berufen sind.
– Maria ist die zweite, neue Eva, die neue Mutter des Lebens. Sie hat dem unsterblichen König der Ewigkeit das menschliche Leben geschenkt und „durch ihr Ja in besonderer Weise zum Sieg des Lebens über den Tod beigetragen"[49]. Darum „wurde die unbefleckte Jungfrau, von jedem Makel der Erbsünde unversehrt bewahrt, nach Vollendung des irdischen Lebenslaufs mit Leib und Seele in die himmlische Herrlichkeit aufgenommen und als Königin des Alls vom Herrn erhöht, um vollkommener ihrem Sohn gleichgestaltet zu sein, dem Herrn der Herren (vgl. Apk 19,16) und dem Sieger über Sünde und Tod"[50]. Die leibliche Aufnahme Mariens in den Himmel ist also nur folgerichtig; eine Glaubensüberzeugung, die bereits seit dem 6. Jahrhundert lebendig ist.

Dem Glaubenssatz von der leiblichen Aufnahme Mariens in den Himmel kommt nicht nur eine mariologische, sondern eine allgemein anthropologische und soteriologische, das Wesen und die Erlösung des Menschen selbst betreffende Bedeutung zu: Die Assumpta (mit Leib und Seele Aufgenommene) ist die erste Verifikation von Ostern an einem Nur-Menschen (Jesus Christus, der Auferstandene, ist ja Gottmensch), d. h „ an Maria ist zum erstenmal Ostern an jemandem Wahrheit geworden, der ganz und gar einer von uns ist. Als erster Mensch hat sie Anteil an der *ganzheitlichen* Erlösung durch den Gottmenschen. Die glorreiche Mutter ist der Beweis dafür, daß Gott den *ganzen* Menschen, eben an

Seele und Leib, erlösen will. Nicht bloß die Seele, der Geist, die ‚Sache' eines Menschen oder sonst irgendetwas von ihm lebt weiter, vielmehr ist sein personales Ich in seiner leib-seelischen Einheit, seine unverwechselbare Individualität und Identität zu ewiger Existenz berufen. Leibliches (nicht nur seelisches) Weiterleben ergibt sich als zwingendes Postulat aus dem Wesen des Menschen als eines leib-seelischen Lebewesens. Entweder lebt der *ganze* Mensch weiter, oder es gibt für ihn überhaupt keine Fortexistenz. Die leib-seelische Verherrlichung Mariens ist zwar ein ihr zunächst zukommendes Privileg, zugleich aber auch ein anthropologischer Präzedenzfall, ein Paradebeispiel dafür, was Gott mit jedem Menschen vorhat. So kontrovers die Proklamation des Dogmas von der leiblichen Aufnahme Mariens in den Himmel diskutiert worden ist, so sehr wird die Heilsbedeutung dieser Glaubenswahrheit für uns zunehmend erkannt. Maria signalisiert Zuversicht für alle Menschen. ‚Im Blick auf Maria wird die Hoffnung auf unsere eigene Auferstehung neu belebt' (Pius XII.). Als *vollerlöster* Mensch ist Maria Modell für alle Menschen"[51].

Über das Wie der leiblichen Aufnahme Marias in den Himmel sagt das Dogma nichts aus, es wird nur das Faktum betont. Mehr kann auch gar nicht gesagt werden, weil es sich um eine völlig neue Seinsweise handelt. Auferstehung von den Toten, Weiterleben nach dem Tode bedeutet ja nicht eine Fortsetzung oder Neuauflage der irdischen Existenz – die würde nämlich wiederum todsicher zum Tode führen –, sondern ein Leben bei Gott in der Ewigkeit, also nicht mehr in den Dimensionen von Raum und Zeit. Dieses neue Leben, „was kein Auge gesehen und kein Ohr gehört hat, was keinem Menschen in den Sinn gekommen ist" (1 Kor 2,9), ist von uns aus nicht beschreibbar. Gleichwohl muß – weil von der psychosomatischen Konstitution des Menschen her zwingend erforderlich – an einer *leiblichen* Weiterexistenz festgehalten werden.

Freilich „könnte einer fragen: Wie werden die Toten auferweckt, was für einen Leib werden sie haben?" (1 Kor 15,35); aber schon die Frage nach der Qualität des neuen Leibes beinhaltet, daß der Leib an sich nicht zur Diskussion gestellt wird. Es muß eine wie immer geartete *leibliche* Auferstehung postuliert werden. So müßte z. B. auch ein verklärter Leib, was immer das sein mag, dennoch ein Leib sein. Paulus sagt zur Auferstehung der Toten: „Was gesät wird, ist verweslich, was auferweckt wird, unverweslich. Was gesät wird, ist armselig, was auferweckt wird, herrlich. Was gesät wird, ist schwach, was auferweckt wird, ist stark. Gesät wird ein irdischer Leib, auferweckt ein überirdischer Leib. Wenn es einen irdischen Leib gibt, gibt es auch einen überirdischen . . . Der Erste Mensch stammt von der Erde und ist Erde; der Zweite Mensch stammt vom Himmel . . . Denn dieses Vergängliche muß sich mit Unvergänglichkeit bekleiden und dieses Sterbliche mit Unsterblichkeit. Wenn sich aber dieses Vergängliche mit Unvergänglichkeit bekleidet und dieses Sterbliche mit Unsterblichkeit, dann erfüllt sich das Wort der Schrift: ‚Verschlungen ist der Tod vom Sieg. Tod, wo ist dein Sieg? Tod, wo ist dein Stachel?'" (1 Kor 15,42–44.47.53–55). Tod ist von hier nicht Exitus, sondern Transitus (Hinübergang) in eine neue Daseinswirklichkeit; Auferweckung bedeutet Wandlung, Verwandlung, Umwandlung in eine neue, aber eben auch leibliche Existenz. Von solcher Metamorphose, die so etwas wie eine soteriologische Mutation ist, ist auch in der Totenpräfation die Rede: „Deinen Gläubigen wird das Leben gewandelt, nicht genommen. Und wenn die Herberge dieser irdischen Pilgerschaft zerfällt, wird ihnen im Himmel eine ewige Wohnung bereitet".

Krönung Mariens, von Heinrich Holtmann und Karl Wenzel, bei der Restaurierung zur Wiederherstellung der ursprünglichen Choranlage nur zum Teil erhalten. Chorapsis der Marien-Basilika

Fragt man nach der zeitgeschichtlichen Relevanz des Dogmas von der Assumpta, so läßt sich eine doppelte erkennen:

– Die Verkündigung der Glaubenswahrheit von der leiblichen Aufnahme Marias in den Himmel im Jahre 1950 erfolgt zu einer Zeit, in der die Menschen unter dem Eindruck der schrecklichen Geschehnisse des Zweiten Weltkrieges leiden, der über 50 Millionen Menschenleben gefordert, das Menschenbild sowie den Sinn des Lebens zerstört und totale Resignation ausgelöst hatte. Es war ein Signal der Hoffnung vonnöten, das Wert und Würde des Menschen wiederaufleben sowie des-

sen Ursprung und Ziel ins Blickfeld kommen ließ: Der ganze Mensch ist zu ewiger Existenz bei Gott berufen.
– Das Dogma hat aber auch für die heutige Zeit nichts an Aktualität eingebüßt: „In einer Situation, da die einen das Fleisch vergötzen und die anderen es hassen, weil sie sich hoffnungslos in Strukturen und Systeme eingesperrt fühlen, nützte es wenig, würde die Kirche nur Programme, Prinzipien und Appelle verkünden. Sie gibt uns in Maria das leuchtende Urbild genuin christlicher Hoffnung. Es ist eine Hoffnung für den *ganzen* Menschen. Auch das Fleisch wird gerettet. Aber es ist eine Hoffnung nicht durch Versinnlichung von unten und nach unten, sondern durch Verklärung und Verherrlichung von oben und nach oben. Diese Hoffnung gilt, weil Jesus Christus von den Toten erweckt wurde. Er ist der Anfang und der bleibende Grund. In Maria wird deutlich, daß diese Hoffnung für uns alle fruchtbar wird“[52].

3. Der Sinnzusammenhang der marianischen Wahrheiten

Das Erste Vatikanische Konzil sagt über die Möglichkeiten der Vernunfterkenntnis: „Wenn die vom Glauben erleuchtete Vernunft eifrig, fromm und lauter forscht, erlangt sie mit Gottes Gnade einigermaßen eine Einsicht in die Geheimnisse, und zwar eine überaus fruchtbare, sowohl aus der Entsprechung (Analogie) zu dem, was sie auf natürliche Weise erkennt, wie aus dem *Zusammenhang der Geheimnisse untereinander und mit dem letzten Ziel des Menschen*“[53]. Betrachtet man die einzelnen Offenbarungs- und Glaubenswahrheiten nicht isoliert, sondern in ihrem Wesenszusammenhang, und zwar auch im Hinblick auf ihre Heilsbedeutung für den Menschen und dessen ewiges Ziel, so eröffnen sich neue Erkenntnismöglichkeiten und Perspektiven. Hiervon ausgehend, soll der innere Zusammenhang der Glaubenswahrheiten über Maria erhellt werden.

Eine erste Zusammenschau läßt zwei Kategorien mariologischer Dogmen erkennen: Die altkirchlichen Mariendogmen sind christologische Glaubenswahrheiten, welche die Person des Gottmenschen Jesus Christus zum Inhalt haben; die neuzeitlichen Lehraussagen über Maria haben überwiegend soteriologischen, also Christi Erlösungswerk und dessen Ausstrahlung und Auswirkung betreffenden Charakter.

Die Christozentrik der ersten beiden Dogmen, nämlich der Gottesmutterschaft und immerwährenden Jungfrauschaft, ist offensichtlich. Daß Maria die Mutter Gottes ist, heißt zunächst und vor allem, daß ihr Sohn Gott und Mensch zugleich ist. Das Dogma von Ephesus ist eine mariologische Variante des Dogmas von Chalcedon, das die Einheit der göttlichen und menschlichen Natur in der einen göttlichen Person definiert hat. Nicht weniger auf Christus bezogen ist die Aussage, daß Maria als Jungfrau den Sohn Gottes empfangen und geboren hat. Hier steht im Zentrum, daß das menschgewordene Wort Gottes ganz und gar von oben stammt, Gott von Gott, Licht vom Licht, wahrer Gott vom wahren Gott ist und als solcher durch die schöpferische Kraft des Gottesgeistes Mensch wird. Authentische Mariologie wird darum immer Christologie sein.

Die marianischen Wahrheiten neueren Datums, nämlich die der Immaculata und der Assumpta, haben soteriologische Komponenten. Sie beleuchten die Strahl- und Wirkkraft des Erlösungs- und Heilswerkes Christi. Während die Glaubenswahrheit über die Unbefleckte Empfängnis verdeutlicht, wie die Erlösung bereits am Anfang, im ersten Moment der irdischen Existenz Marias effizient wird, zeigt das Dogma von der leiblichen Aufnahme Mariens in den Himmel die Vollendung jenes göttlichen Heilshandelns auf. Diese neuzeitlichen Lehraussagen nennt man die katholischen Mariendogmen im engeren Sinn, weil sie von den reformatorischen Kirchen wegen nicht auszumachender Schriftimmanenz abgelehnt werden. Nach katholischer Auffassung sind beide Dogmen, wenngleich nur indirekt, in der Schrift enthalten; sie erschließen sich auf jeden Fall aber aus einer gläubigen Reflexion über Marias Erwählung und Sendung (im übrigen bildet echte Muttergottesverehrung kein Hindernis für die Wiedervereinigung der getrennten Christen[54]).

Alle Dogmen leiten sich aus der zentralen heilsgeschichtlichen Stellung Mariens ab. Weil sie von Ewigkeit her auserwählt war, die Mutter Gottes zu werden, ist auch ihre Jungfräulichkeit auf die Gottesmutterschaft hingeordnet. Weil sie Mutter des Erlösers werden sollte, hat sie als Immaculata und Assumpta die Wirksamkeit der Erlösung auf einzigartige Weise erfahren.

Die mariologischen Dogmen basieren aber nicht nur auf Gottes Gnade und Erwählung, sondern auch auf Marias Mitwirkung mit der Gnade: Als unbefleckt Empfangene, Jungfrau und Mutter hat sie permanent auf Gottes Ruf im Glauben geantwortet und ihr Fiat konstant durchgehalten. Darum ist auch ihre Glorifikation der Lohn für ihre Kooperation mit Gottes Willen. Die Gnade der Immaculata kulminiert in der Assumpta: In der leiblichen Aufnahme Mariens in den Himmel gipfelt jene Gnade, durch die sie bereits vom ersten Augenblick ihres irdischen Daseins an auf Gott ausgerichtet war.

Die Kirche hat aus der Meditation über das Mariengeheimnis weitere Erkenntnisse abgeleitet:

So ist Maria wegen ihres Glaubens und ihrer Liebe „Typus und klarstes Urbild" der Kirche[55]; sie ist „Mutter Christi und Mutter der Menschen"[56]; „Mutter der Kirche"[57]. Überhaupt kommt ihr in der Kirche eine zentrale Aufgabe zu, weil sie durch ihr Jawort das Erlösungswerk – recht verstanden – ermöglicht hat, die Kirche aber jene Instanz ist, „in der der göttliche Erlöser das Heil wirkt"[58]. Mariens Stellung in der Kirche ist dann die einer Mittlerin des einzigen und ausschließlichen Mittlers Jesus Christus: „Wenn es wahr ist, daß niemand zum Vater ohne den Sohn kommt (Joh 14,6), dann gilt eben auch das andere: Niemand hat den Sohn ohne seine Mutter; niemand kommt zum Menschensohn außer durch dessen menschliche Mutter. Wer die Mutter hat, hat auch den Sohn . . . Der kürzeste Weg zu Jesus führt über seine Mutter: ‚Durch Maria zu Jesus' – lautet das christozentrische Axiom einer orthodoxen Mariologie"[59].

So fügen sich die einzelnen Glaubenswahrheiten gleichsam zu einem marianischen Mosaik, das eine wunderschöne Kohärenz und Systematik spiegelt nicht nur der Lehraussagen untereinander, sondern auch in ihrer

Verbindung mit anderen Glaubensinhalten. Die Lehre von Maria bietet sozusagen eine Synopse von Schöpfungs-, Erlösungs- und Gnadenlehre, von Christologie, Ekklesiologie und Anthropologie. Wer sich mit Mariologie beschäftigt, bewegt sich nicht an der Peripherie der Offenbarungs- und Glaubenswahrheiten, sondern in deren Brennpunkten, weil vor allem an Maria sichtbar wird, was Gott zum Heil des Menschen getan hat.

Schlußgedanke

Dogmen sind alles andere als leere Hülsen und abstrakte Formeln, sie wollen Glaubenshilfen sein. Sie haben eine existentielle Bedeutung für den Gläubigen. Dies gilt auch für die Glaubenssätze über Maria. Sie müssen umgesetzt werden in Glaubensvollzug. Dann aber darf man sagen:

„Wer marianisch lebt, ist nicht altmodisch, sondern hochmodern, weil er seiner Zeit voraus ist, indem er sich an jene klammert, die schon das andere Ufer erreicht hat. Im auferstandenen Jesus und in seiner verherr-

Altar der Gnadenkapelle zu Kevelaer mit der Pilgerbitte in der Altarbekrönung: „Mutter Gottes, gedenke meiner“ – „Mater Dei – memento mei“

lichten Mutter hat unsere eigene Zukunft bereits begonnen. Vergessen wir aber eines nicht: Maria ist nur durch Leiden verherrlicht worden; ... der Weg zu ihrer Verherrlichung führte wie der ihres Sohnes über Kalvaria. Deshalb dürfen wir uns in unseren Bedrängnissen an die ‚Consolatrix Afflictorum', die ‚Trösterin der Betrübten' wenden. Vielleicht mit dem Ruf, der den Altar der Gnadenkapelle von Kevelaer ziert: Mater Dei, memento mei!: Mutter Gottes, gedenke meiner! Maria weiß um unsere Not, um unseren beschwerlichen Weg zum Himmel. Sollte sie, unsere Mutter, uns, ihre Kinder, im Stich lassen?"[60].

Das Zweite Vatikanische Konzil sagt: „Die Mutter Jesu, im Himmel schon mit Leib und Seele verherrlicht, ... leuchtet auch hier auf Erden in der Zwischenzeit bis zur Ankunft des Tages des Herrn (vgl. 2 Petr 3,10) als Zeichen der sicheren Hoffnung und des Trostes dem wandernden Gottesvolk voran"[61].

Anmerkungen

[1] Papst Paul VI., Apostolisches Schreiben „Marialis cultus" über die Marienverehrung (1974) 25.
[2] Papst Paul VI., Marialis cultus 39.
[3] F. Janssen, Opus operatum und opus operantis. Die Wirkung des Sakramentes und die Mitwirkung (Disposition) des Empfängers: Sakramente. Heilszeichen für das Leben der Welt, Vechtaer Universitätsschriften III (1987) 45–60, 51.
[4] F. Janssen, a. a. O. 49.
[5] Zweites Vatikanisches Konzil, Dogmatische Konstitution über die Kirche „Lumen Gentium" 56.
[6] Lexikon für Theologie und Kirche III, 439.
[7] Zweites Vatikanisches Konzil, Dogmatische Konstitution über die göttliche Offenbarung „Dei Verbum" 8.
[8] Lumen Gentium 12.
[9] Lumen Gentium 35.
[10] Zur Dogmenentfaltung siehe auch: Z. Alszeghy – M. Flick, Dogma auf dem Wege: Theologische Brennpunkte 15, 1968. Ferner: K. Rahner, Zur Frage der Dogmenentwicklung: Schriften zur Theologie I ([3]1958) 49–90. Ders., Überlegungen zur Dogmenentwicklung: Schriften zur Theologie IV (1960) 11–50. F. Janssen, Die Kirche zwischen Kontinuität und Aggiornamento. Stimmen der Zeit 209 (1991) Heft 7.
[11] Katholischer Erwachsenen-Katechismus. Das Glaubensbekenntnis der Kirche, hrsg. von der Deutschen Bischofskonferenz ([2]1985) 56.
[12] K. Rahner, Was ist eine dogmatische Aussage?: Schriften zur Theologie V (1962) 54–81, 81.
[13] W. Beinert, Die mariologischen Dogmen und ihre Entfaltung: Handbuch der Marienkunde, hrsg. von W. Beinert und H. Petri (1984) 232–314, 264.
[14] J. Neuner – H. Roos, Der Glaube der Kirche in den Urkunden der Lehrverkündigung ([11]1983) 160 (künftig abgekürzt: NR).
[15] F. Janssen, Von der Christologie zur Jesulogie. Zu einer christologischen Akzentverschiebung: Münchener Theologische Zeitschrift 29 (1978) 296–311, 306.
[16] Siehe dazu den Brief Cyrills von Alexandrien an Nestorius, NR 172.
[17] NR 178. „Mit ungeheurer Akribie und unter Verwendung einer fast metaphysischen Terminologie versuchten Theologie und Kirche jedwede Reduzierung Christi auf einen bloßen Menschen oder aber eine Absorption des Menschen Jesus vom göttlichen Logos abzuwehren": F. Janssen, Von der Christologie zur Jesulogie 306.
[18] Katholischer Erwachsenen-Katechismus 171.
[19] ebd.
[20] Lumen Gentium 53.
[21] L. Scheffczyk, Das Mariengeheimnis der Katholischen Kirche: M. Seybold (Hrsg.), Maria im Glauben der Kirche (1985) 11–26, 20.
[22] F. Janssen: Brot für den Tag, 19. 9. 1990.
[23] F. Janssen, Luthers theologische Anthropologie: Martin Luther. Annäherungen und Anfragen, Vechtaer Universitätsschriften I (1985) 76–83, 79.
[24] F. u. H. Janssen, Gott ist immer auf Sendung (1981) 100.
[25] Lumen Gentium 56.
[26] Lumen Gentium 57.
[27] Papst Paul VI., Marialis cultus 15.
[28] NR 250.
[29] Katholischer Erwachsenen-Katechismus 174.
[30] F. Janssen, Die synoptischen Passionsberichte. Ihre theologische Konzeption und literarische Komposition: Bibel und Leben 14 (1973) 40–57, 41.
[31] W. Beinert, Die mariologischen Dogmen und ihre Entfaltung, a. a. O. 275.

[32] L Scheffczyk, Das Mariengeheimnis der Katholischen Kirche, a. a. O. 19.
[33] Katholischer Erwachsenen-Katechismus 176.
[34] Lumen Gentium 56.
[35] Lumen Gentium 58. Vgl. Papst Johannes Paul II., Enzyklika Redemptoris Mater. Über die selige Jungfrau Maria im Leben der pilgernden Kirche (1987) 19.
[36] NR 479.
[37] K. Rahner, Die Unbefleckte Empfängnis: Schriften zur Theologie I ([3]1958) 223–237, 231. Siehe auch Ders., Das Dogma von der Unbefleckten Empfängnis Mariens und unsere Frömmigkeit: Schriften zur Theologie III ([3]1959) 155–167.
[38] Lumen Gentium 53.
[39] ebd.
[40] K. Rahner, Die Unbefleckte Empfängnis: Schriften zur Theologie I, 234f.
[41] F. u. H. Janssen, Gott ist immer auf Sendung 144.
[42] F. Janssen, Finalität und Transzendenz. Reflexionen über ein theologisch-anthropologisches Tangentialproblem: Theologie und Glaube 72 (1982) 89–102, 100.
[43] ebd.
[44] NR 841: „Wer behauptet, der einmal gerechtfertigte Mensch ... könne während des ganzen Lebens alle, auch die läßlichen Sünden meiden, ohne besonderes von Gott verliehenes Vorrecht, wie es die Kirche von der seligsten Jungfrau lehrt, der sei ausgeschlossen."
[45] NR 487.
[46] F. Janssen, Dynamische Heilsexistenz ([2]1974) 21.
[47] W. Beinert, Die mariologischen Dogmen und ihre Entfaltung, a. a. O. 293.
[48] Papst Pius XII., Apostolische Konstitution „Munificentissimus Deus", NR 486. Ferner: „Alle diese Beweise und Erwägungen der Heiligen Väter und der Theologen gründen letztlich auf der Heiligen Schrift. Diese stellt uns die hehre Gottesmutter als aufs engste mit ihrem göttlichen Sohn verbunden und sein Los immer teilend vor Augen" (Papst Pius XII., a. a. O., NR 483), was besagt, daß Maria auch am Sieg ihres Sohnes über den Tod teilhat.
[49] Katholischer Erwachsenen-Katechismus 181.
[50] Lumen Gentium 59. Vgl. Papst Johannes Paul II., Redemptoris Mater 41.
[51] F. u. H. Janssen, Gott ist immer auf Sendung 147.
[52] Katholischer Erwachsenen-Katechismus 182. Siehe auch K. Rahner, Zum Sinn des Assumpta-Dogmas: Schriften zur Theologie I ([3]1958) 239–252.
[53] NR 39.
[54] Siehe dazu Papst Paul VI., Marialis cultus 33.
[55] Lumen Gentium 53. Siehe dazu auch Papst Paul VI., Marialis cultus 11.28; Papst Johannes Paul II., Redemptoris Mater 25–37.44.
[56] Lumen Gentium 54.
[57] Papst Paul VI. in seiner Schlußansprache zur dritten Sitzungsperiode des Zweiten Vatikanischen Konzils am 21.11.1964: AAS 46 (1964) 1015.
[58] Lumen Gentium 54. Dies ist übrigens auch der Grund, weshalb das Zweite Vatikanische Konzil seine marianischen Aussagen „mit Bedacht im Rahmen der Lehre von der Kirche" (ebd.) formuliert hat.
[59] F. u. H. Janssen, Gott ist immer auf Sendung 146. Zur Mittlerschaft Marias siehe auch Lumen Gentium 60–62; Papst Paul VI., Marialis cultus 15; Papst Johannes Paul II., Redemptoris Mater 38–41.
[60] F. u. H. Janssen, a. a. O. 147f.
[61] Lumen Gentium 68.

Jean Hengen

„Maria – Trösterin der Betrübten"

Das Gnadenbild Mariens von Kevelaer ist bekanntlich ein um 1640 entstandenes Andachtsbildchen U. L. Frau von Luxemburg, deren Statue P. Brocquart, Professor im Jesuitenkolleg zu Luxemburg, am 8. Dezember 1624 vor den Toren der Festungsstadt zur Verehrung aufgestellt hatte. Er gab dieser Statue den Titel „Maria – Trösterin der Betrübten", einen Titel, den das Gnadenbild von Kevelaer übernahm. So steht es ja auf dem Bildchen von Kevelaer: „Consolatrix Afflictorum, ora pro nobis", Trösterin der Betrübten, bitte für uns.

Wie kam P. Brocquart dazu, diesen Titel zu wählen?

Die Meinungen der Historiker sind hierüber geteilt. Professor Arthur Peiffer hat in einem längeren, dokumentierten Artikel versucht, eine Antwort zu geben[1]. Er schreibt: „Zur Frage der Entstehung des Consolatrix-Textes möchten wir vielmehr[2] die folgende These (allerdings als Hypothese) vorlegen: 1. der Titel ‚Consolatrix' war Pater Brocquart vorgegeben; 2. den spezifizierenden Zusatz ‚Afflictorum' – und falls das unter 1. Gesagte in keiner Weise zutreffen sollte – den vollen Titel entnahm er entweder der gleichlautenden Bezeichnung eines der vielen Trostbücher oder aber er ließ sich inspirieren von der Wallfahrt Sewen im Elsaß"[3].

Professor Joseph Maertz neigt dazu, die Entstehung des Titels von den widrigen Zeitumständen herzuleiten. „Schutz und Hilfe, so schreibt er, brauchten alle, Städter und Landleute. Denn die Zeiten waren schwer"[4]. Es tobte seit 1621 erneut der Krieg zwischen Holland und Spanien, unter dessen Hoheit damals Land und Festung Luxemburg standen. Dazu hatte 1604 und 1612 die Pest in der Stadt gewütet, und 1623 war sie im nahen Diedenhofen ausgebrochen.

Mit Krieg und Pest ritt der Hunger ins Land. Was die Jammerbriefe des Provinzialrates zu Luxemburg 1636 an den Generalgouverneur zu Brüssel berichteten, hätte genau so, wenn auch etwas gemildert, in den vorhergehenden zwanziger Jahren gemeldet werden können: „Die armen Leute leben in den Wäldern; in dieser Winterszeit ohne Kleider, kommen sie erfroren von Kälte und Hunger um"[5].

Dieses Elend von Hunger, Krieg und Krankheit dürfte die Wahl des Titels „Trösterin der Betrübten" bei P. Brocquart bestimmt oder mitbestimmt haben. In den Formularen, mit denen Maria unter dem Titel „Trösterin der Betrübten" zur Patronin der Stadt Luxemburg am 10. 10. 1666 und des ganzen Herzogtums am 20. 2. 1678 erwählt wurde, sind diese Nöte des Krieges, der Pest und der Teuerung eigens erwähnt[6].

J. Maertz weist auf einen anderen möglichen Grund hin. Nach ihm gab es im Jesuitenkolleg zwei Marienstatuen, beide der Marienstatue von Montaigu in Belgien nachgebildet. Die eine wurde in der Kollegskirche, die der Immaculata geweiht war, aufgestellt, und die andere befand sich im Oratorium der von P. Brocquart geleiteten Marianischen Sodalität. Um nicht eine doppelte Andacht zu U. L. Frau von Montaigu (Scherpenheuvel) in Luxemburg zu haben, hätte P. Brocquart (vielleicht auf Drängen des Hausobern) der neuen, im Oratorium aufgestellten Statue, sofort den Titel „Trösterin der Betrübten“ gegeben[7].

Pater Brocquart, der den Studenten in Luxemburg in besonderer Weise die Verehrung des Gekreuzigten und seiner Mutter Maria anempfiehlt. Papstportal von Bert Gerresheim an der Marien-Basilika Kevelaer, Detail

Man hat sich gefragt, ob der Titel nicht aus der „Lauretanischen Litanei“ genommen wurde. Diese ist anscheinend erstmals um 1531 für Loreto nachzuweisen. In Dillingen erschien 1558 eine erste deutsche Übertragung, die wahrscheinlich vom hl. Petrus Canisius stammte[8]. Als 1626 die Pest erneut in Luxemburg einzog und auch P. Brocquart von ihr befallen wurde, zog „eine Gruppe von Sodalen, von Bild zu Bild (durch die Straßen der Stadt), die Lauretanische Litanei laut singend, Tag um Tag, zwei Monate lang“. So schreibt J. Maertz und beruft sich auf zeitgenössische Quellen[9].

Nach A. Peiffer hingegen ist es „keineswegs sicher, daß die Litanei von Loreto – trotz der 1587 durch Papst Sixtus V. erfolgten Approbation – bereits in unseren Gegenden verbreitet war“. Aber 1598 hatte der belgische Jesuit Thomas Sailly diese Litanei in seinen „Thesaurus Litaniarum“ aufgenommen, und wenn auch sein Werk 1603 auf den Index gesetzt wurde, kann die Litanei selbst durch die belgischen Jesuiten, die 1603 ihr Kolleg in Luxemburg eröffneten, in der Stadt bekannt geworden sein[10]. Vielleicht haben alle diese Gründe bei der Entscheidung P. Brocquarts mitgewirkt. Der Trostgedanke war damals sehr aktuell.

Bittgebet zur „Trösterin de Betrübten“ aus dem älteste Wallfahrtsgebetbüchlei von Kevelaer, 164 von Theodor Caesa

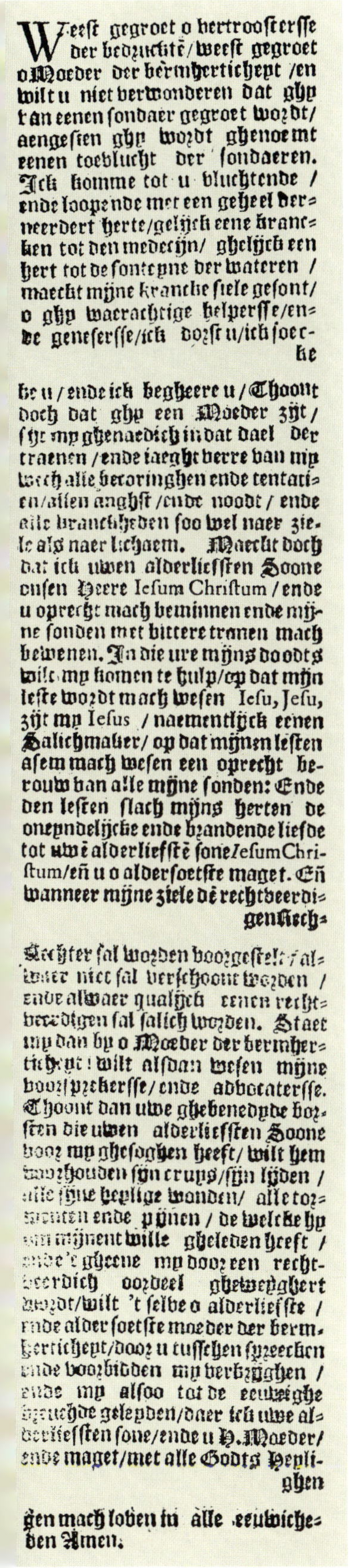
Weest gegroet o vertroosterse
der bedroefde/ weest gegroet
o Moeder der bermhertichept /en
wilt u niet verwonderen dat ghy
van eenen sondaer gegroet wordt/
aengesien ghy wordt ghenoemt
eenen toevlucht der sondaeren.
Ick komme tot u vluchtende /
ende loopende met een geheel ver=
neerdert herte/gelijck eene kranc=
ken tot den medecijn/ ghelijck een
hert tot de fonteyne der wateren /
maeckt mijne krancke siele gesont/
o ghy waerachtige helperse/en=
de geneserse/ick dorst u/ick soec-
ke

ke u / ende ick begheere u / Thoont
doch dat ghy een Moeder zijt/
siet my ghenaedich in dat dael der
traenen /ende iaeght verre van my
wech alle becoringhen ende tentati=
en/allen anghst /ende noodt / ende
alle kranckheden soo wel naer zie-
le als naer lichaem. Maeckt doch
dat ick uwen alderliefsten Soone
onsen Heere Iesum Christum / ende
u oprecht mach beminnen ende mij-
ne sonden met bittere tranen mach
bewenen. In die ure mijns doodts
wilt my komen te hulp/op dat mijn
leste wordt mach wesen Iesu, Jesu,
zijt my Iesus / naementlijck eenen
Salichmaker/ op dat mijnen lesten
asem mach wesen een oprecht be-
rouw van alle mijne sonden: Ende
den lesten slach mijns herten de
oneyndelijcke ende brandende liefde
tot uwē alderliefstē sone Iesum Chri-
stum/eñ u o aldersoetste maget. Eñ
wanneer mijne ziele dē rechtveerdi=
gen Rech=

Rechter sal worden voorgestelt / al=
waer niet sal verschoont worden /
ende alwaer qualijck eenen recht=
veerdigen sal salich worden. Staet
my dan by o Moeder der bermher=
tichept! wilt alsdan wesen mijne
voorspreckerse/ ende advocaterse.
Thoont dan uwe ghebenedyde bor-
sten die uwen alderliefsten Soone
voor my ghesoghen heeft/ wilt hem
voorhouden sijn cruys/sijn lijden /
alle sijne heylige wonden/ alle tor=
menten ende pijnen / de welcke hy
om mijnent wille gheleden heeft /
ende 't ghene my door een recht-
veerdich oordeel ghewevghert
wordt/wilt 't selve o alderliefste /
ende alder soetste moeder der berm-
hertichept/door u tusschen spreecken
ende voorbidden my verkrijghen /
ende my alsoo tot de eeuwighe
vreuchde geleyden/daer ick uwe al=
derliefsten sone/ende u H. Moeder/
ende maget/met alle Godts Heyli-
ghen

ghen mach loven in alle eeuwiche=
den Amen.

Der Trostgedanke in der frühchristlichen und mittelalterlichen Frömmigkeit

Wie dem auch sei, man muß A. Peiffer zustimmen, wenn er behauptet, daß der Trostgedanke P. Brocquart und seiner Zeit vorgegeben war. Ja, es gab schon vor der Luxemburger Wallfahrt Orte, an denen Maria als Trösterin der Betrübten aufgesucht und verehrt wurde. Das war nach A. Peiffer der Fall für Werne: „U. L. Frau vom Trost der Betrübten"; für Marienborn bei Mainz; für Widderen bei Bamberg: „Maria, Trostgrund der Betrübten"; für Sewen, wie schon gesagt, im Elsaß. Das gilt auch für den außerdeutschen Bereich: so für Vilvorde in Belgien: „Notre-Dame de la Consolation", für Laeken, Lüttich und andere Orte; so auch für Italien, beispielsweise für Turin: „La Consolata"[11].

Dieser Trostgedanke ist ja häufig in der Heiligen Schrift und auch bei den Kirchenvätern zu finden. Die Trostbücher schöpften aus der Bibel, manchmal griffen sie auch auf antike Vorbilder zurück. Auch bei den Kirchenvätern taucht der Trostgedanke auf. So bei dem hl. Ephräm dem Syrer (+ 373), dem hl. Johannes aus Damaskus (+ um 750), dem hl. Klemens von Ochrida in Bulgarien (+ 916). Diese drei verbinden den Trostgedanken auch mit Maria[12]. Im Mittelalter kommen dann die sogenannten Notlitaneien auf, in denen Maria angerufen wird als „gütiger Trost der zu dir Fliehenden", „Trost der Bedrückten". In manchen Reimlitaneien des 15. und 16. Jahrhunderts befinden sich Anrufungen an Maria, wie „Trösterin der Sünder", „Trost der Verlassenen – Mitleid der Betrübten", „Heiliger Trost der Betrübten", „Trösterin der Weinenden"[13]. „In der Überschau auf das hier Dargebotene", schreibt A. Peiffer, „können wir nun festhalten, daß schon vor der Entstehung der Luxemburger Verehrung der ‚Trösterin der Betrübten' sich die Consolatrix-Idee als ein sehr verbreitetes und populäres Thema erweist, der Titel ‚Consolatrix Afflictorum' in dieser eigentlichen Fassung wie auch in verschiedenen Varianten schon Gemeingut der marianischen Terminologie war, und ebenfalls sowohl Gnadenbilder wie Wallfahrten zur Trösterin bereits seit dem 12. Jahrhundert existierten"[14].

Der Trost Gottes

Not und Trost gehören zusammen. Wen irgendwelche Not, leiblicher, seelischer oder geistiger Art bedrückt, braucht Trost. Er sehnt sich nach jemand, der ihm beisteht in seiner Einsamkeit, ihn aufrichtet in seiner Mutlosigkeit, ihm Geborgenheit gibt in seiner Verlassenheit, ihm Glauben, Hoffnung und Liebe schenkt. Diesen Trost kann letztlich nur Gott geben, der Gott, der die Liebe ist (1 Joh 4,16).

Das hat das Volk Israel wiederholt erfahren. Wohl kannte es menschlichen Trost wie seine heidnische Umwelt. Geriet es aber in eine wirkliche Not, haben seine Propheten und Dichter es immer wieder auf Jahwe, seinen Gott, „den Herrn, die Hoffnung Israels" verwiesen (Jer 17,13). Besonders der Prophet Jesaja ist in seinem zweiten und dritten Buch ein aufrüttelnder Bote göttlicher Hoffnung und göttlichen Trostes. „Zion sagt: der Herr hat mich verlassen, Gott hat mich vergessen. Kann denn eine Frau ihr Kindlein vergessen, eine Mutter ihren leiblichen Sohn? Und selbst, wenn sie ihn vergessen würde, ich vergesse dich nicht. Ich habe dich eingezeichnet in meine Hände" (Jes 49,14 ff.). „Tröstet, tröstet mein Volk, spricht euer Gott ... Seht Gott, der Herr, kommt mit Macht ... wie ein Hirt führt er seine Herde zur Weide, er sammelt sie mit starker Hand. Die Lämmer trägt er auf dem Arm, die Mutterschafe führt er behutsam" (Jes 40,1 ff.).

Solche Worte und Bilder „mit Geisteskraft verkündet" (Sir 48,24), trösteten das Volk in seiner Not und erinnerten es an die unverbrüchliche Liebe Gottes. Sie rüttelten es wach und weckten in ihm neue Hoffnung. Das Motiv von Trost und Hoffnung erlebte Israel stets erneut in seiner Geschichte. Es fand seinen Ausdruck in den Schriften seiner Propheten und Sänger, besonders in den Psalmen. Es wurde zum Leitmotiv seiner religiösen Erwartung. Noch bei Paulus klingt dieses Motiv an: „Was zuvor geschrieben ist, das ist uns zur Lehre geschrieben, damit wir durch Geduld und den Trost der Schrift Hoffnung haben" (Röm 15,4).

Der Prophet Jesaja, aus dem alten Hochaltar der Marien-Basilika

Trost Gottes in Jesus Christus

Dieser Trost Gottes erschien dann leibhaftig in der Person unseres Herrn Jesus Christus, dem Heiland und Retter für alle Menschen[15]. Ihn hat Paulus kraftvoll als den Trost Gottes verkündet. Er betet für die Thessalonicher, „Jesus Christus unser Herr, und Gott unser Vater, der uns seine Liebe zugewandt und uns in seiner Gnade ewigen Trost und sichere Hoffnung geschenkt hat, tröste euch und gebe euch Kraft zu jedem guten Werk und Wort" (2 Thess 2,16).

Diese seine tröstende und Hoffnung schenkende Liebe hat Gott in Jesus Christus geoffenbart, am tiefsten im österlichen Geheimnis des Herrn, in seinem Sterben und Auferstehen für uns Menschen. Denn Christi Tod wurde den Menschen zum Heil und zur Rettung, zur Quelle eines neuen Lebens, an dem der Mensch jetzt schon Anteil haben kann, im Glauben und im Sakrament und am Ende der Zeiten in voller, endgültiger Wirklichkeit.

Maria – Quelle göttlichen Trostes

Wie in alle Lebensgeheimnisse ihres Sohnes, Jesus Christus, war Maria jedoch besonders in sein österliches Geheimnis hineingestellt. Sie stand unter dem Kreuz, dem Instrument des Todes, das Jesus in ein Instrument des Lebens verwandelt hat. Vom Kreuz herab gab er in dem Jünger, den er liebte, seine Mutter auch uns zur Mutter (Joh 19,25 ff.). Dadurch hat er sie uns zur Trösterin in allen Nöten des Leibes und der Seele gegeben. Mutter sein heißt ja nicht nur Leben schenken, sondern es auch behüten, aufrichten, trösten. Mit Recht sagt daher das II. Vatikanische Konzil von Maria: „Wie die Mutter Jesu, im Himmel, schon mit Leib und Seele verherrlicht, Bild und Anfang der in der kommenden Weltzeit zu vollendenden Kirche ist, so leuchtet sie auch hier auf Erden in der Zwischenzeit bis zur Ankunft des Tages des Herrn als Zeichen der sicheren Hoffnung und des Trostes dem wandernden Gottesvolk voran" (Kirche 68).

Diese Mission hat Maria mit großer Treue erfüllt, als Mutter Jesu und als unsere Mutter. In der Mutterschaft Mariens ist letztlich ihr Titel

„Trösterin der Betrübten" begründet. Das hat sie schon wahrgemacht zu Lebzeiten ihres Sohnes. Es geschah damals bei der Hochzeit zu Kana, als Jesus sein erstes Wunder tat, indem er Wasser in Wein verwandelte. Seine Mutter hatte das Wunder veranlaßt. Mit der ahnenden Feinfühligkeit, wie sie Frauen und Müttern natürlicherweise eigen ist und sicher der Mutter Jesu in ganz besonderer Weise eigen war und ist, hat sie die Verlegenheit und die Not der armen Brautleute und ihrer Familien verspürt. Nur ein diskretes Wort an ihren Sohn: Sie haben keinen Wein mehr! Und trotz der scheinbar abweisenden Antwort Jesu sagt Maria zu den Dienern: Was er euch sagt, das tut! In diesem ersten Zeichen offenbarte Jesus seine Herrlichkeit, sagt der Evangelist (Joh 2,11).

Sein letztes Zeichen ist sein Sterben am Kreuz. Auch dieses offenbart nach dem Evangelisten Jesu Herrlichkeit (vgl. Joh 12,23–25; 13,31–32). Bei beiden Zeichen war Maria dabei und hat mitgewirkt. Daher ist sie auch dabei, wenn der Herr die Frucht seines Sterbens und Auferstehens austeilt, das Heil, die Rettung, den Trost, die seine am Kreuz und am Ostermorgen vollbrachte Tat der Liebe uns gebracht hat. Papst Johannes Paul II. sieht in dieser mütterlichen, helfenden, tröstenden Rolle Mariens „das tiefste Geheimnis ihres Lebens"[16]. Mit Recht setzt daher das christliche Volk auf Maria und ihre Fürbitte sein ganzes Vertrauen und seine feste Hoffnung und ruft sie in seinen Nöten an, so verschieden sie auch in verschiedenen Zeiten und Kontinenten sind, als „die Hilfe der Christen", „das Heil der Kranken", „die Zuflucht der Sünder", „die Trösterin der Betrübten".

Es tut dies mit um so größerem Recht, als Maria nicht nur die Mutter Jesu ist, sondern auch die Braut des Heiligen Geistes, des Trösters, wie Jesus Christus selber ihn nennt (Joh 14,16 und 26; 15,26). Von diesem Heiligen Geist war Maria erfüllt, schon vom ersten Augenblick ihres

„Was Er euch sagt, das tut" (Joh 2). Die Hochzeit zu Kana, aus dem Zyklus der sieben Sakramente, südliches Querschiff der Marien-Basilika

Daseins an. Er kam über Maria, und seine Kraft überschattete sie (Lk 1,35), wie er am Anfang der Welt über der Urflut schwebte (Gen 1,2). Beide Male war es der Beginn neuen Lebens. Wie manche geistliche Schriftsteller meinen, hat Jesus auch bei seinem Tode Maria seinen Heiligen Geist geschenkt. Das Johannesevangelium sagt, daß Jesus seinen Geist „übergeben" hat, und zwar an die junge Kirche, die um seine Mutter geschart, vor ihm stand. Pfingsten wird er dieser jungen, größer gewordenen, aber einmütig im Gebet um Maria versammelten Kirche, seinen Heiligen Geist senden, damit sie von diesem Geist beseelt, der Welt die Frohbotschaft vom Heil und Trost verkünde (vgl. Apg 1,12 ff. und 2,1–4)[17].

Der Heilige Geist, als Tröster und Beistand, schafft Gemeinsamkeit und Gemeinschaft. Vielleicht kann man das lateinische Wort trösten so interpretieren: con-solari, d. h. mit jemand sein, der allein ist. So hat Jesus seine Mutter Johannes und diesen seiner Mutter anvertraut, damit weder Maria noch Johannes allein seien. Dies war nicht nur ein menschlicher Trost, sondern Hinweis auf den Trost, den er seiner Kirche, in Maria und Johannes verkörpert, schenken wollte, um so die Gemeinschaft der Kirche im Heiligen Geist aufzubauen. Er verweist beide aufeinander. Einer soll des andern Last mittragen. Tröstet doch der Apostel Paulus die wegen ihrer Verstorbenen verängstigten Christen in ähnlicher Weise. Er schreibt ihnen: „Tröstet einander und baut euch gegenseitig zum Hause auf", d. h. zum Hause Gottes, zur Gemeinschaft der Kirche (vgl. 1 Thess 5,11)[18].

Maria tröstet effektiv dort am nachhaltigsten, wo Kirche ist. Gewiß achtet sie auch auf persönliche Bitten. Aber sie ist, wenn man so sagen darf, eher geneigt zur tröstenden Tat, wo mehrere Menschen einmütig um Hilfe bitten. Die vielen Danktafeln in Lourdes und anderen Orten sind dafür ein beredtes Zeugnis. Wo Not und Betrübnis, da bringt Maria das Licht des Trostes und der Hoffnung, des Trostes durch Hoffnung.

Maria – Quelle der Hoffnung

Die Festmesse zu Ehren Marias, der Trösterin der Betrübten, beginnt mit dem Eröffnungsvers: „Ave spes nostra! Sei gegrüßt, du unsere Hoffnung, Jungfrau Maria, Mutter des Herrn!" Das ist nicht ein Zufall. Trost und Hoffnung gehören zusammen. Dies besonders in Not und Bedrängnis. Die Hoffnung eines Christen ist Christus, nicht notwendigerweise für diese Welt, aber sicher ohne Zweifel für die kommende, für den „neuen Himmel und die neue Erde" am Ende der Zeiten (vgl. Offb 21,1 ff.). In dieser Perspektive schreibt der heilige Paulus an seinen Mitarbeiter Titus: „Als die Güte und Menschenliebe Gottes, unseres Retters, erschien, hat er uns gerettet ... durch das Bad der Wiedergeburt und der Erneuerung im Heiligen Geist. Ihn hat er in reichem Maß über uns ausgegossen durch Jesus Christus, unsern Retter, damit wir durch seine Gnade gerecht gemacht werden und das ewige Leben erben, das wir erhoffen" (3,4 ff.).

Jesus Christus (und mit ihm Maria als Zeichen zu dieser Hoffnung) ist die Hoffnung für alle, die gläubig zu ihm aufschauen und denselben Weg wie er gehen wollen: den Weg des Gehorsams gegen den Vater und seine

„Die sieben Schmerzen Mariens", Retabelaltar von Ferdinand Langenberg, 19. Jahrhundert. Marien-Basilika

Ordnung. Es ist ein Weg, auf den man die Güter dieser Welt mitnehmen kann, ohne jedoch das Herz an sie zu verlieren, als seien sie das höchste Gut. Ein Christ wird auf diesem Weg die innere Freiheit bewahren mit einem kritischen Blick auf die Dinge dieser Welt und damit Gelassenheit, Frieden und Freude ausstrahlen.

Jesus ist die Hoffnung für alle, die in diesem Leben zu kurz kommen. Das ist kein billiges Trostwort, das vertröstet, sondern ein Wort, das tröstet, aufrichtet und dem Leben, auch im Schatten, Halt und Sinn verleiht. Zu diesen Menschen wurde Christus zuerst gesandt: zu denen, die arm an Liebe sind, zu denen, welche die Ketten ihrer Sünden und Leidenschaften gefangen halten, zu denen, die Augen und Ohren gegenüber der Frohbotschaft des Heils verschließen (vgl. Lk 4,18). Zu ihnen allen, aber besonders auch zu denen, die näher im Schatten des Kreuzes stehen, zu den Kranken, Sterbenden, Toten, wie zu den Sündern, Lauen und Indifferenten spricht der Herr das tröstliche Wort der Hoffnung: „Kommt alle zu mir, die ihr euch plagt und schwere Lasten zu tragen habt, ich will euch Ruhe verschaffen" (Matth 11,28). Christus will sie aufrichten, sie ermutigen, sie trösten und ihnen Hoffnung schenken. Und dies mit Maria, seiner Mutter.

Maria ist der Stern, der durch das stürmische Zeitenmeer zu dem führt, „auf dessen Namen die Völker ihre Hoffnung setzen" (Matth 12,21). Sie ist das wegweisende Zeichen zu Christus, der rettet und heilt, aus der Schuld rettet und von der Sünde, der Urquelle jeder Betrübnis, heilt. Diesen Trost und diese Hoffnung schenkt uns die in Christus Jesus erschienene, von Schuld erlösende und von Sünde freimachende Liebe Gottes durch die Hand Mariens, wenn wir darum bitten. Durch diese zu Christus hinführende Tätigkeit wird Maria wirklich zur Trösterin der Betrübten.

In diesem vertrauensvollen Namen wie auch in dem zuversichtlichen Anruf: „Sei gegrüßt, du unsere Hoffnung", haben sich die Erwartungen, Sehnsüchte und Notanliegen vieler Generationen gesammelt und ausgesprochen. Jede marianische Wallfahrtsgeschichte ist eine Geschichte des göttlichen Trostes und der christlichen Hoffnung, die sich nicht nur auf die endzeitliche Vollendung richten, sondern schon hier und jetzt als dynamische und lebengestaltende Kraft in Kirche und Gesellschaft zum Ausdruck kommen sollten[19].

Trösterin der Betrübten – ein österlicher Titel

Auf Maria haben unsere Vorfahren geschaut, sie als Trösterin angerufen und unter diesem Titel zur Patronin erwählt. Es ist ein Titel, der in uns die Erwartung des Heils und das Bekenntnis zur österlichen Hoffnung weckt. Er bestärkt uns im festen und unverlierbaren Vertrauen auf die Erfüllung der gegebenen Verheißung, die mit dem Ostersieg Christi sich verwirklicht hat. In Christus, der die Niedergebeugten zu trösten gesandt war und durch den reichlicher Trost auf die mit ihm Leidenden herabkommt, ist der Vater der Erbarmungen und der Gott allen Trostes uns geschenkt (vgl. 2 Kor 1,3 ff.).

Mit diesem österlichen Herrn, der für uns starb und auferstand, blieb Maria innigst verbunden. Mit ihm hat sie Leid und Tod überwunden. So ist sie mit Recht zum Zeichen der sicheren Hoffnung und des Trostes geworden[20].

Anmerkungen

[1] A. Peiffer in der Tageszeitung „Luxemburger Wort", 8. 10. 1966

[2] Der Autor wendet sich gegen die Meinung, P. Brocquart habe den Titel „Trösterin der Betrübten" der Lauretanischen Litanei entnommen.

[3] Peiffer a. a. O. Sp. 5. Sewen hatte damals eine Wallfahrt zu „U. L. Frau der Betrübten". Sie war in Metz bekannt. P. Brocquart, der aus dem benachbarten Diedenhofen stammt, kann die Sewener Wallfahrt gekannt haben.

[4] J. Maertz, „300 Jahre Patronin der Stadt Luxemburg" in der Zeitschrift „Hémecht" 18/1966, S. 54 und 73.

[5] P. Margue, Luxemburg in Mittelalter und Neuzeit, S. 134.

[6] 1666 lautet die Formel: „. . . bitten dich demüthigst, du wollest uns unter den Schutz und Schirm deiner Barmherzigkeit aufnehmen und uns durch deine trostreiche Hilfe in allen Gefahren des Krieges, der Theuerung und der Krankheiten wie auch in all' andern Widerwärtigkeiten beispringen und uns nimmer in unsern Nöthen, insbesondere des Todes, verlassen".
1678 heißt es: „. . . bitten wir dich auf das demüthigste, du wollest uns unter deinen Schutz und Schirm aufnehmen und uns beistehen zur Zeit des Krieges, der Pestilenz und in all' unsern Nöthen und Widerwärtigkeiten".

[7] Maertz, a. a. O. S. 73.
[8] LTHK, Bd. 6, Sp. 1077.
[9] Maertz, a. a. O. S. 43 und Anm. 24 S. 122.
[10] Peiffer, a. a. O. Sp. 4/5.
[11] Auch heute wird der Titel „Trösterin der Betrübten" Kirchen verliehen. Die Titelkirche von Kardinal Ratzinger heißt: S. Maria Consolatrice al Tiburtino.
[12] Vom hl. Ephräm gibt es eine Abhandlung über „Die Bedrückten und Bedrängten", ein christliches Trostbuch. Dort sagt er von Christus: „Er erfreut mich, der ich bedrängt bin, und er tröstet mich, der ich Ungerechtigkeit erfuhr; und, wenn ich ferner getötet würde, ähnlich ihm, so würde der gewaltige Mord an ihm mich trösten" (in der Zeitschrift „Theologie und Glaube" 4/1912 – S. 241). Nach Ephräm tröstet auch Maria. Er redet Maria an als „Quelle jeglichen Trostes" (Peiffer, a. a. O. Sp. 4). In einer Predigt, gehalten in Kevelaer am 21. 9. 1989, zitiert Weihbischof Dr. Josef G. Plöger aus Köln den hl. Ephräm: „Als erster (betete) der hl. Ephräm der Syrer im 4. Jh. Du Jubel der Kranken, Trost der Trauernden und Heil aller" (aus dem 1. Hymnus zum Lob der Jungfrau Maria, ediert bei Meersseman, Der Hymnos akathistos im Abendland, Band II 258/9, Fribourg, Schweiz, 1960. Mitgeteilt von Weihbischof J. Plöger, Köln, und Domkapitular R. Schulte Staade).
In einem seiner Hymnen preist Ephräm mit diesen Worten Maria: „Der jungfräuliche Rebstock brachte die Traube hervor, deren süßer Wein den Betrübten (Weinenden) Trost bringt. Eva und Adam, von Schmerz bedrückt, kosteten von diesem Lebenstrank und fanden in ihm Trost in ihrer Betrübnis" (Th. J. Lamy, S. Ephraem Syri Hymni et Sermones, Hymnus l de Beata Maria § 14, tome 2, Mecheln 1886, S. 523 resp. 524).
Der hl. Johannes von Damaskus nennt Maria „Trost der Trauernden" (Peiffer, a. a. O.). Der hl. Klemens von Ochrida in Bulgarien ruft Maria an als „Beistand der Trauernden, als Trösterin der Betrübten". „Denn du hast dich als Beistand der Betrübten und Heil der Kranken gezeigt, weil du den getragen hast, der die Krankheiten und Leiden auf sich trug dadurch, daß er unsrer Natur war" (in Mariologisches, August 1988, Sp. 30 und 29).
[13] Peiffer, a. a. O., Sp. 4/5.
[14] ebda.
[15] Von Simeon wird gesagt (Luk 2,25), daß er auf den „Trost" Israels wartete. So lautet die herkömmliche Übersetzung. Die neue deutsche Einheitsübersetzung sagt dafür: „auf die Rettung" Israels. Die Ausgabe der Neovulgata von 1974 behält den Ausdruck: exspectans „consolationem", wie im griechischen Text „paraklesin". In der französischen Bibelübersetzung von Jerusalem steht „consolation" und ebenso in der ökumenischen Bibelübersetzung (TOB) von 1972. Letztere verweist in einer Fußnote auf Jesaja: Seit ihm bezeichnet der Ausdruck das Heil Israels (s. Jes 40,1; 52,12; 61,2). An den betreffenden Stellen steht allerdings das Wort: réconforter, was nach dem Wörterbuch soviel bedeutet wie stärken, laben, trösten. In der Fußnote zu Jes 40,1 liest man: (Réconfortez) ou „consolez".
[16] Botschaft zum Welttag der Jugend 1988.
[17] Vgl. etwa M. Thurian, Marie Mère du Seigneur – Figure de l'Église, S. 226.
[18] Vgl. auch 1 Thess 4,18, wo auch im Trösten der Gedanke von der Gemeinschaft mit Christus und untereinander angesprochen wird.
[19] Kirchlicher Anzeiger für die Diözese Luxemburg, 107/1977, S. 33.
[20] ebda. 108/178, S. 15. Vgl. auch J. H. Kardinal Newman: Der Maimonat, Köln 1954, S. 62.

Bernhard Kötting

Maria-Königin und ihre Heilsbedeutung

Die Benennung Marias als „Königin" hat keinen direkten Anstoß aus den Schriften des Neuen Testamentes erhalten. Dort wird sie „Magd des Herrn" genannt; sie nennt sich auch selbst so (Lk 1,38; 48). Die Verehrung Mariens hat ja nicht nur ihre Grundlage in den kanonischen Schriften des Neuen Testamentes, sondern ebensosehr in den apokryphen Berichten, die vom 2. Jh. an auftauchen. Die Schriften haben ihren Ursprung im Verlangen der Gläubigen, die Lücken im Leben Christi und damit auch im Leben Mariens auszufüllen, die in den knappen Berichten der Evangelien offenbleiben. In narrativen, erzählenden Bildern, die Begebenheiten aus dem Leben Jesu darstellen, wird darum auch der Gottesmutter Maria Erwähnung getan schon vom 4. Jh. an.

Sonst findet sie in der Heiligenverehrung der frühesten Zeit noch keinen besonderen Platz. Das liegt daran, daß man in der Bestimmung der „Heiligkeit", d. h. der Verbindung der abgeschiedenen Gläubigen mit Christus im Himmel, zunächst derer gedachte, die sein Wort besonders deutlich erfüllt hatten, das mehrfach überlieferte Wort: „Wer mein Jünger sein will, nehme sein Kreuz auf sich und folge mir nach" (Mt 16,24; Mk 8,34; Lk 14,27). Diese Weisung Jesu wurde zunächst als erfüllt angesehen von den Blutzeugen, den Märtyrern, die ihr Leben für Christus hingegeben hatten; dann von den Aposteln, den Sendboten, die sein Wort in alle Welt getragen und damit Zeugnis für Christus abgelegt hatten, auch wenn sie nicht eines grausamen Todes gestorben waren.

Da Maria diesen beiden Gruppen nicht zugezählt werden konnte, finden wir sie zunächst nur als eine der Figuren in der bildlichen Wiedergabe der Erzählungen vom Leben Jesu.

In der frühen Kirche gab es für die Entfaltung der Marienverehrung zwei Denkanstöße aus dem Alten Testament. Die Ereignisse, die in den Schriften des Alten Testamentes beschrieben wurden, sind nach der Überzeugung der frühen Kirche nur Schatten und Vorbilder der Heilsgeschehnisse, die durch Jesus Christus eingeleitet und verwirklicht worden sind. So konnte im Hinblick auf diese Analogie von Schöpfung und Erlösung Christus als der neue Adam bezeichnet werden, Maria hinwiederum – eine unvorstellbare Erhöhung ihrer Würde – als die neue Eva. „Auf dem gleichen Weg, auf dem die von der Schlange verursachte Sünde ihren Anfang nahm, sollte auch die Sünde aufgehoben werden" (Justinus, dial. 100,4 f.). Dem Ungehorsam Evas wird der Gehorsam Marias gegenübergestellt, Eva wird somit die erste Kundgabe der Sünde, Maria die erste Zeugin und Quelle des Heils. Der andere Anknüpfungspunkt für die Auszeichnung Mariens wurde beim Propheten Isaias gefunden: „Siehe, die Jungfrau wird empfangen und einen Sohn gebären und ihm den Namen ‚Emanuel' (Gott mit uns) geben" (7,14). Da dieses Wort vom Beginn der christlichen Kirche an auf den Erlöser Jesus Christus bezogen wurde, war die Folge, daß man der Auserwählung Mariens durch Gott nur dann gerecht wurde, wenn man sie als Jungfrau pries; da sie aber von aller Sünde frei blieb und sich ganz Gott hingab, erweiterte man diese Aussage von der Jungfrauschaft Mariens im Laufe der Zeit auf die „immerwährende Jungfräulichkeit".

Maria Königin, von Friedrich Stummel. Antoniuschor der Marien-Basilika Kevelaer

Mit der Entfaltung der Heiligenverehrung, die mit Gregor Thaumaturgos im Osten und Martin von Tours (+ 397) im Westen, die ersten Nichtmärtyrer als „Auserwählte" pries, war auch der Weg frei für die wachsende Marienverehrung. Da sich nun mit Vorliebe die Verehrung eines Heiligen an der Stätte entfaltete, wo der Leib im Grabe ruhte, brach nun auch der Streit um ihren Begräbnisort aus. In Jerusalem bildete sich die feste Überzeugung, daß Maria im 60. Lebensjahr hier ihren Tod gefunden habe und daß sie dann auch dort im Kidrontal bestattet worden sei. Von Epiphanius von Salamis (+403) wurde dann mit Berufung auf das Johannesevangelium, wo es heißt: „Sohn, siehe da deine Mutter" (Joh 19, 27), betont, daß Maria mit dem Apostel Johannes nach Ephesus gezogen sei und dort ihr Grab gefunden habe.

Die entscheidende Wende in der Verehrung Mariens und auch die Entfaltung der Titulatur: „Maria-Königin" vollzog sich nach dem Konzil zu Ephesus (431). Hier ging es um die wichtige Frage, ob Jesus Christus nur einen Scheinleib angenommen habe oder ob Maria wirklich „Gottes-

Gebärerin" genannt werden dürfe. Die Diskussion der damaligen Zeit spiegelt sich etwa wider in dem Bericht der apokryphen Johannesakten (cap. 93), wo dem Apostel Johannes die Worte in den Mund gelegt werden: „Ich ging neben ihm her, sah aber niemals seine Fußspuren im Sand." Das konnte als Beleg gelten, daß Christus nur einen Scheinleib angenommen habe. Im Gegensatz dazu zeigte man schon zur Zeit der Kaiserin Helena in Jerusalem auf dem Ölberg, von wo aus er in den Himmel aufgefahren war, ausgeprägte Fußspuren als Zeichen seiner wahren Menschheit (*B. Kötting, Ecclesia peregrinans – Das Gottesvolk unterwegs, 1988, II. 38 f.*).

Zu Beginn des 5. Jhs. kam es zur heftigen Auseinandersetzung über das wahre, persönliche Verhältnis zwischen Christus und seiner Mutter. Die genaue Bestimmung wurde 431 auf dem Konzil zu Ephesus getroffen. Die eine Gruppe hatte ihren Sprecher in Nestorius, dem Bischof von Konstantinopel. Er war damit einverstanden, Maria „Gottes-Mutter" zu nennen, aber er weigerte sich, auf sie den Titel „Gottes-Gebärerin" anzuwenden, denn der unveränderliche Gott könne nicht geboren werden. Nestorius meinte gar: Man solle sich doch nicht um einen Buchstaben streiten, denn er sei damit einverstanden, daß Maria „Theodokos" genannt werde (Gott-Empfangende), aber er weigere sich, sie „Theotokos" (Gottes-Gebärerin) zu nennen. Am 22. Juni des Jahres 431 wurde die für die Marienverehrung entscheidende Lehre der Kirche verkündet: Maria sei in Wahrheit Theotokos (Gottes-Gebärerin). Die Ansicht des Nestorius wurde als „Gotteslästerung" verworfen.

Von diesem Augenblick an entfaltete sich auch die eigenständige Verehrung der „Gottes-Mutter", wenn auch zunächst in enger Verbindung mit der Darstellung Jesu Christi; aber von der 2. Hälfte des 6. Jhs. an kennen wir auch selbständige „Kultbilder" Mariens. Von nun an haben wir darum auch ihre Benennung als „Königin". Doch schon seit der Mitte des 5. Jhs. nimmt sie auch in den narrativen Bildern, in den Darstellungen von Geschichten und Erlebnissen Mariens, eine so herausragende Position ein, daß sich das deutlich von der vorhergehenden Zeit abhebt. Dies geschieht in szenischen Darstellungen, wenn auch nicht so sehr bei der Geburt Christi, so doch vor allen Dingen bei der Wiedergabe der Anbetung der Weisen aus dem Morgenlande.

In der Geschichte der Entfaltung des Titels „Maria-Königin" ist direkt nach dem Konzil von Ephesus die große Marienkirche in Rom besonders maßgeblich geworden. Sie wurde nach dem Konzil von Ephesus von Papst Sixtus III. (432–40) errichtet, und in dieser Kirche wurde Maria selbst zur Hauptperson. In der ursprünglichen Apsis, die Papst Nikolaus IV. am Ende des 13. Jhs. abreißen ließ, wurde erstmals in der christlichen Kunst das Bild Mariens für sich allein ohne Bezug zu einer historischen Situation verwendet. Sie thronte mit Christus auf dem Schoß, von rechts und links näherten sich Personen, 5 Märtyrer und der Stifter Papst Sixtus III. mit dem Modell der Kirche in den Händen. Wir wissen das aus der erhaltenen Weiheinschrift. Aber die anderen szenischen Bilder Mariens in dieser Kirche geben uns ein anschauliches Bild von der ihr zugedachten Titulatur. Wenn ihre Verkündigung dargestellt wird in der Nähe des Triumphbogens, so nimmt sie einen Platz ein, der von dem einer Magd in der bildlichen Wiedergabe grundverschieden ist. Sie sitzt auf einem

Maria in königlicher Haltung, von Friedrich Stummel. Marienchor der Marien-Basilika

Thron, wie ihn in der damaligen Zeit nur eine Königin oder Kaiserin besteigen durfte. Sie ist ebenfalls bekleidet wie eine Kaiserin. In allen bildlichen Darstellungen stehen ihr nun Engel zur Seite, wie das nach dem Hofzeremoniell die auserlesenen Hofbeamten zur Begleitung des Kaisers taten.

Der Marienkult verbreitete sich im allgemeinen vom Osten zum Westen hin. Von den Stätten ihres Lebens in Palästina wurden Einzelheiten der dort aufbewahrten Erzählungen durch Pilger in den Westen gebracht. Eine besondere Verehrung genoß Maria dann in Konstantinopel. Hier waren ihr vor dem Bilderstreit im 8. Jh. allein 30 Kirchen, Kapellen und Klöster gewidmet. Wenn sie aber hier in dieser Kaiserstadt auf ihren Bildern die Menschen trösten und beruhigen sollte, so war das nur möglich, wenn sie auch in augenfälliger Weise als jemand erschien, der im Himmel ähnliche Macht auszuüben vermochte wie eine Kaiserin hier auf Erden. So war es fast ganz selbstverständlich, daß die Darstellung diesem irdischen Analogon folgte.

Der vorherrschende Typus in der Mariendarstellung ist eben in diesen Jahrhunderten die thronende Maria mit Christus auf dem Schoß. Andere Heilige werden im christlichen Altertum und im frühen Mittelalter nie in sitzender Haltung dargestellt (später kommt es zuweilen vor). Eben seit dem Konzil von Ephesus tritt dieser Bildtypus an die Stelle, welche früher Christus vorbehalten war. So war es auch in der Apsis von Santa Maria Maggiore in Rom, in S. Maria di Capua vetere und in vielen anderen Beispielen wie etwa in Parenzo. Während des Bilderstreites wurde in vielen Kirchen das Marienbild wieder durch das Kreuz (Triumphkreuz) ersetzt, so z. B. in der Hauptapsis in der Hagia Sophia in Konstantinopel oder in der Koimesiskirche in Nikaia. Die thronende Maria mit Christus in der Apsis als Ausdruck des Glaubens, daß Gott Mensch geworden ist, findet sich nun im Osten seit dem Ikonoklasmus (8. Jh.) und im Westen in stetiger Abfolge.

Dieses Bild, in dem Maria als Herrscherin und Königin mit Christus auf dem Schoß dargestellt wird, fand außerordentliche Verbreitung. Genannt werden hier nur die Kirchenschiffwände von Ravenna: „S. Apollinare nuovo"; ähnlich „Hagios Demetrios" in Thessalonich. Das Bild findet sich auch auf kleinen Skulpturen (Ampullen von Monza), vom 7. Jh. auch auf östlichen Ikonen (Sinai-Kloster). Man darf sagen, der Bildtypus, der Maria thronend als Königin darstellt mit Christus auf dem Schoß, ist vom 7. Jh. an in der ganzen christlichen Welt verbreitet. Ihm folgt dann ein etwas veränderter Bildtypus: Maria hält das Jesuskind auf dem linken Arm oder auf dem linken Knie. In Konstantinopel ist diese Bildform nie angenommen worden. In der östlichen Kirche wird Maria nie als Königin bezeichnet, wenn auch die Darstellung mit Recht die Titulatur verdient. In der abendländischen Kirche verbreitet sich außerhalb Roms die bildliche Darstellung Mariens erst später im beginnenden Mittelalter. Die Frömmigkeitsform der abendländischen Kirche unterscheidet sich von der griechischen ja gerade dadurch, daß im Abendland Reliquien und sichtbare Zeichen der Verbundenheit mit dem verehrten Heiligen wie Tücher, Ringe und dergleichen Gegenstand der Verehrung waren, während im Morgenland das Bild diesen Platz einnahm.

Für die Frömmigkeitsdarstellung „Maria-Königin" ist nicht nur das Einzelbild maßgeblich gewesen, das Maria mit ihrem Sohn zeigt. Charakteristisch für die Frömmigkeitsweise des Mittelalters bis auf den heutigen Tag ist die Lauretanische Litanei (1531 erstmals in Loreto bezeugt; nach der Legende wurde das Haus Mariens 1294 von Nazareth nach Dalmatien übertragen in die Nähe von Fiume und dann 1295 nach Loreto bei Ancona). Die Anrufungen in dieser Litanei, die Maria den Titel „Königin" beilegen, sind in systematischer Folge gewachsen. Sie ist ja die Königin im Himmel und darum zunächst „Königin der Engel". Dann, nachdem die Heiligenverehrung auch die hervorragenden Patriarchen wie Abraham und die großen Propheten wie Isaias einbezogen hatte, konnte man sie auch „Königin der Patriarchen" und „Königin der Propheten" nennen. Zur „Königin der Apostel" wurde sie vor allen Dingen durch zwei Bilddarstellungen – nämlich die bildliche Wiedergabe des Pfingstereignisses und durch die Erzählung von ihrem Tod.

Maria und die Apostel beim Pfingstfest. Papstportal von Bert Gerresheim an der Marien-Basilika, Detail

a) Das Pfingstbild
Byzantinische und abendländische Kunstwerke stimmen darin überein, daß Maria bei der Darstellung des Pfingstereignisses der Hauptplatz gegeben wird. Einige Bilder lassen sie weg, weil sie den Hl. Geist schon bei der Verkündigung empfangen hatte und weil zu Pfingsten der Hl. Geist zur Verkündigung, zum Apostolat gegeben worden sei und am Apostolat habe Maria keinen Anteil gehabt. Aber die häufige Darstellung, die Maria in der Mitte der Apostel zeigt, nimmt Bezug auf die Apostelgeschichte (1,14), wo gesagt wird, daß die Apostel mit Maria, der Mutter Jesu, im Gebet verharrten nach der Himmelfahrt. Auch die Darstellung der Himmelfahrt bezieht hier und da Maria mit ein; dann gilt sie aber mehr als Symbol der Kirche, denn im eigentlichen Sinn als Königin.

b) Das 2. Bild, das sie zur Königin der Apostel werden läßt, ist die Darstellung ihres Heimganges. Wie sehr von diesem Bilde aus ihre Benennung „Königin der Apostel" ausgegangen ist, soll an einigen Texten der „Legenda aurea" des Jakobus von Voragine (1293) erläutert werden (von Maria Himmelfahrt zum 15. August): Maria bittet vor ihrem Tode den Engel: „Ich bitte dich, daß meine lieben Söhne und Brüder, die Apostel, allesamt mögen um mich sein." Und dann heißt es an anderer Stelle: „Jesus kam mit dem himmlischen Heer der Engel und Patriarchen, der Märtyrer, Bekenner und Jungfrauen; sie standen um das Bett Mariens und sangen." Alle Titel für Maria als Königin sind hier schon zusammen genannt, und Jesus sagt dann zu ihr: „Komm' vom Libanon, meine Braut,

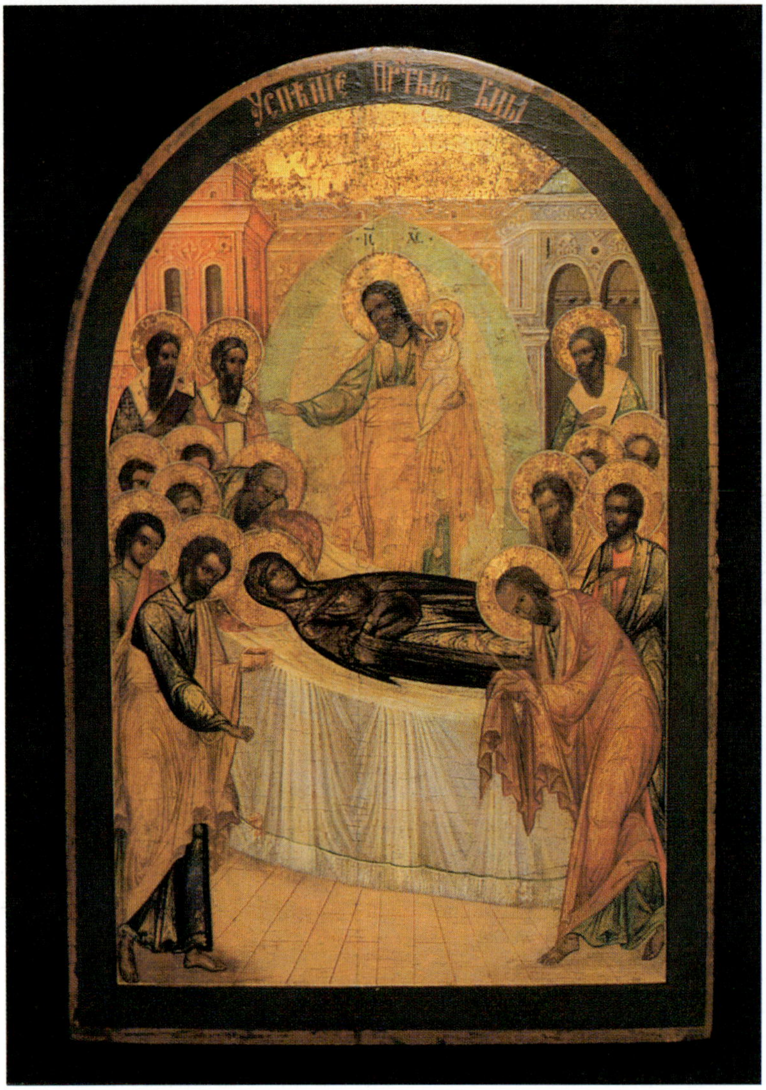

Entschlafung Mariens, Ikonen-Darstellung aus dem Marienleben, 18. Jahrhunder Kanzel Kerzenkapelle Kevelaer

daß du gekrönt werdest." Das ist schon ein Hinweis auf die Krönung Mariens, die gleichzeitig in Bildern dargestellt wird. Von ihrem Tod wird dann weiter gesagt in der „Legenda aurea": „Alsbald waren um sie die roten Rosen, das sind die Chöre der Märtyrer; und die weißen Lilien, das sind die Scharen der Engel und Jungfrauen und Bekenner." Die Apostel riefen ihr nach und klagten: „... du allerweiseste Magd, wo gehst du hin? Gedenke unser, o Herrin." An anderer Stelle heißt es dann: „Wer mag das ausdenken, mit welch großen Ehren die Königin der Welt heute aufgefahren ist, mit welch großer andächtiger Begierde das ganze himmlische Heer ihr entgegenging, wie sie mit loblichem Gesang zum obersten Thron ward geleitet." Dann an anderer Stelle: „Da kommt die leuchtende Schar der Apostel und lobt sie mit unsäglichem Lobe, die Menge der Märtyrer verehrt ihre Herrin, das zahllose Heer der Bekenner singt mit heiligem Gesang. Die lichte Schar der Jungfrauen führt herrliche Reigen zu ihrem Preis." Diese Erzählung in der „Goldenen Legende" konnte nur durch viele Bilder erläutert werden.

c) Eine der eindrucksvollsten Szenen, in denen Maria als Königin dargestellt wird, ist die Wiedergabe der Anbetung der Weisen aus dem Morgenlande. Das Bild findet sich schon sehr früh im 4. Jh. und ist immer wieder aufgegriffen worden, so lange in der Kirche zur Darstellung des Glaubensinhaltes Bilder willkommen waren. Die Szene findet sich in den Kirchen, sie findet sich häufig auf Sarkophagen, auf kostbaren Schreinen und anderswo. Im allgemeinen bringen ja die Weisen aus dem Morgenlande, wie sie im Evangelium (Mt 2,1–11) genannt werden und die erst in der späteren ausbreitenden Erzählung als Könige charakterisiert werden, ihre Gaben vor die thronende Gottesmutter, die das Jesuskind auf dem Schoße hält. Aber gerade darin, daß die 3 Magier als Könige im Mittelalter bezeichnet werden, liegt ja die Meinung begründet, daß Maria über alle irdischen Könige erhaben ist. Am allerdeutlichsten ist diese Vorstellung ausgeprägt in der Kirche S. Apollinare nuovo in Ravenna. Auf der nördlichen Wand des Mittelschiffes zum Altar hin thront Maria wie eine Königin, flankiert von vier Engeln, dem Christus-König gegenüber und empfängt von den drei Weisen, den Märtyrer-Jungfrauen, die den Weisen in Prozession folgen, das „aurum coronarium", den Goldkranz der Huldigung.

Das „aurum coronarium" war für die antike Vorstellung ein so selbstverständliches Bild, daß es kaum einer Interpretation bedurfte. Es bestand darin, daß dem Herrscher aus Gold gefertigte Kränze als Zeichen des Gehorsams und der Bereitschaft, ihm zu dienen, dargeboten wurden. Diese Prozession mit den Goldkränzen zum Herrscher findet sich schon in der persischen Königsstadt Persepolis. Auch in einigen Stellen des Alten Testamentes wird darauf Bezug genommen. Sie sind für das Verständnis des Bildes „Maria-Königin" von Bedeutung. Im ersten Buch der Könige (10,10) heißt es: „Die Königin von Saba brachte Salomon 120 Talente Gold und Spezereien und Edelsteine dar." Bald darauf sprach man auch von Goldkränzen. So erwähnt das 2. Buch der Makkabäer (14,3 f.), daß der frühere Hohepriester Alkimus zum griechischen König Demetrios ging und ihm einen goldenen Kranz darbrachte, um ihn günstig zu stimmen. Cäsar verordnete für Rom, daß nur den zum Triumph zugelassenen Feldherren die Annahme von Kränzen gestattet sei. In der Kaiserzeit wurden nur die Herrscher dadurch geehrt. Aus vielen Motiven wurden Goldkränze gebracht, z. B. zum Geburtstag des Kaisers, zur Geburt des Thronfolgers. Hier liegt die Analogie zur Goldkranzdarbietung durch die Weisen geradezu aufdringlich nahe, denn Jesus Christus ist ja der Thronfolger Gottes hier auf Erden. Der Kirchenschriftsteller Eusebius erzählt uns aus dem Leben des Kaisers Konstantin (4,7): „Aus den verschiedensten Stämmen kamen die Vertreter zu Konstantin und brachten ihm Geschenke, vor allem goldene Kränze, die er dankend entgegennahm." Es gibt von diesen politischen Handlungen mehrere Darstellungen. Die Überbringer kommen meist tief gebeugt. Der Geschenkzug barbarischer Überbringer ist das konventionell gewordene Mittel, um den Glanz und die Siegesmacht der kaiserlichen Majestät zum Ausdruck zu bringen. So ist es nicht verwunderlich, daß dieses Bild von der Gabendarbringung der drei Weisen und der Jungfrauen zunächst in Ravenna in die ganze Pracht kaiserlicher Hofhaltung und Herrschaftssymbolik eingebettet wurde. In der Folgezeit bringen die Magier ihre Gaben oft mit verhüllten Händen dar, und das Gold des ersten Magiers hat oftmals Kranzform. Nicht selten werden die Magier durch einen Engel geleitet, wie die Barbaren auf den Triumphaldenkmälern durch eine Darstellung der Viktoria, des Symbols der Unterwerfung unter die kaiserliche Macht. Die Darbringung gilt im eigentlichen Sinne Jesus, aber in Verbindung mit ihm Maria. Die Gaben wurden auch oftmals bei der Geburt des jungen Herrschers dargebracht. Hier auf unserer Darstellung in Ravenna konnte man sie dem Vater nicht darbringen, also sprechen sie deutlich aus: Maria ist die Königin, die uns den neuen Herrscher geboren hat.

d) Noch ein Bild muß erwähnt werden, um uns deutlich zu machen, in welcher Breite und Tiefe der Titel „Königin" auf Maria in der Frömmigkeit der Spätantike und des Mittelalters angewandt worden ist. Es ist die Darstellung in der Mandorla, der ovalen Aureole; sie findet sich seit Kaiser Mauritius (582–602). Sie wurde besonders angewandt, um den Weltherrscher Christus zu umrahmen, und sie läßt darum keine andere Interpretation zu als diese: „Maria ist die Königin des Himmels."

In der byzantinischen Kunst bilden sich nun für die Darstellung der Königin Maria verschiedene Bildtypen heraus. Auch ihre Stellung in der bildlichen Form ändert sich. Nachdem man sich im Mittelalter im Abendland an die vollplastische Wiedergabe der Heiligenbilder gewöhnt hatte, rückte auch Maria von der ikonenhaften Darstellung in der Apsis der Kirche ans Portal und hier auch oftmals als stehende Einzelfigur an Stelle der thronenden. Die bildliche Wiedergabe Mariens wächst nun ins Ungemessene, vor allen Dingen auf den großen Tafelbildern der Altäre.

Einen wichtigen Einschnitt in die Titulatur „Maria-Königin" bildet die Entfaltung des Mariendogmas seit dem Mittelalter. Als sich der Glaube an ihre unbefleckte Empfängnis in festen Formen ausgeprägt hatte, wird in der Lauretanischen Litanei ihr auch der Titel „Königin, ohne Erbschuld empfangen" zugefügt. Ebenso geht es mit der Titulatur „Königin, aufgenommen in den Himmel", nachdem der Glaube an die leibliche Aufnahme feste Gestalt angenommen hatte. Widerspiegelung der wachsenden Volksfrömmigkeit seit dem Hohen Mittelalter ist die Anrede: „Königin vom hl. Rosenkranz", und als neueste und letzte Formulierung nennen wir sie „Königin des Friedens".

Die Benennung „Maria-Königin" bedeutet eine wichtige Seite in der Volksfrömmigkeit, aber dieser Titel steht in einer besonderen Spannung mit der anderen Benennung „Mutter". Wenn dadurch die enge Verbundenheit und ihre Bereitschaft, allen zu helfen, ausgedrückt werden soll, so kommt in der Benennung „Maria-Königin" etwas mehr die Distanz-

Frühes Andachtsbild fı
Kevelaer-Pilge
17. Jahrhunde

CONSOLATRIX AFFLICTORUM ORA PRO NOBIS
Neue Kirch
Neue Capelle
Vera Effigies
Matris IESU Consolatricis afflictorum
in agro prope KEVELAER Miraculis
et Hominum Visitatione celebris. Año 1649
Albrecht Schmidt exc A V

haltung heraus. Sie gehört zwar unserem menschlichen Geschlecht an, ist aber von Gott zur Königin erhoben worden.

Das erweisen vor allen Dingen die Bilder aus der späteren Zeit, namentlich der Barockzeit, in denen ausgedrückt wird, daß sie bei ihrer Aufnahme in den Himmel von Christus gekrönt worden ist oder auch von Gott Vater oder auch von der heiligen Dreifaltigkeit. Es gibt Bilder von jeder dieser Frömmigkeitsüberzeugungen. Es gibt auch Bilder, in denen sie als Königin dargestellt wird, aber dann doch andere Anrufungen aus der Lauretanischen Litanei damit verbunden werden, etwa die Titulatur „Sitz der Weisheit" oder die Anrufung „Trösterin der Betrübten", die auch der Titel des Gnadenbildes zu Kevelaer ist.

Für die Frömmigkeit – auch unserer Zeit – ist es von großer Bedeutung, daß die Glaubensüberzeugung aufs neue lebendig gemacht wird, die hinter der Benennung „Maria-Königin" steht. Darin drücken wir aus, daß sie durch ihre einmalige Stellung, die sie als Königin aller Heiligen, gekrönt von Gott, genießt, auch eine königliche Macht hat zu unserer Hilfe. Sie ist zwar nicht allmächtig, aber sie ist die Mächtigste und Einflußreichste von allen geschöpflichen Wesen.

(Auf einzelne Literaturangaben wurde verzichtet; es wird hingewiesen auf die umfangreichen Literaturangaben in dem Sammelwerk: „Handbuch der Marienkunde", hrsg. v. W. Beinert u. H. Petri. Regensburg: 1984, S. 1042).

Johannes Stöhr

Zusammen mit Petrus durch Maria zu Jesus (Cum Petro per Mariam ad Jesum)

Im Mai 1989 wurde an der Nordseite der Wallfahrtsbasilika von Kevelaer ein doppeltüriges Portal eingesetzt, das an ein einzigartiges Ereignis in der fast 350jährigen Wallfahrtsgeschichte erinnern will, den Besuch Papst *Johannes Pauls II* am 2. 5. 1987[1]. Der rechte Flügel zeigt, wie der Papst vor dem Gnadenbild einen Rosenkranz als Weihegabe niederlegt. Auch der linke Türflügel mit der Darstellung des Papstes bei der Eröffnung des Wallfahrtsjahres und zwei Reliefs verstärken diese Aufforderung zur Marienverehrung. Andere Bilddarstellungen erinnern an her-

Das Papstportal an der Marien-Basilika, zum Brunnenhof. Johannes Paul II. öffnet die Pilgerpforte und gibt betend dem Gnadenbild zu Kevelaer einen goldenen Rosenkranz als Votivgabe. Von Bert Gerresheim, 1989

vorragende Christen, welche in der Geschichte der Marienwallfahrt von Kevelaer eine Rolle gespielt haben.

Am oberen Rand des Portals erstreckt sich ein weiterer Fries von 39 Bildnisbüsten von Persönlichkeiten, welche für die Marienverehrung der ganzen Kirche große Bedeutung hatten. Die Reihe beginnt mit *Clemens von Alexandrien, Johannes Chrysostomus* und *Ephräm dem Syrer.* Es folgen *Ambrosius von Mailand,* der Maria als Urbild der Kirche bezeichnete[2], und daneben der heilige *Augustinus,* der sie Mutter der Christenheit nannte[3]. Weiterhin Papst *Sergius I,* der für die Einführung der Feste Mariä Lichtmeß, Mariä Geburt und Mariä Verkündigung verantwortlich war. Danach kommen Theologen und Ordensgründer des Mittelalters zur Darstellung, beginnend mit *Bernhard von Clairvaux,* neben ihm *Franziskus* und *Dominikus,* dahinter *Bonaventura,* der die absolute Sündenlosigkeit Mariens theologisch näher begründete und schon den Wahlspruch „Totus tuus" kannte – sowie Papst *Sixtus IV* – der das Fest der Unbefleckten Empfängnis einführte. Daneben ist der heilige *Antonius von Padua* zu sehen, der sich glücklich pries, während des Marienhymnus „O gloriosa Domina" sterben zu dürfen, und dahinter Papst *Urban VI,* welcher das Fest Mariä Heimsuchung (2.7.) einsetzte. An ihrer Seite stehen *Duns Skotus* als Theologe der Unbefleckten Empfängnis und der mystische Dichter *Jacopone da Todi,* dem wir die Sequenz „Stabat Mater" verdanken, sowie der heilige *Bernhardin von Siena,* der nie predigte, ohne auf Maria hinzuweisen. Weiterhin sind der Dominikaner *Alanus de Rupe* und die beiden Karthäuser *Adolf von Essen* und *Dominikus von Preußen* dargestellt, auf die das Rosenkranzgebet in seiner heutigen Form zurückgeht. Hinter den beiden Mönchen ist Papst *Pius V* abgebildet, der zum Dank für den Seesieg von *Lepanto* das Fest Unserer Lieben Frau vom Siege auf den 7. Oktober festgelegt hat (Rosenkranzfest). Neben ihm befinden sich Papst *Alexander VII* und Papst *Innozenz XI* (Einführung des Festes Mariä Namen: 12.9.), ihm folgen der hl. *Philipp Neri,* der Gründer der Oratorianer, und Kardinal *Bérulle,* der die Spiritualität der Ecole française prägte, *Petrus Canisius* und der hl. *Ludwig Maria Grignion von Montfort.* Ferner sieht man die Darstellungen von *Pius IX,* der 1854 die Lehre von der Unbefleckten Empfängnis zum Dogma erhob. *Leo XIII,* dessen Portrait die Reihe fortsetzt, erklärte in seinen berühmten Rosenkranzenzykliken die Mittlertätigkeit Mariens. Darauf folgen Bildnisse der Seherinnen *Cathérine Labouré* (Rue du Bac, ca. 1830), *Bernadette Soubirous* (Lourdes) und *Hyazintha* (Fatima). Daran schließen sich die Portraits von drei Päpsten an: *Pius XI, Pius XII,* der die Aufnahme Mariens in den Himmel als Dogma verkündet hat (1950), und *Johannes XXIII.* Durch diese Bilderfriese soll das Ereignis des Papstbesuches (vgl. die großformatigen Papstdarstellungen im unteren Teil des Portals) nicht nur in die Geschichte der Marienverehrung in Kevelaer eingeordnet, sondern auch als kontinuierliche Fortsetzung der jahrhundertelangen Entwicklung der Mariologie der Kirche verstanden werden.

Die dargestellten hervorragenden Persönlichkeiten aus allen Jahrhunderten der Kirchengeschichte machen uns in immer neuer Weise deutlich, wie die Einheit mit dem Heiligen Vater und die Liebe zur Gottesmutter zu Christus führen. Betrachten wir daraufhin wenigstens einige etwas näher[4].

Ambrosius und Augustinus als Zeugen frühchristlicher Marienverehrung, Papstportal an der Marien-Basilika Kevelaer, Detail

Unter den zahlreichen Heiligen des IV. Jahrhunderts ragt der hl. **Ambrosius** (339–397) hervor, den man auch einen „marianischen Kirchenlehrer" und „Patron der Marienverehrung" genannt hat. Er kam in Trier als Sohn eines hohen Staatsbeamten (Präfekten) zur Welt und war zuerst Statthalter in Mailand; am 7.12.374 wurde er zum Bischof von Mailand gewählt. Seine Schriften entstanden aus der Praxis seines Hirtenamtes und waren von unmittelbaren seelsorgerischen Interessen bestimmt. Marianisches Gedankengut findet sich daher in fast allen verschiedenen exegetischen, asketischen und homiletischen Werken des großen Mailänder Bischofs: vor allem in seiner Auslegung des Lukas-Evangeliums und in der Erklärung des 118. Psalmes bezieht er sich vielfach auf Maria.

Er behandelt religiöse Fragen nicht in erster Linie um tieferer Erkenntnis willen, sondern möchte einfach die überlieferte kirchliche Glaubenslehre verkünden und verteidigen. Alle Mariengeheimnisse beurteilte er von der Person Christi her, besonders wenn es um die Bekämpfung der christologischen Häresien ging. So wendet er sich gegen die Heiden, Juden, Sabellianer, Arianer, Marcioniten und Manichäer. In seinen nichtpolemischen Schriften sieht er Maria in ihrer heilsgeschichtlichen Stellung als Urbild der Kirche, und in seinen moralisch-asketischen Schriften, insbesondere in seinen Unterweisungen an die Jungfrauen, betrachtet er Marias Tugendfülle in sich und als Vorbild für alle Menschen.

Als erster lateinischer Kirchenvater verwendet er für Maria immer wieder den Titel Gottesmutter. Die Gottesmutterschaft umfaßt nach ihm die wahre Mutterschaft Mariens, die jungfräuliche Empfängnis und Geburt Christi und die immerwährende Jungfräulichkeit. Den manichäischen Doketismus, der in Christus nur einen Scheinleib anerkennen wollte, bekämpfte er durch den Verweis auf die wahre Mutterschaft Mariens: „Christus war Mensch, da er gemäß der menschlichen Natur aus einem Menschen geboren wurde“[5]. Mariens mütterliche Mitwirkung beim Entstehen der menschlichen Natur Christi sichert so die Wahrheit der Menschwerdung und damit auch die der Erlösung. Die durch die Offenbarung verbürgte Tatsache der übernatürlichen Empfängnis ist schon durch Vorbilder angekündigt worden: „Von der jungfräulichen Erde war Adam, Christus von der Jungfrau“[6], z. B. durch den Lebensbaum des Paradieses, oder in Weissagungen wie Is 7,14, Hld 1,2; 2,8. Besonders deutlich hat er den ursächlichen Zusammenhang zwischen der jungfräulichen Empfängnis und der Sündenlosigkeit Christi herausgearbeitet. Den abtrünnigen Mönch Jovinian, der die Jungfräulichkeit Mariens in der Geburt leugnete, ließ er 390 auf einer Synode in Mailand verurteilen – u. a. unter Berufung auf die traditionelle Interpretation von Ez 44,1.

Maria ist die erste Erlöste: „Es ist nicht verwunderlich, wenn der Herr, als er die Welt erlösen wollte, sein Werk bei Maria begann, damit eben die, durch deren Vermittlung allen das Heil bereitet wurde, als erste die Frucht des Heiles aus der Hand ihres Kindes empfange“[7]. Mit Recht wird sie allein die Gnadenvolle genannt, denn in ihr wohnt der Urheber der Gnade[8].

Eine zweite Schau des Bildes der jungfräulichen Gottesmutter bei Ambrosius geschieht von der Kirche her. Damit nimmt er eine alte kirchliche Tradition auf, die mit *Justin* und *Irenäus* beginnend von *Tertullian* und *Cyprian* weitergeführt worden war: Der Urheberin der Sünde (Eva) stellt er Maria als Urheberin des Heiles gegenüber. „Durch das Weib kam die Trübsal, durch die Jungfrau das Heil“[9]. Wie Eva Stammutter der Menschheit im natürlichen Bereich ist, so ist Maria im übernatürlichen Bereich die Mutter der Lebendigen, d. h. der Erlösten. Als erster Kirchenvater hat er die Formel geprägt: Maria ist das Vorbild, das Urbild der Kirche. Maria und die Kirche haben die gleiche Sendung, nämlich die Mutterschaft an Christus, am physischen und am mystischen Christus. Was sich in Maria vollzog, geschieht durch das Mysterium der Taufe im Schoß der Kirche. Was die Kirche als Braut Christi und Mutter der Gläubigen zu erreichen hofft, das verkörpert Maria bereits jetzt als Person. Besonders behandelt er auch die Parallele der Kirche mit Maria unter dem Kreuz. Durch ihr Mitwirken bei der Erlösung habe sie sich als würdige Gottesmutter erwiesen. Die Sünden der Glieder der Kirche sind nicht Sünden der Kirche, denn diese ist rein und unbefleckt (immaculata ex maculatis). Er wurde nicht müde, auf die Schönheit der Kirche hinzuweisen, die als Braut Christi aus dem durchbohrten Herzen Jesu hervorgegangen ist (Erklärung zu Hld 7,7).

In liebevoller Versenkung in die biblischen Texte, die von Maria handeln, hat Ambrosius die Mosaiksteine zu einem Bild zusammengetragen, das er den Jungfrauen vorhält: „Ein Bild der Jungfräulichkeit sei Euch das Leben Marias, von dem wie von einem Spiegel der Glanz der Keuschheit und die Schönheit der Tugend zurückstrahlt. Hier mögt Ihr Beispiele für das Leben holen, wo die Grundsätze der Tugend wie in einem Musterbild ausgeprägt euch zeigen, was ihr bessern, was ihr meiden, was ihr behalten sollt. Was ist edler als die Mutter Gottes? Was glänzender als die, die der ewige Glanz selbst erwählt hat?“[10] Zum Verständnis der Miterlösung Mariens ist er allerdings noch nicht vorgedrungen.

Seiner Schwester Marcellina hat er eine 377 verfaßte Schrift, *De virginibus*, gewidmet und bespricht darin das hervorragende Vorbild der Jungfräulichkeit der Gottesmutter. 392 entstand die Schrift: Über die Unterweisung einer Jungfrau und die immerwährende Jungfräulichkeit der Heiligsten Maria. Darin widerlegt er die Irrlehre des *Bonosus von Sardica*, der die immerwährende Jungfräulichkeit der Gottesmutter bezweifelt hatte. In bezug auf die immerwährende Jungfräulichkeit Mariens weist er aber nicht nur Angriffe zurück und löst exegetische Schwierigkeiten, sondern bringt auch positive theologische Beweise aus der heiligen Schrift und Konvenienzgründe, die diesen Ehrentitel jedem Gläubigen sogar als notwendig erscheinen lassen. Das von ihm nachgezeichnete Bild der geistig-sittlichen Gestalt Mariens wurde für viele zum Anstoß, nach größerer christlicher Vollkommenheit zu streben.

Bernhard von Clairvaux mit Franziskus und Dominikus als Förderer der Marienverehrung im Hochmittelalter, Papstportal an der Marien-Basilika, Detail

Zu den großen Marienverehrern des Mittelalters gehört **Bernhard von Clairvaux** († ca. 1090–20.8.1153). Aus burgundischem Adel trat er mit 21 Jahren zusammen mit 4 leiblichen Brüdern und 26 anderen von ihm überzeugten jungen Männern in das neue Reformkloster Citeaux der Zisterzienser ein und wurde schon 1115 mit 12 Mönchen zur Gründung von Clairvaux ausgesandt. Er wurde zum maßgebenden Berater und Helfer der Päpste und vieler Fürsten seiner Zeit.

Bernhard war zugleich ein begeisterter und begeisternder Christusverehrer, der große Mystiker der Inkarnation und der Passion des Gottmenschen und ein außergewöhnlicher Marienverehrer. Allgemein galt er als treuer Ritter und Sänger Unserer Lieben Frau (vgl. *Dante*[11]). Von seiner heiligmäßigen Mutter *Aleth* wurde er zur Marienliebe angeleitet. Schon sehr früh entstanden Legenden über seine große Verehrung zur Gottesmutter. So wird überliefert, daß er beim Einzug in den Speyerer Dom dem Salve regina die letzten drei Anrufungen: *O clemens, o pia, o dulcis virgo Maria* hinzugefügt haben soll. Gewissermaßen als Dank dafür habe ihn die Muttergottes selbst aus einem sie darstellenden Bild gegrüßt. Der geschichtliche Wahrheitskern aller Legenden ist die Tatsache, daß er in einem sehr vertrauten, familiären Verhältnis zur Mutter Christi stand. Eine Reihe von marianischen Werken sind ihm zwar zu Unrecht zugeschrieben worden; doch dürfen mehrere berühmte Homilien, die er vor den Mönchen von Clairvaux gehalten hat, sicher als echt gelten.

Zunächst zögerten die Zeitgenossen, die mariologischen Aussagen Bernhards zu übernehmen. Aber allmählich anerkannten ihn immer mehr Theologen auch im Bereich der Mariologie als Autorität ersten Ranges. Er wertet alle Texte des NT über Maria aus, um ihre Heiligkeit und ihr Tugendleben klar aufleuchten zu lassen. Apokryphe Belegstellen hat er verschmäht, ja er verabscheute irrige Behauptungen und legendäre Übertreibungen, weil *„die königliche Jungfrau nicht falscher Ehre bedarf"*[12]. Seine Mariologie schöpfte er vor allem aus den ersten Kapiteln des Lukas-Evangeliums und aus den alttestamentlichen Texten, in denen prophetisch auf Maria hingewiesen wird: z. B. dem Proto-Evangelium (Gen 3,15), den Prophezeiungen bei Isaias (7,14) und Jeremias (31,22). Auch der Baum des Lebens (Gen 2,9), der brennende Dornbusch (Ex 3) oder das Vlies Gedeons (Ri 6,27-40), der verschlossene Garten und der versiegelte Quell (Hld 4,12) dienten ihm wie anderen Theologen als Anlaß für einen Lobpreis der Gottesmutter.

Seine wichtigsten theologischen Gedanken sind die folgenden: Durch Gottes Güte wurde Maria von Ewigkeit her vorherbestimmt und ihre Sendung als Gottesmutter geheiligt. Der Sohn des ewigen Vaters verschmähte es nicht, Sohn Mariens genannt zu werden. Die einzigartige Würde der jungfräulichen Gottesmutterschaft läßt ebenso staunen wie das Herabsteigen des Sohnes. Die schmerzhafte Mutter steht über den Martyrern; ihr Mitleiden war größer, als ein leiblicher Schmerz sein könnte. Sie ist mit Jesus „durch das Herz" gestorben: Ihr Tod wurde durch eine so starke Liebe verursacht, wie kein anderer Mensch sie empfinden kann[13].

Maria blieb nicht nur in der Empfängnis und Geburt Jesu und danach Jungfrau, sondern hat nach dem hl. Bernhard auch ein Gelübde der Jungfräulichkeit abgelegt. Zeitlebens war sie frei von persönlichen Sünden und mit einer Fülle von Gnaden und Tugenden ausgestattet. Allerdings nahm er noch keine unbefleckte Empfängnis, sondern eine Heiligung Mariens zwischen Empfängnis und Geburt an.

Maria ist Mittlerin zwischen Gott und den Menschen. Beim Werk der Erlösung wirkt sie als Gehilfin des Erlösers, als neue Eva an der Seite des neuen Adams. Mit den Bildern des Aquädukts und des Fahrzeugs veranschaulicht Bernhard, wie Maria von oben nach unten und von unten nach oben vermittelt. Das göttliche Leben überflutet durch sie hindurch die ganze Schöpfung[14]. Doch geschieht diese Vermittlung nicht mittels eines neutral-gefühllosen Kanales. Jesus und Maria sind im Erbarmen gegen alle Menschen und im Willen, sie zu retten, ganz eins geworden. „Gott hat die Fülle aller Güter in die Hände Mariens gelegt, er wollte, daß wir alles durch Maria erhalten"[15]. Maria ist die Mittlerin zu Gott, die Leiter (Scala), auf der die Sünder zu Gott gelangen[16]. Zum praktischen Christenleben gehört es, ihr nachzufolgen: Amplectamur Mariae vestigia[17]. Den Namen Marias deutet er als Meeres-Stern und gibt jedem Bedrängten und Notleidenden den Rat: „Schau auf zu dem Stern, ruf Maria an!"

Bernhard war der unbestrittene geistliche Führer seines Ordens, „der ungekrönte Papst und Kaiser" seines Jahrhunderts, das nach ihm benannt worden ist. Doch gab er bei aller rastlosen Tätigkeit immer dem inneren Leben den Vorrang; seine Liebe zur Gottesmutter und zum Papst prägte alle seine kirchenpolitischen Unternehmungen. So predigte er im Auftrag seines Schülers, Papst Eugen III, den 2. Kreuzzug in Flandern und am Rhein und gewann König Ludwig VII von Frankreich und Konrad III von Deutschland dazu. Nach Gründung von mehr als 160 Klöstern starb er am 20. August 1153 im Alter von 63 Jahren.

Verdientermaßen gilt **Petrus Canisius** (8. 5. 1521 – 21. 12. 1597) „als eigens von Gott dazu auserwählt, um in Deutschland die Religion in Schutz zu nehmen". Wie sah es vor etwa 400 Jahren in der Kirchengeschichte aus? Wien hatte keinen Bischof; seit 20 Jahren war kein Priester mehr geweiht worden. Die Sitten waren verwildert, die Jugend verwahrlost. Das kirchliche Leben war nur noch wie ein Funken unter der Asche. In solchen Krisenzeiten schickt Gott jedoch heilige Männer und Frauen, ähnlich wie die Propheten in der Mitte des untreu gewordenen auserwählten Volkes, „die sich durch Frömmigkeit und Wissen auszeichneten. Entsprechend den jeweiligen Bedürfnissen sollten sie die treuen Christen im Glauben bestärken, die Getrennten zur Katholischen Einheit zurückführen, und die reine Wahrheit des Evangeliums mit Wort und Tat gegen die Angriffe der Gegner energisch verteidigen" (Dekretalschreiben *Pius XI* vom 21.5.1925). Ein nichtchristlicher Philosoph hat einmal über die Situation der Kirche damals geurteilt: Um die Mitte des 16. Jhdts. stand die Sache des Katholizismus fast ganz aussichtslos da . . . aber in wenigen Jahrzehnten war der Katholizismus erstarkt zur Wiedereroberung. Dieser Philosoph vergleicht die erstaunliche Veränderung mit dem unaufhaltsamen Wirken von Naturkräften: Ohne Leidenschaft und Kriegslärm, ohne Aufregung und Überstürzung kam es zu einer völligen Neuordnung. Als Christen sehen wir jedoch darin das Eingreifen der Vorsehung Gottes, die sich dabei besonders der Heiligen bedient hat.

An seinem 22. Geburtstag hatte sich Canisius in Köln dem Jesuitenorden angeschlossen und unter der Leitung des Ordensstifters Ignatius von Loyola das Noviziat in Rom gemacht. Nach kurzer Tätigkeit in Sizilien wurde er nach Deutschland beordert und empfing bei einem Zwischenaufenthalt in Rom in der Engelsburg von Papst Paul III den päpstlichen Segen für die neue Sendung, die ihm in Deutschland anvertraut wurde. Vor dem Grab der Apostelfürsten betete er um Hilfe für diese gewaltige Aufgabe. Seine Arbeitsweise war vorwiegend positiv: Nicht so sehr den Irrtum bekämpfen, als die Kraft und Schönheit der Wahrheit darlegen und leben. So verfaßte er schon mit 34 Jahren seinen berühmt gewordenen *Katechismus*, gründete Schulen, Kollegien, Klöster und Gebetsgemeinschaften und zielte auf die Hebung des religiösen Lebens.

In den Lebensbeschreibungen des hl. Petrus Canisius werden viele hervorstechende Eigenschaften genannt: Fleiß, Intelligenz, Geschick, Eifer, unermüdliche Ausdauer und entsprechend Erfolg. Drei Jahrzehnte hin-

Philipp Neri, Petrus Berulle und Petrus Canisius erneuern das geistliche Leben in Europ durch eine besondere Pflege der Marienverehrung, Papstportal an der Marien-Basilika, Detail

durch erschöpfte er sich in seiner Tätigkeit als Prediger, Schriftsteller und Kirchenpolitiker. Er wirkte in Köln, auf dem Augsburger Reichstag, auf dem Konzil von Trient und in Wien. Kaum zum Priester geweiht, wurde er schon mit einer sehr wichtigen Mission betraut: Der Erzbischof von Köln, Hermann von Wied, sympathisierte mit der Lehre Luthers, so daß der Klerus von Köln den jungen Pater zu Kaiser *Karl V* sandte mit der Bitte um entsprechende Maßnahmen gegen den abgefallenen Erzbischof – mit dem Ergebnis, daß der Erzbischof schließlich abgesetzt wurde. Kardinal Truchseß sandte den jungen Jesuiten zum Konzil nach Trient, wo er nicht geringen Einfluß gewann, obwohl er selbst sagte, er käme sich vor wie „eine Gans unter Schwänen". Sein Ordensgeneral rief ihn nach Rom und sandte ihn nach Messina auf Sizilien als Lehrer für die dortige Hochschule. Nach einem Jahr wurde er auf Bitten des Herzogs von Bayern mit zwei Mitbrüdern nach Ingolstadt geschickt, wo die reformatorische Lehre Eingang auf der Universität gefunden hatte. König Ferdinand wollte ihn zum Erzbischof von Wien machen, und der Papst bot ihm den Kardinalshut an; Canisius jedoch wollte als einfacher Pater überall einsatzbereit bleiben. Entscheidend waren für ihn nicht kirchliche Würden, wie sie ihm häufig angeboten wurden, sondern die Kleinarbeit des Alltags des einfachen Gläubigen. Er unternahm schwierige Reisen als Provinzial zu den Reichstagen von Regensburg, Augsburg und Krakau; im Auftrage des Papstes mußte er als Vertrauensmann den deutschen Bischöfen und Landesherren die Beschlüsse des Trienter Konzils persönlich überbringen und legte im Verlauf von vier Wintermonaten zu Fuß und zu Pferd mehr als 8000 Kilometer als päpstlicher Gesandter ohne

Titel und Mitra zurück und erfüllte seine Aufgabe in 30 Städten Deutschlands. Bemerkenswert ist sein Erfolg als Prediger. In Wien predigte er zuerst vor 10 Gläubigen, dann genügte die zweitgrößte Kirche der Stadt nicht mehr; in Köln liefen die Leute nach seiner Ansprache zusammen und ehrten ihn wie einen König; im Augsburger Dom hatte er zuerst nur 50 Zuhörer, nach einigen Monaten aber bereits 900 Konvertiten. Seine Wirksamkeit als Schriftsteller zeigt sich darin, daß z. B. allein der Kleine Katechismus bis zu seinem Tode 200mal aufgelegt und in 15 europäische Sprachen übersetzt wurde.

Dennoch sind die genannten Eigenschaften: Fleiß, Intelligenz, Willenskraft und Ausdauer nicht die wichtigsten in seinem Leben. Sie sind zwar wertvoll, werden aber heute allgemein überschätzt. Schließlich findet man sie ja auch bei den Feinden Gottes. Gott schenkt seinen Freunden noch wertvollere Eigenschaften, die man eben nur bei den Heiligen findet. In einer total verwirrten und unausgeglichenen Zeit sehen wir bei Petrus Canisius das Miteinander von großer Kraft zur Ausbreitung des Evangeliums und Verteidigung des Glaubens auf der einen Seite und großer Milde und Friedfertigkeit auf der anderen Seite. Er verkörpert einen energischen Reformwillen und Treue zur römischen Kirche, aber ohne jede Engstirnigkeit und Fanatismus; mit klarem und kritischem Blick sah er die Mißstände, wurde dadurch aber nicht mutlos und wirkte nicht unnötig provozierend bei anderen. Ganz unabhängig von Erfolg oder Mißerfolg steht in seinem Leben die unauffällige Treue und Schlichtheit für die Pflichterfüllung des Alltags im Hintergrund. Damit eiferte er besonders der von ihm so verehrten Gottesmutter nach. Zwar zeigte er eine rastlose und vielseitige Tätigkeit, aber sie erwuchs aus dem Gebet, aus einer fast mystischen Frömmigkeit, insbesondere aus seiner Herz-Jesu-Verehrung und innigen Marienliebe. Er blieb innerlich gelassen und fühlte sich auch bei ganz unterschiedlichen Tätigkeiten nicht frustriert: Er war ebenso bereit, Gärtner, Koch oder Rhetoriklehrer in Sizilien zu sein, wie das Amt eines Provinzials auszuüben. Er verband Entschiedenheit und Festigkeit in der Sache des Glaubens mit einer verbindlichen Form der Verhandlungen, obwohl damals allgemein ein grober und maßloser Ton herrschte. Seine übernatürliche Einstellung zeigt sich besonders in seinem Wahlspruch, den er in einem Brief vom 28. 2. 1548 formuliert hat: „Einer einzigen Seele nützen und für sie sorgen ist unermeßlich mehr wert als die ganze Welt".

Auffällig in einer Zeit, die ganz im Zeichen des Abfalls von Rom stand, ist seine besondere Anhänglichkeit und Treue gegenüber dem Stellvertreter Christi auf Erden, dem Heiligen Vater. Er wandte sich in allen Zweifeln und Schwierigkeiten nach Rom. Siebenmal zog er zu den Gräbern der Apostelfürsten über die Alpen. Zwar kannte er die Mißstände auch in Rom, übersah jedoch nicht das viele Gute, das von dort ausging. Die obersten Hirten verteidigte er auch gegen Verleumdungen aus den eigenen Reihen. An die Kurie, welche über deutsche Verhältnisse nicht besonders gut unterrichtet war, sandte er viele Eingaben, Vorschläge und Bitten. Dabei leitete ihn ein erleuchteter Eifer und bereitwilliger Gehorsam, und er ließ keinerlei Quengelei, Schimpfen oder Miesmacherei bei sich aufkommen. In allem Freimut suchte er sogar den Papst zur Abänderung einiger disziplinärer Maßnahmen zu bewegen. Voller Eifer nahm er immer wieder die Gelegenheit wahr, das vierte Gelübde seines Ordens zu erfüllen: Immer und überall dahin zu gehen, wohin der Papst ihn senden würde. Seine Predigt war immer frei von Menschenfurcht und nicht darauf abgestellt, bei den Zuhörern um jeden Preis anzukommen. Nach seiner Auffassung sind die Wahrheit Gottes und die authentische Lehre der Kirche gefragt, nicht die wandelbaren Meinungen zeitgenössischer Professoren, die sich selbst allzu wichtig nehmen. So behandelte er ohne Angst, verspottet zu werden, von der Kanzel herab auch die letzten Dinge, Tod, Gericht, Himmel und Hölle und wich auch der umstrittenen Frage des Ablasses nicht aus.

Als er schließlich gesundheitlich schwer angeschlagen war, verlegte er sich auf das, was schon seine ganze Jugend bestimmt hatte: die Betrachtung, das Sich-Versenken in die Glaubensgeheimnisse, besonders der Kirche, und zwar vor allem der Stellung Mariens im Heilsplan Gottes.

Heilige gehen bei ihrem Tod nicht sozusagen in den Ruhestand; sie verlieren nicht ihre Berufung, sondern bleiben mit Christus weiter am Werk. Wenn wir also an sie denken, ist das nicht nur eine Erinnerung, sondern lebendige Gemeinschaft mit ihnen zum christlichen Wirken in der Gegenwart. Auch heute geht es um nichts Geringeres als um Bewahrung und Vollendung des Werkes der Heiligen. Auch heute gibt es ähnlich wichtige Brennpunkte der Tätigkeit: Erneuerung der christlichen Ausbildung an Universität und Hochschulen, Verteidigung des Glaubens gegenüber den verschiedensten Angriffen. Es fehlt an brauchbaren Lehrmitteln, d. h. Katechismen und einem geregelten Unterricht, der frei von subjektiver Willkür und selbstherrlicher Ideologie ist. Es erscheinen Schriften, welche die Substanz des Christentums austrocknen und den Glauben durch Meinungen und hochmütige vermeintliche Wissenschaft ersetzen wollen. Deshalb bittet die Kirche um die Fürsprache dieses Apostels Deutschlands: „Oh Gott, Du hast Deinen heiligen Bekenner Petrus zum Schutz des katholischen Glaubens an Tugendkraft und Wissen stark gemacht; so gib denn gnädig, daß die Irrenden durch sein vorbildliches Leben und sein Mahnwort wieder zur Einsicht kommen und zum Heile zurückkehren, und daß die Gläubigen im Bekenntnis der Wahrheit standhaft verharren. Durch unseren Herrn Jesus Christus . . .".

Der heilige **Ludwig Maria Grignion von Montfort** (1673 – 28. 4. 1716), Volksmissionar und Ordensstifter, wurde bekannt durch seine „Abhandlung über die wahre Andacht zur heiligen Jungfrau" und durch sein Werk „Das Geheimnis Mariens". Er wurde am 31. 1.1673 als zweites von 18 Kindern in der Bretagne geboren. Während seines Theologiestudiums beeindruckte ihn stark der große Marienverehrer *J. J. Olier* (gest. 1658). Er erhielt die Priesterweihe am 5. 6. 1700 und schrieb kurz darauf an seinen bisherigen Vorgesetzten, Direktor Leschassier: „Ich spüre das große Verlangen in mir, dafür zu arbeiten, daß unser Herr und seine heilige Mutter geliebt werden. Es drängt mich, in einfacher, schlichter Weise den Armen der Landbevölkerung den Katechismus beizubringen und die Sünder zur Verehrung der heiligen Jungfrau hinzulenken." Diese Sätze wurden zu seinem Lebensprogramm. Er wirkte in rund 200 Volksmissionen, die jeweils vier bis fünf Monate dauerten, vorwiegend in Westfrankreich. Der ungewöhnliche Erfolg, den er trotz vieler Anfeindungen und

Verfolgungen durch die Jansenisten erreichte, ging auf seine besondere Verehrung der Gottesmutter, seine entschiedene Bußstrenge und Gehorsamsauffassung zurück. Die von ihm angewandten äußeren Mittel (eine schlichte volkstümliche Ausdrucksweise in der Predigt, Gesänge, Errichtung des Missionskreuzes und der Rosenkranzbruderschaft, feierliche Erneuerung des Taufgelübdes usw.) waren demgegenüber zweitrangig.

Ludwig Maria Grignion von Montfort, Pius IX. und Leo XIII. beleben die Marienverehrung in der Neuzeit, Papstportal an der Marien-Basilika, Detail

Seine Ziele, immer durch Maria zu Jesus zu gelangen, die vollkommene Andacht zu Maria besonders durch den Rosenkranz zu verbreiten und dazu auch zwei Ordensgemeinschaften zu gründen, waren keine Privatanliegen; durch Vermittlung des seligen Theatinerkardinals *Tommasi* (gest. 1713) erhielt er bei einer Rom-Pilgerfahrt von *Clemens XI* die ausdrückliche Billigung seiner Pläne. Die von ihm empfohlene vollkommene Andacht, die er in seinem lange verschollenen und erst 1842 wieder aufgefundenen Werk empfiehlt, besteht darin, „sich voll und ganz an Maria hinzugeben und durch Maria an ihren göttlichen Sohn Jesus Christus und alles zu tun mit Maria, in Maria, durch Maria, für Maria". Grundlegend ist dafür die Schenkung von Leib und Seele mit allen Fähigkeiten, so daß man sie nur nach dem Willen Christi behalten und gebrauchen will. In derselben Absicht werden auch alle äußeren Güter übereignet und das Verfügungsrecht über die Bitt- und Verdienstwerte der guten Werke. Die theologische Voraussetzung für diese Lehren fand er in der Betrachtung der Stellung Mariens im göttlichen Heilsplan, wo sie als demütige Magd ihr „Fiat" sprach. Diese Ganzhingabe haben nicht nur die von ihm gegründeten Ordens-Gemeinschaften in ihre Ordensregel aufgenommen, sondern auch mehrere andere Kongregationen. Die *Legio Mariae* gründet ihre Frömmigkeitshaltung auf die Lehre Grignions. Anläßlich der Seligsprechung Ludwig Maria Grignions am 22. 1. 1888 und der Heiligsprechung durch *Pius XII* am 20. 7.1947 wurde die grignionsche Andacht auch durch das oberste Lehramt der Kirche gutgeheißen.

An den genannten und vielen anderen Beispielen wird immer wieder sichtbar – und zwar eindrucksvoller als durch rein theoretische Überlegungen: Die Liebe zu Christus, zur Gottesmutter, zur Kirche und zum Heiligen Vater bildet eine untrennbare Einheit; wenn ein Aspekt davon mangelt, ist das Ganze betroffen.

Anmerkungen

1 Vgl. die Kleinschrift: Das Papstportal von Kevelaer.Wallfahrtsleitung Kevelaer 1991.
2 Ambrosius, Expos. Ev. s. Lucae, 2, 7 (PL 16, 1636; CChr 14, 33)
3 Augustinus, De s. virginitate, 6, 6
4 Vgl. F. Holböck, Geführt von Maria. Marianische Heilige aus allen Jahrhunderten der Kirchengeschichte, Stein a. Rh. 1987
5 Ambrosius, De Incarn. Dom. sacr., c. 6 n. 47-54 (PL 16, 865-867)
6 Ambrosius, Expos. Ev. Luc. 4, 7 (PL 16, 1698A; CChr 14, 108)
7 Ambrosius, Expos. Ev. Luc. 2, 17 (PL 16, 1640B; CChr 14, 39)
8 Ambrosius, Expos. Ev. Luc. 2, 9 (PL 16, 1636; CChr 14, 34)
9 Ambrosius, Ep. 42, 3 (PL 16, 1173A)
10 Ambrosius, De virginibus 2, 2 n. 6; vgl. De exhort. virg., 70 (PL 16, 219 s., 372)
11 Dante (Göttl. Komödie, Paradies 31, 102; 32, 1) erwählte ihn als Führer zur Erschließung der Wege im Paradies
12 Bernhardus Claraev., Ep. 174 (PL 182, 333; Opera omnia, ed. Leclerq, VII, Romae 1974, 388)
13 Bernhardus, Sermo in Dom. infra oct. assumptionis BMV, 15 (PL 183, 438B .; ed. Leclercq V, Romae 1968, 273 s.)
14 Bernhardus, (PL 183, 439 s.; ed. Leclercq V, 276 s.)
15 Bernhardus, (PL 183, 441 s.; ed, Leclercq V, 279 s.)
16 Bernhardus, ebd.
17 Bernhardus, Sermo in oct. assumpt., (PL 183, 431)

Papst Johannes Paul II.

Die Gottesmutter inmitten der pilgernden Kirche*

1. Die Kirche, das Volk Gottes, in allen Völkern der Erde verwurzelt

25. „Die Kirche ‚schreitet zwischen den Verfolgungen der Welt und den Tröstungen Gottes auf ihrem Pilgerweg dahin'[52] und verkündet das Kreuz und den Tod des Herrn, bis er wiederkommt." (vgl. *1 Kor* 11,26)[53] „Wie aber schon das Israel dem Fleische nach auf seiner Wüstenwanderung Kirche Gottes genannt wird (*2 Esdr* 13,1; vgl. *Num* 20,4; *Dtn* 23,1 ff.), so wird auch das neue Israel ... Kirche Christi genannt (vgl. *Mt* 16,18). Er selbst hat sie ja mit seinem Blut erworben (vgl. *Apg* 20,28), mit seinem Geist erfüllt und mit geeigneten Mitteln sichtbarer und gesellschaftlicher Einheit ausgerüstet. Gott hat die Versammlung derer, *die zu Christus* als dem Urheber des Heils und dem Ursprung der Einheit und des Friedens *gläubig aufschauen*, zusammengerufen und als seine Kirche gestiftet, damit sie allen und jedem das sichtbare Sakrament dieser heilbringenden Einheit sei".[54]

Das II. Vatikanische Konzil spricht von der Kirche auf dem Wege, wobei es eine Analogie mit dem Volk Israel des Alten Bundes auf seinem Weg durch die Wüste herstellt. Ein solcher Weg zeigt sich auch nach *außen* und wird sichtbar in der Zeit und dem Raum, wo er sich geschichtlich verwirklicht. „Bestimmt zur Verbreitung über alle Länder, tritt sie (die Kirche) in die menschliche Geschichte ein und übersteigt doch zugleich Zeiten und Grenzen der Völker."[55] Der *wesentliche Charakter* ihres Pilgerweges ist jedoch *innerlich*. Es handelt sich um eine *Pilgerschaft im Glauben*, in der „Kraft des auferstandenen Herrn",[56] um eine Pilgerschaft im Heiligen Geist, der der Kirche als unsichtbarer Beistand (*Parákletos*) gegeben ist (vgl. *Joh* 14,26; 15,26; 16,7): „Auf ihrem Weg durch Prüfungen und Bedrängnis wird die Kirche durch die Kraft der ihr vom Herrn verheißenen Gnade Gottes gestärkt, damit sie ... unter der Wirksamkeit des Heiligen Geistes nicht aufhöre, sich selbst zu erneuern, bis sie durch das Kreuz zum Licht gelangt, das keinen Untergang kennt."[57]

Auf diesem kirchlichen Pilgerweg durch Raum und Zeit und noch mehr in der Geschichte der Seelen *ist Maria zugegen* als diejenige, die „selig ist, weil sie geglaubt hat", als diejenige, die „den Pilgerweg des Glaubens" geht, indem sie wie kein anderer Mensch am Geheimnis Christi teilnimmt. Weiter sagt das Konzil, daß „Maria ..., da sie zuinnerst in die Heilsgeschichte eingegangen ist, gewissermaßen die größten Glaubensgeheimnisse in sich vereinigt und widerstrahlt".[58] Vor allen

*Auszüge aus dem zweiten Teil der Enzyklika „Redemptoris Mater" – „Über die selige Jungfrau Maria im Leben der pilgernden Kirche" – vom 25. März 1987. Deutsch herausgegeben vom Sekretariat der Deutschen Bischofskonferenz, Bonn. Verlautbarungen des Apostolischen Stuhls Nr. 75.

Gläubigen ist sie *wie ein „Spiegel"*, in dem sich „die Großtaten Gottes" (*Apg* 2,11) in tiefster und reinster Weise widerspiegeln.

28. Das Konzil sagt hierzu: „Maria ... (ist) zuinnerst in die Heilsgeschichte eingegangen ... Daher ruft ihre Verkündigung und Verehrung die Gläubigen hin zu ihrem Sohn und seinem Opfer und zur Liebe des Vaters."[64] Deshalb wird in gewisser Weise der Glaube Marias auf der Grundlage des apostolischen Zeugnisses der Kirche unaufhörlich zum Glauben des Gottesvolkes auf seinem Pilgerweg: zum Glauben der Personen und Gemeinden, der Kreise und Gemeinschaften sowie der verschiedenen Gruppen, die es in der Kirche gibt. Es ist ein Glaube, der mit Verstand und Herz zugleich vermittelt wird; man findet ihn oder erlangt ihn wieder stets durch das Gebet. „Daher *blickt die Kirche* auch in ihrem apostolischen Wirken *mit Recht zu ihr auf, die Christus geboren hat,* der dazu vom Heiligen Geist empfangen und von der Jungfrau geboren wurde, daß er durch die Kirche *auch in den Herzen der Gläubigen geboren werde und wachse.*"[65]

Heute, da wir uns auf dieser Pilgerschaft des Glaubens dem Ende des zweiten christlichen Jahrtausends nähern, erinnert die Kirche durch die Lehre des II. Vatikanischen Konzils daran, wie sie sich selber sieht, als „dieses eine Gottesvolk", das „in allen Völkern der Erde wohnt"; sie erinnert an die Wahrheit, nach der alle Gläubigen, auch wenn sie „über den Erdkreis hin verstreut (sind), mit den übrigen im Heiligen Geiste in Gemeinschaft stehen",[66] so daß man sagen kann, daß sich in dieser Einheit das Pfingstgeheimnis ständig verwirklicht. Zugleich bleiben die Apostel und die Jünger des Herrn unter allen Völkern der Erde „beharrlich im Gebet zusammen *mit Maria, der Mutter Jesu*" (vgl. *Apg* 1,14). Indem sie von Generation zu Generation das Zeichen des Reiches bilden, das nicht von dieser Welt ist,[67] sind sie sich auch bewußt, daß sie sich inmitten dieser Welt *um jenen König sammeln müssen,* dem die Völker zum Erbe gegeben sind (*Ps* 2,8), dem Gott Vater „den Thron seines Vaters David" gegeben hat, so daß er „über das Haus Jakob in Ewigkeit herrschen und seine Herrschaft kein Ende haben wird".

Mit diesem Glauben, der sie besonders vom Augenblick der Verkündigung an selig gemacht hat, ist Maria in dieser Zeit der Erwartung zugegen in der Sendung der Kirche, *zugegen im Wirken der Kirche, die das Reich ihres Sohnes in die Welt einführt.*[68] Diese Gegenwart Marias findet heute wie in der ganzen Geschichte der Kirche vielfältige Ausdrucksweisen. Sie hat auch einen vielseitigen Wirkungsbereich: durch den Glauben und die Frömmigkeit der einzelnen Gläubigen, durch die Traditionen der christlichen Familien oder der „Hauskirchen", der Pfarr- und Missionsgemeinden, der Ordensgemeinschaften, der Diözesen, durch die werbende und ausstrahlende Kraft der großen Heiligtümer, in denen nicht nur einzelne oder örtliche Gruppen, sondern bisweilen ganze Nationen und Kontinente die Begegnung mit der Mutter des Herrn suchen, mit derjenigen, die selig ist, weil sie geglaubt hat, die die erste unter den Gläubigen ist und darum Mutter des Immanuel geworden ist. Das ist der Ruf der Erde Palästinas, der geistigen Heimat aller Christen, weil es die Heimat des Erlösers der Welt und seiner Mutter ist. Das ist der Ruf so vieler Kirchen, die der christliche Glaube in Rom und über die ganze Welt hin die

Volk Gottes auf dem W
Pilgerportal an der Marie
Basilika Kevela
von Willi Dirx, 19

IVDICO CORPOREVS CORPORA CORDA DEVS
KIRCHE AVF DEM WEG
HET VOLK GODS ONDERWEG
WIE DIE MUTTER JESU IM HIMMEL SCHON MIT LEIB UND SEELE
VERHERRLICHT BILD UND ANFANG DER IN DER KOMMENDEN WELTZEIT
ZU VOLLENDENDEN KIRCHE IST, SO LEUCHTET SIE AUCH HIER
AUF ERDEN IN DER ZWISCHENZEIT BIS ZUR ANKUNFT DES TAGES
DES HERRN – ALS ZEICHEN DER SICHEREN HOFFNUNG
UND DES TROSTES DEM PILGERNDEN GOTTESVOLK VORAN
VAT. C. II. LUMEN GENTIUM 68

Jahrhunderte hindurch errichtet hat. Das ist auch die Botschaft der Orte wie Guadalupe, Lourdes, Fatima und der anderen in den verschiedenen Ländern, unter denen auch, wie könnte ich nicht daran denken, jener Ort meiner Heimat ist, Jasna Góra. Man könnte von einer eigenen „Geographie" des Glaubens und der marianischen Frömmigkeit sprechen, die alle diese Orte einer besonderen Pilgerschaft des Gottesvolkes umfaßt, das die Begegnung mit der Muttergottes sucht, um im Bereich der mütterlichen Gegenwart „derjenigen, die geglaubt hat", den eigenen Glauben bestärkt zu finden. *Im Glauben Marias* hat sich ja schon bei der Verkündigung und dann endgültig unter dem Kreuz von seiten des Menschen jener *innere Raum* wieder geöffnet, in welchem der ewige Vater uns „mit allem geistlichen Segen" erfüllen kann: der Raum „des neuen und ewigen Bundes".[69] Dieser Raum bleibt in der Kirche bestehen, die in Christus „gleichsam das Sakrament, das heißt Zeichen und Werk-

Kirche als ökumenische Gemeinschaft aller, die an Jesus Christus glauben, Pilgerportal an der Marien-Basilika, Detail

zeug für die innigste Vereinigung mit Gott wie für die Einheit der ganzen Menschheit" ist.[70]

Im Glauben, den Maria bei der Verkündigung als „Magd des Herrn" bekannte und mit dem sie dem Gottesvolk auf seinem Pilgerweg ständig „vorangeht", strebt die Kirche „unablässig danach, *die ganze Menschheit . . . unter dem einen Haupt Christus zusammenzufassen* in der Einheit seines Geistes".[71]

2. Der Weg der Kirche und die Einheit aller Christen

29. „Der Geist erweckt in allen Jüngern Christi Sehnsucht und Taten, *daß sich alle* in der von Christus festgesetzten Weise in der einen Herde *unter dem einen Hirten in Frieden vereinen.*"[72] Der Weg der Kirche ist vor allem in unserer Epoche vom Ökumenismus gekennzeichnet; die Christen suchen nach Wegen, um jene Einheit wieder herzustellen, die Christus am Tag vor seinem Leiden für seine Jünger vom Vater erbeten hat: „*Alle sollen eins sein*: Wie du, Vater, in mir bist und ich in dir bin, sollen auch sie in uns sein, *damit die Welt glaubt,* daß du mich gesandt hast" (*Joh* 17,21). Die Einheit der Jünger Christi ist also ein großes Zeichen, um den Glauben der Welt zu wecken, während ihre Spaltung ein Ärgernis darstellt.[73]

Die ökumenische Bewegung als klareres und weitverbreitetes Bewußtsein, daß es die Einheit aller Christen dringlich zu verwirklichen gilt, hat auf seiten der katholischen Kirche ihren höchsten Ausdruck im Werk des II. Vatikanischen Konzils gefunden: Die Christen sollen in sich selbst und in jeder ihrer Gemeinschaften jenen „Glaubensgehorsam" vertiefen, für den Maria das erste und leuchtendste Beispiel ist. Und weil sie „dem pilgernden Gottesvolk als Zeichen der sicheren Hoffnung und des Trostes voranleuchtet", „bereitet es dieser Heiligen Synode große Freude und Trost, daß auch *unter den getrennten Brüdern* solche nicht fehlen, die der Mutter des Herrn und Erlösers die gebührende Ehre erweisen, und dies besonders bei den Orientalen".[74]

30. Die Christen wissen, daß sie ihre Einheit nur dann wahrhaft wiederfinden, wenn sie diese auf die Einheit ihres Glaubens gründen. Sie haben dabei keine geringen Unterschiede in der Lehre vom Geheimnis und vom Dienstamt der Kirche sowie manchmal auch von der Aufgabe Marias im Heilswerk zu überwinden.[75] Die verschiedenen Dialoge, die von der katholischen Kirche mit den Kirchen und kirchlichen Gemeinschaften im Abendland[76] begonnen worden sind, konzentrieren sich immer mehr auf diese *beiden untrennbar* miteinander verbundenen *Aspekte* des einen Heilsgeheimnisses. Wenn das Geheimnis des menschgewordenen göttlichen Wortes uns auch das Geheimnis der Gottesmutterschaft erkennen läßt und die Betrachtung der Gottesmutter uns ihrerseits zu einem tieferen Verständnis des Geheimnisses der Inkarnation führt, so muß man dasselbe vom Geheimnis der Kirche und von der Aufgabe Marias im Heilswerk sagen. Indem die Christen ein tieferes Verständnis des einen wie des anderen suchen und das eine durch das andere erhellen, werden sie, die darauf bedacht sind zu tun – wie ihre Mutter ihnen rät –, was Jesus ihnen sagt (vgl. *Joh* 2,5), gemeinsame Fortschritte machen kön-

nen auf dieser „Pilgerschaft des Glaubens", für die Maria selbst das bleibende Beispiel ist: Sie soll sie zur Einheit führen, wie sie von dem einen, allen gemeinsamen Herrn gewollt ist und von denjenigen heiß ersehnt wird, die aufmerksam auf das hören, „was der Geist heute den Kirchen sagt" (vgl. *Offb* 2,7.11.17).

Indessen ist es ein gutes Vorzeichen, daß diese Kirchen und kirchlichen Gemeinschaften in grundlegenden Punkten des christlichen Glaubens, auch was die Jungfrau Maria betrifft, mit der katholischen Kirche übereinstimmen. Sie erkennen sie ja als Mutter des Herrn an und sind davon überzeugt, daß dies zu unserem Glauben an Christus, den wahren Gott und wahren Menschen, gehört. Sie schauen auf sie, die zu Füßen des Kreuzes den Lieblingsjünger als ihren Sohn empfängt, der wiederum sie als Mutter erhält.

Warum also nicht alle zusammen auf sie als *unsere gemeinsame Mutter* schauen, die für die Einheit der Gottesfamilie betet und die allen „vorangeht" an der Spitze des langen Zuges von Zeugen für den Glauben an den einen Herrn, der Sohn Gottes ist und durch den Heiligen Geist in ihrem jungfräulichen Schoß empfangen wurde?

31. Andererseits möchte ich unterstreichen, wie tief sich die katholische Kirche, die orthodoxe Kirche und die altorientalischen Kirchen in der Liebe und Verehrung für die *Theotokos,* die Gottesgebärerin, verbunden wissen. Nicht nur sind „die grundlegenden Dogmen des christlichen Glaubens von der Dreifaltigkeit und des aus der Jungfrau Maria menschgewordenen Wortes Gottes auf ökumenischen Konzilien, die im Orient stattfanden, definiert worden"[77], sondern auch in ihrer Liturgie „preisen die Orientalen in herrlichen Hymnen Maria als die allzeit jungfräuliche... und heilige Gottesmutter".[78]

Die Brüder dieser Kirchen haben schwierige Epochen durchlebt; aber immer war ihre Geschichte von einem lebendigen Verlangen nach christlichem Einsatz und apostolischer Ausstrahlung durchdrungen, auch wenn oft sogar unter blutigen Verfolgungen. Es ist eine Geschichte der Treue zum Herrn, eine wahrhafte „Pilgerschaft im Glauben" durch Orte und Zeiten, während denen die orientalischen Christen immer mit grenzenlosem Vertrauen auf die Mutter des Herrn geschaut, sie mit Gesängen gefeiert und mit Gebeten unaufhörlich angerufen haben. In den schwierigen Augenblicken ihrer mühevollen christlichen Existenz „haben sie sich unter ihren Schutz geflüchtet"[79], weil sie sich bewußt waren, in ihr eine mächtige Helferin zu haben. Die Kirchen, die sich zur Glaubenslehre von Ephesus bekennen, nennen die Jungfrau „wahre Mutter Gottes"; denn „unser Herr Jesus Christus, vom Vater vor aller Zeit in seiner Göttlichkeit geboren, ist als derselbe in den letzten Tagen für uns und zu unserem Heil von der Jungfrau Maria und Mutter Gottes in seiner Menschheit geboren worden".[80] Indem die griechischen Väter und die byzantinische Tradition die Jungfrau im Licht des menschgewordenen Wortes betrachteten, haben sie die Tiefe jenes geistigen Bandes zu durchdringen gesucht, das Maria als Muttergottes mit Christus und mit der Kirche verbindet: Die Jungfrau bleibt im gesamten Bereich des Heilsgeheimnisses stets gegenwärtig.

Maria des Zeichens, russische Ikone, 17. Jahrhundert, Beichtkapelle Kevelaer

Die koptischen und äthiopischen Traditionen sind durch den hl. Cyrill von Alexandrien in diese Betrachtungsweise des Geheimnisses Maria eingeführt worden und haben sie ihrerseits in reichen poetischen Werken gefeiert.[81] Die dichterische Kunst des hl. Ephräm des Syrers, der „Zither des Heiligen Geistes" genannt worden ist, hat unermüdlich Maria besungen und in der Tradition der syrischen Kirche eine noch heute vorhandene Spur hinterlassen.[82] In seinem Lobgesang an die *Theotokos* vertieft der hl. Gregor von Narek, eine der berühmtesten Gestalten Armeniens, mit machtvoller poetischer Begabung die verschiedenen Aspekte des Geheimnisses der Inkarnation, und jeder von ihnen ist ihm eine Gelegenheit, die außergewöhnliche Würde und herrliche Schönheit der Jungfrau Maria, der Mutter des menschgewordenen Wortes, zu besingen und zu preisen.[83]

Es verwundert darum nicht, daß Maria in der Liturgie der altorientalischen Kirchen mit einer unvergleichlichen Fülle von Festen und Hymnen einen bevorzugten Platz einnimmt.

32. In der byzantinischen Liturgie ist in allen Horen des Stundengebetes mit dem Lobpreis des Sohnes und mit dem Lobpreis, der durch den Sohn im Heiligen Geist zum Vater aufsteigt, auch der Lobpreis der Mutter verbunden. In der Anaphora, dem eucharistischen Hochgebet des heiligen Johannes Chrysostomus, besingt die versammelte Gemeinde gleich nach

der Epiklese die Muttergottes mit folgenden Worten: „Wahrhaft recht ist es, dich, o Gottesgebärerin, seligzupreisen, die du die seligste und reinste Mutter unseres Gottes bist. Wir lobpreisen dich, die du an Ehre die Kerubim übertriffst, an Herrlichkeit die Serafim bei weitem überragst. Die du, ohne deine Jungfräulichkeit zu verlieren, das Wort Gottes zur Welt gebracht hast; die du wahrhaft Mutter Gottes bist."

Diese Lobpreisungen, die sich in jeder Feier der eucharistischen Liturgie zu Maria erheben, haben den Glauben, die Frömmigkeit und das Gebetsleben der Gläubigen geformt. Im Laufe der Jahrhunderte haben sie ihre ganze geistliche Einstellung durchdrungen und in ihnen eine tiefe Verehrung für die „Hochheilige Mutter Gottes" hervorgerufen.

33. In diesem Jahr werden es 1200 Jahre seit dem II. Ökumenischen Konzil von Nizäa (787), auf dem zur Beendigung der bekannten Auseinandersetzung über die Verehrung von religiösen Bildern definiert wurde, daß man nach der Lehre der Väter und der allgemeinen Tradition der Kirche zusammen mit dem heiligen Kreuz auch die Bilder der Muttergottes, der Engel und der Heiligen in den Kirchen sowie in den Häusern und an den Straßen den Gläubigen zur Verehrung anbieten dürfe.[84] Dieser Brauch hat sich im ganzen Osten und auch im Westen erhalten: Die Bilder der Jungfrau Maria haben in den Kirchen und Häusern einen Ehrenplatz. Maria ist dort dargestellt als Thron Gottes, der den Herrn trägt und ihn den Menschen schenkt (*Theotokos*), oder als Weg, der zu Christus führt und auf ihn hinweist (*Odigitria*), oder als Betende in fürbittender Haltung und als Zeichen der Gegenwart Gottes auf dem Pilgerweg der Gläubigen bis zum Tag des Herrn (*Deisis*) oder als Schirmherrin, die ihren Mantel über die Völker breitet (*Prokov*), oder als barmherzige und mitfühlende Jungfrau (*Eleousa*). Gewöhnlich ist sie zusammen mit ihrem Sohn dargestellt, mit dem Jesuskind auf dem Arm: Die Beziehung zum Sohn verherrlicht ja die Mutter. Zuweilen umarmt sie ihn liebevoll (*Glykofilousa*); manchmal scheint sie ernst und erhaben der Betrachtung dessen hingegeben, der der Herr der Geschichte ist (vgl. *Offb* 5,9-14).[85]

Es ist angebracht, auch an die Ikone der Madonna von Wladimir zu erinnern, die den Glaubensweg der Völker des alten Rus' stets begleitet hat. Es nähert sich die Tausendjahrfeier der Bekehrung zum Christentum jener bedeutenden Gegenden: Land einfacher Leute, von Denkern und Heiligen. Die Ikonen werden noch heute unter verschiedenen Titeln in der Ukraine, in Weißrußland und in Rußland verehrt: Es sind Bilder, die den Glauben und den Gebetsgeist des einfachen Volkes bezeugen, das ein Gespür für die beschützende Gegenwart der Muttergottes hat. In ihnen leuchtet die Jungfrau auf als Abbild der göttlichen Schönheit, als Sitz der ewigen Weisheit, als Vorbild des betenden Menschen, als Urbild der Kontemplation, als Bild der Herrlichkeit: diejenige, die seit ihrem irdischen Leben ein geistliches Wissen besaß, das menschlichem Denken unzugänglich ist, und die durch den Glauben eine noch tiefere Erkenntnis erlangt hat. Ferner erinnere ich an die Ikone von der Jungfrau im Abendmahlssaal, mit den Aposteln im Gebet versammelt in Erwartung des Heiligen Geistes: Könnte sie nicht gleichsam das Zeichen der Hoffnung für all diejenigen werden, die in brüderlichem Dialog ihren Glaubensgehorsam vertiefen möchten?

34. Ein solcher Reichtum an Lobpreis, wie er von den verschiedenen Formen der großen Tradition der Kirche angesammelt worden ist, könnte uns dazu verhelfen, daß diese wieder ganz mit zwei Lungen atmet: mit Orient und Okzident. Wie ich schon mehrmals betont habe, ist dies heute mehr denn je notwendig. Dies wäre eine echte Hilfe, um den Dialog, der zwischen der katholischen Kirche und den Kirchen und kirchlichen Gemeinschaften des Abendlandes im Gange ist, voranzubringen.[86] Es wäre für die pilgernde Kirche auch der Weg, ihr Magnifikat vollkommener zu singen und zu leben.

Die Mächtigen stürzt ER vom Thron, die Hungernden beschenkt er mit seinen Gaben (Lk 1). Die Lahmen, Blinden, Kranken und Gefangenen sind im Heil Gottes gesichert. Deshalb tragen sie schon den strahlenden Schein der Heiligkeit. Pilgerportal an der Marien-Basilika, Detail

3. Das Magnifikat der Kirche auf ihrem Pilgerweg

35. In der gegenwärtigen Phase ihres Pilgerweges sucht die Kirche die Einheit derer wiederzufinden, die sich in ihrem Glauben zu Christus bekennen, jene Einheit, die im Laufe der Jahrhunderte verlorengegangen ist, um sich so ihrem Herrn gegenüber gehorsam zu erweisen, der vor seinem Leiden für diese Einheit gebetet hat. Indessen „schreitet die Kirche… auf ihrem Pilgerweg voran und verkündet das Kreuz und den Tod des Herrn, bis er wiederkommt".[87] „Auf ihrem Weg durch Prüfungen und Trübsal *wird die Kirche durch die Kraft der ihr* vom Herrn verheißenen Gnade Gottes gestärkt, damit sie in der Schwachheit des Fleisches nicht abfalle von der vollkommenen Treue, sondern die würdige Braut ihres Herrn verbleibe und unter der Wirksamkeit des Heiligen Geistes nicht aufhöre, sich selbst zu erneuern, bis sie durch das Kreuz zum Lichte gelangt, das keinen Untergang kennt."[88]

Die Jungfrau und Mutter ist auf diesem Weg des Volkes Gottes im Glauben zum Licht stets gegenwärtig. Das zeigt in einer besonderen Weise der *Lobgesang des Magnifikat,* der, *aus der Tiefe des Glaubens Marias auf ihrem Besuch bei Elisabet entsprungen,* unaufhörlich im

Herzen der Kirche die Jahrhunderte hindurch widerhallt. Das beweist seine tägliche Wiederholung in der Vesperliturgie und in so vielen anderen Momenten persönlicher wie gemeinschaftlicher Frömmigkeit.

„Meine Seele preist die Größe des Herrn,
und mein Geist jubelt über Gott, meinen Retter.
Denn auf die Niedrigkeit seiner Magd hat er geschaut.
Siehe, von nun an preisen mich selig alle Gechlechter.
Denn *der Mächtige hat Großes an mir getan,*
und sein Name ist heilig.
Er erbarmt sich von Geschlecht zu Geschlecht
über alle, die ihn fürchten.
Er vollbringt mit seinem Arm machtvolle Taten:
Er zerstreut, die im Herzen voll Hochmut sind;
er stürzt die Mächtigen vom Thron
und erhöht die Niedrigen.
Die Hungernden beschenkt er mit seinen Gaben und läßt die Reichen leer ausgehen.
Er nimmt sich seines Knechtes Israel an
und denkt an sein Erbarmen,
das er unsern Vätern verheißen hat,
Abraham und seinen Nachkommen auf ewig"
(*Lk* 1,46-55)

37. Die Kirche, die von Anfang an ihren irdischen Weg ähnlich wie die Mutter Gottes geht, spricht nach ihrem Beispiel immer wieder neu die Worte des Magnifikat. Aus dem tiefen Glauben der Jungfrau bei der Verkündigung des Engels und während des Besuches bei Elisabet schöpft die Kirche die Wahrheit über den Gott des Bundes: über Gott, der allmächtig ist und „Großes" am Menschen tut; denn „heilig ist sein Name". Im Magnifikat erkennt sie, daß die Sünde, die am Anfang der irdischen Geschichte des Mannes und der Frau steht, die Sünde der Ungläubigkeit, der „Kleingläubigkeit" gegenüber Gott, an der Wurzel besiegt ist. Gegen den Verdacht, den der „Vater der Lüge" im Herzen Evas, der ersten Frau, hat aufkeimen lassen, verkündet Maria, von der Tradition oft „neue Eva"[91] und wahre „Mutter der Lebenden"[92] genannt, kraftvoll *die leuchtende Wahrheit über Gott:* über den heiligen und allmächtigen Gott, der von Anfang an *die Quelle jeder Gnadengabe* ist, der „Großes" getan hat. Allem, was ist, schenkt Gott das Dasein im Schöpfungsakt. Indem er den Menschen erschafft, verleiht er ihm die Würde, sein Bild und Gleichnis zu sein, und dies auf besondere Weise im Vergleich zu allen anderen Kreaturen der Erde. Und trotz der Sünde des Menschen läßt sich Gott in seiner Bereitschaft, zu schenken, nicht aufhalten; *er schenkt sich in seinem Sohn:* „Gott hat die Welt so sehr geliebt, daß er seinen einzigen Sohn hingab" (*Joh* 3,16). Maria bezeugt als erste diese wundervolle Wahrheit, die sich voll verwirklichen wird in den Taten und Worten (vgl. *Apg* 1,1) ihres Sohnes und endgültig in seinem Kreuz und seiner Auferstehung.

Die Kirche, die auch in „Prüfungen und Bedrängnissen" unablässig mit Maria die Worte des Magnifikat wiederholt, wird durch die machtvolle Wahrheit über Gott gestärkt, wie sie damals in einer so außerordentlichen Schlichtheit verkündet worden ist, und möchte zugleich *mit dieser Wahrheit über Gott* die schwierigen und manchmal verschlungenen Wege der irdischen Existenz der Menschen *erhellen*. Der Pilgerweg der Kirche gegen Ende des zweiten christlichen Jahrtausends enthält einen neuen Sendungsauftrag. Die Kirche, die demjenigen folgt, der von sich gesagt hat: „Der Herr . . . hat mich gesandt, damit ich *den Armen eine gute Nachricht* bringe" (vgl. *Lk* 4,18), hat von Generation zu Generation dieselbe Sendung zu verwirklichen gesucht und tut dies auch heute.

Ihre vorrangige Liebe zu den Armen ist im Magnifikat Marias eindrucksvoll enthalten. Der Gott des Bundes, im Jubel des Herzens der Jungfrau von Nazaret besungen, ist zugleich derjenige, der „die Mächtigen vom Thron stürzt und die Niedrigen erhöht", der „die Hungernden mit seinen Gaben beschenkt und die Reichen leer ausgehen läßt", der „die Hochmütigen zerstreut" und „sich über alle erbarmt, die ihn fürchten". Maria ist tief durchdrungen vom Geist der „Armen Jahwes", die im Gebet der Psalmen ihr Heil von Gott erwarteten, in den sie ihre Hoffnung setzten (vgl. *Ps* 25; 31; 35; 55). Sie verkündet ja die Ankunft des Heilsgeheimnisses, das Kommen des „Messias der Armen" (vgl. *Jes* 11,4; 61,1). Indem die Kirche aus dem Herzen Marias schöpft, aus ihrem tiefen Glauben, wie er in den Worten des Magnifikat zum Ausdruck kommt, wird sich die Kirche immer wieder neu und besser bewußt, *daß man die Wahrheit über Gott, der rettet,* über Gott, die Quelle jeglicher Gabe, *nicht von der Bekundung seiner vorrangigen Liebe für die Armen und Niedrigen trennen kann,* wie sie, bereits im Magnifikat besungen, dann in den Worten und Taten Jesu ihren Ausdruck findet.

Die Kirche ist sich also nicht nur bewußt – und in unserer Zeit verstärkt sich dieses Bewußtsein in einer ganz besonderen Weise –, daß sich diese zwei schon im Magnifikat enthaltenen Elemente nicht voneinander trennen lassen, sondern auch, daß sie die Bedeutung, die die „Armen" und die „Option zugunsten der Armen" im Wort des lebendigen Gottes haben, *sorgfältig sicherstellen* muß. Es handelt sich hierbei um Themen und Probleme, die eng verbunden sind mit dem *christlichen Sinn von Freiheit und Befreiung.* „Ganz von Gott abhängig und durch ihren Glauben ganz auf ihn hingeordnet, ist Maria an der Seite ihres Sohnes *das vollkommenste Bild der Freiheit und der Befreiung* der Menschheit und des Kosmos. Auf Maria muß die Kirche, deren Mutter und Vorbild sie ist, schauen, um den Sinn ihrer eigenen Sendung in vollem Umfang zu verstehen."[93]

[52] Augustinus, *De Civitate Dei*, XVIII, 51: *CCL* 48,650 (konzilseigene Zitation).
[53] II. Vatikanisches Konzil, Dogmatische Konstitution über die Kirche *Lumen gentium*, 8.
[54] *Ebd.*, 9.
[55] *Ebd.*, 9.
[56] *Ebd.*, 8.
[57] *Ebd.*, 9.
[58] *Ebd.*, 65.
[64] *Ebd.*, 65.
[65] *Ebd.*, 65.
[66] Vgl. *ebd.*, 13.
[67] Vgl. *ebd.*, 13.
[68] Vgl. *ebd.*, 13.
[69] Vgl. *Römisches Meßbuch*, Worte zur Kelchkonsekration in den Eucharistischen Hochgebeten.
[70] II. Vatikanisches Konzil, Dogmatische Konstitution über die Kirche, *Lumen gentium*, 1.

[71] *Ebd.*, 13.
[72] *Ebd.*, 15.
[73] Dekret über den Ökumenismus *Unitatis redintegratio*, 1.
[74] Dogmatische Konstitution über die Kirche *Lumen gentium*, 68; 69. Zu Maria als Förderin der Einheit der Christen und zur Marienverehrung im Orient vgl. Leo XIII., Enzyklika *Adiutricem populi* (5. 9. 1895): *Acta Leonis*, XV, 300-312.
[75] II. Vatikanisches Konzil, Dekret über den Ökumenismus *Unitatis redintegratio*, 20.
[76] Vgl. *ebd.*, 19.
[77] *Ebd.*, 14.
[78] *Ebd.*, 15.
[79] II. Vatikanisches Konzil, Dogmatische Konstitution über die Kirche *Lumen gentium*, 66.
[80] Ökumenisches Konzil von Chalzedon, *Definitio fidei: Conciliorum Oecumenicorum Decreta, Bologna 1973*³, 86 (DS 301).
[81] Vgl. das Buch *Weddase Maryam (Marienlob)*, das sich an das äthiopische Psalterium anschließt und Hymnen und Gebete zu Maria für jeden Tag der Woche enthält. Vgl. auch das Buch *Matshafa Kidana Mehrat (Buch des Bundes der Barmherzigkeit)*; man muß die Bedeutung unterstreichen, die Maria in der äthiopischen Hymnologie und Liturgie gegeben wird.
[82] Vgl. Ephräm aus Syrien, *Hymn. de Nativitate: Scriptores Syri*, 82: CSCO 186.
[83] Vgl. Gregor von Narek, *Le livre de prières: S. Ch.* 78,160-163; 428-432.
[84] II. Ökumenisches Konzil von Nizäa: *Conciliorum Oecumenicorum Decreta*, Bologna 1973³, 135-138 (*DS* 600-609.)
[85] Vgl. II. Vatikanisches Konzil, Dogmatische Konstitution über die Kirche *Lumen gentium*, 59.
[86] Vgl. II. Vatikanisches Konzil, Dekret über den Ökumenismus *Unitatis redintegratio*, 19.
[87] II. Vatikanisches Konzil, Dogmatische Konstitution über die Kirche *Lumen gentium*, 8.
[88] *Ebd.*, 9.
[91] Vgl. z. B. Justinus, *Dialogus cum Tryphone Iudaeo*, 100: J. C. de Otto, *Corpus Apol.*, II. 358; Irenäus, *Adversus haereses*, III, 22, 4: *S. Ch.* 211, 439-445; Tertullian, *De carne Christi*, 17/4-6: *CCL* II, 904 ff.
[92] Vgl. Epiphanius, *Panarion*, III, 2; *Haer.* 78,18: *PG* 42,727-730; Ambrosius, *Expos. Evang. Lucae*, II, 86: *CSEL* 32/4,90 f.
[93] Kongregation für die Glaubenslehre, *Instruktion über die christliche Freiheit und die Befreiung* (22. März 1986), 97.

Reinhard Lettmann

Auf dem Weg durch die Zeit

Die Kirche versteht sich als pilgerndes Volk Gottes auf dem Weg durch die Zeit, dem kommenden Christus entgegen. „Beschütze deine Kirche auf dem Weg durch die Zeit", so beten wir im 3. Hochgebet. Erfahrungen, die wir auf einer Fußwallfahrt machen, können auch für den Pilgerweg der Kirche von Bedeutung sein.

1. Erfahrungen auf dem Weg

Eine Fußwallfahrt von mehreren Tagen macht man in der Regel nicht allein. Wir gehen den Weg miteinander. Das ist ein Bild dafür, daß wir den Weg zu Gott gemeinsam gehen.

Das Miteinander beginnt schon vor Beginn der Wallfahrt. Einer lädt den anderen ein; einer macht dem anderen Mut; einer nimmt den anderen mit.

Die Gemeinschaft der Wallfahrer bietet ein buntes, vielfältiges Bild. Öfter habe ich bei unseren Fußwallfahrten mit Studenten und Soldaten, denen sich unterwegs andere Personen für ein Stück des Weges anschlossen, erlebt, daß Entgegenkommende fragten: „Wer sind das? Bundeswehr? Aber es sind auch viele in Zivil dabei. Kolpingssöhne? Aber da sind ja auch Frauen und Ordensschwestern mit auf dem Weg." Unsere Gemeinschaft bot ein buntes Bild. Ein Zeitungsbericht kennzeichnete sie mit der Überschrift: „Vom Schlapphut bis zum Schleier."

Einige lieben es, an der Spitze der Wallfahrtsgruppe zu gehen; andere haben ihren Platz mehr in der Mitte oder am Ende. Die einen bevorzugen die Mitte des Weges; andere laufen lieber auf dem Gras, an den Seiten. Die einen gehen mit ruhigen, langen Schritten, andere eher mit schnellem, kurzem Tritt. Der eine bevorzugt feste Schuhe, der andere Sandalen.

So reich und vielfältig wie das Bild einer Wallfahrt ist auch das Bild der Kirche auf dem Weg durch die Zeit. Alle sind eingeladen, mitzugehen. Für alle soll Platz sein auf dem gemeinsamen Weg.

Auf den langen Wegen kommt es zu vielen Gesprächen. Wir öffnen uns füreinander, beschenken einander im persönlichen Austausch und erfahren zugleich, wie wir beschenkt und bereichert werden. In dieser Erfahrung wird etwas spürbar von dem, was der Apostel Paulus an die Christen in Rom schreibt: „Ich sehne mich danach, euch zu sehen. Ich möchte euch geistliche Gaben vermitteln, damit ihr dadurch gestärkt werdet, oder besser: damit wir, wenn ich bei euch bin, miteinander Zuspruch empfangen durch euren und meinen Glauben" (Röm 1,11–12). Miteinander Zuspruch empfangen: Das geht nicht allein. Dazu brauchen wir Christen einander. Jeder kann dazu beitragen. Und jeder ist zugleich der Beschenkte. Das Miteinander im Glauben stärkt die christliche Zuversicht auf dem Weg.

Der Bischof als Pilger unter Pilgern, am Abend eines Wallfahrtstages bei der Quartiernahme

Eine Gruppe, die sich zu Fuß auf den Weg macht, über die Wege und Straßen, durch die Dörfer und Städte unseres Landes, wird gesehen. Das fordert den Mut zum Bekenntnis. Dieser Mut steht schon am Beginn der Wallfahrt. Ein Soldat erzählte: „Als in der Kaserne bekannt wurde, daß ich die Wallfahrt mitmachen wolle, wurde ich von vielen Kameraden gefragt: ‚Bist du verrückt? Bist du in der Grundausbildung noch nicht genug marschiert? 4 Tage von Münster nach Kevelaer laufen? In etwas mehr als einer Stunde kannst du mit dem Auto dort sein. Und dann unterwegs noch beten!'" Wer mitgeht auf dem gemeinsamen Weg, muß sich zu dieser Gemeinschaft bekennen. Auf der Wallfahrt wird gebetet und gesungen. Man sammelt sich bei einem Kreuz oder bei einem Marienbild am Weg. Viele haben den Rosenkranz in der Hand. Nicht alle, die einer solchen Gruppe begegnen, haben Verständnis dafür. Manch einer lacht offen oder insgeheim darüber und macht seine spöttischen Bemerkungen. Ein Teilnehmer an einer solchen Wallfahrt sprach es einmal in einem persönlichen Zeugnis offen aus: „Auf dieser Wallfahrt habe ich wie selten sonst gespürt, daß ein Christ heute den Mut zum Bekenntnis braucht."

Wer eine Wallfahrt mitmacht, muß etwas einsetzen. Wir alle sind es ja kaum noch gewohnt, längere Strecken zu Fuß zu gehen. Man muß bereit sein, die Beschwernisse des Weges auf sich zu nehmen und unterwegs auf manche Bequemlichkeit zu verzichten. Auch die Rücksichtnahme auf

Der Bischof spricht auf dem Weg auch mit seinen jüngsten Diözesanen

die anderen Teilnehmer fordert persönlichen Einsatz. Unpünktlichkeit einzelner zum Beispiel bringt die ganze zeitliche Ordnung durcheinander. Man muß versuchen, dabeizubleiben, schrittzuhalten. Jeder muß mit seinen eigenen Füßen gehen und kann sich nicht bloß mitziehen lassen. In ähnlicher Weise lebt auch die Kirche vom persönlichen Einsatz aller. Bloße Mitläufer und Trittbrettfahrer kommen nicht weit.

Nicht wenige Menschen trifft man unterwegs, die den Weg der Wallfahrer mit Wohlwollen und Freundlichkeit begleiten. Manche stehen an den Häusern oder vor den Höfen und reichen den Wallfahrern eine Stärkung und Erfrischung. Andere bieten zum Mittag oder Abend ihre Gastfreundschaft an. Manche gehen auch ein Stück des Weges mit. Wenn die Wallfahrer in den Kirchen am Weg Gottesdienst feiern, kommen gern andere dazu. Diese Erfahrungen zeigen: Der Weg trifft auch heute auf viel Wohlwollen, freundliche Bereitschaft und Solidarität.

Eine Solidarität besonderer Art besteht unter den Wallfahrern. Es ist die Solidarität der Verwundeten. Nach einem langen Weg geht niemand mehr so flink und leicht wie zu Beginn. Den einen plagen die Blasen an den Füßen, einen anderen die Sehnen und Muskeln. Manch einer muß auch für eine gewisse Zeit auf dem Begleitwagen mitfahren. Keiner lacht über den anderen, auch wenn er sich schwer tut beim Gehen oder gar auf dem Wagen fahren muß. Jeder weiß: Morgen kann es auch mich treffen.

Unser Herr in seiner Passion, unbekannter Meister, 16. Jahrhundert, Beichtkapel Kevelaer

Diese Solidarität der Verwundeten ist wichtig für die Gemeinschaft der Kirche. Wir alle tragen unsere Wunden. Bei dem einen sieht man sie, beim anderen sind sie eher verborgen. Es sind Wunden, die wir einander zugefügt haben, Wunden, die wir uns selbst zufügen, und Wunden, die das Leben schlägt. Manche Wunden sind vernarbt, können aber bei bestimmten Gelegenheiten immer noch schmerzen. Andere Wunden sind offen. Sie eitern und schmerzen und wollen nicht heilen.

In der Solidarität der Verwundeten steht auch Jesus. Die Wunden, die ihm am Kreuz geschlagen wurden, trägt er noch nach seiner Auferstehung von den Toten. Das Bild des verwundeten Herrn, insbesondere das Bild des Herrn mit dem verwundeten, offenen Herzen, ist eine Einladung an uns, mit unseren Wunden zu ihm zu gehen. Er hat Verständnis für alle, die verwundet sind. Er nimmt uns mit unseren Wunden an. Er ermuntert uns, daß auch wir einander mit unseren Wunden annehmen.

Die Solidarität der Verwundeten führt dazu, einen Pakt der Barmherzigkeit miteinander zu schließen. Diejenigen, die miteinander die Last und Beschwernisse des Weges tragen, lachen und spotten nicht übereinander. Sie öffnen vielmehr das Herz füreinander. Verstehen, Herzlichkeit und Güte sollen auch das Miteinander in der Kirche auf dem Weg durch die Zeit prägen. Alle Menschen warten darauf, daß jemand gut zu ihnen ist, sie ermutigt und tröstet und ihnen hilft. Wo die Güte des Herzens das Leben prägt, ist Platz auch für den Schwachen, Verletzten und Verwundeten. Die Erfahrung der Barmherzigkeit weckt die Hoffnung, im Grunde des Lebens einer letzten Güte zu begegnen.

Wer zur festgesetzten Zeit eine Fußwallfahrt unternimmt, weiß nicht, wie das Wetter sein wird. Wer nur bei gutem Wetter losgehen will, muß häufig die Wallfahrt ausfallen lassen. Es gibt nicht immer nur milden Sonnenschein und erfrischenden leichten Wind. Wir müssen den Weg oft auch an heißen und schwülen Tagen machen, oder bei kaltem Regen und heftigem Wind. Der Boden kann uneben, naß und aufgeweicht sein. Der Asphalt der Straße kann die Hitze unangenehm zurückstrahlen. Als wir einmal bei schlechtem Wetter nach einem Gottesdienst in der Benediktinerabtei Gerleve wieder aufbrechen mußten, gab der Abt uns das Wort des Apostels Paulus mit auf den Weg: „Laßt euch nicht so schnell aus der Fassung bringen und in Schrecken jagen!" (2 Thes 2,2).

Auch der Weg der Kirche führt nicht immer über gut gebahnte Wege. Sie muß ihren Weg gehen, ob die Sonne nun scheint oder ob der Wind ihr entgegenbläst. Das Ziel, dem wir entgegengehen, lohnt die Mühe.

Alle, die auf das Erlebnis einer Fußwallfahrt zurückschauen können, werden sagen, daß sie trotz mancher Beschwernisse viel Freude auf dem gemeinsamen Weg gehabt haben. Diese Freude soll auch das Miteinander der Kirche auf dem Weg durch die Zeit kennzeichnen. Man spürt noch heute aus den Texten des Neuen Testamentes, die in der Zeit der frühen Kirche entstanden sind, die Freude der Christen, mit Jesus Kirche zu sein. Selbst in Not und Bedrängnis verlieren sie diese Freude nicht. Die Freude, mit Jesus Kirche zu sein, ist ein Geschenk für die Christen aller Zeit.

2. Dem kommenden Christus entgegen

Die Wallfahrt hat ein Ziel, wie auch der Weg der Kirche ein Ziel hat. „Die Kirche schreitet zwischen den Verfolgungen der Welt und den Tröstungen Gottes auf ihrem Pilgerweg dahin und verkündet das Kreuz und den Tod des Herrn, bis er wiederkommt" (Dogmatische Konstitution des II. Vatikanischen Konzils über die heilige Liturgie, Art 8).

Der Hebräerbrief liebt das Bild des Weges. Schon die Urväter und Patriarchen sind auf den Weg des Glaubens gerufen. „Voll Glauben sind diese alle gestorben, ohne das Verheißene erlangt zu haben. Nur von fern haben sie es geschaut und gegrüßt und haben bekannt, daß sie Fremde und Gäste auf Erden sind. Mit diesen Worten geben sie zu erkennen, daß sie eine Heimat suchen. Hätten sie dabei an die Heimat gedacht, aus der sie weggezogen waren, so wäre ihnen Zeit geblieben, zurückzukehren. Nun aber streben sie nach einer besseren Heimat, nämlich der himmlischen. Darum schämt sich Gott ihrer nicht. Er schämt sich nicht, ihr

Gott genannt zu werden. Denn er hat für sie eine Stadt vorbereitet" (Hebr 11,13–16).

Gott schämt sich unser nicht. Er schämt sich nicht, unser Gott genannt zu werden: Wer auf dem Weg ist, trägt die Spuren des Unterwegsseins an sich. Wir haben häufig Grund, uns vor Gott zu schämen. Jesu Ruf zur Umkehr gilt für alle Zeit. Die Kirche bedarf immer der Erneuerung. Es ist tröstlich zu wissen, daß Gott sich unser nicht schämt und sich zu uns bekennt.

Die Heiligen versammelt um das Lamm im himmlischen Jerusalem, Vierungsgewölbe über dem Altar der Marien-Basilika Kevelaer

Der Hebräerbrief lenkt unseren Blick auf das Ziel des Weges. „Laßt uns mit Ausdauer in dem Wettkampf laufen, der uns aufgetragen ist, und dabei auf Jesus blicken, den Urheber und Vollender des Glaubens. Er hat angesichts der vor uns liegenden Freude das Kreuz auf sich genommen, ohne auf die Schande zu achten, und sich zur Rechten von Gottes Thron gesetzt. Denkt an ihn, der von den Sündern solchen Widerstand gegen sich erduldet hat. Dann werdet ihr nicht ermatten und den Mut nicht verlieren . . . Darum macht die erschlafften Hände wieder stark und die wankenden Knie wieder fest, und ebnet die Wege für eure Füße, damit die lahmen Glieder nicht ausgerenkt, sondern geheilt werden" (Hebr 12,lb–3; 12–13). Der Gedanke an das Ziel des Weges gibt uns auch in schwierigen Situationen die Kraft, durchzuhalten.

Einladung zum Geb

Bischöfliches Wappen des Bischofs Reinhard Lettmann von Münster, „Christo tuo venienti occurrentes“, „Dem kommenden Christus entgegen“, Pilgerportal von Willi Dirx an der Marien-Basilika, Detail

Vom Ziel des Weges spricht das Tagesgebet des 1. Adventssonntags. Wir bitten Gott, den Vater: „Laß uns deinem kommenden Christus entgegeneilen.“ Unser Weg hat ein Ziel. Wir gehen Christus entgegen. Und zugleich dürfen wir wissen, daß er uns entgegenkommt.

Das 7. Kapitel der „Dogmatischen Konstitution über die Kirche“ des II. Vatikanischen Konzils trägt die Überschrift: „Der endzeitliche Charakter der pilgernden Kirche und ihre Einheit mit der himmlischen Kirche.“ Eine Wallfahrt zu den Gedenkstätten der Heiligen kann das Bewußtsein dieser Einheit vertiefen. „Wenn wir nämlich auf das Leben der treuen Nachfolger Christi schauen, erhalten wir neuen Antrieb, die künftige Stadt zu suchen. Zugleich werden wir einen ganz verläßlichen Weg gewiesen, wie wir, jeder nach seinem Stand und seinen eigenen Lebensverhältnissen, durch die irdischen Wechselfälle hindurch zur vollkommenen Vereinigung mit Christus, nämlich zur Heiligkeit, kommen können“ (Art 50).

Das Ziel der Fußwallfahrt ist erreicht

Das Ziel der Wallfahrt nach Kevelaer ist der Gnadenort Mariens. „Wie die Mutter Jesu im Himmel schon mit Leib und Seele verherrlicht, Bild und Anfang der in der kommenden Weltzeit zu vollendenden Kirche ist, so leuchtet sie auch hier auf Erden in der Zwischenzeit bis zur Ankunft des Tages des Herrn als Zeichen der sicheren Hoffnung und des Trostes dem wandernden Gottesvolk voran" (Art 68). Für unseren Weg und den Weg der Kirche, dem kommenden Christus entgegen, bitten wir Maria um ihren mütterlichen Schutz: „Iter para tutum! – Gib uns sicheres Weggeleit!"

Theodor Buckstegen

Wir alle sind Pilger

Zur Sinndeutung von Wallfahren und Wallfahrt

Die Überwindung der Grenzen - das ist das große Thema der kommenden Zeit, vielleicht des ganzen dritten Jahrtausends, dem wir entgegengehen." Mit diesem Wort schilderte ein Teilnehmer einer Fernsehdiskussion in jenen denkwürdigen Novembertagen des Jahres 1989 seinen Eindruck von den Herausforderungen der Zukunft, denen wir uns zu stellen haben, nicht nur wir Deutschen in Ost und West, vielmehr die Menschheit insgesamt. Dieses Wort kann zugleich erinnern an den Titel „Wallfahrt kennt keine Grenzen", mit dem eine kirchen- und kulturgeschichtliche Ausstellung während des Deutschen Katholikentages 1984 in München überschrieben war.

Dieser Titel und das Wort aus der Fernsehdiskussion bringen prägnant zum Ausdruck, was das Phänomen „Wallfahrt" kennzeichnet. Wallfahrten hat es zu allen Zeiten gegeben, es gibt sie in allen Religionen und in allen Völkern, sie bringt Menschen immer wieder in „Bewegung" zu Wallfahrtszielen, die jenseits heimatlicher und geographischer, nationaler und politischer Grenzen liegen. Offenbar haben durch Jahrhunderte politische, Sprach- und Volkstumsgrenzen, aber auch geologische Barrieren zwischen Menschen und Völkern kein Hindernis für Wallfahrer bilden können – ein Faktum, das seit uralter Zeit selbstverständlich für alle großen Wallfahrten gilt.

Wallfahrt kennt keine Grenzen

Ältester Kerzenleuchter aus der Kerzenkapelle Kevelaer, Schmiedeeisen, 1651. Der Leuchter wird verwendet in der Andacht zu den hl. fünf Wunden

Wallfahrten haben alle Zeiten überstanden. Gewiß muß es tiefe Gründe haben, wenn sich schon immer so viele Menschen zum geweihten Ort auf den Weg machen. Es ist ein komplexes und noch immer zu wenig ergründetes Gebiet des religiösen Lebens, das sich hier eröffnet. Verschiedenartig wie die äußeren Anlässe und Formen sind die inneren Antriebe. Sie lassen sich keineswegs immer theologisch formulieren.

Erst recht darf man wohl nicht die politischen Momente übersehen, die im Besuch heiliger Orte und im gemeinsamen Unterwegssein enthalten sind. Gerade dort, wo die Wallfahrt nichts als Wallfahrt ist, hat sie einen eminent politischen Gehalt. Denn in das Gewand gläubiger Verehrung für das über alle Politik grenzenlos Erhabene läßt sich wirksam und wahrhaftig die Aussage über die politische Wirklichkeit kleiden, die man in Worten vielleicht nie wagen dürfte. Ein Pilgerzug zeigt schließlich den weltlichen Herren aufs deutlichste, daß es noch über alle Grenzen hinweg einen göttlichen Herrn gibt. Von daher auch ist zu verstehen, daß sich der Besuch von Gnadenorten gerade in Zeiten der Unterdrückung intensiviert, während die Diener totalitärer Staatsmacht gerade dann die Wallfahrt argwöhnen, überwachen, kontrollieren, beengen, ihr die Wege

Fußpilger auf dem Weg von Eupen (Belgien) durch die Niederlande nach Kevelaer

verlegen. Die Gestapo in Nazideutschland hat sich da so manch traurigen Ruhm erworben. Politik und Verbote vermögen dem Gläubigen offenbar nichts anzuhaben. Wo im Volk die religiöse Bereitschaft vorhanden ist, wächst selbst in extremen Grenzsituationen gleichsam spontan eine neue Verehrung, die alle menschlichen Eingrenzungen überwindet.

Wallfahrt überwindet Grenzen

Im Raum der europäischen Christenheit gibt es die großen geistlichen Zentren wie Santiago de Compostela und Lourdes, Tschenstochau und Fatima, Kevelaer und Altötting. Diese Zentren verbinden die europäische Christenheit immer mehr. Und mit den Wallfahrten zu diesen geistlichen Zentren öffnen sich immer mehr auch die Grenzen. Gewiß, es gibt Grenzen, auch heute noch, schützende, aber auch trennende, einengende und sogar gefährliche. Das ist das eine. Es gibt aber auch Wege, das ist das andere. „Europa hat immer mehr von seinen Wegen gelebt als von seinen Grenzen. Wallfahrten, das sind unsere Wege. Wallfahrten, das sind Brücken über die Grenzen, das sind Wege des Glaubens, des Gebetes, der Brüderlichkeit, der Freundschaft, der Solidarität und des Friedens. Wege können mühsam sein. Ehe man sie mit den Füßen geht, muß man sie mit dem Herzen gehen. Wege geht man, um einander zu begegnen und unter Umständen auch, um sich zu suchen" (Kardinal Franz Hengsbach).

Wallfahrten, das sind unsere Wege. Christen begeben sich in einer Wallfahrt auf den Weg. Da finden tiefe Züge unseres Menschseins sinnenhaften Ausdruck. Wir sind nicht am Ziel, wir sind unterwegs zum Ziel, zur Vollendung unseres Menschseins. „Viele Menschen sind offensichtlich fasziniert von der Erfahrung des ‚Auf-dem-Wege-seins', die ihnen das Wandern vermittelt. Sie sehen darin ein Sinnbild für ihr Leben. Das Leben ist ein Weg. Schritt für Schritt geht jeder seinen Weg, trägt seine Lasten mit. Es gibt Umwege, Irrwege, Durststrecken, beschwerliche und leichte Wege. Man geht miteinander, aufeinander zu. Man geht Wege, die andere vorausgegangen sind. Beim Wandern wird die Gemeinschaft neu erfahrbar. Die körperliche Anstrengung verbindet miteinander, stärker als das manchmal Gespräche vermögen. Menschen verschiedenster Prägung wachsen beim Wandern zusammen, sie werden

Der heilige Jakobus der Ältere, Patron der Pilger, dargestellt auf dem Hinweisschild für das Pilgerquartier in Kevelaer. Entwurf Richard Bellm, usführung Kunstwerkstätten Maria Laach

Kardinal Franz Hengsbach, Essen, als Pilger in Kevelaer, rechts Heinrich Maria Janssen, Bischof em. von Hildesheim

solidarisch, Weggefährten. Wandern formt den Menschen mit Leib und Seele. Alle Sinne werden angesprochen. Der ganze Mensch ist einbezogen, er erfährt sich auf dem Weg, lebendig, noch einer Wandlung fähig. Er wird als ganzer erfahren, als ganzer gewandelt."[1]

„Zieh fort aus deinem Land. Im Glauben ließ er sich niede im Land der Verheißung. Er wartete auf die Stadt, deren Baumeister und Schöpfer Got ist." Familien-Grabmal auf dem Friedhof in Kevelaer, gestaltet von Will Horsten

Jeder Glaubende ist ein Pilger

Wenn wir einen Blick in die Heilige Schrift werfen, sehen wir, daß immer wieder von Wegen die Rede ist, von Menschen, die sich auf den Weg machen und dabei Gott begegnen.[2] Die Heilsgeschichte beginnt mit einem Wort der Wegweisung Gottes an Abraham: „Zieh weg aus deinem Land, von deiner Verwandtschaft und aus deinem Vaterhaus in das Land, das ich dir zeigen werde" (Gen 12,1).

Wohin der Weg geht, weiß Abraham nicht. Nur dies weiß er, daß Gott ihn führt! In tiefem Glaubensvertrauen wird Abraham zum Pilger und Fremdling. Als Vater des Glaubens (Röm 4,11) begründet er so zutiefst die Grundhaltung biblischer Existenz.

Der jüdische Religionsphilosoph Martin Buber sagt: „Das Herausholen gehört zum Wesen Gottes von Anfang an." Gott macht uns alle zu „Nomaden des Glaubens". Und dieser „Glaube wird dadurch konstitutiv, daß er zur Trennung nötigt!"[3] Wenn der Christ im Glauben weiß, daß er hier keine letzte Bleibe hat, sondern über alle Grenzen des Irdischen hinweg die heilige Stadt der kommenden Welt sucht (Hebr 13,14), dann spricht sich so ein Offenbarungswissen aus, das sich aus uralter Zeit der Patriarchen herleitet. „Unsere Väter haben uns erzählt" (Ps 44 und 78).

Mose führt Israel durch das Rote Meer, Portal von Roland Friederichsen an der eichtkapelle Kevelaer, Detail

So ist die Geschichte der Väter Israels eine Geschichte der Wege – von Abraham über Isaak, Jakob und Josef bis hin zu Mose. Und am Anfang der Volkwerdung Israels steht die große Wüstenpilgerschaft aus der Knechtschaft in das zugesagte, „Gelobte Land". So bleiben Auszug aus Ägypten und Einzug in Kanaan wesentliche Elemente für Israels Frömmigkeit; aber beide sind immer als Bewegungselemente zu sehen. „Ein Gast bin ich bei dir, ein Beisaß, so wie meine Väter alle" (Ps 39,13). Die Wallfahrtslieder, die wir als die Psalmen 120 bis 134 kennen, versuchen, diesen Geist, diese innere Spannungseinheit, mitten im zugesagten Land unterwegs zu sein, lebendig zu erhalten. Von größter Bedeutung für die biblische Grundhaltung des Pilgers und Fremdlings auf dieser Erde ist das Gotteswort: „Mir, Jahwe, gehört das Land; ihr seid nur Fremdlinge und Beisassen bei mir!" (Lev 25,23). Es mag auf den ersten Blick widersprüchlich erscheinen, daß Israel auch heilige Stätten kennt, also so etwas wie Ortsbindung: Kades, Bethel, Gilgal o. a., vor allem der Berg

Das Blut des Paschalammes an den Türpfosten rettet die Erstgeburt Israels. Arbeit von Jakob Holtmann, Paradies zu Sakramentskapelle Kevelaer

Sion. Der heilige Ort bedeutet jedoch für Israel nicht etwa, daß es das alte Ideal des ständigen Unterwegsseins zu Gott, des immer wieder neuen Aufbrechens vergessen hätte. Der heilige Ort ist vielmehr Zeichen für die konkrete Geschichtlichkeit der Offenbarung Gottes. Hier und jetzt spricht und handelt Gott, der am konkreten Ort dem Menschen nahe sein will. In solcher Spannungseinheit kann uns deutlich werden, „daß Jahwe einerseits der Gott des Zionstempels ist und doch der freie Wüstengott vom Sinai bleibt".[4] Und Israel ist entsprechend die Gemeinde des Tempels und bleibt doch das wandernde Gottesvolk.

Vor diesem Hintergrund ist dann auch die bisweilen herbe Kritik der Propheten am unwürdigen Wallfahrtsrummel zu verstehen. Dabei werden nicht die heiligen Stätten der Offenbarung selbst kritisiert, sondern vielmehr die egoistische Entwürdigung solcher Stätten, die Verdinglichung und das Verfügenwollen über Gott und sein Heil.

Es gab drei große Wallfahrtsfeste in Israel, die jene lebendige Spannungseinheit, Gemeinde der heiligen Stätten und zugleich wanderndes Gottesvolk zu sein, wachhielten. Zugleich können diese Feste in einem inneren Zusammenhang die geistlichen Grundwerte jeder Wallfahrt gut zum Ausdruck bringen. Das *Paschafest* macht deutlich, daß die Wallfahrt ein Aufbruch ist, ein Streben nach Loslösung von einer Welt, die uns allzu leicht eingrenzt und festhält. Das *Pfingstfest* will uns sagen, daß man nicht mit leeren Händen vor Gott erscheinen darf (Ex 23,15). Jede Wallfahrt ist so ein Zeichen der Entschlossenheit, der Selbsthingabe, und läßt diese immer mehr heranreifen. Das *Laubhüttenfest* schließlich ruft uns in Erinnerung: Wir haben hier keine bleibende Stadt. Wir erwarten die auf festem Grund ruhende Stadt, das himmlische Jerusalem, dessen Künstler und Baumeister Gott selbst ist. Zu allen Zeiten waren diese drei alten biblischen Wallfahrtsfeste für die Freude der Menschen ebenso gedacht wie zur Verherrlichung Gottes.[5] „Dreimal im Jahr

Kirche als pilgerndes Gottesvolk vom Sinai über Pfingsten auf dem Weg durch die Zeit. Pilgerportal von Willi Dirx an der Marien-Basilika Kevelaer, Detail

sollst du mir ein Fest feiern" (Ex 23,14). Den Einladungen zu diesem Fest zu folgen, war den Israeliten ein Herzensbedürfnis: „Ich freute mich, als man mir sagte: Zum Haus des Herrn wollen wir pilgern" (Ps 122,1).

Kirche als pilgerndes Gottesvolk

„Wir sind Pilger insgesamt. Christ sein heißt, sich nur als Pilger wissen bis zur Ankunft im Vaterhaus, in der Heimat."[6] In diesem Wort des heiligen Augustinus lebt das tiefe Glaubensbewußtsein, das vom Alten Bund her das ganze Neue Testament durchzieht: Unterwegs zu sein, Fremdling zu sein, auf dem Weg in die Heimat.

„Die Füchse haben ihre Höhlen und die Vögel ihre Nester; der Menschensohn aber hat keinen Ort, wo er sein Haupt hinlegen kann" (Mt 8,20). Walter Nigg spricht im Blick auf dieses Wort Jesu von der „abgrundtiefen Kluft zwischen seiner als Fremdling über diese Erde schreitenden Menschensohnschaft und aller späteren in dieser Welt allzu heimisch gewordenen Christlichkeit. Jesus ist in seiner endgeschichtlichen Gebärdensprache das Urbild des Pilgers".[7]

Immer wieder erinnert der heilige Paulus seine Gemeinden daran, daß sie „fern vom Herrn in der Fremde leben, solange wir in diesem Leib zu Hause sind" (2 Kor 5,6). Wir sind hier nicht daheim, sondern Pilger und Fremdlinge. Und der heilige Petrus schreibt seinen Brief ausdrücklich „an die Auserwählten, die als Fremde in der Zerstreuung leben" (1 Petr 1,1). Wir sind als Kirche das wandernde Gottesvolk, und das Ziel unserer Wanderung ist letztlich kein irdischer Ort, sondern das himmlische Jerusalem. Wie die Wüstenwanderung zuinnerst die ureigenste Geschichte eines jeden Israeliten prägt, so hat die Kirche als das Gottesvolk des Neuen Bundes die Lebensform des Unterwegsseins aus der Welt zum Vater zu jeder Zeit nachzuvollziehen. Weil wir Christen immer wieder in Versuchung sind, uns nach den „Fleischtöpfen Ägyptens", nach der Seßhaftigkeit zurückzusehnen, können Wallfahrt und Pilgerschaft die heiligen Zeichen sein, die uns erleben lassen, daß zum Christsein wesentlich der Aufbruch und das Unterwegssein gehören.

Klostergang der Beichtkapelle mit den Beichtzimmern. „Hier geschehen die eigentlichen Wunder von Kevelaer."

So ist „die Wallfahrt die Tat, die die christliche Grundhaltung ausdrückt. Zu Gott gehen, das ist der eigentliche Sinn des menschlichen Lebens“ (J. Galot SJ).[8]

Darum begeben wir uns auf den Weg. Wir brechen auf aus allen Begrenzungen im Hier und Jetzt, und unser Wandern wird uns immer neu zum Bewußtsein bringen, daß wir aus dieser Welt hinausgehen werden, ja daß selbst die gute und schöne Schöpfung Gottes uns nicht geschenkt ist, damit wir in ihr verweilen und dabei Gott vergessen. Das Wandern auf den Wallfahrtswegen, das wohl am reinsten in der Fußwallfahrt zum Ausdruck kommt, läßt uns als Wandergemeinschaft erleben, welche der Vollendung im himmlischen Jerusalem entgegenpilgert.

Zu den heiligen Stätten

So wird unser Aufbrechen zu den heiligen Stätten ein sichtbares Zeichen dafür, daß wir immer wieder aus Unglaube, Kleinglaube, Mißtrauen, aus allerlei Versagen, aus jeder Form unguter Seßhaftigkeit und behaglicher Zufriedenheit und Selbstgenügsamkeit aufbrechen müssen. Wir machen uns auf den Weg, der zur Buße und Umkehr führt. Dabei geht es um Abbruch, um Auf-bruch und Um-bruch. Als Wallfahrer geben wir so unserer Buße eine konkret sichtbare Gestalt. Von daher sind Wallfahrtsorte seit alter Zeit in besonderer Weise immer auch Beichtorte gewesen, heilige Stätten der Vergebung, wahrhaft „Gnaden-orte“.

Dort am „Gnaden-ort“ erleben wir in einem Vor-bild, gleichsam in einer Vorwegnahme, die Ankunft beim Vater nach langer und leid- und schuldvoller Erdenwanderung. Und schließlich feiern wir in der Eucharistiefeier am Gnadenort – wie beim Gleichnis vom verlorenen Sohn nach dem Geschenk der Vergebung – wie in einem Vorgeschmack das himmlische Freudenmahl, das endzeitliche Hochzeitsmahl.

Vom heiligen Ort her führt uns der Weg zurück in den Alltag. Und wo das bewußt ist, wird man die eucharistische Speise bei der Mahlfeier am Gnadenort in besonderer Weise als „Wegzehrung“ erfahren, als das „Brot der Pilger und Wallfahrer“ - „ecce panis viatorum“ (Thomas von Aquin). So sehr wir einerseits Fremdlinge sind in dieser Welt, auf dem Weg zum Vater, so sehr sollten wir bedenken, daß wir zu wirken haben in dieser Welt und dazu Kraft empfangen im Brot des Lebens. Gerade der Rückweg von den heiligen Stätten kann uns deutlich machen, daß wir nicht nur der Gefahr einer Verbürgerlichung, eines Seßhaftwerdens begegnen müssen, sondern ebenso der anderen Gefahr einer Geringschätzung der uns von Gott zugewiesenen Aufgabe in dieser Weltzeit, „bis der Herr kommt“. Hier leuchtet etwas auf von der bleibenden Polarität christlicher Existenz.

Am heiligen Ort

Eine jahrtausendealte menschliche Erfahrung ist es offenbar, daß es Orte gibt, an denen Gott dem Menschen in einer besonderen Weise begegnet. Vielleicht weil hier Gott – für uns unbegreiflich – den Menschen in seiner Art gnadenhaft anrührt; vielleicht weil der Mensch – wiederum für uns unbegreiflich - an diesen Orten besonders aufgeschlossen, im Herzen offen und hörsam ist für die Begegnung mit Gott. Der Aufbruch eines Pilgers zu einem heiligen Ort, einem Gnadenort, lebt von dem tiefen Glaubensvertrauen, das Gott in seiner Gnade frei verfügt über Orte und Gelegenheiten, denen er sich in besonderer Weise zuwenden, von denen aus er in besonderer Weise uns Menschen nahe sein will.

Das ist wohl für Christen das Geheimnis der heiligen Orte: „Sie alle sind Orte der Erscheinung und der Verschmelzung der Horizonte, die Gott erwählt hat, um die Wahrheit seines Angesichtes und das Geschenk seines Lebens mitzuteilen. Land der Erscheinung und der Gnade, Land, in dem die Augen sich auftun, der Glaube gestärkt wird, wo man besser begreift, wer er ist, der uns liebt und mit wie großer Erbarmung er uns liebt – so sehr liebt, daß er unsere Krankheiten heilt und unsere Herzen zu sich bekehrt: Jeder Wallfahrtsort ist ein Quellgebiet; – freilich läßt sich der Geist an keinem Ort einschließen – hier aber gibt er sich mit Vorliebe hin. Um ihn jedoch zu empfangen, von ihm trunken zu werden, muß man entschlossen sein, nach dem Wort Jesu zu leben, muß man an jedem Ort, an dem Gott ein Merkmal seiner Wundertaten errichtet hat, sich ihrer erinnern können."[9]

In unverwechselbarer Weise zählt Kevelaer, geprägt durch die Liebe des pilgernden Gottesvolkes zu Maria, dem Urbild der Kirche, zu den heiligen Orten, die Gott erwählt hat, um die Wahrheit seines Angesichts und das Geschenk seines Lebens all jenen Pilgern mitzuteilen, die aus den

Kerzenopfer eines Vaters aus einer Kevelaer seit Generationen verbundenen Zigeunerfamilie

engen Grenzen ihres Lebens aufbrechen zu einer Wallfahrt, die keine Grenzen kennt. Sie machen sich auf den Weg aus Frankreich und Belgien, aus den Niederlanden und Italien, aus Polen und Ungarn, um dorthin unterwegs zu sein, wo man vor dem Antlitz Mariens, der Trösterin der Betrübten, besser begreift, wer er ist, der uns liebt und der uns tröstet in unserer Betrübnis, der unsere Krankheiten heilt und unsere Herzen zu sich bekehrt: aus aller persönlichen und nationalen Enge zu einem neuen, vertieften Leben mit Gott und den Menschen, in größerer Offenheit über alle inneren und äußeren Begrenztheiten hinweg, in Menschenwürde, Wahrheit, Freiheit, Gerechtigkeit, Solidarität und Frieden.

Vom Antlitz Mariens, der Trösterin der Betrübten, führt uns der Weg zu Christus, ihrem Sohn, dem Gekreuzigten und Auferstandenen, der siegreich die dunkelste und grausamste Grenze des Lebens, den Tod, überwunden hat. Er wird es am Ende sein, der uns mit Maria, seiner Mutter, bei der letzten Wallfahrt der Menschheit aus aller Betrübnis vor das Antlitz des ewigen Vaters, des „Vaters der Herrlichkeit" (Eph 1,17), führt, an jenem Tag, „da alle Menschengeschlechter sich erheben werden und sich aus allen Richtungen der Erde, auferweckt aus allen Rassen und Völkern, in der Ewigen Stadt versammeln werden. Ihre Stimmen werden erklingen, wie noch niemals auf Erden die Freude erklang, wenn das Licht über dem himmlischen Jerusalem aufgeht, wo Gott sein wird ‚alles in allem'" (1 Kor 15,28).[10]

Jakobsleiter, „So nah war mir Gott, und ich wußte es nicht" (Gen 28,16). Wandteppich von Helly Driessen, Beichtkapelle

Anmerkungen

1 A. Grün, Auf dem Wege, Münsterschwarzach 1983, S. 7 f.
2 Vgl. z. Ganzen: H. Reissner, Th. Buckstegen u. a., Wir alle sind Pilger, Rundbrief aus Kevelaer 1969; H. Reissner, Vom Sinn der Wallfahrt, in: Erbe und Auftrag 40 (1964) S. 22–36, 104–117.
3 M. Buber, Stationen des Glaubens, Insel-Verlag 1956, S. 9.
4 H. Reissner, a. a. O., S. 27.
5 A. M. Besnard, Die christliche Wallfahrt, Mainz 1962, S. 16 f.
6 Augustinus, Sermo 111,2 (PL 38,642)
7 W. Nigg, Des Pilgers Wiederkehr, Frankfurt 1954, S. 11
8 Zit. n. H. Reissner, Vom Sinn der Wallfahrt, in: Erbe und Auftrag 40 (1964) S. 32
9 A. M. Besnard, a. a. O., S. 80,82 f.
10 A. M. Besnard, a. a. O., S. 89.

Johannes Bours

Es gibt heilige Orte

Als mir das Thema zu diesem geistlichen Wort[1] gegeben wurde, tauchte sofort eine Kindheitserinnerung auf. Ich war vielleicht acht Jahre alt, da nahm uns, meinen Bruder und mich, unsere Mutter zum erstenmal mit zu einer Wallfahrt nach Kevelaer. Damals, es war das Jahr 1921, war die kleine Reise, die Fahrt mit der Bahn, die Überfahrt mit der Fähre über den Rhein, für den Achtjährigen aus dem Dorf ein erstes kleines Weltabenteuer. Was mir aber unvergeßlich im Gedächtnis geblieben ist, war dieses: Wir waren so früh von zu Hause aufgebrochen, daß wir in Kevelaer in der Basilika am Pilgerhochamt teilnehmen konnten. Es war ein Hochamt mit großem Orchester und großem Chor. Ich kannte bisher keine andere Musik als die Orgel unserer Dorfkirche, nie hatte ich ein anderes Instrument gehört. Als nun mit großem Einsatz das Orchester begann, wurde ich von diesen nie gehörten Klängen in eine so unsagbare Seligkeit hingerissen, daß ich zu meiner Mutter, die neben mir kniete, aufschaute, ob sie nicht ein Gleiches erlebe, und ich sie nachher draußen fragte: ob es wohl so im Himmel ist?

„Trösterin der Betrübten" heißt die Muttergottes von Kevelaer. Aber für mich verbindet sich diese Wallfahrtsstätte über alle Betrübnis hinaus noch immer mit dem Glanz des Kindheitserlebnisses.

Ist denn das, was das achtjährige Kind damals am Ort der Trösterin der Betrübten empfand, geistlich gesehen, so unangemessen gewesen? Natürlich kannte der Achtjährige in seiner glücklichen Kindheit keine Betrübnis, die diesen Namen verdiente. Ich habe später in Kevelaer am Gnadenbild manches von Tränen überströmte Gesicht gesehen und manches Gesicht, das unter Leid und Not wie tränenlos geworden war. Aber wenn der Achtjährige damals in großer Gemeinde an der Seite seiner Mutter, zum erstenmal angerührt von geistlicher Musik, etwas von einer Seligkeit verspürte, die er kindlich dem Himmel zuordnete – ob nicht mancher in der Stille vor dem Gnadenbild der Trösterin der Betrübten in seiner Traurigkeit etwas von dem Trost erfahren durfte, der, wenn auch in ganz anderer Weise, dem Himmel zuzuordnen ist? –

Es war eine große Notzeit, als der Keim zur Wallfahrt nach Kevelaer gelegt wurde. Es war die Zeit des Dreißigjährigen Krieges, der 1648 im Westfälischen Frieden zu Ende ging. Weite Landstriche Deutschlands waren verödet, manche Dörfer gänzlich ausgestorben: Krieg, Pest, Hungersnot. Das sog. Kroatenkreuz in Kevelaer hält bis heute die Erinnerung an diese Schreckenszeit wach: etwa 100 Bewohner wurden damals Opfer eines Kriegsüberfalls. Die Geschichte des Kevelaerer Gnadenbildes geht in diese Zeit zurück. Zwei Soldaten brachten aus Luxemburg zwei Papierbildchen, Kupferstiche, des Luxemburger Gnadenbildes mit an den Niederrhein.

stliche Liturgie in der Marien-
silika zu Kevelaer

In dieser Zeit, im Jahre 1641, hatte ein einfacher Handelsmann, Hendrick Busman, ein Erlebnis, von dem er später in einem kirchlichen Protokoll unter Eid folgendes berichtete... (Siehe die Wiedergabe des Protokolls der kirchlichen Synode Seite XVII ff.)

1642 wurde das erworbene Bildchen vom Pfarrer von Kevelaer in den inzwischen erbauten Bildstock gebracht. Der sofort einsetzende Pilgerstrom wuchs von Tag zu Tag. Schon drei Jahre später wurde der Bau einer Wallfahrtskirche, der heutigen Kerzenkapelle, vollendet. Hendrick Busman, der 1649 starb, erlebte es noch, daß diese Kirche vom Gebet und Gesang vieler Wallfahrer erfüllt war. Wieder einige Jahre später wurde um das Heiligenhäuschen die jetzige Gnadenkapelle gebaut. Heute ist die Wallfahrt zur Trösterin der Betrübten aus Nordwestdeutschland, Holland, Belgien und Luxemburg eine der größten Deutschlands.

Andachtsbild vom Kevelaere Gnadenbild, mit dichterische Wort geschmückt. Venlo/Geldern 1769

Blumenschmuck im Gewölbe der Gnadenkapelle Kevelaer, ntwurf von Friedrich Stummel

Das kleine Gnadenbild zeigt Maria mit weitem Mantel. Das Jesuskind auf ihrem linken Arm trägt Krone und Weltkugel. In ihrer Rechten trägt Maria ein Zepter, auf ihrem Haupt eine Sternenkrone. Im Hintergrund ist die Stadt Luxemburg angedeutet. Ein Spruchband am oberen Rand des Bildes trägt die Inschrift: „Consolatrix Afflictorum ora pro nobis" – Trösterin der Betrübten, bitte für uns.

Wie ist es zu erklären, daß dieses ganz unscheinbare Wallfahrtsbildchen, nicht größer als eine Postkarte, solche Bewegung ausgelöst hat, die nun durch 350 Jahre anhält? Ich glaube, es ist der Name, der hier der Gottesmutter gegeben ist: Trösterin der Betrübten!

Gewiß wird an dieser Wallfahrtsstätte Maria von den Pilgern empfunden als die mütterliche Frau. Unter ihrem weiten Schutzmantel bergen sich die Menschen in ihren Nöten. In der Zeit, in der dieses Bild aufgestellt wurde, in der Zeit des 30jährigen Krieges, entstand das Lied: „Maria, breit den Mantel aus, mach Schirm und Schild für uns daraus, laß uns darunter sicher stehn, bis alle Stürm vorübergehen, Patronin voller Güte, uns allezeit behüte."

Und gewiß ist es so, daß hier Urgegebenheiten des Menschlichen mitschwingen: alle Welt ruft in der Not: Mutter!

„Trösterin der Betrübten": in der Betrübnis, in Leid und Traurigkeit ist das Herz aufgetan. Aber warum geht man denn an einen bestimmten Ort, den Trost zu suchen? Ist es, weil man in der Gemeinschaft vieler anderer ist und man also getragen ist vom gemeinsamen Glauben? Gehört es nicht zum Menschlichen, daß sich Freude und Leid an bestimmte Orte binden? Die Dichterin Marie-Luise Kaschnitz nennt ein Erinnerungsbuch ihres Lebens „Orte"! Gibt es nicht Orte, die durch Ereignisse und das Gedenken der Menschen, das sich damit verbindet, eine Atmosphäre von „Geschichtsträchtigkeit" bekommen? Wieviel mehr aber gilt das von Orten, an denen der Glaube in der Geschichte mit Gott sich in besonderer Weise verdichtet hat und verdichtet. Es gibt heilige Orte! Erhart Kästner schreibt einmal in einem Griechenlandbuch: „Ein besungener Berg ist für Zeit und Ewigkeit schöner als einer, den niemand besang, und ein bedichtetes Tal und ein Fluß wird für immer aufglänzen, so wie ein geliebter Mensch schöner ist als ein ungeliebter sein kann." Wieviel mehr gilt das von einem Ort, an dem durch Jahrhunderte hindurch ungezählte Menschen sich versammelt haben zum Gebet, zum Glauben, zum Hoffen! Solche Orte, an denen das Handeln Gottes in besonderer Weise erfahren wurde, strahlen für den Glaubenden etwas kaum Aussagbares aus an Geborgenheit, Nähe, Heimat.

Und zu diesem Orthaften gehört das andere Sinnenhafte katholischer Glaubenspraxis, genährt von urreligiösen Impulsen: das Hinwandern zum heiligen Ort, manchmal mit Ermüdungen und Strapazen; am ersehnten Ziel das Hinknien am Gnadenort; das Anschauen des Bildes, nicht mit dem Blick der Neugier oder der Ästhetik, sondern mit dem Blick des Glaubens und Hoffens; das Anzünden einer Kerze neben den vielen anderen brennenden Kerzen, die andere Beter vor mir dort entzündet haben . . . Der ganze Mensch mit allem Sinnenhaften ist einbezogen in dieses gläubige Tun.

Nun könnte jemand einwenden: Ist da nicht die Gefahr, daß das Eigentliche christlichen Glaubens verdeckt wird in äußerlichem Tun? In religiösen Gebräuchen, wie es sie auch in heidnischem und außerchristlichem Brauchtum gibt? Gewiß kann diese Gefahr bestehen. Aber so, wie die leibliche Gebärde die Verwandlung des Inneren erwecken kann, so können auch die sinnenhaften Zeichen helfen, das Wesentliche zu erwecken und erleben zu lassen! Der ganze Mensch betet! –

„Trösterin der Betrübten" – worin besteht der Trost! Zunächst: der Pilger, der zu diesem Gnadenbild geht, weiß, daß Maria selbst gelitten hat. Und nur, wer selbst gelitten hat, weiß, was Leid ist. Ja, Maria ist bis auf den Grund des Leids gekommen: Sie hat die Kreuzigung ihres Sohnes mitansehen müssen! Sie hat erfahren müssen, daß das Schwert der Schmerzen ihr Herz durchbohrte.

Aber Maria hat auch *den* Trost erfahren dürfen: Ostern! Auferstehung ihres Sohnes aus dem Tod!

Gebet in der Gnadenkapelle

So kann sie wahrhaft Trösterin der Betrübten werden. Noch einmal: worin besteht der Trost? Über dem Gnadenbild steht in lateinischer Sprache: Consolatrix Afflictorum. Ich habe einmal gehört, daß in dem lateinischen Wort Consolatrix – Trösterin – die mittlere Silbe von sol = die Sonne stamme. Ich weiß nicht, ob diese alte Deutung haltbar ist, aber schön und sinnvoll ist sie doch. Daß das Trösten etwas mit der Sonne, dem Licht der Sonne zu tun hat. Die Sonne als Urbild des Trostes. Denn das erfahren wir ja alle immer wieder, wie die Sonne unser Gemüt aufhellen und die Schatten der Traurigkeit vertreiben kann. *Die* Sonne aber, die hier, bei Maria, gemeint ist, ist der wahre sol invictus, die siegreiche Sonne, die Christus der Auferstandene ist: diese Sonne ist der Trost. Auf diesen Trost verweist den Betrübten die Trösterin der Betrübten.

Wie oft kann man es erleben, daß Menschen mit einem schweren Gebrechen, mit einem bedrückenden Leid nach Kevelaer oder nach Lourdes pilgern. Vielleicht erhoffen sie so etwas wie ein Wunder, daß das Gebrechen von ihnen genommen wird, daß sie geheilt werden. Und es geschieht nicht. Und doch gehen sie getröstet weg. Ein alter, fast 80-jähriger Priester, der, von heftigen rheumatischen Schmerzen geplagt, jahrelang an den Rollstuhl gebunden war, schrieb in einem Brief: „Das ist der größte Trost, nicht daß das Leid von uns genommen wird, sondern daß es an uns seine Aufgabe erfüllt und wir aus ihm gewinnen, was uns in ihm und durch es zugedacht wurde."

Es gibt ein zwanzig Strophen langes Gedicht von Heinrich Heine mit dem Titel: „Die Wallfahrt nach Kevlaar".[2] Auch darin kommt, wenn auch in verfremdender Gestalt, etwas von *diesem* Trost zum Ausdruck.

Was ist das Tiefste und Letzte, was wir aus dem Trost gewinnen können? Es ist das, was Paulus zuletzt als seinen „Gewinn" erachtet hat: „Christus will ich erkennen und die Macht seiner Auferstehung und die Gemeinschaft mit seinem Leiden; sein Tod soll mich prägen. So hoffe ich, auch zur Auferstehung von den Toten zu gelangen" (Phil 3,10-11). Das ist das Ziel, das er vor Augen hat. Und so endet der Pilgerweg zur Trösterin der Betrübten nicht bei Maria, sondern bei dem, den sie uns zeigt: bei Christus, dem Gekreuzigten und Auferstandenen, *dem* Trost unseres Lebens.

Ich las das Wort[3]: „Du kannst dein Leben nicht verlängern, nicht verbreitern, nur vertiefen." Dieses Vertiefen, diese Tiefe in uns, den Getauften, ist Jesus Christus, der Sohn Mariens. Und wenn in Kevelaer dem Pilger etwas aufgeht von dieser Tiefe seines Lebens, so ist er getröstet in einem Trost, wie ihn nichts anderes geben kann.

Der Wallfahrtsort Kevelaer ist durch den Besuch des Papstes[4] vielen Menschen erneut in den Blick gekommen. Auch der große internationale marianische und mariologische Kongreß[5] im September in Kevelaer wird die Beachtung auf diese niederrheinische Stadt lenken. So wichtig und bedeutsam solche Ereignisse sind: ohne die Begebenheiten in der Verborgenheit der Glaubens- und Herzensgeschichte der Pilger würden diese großen Ereignisse ohne ihr inneres Strahlungszentrum sein. Alles Leben ist Spannungseinheit. So auch hier: das Innen und das Außen bilden die fruchtbare Spannungseinheit, aus der Glaube und Verwandlungskraft erwachsen können.

„Gib Licht uns, das ins Herz eindringt!"

(Gregor der Große)

Die Enzyklika von Papst Johannes Paul II. zum Marianischen Jahr[6], das Pfingsten begonnen hat, endet mit folgenden Sätzen: „Während sich die Kirche zusammen mit der ganzen Menschheit dem Übergang zwischen den zwei Jahrtausenden nähert, nimmt sie von ihrer Seite her mit der ganzen Gemeinschaft der Gläubigen und in Verbindung mit jedem Menschen guten Willens die große Herausforderung an, die in den Worten der marianischen Antiphon vom ‚Volk, das sich müht, vom Fall aufzustehen', enthalten ist, und wendet sich an den Erlöser und seine Mutter zugleich mit der Bitte: ‚Steh uns bei!' Sie erblickt ja die selige Gottesmutter im erlösenden Geheimnis Christi und in ihrem eigenen Geheimnis; sie schaut sie tief in der Geschichte der Menschheit verwurzelt, in der ewigen Berufung des Menschen, und dem Plan, den Gott in seiner Vorsehung von Ewigkeit her für ihn vorherbestimmt hat; sie erblickt sie mütterlich und teilnahmsvoll anwesend bei den vielfältigen und schwierigen Problemen, die heute das Leben der einzelnen, der Familien und der Völker begleiten; sie sieht in ihr die Helferin des christlichen Volkes beim unaufhörlichen Kampf zwischen dem Guten und dem Bösen, damit es nicht ‚falle' oder, wenn gefallen, wieder ‚aufstehe'."

Anmerkungen

1 Geistliches Wort im Westdeutschen Rundfunk, 2. Programm, am 5. Juli 1987.
2 Siehe den Beitrag von J. Heckens: „Gelobt seist du, Marie!"
3 von Gorch Fock (= Hans Kinau)
4 Siehe den Beitrag von G. M. Michel: „Der Besuch Papst Johannes Pauls II. am 2. Mai 1987 in Kevelaer", die Ansprache von Papst Johannes Paul II. in Kevelaer und sein Gebet vor dem Gnadenbild
5 Siehe den Beitrag von G. Rovira: „Mariologie in Kevelaer".
6 Johannes Paul II., Enzyklika „Redemptoris Mater" vom 25. März 1987. Deutsch herausgegeben v. Sekretariat der Deutschen Bischofskonferenz, S. 60 f.

Wilhelm Willms

hymnus auf maria von kevelaer
die trösterin der betrübten

I
auf der seufzerbrücke
dieser welt und zeit
wallen schon seit
eh und je
einzelpilger
und auch
pilgerscharen

angemessen
in dem *kleinen*
tempel
im SCHATTEN der
BASILIKA
wo ich die
kapelle sah
mitten auf dem
sternplatz
als zufluchtsstätte
klagemauer
all der vielen
pilgerscharen

ein schneckenhaus
ist dieser ORT
da ziehen Menschen
von weither
hinein –

heraus
wie wenn sie dort
verwandelt in der
stille
in froher dankbarkeit
wie neu geboren
ziehn nach haus

die trösterin
hört seufzer
aus den herzen
steigen
tränen sieht sie
aus den augen
quillen
ohne worte
geht das beten:
laß geschehen
was geschieht
laß geschehen
deinen
nein – nicht meinen
willen
hat man dies
gelernt
beim pilgern –
bringt ein
langer weg
dahin . .
wenn doch vorher
schwer verhüllt
sich im gehn
ent-
hüllt
der sinn

sinn-leer war
das leben fast
in den tagen
voller hast
sinn-voll leichter
geht mein weg
durch die zeit
die vor mir liegt

du trösterin hörst
zu
wie kaum ein mensch
noch
hörend
sich einem andern
menschen
öffnen kann

dein schweigend
hören
ist der RAUM
in dem vor dir
verweilend
ich so mein leben
als lebenswerter
neu gewann

hier sind
so viele tränen
aufbewahrt
als perlen
großer dankbarkeit
hier
haben unbekannte
pilger
von ihrer NOT
hier-hin gelenkt
ihr kostbarstes
als dank an dich
still
aufgehängt

von weit-her
komme ich allein
zu dir
und keiner weiß
warum
ich weiß es oft
auch selber nicht
doch treibt
mich was
voll zuversicht
so
bin ich
hier
bei DIR

du schaust
mich an

Andachtsbild S. Maria Kevelaer, 17. Jahrhundert

so mütterlich
dein kleiner sohn –
du BIST SEIN thron
von DEM
der alles trägt

er lächelt so
wie wenn er weiß
warum
ich komm hier-her

nun
kehr ich heim
nicht mehr
so schwer
ist mir

mein pilgerweg
zurück
seit ich
nun weiß
daß DU
von meinem
hiersein
bist bewegt
und auch
von DEM
was ich
als seufzer dir
ans herz gelegt

wilhelm willms
kirchberg

II
maria
dein sohn
du bist
sein thron
du mutter
und pieta

du stellst
IHN
uns vor
trittst
so zurück
du warst
vor IHM
und doch
IST
ER
vor dir

die zeit
ist aufge-
hoben
hier
wird
das unten
oben
hier wird
das kleine
groß
du bist
hinein-
gesogen
in gottes
zeitenlosen
schoß

In der Gnadenkapelle

III
maria
trösterin
du lehrst uns tragen
was vor der welt
untragbar ist

ich weiß
ich werd allein
versagen
wie jeder denkt
wie jeder meint

doch als ich wagt
zu tragen
was mir da auferlegt
da hat in mir
sich eine andre
kraft geregt

so geht es
wenn ich geh
den weg
den ich gerufen
bin zu gehen
und aller schmerz
– ich weiß –
sind wehen

die neugeburten
gehn voran

so ist
mein pilgerweg
auf erden
ein weg
den ich nicht
selbst ersann

im gehen
werd ich unterwegs
so immer wieder
neu geboren
und was ich da
verlier - - -
das hab ich
wahrlich
nicht verloren.

IV
oh gott
oh wunder

was es
an schönem
zu erzählen
gibt
das ist
mein wunder
das
mich
liebt

erscheint
es doch
als goldner
überfluß
in all
dem vielen
das ich
muß

dies
muß ich
dir erzählen
große mutter
die DU
der schoß
der ganzen
welt
obwohl
dein kleiner
sohn
von dir
getragen
die ganze welt
in händen
hält

oh wunder
über wunder
erzählt
mein pilgerweg
ich kann
es nicht
für mich behalten
was mich
im innersten
be-wegt

oh wunder
über wunder
das aus dem
rahmen
fällt
in einer welt
in der
doch allzu viel
der bloße
rahmen zählt

auf wunden folgen
wunder

Heinrich Maria Janssen

Pilgerschaft - Begegnung mit Gott

Wallfahrt ist lebendige Seelsorge

In der Gnadenkapelle der „Consolatrix Afflictorum" in Kevelaer sind die drei Weisen aus dem Morgenland im Bilde festgehalten. Damit ist auf ihr Beispiel für die Wallfahrt hingewiesen; denn die heiligen Drei – mögen sie nun Könige, Magier oder Sterndeuter gewesen sein – waren jedenfalls die ersten, die sich als Pilger nach Bethlehem auf den Weg machten, Christus zu huldigen und Maria zu verehren. „Wir haben seinen Stern aufgehen sehen und sind gekommen" (Mt 2,2). Von Gott waren sie gerufen und gedrängt worden, sich aufzumachen, keine Mühsal zu scheuen und jede Last auf sich zu nehmen. So kann man denn auch verstehen, welches Gefühl sie bewegte, als sie über der Geburtsstätte des Herrn den Stern wiederfanden, der ihren Blicken auf dem langen Weg entschwunden war: „Sie wurden von sehr großer Freude erfüllt" (Mt 2,10).

Alle Pilger empfinden es ähnlich, wenn sie, oft erschöpft, das Ziel ihrer Pilgerfahrt erreicht haben. Und alle Pilger machen die Erfahrung, wie es im Liede heißt:

„Wir sind nur Gast auf Erden
und wandern ohne Ruh
mit mancherlei Beschwerden
der ewigen Heimat zu."

Die ersten Wallfahrer des Neuen Testamentes, die drei Weisen in Bethlehem, Bronzerelief von Edmund Renard in der Gnadenkapelle Kevelaer

Das Zweite Vatikanische Konzil hat die Kirche als „pilgerndes Gottesvolk" herausgestellt. Im Hochgebet der heiligen Messe beten wir: „Bis ans Ende der Zeit versammelst du dir ein Volk, damit deinem Namen das reine Opfer dargebracht werde vom Aufgang der Sonne bis zum Untergang." Wallfahrten sind Bild und Gleichnis unserer Pilgerschaft in und mit dem Gottesvolk. Pilgerstätten und Pilgerwege gehören in die Mitte kirchlichen Tuns. Deswegen steht das Wallfahrtswesen nicht am Rande der Seelsorge. Im Gegenteil! Das Pilgern bietet eine ausgezeichnete Art lebendiger Seelsorge und bleibt eine bis auf den heutigen Tag hervorragende pastorale Möglichkeit und Aufgabe.

Mit der Kirche pilgern

„Solange wir auf Erden in Pilgerschaft sind" (Dogmatische Konstitution „Lumen gentium"), bleiben wir jener lebendigen Kraft der Kirche verbunden, die auf die Ausbreitung der Kirche drängt. Der missionarische Charakter der Kirche, der für sie wesentlich ist, läßt sie immer wieder aufbrechen, sich ausbreiten, um Zeugnis abzulegen „vom einzigen Mittler Christus". Sein Wort und seine Weisung halten die Kirche *stets in Bewegung*. „Mir ist alle Macht gegeben im Himmel und auf der Erde. Darum *geht* zu allen Völkern" (Mt 28, 18–19). Dieses Wort, zunächst zu den Aposteln gesprochen, richtet sich an die Gemeinschaft der Gläubigen. „Ihr werdet meine Zeugen sein in Jerusalem . . . bis an die Grenzen der Erde!" (Apg 1,8). Der Stifter der Kirche wollte sie nicht an einem Ort festmachen. Sie sollte über Jerusalem hinausgehen. Daß die Kirche pilgerndes Gottesvolk ist, gründet in diesem missionarischen Befehl Jesu.

Gehen, immer wieder gehen! In jeder Wallfahrt steckt das Element des Gehens. Jahrhunderte hindurch waren nur Fußwallfahrten üblich. Es gab Handelsstraßen, aber ebenso viele Pilgerwege für fromme Wallfahrten. Von Pilgerstätte zu Pilgerstätte zogen die Wallfahrer quer durch Europa. Wochen- und monatelang waren sie unterwegs zu weltbekannten Pilgerzielen wie Trier, Aachen, Köln, Einsiedeln, Rom oder Santiago de Compostela. In fast allen größeren Orten gab es Pilgerheime für Zwischenaufenthalte.

Die Wallfahrten der alten und mittelalterlichen Kirche waren nicht ungefährlich, weil nicht selten Räuber die Pilger überfielen. Deswegen gab es eigene Schutzbriefe. Geistliche und weltliche Obrigkeiten stellten sie aus. Im hohen Mittelalter kann man von großen *Wallfahrtsbewegungen* sprechen. Vom Stil der Wallfahrten jener Zeit können wir uns heute kaum ein rechtes Bild machen.

Die neuzeitlichen Verkehrsmittel haben einen ganz neuen Pilgerstil gebracht und die Wallfahrten oft in die Nähe des Tourismus gerückt. Dadurch wurde das Wesen der Wallfahrt manchmal verdeckt und entartete hier und da sogar. Doch bieten die touristischen Verkehrsmittel andererseits ganz neue Möglichkeiten für die Pilgerseelsorge. In einem Autobus oder in den Wagenabteilen eines Pilgerzuges können sich leicht Gebetsgruppen bilden. Der ganze Pilgerzug kann sogar durch eine Lautsprecheranlage zu einer großen Gebetsgemeinschaft werden. Dabei kann man die Erfahrung machen, daß überall dort, wo ein religiös-pastorales

Bischof Heinrich Maria Janssen von Hildesheim in Kevelaer

Programm den Ablauf der Pilgerfahrt bestimmt, viel Segen in Gebet und Meditation erfahren wird. Solche Wallfahrten wirken wie Einkehrtage, ja Exerzitien. Sie sind geistliche Erlebnisse eigener Prägung.

Wer sich heute ernsthaft auf Pilgerschaft begibt, vollzieht damit einen bewußten Akt der *Christusnachfolge*. Der Herr sagt von sich selbst, daß sein Weg in diese Welt, durch diese Welt und aus dieser Welt ein Pilgerweg gewesen ist. „Vom Vater bin ich ausgegangen und in die Welt gekommen; ich verlasse die Welt wieder und gehe zum Vater" (Joh 16,28). Dieses Wort muß jeden erfüllen, der als Pilger sich aufmacht: Er muß um den Ausgang seines Weges wissen, um den, der ihn aussendet und der ihn begleitet. Wallfahrten sind Gotteswege. Sie führen zu Gnadenstätten, zu Zielen, an denen Gott den Erweis seiner Gnade und seiner Hilfe durch besondere Gebetserhörungen erbracht hat.

Wer pilgert, ist nicht nur von Gott aus, sondern zu Gott hin unterwegs. Auch wenn der Gnadenort den Namen Unserer Lieben Frau trägt wie in Fatima, Lourdes und Kevelaer, oder die Namen großer Heiliger wie in Rom, Assisi und Santiago de Compostela – um nur einige zu nennen –, so ist das letzte Ziel der Pilgerschaft doch Gott, Begegnung mit ihm, Aussöhnung mit ihm und neue Geborgenheit in seiner Liebe. Was das Konzil von der Kirche sagt, gilt auch für die Wallfahrt: „Sie geht immerfort den Weg der Buße und der Erneuerung" (Lumen gentium).

Gebet und Wallfahrt

Das Gebet ist die Seele jeder Wallfahrt, und zwar das individuelle ebenso wie das Gemeinschaftsgebet. Viele Gläubige, die in ihrem Gebetsleben müde geworden sind oder meinen, nicht mehr richtig beten zu können,

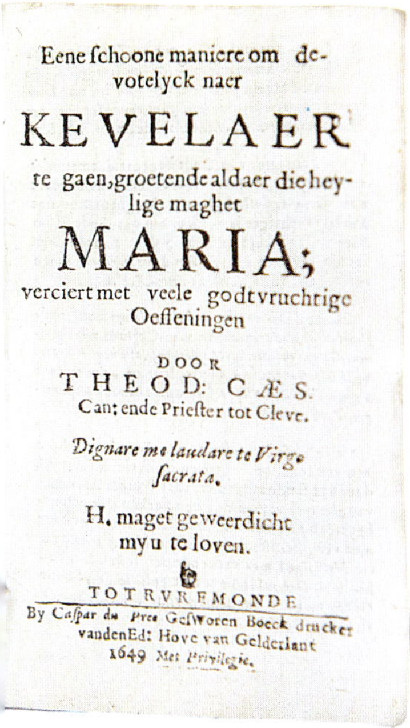

Eene schoone maniere om devotelyck naer
KEVELAER
te gaen, groetende aldaer die heylige maghet
MARIA;
verciert met veele godtvruchtige Oeffeningen
DOOR
THEOD: CÆS.
Can: ende Priester tot Cleve.
Dignare me laudare te Virgo sacrata.
H. maget geweerdicht myu te loven.
TOT RVREMONDE
By Caspar du Pree Geswooren Boeck drucker vanden Ed: Hove van Gelderlant
1649 Met Privilegie.

Titelblatt des ältesten Gebetbuches der Kevelaer-Wallfahrt von Theodor Caesar, Priester zu Cleve, Roermond 1649

werden oft vom gemeinschaftlichen Gebet bei der Wallfahrt zutiefst ergriffen. Sie werden wieder frohe Beter. Das Gebet entzündet Herzen, und der Heilige Geist kann darin den Glauben wieder lebendig werden lassen. Auf diese Weise werden Wallfahrtstage zu *Glaubenstagen* – auch in dem Sinn, daß Glaube unter den Pilgern weitergeschenkt wird. Zum lebendigen Glauben gehört ja immer die Möglichkeit, ihn weitergeben zu können. Die „ansteckende" und verbindende Wirkung von Beten und Glauben in Gemeinschaft ist eine christliche Urerfahrung. Und da solche Erfahrung immer wieder gemacht wird, gibt es auch immer wieder und zu allen Zeiten Wallfahrts- und Pilgerreisen. Als im Zeitalter des Josephinismus und des Nationalsozialismus die Wallfahrten mit Gewalt durch den Staat unterbunden wurden, gingen sie damit doch nicht unter. Kaum war die Diktatur gebrochen, blühten sie rasch wieder auf. So tief sitzt das Wallfahrtswesen im Herzen der Menschen!

Die gute pastorale Vorbereitung auf eine Wallfahrt macht eine Auswahl der Gebete notwendig. Dabei sollte man sich nicht scheuen, auch altgewohnte Gebete zu nehmen. Derjenige, in dessen Herz das Beten verschüttet ist, erinnert sich meist doch an bestimmte Gebete aus der Kindheit.

Zu jeder Wallfahrt gehört das *Rosenkranzgebet*. Auch wenn viele Menschen jüngerer Generation das Rosenkranzgebet nicht mehr recht kennen, sollte man es in der Gemeinschaft der Pilger bewußt pflegen und geistliche Anleitungen zum Inhalt der Betrachtungen geben. Im Grunde ist ja das Rosenkranzgebet ein Christusgebet. Es lädt dazu ein, das Leben Jesu zu betrachten und im wiederholten „Ave" sein Erlösungswerk zu

imon von Cyrene hilft Jesus, das Kreuz zu tragen. Kreuzweg von Hans Dinnendahl in der Pax-Christi-Kapelle Kevelaer

bedenken, das sich in der Menschwerdung, in Tod und Auferstehung vollzieht.

Eine beliebte Form volkstümlichen Betens während der Wallfahrt ist auch das Betrachten der Kreuzwegstationen. Deswegen sollte man bei jeder Wallfahrt auch die Zeit für das gemeinsame *Kreuzweggebet* einplanen.

Rosenkranz und Kreuzweg können auf volkstümliche Weise Zugang zur Heiligen Schrift vermitteln. Der Seelsorger muß nur immer den Zusammenhang sehen und die Gläubigen bewußt in diesen Zusammenhang einführen. Es steht uns heute ja eine größere Glaubensliteratur zur Vertiefung dieses Zusammenhangs zur Verfügung. Deswegen wird man unseren Gläubigen sagen dürfen: Nehmt euch täglich eine halbe Stunde Zeit zur Glaubensbetrachtung und vertieft damit euer Glaubensleben! Bemüht euch wie Maria, „alle Geschehnisse zu bewahren und im Herzen zu erwägen" (Lk 2,19).

In unserer Zeit wird oft die Frage laut, ob Jugend und junge Generation noch einen Zugang zur Wallfahrt hätten. Die Frage muß man bejahen, wie die Erfahrung lehrt. Aber natürlich suchen jüngere Menschen nach neuem Wallfahrtsstil und neuer Pilgerform: Fußwallfahrten werden wieder stärker bevorzugt; Wallfahrten mit Gesprächsgruppen und „Meditationsübungen unterwegs" werden gewünscht; ein sehr schlichter, manchmal aszetisch harter Lebensstil wird praktiziert. In einigen Diözesen pilgern sogar Bischöfe mit der Jugend in kleinen Gruppen.

Von entscheidender Bedeutung für den pastoralen Erfolg einer Wallfahrt ist die gläubige Gesinnung der Teilnehmer. In den Herzen der Pilgernden müssen der Geist der Buße und der Umkehr und eine echte Erlösungsbedürftigkeit geweckt werden. Der begleitende Priester spielt bei einer recht geführten Wallfahrt für die Teilnehmer eine große Rolle. Er muß in erster Linie darauf bedacht sein, daß die Pilgergruppe religiös angesprochen und geformt wird. Das ist in unserer säkularisierten Zeit nicht immer leicht. Aber diese pastorale Möglichkeit muß unbedingt genutzt werden. Darum brauchen mehrtägige Pilgerfahrten auch *in jedem Fall die priesterliche Begleitung* und eine klare religiöse, pastorale Zielvorgabe. Dann kann eine Wallfahrt zur tiefen Erfahrung der pilgernden Kirche werden, die immer unterwegs ist zum Ziel aller Wege, zu dem in der Herrlichkeit mit seinen Heiligen vereinten Christus. Der Weg zu einer Gnadenstätte ist jedesmal wie der Weg zu einer Statio, an der wir Christus begegnen und durch die Fürbitte der Heiligen neu gerüstet werden für die Pilgerstrecke zum letzten Ziel: Mit Christus in der Herrlichkeit des Vaters.

Das Sakrament der Buße

Noch in den dreißiger Jahren unseres Jahrhunderts spielte bei den Wallfahrten – meist in Verbindung mit der Möglichkeit, einen vollkommenen Ablaß zu gewinnen – das Sakrament der Buße eine größere Rolle, als das heute der Fall ist. Es galt die „Goldene Regel" jeder Wallfahrt: „Besuch der Wallfahrtsstätte, Empfang der Sakramente der Buße und des Altares, Gebet in der Meinung des Heiligen Vaters!" Als pastorale Forde-

Portal der Beichtkapelle in Kevelaer von Roland Friederichsen, gestaltet nach dem Wort des Bischofs Ambrosius von Mailand: „Es gibt nicht nur das Wasser der Taufe, sondern auch die Tränen der Buße."

rung hat sich auch nichts daran geändert, nur in der Praxis kann man heute feststellen, daß viele Pilger meinen, man könne auf die persönliche Beichte verzichten. Die Beichte tritt, wie in vielen Gemeinden, in den Hintergrund zugunsten anderer Formen der Buße. Doch es gehört zum Glauben der Kirche, daß die persönliche Beichte von eigenem Wert ist. Da mögen sich manche Formen in der Beichtpraxis verändert haben, aber das Sakrament der Buße bleibt eine große Quelle der Gnade. Papst Johannes Paul II. weist bei seinen missionarischen Weltreisen – er ist übrigens ein Pilger eigener Art – immer wieder darauf hin. In der Beichte geht es darum, dem Ruf Christi zu folgen: „Kehrt um, und glaubt an das Evangelium!" (Mk 1,15). Wer dieses Sakrament in Reue und Demut empfängt, darf die frohe Botschaft von der Vergebung seiner Sünden durch die Lossprechung des Priesters vernehmen und richtet sich neu auf den vergebenden Gott aus.

Deswegen sollte die Hinführung zum Bußsakrament und *ausreichende Beichtgelegenheit* zu jedem religiösen Programm einer Pilgerfahrt gehören. Bei den großen Pilgerfahrten mit den oft langen Strecken, wie bei Wallfahrten mit der Eisenbahn nach Rom, Assisi, Lourdes und Fatima, können die Pilger in einer eigenen Ansprache und Betrachtung zur heiligen Beichte angeleitet werden. Die mitpilgernden Priester können in eigenen „Beichtabteilen" die Beichte hören. Das wird, wie die Erfahrung zeigt, gut angenommen und kann möglicherweise die kirchliche Beichtpraxis auch in den Gemeinden erneuern. Sorgfältig geübte Beichtpastoral wirkt sich nicht selten auf die religiöse Atmosphäre der

Brunnenhof vor der Beichtkapelle. „Gottes Gnade strömt immer."

Wallfahrer aus. Man spürt zunehmend geistliche Freude. Die Gläubigen fühlen sich von Gott geliebt, und sie werden ihres Glaubens froh an den Gott, der den Menschen sich offenbart und geschenkt hat als der erlösende, sich erbarmende Gott, der als „Güte und Menschenfreundlichkeit" der Welt erschienen ist. Damit ist ein wesentliches Ziel der Wallfahrt erreicht. Die „Freude in Gott", wie Maria sie im Magnifikat nennt, ist dann auch das beste Glaubenszeugnis, das Christen in einer dem Glauben fern gewordenen Welt geben können.

Stab und Mitra von Bischof Heinrich Maria Janssen, Geschenk der Stadt Kevelaer und der Gemeinde St. Marien zur Ernennung des Dechanten von Kevelaer zum Bischof von Hildesheim

Zum Schluß noch ein persönliches Wort: Nach dem Zweiten Weltkrieg bin ich sieben Jahre Seelsorger und Leiter der Wallfahrt in Kevelaer gewesen. Das Erleben der großen betenden Pilgerscharen hat mich stets neu beeindruckt. Aber die Erfahrung von Leid und innerer Not, die Verstrickung in Schuld und dazu das ehrliche Suchen und Ringen eines jeden Pilgers um Frieden mit Gott und Neuausrichtung seines Lebens auf Gott – diese Beobachtungen haben uns Seelsorger immer wieder zutiefst davon überzeugt: Pilgerschaft ist ein wesentlicher Teil unseres Christenlebens; und das Erleben einer Wallfahrt muß zu einer tiefen Gotteserfahrung werden. Das Erleben einer Wallfahrt, das Beten in Gemeinschaft, das Bekenntnis des Glaubens voreinander und miteinander, die Begegnung mit gläubigen, betenden Menschen aus anderen Regionen und Ländern, auch die Erfahrung von Leid, Krankheit und Not der anderen Pilger werden zu einem ungemein stärkenden und trostbringenden Erlebnis, das vertrauensvolles Beten fördert und die Bereitschaft zum Tragen des eigenen Kreuzes stärkt. So wird das Kreuz bei jeder Pilgerfahrt letztendlich zum Zeichen des Heiles! Deswegen weht über allen Wallfahrtsorten, auch über Kevelaer, das Banner des Kreuzes als Siegeszeichen: „Vexilla regis prodeunt!“

Möge das Banner des Kreuzes noch lange und immer wieder Pilgerinnen und Pilger nach Kevelaer zur Trösterin der Betrübten führen. „Sei gegrüßt, du unsere Hoffnung!“

(Nach einem unvollendeten Manuskript aus dem Nachlaß des Bischofs [† 7. Oktober 1988] bearbeitet von Franz Josef Wothe.)

Heinrich Bischof

Wallfahrt im Leben einer Pfarrgemeinde

Wiederbelebung einer alten Tradition

Die jährliche Kevelaerwallfahrt hat sich in den letzten Jahren für unsere Gemeinde St. Johannes der Täufer in Kirchhellen (Bottrop 2) zu *dem* Höhepunkt im Kirchenjahr herausgebildet.

Heute machen sich ca. 1000 Gemeindeglieder, das sind 12,5% aller Pfarrangehörigen und etwa 50% der regelmäßigen Kirchbesucher, auf den 65 km langen Weg nach Kevelaer.

Die Kevelaerwallfahrt hat in Kirchhellen eine lange Tradition. Seit 1784 pilgern Gläubige zum Gnadenbild der Trösterin der Betrübten.

Von einer „Pfarr"-wallfahrt im eigentlichen Sinne konnte man aber 1982 nicht mehr sprechen. Überwiegend ältere Menschen fuhren mit den Bussen zum Wallfahrtsort, gegen Ende der siebziger Jahre besetzten sie gerade noch 1 1/2 Busse.

Wie aber aus dieser traditionsreichen Wallfahrt eine Wallfahrt der Pfarrgemeinde machen, deren Teilnehmer die gesamte Gemeinde widerspiegeln?

Um jüngere Gemeindeglieder zu interessieren, boten wir 1982 erstmals eine Radwallfahrt an. Auf Anhieb nahmen etwa 200 daran teil. Gleichzeitig stieg die Zahl der Buspilger stark an: 4 Busse waren besetzt. 1983 wagte sich dann die erste Fußpilgergruppe (56 Teilnehmer) auf den Weg. Während die Zahl der Rad- und Buspilger in den folgenden Jahren in etwa konstant blieb, stieg die Zahl der Fußpilger ständig an. Im Jahr 1990 waren es annähernd 300 Teilnehmer.

Es ist vor allem das Erlebnis einer großen lebendigen Gemeinde und die Erfahrung des positiven Miteinanders, die Teilnehmer am Ende einer Wallfahrt sagen läßt: „Im nächsten Jahr bin ich wieder mit dabei!"

Bei der Planung war uns vor allem wichtig, daß alle Pilgergruppen gemeinsam in Kevelaer einziehen und auch gemeinsam wieder zuhause ankommen, um dort mit den Angehörigen, welche die Pilger abholen, in der Pfarrkirche den feierlichen Abschluß zu erleben.

Das bedingt natürlich einen großen technischen Aufwand vor allem für die Radpilger. Die Fahrräder werden mit Lastwagen zurückgebracht. Alle Teilnehmer kehren mit Bussen nach Kirchhellen zurück.

Frage des Termins

Selbst kirchliche Hochfeste –Weihnachten und Ostern – können heute schon nicht mehr die Gemeinde so zusammenführen und einen solchen Erlebniswert vermitteln wie die Pfarrwallfahrt.

Viele Familien, auch die, welche das Pfarrleben entscheidend mittragen, nutzen die Schulferien zu den Festtagen aus, um zu verreisen. An Ostern steht uns z. B. für die Liturgie nur ein Teil der Meßdiener zur Verfügung.

Fußwallfahrer der Gemeinde St. Johannes der Täufer aus Bottrop-Kirchhellen unterwegs nach Kevelaer

Deshalb nehmen wir bei der Terminplanung Rücksicht auf die Sommerferienregelung. Sorgfältig achten wir darauf, ein Wochenende zu wählen, an dem der Samstag schulfrei ist, damit möglichst viele teilnehmen können.

Motivationen

So vielfältig die Teilnehmerschar, so vielschichtig ist auch die Motivation, teilzunehmen. Bei einigen ist es das Gnadenbild der Trösterin der Betrübten, vor dem sie im Gebet ihre persönlichen Anliegen aussprechen möchten. Da nimmt die Freundin oder der Freund teil oder da ist die Gruppe, die einzelne mitzieht. (In den seltensten Fällen melden sich Einzelpersonen.) Sportliche Herausforderung, „mal sehn, was ich noch schaffe", bei Fuß- und Radpilgern. Nachdenklich kann die Äußerung eines Teilnehmers stimmen: „Meinen Arbeitskollegen darf ich nicht erzählen, daß ich sonntags zur Kirche gehe. Dann fallen sie über mich her. Aber daß ich zu Fuß nach Kevelaer pilgere, kann ich beruhigt sagen. Das nötigt ihnen Respekt vor der körperlichen Leistung ab".

Allen Teilnehmern dürfte die Erfahrung einer lebendigen Gemeinschaft ein wichtiger Aspekt sein.

Gemeinschaftserlebnis

Kirchhellen ist schon lange nicht mehr der beschauliche kleine Ort, in dem jeder jeden kennt, wo man zur Kirche geht, dies oder jenes tut oder läßt.

Die Einwohnerzahl hat sich seit dem Krieg verdoppelt. Viele junge Familien sind aufgrund der zahlreichen Neubauten zugezogen. Die Pfarrei ist mit ihren etwa 8000 Katholiken für viele ein großes, nicht überschaubares Gebilde geworden. Dank der aktiven Verbände, der vielfälti-

gen Aktivitäten so mancher Gruppen, der vielen funktionierenden Nachbarschaften, sind immer noch sehr viele in kleineren und größeren Gemeinschaften beheimatet. Die Vielfalt macht es aber auch schwer, die Gemeinde als große Gemeinschaft zu erfahren. Vieles läuft aneinander vorbei. Selbst die sonntägliche Liturgiefeier kann dieses kaum leisten. „Ich erfahre hier zu wenig Gemeinschaft." Eine Klage, die nicht selten zu hören ist. Mit dieser Klage einher ist zu beobachten der Trend des Rückzugs ins Private, das Suchen nach kleinen überschaubaren „Kuschel"-gruppen, in denen man sich wohlfühlt.

Das ist nicht verwunderlich in unserer modernen Industriegesellschaft. Wo trifft der Arbeiter noch den Angestellten, der Bedienstete den Chef? Was weiß ich von meinem Nachbarn, der täglich irgendwohin zur Arbeit fährt? Wer kann schon seinen Teil bei der heutigen Kompliziertheit als wesentlichen Beitrag an einem großen Ganzen entdecken?

Hier aber, bei der Wallfahrt, ist es direkt erfahrbar: *Gemeinsam sind wir unterwegs und haben ein Ziel.* Das erfahren alle, Bus-, Rad- und Fußpilger, letztere Gruppe sicherlich am intensivsten.

Was sich da bereits in der Vorbereitungszeit alles tut, lassen die folgenden Schlaglichter nur erahnen: Da verzeichnen die Apotheken einen Rekordumsatz an „Kevelaerdiesel" (Franzbranntwein), da kommt der Fahrradhändler kaum seiner Arbeit nach (spätestens 14 Tage vorher kursiert das Motto: „Leute, macht die Räder klar, denn wir fahrn nach Kevelaer!"), da kann man schon im Morgengrauen oder spät am Abend in der Heide Wanderer sehen, die sonst nur hinter dem Steuer sitzen . . .

Heraus aus dem täglichen Einerlei. Aufbruchstimmung. Nur nicht verschlafen! Heraus aus den Federn. Vor dem Morgengrauen! Um 5.00 Uhr: Pilgersegen in der Kirche. Hier treffe ich die anderen. Ebenso schlaftrunken wie ich. Und doch sind alle hellwach, voller Erwartung, bereit, Strapazen auf sich zu nehmen. Menschen, die sich so ganz anders verhalten als die, welche sich einfach treiben lassen, ziellos.

Die Radwallfahrer d
Gemein

Wir haben ein Ziel. Ein Ziel, das uns nicht schlafen läßt. Aber was ist dieses Ziel?

Der Ort Kevelaer? Das Gnadenbild der Trösterin der Betrübten?

Die Eucharistiefeier am Kreuzgang in der Pax-Christi-Kapelle? Das Beten des Kreuzwegs?

Die Mitbringsel: Kevelaerfähnchen, Rosenkranz, geweihte Kerzen?

Das alles. Ja. Aber doch mehr.

Wir werden nach Kirchhellen zurückkommen. Es sind nur vorläufige Ziele, Etappenziele, die uns die Gewißheit geben, daß wir ankommen können.

Vorläufige Ziele, die über sich hinausweisen auf ein letztes, endgültiges Ziel. Ein endgültiges Ziel, an dem ich zur Ruhe kommen kann, wo ich die Erfüllung all meiner Sehnsüchte finde.

as große Thema der Vallfahrt wird an den inzelnen Stationen entfaltet

Wir haben ein Ziel. Nicht unbedingt bewußt. Aber doch eine Ahnung davon. Nicht unbedingt zu beschreiben. Vielleicht auch nur die Neugierde, da ich mit den etwas hilflos wirkenden Worten „Das ist toll, da mußt du einfach mal mitmachen!" geworben wurde. Das anfängliche Erahnen: Das Leben ist mehr! Mehr als ich bisher erfahren habe oder sonst im Alltag erlebe.

Wir haben ein Ziel: IHM zu begegnen. „Unruhig ist unser Herz, bis es ruhet in dir." (Augustinus)

Gemeinsam sind wir unterwegs

Wir brauchen einander. Wer würde sich schon als Einzelner auf den Weg machen? „Allein traute ich mich mit meiner Familie auf Rädern nicht, eine solche Strecke anzugehen. Bei einer Panne wüßte ich mir nicht zu helfen. Hier bin ich sicher."

Die Gemeinschaft schenkt Sicherheit und Geborgenheit: Polizeieskorte, Rotkreuz und Pannenfahrzeug. Keiner bleibt zurück, nur weil er

eine Panne am Rad hat. Auch bei den Fußpilgern muß niemand fürchten, das Ziel nicht zu erreichen, weil er mit seinen Kräften am Ende ist. „Lumpensammler" nennen die Fußpilger schmunzelnd ihr Begleitfahrzeug, das, voll beladen, Verpflegung und Getränke für alle mitführt.

Spätestens in Xanten, hier übernachten die Fußpilger, haben es sich die ersten Pilger gegenseitig eingestanden: „Allein hätte ich schon lange aufgegeben."

Es ist ein gutes Mit- und Füreinander. Der Einzelne macht die Gemeinschaft stark, die Gemeinschaft trägt den Einzelnen.

Die Schwächeren bestimmen das Tempo. Darauf haben die Verantwortlichen zu achten. Pilger, denen das Laufen immer schwerer fällt, werden an die Spitze geführt. Ganz neu erfahren sie hier, was es heißt, Freunde im Rücken zu haben. Das tut jedem gut. Jeder hat schließlich „sein Päckchen zu tragen". Es wird leichter, wenn alle mittragen:

Das *Pilgerkreuz* wird unterwegs von Hand zu Hand weitergereicht. Während der Einzelne es trägt, beten alle in seinen Anliegen das Vater unser, das Ave Maria und das Ehre sei dem Vater.

Das Mittragen beschränkt sich nicht auf die einzelne Pilgergruppe. Die Anliegen der Gemeinde, der Weltkirche etc. werden bewußt mit ins Gebet genommen. Vier Wochen vor der Wallfahrt sind Gemeindeglieder aufgefordert, *Gebetsanliegen* auf einen Zettel zu schreiben und in einen Kasten in der Kirche zu werfen. Fußpilger ziehen vor dem Abmarsch einen Zettel und nehmen das Anliegen mit auf den Weg. (Ein Fußpilger: „Ich war mit meinen Kräften am Ende. Ich wollte schon aufgeben. Aber da war dieser Zettel in meiner Tasche: Beten Sie für ein krebskrankes 19jähriges Mädchen. Ich hab durchgehalten.")

Während der Eucharistiefeier in Kevelaer werden diese Zettel in eine Schale gelegt und verbrannt. An dieser Flamme entzünden wir die *Kerze* mit der Aufschrift St. Johannes d. T. Kirchhellen. Sie brennt in den Anliegen der Pfarrei.

Aus Kevelaer bringen wir eine große Kerze mit nach Hause. Sie trägt die Aufschrift: Für unsere Kranken. Diese *Krankenkerze* steht in der Pfarrkirche in der Nähe der Muttergottesstatue. Bei jedem Gottesdienst brennt sie. Alle, die nicht anwesend sein können, gehören dazu.

Jede Wallfahrt steht unter einem großen *Thema,* das an den einzelnen Stationen entfaltet wird und unseren Blick weitet auf unsere Sendung in Kirche und Welt. (1988: Mit Gottes Geist Partei ergreifen für Leben und Frieden. 1989: Als Christen unterwegs in das Europa 2000. 1990: „Aufbrechen – Neues wagen")

Das Unterwegssein verbindet. Rang, Titel, Positionen spielen plötzlich keine Rolle mehr. Was sonst oft trennend wirkt, Alter, Herkunft, Bildungsgrad, wird nebensächlich. Es drängt sich geradezu die Textstelle aus dem Galaterbrief 3,28 auf: „Es gibt nicht mehr Juden und Griechen, nicht Sklaven und Freie, nicht Mann und Frau; denn ihr seid ‚einer' in Christus Jesus."

Beim Einzug in Kevelaer, wenn sich die Prozession unter den Klängen der Blasmusik in Bewegung setzt, angeführt von den Meßdienern mit Kreuz und Fahnen und den Bannerabordnungen der Verbände, sind alle nur noch Pilger, ob Bankdirektor oder Bauersfrau, ob Schüler oder Lehrer, ob Lehrling oder Meister, ob Sekretärin oder Hilfsarbeiter, ob Kleriker oder Laie, ob Kind, Jugendlicher oder Erwachsener, ob Rad-, Fuß- oder Buspilger, ob mit dem eigenen PKW angereist. Ebenso ist es am Sonntagabend, wenn wir in gleicher Form in die Pfarrkirche einziehen, unwichtig, ob Pilger oder Daheimgebliebener. Wir erfahren, was wir sind: Volk Gottes unterwegs.

Zum Abschluß klingt die Liedstrophe anders als sonst: „Sein wandernd Volk will leiten der Herr in dieser Zeit; er hält am Ziel der Zeiten dort ihm sein Haus bereit. Gott, wir loben dich. Gott, wir preisen dich. O laß im Hause dein uns all geborgen sein." (GL 639,5)

Pfarrwallfahrt nach Kevelaer – Festtag in unserer Gemeinde. Der Alltag kommt schon sehr bald. Was bleibt? Wir sind noch nicht am Ziel, auch nicht als Gemeinde. Aber die Wallfahrt hat etwas aufleuchten lassen. Die gemachten Erfahrungen ermutigen, uns jährlich neu für die Wallfahrt zu engagieren.

Wir möchten die Erfahrungen nicht wieder vergessen. Wir möchten es immer wieder neu auch *erleben, was wir sind:* Volk Gottes unterwegs.

Zur Eucharistiefeier im reuzgang an der Pax-Christi-Kapelle versammelt

Richard Schulte Staade

Allein auf dem Weg nach Kevelaer

Über das ganze Jahr hin wallfahren die Menschen nach Kevelaer, allein zu Fuß oder mit dem Rad, drei Personen im Auto, mit dem Bus des Linienverkehrs oder mit dem Zug. Auch Kradfahrer wiederholen die Wallfahrt nicht selten privat. Der Homo viator ist nicht auf eine bestimmte Weise festgelegt. Lebensweg und Lebensziel weichen oft ungewollt voneinander ab. Am Eingang zum Brunnenhof zwischen der Basilika und dem Priesterhaus ist rechts am Pfeiler in Stein gehauen ein Labyrinth. Nicht selten kann man beobachten, wie Beschauer mit dem Finger diesen Weg des Lebens nachzuzeichnen versuchen. Und mancher hat dabei schon entdeckt, daß es in seinem eigenen Leben schon Strecken gegeben hat, auf denen er seinem Ziel ganz nahe war. Fast schien es schon erreicht, und dann wendete das Schicksal die Richtung, änderte kurz vor dem Ziel den Weg. Ein kleiner Umweg muß in Kauf genommen werden. Aber, man weiß, was man will. Das Ziel ist noch klar, der Vorsatz bleibt. Gerade deshalb aber muß man eine längere Strecke auf dem Weg bleiben. Jetzt aber geschieht es, daß die Blickrichtung sich ändert, die Weltanschauung möglicherweise durch ein äußeres Ereignis eine andere Sicht annimmt, und man kommt weit vom Ziel weg. Vielleicht kehrt man ihm den Rücken zu. Die Zeit wird lang, das Ziel verschwimmt, es geht aus den Augen. Die Zeitumstände, Wind und Wetter, unvorhersehbare Einflüsse, vielleicht eines Partners oder guter wie schlechter Bekannter, lassen das Ziel fast vergessen. Unbewußt oder bewußt bleibt man jedoch auf dem Weg, auch wenn man sich längst im Abseits befindet, man ist ja guten Willens, aber es ist alles so anders gekommen. Die Jahre sind dahin und die Lebensmitte vielleicht schon überschritten. Man weiß ja nie genau, wo man auf dem Weg ist in der Entfernung zum Ziel. Wie mancher mußte schon feststellen, wenn er seinen Lebensweg betrachtet: Ich bin genauso weit wie am Anfang. Und gerade da ist das Ziel oft ungeahnt, wie ein Geschenk, unerwartet erreichbar nah, so daß man fast gerade darauf zuläuft. Der Weg war nur anders als meine Planung und Vorstellung, meine Erwartung und Gottes Wille. Er läßt uns das Ziel erreichen, nur müssen wir oft umdenken, uns abkehren, umkehren und uns ihm neu zukehren. Das geschieht vielleicht im Plan einer Wallfahrt oder auf einer Wallfahrt. Nur lebenslang pilgernd werden wir das Ziel erreichen, den Mittelpunkt und Ursprung des All, IHM, dem Wiederkommenden, auf uns Zukommenden entgegen. Das lateinische Wortspiel, das am Labyrinth zu lesen ist, will nichts anderes zum Ausdruck bringen, dieses Umdenken, das Aufgeben und Zurücklassen eigener Pläne und Wünsche:

DUM VIVIMUS	Solange wir leben
MORIENDUM EST	müssen wir sterben
UT NON MORIAMUR	damit wir nicht sterben
SI MORIEMUR	wenn wir sterben

Fußbodenmosaik der Gnadenkapelle in Kevelaer von Antonio Gobbo, Venecia, 1895

Darüber hinaus aber gilt: Gott erfüllt nicht all unsere Erwartungen, wohl aber all seine Verheißungen. – Mancher Pilger sagt auch: „Als Kind war ich mal hier, aber dann kamen Jahrzehnte." Und er mag sich auch fragen: Warum bin ich eigentlich hier, warum kommen die Pilger einzeln, allein, fast zufällig oder lange gewollt, jetzt geplant und bewußt zum Bild der Mutter Jesu, die wir hier verehren als Consolatrix Afflictorum. Die Afflictie des Lebens, die mit den Conflictie ihres Alltags so belastet sind, daß sie untragbar und unüberschaubar, schier unlösbar wurden. Ratschläge waren gut. Aber wenn der Ratgeber immer wüßte, wie es mir um die Seele zumute ist, dem er rät, dann würde manches behutsamer, einfühlsamer, aufnahmebereiter und vertraulicher, vor allem herzlicher verlaufen. Das Unaussprechliche in meinem Leben liegt mir wie ein Stein auf der Seele. Ich kann auch sagen: Das Wasser steht mir bis zum Hals. Ich bin nun in Kevelaer, jetzt hier in der Gnadenkapelle, allein. Es ist keine Pilgerzeit, aber jetzt bin ich so weit auf meinem Lebensweg, wird mancher sagen können.

Als Pastor werde ich oft gefragt: Warum kommen die Menschen nach Kevelaer? Was suchen sie, was tun sie, was sagen sie? Warum kommen sie, und was beten sie?

Über dem Altar der Gnadenkapelle steht ein Wort, das zusammenfaßt, was aus den verschiedensten Beweggründen aus dem Herzen eines Menschen gesprochen oder gedacht wird:

Mater dei – memento mei. Mutter Gottes – gedenke meiner.

Das, und nur das ist der Inhalt der tausendfachen Gebete, der vielen Worte, in der Not vielleicht nur gestammelt, vielleicht nur mit schweigenden Lippen im Herzen bewegt.

Mater dei – memento mei.

So atmet der vom Schicksal Geschlagene, so ruft voll Freude im Glück, das so leicht zerbricht wie das Glas, das dankerfüllte Herz. So denken wir, die Sünder. Wir haben Grund dazu, schuldbeladen. Nichts anderes empfinden Gläubige in der Not ihrer Depression.

Mater dei – memento mei.

Es kommen auch die, die vielleicht gar nicht mehr beten können. Sie gehen zur Mutter, damit ihr Blick auf sie fällt. Gedenke meiner. Dürfen wir das egoistisch nennen? Ist es Egoismus, wenn das Kind „Mutter" ruft? In Maria verehren wir nicht nur die erhabene jungfräuliche Mutter des Herrn. Es fließt auch etwas davon ein vom Verhältnis zu unserer eigenen Mutter, die uns geboren hat. Von der Beziehung zur Mutter haben wir unsagbar viel für unser Leben empfangen, vor allem aber Geborgenheit. Maria als Mutter verheißt Geborgenheit. Es ist das Vertrauen, daß wir ihr trauen, daß wir uns selbst ihr anvertrauen und leben und einmal sterben mit diesem Gedanken: Mater dei – memento mei. Mutter Gottes – gedenke meiner. Höhepunkt eines Wallfahrtstages ist immer die Eucharistiefeier, deren Votivmesse mit dem Gruß an Maria beginnt:

Ave spes nostra – Sei gegrüßt, du unsere Hoffnung.

Was hat Maria hier eigentlich gesagt? Gibt es eine Botschaft von Kevelaer wie von anderen Marien-Wallfahrtsorten? Im Anfang war ich als Rektor der Wallfahrt fast etwas verlegen. Doch je länger ich Hüter dieses wohl unscheinbarsten Wallfahrtsbildes sein darf, wird mir immer deutlicher: Liegt nicht gerade in dieser Wirklichkeit des kleinen Bildes seine Wirksamkeit? Das nicht postkartengroße Wallfahrtsbild (7,5 cm x 11 cm), ein kleines Andachtsbild, von dem es sicher unzählige gibt, nicht mehr als ein Blatt Papier, das zur Erde fällt, mit dem der Wind spielt, zieht nun schon durch Generationen jährlich hunderttausende Beter und Besucher an. Was ist hier so wirksam und so wirkkräftig?

Für gewöhnlich gilt und zählt für uns Menschen nur das Gewaltige, Große, Beeindruckende als Kunstwerk, als Erfindung bis hin zur Hightechnik, dessen Wirkung man sich als Betrachter nicht entziehen kann, das Einmalige, noch nie Dagewesene, nicht zu Überbietende. So ist der Mensch. Und da ist nun dieses kleine Bild. Und so anders ist Gott. Er kann tatsächlich noch heute sozusagen aus dem Nichts, aus einem geringen Etwas etwas Großes machen, auch aus meinem Etwas, das es im Leben eines jeden Menschen gibt. Und wenn es nur die Sehnsucht nach Heil ist, bei aller Unordnung meines Lebens. Ja, vielleicht ist es total verpfuscht oder in einer solchen menschlichen Ausweglosig-

Darstellung d Wallfahrtsbildes im Fenst der Kerzenkapelle über de linken Seitenaltar, um 18

Mutter Teresa hält ihren Rosenkranz an das Gnadenbild zu Kevelaer. Im Vordergrund die Marienamp mit dem Licht, das Papst Johannes Paul II. 1987 im Marianischen Jahr in St. Maria Maggiore zu Rom entzündete.

keit. Dann vermag mir dieses kleine Bild vor Augen zu stellen, was geschieht, wenn Gott wirkt. Dann kann er auch aus dem Dilemma meines Lebens dennoch mein Heil wirken. Und was geschieht, wenn ich, wie Maria, mitwirke? Die Zeit, in der ich wirken kann, ist die Wirklichkeit meines Lebens. So stehe ich nun allein als Pilger vor diesem Bild. Ist das nicht wie eine Botschaft, dies' kleine Bild, für mein Leben und das Geringe, Wenige meines Lebens auf der Waage Gottes?

Das Wallfahrtsbild in Kevelaer hat die Eigenart, daß es spiegelt, wenn man davor steht, bedingt durch die Glasscheibe, die als Schutz vor dem alt-ehrwürdigen Gnadenbild, wie wir es nennen, angebracht ist. So ergibt es die Situation, wenn man vor dem Bild steht, daß man sich selbst sieht. Für den Dichter Wilhelm Willms wird dies zum Anlaß für ein Gebetswort:

wir sind im bild
im gnadenbild
wenn wir dich sehn
maria
laß uns in deinem schatten stehn
am gnadenort
ein gnadenwort
maria

Kreuzigung, Maria und [Jo]hannes am Kreuz, Gemälde des linken Seitenaltares der Kerzenkapelle, 17. Jahrhundert

Bevor der Pilger den Ort verläßt, verabschiedet er sich gerne vom Marienbild am Weg. In alter Zeit geschah dies durch den Kuß des Bildes. Nun hat sich das Empfinden, wie bei vielen anderen Gewohnheiten in unserem täglichen Leben miteinander, geändert. Aber durch sicheres Feingefühl haben gläubige Menschen eine ebenso tiefsinnige Weise des Grußes und des Abschieds vom Marienbild gefunden, indem sie die Hand auf das Bild legen, dann auf die eigene Stirn und auf das Herz. Das soll bedeuten: Denken wie Maria und leben mit Maria, jetzt und in der Stunde des Todes.

Allein auf der Wallfahrt nach Kevelaer?

Das Marienbild am Weg ist entstanden auf das Wort hin, das der Kaufmann Hendrick Busman an der Wegkreuzung gehört hat: „Bau mir hier eine Kapelle", d. h. wo sich die Wege der Menschen kreuzen und ihre Wege sich scheiden, mitten in der Welt, noch heute umgeben von aller Unruhe und Hast des täglichen Lebens. Maria ist bei uns im Alltag unseres Lebens. Dies ist ein schöner Gedanke für die Erinnerung nach der Wallfahrt. Im Sommer können wir das kleine Bild im Vorübergehen sehen, und der Blick vom Bild der Mutter Jesu fällt auf uns, ja, so folgt ihr Blick unseren Wegen. So gehe ich nicht allein fort vom Kapellenplatz. Maria begleitet mich, wenn ich tue, was Johannes unter dem Kreuz tat: „Und von jener Stunde an nahm er Maria zu sich ins Haus" (Joh 19,27); so heißt es sehr schön in der niederländischen Übersetzung.

Maria zu sich ins Leben nehmen. Wenn du das noch nicht kannst, so sag' ihr: Mater dei, memento mei.

Im Wechsel der Zeiten

Remigius Bäumer

Die pastorale Bedeutung der Wallfahrt im Zeitalter der Katholischen Reform

Als das Zeitalter der Katholischen Reform[1] bezeichnet man das Jahrhundert vom Konzil von Trient (1545–1563) bis zum Westfälischen Frieden (1648). Es ist eine Zeit der Selbstbesinnung der Kirche und ihrer inneren Erneuerung. Die Ursprünge der Katholischen Reform liegen in Spanien und Italien zu Beginn des 16. Jahrhunderts. Ihr Durchbruch erfolgte in Deutschland seit dem Tridentinum[2], das für die deutsche Kirche eine neue Epoche einleitete, die ihren Ausdruck auf fast allen Gebieten des kirchlich religiösen Lebens fand.

Die Neubelebung des Glaubens in Deutschland nach den Stürmen der Glaubensspaltung hatte verschiedene Wurzeln: Die durch das Konzil eingeleitete Überwindung der theologischen Unklarheit, die Durchführung der Trienter Reformen[3], ein neues Bischofsideal[4], die Pflege der Marienfrömmigkeit[5] und die Arbeit der Marianischen Kongregationen[6], die Verehrung des hl. Josef[7] und die Neubelebung der Wallfahrten[8], die in der Zeit der Katholischen Reform zu einer Volksbewegung werden.

Was sagen die nachtridentinischen Theologen über die pastorale Bedeutung der Wallfahrt? Aus der großen Zahl der Autoren, die sich damals zu unserem Thema geäußert haben, seien hier exemplarisch Petrus Canisius, Robert Bellarmin, Jodocus Lorichius und Jakob Gretser genannt.

Petrus Canisius[9] lieferte in seinem „Opus Marianum", das im Juli 1577 unter dem Titel „De Maria Virgine incomparabili et Dei Genitrice Sacro-

Das Konzil von Trient nach einer zeitgenössischen Darstellung

sancta Libri Quinque" erschien, eine theologische Grundlegung der Wallfahrt und stellte ihre pastorale Bedeutung heraus. Die Wallfahrt war ihm ein Mittel der Seelsorge, das der Glaubensstärkung gegenüber den Neugläubigen diente. Unter Berufung auf die Tradition begründete er die Berechtigung der Wallfahrten und wies auch auf die Wunder hin, die an den marianischen Gnadenorten wie Loreto und Altötting geschahen. Im 5. Teil seines Werkes behandelte er die Geschichte der Verehrung Mariens durch die Kirche und erörterte das Thema „Wallfahrten". Nach ihm gehört der Marienkult zum Wesen katholischer Religiösität. Er sieht in der Verehrung Mariens ein geeignetes Mittel zur Überwindung des Irrtums. Wer sich gegen die Verehrung Mariens wende, der entziehe Gott die schuldige Ehre und den Menschen bedeutende religiöse Lebenskräfte[10].

Durch Wallfahrten bezeugen wir nach Canisius unseren Glauben, daß Gott an gewissen Orten seine Gnaden reichlicher austeile und uns besonders an Marienwallfahrtsstätten wegen der Gottesgebärerin mehr Gnaden erweist als einst den Bewohnern Jerusalems wegen seines auserwählten Dieners David. Gott spende an den Stätten, denen die Gottesmutter ihre besondere Gunst habe zuwenden wollen, Gnaden mit außergewöhnlicher Freigebigkeit. An den Heiligtümern, die der seligsten Jungfrau geweiht seien, hätten die Gläubigen von jeher wunderbare Hilfe in ihrer leiblichen und seelischen Not gefunden[11].

Wallfahrten haben nach Canisius, wenn sie richtig durchgeführt werden, d. h. aus wahrer Gottesliebe und Tugend, vielfältigen Nutzen. Canisius empfiehlt, bei der Wallfahrt Bußwerke zu verrichten, eifrig zu beten, zur Beichte zu gehen und Vorsätze zu einem neuen, guten Lebenswandel zu fassen. Denn es gefalle Gott und seiner hl. Mutter, wenn man bete, büße, Demut übe und Werke der Gottesverehrung verrichte. Durch die Wallfahrt werden Glaube und Hoffnung gestärkt, da wir dabei Gnade von Christus durch die Fürbitte Mariens erbitten. Canisius wertet Wallfahrten als eine Tat christlicher Tapferkeit, da man bei Wallfahrten oft weite Wege machen müsse, sich großen Beschwerden aussetze und viele Kosten auf sich nehme.

Canisius erinnert an den Segen, den ein Marienwallfahrtsort bedeute. Nach ihm erkannten z. B. in Loreto viele Pilger ihren wahren Seelenzustand und legten eine gute Beichte über ihre Sünden ab. Hier erlebe man Christen, die zu neuen Menschen wurden und den Willen hätten zu einem bewußten christlichen Leben. Deshalb beklagt Canisius, daß in Deutschland die fromme Sitte des Wallfahrens in verschiedenen Gegenden in Verruf geraten sei. Die Andersgläubigen, die sich von der katholischen Kirche losgesagt hätten, machten sich über die Wallfahrt lustig und bezeichneten die Berichte über Ursprung und Bedeutung der Wallfahrt und über die an den Gnadenorten geschehenen Wunder als unwahr. Aber das könne die Bekenner des alten Glaubens nicht abhalten, dem Beispiel ihrer Vorfahren auch in Zukunft unbeirrt zu folgen. Er erinnert an die Erfahrung, daß die Verehrung Mariens und die Weihe an sie Mut und Stärke gebe. Canisius fordert die Gläubigen auf, die Mühen, Kosten und Gefahren auch einer weiten und beschwerlichen Wallfahrt starkmütig auf sich zu nehmen, um der heiligsten Jungfrau ihre Anliegen vorzutragen. Die Gläubigen wüßten, wieviele Menschen

COLLOQVIA
Oder
Tischreden Doctor Martini Lutheri/ so er in vielen Jaren/ die Zeyt seines Lebens/ gegen Gelehrten Leuthen/ Auch frembden Gesten vnd seinen Tischgesellen geführet. Darinn von allen Artickeln vnser Religion/ Auch von hohen Stücken/ Fragen vnd Antwort/ Item viel mercklichen Historijs/ vnd sonst von allerley Lehre/ Trost/ Rath/ Weissagung/ Warnung/ vnd vermanung/ Bericht vnnd vnterricht zu finden.
Anfenglichs von M. Anthonio Lauterbach zusammen getragen/ Hernacher in gewisse Locos Communes verfasset/ vnd auß viel anderer Gelehrter Leute Collectaneis gemehret.
Durch Johannem Aurifabern.
Samlet die vbrigen Brocken/ daß nichts vmbkomme. Johan. 6.
Getruckt zu Franckfurt am Mayn/ im Jar 1571.

Titelseite der „Tischreden de Doktor Martin Luther", Frankfurt/Main 1571, im Titelbild um den Tisch versammelt die Reformatore Bibliothek der Oratorianer, Priesterhaus Kevelaer

z. B. in Einsiedeln Erhörung, reiche Gnaden und beglückenden Trost gefunden hätten.

Canisius verweist darauf, daß die Gläubigen in den Gegenden, in denen der alte, unverfälschte Glaube noch nicht durch die neuen Irrlehren zersetzt und zerstört worden sei, die Heiligtümer der seligsten Jungfrau Maria in hohen Ehren hielten, und man finde in allen katholischen Gebieten bekannte und beliebte Gnadenstätten Mariens, zu denen die Gläubigen in großen Scharen wallfahrteten[12].

In Köln veröffentlichte 1582 der Freiburger Theologe Jodocus Lorichius[13] seine Schrift „Von Bitt-, Pilger- oder Wallfahrten"[14]. Bereits in seiner Vorrede liefert Lorichius eine Begründung der Wallfahrten und geht auch auf den Einwand ein, man könne zu Hause mit geringeren Kosten und ohne Gefahr Nützlicheres schaffen, als wenn man eine Wallfahrt mache. Er gibt zu, daß man auch durch andere gute Werke für begangene Sünden Buße tun könne. Aber dem Gläubigen solle es freistehen, Wallfahrten zu unternehmen. Lorichius verweist auf die Wunder, die bei den Heiligtümern der hochgebenedeiten Jungfrau und Mutter des Herrn geschehen seien[15]. Er berichtet über den Ursprung der Wallfahrten, verweist auf das Alte Testament und nennt als Beispiel Abraham, Jakob und David, die bereits gewallfahrtet seien. Ursache der Wallfahrten sei Gott, weil er an besonderen Orten, bei den Heiligtümern Wunder wirke und seine Gnaden austeile[16].

Lorichius gibt auch Anweisungen, wie ein Pilger seine Wallfahrt verrichten solle. Er erinnert daran, daß Wallfahrten entweder aus eigenem Entschluß oder auf Rat eines Beichtvaters unternommen würden. Er nennt verschiedene Gründe für die Wallfahrt. Viele Gläubige wollten die Heiligtümer vor allem deshalb besuchen, um die Orte kennenzulernen, an denen Gott große Wunderwerke erzeige. Sie erhofften zugleich von Gott zeitliche und ewige Belohnung zu erhalten. Andere Gläubige machten die Wallfahrt, um am Gnadenort für ihre Sünden Buße zu tun. Weitere Gläubige suchten dort Gesundheit an Seele und Leib für sich und andere zu erlangen[17].

Petrus Canisius, im Säulenzyklus der Marien-Basilika Kevelaer

Lorichius verweist auf die alte Ordnung der Kirche, daß ein Pilger vor Antritt seiner Pilgerfahrt seine Sünden beichten und die hl. Kommunion empfangen solle. Er möge von seinem Pfarrer den Segen erbitten, besonders wenn er eine Wallfahrt an ferne Orte unternehme. Der Wallfahrer solle jeden Tag die hl. Messe mitfeiern, während der Wallfahrt viel beten und das Leben und bittere Leiden und Sterben unseres Herrn und Heilandes betrachten und Gottes Güte und Weisheit preisen.

Lorichius gibt den Rat, der Pilger solle, wenn er sein Wallfahrtsziel erreicht habe, zuerst in die Kirche gehen und ein Dankgebet verrichten, bei nächster Gelegenheit wieder beichten und die hl. Kommunion empfangen und seine Gelöbnisse einlösen[18].

Bedenkenswerte Aussagen über die pastorale Bedeutung der Wallfahrt finden sich in dem Werk von Robert Bellarmin[19] „Controversiae Christianae fidei", das 1586/93 in Ingolstadt erschien. In der 4. Kontroverse behandelt er im 8. Kapitel des 3. Buches die Wallfahrten. Er gibt eine biblische Begründung der Wallfahrt und zitiert Deut 16, in dem Gott eine

Wallfahrt zum hl. Zelt bzw. zum Tempel geboten habe. Jesus Christus habe dieses Gebot befolgt und sei mit zwölf Jahren und später vor seinem Leiden nach Jerusalem gewallfahrtet. Er verweist auf Lukas, c.2 und Johannes, c.12. Auch Paulus sei nach seiner Bekehrung nach Jerusalem gewallfahrtet. Die Wallfahrt dient nach Bellarmin der Ehre Gottes und seiner Heiligen. Sie bedeutet zugleich eine Hilfe, um eine echte Buße zu tun. Wallfahrten werden unternommen aus einer Bußgesinnung heraus. Sie stärken die Frömmigkeit. Er verweist besonders auf den Bußcharakter der Wallfahrt, der sich aus den Strapazen mit den weiten Anmarschwegen ergibt. Für den Gläubigen sei die Wallfahrt nützlich, aber nicht zum ewigen Heil erforderlich[20].

Jakob Gretser[21] veröffentlichte 1606 sein einflußreiches Werk „Dc sacris et religiosis peregrinationibus". Darin gibt er eine Antwort auf die Frage: Was ist Wallfahrt?[22] Unter Berufung auf Bellarmin gibt er eine Begriffserklärung. Wallfahrten werden nach ihm unternommen um der Frömmigkeit willen. Er erinnert daran, daß das Leben der Menschen eine Pilgerfahrt ist[23]. Ziel dieser Fahrt sei das himmlische Jerusalem. Wallfahrten sind nicht geboten, sondern sie werden freiwillig unternommen. Sie sind nützlich zur Erhöhung der Vollkommenheit und für das ewige Heil. Wallfahrten werden gemacht zu Kirchen und hl. Orten, die durch Wunder, Reliquien oder Bilder ausgezeichnet sind. Gretser erwähnt die Wallfahrten nach Loreto, nach Fischbeck, Einsiedeln, Tuntenhausen, Dettelbach, Altötting und Regensburg. Für Dettelbach verweist er auf die Schriften von Johannes Trithemius, für Altötting auf das Buch von Martin Eisengrein. Gretser erinnert daran, daß Deutschland viele Wallfahrtsorte hatte, bevor es durch die Häresie deformiert wurde[24].

Wallfahrten werden nach Gretser unternommen zum Lobe und zur Ehre Gottes und der Heiligen[25]. Eingehend beantwortet er die Frage, warum das Leben des Menschen eine Pilgerfahrt ist und der Christ ein Pilger. Er informiert über die Aufgaben und Pflichten der Pilger, erörtert die Gesetze und Gebote, die ein Pilger zu beachten habe[26]. Er verweist auf die Pflicht des Pilgers zum Gebet und die Notwendigkeit des Empfangs der hl. Kommunion. Auf seiner Wallfahrt soll sich der Pilger mit himmlischen Dingen befassen[27] und die Schwierigkeiten, die ihm auf der Wallfahrt begegnen, mutig und stark überwinden. Er verweist darauf, daß Gott der Führer und Schützer der Pilger ist. Gegenüber den Pilgern hat der Christ die Pflicht der Barmherzigkeit und Freigebigkeit[28].

1997 1998

DE
ARTE BENE
MORIENDI
LIBRI DVO:
AVCTORE
ROBERTO S. R. E. CARD
BELLARMINO E SOCIETATE IESV:
Ad Illustriss. & Reuerendiss. D.
FRANCISCVM S. R. E. CARD
Sfortiam Episcopum Albanens.

FRANCISCO SFORTIÆ
S. R. E. CARDINALI EPISCOPO ALBANENSI
ROBERTVS CARD. BELLARMINVS S. P. D.

SCripsi ante paucos menses opusculum de arte benè mo
riendi, tum vt ipse me ad mortem, iam maturum, compa
rarem, tum vt ea, quæ mihi vtilia visa sunt ad negocium ne
gociorum omnium maximum, cum fratribus, vel Domin
meis libenter, vt mihi solitum est, communicarem. Hoc au
tem opusculum duabus de causis Tibi, FRANCISCE SFOR
TIA, Cardinalis optime, dicandum esse censui. Prior mih
causa fuit, vt per te memoria sancta GREGORII XIII. Pont
ficis Maximi æternitati commendetur. Tu enim solus iar
superes ex tot lectissimis Cardinalium creationibus, quibus Collegium hoc nostrur
Sapientissimus Pontifex illustrauit: & tu idem solus ex nobilitate Romana familiar
Boncompagnam, & ipsam quoque nobilem affinitate contingis. Porrò hic ider
Gregorius Religioni Societatis IESV, quæ mihi ab annis sexaginta pia mater est, no
solùm Dominus clementissimus, sed etiam Pater amantissimus semper fuit. Is enin
diplomata multa Societati attribuit, quibus eius priuilegia à superioribus Pontifici
bus concessa vel explicauit, vel auxit. Idem ipse Collegium Romanum magno sum
ptu extruxit: nec minori liberalitate sumptus, quibus Collegæ sustentarentur, attr
buit. Idem ipse Sanctissimus Pontifex pro eo, quo ardentissimè flagrabat, desideri
propagandæ Catholicæ fidei multis in locis Collegia extruxit; atque inprimis Rom
Germanicum, & Hungaricum, cuius administrationem propriam Societatis IESV
esse voluit. Huius igitur vigilantissimi Pontificis memoriam colit quidem Rom
Societas anniuersariis sacrificiis, ac laudationibus. Sed visum mihi est, huic etiar
epistolæ adiungere beneficia tanti Pontificis in Societatem IESV, vt ea quoque re
dundent in laudem, decusque Illustrissimi Principis, cui libros meos, ipsi dicatos, n
ingratos esse desidero. Venio nunc ad alteram rationem, quæ me potissimùm im
pulit, vt hos libros Tibi præcipuè, Cardin. Amplissime, nuncuparem. Argumentur
operis mei non allicit ad legendum, sed absterret potiùs, præsertim viros magnos, s
ue Principatu politico, siue sacro: non enim continet liber hic meus artem philosc
phicam, vel oratoriam, vel poëticam, quæ mentem doceat, vel linguam expoliat, v
aures delectet; sed hortatur ad meditationē mortis, & ad ea sæpè cogitanda, quæ vir
magnis placere plerumque non solent: qualia sunt paupertas, humilitas, patientia,
aliæ Christianæ, verissimæque virtutes. Elegi ergo Te, virum Principem, Principa
politico, & sacro; & fretus humanitate tua singulari, dicaui Tibi libros de arte ber
moriendi, libros exiguæ eruditionis, sed magnæ vtilitatis: & fretus benignitate t
spem bonam concepi, & abs Te facilè legendos libros non prolixos, & ad imitati
nem tuā non defuturos, qui id ipsum agant. Erit id mihi res planè gratissima: nec n
arbitrabor Tibi munusculum obtulisse, sed abs te munus amplissimū accepisse. Va

Tom. 7. Qqqqq

„Operum Roberti Bellarmin[i] Tomus Septimus..." (Köln 1617) – Ein typisches Buch aus der Spiritualität de[r] damaligen Zeit, Robert Cardinal Bellarmin schreibt über die Vorbereitung auf einen guten Tod. Ähnlicher Inhalt auch auf dem Epitap[h] von Johannes Stalenus. Bibliothek der Oratorianer, Priesterhaus Kevelaer

Das Zeitalter der Katholischen Reform brachte nicht nur eine Neubelebung und Vertiefung der Theologie der Wallfahrt, sondern auch ein Wiederaufblühen der Wallfahrten. Zentren der Wallfahrtsbewegung in Deutschland waren Bayern, Franken, Südwestdeutschland, Rheinland und Westfalen. In Bayern bemühten sich u. a. Petrus Canisius, Jakob Gretser, Martin Eisengrein und andere Konvertiten, nicht zuletzt Reformbischöfe wie Julius Echter, um eine Erneuerung der Wallfahrt. Die Bedeutung des Petrus Canisius für das Aufblühen der Wallfahrt und seine große Liebe zur Mutter des Herrn zeigt sich in seinem großen Marienwerk und speziell in der Förderung der Wallfahrt nach Altötting[29]. Im Jahre 1570 hatte Petrus Canisius eine Wallfahrt nach Altötting unternommen. Er war damals Provinzial der deutschen Jesuiten und lebte in Augsburg. Graf Markus Fugger aus Augsburg und seine Gemahlin Sybilla von Kirchberg hatten ihn um Hilfe für ihr Kammerfräulein – Anna von Bernhausen –, die als besessen galt, gebeten. Man gelobte eine Wallfahrt nach Altötting, wo das Kammerfräulein am Gnadenort durch die Fürbitte der Mutter des Herrn geheilt wurde, nachdem Petrus Canisius drei Tage lang für sie beim Bild der Mutter Gottes gebetet hatte. Der Propst von Altötting, Martin Eisengrein[30], hat diese Heilung in seiner Geschichte der Wallfahrt von Altötting ausführlich beschrieben. Als Dank stifteten die Fugger einen silbernen, vergoldeten Meßkelch. Petrus Canisius hat den Verlauf der Ereignisse im fünften Buch seines Marien-

Das Gnadenbild Unserer Lieben Frau von Altötting

werkes ausführlich beschrieben. Das Wunder sei Gott und der Fürbitte seiner gebenedeiten Mutter zuzuschreiben.

Der Bericht von Martin Eisengrein über die Wallfahrt nach Altötting und die dort geschehenen Wunder lösten übrigens eine Polemik aus, bei der sich der Straßburger protestantische Prediger Johannes Marbach[31] hervortat. Er wandte sich dagegen, daß Eisengrein sich unterstehe, die alte fast erloschene und vergessene Abgötterei in der alten Kapelle zu Altötting wieder zu ihrem früheren Ansehen zu bringen. In die damalige Kontroverse griff u. a. Johannes Jakob Rabus[32] (1545–1584) ein. Er war in Straßburg als Sohn eines protestantischen Predigers geboren, studierte in Wittenberg und Tübingen, wo er zum Dr. theol. promoviert wurde. Er konvertierte und wurde Priester und setzte in Rom seine theologischen Studien im Collegium Germanicum fort. 1573 veröffentlichte er eine Gegenschrift gegen Marbach, die 1574 auch in lateinischer Übersetzung erschien. Sie trug den Titel „Christlicher Gegenbericht von Mirakeln und Wunderzeichen" und erschien in Dillingen. Die literarische Fehde führte dazu, daß immer mehr Pilger nach Altötting kamen[33].

Bereits aus dem Werk von Eisengrein läßt sich erkennen, daß immer mehr Gläubige von nah und fern wieder „haufenweise" die Gnadenkapelle in Altötting besuchten, um dort die Mutter des Herrn zu verehren und anzurufen. Im 12. Kapitel seines Buches berichtet Eisengrein über den Neuaufschwung der Wallfahrt in Altötting. Wörtlich schreibt er: Es ist eine Lust zu sehen, wenn die Kreuze, eines von diesem, eines von einem anderen Ort kommen und Mann und Frau, jung und alt, so ernst und andächtig zu Christus und seiner Mutter um Gnade und Hilfe rufen. Wenn sie dann bei der hl. Kapelle angelangt sind, grüßen sie mit einem alten christlichen Ruf die hochgelobte Jungfrau Maria. Dann gehen sie in die innere Kapelle hinein und feiern dort mit einem gesungenen Amt den Gottesdienst. Wer will, opfert seine Gabe auf dem Altar und entrichtet, was er gelobt hat[34].

Eisengrein berichtet weiter, es komme auch vor, daß eine große Zahl von Pilgern die ganze Nacht wachend bei der hl. Kapelle verweilen und zu Ehren von Christus und auch seiner lieben Mutter die lange Nacht bis zum Tagesanbruch deutsche katholische Psalmen und Lobgesänge beteten. Er habe das selbst nicht ohne Tränen in den Augen erleben dürfen. Eisengrein erwähnt auch die in Altötting geschehenen Wunderzeichen[35].

Das Wiederaufblühen der Wallfahrt nach Altötting zeigt sich auch in dem Besuch hochgestellter Persönlichkeiten in Altötting. So pilgerte 1571 Herzog Albrecht V. auf Grund eines Gelübdes, das er gemacht hatte, als er in Seenot war, nach Altötting und überbrachte reiche Geschenke für die Gottesmutter. Kurfürst Wilhelm der Fromme pilgerte wenigstens einmal im Jahr zur Gottesmutter nach Altötting und ließ 1581 in München die Erzbruderschaft mit dem Titel „Maria zu Alten Ötting" errichten[36].

Die Neubelebung der Wallfahrt läßt sich auch an den in Altötting verkauften Pilgerzeichen ablesen, die seit dem Ende des 16. Jahrhunderts stetig anstiegen, und aus der immer größer werdenden Zahl der Votivtafeln[37].

Bischof Christoph Bernhard von Galen, Bischof von Münster (1650-1678)

Im Hochstift Würzburg, wo Fürstbischof Julius Echter[38] (1573–1617) eine zielstrebige kirchliche Erneuerung anstrebte, bemühte sich der Bischof auch um ein Wiederaufleben der Wallfahrten. In den Jahren 1611–1613 errichtete er den Neubau der Wallfahrtskirche in Dettelbach[39], die die zentrale marianische Wallfahrtsstätte in Franken wurde. In Würzburg entwickelte sich die Wallfahrt zur Schmerzensmutter auf dem „Käppele“[40]. Sie wurde zu einem weiteren marianischen Heiligtum in Franken.

In Köln begann mit der Wahl der Erzbischöfe aus Bayern[41] die kirchliche Erneuerung, die bereits durch Johannes Gropper[42] grundgelegt war. Überregionale Bedeutung erlangten wieder die Wallfahrten nach Aachen[43] und zur hl. Mutter Anna nach Düren[44]. Auch mehrere regionale Wallfahrten entstanden bzw. lebten auf, wie z. B. Neviges[45], Aldenhoven[46] und die Kölner Wallfahrten nach Kalk und zur Kupfergasse[47]. Erzbischof Ferdinand von Bayern[48], der von 1612–1650 Kölner Erzbischof war, förderte diese Entwicklung.

Im Bistum Münster wurde Bischof Christoph Bernhard von Galen[49] (1650–1678) der Erneuerer des Bistums. Er war von einer großen Marienfrömmigkeit geprägt und erkannte die pastorale Bedeutung der Wallfahrten. In seiner Regierungszeit und mit seiner Unterstützung erlebte die Wallfahrt nach Telgte einen Neubeginn. Der Bischof beauftragte die Franziskaner, Beichte zu hören und das hl. Opfer zu feiern. Die Mutter

Gottes in Telgte wurde bald Ziel vieler Wallfahrer. Die Bemühungen des Bischofs um die Belebung der Wallfahrt zeigten sich u. a. in dem Erscheinen eines Gebets- und Wallfahrtsbuches für Telgte, das 1660 in lateinischer und 1671 in deutscher Sprache erschien. Mit Freude und Stolz berichtete der Bischof am 3. November 1660 dem Papst Alexander VII. von seinen erfolgreichen Bemühungen um die Erneuerung der Wallfahrt. In Telgte habe er zu Ehren der erhabenen Mutter des Herrn eine Kapelle errichten lassen.

Bischof Galen förderte auch die Wallfahrt zur Gottesmutter nach Vinnenberg. 1660 berichtete er ebenfalls nach Rom, daß das Vinnenberger Gnadenbild ständig von frommen Betern besucht werde. Er zweifle nicht, daß die Zahl der Pilger weiter zunehmen werde. Der Bischof förderte ebenfalls die Wallfahrt nach Bethen. Hier konsekrierte er 1669 die Kapelle Unserer Lieben Frau, die in den Kriegswirren zerstört worden war[50].

Während seiner Regierungszeit entwickelte sich auch die Wallfahrt nach Kevelaer (entstanden 1642)[51], das bald einer der besuchtesten Wallfahrtsorte Deutschlands wurde. Die große Zeit der Wallfahrten nach Kevelaer beginnt am Ende des Dreißigjährigen Krieges[52]. Das Beispiel Kevelaer zeigt, daß die Wallfahrt im Zeitalter der Katholischen Reform zu einer Volksbewegung wurde, obwohl Kevelaer nur ein unscheinbares Gnadenbild besitzt, einen Kupferstich der „Trösterin der Betrübten"[53]. Bereits 1646 hatte das Würselener Sendgericht als Buße eine zweimalige Wallfahrt nach Kevelaer verhängt[54]. Sehr bald entstanden in den Städten eigene Kevelaer-Bruderschaften, die die jährlichen Wallfahrten zu dem Gnadenort vorbereiteten[55]. So wallfahrteten in den folgenden Jahrzehnten zahlreiche marianische Bruderschaften nach Kevelaer. 1664 unternahm z. B. die Aachener Rosenkranzbruderschaft eine Wallfahrt zur Trösterin der Betrübten. Bei der Wallfahrt im Jahre 1665 opferte man eine 25 Pfund schwere Wachskerze für die Gottesmutter[56]. Viele Pilger wallfahrteten mehrmals jährlich nach Kevelaer. So konnte man bald in Kevelaer viele Pilger sehen, die durch einen vergoldeten Kranz anzeigten, daß sie zum 50. Mal nach Kevelaer wallfahrteten[57]. Hier wird deutlich, daß die Wallfahrten im Zeitalter der Katholischen Reform weite Schichten der Gläubigen erfaßt hatte.

In zeitlicher Nähe zur Entstehung der Wallfahrt nach Kevelaer steht die Wallfahrt nach Triberg[58] im Schwarzwald. Die erste Gründungsphase der Wallfahrt fällt hier in das Jahr 1644. Auch sonst lassen sich Ähnlichkeiten zwischen Kevelaer und Triberg aufweisen. Ausgangspunkt der Wallfahrtsbewegung war ein pergamentenes Marienbild mit der Darstellung der Unbefleckten Empfängnis Mariens, das an einem Baum hing. Durch die Witterung wurde das Bild abgerissen und fiel zu Boden. Die siebenjährige Barbara Franz aus Triberg fand das Bild und nahm es mit nach Hause. Das Kind bekam heftige Augenschmerzen, wurde aber durch das Bild geheilt. 1645 ereignete sich ein zweites Mirakel, ohne daß sich eine eigene Wallfahrt entwickelte. Erst im Jahre 1692 erfolgte eine neue Gründungsphase. Es kam zu einem großen Zulauf der Gläubigen, der eine offizielle Untersuchung zur Folge hatte. Nach einer eingehenden bischöflichen Visitation gestattete der Bischof von Konstanz die Wall-

Andachtsbild S. Maria Kevelaer, 17. Jahrhundert

fahrt, die einen raschen Aufschwung erlebte, der durch die ausführlichen handschriftlichen Aufzeichnungen des Triberger Wallfahrtsdirektors Dr. J. D. Degen belegt ist[59].

Hauptwallfahrtszentrum im Bistum Konstanz[60] im Zeitalter der Katholischen Reform war Einsiedeln[61]. Die Wallfahrt nach Einsiedeln hatte bereits Petrus Canisius in seinem Marienwerk den Gläubigen nachdrücklich empfohlen. Im Jahre 1603 pilgerten über 100000 Gläubige nach Einsiedeln[62].

Bei der großen Zahl der Wallfahrer wird im Zeitalter der Katholischen Reform die Wallfahrt zu einem wichtigen Hilfsmittel in der Seelsorge, da viele Gläubige bei der Wallfahrt durch eine gute Beichte und Kommunion, durch Predigt und Katechese zu einer echten Lebenserneuerung kamen. Die pastorale Bedeutung der Wallfahrt wurde bereits früh offiziell betont. So wies eine Würzburger Pastoralinstruktion aus dem Jahre 1585 darauf hin, daß die uralte, in der Hl. Schrift begründete Gewohnheit der Prozessionen, wo sie in Wegfall geraten sei, wieder eingeführt werden müsse, da durch die Prozessionen und Wallfahrten der religiöse Sinn der Gläubigen stark entfacht werde[63].

Es ist kennzeichnend, daß die nachtridentinischen Reformbischöfe in Deutschland sich zugleich um eine Reform und einen Neuaufschwung der Wallfahrten bemühten. Die Wallfahrten wurden zu einem pastoralen Instrument der innerkirchlichen Reform. Diese Entwicklung setzte bereits bald nach dem Trienter Konzil[64] ein, wie die Neubelebung der Wallfahrt zur Mutter Gottes nach Altötting kurz nach dem Tridentinum[65] zeigt. Bereits Petrus Canisius erkannte die pastorale Bedeutung der Wallfahrt und bat deshalb um die Bereitstellung geeigneter Beichtväter[66]. Die große Zahl von Beichten, die im Zeitalter der Katholischen Reform an den Wallfahrtsorten abgelegt wurden, bestätigen die pastorale Bedeutung der Wallfahrt. Wir kennen z. B. von verschiedenen Wallfahrtsorten die Anzahl der dort gehörten Beichten und gespendeten hl. Kommunionen. So stieg in Altötting die Zahl der Beichten von 800 im Jahre 1592 auf 100000 im Jahre 1700[67]. In Einsiedeln wurden im Jahre 1642 32400 hl. Kommunionen ausgeteilt[68]. In Maria Hilf bei Passau empfingen im Jahre 1627 10570 Gläubige die hl. Kommunion[69]. 1683 stieg die Zahl der Kommunikanten auf 58690. In Mariazell wurden 1689 61000 hl. Kommunionen gespendet, 1692 waren es 104000[70]. In Dettelbach wurden 1630 13000 hl. Kommunionen ausgeteilt[71]. In Triberg betrug die Zahl der Kommunikanten 1698 36780[72]. Wenn man bedenkt, daß damals mit dem Empfang der hl. Kommunion die Beichte eng verbunden war, läßt sich die pastorale Bedeutung der Wallfahrt erkennen.

Die deutschen Bischöfe im Zeitalter der Katholischen Reform haben diese Bedeutung erkannt. Sie beriefen zur Betreuung der Wallfahrer die Orden, die die erforderlichen Patres für die Wallfahrtsseelsorge zur Verfügung stellen konnten. So übernahmen die Jesuiten in Altötting 1591 mit 2 Patres die Wallfahrtsseelsorge. 1596 stieg ihre Zahl auf 6, seit 1638 standen ca. 20–24 Patres für die pastorale Betreuung der Pilger zur Verfügung[73].

In Dettelbach[74] standen nach einem Vertrag zwischen dem Fürstbischof Echter von Würzburg und der Straßburger Ordensprovinz der Franziskaner 24 Patres für die Wallfahrtsseelsorge zur Verfügung. In Kevelaer[75] errichtete der Bischof von Roermond eine Niederlassung der Oratorianer für die pastorale Betreuung der Wallfahrer. 1647 wurde ein Kloster gebaut, wo neben den Oratorianern seit 1650 auch der Pfarrer wohnte. In Triberg[76] wurde die Wallfahrtsseelsorge von Weltgeistlichen ausgeübt. Hier ließ der Konstanzer Bischof 1709 ein Priesterhaus bauen, das Wohnmöglichkeiten für 15 Priester bot. Am 1. August 1711 erfolgte die Einweihung, und 12 Weltgeistliche zogen ein. Vorher hatte der Triberger Pfarrer die Nachbargeistlichen und Kapuziner um seelsorgliche Aushilfe an den Wallfahrtstagen bitten müssen.

Wallfahrt und Seelsorge waren eng miteinander verbunden. Die Wallfahrten standen unter der Zielsetzung der inneren Erneuerung des einzelnen Gläubigen und dienten zugleich der Stärkung im Glauben. Es ist aufschlußreich, daß gerade die Jesuiten ihre kirchliche Erneuerungsarbeit an den Wallfahrtsorten begannen. Sie betreuten z. B. um die Mitte des 17. Jahrhunderts dreißig Wallfahrtsorte, wie aus dem „Atlas Marianus" des W. Gumppenberg[77] hervorgeht. Sie wirkten an den Wallfahrtsorten in Altötting, Innsbruck, Mariaschein, Wien, Luxemburg, Freiburg in der Schweiz und Ellwangen.

Kelch aus Tegelen/Niederlande, Votivgabe von 1642 an das Gnadenbild zu Kevelaer

Neben den Jesuiten erwarben sich besonders die Kapuziner große Verdienste bei der pastoralen Betreuung der Wallfahrer. So übernahmen die Kapuziner in Aldenhoven seit 1661 die pastorale Betreuung der Wallfahrer. Hier mußten oft 20–30 Patres Beichte hören, um der großen Zahl von Pilgern die Möglichkeit zum Sakramentenempfang zu geben[78].

Die pastorale Bedeutung der Wallfahrt läßt sich auch an der großen Zahl der Pilger ablesen, die die Gnadenstätten besuchten. Es ist bezeichnend, daß in den Jahren großer äußerer Bedrängnis die Zahl der Pilger stark anstieg. Das zeigt sich am Beispiel von Altötting[79], Einsiedeln[80] und an verschiedenen anderen Wallfahrtsorten. In Kevelaer[81] stieg die Zahl der Pilger in den letzten Jahren des Dreißigjährigen Krieges stark an.

Wenn wir nach den Beweggründen fragen, die die Pilger zu ihrer Wallfahrt veranlaßten, lassen sich neben Gottesverehrung, Dank und Bitte, ebenfalls Buße, Reue, Sühne und Umkehr nennen. Nach einer guten Beichte suchte man durch Opfergaben die Sündenstrafen zu tilgen und tatkräftige Sühne[82] zu leisten. Gute Werke hatten bekanntlich nach der Hl. Schrift und der Lehre der Kirche eine sündentilgende Kraft. So kamen viele Pilger, um für die Erhörung ihrer Bitten Dank zu sagen. Andere baten um die Fürbitte der Gottesmutter in körperlicher oder seelischer Not. Hier bot gerade die Beichte vielen Pilgern eine große Hilfe und stärkte die Bereitschaft zur Umkehr. Ein Motiv für die Wallfahrt bot auch die Möglichkeit, am Wallfahrtsort Ablässe zu erlangen oder durch Einschreibung in eine bestehende Bruderschaft weitere Ablässe zu gewinnen. So wurde z. B. der Wallfahrt in Triberg 1698 eine Reihe von Ablässen verliehen[83]. Jeder Wallfahrer, der an einem Samstag die Lauretanische Litanei, fünf Vaterunser und Ave Maria betete und ein Gebet nach Meinung des Hl. Vaters verrichtete, konnte einen Ablaß gewinnen. Einen vollkommenen Ablaß erwarb jeder Wallfahrer, der einmal im Jahr nach Triberg kam und dort andächtig beichtete und kommunizierte. 1698 wurde auch die Skapulierbruderschaft gegründet. Jedes Mitglied der Bruderschaft konnte einen vollkommenen Ablaß gewinnen, wenn er am Skapulierfest beichtete und kommunizierte, für die Einheit der Christen und für die Bekehrung der Irrgläubigen betete. Ein vollkommener Ablaß wurde auch am Tag der Aufnahme in die Bruderschaft gewährt[84].

Pastorale Bedeutung für die Wallfahrt hatten auch die Wunder, die an den Gnadenstätten geschahen. Viele Gläubige, die bei der Mutter der Gnaden Erhörung gefunden hatten, teilten die Gebetserhörungen anderen Pilgern und auch den Wallfahrtsgeistlichen mit. Viele Wunder wurden offiziell aufgezeichnet und in sogenannten Mirakelbüchern gedruckt. So fügte z. B. Martin Eisengrein[85] in seine Geschichte der Wallfahrt von Altötting Wunderberichte, die in der Gnadenkapelle geschehen waren, ein. Seit 1620 besitzt Altötting geschriebene Mirakelbücher. In den Jahren seit 1661 wurden verschiedene Mirakelbücher von Altötting gedruckt[86].

Von den Gläubigen, die Erhörung gefunden hatten, wurden auch Votivtafeln an den Gnadenstätten aufgehängt. Sie waren öffentliche Bekundungen dafür, daß Maria geholfen hatte und zugleich ein Aufruf an andere, ebenfalls die Gottesmutter um Hilfe zu bitten. Altötting besitzt ein Votivbild schon aus dem Jahre 1501[87].

Triumph Mariens. Buchmalerei von Friedrich Stummel im Rituale zur Erteilung des Päpstlichen Segens, Marien-Basilika Kevelaer

Ein Zeugnis der Dankbarkeit und des Vertrauens der Gläubigen sind die Weihegaben an die Gottesmutter. Einen besonderen Stellenwert hatten die Wachsopfer. Die Kerze galt als eine Gabe, die sich an Stelle des opfernden Gläubigen am Gnadenort verzehrt. Die Kerzen ermöglichten zugleich, das Gnadenbild und die Eucharistiefeiern eindrucksvoll zu beleuchten. Viele Gläubige brachten auch Naturalopfer. So opferte man Hühner, Kälber, Kühe und Pferde, die bald wieder gegen Geld umgetauscht wurden. Reiche Frauen opferten ihr Festkleid, so z. B., ihr Brautkleid, das u. a. zum Schmuck des Gnadenbildes verwandt wurde. Auch Geldopfer wurden gespendet[88].

Zu den Höhepunkten der Marienwallfahrt zählte die Weihe an Maria. Der höchste Ausdruck der Hingabe an die Gottesmutter war die Blutweihe. Bekannt ist der Blutweihbrief des Kurfürsten Maximilian I. von Bayern aus dem Jahre 1645. Damals stiftete der Kurfürst einen silberbeschlagenen Tabernakel für das Gnadenbild in Altötting. In dem Boden des Holzgehäuses fand sich in einer Schublade ein Brief des Fürsten. Der Text ist mit seinem eigenen Blut geschrieben und lautete: Ich weihe mich dir mit diesem Zeugnis des Blutes und der Handschrift, Jungfrau Maria. Der Sohn von Maximilian, Ferdinand Maria, vollzog eine ähnliche Blutweihe. Auch seine Gattin Henriette Adelaide schrieb zwei Weihebriefe mit ihrem eigenen Blut[89].

Ein Blick in die Wallfahrtsbücher macht ebenfalls die pastorale Bedeutung der Wallfahrt deutlich. So ist z. B. an dem Wallfahrtsort Scherpenheuvel[90] für die Pilger vorgeschrieben: Gebet und Anrufung der Gottesmutter, Mitfeier der hl. Messe, Beten des Kreuzweges, Rosenkranzgebet, Fürbitten, Gebet um Heilung bzw. Erhörung, Spende von Opfergaben und Kauf von Erinnerungsstücken.

Auch die Liturgie am Wallfahrtsort hatte eine pastorale Bedeutung. Die Pilger erlebten am Gnadenort einen feierlichen, prunkvollen Gottesdienst mit Weihrauch und Kirchenchor und einer eindrucksvollen Predigt, einen Gottesdienst, wie er ihnen in ihrer Dorfkirche kaum geboten werden konnte.

Nach der Rückkehr von der Wallfahrt wurden die Pilger in ihren Pfarreien von den Angehörigen empfangen, berichteten von ihren religiösen Erlebnissen, von den Gebetserhörungen am Wallfahrtsort und den feierlichen Gottesdiensten. Auch dadurch wurde der Glaube gestärkt und die Liebe zur Gottesmutter gefestigt.

So war die Wallfahrt im Zeitalter der Katholischen Reform eine wichtige Hilfe in der Seelsorge, da viele Gläubige bei der Wallfahrt durch Predigt, Katechese, eine gute Beichte und Kommunion, zu einer Lebenserneuerung kamen. Durch eine echte volkstümliche Frömmigkeit wurde Maria den Gläubigen innerlich nahe gebracht. Die Wallfahrten sprachen zudem das Gemüt der Gläubigen an, und auch das katholische Selbstbewußtsein erlebte bei den glanzvollen Marienwallfahrten eine Stärkung. Sie erlebten Maria als die Trösterin der Betrübten, als die Zuflucht der Sünder, als die Königin der Märtyrer, als die Königin des Himmels, als die Hilfe der Christen und als die Siegerin über Irr- und Unglauben[91]. Maria triumphiert über die Feinde der Kirche, ein Gedanke, der in der marianischen Wallfahrtsliteratur der Zeit verschiedentlich angesprochen wurde. So trägt ein Marienbuch des Freiburger Theologen Jodocus Lorichius den Titel „Triumph Mariens"[92]. Maria trägt die Siegespalme. Sie wird verehrt als die unbefleckte Jungfrau, als die in der Genesis verheißene Siegerin über die Schlange. Sie steht im erfolgreichen Kampf mit der Häresie. Dieser Gedanke wird z. B. ausgesprochen in dem von Weihbischof F. Forner[93] veröffentlichten Werk „Palma triumphalis". Das Titelbild „Maria mit dem Jesuskind" trägt die Überschrift: Du hast alle Irrlehren auf der ganzen Welt überwunden[94]. Diese Worte waren entnommen dem römischen Brevier, und zwar der ersten Antiphon der dritten Nokturn an Marienfesten. Das Bewußtsein: ‚Maria ist die Überwinderin aller Feinde Christi und der Kirche' gab den Gläubigen neue Kraft und Zuversicht. Maria ist das Symbol des sieghaften katholischen Glaubens.

Die pastorale Bedeutung der Wallfahrt wird auch in dem Lied des Dichters Adrian Poirters deutlich, das dieser im Jahre 1656 in niederdeutscher Sprache geschrieben hat:

> Kommt, folgt mir nach mit rechtem Mut.
> Wir wollen die Reise beginnen,
> wir wollen gehn grüßen zu Kevelaer
> die schönste der Königinnen.

Kommt, folgt mir nach mit rechtem Mut.
Es soll uns noch gelingen,
daß wir all wandernd unbeschuht
die Pilgerfahrt vollbringen.

Wir sind doch Pilger alle hier
und finden keinen Frieden.
Im Dunkeln irrend wandern wir,
solange wir sind hienieden.

Was ist denn unser Leben all?
Ein Kommen und ein Entgleiten.
Der Weg geht durch ein Tränental,
der uns nach Haus soll leiten.

Wohlan denn Pilger, rechten Mut!
Es muß uns doch gelingen,
daß wir all wandernd unbeschuht
die Pilgerfahrt vollbringen.[95]

Zusammenfassend dürfen wir sagen: Die Wallfahrt hatte im Zeitalter der Katholischen Reform, wie bereits damals Bischöfe und Theologen aussprachen, eine große pastorale Bedeutung. Sie stärkte im katholischen Raum die Liebe zu Gott und den Heiligen, wurde für die Wallfahrer eine Glaubenshilfe, vermittelte ihnen neue religiöse Kräfte und half ihnen durch Predigt, Beichte und Kommunion zu einer inneren Umkehr. Die Wallfahrten haben wesentlich dazu beigetragen, daß der katholische Glaube in Deutschland erhalten blieb und eine erfolgreiche Neuevangelisierung im Zeitalter der Katholischen Reform[96] ermöglicht werden konnte.

Anmerkungen

[1] Vgl. H. Jedin, Katholische Reformation oder Gegenreformation? (Luzern 1946), Teilnachdruck: E. W. Zeeden (Hrsg.), Gegenreformation (Darmstadt 1973) 46–81; H. Jedin: Handbuch der Kirchengeschichte IV (Freiburg 1967) 449–649; R. Bäumer, Die Erforschung der kirchlichen Reformationsgeschichte in Deutschland: H. Jedin – R. Bäumer, Die Erforschung der kirchlichen Reformationsgeschichte, Erträge der Forschung, Bd. 34 (Darmstadt 1975) 106–153. Von Einzeluntersuchungen seien genannt: J. Köhler, Das Ringen um die Tridentinische Erneuerung im Bistum Breslau (Köln 1973); M. Becker-Huberti, Die Tridentinische Reform im Bistum Münster (Münster 1978); A. Schröer, Die Kirche in Westfalen im Zeichen der Erneuerung, 2 Bde. (Münster 1986), K. Jockenhövel, Rom–Brüssel–Gottorf. Ein Beitrag zur Geschichte der gegenreformatorischen Versuche in Nordeuropa (Neumünster 1989). Hingewiesen sei auch auf die Lexikonartikel: G. Maron: Theologische Realenzyklopädie 18 (1989) 45–72; R. Bäumer: Marienlexikon III (1991) 557 ff.

[2] H. Jedin, Geschichte des Konzils von Trient, 4 Bde. (Freiburg 1951–1975); R. Bäumer (Hrsg.), Concilium Tridentinum (Darmstadt 1979).

[3] G. Schreiber (Hrsg.), Weltkonzil von Trient, 2 Bde. (Freiburg 1951).

[4] H. Jedin, Das Bischofsideal der Katholischen Reform: Kirche des Glaubens – Kirche der Geschichte II (Freiburg 1966) 75–117, Nachdruck E. W. Zeeden (wie Anm. 1) 359–424.

[5] W. Pötzl: Handbuch der Marienkunde, hrsg. W. Beinert – H. Petri (Regensburg 1984) 883–926; F. Courth: ebd. 521ff.

[6] J. Müller, Die Marianischen Kongregationen im 16. und 17. Jahrhundert: ZkTh 58 (1934) 83–109; J. B. Kettenmayer, Die Anfänge der Marianischen Sodalität in Köln 1576–1586 (Münster 1928); J. Stierli, Die Marianischen Kongregationen, 2 Bde. (1947).

[7] R. Bäumer, Zur Josefsverehrung in Deutschland und Österreich im 17. Jahrhundert: Cahiers de Joséphologie 35 (1987) 729–742.

[8] R. Bäumer, Marienfrömmigkeit und Marienwallfahrten im Zeitalter der Katholischen Reform: Der Widerschein des Ewigen Lichtes, hrsg. von G. Rovira (Kevelaer 1984) 169–187.
[9] E. M. Buxbaum, Petrus Canisius und die kirchliche Erneuerung in Bayern (Rom 1973); L. Scheffczyk, Marienlehre und Marienfrömmigkeit bei Petrus Canisius: Die Mutter der Schönen Liebe, hrsg. von G. Rovira (Würzburg 1982); ders.: Marienlexikon I (1988) 667f; K. Diez: Katholische Theologen der Reformationszeit III (Münster 1985) 89–102.
[10] Petrus Canisius, De Maria Virgine incomparabili et Dei Genitrice Sacrosancta Libri Quinque (Ingolstadt 1577) V 577.
[11] P. Canisius, Katholische Marienverehrung und lauteres Christentum, hrsg. von J. Jordan (Paderborn 1934) 252,256f; K. Telch (Hrsg.), Maria, die unvergleichliche Jungfrau und hochheilige Gottesgebärerin (Warnsdorf 1933) 506ff; vgl. auch O. Braunsberger (Hrsg.).
[12] Telch (wie Anm. 11) 507ff; Jordan (wie Anm. 11) 256f. Beati Petri Canisii Epistulae et Acta, 8 Bde. (Freiburg 1896–1923), bes. III 291f, 643; VI 376; VII 681, 727f.
[13] Vgl. über ihn St. Ehses, Jodocus Lorichius: Festschrift zum 1100jährigen Jubiläum des Deutschen Campo Santo in Rom (Freiburg 1897) 242–255; H. Knaupp, J. L. und die Reformversuche der Universität Freiburg: Zur Geschichte der Universität Freiburg, hrsg. J. Vincke (Freiburg 1966) 53–111 (Werkverzeichnis); R. Bäumer: Marienlexikon IV (1992) s. v.
[14] Ich benutzte die Ausgabe der Freiburger Universitätsbibliothek.
[15] Ebd. 22. fol. III^{V}.
[16] Ebd. c.1.
[17] Ebd. 132.
[18] Ebd. 134.
[19] G. Galeota: Katholische Theologen der Reformationszeit V (Münster 1988) 152–167; Ph. Schäfer – O. Stegmüller: Marienlexikon I (1988) 418f.
[20] Controv. IV 1.III c.8: Opera II (1871) 537f. Bellarmin begründet ferner die Berechtigung der Wallfahrt mit den Kirchenvätern, zitiert u. a. Eusebius, Johannes Chrysostomus, Hieronymus, Augustinus, Beda. Die Wallfahrt nennt er „Opus poenitentiae et satisfactionis . . . auget devotionem.
[21] Vgl. über ihn F. Mack, Das religiös-kirchliche Brauchtum im Schrifttum Jakob Gretsers (Diss. masch. Freiburg 1949), bes. 308, 314, 336; Th. Kurrus, Die liturgiewissenschaftlichen Bestrebungen Jakob Gretsers (Diss. masch. 1950); G. Reiter, Heiligenverehrung und Wallfahrtswesen im Schrifttum von Reformation und Katholischer Restauration (Diss. Würzburg 1976).
[22] L. I c.1.
[23] L. IV c.2.
[24] L. II c.5.
[25] L. III c.1.
[26] L. IV c.2ff.
[27] L. IV c.7ff.
[28] L. IV c.10, c.12. 1612 erschien von Gretser das Werk: Procession-Buch, das ist . . . ausführliche Erklärung von den hl. Bettfahrten, Creutzgängen und Prozessionen (Ingolstadt 1612).
[29] R. Bauer, Altötting (München[2] 1980) 129; R. Bäumer: Der Widerschein (wie Anmerkung 8) 177; A. Gribl: Marienlexikon I (1988) 118ff.
[30] H. Tüchle: Marienlexikon II (1989) 310. Der Titel seines Werkes lautete: Unser liebe Frau zu Alten Oeting (Ingolstadt 1571). Weitere Auflagen erschienen in den Jahren 1581, 1588, 1598, 1613.
[31] Vgl. L. Pfleger, Martin Eisengrein (Freiburg 1908) 77ff.
[32] Vgl. über ihn A. Räß, Die Convertiten seit der Reformation I (Freiburg 1866) 494, 499; P. Schmidt, Das Collegium Germanicum in Rom und die Germaniker (Tübingen 1984, rep.).
[33] L. Pfleger, M. Eisengrein (Freiburg 1908); M. A. König, Weihegaben an Unsere Liebe Frau von Altötting II (München 1940) 70. Von den vortridentinischen Theologen sei noch Johannes Eck genannt. In seinem Enchiridion erinnert er an die Wallfahrten im Alten Testament (Ex 23, 14–19). Er sieht hier die biblische Begründung für die Wallfahrten der Christen. Eck beklagt auch die Angriffe der Neuerer gegen die Wallfahrten: Johannes Eck, Enchiridion, ed. P. Fraenkel (Münster 1979) 158, 363. Erinnert sei ferner an die Stellungnahmen zur Wallfahrt von Caspar Ortrandus Franck, Drey Predigten: I Von Christi wunderwercken . . . bei den walfarten (Nürnberg 1565); J. Feucht, Christliche Walfart (1574); ders., Drey Tractetlein . . . Procession oder Walfart (Köln 1575); Eine Walfartpredigt (Bamberg 1575); Neununddreißig Cath. Predigten (1578).
[34] R. Bäumer: Der Widerschein des Ewigen Lichtes (1984) 176f.
[35] M. A. König, Weihegaben an U. L. F. von Altötting II (München 1940) 79f.
[36] R. Bauer, Altötting ([2] München 1980) 105.
[37] Ebd. 66f.
[38] Julius Echter und seine Zeit, hrsg. von F. Merzbacher (Würzburg 1973); H. Dünninger, Maria siegt in Franken. Die Wallfahrt nach Dettelbach als Bekenntnis (1979); G. Mälzer, Julius Echter. Leben und Werk (Würzburg 1989).
[39] E. Soder von Güdenstubbe: Marienlexikon II (1989) 174f.
[40] J. Dünninger, Die Marianischen Wallfahrten der Diözese Würzburg (Würzburg 1960) 141–147. K. Kolb, Käppele. Rokokokleinod in Würzburg (Würzburg 1976).
[41] K. Repgen, Der Bischof zwischen Reformation, Katholischer Reform und Konfessionsbildung: Festschrift für Kardinal Höffner, hrsg. von P. Berglar – O. Engels (Köln 1986) 245–314.
[42] R. Bäumer: Marienlexikon III (1991) 32 (Lit.).
[43] A. Brecher, Die kirchliche Reform in Stadt und Reich Aachen (Münster 1957) U. M. Kremer: Marienlexikon I (1988) 1–7.
[44] E. Gatz, St. Anna in Düren (1972).
[45] Wallfahrt im Rheinland 153; Marienlexikon IV s. v.

[46] L. Böer – L. Maly: Marienlexikon I (1988) 91f.
[47] Wallfahrt im Rheinland (1981) 137–142.
[48] A. Franzen, Der Wiederaufbau des kirchlichen Lebens im Erzbistum Köln unter Ferdinand von Bayern (Münster 1941); E. Ennen, Kurfürst Ferdinand von Köln. Annalen des Historischen Vereins für den Niederrhein 163 (1961) 5-40; K. Repgen, Der Bischof (wie Anm. 41).
[49] R. Bäumer, Marienlexikon II (1989) 574f (Lit.).
[50] A. Schröer, Die Kirche in Westfalen im Zeichen der Erneuerung I (Münster 1986); M. Becker-Huberti, Christoph Bernhard von Galen. Die Tridentinische Reform im Bistum Münster (Münster 1978) 297.
[51] F. Dyckmans, Kevelaer (Kevelaer 1958); J. Oomen, Kevelaer (Kevelaer 1975); L. Bergmann, Kevelaer-Wallfahrt: Wallfahrt im Rheinland (1981) 67–78; Marienlexikon III (1991) 547 ff.
[52] A. Brecher (wie Anm. 43) 306; Wallfahrt im Rheinland (1981) 68.
[53] Wallfahrt im Rheinland (1981) 72.
[54] A. Brecher (wie Anmerkung 43) 306.
[55] Th. P. Becker, Konfessionalisierung in Kurköln (Bonn 1989), 220.
[56] A. Brecher (wie Anm. 43) 306.
[57] Wallfahrt im Rheinland (1981) 72; Th. P. Becker, Konfessionalisierung in Kurköln (Bonn 1989), 219.
[58] K. Schmalfeldt: Freiburger Diözesanarchiv 108 (1988) 5–302.
[59] Ebd. 56ff.
[60] R. Bäumer: Marienlexikon II (1989) 531–535; III (1991) 636 f.
[61] J. Salzgeber: Marienlexikon II (1989) 308f.
[62] O. Ringholz, Wallfahrtsgeschichte von Einsiedeln (Freiburg 1896) 63.
[63] L. A. Veit –L. Lenhart, Kirche und Volksfrömmigkeit im Zeitalter des Barock (Freiburg 1956) 175.
[64] H. Jedin, Geschichte des Konzils von Trient IV (Freiburg 1975).
[65] R. Bauer, Altötting (^{2} 1980) 131.
[66] Ebd. 132, Vgl. auch Petrus Canisius, Epistolae, ed. O. Braunsberger VII 160–168, 179ff, 185ff.
[67] R. Bauer (wie Anm. 65) 133.
[68] O. Ringholz (wie Anm. 62) 63.
[69] W. Hartinger, Mariahilf ob Passau (1985); ders.: Marienlexikon IV s. v. Mariahilf.
[70] L. Hüttl, Marianische Wallfahrten im süddeutsch-österreichischen Raum (Köln 1985).
[71] H. Dünninger, Maria siegt in Franken (1979).
[72] K. Schmalfeldt (wie Anm. 58) 114. Die Zahl stieg 1699 auf 51873, 1700 auf 62397.
[73] R. Bauer (wie Anm. 65) 132f; vgl. auch Marienlexikon I (1988) 119.
[74] Handbuch der Marienkunde (Regensburg 1984) 791; Marienlexikon II 174f.
[75] A. Brecher (wie Anm. 43) 306, Wallfahrt im Rheinland (1981) 68f.
[76] K. Schmalfeldt (wie Anm. 58) 85,87.
[77] Vgl. über ihn Jesuitenlexikon 741f, Marienlexikon III (1991) 61.
[78] A. Brecher (wie Anm. 43) 306; Wallfahrt im Rheinland (wie Anm. 75) 120; Marienlexikon I (1988) 91f.
[79] A. M König (wie Anm. 35) 112–146, 225–235, 253ff; R. Bauer (wie Anm. 65) 133, 152f.
[80] O. Ringholz (wie Anm. 62) 80f
[81] L. Bergmann: Wallfahrt im Rheinland (1981) 68f.
[82] In Triberg opferten die Gläubigen 1697 1141 fl. Vgl. K. Schmalfeldt (wie Anm. 58) 77. Über Sühnewallfahrten vgl. L. Carlen, Straf- und Sühnewallfahrten nach Einsiedeln: Festschrift für Iso Müller II (1972) 246–265; ders., Wallfahrt und Recht im Abendland (Fribourg 1987).
[83] K. Schmalfeldt (wie Anm. 58) 98f.
[84] In der Zeit von Oktober 1700 bis Juni 1701 traten 6271 Gläubige in die Bruderschaft ein, ebd. 99.
[85] H. Tüchle: Marienlexikon II (1989) 310; R. Bauer, Altötting (^{2} 1980) 61ff.
[86] Ebd. 62f.
[87] Ebd. 63.
[88] M. A. König, Weihegaben (wie Anm. 35); R. Bauer (wie Anm. 65) 68ff.
[89] Vgl. L. Hüttl (wie Anm. 70) 91; R. Bauer (wie Anm. 65) 110f.
[90] Wallfahrt im Rheinland (1981) 25ff, 58f; A. Brecher (wie Anm. 43) 307.
[91] So hatte Petrus Canisius daran erinnert, daß die Verehrung Mariens ein geeignetes Mittel zur Überwindung des Irrtums und zur Stärkung des Glaubens sei: De Maria Virgine V 577.
[92] J. Lorichius, Triumphus B. Mariae Virginis (Freiburg 1610).
[93] Vgl. über ihn M. Pörnbacher: Marienlexikon II (1989) 486f.
[94] Gaude Maria Virgo, cunctas haereses sola interemisti in universo mundo. Vgl. auch G. Reiter, Heiligenverehrung und Wallfahrtswesen im Schrifttum von Reformation und Katholischer Restauration (Diss. Würzburg 1970) 83.
[95] L. Bergmann: Wallfahrt im Rheinland (1981) 77f.
[96] R. Bäumer, Die „Neuevangelisierung" Deutschlands nach der Glaubenskrise des 16. Jahrhunderts: Theologisches 43 (1990) 64–78.

Dieter P. J. Wynands

Zwischen Religion und Rekreation: 350 Jahre Wallfahrten im Land von Rhein, Maas und Mosel als Ausdruck von Volksfrömmigkeit

Am 16. August 1814 nahm Johann Wolfgang von Goethe am Binger Rochusfest teil. Drei Jahre später veröffentlichte er seine diesbezüglichen Aufzeichnungen, in denen er anschaulich die religiöse Feier einer katholischen Bevölkerung und ihre Lebensumwelt darstellt. Goethes Schilderung machte eine weitgehend distanzierte Öffentlichkeit mit einem Aspekt der lange mißachteten Volksfrömmigkeit bekannt: der Wallfahrt. Für Goethe hinterließen die Besucher des Binger Rochusfestes drei unterschiedliche Eindrücke: „. . . die Kinder waren sämtlich froh, wohlgemut und behäglich, als bei einem neuen, wundersamen, heitern Ereignis. Die jungen Leute dagegen traten gleichgültig anher. Denn sie, in böser Zeit geborne, konnte das Fest an nichts erinnern, . . . Die Alten aber waren alle gerührt, als von einem glücklichen, für sie . . . zurückkehrenden Zeitalter."

In der Geschichte der Binger Rochuskapelle spiegelt sich ein Teil der allgemeinen Wallfahrtsgeschichte wider. Seit der Mitte des 17. Jahrhunderts waren Generationen von Menschen zu dieser oberhalb des Rheins gelegenen Kapelle gezogen, bis die Wallfahrt während der französischen Herrschaft unterdrückt wurde und nach der Völkerschlacht bei Leipzig, als in der Umgebung Bingens eine Typhusepidemie zahlreiche Todesopfer forderte, wieder auflebte und besonders am Rochustag viele Besucher anzog.

Das wechselvolle Schicksal der Binger Rochuskapelle, ihre Zerstörung und ihr Wiederaufbau, der schwer zu unterdrückende Wunsch der Bevölkerung, gerade diesen Ort zur Andacht aufzusuchen, ist eingebettet im Für und Wider der christlichen Wallfahrt. Durch die Jahrhunderte hindurch fand sie eifrige Befürworter und leidenschaftliche Gegner. Von dem noch dem Mittelalter angehörenden Verfasser der „Nachfolge Christi" stammt der schonungslose Satz „qui multum peregrinantur, raro sanctificantur" („Die viel wallfahren, werden selten heilig.") (I 23). Nie jedoch ist die Kritik am Wallfahrtswesen so gründlich durchdacht worden wie in der katholischen Aufklärung.

Im folgenden soll der Versuch unternommen werden, die Entwicklung des Wallfahrtswesens seit dem Ende des Dreißigjährigen Krieges – in dessen Spätphase die Geschichte Kevelaers als Gnadenort einsetzt – im Spannungsfeld von Volk, Staat und Kirche, von Politik und Frömmigkeit sowie von Ökonomie zu verfolgen. Untersuchungsgebiet ist das von Flamen, Wallonen und Deutschen bewohnte Land zwischen Rhein,

Maas und Mosel, das nach territorialer Zersplitterung nach der Französischen Revolution erstmals eine politische Einheit bildete und nach Beseitigung der napoleonischen Herrschaft unter niederländischer und preußischer Oberhoheit und damit an weitgehend protestantisch geprägte Staatswesen fiel, während die meisten Einwohner dem katholischen Bekenntnis angehörten. Aus der Fülle der mittlerweile ermittelten Wallfahrten werden nur einige wenige exemplarisch vorgestellt, besonders solche, deren Gründungszeit in die von Kevelaer fällt. Chronologisch bietet sich eine Vierteilung an: I. Das Zeitalter des Barock mit seiner überschwenglichen Frömmigkeit, II. Die Wende vom 18. zum 19. Jahrhundert als Zeit der Kritik und Zurückdrängung, III. Die frühe oranische und preußische Zeit als Jahre weiteren Widerstands, IV. Die Jahre nach 1835 als lange Zeit der Blüte.

I

Das von Rhein, Maas und Mosel durchflossene Land besaß bereits im Mittelalter mehrere überregionale, für das Abendland bedeutende Wallfahrtsstätten. An erster Stelle ist Aachen mit seiner alle sieben Jahre wiederkehrenden Heiligtumsfahrt zu erwähnen, aber auch Orte wie Köln und Trier, Maastricht und Tongern, Klausen und Saint-Hubert. – Humanismus und Reformation brachten nicht das Ende der Wallfahrtsbewegung, vielmehr ließ die Gegenreformation neue, nicht zuletzt stark apologetisch ausgerichtete Gnadenstätten entstehen. Unter diesen nimmt seit 1642 Kevelaer eine Vorzugsstellung ein.

Im Zeitalter des Barock trat an die Stelle der alten, beschwerlichen, aufwendigen und außer Landes gehenden Fernwallfahrt der Besuch naher Heiligtümer. In Aachen fand nach Beilegung der innerstädtischen Reformationswirren eine Intensivierung des lokalen Marienkults statt, von dem auch die nur alle sieben Jahre abgehaltene Heiligtumsfahrt profitierte. Im Jahre 1627 stiftete die spanische Infantin Isabella Clara Eugenia, die in den nahen spanischen Niederlanden residierte, dem Gnadenbild Unserer Lieben Frau von Aachen zwei wertvolle Kronen. Noch in der Mitte des 18. Jahrhunderts wurde die gotische Ungarnkapelle des Münsters durch einen barocken Neubau ersetzt. Für diese Zeit wird von einer starken Teilnahme an den Heiligtumsfahrten berichtet. – In Aachen und Tongern legten Gläubige für ihre empfangene Hilfe nicht nur Krücken, sondern auch Fesseln nieder, die sie in türkischer Gefangenschaft auf Galeeren oder in Kerkern tragen mußten. – Zu den Wallfahrtsorten, denen eine über das eigene Umland hinausgehende Bedeutung zukam, zählte auch Düren mit dem dort erst zu Beginn der Neuzeit einsetzenden Annenkult. Hingegen wird die Verehrung des hl. Irmundus von Hahnerhof bei Titz-Mündt oder des hl. Arnoldus von Arnoldsweiler hauptsächlich auf Teile des Dürener Landes beschränkt gewesen sein. Weniger bekannte Gnadenorte konnten etwa durch das Interesse führender Gesellschaftskreise an Bedeutung gewinnen. Dies geschah 1714 in Ophoven bei Wassenberg, als aus dem dortigen Kirchenschatz ein gefaßter, der Gottesmutter Maria zugeschriebener Schuh in Düsseldorf dem kurfürstlichen Paar zur Verehrung gereicht wurde.

Thomas von Kempen, erfasser der „Vier Bücher der Nachfolge Christi“, im Südportal an der Marien-Basilika Kevelaer, gewidmet dem Gedanken der Nachfolge Christi“, von Bert Gerresheim

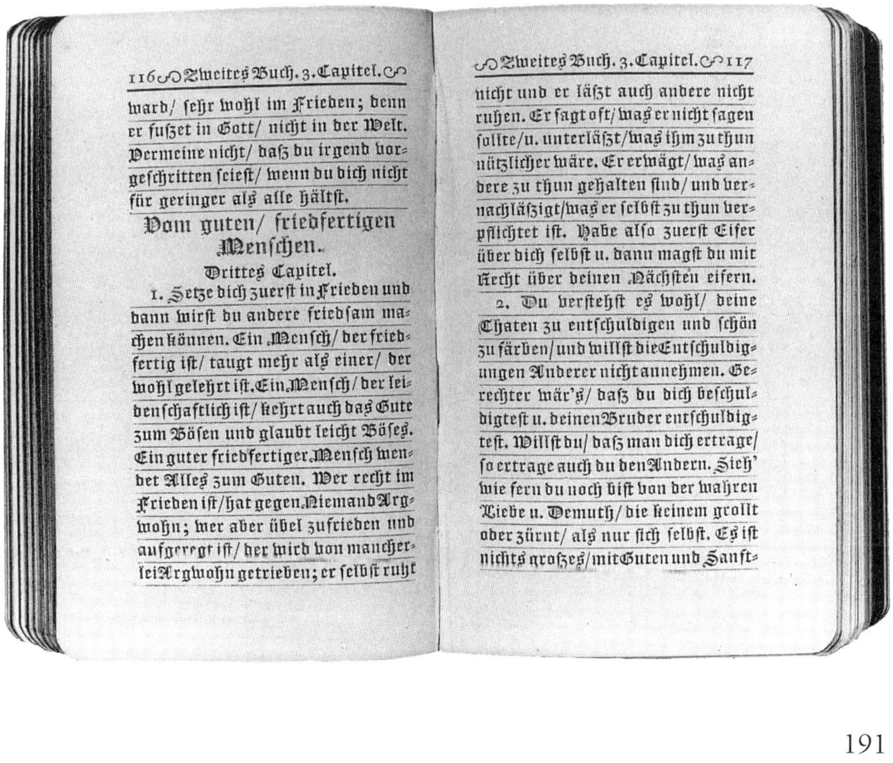

116 Zweites Buch. 3. Capitel.

ward/ sehr wohl im Frieden; denn
er fußet in Gott/ nicht in der Welt.
Vermeine nicht/ daß du irgend vor-
geschritten seiest/ wenn du dich nicht
für geringer als alle hältst.

Vom guten/ friedfertigen
Menschen.

Drittes Capitel.

1. Setze dich zuerst in Frieden und
dann wirst du andere friedsam ma-
chen können. Ein Mensch/ der fried-
fertig ist/ taugt mehr als einer/ der
wohl gelehrt ist. Ein Mensch/ der lei-
denschaftlich ist/ kehrt auch das Gute
zum Bösen und glaubt leicht Böses.
Ein guter friedfertiger Mensch wen-
det Alles zum Guten. Wer recht im
Frieden ist/ hat gegen Niemand Arg-
wohn; wer aber übel zufrieden und
aufgeregt ist/ der wird von mancher-
lei Argwohn getrieben; er selbst ruht

Zweites Buch. 3. Capitel. 117

nicht und er läßt auch andere nicht
ruhen. Er sagt oft/ was er nicht sagen
sollte/ u. unterläßt/ was ihm zu thun
nützlicher wäre. Er erwägt/ was an-
dere zu thun gehalten sind/ und ver-
nachläßigt/ was er selbst zu thun ver-
pflichtet ist. Habe also zuerst Eifer
über dich selbst u. dann magst du mit
Recht über deinen Nächsten eifern.
2. Du verstehst es wohl/ deine
Thaten zu entschuldigen und schön
zu färben/ und willst die Entschuldig-
ungen Anderer nicht annehmen. Ge-
rechter wär's/ daß du dich beschul-
digtest u. deinen Bruder entschuldig-
test. Willst du/ daß man dich ertrage/
so ertrage auch du den Andern. Sieh'
wie fern du noch bist von der wahren
Liebe u. Demuth/ die keinem grollt
oder zürnt/ als nur sich selbst. Es ist
nichts großes/ mit Guten und Sanft-

eiten aus dem Zweiten Buch der „Nachfolge Christi“ des Thomas von Kempen, aus einem der ältesten Verlagswerke des Verlages Butzon & Bercker, Kevelaer, 1879

Neben alten Wallfahrtsorten traten neue, fast ausschließlich der Gottesmutter geweihte Gnadenstätten. An der Schwelle vom Mittelalter zur Neuzeit entstanden in Hehn beim heutigen Mönchengladbach und in der ersten Hälfte des 17. Jahrhunderts in Holtum bei Wegberg-Beeck zwei marianische Wallfahrtsorte mit begrenztem Einzugsgebiet. Im Jahre 1654 bildete sich im Herzogtum Jülich in Aldenhoven eine in ihrer Ausstrahlung bald über das eigene Territorium hinausreichende Marienwallfahrt, deren Anfänge Parallelen zu Kevelaer aufweisen. 1672 entstand in Braunsrath bei Waldfeucht eine gerne von auswärtigen Betern besuchte Stätte marianischer Andacht, die jedoch nicht die Bedeutung erhielt wie die fast ein Jahrzehnt später einsetzende Wallfahrt

Gnadenbild der „Trösterin d Betrübten" in der Burtscheider Marienkapelle, auch Klein-Scherpenheuvel genannt, eine in Kupfer gravierte Nachbildung des Gnadenbildes von Scherpenheuvel, 1644

zu dem im Rechtsrheinischen gelegenen Neviges. Gegen Ende des 17. Jahrhunderts, als auch in Overhetfeld bei Niederkrüchten und südwestlich von Aachen in Eupen neue Marienwallfahrtsorte entstanden, setzte nach einem starken Erdbeben im Jahre 1692 die Wallfahrt zu dem wunderbaren Gnadenbildnis Mariens nach Verviers ein. – Noch in der Mitte des 17. Jahrhunderts waren im Rhein-Maas-Raum Kopien heiliger Stätten errichtet worden, die ebenfalls Ziel zahlreicher Wallfahrten wurden: Bei Willich-Neersen Klein Jerusalem mit der Erinnerung an Geburt, Tod und Auferstehung des Herrn, bei Aachen-Burtscheid eine Wallfahrtsstätte in Anlehnung an den brabantischen Marienwallfahrtsort Scherpenheuvel (Montaigu) und westlich von Roermond in Thorn eine Kopie des Loreto-Heiligtums. Spätestens um 1700 bildete sich die Wallfahrt zu dem bei Wassenberg gelegenen Birgeler Pützchen aus. Weitere Marienwallfahrtsorte entstanden in der Mitte des Jahrhunderts mit dem sogenannten Roskapellchen in der Aachener Jakobspfarre, westlich dieser Stadt bei Moresnet und bei Mechernich-Eicks. Auf das Jahr

1767 geht die Wallfahrt nach Kinzweiler bei Eschweiler zurück, wohin ähnlich wie in Aldenhoven Bewohner des weitläufigen Herzogtums Jülich ziehen konnten, ohne das eigene Territorium zu verlassen, was etwa beim Besuch des geldrischen Kevelaer notwendig gewesen wäre. Auffallend ist, daß neben diesen zahlreichen Marienwallfahrtsorten noch im Jahre 1768, als Menschen und Vieh wie so oft vielfach unter Seuchen litten, in dem Eifelort Berk, der zur Herrschaft Kronenburg gehörte, eine neue Wallfahrtsstätte zu den Hll. 14 Nothelfern entstand. – Alle diese Gründungen machten deutlich, worum es den frommen Besuchern ging: In ihren außergewöhnlichen und alltäglichen Sorgen und Nöten hofften sie, an den heiligen Orten (durch die Fürsprache besonders verehrter Heiliger) göttlicher Gnadenkraft näher als daheim zu sein. Auch bot die Versammlung gleichgesinnter Beter die Gelegenheit, ein frohes Zeugnis des Glaubens abzulegen.

II

Trotz der seit über einem Jahrhundert zu verzeichnenden vielen Neugründungen und häufigen Intensivierung älterer Wallfahrten kündigte sich in der zweiten Hälfte des 18. Jahrhunderts eine grundlegende Veränderung an. Stellenweise sank die Anzahl der Wallfahrer deutlich. So wurden etwa in der Aachener St. Adalbertskirche die Reliquien nicht mehr außen, sondern nur noch im Inneren des Gotteshauses gezeigt, da zu den Heiligtumsfahrten merklich weniger Wallfahrer als früher kamen. Dies lag wenigstens teilweise daran, daß führende Bevölkerungskreise gegenüber dem Wallfahrtswesen ein distanziertes Verhältnis einnahmen. Die mit dieser Andachtsform verbundene barocke Solemnität stieß auf Unverständnis von weltlicher und geistlicher Obrigkeit. Sie argwöhnte in dieser Form der Volksfrömmigkeit Aberglauben, beklagte Müßiggang, die Abwesenheit vom Arbeitsplatz, die damit verbundene Verschwendung materieller Güter, das Verlassen des eigenen Territoriums, die schwer zu zügelnde Zusammenballung vieler Menschen und nicht zuletzt den (ausgiebigen) Besuch von Wirtshäusern; kurzum: die Verquickung von Religion und Rekreation machte das Wallfahrten verdächtig!

Dem aufgeklärten Absolutismus verpflichtete Herrscher und Kirchenführer gingen auf Distanz zum Wallfahrtswesen und der damit leicht verbundenen Veräußerlichung und Selbstdarstellung. Dies zeigte sich etwa in der südlich von Stolberg gelegenen Pfarre Vicht darin, daß der Pfarrer mit seiner Gemeinde anstelle der Wallfahrt nach Mariawald (bei Heimbach) und Rolduc (bei Kirchrath) eine sakramentale Prozession durch sein Kirchspiel unternahm. Zum Jahre 1765 notierte der Pfarrer, der Kölner Erzbischof Maximilian Friedrich von Königseck-Rotenfels (1761–84) habe „unter schwerster Straff" alle Prozessionen verboten, deren Teilnehmer über Nacht von zu Hause wegblieben, „weylen bei den übernachten Viele Ärgernußen, excessen, gantze böse Lebensarten eingeschlichen und sich hervorgetan". – Als im Jahre 1781 Josef II. in Aachen weilte, ließ er sich nicht – wie für den katholischen Kaiser üblich – die Heiligtümer des Münsters zeigen, sondern statt dessen besichtigte dieser Sohn Maria Theresias den Thermalbrunnen des Kaiserbades. Statt der gebräuchlichen Reliquienseide ließ er sich Schwefel schenken. In seinen Erblanden erließ der Kaiser ein Verbot mehrtägiger Wallfahrten. Die geistlichen Kurstaaten am Rhein schlossen sich dem an. So erlosch endgültig die Fernwallfahrt der Ungarn und Slowenen nach Aachen, kam es auch zu einem Verbot der Echternacher Springprozession. Gebildete und Regierende drückten die Wallfahrt und verwandte Frömmigkeitsformen ins Abseits. Wie wenig Verständnis aufgebracht wurde, zeigte etwa der Revolutionär Johann Georg Forster, der 1790 schrieb: „Nirgends erscheint der Aberglaube in einer schauderhafteren Gestalt als in Köln. Jemand, der aus unserm aufgeklärten Mainz dahin kommt, hat in der Tat einen peinigenden Anblick an der mechanischen Andacht, womit so viele tausend Menschen den Müßiggang zu heiligen glauben, und an der blinden Abgötterei, die der Pöbel hier wirklich mit Reliquien treibt, welche den echten Religionsverehrern unter den Katholiken selbst ein Ärgernis geben." Doch war das so gescholtene Volk für die Kritik unempfänglich, mißachtete es häufig die Verbote. Während etwa die Einwohner Dormagens weisungsgemäß nicht mehr nach Kevelaer zogen und statt dessen ihre Andacht in einem näher gelegenen Ort verrichteten, wunderten sie sich 1792 über die vielen noch immer durchziehenden Kevelaer-Prozessionen.

Energischer gingen zunächst die französischen Revolutionäre gegen das Wallfahrtswesen vor, die 1794 für zwei Jahrzehnte das gesamte Gebiet bis zum Rhein beherrschten. Am 2. April 1798 verbot die Zentralverwaltung des Roerdepartements alle kirchlichen Zeremonien außerhalb der Kirche. Doch regte sich im Volk derart viel Widerstand, daß die Machthaber nachgeben mußten. Allmählich wurden die Maßnahmen gegen das Wallfahrtswesen abgebaut. Vom Jahre 1806 ab durften in den Orten, in denen keine Kirchen einer anderen Konfession bestanden, Prozessionen wieder stattfinden. In diesem Jahr erreichte der damals für Kevelaer zuständige Bischof von Aachen die Öffnung der dortigen Gnaden- und Kerzenkapelle. Da die noch bestehenden Vorschriften kaum kontrolliert werden konnten, unternahmen viele „wilde" Wallfahrten. Als weiteres Zugeständnis kam es 1811 zu der Bestimmung, daß alle Wallfahrten zugelassen waren, so sie altherkömmlich waren und das Gebiet des eigenen Bistums nicht verließen. Damals hatte eine Umfrage ergeben, daß Kevelaer, Düren und Aldenhoven die besuchtesten linksrheinischen Wallfahrtsorte waren.

Wie zäh die Bevölkerung am Althergebrachten festhielt, zeigt sich etwa beim Dürener Annakult. Im Jahre 1801 konnte in feierlicher Form der 300 Jahre zurückliegenden Translation gedacht werden, die letztlich ein Reliquiendiebstahl gewesen war. Sieben Jahre später setzte sich die Dürener Bürgerschaft in einer an den Bischof gerichteten Bittschrift für die Beibehaltung der hergebrachten Feierlichkeiten zu Ehren der „Großmutter unseres Erlösers"ein, zu denen aus nah und fern Besucher erwartet wurden. Die Stadt hatte auch wirtschaftliche Gründe geltend gemacht.

Selbst in Aachen, dem Hauptort des Roerdepartements, in dem Präfekt und Bischof residierten, zeigte sich wieder Wallfahrtsgeschehen. Nach einmaliger Unterbrechung fand 1804 wieder die Aachenfahrt statt, die genauso wie die Wallfahrt zum Trierer Rock im Jahre 1810 nicht zuletzt

Englischer Reiß-Gesell
der
Cöllnischer PROCESSION,
welche
die PP. Capuciner in Cöllen aus dasiger ihrer
Kirche den 19ten Tag Monats August alle Jahr
ausführen zu der wunderthätigen Bildniß
MARIÆ von KEVELAER
in 6 Täg abgetheilt.
Der erste Tag soll seyn ein Uebung der
in Demuth zu Maria fliehenden, mit ihrer Fürbitte
bei JEsu umb ihrer Seelen Heyl anhaltender
Sünder und Sünderinnen.
Zweyter Tag der Hoffnung durch Verdienst des bittern Leidens Jesu, durch gelittene Schmerzen und empfundene Freuden Mariä, Fürbitt H. Josephs, Annä, H.H. 3 Königen, S. Ursulä und aller Heiligen in ihren Seel- und Leibs Anliegen erhört zu werden verhoffenden treulosen Knechten und Dienstmägd.
Dritter Tag des kindlichen Vertrauens durch Fürbitt deren heiligen Patronen bei Maria ihrer barmherzigster Mutter erscheinenden, und mit Maria bei Jesu ihrem Vatter ihre Noth klag:nden verlohrnen Söhn und Töchter.
Vierter Tag der Liebe zu Jesu und Maria deren zu Gnaden aufgenohmen zu seyn verhoffenden Kinderen.
Fünfter Tag des starken Fürsatz in Jesu Gnad und Mariä Dienst zu verharren als gehorsame Kinder.
Sechster Täg der Hoffnung und Vertrauens als getreue Knechten durch Mariä Fürbitt die Gnad endlicher Beharrlichkeit, und eines glückseligen Tods zu erhalten.
Zu grösserer Ehr Gottes und Mariä, und mehreren Seelen Heil aufgerichtet, durch zeitliche Herren Provisoren und geistl. Brudermeister der Mar. Bruderschaft.
Cölln, gedruckt bei Dominicus Ferdinandus Holzapfel
auf der Burgmauer im Jahre 1779.

Titel des alten Kölnischen Pilgerbuches, das 1732 zum erstenmal gedruckt wurde

der Bevölkerung die einsetzende Normalisierung zwischen Staat und Kirche zeigen sollte. In diesem Jahr zog allein aus der Kölner Pfarre St. Kunibert eine 1000 Personen starke Prozession nach Kevelaer und stiftete 70 Messen, 15 kg Kerzen und 20 Franken für die Armen. – Während vereinzelt sogar besondere Umstände wallfahrtsstiftend waren, führte stellenweise der Verlust von Reliquien und Reliquiaren zum Niedergang von Wallfahrten. – Im ganzen gesehen hat die französische Herrschaft im Land von Rhein, Maas und Mosel nur vorübergehend einen Stillstand der Wallfahrtsbewegung gebracht. Das lebhafte Interesse weiter Bevölkerungskreise an dieser Frömmigkeitsform machte ein striktes Verbot unmöglich. Unbeabsichtigt waren sogar einige Maßnahmen der Franzosen wallfahrtsfördernd gewesen.

III

Wider Erwarten brachte die Beseitigung der französischen Herrschaft dem Wallfahrtswesen zunächst keine günstigere Entfaltungsmöglichkeit. Eher war das Gegenteil der Fall. Das Land mit seiner überwiegend katholischen Bevölkerung wurde zwischen Preußen und dem neuen Königreich der Vereinigten Niederlande, dessen Herrscher auch das Großherzogtum Luxemburg erhielt, aufgeteilt, fiel somit an überwiegend protestantisch geprägte Staaten. Obwohl es in Preußen selbst im Zuge der inneren Erneuerung zu einer Wertschätzung des Volkstums kam und sich die neue Geistesrichtung der Romantik gegen den rationalen Geist der Aufklärung wandte, herrschte in Regierung und Bürokratie weiter der Geist der Aufklärung. Es fiel den neuen, wenigstens in ihren Spitzen weitgehend mentalitäts- und ortsfremden Verwaltungen schwer, auf die neuen Untertanen entsprechend einzugehen. „The Prussian bureaucrats, seeing themselves as the architects of economic growth and a more rational social structure, opposed pilgrimages as an archaic practice, harmful to economic development" (Sperber 21).

So ist es nicht verwunderlich, daß – obwohl Papst Pius VII. das Wallfahrtswesen förderte – bereits im Sommer 1814 die beiden Generalvikare der großräumigen Diözese Aachen daran erinnerten, daß Wallfahrten außerhalb des eigenen Bistums verboten seien. Wenig später verschärften die staatlichen Behörden die wallfahrtserschwerenden Vorschriften. Grundsätzlich ging es darum, mehrtägige Wallfahrten und solche außerhalb des eigenen Bistums zu verbieten. Sollten sie dennoch stattfinden, mußten sich die Teilnehmer durch besondere Papiere legitimieren und von einem vom Bischof dazu beauftragten Seelsorger angeführt werden; alles Vorschriften, die letztlich hemmend wirken sollten. Besonders streng prüfte die Regierung zu Düsseldorf die Entbehrlichkeit und Sittlichkeit derer, die von den Pfarrern in die Teilnehmerlisten eingetragen worden waren. Für die Bewohner des Jülicher oder Dürener Landes bedeuteten die Maßnahmen etwa, daß sie zunächst noch nach Kevelaer, nicht aber nach Saint-Hubert ziehen konnten.

Der Klerus selbst nahm hinsichtlich mehrtägiger Wallfahrten eine zwiespältige Haltung ein. Anfang der zwanziger Jahre waren in den Regierungsbezirken Köln und Düsseldorf 55% der Geistlichen für und nur 33% bzw. 30% ausgesprochen gegen mehrtägige Wallfahrten. Während im Kreis Geldern, zu dem die Ortschaft Kevelaer gehörte, sogar 96% der Geistlichen dafür waren, machte die Zustimmung im wirtschaftlich aktiven und konfessionell stark gemischten Krefeld nur 20% aus, denn dort war die Pfarrgeistlichkeit nachhaltig von der katholischen Aufklärung geprägt.

Fast überall wurden die einengenden Vorschriften unterlaufen, was von den Behörden häufig stillschweigend geduldet wurde. Außerordentliche Reliquienzeigungen für den preußischen König Friedrich Wilhelm III. in Aachen und Kornelimünster liefen letztlich dem Geist der wallfahrtshemmenden Vorschriften entgegen. Doch taten sich weiter viele Außenstehende schwer mit dieser Form katholischer Volksfrömmigkeit. Selbst bei Katholiken blieb das gesamte Wallfahrtswesen umstritten. Die Beschwerde von 85 Krefelder Bürgern, Katholiken und Protestanten, die sich im Sommer 1821 vom Durchzug einer Kevelaer-Prozession belästigt fühlten, stellt keinen Einzelfall dar. Der katholische Pfarrer von Bockum bei Krefeld war sogar der Meinung, die Seelsorger sollten die Prozessionen nach Kevelaer verhüten, „als eine Religionsausübung, die den Christen verbildet, korrupte Religionsbegriffe fördert, Aberglauben verbreitet und in ihren Nebenumständen Unordnungen veranlaßt und mehr Böses stiftet als Gutes".

Das Dekanat Krefeld war aufgeschlossen für die aufklärerischen Ansichten des Bonner Theologen Georg Hermes, dessen Schüler in wichtige Positionen der rheinpreußischen katholischen Kirche berufen wurden. Demgegenüber war der Klerus im Vereinigten Königreich bedeutend konservativer eingestellt. Wichtigste Stütze für die Fortschrittlichen bildeten die ersten Bischöfe, die nach der kirchlichen Restauration in Trier und Köln ihren Dienst antraten: an der Mosel Joseph von Hommer

Krücken aus der Kerzenkapelle in Kevelaer, 19. Jahrhundert

(1824–36) und in der rheinischen Metropole Ferdinand August Graf Spiegel (1825–35), dessen Stiefbruder die Bonner Universität bereits zu einem Mittelpunkt der katholischen Aufklärung gemacht hatte.

Nach wiederholter Rücksprache mit dem rheinischen Oberpräsidenten erließ Erzbischof Spiegel am 12. Mai 1826 einen Hirtenbrief über die Gefahren des Wallfahrens. Er wies seine Pfarrer an, sein Lehrschreiben den Gläubigen an insgesamt drei Sonntagen vorzulesen und einzuschärfen. Zwar bezeichnete darin der höchste Repräsentant der katholischen Kirche im Westen Deutschlands an der Nahtstelle zum niederländischen und französischen Sprachraum die Sitte, „in feierlichen Zügen an jene Orte betend zu wallfahrten, an welchen berühmte Heilige in frommen Andenken verehrt, oder ihre Gebeine aufbewahrt werden", als „ehrwürdig und an sich lobenswerth", doch erinnerte er daran, daß „Gott und seine Heiligen . . . an keinen Ort gebunden" sind und den Menschen überall, vornehmlich in der eigenen Pfarrkirche, nahe seien. „Leider! . . .", so der Erzbischof, lehre „die vieljährige Erfahrung", daß es bei mehrtägigen Wallfahrten zur „Versäumniß der häuslichen Pflichten" und zu „rohesten Ausschweifungen" kommen würde. Nachdem der Geistliche auf die diesbezüglichen Verordnungen seiner Vorgänger hingewiesen hatte, sprach er entsprechend den staatlichen Vorschriften ein grundsätzliches Verbot von Wallfahrten aus, wenn sie das Gebiet der Erzdiözese verlassen oder aber mehr als einen Tag dauern würden.

Ähnliche Verlautbarungen sind für den Süden und Norden des Rhein-Maas-Raumes bekannt. Der Bischof von Münster begründete sein Verbot mit „den vorkommenden Entgleisungen, den Schäden in ökonomischer, physischer, religiöser und moralischer Hinsicht". – Ausgewogener ging der Bischof von Trier vor, dem es darum ging, den Wallfahrten den Charakter eines öffentlichen Gottesdienstes zu nehmen, weshalb die Geistlichen nicht teilnehmen und weder Kreuz noch Fahne mitgeführt werden sollten. Dem Koblenzer Oberpräsidenten teilte er mit, daß die meisten Menschen Wallfahrten unternehmen „aus reiner Absicht nach ihren Begriffen, in der Einfalt ihres Herzens sich gottgefällig zu machen. Der Landbewohner, der für das kontemplative Gebet nicht geeignet ist und gewohnt, mit seinen körperlichen Kräften seinem Gutsherrn und dem Staat zu dienen, glaubt, sein Gebet sei nicht kräftig genug, wenn er nicht körperliche Anstrengungen damit verbinde. Die Ungezogenheiten, die dabei vorkommen, sind lang nicht so häufig, als man vorgibt, und diejenigen, die darauf aus sind, finden auch in der Heimat Gelegenheit dazu." Der Arbeitsausfall halte sich in Grenzen, da in der Regel zu einer Zeit gewallfahrtet werde, in der nicht viel Arbeit anfalle. Ebenfalls seien die entstehenden Unkosten unbedeutend, da die meisten Teilnehmer ihre Verpflegung mitnähmen und lediglich unterwegs ein niedriges Schlafgeld zahlen würden. Auf einem Jahrmarkt – so der Bischof – fände sich mehr Gelegenheit zur Unsittlichkeit, werde mehr geschwelgt und verzehrt als auf zehn Wallfahrten.

Mittlerweile lagen den rheinpreußischen Bezirksregierungen statistische Angaben über das Wallfahrtsverhalten der Katholiken im Jahre 1825 vor. Nach einer Erhebung unternahmen jährlich rund 150.000 Rheinländer eine mehrtägige Wallfahrt. Das entsprach einem Vierzehntel der Gesamtbevölkerung von 2,2 Millionen, die zu drei Viertel dem katholischen Bekenntnis angehörte. Pro Wallfahrer und Tag hatten die Behörden 8 Silbergroschen für Verzehr und Opfergeld, für den Verdienstausfall ebenfalls 8 Silbergroschen veranschlagt, was für die Provinz 150.000 Taler ergab. Für die Bewohner des Regierungsbezirkes Aachen waren beliebteste Wallfahrtsorte Kevelaer, Nievenheim, Trier und Heimbach, gefolgt von Saint-Hubert, Barweiler, Düren, Aldenhoven und Kornelimünster.

Der Kölner Erzbischof wurde geradezu bestürmt, Wallfahrten zu genehmigen. Wie sehr die katholische Bevölkerung ihre Religion nach außen zeigen wollte, erfuhr er im Jahre 1826, als der römische Jubiläumsablaß auf alle Diözesen ausgedehnt wurde und die Kölner Jubiläumsprozession – wie festgestellt wurde – rund 20.000 Teilnehmer „aus allen Ständen" zählte. In Koblenz war die Teilnahme der dortigen Gymnasiasten aufgefallen, mit ein weiterer Beleg dafür, daß nicht nur – wie oft vermutet – lediglich die sogenannten niederen Bevölkerungskreise sich von der Volksfrömmigkeit angezogen fühlten. Im Jahre 1827 waren bis auf vier alle 19 Pfarreien der Stadt Köln an der mehrtägigen Kevelaerprozession beteiligt. Viele Geistliche hatten sich der Überprüfung entzogen, Teilnehmer den Behörden falsche oder, da stark vom Dialekt geprägt, schwer verständliche Antworten gegeben. Kirche und Staat resignierten und legten den Vorgang zu den Akten.

Die vom Wiener Kongreß gezogenen Grenzen bedeuteten für die Wallfahrer kein unüberwindliches Hindernis. So zogen Wallfahrer aus der Westeifel weiter nach Echternach und Gläubige aus dem Dekanat Bitburg nach Luxemburg. Als in Roermond im Jahre 1835 die 400-Jahr-Feier der dortigen Marienverehrung gefeiert wurde, suchten zwischen dem 15. August und 8. September rund 200.000 Wallfahrer die Stadt an der Maas auf, deren Einwohner zum Schmuck u. a. Triumphbögen mit lateinischen, französischen, deutschen und niederländischen Inschriften errichtet hatten; ein beredter Hinweis auf die grenzüberschreitende Wirksamkeit des Wallfahrens.

Immer weniger ließ sich das einfache Volk von den übertriebenen Vorurteilen und den gerechtfertigten Befürchtungen beeinflussen. Immer mehr Seelsorger nutzten in ihrer Pastoral die Vorzüge der Wallfahrt. Hermes und seine Anhänger gerieten in die Defensive. Zu den Befürwortern der Wallfahrt zählte der Bilker Pfarrer Joseph Anton Binterim, der Verfasser der ersten grundsätzlichen Legitimierung der Wallfahrten. Er erinnerte daran, daß man sie vom „politischen, merkantilischen, geschichtlich-wissenschaftlichen, religiösen und moralischen Gesichtspunkt" aus betrachten könne und führte zur Verteidigung auf: „Eine gute heilige Sache kann durch Mißbrauch geschändet, nicht aber der Güte, der Heiligkeit beraubt werden."

Allmählich kündigte sich bei der staatlichen und kirchlichen Obrigkeit ein Gesinnungswandel an. Ähnliches gilt auch für die lange beargwöhnte Volksmission. Im Jahre 1833 erreichte der preußische Kronprinz und spätere König Friedrich Wilhelm IV., daß sich die Kevelaerwallfahrer nicht mehr legitimieren mußten. Hatte sich noch 1829 die kirchliche Behörde gegenüber dem Süchtelner Irmgardiskult reserviert gezeigt, so griff sie sechs Jahre später die Klagen des für den Irmunduskult auf Hahnerhof bei Mündt zuständigen Geistlichen nicht

Der Kapellenplatz zu Kevela mit der Gnadenkapel und der alten Wallfahrt kirche im ersten Drittel d 19. Jahrhunderts. Stahlsti von Eduard Willmann na einer Zeichnung von Ludw Rohbock. Veröffentlicht i „Der Rhein und d Rheinlande. Band III: V Köln bis zum Meer" (bei Se 142). Wiesbaden/Darmsta 1842/

auf, der über „Getümmel", „Unfug", sogar von „blutigen Schlägereien" an der von „Brandwein-Boutiquen umlagerten" Kapelle klagte, vielmehr wünschte das Kölner Generalvikariat die Beibehaltung des Althergebrachten. Bei der Kirchenführung kündigte sich eine Abkehr von der alten Wallfahrtspolitik an, deren Argumente noch aus der vorfranzösischen Zeit stammten. – War die Wallfahrt in den ersten Jahrzehnten des 19. Jahrhunderts offensichtlich eine Bewegung von unten gewesen, so begann nun die Hierarchie, diese Form der Volksfrömmigkeit zu nutzen, wurde das Wallfahrten auch eine Bewegung von oben.

IV

Mittlerweile war der Kölner Erzbischof Spiegel gestorben (2. 8. 1835), hatte seine Stelle Clemens August Freiherr von Droste zu Vischering, ein schroffer Gegner des Hermesianismus, eingenommen. Nachdrücklich setzte er sich bei der Provinzialbehörde für das Wallfahrtswesen ein. Es war ihm ein „sehr zweckmäßiges Mittel", um „die religiöse Gesinnung der Gläubigen zu beleben". Scharf verurteilte der neue Erzbischof die frühere „Zerstörungswuth", der alte Frömmigkeitsformen zum Opfer gefallen seien. Die vormals für die Verbote von Wallfahrten aufgeführten Argumente verwarf er als „Scheingründe". „Da ich nun" – so der

Geistliche Anfang November 1837 – „auch die Ueberzeugung habe, . . . , daß . . . außergewöhnliche gottesdienstliche Uebungen, wie die längeren Wallfahrten sind, ein sehr zweckmäßiges Mittel sind, die religiöse Gesinnung zu beleben, so habe ich überall, wo ich darum ersucht worden bin, die Wallfahrten, aber immer unter der ausdrücklichen Bedingung erlaubt, daß ein Geistlicher, welcher für Ordnung, Zucht und Erbaulichkeit sorget, dieselben begleite."

Da ist es nicht erstaunlich, daß die Berliner Ministerialbürokratie erfuhr, im Rheinland rege sich weiter „die Lust zum Wallfahren". Sie wies die Düsseldorfer Regierung an, mit Umsicht gegen das Wallfahrtswesen vorzugehen, da sonst der „Fanatismus der unteren Volksklasse" Schaden anrichte. Die Aachener Regierung scheint allerdings nicht mit dem gebotenen Gespür vorgegangen zu sein, denn aus ihrem Bezirk wurde berichtet, daß „den Prozessionen, die über Land ziehen, namentlich nach Kevelaer, die Kreuze . . . (weggenommen) und die Leute . . . (auseinandergetrieben werden)".

Starke Impulse erhielt das Wallfahrtswesen von den „Kölner Wirren", in denen es vordergründig um die Mischehenfrage, letztlich aber um die Position der katholischen Kirche im protestantisch geprägten preußischen Staat ging. Als 1840 Friedrich Wilhelm IV. den Thron bestiegen hatte, rückte er von der Restaurationspolitik seines Vorgängers ab. Er suchte den Ausgleich mit der katholischen Kirche, der schließlich weitgehende Autonomie zugestanden wurde. Damals konnte nach sechsjähriger Vakanz Wilhelm Arnoldi die Trierer Kathedra besteigen. Der vorübergehend arretierte Erzbischof Droste erhielt Johann von Geissel zum Koadjutor, der beim Kölner Dombaufest, der ersten großen Zusammenkunft konservativer Kräfte, gemeinsam mit dem Monarchen auftrat.

Zu den Befürwortern der Peregrinatio zählte von Geissels Geheimsekretär, Domvikar Johann Michael Benger, bis zu seinem Eintritt bei den Redemptoristen Professor am Erzbischöflichen Priesterseminar. In seiner dreibändigen Pastoraltheologie, Frucht seiner Kölner Lehrtätigkeit, setzte er sich systematisch mit kritischen Vorbehalten auseinander, die er gänzlich entkräftete. Vor Benger hatte bereits der Regensburger Regens Joseph Amberger auf die pastorale Bedeutung der Wallfahrt verwiesen: „So sind Wallfahrten ein mächtiges Mittel, geistiges Leben zu fördern, nicht selten das einzige Mittel, es anzuregen. Dem gemeinen Volke sind Wallfahrten eine Erneuerung des Geistes. Der Mensch reißet sich los von der Erdscholle, an der er klebt, verläßt seine Verhältnisse, die ihn stets in den Staub ziehen, versetzet sich in eine geistige Umgebung; kräftige Mittel erschüttern sein Inneres, er betet, legt eine aufrichtige Beicht ab, wirket Busse und kehrt inwendig gestärkt und erneuert zu seinen Geschäften zurück."

Erstmals nutzte die Kirche in großem Stil die Stabilisierungsmaßnahmen des Wallfahrtswesens und die von diesem ausgehende Revitalisierung des religiösen Bewußtseins, als Bischof Arnoldi von August bis Oktober 1844 nach langer Unterbrechung wieder den Trierer Rock, die legendäre Tunica Christi, ausstellen ließ. Dem Zusammenklang von Spontaneität und Organisation, von traditioneller Frömmigkeitsform und modernen Verkehrsmitteln ist es zuzuschreiben, daß zwischen einer halben und über einer Million Besucher zu diesem Reliquienfest zogen. Besonders viele Wallfahrer kamen aus dem Großherzogtum Luxemburg, während aus dem Mainzer Raum, dessen Bischof noch der katholischen Aufklärung anhing, auffallend wenig Besucher kamen. Jenny von Westfalen schrieb damals ihrem Ehemann Karl Marx: „Die Menschen sind alle wie wahnsinnig." Für ihre Tochter erwarb sie Devotionalien. Auch fiel ihr auf, daß „ganz Koblenz kommt und die crème der Gesellschaft schließt sich an die Prozession an". Doch ist aus sozialgeschichtlicher Sicht diese Trierer Wallfahrt eine Massenbewegung überwiegend der unteren Gesellschaftsgruppen gewesen. – Für die Organisatoren sollte sie eine Bekundung erweckter Gläubigkeit und eine Absage an den modernen Geist des Rationalismus und des Zweifels sein. Der Trierer Theologieprofessor Jakob Marx bemühte sich in einer stärker apologetisch als kritisch geprägten Publikation, die Echtheit der Reliquie zu beweisen. Binterim machte aus dieser Wallfahrt eine Prestigefrage der Kirche. Rückblickend schrieb der betagte Joseph von Görres von einer „Völkerwanderung", darüber, daß sich das „Volk zwischen Rhein und Maas . . . erhoben" habe. Kritische, namentlich von Liberalen erhobene Bedenken – war die Rockwallfahrt doch Anlaß zur Gründung des Deutschkatholizismus! – verwarf Görres. „Wo eine Kirche gebaut wird, baut der böse Feind daneben seine Sacristei; wo eine Wallfahrt eingerichtet wird, ist er als frommer Pilger auch dabei. So hat er denn auch jetzt den Muschelhut aufgesetzt und den Pilgerstab zur Hand genommen, und Reinicke ist unter der Form der Polemik mitgewandert." Empörung und Polemik herrschten in der Tat in Teilen der bürgerlichen Presse. Zu letzterer zählte das von Rudolf zu Löwenstein verfaßte Spottlied „Freifrau von Droste-Vischering". Friedrich Engels rechnete dieses weitverbreitete Anti-Wunder-Lied zu den „besten politischen Volksliedern seit dem sechzehnten Jahrhundert".

Auffallend war in Trier die Teilnahme vieler Bischöfe gewesen, die zu einem Kennzeichen weiterer Großwallfahrten wurde. Dazu zählte auch Aachen. Dort war das Fieber der Aufklärung noch nicht überwunden. Der für die Heiligtumsfahrt zuständige Stiftsklerus nahm im Gegensatz zum Episkopat weiterhin gegenüber dem Wallfahrtswesen eine distanzierte Haltung ein. Letztlich scheiterte sein Versuch, den mittelalterlichen Ritus in eine zeitgemäße Form zu bringen, am Widerstand von Regierung und Stadt. Die Regierung fürchtete vor allem den Einfluß wallonischer Wallfahrer auf die ansässigen Fabrikarbeiter. 1839 hatten allzu offensichtliche Truppenbewegungen die Bevölkerung verunsichert, war in Berlin das Gerücht über angebliche Unruhen in Aachen und Umgebung aufgekommen. Die Stadt dachte nicht zuletzt an die wirtschaftlichen Aspekte der Heiligtumsfahrt, deren herkömmliche Form der Stiftspropst als „lärmendes Volksfest" bezeichnete. Gegenüber dem Erzbischof warnte er vor der „Ausbeutung" der Fremden, der „tief verwurzelten Geldgier" der Aachener und ihrem „Kleinkrämergeist". – Im Jahre 1874, also während des „Kulturkampfes", wurde der Aachenfahrt viel Aufmerksamkeit geschenkt. Allein aus Frankreich und der Schweiz wurden 126 Zentner an Rosenkränzen und Heiligenbildchen eingeführt. Erstmals beteiligten sich mehr als 500.000 Wallfahrer an diesem

Reliquienfest. Wie zur Zeit der „Kölner Wirren" nutzten auch nun mehr Gläubige als gewohnt diese Form der Volksfrömmigkeit, um ihren Unmut über die kirchenpolitischen Maßnahmen zu zeigen. Damals kamen besonders viele Belgier nach Aachen, die nach Ansicht des Polizeidirektors nicht nur durch ihre Sprache, „sondern auch durch ihr ungezogenes und hinterlistiges Wesen" auffielen.

Während des „Kulturkampfes" gingen die staatlichen Behörden meist äußerst vorsichtig gegen das Wallfahrtswesen vor, um den Ultramontanen kein Agitationsmittel zu geben. Prozessionen, die schon vor 1850 bestanden hatten, wurden nicht verboten. So konnte etwa die althergebrachte achttägige Wallfahrt von Lendersdorf bei Düren ins rund 160 Kilometer entfernt gelegene belgische Saint-Hubert weiter durch Eifel und Ardennen ziehen. Allerdings scheute die Berliner Ministerialbürokratie nicht davor zurück, das Wallfahren als „lästigen Straßen-Terrorismus" zu bezeichnen. Zu Beginn der harten Auseinandersetzungen beklagte ein Uerdinger Kaufmann die Haltung der Kevelaer-Wallfahrer: „Es ist ein trauriger Anblick, wenn man diese Menschen sieht, wie sie in langen Zügen daherziehen." „Dumm und dumpf hocken sie (in den Eisenbahnabteilen) zusammen, ihr eintöniges Gebet unaufhörlich daher singend." Dabei trugen die günstigen neuen Verkehrsmöglichkeiten mit dazu bei, daß immer mehr gebildete und wohlhabende Bevölkerungskreise an den Wallfahrten teilnahmen.

Als im Jahre 1877 der päpstliche Internuntius zusammen mit dem Roermonder Diözesanbischof in der dortigen Kathedrale – selbst die neue Wallfahrtskirche war dem Ansturm der Gläubigen nicht gewachsen – die Krönung des marianischen Gnadenbildes vornahm, soll fast die gesamte katholische Geistlichkeit Hollands anwesend gewesen sein. Wenig später wurde der damals zur Schau gestellte Triumphalismus vorübergehend unterbrochen, als in den Niederlanden, wo es zu einer Annäherung zwischen Liberalismus und Katholizismus gekommen war und wo während des preußischen „Kulturkampfes" viele Ordensleute aus der Rheinprovinz Zuflucht gefunden hatten, mit Polizeimitteln gegen Wallfahrtsprozessionen vorgegangen wurde. Damals wurden auch Wallfahrer aus der Rheinprovinz verfolgt und vor Gericht gestellt, ihre Kreuze und Fahnen beschlagnahmt.

'rei von sieben Konsolsteinen ıit karikierend dargestellten epräsentanten Preußens: reußischer Ministerpräsident nd Reichskanzler Otto von ismarck, Kaiser Wilhelm I. 'ignette oben), riegsminister Albert Graf oon, der 1873 Preußischer Iinisterpräsident war 'ignette unten). Auf den öpfen der Verantwortlichen es gegen die katholische irche geführten ulturkampfes ruht seit über)0 Jahren symbolisch die ıst der Orgelbühne in der arien-Basilika Kevelaer.

Glätteten sich in den Niederlanden wie in Preußen auch allmählich wieder die Wogen, so hielt sich doch eine latente Wallfahrtsfeindlichkeit. Diese war wenigstens teilweise ein Zeichen grundsätzlicher Kirchenferne, fehlenden Verständnisses für die Bedürfnisse breiter Bevölkerungskreise, ein Ausweis mangelnder Toleranz, die nicht bereit war, Erbauung und Abwechslung zu würdigen, die den Teilnehmern aus den Wallfahrten erwuchsen. – Allerdings gab es gegen Ende des 19. Jahrhunderts kaum noch Vorbehalte von seiten der Obrigkeit. Die Klagen eines Bürgermeisters aus dem Trierer Raum bei Bischof und Landrat über das ungebührliche Auftreten von Wallfahrern zu nächtlicher Zeit oder über den Austausch von Zärtlichkeiten in der Öffentlichkeit stellten mittlerweile einen Einzelfall dar. Bei dem kritischen Beamten war der Eindruck entstanden, „als ob der weit größte Teil der Pilger nicht zu ferneren Zwecken nach Clausen kommt, sondern nur, um sich auf die zusagende Art zu amüsieren". Ermittlungen ergaben, daß Mitglieder der Trierer Marianischen Männersodalität, um ihre Tagesarbeit nicht zu unterlassen, samstags abends geordnet und gesittet nach Klausen zogen, daß allerdings einige Nachzügler, eine „Bande" von ledigen und verheirateten jungen Männern, tatsächlich bereits in Trier „mit Zechereien . . . den Anfang ihres wüsten Treibens . . ." machten.

Bemerkenswerter war eine andere Kritik. Der Vorstand des Evangelischen Bundes zur Wahrung deutsch-protestantischer Interessen und die Rheinische Provinzialsynode nahmen Anstoß an der Teilnahme von höheren preußischen Offizieren und Beamten an der Aachener Heiligtumsfahrt. Diese und die 1891 erneute Zeigung des Trierer Rocks wurde als „beklagenswerthes Schauspiel" und als „abgöttischer Dienst" bezeichnet. – Nach unterschiedlichen Berechnungen kamen 1891 zwischen einer und zwei Millionen Wallfahrer nach Trier, also doppelt soviel wie 1844. Die Feier stand in Zusammenhang mit dem Ende des „Kulturkampfes" und der Aufhebung der Sozialistengesetze. Ausgerichtet an den großen Industriemessen und Weltausstellungen des 19. Jahrhunderts wollte sie ein Modernitätsausweis der Kirche und ein „offensives agitatorisches Mittel katholischer Sozialpolitik gegenüber der Arbeiterschaft" (Wolfgang Schieder) sein.

Auf vielerlei Weise förderte in der zweiten Hälfte des 19. Jahrhunderts die kirchliche Obrigkeit das Wallfahrtswesen: durch die Teilnahme geistlicher Würdenträger, die dem Hl. Stuhl vorbehaltene Verleihung von Ablässen und die Krönung von Gnadenbildern sowie die Belebung von lokalen und regionalen Heiligenkulten. Doch reduzierte sich das Wallfahrtswesen noch stärker auf den Marienkult, der seit 1858 im südfranzösischen Lourdes, seit 1917 im mittelportugiesischen Fátima und seit 1933 in dem auf der Hochfläche der Ardennen zwischen Lüttich und Verviers gelegenen Banneux N. D. neue Kristallisationspunkte erhalten hatte, von deren Anziehung auch andere Marienorte profitierten und die – ähnlich wie im Barock Kopien des Loretohauses entstanden waren – nun ihrerseits zur Anlage von Nachbildungen führten, die das Ziel von Wallfahrten wurden. So erhielt der bei Kevelaer jenseits der Staatsgrenze und der Maas gelegene und noch dem ausgehenden Mittelalter angehörende kleine Marienwallfahrtsort Tienray mit seinem gotischen Gnadenbild eine Kopie der Lourdesgrotte, für deren Besuch Papst Pius IX. 1877 die gleichen Ablässe wie für Lourdes ausschrieb, weshalb die Bezeichnung Klein Lourdes entstand. Jedoch zeigten die folgenden Jahrzehnte, daß die vorübergehende Blüte von Tienray keineswegs den weiteren Aufstieg Kevelaers zu einem der bedeutendsten Marienwallfahrtsorte hemmte.

Wiederholt stand das Wallfahrtswesen auch im 20. Jahrhundert, besonders während der nationalsozialistischen Gewaltherrschaft, weiter im Spannungsfeld von Politik und Frömmigkeit. Nach dem Zweiten Weltkrieg führten veränderte Lebensverhältnisse und auch eine oft nur vordergründig geübte Kritik an der Verknüpfung von Religion und Rekreation zu einem erheblichen Rückgang des Wallfahrtswesens, bis seit den achtziger Jahren – nicht zuletzt als Reaktion auf eine oft als zu rational empfundene Gestaltung des Gottesdienstes – für diese Form der Volksfrömmigkeit ein neuer Aufschwung einsetzte.

Literaturverzeichnis

Vorstehende Ausführungen sind eine erweiterte und überarbeitete Fassung des Aufsatzes „Rheinmaasländische Wallfahrten des 19. Jahrhunderts im Spannungsfeld von Politik und Frömmigkeit", veröffentlicht in den Annalen des Historischen Vereins für den Niederrhein 191 (1988), 115-131

Landeshauptarchiv Koblenz: 403/16.003–16.005.

Bischöfliches Diözesanarchiv Aachen: Bao Düren St. Anna 15.

Gottfried Amberg: Die Kölner Kevelaer-Bruderschaft von 1672. Geschichte und Leben, Köln 1973.

Joseph Amberger: Pastoraltheologie, Bd. 3, Regensburg 1857.

Michael Benger: Pastoraltheologie, Bd. 2, Regensburg 1862.

Ludwig Bergmann: Kevelaer-Wallfahrt. In: Wallfahrt im Rheinland, Pulheim 1981, 67-78.

Joseph Anton Binterim: Die vorzüglichsten Denkwürdigkeiten der Christ-Katholischen Kirche aus den ersten, mittleren und letzten Zeiten, Bd. 4/1, Mainz 2/1838.

Gottfried Buschbell: Geschichte der Stadt Krefeld, Bd. II (Von der Franzosenzeit bis zum Jahre 1870), hg. v. Karl Heinelmann, Krefeld 1954.

Hermann Cardauns, Reiner Müller (Hg.): Die Rheinische Dorfchronik des Joan Peter Delhoven aus Dormagen (1783–1823), Dormagen 1966.

Peter Dohms: Eberhardsklausen. Kloster, Kirche, Wallfahrt – von den Anfängen bis in die Gegenwart, Trier 1985.

N. Ebertz: Die Organisierung von Massenreligiosität im 19. Jahrhundert. Soziologische Aspekte zur Frömmigkeitsforschung. In: Jahrbuch für Volkskunde, Neue Folge II (Würzburg 1979), 38–72.

Johann Georg Forster: Ansichten vom Niederrhein (1780). Zitiert nach Forsters Werke in zwei Bänden, Bd. II, Berlin (-Ost)-Weimar 2/1979.

Johann Wolfgang Goethe: Sämtliche Werke, Bd. 12, Aus einer Reise an Rhein, Main und Neckar in den Jahren 1814 und 1815, Zürich–München 1977.

Joseph v. Görres: Die Wallfahrt nach Trier, Regensburg 1845.

W. Herchenbach: Die heiligen katholischen Gnaden- und Wallfahrtsorte mit den Heiligthümern und Reliquien, Düsseldorf o. J.

Erwin Iserloh: Der Heilige Rock und die Wallfahrt nach Trier. In: Geist und Leben 32 (1959), 271–279.

Gottfried Korff: Formierung der Frömmigkeit. Zur Sozialpolitischen Intention der Trierer Rockwallfahrt 1891. In: Geschichte und Gesellschaft 3 (1977), 352–383.

Rudolf Kriss, Lenz Rettenbeck: Wallfahrtsorte Europas, München 1950.

Lenz Kriss-Rettenbeck, Gerda Möhler (Hg.): Wallfahrt kennt keine Grenzen, München–Zürich 1984.

Rudolf Lill: Kirche und Revolution. Zu den Anfängen der katholischen Bewegung vor 1848. In: Archiv für Sozialgeschichte XVIII (1978), 565–575.

Karl Möller: Leben und Briefe von Johann Theodor Laurent, Bd. II, Trier 1888.

Aegidius Müller: Das heilige Deutschland. Geschichte und Beschreibung sämtlicher im deutschen Reiche bestehenden Wallfahrtsorte, Köln 1888.

Hans Reuter: Die Dürener Annaverehrung vom Ende des 18. Jahrhunderts bis zur Gegenwart. In: Erwin Gatz (Hg.): St. Anna in Düren, Mönchengladbach 1972.

Wolfgang Schieder: Kirche und Revolution. Sozialgeschichtliche Aspekte der Trierer Wallfahrt von 1844. In: Archiv für Sozialgeschichte 14 (1974), 419–454.

Joachim Schiffhauer: Das Wallfahrtswesen im Bistum Trier unter Bischof Joseph von Hommer. In: Festschrift für Alois Thomas. Archäologie, Kirchen- und kunsthistorische Beiträge, Trier 1967, 345–358.

Alexander Schnütgen: Das Allgemeine Jubiläum von 1825/26, die preußischen Staatsbehörden und die rheinischen Bischöfe. In: Annalen des historischen Vereins für den Niederrhein 110 (1927), 1–59.

Alexander Schnütgen: Das religiös-kirchliche Leben im Rheinland unter den Bischöfen Graf Spiegel und von Hommer. In: Niederrheinische Annalen 119 (1931), 121–163.

Heinrich Schrörs: Hermesianische Pfarrer. In: Annalen des historischen Vereins für den Niederrhein 103 (1919), 76–183.

Jonatan Sperber: Popular Catholicism in Nineteenth-Century Germany, Princeton/USA 1984.

W. Steinitz: Deutsche Volkslieder demokratischen Charakters aus sechs Jahrhunderten, Bd. II, Berlin 1962.

Alois Thomas: Die liturgische Erneuerungsbewegung im Bistum Trier unter Bischof von Hommer (1824–1836). In: Archiv für mittelrheinische Kirchengeschichte 15 (1963), 208–238.

Dieter P. J. Wynands: Geschichte der Wallfahrten im Bistum Aachen (= Veröffentlichungen des Bischöflichen Diözesanarchivs Aachen, Bd. 41), Aachen 1986.

Dieter P. J. Wynands: Geschichte der katholischen Kirchengemeinde St. Johann Baptist zu Stolberg-Vicht (= Vicht-Beiträge zur Heimatgeschichte, Teil 1, hg. v. Kath. Pfarrgemeinde St. Johann Baptist Vicht), Aachen 1988.

Robert Plötz

Die Ursprünge der Wallfahrt zur „Consolatrix Afflictorum" in Kevelaer

Raum und Zeit

„per me reges regnant"

Im 15. Jahrhundert übernahmen die Habsburger den römisch-deutschen Königs- und Kaisertitel. Mit der Heirat seines Sohnes Maximilian mit der burgundischen Erbtochter Maria (1477) schuf Kaiser Friedrich III. (1453–1493) die entscheidende Grundlage für den „internationalen" Aufstieg der Habsburger, die mit dieser Verbindung die flämisch-niederländischen Territorien der Herzöge von Burgund – darunter Luxemburg, das als Südostblock seit 1441/43 das niederländische Territorialgefüge abrundete – in ihren Besitz brachten.[1] Dazu kam das Herzogtum Geldern, das nach einem kurzen Vorspiel im 15. Jahrhundert im Frieden von Venlo (1543) endgültig politisch mit den burgundisch-habsburgischen Besitzungen vereinigt wurde.[2] Nach der Abdankung Kaiser Karls V. (1519–1556) fiel der von ihm gebildete Burgundische Reichskreis an die spanischen Habsburger.[3] Der Nachfolger Karls, König Philipp II. von Spanien (1556–1598)[4], trat seine Herrschaft in einer Phase heftiger Auseinandersetzungen zwischen dem Katholizismus und den verschiedenen Richtungen des Protestantismus (Luthertum, Kalvinismus etc.) sowie starker Ablösungstendenzen des nördlichen Teils des ehemaligen Herzogtums Geldern – Teile der späteren Generalstaaten – an. Gerade in den Niederlanden tobte der Bildersturm in ungeahntem Ausmaß.[5] Sowohl die religiösen wie auch die politischen Unruhen waren nicht voneinander zu trennen und führten zu einer Separation und Verselbständigung des nördlichen Teils der Niederlande.[6] Die Kalvinisten setzten auf die Generalstaaten, die Katholiken schauten nach Brüssel und Mechelen, dem geistlichen Zentrum der katholisch gebliebenen südlichen Niederlande, die heute den größten Teil Belgiens ausmachen.[7] Noch im Jahr seines Todes setzte Philipp II. die Erzherzöge Albert und Isabella Clara Eugenia als unabhängige Statthalter in den spanischen Niederlanden ein.[8]

Geldern, Provinz d spanischen Niederland Fossa Sanctae Mariae (Fos Eugeniana), südlich Kevela verlaufend, unvollende Wasserstraße zwischen Rhe und Maas, Kupfersti koloriert, 162 Niederrheinisches Museu für Volkskunde u Kulturgeschichte, Kevela

„cuius regio, eius religio"

Schon vorher waren im Konzil von Trient (1545–1563)[9] die Weichen für die Erneuerung der katholischen Kirche gestellt worden. Unter Papst Paul III. (1534–1549) und Kaiser Ferdinand I. von Habsburg (1556–1564) wurden die Grundlagen der katholischen Erneuerung „an Haupt und Gliedern"[10] gelegt, die zwar die Glaubensspaltung zwischen evangelischen und katholischen Christen für die Zukunft besiegelte, aber auch zur innerkirchlichen Festigung nach der Krisenzeit der Reformation wesentlich beitrug. Die nachtridentinische Frömmigkeit der katholischen Kirche stützte sich dabei hauptsächlich auf drei Grundaussagen

des Konzils[11], von denen die wichtigste für unser Thema die Förderung der Marienverehrung war.

Als Papst Pius IV. (1559–1565) im Mai des Jahres 1564 die katholischen Fürsten bat, die tridentinischen Beschlüsse in ihren Ländern bekanntzugeben und durchzusetzen, verschlossen sich diesem Begehren weder die regierenden Habsburger und die bayerischen Herzöge noch die geistlichen Kurfürsten. Zur Durchführung ihrer Ziele riefen die geistlichen und weltlichen Herren in der Regel Jesuiten[12] ins Land, deren Gründer Ignatius von Loyola (1491–1556) seinen Offiziersdegen auf dem Altar des spanischen Marienheiligtums Montserrat dargebracht und sich und seine „Societas Jesu" dem besonderen Dienst der Gottesmutter geweiht hatte. Im Zeichen Mariens errangen katholische Heere gegen Türken und Ketzer gewaltige Siege, im Zeichen Mariens reformierten geistliche Behörden und Orden das kirchliche Leben und die religiöse Praxis von Klerus und Bevölkerung.[13] Einen wesentlichen Beitrag dazu lieferte die Förderung neuer kampfkräftiger Orden und religiöser Gemeinschaften, die der innerkirchlichen Reform Bahn brachen und die überkommenen Formeln um einen neuen Frömmigkeitsstil bereicherten und prägten.[14] Sie sammelten stoßbereite Eliten, die weit ins Volk hinein wirkten[15] und als ihre stärkste Waffe die Marienverehrung benutzten, deren mittelalterliche Gemütstiefe von einem kämpferischen Geist abgelöst wurde. Mit klug planender Strategie in päpstlich-habsburgischem Zusammenspiel wurden unter dem Banner der Mutter Jesu eine Reihe bereits bestehender und abgestorbener Wallfahrtsorte aufgegriffen oder wieder belebt oder Wundererscheinungen der gleichen Zeit aufgenommen und intensiv gefördert. Die nötige Infrastruktur wurde durch die Gründung von Bruderschaften, Sodalitäten und besonderer Andachtsformen gelegt. Wien – München – Nancy – Brüssel – Paris – Rom waren die religiös-politischen Kraftlinien für den päpstlich-habsburgischen Abwehrkampf gegen die reformatorischen Lehren, eng verbunden mit den Zentren Trient und Madrid.[16]

„cunctas haereses sola interemisti"

Im Rahmen des gegenreformatorischen staatspolitischen Marienkultes kam dem wohl zur damaligen Zeit bekanntesten marianischen Heiligtum und Wallfahrtsort[17] der katholischen Welt, Loreto mit der Casa Santa[18], eine besondere Bedeutung zu. Die blühende Wallfahrt dorthin hatte sich seit 1554 unter der Betreuung der Jesuiten zu einem Zentrum katholischer Marienfrömmigkeit entwickelt, zu dem bedeutende Führer der späteren Katholischen Liga – oft mehrmals – wallfahrteten, so Erzherzog Ferdinand (1598), Maximilian I. von Bayern (1593), Herzog Wilhelm V. von Bayern (1585) und andere. Vor allem die Kirchenarchitektur wurde in den habsburgischen Ländern ein Instrument der Reform.[19] Die Rahmenbedingungen für die jetzt entstehenden marianischen Wallfahrten entstammen bis 1648 in der Mehrzahl einer „frühabsolutistischen Kultregie verschiedener Herkunft"[20]. Auf dem Herrschaftsgebiet des Hauses Habsburg wurden ab 1620 nördlich der Alpen zahlreiche Casa-Santa-Kopien[21] in der Umgestaltung von 1549 aufgestellt.[22] Im Jahre 1621 entstand auch eine Casa-Santa-Kopie bei den Franziskanern in Brüssel, von der Erzherzogin Isabella Clara Eugenia gestiftet.[23] Loreto-Kult und Casa-Santa-Architektur sollten mit einem schon an seiner äußeren Hülle erkennbaren Kultgegenstand eine Identitätsreproduktion mit Hilfe der Devotionalkopie im Machtbereich Habsburg erzeugen[24], quasi als „demonstratio catholica habsburgense".

Der Habsburger Loreto-Kult mit seinen zahlreichen Kopien im kultisch-architektonischen Bereich hat vielfältige Entsprechungen in anderen Feldern der Verehrung der Muttergottes, deren Gnadenbilder in quantitativ beträchtlichen Filiationen wiederum kultische Bedeutung erlangten, wie z. B. das 1514 oder nach 1537[25] gemalte Marienbild des Lukas Cranach des Älteren in Innsbruck, von dem die Kopie in Maria Hilf bei Passau zum eigentlichen Gnadenbild wurde, dessen Ausstrahlung dann das Innsbrucker Originalbild als „Ableger" seiner Kopie selbst zum Gnadenbild machte[26], oder die zahlreichen Maria-Schönstatt-, Maria-Himmelfahrt- und Maria-Trost-Kopien.[27] Nicht immer werden die Sekundärwallfahrten oder Filiationen zu Gnadenstätten von vorhinein, aber auszuschließen ist es nicht.[28]

Neben diesen Wallfahrts- und Kultstätten überregionalen Charakters existierten schon immer Mariengnadenorte mit mehr oder minder regionaler Prägung, die im Lauf der Entwicklung auch nationale Bedeutung

Die Erzherzöge Albert und Isabella Clara Eugenia, von Philipp II. als unabhängige Statthalter der spanischen Niederlande eingesetzt. Kupferstich, Schmuckseite eines Buches, das die triumphale Huldigung beschreibt, die dem Paar anläßlich seiner Inauguration zuteil wurde, Antwerpen 1602, Bibliothek der Oratorianer, Priesterhaus Kevelaer

erlangen konnten[29], und deren Traditionen von der gegenreformatorischen Wallfahrtspolitik aufgenommen und erneuert wurden, um in zweierlei Hinsicht zu wirken: Einmal als „pastorales Instrument der innerkatholischen Reform"[30], zum anderen als „gegenreformatorische Wallfahrtspolitik vor und während des Dreißigjährigen Krieges"[31].

Besonders deutlich läßt sich dieser Prozeß trotz unterschiedlicher Komponenten hinsichtlich ihrer Vorgeschichte am Beispiel der Konstellation Scherpenheuvel – Luxemburg – Kevelaer belegen und nachvollziehen, also dort, wo die historischen Entwicklungslinien trotz der heutigen Zugehörigkeit dieser drei Gnaden- und Wallfahrtsorte zu drei verschiedenen europäischen Ländern (Belgien, Luxemburg, Deutschland) in ihren Wechselbeziehungen ziemlich eindeutig herausgearbeitet werden können, da sie, obwohl in ihrer Entstehung verschieden, den gleichen religiös-politischen Hintergrund im gleichen geographisch-historischen Raum aufweisen.

Unsere Liebe Frau von Scherpenheuvel

„Diva Sichemiensis“

Am Anfang dieser Konstellation steht Scherpenheuvel[32]. Hier wird auf eine von „alters her“ bestehende Kultstätte zurückgegriffen, die ihren Ursprung einem „Baumbild“[33] verdankt. Die Nähe zu Mechelen und Brüssel beeinflußte ebenso wie die kirchliche Förderung durch Pfarrer Godfried van Thienwinckel (seit 1576 Pfarrer in Zichem) die Tatsache, daß die spirituelle Erneuerung gerade dort ihre religiöse Konkretisierung

Das Gnadenbild Unserer Lieben Frau von Scherpenheuvel/Belgien im Ornat, einem Geschenk der Erzherzöge Albert und Isabella Clara Eugenia

erfuhr. Der in seiner „hagiographischen“ Entstehungsgeschichte auf die Zeit um 1500 zurückgehende Wallfahrtsort war im letzten Drittel des 16. Jahrhunderts bereits so bekannt, daß Alexander Farnese sich dort geistliche Hilfe im Kampf gegen die rebellierenden „Geusen“ holte. Trotzdem wäre Scherpenheuvel wahrscheinlich eine Andachtsstätte der national-brabantischen Verehrung geblieben, wenn nicht mehrere Umstände zusammengekommen wären. So gaben etwa die Jesuiten Thomas Sally und Wilhelm Talbot (Feldgeistliche der irischen Truppenteile des burgundischen Heeres) ihrerseits durch erste militärische Prozessionen 1598 in den Garnisonen Diest und Zichem dem Gnadenort überre-

Die Wallfahrtskirche in Scherpenheuvel, um 1992

gionalen Charakter. Durch die wachsende Pilger- und Wallfahrerzahl bedingt, wurde der Bau einer steinernen Kapelle nötig, die die ursprüngliche kleine Holzkapelle ersetzte. Schon 1603 wies der Wallfahrtsort 49 anerkannte Heilungen auf. Die erfolgreiche Entsetzung von 's-Hertogenbosch durch katholische Truppen im Jahre 1603 stellte dann die zeitlebens enge Bindung des Heiligtums zu den von Philipp II. eingesetzten Erzherzögen Albert und Isabella her, die den Kriegserfolg U. L. F. von Scherpenheuvel zuschrieben. Nach dem Fall von 's-Hertogenbosch kehrte der Erzherzog direkt über Scherpenheuvel, wo er seine erste Stiftung für den Bau der Steinkapelle hinterließ, nach Brüssel zurück. Zehn Tage später kam das Statthalterehepaar mit Gefolge nach Scherpenheuvel, um vor dem Bild in der hölzernen Kapelle zu beten. Am folgenden Tag (Fest U. L. F. im Tempel) wohnten sie drei hl. Messen bei. Auch in den drei nachfolgenden Tagen kam die Erzherzogin Isabella aus Diest zu U. L. F. von Scherpenheuvel und opferte jedesmal eine andere Bekleidung für das Bild. Eigenhändig versah sie die Kleider mit kostbaren Edelsteinen.[34] Im Folgejahr schrieb der Jesuit Justus Lipsius seine „Diva Sichemiensis". 1605 wird Scherpenheuvel zur Gemeinde erhoben. Das Statthalterehepaar verleiht dem Ort „alle vorrechten, vrijheden en vrijstellingen", die 1604 erst an Ostende verliehen worden waren. 1610 erfolgt die Trennung von der Pfarrei Zichem.

Auch die neue steinerne Kapelle erwies sich als zu klein. Auf Grundlage eines Vorschlages von Erzherzog Albert selbst wurden Pläne für einen Neubau erstellt, dessen Durchführung dem Ingenieur-Architekten Wenceslaus Coeberger[35] anvertraut war. Sein Kirchenbau von Scherpenheuvel ist von der Siebenzahl durchdrungen und konzeptionell strikt in die Mariensymbolik der Lauretanischen Litanei eingebunden. Der Grundriß ist siebeneckig, von siebenzackigen Sternen ist die Kuppel der Basilika übersät. Selbst die entstehende Stadt wurde in Sternform angelegt. Um die Kirche herum sind Bäume gepflanzt, die, von einer Mauer umgeben, das Thema des „hortus conclusus" aufgreifen, einem der Symbole für die Jungfräulichkeit Marias. Die Kirche wird 1627 konsekriert. Fünf Jahre später erscheint das in Antwerpen verlegte Werk „Brabantia Mariana" von A. Wichmans[36], das die überragende Rolle Scherpenheuvels hervorhebt. Rosenkranzbruderschaften werden gegründet, Mariensodalitäten bilden sich und legen eine Kult-Infrastruktur, deren Verbreitung und Ausarbeitung die neuen Orden der Gegenreformation übernehmen. In Scherpenheuvel waren dies die Oratorianer[37], die am 12. März 1624 eine Congregation in Scherpenheuvel nach dem Vorbild Philipp Neri's gründeten. Als „Festung Mariens" wirkte Scherpenheuvel weit in die Generalstaaten hinein und bildete ein spirituelles Bollwerk zu Willemstad, dem ersten protestantischen Kirchenbau der Niederlande, den Wilhelm von Oranien festungsmäßig ausbaute.

In Wort und Schrift, durch Kanzelverkündigungen und Verbreitung der Wunderheilungen und anderer „Guttaten" wurde für das Marienheiligtum in Brabant geworben. Eine wichtige Rolle spielte bei der Kultverbreitung auch die Weitergabe von Nachbildungen des Gnadenbildes in Form von Wallfahrtsbildchen oder Bildkopien, von denen im Fall von Scherpenheuvel eine ganze Reihe den Ruf eines Wallfahrts-Gnadenbildes erlangten, was auf die gesamtkatholische Bedeutung dieser marianischen Gnadenstätte als „Bollwerk des katholischen Glaubens" im Nordwesten rückschließen läßt, die ähnlich der von Tschenstochau im Nordosten und von Loreto im Südosten war. Schon 1603 wurde die Eiche, an der die wundertätige Statue stand, im Auftrag des Bischofs Miraeus von Antwerpen gefällt und nach Zichem gebracht, da die zahlreichen Pilger und Wallfahrer immer wieder kleine Stücke der Rinde und des Holzes als Reliquienersatz abgeschnitten und mitgenommen hatten. Aus dem Holz dieser Eiche, von der sie einen Teil geschenkt bekam, ließ Isabella Clara Eugenia in den Jahren 1605 bis 1608 zahlreiche Gnadenbildkopien anfertigen, die sie an Verwandte, an Fürsten, Prinzessinnen und an Ordensgemeinschaften verschenkte.[38] Ein eigenes Atelier der Barbara von Ursele wurde in Scherpenheuvel eröffnet, in dem diese Bilder geschnitzt wurden. Auch erste Fälschungen tauchten auf.[39] Diese Devotionalkopien brachten zahlreiche Kult- und Andachtsstätten hervor, die die Sakralgeographie Mitteleuropas entscheidend beeinflußten und darüber hinaus den Grundstein für weitere Wallfahrten legten. Eine dieser Kleinplastiken (8–20 cm Höhe)[40] könnte über das Jesuitenkolleg in Diest, das in enger Verbindung mit dem nahegelegenen Wallfahrtsort stand, in das Jesuitenkolleg von Luxemburg gekommen sein, das 1594 gegründet worden war.

Die Wallfahrt zur „Trösterin der Betrübten" in Luxemburg[41]

„propaganda fidei catholicae"

Die erste Nachricht über eine Marienstatue, die von Jesuiten in Luxemburg zur Verehrung aufgestellt worden war, ist in den „Commentarius Collegii" für 1607 verzeichnet. Schon ein Jahr vorher hatten die Patres den Eltern einer Frau, die vor einer schweren Geburt stand, geraten, Maria um Hilfe anzuflehen und ein Gelübde abzulegen, das Gnadenbild von Scherpenheuvel zu ehren („honorare").[42] Die wahrscheinlich im Oratorium an einer Säule aufgestellte Statue kam aus Brabant und war wie „eine, wie sie in Scherpenheuvel verehrt wird"[43]. Aus dem Text geht nicht eindeutig hervor, ob sie aus dem Holz der Eiche von Scherpenheuvel geschnitzt worden war. Die zweite Angabe zu der Marienstatue des Jesuitenkollegs stammt von 1608 und bezieht sich auf „das Bild der allerseligsten Jungfrau und Gottesgebärerin vom Steilen Hügel"[44], das zu dieser Zeit entwendet wurde. Es wurde in kürzester Zeit durch eine andere Plastik ersetzt, die von einem Herrn von Baur gestiftet und unter großem Prunk in die Kapelle übergeführt wurde. Auch hier ist kein eindeutiger Bezug zu einer Gnadenbildkopie aus Scherpenheuvel herzustellen. Ein drittes Dokument vom 24. Januar 1613, in dem Guido, Erzbischof von Rhodus und Apostolischer Nuntius in Brüssel, einen Ablaß an alle verleiht, die vor „dem Bild der allerseligsten Jungfrau Maria, das geschnitzt ist aus dem Baume, an dem einst ein anderes wundertätiges Bild derselben allerseligsten Maria hing auf dem steilen Hügel bei Zichem, in der Diözese Mechelen. Dieses Bild ist aufgestellt in der Kapelle des Jesuitenkollegs in der Stadt Luxemburg, die zur Diözese Trier gehört".[45] Das Dokument erwähnt unter anderen Titeln auch den der „Trösterin des Menschengeschlechts". Diese Statue von 1613 ist allerdings nicht identisch mit dem heutigen Gnadenbild, das Pater Jakob Brocquart 1624 aufstellte, das aus Lindenholz geschnitzt und 75 cm hoch ist. Joseph Maertz bietet in seinem vorzüglichen Artikel über die historischen Hintergründe über die Wallfahrt zur Trösterin der Betrübten in Luxemburg folgenden Erklärungsversuch an, dessen Grundthesen hier kurz angeführt seien[46]:

1. Die 1613 erwähnte Statue (siehe oben) war mit Sicherheit eine Gnadenbildkopie aus dem Holz der Eiche von Scherpenheuvel.

2. Das 1624 an einem Holzkreuz auf einem Grundstück in der Glacis angebrachte Gnadenbild, um das 1627 eine Kapelle errichtet wurde, habe große Ähnlichkeit mit dem Gnadenbild von Scherpenheuvel. Beide Statuen stellten die Immakulata[47] dar und seien sich sehr ähnlich.

3. Im Jahr 1615 habe der Luxemburger Künstler Daniel Müller von den Jesuiten den Auftrag erhalten, einige Statuen aus Holz von U. L. F. von Scherpenheuvel herzustellen.[48] Die von P. Brocquart ausgewählte Statue sei vermutlich eine dieser Statuen aus Lindenholz. Eine solche Statue wäre dem Volk vertraut gewesen und außerdem in ähnlicher Beschaffenheit in der Jesuitenkapelle und später auch in der neuen Kollegskirche verehrt worden.

4. Auch in Scherpenheuvel wären viele Statuen aus Lindenholz geschnitzt und überall hin verbreitet worden. Möglich wäre es, daß eine solche Statue über die Jesuiten von Diest nach Luxemburg gekommen sei, um später von den Sodalen vor den Stadtmauern aufgestellt zu werden.[49]

5. Die 1613 erwähnte Gnadenbildkopie sei höchstwahrscheinlich in die 1621 vollendete Kollegskirche übertragen und dort aufgestellt worden. Dafür spreche ein später hinzugefügter Vermerk auf der Rückseite des Ablaßdokuments, der den Standort der Gnadenbildkopie als „in templo nostro"[50] bezeichnet, was sich eindeutig auf die Kollegskirche beziehe. 1624 erhielt das Gnadenbild von Pater Brocquart den noch heute

Die Marienkapelle auf dem Glacis vor der Stadt Luxemburg, nach einem Aquarell von Michel Engels. Auf dem Bild unten links ist später vermerkt: Erbaut 162 erweitert 1640, zerstört 1795

gültigen Titel „Consolatrix Afflictorum", der aus der Lauretanischen Litanei stammen könnte. Der Zusatz „Afflictorum" zu einem Marientitel ist zum erstenmal im Jahr 1459 für eine ins 12. Jahrhundert zurückgehende Wallfahrt zu Sewen im Elsaß (Haut Rhin) belegt.[51] Als Gesamttitel erscheint „Consolatrix Afflictorum" im Jahr 1524 in einem Gebetbuch, das der Franziskaner Johannes von Fallerone geschrieben hat.[52] Bis auf wenige Titel besteht in diesem Büchlein ein Zusammenhang mit der Lauretanischen Litanei, die unter der Bezeichnung „Litaniae B. M. V." erstmals im letzten Viertel des 16. Jahrhunderts vollständig vorliegt. Die erste Ausgabe in Deutschland gab der Jesuit Johannes Perellius[53] heraus. Vor allem Petrus Canisius förderte sehr gezielt und engagiert die Verbreitung der Lauretanischen Litanei, von der Pater Brocquart den Marientitel „Consolatrix Afflictorum" bezogen haben könnte, der schon einen Umbruch und Strukturwandel der Marienfrömmigkeit vorausweist.[54] Die Sorge um die Nöte der Menschen in einer schlimmen Zeit, in der die

„apokalyptischen Reiter" Pest, Hunger und Krieg große Teile gerade Mitteleuropas heimsuchten, waren bei einer „Trösterin der Betrübten" oder „U. L. F. von Foy" besser aufgehoben als bei einer mehr dynastisch verbundenen und militärisch erfolgreichen „Maria vom Sieg".

Das Jahr 1640 bringt einen Höhepunkt der Wallfahrt zur „Trösterin der Betrübten in Luxemburg". Während die Mirakelberichte im Zeitraum von 1626 bis 1639 nur von 18 wunderhaften Heilungen berichten, sind für 1640 für einen Zeitraum von neun Monaten 34 Heilungen belegt.[55] Im gleichen Jahr wird auch die Kapelle vergrößert, ohne daß jedoch die Wallfahrt eingeschränkt wurde, und im gleichen Jahr hatte vor hundert Jahren Papst Paul III. durch die Bulle „Regimini militantis Ecclesiae" die Gründung der „Societas Jesu" bestätigt[56]. Aus Anlaß der Feierlichkeiten zur Einweihung der neuen Kirche wurde auch ein Wallfahrtsbildchen, das vermutlich in Antwerpen gedruckt worden war[57], herausgegeben, das eine der größten neuzeitlichen religiösen Massenbewegungen in Mitteleuropa auslöste: Die Wallfahrt zur „Consolatrix Afflictorum" nach Kevelaer.

Die Wallfahrt zur „Trösterin der Betrübten" in Kevelaer[58]

„mater Dei memento mei"

Die erste Erwähnung Kevelaers als bescheidene Bauernschaft datiert vom 16. Mai 1300 und wurde anläßlich eines Güterkaufs getätigt.[59] In kirchlicher Hinsicht gehörte Kevelaer zunächst zur Erzdiözese Köln und bildete zusammen mit Keylaer einen Bestandteil der Pfarrei Weeze, die als Offizium des Stiftsgutes von St. Victor in Xanten verwaltet wurde.[60] Unter Erzbischof Robert von Köln wurden 1472 die beiden Bauernschaften Kevelaer und Keylaer von der „ecclesia matrix" Weeze gelöst und zur selbständigen Pfarrei erhoben.[61] Das landesherrliche Patronatsrecht hatte der jeweilige Herzog von Kleve auch nach der Abtrennung inne, obwohl Kevelaer auf dem Gebiet des Herzogs von Geldern lag. Von dem Herzog von Kleve ging das „jus patronus per privilegium" später auf dessen Rechtsnachfolger, den Herzog von Brandenburg und auf die preußischen Könige, über.[62] Als 1543 das Herzogtum Geldern im schon oben erwähnten Vertrag von Venlo durch Karl V. aufgehoben und zu einem Teil der Spanischen Niederlande wurde, kam die Pfarrei Kevelaer zum neuen Bistum Roermond (Erzbistum Mechelen), dem es bis 1801 zugeordnet war.[63] Für 1472 wird die Zahl der Kommunikanten in der neuerrichteten Pfarrei mit 150 angegeben.[64] Im Jahr 1561 wies die Pfarrgemeinde 1000 Kommunikanten auf.[65] Unter der vorübergehenden Herrschaft der Generalstaaten (1578–1587) und den damit verbundenen Auseinandersetzungen politischer und religiöser Natur wurde das ganze Land verwüstet und die Bevölkerung zur Flucht in feste Orte gezwungen. Im Jahr 1590 standen in Kevelaer sämtliche Gehöfte leer.[66] Ab 1593 brachen unter habsburgisch-spanischer Herrschaft wieder friedvollere Zeiten an, und 1620 konnte die wiederaufgebaute Antoniuskirche neu eingeweiht werden.[67] Während des 30jährigen Krieges litt wiederum die ganze Gegend unter dem Durchzug der Soldateska verschiedenster Herkunft. Das Jahr 1635 brachte für Kevelaer zum 1. August die Erstürmung seiner Schanze durch kroatische Truppenteile des kaiserlichen Feldmarschalls der katholischen Liga und späteren Fürsten Piccolomini. Von ungefähr 100 Kevelaerern, die sich in die Schanze zurückgezogen hatten, sollen ganze drei am Leben geblieben sein.[68] Vom Herbst 1635 bis März 1637 wütete die Pest am Niederrhein mit außerordentlicher Heftigkeit und raffte etwa ein Drittel der Bevölkerung hinweg.[69] Viele Menschen verließen zu dieser Zeit die ihnen angestammte Heimat, um ihr Wohl und Auskommen anderswo zu finden. Zu den furchtbarsten Zeiten, die die Region des Geldrischen Oberquartiers jemals erlebt hat, gehörte das Jahr 1642.[70] Am Anfang des Januars setzte eine verbündete französisch-weimarische Armee bei Wesel über den Rhein und vereinigte sich mit einem kurhessischen Korps, um die kaiserlichen Truppen zu bekämpfen. Der Truppenverband eroberte Uerdingen, Linn und andere Orte und verwüstete raubend und plündernd die ganze niederrheinische Region. Der kaiserliche General Lamboy[71] stellte sich den Staatischen Verbündeten entgegen und erlitt nach heftigem Kampf am 17. Januar 1642 bei Linn auf der Hülser Heide eine vollständige Niederlage.[72] Lamboy, viele seiner Offiziere und viertausend Soldaten gerieten in Gefangenschaft.

Mit den bisher erarbeiteten Ergebnissen ist das historische Ursprungsmirakel der Wallfahrt nach Kevelaer verbunden, ja ohne es nicht denkbar. Von besonderer Bedeutung sind hier die Aufzeichnungen von P. Christian Hubens, dessen „Beschryving" von 1792 als wichtigste Quelle der Wallfahrt zur „Trösterin der Betrübten" in Kevelaer gelten kann, überliefert er doch als einziger das Protokoll der Synode von Venlo[73], bei der die neue Wallfahrt ihre endgültige kirchliche Anerkennung (11. 2. 1647) als Gnadenort erfuhr und das wahrscheinlich durch Brand zerstört worden ist, vollständig und wörtlich. Wahrscheinlich lag ihm eine Abschrift vor, die später beim Brand in Nordstrand, wohin nach der Säkularisierung des Kevelaerer Oratorianerklosters die Archivbestände und der Kirchenschatz überführt worden waren, vernichtet wurde. Es erscheint hier angebracht, eine Zusammenfassung des Protokolls von Venlo, das in diesem Band an anderer Stelle veröffentlicht wird, mit den signifikanten Stellen zu bringen, die für die Auslösung der Wallfahrt von Bedeutung sind.

Ein Geldrischer Handelsmann namens Hendrick Busman[74], der auf seinem Weg von Geldern nach Weeze immer am Hagelkreuz in Kevelaer vorbei kam und dort gewohnheitsmäßig eine Betpause einlegte, hörte kurz vor dem Weihnachtsfest des Jahres 1641 eine Stimme, die ihm gebot, hier zitiert aus der „Beschryving" von Hubens: „ghy sult hier een heylighe huysken maecken"[75]. Busman hielt die Stimme zunächst für eine Täuschung. Erst als er sie am gleichen Platz das dritte Mal vernahm, hielt er sie für eine göttliche Aufforderung und beschloß, von seinen Einnahmen etwas zurückzulegen, um diesen Auftrag erfüllen zu können. Dieser Teil des Ursprungsmirakels unterscheidet sich in nichts von den zahlreich überlieferten göttlichen Aufforderungen, Verehrungsstätten an bestimmten Orten zu errichten. Im zweiten Teil des Ursprungsmirakels wird durch die Frau des Hausierers, Mechel Schrouse, eine Verbindung mit den räumlich-zeitlichen Gegebenheiten der Region hergestellt. Ihr werden im Frühjahr 1642 zwei Wallfahrtsbildchen der „Consolatrix Afflictorum" von Luxemburg von zwei Soldaten der Einheiten des kaiserli-

Das alte Kroatenkreuz erinnert an den 1. August 1635, als „an die hundert“ Einwohner Kevelaers an dieser Stelle von Truppen des kaiserlichen Feldmarschalls Piccolomini getötet wurden

chen Heerführers Lamboy zum Kauf angeboten, die für einen in Kempen im Gefängnis liegenden Leutnant der Kompanie Mackewitz bestimmt gewesen seien. Frau Mechel machte zunächst keinen Gebrauch von diesem Angebot, hatte aber dann einen Monat vor Pfingsten eine Erscheinung, in der sie bei Nacht ein großes glänzendes Licht und darin ein Heiligenhäuschen gesehen habe, in dem das Luxemburger Wallfahrtsbildchen zu sehen gewesen wäre. Sie konnte wenig später eines der Wallfahrtsbildchen von dem inzwischen freigelassenen Leutnant erwerben.
Welches waren die Hintergründe dieses zweiten Teils des Ursprungsmirakels? Die Wallfahrt zur „Consolatrix Afflictorum“ in Luxemburg erfreute sich von Anfang an einer intensiven Förderung von seiten der Jesuiten und des katholischen Adels, der zum großen Teil eine jesuitische Erziehung genossen hatte. Ein Gnadenzentrum jesuitischer Prägung wurde auf jeden Fall von zahlreichen hochgestellten katholischen Persönlichkeiten besucht und gefördert. So wissen wir aus dem „Verzeichnis der hervorragendsten Wohltäter der Kapelle der allerseligsten Jungfrau, der Mutter Jesu, der Trösterin der Betrübten, außerhalb Luxemburgs“, daß „Der hochachtbare Herr General de Lamboy, aus Burgund“, im Juni 1641, „bei Gelegenheit einer Durchreise, hundert Imperiale“[76] schenkte. Über Lamboy und die Jesuiten, denen zum großen

Teil die Militärfürsorge der katholischen Truppenteile der Liga oblag[77], könnten Wallfahrtsbildchen der „Trösterin der Betrübten" von Luxemburg, die anläßlich der Einweihung des neuen Kirchenwerks gedruckt worden waren, zu den kaiserlichen Einheiten gekommen sein, die nach der Niederlage von Linn in Gefangenschaft kamen.

General Guilhaume de Lamboy, erwähnt im Synode Protokoll von Venlo 1647, befehligte die kaiserlichen Truppen in der Schlacht bei Krefeld am 17. Januar 1642 gegen die französisch-weimarisch-hessische Armee Die kaiserlichen Einheiten erlitten eine Niederlage, der General, viele Offiziere und Soldaten gerieten in Gefangenschaft

Schon vorher wurde in der niederrheinischen Region für die Luxemburger Wallfahrt durch die Jesuiten geworben, wie es das Beispiel der Neusser Niederlassung zeigt. Wegen der augenscheinlichen und trotzdem interessanten Verflechtung mit der zweiten bedeutenden von den Jesuiten geförderten Wallfahrt auf luxemburgischem Boden[78], scheint es angebracht, das Zitat der „Litterae Annuae", d. h. der Jahresberichte des Neusser Jesuitenkollegs für das Jahr 1641 vollständig anzuführen: „Außerdem erlebten mehrere die heilende Hand der Gottesmutter, entweder nahmen sie vertrauensvoll lapilli foienses zum Trinken, oder sie hefteten ein wenig Wachs von dem durch Wunder berühmten luxemburgischen Heiligtum an den Körper beziehungsweise tranken einige Tröpfchen. Einige, die unter Kopfschmerzen litten, erklärten, durch die Berührung sei der Schmerz geschwunden, andere, die vom Fieber gequält wurden, erklärten sich infolge dieses Heilmittels für fieberfrei. Das aber möchte ich nicht übergehen, daß die Verehrung der Gottesmutter durch ein Büchlein über die Wunder der luxemburgischen Muttergottesstatue, das verschiedenen Klöstern und Sodalitäten zum Lesen gegeben wurde, erfreulich gewachsen ist und später einige dazu gebracht hat, die so wundersame Kapelle zu besuchen."[79] Das in dem Jahresbericht der Neusser Jesuiten erwähnte Mirakelbüchlein[80] beschrieb als herausragendstes Ereignis die Heilung der Johanna Goudius, der Tocher des Generalprokurators und Königlichen Rates Adrian Goudius in Luxemburg, die aufgrund ihrer Öffentlichkeit inmitten einer großen Volksmenge größtes Aufsehen in allen Kreisen erregte und wohl am meisten zum gewaltigen Aufschwung der Wallfahrt beitrug. Johanna Goudius und viele unterschiedliche Bürger und Soldaten erklärten „durch Eid und Zeugnis" vor einem bestellten Notar, daß sich das Gnadenbild „mit ungewöhnlicher Herrlichkeit und Majestät, mit ausdrücklicher, augenscheinlicher Änderung des Angesichts gezeigt" habe[81]. Diese in unmittelbarer Nachbarschaft stattfindenden Ereignisse, deren orale oder literarische Tradierung unbestritten scheint, könnten natürlich auch den zweiten Teil des Ursprungsmirakels der Kevelaer-Wallfahrt beeinflußt haben. Die Bekanntheit und die Wahl des Kultobjekts sprechen jedenfalls dafür.

Die weiteren Ereignisse um die Wallfahrt zur „Trösterin der Betrübten" in Kevelaer sind bekannt. Das Luxemburger Wallfahrtsbildchen von 1640 wurde nach anfänglichen Schwierigkeiten von Pastor Johannes Schink von Geldern abgeholt und am 1. Juni 1642 in das von Hendrick Busman erstellte Heiligenhäuschen eingesetzt[82]. Schon am selben Tag kam ein „confluxus" – die Vorstufe einer Wallfahrt – mit einer großen Menschenmenge aus der Umgebung zustande, es geschahen Wunder, die später aufgezeichnet wurden, und die erste geregelte und offizielle Prozession wurde bald von Johannes Stalenus, Pfarrer von Rees und Kanoniker, noch 1642 aus Rees nach Kevelaer geführt.

Conclusio

Bei der Behandlung der vom nachtridentinischen Geist der Gegenreformation geprägten und in der Zeit des Frühbarocks zur Blüte gekommenen Wallfahrtsorte Scherpenheuvel, Luxemburg und Kevelaer wird ersichtlich, daß trotz vieler Gemeinsamkeiten jeder Gnadenort sein eigenes Profil aufweist. Bei Scherpenheuvel erfolgte der pragmatische Rückgriff – wie in Loreto ähnlich – auf eine bereits vorhandene Wallfahrt, der ein „Baumkult" zugrunde liegt, „um die Glut in der Asche neu zu entfachen"[83]. In konsequenter Strategie und klar durchdachter Konzeption wurde Scherpenheuvel zu einem marianisch-katholischen Bollwerk in spanisch-habsburgischen Landen ausgebaut, das aufgrund seiner Grenzlage und als Gegenfestung Willemstads nicht nur die Gefahr einer Kalvinisierung der ganzen Niederlande abwehren, sondern auch missionierend ins konfessionelle und politische Feindesland einwirken sollte. Hinsichtlich seiner konzeptionell konsequenten Sakralarchitektur kann Scherpenheuvel durchaus in die gestalterische Tradition der „Himmlisches Jerusalem"-, „Heilig-Grab"- und „Casa Santa"-Architektur gestellt werden.

Inwiefern die Wallfahrt zur „Consolatrix Afflictorum" von Luxemburg einer vorausdenkenden Strategie entsprungen ist, kann hier nur schwer nachvollzogen werden. Nur aufgrund der Annahme, daß Diester Jesuiten eine der zahlreichen Gnadenbildkopien aus der Eiche von Scherpenheuvel nach Luxemburg gegeben haben, kann auf eine Kultfiliation nicht rückgeschlossen werden, obwohl auch die Architektur der Marienkapelle vor den Mauern der Stadt (1627)[84] als „äußere Hülle" einer marianischen Gnadenstätte sowie der einheitliche Immaculata-Typus dafür sprechen. Zumindest haben auch der religiöse Eifer des Paters Jacob Brocquart, die marianische Gestimmtheit der Jesuiten und die Tradition ihres und der Sodalen „geistlichen Spaziergangs" zur Kapelle vor den Toren der Stadt sowie die allgemeinen schlimmen Zeitumstände eine Rolle bei der Einsetzung und beim Fortgang bis hin zur Luxemburgischen Nationalwallfahrt eine Rolle gespielt.

Eines der zahlreichen, zur Einweihung der neuen Jesuitenkirche im Jahr 1640 wahrscheinlich in Antwerpen gedruckten Wallfahrtsbildchen kam über Soldaten der kaiserlich-katholischen Liga, deren General bereits im Juni 1641 der Luxemburger Gnadenstätte einen Besuch abstattete und dabei eine beträchtliche Spende hinterließ und die der Jesuiten-Militärseelsorge anheimfielen, in die Hände der Frau des Landhausierers Hendrick Busman, der aufgrund eines göttlichen Auftrages ein Heiligenhäuschen bauen wollte[85]. Seiner Frau dürften die Einzelheiten einer Mirakelerzählung aus dem „Wunderwerk", dem erstmals 1639 erschienenen Mirakelbuch von Luxemburg, das auch am Niederrhein verbreitet war, bekannt gewesen sein, denn nach einem ähnlichen Schema vollzog sich ihre Vision, die das Wallfahrtsbildchen der Luxemburger Muttergottes im Bildstock ihres Mannes zu sehen wähnte[86].

Die Wallfahrt zur „Trösterin der Betrübten" in Kevelaer ist der am wenigsten prätentiöse „fromme Gang" zu einer Gnadenstätte. Große Sakral- oder Profanbauten sind nicht vorhanden, die Sakralarchitektur ist nicht konsequent konzipiert und beschränkt sich auf einfache Kopien von bekannten Gnadenstätten, und das Kultobjekt selbst ist eines der allerbescheidensten und auch nicht von hier: Die Kopie (Kupferstich U. L. F. von Luxemburg) einer wahrscheinlichen Kopie (Gnadenbild von Luxemburg), die wiederum die Kopie (aus Lindenholz) einer Kopie (aus dem Holz der Eiche von Scherpenheuvel) der Muttergottes von Scherpenheuvel ist, deren Typus die Sakralgeographie Mitteleuropas gestaltet, man kann fast sagen, verändert hat.

Die Wallfahrt zur „Trösterin der Betrübten" in Kevelaer ist gewiß am Anfang auch wegen der strategischen Bedeutung eines neuen marianischen Heiligtums an der östlichen Grenze zum benachbarten klevischen Raum, der damals schon zu Brandenburg gehörte, mit Ausstrahlung in die kalvinistischen Gebiete hinein, von seiten der Kirche und der weltlichen Herrscher unterstützt und gefördert worden[83], aber trotzdem vermittelt es schon eine spirituelle Vorwegnahme späterer Kult- und Andachtsformen, einen Vorgriff auf die Frömmigkeit von „unten" und auf die Erscheinungswallfahrten des 19./20. Jahrhunderts wie Lourdes und Fatima. Dafür steht auch die Kevelaerer (und Luxemburger) Aussage des Gnaden- und Wallfahrtsbildchens selbst: „Consolatrix Afflictorum Ora Pro Nobis."

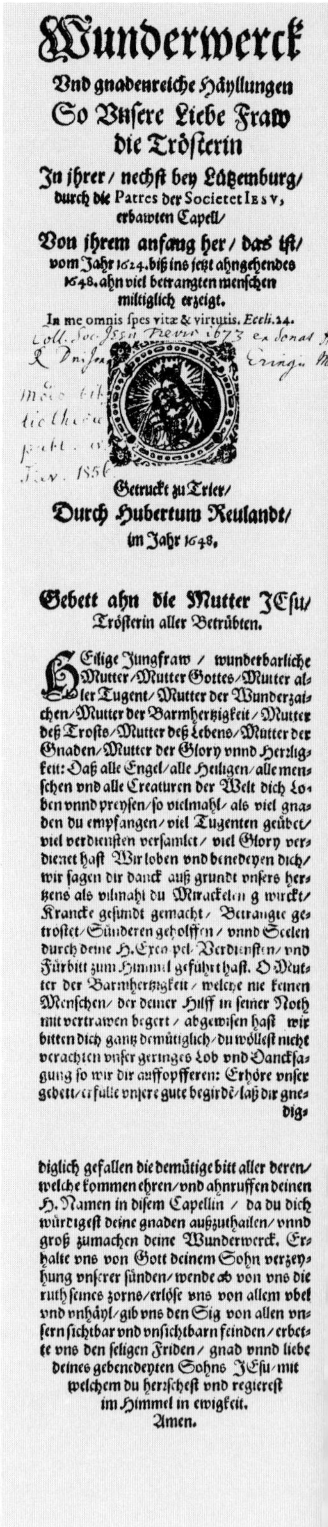
Wunderwerck
Vnd gnadenreiche Häyllungen
So Vnsere Liebe Fraw
die Trösterin
In jhrer / nechst bey Lützemburg / durch die Patres der Societet IESV, erbawten Capell /
Von jhrem anfang her / das ist / vom Jahr 1624. biß ins jetzt ahngehendes 1648. ahn viel betrangten menschen miltiglich erzeigt.
In me omnis spes vitæ & virtutis. Eccli. 24.

Getruckt zu Trier /
Durch Hubertum Reulandt /
im Jahr 1648.

Gebett ahn die Mutter JEsu /
Trösterin aller Betrübten.

HEilige Jungfraw / wunderbarliche Mutter / Mutter Gottes / Mutter aller Tugent / Mutter der Wunderzaichen / Mutter der Barmhertzigkeit / Mutter deß Trosts / Mutter deß Lebens / Mutter der Gnaden / Mutter der Glory vnnd Herzligkeit: Daß alle Engel / alle Heiligen / alle menschen vnd alle Creaturen der Welt dich Loben vnnd preysen / so vielmahl / als viel gnaden du empfangen / viel Tugenten geübet / viel verdiensten versamlet / viel Glory verdienet hast Wir loben vnd benedeyen dich / wir sagen dir danck auß grundt vnsers hertzens als vilmahl du Mirackelen gewirckt / Krancke gesundt gemacht / Betrangte getrostet / Sünderen geholffen / vnnd Seelen durch deine H. Exempel / Verdiensten / vnd Fürbitt zum Himmel geführt hast. O Mutter der Barmhertzigkeit / welche nie keinen Menschen / der deiner Hilff in seiner Noth mit vertrawen begert / abgewisen hast wir bitten dich gantz demütiglich / du wöllest nicht verachten vnser geringes Lob vnd Dancksagung so wir dir auffopfferen: Erhöre vnser gebett / erfülle vnsere gute begirdē / laß dir genedig-

diglich gefallen die demütige bitt aller deren / welche kommen ehren / vnd ahnruffen deinen H. Namen in disem Capellin / da du dich würdigest deine gnaden außzuthailen / vnnd groß zumachen deine Wunderwerck. Erhalte vns von Gott deinem Sohn verzeyhung vnserer sünden / wende ab von vns die ruth seines zorns / erlöse vns von allem vbel vnd vnhäyl / gib vns den Sig von allen vnsern sichtbar vnd vnsichtbarn feinden / erbette vns den seligen Friden / gnad vnnd liebe deines gebenedeyten Sohns JEsu / mit welchem du herzschest vnd regierest im Himmel in ewigkeit.
Amen.

ine Auflage des
Mirakelbüchleins
„Wunderwerck", die 1648 in
Trier vom Buchdrucker
Hubert Reulandt, der seit
1618 in Luxemburg und seit
1640 in Trier wirkte, gedruckt
wurde. Das einzig bekannte
Exemplar in der Trierer
Stadtbibliothek hat als
Titelblatt ein Marienbild und
nicht das Bild der „Trösterin
der Betrübten", das dem
Drucker wahrscheinlich
wohlfeil nicht zur Verfügung
stand

Anmerkungen

[1] Zur Geschichte der Adelsfamilie der Habsburger vgl. allgemein G. Scheibelreiter, Habsburger, in: Lexikon des Mittelalters Bd. 4, 1815 f., u. Die Habsburger, Ein biographisches Lexikon, hrsg. v. B. Hamann, Wien 1988, spez. 11–15, mit einer Literaturauswahl auf S. 437.
[2] Vgl. u. a. den bemerkenswerten Artikel von G. Gorissen, Zwischen Amsterdam und Brüssel, Kulturgeschichtliche Vorbemerkungen zu einer Exkursion an den deutschen Niederrhein, in: Bulletin van de Koninklijke Nederlandse Oudheidkundige Bond, Jg. 67, Lieferung 3, 1968, 59–68, u. allgemein H. Lademacher, Geschichte der Niederlande, Politik – Verfassung – Wirtschaft, Darmstadt 1983.
[3] Gorissen, wie oben, 62.
[4] Zu Philipp II. vgl. H. Pietschmann, in: Hamann, wie Anm. 1, 385–390, das immer noch unentbehrliche Werk von L. Pfandl, Philipp II., München 1938, u. P. Pierson, Philipp II., Vom Scheitern der Macht, Graz 1985. Philipp II. war überzeugter Katholik und ein leidenschaftlicher Sammler von Reliquien. Vgl. dazu Historia de España, dirigida de R. Menéndez Pidal, T. XIX: España en el tiempo de Felipe II (1556–1598), 2. Aufl. Madrid 1966, 676–680, u. R. Plötz, „1 Roer de corpore S. Jacobi Apostoli", in: Würzburger Diözesangeschichtsblätter Bd. 40, 1978, 95–102.
[5] Die Zerstörung der bildlichen Darstellungen Christi und der Heiligen begann in der Reformationszeit nach Luthers Kritik an der überkommenen Bilderverehrung. Unter den Radikalreformern Münzer und Karlstadt kam es zur ersten Beseitigung von Marien- und Heiligenbildern (Wittenberg 1522). Am vernichtendsten war der Bildersturm 1566 in den Niederlanden, der in Zusammenhang mit sozialen Unruhen stand. Vgl. W. Schöne u. a., Das Gottesbild im Abendland, 2. Aufl. Witten -Bln. 1959, u. das v. R. Bäumer für das westliche Christentum bearbeitete Stichwort „Bildersturm" (in: Lexikon der Marienkunde, hrsg. v. K. Algermissen, L. Böer, G. Englhardt, C. Feckes, M. Schmaus u. J. Tyciak, Bd. 1, Regensburg 1967, 481 f.).
[6] Vgl. u. a. G. Parker, Spain & the Netherlands 1559–1659, Ten Studies, London 1979, u. L. J. Rogier, Geschiedenis van het Katholicisme in Noord-Nederland in de zestiende en zeventiende eeuw, 2 Bde., Amsterdam 1946.
[7] Vgl. Gorissen, wie Anm. 2, 62, Algemene Geschiedenis der Nederlanden in Twaalf Delen, hrsg. v. J. A. van Houtte u. a., Antwerpen–Brüssel–Gent–Leuven 1953, spez. 283–292, u. H. Sproemberg, Beiträge zur belgisch-niederländischen Geschichte, Berlin 1959, spez. 319–324.
[8] Vgl. J. Cuvelier/J. Lefèvre, Correspondance de la Cour d'Espagne sur les affaires des Pays-Bas au XVIIe siècle, 6 Bde. Brüssel 1923 – 1937. Zu Albert siehe das immer noch aktuelle, fast zeitgenössische Werk von A. Maraeus, De vita Alberti Pii, sapientis, prudentis Belgarum principis commentarius, Antwerpen 1622. Isabella Clara Eugenia (1566–1633) war eine Tochter Philipp II., die auch noch nach dem Tod ihres Mannes (1621) die Geschicke der spanischen Niederlande steuerte. Vgl. P. Jenssens, De landvoogdij van Isabella 1621–1633, in: Algemene Geschiedenis der Nederlanden 6, 1979, 372–384.
[9] Vgl. u. a. H. Jedin, Der Abschluß des Trienter Konzils 1562/63, Münster 1963, u. dergl., Geschichte des Konzils von Trient, 4 Bde., Freiburg 1949–76.
[10] K. Guth, Geschichtlicher Abriß der marianischen Wallfahrtsbewegungen im deutschsprachigen Raum, in: Handbuch der Marienkunde, hrsg. v. W. Beinert u. H. Petri, Regensburg 1984, 775.
[11] Verehrung der Gegenwart Christi im Altarssakrament und nach der Meßfeier, Dreifaltigkeitskult in Zusammenhang mit der Messe und die Heiligen- und Marienverehrung. Vgl. H. Schnell, Der baierische Barock, München 1936, 135 f., 151 f. u. 198 f.
[12] Zur Stellung der Jesuiten zum Marienkult vgl. St. Beissel, Geschichte der Verehrung Marias im 16. und 17. Jahrhundert, Ein Beitrag zur Religionswissenschaft und Kunstgeschichte, Freiburg i. Br. 1910. – Der Marienverehrung kommt (nicht nur) in der Zeit der Gegenreformation eine besondere Bedeutung zu, denn im Namen der Mutter Gottes hatten die Verteidiger der Bilder im Kampf gegen die Ikonoklasten gesiegt. Im Osten wie im Westen gilt seitdem Maria als „Bezwingerin aller Häresien", an der sich die Geister scheiden. Vgl. L. Brou, Marie, Destructrice de toutes les héresiés, in: Ephemerides Liturgicae 62, 1948, 321–353; 65, 1951, 28–33.
[13] W. Brückner, in: H. Dünninger, Maria siegt in Franken, Die Wallfahrt nach Dettelbach als Bekenntnis, Würzburg 1979, 5 (Vorwort).
[14] Zur Religiosität der Gegenreformation vgl. das kürzlich erschienene Werk: J. L. Bouza Alvarez, Religiosidad contrareformista y cultura simbólica del barroco (Biblioteca de Dialectología y Tradiciones Populares XXV), Madrid 1990.
[15] Vgl. B. Hubensteiner, Vom Geist des Barock, 2. Aufl. München 1978, 108.
[16] Ebd.
[17] Gorissen charakterisiert die von der Gegenreformation geförderten Wallfahrtsorte wie folgt: „Zu den neuen Wallfahrtsorten ziehen ganze Gemeinden jeweils an Tagen, die nach einem Generalplan bestimmt zu sein scheinen. Je mehr man den Blick von den Einzelerscheinungen löst und, wie aus der Vogelschau, über das ganze Bild des Wallfahrtswesens gehen läßt, um so deutlicher wird eine aus der Tiefe des Raumes planende, kluge Strategie" (wie Anm. 2, 63). Zum Wallfahrtswesen der Barockzeit allgemein: H. Dünninger, Zur Geschichte der barocken Wallfahrt im deutschen Südwesten, in: Barock in Baden–Württemberg, Vom Ende des Dreißigjährigen Krieges bis zur Französischen Revolution, Bd. 2 (Aufsätze), Karlsruhe 1981, 409–416, K. Guth, Die Wallfahrt – Ausdruck religiöser Volkskultur, Eine vergleichende phänomenologische Untersuchung, in: Ethnologia Europaea 16/1 (1986), 59–81, u. R. Plötz, Wallfahrten, in: Reisekultur, Von der Pilgerfahrt zum modernen Tourismus, hrsg. v. H. Bausinger, K. Beyrer u. W. Griep, München 1991, S.31-38.
[18] Vgl. F. Grimaldi, La Chiesa di Santa Maria di Loreto nei documenti dei secoli XII – XV (Archivo di Stato Ancona 2), Ancona 1984.
[19] Vgl. dazu F. Matsche, Gegenreformatorische Architekturpolitik, Casa-Santa-Kopien und Habs-

burger Loreto-Kult nach 1620, in: Jahrbuch für Volkskunde N. F. 1, 1978, 81–118, u. dergl. Wallfahrtsarchitektur – die Ambitenanlagen böhmischer Wallfahrtsstätten im Barock, in: Wallfahrt kennt keine Grenzen, Themen zu einer Ausstellung des Bayerischen Nationalmuseums und des Adalbert Stifter Vereins München, 1. Aufl. München – Zürich 1984, 352–367.

[20] Guth, wie Anm. 10, 780.

[21] Anlaß dazu war die Schlacht am Weißen Berg bei Prag, in der Herzog Maximilian von Bayern im Auftrag Kaiser Ferdinands den Winterkönig und Kalvinisten Friedrich vernichtend schlug. Aber auch schon vorher waren Casa-Santa-Kapellen bekannt, die der Verehrung der lauretanischen Maria dienten, so z. B. die schlichte Kopie in der Hallerau aus dem Jahr 1589, die Erzherzog Ferdinand II. von Tirol und seine Gemahlin Anna Catharina von Mantua errichten ließen (Matsche, Gegenreformatorische Architekturpolitik, wie Anm. 18, 93: dort noch mehr Beispiele). Für die Zeit nach 1620: Nikolsburg (1620/23), Prager Hradschin (1626/27), Waldl bei Prag (1624), Wien (1627), etc.

[22] Die seit dem Hochmittelalter bestehende Gnadenstätte hatte sich v. a. seit 1554 unter der Betreuung der Jesuiten zu einem Zentrum katholischer Marienfrömmigkeit entwickelt. Zum Abschlußdatum der Umgestaltung vgl. W. Pötzl, Loreto in Bayern, in: Jahrbuch für Volkskunde N. F. 2, 1979, 195.

[23] St. Beissel, wie Anm. 12, 446.

[24] Vgl. Matsche, Gegenreformatorische Architekturpolitik, wie Anm. 18, 116 f.

[25] Hier streiten sich die Kunsthistoriker, vgl. K. Kolb, Eleusa, 2000 Jahre Madonnenbild, Tauberbischofsheim 1968, 23, u. H. Aurenhammer, Die Mariengnadenbilder Wiens und Niederösterreichs in der Barockzeit (Veröffentlichungen des Österreichischen Museums für Volkskunde 8), Wien 1956, 119 f.

[26] Vgl. W. Hartinger, Maria Hilf ob Passau, Entstehung und Verbreitung einer volkstümlichen Wallfahrt und Andachtsform, in: Wallfahrt kennt keine Grenzen, wie Anm. 18, 284–299, u. Matsche, wie Anm. 24, 117.

[27] Vgl. Guth, wie Anm. 2, 807 f., u. den Katalog „Die deutschen Wallfahrtsorte" (Ein Kunst- und Kulturführer zu über 100 Gnadenstätten, hrsg. v. S. Hansen, Augsburg 1990), der für das Gebiet der alten BRD allein 40 Kultorte mit dem Maria-Hilf-Titel erwähnt (Register, 895 f.). Eine überzeugende Theorie für die Existenz der zahlreich vorhandenen Kultfiliationen bestimmter Marienbild-Typen liefert H. Dünninger, der darauf hinweist, daß es nur sehr wenige Marienreliquien gäbe, so daß die Zahl der Marienpatrozinien sich beschränken müßte, wenn es keine Bilder gäbe (Wahres Abbild, Bildwallfahrt und Gnadenbildkopie, in: Wallfahrt kennt keine Grenzen, wie Anm. 18, 275).

[28] Vgl. H. Dünninger, Processio peregrinationis, Volkskundliche Untersuchungen zu einer Geschichte des Wallfahrtswesens im Gebiet der heutigen Diözese Würzburg, T. I, in: Würzburger Diözesangeschichtsblätter Bd. 23 (1961), 154.

[29] Zu diesen zählt ein Zeitzeuge, nämlich der Würzburger Weihbischof Sang, u. a. Dettelbach, Loreto, Montserrat, Hal und Scherpenheuvel/Montaigu (Beneficia Vetera et Nova Divae Virginis Dettelbacensis, Würzburg 1607, Cap. I).

[30] Guth, wie Anm. 2, 777.

[31] Ebd., 779.

[32] Vgl. allgemein dazu die Standardwerke: Ph. Numan, Historie van de Mirakelen, die onlanckx in grooten ghetale ghebeurt zijn door die intercessie ende door bidden van die H. Maagd Maria op een plaetse genoemt Scherpen heuvel bij die Stadt van Sichen in Brabant, Brüssel 1604, J. Lipsius, Diva Sichemiensis sive Aspricollis nova eius beneficia et admiranda, Antwerpen 1605 u. 1620, A. Boni, Scherpenheuvel, Basiliek en Gemeente in het Kader van de Vaderlandse Geschiedenis, Antwerpen–Brüssel–Gent–Leuven 1953, u. A. Lantin, Scherpenheuvel, Oord van Vrede, Ontstaan van de bedevaartsplaats, Beschrijving van Koepelkerk en Kunstschatten, 2. Aufl. Retie 1985. Für die Einbindung in den katholischen Raum vgl. A. Boesmans, Die Wallfahrt Köln–Maastricht–Scherpenheuvel, in: Wallfahrt im Rheinland (Werken und Wohnen 14), Köln 1981, 25–65, J. Philippen, Die früheste Ausstrahlung von Scherpenheuvel in das Rheinland, in: Maria Kevelaer im Bild, Vera effigies Matris Iesu, Sammlung Josef Thoenissen (Führer des Niederrheinischen Museums für Volkskunde und Kulturgeschichte 21), Goch 1987, 4–14, u. dergl., De vroegste uitstraling van Scherpenheuvel in het Rijnland, in: Ons Heem, Tweemaandelijks Tijdschrift van het Verbond voor Heemkunde v. z. w. Jg. 42 (Mai 1988), 94–103. Zum besseren Verständnis des Kultraumes vgl. R. Plötz, Belgien – Spanien – Portugal: marianische Präsenz westlich von Kevelaer, in: Das Marienbild im Wandel von 1300 – 1800, (Marianische Schriften des Internationalen Mariologischen Arbeitskreises Kevelaer, hrsg. v. W. Schmitt-Lieb, Würzburg 1987, 685–695. Die folgenden Angaben zu Scherpenheuvel sind den oben angegebenen Werken entnommen.

[33] Zu bei oder in Bäumen gefundenen Marienbildern vgl. Stichwort „Bäume", in: Lexikon der Marienkunde, Bd. 1, wie Anm. 5, 508–520, spez. den v. H. Dünninger bearb. Abschnitt II („Volksfrömmigkeit"), 514–520, u. dergl. in: Marienlexikon, Bd. 1, wie Anm. 5, 331–334. Neben Scherpenheuvel erlangte ein weiteres „Baum-Bild" internationale Verbreitung. Als 1609 in Foy bei Dinant im heutigen Belgien eine Muttergottes aus weißem Ton, die vermutlich die Kopie eines älteren Gnadenbildes war, im Inneren eines Baumes gefunden wurde, verbreiteten Jesuiten Nachbildungen dieser Figur in Holz und Ton an vielen Orten ihres Wirkens bis Breslau hin und förderten den neuen Wallfahrtsort, dessen Namen sie mit „foi" (Glaube) identifizierten, indem sie die Anwendung von Steinchen, „lapilli foienses", die von dort kamen, bei Krankheiten des Leibes und der Seele verbreiteten. Vgl. Dünninger, wie Anm. 27, 276 f. u. Anm. 37. Auch in der Nähe von Kevelaer, in Marienbaum, im Kirchspiel Vynen, war ein „Trappenboom" Schauplatz einer wunderhaften Marienerscheinung (Gorissen, wie Anm. 2, 65).

[34] Die Bekleidung von Marienbildern ist seit dem späten Mittelalter bezeugt (1345: Hermann von Fritslar), wobei einzelne Statuen wegen ihrer kostbaren Ausstattung bereits im 14. Jahrhundert Tag und Nacht bewacht wurden (Lübeck, Stralsund, z. B.). Die Ausstattung eines verehrten Mari-

enbildes mit dem „spanischen Hofmantel", wie sie in Altötting, Scherpenheuvel, Luxemburg und Kevelaer (in Abbildung) zu sehen ist, wird erstmals im Jahr 1492 für das Gnadenbild der Kathedrale von Antwerpen belegt. Ihren Höhepunkt erreicht die Bekleidung von Marienbildern und auch anderen Heiligenfiguren in der Barockzeit. Vgl. H. Schauerte, Bekleidung der Marienbilder, in: Marienlexikon, Bd. 1, wie Anm. 5, 414 f.

[35] Wenceslaus Coeberger wurde um 1560 in Antwerpen geboren und starb am 24. November 1634 in Brüssel. Ein langer Italienaufenthalt beeinflußte seinen künstlerischen Werdegang dergestalt, daß man in ihm später den bedeutendsten Architekten des neuen italienischen Barockstils in den Niederlanden sehen kann. U. a. hat er auch die Karmeliterinnenkirche in Brüssel und die Augustinerkiche in Antwerpen gebaut.

[36] Vollständiger Titel: Augustinus Wichmans, Brabantia Mariana Tripartita, Antwerpen 1632.

[37] Oratorium bezeichnet Weltpriestervereinigungen: Zum einen das „Institutum Oratorii S. Philippi Nerii", das 1564 ins Leben und von Papst Gregor XIII. 1575 genehmigt wurde, mit Zentrum in S. Maria in Vallicella und zahlreichen Niederlassungen in der ganzen Welt; zum andern die französische „Congregatio Oratorii Jesu et Mariae Immaculatae", die unabhängig von der ersteren von dem späteren Kardinal Bérulle gegründet wurde (1611, mit Bestätigung von Papst Paul V. im Jahr 1613). Letztere waren straffer als die Neri-Oratorianer organisiert und standen den Jesuiten nicht unbedingt nahe. Im Zusammenspiel mit den Patres von Vallicella und dem mit der Betreuung der Wallfahrt in Scherpenheuvel beauftragten Pastor Joost Bouchaert (1613–1642 Pfarrer dort) errichteten im Mai 1624 die Neri-Oratorianer in Scherpenheuvel eine Niederlassung. Der Mechelner Erzbischof Jacobus Boonen (1620–1655) genehmigte das Oratorium und erklärte es als abhängig vom Erzbistum Mechelen, obwohl ihm nach Aussage des „Chronicon Congregationis Oratorii Domini Jesu per Provinciam Archiepiscopatus Mechliensis diffusae, ab anno Domini 1626 usque ad finem anni 1729, Lille 1740", des Oratorianers und Jansenisten Peter de Swert (28) lieber gewesen wäre, wenn die Wallfahrt in Scherpenheuvel von den Oratorianern des Bérulle betreut worden wäre. Auch ein zweiter Versuch im Jahr 1628, die Obhut der Wallfahrt den Oratorianern des Herrn Jesu zu übertragen, scheiterte (Chronicon, 28). – Kevelaer indessen wurde ab 1646 von den letzteren Oratorianern bis zur Säkularisierung betreut, die Generalvikar Bosman von Roermond („sede vacante") „gemäß dem Plan des Erzbischofs von Mechelen und auf Drängen und Fordern des Henricus Calenus", seit 1644 als Bischof von Roermond designiert, zum neuen Marienheiligtum am Niederrhein schickte (Chronicon, 64), wobei Scherpenheuvel als Organisationsmodell gedient haben dürfte, sollte es doch „eadem modo, forma et conditionibus" strukturiert werden (Chronicon, 16). Vgl. auch: H. Hechtermans, Scherpenheuvel – Kevelaer, in: Middelares en Koningin 54, 1987, Nr. 4, passim. Herzl. Dank für Hinweise an Herrn Peter Stenmans, Neuß.

[38] Bilder aus der Eiche von Scherpenheuvel erhielten die Päpste Urban VIII. und Alexander VII. (1655), ferner die aus Frankreich geflüchtete Königin Maria Medici (2 Statuetten im Jahr 1617, von denen eine wiederum die vielbesuchte Wallfahrt „Maria, Königin des Friedens" im Karmelitessenkloster in Köln in der Schnurgasse auslöste). Lantin (wie Anm. 32, 63 f.) erwähnt für Belgien 21, für Frankreich 18, für England 2, für Deutschland 2 (Köln u. Welschenberg bei Mühlheim/Donau) und die Niederlande eine Devotionalkopie der Scherpenheuveler Muttergottes, dazu Devotionalkopien in so entfernten Orten wie in Montréal (Kanada) und Ginabahar (Indien). Dazu in den Niederlanden die Jesuitenkirchen von s'Gravenhage und Leeuwarden. Vgl. W. Frijhoff, La fonction du miracle dans une minorité catholique: Les Provinces Unies du XVIIe siècle, in: Revue d'Histoire de la Spiritualité 48/2 (1972), 157. Herzl. Dank für den Hinweis an den Kollegen Dr. M. F. M. Wingens (Utrecht). Eine Kopie befindet sich auch in Aachen. Frdl. Hinweis von Dr. A. P. J. Wynands, Aachen.

[39] Bekannt ist das Beispiel des Scherpenheuveler Bildhauers Johann Petit, der Gnadenbildkopien auch aus anderen Holzsorten herstellte, was, als es bekannt wurde, mit zwei Florin in Gold als Strafe geahndet wurde (J. Fr. Pallemaerts, Histoire de N.-D. de Montaigu, Mechelen 1936, Bd. 2. 9–16).

[40] Nur das Gnadenbild in der Kathedrale von Antwerpen hatte eine Höhe von 75 cm. Als Beispiel möge die Statuette von Paris dienen, die 1613 Isabella Clara Eugenia dorthin verschenkt hatte. Es hatte eine Höhe von 13,5 cm und trug folgende Inschrift: „S(anc)ta M(ari)a Montac (uti)" am Fußstück (J. Philippen, De devotie tot Onze-Lieve-Vrouw van Scherpenheuvel in Notre-Dame des Victoires de Parijs, in: Ons Heem Jg. 44, Nr. 4, 1990, 115).

[41] Die Wallfahrt zur „Consolatrix Afflictorum" in Luxemburg ist aufgrund ihres nationalen Charakters und wegen des Stadtpatronats wohl diejenige, die bisher am umfangreichsten bearbeitet wurde. Aus der Fülle der Literatur möchte ich auf folgende Werke verweisen: P. Brocquart, Miracula et curationes admirandae quae Maria Consolatrix Afflictorum in Sacello suo juxta Luxemburgum operari dignata est, Trier 1640; M. Blum, Literatur des Gnadenbildes Mariä, der Trösterin der Betrübten, in der Kathedrale zu Luxemburg, in: Ons Hémecht, Organ des Vereins für Luxemburger Geschichte, Literatur und Kunst, Festschrift 1834–1904, 2. Aufl., E. Donckel, Die Kirche in Luxemburg von den Anfängen bis zur Gegenwart, Luxemburg 1950; M. Faltz, Heimstätte U. L. Frau von Luxemburg, 3. Aufl. Luxemburg 1948; A. Poncelet, Histoire de la Compagnie de Jésus dans les anciens Pays-Bas, 2 Bde., Brüssel 1928; u. v. a. die Nr. 1 u. 3. (Jg. 18) der Zeitschrift „Hémecht" zum Jubiläum 1966, bei der der Artikel von Joseph Maertz (Entstehung und Entwicklung der Wallfahrt zur Trösterin der Betrübten in Luxemburg 1624 – 1666, 9–132) unser besonderes Augenmerk erregt. Aus den vorgestellten Veröffentlichungen ist auch die Mehrheit der im folgenden angeführten Daten entnommen.

[42] J. B. Florbecq, Commentarius de erectione et gestis collegii Societatis Jesu Luxemburgensis 1570–1608, 121. Vgl. Maertz, wie oben, 67.

[43] Commentarius, wie oben, 125, vgl. Maertz, wie Anm. 41, 68.

[44] Commentarius, wie Anm. 42, 130, vgl. Maertz, wie Anm. 41, 68.

[45] Abb. des in lateinischer Sprache abgefaßten Dokuments bei Maertz, ebd., 73, Tafel XVII. Herkunft: Archives de l'État à Luxembourg, Fonds Notre-Dame de Luxembourg.

[46] Ebd., 67-75.

[47] Das verwundert nicht. Die „Immaculata" war seit jeher geeignet, die katholische Kirche zu symbolisieren. Als „Immaculata" wurde Maria gleichzeitig als die in der Genesis (3, 15) verheißene Schlangenbezwingerin, die dem Satan den Kopf zertritt, betrachtet. Als Zerstörerin des Bösen und aller Feinde Christi konnte Maria als Überwinderin der Häresie gelten. Sie lobpreist das römische Brevier „Cunctas haereses sola interemisti". Die Jesuiten machten 1593 die Verteidigung der Unbefleckten Empfängnis zur allgemeinen Pflicht, und die katholischen Könige und Fürsten bemühten sich im Kampf gegen den Protestantismus gerade im 17. Jahrhundert um die Dogmatisierung der „Immaculata Conceptio". Im Jahr 1622 wurde eine Konstitution erlassen, die alle öffentlichen und privaten Äußerungen verbot, die die Unbefleckte Empfängnis leugneten. Vgl. A. Coreth, Pietas Austriaca, Ursprung und Entwicklung barocker Frömmigkeit in Österreich (Österreichisches Archiv, Schriftenreihe des Arbeitskreises für österreichische Geschichte), München 1959, 43–45, u. Matsche, wie Anm. 19, 96 f.

[48] A. Steffen, Baugeschichte der Luxemburger Jesuitenkirche, Luxemburg 1935, 36–37.

[49] Jede frühe Jesuitenniederlassung weist im Umkreis von fünf bis zehn Kilometern einen meist marianischen Kristallisationspunkt auf, wohin die Jesuitenpatres sonn- und feiertags mit den ihnen Anvertrauten einen Spaziergang zu machen pflegten, als fromme Übung sozusagen. In einigen Fällen, wie in Luxemburg, entwickelte sich dieser fromme und regelmäßige Bittgang zu einer nationalen Wallfahrt. Vgl. Dünninger, wie Anm. 27, 276.

[50] „Indulgentiae pro orantibus ante imaginem sculptam V. B. de arbore Aspricollensi in templo nostro" (Maertz, wie Anm. 41, 73).

[51] Vgl. St. Beissel, Geschichte der Verehrung Marias in Deutschland während des Mittelalters, Freiburg i. Br. 1909, 430.

[52] J. v. Fallerone, in: Ecclesiis Recanatensi et Lauretana earumque Episcopis commentarius historicus I, 1859. Vgl. J. Braun, Ursprung der Lauretanischen Litanei, in: Stimmen aus Maria Laach 58, 1900, 418–437.

[53] Johannes Perellius, Thesaurus piarum et christianarum institutionum in usum catholicae iuventutis, praesertim vero sodalitatis Deiparae Virginis, Ingolstadt 1578.

[54] Vielleicht könnte die Formulierung des Titels auch durch die Ablaßbewilligung, die 1613 der Apostolische Nuntius in Brüssel für alle, die vor einer Marienstatue in der Jesuiten-Kapelle beteten, eine Rolle gespielt haben: „mater misericordiae et gratiae ac pietatis amica humanique generis consolatrix." (Pfarrarchiv der Kathedrale).

[55] Maertz (wie Anm. 41, 127) schreibt, daß bereits 1639 ein erstes Mirakelbuch in Trier bei Hubert Reulandt gedruckt worden sei und führt als Beleg die S. 6 des Vorworts aus dem Mirakelbuch von 1648 an (Wunderwerck und gnadenreiche Häyllungen So unsere Liebe Frau die Trösterin in ihrer/nechst bey Lützemburg/durch die Patres der Societet Jesu erbawtwn Capell/von ihren Anfang her/das ist/vom Jahre 1624, bis ins jetzt angehende 1648, an viel betrengten Menschen miltiglich erzeigt. Getruckt zu Trier/Durch Hubertum Reulandt/im Jahr 1648). Das Mirakelbüchlein enthält sämtliche Wunderberichte von 1624 bis 1648.

[56] Am 27. 9. 1540.

[57] Vgl. R. Weiller, Les medailles de Notre-Dame de Luxembourg au XVIIIéme siécle, in: Hémecht 2, 1978, 197.

[58] Ich beschränke mich auf die für den Ursprung der Kevelaerer Wallfahrt wichtigsten Titel, insofern sie bisher nicht erwähnt wurden: Verhael van de Mirakelen door die voorsprake van de alderh. Moeder ende Maget Maria geschiet in't Dorp van Kevelaer, gelegen twee Mylen van de Stadt Gelder in't Bisdom van Ruremonde, Roermond 1647; Th. Caesar, Eene schoone Maniere, om devotelijck naer Kevelaer to gaen, Roermond 1649; J. Stalenus, Concio de consecratione et dedicatione ecclesiae habita in ipsa consecratione majoris sacelli seu ecclesiae agri Kevelaeriensis, Köln 1649; J. Knippenberg, Historia ecclesiastica ducatus Geldriae, Brüssel 1719, 232–234; Christian Hubens, Beschryving van Kevelaer met de opkomste en voortgang der Devotie tot de Allerheyligsten Maegd en Moeder Gods Maria aldaer, onder den Titel van TROOSTERESSE DER BEDRUKTE mitgaders eene herhandeling over de Bedevaerden met korte Reysgebeden, Door C. H., Priester van't Oratorie van den Heer Jesus, Roermond 1792 (Zwei Ausgaben), ebenfalls Geldern 1792 (Mit Abdruck des Protokolls von Venlo. Für die Aufschlüsselung des Verfassernamens herzl. Dank an Herrn P. Stenmans); H. Wester, Kevelaer, Wallfahrt und Pfarrei, Eine rechtsgeschichtliche Studie, Theol. Diss. im Auszug, Kevelaer 1936. Ich verweise auf weitere Literaturangaben in der Bibliographie der Kevelaer-Literatur im Anhang dieses Buches.

[59] Vgl. R. Scholten, Das Cisterzienserinnenkloster Grafenthal oder Vallis comitis zu Asperden im Kreis Kleve, Kleve 1899, 151 u. Anhang Urk. Nr. 77. Zur frühen Geschichte der Pfarrei in Kevelaer allgemein: R. Plötz, Ein unbekanntes Kircheninventar der Pfarrkirche St. Antonius in Kevelaer und der Kapelle St. Hubertus in Keylaer aus dem Jahr 1722, in: Geldrischer Heimatkalender 1990, 133–142.

[60] Vgl. P. Weiler, Urkundenbuch des Stiftes Xanten I (vor 590 – 1359), Bonn 1935, 129; u. F. Weibels, Die Großgrundherrschaft Xanten im Mittelalter (Niederrheinische Landeskunde III, 1959), 91.

[61] „anno 1472 facta est separatio capellarum in Keiler et Kevelaer a matrice in Weeze sub Archiepiscopo coloniensis" (J. Binterim/J. H. Mooren, Die Erzdiözese Köln bis zur französischen Staatsumwälzung, neubearb. v. A. Mooren, Bd. 1, Düsseldorf 1892, 623.

[62] Vgl. Wester, wie Anm. 58, 22 f.

[63] Vgl. Niederrheinische Kirchengeschichte, hrsg. v. G. Hövelmann, Kevelaer 1965, passim.

[64] „Keueler ecclesia sti Antonii habet communicantes 150" (Binterim/Mooren, wie Anm. 61, Bd. 1, 623).

[65] Päpstliche Bulle von Pius V. zur Festlegung der neuen Diözesangrenzen v. 7. Aug. 1561 (J. Binterim/J. H. Mooren, Die alte und neue Geschichte der Erzdiözese Cöln, Bd. II. Mainz 1828, 26 f.).

[66] Vgl. F. Nettesheim, Geschichte der Stadt und des Amtes Geldern, Von den Ursprüngen bis

1863, Neudruck Kevelaer 1963, 185. Es konnten nicht einmal die Erbpächte eingezogen werden: „Den thol toe Keueler heft men tyde deser reckenynge om voerscreuen oersaeken oeck nit verpachten kunnen, soe die onderdaenen verloepen syn . . ." (Sluiters-Rechnungen des Amtes Geldern zu Arnheim vom Jahr 1587), ebd., 185, Anm. 32.

[67] Vgl. A. Marx, Kevelaer, Wallfahrt und Wirtschaft, Kevelaer 1922, 20.

[68] Vgl. I. Commelyn, Fredrick Heinrick van Nassauw Prince van Oranien, Zyn Leven en Bedryf, eerste Deel, Amsterdam 1651, 221; u. Nettesheim, wie Anm. 66, 212. Ein steinernes Kreuz bezeugt auch heute noch dieses blutige Ereignis. Es trägt die Inschrift: „Anno 1635 de eersten Avgvstvs alzoo desen dato verklaert, zyn hier op dese schans bie de hondert menschen vermoort. Bit voor de zeelle, op dat godt haer in der eewicheid genadich zyn will."

[69] Ebd., 213 f.

[70] Ebd., 217–222. Zeitgenössische Quellen berichten von unerhörten Greueln, die vor allem die weimarisch-hessischen Truppen begangen hätten: Frauen seien in Gegenwart ihrer Männer geschändet worden, die Männer seien in die Schornsteine hinaufgezogen und bei lebendigem Leib verbrannt worden, u. s. w. (Theatrum Europaeum, hrsg. v. M. Merian, 19 Bde., Frankfurt 1635–1723, hier Bd. 4, 819 f.).

[71] Zu Wilhelm Graf von Lamboy, seit 1645 kaiserlicher Feldherr, gestorben 1659, vgl. F. Petri, Im Zeitalter der Glaubenskämpfe, in: Rheinische Geschichte in drei Bänden, hrsg. v. F. Petri u. G. Droege, Bd. 2, 3. Aufl. Düsseldorf 1980, 146 f.

[72] Vgl. Nettesheim wie Anm. 66, 218; u. R. Verhuven, Die Schlacht bei Krefeld (1642) und Bauern- und Landnot am Niederrhein im Dreißigjährigen Krieg, in: Die Heimat, Zeitschrift für niederrheinische Heimatpflege, Jg. 15 (1936), H. 1, 15–21.

[73] Hubens, wie Anm. 58, 14–19: „Verklaering van Hendrik Buschman in de Synodale Vergadering te Venlo, Ao. 1647" (Ausgabe Geldern).

[74] Zur Person Hendrick Busmans siehe Hans Werner, Altes und Neues über Hendrick Busman, in: Unsere Heimat, Bll. des Vereins für Heimatschutz Kevelaer, Nr. 1, Jan. 1974, o. S.

[75] Hubens, 15. Bei Knippenberg (wie Anm. 58, 233: „hoc in loco Sacellum mihi aedificato"), in anderen Mirakelbüchern und in der Literatur zur Kevelaerwallfahrt sind öfters Klitterungen zu finden, die der Äußerung durch die erwähnte und nicht besonders gekennzeichnete Stimme ein „mej" oder „mir" nachsetzen. Als Beispiel dazu: Th. Bergmann, Der Wallfahrtsort Kevelaer, Kevelaer 1949, 17: „Hier sölt gej mej en hellig Huysken bouwe."

[76] Praecipui Benefactores Sacelli B(eat)ae Virginis Matris Jesu Consolatricis Afflictorum in agro suburbano Luxemburgensi, in: M. Blum, Sammlung von Aktenstücken zur Geschichte des Gnadenbildes Mariä, der Trösterin der Betrübten, zu Luxemburg, H.1, Luxemburg 1917, 86: „Excellentissimus Dominus Generalis de Lamboy ex Burgundia huc transiens dedit Sacello in Junio 1641, centum Imperiales."

[77] Schon der fünfte Jesuitengeneral, Claudius Aquaviva († 1615), stellte 1591 eine Instruktion vor, die eine ausführliche Anweisung für die Soldatenseelsorge enthielt (B. Duhr, Geschichte der Jesuiten in den Ländern deutscher Zunge, Bd. 1, Freiburg i. Br. 1907, 518–521). Wiederholt versuchte man, wie aus einem Schreiben des sechsten Jesuitengenerals, Mutius Vitelleschi (1615–1645), an den österreichischen Provinzial Rumer vom 5. Februar 1639 hervorgeht, den Jesuiten die ganze Militärseelsorge zu übertragen, was auch wenig später geschah. Papst Urban VIII. ernannte auf Bitten des Kaisers Ferdinand III. mit Breve vom 18. September 1643 den Jesuitenpater Johann Gans zum Leiter der Militärfürsorge für die kaiserlichen Truppenteile für die ganze Dauer des Dreißigjährigen Krieges und stattete ihn mit weitgehenden Vollmachten aus (ebd., Bd. 2, Freiburg i. Br. 1913, 320 f.).

[78] Die andere ist Foy bei Dinant, vgl. Anm. 33.

[79] Litterae Annuae, Die Jahresberichte des Neusser Jesuitenkollegs 1616 – 1773, hrsg. v. P. Stenmans, Neuss 1966, 94.

[80] Zu dem heute nicht mehr auffindbaren Mirakelbüchlein vgl. Anm. 55.

[81] Wunderwerck (Ausgabe 1648), 15–22. Sonderbarerweise steht die Heilung der Johanna Goudius an erster Stelle, obwohl sie erst 1639 stattfindet. Alle anderen Mirakelerzählungen folgen ihr dann in chronologischer Reihenfolge ab 1626. Vgl. Maertz, wie Anm. 41, 79 (Anmerkung). Wahrscheinlich scheint, daß die Lichterscheinungen um und in der Kapelle der Mentalität der Zeit besonders entsprachen.

[82] Knippenberg (wie Anm. 58, 233) läßt das „effigiem Beatae Mariae Virginis" gleich zweimal („denuò") einsetzen und spielt in seiner Erklärung dazu auf Unstimmigkeiten bei der Zuordnung der bereits reichlich fließenden Opfergaben an.

[83] Dünninger, wie Anm. 27, 275.

[84] Die Jesuitenkapelle in der Glacis, wo sich das Luxemburger Gnadenbild damals befand, bildet eine Rotunde, die dem Zentralbau der Basilika von Scherpenheuvel stark ähnelt. Auch der Erweiterungsbau der Kapelle von 1640 (Einweihung 1642) zeigt Abhängigkeiten von der Scherpenheuveler Sakralarchitektur (Maertz, wie Anm. 41, 55 u. 63).

[85] Wallfahrten der Gegenreformation wurden auch an anderen Orten des Niederrheins systematisch eingesetzt oder gefördert, wobei auch Devotionalkopien oder Filiationen eine gewisse Rolle spielten. Die Herzöge von Jülich-Berg aus dem katholischen Haus Pfalz-Neuburg haben in ihrem Herrschaftsgebiet die Einsetzung von Wallfahrten entschieden gefördert. Bilk, Benrath und Aldenhoven, um nur einige zu nennen, gehen darauf zurück. Kurfürst Johann Wilhelm begab sich eigenmächtig nach Neviges mit dem Fürstbischof von Münster und dem Abt von Werden in einer ersten gemeinsamen Wallfahrt, die er künftig zu schützen gedachte. Vgl. Wallfahrten am Niederrhein, Ausstellungskatalog des Stadtmuseums Düsseldorf, Düsseldorf 1982, 86.

Darstellung des Kapellenplatzes in Kevelaer und bedeutender Elemente der Entstehungsgeschichte der Wallfahrt. Der im Vordergrund vor einem Hagelkreuz knieende Hendrick Busman wird von einem Strahlenbündel der links oben in den Wolken erscheinenden Gottesmutter getroffen, ein anderes weist in Richtung der Stadt Geldern, dem Wohnort Busmans. Gnadenkapelle, Wallfahrtskirche und Oratorium begegnen als herausragende Gebäude des Sakralbereichs. Eine Prozession zieht aus der Hauptstraße, die vom einstigen Dorfkern mit der gut sichtbaren Pfarrkirche St. Antonius ausgeht, auf den Kapellenplatz (B. Schwering). Eine Frau trägt das Kreuz, ein Mann dagegen die schwere Kerze.
Ölgemälde, datiert 1706. Priesterhaus Kevelaer

Peter Dohms

Die Geschichte der Wallfahrt nach Kevelaer[1]

Anfänge

In dem Augenblick, als der in Niedermörmter geborene Gelderner Bürger Hendrick Busman in das Licht der Geschichte trat, setzte in dem bis dahin unbedeutenden Flecken Kevelaer eine Entwicklung ein, die unter den Wallfahrtsorten des Rheinlandes und wohl auch darüber hinaus ihresgleichen sucht. Die von Busman ausgehenden Ereignisse, insbesondere die dynamisch anhebende Wallfahrt legen die Vermutung nahe, daß die Kevelaerer Ausgangssituation um die Mitte des 17. Jahrhunderts in einer ungewöhnlich günstigen historisch-politischen Gesamtkonstellation eingebettet war und damals eine geistig-religiöse Erwartungshaltung bestand, für die das, was in dem niederrheinischen Dorf ins Leben gerufen wurde, geradezu eine Erfüllung war. Bevor die hier angedeuteten Zusammenhänge zur Sprache gebracht werden, seien zunächst in ihrer zeitlichen Folge die Zeugnisse, Anhaltspunkte und Geschehnisse aufgeführt, die unmittelbar oder mittelbar das Phänomen der anhebenden Kevelaer-Wallfahrt beleuchten und also den Anfang der hier darzustellenden Entwicklung bilden.

Umfassende Auskunft gibt uns zunächst das von Hendrick Busman auf der Synode zu Venlo niedergelegte Protokoll, das zwar erst 1647, zum Zeitpunkt der Synode und damit ein halbes Jahrzehnt nach den hier interessierenden bedeutsamen Ereignissen, verfaßt wurde, aber immerhin – was wir auch angesichts des Verlustes des Originaldokuments als seltenen Glücksfall werten dürfen – vom Urheber des Geschehens selber stammt. Der Urkunde entnehmen wir, daß das Andachtsbildchen, das Busman von den Gelderner Karmeliterinnen zurückerhalten und in sein Haus gebracht hatte, sofort die Aufmerksamkeit, ja das Begehren der umwohnenden Gläubigen erweckte. Seiner spontanen und packenden Eindringlichkeit wegen sei dem Leser die entsprechende Textstelle des Protokolls nicht vorenthalten:

„Nach langem Bitten bekam ich (Busman) dasselbe (Bildchen) zurück und brachte es, von einer Volksmenge begleitet, welche es zu sehen wünschte, in mein Haus. Sofort entstand ein großer Andrang von Menschen, welche das Bildchen durch Opfer und Geld und Wachs gegen meinen Willen verehrt haben. Ich wurde genötigt, das Bildchen zu verbergen, und trug es zu den Kapuziner-Patres, in deren Kirche es bis zum dritten Tag geblieben ist. Viele Menschen kamen herbei und brachten freigiebig Opfergaben. Die Patres verlangten von mir, die Opfer abzuholen; allein dies vermochte und durfte ich nicht tun, bis zuletzt die Patres durch den Bruder Luitgens mir strengstens befahlen, die Gaben zu nehmen und zu bewahren, bis sie an dem Platz besorgt werden könnten, wohin sie gehörten. Später sind sie dem Pastor von Kevelaer übergeben worden.

Hierauf haben die Kapuziner-Patres und die Gemeinde verlangt, das Bildchen in Prozession nach Kevelaer zu bringen. Dieses ist jedoch aus gewissen Ursachen nicht geschehen, sondern der Pastor von Kevelaer hat im Stillen Samstag abends, am letzten Mai 1642, das Bildchen abgeholt und am anderen Tage in das Heiligenhäuschen gestellt, welches von mir in der Form erbaut war, die meine Frau in der nächtlichen Erscheinung gesehen hat. Sofort an demselben Tage kam zu dem Heiligenhäuschen

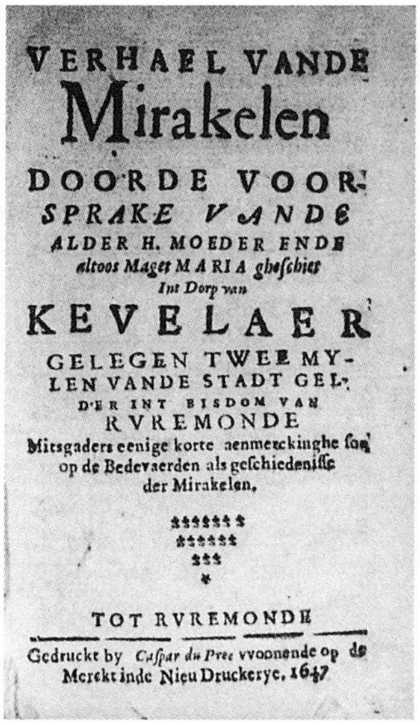

VERHAEL VANDE
Mirakelen
DOORDE VOOR-
SPRAKE VANDE
ALDER H. MOEDER ENDE
altoos Maget MARIA ghescbiet
Int Dorp van
KEVELAER
GELEGEN TWEE MY-
LEN VANDE STADT GEL-
DER INT BISDOM VAN
RVREMONDE
Mitsgaders eenige korte aenmerckinghe soo
op de Bedevaerden als geschiedenisse
der Mirakelen.

TOT RVREMONDE
Gedruckt by Caspar du Pree vvoonende op de
Merckt inde Nieu Druckerye, 1647

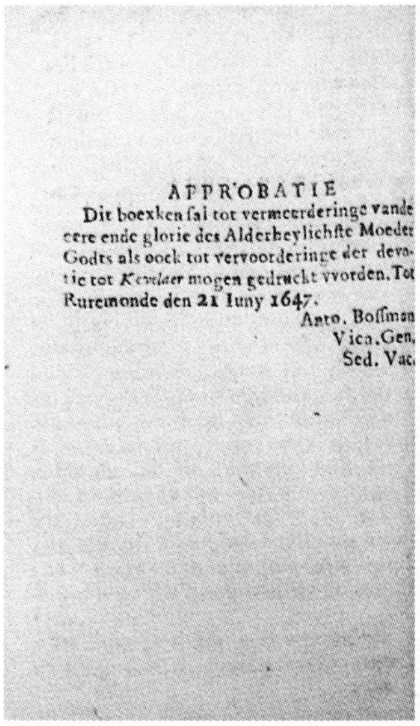

APPROBATIE
Dit boexken sal tot vermeerderinge vande eere ende glorie des Alderheylichste Moeder Godts als oock tot vervoorderinge der devotie tot Kevelaer mogen gedruckt vvorden. Tot Ruremonde den 21 Iuny 1647.
Anto. Bossman
Vica. Gen.
Sed. Vac.

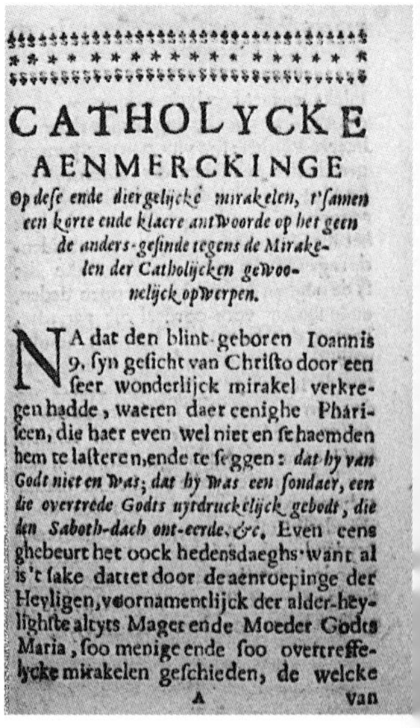

CATHOLYCKE
AENMERCKINGE
Op dese ende diergelijcke mirakelen, t'samen een korte ende klaere antwoorde op het geen de anders-gesinde tegens de Mirakelen der Catholijcken gewoonelijck opwerpen.

NA dat den blint-geboren Ioannis 9. syn gesicht van Christo door een seer wonderlijck mirakel verkregen hadde, waeren daer eenighe Phariseen, die haer even wel niet en schaemden hem te lasteren, ende te seggen: *dat hy van Godt niet en was; dat hy was een sondaer, een die overtrede Godts uytdruckelijck gebodt, die den Saboth-dach ont-eerde, &c.* Even eens ghebeurt het oock hedensdaeghs: want al is't sake dattet door de aenroepinge der Heyligen, voornamentlijck der alder-heylighste altyts Maget ende Moeder Godts Maria, soo menige ende soo overtreffelycke mirakelen geschieden, de welcke
A van

[E]insetzung des Gnadenbildes am 1. Juni 1642 durch den [P]farrer von Kevelaer, Johannes Schink. Gemälde von Karl Wenzel

eine große Menge Menschen aus Geldern und anderen Ortschaften. Auch geschahen einige Wunder, welche besonders aufgezeichnet sind."[2]

Die hier geschilderten Vorgänge des Jahres 1642 stellen den Anfang der Wallfahrt nach Kevelaer dar. Mit ihnen heben zwei Traditionen an, die in der Folgezeit zu größerer Bedeutung gelangten und an dieser Stelle einstweilen nur kurz erwähnt seien: Gemeint ist einmal die Aufzeichnung der durch die Anrufung der Muttergottes von Kevelaer hervorgerufenen Mirakel, zum anderen die Entstehung der ersten regelmäßigen Prozessionen. Während die erste Folge der acht ältesten Mirakel, soweit sie einer Prüfung durch die 1647 in Venlo versammelte kirchliche Obrigkeit standhielten, Bestandteil des von Busman niedergelegten Protokolls selbst sind, sind die Zeugnisse, die uns über den Beginn der ersten Prozessionen Auskunft geben, meist verstreut und oftmals – was allerdings ihren Wert keineswegs mindert – der Gegenstand zufälliger Nennung in älteren Akten und Korrespondenzen, deren systematische Durchdringung mit Sicherheit den einen oder anderen weiteren Beleg zutage fördern dürfte.

Ein vergleichsweise frühes und umfassendes Zeugnis der Anfänge von Kevelaer enthält die „Kirchengeschichte des Herzogtums Geldern", die sein Verfasser, Johannes Knippenberg, gleichwohl erst 1719, also knapp 70 Jahre nach den Ereignissen, niederschrieb. Sie vermerkt zum Jahre 1643, daß sich „damals die Verehrung der Jungfrau Maria in Kevelaer durch die Gläubigen auf wunderbare Weise auszubreiten begann", da die Zahl der göttlichen, durch Anrufung Mariens erfolgten Gnadenerweise „mehr und mehr" zunahm, so daß das dortige Bild fortan unter dem speziellen Titel der „Trösterin der Betrübten" (Consolatrix Afflictorum) verehrt wurde; als die Verehrung der Gläubigen „ständig" wuchs und sich

[Au]szug aus dem Protokoll der [Sy]node von Venlo, 1647. [Ap]probation durch den [Ge]neralvikar Antonius [Bu]sman von Roermond

die Kunde der Wunder in der Umgebung verbreitete, sei schließlich der Generalvikar des Bistums Roermond auf den Ort aufmerksam geworden. Die Folge sei, wie wir auch aus anderen Quellen wissen, die Errichtung der ersten Kapelle in den Jahren 1643–1645 gewesen; nach deren Fertigstellung (1645) habe das „Zusammenströmen der Gläubigen" weiter zugenommen, so daß die „Arbeit eines einzigen Pfarrers für das zusammengeströmte Volk nicht mehr ausreichte". Es seien dann, was wir ebenfalls aus anderen Quellen wissen, 1646 seitens des Generalvikars und im Namen des Bischofs von Roermond die ersten Oratorianer nach Kevelaer berufen worden, die im Jahr darauf (1647) in Kevelaer eine

Synode zu Venlo; Klerus, Theologen und Mediziner in der Diskussion. Im Vordergrund die Krücke eine Geheilten. Papst-Portal von Bert Gerresheim an der Marien-Basilika Kevelaer, Detail

selbständige Niederlassung begründeten.[3] – Für unseren Zusammenhang – die Geschichte der Wallfahrt – mag noch von Interesse sein, daß gemäß der Admissionsurkunde des Domkapitels von Roermond vom 16. April 1646, die die Entsendung der Oratorianer nach Kevelaer vorsah, bereits vor diesem Zeitpunkt bestimmten Personen aus Kevelaer der Verkauf von Devotionalien an diesem Ort gestattet worden war.[4]

Geht hieraus schon die besondere Beachtung hervor, die man am Bischofssitz in Roermond dem aufstrebenden Wallfahrtsort zuwandte, so wird dies noch dadurch unterstrichen, daß sich am 11. Februar 1647 eine bischöfliche Kommission auf der genannten Synode von Venlo veranlaßt sah, unter dem Vorsitz des Generalvikars und in Anwesenheit gelehrter Theologen und Doktoren der Medizin die Vorgänge in Kevelaer und die bei den Bittgängen nach Kevelaer erfolgten, „zahllosen" Wunderheilungen von Gelähmten, Stummen und Erblindeten zu untersuchen. Nachdem acht dieser Genesungen zu wirklichen Wundern erklärt worden waren und somit der Wallfahrtsort selbst die offizielle Anerkennung von seiten der Kirche gefunden hatte, „wuchs", wie Knippenberg weiter berichtet, „dieser Quell der göttlichen Gnade an jenem Ort so sehr, daß aus dem benachbarten Deutschland (Germania) und Belgien (Belgium) an den Marienfesten, besonders an Mariä Himmelfahrt und Geburt, und deren Oktav mehr als 18 000 Gläubige an einem einzigen Tag zusammengeströmt sein sollen".[5] Worauf diese beachtliche konkrete Zahl basiert, wissen wir nicht; ob und inwieweit sich der hier nur grob umrissene Einzugsbereich aus anderen Unterlagen und Beobachtungen ermitteln läßt, wollen wir weiter unten erörtern.

Zu den besonderen Bedingungen der Entstehung der Wallfahrt nach Kevelaer, auf die weiter unten ebenfalls noch eingegangen werden soll, gehörte die exponierte Lage dieses Ortes am Rande des protestantisch-kalvinistischen Einflußbereichs. Daß unser Wallfahrtsort von den sich hieraus ergebenden Auseinandersetzungen nicht verschont wurde und sich dennoch – oder vielleicht gerade deswegen – nicht nur behauptete, sondern seinen rapiden Aufstieg nehmen konnte, zeigt sehr schön das Vorgehen des Predigtamtskandidaten Bernhard Boomhof, der in den Jahren 1647–1649 in Sonsbeck amtierte, das im Herzogtum Kleve lag, welches seit 1614 zusammen mit den Grafschaften Mark und Ravensberg zum Territorium der protestantischen Brandenburger gehörte. Anstoß daran nehmend, daß die – offensichtlich in den Gemeinden am Rhein, wie etwa Rees, beheimateten – Pilger auf ihrem Weg nach Kevelaer, d. h. in Richtung Süden und Westen durch das kalvinistische Sonsbeck zogen, verfaßte Boomhof 1647 eine Schrift, der er den bezeichnenden Titel gab: „Kefeler, das ist kurzer und notwendiger, schriftmäßiger Bericht von den Prozessionen und Miraculen zu Kefeler allen, so mutwillig nit wollen verführt und mit sehenden Augen blind seyn, zur treuherzigen Warnung gestellt." Auf dies mit vielen Ausfällen gegen die katholische Kirche gespickte Elaborat antwortete 1649 Johannes Staell oder Stalenus, der als Pfarrer von Rees die erste geschlosssene Wallfahrt einer Gemeinde nach Kevelaer geführt hatte und fortan an den Geschicken dieses Wallfahrtsortes großen Anteil nahm, wie etwa die klugen Erwägungen zeigen, die er 1647 bei der von der Synode von Venlo vorgenommenen Untersuchung der Kevelaerer Vorgänge angewandt wissen wollte. Die engagierte Veröffentlichung von 1649 ist in unserem Zusammenhang von besonderem Interesse, als ihr Verfasser Stalenus sie zusammen mit der Predigt (Concio de consecratione et dedicatione Ecclesiae) herausgab, die er am 2. Mai 1649 in Kevelaer bei der Weihe der kleinen Kirche, der jetzigen sogenannten „Kerzenkapelle", gehalten hatte; in ihr spricht er „von den vielen Tausenden, die nach Kevelaer geeilt seien, die dort geweint, gebetet, gefleht und Erfüllung ihrer Wünsche gefunden" hätten.[6]

Die Bedeutung, die Kevelaer im Bewußtsein der Gläubigen schon sehr früh gewonnen hatte, zeigt sich auch darin, daß man es schon in den Jahren 1649 und 1651 für angebracht hielt, gedruckte Pilgerbüchlein herauszugeben. Im erstgenannten Jahr veröffentlichte der damalige Pfarrer von Kevelaer, Theodor Caesar, unter dem Titel „Eene Schoone Manier om naer Kevelaer te gaen" ein Pilgerbuch, in dessen erbaulich gehaltener Einführung er das Menschenleben mit einer kurzen Pilgerschaft vergleicht und in dem er dann seelsorgliche Anleitungen oder besser gesagt:

Verhaltensregeln für die Teilnehmer von „Prozessionen" gibt; es wäre sicherlich sehr reizvoll zu untersuchen, inwieweit diese pastoralen Empfehlungen in der Folgezeit von den Pilgern beherzigt wurden und deren in bestimmten Formen sich verfestigendes Wallfahrtsverhalten beeinflußten. Im übrigen enthält das Büchlein einen Hymnus auf die „Mater Misericordiae", der mit einem „Salve" auf die „Consolatrix Afflictorum" eingeleitet wird und auch insofern den Anliegen der Kevelaer-Wallfahrer für die Folgezeit eine ganz spezifische Ausrichtung gab. – Das zweite erwähnte Pilgerbuch – übrigens ebenso wie das erstgenannte von einer Roermonder Druckerei publiziert – stammt aus der Feder des Brabanter Jesuiten und Volksdichters Adrian Poirters; es enthält Lieder und Gebete in lateinischer, niederdeutscher und französischer Sprache und gibt uns auch insofern einen Fingerzeig auf die inzwischen weit verzweigte Herkunft derer, die sich zu unserem Wallfahrtsort hingezogen fühlten.

Daß dessen Entwicklung auch weiterhin bei Vertretern und Körperschaften des „anderen" – reformierten – Bekenntnisses auf Mißtrauen stieß, wurde angedeutet und ist einer weiteren Begebenheit aus der Mitte des 17. Jahrhunderts zu entnehmen; damals beklagte sich die reformierte Gemeinde Weeze über die am St.-Jans-Tag in ihrem Ort erscheinenden „Krämer von Kevelaer" in der Furcht, Weeze könnte „ein ander Keveler" werden.[7] Was genau damit gemeint war, wissen wir nicht; es hat aber den Anschein, daß man in Weeze das vom Kevelaerer Wallfahrtsbetrieb ausgehende nachweislich zunehmende rege Treiben der Geschäftsleute – möglicherweise nicht ganz ohne Neid – beargwöhnte. Wie es 1652 – also bereits ein Jahrzehnt nach der dem Hendrick Busman widerfahrenen Erscheinung – in Kevelaer zuging, geht hervor aus einer Notiz des ältesten, 1784 in Kevelaer angelegten Prozessionsverzeichnisses, demzufolge sich damals (1652) der Pfarrer von Kaarst mit etwa 100 Pilgern an Mariä Heimsuchung (2. Juli) in Kevelaer aufhielt, wo, wie es heißt, eine solche Menge versammelt war, „daß einer kaum dem anderen ausweichen konnte".[8]

Fassen wir unsere Eindrücke, wie sie sich für das erste Jahrzehnt der Kevelaerer Wallfahrtsgeschichte aus den zwar vagen, aber doch auffälligen Formulierungen der verschiedenen Gewährsleute sowie den angedeuteten Umständen ergeben, zusammen: Der Wallfahrtsort erregte vom ersten Augenblick an die Aufmerksamkeit der kirchlichen und – wie wir im folgenden sehen werden – weltlichen Oberen, die ihn förderten; er wurde das Ziel der um Hilfe flehenden Gläubigen, die ihn zusehends stärker aufsuchten. Zwar liegt uns für die frühe Zeit – von der immerhin markanten Aussage der in den 40er Jahren an wichtigen Tagen erscheinenden 18 000 Pilgern einmal abgesehen – kein weiteres umfassendes Zahlenmaterial vor, jedoch wuchs, wie auch die weiteren Ausführungen zeigen werden, der Zustrom offensichtlich kontinuierlich so sehr an, daß Kevelaer bereits im 17. und beginnenden 18. Jahrhundert die zahlreichen anderen niederrheinischen Wallfahrtsorte, deren Zahl wir etwa mit 20–24 beziffern können, „kultdynamisch weit überflügelte". Dies geht nicht zuletzt aus der Überlieferung dieser anderen Orte hervor: So äußerte 1665 ein Gewährsmann aus Kleve, daß infolge des Aufstiegs der Wallfahrt nach Kevelaer das in Kranenburg verehrte Bild des Heiligen

Ältestes Abbild des Kevelaerer Gnadenbildes in ächtiger barocker Rahmung, sogen. Hülser Altar, 1645; hemals Konventskirche Hüls Krefeld). Im Hintergrund des Bildes erscheint die alte farrkirche Kevelaers und die gerade erst vollendete Wallfahrtskirche, darüber hinaus als wichtigstes „Bauwerk" das Heiligenhäuschen Hendrick Busmans, das 1654 innerer standteil der neuerrichteten sechseckigen Gnadenkapelle wurde (B. Schwering)

Kreuzes „sehr wenig" besucht würde. Seit Beginn des 18. Jahrhunderts lassen auch die Unterlagen der in Xanten angesiedelten Jesuiten eine Vermehrung der Wallfahrt nach Kevelaer erkennen, „hinter denen die Fahrten nach Sonsbeck (hl. Gerebernus, hl. Dymphna), zum Fürstenberg (hl. Brigitta) und besonders nach Marienbaum . . . zurücktreten"[9]. Ob Kevelaer gegenüber diesem letztgenannten Ort, an dem seit 1440 ebenfalls die Muttergottes verehrt wurde, infolge eines vorübergehenden Vordringens des der Prädestinationslehre anhängenden Jansenismus in der 2. Hälfte des 17. Jahrhunderts zeitweilig ins Hintertreffen geriet[10], bedarf einer sorgfältigen Überprüfung.

Hintergrund und Voraussetzungen

Die Ursachen der in der Kevelaerer Wallfahrtsgeschichte erkennbaren Dynamik sind vielschichtig; sie seien hier nur angerissen, zumal an anderer Stelle dieses Buches hierzu eingehender Stellung genommen wird und im übrigen dieses Phänomen sicherlich der Vertiefung bedarf.

Grundsätzlich ist festzuhalten, daß im Zeitalter des Barock auch andernorts die Marienverehrung einen großen Aufschwung nahm; dies lag im Zuge der Zeit, deren Menschen einer stärkeren Verinnerlichung ebenso zuneigten wie einer Bevorzugung ausdrucksstarker Formen und Farben, die sie als Ausgleich und Trost in den Nöten und Wechselfällen des Lebens empfinden mochten. Die besondere Ausrichtung der Kevelaerer Muttergottes als „Trösterin der Betrübten" traf exakt die Stimmungslage des Jahres 1642, in dem das Gnadenbild in dem Heiligenhäuschen aufgestellt wurde: Es war das nahe Ende des Dreißigjährigen Krieges, dessen Greuel die Sehnsucht der Menschen nach Linderung und Trost in besonderer Weise entfacht hatten.

Die Bedingungen und Umstände dieses Krieges waren auch für Kevelaer bedeutsam: Gemeint sind die konfessionellen Streitigkeiten, von denen gerade unser Gebiet, das Oberquartier Geldern, seit langem heimgesucht wurde. Es gehörte seit 1543 zu den katholischen Spanischen Niederlanden, fiel zeitweilig an die 1581 begründete, kalvinistische Republik der Vereinigten Niederlande, war im Dreißigjährigen Krieg gleichsam als Zankapfel zwischen beiden Machtgruppierungen stark umkämpft, verblieb aber mit dem Friedensschluß von 1648 einstweilen bei den Spanischen Niederlanden. Daß dieses Gebiet in den konfessionellen und kriegerischen Auseinandersetzungen zum „Bollwerk" des katholischen Glaubens geworden und Kevelaer von daher an historisch-geographisch exponierter Stelle gelegen war, ist einleuchtend. Wie sehr sich die Bewohner dieses Wallfahrtsortes mit der harten Realität der kirchlich-politischen Zustände konfrontiert sahen, mag die Tatsache verdeutlichen, daß die 1649, ein Jahr nach dem Westfälischen Friedensschluß, eingeweihte kleine Kirche gut 500 Meter von der Grenze des Herzogtums Kleve entfernt lag, das 1614 zusammen mit den Grafschaften Mark und Ravensberg an die protestantischen Brandenburger gefallen war.

Die Lage Kevelaers an der Grenze zwischen dem unter spanischer Vormacht stehenden katholischen Süden und dem von der Republik der Vereinigten Niederlande dominierten kalvinistischen Norden erklärt uns auch das besondere Interesse, das unserem Ort von Anfang an von seiten der geistlichen und weltlichen Obrigkeit entgegengebracht wurde und dem er letztendlich seine entscheidende Förderung und seinen Aufschwung verdankt. So war die am 23. April 1646 durch den obersten Senat des Herzogtums Geldern genehmigte Berufung der Oratorianer und ihre Einführung in Kevelaer im Namen des spanischen Königs erfolgt, der die Patres des Oratoriums – und damit die Wallfahrt – unter seinen persönlichen Schutz stellte.[11] Den Schlüssel für die hierin zum Ausdruck kommende Hochschätzung weist uns die in den bischöflichen und magistratlichen Urkunden dieser Jahre in dieser oder ähnlicher Weise „immer wieder" begegnende Begründung: „da uns der Wallfahrtsort so sehr am Herzen liegt . . ."[12] Daß 1661 der erwähnte Senat des Herzogtums Geldern dem Zollpächter von Kevelaer untersagte, von den Pilgern und ihren Fuhren Zoll zu erheben[13], verwundert unter diesen Vorzeichen denn auch nicht.

Die tiefere Absicht, die sich hinter der Gunst des Königs sowie der staatlichen und kirchlichen Obrigkeit verbirgt, mag eine Formulierung in der bereits erwähnten Admissions-Urkunde vom 16. April 1646 deutlich werden lassen, wo es heißt, daß die Oratorianer die Kevelaerer Wallfahrt „in derselben Weise, Form und Bedingung“ übernehmen sollten, wie sie dies bereits in Scherpenheuvel getan hätten.[14] Auch dieser etwa um 1500 entstandene Marienwallfahrtsort wurde von Oratorianern betreut. Er war ebenfalls an der Grenze zwischen den südlichen Niederlanden und der Republik der Vereinigten Niederlande gelegen und um die Wende vom 16. zum 17. Jahrhundert durch die der Verehrung Mariens besonders zugewandten habsburgischen Regenten Albert und seiner Ehefrau Isabella aufgrund reichlicher Begünstigungen und Zuwendungen gleichsam als „Nationalheiligtum“ zum „südniederländischen Bollwerk gegen die Irrlehren der Zeit“ ausgebaut worden.[15] Wenn nun, wie wir der erwähnten Urkunde von 1646 entnehmen, die Wallfahrt nach Kevelaer (dessen Gnadenbild, wie an anderer Stelle dieses Bandes gezeigt wird, möglicherweise ikonographisch auf das Bild von Scherpenheuvel zurückgeht) nach dem Vorbild eben dieses Wallfahrtsortes ausgerichtet werden sollte, so läßt sich folgern, daß man auch unserem Ort eine besondere Rolle zugedacht hatte.

Vor diesem Hintergrund stellt sich uns Kevelaer, wie es E. Ennen formuliert hat, als „Ausläufer einer gewaltigen (in den Spanischen Niederlanden sich entfaltenden) Pilger- und Wallfahrtsbewegung“ dar, dem ein durchaus „kämpferischer“ Zug eigen ist, „der die Gnadenstätte zu einem

Andachtsbild nach Jo. van Sande, Kevelaer im 17. Jahrhundert

geistigen gegenreformatorischen Zentrum machte".[16] Wenngleich, wie wir im Vorgriff auf die hier nachzuzeichnende weitere Entwicklung sicherlich sagen dürfen, das aus Glaubenskriegen erwachsene kämpferische Element im Laufe der Jahrzehnte und Jahrhunderte sicherlich an Bedeutung verlor, so ist doch zu sagen, daß unser Wallfahrtsort, was den niederländisch-kalvinistischen Raum angeht, mehr und mehr zum geistig-religiösen Bezugspunkt einer Gemeinschaft von Gläubigen wurde, die in der kargen Welt kalvinistischer Bilderfeindlichkeit so ganz und gar keine Möglichkeit fand, ihrer glühenden Verehrung für die Muttergottes

Zeitgenössisches Andachtsbild von Kevelaer

und der damit verbundenen Sehnsucht nach Linderung von Not und Entbehrungen auch auf Erden, d. h. in angemessenen Formen und schönen Farben Ausdruck zu verleihen. Von daher mag es sich erklären, daß, wie wir es bis heute hin beobachten können, unter allen nach Kevelaer kommenden Prozessionen und Pilgern gerade die niederländischen ein auffälliges Gepräge bewahrt haben; vor allem *sie* „beteiligten sich", wie es L. Bergmann liebevoll beobachtet hat, „an den Umtragungen der Heiligtümer, brachten als Votivgaben Kerzen, Lampen, nachgeformte menschliche Körperteile und gemalte Bilder dar; zum Dank ließen sie Krücken und Bruchbänder zurück; sie berührten die Gnadenbilder und nahmen auch angerührte Gegenstände für ihre Verwandten mit nach Hause."[17]

Wenngleich, wie L. Freudenhammer im einzelnen gezeigt hat, die Bezüge und Parallelitäten zwischen Scherpenheuvel und Kevelaer auffallend und insgesamt beachtlich sind, müssen wir uns doch davor hüten, auch in der eben skizzierten besonderen Ausgestaltung des in Kevelaer zu beobachtenden niederländischen Wallfahrtslebens und Pilgerverhaltens das „Vorbild" Scherpenheuvels sehen zu wollen.[18] Es handelt sich hier vielmehr um Phänomene, die „allgemein-menschliche Wurzeln"[19] haben und mehr oder weniger für alle, in besonderer Weise für die seit dem Spätmittelalter aufblühenden Marienwallfahrtsorte typisch sind; stellvertretend für andere mag hier der Marienwallfahrtsort Eberhardsklausen an der Mosel genannt werden, der die meisten der genannten Erscheinungsformen aufweist, jedoch etwa 200 Jahre vor Kevelaer im Erzbistum Trier entstanden ist und für den von daher in kirchen- und territorialpolitischer Hinsicht ganz andere Bedingungen maßgebend waren, als wir sie für den (süd-) niederländischen Raum des 16./17. Jahrhunderts und damit für Scherpenheuvel und Kevelaer vorfinden.[20]

Wenn wir somit ein stärkeres Eigengewicht Kevelaers gegenüber Scherpenheuvel betonen müssen, so ist auch zu fragen, ob Kevelaer jenen nordbrabantischen Wallfahrtsort nicht auf Dauer überflügelt hat. Immerhin ist Übersichten über „althergebrachte" Prozessionen, die in der Mitte des 19. Jahrhunderts im Gebiet des damaligen Bistums Roermond abgehalten wurden, zu entnehmen, daß aus diesem Raum erheblich mehr Bittgänge nach Kevelaer als nach Scherpenheuvel gingen.[21] Da das Prozessionswesen gemeinhin auf alten Traditionen beruht, ist anzunehmen, daß die hier angedeutete (Um-?)Orientierung der Katholiken des Bistums Roermond offensichtlich ältere Zustände widerspiegelt.

Ancien Régime

Über den Fortgang der Kevelaer-Wallfahrt in der 2. Hälfte des 17. Jahrhunderts und im 18. Jahrhundert liegen uns – vor allem was deren Umfang und Ausgestaltung betrifft – auffallend wenig unmittelbare Zeugnisse vor. Während eine 1655 veröffentlichte „Beschreibung des Landes" Kleve lapidar die „vielen Wall- und Bittfahrten" erwähnt[22], erfahren wir 1699, daß in Kevelaer „zu vielen Tausenden Menschen . . . von allen Seiten zusammenströmen"[23], so daß damals für deren seelsorgliche Betreuung 20 Beichtväter nicht ausreichten.[24] Einen besonderen Einschnitt stellt die 1703 erfolgte Eroberung des Oberquartiers Geldern durch Preußen dar, das dieses Gebiet 1713 endgültig in Besitz nahm. Nachdem man noch 1707 eine Besteuerung der damals angenommenen 300 000 (!) Pilger erwogen hatte und dann, als dieser Steuerplan fallengelassen war, die durchziehenden Prozessionen „unterdrückt" worden waren, änderte sich die Situation aufgrund der 1713 abgeschlossenen Friedensverträge insofern, als die preußische Regierung zusagen mußte, daß die katholische Religion überall im Lande in dem bisherigen Zustand belassen werden sollte und daß auch in bezug auf öffentliche Kirchenbräuche wie Prozessionen und Wallfahrten keine Neuerungen und Veränderungen vorgenommen werden dürften. Der preußische König Friedrich Wilhelm I. besuchte Kevelaer selbst im Jahre 1714 und sicherte diesem Ort mit den Worten „Protegam, fovebo, manutenebo" (ich werde beschützen, ich werde geneigt sein, ich werde erhalten) seinen persönlichen Schutz zu. Nachdem er damals und Jahre später (1728) – wovon noch heute ein Schild in der Kerzenkapelle zeugt – eine große Kerze geopfert hatte, erließ er 1733 ein eigenhändiges Dekret zur Sicherung der Pilger und ihrer Habe auf allen Wegen innerhalb des preußischen Landes. Schließlich weilte er 1738, dieses Mal von seinen beiden ältesten Söhnen begleitet, ein zweites Mal in Kevelaer, wo er den Ausspruch tat: „Je suis protestante, mais je ne vous suis pas contraire" (ich bin Protestant, aber ich bin Ihnen nicht feindlich gesinnt).[25]

Für die 1. Hälfte des 18. Jahrhunderts liegen uns einige weitere Zahlenangaben über den Umfang der Kevelaer-Pilger vor. Das jährliche Gesamtaufkommen soll sich damals auf etwa 100 000 belaufen haben[26], angesichts dessen wir die erwähnten Annahmen und Überlegungen der preußischen Steuerbeamten doch wohl als unrealistisch bezeichnen müssen. 1738 wird die Anzahl der jährlich in Kevelaer erscheinenden Prozessionen mit 150 angegeben, deren kleinste 40 und deren größte immerhin 2000 Teilnehmer umfaßte.[27] Als man 1742 das hundertjährige Bestehen der Kevelaer-Wallfahrt beging, erlebte der Ort Tage mit 30 000 bis 40 000 Wallfahrern, „die das Kevelaersche Feld als ein Kriegslager zu ihrem Aufenthalte schienen abgestochen zu haben".[28] Drei Jahre später, 1751, rügte der Bischof von Roermond, daß „die Pilger sich in der Kapelle ihre Schlafstelle suchten" und verbot die Austeilung der Kommunion im Freien[29] – auch dies ein Hinweis auf den großen Andrang seitens der Wallfahrer. Eine Reisebeschreibung des Jahres 1785 vergleicht das vor allem im Juli und August zu beobachtende rege Treiben mit einer „Art nicht geringer Kirmes ... in dieser Bauerschaft" (Kevelaer); „man sieht dort eine Menge Zelte und Kramläden auf dem Platz rund um die Kapelle stehen, wo allerhand Schnitzereien, Rosenkränze, Agni Dei, Kruzifixe, Abbildungen und Lebensbeschreibungen von Heiligen, insbesondere von der allervermögenden Magd, mit ... wohlgesetzten Worten angepriesen werden ..."[30] – Unmittelbar bevor die Franzosen den Ort besetzten, beging Kevelaer die 150-Jahrfeier, die – wie wir angesichts des Niedergangs der religiösen Kultur in den folgenden Jahrzehnten heute rückblickend sagen müssen – noch einmal einen bedeutsamen Markstein in dem über die Dauer der Jahrzehnte sich entwickelnden Wallfahrtsgeschehen darstellte; während damals die Stadt Geldern den Durchzug von 68 338 Wallfahrern zählte, wurden in Kevelaer selbst etwa 100 000 Kommunionen ausgeteilt.[31]

Das Ansehen, das Kevelaer im 17. und 18. Jahrhundert genoß, spiegelt sich nicht nur im Umfang und der Anzahl seiner Wallfahrer und Prozessionen, sondern ebenso im Rang seiner Besucher wider, unter denen, wie wir vor allem der Oratorianerchronik entnehmen können, nicht wenige Reichsfürsten, Grafen und auch Staatsoberhäupter vertreten waren[32], die kostbare Gaben mitbrachten und auch für die äußere Gestaltung des Gnadenbildes und der Kapelle bemerkenswerte Zuwendungen machten. Beschränken wir uns an dieser Stelle auf die Landesherren jener dem Oberquartier Geldern benachbarten Gebiete, aus denen sich alljährlich die Pilgerscharen nach Kevelaer bewegten. Für das Jahr 1693 liegt uns die bemerkenswerte Nachricht vor, daß der in Düsseldorf residierende Kurfürst und Herzog von Jülich-Berg Johann Wilhelm von der Pfalz schwer

Wappenschild vom 12. Juli
728 als Votivgabe des Königs
Friedrich Wilhelm I. an das
Marienbild zu Kevelaer,
ugleich Erinnerung an seinen
esuch in Kevelaer am 14. Juli
1714

Besuch des Preußenkönigs
Friedrich Wilhelm I. im
Oratorium zu Kevelaer im
minzimmer des Rektors der
allfahrt. Nach Beschreibung
in der Chronik 1986 gemalt
von R. M. Bongartz

erkrankt sei und, angeregt durch die damals schon übliche Prozession der Düsseldorfer, die Hilfe der Muttergottes von Kevelaer erfleht habe; er soll geheilt worden sein, worauf er nicht nur die Kurfürstin mit einer 16 Pfund schweren silbernen Lampe nach Kevelaer geschickt, sondern auch der Düsseldorfer Prozession eine silberne, mit kostbaren Edelsteinen besetzte Krone übergeben habe, die die Pilger im Namen des Kurfürsten nach Kevelaer mitnahmen.[33] – Zumindest im 18. Jahrhundert erfreute sich Kevelaer der besonderen persönlichen Gunst der Erzbischöfe und Kurfürsten von Köln. So berichtet die Oratorianerchronik, daß Joseph Clemens im Jahre 1700 mit großem Gefolge, 150 Pferden und zwölf sechsspännigen Wagen in Kevelaer erschienen sei und dort eine Abendandacht mit Pilgern gehalten habe, „die zu vielen Tausenden wie üblich von überallher zusammengeströmt waren". Sein Nachfolger Clemens August besuchte derselben Quelle zufolge den Wallfahrtsort 1734 „mit kleiner Begleitung, aber kostbaren Geschenken".[34]

Erkenntnisse über die soziale Zugehörigkeit *aller* Pilger im 17. und 18. Jahrhundert sind insofern schwer zu gewinnen, als die Quellenbasis in dieser Hinsicht einstweilen noch äußerst schmal ist. Ziehen wir die im Jahre 1792 veröffentlichten Mirakel[35] heran, so fällt allerdings auf, daß der Anteil der die Hilfe der Muttergottes von Kevelaer anrufenden Wallfahrer, die nicht dem einfachen Bauern- oder Handwerkerstand angehörten, hoch war und insofern die oben gemachten Äußerungen über die häufigeren Besuche Prominenter und Adliger bestätigen; unter den 45 bis 1792 genannten erhörten Bittstellern befanden sich immerhin, wenn wir die Titel und Namen richtig deuten, 13 Adlige, zwei Akademiker (ein Doktor der Theologie, ein adliger königlicher Chirurg), ein Kurier des spanischen Königs, ein in adligen Diensten stehender Rentmeister, ein Soldat aus Neapel und zwei Ordensschwestern. Diese Aufzählung gibt im übrigen weitere Hinweise auf die starke Verbundenheit, die in der Anfangszeit, aus der die entsprechenden Zeugnisse stammen, zum spanischen Königshaus bestand. Alles in allem dürften jedoch diese wenigen Daten insofern nicht repräsentativ sein, als es sich bei den Mirakelberichten ausschließlich um die Schicksale von Einzelwallfahrern handelt, die, wie wir es bis in unsere Zeit beobachten können, offensichtlich im Durchschnitt immer höheren sozialen Schichten angehörten als die Pilger der geschlossen wallfahrtenden Prozessionen, die oftmals hunderte, ja tausende Teilnehmer zählten.

Auch im Hinblick auf das Prozessionsgeschehen ist die Quellenlage für das 17. und 18. Jahrhundert – gemessen an dem vermutlich doch beachtlichen Aufkommen – eher als dürftig zu bezeichnen. Zwar beherbergt das Archiv des Priesterhauses in Kevelaer etwa eine Handvoll Übersichten[36], in denen – neben einer gedruckten Auflistung dieser Art aus dem Jahre 1933[37] – die Anfangsjahre der Prozessionen – teilweise als Erinnerungslisten zum Zwecke von Jubiläen – festgehalten wurden; jedoch sind diese Aufzeichnungen sehr fehlerhaft; sei es, daß die aufgeführten Jahre mehr dem aus (pfarr-)gemeindlicher Tradition entsprungenen, überschießenden Wunschdenken oder Ehrgeiz jüngerer Prozessionsführer und Beteiligter entstammen und sich insofern auf Jahreszahlen kaprizieren, die oft nachweislich zu früh angesetzt sind; sei es, daß das Alter von Prozessionen – bisweilen erheblich – höher ist, als es die später verfügbaren Unter-

Anfang und Fortgang der Andacht
Im dem Dorff
KEVELAER
Im dem Hertzogthum Geldern/
sambt einer kurtzen Verzeichnus approbirter
Miraculen
Und weitern Wohlthaten und Wunder-Zeichen so geschehen und verliehen worden durch die Vorsprach der allerheiligsten Jungfrau und Mutter Gottes
MARIA,
Tröstερinne der Betrangten/
An verschiedenen Arten von Krancken/ Bedürfftigen und betrangten Menschen.

Getruckt auf Anordnung des Wohl-Ehrw. Hr. Superioren des Oratorii zu Kevelaer.
tot s'Bosch, by PETRUS SCHEFFERS, Boekdrukker, in 't Vergulde Missaal, 1739.

Wer hier in diesem Meer und wilden Wel[t]getümmel
Verlanget zum Gestadt/ der richte sein[en] Lauff
Nach diesem Morgen-Stern/ der wahre[n] Pfort zum Himmel/
So zieht er ohn Gefahr die schwache Se[]gel auff.

Darstellungen zur Geschich[te] von Kevelaer im 18. Jahrhundert, 's-Hertogenbos[ch] 1739

DEN
BRABANDTSCHEN
PELGRIM
NAER
ONSE L. VROUWE
VAN
KEVELAER,
Vermaert door ghedurighe Mirakelen
in 't Hertoghdom van *Gelderlandt*;
Versoetende de moeyelyckheyt van de verdrietige weghen door het singhen van dry
LITANIEN,
EN PRINCIPAELSTE FEEST-DAGHEN
VAN
JESUS EN MARIA.
Ghecomponeert door F. M. V. B.

TOT BRUSSEL,
By de Weduwe PEETER VANDE VELDE, teghen-over den hoeck van de Munte, in S. AUGUSTINUS.

Wallfahrtsbuch der Pilger aus Brabant, Brüssel 1697

lagen erkennen lassen. All diese Einwände und Bedenken gelten nicht zuletzt für die älteste, 1784 einsetzende Erhebung aller Prozessionen (die im Priesterhaus sogenannte „Kladde"), die gleichwohl als erste umfassende Bestandsaufnahme für uns einen unersetzlichen Wert hat. Zu bedenken ist immerhin, daß die Urheber dieser Übersichten – von der zu allen Zeiten mangelhaften Quellenlage einmal abgesehen – vor der Schwierigkeit standen, daß man auch damals schon kaum mehr erkennen konnte, welche Prozessionen als selbständige anzusehen waren und welche Orte sich anderen maßgeblichen Orten anschlossen; dies Phänomen kann kaum überschätzt werden, wenn wir uns etwa vor Augen halten, daß es ganze Distrikte gab, deren Orte sich alljährlich einer Leitpfarrei anschlossen; dies gilt im deutschen Einzugsbereich etwa für den Köln-Bonner Raum, in ganz besonderer Weise aber für die Niederlande. Weiterhin ist zu sehen, daß bereits 1784 etliche Prozessionen nicht mehr bestanden und folglich in Bestandslisten nicht mehr aufgenommen wurden. Was schließlich die in den Pfarrgemeinden gepflogene Prozessionstradition angeht, so sei darauf hingewiesen, daß in etlichen Gemeinden mangels anderer Quellen das Jahr 1784, in dem, wie gesagt, die erste erhaltene Bestandsaufnahme einsetzte, fälschlicherweise als das Ursprungsjahr einer Prozession angesehen wurde, was wir aber aus sporadischen anderen Zeugnissen, nicht zuletzt den Mirakelberichten, als nicht zutreffend nachweisen können.

Fassen wir alle Belege zusammen, so ergibt sich, daß bis zum Jahre 1784 insgesamt 179 Prozessionen sicher bezeugt sind, wogegen wir in etwa 16 Fällen das angenommene Alter der Prozession aufgrund der besonderen Umstände der Überlieferung und vor allem widersprüchlicher Aussagen in den Quellen als fraglich ansehen müssen. Die Anzahl der Orte bzw. Pfarreien, die bis 1784 nicht selbständig nach Kevelaer gingen, sondern sich anderen anschlossen, belief sich auf 74; es handelt sich überwiegend um Pfarreien, die sich im ersten Jahrzehnt des 18. Jahrhunderts der 1699 begründeten Bonner Prozession angeschlossen haben; darüber hinaus liegen uns für das Ende des 19. Jahrhunderts Unterlagen vor, wonach damals etwa 155 niederländische Pfarreien bereits seit langem, also vermutlich schon im 18. Jahrhundert, im Gefolge anderer Prozessionen nach Kevelaer gingen.[38]

Die bis 1784 bezeugten Prozessionen haben möglicherweise zu diesem Zeitpunkt nur noch teilweise bestanden. Dem damals angelegten Verzeichnis, das für jede in Kevelaer erschienene Prozession das Tagesdatum ihrer Ankunft aufführt, ist nämlich zu entnehmen, daß im Jahre 1784 selbst tatsächlich nur 129 Prozessionen in Kevelaer erschienen sind; ob und inwieweit die übrigen 50 der bis zu diesem Jahr sicher bezeugten 179 Prozessionen damals noch regelmäßig nach Kevelaer gingen und nur 1784 ihren Bittgang aus besonderen Gründen hatten ausfallen lassen, läßt sich im einzelnen nicht sagen.

Vergleichen wir die Anzahl der für 1784 sicher festgestellten 129 Prozessionen mit der oben für 1738 überlieferten Angabe von 150 Prozessionen, so ist zunächst zu sagen, daß sich beide Angaben in derselben Dimension bewegen, was beiden eine gewisse Glaubwürdigkeit verleiht. Von der Tatsache, daß 1784 21 Prozessionen weniger als 1738 sicher bezeugt sind, auf einen Rückgang des Wallfahrtsgeschehens zu

Friesland
1
Overijssel
3
Holland
3
Utrecht
3
Gelderland
4
Borken
12
Coesfeld
2
Nord-Brabant
8
Kleve
45
Wesel
8
Recklinghausen
3
Bottrop
2
Duisburg
1
Bochum
1
Essen
1
Krefeld
2
Viersen
12
Düsseldorf
3
Wuppertal
1
Limburg
10
Mönchengladb.
4
Neuss
16
Rheinisch-Bergischer Kreis
1
Leverkusen
2
Oberbergischer Kreis
4
Heinsberg
8
Köln
7
Erftkreis
7
Rhein-Sieg-Kreis
4
Aachen
5
Düren
6
Bonn
1

KEVELAARSCHE
DEVOTIE
TOT DE HEILIGE MAAGD
EN MOEDER GODS
MARIA,
TROOSTERESSE DER BEDRUKTEN.
BESTAANDE IN GODVRUGTIGE
GEBEDEN EN LOF-ZANGEN.
Dezen laatsten druk merkelyk vermeerdert en verbetert.
Bevestigt door verscheide geapprobeerde Mirakelen, mitsgaders nog eenige Ryssgebeden en Lof zangen.
TE BEKOMEN BY DE BROEDERMEESTERS VAN DE AMSTERDAMSCHE PROCESSIE,
MDCCLXII.

Wallfahrtsbuch der msterdamschen Prozession, 1762

schließen, erscheint in Anbetracht der Unterschiedlichkeit und Bruchstückhaftigkeit der entsprechenden Unterlagen gewagt. Im übrigen können wir aus vielen Einzelbelegen ständige Neubegründungen regelmäßiger Bittgänge nachweisen. Wie sich diese auf die einzelnen Jahrzehnte des 17. und 18. Jahrhunderts verteilen, mag folgende Übersicht der Erstbelege zeigen.

Jahrzehnt	Prozessionen allgemein			selbständige Prozessionen aus den Niederlanden	
	sicher bezeugt		nicht sicher bezeugt	sicher bezeugt	nicht sicher bezeugt
	selbständig	nicht selbständig	selbständig		
1642–1650	13	2	4		1
1651–1660	5		1		
1661–1670	8		1	2	
1671–1680	6	4		2	
1681–1690	3		2		2
1691–1700	9	2	2		1
1701–1710	4	57			
1711–1720	4	2	2	1	1
1721–1730	3	1		2	
1731–1740	13		2	2	1
1741–1750	3	5			
1751–1760	8	1		2	
1761–1770	6		1		
1771–1780	11			2	
1781–vor 1784	6				
1784	77		1	13	
insgesamt	179	74	16	26	6

Auch unter der Voraussetzung, daß es sich nur bei einem Teil der Erstbelege um die Zeugnisse der Begründung oder des Beginns einer Prozession, ansonsten aber um die ältesten Erwähnungen handelt, können wir sagen, daß die Zunahme der Prozessionen im wesentlichen gleichmäßig vor sich ging; von einem erklärlichen stärkeren Anfangsschub abgesehen treten gewisse Häufungen der Zunahme lediglich für die letzten Jahrzehnte des 17., das 4. Jahrzehnt des 18. Jahrhunderts und für die Zeit seit 1771 auf; inwieweit hier Zufälle der Überlieferung oder wirkliche historische Ursachen ausschlaggebend waren, bleibt zunächst eine Angelegenheit der Spekulation; allerdings dürften für die Zunahme nach 1771 insofern überlieferungsbedingte Umstände maßgeblich gewesen sein, als den Urhebern der 1784 beginnenden Erhebung noch Akten aus der jüngsten Vergangenheit vorgelegen haben mochten, die heute verschollen sind; bei den 77 Erstbezeugungen für das Jahr 1784 handelt es sich durchweg um Prozessionen, die bislang in den Quellen nicht aufgetaucht waren; im Gegensatz zu 102 anderen 1784 nachweisbaren regelmäßigen Bittgängen, für die es ältere Hinweise gibt.

Über die Umstände des Beginns bzw. die Anlässe der Prozessionen sind wir in vereinzelten Fällen zumindest andeutungsweise informiert. Zunächst ist zu vermerken, daß es wohl kein Zufall ist, daß uns gerade

e Streuweite der Kevelaer-ozessionen (mit Angabe der zahl der Prozessionen, die s 1784 im jeweiligen Kreis-w. Provinzgebiet bezeugt nd).

unter den ältesten heute nachweisbaren Prozessionen einige Orte – Kevelaer, Geldern, Rees, Goch und Venlo – begegnen, die mit den auf Hendrick Busman zurückgehenden Ereignissen unmittelbar zu tun hatten. Ansonsten lassen sich aufgrund der bisher zusammengetragenen Zeugnisse folgende Anlässe oder Umstände für die Entstehung einzelner Prozessionen aufzeigen:

DE
Kevelaersche Devotie,
Tot de Heylige Maegt
MARIA,
Bestaende in Godvrugtige
LOFSANGEN,
Byeen vergadert door en Liefheb-
van den zelven.
Tot KEVELAER,
Gedrukt voor de Liefhebbers.

Wallfahrtsbuch der Prozession aus Amersfoort, Kevelaer um 1750

1642 (?)	Pest in Kevelaer-Winnekendonk (Kr. Kleve)
1642 Okt.3	Zerstörung des Ortes und der Kirche durch Hessen und Franzosen in Kerken-Aldekerk (Kr. Kleve)
1653	Pest und Verfolgung des Pfarrers Johannes Linden (1635–1654) in Brüggen-Born (Kr. Viersen)
1675	Aufhören einer Feuersbrunst infolge eines Gemeinschaftsgelübdes in Wehl (niederländ. Prov. Gelderland)
spätestens 1687	eine Heilung in Emmerich (Kr. Kleve)
1715 (?)	Brand in Amsterdam (niederländ. Prov. Nordholland)
1719	Aufhebung eines im Gefolge der Reformation erlassenen Wallfahrtsverbotes in Breda (niederländ. Prov. Nordbrabant)
1737	Abwendung der Pest in Tilburg (niederländ. Prov. Nordbrabant)
1746	Gemeinschaftsgelübde infolge Pest und Seuchen in Geilenkirchen-Würm (Kr. Heinsberg)
1755	Viehseuche in Wipperfürth (Oberberg. Kr.)
1764	nach dem Siebenjährigen Krieg (1756–1763), Krefeld-Traar
1778	besondere Notlage in Mönchengladbach – Giesenkirchen

Die hier aufgeführten Anlässe spiegeln die Vielfalt und Breite menschlicher Not wider und unterstreichen insofern die besondere Qualität der Verehrung der Muttergottes von Kevelaer als „Consolatrix Afflictorum". Ob und inwieweit Kevelaer auch aufgrund dieser besonderen Ausrichtung anderen Traditionen verpflichtete Wallfahrtsorte der Umgebung zurückdrängen und die besondere Aufmerksamkeit der Katholiken auf sich ziehen konnte, bedürfte einer genaueren Untersuchung; für die alte Bocholter Fußprozession ist uns immerhin bezeugt, daß diese bis 1733 nach Marienbaum, dem um 1440 entstandenen Marienwallfahrtsort im früheren Herzogtum und heutigen Kreis Kleve, und seit dem genannten Zeitpunkt nach Kevelaer ging[39]; genauere Gründe hierfür sind allerdings nicht überliefert.

Die Unbilden des Krieges, (kirchen-)politische Eingriffe der Landesherren sowie Übergriffe protestantischer Bewohner scheinen die regelmäßigen Wallfahrtsprozessionen in der 2. Hälfte des 17. und im 18. Jahrhundert in gleicher Weise beeinträchtigt zu haben. Die wenigen Zeugnisse, die dazu vorliegen, dürften nur die Spitze des Eisbergs darstellen. 1702, also zu Zeiten des Spanischen Erbfolgekrieges, richteten die Verantwortlichen der großen Bonner Prozession für die Daheimgebliebenen eine Andacht im Kapuzinerkloster ein, die besonders in Kriegszeiten, wenn die Prozession ausfallen mußte, stark besucht wurde; die Bonner Pilger erhielten 1706 – offensichtlich aus Gründen militärisch gebotener Kontrolle – einen deutschen und französischen Paß als Legitimationspapier. – Akten des damals preußischen Administrationskollegs Geldern entnehmen wir, daß 1735 jülich-bergische Kevelaer-Wallfahrer angeblich auf preußischem Gebiet verhaftet wurden; König Friedrich Wilhelm I., der, wie wir sahen, zumindest persönlich zu einer positiven Einstellung gegenüber Kevelaer und seiner Wallfahrt gefunden hatte, gab daher Weisung, daß die Geldrische Kommission diesem „Gerücht" entgegentreten solle[40]; über den Wahrheitsgehalt dieser Angelegenheit können wir den Quellen nichts Eindeutiges entnehmen. – 1738 wurden in Tilburg (niederländ. Prov. Nordbrabant) vier Männer in Untersuchungshaft genommen, weil sie eine Kollekte für ihre große Kevelaerer Votivkerze gehalten hatten; außerdem wurde ihnen das Abhalten des öffentlichen Gebetes und Gesangs verboten. – Als 1763 die Düsseldorfer Prozession durch Krefeld zog, gerieten ein Priester und einige ihrer Führer mit einigen protestantischen Burschen in der Krefelder „Neustadt" so sehr in Streit, daß sie fast handgemein geworden wären; der zufällig in Krefeld anwesende Steuerrat Jüchen aus Moers, also ein preußischer Beamter, ließ kurzerhand das Stadttor schließen und „zwang" die Streitenden, „sich bald zu versöhnen". – Die Dinslakener Prozessionsteilnehmer sollten 1773 in Orsoy verhaftet werden, weil sie singend und betend durch diesen Ort gezogen waren. – Im Zuge ihrer von den Ideen der Aufklärung bestimmten Reformpolitik sahen sich seit 1765 die Kölner Erzbischöfe veranlaßt, Wallfahrten, die über Nacht ausblieben, zu untersagen. Viele Wallfahrer jedoch behalfen sich damit, das Verbot dadurch zu umgehen, daß sie nach Mitternacht auszogen und spätabends heimkehrten, wie dies übrigens 1827, in einer vergleichbaren Situation, etwa auch für die Prozession von Goch–Kessel und -Asperden (Kr. Kleve) bezeugt ist.

Als 1765 mit diesem Verbot auch die Bonner Prozession belegt wurde, wallfahrteten von Bonn aus mehrere hundert Personen ohne Priester, um dadurch ihrem Bittgang einen privaten Charakter zu verleihen, gegen den die Obrigkeit nicht einschreiten konnte. Ein Kanoniker aus Neuss, der wie verschiedene andere Geistliche damals den allgemeinen Widerstand gegen die Gesetzgebung unterstützte, erteilte der Bonner Prozession, als sie durch Neuss zog, in St. Quirin öffentlich den Segen.[41] – Waren hierdurch die erzbischöflichen Verordnungen in ihrer Wirksamkeit beeinträchtigt, so hatte man im preußischen Geldern ganz andere Sorgen; 1765 nämlich bat der preußische Kriegsrat Baerensprung den Kriegs- und Domänenrat Plesemann zu prüfen, wie man den Nahrungsverlust, der durch das erzbischöflich kölnische Prozessionsverbot entstanden war, ausgleichen könnte.[42] – Aus Berichten, die im 19. Jahrhundert im Zuge späterer Auseinandersetzungen seitens der Pfarrgemeinde Wipperfürth (Oberbergischer Kreis) beim Generalvikariat eingingen, erfahren wir, daß auch diese Gemeinde in den 70er Jahren des 18. Jahrhunderts trotz des erzbischöflichen Verbotes mehrfach nach Kevelaer gewallfahrtet war; dabei waren die Unkosten aus freiwilligen Beiträgen bestritten worden, deren Überschüsse „rentbar" angelegt worden waren; schließlich hatte man eine achttägige Andacht eingerichtet, für die man das angesammelte Geld verwandt hatte.

BROEDERSCHAP O. L. V. van KEVELAER
St JORIS' Parochie te Antwerpen.

GIDS VAN DEN PELGRIM
NAAR
O.-L.-V. in 't Zand
EN
KEVELAER
tijdens de
Jaarlijksche Belgische Bedevaart
uit Antwerpen
op den
1en ZONDAG van SEPTEMBER

Eigendom voorbehouden.

TURNHOUT
Boekdrukkerij Joseph Splichal.

…llfahrtsbuch der Prozession …us Antwerpen, Turnhout o.J.

Wenn wir uns mit dem geographischen Einzugsbereich der Kevelaer-Wallfahrt, wie er sich bis zum Ende des Ancien Régime ergab, befassen, so sollen hier vor allem die Mirakelberichte sowie die Zeugnisse über die Orte mit regelmäßiger Prozession berücksichtigt werden, zumal umfassende und eingehende Berichte hierzu in den Akten ohnehin nicht enthalten sind. Es ist vor allem das Verdienst von L. Bergmann, die besonderen Phänomene der Kevelaer-Wallfahrt anhand der Aussagen in den für die Zeit von 1642–1792 vorliegenden Mirakelberichten genauer herausgearbeitet zu haben. In diesem Zusammenhang hat er sich auch mit dem Einzugsbereich der Kevelaer-Wallfahrt eingehender befaßt. Er kommt dabei zu folgenden Ergebnissen: Die in den Mirakelberichten genannten Besucher stammen – was den deutschen bzw. deutschsprachigen Raum angeht – im wesentlichen aus einem Gebiet, das im Süden von der Linie Köln–Aachen und im Osten vom Rhein begrenzt wird; jenseits dieser Linie finden sich nur eine Handvoll Belege; sie betreffen in vier Fällen das Gebiet östlich des Rheins; ein Besucher kommt von weiter her aus dem Süden, nämlich aus Oberemmel (Kr. Trier–Saarburg; 1647). Im Hinblick auf die Ausdehnung nach Westen, also ins Gebiet der Niederlande ist festzustellen, daß vor allem in der Periode von 1642–1680 (bzw. 1684) der Anteil der niederländischen Besucher bemerkenswert stark ist; in dem genannten Zeitraum stehen den insgesamt 23 deutschen Pilgern fast genausoviel Niederländer, nämlich 22, gegenüber, unter denen Geheilte aus Rotterdam, Brüssel, Zwolle und Antwerpen, also auch solche aus den kalvinistischen Gebieten der Republik der Vereinigten Niederlande sind. Insgesamt läßt sich damit für Kevelaer eine Streuweite mit einem Radius von 100–250 km feststellen, womit andere ältere niederrheinische Wallfahrtsorte, etwa das bereits erwähnte ältere Marienbaum, weit übertroffen werden. Als Erklärung hierfür führt L. Bergmann an, daß mit dem Zusammenschluß der kleineren niederrheinischen Territorien zu größeren Gebietskomplexen im 16. Jahrhundert Grenzen und damit territorial bedingte Einengungen gefallen waren und im übrigen der Kevelaer-Wallfahrt selbst, wie oben gesagt wurde, im Rahmen der konfessionell bedingten Auseinandersetzungen zwischen dem katholischen Spanien und den kalvinistischen Ländern eine besondere – nämlich kirchenpolitische – Dimension zugewachsen war. In kulturräumlicher Hinsicht verklammere Kevelaer – so L. Bergmann – auf diese Weise das Niederrheingebiet mit dem kölnischen Raum ebenso wie mit den Niederlanden; die dem Wallfahrtsort zufallende Vermittlungsfunktion sei insofern von Bedeutung, als diese beiden Kulturräume seit dem Westfälischen Frieden immer weiter auseinanderstrebten.[43]

Daß sich der anhand der Mirakelberichte ermittelte Einzugsbereich im wesentlichen mit dem Raum, aus dem die ältesten Prozessionen kamen, deckt, darf insofern nicht verwundern, als es sich hier wie dort um dieselben Pilger handelt, die einzeln oder eben in Gruppen nach Kevelaer kamen. In einigen Mirakelberichten wird ausdrücklich gesagt, daß sich Genesungen im Rahmen der jährlichen Wallfahrtsprozession ereignet hatten. Die ersten Prozessionen bildeten sich – wie sollte es anders sein – im engsten Umkreis von Kevelaer in Pfarreien, die, wie oben angedeutet wurde, teilweise unmittelbar mit den Ursprüngen von 1642 zu tun hatten. Im Gebiet des heutigen, 1975 aus den Kreisen Kleve und Geldern zusammengeschlossenen Kreises Kleve, der heute u. a. die Gebiete des ehemaligen katholischen Oberquartiers Geldern und einen Teil des der reformierten Konfession zuneigenden Herzogtums Kleve umfaßt, lassen sich bis 1785 45 Prozessionen nachweisen; eine Häufigkeit, die im Hinblick auf die Prozessionen sonst nicht mehr annähernd erreicht wird. Um dieses dicht belegte Gebiet schließt sich im Süden halbkreisförmig eine Zone, die eine mittlere Anzahl von Nennungen aufweist; sie beginnt im Nordosten im ehemaligen Erzstift Münster (in dessen Westspitze, dem heutigen Kreis Borken, zwölf Prozessionen bezeugt sind) und setzt sich nach Südwesten über den Rhein hin in das Gebiet des östlichen Teils des Herzogtums Kleve und in die nördliche Spitze des Erzstifts Köln fort (wo sich im heutigen Kreis Wesel acht alte Prozessionen ausfindig machen lassen); der südliche Teil des Halbkreises umfaßt ehemals jülich-bergische und kurkölnische Gebiete (wo in den heutigen Kreisen Neuss, Viersen und Heinsberg 16, zwölf bzw. acht alte Prozessionen nachzuweisen sind); daran fügt sich nach Nordwesten der westliche Teil des Oberquartiers Geldern (wo im Nordteil der heutigen niederländischen Provinz Limburg zehn Prozessionen bezeugt sind). Um diese Art Halbkreis schließt sich in schwächerer Belegdichte ein weiterer Ring, der im wesentlichen Gebiete des Erzstifts Münster, des Vests Recklinghausen, des Erzstifts Köln, des Herzogtums Jülich-Berg, der Reichsstadt Aachen, der Spanischen Niederlande, des Erzstifts Lüttich, aber auch der Provinz Nordbrabant der Republik der Vereinigten Niederlande umfaßt. Diese sind darüber hinaus – allerdings mit sehr wenigen Nachweisen – auch mit ihren – heutigen – Provinzen Gelderland, Overijssel, Utrecht, Süd- und Nordholland vertreten. Die Wallfahrt nach Kevelaer reichte also weit in kalvinistisches Gebiet hinein; dabei ist von besonderem Interesse, daß die insgesamt etwa 30 bis 1784 in den Niederlanden bezeugten Prozessionsorte bisweilen das Zentrum ganzer Distrikte von Orten darstellten, die sich, von einem personenstarken Bruderschaftsverband zusammengeschlossen, jährlich zu einer Kevelaer-Prozession zusammenfanden. Dies ist etwa bei Amsterdam der Fall, dessen Verband 1754 so groß geworden war, daß sich damals von ihm ein eigener Distrikt um Gouda (niederländ. Prov. Südholland) abspaltete, der dann immer noch 18 Orte umfaßte. Noch gegen Ende des 19. Jahrhunderts waren die niederländischen Prozessionsdistrikte so groß, daß sich etwa im Jahre 1894 der Bischof von Roermond bemüßigt fühlte, diese durch mächtige, finanzstarke Bruderschaften zusammengehaltenen Gebietsverbände zu zergliedern, um dadurch die Macht und den Einfluß der Brudermeister zugunsten der Pfarrer einzudämmen.[44]

Wie hier erkennbar wird, war gerade die Wallfahrt der Niederländer von einem Beharrungsvermögen geprägt, das nicht nur die im folgenden aufzuzeigenden Behinderungen und Verbote der Franzosen und Preußen im 18. und 19. Jahrhundert, sondern auch die Weltkriege des 20. Jahrhunderts überdauerte. Im Grunde gilt dies für die Kevelaer-Wallfahrt überhaupt, so daß wir – ohne dem Gang der weiteren Entwicklung allzusehr vorgreifen zu wollen – schon jetzt festhalten können, daß sich der Einzugsbereich über die bemerkenswerten Wechselfälle der Geschichte dieses Raumes hinweg bis heute hin weniger verändert als ausgeweitet hat. Die hier erkennbare besondere Anhänglichkeit der Pilger an Kevelaer kommt in älteren Mirakelberichten auf eindrucksvolle Weise zum Ausdruck, wenn wir etwa 1655 von einem Mann erfahren, der erst bei der 15. Reise nach Kevelaer gesund geworden sei, oder Genesungen ausdrücklich als Belohnung für die unverbrüchliche Treue zu Kevelaer herausgestellt werden.[45] Im Grunde entspricht dies dem auch im 19. und 20. Jahrhundert in manchen Gemeinden noch ehrgeizig gepflogenen Brauch, in Listen die Namen solcher Pilger festzuhalten, die zum 20., 30., 40., 50., ja zum 60., 65. und in einem Fall (1979) sogar zum 75.[46] Mal nach Kevelaer gegangen waren.

„Franzosenzeit“ (1792–1814)

Dem mit Beginn der 90er Jahre des 18. Jahrhunderts erfolgten Einmarsch der Franzosen, die anschließende Besetzung des Rheinlandes und die 1801 vollzogene Vereinigung dieses Gebietes mit dem französischen Staat war für die gesamten, nicht zuletzt die kirchlichen Verhältnisse unseres Raumes von einschneidender Bedeutung. Unter dem Gesichtspunkt, daß die weitgehende Abschaffung von Religion und Kirche eines der erklärten Ziele der Französischen Revolution war, hatte natürlich auch die Kevelaer-Wallfahrt einiges zu gewärtigen. Bevor wir uns dem im folgenden zuwenden, sei zuvor auf die Geschehnisse in Kevelaer selbst kurz eingegangen. – Angesichts der durch die einmarschierenden französischen Soldaten verursachten Zerstörungen und Plünderungen wurde zunächst das Gnadenbild im Turm der Pfarrkirche versteckt und durch eine Nachbildung ersetzt, jedoch später, als sich nach der offiziellen Vereinigung der Rheinlande mit Frankreich die Verhältnisse etwas beruhigt hatten, wieder an seinen angestammten Platz gebracht. Nachdem aufgrund der 1802 durch Konsularbeschluß verfügten Auflösung der in den rheinischen Departements befindlichen geistlichen Korporationen das Oratorianerkloster als solches aufgehoben worden war, wurde das Gebäude 1807 als Wohnung eines Hilfspfarrers (und späteren Pfarrers) und einiger Seelsorgepriester wieder freigegeben; die Oratorianer selbst verließen nach und nach den Ort, in dem sie nunmehr anderthalb Jahrhunderte zur Betreuung der Pilger gewirkt hatten. Die Gnadenkapelle, die 1802 im Zuge der Aufhebung des Oratorianerklosters ebenfalls geschlossen worden war, wurde bereits am folgenden Tag aufgrund einer Intervention der Nachbarpfarrei Goch unter dem Jubel der gerade in Kevelaer weilenden Pilger aus Amsterdam wieder geöffnet und 1806 zusammen mit der Kerzenkapelle für den öffentlichen Gottesdienst freigegeben; bemerkenswert ist, daß sich hierfür Berdolet, der Bischof der 1801 neugeschaffenen Diözese Aachen, der Kevelaer fortan angehörte, persönlich beim französischen Kaiser eingesetzt hatte. Auch in der Folgezeit vermochte Berdolet dem Wallfahrtsort aufgrund eines vorteilhaften Berichtes die Gunst Napoleons zu erhalten. Alles in allem hatte sich somit zu Beginn des neuen Jahrhunderts im Hinblick auf die für die Kevelaer-Wallfahrt so wichtigen Einrichtungen die Entwicklung einigermaßen erträglich angelassen.

Ein ähnlich wechselvolles Bild ergibt sich in bezug auf das Wallfahrtsgeschehen während der Franzosenzeit. Nachdem noch 1792/93 zwei Pfarrgemeinden – nämlich Erkelenz-Lövenich (Kr. Heinsberg), und Swal-

Coesfeldisches

Prozessions = Büchlein,

darinn Gesänge und Litaneyen enthalt[en] sind.

Aus bewährten Gesangbüchern zusammen getrage[n]

Coesfeld, bey B. H. Wittneven, 1807.

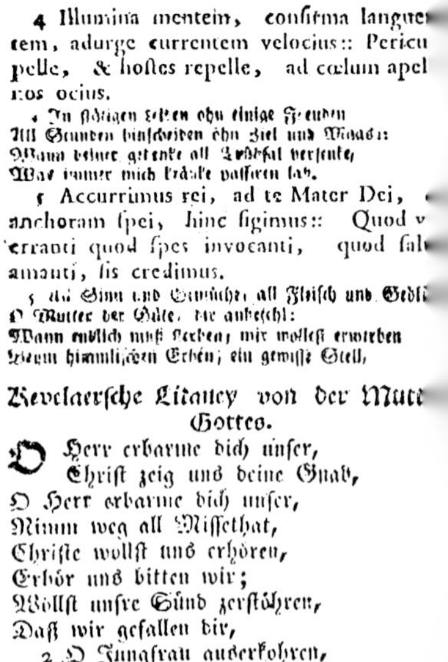

4 Illumina mentem, confirma langue[n]tem, adurge currentem velocius:: Pericu[la] pelle, & hostes repelle, ad cœlum apel[le] nos ocius.

4 In sündigen Leben ohn einige Freuden
All Stunden hinschreiten ohn Ziel und Maaß:
Wann keiner gedenke all Trübsal versenke,
Was immer mich kränke vassiren laß.

5 Accurrimus rei, ad te Mater Dei, [...] anchoram spei, hinc figimus:: Quod v[...] erranti quod spes invocanti, quod sal[...] amanti, sis credimus.

5 All Sinn und Gemüther, all Fleisch und Geblü[t]
O Mutter der Güte, dir anbefehl:
Wann endlich muß sterben, mir wollest erwerben
Beym himmlischen Erben, ein gewisse Stell.

Kevelaersche Litaney von der Mutt[er] Gottes.

O Herr erbarme dich unser,
Christ zeig uns deine Gnad,
O Herr erbarme dich unser,
Nimm weg all Missethat,
Christe wollst uns erhören,
Erhör uns bitten wir;
Wöllst unsre Sünd zerstöhren,
Daß wir gefallen dir,
2 O Jungfrau auserkohren,
Aus dir ist Gott gebohren,
Jungfrau aller Jungfrauen,
Nächst Gott auf dich wir trauen.

3 Di[...]

Prozessionsbüchlein aus Coesfeld i. W. 1807, Titelbla[tt] und Anfang einer Kevelaer-Litanei

men (niederländ. Prov. Limburg) – eine Kevelaer-Prozession begründet hatten, ließ der Pilgerstrom insgesamt in den letzten Jahren des 18. Jahrhunderts doch erheblich nach. Maßgeblich war in diesem Zusammenhang vor allem das 1798 von der Zentralverwaltung des Roerdepartements ausgesprochene Verbot aller öffentlichen und religiösen Gebräuche und Zeremonien, soweit sie außerhalb der Kirche stattfanden; konkret waren hiermit auch die Wallfahrten und Prozessionen gemeint, die „als von Priestern veranstaltete Narrenzüge und Ansammlungen des fanatischen Volkes" (arlequinades sacerdotales et rassemblances fanatiques) eingestuft wurden. Der Wallfahrtsverkehr nach Kevelaer kam jedoch auch nun nicht vollends zum Erliegen; vielmehr sahen sich die Pilger zu kleineren unauffälligen Gruppenwallfahrten veranlaßt, was allerdings die gerade bekämpften – angeblichen oder wirklichen – Mißstände nicht eben gemindert haben soll. Daß auch die „heimliche" Durchführung der Kevelaer-Prozession vor Mißhelligkeiten nur unzulänglich schützte, erfuhren in diesen Jahren die Wallfahrer von Köln-Urbach, die wegen ihres Verhaltens von Gelderner Bürgern nicht nur beschimpft und verspottet, sondern sogar durch Versperren der Wege am Weitergehen gehindert wurden. Im übrigen ist uns für das Jahr 1800 überliefert, daß die Pfarrgemeinde Bedburg-Königshoven (Erftkr.) gerade damals „aus Dankbarkeit für überstandene Kriegs- und Revolutionswirren" eine Prozession begründete.

Das Verbot von 1798 war bereits 1806 überholt, als die französische Verwaltung Prozessionen in solchen Orten gestattete, in denen keine Kirchen anderer Konfessionen bestanden. Dem entspricht es, daß man 1809 bereits wieder 140 000 Pilger in Kevelaer zählte, die – was die französische Verwaltung ein wenig anmaßend ihrer eigenen Wachsamkeit zuschrieb – in schöner Ordnung nach Kevelaer gewallfahrtet waren.[47] In demselben Jahr notierte der Predikant Dr. Jan Scharp von Rotterdam, der damals durch unsere Gegend reiste und Kevelaer besuchte: „Man pflegte die jährlichen Prozessionen auf 150 zu rechnen, wobei die kleinste 40 und die größte 2 000 Personen umfaßte; aber heutzutage ist der Eifer sehr aufgeblüht."[48] Offensichtlich hatte dem Reisenden jenes oben erwähnte Zeugnis des Jahres 1738 vorgelegen, dessen Verhältnisse sich inzwischen merklich verändert hatten. Für das Jahr 1811 ist immerhin zu vermerken, daß die Pfarrei St. Kunibert in Köln mit etwa 1 000 Wallfahrern in Kevelaer erschien; auch sonst gab es damals Prozessionen, die durchaus mehrere hundert Teilnehmer zählten.

1811 veranstalteten die Präfekten der linksrheinischen Departements eine Rundfrage über die noch stattfindenden Wallfahrten; Zweck dieser Maßnahme war die Abstellung von Mißständen, „die sich bei den wilden Wallfahrten besonders nach Kevelaer, Trier St. Matthias, Düren St. Anna und Aldenhoven herausgebildet hatten".[49] Derartige Ansichten lassen sich auch anderen Schreiben entnehmen; so riet 1813 etwa der Unterpräfekt des Arrondissements Rees dem Bürgermeister von Bocholt: „Sie werden übrigens guttun, Pässe nach Kevelaer zu verweigern, indem es bekannt ist, daß die Vereinigungen an diesem Wallfahrtsort die vorgesehenen Zwecke der Andacht nicht erreichen, sondern manchen sittlichen und bürgerlichen Unfug herbeiführen." – Angesichts derartiger Einstellungen und Vorurteile verdient es um so mehr Beachtung, wenn 1813 der

Präfekt des Roerdepartements seinem Minister im Hinblick auf die Kevelaer-Wallfahrt berichtete, „daß die Wallfahrt weiterhin stark ist, daß die meisten Wallfahrer mit Pässen versehen sind, daß ein einziger Kaufmann im Jahre 1812 120 000 Hostien geliefert hat, daß eine Unterdrückung des Wallfahrtswesens zwar erörtert, aber verworfen worden ist, um die Gefühle der Bevölkerung nicht zu verletzen." Der Minister stimmte dieser Entscheidung zu und nahm Kevelaer in den Kreis der drei von der französischen Regierung offiziell zugelassenen Wallfahrtsorte im Roerdepartement auf.[50] – Alles in allem läßt sich sagen, daß in der Franzosenzeit die Einrichtungen in Kevelaer zwar bemerkenswerte Erschütterungen erfahren haben, die Wallfahrt selbst jedoch keine entscheidenden Einbußen erlitt.

Wenn das Vorgehen hiergegen mit der Eindämmung wirklicher oder angeblicher Auswüchse begründet wurde, so war hier allerdings ein Gesichtspunkt im Spiel, der, wie im folgenden zu zeigen sein wird, von deutscher, auch kirchlicher Obrigkeit nach 1815 wieder aufgegriffen wurde.

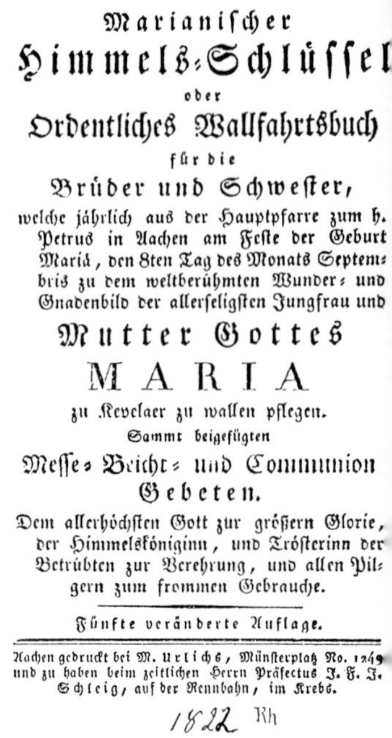
Marianischer
Himmels-Schlüssel
oder
Ordentliches Wallfahrtsbuch
für die
Brüder und Schwester,
welche jährlich aus der Hauptpfarre zum h. Petrus in Aachen am Feste der Geburt Mariä, den 8ten Tag des Monats Septembris zu dem weltberühmten Wunder- und Gnadenbild der allerseligsten Jungfrau und
Mutter Gottes
MARIA
zu Kevelaer zu wallen pflegen.
Sammt beigefügten
Messe- Beicht- und Communion
Gebeten.
Dem allerhöchsten Gott zur größern Glorie, der Himmelsköniginn, und Trösterinn der Betrübten zur Verehrung, und allen Pilgern zum frommen Gebrauche.
Fünfte veränderte Auflage.
Aachen gedruckt bei M. Urlichs, Münsterplatz No. 1249 und zu haben beim zeitlichen Herrn Präfectus J. F. J. Schleig, auf der Rennbahn, im Krebs.
1822 Rh

Wallfahrtsbuch der Aachener Prozession, Aachen 1822

Preußische Zeit

Nach der Niederlage Napoleons und dem Abzug der Franzosen fielen 1815 infolge der vom Wiener Kongreß beschlossenen Neugestaltung der territorialen Verhältnisse die Rheinlande erneut und erstmals das Oberstift des ehemaligen Fürstbistums Münster – im wesentlichen also die Territorien des deutschsprachigen Einzugsbereichs der Kevelaer-Wallfahrt – an Preußen. In einem Patent über die Inbesitznahme dieser Gebiete sagte König Friedrich Wilhelm III. den Bewohnern den Schutz ihrer Person, ihres Eigentums und ihres Glaubens zu. In kirchlicher Hinsicht kam Kevelaer 1821 nach der Aufhebung des Bistums Aachen samt dem Kreis Geldern zum Bistum Münster.

Obwohl mit dem Abzug der Franzosen zumindest die Anzahl der Prozessionen – bei aller Ungleichmäßigkeit der Quellenaussagen – insgesamt zuzunehmen scheint, dürften sich die Bedingungen für das Wallfahrtswesen nicht wesentlich gebessert haben. Zwar gehörte die mehr oder weniger kirchenfeindliche Verwaltung der Franzosen nunmehr der Vergangenheit an, jedoch zeitigte die sich neu etablierende preußische Verwaltung Maßnahmen und Verhaltensweisen, die wohl mit der meist verständnislosen, bisweilen feindlichen Einstellung der protestantisch-preußischen Beamten sowie der im 18. Jahrhundert aufgekommenen und dieser Haltung nicht eben wesensfremden Grundhaltung der Aufklärung in Zusammenhang zu sehen sind. Die Akten der zuständigen Regierungen enthalten Äußerungen, die allerdings durch konkrete Vorfälle kaum belegt sind, mit der Realität folglich wenig übereinstimmten und insofern Zeugnisse krasser Vorurteile darstellten; so argwöhnte man, daß „sich unter der Menge der Wallfahrer Deserteure und schlechtes Gesindel verstecken" und warf den Wallfahrten vor, „daß sie die Flucht vor Arbeit und Ordnung förderten, auf dem Wege zu Ungebundenheit und Leichtsinn führten, daß der Verdienstausfall und die Ausgaben für Verzehr zahllosen Familien schadeten"; nicht unerhebliche Sorgen machte man sich über Störungen, Unruhen, Mißstände und den „Unfug" über-

Abbildungen der Wallfahrtsstätten im 19. ahrhundert, gedruckt bei der Steindruckerei Brepols en Dierckx Zoon, Turnhout/Belgien

nachtender Pilger, deren Ansammlungen in größerer Zahl man als Bedrohung der öffentlichen Sicherheit betrachtete.[51]

Unmittelbar bevor die preußischen Behörden seit Juli 1816 daher mit einschneidenden Verordnungen einschreiten zu müssen glaubten, hatte sich die Königliche Regierung Kleve, in deren Gebiet auch der Wallfahrtsort Kevelaer lag, in einer Eingabe an den preußischen Innen- und Kultusminister in Berlin gewandt, die einerseits die angedeuteten wirklichen oder vorgegebenen Besorgnisse aufgriff, zum anderen die heikle Situation beleuchtete, in der sich die preußische Bürokratie befand; die Regierung legte dar, daß die Kevelaer-Wallfahrt nach dem Abzug der Franzosen stark zugenommen hätte und vor allem auch die alten Prozessionen wieder aufgelebt seien; obwohl es wünschenswert sei, das Wallfahrten ganz abzuschaffen und dieses auch „der gebildete Teil der Katholischen . . . nur noch als einen Mißbrauch . . . ansehe“, müßte man es gleichwohl dulden; wegen des „eingewurzelten Religionshasses der gemeinen Klasse der beiden Religionsparteien" und des „außerordentlichen Vorurteils, womit der gemeine Mann an den Wallfahrten klebt", sei nämlich zu befürchten, daß ein Verbot in der ganzen Gegend eine „sehr ungünstige Stimmung gegen die preußische Regierung" erzeugen könnte; statt eines Verbots empfahl die Regierung einige polizeiliche Maßnahmen, die, wie wir im folgenden sehen werden, im wesentlichen auch ausgeführt wurden und offensichtlich in den hier geschilderten behördlichen Stellungnahmen ihren konkreteren Ursprung hatten.[52]

„Um den mancherlei Unordnungen vorzubeugen, zu welchen öffentliche, von eigenen Bruderschaften in Masse unternommene Wallfahrtszüge sowohl in sittlich-religiöser als in politischer Hinsicht Veranlassung geben", verfügte am 1. August 1816 der Oberpräsident der Herzogtümer Kleve, Jülich und Berg, daß übernachtende Wallfahrten nur vom Ortspfarrer oder von einem vom Generalvikariat delegierten Geistlichen geführt werden sollten und daß nur solche Leute teilnehmen dürften, bei denen die „häuslichen Verhältnisse und die Unbescholtenheit des Rufes" eine nützliche Teilnahme gewährleisteten; die Pilger waren in „genauen . . . Listen zu erfassen", jedem Anführer einer Prozession war ein Paß auszustellen. Am 27. Mai des folgenden Jahres schärfte eine Bekanntmachung des Oberpräsidenten diese Bestimmungen ein; man ordnete an, daß eine „gewissenhafte Untersuchung der Ehrlichkeit und Sittlichkeit derer, die sich dem religiösen Zuge anschließen wollen, zu halten" sei; „wo durch Wallfahrten Berufspflichten versäumt, Gesundheit und Wohlstand gefährdet werden könnten oder hervortretende unedle Absicht das Unternehmen unstatthaft macht", könnte die verlangte Aufnahme in die Listen „unbefangen verweigert" werden. Eine weitere Verfügung, die diese Anordnungen erneut aufgriff, erging seitens des Oberpräsidenten am 18. Juli 1819.[53]

Wenn sich, wie wir im folgenden zeigen, auch die kirchliche Obrigkeit diesen Verfügungen anschloß, so mag man hierin zunächst ein „Zugeständnis an die staatlichen Verfügungen" sehen; andererseits dürfte dies auch als „Ausdruck aufklärerischer Zeitströmungen" zu werten sein, die hier an entsprechende kirchliche Maßnahmen des 18. Jahrhunderts anknüpften, wobei man damals wie jetzt eine gewisse Gefahr in der Veräußerlichung und Übertreibung kirchlicher Frömmigkeitsformen sah und angenommene „sittliche" Mißstände bei Übernachtungen sowie „das Herumziehen des arbeitsscheuen Volkes" ebenso zu bekämpfen trachtete wie die mit dem Wallfahrtswesen verbundene Wundergläubigkeit. Am 12. Mai 1826 untersagte der Erzbischof von Köln, Ferdinand August Graf von Spiegel, alle Wallfahrten nach Orten außerhalb der Erzdiözese Köln – damit also auch nach Kevelaer – und innerhalb derselben alle Wallfahrten, bei denen übernachtet würde; „die vieljährige Erfahrung" nämlich – so der Erzbischof – „lehre, daß bei Wallfahrten nach so entlegenen Orten, daß an einem Tage, von der Sonne Aufgang bis zu ihrem Untergang, die Hin- und Rückzüge nicht möglich sind, nebst der Versäumnis der häuslichen Pflichten die rohesten Ausschweifungen vorfallen und dadurch die schrecklichen Folgen des verderblichen Ärgernisses herbeigeführt werden".[54] – Als unter Hinweis auf dieses vom Erzbischof von Köln ergangene Verbot auch der Bischof von Münster von seiner Königlichen Regierung gebeten wurde, die übernachtenden Wallfahrten in seiner Diözese zu verbieten, wollte Bischof Kaspar Max Freiherr Droste Vischering zunächst die Berichterstattung der Pfarrer abwarten, verbot dann aber am 4. August 1826 die Wallfahrten, die länger als einen Tag in Anspruch nähmen und folglich mit einer Übernachtung verbunden seien, sowie solche Wallfahrtszüge, die „in größeren Massen . . . und ohne einen von uns autorisierten Führer unternommen werden"; auch Droste Vischering begründete sein Verbot „mit den vorkommenden Entgleisungen, mit den Schäden in ökonomischer, religiöser und moralischer Hinsicht".[55]

Die hier aufgeführten weltlichen und kirchlichen Verfügungen waren für die Kevelaer-Wallfahrt von weitreichender Bedeutung. Um sie durchzusetzen, ergingen von seiten der Regierungspräsidenten weitere detaillierte Anweisungen an die Landräte, die ihrerseits die praktische Durchführung den örtlichen Bürgermeistern und Polizeivorstehern übertrugen. Die Landräte hatten Aufstellungen über die Wallfahrten vorzulegen, die aus einem Kreis ausgezogen waren, zum anderen über solche, die ihren Kreis durchzogen hatten, und schließlich solche Prozessionen zu erfassen, die in den Kreis gekommen waren, um einen dort befindlichen Gnadenort zu besuchen. Es wurde genau festgelegt, wie diese Listen anzulegen waren und was sie enthalten mußten; die Angaben konnten nicht genau genug gemacht werden; insbesondere waren auch Berichte über den Verlauf der Prozessionen und ggf. besondere Vorkommnisse erwünscht.

Daß hier eine dem Gegenstand unangemessene Atmosphäre der Überwachung und Kontrolle entstand, liegt auf der Hand, zumal, wie die Akten zeigen, nicht wenige Beamte starke, gleichwohl unbegründete Ressentiments gegen die in der Wallfahrt zum Ausdruck kommenden Frömmigkeitsbeweise hatten. Im Hinblick auf den Regierungsbezirk Düsseldorf, dessen Akten für diese Zeit am besten überliefert sind, scheinen vor allem die Landräte von Neuss und Krefeld nichts unterlassen zu haben, die Kevelaer-Prozessionen auf jede nur mögliche Weise zu behindern. Daß uns aufgrund derartigen Kontrollverhaltens allerdings über weite Bereiche des Wallfahrtsgeschehens und der damit verbundenen Traditionen Nachrichten vorliegen, die wir sonst wohl kaum hätten, ist gleichsam die positive Seite dieses an sich unwürdigen Geschehens; so enthalten die Akten der beteiligten Kreisbehörden (besonders auch des Kreises Geldern), Bürgermeistereien, Gemeinden und Pfarreien zahlreiche statistische Aufstellungen über die Anzahl der Wallfahrer, die Brudermeister, die Prozessionsteilnehmer, den Anteil der Geschlechter, bisweilen der Berufe, über die jährlichen Termine und sonstige Begebenheiten, die uns für die Geschichte der Wallfahrt nach Kevelaer interessante Aufschlüsse liefern. Daß sie ihrerseits auch der Nachwelt ein Zeugnis des Mutes und der Unbeugsamkeit der Beteiligten sind, lag vermutlich weniger in der Absicht der Urheber.[56]

Wie verschiedene Formulierungen der genannten Verfügungen des Erzbischofs von Köln und des Bischofs von Münster unschwer erkennen lassen, war auch die kirchliche Hierarchie gegenüber dem Wallfahrtsgeschehen in Vorurteilen und Bedenken befangen, die weniger in konkreten Vorkommnissen als in der Denkweise jener Jahrzehnte begründet sein mochten. Es wäre verwunderlich, wenn derartige Einstellungen nicht auch unter den beteiligten Pfarrern anzutreffen gewesen wären. Stellvertretend für andere in den Akten enthaltene Äußerungen sei hier die Eingabe eines katholischen Pfarrers an den rheinischen Oberpräsidenten vom Jahre 1821 erwähnt, wo es u. a. heißt: „Wenn ich aber zugleich erwäge, daß nicht nur unsere verbrüderten Religionsgenossen, sondern selbst viele meiner Pfarrgenossen solche Wallfahrter mit den Augen des Mitleids, wo nicht gar mit Augen der Verachtung ansehen und daß selbige häufige Veranlassung zur Verletzung der Religionsduldung unter den Ungebildeten sein können, so muß ich selbe notwendig für schädlich halten und wünsche daher, daß die Wallfahrtszüge von der geistlichen und weltlichen Behörde verboten werden."[57]

Alte Kevelaerfahne der Bruderschaft Aachen St. Pe

Eine solche Grundhaltung mußte vor dem Hintergrund der erwähnten Verordnungen und Maßnahmen in den Pfarrgemeinden zu heftigsten Konflikten führen. So ist es nicht verwunderlich, daß uns für die Zeit von etwa 1818 bis zur Jahrhundertmitte mancherlei Begebenheiten überliefert sind, die etwa folgenden Ereignisablauf aufweisen: Ein großer Teil der katholischen Pfarrgemeinde beharrt auf der Durchführung der üblichen Prozession und schart sich um einen Anführer, der oft ein Brudermeister, bisweilen ein Kaplan oder Vikar ist; es kommt zum offenen Dissens mit dem Pfarrer; die von einer oder beiden Seiten angerufene kirchliche Oberbehörde, das Generalvikariat, bemüht sich um eine Beilegung des Konfliktes, indem es die Prozession eingeschränkt und möglichst nach Maßgabe der bestehenden Verfügungen genehmigt, andererseits prinzipiell aber darum bemüht ist, die Amtsautorität des Pfarrers in seiner Gemeinde zu stützen.

Gleichwohl gab es auch Pfarrer, die sich mit Engagement einsetzten, wenn es um die Durchführung der gefährdeten jährlichen Prozession ging. In diesem Sinne wies 1843 Pfarrer Lauvenberg von Weilerswist-Lommersum (Kr. Euskirchen) das Generalvikariat Köln darauf hin, daß die meisten Teilnehmer der Prozession „nicht aus sträflichem Leichtsinn oder verderblichem Müßiggang oder sonstigen unwürdigen und verwerflichen Absichten, sondern lediglich nur durch religiöses Bedürfnis und fromme Andacht . . . zur Förderung ihres Seelenheils . . . diesen Bittgang . . . zu unternehmen sich gedrungen fühlen". – Pfarrer Hütt von Düren-Niederau unterstützte in demselben Jahr den Antrag seiner Pfarrgenossen auf Abhaltung der Prozession, indem er gegenüber dem Generalvikariat darlegte, daß sich die von einem Priester begleitete Prozession durch „Ordnung und erbauende Andacht" ausgezeichnet hätte und „nicht zu befürchten" wäre, daß „sträflicher Leichtsinn, verderblicher Müßiggang und sonstige unwürdigen verwerflichen Absichten diesem Vorhaben zu Grunde" lägen; die „hiesigen Pfarrgenossen" zeigten – so Hütt – im allgemeinen „Lust und Liebe zur Arbeit", wohnten, so oft es ihnen möglich sei und nicht nur an Sonn- und gebotenen Feiertagen, dem Gottesdienst bei und führten einen sittlich religiösen Lebenswandel; diejenigen, die sich an der Wallfahrt beteiligten, täten dies „aus frommer Andacht zur Verherrlichung Gottes, zur Ehre" der Muttergottes und zur „Förderung ihres Seelenheils"; auch die Brudermeister und er (Hütt) wären der Ansicht, daß nur solche Leute zur Wallfahrt zugelassen werden sollten, die als „unbescholtene, christ-katholisch gesinnte Leute bekannt" seien.[58] – Mit welchen Vorwürfen sich Befürworter einer Kevelaer-Prozession auf Gemeindeebene offensichtlich auseinanderzusetzen hatten, zeigt indirekt die in beiden Berichten auffallend gleichlautende Passage von „sträflichem Leichtsinn, verderblichem Müßiggang oder sonstigen unwürdigen verwerflichen Absichten", die ja, wie wir oben sahen, das exakte Gegenstück zu den argwöhnischen Stellungnahmen preußischer Verwaltungsbeamter darstellen.

Deren Einstellung blieb, als es im weiteren um die Durchführung der Prozession ging, nicht graue Theorie. Dies zeigen die mannigfachen, in den Akten bezeugten Kontrollen und Schikanen, denen man dadurch zu entgehen suchte, daß man sozusagen inoffiziell und privat nach Kevelaer zog und zumindest nach außen, vor allem beim Durchzug durch Ortschaften, jedes Anzeichen und Merkmal einer offiziellen Prozession zu verbergen trachtete; so ging man in aufgelockerter Form durch Ortschaften oder mied diese unter Benutzung von Feldwegen ganz, hielt dabei die Prozessionsinsignien wie etwa Fahnen versteckt und enthielt sich streckenweise jedes lauten Gebetes und Gesanges. Wenn uns derartige Vorgänge aus den Akten bekannt sind, dann allerdings nur deshalb, weil es trotz oder gerade deswegen zu behördlichen Eingriffen kam. Insgesamt war das Ausmaß der „Unbotmäßigkeit" beachtlich. So teilte 1818 der Bürgermeister von Kevelaer dem Landrat von Geldern mit, daß in dem genannten Jahr von 174 Prozessionen 90 keinen Paß und keine Teilnehmerliste mitführten; 1819 kamen von 152 Prozessionen 98 ohne die erforderlichen Papiere.[59] 1830 berichtete der Landrat von Krefeld dem Regierungspräsidenten in Düsseldorf, daß im Vorjahr, also 1829, Wallfahrer aus Köln, Düsseldorf, Zons, Monheim, Heerdt und Kaarst ohne Begleitung eines Geistlichen und ohne die erforderlichen Legitimationspapiere nach Kevelaer gezogen seien, wohin sie einen „solchen Hang" hätten, „daß alle Vernunftgründe sie nicht abhalten könnten"; soweit er (der Landrat) dies vermocht habe, seien sie zurückgeschickt worden.[60]

Angesichts dieser Umstände und Widrigkeiten geriet die Kevelaer-Wallfahrt in arge Mitleidenschaft. Überschaut man die zum jährlichen Pilgeraufkommen vorliegenden Zeugnisse, so läßt sich vor allem für den Zeitraum der 2. Hälfte der 20er und für die 30er Jahre ein beachtlicher Rückgang der Prozessionen feststellen. Wenn sich dies nicht in derselben Deutlichkeit für die jährlichen Pilgerzahlen aufzeigen läßt, so mag sich das – von den Zufällen der Überlieferungslage einmal abgesehen – eben daraus erklären, daß man zur Umgehung der Vorschriften der Kevelaer-Wallfahrt, wie gesagt, einen mehr privaten Charakter gegeben hatte. Dennoch liegen auch unmittelbare Hinweise dafür vor, daß die Pilgerzahl insgesamt rückläufig war; zieht man etwa die vorgeschriebenen Listen und andere Hinweise zu Rate, so kamen – was den Regierungsbezirk Düsseldorf betrifft – etwa in den Jahren 1816–1820 in den Kreisen bzw. Städten Düsseldorf, Elberfeld, Essen, Solingen, Lennep, Gladbach, Grevenbroich, Krefeld und Neuss die Wallfahrten vollends zum Erliegen[61]; für das Jahr 1820 berichtet der Bürgermeister von Kevelaer, daß etwa 90 000 Wallfahrer nach Kevelaer gekommen seien, von denen 35 600 – also nur ein gutes Drittel – in Prozessionen und 54 400 einzeln und truppweise gewallfahrtet seien; dies seien 30 000 weniger als im Jahr zuvor (1819), als man 120 000 Pilger gezählt habe.[62] In den 20er Jahren scheint sich die Situation weiter verschlimmert zu haben; so berichtet der Landrat von Geldern 1827 dem Regierungspräsidenten: „Auch sind in großen Massen keine Wallfahrer in den hiesigen Kreis gekommen, um den Gnadenort Kevelaer zu besuchen. Die einzelnen Wallfahrer waren mit Pässen versehen. Im Kreise selbst ist die Liebe zu den Wallfahrten sozusagen gänzlich verschwunden, und nur wenige Züge haben Kevelaer besucht."[63]

Bekrönungen der Brudermeisterstäbe des Präfekten und der Brudermeister, Aachen St. Peter 1883, Bildhauer Hermanns

Wie oben erwähnt wurde, ergab sich aus den hier geschilderten Kontrollmaßnahmen eine umfangreiche Berichterstattung, so daß wir gerade für die 1. Hälfte des 19. Jahrhunderts über das Kevelaerer Wallfahrtsgeschehen gut informiert sind. Besondere Bedeutung kam insofern eben den Berichten des Landrats von Geldern zu, als sich in seinem Kreis der Wallfahrtsort Kevelaer befand und er folglich das gesamte Geschehen zu registrieren hatte. Unter diesem Aspekt war er für die oben angeführte Bewertung in ganz besonderer Weise kompetent. Dies gilt auch für einen anderen Bericht, nämlich aus dem Jahre 1818, in dem sich derselbe Landrat über den Einzugsbereich der Kevelaer-Wallfahrt geäußert hatte; die entsprechende Berichtspassage ist das erste zusammenhängende Zeugnis zu diesem Aspekt und sei hier im Wortlaut wiedergegeben: „Die meisten Züge kommen aus dem Oberlande der Umgegend von Köln und dem jenseitigen Bergischen, von beiden Seiten den Rhein abwärts, sie dehnen sich über den unteren Theil des hiesigen Regierungs-Bezirks aus, kommen in geringer Zahl aus dem Münsterlande, und hierauf beschränkt sich das Wallfahrtswesen nach Kevelaer für das Inland. Aus dem Auslande versammeln sich diese Züge von beiden Seiten der Maas abwärts, Lüttich ausgeschlossen, kommen aus Maastricht und Umgegend häufig in Kevelaer an, auch finden sich sehr bedeutende Züge aus fast allen Gegenden der Niederlande daselbst ein."[64] – Vergleichen wir diese pauschalen Angaben mit den detaillierteren Feststellungen, die oben aufgrund der Mirakelberichte und Prozessionsbelege für das 17. und 18. Jahrhundert gegeben wurden, so läßt sich im großen und ganzen sagen, daß sich der geographische Raum, aus dem man nach Kevelaer zog, nicht geändert hatte.

Mitte der 20er Jahre des 19. Jahrhunderts gibt – wiederum – der Landrat von Geldern eine Bewertung des Pilgerverhaltens ab, die für die Gesamteinschätzung des Geschehens dieser Jahre von besonderem Interesse ist; er legt dar, daß es mit durchziehenden Prozessionen weder im Kreis noch in Kevelaer selbst bislang irgendwelche ärgerlichen Vorfälle gegeben habe, wofür auch die „Ortsbehörde" zu Kevelaer insofern „die sicherste Bürgin" sei, als sie „alle etwa entstehenden Unordnungen" sofort untersuche und ggf. mit Strafe belege; angesichts dieses Sachverhalts resumiert der Landrat, daß „die Wallfahrer im allgemeinen aus ordentlichen Leuten bestanden haben, indem sich kein einziger Diebstahl ereignet hat".[65] Angesichts dieser Einschätzung eines gewiß kritischen preußischen Beamten – und auch den Akten läßt sich nichts anderes entnehmen – bleibt allerdings zu fragen, ob die geschilderten weltlichen und kirchlichen Verordnungen und die daraus sich ergebenden Behinderungen und Kontrollen der Sache gerecht wurden und nicht möglicherweise weit über das Ziel hinausgeschossen sind.

Eine völlig anders geartete zusätzliche Einschränkung erfuhr, was hier der Vollständigkeit halber erwähnt sei, die Wallfahrt nach Kevelaer im Jahre 1831, als sich Belgien von den Niederlanden löste und einen unabhängigen Staat bildete. Dies führte einerseits zu verschärften Postbestimmungen an der deutschen Westgrenze; zum anderen hatten Grenzschwierigkeiten zwischen den Niederlanden und Belgien eine Beeinträchtigung der Prozessionen aus Nordbrabant zur Folge.

Im Hinblick auf die geschilderten im Zuge der staatlichen und kirchlichen Maßnahmen entstandenen Schwierigkeiten ergab sich eine erste Voraussetzung für eine nachhaltige und langfristige Besserung der Wallfahrtsverhältnisse im Jahre 1833, als der damalige preußische Kronprinz und spätere König Friedrich Wilhelm IV. Kevelaer besuchte. Als man dem hohen Gast vor Ort von den angeordneten Paßkontrollen und ande-

Wallfahrtsfahnen und andere Prozessions-Gegenstände im Gemeindemuseum „Het Markiezenhof" in Bergen op Zoom

ren polizeilichen Anordnungen sowie der dadurch verursachten Verminderung des Wallfahrtsverkehrs berichtete, bekundete er, dies in Zukunft abzustellen, da die Pilger „nicht gefährlich" seien, und veranlaßte nach seiner Rückkehr von Berlin aus Reiseerleichterungen. – 1837 „hob" auch Erzbischof Clemens August Freiherr Droste Vischering „das Wallfahrtsverbot seines Vorgängers auf"; er wies in diesem Zusammenhang darauf hin, „daß ich durchaus nicht gesinnt bin, den Gläubigen ein Erbauungsmittel zu entziehen, ebensowenig ein öffentliches Bekenntnis der Religion zu hindern, und da auch jedenfalls Zucht und Erbaulichkeit mehr sichergestellt wird, wenn ein Geistlicher die Wallfahrt begleitet, so wird die Wallfahrt nach Kevelaer hiermit meinerseits unter der Bedingung, daß ein Geistlicher dieselbe leite und für Zucht und Erbaulichkeit Sorge trage, ein für allemal erlaubt".[66]

Diese für die weltliche ebenso wie für die kirchliche Obrigkeit feststellbaren Willensbekundungen scheinen erst auf Dauer zur Auswirkung gelangt zu sein. Einzelne Verbote und Maßnahmen blieben formal zunächst weiter in Kraft, wurden möglicherweise aber nicht mehr so rigoros angewandt, da man ein Einlenken für politisch klüger hielt. Einer Verfügung des Regierungspräsidenten Düsseldorf an seine Landräte vom 5. Juli 1837 entnehmen wir, daß die erzbischöfliche Behörde – gemeint ist das Generalvikariat Köln – das Wallfahrten in Verbindung mit Übernachtungen gestattet habe und nunmehr darauf zu achten sei, daß alle Wallfahrer einen Paß besäßen; Sammelpässe seien nicht zulässig.[67] Ob inzwischen auch seitens der preußischen Verwaltung das Übernachtungsverbot aufgehoben worden war, erscheint zweifelhaft, wie auch verschiedene Bescheide des Generalvikariats Köln zu den Anfragen einzelner Pfarrer erkennen lassen[68]; am 28. Januar 1838 ließ sich der Oberpräsident der Rheinprovinz dahingehend vernehmen, daß Erzbischof Freiherr von Droste sehr abgeneigt sei, gegen den „Mißbrauch von übernachtenden Prozessionen" einzuschreiten[69]; der Regierungspräsident von Düsseldorf hielt es am 30. August 1838 für angebracht, das Verbot der übernachtenden Prozessionen sowie das Tragen kirchlicher Zeichen wegen verschiedener Verstöße zu erneuern, und wies seine Landräte an, bei den Landdechanten und Pfarrern auf Unterlassung dieses „Unfugs" zu drängen.[70] Trotz dieser erneuten Verschärfung scheint insgesamt aber der Prozeß des Nachdenkens und der Wille zum Ausgleich in der Regierungsspitze weiter fortgeschritten zu sein. So teilte im Oktober 1838 das Ministerium für geistliche Angelegenheiten in Berlin dem Regierungspräsidenten von Düsseldorf, der in dieser Hinsicht offensichtlich eine andere Meinung vertreten hatte, mit, daß keine Verschärfung der Wallfahrtsbeschränkungen beabsichtigt sei, da diese „unter den jetzigen Umständen das Übel wahrscheinlich nur ärger machen würden"; in Berlin befürchtete man nämlich, wie wir im Februar 1839 erfahren, „den Fanatismus der untersten Volksklasse durch unmittelbaren Angriff auf seine religiösen Interessen" zu entfachen.[71] Zumindest das Übernachtungsverbot scheint zwischen staatlicher und kirchlicher Verwaltung noch eine Zeitlang ein Stein des Anstoßes gewesen zu sein. Am 29. April 1839 nämlich sah sich der rheinische Oberpräsident in Koblenz bemüßigt, das Generalvikariat Köln an das Fortbestehen dieses Verbotes zu erinnern, und erlegte ihm auf, die Pfarrer entsprechend anzuweisen;

die Meinung, daß man das Verbot aufgehoben habe, sei irrig.[72] Offensichtlich hat sich hiervon die kirchliche Hierarchie nicht allzusehr beeindrucken lassen, was wir wiederum einer Verfügung des Regierungspräsidenten von Düsseldorf entnehmen; dieser hielt am 24. Mai 1839 seine Landräte zu besonderer Wachsamkeit an angesichts der Tatsache, daß der Erzbischof von Köln die übernachtenden Wallfahrtszüge förderte, was im Widerspruch zur Verordnung seines Vorgängers Ferdinand August vom 12. Mai 1826 stünde; einer erzbischöflichen Verfügung gemäß seien auch die Bruderschaftsstäbe als kirchliche Zeichen zu betrachten – und insofern offensichtlich ebenfalls nicht zulässig. Ein Signal des einvernehmlichen Ausgleichs war in der Folgezeit wieder in der Oberinstanz zu vernehmen, als am 5. Juli 1842 der rheinische Oberpräsident angesichts der damals in Kevelaer vorgesehenen „Säcularfeiern" zwar die bestehenden Verordnungen des Ministeriums der geistlichen Angelegenheiten gegenüber dem Regierungspräsidenten von Köln für verbindlich erklärte, jedoch polizeiliches Einschreiten nur „in Fällen dringender Notwendigkeit und unter Beobachtung der äußersten Behutsamkeit und Schonung religiöser Gefühle angewendet werden" dürfte.[73]

Auch wenn wir über die genaue Rechtslage im Hinblick auf das rheinische Wallfahrtswesen nicht lückenlos informiert sind, so war eine Tendenz zum Ausgleich um die Wende der 30er zu den 40er Jahren des 19. Jahrhunderts doch deutlich erkennbar, wobei im übrigen die Tatsache, daß Schriftwechsel zu konkreten Streitfällen für die Folgezeit kaum mehr anfielen, für sich spricht. In der Tat hatten sich die Zeiten zum Besseren gewandelt, wie wir dem Umstand entnehmen können, daß seit den 40er Jahren das Kevelaerer Pilgeraufkommen auffällig stieg. So vermehrten sich die Prozessionen, bis 1863 erstmals die Zahl 300 überschritten wurde. Bei aller Uneinheitlichkeit der in diesem Zusammenhang zur Verfügung stehenden Zeugnisse bleibt festzuhalten, daß im Jubiläumsjahr 1842 200 000 Menschen in Kevelaer eintrafen und diese Pilgerzahl seit Ende der 60er Jahre auch in Normaljahren erreicht wurde. Wenn daher das in den 30er Jahren erkennbare Einlenken der preußischen Verwaltung insgeheim in der Hoffnung begründet gewesen sein mochte, daß, wie es in einem Ministerialerlaß von 1838 heißt, sich „die Abnahme" der Wallfahrten ohnehin „von den Fortschritten der religiösen und sittlichen Bildung mit Sicherheit erwarten . . . läßt"[74], so ging zumindest diese Rechnung nicht auf.

Eher im Gegenteil läßt sich unter den Wallfahrern für die Mitte der 40er Jahre eine regelrechte Aufbruchstimmung feststellen, die offensichtlich dem Geist erstarkenden katholischen Selbstbewußtseins entsprach und im Rheinland in der Trierer Heilig-Rock-Ausstellung des Jahres 1844 einen weithin beachteten und sichtbaren Ausdruck fand[75]; so äußerten 1845 die Brudermeister der großen Kevelaer-Prozession der Pfarrei Overath, der sich bisweilen die Orte Lohmar-Neuhonrath, Much (beide Rhein-Sieg-Kr.), Engelskirchen und Lindlar-Hohkeppel (beide Oberbergischer Kr.) anschlossen: „Der rege Sinn für diese Bittfahrten, der sich in hiesiger Gegend ungeachtet der genannten Hemmung stets bewährte, hat namentlich in diesem Jahr anscheinend durch die erhebenden zahlreichen Bittfahrten nach Trier zum hl. Rocke des Erlösers neuen Zuwachs erhalten, und ist der warme Eifer und der sehnlichste Wunsch, die Bittfahrt nach Kevelaer dieses Jahr in feierlicher Weise zu begehen, recht sehr verbreitet . . ."[76]

Äußeres Zeichen dieses Aufschwungs war der Bau der neuen Marienkirche, die – nach der Grundsteinlegung im Jahre 1858 – 1864 eingeweiht und 1891 bis 1922 vom Kevelaerer Maler Friedrich Stummel und seinen Schülern ausgemalt wurde.

Von den allgemeinen Wechselfällen der Geschichte blieb auch in der Folgezeit die Wallfahrt nach Kevelaer nicht verschont. So registrieren wir für die Jahre 1866 und 1870 jeweils starke Einbrüche im Gesamtaufkommen der Prozessionen. Die Einbußen des Jahres 1866 dürften eine

Pferdefuhrwerk zur Begleitu der Pilger mit den Körben u Utensilien für die Wallfahrt Prozession aus Walberberg

Folge des deutsch-österreichischen Krieges gewesen sein; außerdem grassierte damals in Orten, die nach Kevelaer gingen, die Cholera.[77] 1870/1871 war die Zeit des deutsch-französischen Krieges; „die sehr wenigen Prozessionen, welche trotz des Krieges kommen, waren", wie wir der Fortsetzung der Kevelaerer Oratorianerchronik entnehmen können, „so klein, daß sie gar nicht den Vergleich mit anderen Jahren auszuhalten vermochten"; so zählte etwa die am 18. August in Kevelaer eintreffende Bonner Prozession nur 290 Teilnehmer, während sie im Jahre zuvor (1869) mit 1900 Pilgern in Kevelaer erschienen war. „In der 3. Oktave, wo sich das Kriegglück schon entschieden auf seiten der Deutschen gewandt hatte, kamen",wie der Chronist weiter berichtet, „etwas mehr Prozessionen und Privatpilger, so daß im Jahre 1870 im ganzen 170 Prozessionen (in Kevelaer) gewesen sind".[78]

Einschneidendere Auswirkungen für Kevelaer und die Wallfahrt ergaben sich aus dem Verlauf des Anfang der 70er Jahre anhebenden Kulturkampfes, als die preußische Staatsgewalt die Katholiken aufgrund kirchenfeindlicher Gesetze und Verordnungen in Bedrängnis brachte. Kevelaer selbst war unmittelbar betroffen durch die Beschlagnahme und Schließung des „Klosters" bzw. Priesterhauses[78a] und den dadurch bedingten Mangel der in Kevelaer für die Seelsorge tätigen Geistlichen, die erst 1884 wieder in das Priesterhaus zurückkehren konnten. Die Wallfahrt selbst erfuhr einen schweren Schlag aufgrund einer Verfügung der Regierung Düsseldorf vom Jahre 1875; demnach bedurften Prozessionen einer polizeilichen Genehmigung mit Ausnahme der Wallfahrten, die nachweislich bereits bei Erlaß des preußischen Vereinsgesetzes von 1850 als „althergebracht" galten, seitdem nicht außer Übung gekommen waren und im einzelnen wie von alters durchgeführt wurden; entsprechende Bescheinigungen waren von den Polizeibehörden sowohl des Heimatortes als auch der Gemeinden, deren Gebiet sie durchzogen, einzuholen. Verschiedene Landräte nahmen diese Bestimmungen zum Anlaß, auch ältere Verordnungen, etwa das Übernachtungsverbot, wieder aufleben zu lassen. Als 1875 der Landrat von Geldern den Bürgermeister von Kevelaer nach den von diesem getroffenen Maßregeln zum Schutz der Sittlichkeit bei den in Kevelaer übernachtenden Prozessionen befragte, antwortete dieser energisch, daß er solche Maßregeln nicht für notwendig hielte; er fügte hinzu: „Meine 53jährige Berührung mit dem Pilgerwesen und ein allgemein gestatteter Einblick in die Art und Weise des Beherbergens geben mir die volle Gewißheit, daß die Sittlichkeit in fraglicher Hinsicht nicht allein in keiner Weise gefährdet, sondern mit allen Mitteln aufrechterhalten wird ... Ein Zusammenschlafen der Geschlechter auf dem Heu oder in den Scheunen hat hier nie stattgefunden"; dabei wagte er noch folgende schroffe persönliche Bemerkung: „... soweit nun meine Erfahrung reicht und der hiesige Wallfahrtsort in Frage kommt, muß ich mir die Ausführung erlauben, daß das geflissentliche Hervorheben der gefährdeten Sittlichkeit das allerschwächste Argument ist, welches seither in der Presse gegen die Wallfahrt geltend gemacht wurde."[79]

Wenn die „mit großer Strenge" durchgeführten Anweisungen von 1875 in der Tat einen gewissen Rückgang der jüngeren Prozessionen zur Folge hatten, so waren insgesamt die Einbußen, wie auch der Kevelaerer Chronist empfand, „kaum geringer als in den frequentesten Vorjahren".[80] Insgesamt ist zu sagen, daß das Prozessionsaufkommen in den Folgejahren etwas absank, bereits seit 1885 aber wieder die Gesamtzahl 300 überschritt und in den Jahrzehnten danach bisher nicht gekannte Steigerungen erfuhr. Wenn bereits 1877 der Kevelaerer Bürgermeister die Ansicht vertrat, daß das behördliche Vorgehen insgesamt „keine Abnahme der Pilgerzahlen herbeigeführt" hätte, „im Gegenteil" ihm „dieselbe zu wachsen . . . scheinen"[81], so bleibt im übrigen zu fragen, ob sich die Gläubigen wie in früheren Jahrzehnten behalfen, indem sie zumindest nach außen hin den Eindruck einer Prozession vermieden und einzeln oder in kleineren Gruppen, aber in unverminderter Stärke nach Kevelaer zogen.

Von den skizzierten mehr episodenhaften Unterbrechungen abgesehen erfuhr insgesamt die Wallfahrt nach Kevelaer seit der 2. Hälfte des 19. Jahrhunderts einen bislang nicht dagewesenen Aufschwung. Nicht zu unterschätzen ist in diesem Zusammenhang der Ausbau des Eisenbahnnetzes. 1863 wurde Kevelaer Bahnstation der neu eröffneten eingleisigen Eisenbahnlinie, die Köln mit Kleve und Nymwegen verband und damit den Niederrhein an das inzwischen auf 20 000 km angewachsene Eisenbahnnetz des Deutschen Reiches anschloß. Die hiermit geschaffenen Verkehrsmöglichkeiten fanden unter den Wallfahrern großen Zuspruch, konnten doch nun Wege, für die man bislang bis zu zwei Wochen benötigt hatte, an einem Tag zurückgelegt werden; daß damit altes, in den herkömmlichen Fußprozessionen gewachsenes Brauchtum verloren ging, läßt sich denken. Seit Ende des 19. Jahrhunderts wurden verstärkt Sonderzüge eingesetzt, die zunächst vorwiegend an Sonntagen fuhren, dann aber zum Zwecke einer besseren Verteilung der Pilgerfahrten zunehmend stärker auch an Wochentagen angeboten wurden. Nachdem die zunächst eingleisig befahrene, durch Kevelaer führende Strecke 1907 zur zweigleisigen ausgebaut worden war, erfuhr der Pilgerstrom nochmals gewaltige Steigerungen; mit 254 Sonderzügen waren bereits 1905 233 600 Personen befördert worden; 1910 erreichten den Wallfahrtsort mit 293 Sonderzügen 354 240 Pilger. Hinzu war 1900 die Inbetriebnahme der Geldernschen Kreisbahn gekommen, die von Kevelaer aus das Grenzgebiet über Straelen nach Kempen durchfuhr und etwa 1916 in 20 Sonderzügen 8000 Pilger aus dem Düren-Aachener Raum in den Wallfahrtsort brachte.[82]

Die mit dem Eisenbahnbau gegebenen technischen Möglichkeiten haben einerseits, wie angedeutet wurde, das Pilgerverhalten grundlegend verändert, ihm andererseits aber eine neue Dimension verliehen. So konnte im Jahre 1892 der Bischof von Münster in einem Hirtenschreiben Kevelaer vermutlich zu Recht als die nach Lourdes am meisten besuchte Marien-Gnadenstätte der gesamten katholischen Welt bezeichnen, fanden sich inzwischen doch jährlich 400 000 Pilger hier ein. Die Zahl vergrößerte sich nochmals und erreichte in den Jahren vor dem Ersten Weltkrieg den Umfang von 500 000 bis 700 000 Personen, die an Marienfesten in Scharen von 25 000 bis 30 000 Pilgern in Kevelaer weilten. Wie groß unter diesen der Anteil der im Prozessionsverband pilgernden Gläubigen war, ist nicht bekannt; immerhin gingen 1913 von insgesamt 576 organisierten Prozessionen noch 82 zu Fuß.

Daß sich mit dem Eisenbahnverkehr auch das Einzugsgebiet selbst erweitert hatte, bedarf keiner Erläuterung; es hatte vor allem im Ruhrgebiet, im Köln-Aachener Raum und in den gesamten Niederlanden bis nach Amsterdam und Antwerpen eine größere Ausdehnung und stärkere Verdichtung erfahren.[83] Mehr oder weniger regelmäßig kamen in den Jahren vor dem Ersten Weltkrieg neben 385 deutschen 93 holländische und 7 belgische Prozessionen.

Es entsprach der hier sich dokumentierenden Bedeutung von Kevelaer, wenn Papst Leo XIII. 1889 die feierliche Genehmigung einer Votivmesse der Allerseligsten Jungfrau Maria, der „Trösterin der Betrübten", vollzog. Eine weitere Auszeichnung erfuhr Kevelaer im Rahmen der 1892 begangenen Feierlichkeiten zum 250-jährigen Bestehen der Wallfahrt, als der Bischof von Münster, Hermann Dingelstad, das Gnadenbild mit einer goldenen, edelsteinbesetzten vom Kapitel St. Peter in Rom verliehenen Krone schmückte und damit das Kevelaerer Bild unter die von Rom in der ganzen Welt anerkannten und feierlich beglaubigten Gnadenbilder einreihte.

Der Kapellenplatz, Holzschnitt von Heinrich Everz, um 1920

Zeit der Weltkriege

Aus dem Ersten Weltkrieg ergaben sich für die Wallfahrt die üblichen, aus der Notwendigkeit des Krieges erwachsenden Behinderungen, so daß der Pilgerstrom insgesamt nachließ, wenngleich die Zeugnisse in diesem Zusammenhang ein wenig widersprüchlich sind. Vor allem die Zahl der Prozessionen war stark rückläufig, wie wir der seit 1861 vorliegenden Statistik der Fortsetzung der Oratorianerchronik entnehmen können. Wenn uns dieselbe Quelle für 1915 eine Gesamtpilgerzahl von 600 000 bis 700 000 Menschen nennt, so liegt die Vermutung nahe, daß man sich wiederum weniger in Prozessionen organisierte und die mehr private Wallfahrt einzeln oder in kleineren Gruppen vorzog. Mit Sicherheit hatten in diesem wie in allen Kriegen die Wallfahrer in besonderer Weise „das religiöse Bedürfnis, im Gebet Trost und Stärke zu suchen, Schutz für die im Felde kämpfenden Angehörigen, Segen und Sieg für die deutschen Waffen zu erflehen", wie es die Chronik für das Jahr 1915 vermerkt. Das Gnadenbild hatte man zu Beginn und nochmals am Ende des Krieges hinter dem Chor der Kerzenkapelle vergraben.[84]

Nachdem 1919 die belgische Besatzungsbehörde die Durchführung von Prozessionen wieder zugelassen hatte, stieg der Pilgerstrom in den ersten Jahren nach dem Ersten Weltkrieg erneut an. Wegen der Wiederzulassung der holländischen Prozessionen, die seit den Kriegsjahren nicht nach Kevelaer hatten kommen können, trat 1920 der Pfarrer von Kevelaer mit den belgischen Militärs in Verhandlungen ein und erreichte, daß für den Grenzübertritt ein für die gesamte Prozession auszustellendes Visum ausreichen und im einzelnen keine Paßkontrollen durchgeführt werden sollten. So trafen 1920 unter den insgesamt 358 Prozessionen wiederum 32 niederländische Pilgerzüge ein.[85] Die damit sich anbahnende günstige Entwicklung wurde 1923 mit der Besetzung des Ruhrgebietes durch die Franzosen und Belgier jäh unterbrochen; der Wallfahrtsverkehr kam damals fast ganz zum Erliegen; Prozessionen aus rechtsrheinischen Ortschaften war der Durchzug durch das besetzte Gebiet und der Übergang über den Rhein völlig verwehrt; so „mußte" etwa die Bocholter Fußprozession für dieses Jahr (1923) mit dem Marienheiligtum in Telgte (Westfalen) „vorlieb nehmen".[86] Die Bocholter legten damit ein Verhalten an den Tag, das sich in Kriegs- und Krisenzeiten allenthalben beobachten läßt, indem bisweilen – vor allem entfernter gelegene – Pfarreien auf ihren jährlichen Bittgang nach Kevelaer verzichteten und statt dessen vorübergehend einen näher oder günstiger gelegenen Wallfahrtsort – im Aachener Raum etwa Aldenhoven (Kr. Düren) – aufsuchten.[87]

Die weitere Entwicklung der Prozessionszahlen ähnelt, wie J.-D. Steinert bemerkt hat, „dem Auf und Ab der allgemeinen Wallfahrtsentwicklung; einem Aufstieg bis 1927/28 folgte" – dies gilt in erster Linie für die Prozessionen – „während der Weltwirtschaftskrise ein Einbruch, dessen Talsohle 1933 erreicht worden war".[88] Die Verteilung auf die einzelnen Länder entsprach in dieser Zeit in etwa den Verhältnissen vor dem Krieg; so lassen sich für 1932 353 deutsche, 98 holländische und eine belgische Prozession (aus Eupen) nachweisen.[89]

Die Ereignisse im Dritten Reich werden im folgenden nur kurz skizziert, zumal hier bereits die vergleichsweise eingehende Untersuchung von J.-D. Steinert vorliegt und außerdem dieser Zeitabschnitt an anderer Stelle dieses Buchs näher beleuchtet wird. Bemerkenswert ist zunächst, daß Kevelaer – abgesehen von den auffallend zurückgehenden niederländischen Prozessionen, die sich trotz massiver Werbung zunehmend stärker zurückhielten – vor allem im Hinblick auf das Gesamtpilgeraufkommen seit 1933 einen stetigen Aufschwung erlebte und in den folgenden Jahren einen Stand erreichte, der an die hohen Zahlen vor dem Ersten Weltkrieg anknüpfte. So erstaunlich dies an sich ist, so erklärte J.-D. Steinert dies damit, daß „offenbar . . . die katholische Bevölkerung des näheren und weiteren Umlandes in einem ungleich höheren Maße als in den 1920er Jahren die Wallfahrt in einer Zeit schon spürbarer Zurückdrängung kirchlich-gesellschaftlicher Positionen als eine Möglichkeit an(nahm), ihrem religiösen Empfinden Ausdruck zu verleihen. Dieser ‚Wallfahrtsboom' blieb nicht allein auf Kevelaer beschränkt, auch andere Wallfahrtsorte wie Knechtsteden oder Neviges konnten Besucherzahlen aufweisen, die nicht den üblichen entsprachen." Angesichts des beachtlichen in Kevelaer registrierten Pilgeraufkommens, das sich etwa noch

Ansicht des heutigen
runnenhofes an der Marien-
silika Kevelaer, Holzschnitt
on Heinrich Everz, um 1920

1936, im Jahr der Olympischen Spiele, auf 580 000 Personen belief, „überwog möglicherweise auch bei den Nationalsozialisten die Furcht vor inneren Unruhen alle anderen Überlegungen“, dagegen einzuschreiten.

Ab dem genannten Jahr läßt sich dann – wieder im Hinblick vor allem auf die Gesamtpilgerzahlen – doch ein bemerkenswerter Rückgang verzeichnen, für den, wie J.-D. Steinert meint, zunächst weniger „eine nationalsozialistische ‚Antiwallfahrtspolitik'“ als allgemeine Schwankungen verantwortlich sind, wie es sie in Kevelaer immer wieder gegeben habe. Jedoch vermehrten sich zunehmend auch die Eingriffe der Nationalsozialisten. Neben diesen dürften für den weiteren Rückgang in den Jahren 1938 und 1939 die Einschränkungen der Sonderzüge verantwortlich zu machen sein, da die Zugkapazitäten nun stärker für den Einmarsch nach Österreich und in die Tschechoslowakei sowie für die Vorbereitungen des Überfalls auf Polen und für den Aufbau des Westwalls benötigt wurden.[90]

Mit Beginn des Krieges ließ die Wallfahrt rapide nach. Während uns Zahlen über das Gesamtpilgeraufkommen fehlen, lassen sich im Hinblick auf die Prozessionen doch einige Angaben machen; sie fielen von 273 im Jahre 1939 auf 79 im Jahre 1940 ab, erreichten 1941 noch einmal die Gesamtzahl von 119, um dann 1942 und 1943 auf 67 bzw. 57 zurückzugehen. Verantwortlich hierfür waren die Unbilden des Krieges wie „Lebensmittelknappheit, Abstellung weiterer Personenkreise zum Waffendienst, Schließung der Kirche nach Fliegeralarm bis 10 Uhr morgens, Mangel an Priestern und viele andere Behinderungen, wie Verweigerung von Sonntagsrückfahrkarten nach Kevelaer".[91] Damit nicht genug wurden im Mai 1940 aufgrund von Verfügungen der Oberpräsidenten der Rheinprovinz[92] und von Westfalen alle öffentlichen Umzüge, worunter auch Prozessionen fielen, verboten; nur vereinzelte Pfarrgemeinden behalfen sich, indem sie in kleinen Gruppen nach Kevelaer pilgerten, um so formal das Verbot zu umgehen und die Tradition des jährlichen Bittgangs aufrechtzuerhalten; so können sich heute mit Recht einige Gemeinden – etwa Goch–Asperden, Goch–Kessel, Straelen, Uedem, Uedem–Keppeln und Weeze (alle Kr. Kleve) – rühmen, seit 1784 (Asperden und Kessel) bzw. der Mitte des 19. Jahrhunderts vermutlich ohne Unterbrechung nach Kevelaer gewallfahrtet zu sein.

Wie lähmend sich die Folgen des Krieges auf unseren Wallfahrtsort auswirkten, beleuchtet nichts so gut wie die Tatsache, daß der Kevelaerer Dechant Wilhelm Holtmann schon bei Kriegsausbruch das Gnadenbild durch eine Kopie ersetzt hatte und unter dem Turm der Marienkirche versteckt hielt. Dem entsprach es, daß man 1942 das 300jährige Bestehen der Wallfahrt nach Kevelaer ohne besondere Feierlichkeiten beging und sich darauf beschränkte, daß an den Sonntagen in der Wallfahrtszeit von hochrangigen Geistlichen ein feierliches Pontifikalamt zelebriert wurde. Die äußere Gestaltung des religiösen Lebens kam dann völlig zum Erliegen, nachdem seit Herbst 1944 das Niederrheingebiet unmittelbar in die Kampfhandlungen einbezogen worden war.[93]

Nachkriegszeit und Gegenwart

Nach Kriegsende belebte sich die Wallfahrt erst allmählich wieder. Am 30. Oktober 1945 ordnete die britische Militärregierung an, daß alle Prozessionen genehmigt werden müßten.[94] Dennoch trafen schon bald wieder die ersten Wallfahrten aus der Umgebung und dem Rhein-Ruhrgebiet ein; 1947 fanden sich insgesamt wieder etwa 180 000 bis 200 000 Pilger ein; die „erste Großwallfahrt" seit 1940 gestaltete 1946/47 der Jugendverband Niederrhein.[95] Nachdem 1948 der Pax-Christi-Kongreß Katholiken aus Holland, Belgien, Luxemburg, Frankreich, Italien und Deutschland in Kevelaer vereinigt hatte, überschritten 1949 in fünf Bussen erstmals wieder holländische Prozessionen aus Nymwegen „trotz erheblicher Paß- und Devisenschwierigkeiten . . . die seit den Kriegsjahren für den privaten Verkehr geschlossene Grenze", um ihrer alten Verbundenheit mit Kevelaer Ausdruck zu verleihen. 1950 befanden sich unter den damals geschätzten 400 000 bis 500 000 Pilgern bereits 20 000 Holländer; im Jahre darauf stellte sich die erste Prozession aus Belgien ein. Nach diesen zaghaften, aber hoffnungsvollen Anfängen nahm die Wallfahrtsleitung 1951 die Verkündigung des Dogmas der leiblichen Aufnahme Mariens in den Himmel und die Weihe der Diözese Münster an die hl. Maria zum Anlaß, mit einer in Kevelaer veranstalteten großen „Marientracht" den Anliegen der Pilger auch nach außen hin ein Zeichen zu setzen, indem damals das Gnadenbild in feierlicher Prozession unter Begleitung der Muttergottes von Marienbaum, des Gnadenkreuzes von Kranenburg und der Galenus- und Valenus-Reliquien aus Geldern durch die Straßen Kevelaers getragen wurde. Drei Jahre später, im Marianischen Jahr 1954, erreichte die Kevelaer-Wallfahrt mit etwa einer Million Pilger einen erneuten, bislang nicht dagewesenen Höhepunkt; damals waren mit 5 630 Bussen vor allem deutsche, aber auch niederländische Pilger befördert worden; mit 143 Sonderzügen waren fast 150 000 Niederländer nach Kevelaer gezogen.[96]

Nachdem sich bis zum Ende der 50er Jahre die Gesamtpilgerzahl auf 500 000 bis 600 000 eingependelt hatte, war seit Anfang der 60er Jahre wiederum ein deutlicher Rückgang spürbar. Ursachen hierfür aufzuzeigen, ist schwierig, zumal von derartigen Schwankungen, worauf oben schon hingewiesen wurde, die über lange Zeiträume sich hinziehenden Wallfahrtstraditionen allenthalben geprägt sind. Vermutlich kamen hier besondere Entwicklungen des Zeitgeistes zur Auswirkung, deren Bedingungen und Besonderheiten bislang kaum erforscht sind. Symptom, nicht Ursache der damaligen Gestimmtheit des katholischen Menschen war etwa das Zweite Vatikanische Konzil (1963), das auf allen Gebieten reformerisch wirkte; von dem hier sichtbar werdenden nüchternen, den Problemen der Welt in besonderer Weise zugewandten Geist scheint auch der katholische Laie stärker geprägt gewesen zu sein und insofern dem Phänomen der Wallfahrt gegenüber eine größere Distanz eingenommen zu haben.

Seit Ende der 60er Jahre stiegen die Pilgerzahlen, die zuvor auf 240 000 (1968) abgesunken waren, wieder stark an und erreichten bald erneut die Größenordnung von über einer halben Million und darüber, die dann bis in unsere Tage auf diesem Stand geblieben ist. Einen Hinweis auf die neuerliche Seelenlage des modernen Katholiken mag uns die Tatsache liefern, daß die Zahl der Jugendlichen unter den Wallfahrern beachtlich gestiegen ist. Hier deutet sich eine Aufbruchstimmung an, die in Verbindung mit den sich entwickelnden neuen Formen des durch größere Freizeit bestimmten Lebens der Kevelaer-Wallfahrt eine zukunftweisende Perspektive eröffnet. Als letzter bedeutsamer Höhepunkt der äußeren Geschichte der Kevelaer-Wallfahrt sei hier der Papstbesuch des Jahres 1987 genannt, der für unseren Ort Signale setzte, die in den Marianischen und Mariologischen Weltkongressen desselben Jahres aufgegriffen wurden und in ihrer Rückwirkung auf die Marienwallfahrt schlechthin heute noch nicht übersehen werden können.

Seit dem Zweiten Weltkrieg haben sich aufgrund der neuen Verkehrsmöglichkeiten die Bedingungen, Umstände und Formen der Kevelaer-Wallfahrt einschneidend verändert. Nachdem, wie oben gesagt wurde, seit Ende des 19. Jahrhunderts die Wallfahrt durch den Ausbau der Eisenbahn einen rapiden Aufschwung erfahren hatte, kamen vor allem nach dem Zweiten Weltkrieg weitere Verkehrsmittel stärker zur Anwendung;

Vorstand und Begleitung des Sonderzuges von Rheine nach Kevelaer

gemeint sind insbesondere die Omnibusse und Personenkraftwagen. So benutzten einer Statistik von 1984 zufolge von den 520 000 Besuchern Kevelaers 168 000 Personen insgesamt 4 200 Omnibusse, 312 000 ihre privaten PKWs, 20 000 die Eisenbahn (sowohl privat als auch in Sonderzügen); 15 000 Pilger kamen zu Fuß und 5 000 fuhren mit dem Rad. Es läßt sich demnach sagen, daß mit Abstand die meisten Pilger von den technischen Möglichkeiten der Modernisierung Gebrauch machten.[97]

Aufgrund hieraus sich ergebender Notwendigkeiten veränderten sich die in Jahrhunderten gewachsenen Formen und Gewohnheiten umfassend. Insbesondere die Nutzung des PKW brachte es mit sich, daß die Privatwallfahrt seit Jahrzehnten zunimmt; der Anteil der Privatpilger belief sich 1984 auf 58 Prozent gegenüber 42 Prozent Wallfahrern, die an einer organisierten Prozession teilnahmen.[98] Angesichts der hohen Besucherzahlen und des beträchtlichen Anteils der nichtorganisierten Wallfahrer ist der Rektor der Wallfahrt, Domkapitular und Pfarrer Richard Schulte Staade, im Sinne einer besseren Organisierung des jährlichen Wallfahrtsverkehrs seit Jahren bemüht, die in größeren Verbänden und Organisationen stattfindenden Wallfahrten stärker zu fördern und die Einzelpilger auf diese Weise einzubinden. Eine Durchsicht der für die letzten Jahrzehnte aufgestellten jährlichen „Wallfahrtspläne“, in die über die Wallfahrtssaison verteilt die Termine der einzelnen Prozessionen, Verbände und Gruppen festgelegt sind, zeigt, daß heute Organisationen und Verbände aus allen Bereichen des gesellschaftlichen Lebens nach Kevelaer ziehen, wodurch natürlich der Wallfahrt weitere Personenkreise erschlossen werden.

Von dieser Entwicklung ist vor allem die Tradition der alten Prozessionen stark betroffen, die heute zu großen Teilen in Bussen in Kevelaer erscheinen, wobei bisweilen Teile des Weges zu Fuß zurückgelegt werden. Die Fußwallfahrt gilt dennoch nach wie vor als der Kern des Wallfahrtsgeschehens und erfreut sich aufgrund ihres alten Brauchtums einer gewissen Pflege, eines hohen Prestiges und auch der besonderen Förderung der Wallfahrtsleitung. Damit und mit den neuen Formen der Freizeitgestaltung mag es zusammenhängen, daß – also entgegen dem von der Technisierung bestimmten Trend – der Anteil der Fußprozessionen zunimmt; so stieg deren Anzahl von 25 im Jahre 1960 über 88 im Jahre 1969[99] auf 116 im Jahre 1982[100] bzw. 96 im Jahre 1984[101] an. Zu ihnen gehören zwar vorwiegend die Nachbargemeinden von Kevelaer, aber auch solche, die bis zu 12 Tagen unterwegs sind und bis zu 300 km zurücklegen, ohne ein Verkehrsmittel zu benutzen; „den weitesten Weg legten“ 1984 „die Fußpilger aus Bonn, Meckenheim, Lommersum, Walberberg und Eupen (Belgien) zurück, wobei die Strapazen der Fußpilger aus dem Aachener Revier, aus dem Kölner Raum, dem Selfkantkreis, aus dem Ruhrgebiet und Westfalen ebenfalls nicht zu unterschätzen sind.“[102] Die mit über 1000 Teilnehmern größte Fußprozession kommt gegenwärtig aus dem westfälischen Bocholt.

Einen „enormen Aufschwung“ hat in den letzten Jahren ebenfalls die Gruppe der Radfahrer erlebt, wobei sich auch hier alte Traditionen mit modernen Formen mischen; besondere Erwähnung verdient in diesem Zusammenhang die erst 1978 begründete jährliche Wallfahrt der Bocholter Frauen, an der 1984 etwa 1150 Personen teilnahmen; genannt zu werden verdient auch die Radfahrprozession aus Tilburg (niederländ. Prov. Nordbrabant), „die mit 150 Personen 260 km in 2 Tagen zurücklegt“.[103]

Mit der zunehmenden Motorisierung wurden der Kevelaer-Wallfahrt nicht nur andere gesellschaftliche Gruppen, sondern auch weitere Gebiete erschlossen. Im großen und ganzen kann man sagen, daß sich der Einzugsbereich um das alte Kerngebiet der Wallfahrt, das im wesentlichen den Niederrhein, Westfalen und Nordbrabant umfaßt, nach allen Himmelsrichtungen erweitert hat und heute Pilger verstärkt auch aus Ostwestfalen, Niedersachsen, Friesland, der südlichen Eifel und dem Koblenzer Raum, dem Saargebiet, aus Süddeutschland, der West-Schweiz und Nordfrankreich in Kevelaer eintreffen. In schwächerer Belegdichte wird Kevelaer darüber hinaus im Grunde aus allen Ländern der katholischen Welt aufgesucht, was sich in dem Wallfahrtsort schon äußerlich sichtbar etwa darin dokumentiert, daß in den Buchhandlungen und an den Schriftenständen des Ortes Informationsmaterial in allen Kultursprachen der Erde angeboten wird.[104]

Daß mit zunehmender Entfernung die Belegdichte rapide abnimmt, wurde angedeutet. Einer Karte über den Einzugsbereich der Prozessionen im Jahre 1964/65[105], die aus zeitgenössischen Pfarrakten erstellt wurde, entnehmen wir, daß als das am dichtesten belegte Gebiet der Raum des Niederrheins zwischen der deutsch-niederländischen Grenze und dem Rhein anzusehen ist; in geringerer Häufigkeit, aber immer noch verhältnismäßig stark finden wir Nachweise von Prozessionen nach Osten hin in Westfalen und darüber hinaus in einem Raum, der nach Nordwesten von der deutsch-niederländischen Grenze, nach Osten von der Ems und nach Süden von der Ruhr begrenzt wird; gegenüber früheren Zeiten tritt in einer Streuung, die diesem westfälischen Raum vergleichbar ist, die Eifel stärker in Erscheinung. Deutlich geringer ist die Häufigkeit der Nachweise in den Niederlanden, wobei hier allerdings Nennungen in sehr großer Entfernung von Kevelaer auftauchen; das am dichtesten belegte niederländische Gebiet ist auch heute noch die Provinz Nordbrabant. Einer ebenfalls 1964 erstellten Statistik der Entfernungen[106] entnehmen wir, daß damals 272 Prozessionsorte unter 100 km, 82 100–200 km, 13 200–300 km und nur 3 über 300 km von Kevelaer entfernt lagen. Was den Anteil der verschiedenen Nationen betrifft, so kamen 1984 von insgesamt 759 organisierten Wallfahrten 589 aus Deutschland, 137 aus den Niederlanden, 22 aus Belgien und 11 aus anderen Ländern, insbesondere Frankreich, Luxemburg und Österreich. Mit Blick auf die wegen ihrer Tradition besonders interessanten Niederlande ist zu sagen, daß ihre Pilgerzahl steigt; sie betrug 1979 120 000 bis 130 000.[107]

Das hohe Pilgeraufkommen der letzten Jahre wirkte sich auch auf die Gestaltung des Jahresablaufs und der Termine aus. Zur besseren Bewältigung der organisatorischen Schwierigkeiten erweiterte die Wallfahrtsleitung 1975 die jährliche Pilgerzeit, die früher vom 29. Juni (Peter und Paul) bis zum 1. November (Allerheiligen) reichte, indem sie den Beginn der Wallfahrtssaison auf den 1. Mai vorverlegte. Infolge der dadurch bedingten Veränderungen im jährlich geplanten Ablauf war es unvermeidbar, daß Prozessionstermine verschoben werden mußten, die teilweise uralt waren.[108]

Überschauen wir abschließend die Geschichte der Wallfahrt nach Kevelaer und fragen wir nach entscheidenden Bedingungen und Wirkkräften, so scheint uns das Motiv der „Consolatrix Afflictorum" einen wichtigen Hinweis zu liefern. Gleichsam die Kehrseite dieses Motivs, Kriege und menschliche Not, bildeten, wie wir sahen, die Voraussetzung für die gewaltige Dynamik, die den Aufstieg Kevelaers kennzeichnet. Kriege und menschliche Not begleiteten die Geschichte der Wallfahrt auch in den folgenden Jahrhunderten, und die sich daraus ergebenden Einschränkungen und Behinderungen konnten der Wallfahrt letztlich nichts anhaben, weil die Pilger dies anzunehmen wußten und dem Wallfahrtsort auch unter veränderten und erschwerten Bedingungen die Treue hielten – war doch die Sehnsucht zur Muttergottes in Kevelaer in Zeiten der Not besonders groß. Dies gilt auch für die von den Landesherren und der kirchlichen Obrigkeit im 18. und 19. Jahrhundert ausgehenden, im Grunde vom Geist der Aufklärung bestimmten restriktiven Maßnahmen, denen die Pilger in gleicher Weise und zu allen Zeiten mit Mut und beachtlichem Geschick zu begegnen wußten. – Phasen der Expansion

und des Aufschwungs kennzeichnen – von kleineren Unterbrechungen abgesehen – die Wallfahrtsgeschichte in den Jahrzehnten vor und nach der letzten Jahrhundertwende sowie seit dem Zweiten Weltkrieg bis heute hin. In beiden Epochen waren neue Verkehrsmöglichkeiten von entscheidender Bedeutung. Daß die Entwicklung der Technik der Wallfahrt solche Impulse gab, sollte eigentlich nicht verwundern bei einem Wallfahrtsort, der seit der Mitte des 19. Jahrhunderts am Rande des größten Industriegebietes Europas liegt. Es bedürfte eigener Untersuchungen herauszustellen, inwieweit Kevelaer hieraus sein besonderes Gepräge erhielt; allenthalben wurde und wird von Besuchern eine gewisse dezente Zurückhaltung und Einfachheit in den Formen und Bräuchen der Pilger immer wieder herausgestellt; dies mag der norddeutschen bzw. nordeuropäischen Art der Menschen mehr entgegenkommen und entspricht im übrigen gerade heute den Intentionen der Wallfahrtsleitung und des derzeitigen Pfarrers Schulte Staade. Ein Großteil gewachsenen Brauchtums wurde sicherlich durch die Bedingungen der aufkommenden Verkehrsmittel hinweggespült und mußte modernen Erfordernissen weichen. Dies war gerade in den letzten Jahrzehnten eine Herausforderung, der sich die Wallfahrtsleitung gestellt hat, ohne den überkommenen Formen den Garaus zu machen. Der richtig verstandene Ausgleich zwischen Altem und Neuem wird auch in Zukunft von besonderer Bedeutung sein und kann dem Wallfahrtsort auf lange Sicht eine große Chance eröffnen.

Anmerkungen

[1] Die folgende Darstellung basiert auf ungedruckten Quellen und Literatur. Im Hinblick auf diese Quellen und die archivische Überlieferung insgesamt sei hier auf die einleitenden Bemerkungen zu dem in Vorbereitung befindlichen Band 2 dieser Veröffentlichung verwiesen. Zur einschlägigen Literatur, die von mir weitgehend herangezogen wurde, vgl. vor allem die Übersichten bei Bröker (S. 94 f.), Plötz (S. 98 f.) und am Ende dieses Bandes. Ich habe im folgenden Autoren und Publikationen im einzelnen vor allem dann zitiert, wenn es sich um Zitate oder Sachverhalte handelt, die sich an entlegener oder unerwarteter Stelle finden und weniger Allgemeingut der

über weite Strecken gleichförmigen Darstellungen der Wallfahrtsliteratur sind. Sachverhalte, die in anderen Beiträgen dieses Bandes eingehender behandelt werden, sind hier nicht belegt. Das gilt auch für die Nachrichten, die sich auf einzelne Prozessionen beziehen und insofern in dem in Vorbereitung befindlichen Band 2 dieser Veröffentlichung enthalten sind. Zur Entlastung der Darstellung und des Anmerkungsapparates sollen die Nachrichten zu den Pilger- und Prozessionszahlen in einem Anhang am Ende des geplanten Bandes 2 im einzelnen aufgelistet und nachgewiesen werden. – Für die kritische Durchsicht des Manuskriptes und sachdienliche Hinweise möchte ich an dieser Stelle den Herren Josef Heckens/Kevelaer, Volker Schroeder/Meerbusch, Paul-Günter Schulte/Krefeld, Dr. Marc Wingens/Utrecht sowie meiner Frau Wiltrud und meinem Sohn Jan herzlich danken.

[2] Zitiert nach: J. van Ackeren, Die Wallfahrt in Kevelaer, Kevelaer 1924, S. 22 f.

[3] J. Knippenberg, Historia ecclesiastica Ducatus Geldriae... usque ad annum 1700, Brüssel 1719, S. 232 ff.

[4] H. Wester, Kevelaer – Wallfahrt und Pfarrei. Eine rechtsgeschichtliche Studie, Diss. Rom, Kevelaer 1936, S. 56.

[5] Knippenberg, S. 234. Einer „im Jahre 1667 gedruckten Historie" zufolge waren „an (Marienfeiertagen – 2. Juli. 15. August, 8. September) an 20 000 Personen in Kevelaer anwesend" (A. Marx, Kevelaer – Wallfahrt und Wirtschaft, nach alten Urkunden und Geschichtsquellen, Kevelaer 1922, Nachdruck in: Beiträge zur Geschichte der Stadt Kevelaer von Adolf Marx und Heinrich Janssen, hrsg. im Auftrag der Stadt Kevelaer von Gr. Hövelmann, Kevelaer 1979, S. 30). Die Ähnlichkeit dieses Zeugnisses mit der Aussage von Knippenberg fällt auf. Immerhin wird der Sachverhalt von 1667 auch in der Oratorianerchronik (zum Jahre 1892) erwähnt, die sich hierbei auf „ein altes Buch" bezieht.

[6] R. Scholten, Beiträge zu den Kämpfen zwischen Katholiken und Protestanten am Niederrhein und Johannes Stalenus aus Calcar. Beiträge zur Geschichte des Herzogtums Kleve, hrsg. von A. Herrmann, Köln 1909, S. 294 ff., hier S. 335 f.; Marx, S. 29 f.; G. Rovira, Die Schrift zur Verteidigung der Wallfahrten von Johannes Stalenus (1596–1681), Pontificia Academia Mariana Internationalis . . . IV: De cultu Mariano apud scriptores ecclesiasticos sec XVII, Rom 1987, S. 425 ff.

[7] L. Bergmann, Wallfahrtsorte und Wallfahrtsbrauchtum am unteren Niederrhein. Werden und Wachsen einer Kultlandschaft, maschinenschriftl. Diss. Bonn 1949, S. 75; ders., Kevelaer-Wallfahrt, in: Wallfahrten im Rheinland (Werken und Wohnen 14), Köln 1981, S. 67 ff., hier S. 70 f.

[8] E. Bröker, 250 Jahre Fußprozession Bocholt-Kevelaer 1733–1983, Sonderdruck der Zeitschrift „Unser Bocholt" 34 (1983), Heft 2, S. 14. Zu dem Prozessionsverzeichnis von 1784 vgl. den Abschnitt „Ancien Régime".

[9] Vgl. die Belege Anm. 7.

[10] So erstmals Marx, S. 31 f.

[11] Wester, S. 27.

[12] Th. van Doornick, Die Entstehung der Wallfahrt in Kevelaer und ihre Entwicklung innerhalb der ersten Jahrzehnte, wiss. Zulassungsarbeit zur 2. theolog. Hauptprüfung beim Fachbereich Kath. Theologie an der Universität Münster, maschinenschriftl. 1977, S. 60.

[13] Marx, S. 36.

[14] Wester, S. 25 ff., 56; vgl.van Doornick, a. a. O.

[15] L. Freudenhammer, Geschichte der Marienverehrung in Kevelaer, in: Niederrheinische Kirchengeschichte, in Zusammenarbeit mit K. Abels und P. Dyckmans hrsg. von Gr. Hövelmann, Kevelaer 1965, S. 112 ff., hier S. 114.

[16] E. Ennen, Geschichte und Wallfahrt in Frankreich, Belgien, den Niederlanden und Deutschland, in: E. Ennen-G. Wiegelmann (Hrsg.), Studien zur Volkskultur, Sprache und Landesgeschichte. Festschrift Matthias Zender, Bd. 2 Bonn 1972, S. 1057 ff., hier S. 1071 f. Vgl. hierzu L. Bergmann, Mirakelberichte aus den Wallfahrtsorten Marienbaum und Kevelaer, in: Das goldblaue Buch geldrischer Geschichte (Veröffentlichungen des Historischen Vereins für Geldern und Umgegend 60), Kevelaer 1951, S. 137 ff., hier S. 138 ff.: „Die Entstehungszeit der Wallfahrt in Kevelaer ist gekennzeichnet durch eine große Muttergottesbegeisterung. Maria war die besondere Schützerin der Katholiken im Kampf gegen die im 16. und 17. Jahrhundert auch am Niederrhein, besonders aber im benachbarten Holland erstarkende Reformation. Mit dem Rufe ‚Heilige Maria' stürmten die Spanier 1567 in Geldern ein, und als man 1626 mit dem Bau der Fossa Eugeniana begann, nannte man sie ‚Mariengrift'."

[17] L. Bergmann, Die Beziehungen der Wallfahrtsorte des unteren Niederrheins zu den westlichen Nachbargebieten. Ein Beitrag zur Kulturgeschichte der Niederrheinlande, Niederrheinisches Jahrbuch 8 (Krefeld 1965), S. 78 ff., hier S. 80. Vgl. hierzu vor allem B. Schäfer, Maria Kevelaer. Geschichte der Wallfahrt, Beschreibung der Andachtstätten und des Wallfahrtslebens, Kevelaer ^{7}1924, S. 101 ff.

[18] Freudenhammer, S. 117.

[19] Bergmann (1965), S. 80.

[20] P. Dohms, Die Geschichte des Klosters und Wallfahrtsortes Eberhardsklausen an der Mosel – von den Anfängen bis zur Auflösung des Klosters im Jahre 1802 (Rheinisches Archiv 64), Bonn 1968, S. 160 ff.; ders., Eberhardsklausen. Kloster, Kirche, Wallfahrt – von den Anfängen bis zur Gegenwart, Trier 1985, S. 135 ff.; P. Hoffmann-P. Dohms, Die Mirakelbücher des Klosters Eberhardsklausen (Publikationen der Gesellschaft für rheinische Geschichtskunde 64), Düsseldorf 1988, passim.

[21] Bistumsarchiv Roermond, dossier 39.

[22] Marx, S. 30.

[23] Bröker, S. 26.

[24] Van Ackeren, S. 138.

[25] Oratorianerchronik, zu den gen. Jahren; Marx. S. 36 f.; Bröker, S. 26; R. Plötz, Die Wallfahrt nach Kevelaer. Ein Wallfahrtsort und seine Geschichte, Duisburg 1986, S. 30 f.

[26] J. Krickelberg, Die Wallfahrt in Kevelaer von ihrem Anfange bis zur zweihundertjährigen Jubelfeier im Jahre 1842, Köln 1842, S. 14.
[27] Marx, S. 32.
[28] Beschreibung von Kevelaer mit der Ankunft und Fortgang der Andacht zu der allerheiligsten Jungfrau und Mutter Gottes Maria . . . mit einer Abhandlung über die Bittfahrten und kurze Reisegebethen (im folgenden zitiert: Beschreibung), Roermond 1792, S. 9; vgl. Marx. S. 32.
[29] L. Bergmann, Kevelaer (Rheinische Kunststätten 4), Köln 1963, S. 6.
[30] Van Doornick, S. 28.
31 Oratorianerchronik, zu 1792; Marx, S. 32; Schäfer, S. 11, 24, 37; vgl. H. Cardauns-R. Müller, Die rheinische Dorfchronik des Joan Peter Delhoven aus Dormagen (1783–1823), 1966, S. 74, wo über das „sehr starke" Aufkommen der Prozessionen im Jubiläumsjahr berichtet wird.
[32] In diesem Zusammenhang sei als sehr frühes Zeugnis erwähnt, daß 1644 Ferdinanda von Schaesberg im Alter von 36 Jahren während einer Pilgerreise nach Kevelaer starb (L. Peters, Die Geschichte des Geschlechtes von Schaesberg bis zur Mediatisierung (Schriftenreihe des Kreises Kempen-Krefeld 24), Kempen/Nrh. 1972, S. 17.
[33] Beschreibung, S. 48; St. Aenstoots, Maria Kevelaer, die Trösterin der Betrübten, Dülmen i. W. 1899, S. 140 f.
[34] Oratorianerchronik, zu 1700 und 1734; Pfarrarchiv St. Remigius, Bonn, Bruderschaftsbuch, zu denselben Jahren.
[35] Beschreibung, S. 20 ff.; vgl. Aenstoots, S. 74 ff.
[36] Pfarrarchiv Kevelaer, Nr. 2149.
[37] H. J. Radermacher, Pilgerfahrten nach Kevelaer. Ihr Weg und Geist, Kevelaer 1933, S. 42 ff.
[38] Vgl. die Ausführungen am Ende dieses Abschnittes.
[39] Bröker, S. 20. Zu Marienbaum vgl. oben Anm. 16.
[40] Nordrhein-Westfälisches Hauptstaatsarchiv, Düsseldorf (im folgenden zitiert: NW HA), Administrationskolleg Geldern 113.
[41] Geschichte des Erzbistums Köln, hrsg. von E. Hegel, 4. Bd.: Das Erzbistum Köln zwischen Barock und Aufklärung. Vom Pfälzischen Krieg bis zum Ende der französischen Zeit 1688–1814, Köln 1979, S. 359 f. Vgl. in diesem Zusammenhang auch: E. Hegel, Prozessionen und Wallfahrten im alten Erzbistum Köln im Zeitalter des Barock und der Aufklärung, Zeitschrift des Aachener Geschichtsvereins 84/85 (1977/78), S. 301 ff.
[42] NW HA, das.
[43] Bergmann (1951), S. 137 ff.; ders. (1963), S. 6 ff.; ders. (1965), S. 78 ff.; vgl. van Doornick, S. 26 ff.; Bröker, S. 18 ff.; Plötz, S. 28 f.
[44] Oratorianerchronik, zu 1894.
[45] Bergmann (1951), S. 142.
[46] Pfarrarchiv Kevelaer, Nr. 2149.
[47] Nationalarchiv Paris, F^7 Police Générale, 8390,1. Im Jahr 1810 sollen 100 000 Pilger in Kevelaer gewesen sein (Marx, S. 39; Plötz. S. 36).
[48] Fr. Gorissen, Kevelaer im Jahr 1809. Aus dem Reisetagebuch des Predikanten Dr. Jan Scharp von Rotterdam, in: Epitaph für Gregor Hövelmann, Beiträge zur Geschichte des Niederrheins, hrsg. von St. Frankewitz, Geldern 1987, S. 263.
[49] J. Torsy, Die Geschichte des Bistums Aachen während der französischen Zeit, Bonn 1940, S. 229 f.
[50] Cl. Bussmann, Die Wallfahrt nach Kevelaer in der Zeit von 1794–1814, Juni. Magazin für Kultur und Politik 3 (1989), Nr. 2–3, S. 96 ff., hier S. 102. Vgl. in diesem Zusammenhang Krickelberg, S. 24 ff.; Marx, S. 33, 37 ff.; Bergmann (1949), S. 97 ff.; ders. (1963), S. 10 ff.; Geschichte des Erzbistums Köln, a. a. O., S. 528; Bergmann (1981), S. 74; Bröker, S. 28 ff.; Plötz, S. 33, 36.
[51] Bröker, S. 30 f.
[52] NW HA, Oberpräsidium Köln 760; das., Regierung Düsseldorf 3782.
[53] Die genannten Verfügungen sind abgedruckt bei: Aenstoots, S. 167 ff.; vgl. hierzu Bergmann (1949), S. 98 ff.; Bröker, S. 31 f.
[54] Bröker, S. 32. Vgl. in diesem Zusammenhang A. Schnütgen, Beiträge zur Ära des Kölner Erzbischofs Graf Spiegel, Annalen des Historischen Vereins für den Niederrhein 119 (1931), S. 121 ff., hier S. 139.
[55] Marx, S. 33; Bergmann (1949), S. 100; Bröker, S. 32 f.; Stadtarchiv Kevelaer, 31–51; Pfarrarchiv St. Lambert, Ochtrup; Kreisarchiv Viersen, Gemeindearchiv Lobberich 1306.
[56] Zur Überlieferung, Archivierung und Auswertung der hier angesprochenen Bestände vgl. demnächst die Einleitung des in Vorbereitung befindlichen Bandes 2 dieser Publikation.
[57] Bergmann (1949), S. 102.
[58] Historisches Archiv des Erzbistums Köln (im folgenden zitiert: BA (wie Bistumsarchiv) Köln), Generalia 4/13, Bd. 2.
[59] Bröker, S. 33.
[60] NW HA, Regierung Düsseldorf 3784.
[61] Das. 3782.
[62] Das., Landratsamt Geldern 8.
[63] Bröker, S. 33.
[64] NW HA, Oberpräsidium Köln 760.
[65] Das. Landratsamt Geldern 8.
[66] Bröker, S. 34. Vgl. Marx, S. 39 f.
[67] Stadtarchiv Kevelaer, 31–61.
[68] BA Köln, Generalia 4/13.
[69] NW HA, Regierung Düsseldorf 3782.
[70] Stadtarchiv Kevelaer, 31–51.
[71] NW HA, Regierung Düsseldorf 29 134.

[72] BA Köln, Generalia 4/13, Bd. 1.
[73] Kreisarchiv Viersen, Gemeindearchiv Lobberich 1306.
[74] Bröker, S. 34.
[75] Dohms (1985), S. 139.
[76] BA Köln, Generalia 4/13, Bd. 2.
[77] Bröker, S. 37.
[78] Oratorianerchronik, zu 1870.
[78a] Vgl. in diesem Zusammenhang Gr. Hövelmann, „Wegen politischer Unzuverlässigkeit" – Die Amtsenthebung des Gelderner Landrats Freiherr von Eerde 1876, Geldrischer Heimatkalender 1983, S. 78 ff.
[79] Bröker, S. 38.
[80] Oratorianerchronik, zu den Jahren 1875, 1876 und 1877.
[81] Bröker, S. 37.
[82] Vgl. neben den einschlägigen Publikationen auch G. Leupertz, Die siedlungsgeographische und wirtschaftliche Entwicklung der Stadt Kevelaer unter dem Einfluß des Wallfahrtswesens, maschinenschriftl. Exemplar vom 4. 4. 1957, S. 33 f.; E. Senn, Funktionalität und Erscheinungsbild des Wallfahrtsortes Kevelaer. Eine zentralörtliche und sozialgeschichtliche Betrachtung, maschinenschriftl. Examensarbeit, Mannheim 1971, S. 52 ff.
[83] J.-D. Steinert, Kevelaer. Eine niederrheinische Region zwischen Kaiserreich und Drittem Reich, Kevelaer 1988, S. 89.
[84] Oratorianerchronik, zu 1914 ff.; Aenstoots, S. 153; Marx, S. 40 ff., 120 f.; van Ackeren, S. 153 f.; Schäfer, S. 101 ff.; Bröker, S. 38 ff.; Plötz, S. 40, 47.
[85] Oratorianerchronik, zu 1920. Die erste niederländische Prozession traf am 15. August 1920 aus Ubbergen-Beek (Prov. Gelderland) ein.
[86] Bröker, S. 40.
[87] Vgl. BA Köln, Generalia 4/13.
[88] Steinert, S. 329.
[89] Aenstoots, S. 154; van Ackeren, S. 153 f.; Senn, S. 55; Steinert, S. 329 ff.
[90] Steinert, S. 335 ff.; vgl. Stadtarchiv Kevelaer, 31–61; M. Hemmer, Der Wallfahrtsort Kevelaer – die Prägung von Raumstrukturen durch die Gruppe der Wallfahrer, Hausarbeit im Rahmen der 1. Staatsprüfung für das Lehramt an der Sekundarstufe II am Staatl. Prüfungsamt für Erste Staatsprüfungen für Lehrämter an Schulen, Münster 1988, S. 36; NW HA, BR 1011–326.
[91] Plötz, S. 52.
[92] Stadtarchiv Kevelaer, 31–61.
[93] Fr. Dyckmans, Kevelaer. Das Marienheiligtum am Niederrhein, Kevelaer 1951, S. 59; Berichte des SD über Kirchen und Kirchenvolk in Deutschland 1934–44, bearb. von H. Boberach (Veröffentlichungen der Kommission für Zeitgeschichte, Reihe A: Quellen, Bd. 12), Mainz 1971, S. 313, 699; Bröker, S. 42 ff.
[94] Stadtarchiv Kevelaer, 31–61.
[95] Pfarrarchiv Kevelaer, Nr. 32 (alte Zählung).
[96] Plötz, S. 55; Leupertz, S.58.
[97] Dokumentation zur Kevelaer-Wallfahrt 1984 – Analysen und Presseberichte, Auszüge aus Festschriften und Briefen, hrsg. vom Verkehrsverein e. V. Kevelaer (M. Pauli), Kevelaer 1984 (im folgenden zitiert: Dokumentation 1984). Vgl. Senn, S. 55 f.
[98] Das.
[99] Senn. S. 55.
[100] Bröker, S. 49.
[101] Dokumentation 1984.
[102] Das.
[103] Das.
[104] R. Kerkhoff, Ausländer in Kevelaer, Geldrischer Heimatkalender 1974, S. 75 ff.; M.A. Hahn, Siedlungs- und wirtschaftsgeographische Untersuchungen der Wallfahrtsstätten in den Bistümern Aachen, Essen, Köln, Limburg, Münster, Paderborn, Trier, Diss. Köln 1969, S. 115 f.
[105] Hahn, Karte XVI.
[106] Senn, S. 55.
[107] Bröker, S. 48.
[108] Dyckmans, S. 30 f.; E. Heupers, Ter Bedevaart naar Kevelaer, Neerlands Volksleven 23 (1972), Nr. 1, S. 37 ff., hier S. 38; Bröker, S. 46 ff.; S. Reidick-Terhart, Auswirkungen der Wallfahrt auf Struktur, Funktion und Entwicklung von Neviges und Kevelaer im Vergleich zu einigen anderen Wallfahrtsorten in der Bundesrepublik, maschinenschriftl. Examensarbeit, Oberhausen 1983, S. 33 ff.; Plötz, S. 55; Hemmer, S. 37 ff., 49 ff., 57 ff., 124 f. Vgl. in diesem Zusammenhang auch: W. Herborn, Der Wandel religiöser Lebensformen: Wallfahrtswesen und Heiligenverehrung in Würselen und Umgebung, in: Würselen. Beiträge zur Stadtgeschichte, Bd.1, im Auftrag der Stadt Würselen hrsg. von M. Wensky und Tr. Kerff, Köln 1989, S.407 ff.; ders., Wallfahrt und Heiligenverehrung: Zur Geschichte der Volksfrömmigkeit in Bonn, in: In Bonn katholisch sein. Ursprung und Wandel der Kirche in einer rheinischen Stadt, Bonn 1989, S. 124 ff.

Nicolas Wirtz

Luxemburg und Kevelaer, „marianisch verwandt"

Das Gnadenbild der „Trösterin der Betrübten" in Luxemburg von 1624, im Festgewand mit dem Schlüssel der Stadt Luxemburg

Es war zur Zeit des Dreißigjährigen Krieges. Die Zeiten waren schlecht. Die apokalyptischen Reiter schienen über Europa losgelassen zu sein. Armut und Krankheit, Hunger, Not und Elend herrschten allüberall. Da schuf Pater Jacques Brocquart S. J., Professor am Jesuitenkolleg in Luxemburg, eine Zufluchtsstätte für das bedrängte Volk. Das geschah im Kriegsjahr 1624 . . .

Wieviel Menschen ihr Leid und ihre Sorgen der Gottesmutter in der kleinen Kapelle auf dem Festungsgelände vor der Stadt Luxemburg zu Füßen legten, weiß niemand, jedoch erwies sich der Ort bald als Gnadenstätte, die ein wundertätiges Marienbild barg, die Consolatrix Afflictorum, die Trösterin der Betrübten.

Der Strom der Pilger zum Gnadenbild nahm ständig zu. Mit ihm wuchs auch der Wunsch nach Andenken. So wurden bald Medaillen geprägt und Andachtsbildchen gedruckt. Die ältesten dieser Andachtsbildchen, nicht größer als 7,5 auf 11 cm, waren Kupferstiche, die wahrscheinlich im Jahr 1640 in Antwerpen gedruckt wurden. Die künstlerische Güte des Stiches war hervorragend, und das Gesichtchen der Madonna war „von außerordentlicher Lieblichkeit", wie Fritz Dyckmans später schrieb. Das Bildchen zeigt Maria, mit weitem Mantel bekleidet, mit Sternenkrone und Königszepter. Sie trägt das Jesuskind mit Königskrone und Erdball auf dem linken Arm. Im Hintergrund sieht man einerseits die Festung Luxemburg und andererseits die erste Wallfahrtskapelle und dazwischen das herbeieilende Volk.

Unter dem Bildchen steht geschrieben: „Vera effigies Matris Jesu Consolatricis Afflictorum, in agro suburbano Luxemburgi, miraculis et hominum visitatione celebris Anno 1640"; das heißt: „Wahres Abbild der Trösterin der Betrübten auf dem Gelände unmittelbar vor der Stadt Luxemburg, berühmt durch Wunderzeichen und Zustrom der Menschen. Im Jahr 1640". Leider ist dieser sehr wertvolle Kupferstich nur auf ganz gewöhnlichem Papier abgedruckt worden.

Und dennoch! „So wie der Herr den Kleinen die Geheimnisse seines Reiches offenbart", so wählte auch seine Mutter, durch persönliches Eingreifen, eines dieser bescheidenen Andachtsbildchen aus, ließ es über manche Umwege nach Kevelaer gelangen, wo dieses „rein äußerlich gesehen, armseligste aller Gnadenbilder der Welt", wie Fritz Dyckmans sich ausdrückte, zum Mittelpunkt einer außerordentlich berühmten Wallfahrt werden sollte. Dies geschah im Jahre des Heils 1642. So hat Maria selbst den Grundstein zur ersten Tochterwallfahrt der Trösterin der Betrübten von Luxemburg gelegt.

Die Kette der Drangsale riß nicht ab. In äußerster Not beschlossen unsere weltlichen Autoritäten mit Klerus und Volk, die Festung Luxemburg der Gottesmutter zu weihen. In einem festlichen Akt gelobten sie

Votivbild Unserer Lieben Fr
von Luxemburg um 1650,
Pfarrhaus von Liebfrauen –
Luxemburg. Künstler
unbekannt

der Consolatrix am 10. Oktober 1666, Stadt und Festung Luxemburg zu schenken auf ewige Zeiten. Unsere Vorfahren riefen die Trösterin der Betrübten zur Patronin von Stadt und Festung aus und gelobten ihr ewige Treue.

Am 20. Februar des Jahres 1678 schloß sich das ganze Herzogtum dem Votum Solemne der Stadt und Festung an.

Ein Jahrhundert ging vorüber. Die Jubiläumsfeierlichkeiten konnten nicht in dem verdienten Glanz gefeiert werden. Es war die Zeit vor dem großen Umsturz der Französischen Revolution, die Freigeisterei machte sich überall breit und diktierte den Verlauf der Geschehnisse. Der Jesuitenorden, der die Wallfahrt zur Trösterin gegründet hatte und seit ihrem Beginn förderte, war aufgehoben und des Landes verwiesen worden. Als Vermächtnis hinterließen die Patres der Wallfahrt den schönen, schmiedeeisernen Votivaltar, den Gnadenthron der Consolatrix während der offiziellen Pilgerzeit.

Es kam das Jahr 1866, und Luxemburg rüstete zur zweiten Jubiläumsfeier. Da bislang die Umstände einem engeren Kontakt zwischen Kevelaer und Luxemburg ungünstig waren, bestanden auch wenig Beziehungen zwischen beiden Wallfahrtsorten. Nun aber war die Zeit gekommen zu engeren Verbindungen. Gegen Ende des Monats April erreichte ein

Rosenranke am Gnadenbi
zu Kevelaer, Geschenk d
Bischofs J. J. Koppes v
Luxemburg 1892, mit d
Inschrift: Mater Fili
(Die Mutter der Tocht

MATER EX LVCILLIBVRGO
FILIAE IN

Jubiläumsgeschenk von Kevelaer 1866 aus dem Anla „200 Jahre Consolatrix Afflictorum Patronin von Stadt und Land Luxemburg

Schreiben von Pfarrer Joseph van Ackeren aus Kevelaer den Bischof von Luxemburg, Ehrw. Nikolaus Adames. In diesem Schreiben teilte der Priester dem Bischof seine Absicht mit, zum großen Jubelfest eine Deputation nach Luxemburg zu begleiten, um daselbst dem Mutterbild ein passendes Geschenk zu überreichen.

Die ersehnte Pilgerfahrt konnte leider nicht stattfinden, da wieder ein Krieg zwischen Preußen und Österreich ausgebrochen war. Die Wallfahrt konnte erst im Jahre 1891 nachgeholt werden, anläßlich einer Wallfahrt zum Heiligen Rock in Trier. Das Geschenk aber erreichte sein Ziel zur rechten Zeit per Post.

Eine schönere und „sinnigere" Gabe hätte man sich in Kevelaer nicht ausdenken können: Eine massive Silberplatte, über 16 cm hoch und 12 cm breit, mit ebensolchem Rahmen trägt die Inschrift: „Filia Matri! – Die Tochter der Mutter!" Ein fein gearbeitetes Blättergewinde, mit kostbaren Steinen besetzt, rankt sich über den Rahmen. Eine kunstvolle Rosette, mit einer schweren Silberkette zum Aufhängen versehen, krönt das Ganze. Und in der Mitte der Platte ist das Gnadenbild von Kevelaer auf das feinste eingraviert. Wahrlich, ein schöneres und sinnvolleres Geschenk hätte man sich nicht ausdenken können.

Seit jenem Oktober 1866 grüßt das Tochterbild von Kevelaer jedes Jahr vom Baldachin des Votivaltars herab all die Luxemburger und Ausländer, die in der Oktavzeit zum Mutterbild wallfahren.

Bei der nachgeholten Pilgerfahrt Kevelaers im Jahre 1891 wurden die Gäste in einem feierlichen Hochamt vor dem Mutterbild auf's herzlichste begrüßt und vom Dompfarrer Friedrich Lech eines Gegenbesuches versichert.

Ein Jahr später schon, am 16. - 18. August 1892, führte Bischof J. J. Koppes mit 70 Priestern eine Gruppe von zirka 200 Laien zum Gegenbesuch nach Kevelaer.

Das feierliche Pontifikalamt in der großen Basilika klang aus in der Gnadenkapelle, wo der Bischof eine Votivkerze opferte. Zwei, aus stark vergoldetem Silber gearbeitete Rosenzweige, welche der Oberhirte zum Jubiläum dem „Tochterbild" verehrte, tragen auf weißem Email die Inschrift: „Mater Filiae! – Die Mutter der Tochter!" Unter der Krone des Gnadenbildes wurden die Rosen befestigt.

Seit jener Zeit kamen öfters kleinere Pilgergruppen von Kevelaer nach Luxemburg und mitunter auch Pilgerscharen von Luxemburg nach Kevelaer.

Aber zum Fest des Dritten Centenariums im Jahre 1966 war die Zahl der Pilger aus Kevelaer und Umgebung eindrucksvoll. An die 700 Menschen waren gekommen mit ihren Priestern, mit ihren Bischöfen, mit ihren Autoritäten. Sie nahmen teil an der Schlußprozession und brachten sinnvolle Geschenke mit: Eine Votivkerze, geschmückt mit einer Abbildung des Gnadenbildes und folgender Aufschrift: „Matrem Jubilantem Filia Peregrinans salutat – 1666–1966", d. h. „Die pilgernde Tochter grüßt die jubilierende Mutter – 1666–1966". Ferner überreichten sie eine in Gold gefaßte Elfenbeinplatte, auf welcher das Bild der Trösterin in Gold aufgelegt ist. Links oben sieht man den Mariendom von Luxemburg, unten rechts die Gnadenkapelle von Kevelaer, und auf dem Saum des Kleides der Trösterin stehen die Daten 1666 – 1966; auf der Rückseite

Geschenk der Wallfahrtsleitung Kevelaer zum Jubiläum 1966 in Luxemburg, überreicht durch Domkapitular Johannes Oomen mit den Pilgern des Sonderzuges

Der Luxemburger Votivaltar mit dem Gnadenbild, Schmuck der jährlichen Festoktave

der Elfenbeinplatte stehen die Worte: „1666 Filia ex Kevelaer Matri Jubilanti Luciliburgi 1966 – Die Tochter aus Kevelaer der Jubilierenden Mutter aus Luxemburg". Zwölf in Gold gefaßte Saphire umgeben diese Schrift. Von da an trägt das Gnadenbild alljährlich das Geschenk der „Tochter aus Kevelaer" bei der Schlußprozession.

Jedes Jahr auch nimmt eine Gruppe Pilger aus Kevelaer einen Ehrenplatz in der Schlußprozession der Oktave ein. Ziemlich regelmäßig auch organisiert die Diözese Luxemburg eine Wallfahrt nach Kevelaer (1948: 31. März bis 4. April – Internationaler Pax-Christi-Kongreß; 1951: 7. bis 10. Juli; 1958: 18. bis 21. April – Pax-Christi-Pilgerfahrt; 1963: 8. bis 10. Juni; 1965: 18. bis 20. September; 1968: 7. bis 10. September; 1970: 13. bis

Evangeliar für die Kathedral von Luxemburg. Ein Geschenk der „Tochter an d: Mutter" aus dem Anlaß: „1C Jahre Wallfahrt Kevelaer nac Luxemburg in dankbarer Verbundenheit." Werkstätte Wilhelm Polders, Kevelaer

Das Innere der Kathedrale n den Wandmalereien von Friedrich Stummel

15. Juni; 1972: 10. bis 12. Juni; 1974: 7. bis 9. September; 1976: 18. bis 20. September; 1978: 27. bis 30. Mai; 1980: 6. bis 9. September; 1983: 25. bis 27. Juni; 1984: 11. bis 14. September; 1986: 26. bis 30. Mai; 1987: 17. bis 21. September – Marianischer Kongreß).

Zum Abschluß wiederholen wir die Worte von 1966 unseres verehrten Vorgängers Mgr. F. Rasqué: „In Luxemburg verehrt man seit mehr als 300 Jahren das Mutterbild, in Kevelaer seit mehr als 300 Jahren das Tochterbild der Trösterin der Betrübten. Die Pilger von Kevelaer sind also seit mehr als 300 Jahren marianisch mit uns verwandt."

Die heutige Kathedrale v Luxembu

Karl Keller

Beiträge zum Gelderner Ursprung der Wallfahrt nach Kevelaer

Zur Person des Hendrick Busman

Über die Person des Hendrick Busman, der die Stimme vernahm: „Op deze plats sult gij mij een kapelleken bouwen! (An dieser Stelle sollst du mir ein Kapellchen erbauen)", wissen wir wenig. Er wurde angeblich in Niedermörmter um 1606 geboren. 1641 wohnte er mit seiner Frau Mechel, einer geborenen Schrouse, in Geldern. Wo diese aber wohnten, darüber schweigen die Quellen. Eine Umfrage bei Gelderner Senioren, die Fritz Meyers, Geldern, 1987 vornahm[1], erbrachte „die fast einhellige Antwort": In der Webergasse, die jetzt von der Hülser-Kloster-Straße zum Nordwall verläuft. Je eine Antwort lautete: In der Kapuzinerstraße Nr. 68 (heute Bäckerei Wolters-Opgenoorth) bzw. Gelderstraße Nr. 19 (heute Ratskeller).

Hendrick Busman an der Wegkreuzung in der Heide von Kevelaer im Gebet vor dem Hagelkreuz. Ausschnitt aus dem historischen Gemälde von 1706, Priesterhaus Kevelaer

Genaueres wissen wir über das Haus, das die Eheleute Busman später in Kevelaer bewohnten. Hendrick hat schon bald nach der Errichtung des Kapellchens ein Grundstück in Kevelaer erhalten, um darauf ein Haus zu bauen. Er erhielt eine Parzelle nahe dem Kapellchen und gab dem Haus den Namen „Zur Stadt Geldern". Es stand etwa dort, wo sich heute die Hauptstraße Nr. 9 befindet. Das Datum seines Begräbnisses – er starb am Anfang des Jahres 1649 – wird von den Kevelaerer Heimatforschern verschieden angegeben: 27. Februar oder 14. März oder 16. März. Über Frau Mechel und ihren Todestag schweigen die Quellen. Wahrscheinlich wurden beide auf dem damaligen Kirchhof an der St. Antonius-Kirche in Kevelaer begraben.[2]

Drei Problemkreise

Es sollen nun drei Fragen gestellt und jeweils eine Antwort gemäß der derzeitigen Quellenlage versucht werden: 1. In welchem Haus in Geldern wohnten Hendrick Busman und Frau Mechel? 2. Wie lange war das Bildchen in der Kapuzinerkirche in Geldern? 3. Wer brachte es nach Kevelaer, und an welchem Tag geschah es? Die zweite und die dritte Frage hängen inhaltlich miteinander zusammen.

1. In welchem Haus betrieb Frau Mechel ihren „Krämerladen", worin sie die Erscheinung hatte?

In einem persönlichen Manuskript von *Frau Wolters-Opgenoorth,* Geldern, Kapuzinerstraße 70, das mir freundlicherweise zur Verfügung gestellt wurde und das auf mündlicher Überlieferung beruht, ist festgehalten: Frau *van Elmpt,* geb. 1851, die Schwiegermutter der Mutter von Frau Wolters-Opgenoorth, erzählte, von ihren Vorfahren gehört zu haben, daß Hendrick Busman mit seiner Frau Mechel in ihrem Haus gewohnt habe. Dieses Haus bekam 1836 bei der Hausnumerierung die Nr. 259. Es lag gegenüber dem Zeughaus (heute Arbeitsamt), 1734 „Salzmagazin" genannt, zuvor „Königliches Magazin". Frau van Elmpt und ihre Vorfahren hatten im genannten Haus einen Krämerladen, was gegenüber einem königlichen Magazin mit Soldaten naheliegend ist. Frau van Elmpt erzählte von einem französischen oder belgischen Soldaten, der seinen Namen in einen Mauerstein am Haus Nr. 259 eingeritzt hatte, weil er auch von Busman und dessen Bild etwas wußte. Diesen eingeritzten Namen hat Frau Wolters-Opgenoorth als Kind immer gesehen, auf dem Hof rechts neben dem Küchenfenster in mittlerer Höhe. Später wurde die Mauer verputzt. Im Familienalbum befindet sich ein Photo, auf dem diese Stelle zu sehen ist.

Ein Soldat aus Köln, der als Schneider im Arsenal arbeitete, zog später als Privatmann jedes Jahr mit der Prozession nach Kevelaer. Dabei übernachtete er stets im Nachbarhaus vom Haus Nr. 259. Er soll öfter gesagt haben: „Ich bin schon froh, daß ich neben dem Haus schlafen darf, wo das Muttergottesbild gewesen ist." Nach dem zweiten Weltkrieg wurden hinter dem Haus Wolters Dachziegel gefunden, die in das Heimatmuseum Burg Linn bei Krefeld transportiert wurden, weil sie eine eingravierte Jahreszahl aus dem Anfang des 17. Jahrhunderts, d. h. vor 1642, nach authentischer Aussage der Eheleute Wolters trugen. Die Kölner Prozessionen nach Kevelaer zogen immer in die Kapuzinerkirche unter Glockengeläute ein. Frau van Elmpt glaubte fest daran, daß die Erscheinung der Frau Mechel in ihrem Hause stattgefunden hat, so daß sie in ihrem Testament darum bat, Kreuz und Bild in dem betreffenden Zimmer hängen zu lassen.

Frau Mechel, Ehefrau des Hendrick Busman, sieht in ihrem Haus in Geldern in einer Vision das lichtumstrahlte kleine Marienbild von Luxemburg. Lithographie, Frankfurt / M. um 1850

Wenn ältere Anwohner der Kapuzinerstraße in Geldern meinen, der Krämerladen der Frau Mechel habe sich in der Nähe der Kapuzinerkirche befunden, so ist diese mündliche Überlieferung wohl daraus zu erklären, daß das Bildchen in der Kapuzinerkirche einige Zeit ausgestellt war, ehe es nach Kevelaer gebracht wurde. Meiner Meinung nach spricht die Aussage des Hendrick Busman auf der Synode in Venlo 1647 eher für die mündliche Überlieferung in der Familie Wolters-Opgenoorth; denn er hatte erklärt: „. . . bis zwei Soldaten der Nachbarschaft, welche . . . das Licht in meinem Hause gesehen hatten . . ." Die Soldaten waren vermutlich in dem der heutigen Bäckerei Opgenoorth-Wolters gegenüberliegenden Haus oder Häusern untergebracht. Das „Magazin" war erst im 18. Jh. errichtet worden. Doch was stand vorher an dessen Stelle? Leider sind im Gelderner Stadtarchiv keine quellenmäßigen Belege zu finden. Auf einem Gelderner Stich von 1587[3] sind an der Stelle des Magazins ein kleineres und ein breiteres Gebäude eingezeichnet. Um 1642 waren in Geldern die unverheirateten Soldaten in Familien untergebracht, während man für die verheirateten Soldaten Zelte oder Holzhäuser errichtet hatte. Die Soldaten hatten auch an den Stadttoren die Wachen zu übernehmen, also auch am Geldertor, das in unmittelbarer Nähe des Beginns der Kapuzinerstraße stand, so daß die Vermutung durchaus berechtigt sein dürfte, daß in dem Haus oder in den Häusern gegenüber der heutigen Bäckerei oder in diesem selbst Soldaten untergebracht waren, von denen zwei als „Soldaten der Nachbarschaft" bei ihrem Kontrollgang das Licht im Hause Busman gemäß dessen Erklärung gesehen hatten.

2. Wie lange war das Bildchen in der Kapuzinerkirche in Geldern?

Nach Busmans vereidigter Aussage von 1647 bewahrten die Karmelitessen das Bildchen, das er auf einem Brett befestigte, das er hatte anstreichen lassen, eine Nacht im Kloster. Dort holte er selbst es wieder ab und trug es wegen der vielen Neugierigen, die in sein Haus kamen, zu den Kapuzinerpatres. Dort soll es *drei Tage* verblieben sein. Abgeholt wurde es, gemäß Busmans Aussage, am 1. Juni 1642 von dem Kevelaerer Pfarrer Johannes Schink und in dem inzwischen erbauten Häuschen aufgestellt. Während also das Bildchen „bis zum dritten Tage" in der Kapuzinerkirche verblieben war, „kamen viele Menschen herbei und brachten freigebig Opfergaben". Hendrick Busman fährt dann fort. „Die Patres verlangten von mir, die Opfer abzuholen, allein dies mochte und durfte ich nicht tun, bis zuletzt die Patres durch den Bruder Luitgens mir strengstens befahlen, die Gaben zu nehmen und zu bewahren, bis sie an den Platz besorgt werden könnten, wohin sie gehörten. Später sind sie dem Pastor von Kevelaer übergeben worden." Soweit das Zitat aus dem Protokoll der Aussage Busmans vor der Synode zu Venlo am 13. Februar 1647. Unsere Frage lautet: War das Bildchen wirklich nur drei Tage lang in der Kapuzinerkirche?

3. Wer brachte das Bildchen nach Kevelaer, und an welchem Tag geschah es?

Im Protokoll steht: „Hierauf haben die Kapuzinerpatres und die Gemeinde verlangt, das Bildchen in Prozession nach Kevelaer zu bringen. Dieses ist jedoch aus gewissen Ursachen nicht geschehen, sondern der Pastor von Kevelaer hat im Stillen Samstag abends, am letzten Mai 1642, das Bildchen abgeholt und am anderen Tag in das Heiligenhäuschen gestellt, welches von mir in der Form erbaut war, die meine Frau in der nächtlichen Erscheinung gesehen hatte. Sofort an demselben Tag kam zu dem Heiligenhäuschen eine große Menge Menschen aus Geldern und anderen Ortschaften. Auch geschahen einige Wunder, die aufgezeichnet sind."

Dementsprechend lautet der erste Satz, mit dem J. Oomen „Zum Geleit" in der Publikation „Kevelaer" vom 15. Aug. 1975 beginnt: „Am 1. Juni 1642 wurde das unscheinbare Bildchen der ‚Trösterin der Betrübten' in das von Hendrick Busman errichtete Kapellchen eingesetzt." Dieses Datum ist, wie es scheint, unbestrittene *Tradition in Kevelaer,* soweit dies fast die gesamte Literatur über Kevelaer ausweist. Ob dies jedoch auch unbestrittene *Tradition in Geldern* war, ist Anlaß und Gegenstand dieser Fragestellung und der daraus resultierenden Untersuchung.

Zu der Frage, ob der 1. Juni 1642 der wirklich historisch abgesicherte Tag der Einsetzung des Gnadenbildchens in das Heiligenhäuschen ist, veranlaßte mich schon vor längerer Zeit der im Institut der Karmeliter in

Nimwegen wiederaufgefundene Bericht über die Jubiläumsprozession von Geldern nach Kevelaer von 1742.[4] Der Verfasser P. A. *Richardt,* der sich als „Consul Gelriensis" (Gelderner Ratsherr) bezeichnet, war damals als ausgebildeter Jurist in der Stadtverwaltung tätig. Vermutlich war er auch Bürgermeister. Zuvor Gerichtsschreiber des Hauptgerichtes der Stadt Geldern, wird er 1728 als Schöffe aufgeführt.[5] Er war vermutlich der Enkel des gemäß städtischer Urkunde Nr. 260 im Jahr 1630 verstorbenen Stadt- und Gerichtssekretärs Joh. Richardt in Geldern. In seinem Vorwort an den Leser zitiert P. A. Richardt die Aussage des Zeugen Richardt von 1694, er habe 1642 an der Prozession teilgenommen, welche das Bildchen von Geldern nach Kevelaer brachte:

Tot den Leſer.

OM den Oorſpronck te weten van dit Miraculeus Beeldeken van de Alderheyligſte Maget ende Moeder Godts MARIA, ende hoe het tot *Kevelaer* is gekomen, ſal den Leſer vinden in deſe volgende Hiſtorie. Het is geſchiedt dat ontrent het Jaer 1642. eenen ſekeren *Hendrick Boſmans* Borger van *Gelder*, gaende naer *Wees* om ſynen Coophandel te dryven, komende op het Veldt van *Kevelaer*, daer hy gewoon was ſyn Gebedt te doen, tot drijmael toe een ſtemme heeft gehoort, ſeggende: *Op deſe Plaets ſult gy my bouwen een Capelleken.* Ende bemerckende dat die Stemme uyt den Hemel quam, heeft het ſelve kenbaer gemaeckt aen ſyne HuysVrouwe *Mechtildis*, de welcke ook in den middernacht een klaerblinckende Licht ſagh in haer Huys, ende door dit Licht geſien heeft een Heyligh Huysken ofte Capelleken, waer in ſy ſcheen te ſien een papieren Beeldeken, het gene ſy te vooren by geval geſien hadde in de handen van eenen Heſſiſchen Soldaet, komende van *Luxemborg*. Naer ſoo veel teeckens, ſoo gehoort, als geſien, hebben ſy beſloten, om den wille Godts, ende van ſyn Alderh: Moeder niet te wederſtaen, te timmeren een Heyligen Huysken op die Plaets, daer *Hendrick* tot drymael toe die ſtemme gehoort hadde, te weten op het Veldt van *Kevelaer*, ende hebben dat gemaeckt van Tichel ſteenen, dat nu noch ſtaet in het kleyn Capelleken tot *Kevelaer*. Ende nae dat ſy hun uyterſte beſte gedaen hebbe om 't voorſchreve Beeldeken te krijgen, ende eyndelyck bekomen hebbende, het ſelve daer ingeſtelt in't Jaer 1642. Hoe, en op wat manier, ſal blijcke uyt de Copij Authentike hier van binnen *Gelder* gemaeckt, de welcke ick hier tot dien eynde byvoege, en is als volgt.

ATteſteere ende bekenne ick onderſchreve, en-
„de voor de rechte waerheyt certificerende, dat
„ my noch ſeer wel kennelyck, ende bewoſt is,
„dat ontrent het Jaer 1642 *Hendrick Ingenboos* ofte
„ *Boſmans*, ende ſyne Huysvrouwe *Mechelt*, In-
„ wooners deſer ſtadt *Gelre*, in de Kercke van de
„ eerweerdige PP. Capucijnen gebrocht hebben een
„ papiere Beeldeken van onſe Lieve Vrouwe van
„ *Luxemborg*, ende het ſelve geſtelt ter zijde in
„ de ſelve Kercke op den Autaer van onſe Lieve
„ Vrouwe MARIA, ende aldaer is blijven ſtaen
„ ontrent 4 of 5 weken na mijn beſte ontheltenis,
„ in welcken tyt *Hendrick Boſmans*, en ſijne Huys-
„ vrouw *Mechelt* hebben doen timmeren een Hey-
„ ligen Huyske van tichel ſteenen voor dat voor-
„ gemelde Beeldeken, die plaets doen ter tyt we-
„ ſende eenen Cruysweg achter *Kevelaer*, welck
„ Heyligen Huysken tegenwoordig alnoch in de
„ kleyne Capelle tot *Kevelaer* is inbegrepen, nader-
„ hant is dit Heyligsken of L. Vrouwe Beeldeken
„ naer *Kevelaer* gebrocht worden Proceſſi gewijs
„ uyt de voorſ: Eerweerdige PP. Capucinen Kerc-
„ ke, niet over den weg naer *Kevelaer*, maer over
„ den voetpat naer *Wetten*, ende voorders neffens
„ *Wetten* langs den ney Moolen neffens *Kevelaer*,
„ welcke Proceſſi vergeſelſchapt hebben ſoo Gee-
„ ſtelijcke als wereltſche, ſoo Militere als Civile,
„ ende ick ondergeſchreve ben in de ſelve, ſoo
„ in het gaen naer *Kevelaer*, als in het wederom-
„ keren oock preſent geweeſt, en het miraculeus
„ L. Vrouwe Beeldeken is doen ter tyt in't voorſ.
„ Heyligen Huyskē ingeſat, in kenniſſe der waer-
„ heyt hebbe deſe met mijn eygene hande onder-
„ teeckent, binnen *Gelder* gedaen den 5 Junij 1694
„ was onderteeckent, *Richardt*. Onderſt ont. Ac-
„ cordeert met de origineele Atteſtatie by my Gre-
„ ffier van ſyn Kon. Maj: ſouveraine Hove in't
„ Hertogdom *Gelre*. was ondertekent *B. A. Tewis*.

Bürgermeister P. A. Richard[t]
von Geldern zitiert in seine[m]
Bericht über die Gelderner
Jubiläumsprozession 1742 [d]
Aussage des Zeugen Richar[dt]
von 1694, er habe 1642 an [der]
Prozession teilgenommen,
welche das Bildchen von
Geldern nach Kevelaer
brachte

„Attesteere ende bekenne ick onderschreve, ende voor de rechte waerheyt certificerende, dat my noch seer wel kennelyck, ende bewost is . . .", daß nämlich um das Jahr 1642 Hendrick Ingenboos oder Bosmans und seine Hausfrau Mechel . . . das Bildchen an der Seite der Kapuzinerkirche auf den Altar unserer Lieben Frau Maria gestellt haben und daß es dort stehen geblieben ist *etwa 4 bis 5 Wochen* „na mijn beste ontheltenis". Während dieser Zeit, fährt er fort, zimmerten H. Bosmans und seine Frau Mechel ein Heiligenhäuschen . . . Am Schluß versichert Richardt noch einmal ausdrücklich: „In kennisse der waerheyt hebbe dese met mijn eygene hande onderteeckent, binnen Gelder gedaen den 5. Juni 1694, was onterteeckent, Richardt. Onderstont. Accordeert met de originele Attestatie by my Gressier van syn Kon. Maj. souveraine Hove in't Hertogdom Gelre, was onderteeckent B. A. Tewis."

Was veranlaßte wohl die Stadt Geldern, ein amtliches Protokoll anzufertigen als eine authentische Abschrift oder beglaubigte Kopie, in der der Unterzeichnete bezeugt und bekennt, daß ihm noch sehr gut bekannt und bewußt sei, daß das Bildchen *ungefähr 4 oder 5 Wochen,* nach seiner besten Erinnerung, in Geldern geblieben sei, in welcher Zeit Hendrick Busman und seine Frau Mechel ein Heiligenhäuschen haben bauen lassen. *Er selbst,* versichert er, *sei mit der Prozession mitgezogen, die das Bildchen aus der Kapuzinerkirche nach Kevelaer gebracht habe. Bei dieser Gelegenheit sei es in das Heiligenhäuschen eingelegt worden.* Dieses am 5. Juni 1694 erstellte Dokument wurde von dem Kanzleischreiber „seiner königlichen Majestät Souveränem Hofe im Herzogtum Geldern", B. A. Tewis, als mit dem originalen Zeugnis übereinstimmend bestätigt. Dieses *amtliche Dokument* also drängt geradezu die Frage auf: Wer hat recht: Busman, der zu Protokoll gab: „drei Tage" oder Richardt, der versicherte: „4 – 5 Wochen"? War es damals vielleicht, anläßlich der Gelderner Jubiläumsprozessionen zu einem „Prioritätsstreit" oder nur zu einem „Terminstreit" zwischen Geldern und Kevelaer gekommen? - Richardt betont außerdem ausdrücklich, daß *die Oratorianer in Kevelaer* das hundertste Jubiläum *am 2. Juli 1742* begingen, weshalb die Gelderner Jubiläumswallfahrt der Kapuziner an diesem Tag erfolgte. Ein „Terminstreit" war es jedenfalls; denn in der Tat fand die Jubiläumsprozession unter Leitung der Kapuziner von Geldern nach Kevelaer, dokumentarisch belegt, am 2. Juli 1742 statt, die nächste Jubiläumsprozession 50 Jahre später am 9. Juli 1792, beide also anfangs Juli, nicht anfangs Juni, eben weil gemäß Richardts protokollierter Aussage das Bildchen anfangs Juli 1642 in einer feierlichen Prozession unter der Leitung der Kapuziner nach Kevelaer gebracht worden sei, an der er selbst teilgenommen habe und deren Weg er genau beschreibt. Zu beachten ist auch, meine ich, der Hinweis, daß die Oratorianer in Kevelaer selbst am 2. Juli 1742 das hundertjährige Jubiläum begingen.

Was sagt die bisherige Kevelaer-Literatur ?

C. Kamps[6] hatte 1913, sich auf das Protokoll von P. A. Richardt berufend, geschrieben: „Bis es (das Gnadenbild) 1642 *feierlich von der Pfarre Kevelaer abgeholt* und in dem dafür erbauten Kapellchen aufgestellt wurde". Danach hätte es also die „Pfarre Kevelaer" in feierlicher Prozession abgeholt; nicht Pfarrer Johannes Schink ohne Prozession und nicht die Gelderner hätten es dorthin gebracht. Die „Kevelaerer Tradition" des 1. Juni wurde, wie schon erwähnt, fast durchweg unbestritten in der Literatur, soweit sie den Beginn der Wallfahrt behandelt, übernommen.[7] Lediglich in zwei Büchlein und in einem Aufsatz über Kevelaer fand ich wenigstens in Anmerkungen Hinweise auf die zwischen Kevelaer und Geldern divergierenden Aussagen, bei J. *van Ackeren,* A. *Marx* und C. *Schumacher.*[8] Van Ackeren hatte schon vor 1903 mitgeteilt, daß zwar zum Andenken an die Übertragung „seit undenklichen Zeiten" Jungfrauen Kevelaers in der Frühe des 1. Juni die Gnadenkapelle mit einem Kranz zu schmücken pflegten, die Musikkapelle spielte und abends die Kevelaerer zahlreich sich vor der Gnadenkapelle zum Singen und Beten versammelten, aber in einer Anmerkung auf S. 25 schrieb er: „In neuester Zeit ist *die Ansicht einer zweifachen Übertragung* des Bildes von Geldern nach Kevelaer aufgestellt worden. Der Pfarrer Schink soll das Bildchen, nachdem er es am 31. Mai abgeholt hatte, wegen des Zulaufs vieler Menschen nach Geldern in die Kapuzinerkirche zurückgebracht und etwa nach 3 Wochen auf Drängen der Patres zum zweitenmal an seinen Bestimmungsort übertragen haben." Daraus ist ersichtlich, daß der „Streit" auch Ende des 19. Jahrhunderts und zu Beginn des 20. noch keineswegs zu Ende war. Die von J. van Ackeren genannte Version könnte einen Kompromiß zwischen beiden Aussagen, von Busman und Richardt, darstellen, so daß eigentlich beide recht hätten: Zweimalige Übertragung Ende Mai und Anfang Juli. Allerdings hatte Richardt „4 bis 5 Wochen" zu Protokoll gegeben, und van Ackeren spricht nur ganz allgemein und unbestimmt von „einigen Wochen".

Denkmal des Hendrick Busman in der Busmanstra[ße] zu Kevelaer, gestaltet nach dem Bild eines mittelalterlichen Reisender[n] im Wanderschritt, mit Kiep[e] und in bäuerlicher Kleidun[g]. Bronzestatue von Erika Rutert 1989

Mit solcher „Kompromißlösung" freilich war van Ackeren nicht einverstanden; denn er fährt fort, daß diese Ansicht im Widerspruch zur Überlieferung und „zu den zugänglichen Quellen" stehe und vermutlich in der Erklärung ihren Grund habe, die in dem von Richardt, dem Bürgermeister von Geldern, verfaßten Büchlein über die Prozession dieser Stadt im Jubiläumsjahr 1742 vorgedruckt sei. Die Aussage von Richardt stehe im Widerspruch zu der von Busman. Es sei nicht einzusehen, weshalb Busman, der dies ja gewußt haben müsse, davon geschwiegen hätte. Schließlich hätte ja auch den auf der Synode zu Venlo anwesenden Pfarrern von Geldern und Nieukerk die öffentliche Übertragung in einer Prozession sicherlich bekannt gewesen sein müssen. Die von van Ackeren erwähnten Pfarrer waren gemäß Synodenprotokoll H. *Vossius,* Pfarrer von Nieukerk und Erzpriester von Geldern, sowie Frater Adrianus *Meygaert,* Prior der Karmeliter und Pfarrer in Geldern, Lektor der Theologie.

A. *Marx* wies S. 24 Anm. 1 ebenfalls auf den amtlichen Bericht „des geldrischen Stadtsekretärs" Richardt hin, den Pater *Kilian* O. C. im Provinzialarchiv des Kapuzinerklosters zu Antwerpen auffand.[9] Dies sei, schreibt A. Marx, ein fein ausgeführter Kupferstich auf Pergament von 10 1/2 cm Höhe und 6 1/2 cm Breite. A. Marx nimmt selbst zu der Problematik keine Stellung. P. Kilian Müller jedoch betont in seiner Rheinberger Broschüre von 1908, daß das amtliche Schriftstück des Stadtsekretärs Richardt in Geldern die Übertragung von Geldern nach Kevelaer als historisch unanfechtbar erwiesen habe, wobei er jedoch ein genaues Datum nicht nennt, sondern nur unbestimmt das Jahr 1642 benennt.

Th. *van Doornick*[10] bringt S. 19 ff. den genauen Wortlaut der Aussagen Busmans in Venlo und betont, Busman habe „aus gewissen Gründen" dem Drängen der Kapuzinerpatres und der Gemeinde in Geldern nicht stattgegeben, läßt aber ebenfalls offen, welches diese „gewissen Gründe" hätten sein können. Dann bringt van Doornick S. 23 den vollständigen Text von Richardt aus dem Gelderner Wallfahrtsbüchlein von 1742, dem er folgende Bemerkung vorausschickt. „Einer anderen Quelle zufolge stellt sich der Sachverhalt im letzten Teil ein wenig anders dar." In der Fußnote S. 24 bemerkt er dazu: „*Hier werden Widersprüche deutlich,* die sich aus heutiger Sicht nicht völlig ausräumen lassen; sollte die oben beschriebene Prozession tatsächlich stattgefunden haben, wären die Pfarrer von Geldern und Nieukerk sicher ebenso Zeugen davon gewesen, haben aber als Mitglieder der Venloer Synode – zumindest laut Protokoll – nichts davon geltend gemacht; möglicherweise kam dieser kleine ‚Tatsachenbericht', wenn auch streckenweise erdichtet, den Veranstaltern der hundertjährigen Gelderner Wallfahrt sehr gelegen, um die doch wohl gar nicht so geringe Bedeutung Gelderns im Zusammenhang mit der Entstehung der Kevelaerer Wallfahrt ein wenig in den Vordergrund zu stellen. In dem Zusammenhang ist die Formulierung des Protokolls ‚aus gewissen Gründen' immerhin nicht eindeutig." Th. van Doornick benennt also die Problematik, ohne eine Lösung geben zu können. Er schließt sich somit der „Kevelaerer Tradition" an. Und da er somit an der Terminierung 1. Juni 1642 festhält, muß er S. 26 feststellen, daß Johannes Stalenus, der Pfarrer von Rees, im Jahr 1642 die erste geschlossene Pfarrprozession nach Kevelaer geführt habe.

B. *Schäfer* berichtet S. 39 ff. über die festlichen Veranstaltungen zum 250-jährigen Jubiläum der Wallfahrt im Jahr 1892, die sich vom Juni bis zum 1. November ausgedehnt hatten. Er schreibt S. 43: „Am Mittwoch, dem 1. Juni, am Krönungsfesttage (das Marienbild erhielt eine Krone) ließ man keine Prozession kommen. Nur Geldern machte eine Ausnahme, da es vor 250 Jahren an diesem Tag bei der Überführung des Bildes auch beteiligt war." J. *Derksen* schreibt in seiner volkstümlichen, mit Phantasie ausgeschmückten Darstellung S. 207: „Die in der Nähe der Kapuzinerkirche in Geldern wohnenden Leute hatten sich darauf gefreut, das Bildchen in Prozession mit einem Geistlichen nach Kevelaer bringen zu dürfen. Als es aber aus der Kapuzinerkirche verschwunden war, riefen sie am 1. Juni 1642: ‚Auf nach Kevelaer' und wallfahrteten ohne Priester fröhlich singend dorthin ‚als erste große Menge' . . . Inzwischen hatte Pastor Joh. Stael aus Rees den Entschluß gefaßt, in einer richtigen Prozession nach Kevelaer zu ziehen." Mit dieser Darstellung hat J. Derksen, ebensowenig wie B. Schäfer, die Frage der Priorität nicht klar beantwortet. Nach A. *Holthausen*[11] erbaute Busman das Heiligenhäuschen und stellte in dasselbe ein Muttergottesbildchen. Danach soll also, wie ebenfalls J. *Wirtz*[12] schreibt, Busman persönlich das Bildchen, nicht Pfarrer Schink, in das Heiligenhäuschen gestellt haben. Auch hierzu finden wir in der Literatur uneinheitliche Darstellungen.

Solange die Frage nicht eindeutig beantwortet ist, ob Busman oder ob Richardt recht hat oder ob es sogar zwei Überführungen des Bildchens zu verschiedenen Zeiten gegeben hat, eine durch Pfarrer Schink oder durch eine „kleine Gelderner Prozession" Ende Mai oder Anfang Juni und eine

Hendrick Busman hört die Stimme am Hagelkreuz. Theologische Darstellung de Wallfahrt vom Beginn in die Zeitgeschichte. Bronzerelief von Jan Vissers, Privatbesitz

in feierlicher Prozession Anfang Juli, kann auch nicht die Frage beantwortet werden, ob Pfarrer Stalenus aus Rees oder ob die Kapuziner und Karmeliter aus Geldern die erste feierliche Prozessionswallfahrt nach Kevelaer veranstaltet haben.[13]

Aus heutiger Sicht handelt es sich hierbei nicht um „Lokalpatriotismus" oder um „Prioritätsstreit" Geldern – Kevelaer – Rees, sondern um die Frage nach der historischen Wahrheit. Die Klärung jedoch, meine ich, hat keinen Einfluß auf die grundsätzliche Bedeutung der Wallfahrten nach Kevelaer von 1642 bis heute und, wie der neuerliche Aufschwung des Wallfahrtslebens erwarten läßt, auch für die Zukunft.

Anmerkungen

[1] Siehe F.Meyers, in: Rheinische Post vom 18. April 1987.
[2] Vgl. auch: Unsere Heimat, Blätter des Vereins für Heimatschutz in Kevelaer, Nr. 1, 1974, Altes und Neues über Hendrick Busman.
[3] Siehe Ebe-Jahn, E., Geldern, eine niederrheinische Festung, Kevelaer 1966, S. 80.
[4] Nederlandsch Carmelitaansch Historisch Instituut in Nimwegen. Eine Fotokopie befindet sich in der Bibliothek des Historischen Vereins für Geldern und Umgegend im Kreisarchiv Kleve in Geldern. Vgl. Keller, K., Zwei Gelderner Jubiläumswallfahrten nach Kevelaer 1742 und 1792, in: Geldrischer Heimatkalender 1978, S. 52 Anm. 9.
[5] Reckmann, H., Das neuzeitliche Gerichtswesen der Stadt Geldern, Veröffentlichung des Histor. Vereins, Geldern 1972, S. 83.
[6] Kamps, C., Mitteilungen aus der Geschichte des Kapuzinerklosters zu Geldern, Veröffentlichungen des Historischen Vereins Geldern Nr. 35, 1913, S. 18, jetzt Gesamtausgabe Band II, S. 718: „4 oder 5 Wochen" war es in Geldern verblieben.
[7] So Schäfer, B., Maria Kevelaer, Geschichte der Wallfahrt, Kevelaer [5]1905, S. 19./Bergmann, L., Der Wallfahrtsort Kevelaer, in: Bildband des Landkreises Geldern, 1967, S. 42./Freudenhammer, L., in: G. Hövelmann, Niederrheinische Kirchengeschichte, Kevelaer 1965, S. 113./Dyckmans, F., Kevelaer, das Marienheiligtum am Niederrhein, Kevelaer [6]1970, S. 14./Oomen, J., Kevelaer, Entstehung und Geschichte der Wallfahrt. Kevelaer 1971, S. 9. Derksen, J.,Kleines erhöht Er, Leipzig 1974, S. 207.
8 Marx, A., Kevelaer, Wallfahrt und Wirtschaft, Kevelaer 1922./van Ackeren, J., Die Wallfahrt in Kevelaer, Kevelaer, [5]1924, S. 164: „Das Bildchen war ‚einige Wochen' in Geldern"./Schumacher, C., in: Unsere Heimat Nr. 1, 1921, S. 2: „ . . . erfolgte die Eröffnung der Jubiläumsfestlichkeiten in Kevelaer 1742 am 2. Juli, am Fest Mariä Heimsuchung".
[9] Müller, Kilian, O. C., Rheinberg und die Kapuziner, Veröffentlichung aus dem Archiv der Rheinisch-westfälischen Kapuzinerordensprovinz, Cöln 1908.
[10] Van Doornick, Th., Die Entstehung der Wallfahrt in Kevelaer und ihre Entwicklung innerhalb der ersten Jahrzehnte. Wissenschaftliche Zulassungsarbeit zur zweiten theol. Hauptprüfung an der Universität Münster (Maschinenschr. vom 6. Mai 1977). Van Doornick hat S. 93–96 die Handschriften, gedruckten Quellen und die Literatur über die Wallfahrt nach Kevelaer zitiert. (Eine Photokopie der Examensarbeit befindet sich im Kreisarchiv Kleve in Geldern).
[11] Holthausen, A., Zur Geschichte der Stadt und des Landes Geldern, 1912, jetzt in: Veröffentl. des Historischen Vereins Geldern, Band 2, 1974, S. 637.
[12] Wirtz, J., Geschichte des Ortes Aldekerk, 1928, in: Veröffentl. des Histor. Vereins Geldern, Band 3, 1974, S. 116.
[13] Zu den hier erwähnten Jubiläumswallfahrten siehe auch meinen Beitrag in diesem Buch „Die Jubiläumsfeiern in Kevelaer".

Alois van Doornick

„Bereitwilligste Unterstützung" Die Kevelaerer Pfarrgemeinde in der Sorge für die Wallfahrt

Ein Besucher betritt die Urzelle der Kevelaerer Wallfahrtskirchen, die heutige Antoniuskapelle. Ihre Glocke aus der älteren St. Hubertuskapelle auf Keylaer rief in Kevelaer schon 150 Jahre vor Beginn der Wallfahrt im Jahre 1642 die Bewohner der kargen Heidelandschaft zum Gebet. Die Antoniuskapelle ist mit viel Liebe nach dem Brand am 13. Januar 1982 auf dem Grundriß der Kirche hergerichtet worden, die bei der Abpfarrung von St. Antonius von der Weezer Gemeinde im Jahre 1472 schon bestand. Der Besucher läßt sich schnell ergreifen von der formschönen Schlichtheit dieser einstigen Dorfkirche. Die Leuchtkraft der Fenster von Hans Lünenborg und die klare Architektur des Gotteshauses

Noch neu ist für diese Kinde die Technik des Photographierens: Die historische Aufnahme zeigt die Umgebung der alten Pfarrkirche St. Antonius in Kevelaer vor 1900. Links das damalige Bürgermeisteramt

Deutlich ist der verseng gotische Christuscorpus erkennen, den der Künst Bert Gerresheim an ein Lebensbaum mit rankend Reben brachte mit d Namen der niederrheinisch Märtyrer. Vernichtung d Kirche durch die Flamm und Wiederaufbau, Tod u Leben, Adam und Christ „Wenn ich von der Er erhöht bin, werde ich alle mich ziehen" (Joh 12,3

schaffen einen ruhigen, beliebten Raum des Betens. Die Lebensbilder des Mönchsvaters Antonius – niederrheinischer „National"- und Pestheiliger im 14.-16. Jahrhundert und Patron in etlichen Bruderschaften, Kirchen und Kapellen – und die gegenüberstehenden Mariendarstellungen werden einerseits zum Bild für die beiden Kevelaerer Pfarrgemeinden, die 1956 durch die Abpfarrung und Einrichtung der neuen Pfarrei St. Marien entstanden. Der Vater des Mönchtums und die Mutter der Kirche stehen andererseits da als Begleiter, Vorbild und Fürsprecher der in diesem Kirchenraum betenden Gemeinde und der ganzen pilgernden Kirche, die sich aufmacht zum Ort der Gnade – symbolisiert durch das Bild des Gnadenstuhls im Chorscheitel. Die fast versteckt dargestellte Pilgermuschel und der Pilgerstab deuten nicht nur auf das alte, ehemalige Jakobushäuschen vor der St. Antonius-Kirche hin, sondern auch auf den Auftrag der Bürger dieser Stadt: Den Suchern und Besuchern, den Betern und Pilgern in dieser Stadt durch das kleine Bild am Weg deutlich vor Augen zu stellen, mit ihnen zu meditieren und festlich zu be-„gehen": Nicht Besucher und Besitzer, sondern Pilger sind wir auf Erden.

In der St. Antonius-Kirche kennzeichnen das dominierende Lebensbaum-Kreuz mit dem beim Brand versengten Christus-Corpus und die Obergadenfenster vom Neuen Jerusalem unsere Bestimmung und unser Lebensziel. So ist in der Verantwortung gegenüber der Gottesmutter und ihrem Sohn das in der Präfation der Kevelaer-Messe von Maria Gesagte auch der Antonius-Gemeinde Erbe und Auftrag: „. . . begleitet sie die pilgernde Kirche mit mütterlicher Liebe und lenkt ihre Schritte zur ewigen Heimat . . .": Seit der Einsetzung des Gnadenbildes durch den Pfarrer von St. Antonius am 1. Juni 1642 gilt es, diese Stadt und das Leben in ihr so zu gestalten, daß bei jedem einzelnen und bei allen Prozessionen der „Prozeß", also der „Fortschritt" auf dem Weg zum ewigen Haus Gottes gefestigt wird durch die Vertiefung der Liebe zur Mutter und ihrem Sohn.

Einige wenige Spuren entdeckt der Besucher an der heutigen St. Antonius-Kirche, die Zeugnis geben von der langen und interessanten Geschichte von Wallfahrt und Pfarrei in Kevelaer. Die Kirchhofumfriedung deutet hin auf den Friedhof, der bis um die Mitte des 19. Jahrhunderts um die St. Antonius-Kirche bestanden hat und auf dem neben vielen Vorfahren der Kevelaerer Familien wahrscheinlich der Gelderner Kaufmann Hendrick Busman begraben liegt. Spuren der Wallfahrtsleitung durch die Oratorianer in 171 Jahren, deren Superioren zwischen 1664 und 1817 meist auch Pfarrer von St. Antonius waren, sind heute noch bezeugt durch eine Grabtafel an der nordwestlichen Kapellenecke und eine abgetretene große Grabplatte des Oratorianers Celraedt an der Nordseite, der sich vor der Kommunionbank bestatten ließ, damit alle Kevelaerer beim Kommuniongang seiner gedachten. Beim weiteren Umgang um die neugestaltete Kirche findet der Besucher im Scheitel den Grundstein der um 1900 erweiterten und am 21. Juni 1904 konsekrierten Antonius-Kirche. Einen großen Fundus der schon seit Jahrzehnten geplanten Erweiterung der Pfarrkirche hatte der erste Bistumspriester nach den Oratorianern, Johann Heinrich Krickelberg (Pfarrer von 1817–1863), erst in den Bau der Basilika und der Beichtkapelle gesteckt. Es zeugt vom großen Opfergeist der Kevelaerer, daß sie zunächst 1864 die große Wallfahrtskirche St. Marien und dann seit 1900 in 90 Jahren dreimal ihre Pfarr-

Johann Heinrich Krickelberg Pfarrer von Kevelaer 1818 – 1863. Gemälde von Th. Bohres 1826, Priesterhau Kevelaer

kirche St. Antonius aufgebaut haben (1900 – 1945 [nach Kriegszerstörung] – 1982). Die Pfarrkirche war dann besonders für viele große holländische Prozessionen beliebt, die hier die Sakramentsandacht, das „Lof" hielten. Nach dem Kreuzweg hörten manche Prozessionen früher hier eine abschließende Predigt, die draußen auf einer der beiden Steinkanzeln gehalten wurde. In den fünfziger Jahren wurde sogar der 10.00-Uhr-Gottesdienst am Sonntag für Pilgergruppen freigehalten.

Begonnen hatte alles damit, daß der Kevelaerer Pastor Johannes Schink einem frommen Kaufmann aus Geldern „die bereitwilligste Unterstützung durch die Bereitstellung von Material" für den Bau eines Heiligenhäuschens gewährt hatte, wie dieser Hendrick Busman 1647 auf der Synode in Venlo aussagt. Des weiteren nimmt der Pastor die ersten Opfergaben der am Aufbewahrungsort des Gnadenbildes bei den Kapuzinern in Geldern zusammenströmenden Menschen entgegen. Und schließlich bezeugt der Erbauer des Heiligenhäuschens, das noch heute umbaut in der Gnadenkapelle steht: „Der Pastor von Kevelaer hat im Stillen Samstags abends im letzten Mai 1642 das Bildchen abgeholt und am anderen Tag in das Heiligenhäuschen gestellt, welches von mir in der Form erbaut worden war, die meine Frau in der nächtlichen Erscheinung gesehen hatte." Leider verlieren sich die Spuren dieses wichtigen Kevelaerer Pastors im Dunkel der Geschichte. Auch ist wenig bekannt über die Mitsorge der Kevelaerer Bürger, die innerhalb weniger Jahre mit dem Bau des Oratorianer-Klosters (heute Priesterhaus), der Kerzenkapelle und der Gnadenkapelle gute Voraussetzungen für die Wallfahrt schufen. Eine zeitgenössische Notiz in einem Brief an den Pfarrer Theodor Roeloffs in Goch aus dem Jahre 1648, geschrieben von Johannes Stalenus, Theologe und Pfarrer in Rees, später Oratorianer, läßt etwas deutlich werden von der bedrängenden seelsorglichen Situation des Kevelaerer Pfarrers in der Betreuung der Pilger: „Ich bin in dieser Hinsicht überzeugt – wie auch andere Herren Seelsorger unseres Herzogtums Geldern mit mir, daß wir

Lebendige Architektur, das Ineinanderwachsen von Alt und Neu kennzeichnet das Außenbild der St. Antonius-irche: Die auf dem Grundriß der Kirche vor 1900 als Werktagskirche wiederhergestellte Antoniuskapelle mit dem kleinen Turm ist organisch verbunden mit dem neu ɔerwölbten Kirchenraum der großen Pfarrkirche

ne wohltuende Wärme, eine Abgewogenheit der Gliederung, eine Liebe zum Detail und eine erhebende Weite prägen das Kircheninnere. Den Architekten Eling und Baumewerd gelang eine ulenfreie Überspannung des weiten Raumes, die ıarmonische Anbindung der Antoniuskapelle und die lebendige Gestaltung der ände durch den Kerzengang d die Obergadenfenster von Joachim Klos (Glasmalerei Hein Derix, Kevelaer)

Im warmen Licht der Nachmittagssonne konnte Hans Lünenborg seine Marienfenster in der Antoniuskapelle noch kurz vor seinem Tode fertiggestel[...] sehen. Die von den Engeln i[...] der Höhe und den Menschen auf Erden verkündete Menschwerdung Gottes und unsere Berufung zur Krönun[...] unseres Lebens bei Gott sin[...] von ihm bewegt und klar in[...] Bild gebracht (Glasmalerei H. Derix)

den ehrwürdigen Herrn Pastor von Kevelaer, dem wir durch das Gesetz der Liebe verbunden sind, nicht nur unterstützen können, sondern auch unterstützen müssen, indem wir durch die Jurisdiktionsgewalt, die er als Pastor innehat und die er uns überträgt, beim Sakrament der Buße zur Hand gehen, weil außer ihm mitunter keiner seiner Diözese dafür freigestellt ist; zum anderen wegen des großen Zulaufs der Massen, damit die, die unter großen Beschwerden dorthin gepilgert waren, nicht in der Hoffnung auf Sakramentenempfang enttäuscht zurückkehren." Querelen über Zuständigkeiten und Rechte zwischen den Oratorianern und dem Pfarrer dauerten einige Jahre und brachten einmal dem Superior Varendoncg die Absetzung, ein anderes Mal dem Pfarrer Theodor Caesar die Amtsenthebung. Als Pfarramt und Leitung des Oratoriums 1664 in einer Hand vereinigt waren, entwickelte sich mehr und mehr der Kapellenplatz zum Mittelpunkt des pfarrlichen Geschehens. Nachdem im beginnenden 19. Jahrhundert das Oratorianerkloster nur deshalb der endgültigen Enteignung durch den Staat entging, weil dort auch der Pfarrklerus wohnte, setzte Pfarrer Johann Heinrich Krickelberg mit seinem Kampf um ein eigenes Pfarrhaus die ersten Zeichen für eine größere Eigenständigkeit der Pfarrgemeinde St. Antonius, eine Entwicklung, die mit der für die Kevelaerer schmerzlichen Aufteilung in zwei Pfarrgemeinden am 1. Januar 1956 ein nur vorläufiges Ende gefunden hat.

Seit 350 Jahren ist nun die Kevelaerer Pfarrgemeinde die eigentliche Trägerin der Wallfahrt. In diesen 35 Jahrzehnten gab sie mehr als die „bereitwilligste Unterstützung durch die Bereitstellung von Material" und stellte das „Material", den Ort zur Verfügung, damit für viele Pilger Kevelaer ein Ort der Gnade wurde. Viele Beziehungen zwischen Kevelaerern und Pilgern sind gewachsen, weil Kevelaerer Gemeindemitglieder nicht nur Geschäftsinteresse, sondern die Sorge um die Menschen und ihre Glaubensvertiefung durch die lebendige Marienverehrung als das Motiv für ihren oft zeitintensiven und engagierten Einsatz für die Wallfahrt glaubhaft machen konnten. Im Getriebe dieser Stadt wird die Gna-

utter Teresa und der pst. 13. Kreuzwegstation der St. Antonius-Kirche Kevelaer von Bert erresheim. In der Papst-tra das Datum des velaer-Besuchs: 2. Mai 1987

das Schauportal der 1904 reiterten St. Antonius-che schuf der Kevelaerer nstler August Dierkes diese drucksstarke Antonius-tue. Heute steht er wieder der Kirche, der Einsiedler dem Blick auf das Treiben ser Stadt

denkapelle erst zu einem Gnadenort, wenn die Kevelaerer sich nicht darauf beschränken, steinernes und bestaunenswertes Material und teure Denkmäler zu errichten, sondern wenn der Ort selbst beseelt bleibt von der tröstenden Botschaft der Gottesmutter, der liebenden Fürsorge für die Pilger und dem gelebten Glauben seiner Bewohner.

Benutzte Literatur:

Die Festschriften und Führer in St. Antonius von 1972, 1987 und 1989
Ausgaben von „Unsere Heimat" bes. aus den Jahren 1952 und 1974
Die kleinen Bücher über die Wallfahrt von Kevelaer von Johann Heinrich Krickelberg und Joseph van Ackeren
Eine Übertragung einiger Briefe in der Akte 12 des Pfarrarchivs St. Maria Magdalena in Goch von Franz Hermes
Vollständige Literaturangaben und wertvolle Hinweise finden sich in dem Aufsatz von Robert Plötz, „Ein unbekanntes Kircheninventar der Pfarrkirche St. Antonius in Kevelaer . . .",Geldrischer Heimatkalender 1990, 133–137
Theo van Doornick, Die Entstehung der Wallfahrt in Kevelaer und ihre Entwicklung in den ersten Jahrzehnten. Ms. Masch. Münster 1977

Die Pfarrer von St. Antonius in Kevelaer seit 1472

1. Wulfard van Delen	23.06.1472 –	06.01.1502	Herzogtum Geldern Erzbistum Köln Abpfarr. v. Weeze
2. Albert Hegeraide			1543 Geld. Provinz d.span. Niederlande
3. Johann in gen Haven	1549 –		
4. Heinrich Langenberg			
5. Wessel Schraeven	17.08.1554 –		
6. Jan in gen Ham			1559 z. Bistum Roermond
7. Arndt Kuintges		1614	
8. Johannes Saarburg	1614 –	1634	30-jähr. Krieg
9. Johannes Schink	1634 –	1645	01.06.1642 Beginn der Wallfahrt
10. Henricus van Wetten	1645 –	1649	1647 Synode Venlo
11. Theodor Caesar	08.10.1649 –	18.01.1659	
12. Antonius Hammermann			
13. Petrus Martigny			
14. Michael Robyns	1664 –	1692	1. Oratorianerpfarrer
15. Leonardus Ferron	(1689) 1692 –	1702	
16. Carolus Sturm	05.1702 –	06.1707	
17. Johannes Cogen	11.1707 –	17.09.1715	1713 Geldern an Preußen
18. Johann Otto van Nespen	14.10.1715 –	28.12.1729	
19. Franziskus de la Montagne	10.01.1730 –	07.03.1747	
20. Angelus van Mecheln	24.04.1747 –	16.03.1748	
21. Petrus van Bogaert	23.05.1748 –	17.12.1777	

2. Emanuel Verkinderen	01.03.1778 – 1796	
3. Melchior van Cleemputte	08.04.1797 – 08.12.1817	Letzter Oratorianerpfarrer 1801 Bist. Aachen
4. Johann Heinrich Krickelberg	20.01.1818 – 19.01.1863	1821 Bist. Münster
5. Joseph van Ackeren	21.09.1863 – 02.05.1903	

Bertram Brockes, Pfarrer von Kevelaer 1904 – 1912, Gemälde im Priesterhaus (links)

Peter Kempkes, Pfarrer von Kevelaer 1912 – 1930, Gemälde im Priesterhaus (rechts)

6. Bertram Brockes	04.05.1904 – 28.04.1912	21.06.1904 Weihe der neuen Pfarrkirche
7. Peter Kempkes	25.06.1912 – 15.08.1930	
8. Wilhelm Holtmann	11.01.1931 – 24.06.1949	1945 Pfarrkirche durch Krieg zerstört
9. Heinrich M. Janssen	25.09.1949 – 15.12.1955	Wiederaufbau 1952 01.01.1956 St. Marien
. Wilhelm Overlack	22.01.1956 – 05.06.1975	
. Gerhard Coenen	06.07.1975 – 10.09.1989	13.01.1982 Brand 17.01.1987 Kirchweihe
. Alois van Doornick	17.09.1989 –	

Pfarrer von St. Marien in Kevelaer seit 1956

Heinrich Maria Janssen	01.01.1956 – 22.04.1957	Bischof von Hildesheim 1957–1982
Johannes Oomen	16.06.1957 – 02.11.1974	
Richard Schulte Staade	26.01.1975	

Neuordnung der Kirchenprovinzen Utrecht und Mechelen z. Zt. Philipps II., König von Spanien. – Das Bistum Roermond entsteht, zu dem Kevelaer gehört

Theodorus Gerardus Antonius Hendriksen

Historische banden van Kevelaer met Nederland

Politieke banden

In de dagen dat Kevelaer bedevaartsoord werd, behoorde het politiek gezien tot de provincie Gelderland, die door de Bourgondiërs en Habsburgers (Karel V en Filips II) tot de toekomstige Nederlanden werd gerekend en thans nog grotendeels Nederlands is. Deze provincie ontleent zijn naam zelfs aan Gelre, dat evenals Kevelaer in ditzelfde deel van Gelderland lag. In 1050 ontvingen twee broers, Gerard en Rutger, van de Duitse keizer Hendrik III als beloning voor bewezen diensten elk een kasteel (zeg maar: fortificatie), de een in Wassenberg, de ander in Kleef. Sindsdien heetten ze Gerard van Wassenberg en Rutger van Kleef. Wassenberg ligt niet ver van het kasteel Gelre, waarmee het binding kreeg. In 1120 huwde Gerard van Wassenberg en Gelre, een afstammeling van genoemde Gerard, met Irmgard, de dochter van de graaf van Zutphen. Gelderland had zoetjesaan heel wat rivieren (tollen niet te vergeten) onder zijn beheer; het zogenaamde Teisterbant (West-Betuwe) was er reeds bij ingelijfd. Brabant gaf de Veluwe in leen aan Gelderland en in 1247 gaf Rooms Koning Willem II, graaf van Holland, de stad Nijmegen en omgeving aan Gelderland in pand. Tenslotte had Gelderland vier kwartieren: Veluwe, Betuwe met het gebied van Nijmegen, het graafschap Zutphen en het zogenaamde overkwartier Opper-Gelre, waarin Kevelaer lag. Zo was de toestand toen Kevelaer „Kevelaer" werd (1642).

Bij de Vrede van Munster (1648) werd een deel van Gelderland, het oosten van Opper-Gelre, waar Kevelaer in lag, Spaans bezit. Kevelaer is in de loop der eeuwen als buffergebied niet zelden slagveld geweest en Maria als troosteres der bedroefden sprak daar wel aan. Ruim twintig jaar na de Vrede van Munster werd Nederland van vier kanten aangevallen, door Engeland, Frankrijk, Munster en Keulen. 1672 is in Nederland het beruchte „rampjaar". De Franse troepen vielen langs het Rijnland aan en Frankrijk had als nevenbedoeling het Spaanse Gelre in te palmen, wat niet lukte, maar wel gepaard ging met de narigheden aan zoiets verbonden.

Tijdens de Spaanse Successie-oorlog (1701–1714) was dit Spaanse Gelre weer slagveld, en erna werd het anno 1714 in drieën gedeeld, een Nederlands, een Oostenrijks en een Pruisisch deel. Kevelaer kwam onder het koninkrijk Pruisen. De Duitse taal werd voorschrift, ook in de godsdienstige bijeenkomsten van de plaatselijke bevolking. Tot 1975 was er in Duitsland nog een Kreis Geldern, die toen in de Kreis Kleve is opgegaan.

Kerkelijke banden

Tot 1559 behoorde Kevelaer evenals een aangrenzend deel in het huidige Nederland tot het archidiaconaat Xanten, dat onder het bisdom Keulen

Wilhelm Lindanus, erster Bischof von Roermond. Gemälde, 16. Jahrhundert, Priesterhaus Kevelaer

viel. Dat aangrenzende deel was het tegenwoordige Noord-Limburg ten oosten van de Maas, het Land van Nijmegen en het Land van Maas en Waal. In 1559 kreeg het toekomstige Nederland zoals het door de Habsburgers werd gedacht, vanuit Rome een ingrijpende herindeling der bisdommen, dit in overleg met Filips II, koning van Spanje en heer van de Nederlanden, en wellicht ook nog met anderen. Opgericht werd ondermeer het bisdom Roermond, waar Opper-Gelre en dus ook Kevelaer onder kwamen te vallen. Toen Kevelaer 1642 bedevaartsoord ging worden, speelde zich dat dus in het Nederlandse bisdom Roermond af. Nadat Hendrik Busman het eerste bescheiden heiligdom tot stand had gebracht, een kapelleke door de Moeder Gods gevraagd, kwamen er weldra veel pelgrims uit dit bisdom naar Kevelaer. Het bisdom was toen vaak *sede vacante*. Een kapittel-vicaris bestuurde dan tijdelijk het bisdom en kapittel-vicaris Balduinus de Gaule had tot het bouwen van de kapel voorlopig toestemming verleend. Zijn opvolger als kapittel-vicaris, Antonius Bosman, liet een canoniek onderzoek instellen en riep in februari 1647 in een klooster te Venlo, Maria-weide geheten, een synode bijeen, waarop Hendrik Busman en anderen in verhoor werden genomen. Kevelaer mocht officieel bedevaartsoord worden. Het protocol was, behalve door de kapittel-vicaris, ook ondertekend door de officiaal en de zeven dekens van het bisdom, en verder door een tiental andere seculiere en reguliere priesters en vier medici.

In die tijd ontstond er ook een band tussen Kevelaer en Vlaanderen. Vanuit Mechelen hebben Oratorianen een oratorium in Kevelaer gesticht en een minder-eenvoudige genadekapel gebouwd, de kapel waar wij nu het genadebeeld nog steeds vereren.

Oratorianen gaan terug op de Heilige Filippus Neri (1515–1595), die in Rome de pelgrims in een oratorium opving en zijn best deed ze ook met de blijheid van ons Christendom, het feest in de Kerk, kennis te laten maken. Een feestelijke ontvangst! Tezelfder tijd als in Kevelaer vestigden die Oratorianen zich ook in het bedevaartsoord Scherpenheuvel, eveneens een Mariaoord.

Na de politieke verwikkelingen van 1648 en 1714 bleef het vroegere Opper-Gelre ondanks het feit dat het onder andere politieke machthebbers kwam, toch kerkelijk ingedeeld bij het zwakke Nederlandse bisdom Roermond. Zwak, omdat een groot gedeelte van dit bisdom onder de Zeven Provinciën (zoals het protestante Nederland zich noemde) viel, of door de Generaliteit (de centrale regering) van de Zeven Provinciën werd bestuurd, waardoor het in feite missiegebied was geworden, en dus werkterrein van de zogenaamde „Hollandse zending", de vanuit Rome geleide missie. Er zijn zelfs vergeefs pogingen aangewend om het bisdom Roermond te saneren, te verstevigen, door er Kleef en Gulik onder te laten vallen. Kevelaer en omgeving bleef onder het bisdom Roermond tot 1802, toen de streek door toedoen van Napoleon bij een nieuw opgericht bisdom Aken werd ingedeeld. Politiek werd dit gebied, evenals Zuid-Nederland, toen bij Frankrijk ingelijfd, en alle kloosters moesten verdwijnen; dit werd het einde van het oratorium. In 1815 kwam Kevelaer weer onder Pruisen en is van 1821 af onderdeel van het bisdom Munster. Het bisdom Aken van toen is in 1821 weer opgeheven.

Nederlands grootste bedevaartsoord ligt in Duitsland

Er zullen vanuit Nederland na 1648, toen het niet meer onder Nederland viel, wel steeds pelgrims naar Kevelaer zijn gegaan. Tot 1713 was het

Die zur Kathedrale erhobene Christophorus-Kirche von Roermond, hier nach einem Kupferstich in der Bibliothek der Oratorianer, Priesterhaus

Spaans gebied, en al was Spanje, tengevolge van de Tachtigjarige Oorlog, officieel de vijand van de Zeven Provinciën, voor katholieken gold dat uiteraard in veel mindere mate. Nationale gevoelens zoals wij die kennen bestonden amper, en voor katholieken bood dit „Spaanse" gebied de mogelijkheid hun in eigen land verboden geloof te beleven. De toeloop uit de noordelijke provincies was groter dan die uit het zuiden, waar men nog bedevaartsoorden in de nabijheid had, die ook vrij waren, omdat ze niet onder de toenmalige potentaten in de Zeven Provinciën vielen. De oudste officiële Kevelaerse processies vindt men dan ook boven de grote rivieren; voor zover bekend was Amsterdam de alleroudste (opgericht in 1690). In die Zeven Provinciën mocht men wel gelovig Katholiek zijn, maar het niet laten blijken; openbare godsdienstbeleving was niet toegestaan. Als die Katholieke Nederlanders dan in Kevelaer kwamen, was het voor hen een oase: ze konden weer Rooms zijn van binnen en van buiten. Processies zo maar op straat, echte kerken met grootse liturgische vieringen – Kevelaer had van ouds het recht naast orgel- ook strijkmuziek op het kerkkoor ten gehore te brengen – dat was nog eens feestelijk! Voor mensen uit de streken waar de plakkaten – maatregelen tegen de Katholieken – streng werden uitgevoerd was dit vaak de enige mogelijkheid om liturgie te vieren. Maar ook voor inwoners van gebieden waar men oogluikend, vaak in ruil voor stevige steekpenningen, toeliet dat er schuil- of schuurkerken waren, bleef een bezoek aan Kevelaer toch een geweldige belevenis. Hier was geen sprake van kleinschalig, stiekum gedoe, en de toch altijd aanwezige angst. Hier kon men voor zijn geloof uitkomen.

Er ontstonden in Nederland overal broederschappen van Kevelaer, die de bedevaarten erheen bevorderden en organiseerden, en de devotie tot de Troosteres der Bedroefden verspreidden. Ze kregen in de Kaarsenkapel (tot de vórige eeuw de grote bedevaartskerk) een plaats voor hun processiekaars, gemarkeerd door een schild. Amsterdam is ook daar een van de oudste (1690).

Die bedevaarten gingen aanvankelijk te voet, misschien ten dele per boot, of te paard, of met paard en wagen. Zo'n tocht vanuit bijvoorbeeld het Gooi (Hilversum) duurde drie dagen en men bezocht ook heiligdommen onderweg. De eerste dag ging het naar Rhenen (Cunera), de tweede dag naar Kranenburg (het Heilig Kruis) en de derde naar Kevelaer. Bleef men daar twee nachten, dan kon men in een week tijd heen en terug zijn. In de negentiende eeuw kwam de trein; de lijndienst Nijmegen-Keulen stopte ook te Kevelaer. Hele perrons vol stapten daar in en uit. Later liepen er ook extra, ingelaste treinen, net als naar Lourdes. Rond 1900 werd de fiets uitgevonden en ontstonden er fietsbedevaarten, ondermeer die van Deventer, waar de Katholieke Burgers een der eerste rijwielfabrikanten was. Na 1930 gingen de bussen de trein beconcurreren.

Intussen was sinds het begin van de negentiende eeuw de Katholieke godsdienst in Nederland weer toegestaan. Een beperkt aantal van de door de protestanten genaaste kerken werd teruggegeven, en daarnaast mochten ook nieuwe Katholieke kerken gebouwd worden, zij het dat de bouw aanvankelijk nog aan strenge regels gebonden was. De Katholieke emancipatie kreeg een stevige impuls toen in 1853 de hiërarchie hersteld werd, al duurde het nog vele jaren voor de Katholieken, min of meer, als gelijk-

Postkarte, etwa 1

Bischof J. H. G. Lemmens, Roermond, und Bischof Michael Keller, Münster, in undschaftlichem Gespräch, x-Christi-Kongreß 1948. Im Hintergrund das zum Teil kriegszerstörte Priesterhaus im Wiederaufbau

waardige staatsburgers werden beschouwd. Deze positieve ontwikkelingen konden echter de populariteit van Kevelaer als bedevaartsoord niet verminderen. Ook al werden eertijds verboden heiligdommetjes in Nederland in ere hersteld, ze konden niet halen bij Kevelaer, met zijn genadebeeld, zijn traditie, zijn mooie liturgie, en vooral zijn mogelijkheid je onbekommerd Rooms te voelen. Daarbij moeten we niet vergeten dat er één anti-Katholieke maatregel in Nederland nog op veel plaatsen van kracht is, en dat is het processie-verbod. Anno 1989, in deze tijd van rechten en vrijheden voor iedereen, is het voor veel Nederlanders nog een ongekende luxe zomaar in processie over straat te trekken, met muziek, zingend, een kaars in de hand. Al is Kevelaer niet meer de enige mogelijkheid om je geloof feestelijk te belijden, voor heel veel Nederlanders is het nog wel de meest geliefde mogelijkheid. Een zeer groot percentage van de pelgrims in Kevelaer was steeds Nederlander. Men noemt vaak: een derde deel, maar dat ging naar gelang omstandigheden – grensafsluiting tijdens oorlog en de nawerking daarvan – zeer uiteenlopen in de loop der tijden.

Men ging en gaat uiteraard met allerlei intenties naar Kevelaer, zoals nog steeds blijkt uit de lijsten met opgegeven intenties die tijdens de pelgrimage een keer worden voorgelezen. Wat was er voor huwbare jongeren belangrijker dan een ware Jozef of een ideale Maria te vinden, en waarom zou men daar niet om bidden? In het Gooi had men dit zelfs in een rijmpje verwerkt. In het dorp Laren was men altijd Sint Jan de Doper bijzonder blijven vereren, maar in Kevelaer verwachtte men nog meer heil. Men zei daar dan ook:

„Wil je een man,
Ga dan naar Sint Jan.
Kom je daar niet klaar,
Ga dan maar naar Kevelaer."

Kevelaer leeft in de volksmond in Nederland.

Er bestaat de neiging zover mogelijk weg op bedevaart te gaan, een bekend verschijnsel! Voorheen was Kevelaer vooral voor veel eenvoudige mensen in Nederland reeds een „Keulse" reis, een „buitenlandse". De mogelijkheden verder weg te gaan zijn voor iedereen groter geworden. Toch ontmoeten we vaak bereisde mensen die daarna moeten bekennen: „Wisten we dat er dicht bij huis ook zoveel moois was!" Dat geldt voor Kevelaer, wanneer men er echt als pelgrim in het hoogseizoen naar toe gaat. Het heeft een eigen sfeer en geeft de mens tal van mogelijkheden zijn geloof zowel stil en diep als op zijn tijd ook uitbundig te beleven. Ik vind het nog steeds bij uitstek het bedevaartsoord van Nederland.

Geraadpleegde werken:

Winkler Prins, Geschiedenis der Nederlanden, deel 1 en 2.
Hendriksen, Th. G. A., De pelgrimage weer ontdekt, een bewerking en aanvulling van „Le Pèlerinage retrouvé", door Jean-Jacques Antier
Jappe Alberts, W. en C. N. Fehrmann, Geïllustreerde geschiedenis van Nederland
Rogier, L. J. Geschiedenis van het Katholicisme in Noord-Nederland in de zestiende en zeventiende eeuw

Blätter des Vereins für Heimatschutz Kevelaer

Nr. 8 August 1954 5. Jahrgang

Das Haus Wissen und die Kevelaerer Wallfahrt

Beitrag zur Kevelaerer Wallfahrtsgeschichte

In der derzeitigen Wallfahrtsausstellung sind drei Urkunden ausgestellt, die uns durch das freundliche Entgegenkommen der Gräfin v. Loe auf Veranlassung von Oberlandesarchivrat Dr. Wilkes-Düsseldorf als Leihgaben zur Verfügung gestellt worden sind.

Diese Urkunden müssen unser volles Interesse in Anspruch nehmen, denn sie geben uns zum ersten Male näheren Aufschluß über das Verhältnis des Hauses Wissen zur Kevelaerer Wallfahrt.

Die Urkunden sind aus dem Jahre 1649. Erst in dem Jahre wurden die Grundstücksverhältnisse geklärt. Vielleicht ist darin auch der Grund dafür zu suchen, daß die 1645 bereits fertiggestellte Kerzenkapelle erst so spät geweiht wurde. Eines geht nämlich aus den Urkunden klar und deutlich hervor, daß die Kerzenkapelle unter Verletzung der grundherrlichen Rechte des Freiherr von Loe, also ohne seine Erlaubnis, in der Kevelaerer Heide gebaut wurde.

Als 1646 die Oratorianer nach Kevelaer kamen, fanden sie die ungeklärten Grundstücksverhältnisse hier vor. Der damalige Schloßherr von Wissen Degenhard Bertram Freiherr von Loe, machte die Oratorianer auf seine grundherrlichen Rechte aufmerksam, und da man anscheinend nicht zu einer Einigung kam, wandten sie sich an den zuständigen Bischöfl. Stuhl von Roermond und gleichzeitig auch an ihren Generaloberen.

Zunächst schrieb nun die Bischöfl. Behörde in Roermond am 16. Mai 1649 an den Freiherrn v. Loe und bat im Interesse der Wallfahrt und der Oratorianer um Bereinigung der Angelegenheit. Das Schreiben - wir drucken die Urkunden wegen ihrer Wichtigkeit in lat. Sprache und in der Uebersetzung ab - hatte folgenden Wortlaut:

Anthonius Bossman et Theodorus Moeitz, Juris utriusque licentiati et canonici Cathedralis Ecclesiae Ruraemundensis, respective ejusdem Episcopatus sede vacante Vicarius generalis et Officialis, dilecto nobis in Christo, Perillustri et generoso Domino Baroni in Wissen etc. salutem in Domino sempiternam, cum oblatione omnis obsequii.

Ex nostri Officii debito ad ea libenter intendimus, quae in augmentum divini cultus et zelum devotionis cedere dignoscunter. Sane cum ad notitiam nostram devenerit, postquam sacellum seu capella in honorem Deiparae Beatae Mariae Virginis jam constructa aut aedificata erat, quod Perillustri et Generosae Vestrae Dominationi jus fundiarium in loco, ubi exstructa, competeret et ab ea quotiescumque mutatio aut dispositio aliqua ea de re fieri contingeret, relevari aut recognosci deberet atque consensus vester debite suo tempore petitus nec praemissus fuerit, aperte fatemur cum Reverendis Patribus Oratorii ibidem commorantibus in hoc peccatum et Superioritati Vestrae aut juri Vestro quicquam posse videri detractum, si scienter sine consensu et beneplacito Perillustris Dominationis Vestrae fuisset factum, verum quia omnino inscienter

Antonius Bossman und Theodorus Moeitz, Licentiaten beider Rechte und Canoniker der Kathedralkirche zu Roermond bzw. Generalvikar derselben Diözese bei unbesetztem Bischofsstuhl und Offizial entbieten unserem in Christus geliebten erlauchten und edlen Baron in Wissen etc. unseren Gruß im Namen des Herrn, mit dem Ausdruck unserer Ergebenheit.

Aus der Verantwortung unseres Amtes tragen wir gerne zu dem bei, was zur Mehrung der Ehre Gottes dient und den Eifer der Verehrung zu fördern als würdig erkannt wird. Da uns zur Kenntnis gelangt ist, und zwar nachdem das Heiligtum oder die Kapelle zu Ehren der jungfräulichen Gottesmutter Maria schon errichtet oder gebaut war, daß Eurer erlauchten und edlen Herrschaft das Grundrecht an dem Platze, wo die Kapelle errichtet ist, zustehe und jede Aenderung oder irgendwelche Verfügung über dieses Grundstück von ihr gebilligt und anerkannt werden müsse und Eure Zustimmung, wie es notwendig gewesen wäre, weder erbeten noch gegeben war, so bekennen wir offen mit den ehrwürdigen Patres des Oratoriums, die dort — in Kevelaer — weilen, unsere Schuld, und, wenn es den Anschein haben könnte,

factum fuit, uti in fide bonorum virorum affirmare possumus et affirmamus.

als ob Eurer Oberhoheit und Eurem Rechte etwas wissentlich entzogen sein könnte, so ist dieses in Wirklichkeit unwissentlich geschehen, wie wir im Vertrauen auf die guten Männer versichern können und auch tatsächlich versichern.

Hinc est, quod nos, ne quicquam Perillustris et Generosissimae Dominationis Vestrae juri detractum videatur, obnixe et humiliter cum Reverendis Patribus de Oratorio petimus quatenus pro ignata sua benevolentia erga cultum Deiparae Beatae Mariae Virginis non dedignetur pro subsistentia et corroboratione operis tam pii, factum approbare et confirmare, ut in perpetuum roboris obtineat firmitatem, sine ulla molestia aut contradictione per se seu suos successores movenda, cuius benevolentiae et pietatis absque dubio Deus ter opt. maxime cum intercessione Deiparae Beatae Mariae Virginis merces erit, in cuius rei fidem, haec per Actuarium curiae nostrae scribi et subscribi fecimus et sigillis nostris communivimus. Datum Ruraemundae Anno Domini millesimo sexcentesimo quadragesimo nono, die vero decima sexta Maji.

Infolgedessen bitten wir, damit es nur ja nicht den Anschein habe, als sei dem Rechte Eurer erlauchten und wohledelen Herrschaft irgendetwas entzogen worden, untertänig und demütig mit den ehrwürdigen Patres des Oratoriums, sie möge, bei der tiefen Verehrung der Oratorianer für die Gottesmutter und Jungfrau Maria, sich gegenüber der Festigung und Erstarkung eines so frommen Werkes nicht mißgünstig verhalten, vielmehr die Tatsache — der Errichtung der Kapelle — billigen und bestätigen, auf daß sie in Ewigkeit eichenfest stehe, unverrückbar und ohne jede Behinderung und Widerspruch seitens der Wissener Herren oder ihrer Nachfolger. Diesem guten Werke des Wohlwollens und der Frömmigkeit wird ohne Zweifel der dreimal gütige Gott insbesondere mit der Fürsprache der Gottesmutter und Jungfrau Maria den Lohn nicht versagen. Zur Bestätigung haben wir dieses Schreiben durch den Aktuar unserer Kurie aufsetzen und unterzeichnen lassen und unsere Siegel beigedrückt. Gegeben zu Roermond im Jahre des Herrn 1649, am 16. Mai.

De mandato
praefatorum Reverendissimorum
Dominorum
LS. LS. Vicarii Generalis et Officialis

Unterschrift

Im Auftrage genannter
ehrwürdigster Herren
LS. LS. des Generalvikars und des Officials

gez. Unterschrift

Inzwischen hatte nun auch Degenhard Bertram Freiherr von Loe selbst an P. van Omel, den Superior des Oratoriums in Kevelaer, geschrieben und ein Angebot gemacht, das den Wünschen beider Parteien gerecht wurde. P. van Omel hatte es an den Generaloberen in Brüssel, Praepositus J. H. Quarré, gesandt. Der Sekretär der Oratorianer in Brüssel, Theodorus Rommelspach, bestätigte den Empfang des Schreibens und erklärte die Bereitwilligkeit der Oratorianer, den Vorschlag des Freiherrn von Loe anzunehmen.

Dieses Schreiben hat folgenden Wortlaut:

Generosissime ac Nobilissime Domine!

Reverendus admodum Pater Praepositus et Congregatio Presbyterorum Oratorii Gen. ac Nob. Dominationis Vestrae litteras 3. Augusti hujus anni ad Rev. Patrem van Omel Oratorii nostri Kevelaeriensis Superiorem datas, Vestram erga Congregationem et Ecclesiam in Kevelaer benevolentiam indices, summa voluptate perlegit, easque tum in remittendo jure manuali censuque annuo inde dependente liberalitatis, tum in spirituali aliqua recompensa exigenda equitatis plenissimas iudicavit. Tam benevolam igitur et propensam erga nos voluntatem Vestram, qua in perpetuum super jure tuo, quod in ecclesiae illius fundum competit, renuntiare placuisti, tamquam singulare benificium devota vestris obsequiis Congregatio lubens acceptat, litterasque assecurationis, quas G. ac N. D. Vestra offere dignata fuit, ut data opportunitate expediri jubeat, humillime rogat.

Hochherziger und wohledler Herr!

Der hochwürdige P. Generalobere und die Congregation der Priester des Oratoriums haben den Brief Eurer hochherzigen und wohledlen Herrschaft vom 3. August dieses Jahres an den ehrw. P. van Omel, Superior unseres Oratoriums zu Kevelaer, der Eurem Wohlwollen gegenüber der Congregation und der Kirche in Kevelaer Ausdruck verleiht, mit größter Freude gelesen, und ihn so beurteilt, daß sie darin vollkommene Gerechtigkeit erkennen, einmal wegen des Verzichts auf das Behandigungsrecht und den jährlich daraus erwachsenden Zins, dann aber auch wegen der Forderung irgendeines anderen geistigen Ausgleichs. Eine so hochherzige uns gegenüber bekundete Wohlgeneigtheit, durch die Ihr für alle Ewigkeit auf Eure Rechte, die an dem Grundstücke jener Kirche bestehen, zu verzichten geruhtet, nimmt die Congregation gleichsam als einzigartiges Zeichen des Wohlwollens untertänigst und gerne entgegen, und sie bittet ergebenst, die Urkunden, die Eure wohledle und hochherzige Herrschaft anzubieten sich gewürdigt hat, bei nächster Gelegenheit hierher senden zu lassen.

Perpetuum vero onus unius sacrificii Missae annue peragendi pro animabus defunctorum N. V. Domus et Familiae in se recipit, locumque aliquem in Ecclesia pro Vestra Vestrorumque sepultura arbitrio et beneplacito G. ac N. D. V. designandum permittit eadem Congregatio, vel hoc nomine Ecclesiam in Kevelaer felicem existimans, quod in fundo suo ejus possit excipere mortuum, quem viventem agnovit Dominus eximiumque benefactorem. Hoc tamen, ut sero fiat,

Die ewige Verpflichtung zu einer jährlich für die Verstorbenen Eures wohledlen Hauses und Familie zu lesenden Messe nimmt die Congregation an und sie überläßt es Eurem Urteil und Eurem Gutbefinden, eine Stelle in der Kirche für Euer und der Euren Begräbnis näher zu bezeichnen. Die Kirche in Kevelaer kann sich sogar glücklich schätzen, in ihrem Boden einen Toten aufzunehmen, den zu Lebzeiten der Herr als außerordentlichen Wohltäter anerkannt hat. Daß

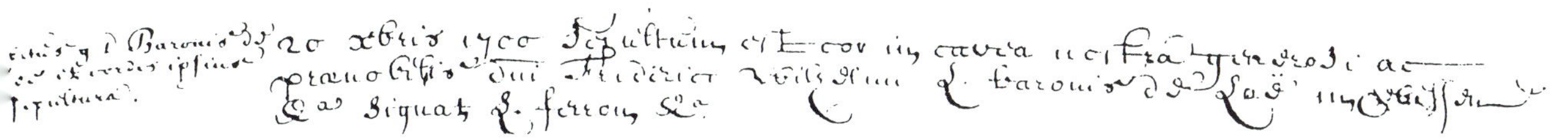
20 xbris 1700 sepultum est cor in cavea nostra generosi ac praenobilis Dni Friderici Wilhelmi L. Baronis de Loe ... signat L. Ferron

xitus D. Baronis
e Loe et cordis
ɔsius sepultura

20. ocbris 1700 sepultum est cor in cavea nostra generosi ac praenobilis Dni Friderici Wilhelmi L. Baronis de Loe inclusum
– signat L. Ferron –

od des Herrn
aron von Loe und
e Beisetzung
eines Herzens

Am 20. Oktober 1700 wurde beigesetzt das Herz des generosen und sehr vornehmen Herrn Friedrich Wilhelm L. Baron von Loe in unserem Gewölbe.
– gezeichnet L. Ferron –

intragung in der Chronik des
ɔratoriums Kevelaer

60

59

chloß Wissen nahe Kevelaer, 743. Nach Zeichnungen von Jan de Beyer in Kupfer gestochen von Paulus van Liender. Amsterdam 1792, Nachdruck Kevelaer 1979

ut G. ac N. D. V. diu et feliciter vivat, Deum opt. Max. deprecamus, qui sumus, Generosissime ac Nobilissime Domine,

Humillimi ac obsequentissimi Vestri Famuli

Theodorus Rommelspach

Congregationis Oratorii

L. S. Presbyter et Secretarius

11. August 1649

Schließlich kam dann der Vertrag zustande zwischen dem Freiherrn von Loe und dem Generaloberen der Oratorianer zu Brüssel, auf Grund dessen Degenhard Bertram Freiherr von Loe unter bestimmten Bedingungen auf seine grundherrlichen Rechte an etwa 6 Morgen Landes — das Gebiet des heutigen

Nos, Degenhardus Bertramus, Liber Baro de Loe, Dominus in Wissen, Conraitzheim etc., necnon Praepositus et Congregatio Presbyterorum Oratorii Praesentibus notum facimus et attestamur, quod certus ager in Parochia Kevelaer, Ducatus Geldriensis, situatus, in cuius parte continente circiter medium jugerum vulgo eenen halven morgen recens ad honorem Beatissimae Deiparae Virginis Mariae sacellum aedificatum est, jure manuali a me Degenhardo Bertramo, Barone de Loe, tamquam Domino Domus et Dominii in Wissen dependeat, vigore cuius possessores dicti agri semper vivas manus aliis demortuis aut alias de consensu resignantibus pro certis juribus acquirere annuumque desuper constitutum censum mihi meisque haeredibus persolvere aut, deficiente huiusmodi satisfactione, praetactum fundum plane deserere debeunt ac teneantur. Videns ego Degenhardus Bertramus, Baro qui supra, per innumera Dei benificia, quae piis fidelibus in praedicto recenter exstructo sacello a Divina Majestate ad invocationem Deiparae Virginis Mariae data sunt et hucusque conferuntur, quam acceptum et gratum sit praedictae divinae Maiestati ut virgo illa honoretur, quae Dei Filium et mundi redemptorem Jesum Christum virgineo partu nobis genuit et enutrivit,

volui praeter alia devotionis, venerationis et pii affectus mei signa, quibus erga praedictam Deiparam virginem feror, hoc testimoniolum dicto sacello in Kevelaer et supradictae Congregationi Oratorii exhibere et his certificare, quod animo lubenti volenti et supplici ob venerationem dictae sanctissimae Virginis et matris supradicta jura manualia praedicti agri pro quantitate memoratae partis, ut tamen maior pars praedicti fundi circiter quinque jugerorum cum medio praetacta natura manuali censuque annuo pro quantitate maneat obstricta ut antea,

annuumque inde dependentem Censum sacello praefato et Oratorii Patribus tamquam tectoribus ibidem dicti sacelli eximiis dederim donaverim et plane resignaverim prout hisce, hac tamen conditione expressa, si futuris temporibus, quod deus avertat, praetactae ditiones et sacellum aliis quam Romanae religionis Catholicis subderentur, et sacrificium annuum, quod mihi meisque successoribus in fine harum promittitur, amplius non fieret, quod eo eipso praefata natura manualis in praedicto fundo revivisset et directum dominium desuper penes domum de Wissen, Ba-

dies aber erst sehr spät geschehe, daß Eure hochherzige und wohledle Herrschaft lange und glücklich lebe, darum bitten wir den gütigen Gott.

Wir sind, hochherziger und wohledler Herr, Eure demütigsten und folgsamsten Diener

Theodorus Rommelspach

Priester der Congregation des

L. S. Oratoriums und Sekretär

11. August 1649

Kapellenplatzes — verzichtete, wohingegen die Oratorianer ihm ein jährlich am Tage nach Allerseelen zu haltendes feierliches Hochamt für die Verstorbenen der Familie von Loe und ebenfalls ihm und seinen Nachfolgern ein Erbbegräbnis in der Kerzenkapelle zusicherten:

Wir Degenhard Bertram, Freiherr von Loe, Herr in Wissen, Conraitzheim usw., sowie Generaloberer und Kongregation der Priester des Oratoriums machen hierdurch bekannt und bestätigen, daß das Grundstück, in der Pfarre Kevelaer, Herzogtum Geldern, gelegen, auf dessen etwa einen halben Morgen großem Teil kürzlich die Kapelle zu Ehren der allerseligsten Jungfrau und Gottesmutter Maria errichtet worden ist, meiner, des Freiherrn Degenhard Bertram v. Loe, als Herrn des Hauses und der Herrschaft Wissen Grundherrschaft unterliegt, kraft deren die jeweiligen Eigentümer des genannten Grundstücks immer, bei Erwerb von Todeswegen oder sonst durch freiwilligen Verzicht, die lebende Hand nach geltenden Rechtsgrundsätzen erwerben, überdies den jährlichen festgesetzten Zins mir und meinen Erben zahlen oder, wenn sie ihren Verpflichtungen nicht nachkommen, das Grundstück vollkommen räumen müssen und dazu angehalten sein mögen. Ich Degenhard Bertram — usw. wie oben — sehen an den zahlreichen Wohltaten Gottes, die den frommen Gläubigen in dem vorgenannten erst kürzlich errichteten Heiligtume von der göttlichen Majestät auf Anrufung der Jungfrau und Gottesmutter Maria erwiesen worden sind, und deren Kunde bis zu mir gelangt ist, wie wohlgefällig die Verehrung der heiligen Jungfrau der göttlichen Majestät ist, der Jungfrau, die Gottessohn und den Erlöser der Welt geboren und genährt hat.

Es ist nun mein Wille, außer anderen Zeichen meiner demütigen Verehrung und frommen Zuneigung, mit denen ich mich der jungfräulichen Gottesmutter nahe, auch diesen kleinen Beweis (meiner Zuneigung) dem genannten Heiligtum in Kevelaer und der genannten Kongregation des Oratoriums zu erbringen und zu bestätigen, daß ich mit freudigem Herzen, freiwillig und untertänig aus tiefer Verehrung für die heiligste Jungfrau und Mutter auf die Behandigungsrechte an dem Grundstück hinsichtlich des erwähnten Teiles verzichte, daß jedoch der größere Teil des Grundstücks, etwa fünf und einen halben Morgen groß, mit dem Behandigungsrecht und im ganzen mit dem jährlichen Zins belastet bleibe, wie vorher.

Auch den jährlich daraus anfallenden Zins möchte ich dem vorerwähnten Heiligtum und den Patres des Oratoriums als seinen hervorragenden Beschützern übergeben. Ich schenke ihn ihnen und verzichte vollständig darauf, wie es hier zum Ausdruck gebracht ist, allerdings unter dieser ausdrücklichen Bedingung, daß, was Gott verhüten möge, wenn in späteren Zeiten die erwähnten Grundstücke und das Heiligtum anderen als römischen Katholiken untertänig werden sollten und das jährliche Meßopfer, das mir und meinen Nachfolgern am Schlusse dieser Urkunde versprochen wird,

rones de Loe et eos successores, manebit in eadem natura ut ante hanc donationem.

nicht mehr gehalten werden könnte, das Behandigungsrecht von selbst an besagtem Grundstücke wieder aufleben würde, und die unmittelbare Herrschaft darüber beim Hause Wissen, den Freiherrn v. Loe und ihren Nachfolgern, bleiben soll, und zwar in der gleichen Art, wie sie vor der Schenkung bestanden hat.

Dono, remitto et resigno eadem pro me et successoribus meis nunc et in perpetuum sperans, etiam me et posteros meos divinam Majestatem, dum sic in Sanctae Matris suae laudibus honoratur, magis propitiam, clementem et benignam in omnibus experiri morituros.

Ich übergebe sie hiermit zum Geschenke und verzichte darauf jetzt und in Ewigkeit für mich und meine Nachfolger in der Hoffnung, daß die göttliche Majestät, solange sie so in den Lobgesängen der hl. Mutter geehrt wird, uns um so geneigter und milder und gütiger in unserer Todesstunde aufnehmen wird.

Cum nos Praepositus et Congregatio Presbiterorum Oratorii hanc praedictam Liberi Baronis de Loe piam donationem benevolentiae ejus erga sacellum praefatum ntam. et Congregationem indicem eximium nomine praedicti sacelli et Congregationis libenti animo sub inserta conditione expressa acceptaverimus et e contra non solum ob accepta beneficia sed et qua ulterius ab illustri Familia Baronum de Loe in Wissen Congregationi et sacello nro. praestare possunt nihil honestius aut aequius esse posse duximus, ut eadem Congregatio erga beneficos Dominos suos se gratam ostendat et exhibeat, hinc est quod in signum grati animi et benevoli affectus nostri praedicto Illustri Domino Baroni de Loe Domino in Wissen, eiusque successoribus perpetuis futuris temporibus offeramus et onus illud omni anno semel Missae Sacrificium solemne semper altera post omnium fidelium defunctorum die pro animabus fidelium defunctorum Domus Illustrisque Familiae Baronum in Wissen per nostros sacerdotes in praedicto Sacello nostro in Kevelaer perpetuo peragendum in nos suscipianus ibidemque in sacello honorabilem Sepulturam pavimento aequalem arbitrio et beneplacito dicti Baronis pro se et suis sucessoribus erigendam. Concedamus sicuti eandem vigore praesentium concedimus. Sacrificiumque solemne annuum de facto in nos suscipimus quotannis et perpetuo.

Nachdem wir, Generaloberer und Kongregation der Priester des Oratoriums, die vorgenannte fromme Schenkung des Freiherrn von Loe, die sein Wohlwollen gegen das Heiligtum und die Kongregation zum Ausdruck bringt, freudigen Herzens und unter der ausdrücklich hervorgehobenen Bedingung angenommen haben, glauben auch wir auf der anderen Seite nicht allein wegen der empfangenen Wohltaten, sondern auch wegen des darüber hinaus zukünftigen Wohlwollens der illustren Familie der Freiherrn von Loe in Wissen gegenüber der Congregation und dem Heiligtum, nichts Ehrenvolleres oder Gleichwertigeres tun zu können, als daß die Kongregation sich gegen ihre wohltätigen Herren dankbar erweist.

Deshalb wollen wir zum Zeichen unserer tiefen Dankbarkeit dem wohledlen Herrn Baron von Loe in Wissen und seinen Nachfolgern für alle zukünftigen ewigen Zeiten das Angebot machen und die Verpflichtung auf uns nehmen, einmal im Jahre ein feierliches Meßopfer jeweils am Tage nach Allerseeelen für die verstorbenen Mitglieder des Hauses und der illustren Familie von Loe durch unsere Priester in unserem Heiligtume zu Kevelaer darbringen zu lassen und dort in der Kirche eine ehrenvolle Begräbnisstätte im Fußboden nach Gutdünken und Gutbefinden des Herrn Baron für sich und seine Nachfolger zu errichten. Wir wollen dieses Zugeständnis machen und haben es kraft vorliegender Urkunde bewilligt. Das feierliche jährliche Meßopfer übernehmen wir hiermit alljährlich und für alle Ewigkeit.

In quorum omnium fidem has praesentes litteras in duplo scribi et sigillis nostris subscribi curavimus, propriaque subscripsimus et hinc inde extradi fecimus.

Zur Bestätigung dieser Uebereinkunft haben wir diese Urkunde in doppelter Ausfertigung schreiben und mit unseren Siegeln unterfertigen lassen, eigenhändig unterschrieben und aushändigen lassen.

Acta sunt haec anno 1649, die trigesima mensis Augusti.

Erat subscriptum:

D. B. Freyherr v. Loe, Herr zu Wissen,
J. H. Quarre, Praepositus qui supra,
Christianus de Cort, Assistens Oratorii,
J. van der Linden, Assistens Oratorii.

Dies ist geschehen im Jahre 1649, am 30. August.

Unterzeichnet von:

D. B. Freyherr von Loe, Herr zu Wissen,
usw. wie nebenstehend.

Das Hochamt alljährlich am Tage nach Allerseelen wird heute noch gehalten. Das Erbbegräbnis besteht allerdings heute nicht mehr. Die Napoleonische Kirchengesetzgebung zu Anfang des vergangenen Jahrhunderts verbot das Laienbegräbnis in den Kirchen und dadurch kam es zum Erlöschen.

Wie schon in früheren Nummern einmal berichtet ist, befindet sich unter der Kerzenkapelle ein Totenkeller, in dem u. a. über 40 Oratorianer bestattet worden sind. Wahrscheinlich ist auch dort das Grab von Johannes Stalenus und das ehemalige Erbbegräbnis der Freiherrn von Loe zu suchen. Der Kellereingang ist mit einem schweren Grabsteine verschlossen, der nur mit Hilfe besonderer Einrichtungen gehoben werden kann. Es muß einer späteren Zeit vorbehalten bleiben, den Stein zu heben, nicht, um die Ruhe der Toten zu stören, sondern um die Geschichte Kevelaers und seiner Wallfahrt ergänzen zu können und damit das Gedächtnis an die Männer wachzuhalten, deren Leben und Taten am Anfange der Wallfahrtsentwicklung stehen.

Theodor Bercker

Joseph van Ackeren (1830–1903)

Das Wirken der Oratorianer in Kevelaer[1]

Die Sorge der bischöflichen Behörde in Roermond mußte sich bei der Zunahme der Wallfahrt auf die geistliche Pflege der Pilger, die Spendung der hl. Sakramente und eine würdige Gestaltung des Gottesdienstes erstrecken. Daß die Behörde bereits 1643 für die Sommermonate zwei Priester dem Ortspfarrer zur Unterstützung in der Seelsorge sandte und dies jedes Jahr zu wiederholen beabsichtigte, konnte nur eine vorübergehende Aushülfe sein und reichte nicht hin, um für die Wallfahrt feste Verhältnisse zu schaffen; es mußte vielmehr ihre Aufgabe sein, in nachhaltiger und ausgiebiger Weise für geistliche Arbeitskräfte zu sorgen. Zu diesem Zwecke wurden Mitglieder der Genossenschaft der Oratorianer, welche in den Niederlanden, besonders dem heutigen Belgien, viele Niederlassungen besaß, nach Kevelaer berufen. Für die Organisation der Wallfahrt am hiesigen Orte kam der Genossenschaft der Umstand zu statten, daß sie bereits an einem anderen Wallfahrtsort, in Scherpenheuvel (Montaigu), tätig war.

Die Genossenschaft wurde zu Rom vom hl. Philipp Neri (geb. 1515, gestorben 1595) gegründet und fand eine rasche Verbreitung. Das Stiftungshaus in Rom wurde Oratorium genannt und dieser Name vielfach auf die Töchterhäuser übertragen. Die Mitglieder nannte man Oratorianer, Oratorherren, Patres. Sie bildeten einen Verein von Weltpriestern, welche zusammen wohnten und eine bestimmte Lebens- und Hausordnung beobachteten. Die gewöhnlichen drei Ordensgelübde – Gehorsam, Armut, Keuschheit – wurden nicht abgelegt. Die Kleidung war kaum von jener der Weltgeistlichen verschieden. Es fand jedoch eine Einkleidung statt, an welche sich das sog. Noviziat, eine kürzere oder längere Prüfungszeit, anschloß. War diese bestanden, so übernahmen die Mitglieder die Verpflichtung, die gemeinsame Lebens- und Hausordnung einzuhalten. An der Spitze jedes Hauses, das für sich selbständig war und für seinen Unterhalt sorgen mußte, stand der Superior, an der Spitze der Genossenschaftshäuser eines oder mehrerer Bistümer ein Propst, dem zwei andere Mitglieder als Assistenten zur Seite standen. Dem Propst und seinen Assistenten lag die Pflicht ob, mindestens alle 2 bis 3 Jahre jedes Haus zu besuchen, jedes Mitglied einzeln zu hören, Beschwerden entgegen zu nehmen, sich über die Beobachtung der Regeln Gewißheit zu verschaffen und die sorgfältig zu führenden Rechnungen zu prüfen. Daß das einträchtige Zusammenwirken der Mitglieder der Genossenschaft bei der Organisation der eben entstandenen Wallfahrt, bei den neu zu treffenden Einrichtungen, Bauten usw. von großer Bedeutung war, und daß die in Scherpenheuvel gesammelten Erfahrungen der Genossenschaft hierbei wesentliche Dienste leisteten, liegt auf der Hand.

Das Mutterhaus der Oratorianer für die Niederlande in Mecheln entsandte auf Veranlassung der bischöflichen Behörde in Roermond die beiden Priester Laurentius Veraegten und Ludwig van Omel, welche am

Philipp Neri, Gemälde, 16. Jahrhundert, im Refektorium des Priesterhauses Kevelaer

17. April 1646 in Kevelaer anlangten. Sie nahmen in der Nähe der Pfarrkirche bei Geurt Reyners Wohnung und zogen am 5. Mai in die „Halle", welche an der Südseite der Kirche angebaut war und bisher als Schule gedient hatte. Am 19. April war bereits der Superior der Oratorianer, Christian de Corte, hier eingetroffen, um am folgenden Tage im Namen der Genossenschaft mit Genehmigung der Herren Ant. Bosmann, General-Vikar, und Theod. Moeitz, Offizial der Diözese Roermond, von dem Heiligenhäuschen mit dem Gnadenbilde und der 1645 fertig gewordenen großen Kapelle feierlich Besitz zu nehmen. Diese Handlung vollzog sich in Gegenwart des Pfarrers von Nieukerk, H. Voßius, des Pfarrers von Lottum, Joh. Brosche, des Pfarrers von Kevelaer, Henr. von Wetten, des Pfarrers von Twisteden, Wilh. Beist, des Mathias Rademakers, Kaplan in Kevelaer, der Schöffen Joh. Holtappels und Joh. Reyners, der „Kapellmeister" G. Reyners und Henr. Cauttmans. Die Oratorianer übernahmen die Beaufsichtigung und Bedienung der Wallfahrt unter denselben Bedingungen, unter welchen sie dieselbe in Scherpenheuvel übernommen hatten.

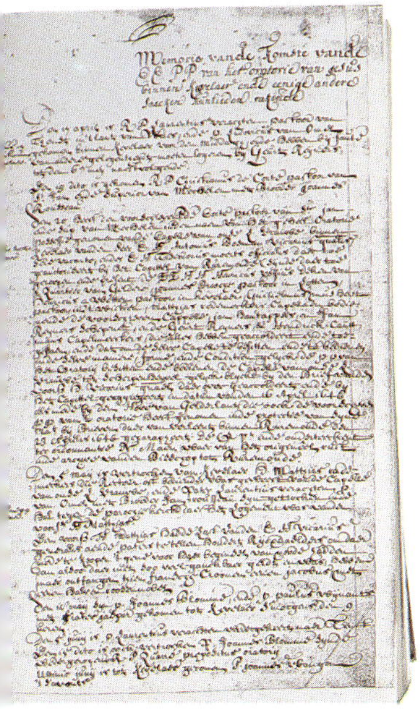

Anfang der Chronik des Oratoriums von Kevelaer 1646

Hiermit beginnt die segensreiche Tätigkeit der Oratorianer am hiesigen Wallfahrtsorte. Sie setzte sich unter wechselvollen Verhältnissen bis zur französischen Herrschaft 1802 fort, in welchem Jahre hier zu Lande alle Orden und Genossenschaften gewaltsam unterdrückt, ihre Kapellen, Häuser und Güter zum Vorteil des Staates eingezogen und vielfach unter den Hammer gebracht wurden.

Daß die nächste Umgebung des Heiligenhäuschens mit dem Gnadenbilde und die große Kapelle sich allmählich als Mittelpunkt und als das Herz Kevelaers herausbildeten, war von selbst gegeben. Dort entwickelte sich der Hauptverkehr, dort bauten die Bewohner sich an, dort hatten auch die Oratorianer einige Morgen Land angekauft und etwa 40 Meter nördlich von dem Heiligenhäuschen eine Wohnung hergestellt, welche bereits am 15. Juni 1647 bezogen wurde. Den Haupteingang des Hauses, das noch heute den Namen Kloster (Oratorium) trägt, zierte von Anfang an die Inschrift: *Christo peregrinanti in terris*, „dem auf Erden pilgernden Christus", gewissermaßen eine Einladung zur Einkehr an die Pilger, insbesondere an die pilgernden Priester, die stets in dem Hause gastliche Aufnahme gefunden haben.

Nachdem am 5. Mai 1646 der Kaplan Rademakers Kevelaer verlassen hatte, übernahmen die Oratorianerpriester die ganze Seelsorge für die Pilger. Im Sommer 1646 finden wir 4 Priester und 2 Brüder tätig unter dem Superior Ludw. van Omel. In den folgenden Jahren waren bereits 6 Priester beschäftigt und beständig hier ansässig. In der Wallfahrtszeit kamen außerdem stets noch einige Oratorianer mit Brüdern hinzu, welche vor dem Winter wieder nach Belgien in ihre Häuser zurückkehrten.

Naturgemäß hatte die Tätigkeit der Oratorianer bezüglich der Pfarre den Einfluß, daß allmählich auch die Seelsorge der Pfarrangehörigen ihnen zufallen mußte. Die von der Kapelle etwa 5 Minuten entfernte und viel kleinere Pfarrkirche hatte eben nur den Gottesdienst, den der Pfarrer hielt. Die Bewohner des Ortes fanden aber in der Kapelle mehr Dienst und konnten dort bei der stattlichen Zahl der Oratorianer ihre religiösen Pflichten leichter erfüllen; die Pfarre hatte überdies nur eine kleine Zahl von Angehörigen. So lag es nahe, daß die Oratorianer auch die Pfarrseelsorge übernahmen. Wir finden denn auch, obwohl Theodor Caesar, Kanonikus in Cleve, vom General-Vikar Bosmann in Roermond am 8. Oktober 1649 als Pfarrer von Kevelaer ernannt wurde, doch schon anfangs 1650 den Oratorianer Dagverlies als Pfarrverwalter. Im Frühjahr

Refektorium der Oratorian
die hier 1646 ihre erste
Gemeinschaft in Deutschla
gründeten. In der Pilgerzeit
dieser Raum das
Gästezimmer für den
gemeinsamen Mittagstisch
und an Festtagen Ort der
Begegnung für die
Hausgemeinschaft. Zeichn
von Richard Bellm 1976

Melchior van Cleemputte, letzter Superior bei der Auflösung des Oratoriums durch die Napoleonische Verwaltung und als Oratorianer Pfarrer von Kevelaer bis 1817. Gemälde im Priesterhaus

1650 übernahm Caesar die Pfarre, vertauschte aber die Weem, sein Pfarrhaus, das zirka 5 Minuten von der Pfarrkirche gelegen war, schon am 23. Juni gegen eine Wohnung, welche die Oratorianer ihm in ihrem Kloster einräumten. Nach Caesar aber war die Pfarrstelle stets von einem Oratorianer besetzt. In der Regel war der Superior auch der Pfarrer. Als der erste wird Michael Robyns genannt, der von 1664 bis 1692 die Pfarre verwaltete; der letzte war Melchior van Cleemputte, der 1796 Pfarrer wurde und auch nach der Aufhebung der Klöster bis zu seinem Tode 1817 Pfarrer blieb.

Was die Natur der Verhältnisse in dieser Weise mit sich brachte, wurde später, soweit die weltliche Regierung dabei in Betracht kommt, auch landesherrlich bestimmt, indem durch königliches Diplom vom 3. November 1714 festgesetzt wurde, daß die Pfarrstelle stets einem Mitgliede des Oratoriums übertragen werden solle.

Die Oratorianer errichteten schon im Laufe des 17. Jahrhunderts ein eigenes Noviziat behufs Aufnahme neuer Mitglieder in ihre Genossenschaft. Zu diesem Zwecke wurde hier Unterricht in der Theologie erteilt und fand wiederholt die Spendung des Sakramentes der Priesterweihe statt. Die Anzahl der anwesenden Priester belief sich durchschnittlich auf 10 bis 12, außerdem wohnten im Hause 8 bis 10 Novizen und ebenso viele Brüder, welche die Arbeiten im Garten, im Hause und in den Kapellen besorgten. Im Jahre 1720 werden 13 Priester, 3 Theologen und 9 Brüder genannt; das letzte Verzeichnis 1790 führt 9 Priester und 9 Brüder auf. Trotz dieser großen Zahl der Priester reichte ihre Tätigkeit zur Pilgerzeit nicht aus, so daß des öfteren Geistliche aus der Nachbarschaft zur Aushülfe ersucht werden mußten. Zu den benachbarten

Pfarrgeistlichen unterhielten die Oratorianer gute Beziehungen. Treu ihrem Spruche über der Pforte übten sie eine weitgehende Gastfreundschaft in ihrem Hause.

Die Verschiedenheit der Regierung in Belgien, wo das Haus Habsburg herrschte, von der im Lande Geldern, welches seit 1713 unter preußischer Herrschaft stand, hatte dem Oratorium in seinen Beziehungen zum Mutterhause lange Zeit keinen Eintrag getan. Die Patres kamen und gingen ungehindert; die Obern hielten ohne jede staatliche Belästigung ihre regelmäßigen Visitationen ab. Vom Jahre 1782 an trat jedoch hierin eine Veränderung ein. Wie Kaiser Joseph, welcher auch in den spanischen Niederlanden das Szepter führte, durch seine Einmischung in die Regierung der Kirche, seine Verordnungen über Gottesdienst, Klöster und Genossenschaften sich um Sachen bemühte, die außerhalb der Sphäre weltlicher Gewalt liegen, so machte es allmählich auch die Königl. preußische Regierung. Sie gab den Oratorianern die Weisung, von auswärtigen Obern sich unabhängig zu machen und keine fremden auswärtigen Priester mehr aufzunehmen. Die Namen der einheimischen Oratorianer wurden erfragt und darüber gewacht, daß Fremde nicht in die Genossenschaft aufgenommen wurden. Während früher vom Mutterhause die Oberen ernannt und anerkannt worden waren, sehen wir jetzt Konflikte zwischen dem Tochter- und dem Mutterhause entstehen.

Joseph van Ackeren, Pfarrer von Kevelaer 1863 – 1903, mit den Plänen für den Erweiterungsbau der Pfarrkirche St. Antonius. Gemälde im Priesterhaus

Dazu kamen die Wirren und kriegerischen Verhältnisse infolge der französischen Revolution. Am 17. Dezember 1792 erschienen hier zum

Superioren des Oratoriums zu Kevelaer

Ludovicus van Omel, im Oratorium seit 17. 4. 1646 (erster Pater in Kevelaer, gemeinsam mit Laurentius Veraegten) gest. 1651	24. 8. 1646 – 10. 6. 1651
Martinus Varendoncq	1. 10. 1651 – 17. 7. 1657
*Michael Robyns, geb. 1621, gest. 1693	17. 7. 1657 – 26. 8. 1689
*Leonardus Ferron, geb. 1657, gest. 1702	26. 8. 1689 – 30. 1. 1702
*Carolus Sturm, geb. 1665, gest. 1707	27. 2. 1702 – 11. 4. 1707
Hieronymus Zegers	April 1707 – 3. 11. 1713
*Johann Otto van Nespen, gest. 1729	4. 11. 1713 – 18. 9. 1720
Antonius Heyblom, geb. 1686, gest. 20. 11. 1747	18. 9. 1720 – 17. 7. 1726
*Jodocus Franciscus de la Montagne, geb. 1683, gest. 1747	17. 7. 1726 – 26. 9. 1732
Antonius Heyblom	26. 9. 1732 – 19. 4. 1738
*Jodocus Franciscus de la Montagne	19. 4. 1738 – 27. 7. 1744
Antonius Heyblom	27. 7. 1744 – 20. 11. 1747
*Angelus van Mecheln, gest. 1748	20. 11. 1747 – 16. 3. 1748
Johannes Josephus Ysebrant, gest. 1763	23. 3. 1748 – 9. 5. 1754
*Petrus van Bogaert, gest. 1777	9. 5. 1754 – 17. 12. 1777
*Emanuel Verkinderen, gest. 1795	17. 12. 1777 – 8. 4. 1795
*Melchior van Cleemputte, gest. 1817	8. 4. 1795 – 1802

*Pfarrer von St. Antonius zu Kevelaer, s. Verzeichnis bei A. van Doornick im Beitrag: „Bereitwilligste Unterstützung".

Verzeichnis erstellt von Volker Schroeder

ersten male französische Truppen, welche zu ihrer Verpflegung den Bewohnern des Ortes und der Genossenschaft der Oratorianer bedeutende Lieferungen an Lebensmitteln aller Art auferlegten. Unter diesen Verhältnissen, welche sich bald noch verschlimmerten, schmolz die Genossenschaft zusammen, so daß bei Aufhebung der Orden 1802 nur noch wenige Mitglieder im Oratorium wohnten. Von diesen behielt allein der Pfarrer van Cleemputte Wohnung im Kloster, weil nach dem Gesetz, welches die Orden aufhob und deren Güter einzog, dem Pfarrer eine Wohnung in denjenigen Klöstern, mit welchen, wie in Kevelaer, eine Pfarre verbunden war, eingeräumt werden mußte. Die anderen Patres wurden ausgewiesen und begaben sich teils nach Belgien, teils blieben sie in Privatwohnungen zurück. Einer der letzten war Bernard Celraedt, welcher, 71 Jahre alt, am 16. Mai 1835 starb und auf seinen Wunsch vor dem Eingang zur Pfarrkirche begraben wurde, damit alle, welche die Kirche besuchen, über seine Leiche einhergingen. Der letzte Oratorianer war Melchior Laureys, der, 90 Jahre alt, am 30. November 1851 hierselbst verschied.

Die Oratorianer hatten in der großen Kapelle unter dem Hochaltar eine eigene gewölbte Grabstätte. Die große Granitplatte beim Hochaltar deckt den Eingang in dieselbe. Bis zur Aufhebung der Genossenschaft wurden an 40 Leichen dort beigesetzt.

[1] Abdruck (gekürzt) aus: J. van Ackeren, Die Wallfahrt in Kevelaer. Kevelaer [4]1907, S. 31 ff.– J. van Ackeren berührt nicht die Frage des Einflusses des Jansenismus auf das Oratorium in Kevelaer und auf die Wallfahrt. Es sei verwiesen auf die Ausführungen hierzu von Th. van Doornick in: „Die Entstehung der Wallfahrt in Kevelaer und ihre Entwicklung innerhalb der ersten Jahrzehnte", S. 88 ff., (s. Kevelaer-Bibliographie) und die dortigen Literaturangaben.

Radbert Kerkhoff

Johannes Staell, genannt Stalenus (1595/96–1681):

Kevelaer „auf marianischem Grund und Boden"

Niederlande – Europa – Amerika

In den Niederlanden, die im 16. Jahrhundert kulturell und wirtschaftlich das Gebiet Flandern, Holland, Seeland, Antwerpen umfaßte, wuchs Karl V. heran, in dessen Reich nach der Entdeckung Amerikas die Sonne nicht unterging. An seinem Hof wirkten Männer, die weltweit dachten, wie es Niederländer als Randbewohner des Ozeans mit sich brachten.

Zu diesen gehörte Kardinal Derthus.

Nach den italienischen Renaissance-Päpsten wählte das Kardinalskollegium in Abwesenheit den niederländischen Kardinal Derthusius, Bischof von Tortosa in Spanien, einen Freund Kaiser Karls V., zum Papst. Er nannte sich Hadrian VI. Nur ein Jahr dauerte sein Pontifikat, vom 09. 01. 1522 bis 14. 09. 1523. Die Hoffnungen, die man auf den neuen Papst setzte, daß er die Kirche erneuern könnte, erfüllten sich nach seinem frühen Tod nicht. Er hinterließ eine Kirche, die bis dahin einen Glauben verkündete, der sich über ganz Europa erstreckte. Die Wahl, die auf den Niederländer fiel, konnte mit der Tradition der Glaubensverkündigung rechnen, die sich über England durch die Missionare Willibrord und Suitbert aus den Benediktinerklöstern auf das Festland verbreitet hatte.

Sollte sich darüber das Dunkel des Abendlandes ausbreiten? Calvin, der Reformator, glaubte es verhindern zu müssen. Er wollte durch seine Reformation Europa aus dem Dunkel ins Licht hineinführen.

Er mußte sich später durch den Pfarrer und Kanoniker Johannes Staell aus Rees den Vorwurf gefallen lassen, zwar habe er über die Niederlande bis in den hohen Norden der Skandinavischen Länder seine Reformation vorantreiben können, aber er habe von Sachsen überhaupt nichts gewußt. Dort wurde die Reformation erst einmal durch Martin Luther, der allen Reformatoren im Römischen Reich Deutscher Nation weit voraneilte, Wirklichkeit.

Eine kritische Fragestellung erschütterte seitdem das Abendland. Warum muß man wem und warum muß man glauben? Warum muß man einem anderen glauben, da bisher nur der Kirche gehorcht und geglaubt wurde?

Die Niederlande, der einheitliche kulturelle und kirchliche Raum von der französischen Grenze bis hinauf zur Nordsee, war noch vor allen Teilungen kartographisch erfaßt. Die Niederlande hatten da den Namen einer Germania inferior unter der Hoheit des Kaisers. Jetzt lösten sie sich in getrennte Eigenstaatlichkeiten auf.

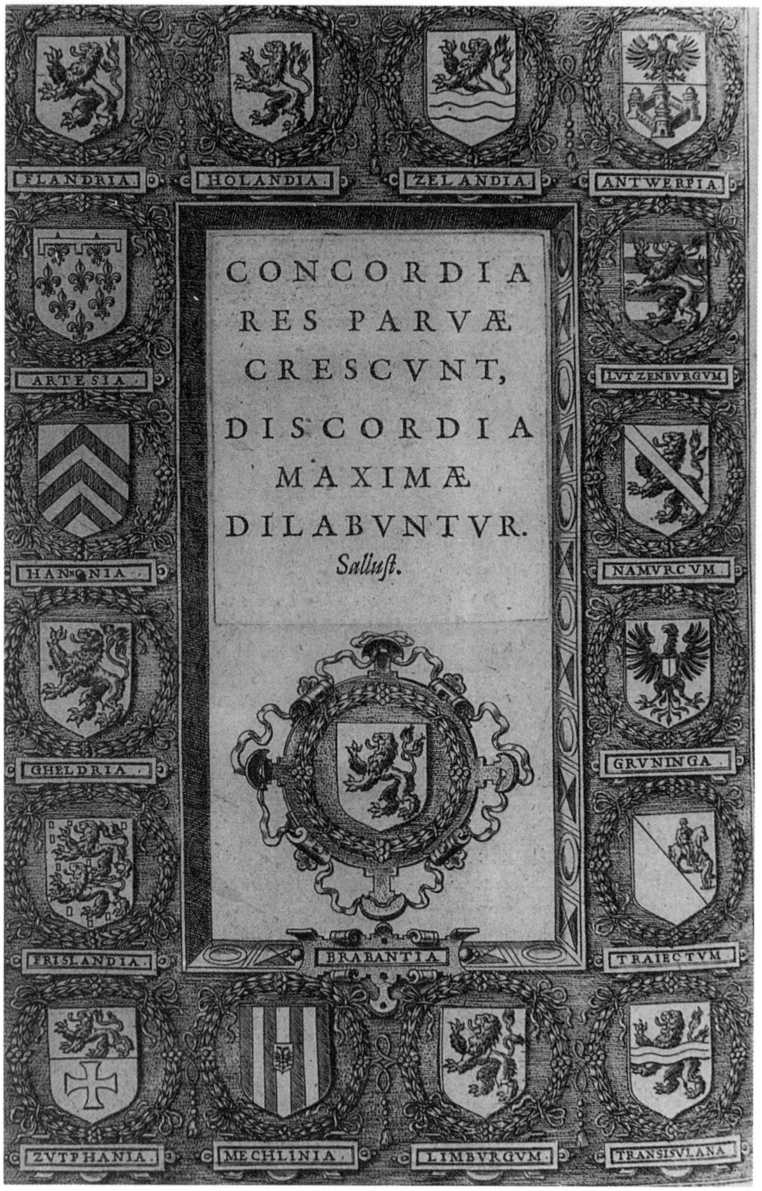

Schmuckblatt zur Darstellu
der gesamten Niederlande v
Louis Guicciardin, Antwerp
1582, Bibliothek des
Oratoriums, Priesterhaus
Kevelaer

Johannes Staell, genannt Stalenus

Am unteren Niederrhein besaß das Geschlecht der Boetzelaers in Hanselaer bei Kalkar die Herrschaft auf einer Burg, heute eine Burgruine. Es hatte großen kulturellen und wirtschaftlichen Einfluß.

In Diensten des Geschlechtes der Boetzelaers standen ihre Verwalter, die in dem Gebiet südlich bis zur Lippe aufwärts und im Nordosten weit in die Gebiete Hollands bis an die Grenzen Westfalens Verwaltungsaufgaben zu erfüllen hatten. Im Lippegebiet legte sich einer der Brüder Boetzelaers den Namen Galen zu. Die Verwalter rekrutierten sich vor allem aus dem Gebiet der Burg Hanselaer. Unter ihnen wird der Verwalter Stael van Holstein erwähnt, dessen Name nach dem Niedergang der Herrschaft der Boetzelaers in Marienbaum auftaucht.

Persönliche Handschrift von ohannes Staell (Stalenus) im abgebildeten Buchspiegel in der Bibliothek des Oratoriums, Priesterhaus

Ein junger Theologe namens Johannes Staell signiert 1620 in seinem im Nachlaß befindlichen Büchlein der Marianischen Sodalität von Köln seinen Namen und fügt handschriftlich ebenso die römischen Monatsnamen hinzu. Dazu gehört ein anderes Jahr. Staell schreibt am Ende des Jahres 1637/ Anfang 1638 in seinen Predigtband zu Neujahr die Angabe: im 42. Jahr meines Lebens. Danach fiel das Geburtsjahr des jungen Theologen in das Jahr 1595/1596.

Der Student Johannes Staell begann an der Universität in Köln sein Theologiestudium. Dort trat er der Marianischen Sodalität, die von den Jesuiten geführt wurde, bei. In dem Andachts-/Gebetbüchlein der Marianischen Sodalität hat sich Staell mit seinem eigenen Namen signiert: „Johannes Staell besitzt mich Joes Staell 1615". Auf der nächsten Seite stehen, wie schon gesagt, die Monatsnamen des römischen Kalenders.

Mit Beginn seiner theologischen Laufbahn signiert sich Staell von nun an, wie es dem Leben eines römisch-lateinischen Theologen geziemte, mit der latinisierten Schreibweise seines Namens: Johannes Stalenus.*

Den Abschluß seiner theologischen Studien bildete für Johannes Staell der Erwerb des Lizentiates. Seine Lizentiatsarbeit sollte unter dem Titel: Papissa monstrosa et mera Fabula Dissertatio Historico Theologica, Auctore Joanne Staleno, Köln 1639, später erscheinen.

In demselben Jahr, da er Köln verließ und seine Anstellung in Kalkar erhielt, führte er den Titel eines Sacellanus des Senates der Stadt Kalkar, der dem Senat kirchliche Dienste zu leisten hatte. Dafür verfaßte er die Litania Sanctorum, eine erbauliche Kleinschrift der Anrufung der Heiligen.

Staell – Rees

Johannes Staell ging nach Rees, wo er als Pfarrer und Kanonikus dem Kapitel vorstand. Seinem eigenen Wunsch entsprechend, widmete er sich der pastoralen Arbeit.

Prediger

Als Lizenziat gehörte es zu seiner Stellung, einen Predigtzyklus anzulegen. Staell machte sich daran, diesem Brauch zu folgen und in lateinischer Sprache seinen persönlichen Predigtzyklus zu verfassen. Der uns erhaltene Band – Tomus I concionum – enthält:

Seiten: 720

Predigten: über 200

Aufbau: Exordium (Entstehung/Einleitung): enthält Erwähnungen klassischer (griechisch-lateinischer) Autoren (Rhetoren und Philosophen) der Antike

* Die Gemeinde Kevelaer benannte durch Beschluß vom 27. Juni 1945 danach eine Straße: Stalenus-Straße. Wahrscheinlich um 1950 wurde der frühere Name Neustraße wieder eingeführt, da der Name Stalenus zu leicht mit dem Namen des russischen Diktators Josef Stalin verwechselt werden und falsche Vorstellungen erwecken konnte.
Die Latinisierung des Namens galt für die Zeit des Johannes Stalenus. Um nochmals Verwechslungen zu vermeiden, soll heute sein selbst geschriebener Name Johannes Staell seine eigene Persönlichkeit zum Ausdruck bringen.

Vorspruch: Ankündigung der Verkündigung des Evangeliums
Leitthema aller Predigten: der sterbliche Mensch.

Dieses Thema entsprach damals einer der Tendenzen der Homiletik, ob sie der „ars bene moriendi" folgte oder überschrieben wurde mit dem lapidaren Titel „de morte".

Staell gibt eine Probe dieses Themas, allgemein daran erinnernd: „Die Stunde des Todes ist ungewiß. Es ist der Wille des Herrn, der uns über die Stunde des Todes im ungewissen läßt. Wir sollen jetzt erkennen, wieviel Jahre unser Leben hat."

Der Lauf der menschlichen Natur entwickelt sich in einem Zeitraum von 40 Jahren. Über ihn setzt Staell den Ausruf: „Retter, Du rufst uns!"

Der Zeitraum der Abfassung seines Predigtzyklus wird von Staell wie folgt angegeben:

Beginn: 1636 März Quadragesima – 31. Dezember
1. Januar 1637 Fortsetzung Circumcisio
1. Januar 1638 Fortsetzung Circumcisio
Ende: 31. Dezember 1638 (einschließlich 1. Januar 1639)

Angaben über Wiederholungen der Predigten sind am Rande vermerkt.

Oratorianer

Staell schloß sich im weiteren Verlauf seines Lebens in den verschiedenen Stufen, die die Zugehörigkeit zum Oratorium ermöglichte (im Chronicon Mechliniensis vermerkt), zuletzt dem Oratorium in Kevelaer als Vollmitglied an. So benutzt er das Fest des hl. Philipp Neri, des Gründers der Kongregation der Oratorianer, seiner Berufung zum Oratorium Kevelaer dankbaren Ausdruck zu verleihen.

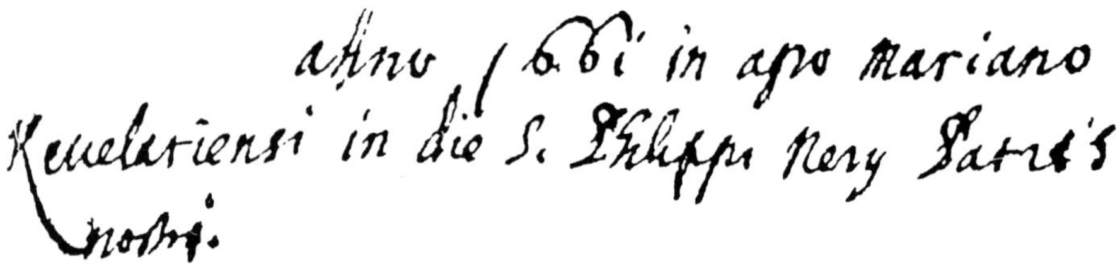
anno 1661 in agro mariano Keveleriensi in die S. Philippi Nery Patris nostri.

1661 nennt Stalenus „am Fe des hl. Philipp Neri, unseres Heiligen, Kevelaer gelegen a marianischem Grund und Boden". Handschrift in Tom Conciones, 652, Bibliothek des Oratoriums, Priesterhau

Anmerkungen für 1648, das Jahr des Westfälischen Friedens

Dem geschichtlich-theologisch denkenden Staell wird sein Predigtzyklus über ein liturgisches Jahr von Aschermittwoch bis zum Anfang einer neuen Fastenzeit nach einem Jahr zum Maßstab, den er von da an zur Beurteilung geschichtlicher Vorgänge anlegt. Wiederholungen seiner Predigten dienen ihm dazu, Gegenwartsgeschehen theologisch zu deuten. Als das Jahr 1648 anbricht und mit dem Abschluß des Westfälischen Friedens die Geißel des Krieges von Deutschland nimmt, setzt Staell siebenmal an seinen Zyklus diese Jahreszahl. Der Zyklus des Kirchenjahres will das Jahr 1648 im Lichte der Verkündigung deuten. Mit der Bezeichnung „bis hierher" läßt Staell seine Zuhörer innehalten, um am Wort Gottes das Jahr 1648 im Geiste des Evangeliums zu verstehen.

Am ersten Tag des neuen Jahres leuchtet über allem zu Beginn des Friedensjahres der Name Jesu. Jesus belehrt uns. Gott muß Genugtuung geleistet werden durch Reueschmerz, demütiges Seufzen, durch ein Opfer des zerknirschten Herzens, durch wohltätige Hilfsbereitschaft. Von jetzt an gilt es durch das Wort Gottes hellhörig zu sein. 1648 steht unter dem Wort des Predigers, was er zum Fest Mariae Himmelfahrt verkündet hatte und 1648 wiederholen möchte: Zu unserer Erbauung geschieht alles, hat alles seine Zeit und durchschreitet seine Zeiträume unter dem Himmel. Wie beschaffen ein Reich, so beschaffen der König: Christus.

Das Trostmotiv

Dem Predigtzyklus, den Staell verfaßt hatte, war das Trostmotiv sicher nicht fremd. Menschliche Ängste haben zu oft in seinen Predigten Platz gefunden. Kriege, Krankheiten, reformatorische Wirren, die die Gewissen der Menschen verunsicherten, haben die menschliche Existenz durch Ängste erschüttert bis auf den Grund.

Half da die Predigt über die Kunst zu sterben? Ergab man sich nur noch dem Tod? Gab der Himmel nicht einmal ein Zeichen des Auflebens?

Bedeutete die Predigt, die bei der Kirchweih der Kerzenkapelle von dem versierten Pfarrer von Rees gehalten wurde, ein Signal für einen Umschwung? Das Thema Trost, das Staell in Kevelaer behandelte, zeigt einen Weg auf, der den Blick von den Pforten des Todes weg auf die „Pforte des Himmels" richtete.

Die Predigt zur Kirchweih der sog. Kerzenkapelle

Mit den Worten, daß Gott durch Erscheinungsvorgänge den Menschen ein Zeichen gebe, ihnen zu Hilfe zu eilen, ihnen mit seinen Tröstungen beizustehen, nimmt Staell bei der Weihe der Kerzenkapelle nochmals Anlaß, das besondere Merkmal des Erscheinungsortes Kevelaer herauszustellen.

Der Gottesmutter wird dabei ihre ganz besondere Stellung in der Heilsordnung zuerteilt. Sie ist die Pforte des Himmels, durch die Seufzen, Tränen, Bitten, Bedrängnisse vor Gott gelangen.

Allen, die hier bittend zusammenkommen, so endet der Prediger Staell an diesem Kirchweihfest in Kevelaer, möge Gott die Wohltaten seines Trostes zuteil werden lassen.

Dieses Trostmotiv in den Religionswirren der Reformation, da der 30-jährige Krieg gerade seinem Ende zuneigte, ist das Signum Kevelaers stets geblieben.

Nachdem Staell sich in Kalkar/Rees seine pastorale Grundlage schuf, hatte er den Blick gerichtet auf das, was die Situation des calvinistischen Vordringens erforderte. Die Universität Köln hätte es nicht ungern gesehen, wenn Staell sich nach seiner Ausbildung um den Titel eines Magisters beworben hätte. Zu seinen Freunden gehörten die Weihbischöfe in Köln, Adrian und Petrus de Walenburch. Ihre apologetischen Werke stellten sich dem Vordringen der Reformation entgegen. Der Kanoniker und Pfarrer von Rees folgte diesem Einsatz der Weihbischöfe von Köln, um wie sie am Niederrhein dem Vordringen des Calvinismus Einhalt zu gebieten. Er schrieb dafür seine apologetischen Schriften.

Diese schriftstellerischen Veröffentlichungen, die von Staell auf uns gekommen sind, zeigen, daß Staell – neben der pastoralen Sorge für seine Gläubigen – den Blick für die Angriffe der Reformatoren nicht aus dem Auge verlor.

Kevelaer „auf marianischem Grund und Boden"

Kirchliche Anerkennung durch die Synode von Venlo

Kevelaer erhielt seine kirchliche Anerkennung 5 Jahre nach dem Beginn der Wallfahrt zum Gnadenbild der Gottesmutter mit dem Kind in Kevelaer. Schon 1646 sollte die Synode zu Venlo stattfinden, aber aus politischen Gründen wurde die Einberufung mit einem Jahr Verspätung verwirklicht. 1647 traten die Synodalen dann in Venlo zu ihrem ersten Treffen zusammen.

Einladung an den Kanonikus
und Pfarrer von Rees

Eingeladen zur Synode war auch Johannes Staell. Wegen seiner theologischen Qualitäten, die er in Köln erworben hatte, erging auch an ihn, obgleich er zu Köln gehörte, eine Berufung zur Synode in Venlo. Politische Hindernisse stellten aber seine Teilnahme in Frage. So mußte er sich vertrösten, die Ergebnisse der Synode nachher zur Kenntnis zu nehmen. Er ließ sich nicht entmutigen. So übergab er seine vorbereiteten Eingaben zur Synode dem Rektor des Oratoriums in Kevelaer, der sie zur Kenntnis der Synode vortragen sollte. Er wünschte um jeden Preis, die Beschlüsse der Synode der Öffentlichkeit mitzuteilen.

Er hielt Wort und veröffentlichte zwei Jahre später, 1649 seinen „Peregrinus". Die ersten Anhaltspunkte markierte er nach folgenden Themen: Beschlüsse der Synode über Ort, Erscheinung, Heiligen-, Marienverehrung, Entscheidungen über die 8 Wunder seitens der Synode. Daran schließt er an die Traktate über Prozessionen, Pilgerfahrt und Bilderverehrung unter Berücksichtigung des Konzils von Trient.

Venlo 1647

In diesem Jahr konnte die unter Vorsitz des Generalvikars sede vacante einberufene Synode abgehalten werden. Die feierliche Verkündigung der Prüfung der Ereignisse in Kevelaer seit 1642 wurden jetzt endlich 1647 veröffentlicht. Die Synode befand darin wie folgt:
a) Kevelaer, seine geographische Lage.
b) Ursache der Synode: Die Ehre Gottes
c) Die Verehrung der verlobten Mutter Jesu
d) Die Vermehrung der Pilgerfrömmigkeit
e) Prüfung und Anerkennung von 8 Wundern

Die Andersgesinnten – Reformatoren

Unter dem Titel Anmerkungen werden 5 Beanstandungen angeführt, die von den „Andersgesinnten" gegen Kevelaer erhoben werden und die Be-

Die Kerzenkapelle, auf deren Kanzel Johannes Staell bei der Einweihung 1649 über die Jakobsleiter predigte

schlüsse der Synode in Frage ziehen. Mit entsprechenden Antworten werden diese Vorwürfe zurückgewiesen.

Die Approbation durch den Generalvikar Anton Bosman von Roermond besiegelt alle getroffenen Entscheidungen.

1649: Erscheinen des „Peregrinus" des Johannes Staell

Staell schreibt geschichtlich-theologisch im Traktatenstil seinen „Peregrinus".

Der Traktatenstil, den Staell anwendet, leitet sich aus den sogenannten Querelen ab, in denen Beanstandungen, Klagen gegen das Neue erhoben werden. Staell folgt darin dem Synodenbericht, der die Klagen der „Andersgesinnten" zurückweist.

Die Synode läßt ihren Beschlüssen die Gegendarstellungen der Andersgesinnten folgen, Staell dagegen schickt jedem Traktat voraus, was durch die Geschichte der Häresie wie durch das forsche Vorpreschen der Reformatoren der Verwerfung anheimfallen sollte. Was aber die Lehre, die Orthodoxie der Kirche betrifft, lehnt sich Staell streng an die Beschlüsse der Synode an:

Aufbau des „Peregrinus“

Vorwort: Das Bild der Mutter Maria mit dem Kinde Jesu
1. Ort Kevelaer, Anerkennung durch die Synode.
2. Erscheinungsort: Hörwunder.
3. Heiligen- und Marienverehrung, Maria Mittlerin.
4. Erdichtungen – Wunder.
5. Prozessionen } Pilgerfrömmigkeit
6. Pilgerfahrt }
7. Bildersturm und Bilderverehrung.

Was die kirchliche Autorität auf der Synode von Venlo 1647 feierlich verkündete, findet 1649 durch den Geschichtstheologen Johannes Staell seine pastorale Ergänzung. Es ist das Verdienst des Pfarrers von Rees, gegen die sich über Europa beginnende Ausbreitung der Reformation die apologetische Verteidigung Kevelaers eingeleitet zu haben. Er erhob den Rechtsanspruch der Kirche, auf dem Pilgerweg zu sein, dessen Gültigkeit die Zeit von jetzt 350 Jahren überdauert hat.

Verteidigung des Pilgers nach Kevelaer

Staell folgte dem Vorgehen der Synode. Sie ermunterte die Pilger, ihren Weg nach Kevelaer fortzusetzen. Diese Aufforderung der Synode nimmt Staell auf, um den „Pilger zu verteidigen“. Sein Gegner war der Prädikant der Calvinisten, der calvinistische Prediger Boomhof von Sonsbeck. Im Stil der Querele weist Staell die erhobenen Beschwerden gegen die Wallfahrt nach Kevelaer zurück. Boomhof erhob seine Stimme gegen Kevelaer in Kleve. In Kleve hatte der Calvinismus eine sogenannte „Klasse“ errichtet. Darin versammelten sich die Prädikanten in einem dazu bestimmten Territorium. Zur „Klasse“ Kleve gehörte Sonsbeck.

Anwendung des „Sieben-Traktate“-Stils

Staell kam von der Geschichtstheologie seiner Lizentiatsarbeit an der Universität Köln bei der Abfassung der Vorgänge in Kevelaer auf den „Sieben-Traktate“-Stil zurück. Die Synode von Venlo sollte für ihn noch einmal Anlaß werden, auf diesen Stil zurückzugreifen. In Anlehnung an die Richtlinien der Synode zu Venlo fand er die Möglichkeit, in 7 Traktaten geschichtstheologisch aufzudecken, was sich in Kevelaer ereignet hatte, um mit Staell zu sprechen: Was nicht vorauszusehen war und noch nicht zu einer Erkenntnis gelangen konnte, wird zu einem „Jetzt wissen wir“.

Staell kann ein „Jetzt“, in 7 Traktaten das Geschehen in Kevelaer offenlegen und geschichtstheologisch ausloten, welche Bedeutung der Anerkennung des Erscheinungsortes Kevelaer auf der Synode von Venlo beigemessen wurde.

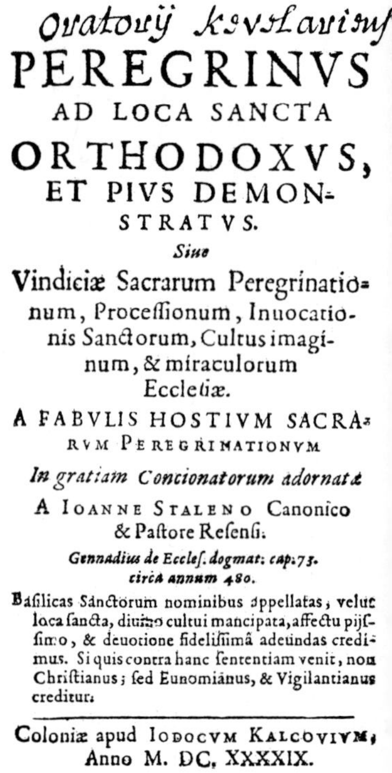
PEREGRINVS
AD LOCA SANCTA
ORTHODOXVS,
ET PIVS DEMON-
STRATVS.
Siue
Vindiciæ Sacrarum Peregrinatio-
num, Processionum, Inuocatio-
nis Sanctorum, Cultus imagi-
num, & miraculorum
Ecclesiæ.
A FABVLIS HOSTIVM SACRA-
RVM PEREGRINATIONVM
In gratiam Concionatorum adornatæ
A IOANNE STALENO Canonico
& Pastore Resensi.
Gennadius de Eccles. dogmat: cap: 73.
circa annum 480.
Basilicas Sanctorum nominibus appellatas, velut loca sancta, diuino cultui mancipata, affectu pijssimo, & deuotione fidelissimâ adeundas credimus. Si quis contra hanc sententiam venit, non Christianus; sed Eunomianus, & Vigilantianus creditur.
Coloniæ apud IODOCVM KALCOVIVM,
Anno M. DC. XXXXIX.

Titelseite des „Peregrinus“ (1649), in dem Johannes Stae (Stalenus) den Erscheinungsort Kevelaer un den Pilger zu diesem Gnadenort theologisch verteidigt

Traktat I

Die Formel „alt – neu“

Staell verbindet die in Geschichte und Theologie verwendete Formel „alt - neu“ mit der exegetischen Spannung, mit der von der Reformation ge-

as Opfer Melchisedechs und das Mannawunder, bernakel der Kerzenkapelle, Werkstatt des Antwerpener Goldschmiedes Moormans 1682, Silbertreibarbeit

prägten Formel der „Sola Scriptura", deren einengende Bestimmung auf „alt" und auf die einengende strenge Auslegung des Gesetzes ausgedehnt wird. Danach war eine freie kultische Betätigung ausgeschlossen, die in Kevelaer sich zu entfalten begann.

Mit dem Hinweis auf die Schrift, die durch Christus dem Kult außerhalb des Gesetzes eine neue, die ganze Welt betreffende Dimension zuerkennt, vermag Staell die Formel „alt – neu" mit der Entstehung des Wallfahrtsortes Kevelaer, mit einem „jetzt – gleich neu" einer sich entfaltenden Pilgerfrömmigkeit, zu verklammern.

Traktat II

Erscheinungsort Kevelaer

Was „unsere Theologen" sagen, wie Häresien und Sekten irren.

In Anlehnung an den Bericht der Synode von Venlo befaßt sich Staell nach Festlegung des Ortes Kevelaer mit dem Vorgang dessen, was sich dort ereignet hatte, direkt mit jenem Mann, der dort „die Stimme hörte", ein Kapellchen zu bauen. Diesem Erscheinungsvorgang geht Staell theologisch auf den Grund. Der Vorgang gehört einzig und allein in die Zuständigkeit der Kirche. Niemand, auch nicht der Prediger Boomhof, kann sich dazu eigene Rechtszuständigkeit anmaßen.

Die Kirche weiß um die Gefahr der Täuschungen auf dem Gebiet der Erscheinungen. Ihre Theologen prüfen darum einen solchen Vorgang nach dem Gesetz der Unterscheidung der Geister.

Wieviel Irrtümer sich durch falsche Feststellungen ereignet haben im Laufe der Geschichte der Kirche, belegt Staell mit der Aufzählung einer Serie der Häretiker bis zur Reformation. Mit „Unsere Gegner", mit denen Staell die Reformatoren seiner Zeit bezeichnet, führt er direkt auf den calvinistischen Prediger Boomhof, der den Erscheinungsort Kevelaer verdächtigt, Betrug zu sein. Die theologische Untersuchung unter Einbeziehung ärztlicher Fachleute ergaben die Echtheit der Erscheinungen, um dem Ort die kirchliche Anerkennung zuzugestehen.

Wenn auch die Offenbarung mit den Aposteln als abgeschlossen erklärt wird, so hat die Kirche durch die Synode von Venlo Kevelaer die Anerkennung eines kirchlichen Wallfahrtsortes nicht versagt. Dies zu leugnen, unterläge nach der unanfechtbaren Autorität des kirchlichen Lehramtes einer nicht zu verantwortenden Leichtsinnigkeit. Das Lehramt der Kirche folgt allein der Regula Fidei.

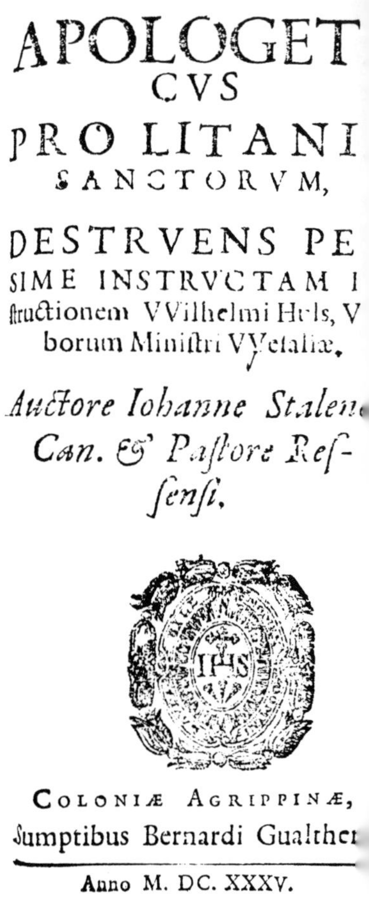
APOLOGET
CVS
PRO LITANI
SANCTORVM,
DESTRVENS PE
SIME INSTRVCTAM I
ſtructionem VVilhelmi Huls, V
borum Miniſtri VVetaliæ.
Auctore Iohanne Stalen
Can. & Paſtore Reſ-
ſenſi.
COLONIÆ AGRIPPINÆ,
Sumptibus Bernardi Gualther
Anno M. DC. XXXV.

Titelseite des „Apologeticus von Johannes Staell, Köln 1635, mit dem er die Heilige und Marienverehrung verteidigte

Traktat III

Heiligen- und Marienverehrung – Apologeticus

Wie ein Vorspiel zum Traktat III liest sich das, was Staell schon in seinem Apologeticus 1635 gegen den calvinistischen Prediger W. Huls zur Verwerfung einer Mariologie geschrieben hatte. In dialektischer Form hatte nämlich Calvin zur rechtgläubigen Aussage der Kirche über Maria seine Verwerfung formuliert: „Erhebt Gregor von Nazianz die selige Muttergottes zu den himmlischen Ordnungen, die sie als Herrin und Königin überragt" , so setzt sie Calvin „in die Ordnung vulgärer Frauen, die des Namens einer Mutter nicht würdig sind."

Pilgerfrömmigkeit

Den Durchgang der Pilger nach Kevelaer durch die Gemeinde Sonsbeck nahm der calvinistische Prediger B. Boomhof zum Anlaß, seine Angriffe gegen die Prozessionen nach Kevelaer zu richten. Gemeinsam mit dem Prediger W. Huls, mit dem Staell sich schon in seinem Apologeticus auseinandergesetzt hatte, suchten beide die Wallfahrt über Sonsbeck nach Kevelaer zu verhindern.

Staell dagegen sparte keine Mühe, der aufkommenden Pilgerfrömmigkeit den Weg nach Kevelaer freizuhalten.

Von seiner apologetischen Abwehr des Calvinismus verlagert Staell sein Bemühen, öffentlich anläßlich des Erscheinungsortes Kevelaer die Marienverehrung zu verkünden.

Maria Mittlerin

Allgemein galt schon die Fürbitte der Heiligen und der Mutter Maria bei Gott und dem Sohn Gottes gleich.

Die Kirche aber hat der Gottesmutter eine besondere Stellung in der Gebetsvermittlung zugeschrieben. Staell kennzeichnet diese Stellung Mariens mit „in specie" – „in besonderer Weise". So übt Maria den Akt der Vermittlung bei Gott und ihrem göttlichen Sohn aus.

Dies hervorzuheben geschah auf der Synode zu Venlo dadurch, daß Maria in unmittelbarer Nähe ihres Sohnes genannt wird. So hebt sich die Verehrung Marias durch die pilgernden Gläubigen nach Kevelaer von jeder anderen Fürsprache bei Gott ab. Marias Tun, Fürbitte bei Gott einzulegen, verleiht ihr die besondere Stellung, bei Gott „Mittlerin" zu sein.

Staell wirft die Tätigkeit Marias in dem Augenblick in die Waagschale, da die Reformation die Verwerfung der Marienverehrung gänzlich vollzogen hat.

Staell erkennt jetzt in der aufkommenden Pilgerfrömmigkeit das Zeichen für die pilgernde Kirche, ihre Stimme zu erheben zur Trösterin und Mittlerin.

Eine dogmengeschichtliche Entfaltung der Stellung Marias bleibt bei Staell nicht ganz unerwähnt. Staell führt im Zusammenhang mit dem Abhalten der Kerzenprozession in Kevelaer diesen Brauch auf das Konzil von Ephesus zurück, wo zu Ehren der „Gottesgebärerin" die Kirche ihr mit Lichtern huldigte und damit Marias Heilsstellung als „Mittlerin" für ihn zutiefst in der Heilslehre der Kirche verwurzelt ist. So wurde hier die Frömmigkeit der Pilger mit den Ursprüngen heilsgeschichtlicher Marienverehrung verbunden.

Maria lactans

Wie Maria mit dem Kinde Jesu von Staell seinen 7 Traktaten vorausgeschickt wurde, so erwähnt er zum Beweis wahrer Marienverehrung das Bild der Maria lactans, das in der urchristlichen Malerei seinen Ursprung hat und immer wieder in der Mariologie des Mittelalters betrachtet und gedeutet wurde. Zur Zeit Staells ist diese Deutung symbolisch. Dazu entnahm man den Werken Ciceros einen Spruch: „Wohin soll ich mich wenden?" Das Bild verband die Maria lactans mit dem Betrachten der Herzenswunde Jesu am Kreuz. Christi Menschwerdung tut sich symbolisch kund durch die nährende Mutter, in Verbindung mit dem Geheimnis des Kreuzes, an dem Christus aus der Seite sein Blut vergoß. Die besondere Stellung Marias war: Ihre Liebe umfing das Kind, und von der Liebe ihres Sohnes wurde sie erfüllt. Keine Trennung zwischen Maria und ihrem Sohn, sondern ein Ineinanderwirken der Geheimnisse von Menschwerdung und Gnadengeschenk.

Traktat IV

„Die Gegner stehen vor Pfählen, die die Zeichen des wahren und rechten Glaubens der Kirche tragen, Zeichen der Kirche, deren Glanz das strahlende Licht der Wunder nicht übersehen läßt."

Staell gegen Boomhof

Dagegen leugnet Boomhof Wunder, versagt den geschehenen den Glauben. Wunder, die nicht bewiesen seien, sind Täuschungen. Auf die Gegenwart bezogen werde in den Wundern das Antichristliche sichtbar, es sei Lüge, und in Kevelaer sei nichts erwiesen. Die Wunder in Kevelaer münzt er in Blendwerke um.

Staell gegen Gerhardi

Nach diesen einleitenden wortreichen Auslassungen, die andeuten, wie sehr Boomhof gegen Wunder in Kevelaer anzugehen gedenkt, beruft er sich tunlichst auf einen der angesehensten Theologen der evangelischen

Orthodoxie, auf Johannes Gerhardi. Seine Loci Theologici, von Staell zitiert, lassen wohl darauf schließen, daß die in Kevelaer vorhandene Ausgabe von 1633 im Besitz des Pfarrers J. Staell war. Bei dem örtlichen Bezug Staells zum Prädikanten Boomhof kam ihm sicher gelegen, auch auf Johannes Gerhardi zurückgreifen zu können. Johannes Gerhardi hatte sich mit Kardinal Bellarmin auseinandergesetzt. Ihm suchte er den Erweis zu bringen, daß allein nur die Wunder Christi galten, für die Kirche bedurfte es nicht der Wunder. Staell nahm ebenfalls Stellung gegen Gerhardi zur Ablehnung der Wunder in der Kirche.

Wunder geschichtlich-theologisch

Staell setzt in seinem Traktat über Wunder, die in Venlo von der Synode kirchlich festgestellt worden waren, die sprachliche Grundbedeutung des Wortes „Wunder" an den Anfang. Über die profane Bedeutung „Wunder" gelangt er zur theologischen Bedeutung des Wortes. „Wunder" ist das Göttliche, das selten geschieht und alle natürliche Kraft übersteigt. Damit hat es die Religion zu tun.

Nach Calvin bedarf es dagegen der Wunder nicht außer denen, die Christus und die Apostel gewirkt haben. Luther behauptet, daß sein Wunder größer sei als alle, die jemals geschehen sind, „seine Lehre, die sich in so kurzer Zeit ausbreiten konnte".

Dieser Grundaussage der Reformatoren läßt Staell eine Darstellung über Mißbräuche mit Wundern folgen. Geschehnisse in der Welt werden zu Wundern gemacht, Täuschungen werden zu echten Wundern umgewandelt, wovor selbst katholischerseits nicht genug gewarnt werden konnte. Sein Haupthinweis gilt aber zuerst allen Häresien (Luthertum und Calvinismus), die nicht zurückschreckten, ihrerseits religiöse Vorgänge als Wunder zu bezeichnen. Unter diesem Aspekt erhebt Staell seine Vorwürfe gegen den Prediger von Sonsbeck, Boomhof. Boomhof ist für Staell das Schlußglied in der Kette der Häretiker. Er ahmt die Pharisäer, Celsus, heidnische Verkünder und die Arianer nach.

So läßt er Boomhof noch einmal einen massiven Vorwurf gegen die Vorgänge in Kevelaer vorbringen, um dann das zu Worte kommen zu lassen, was die Synode von Venlo in feierlicher Proklamation über die Erscheinung in Kevelaer durch Anerkennung der 8 Wunder bestätigt sah.

Dem berufenen Mitglied der Synode, Johannes Staell, wurde der Weg nach Venlo aus politischen Vorgängen versagt. Um so mehr stärkte ihn das dringende Verlangen nach Einsicht in die Akten der Synode, die ihm vielleicht auch im sogenannten Bericht (Verhael) vom Generalvikar sede vacante von Roermond zugänglich waren.

Staell und sein 17. Kapitel im IV. Traktat: Waren es Täuschungen, denen man bei der Erscheinung in Kevelaer unterlag? Boomhof konnte sich nicht genug tun, allen Pilgern nach Kevelaer solches vorzuwerfen.

Was so unscheinbar im Verborgenen in Kevelaer unter Beobachtung der kirchlichen Obrigkeit begonnen, sich Tag für Tag unter dem Andrang Tausender fortsetzte, hatte man auf der Synode der Prüfung unterzogen. Theologische Grundlage bildete dabei die Lehre des hl. Thomas von Aquin. So befanden es die Synodalen für gut, die 8 Wunder, in Kevelaer geschehen, feierlich zu verkünden. Beurkundet wurden unter anderem

Zeitgenössisches Andachtsbild für Kevelaer. Kolorierter Kupferstich, Augsburg

zwei Blindenheilungen, die Heilung eines Stummen und Heilungen von Gicht. Unter diesen Bericht schreibt nun Staell seine Beurteilung:

„Konnte Gott 5 Jahre lang bis zur Synode einen Betrug zugelassen haben? Zuvor rief die Synode den Hl. Geist an. Mit heiliger Absicht, reiflicher Überlegung ging man zu Werke, um Gott zu ehren. Wie sollte man Zweifel haben bei einer so ernsten Angelegenheit, an dem Beistand Gottes Zweifel zu hegen oder das Gegenteil zu behaupten, daß Gott sein Licht entzogen habe und die ganze Sache im Dunkeln ließ."

Hat Staell die Abhandlung über Wunder gegenüber seinen Kontrahenten Boomhof und Gerhardi mit einer Verstockung im Glauben bezeichnet, so schließt er den Traktat, ohne noch einmal Namen zu nennen, mit dem Hinweis auf Blindheit, einer Strafe Gottes für alle, die vorgeben, reformieren zu müssen und die Massen auf ihre Seite gezogen zu haben, was ihrerseits wie ein Wunder betrachtet wird. Mit dem Blick auf die festgefügten Institutionen einer staatlichen Ordnung, so nimmt sich die Reformation nach Staell wie „ein unsinniges Unterfangen" aus.

Traktat V

Prozessionen

Durch Großdruck wird der Anklage Boomhofs Ausdruck verliehen, daß Prozessionen aus dem Heidentum, aus dem Judentum und von der Häresie des Arianismus in die Kirche eingedrungen seien.

Staell eröffnet demgegenüber im Traktat V sein Gegenargument. Er leitet die Entstehung der Prozession aus dem Anfang der Kirche ab. Nachdem die Synode von Venlo ausdrücklich ausgesprochen hatte, daß Kevelaer nun dazu beitragen sollte, die Frömmigkeit der Pilger zu entfalten, kann Staell auf die lange Tradition kirchlicher Prozessionen hinweisen. Mit dem Blick auf Jerusalem erwähnt er den christlichen Anfang zu pilgern: nach Jerusalem hinaufzugehen und von dort zurückzukehren. Der jungen Kirche wurde eine Fortsetzung in den ersten drei Jahrhunderten versagt, denn Verfolgungen gaben ihnen nicht die Möglichkeit, sich öffentlich zu betätigen. Mit Kaiser Konstantin erlangte das Christentum seine religiöse Freiheit. Aus dem Dunkel der Katakomben kamen die Prozessionen der Christen an das Licht der Öffentlichkeit. Ihre heiligen Gesänge und Gebete erfüllten die Städte. Nach Staell zogen unter Papst Leo I. Prozessionen an besonderen, sogenannten Bittagen durch die Fluren. Prozession – procedere – erhielt dadurch den bekannten liturgischen Sinn: Flurprozession.

Kevelaer erhielt damals mit der Bezeichnung „in agro – auf dem Ackerfeld" seine lokale Bezeichnung. Der Begriff „Acker" oder „Feld", ein größeres Areal, um das geschritten wurde, bezeichnet aber auch den Acker als Grund und Boden, auf dem das Heiligtum seinen Platz gefunden hatte. Dieses war dann der Mittelpunkt, um den sich die Prozession beim liturgischen Umgang bewegte. Am Heiligtum und beim Umgang gaben Gebete und Gesänge dem Ort der Kapelle mit dem Heiligenbild seinen sakralen Charakter. Auf diese Sakralität legte man gleich bei der Planung der Gnadenkapelle nach belgischer Überlieferung besonderen Wert. Es wurde in der Kapelle ein Umgang geschaffen, um im Schreiten der Prozession dem Gnadenbild nahe zu sein. Auch die Forderung einer Öffnung nach außen durch ein Fenster sollte die Symbolkraft des heiligen Ortes hervorheben; von dieser Erde stand dem Pilger Maria nahe, die das Fenster des Himmels geworden war.

Schon das erste Wallfahrtsbüchlein spricht davon, daß sich die Pilger, in Kevelaer angekommen, zum Umgang um das Gnadenbild versammeln.

Traktat VI

Die Synode von Venlo vom Jahre 1647 hatte befunden, daß der Ort Kevelaer zur Vermehrung der Frömmigkeit unter allen Christgläubigen von

Das Wappenschild und die Opferkerze von Rees, der ältesten Wallfahrt aus dem hre 1643, geführt von Pfarrer Johannes Staell, als szeichnung in der Mitte der Kerzenkapelle

Pilgern mit kirchlicher Gutheißung besucht werden konnte. Diese Anerkennung diente auch zur Festigung des katholischen Glaubens.

Mit der Entstehung der Wallfahrt nach Kevelaer wurde der Calvinismus, der sich nach seiner Synode von 1616-18 zu Dordrecht durch sein Vordringen an den Niederrhein im Raum Kleve, Kalkar, Wesel verstärkt hatte, beeinträchtigt (Tract VI).

So kam es in der Person des Predigers zu Sonsbeck zu heftigen Angriffen gegen alles, was durch die Wallfahrt nach Kevelaer in Bewegung geriet. Nicht allein lokale, vor allem propagandistische religiöse Querelen ertönten über den katholischen Raum des Niederrheins.

Auf diese Querelen antwortet Staell im VI. Traktat, der umfassend dem ganzen Werke der 7 Traktate den Namen gab: „DER PILGER".

Staell gibt im VI. Traktat eine Personen- und Ortsschilderung des Predigers Boomhof, der sich über den Durchzug der Pilger durch Sonsbeck beklagte. Staell sieht mit Hinweis auf den Propheten Jeremias in der Person des Predigers die Rute Gottes, die das Volk Gottes bestraft (Klgl 3.10f).

Die Last des Leidens trifft alle Pilger, wenn der Prediger ihnen den Weg nach Kevelaer versperrt. In diesem Prediger von Sonsbeck, der wütend die Pilger behindert, erkennt Staell an Hand seines Vornamens „Bernhard" den Bären, wie er in der Hl. Schrift mit der Strafe Gottes verglichen wird.

Die Wut des Bären behindert die Pilger. Wer befreit die Pilger vor dieser Bedrohung. Staell führt dazu einen neuen Vergleich ein. Es ist David, der die Angriffslust des Bären überwindet (vgl. 1 Sam 17,34f).

Staell will damit deutlich machen, daß Leiden und Geduld, sie zu ertragen und zu überwinden, zum Pilgern des Gottesvolkes gehören. Mit diesen Hinweisen auf die Bilder von Bär und Löwe, Zeichen des Widerstandes gegen die Wallfahrt nach Kevelaer, kommt Staell zu dem Schluß: Wir lehnen jedes Beklagen ab und werden beweisen, daß Wallfahrten ein gutes Werk sind und schon seit den Zeiten der jungen Kirche geübt wurden.

Aus der Offenbarung ergibt sich, daß Jesus das Gebot, nach Jerusalem hinauf- und von dort den Pilgerweg wieder herabzugehen, erfüllte. Jesus hat aber dieses Gesetz durchbrochen, als er am Jakobsbrunnen das Gesetz auflöste und den Weg frei machte, um an jedem Ort Gott anzubeten.

Jesus machte seine Apostel zu Wanderaposteln, und diese haben dem christlichen Pilger seinen Inhalt gegeben.

Paulus wallfahrtet nach Jerusalem

Seine Missionsreisen hatten den Charakter des Pilgerns. Er zog nach seiner Verkündigung unter den Heiden hinauf nach Jerusalem. Paulus kam nach Jerusalem zur Urgemeinde, in der am Pfingstfest die Pilger alle durch die Herabkunft des Hl. Geistes die Pilgergemeinschaft der Kirche erfuhren. Für Paulus geschieht pilgern fern vom Herrn, aber seine Nähe wie die Emmausjünger ist zu erfahren am Brotbrechen.

Nach dieser eindrucksvollen Schilderung über die Pilgerfahrt des Apostels Paulus erstellt Staell einen für seine Zeit beachtlichen Katalog für das Wallfahrtswesen seiner Zeit auf. Zielpunkt für Pilger war nicht allein

Jerusalem. Neue Orte kamen hinzu, die Gräber der Apostel Petrus und Paulus zu Rom und einer großen Zahl von Märtyrern und Heiligen. Was an Mariengedenkstätten im Hl. Land erhalten und in Kleinasien und Konstantinopel überstand, Pilger haben zum Überleben dieser Orte bis heute beigetragen.

Man versteht nun die anfangs von Staell gestellte Frage: Soll davon Kevelaer ausgeschlossen gewesen sein?

Die Pilger haben in Kevelaer des Evangeliums wegen den Ausschlag gegeben, Maria an einem von ihr erwählten Ort zu verehren. Kevelaer wurde ein Durchbruch aus der Umklammerung des vordringenden Calvinismus und seine Bedeutung unterstrichen durch den Andrang tausender von Pilgern, die in ihren Gebeten den Trost fanden, den Maria nach allem Leid am Pfingstfest in Jerusalem mit der Kirche aus allen Völkern erfahren durfte.

An den Pilgern hat Boomhof am Anfang des VI. Traktates seinen Zorn ausgelassen. Jetzt, am Ende des Traktates, lädt Staell den Prediger Boomhof ein, wenn es möglich wäre, einmal als Beichtvater den Pilgern zu begegnen. „Ich verdächtige ihn nicht, daß er ein solches Angebot annehmen würde, und ob er dort etwas hören würde, was den Pilgern abträglich wäre. Die Kirche weiß darum Mißbräuche abzustellen, Bräuche zu fördern. Dafür haben kluge Vorsteher zu sorgen."

Traktat VII

Nach dem Höhepunkt, den die Pilgerfahrt nach Kevelaer durch die Synode von Venlo erlangt hatte, führt Staell im VII. Traktat zur alltäglichen Situation der Kirche zurück. Ein weiterer Sturm begleitete sie, der Bilderstreit und Bildersturm, wie er von der Reformation hervorgerufen wurde.

Es entstand die Querele über den Bilderkult. Die Gegner bedienten sich ihrer Eloquenz, begehen Verrat an solchen, die Bilder verehren. Ein Götzenkult wird veranstaltet gegen Idole, die aufgestellt werden, und Verleumdung verfolgt alle, die Bilderanbeter genannt werden. Dieser Querele begegnet Staell mit der Exegese von Ex 20. Was sagt der Dekalog? Für Staell ist der erwähnte Dekalog die einzige, die absolute Forderung, nur den einen Gott zu ehren, der mit keiner materiellen Darstellung versinnlicht werden kann. Christusbilder und Heiligenbilder nach menschlicher Darstellung widersprechen nicht dem ausschließlich monotheistischen Verbot, sich ein Bild davon zu machen. Die Kirche hat sich in ihrer Gottesanbetung stets nach dem Dekalog ausgerichtet, aber zugleich einen dementsprechenden Bilderkult ausgeübt.

Staell kann sich darum mit Recht auf christliche Bräuche und liturgische Gewohnheiten berufen.

Allem voran, und eine unterschwellige Erinnerung an die Stimme, die ein Hörender unter einem Kreuz wahrnahm mit der Aufforderung zum Bau eines Kapellchens, erwähnt Staell den Brauch, überall im Land Wegkreuze errichtet zu haben und von neuem aufzustellen. Kreuzverehrung war vor Kevelaer, aber erhielt neue Motivierung, um gegen allen Bildersturm standzuhalten.

Wer heilige Bilder in der Öffentlichkeit aufstellte, legte Zeugnis ab für den Glauben der Väter, mit dem sie die Irrlehren gegen Heiligenbilder abwehrten und der hierzulande durch Kevelaer gestärkt wurde.

Hierher gehört eine Legende, die Staell aus dem 4. Jh. anführt, wo ein heidnischer Gefangener im Gefängnis ein Marienbild verunehrt habe, das Heiligenbild sich aber von ihm abwandte und der Gefangene am Blick auf Maria gehindert wurde.

Zur Abwehr des reformatorischen Bildersturmes hatte das Konzil von Trient Stellung genommen. Die theologische Argumentation ging von der Darstellung jeglichen Bildes in Materie von Farbe, Holz oder Stein, dem kein Leben innewohnen kann, über zu dem Bezug, den eine solche Darstellung verkörperte, zu dem Bezug auf einen Prototyp (Tract VII).

Jeder Wallfahrtsort hat seine Devotionalindustrie daraus entwickelt.

Die Kirche hat stets darauf gesehen, daß im Heiligenbild immer etwas vom unsichtbaren Prototyp der heiligen Maria den Gläubigen ansprechen sollte. Staell hatte schon zu Beginn des II. Traktates darauf hingewiesen, wie – Kevelaer nicht ausgeschlossen – der Glaube nicht privatisiert aufgefaßt werden kann, sondern Kirche bedeutet Leib Christi, die erste Kirche ist die von den Aposteln gegründete Kirche, ist immer auch die Kirche der Späteren, zu jeder Zeit.

Mit diesem ekklesiologischen Aspekt endet Staell zum Abschluß seines Peregrinus (des VII. Traktates). Es ist ein Abschluß, den er feierlich gestaltet.

Jenseits des Jordan hatten die durch den Fluß getrennten Stämme Israels einen Altar errichtet. Der Hohepriester des jenseitigen Ufers prüfte die Rechtgläubigkeit der durch den Fluß getrennten Stämme (Jos 22) und anerkannte ihre Kultstätte.

Die Heiligenverehrung bedeutet Gemeinschaft der Christen auf Erden mit denen, die jenseits im Himmel weilen.

Heiligenverehrung verirrt sich nicht in Anbetungskult, sondern gründet in der Gemeinschaft mit unseren Brüdern und Schwestern, die die Schwellen des Todes überschritten haben.

Hinter allen christlichen Gebräuchen kirchlichen Kultes steht das grundsätzliche „Ja" zu Christus und seiner Kirche . . . Erinnerung an Heilige ist der Aufruf, sie nachzuahmen, ihre Beispiele sind der Betrachtung wert, sie erheben zur Schau der Ecclesia Spiritualis, der Kirche des Heiligen Geistes. Bilder, die in der Kirche aufgestellt werden, schenken uns in der Zugehörigkeit zu den Gliedern Christi die Gewißheit, daß sie uns auf dem Lebensweg begleiten und helfende Gefährten sind.

In Anspielung auf das Wort „Protest" klagt Staell: Unser Protest erhebt sich warnend. Wir lassen uns weder durch Schisma, durch keinen Zwischenraum von der Kirche fernhalten, noch auf die Dauer durch eine Häresie von ihr, dem Leibe Christi, trennen.

Trennungsschmerz über Spaltung der Kirche

Staell hat mit dem Ausruf „Welch' ein Schmerz!" sein kirchliches Empfinden über die Spaltung der Kirche, die sich durch die Reformation vollzogen und Mitte des 17. Jahrhunderts zu erstarrten Gegensätzen verhärtete, Ausdruck verliehen.

Staell wurde neben seiner pastoralen Arbeit zum Anwalt der katholischen Rechtgläubigkeit am Niederrhein. Diese Aufgabe sollte mit der Entstehung des Wallfahrtsortes Kevelaer für ihn der Höhepunkt seiner apologetischen Arbeit werden. Er machte sich die Entscheidungen der Synode von Venlo über die Anerkennung des Wallfahrtsortes in Kevelaer zu eigen, um sie nach Abschluß der Synode in der geschichtlich-theologischen Abfassung des Sieben-Traktate-Stiles der Öffentlichkeit zugängig zu machen.

Staells Treuebekenntnis zur Kirche

Staells Bekenntnis aus Anlaß einer geschichtlich-theologischen Diplomarbeit an der Fakultät in Köln verfaßt, stehe hier am Ende seiner Verteidigung der Pilger nach Kevelaer. Es waren die einfachen Gläubigen, denen er seine Belehrungen anläßlich ihrer Pilgerfahrt nach Kevelaer angedeihen lassen wollte. Für sich selbst aber nahm er in Anspruch, im „Ichstil" zu bekennen:

„Ich anerkenne in der Kirche die Braut Christi, in ihr erwarte ich mein Heil."

Die Anrufung „Trösterin der Betrübten" und „Maria Mittlerin"

Der geschichtlich-theologische Aspekt, den Staell seiner Darstellung über das Aufkommen des Wallfahrtsortes Kevelaer zugrunde legte, umfaßt die Verehrung Marias.

Die Synode von Venlo bringt 1647 in der feierlichen Verkündigung zum Ausdruck: Kevelaer ist der Ort der „Trösterin der Betrübten". Staell nimmt diesen Titel auf in seiner Predigt zur Weihe der Kerzenkapelle 1649. Er begründet diesen Titel mit dem Hinweis auf Tränen der Menschen. Er erweitert diesen Titel mit der Anrufung „Pforte des Himmels" aus der Lauretanischen Litanei. Durch diese Pforte steigt alles irdische Seufzen und Weinen zu Gott empor.

Von dort über eine Stelle bei Johannes Damascenus, nach der Maria eine Vermittelnde bei Gott ist, ist es nicht weit zum marianischen Titel der „Mittlerin". Damit wird die Stellung Marias zu den Menschen und ihre Bevorzugung durch göttliche Erwählung verdeutlicht. Der Titel „Mittlerin" bezeichnet den Weg allen Betens. Die Bitte steigt durch Maria zu Gott auf, und Erhörung kehrt zur Erde zurück. Maria neigt sich herab, um die leidende Menschheit zu trösten.

Die hier gegebene Erklärung hat Staell mit seiner dem Traktatenstil verbundenen Sprache dargestellt.

Das für den Menschen unerforschliche Erkennen Gottes entzieht sich dem menschlichen Wissen. Staell nennt es das „Vorher". Erst wenn Gottes Weisheit und Vorsehung es kundtut über dazu Auserwählte, ob es Personen oder bildhaft umschreibende Vorstellungen sind – wie hier Himmelsleiter, Pforte des Himmels – alles das umschreibt ein „Jetzt", die immerwährende Tätigkeit Marias, „Mittlerin" von Bitte und Erhörung vom Gott allen Trostes zu sein.

Porträt des Johannes Staell (Stalenus), späterer Landdechant von Geldern und maßgebender Theologe bei der Entwicklung der Wallfahrt. Gemaltes Holzepitaph, Niederrheinisches Museum für Volkskunde und Kulturgeschichte, Kevelaer

Umschrift: Johannes Stalenus, Can. und Pastor von Rees im Alter von 42 Jahren, 1638. Während ich lebe, sterbe ich

Übertragung der Inschrift:
Siste [homo] viator – Halte an, Wanderer!
Was ich im Leben mir vornahm und bei Gesundheit überdachte, hieß:
Sei des Todes eingedenk!
Du, der du lebst und noch bei Gesundheit bist,
betrachte mit mir und fürchte zugleich, was dir noch bevorsteht:
Das Los der Ewigkeit, „Jahre von ehedem hab' ich im Sinn" (Ps 76,6).
Das, was du bist, bin ich gewesen.
Du wirst sein, was ich im Grabe wurde:
Ich bin Staub, ich bin Schatten.
Auch du, Wanderer, wirst es sein,
und dem Urteil des ewigen Richters wird dein Geist unterzogen.

Noch geh' deines Weg's, Wanderer, zum Ziel des Lebens.
Bald wirst auch du die Pforte der Ewigkeit durchschreiten.
Jetzt magst du mit dem Blick auf die Ewigkeit leben,
und für meine Seele magst du wohl beten.
Darum bitte ich um ein:
„Er möge ruhen in Frieden. AMEN AMEN!"

Nachschrift 1681: Johannes Stalenus wurde 85 Jahre. Er starb im Jahre 1681, am 8. des Monats Februar

Die Chronik der Oratorianer zu Kevelaer vermerkt:

„Am 8. Februar 1681 starb im Oratorium der ehrwürdige Pater Johannes Stalenus um die zweite Mittagsstunde, gestärkt mit allen Sakramenten, im Alter von 85 Jahren. Er arbeitete fleißig im Weinberg des Herrn und war unermüdlich, Nichtkatholische zu konvertieren und Abtrünnige zurückzuführen. Ein sehr gelehrter Mann in der Theologie und besonders in der heiligen Wissenschaft."

Authentische Werke

Verhael van de Mirakelen int Dorp van Kevelaer	Ruremonde 1647 Approbatie 1647
Peregrinus ad Loca Sancta A Johanne Staleno, Canonico et Pastore Resensi.	Köln 1649 Approbatio 1649
Angebunden: Concio de consecratione et Dedicatione Ecclesiae agri Kevelaeriensis.	Köln 1649

Apologetische Schriften des Johannes Stalenus

1633 Missa	2 Exemplare, ein Exemplar dem lateinischen Text angebunden, der Text, laut Angabe, in belgischer Sprache verfaßt.
1634 Litania Sanctorum	Rees 1624, belgisch
1634 Litania Sanctorum	belgisch
1635 Apologeticus pro Litania Sanctorum omnium	3 Libri lateinisch
1639 Dissertatio historico-theologica	Papissa – Fabula
1640 terraemotus	16.April Oratio in Rees; Anhang: De Atlanti insula

Zeitgenössische Werke

Zeitgeschichte:

Lovis Guicciardin, Description de touts les Pais-Bas autrement appellés la Germanie inferieure, ou Basse Allemagne	Antwerpen 1582

Katholische Autoren:
Ludovicus Granatensis
Opera in tres tomos
studio R.P. Andreae Scotti S.J.
Liber ecclesiasticae Rhetoricae sive

consionandi ratione
tom I, liber I–VI Köln 1628

Laurentius Beyerlinck
Magnum Theatrum vitae humanae
tom VII, per libros XX
Index Generalis ad septem tomos Köln 1631

Evangelischer Autor:
Johannes Gerhardi,
Locorum Theologicorum
tomi I–XI Genf 1639
tomus V, de ecclesia,
S. 209 - 490 (Kopie).

Kardinal Petrus Bérulle: Oratorium – „Pilger auf Erden"

Kardinal Bérulle, Gründer der Oratorianer in Frankreich, nimmt brieflich Stellung zu einer seiner Gründungen, die neben der Pflege der beschaulichen Spiritualität sich des Pilgerlebens anzunehmen hatte. Sorge für den irdischen Pilger und Beschaulichkeit des Oratoriums in Einklang zu bringen, dazu sucht der geistige Vater und Gründer des Oratoriums in Frankreich seinen Oberen brieflich zu motivieren.

Kardinal Petrus Bérulle im Alter von 54 Jahren, Gründer der Ecole Française, der französischen Oratorianer. Gemälde, 17. Jahrhundert, im Refektorium des Priesterhauses Kevelaer

Brief XI

An den Oberen eines Hauses des Oratoriums, in dem eine große Verehrung zur Jungfrau stattfindet.

Vor allem nicht im Widerspruch zum Stand der Demut und Armut, worin ihr euch befindet, laßt nicht nach, innerlich zu leben auf dem Weg des Gebetes und der Selbstverleugnung. Denn diese Arbeit ist nie vergebens, bleibt nicht ohne Frucht, wenn auch oft ohne Erfolg und ohne Genugtuung. Sie bleibt stets notwendig und unsere Pflicht. Habt aber auch acht, daß ihr eure Pflicht den Pilgern gegenüber nicht vernachlässigt. Laßt ihnen Beistand und Sorge zuteil werden. Außer den gewohnten Arbeiten verlangt Gott von eurem Haus, mit doppelter Liebe und Sorgfalt euch einzusetzen. Seid zuvorkommend denen, die hierher kommen, um der heiligsten Jungfrau Ehre und Frömmigkeit zu erweisen, die wir in besonderer Weise der Gottesmutter schulden.

Dieser Dienst soll uns lieb und angenehm sein. Ich bitte euch, diese Verpflichtung zu erkennen. Wägt und legt euch Rechenschaft ab, was in dieser Hinsicht zu geschehen hat, ob man unter dem Vorwand der geistigen Ruhe und der inneren Sammlung auf diese Aufgabe verzichten darf.

Ihr müßt sichtbare Engel sein, die den Pilgern der heiligen Jungfrau mit Eifer und Sorgfalt zuvorkommen, Engel, die den Himmel verlassen, um zu dienen, so wie Schutzengel es für uns tun. Diese Liebe wollen wir tatkräftig und wirksam zu Ehren der allerseligsten Jungfrau anbieten.

So wollen wir es ausführen, wie die heilige Jungfrau ihrem einzigen Sohn Jesus Christus, unserem Herrn auf seinem Pilgerweg auf Erden ihren Dienst geleistet hat. So wollen auch wir handeln. Mit Blick auf die Verhältnisse in eurem Haus dürft ihr erwarten, daß euch Gott die Kraft gibt, Rede und Antwort zu stehen. Erbittet und verlangt von ihm die Gnade, mit jedem einzelnen zu sprechen. Wirkt auf diesem Weg diskret und familiär, das Gute mitzuteilen, was ihr sonst meistens im Gespräch allgemein mitzuteilen pflegt.

P. Bérulle, Lettre aux Prêtres de L'Oratoire. XI,740/741

Nachbemerkung zum Brief XI des Kardinals Petrus Bérulle

Unter den Briefen des Kardinals Bérulle -1644 - wendet sich der Kardinal mit Brief XI an den Superior eines Oratoriums, das einen großen Andrang des Volkes zur Verehrung eines Bildes der seligen Jungfrau und Mutter Maria zu verzeichnen hatte. Diesen Brief nahm der Praepositus R.A.P. Petrus de Swert bei seiner Visitation des Oratoriums Kevelaer zum Anlaß, in seinem Visitationsbericht vom 13. März 1713 unter den „übrigen Punkten" dem Oratorium in Kevelaer zur Auflage zu machen, „an jedem 1. Tag einer Marianischen Oktav" den Brief des Kardinals Bérulle „im Refektorium oder in der Hauskapelle vorzulesen".
(Chronicon Congregationis Oratorii Dni Jesu... Mechliniensis, Seite 190, Verfasser +++, Censura 24.Sept. 1740)

Volker von Volckamer

Graf Wolfgang IV. zu Oettingen-Wallerstein (1629–1708),

Stifter des Silberschildes, gewidmet dem Gnadenbild zu Kevelaer (1681)

Gesandter zum Friedenskongreß von Karlowitz (1698–1699) und Großbotschafter zum Sultan in Konstantinopel (1699–1701)

Am Morgen des 12. September 1683 hatte die Entscheidungsschlacht um Wien begonnen, die schon am Abend in der wilden Flucht des osmanischen Heeres nach Osten endete. Als Ordonnanzoffizier stand damals der noch nicht zwanzigjährige Prinz Eugen von Savoyen zum erstenmal im Gefecht. Im folgenden großen Türkenkrieg zeichnete er sich bei der Eroberung von Buda und in der Schlacht bei Mohács am Berge Harsan aus, war dann mehrere Jahre auf dem oberitalienischen Kriegsschauplatz gegen Frankreich eingesetzt und nach einem kometenhaften Aufstieg im Juli 1697 im Alter von 33 Jahren als Feldmarschall zum Oberbefehlshaber des kaiserlichen Heeres in Ungarn ernannt worden. Am 11. September 1697 – fast auf den Tag vierzehn Jahre nach dem Entsatz von Wien – besiegte er kriegsentscheidend bei Zenta das unter dem Befehl des Sultans stehende osmanische Heer. Mit seinen in Gewaltmärschen herbeigeführten Truppen traf er die Türken während ihres Übergangs auf einer Schiffbrücke über die Theiß: Den Sultan samt Reiterei und Artillerie schon jenseits des Flusses, den Großwesir mit der Infanterie noch am diesseitigen Ufer. Die Gunst des Augenblicks nützend, befahl Prinz Eugen noch wenige Stunden vor Einbruch der Dunkelheit den Angriff: In einem „gräulichen Blutbad", wie er selbst es nannte (Braubach 1963: 260), wurde in kurzer Zeit ein Heer von mehr als 20 000 Mann vernichtet. Noch in der Nacht floh Sultan Mustafa II. mit dem Rest seines Heeres nach Temesvár. Fast das gesamte Lager mit Harem, Kriegskasse und Vorräten mußte er zurücklassen, und über 400 erbeutete Feldzeichen schickte Prinz Eugen nach Wien.

Nach dieser verheerenden Niederlage der Türken, der noch ein Streifzug des Prinzen Eugen durch Bosnien und bis nach Sarajewo folgte, war der Weg zum Frieden geebnet. Wilhelm III. von Oranien, Statthalter in den Niederlanden und König von England, bot sich noch im Spätjahr 1697 als Friedensvermittler an. Entsprechende Verhandlungen mit dem Großwesir führte im Auftrag des Königs der englische Botschafter William Paget, der diese Stelle in Konstantinopel seit 1693 innehatte. Endlich fanden sich alle Beteiligten – nämlich außer dem Osmanischen Reich und Österreich auch Venedig, Polen und Rußland – bereit, unter Anerkennung des Grundsatzes „uti possidetis", also der Wahrung des augenblicklichen Besitzstandes, in Verhandlungen einzutreten. Als im August 1698 die führenden Generale – Prinz Eugen von Savoyen, Graf

*Bild-Inschrift:
Ihre Excellenz, Herr Wolfgang des Heiligen Römischen Reiches Graf zu Oettingen, Kaiserlicher Majestät Geheimerrat, Kämmerer und Reichshofrats-Präsident und dero bei den im Jahre 1699, Monat Januar zu Karlowitz in Ungarn mit den Türken geschlossenen Friedenstraktaten gewesener Erster Bevollmächtigter und jetzt an die Osmanische Pforte nach Konstantinopel abgeschickter Großbotschafter. Kupferstich nach Franz Stampart, 1700. Fürstliche Sammlungen Harburg*

Aeneas Caprara und Markgraf Ludwig Wilhelm von Baden – um Gutachten zu den bevorstehenden Friedensverhandlungen gebeten wurden, da beglückwünschte der „Türkenlouis" den Kaiser dazu, daß die kaiserlichen Truppen dort Halt gemacht hatten, wo die Grenzen am besten zu verteidigen seien. Ein Friede auf der Grundlage des „uti possidetis" könne daher wohl abgeschlossen werden (FÖWAH, PA Graf Wolfgang IV., Rot Nr. 2779. – Eckert 1932: 469).

Mit einem Dekret vom 3. September 1698 bestimmte Kaiser Leopold zu seinem ersten bevollmächtigten Gesandten für den Friedenskongreß in Karlowitz den Grafen Wolfgang zu Oettingen-Wallerstein. Daß die Wahl auf diesen Mann fiel, hat manchen überrascht, denn auf dem Gebiet der äußeren Politik war Graf Wolfgang bis dahin nicht hervorgetreten. Wer war der vom Kaiser ausgewählte Mann?

Als zweites von vierzehn Kindern aus der Ehe des Grafen Ernst II. zu Oettingen-Wallerstein mit der Gräfin Maria Magdalena Fugger-Nordendorf war Graf Wolfgang am 1. Februar 1629 in Wallerstein zur Welt gekommen. Über seine Jugend, seine Erziehung, wissen wir bis heute kaum etwas. Sein Vater wurde 1635 vom Kaiser in den Reichshofrat berufen und lebte von da an in Wien, seit 1648 durch zweiundzwanzig Jahre bis zu seinem Tod im Jahr 1670 als Präsident dieser wichtigen unter den wenigen obersten Reichsbehörden. Der Reichshofrat war neben dem Reichskammergericht eines der beiden höchsten Gerichte des Reichs, außerdem aber auch ein Gremium, das der umfassenden Beratung des Herrschers in Fragen der Verwaltung und der Reichspolitik diente.

Vierundzwanzigjährig ist auch Graf Wolfgang im Jahr 1653 in den Reichshofrat eingeführt worden, in dem er dann vielfach als Referent tätig war (v. Gschließer 1942: 268). Seit 1661 war er verheiratet mit Anna Dorothea, der Tochter des Grafen Johann von Wolkenstein und der Gräfin Felicitas von Spaur. Von den dreizehn Kindern aus dieser schwäbisch-tirolischen Ehe sind sechs noch im Kindesalter verstorben.

Von Wien aus ist Graf Wolfgang häufig auch zu anderen als den Geschäften des Reichshofrats herangezogen worden: Abgeordnet zur Augsburger Bischofswahl von 1665, zum Erzbischof von Salzburg 1668, zur Bischofswahl in Passau 1673, im gleichen Jahr nach Warschau, wo König Michael, ein Schwager des Kaisers, gestorben war. In der zweiten Hälfte der 70er Jahre mehrfach nach Bamberg und Würzburg, zum Fränkischen Kreis in Sachen der Reichsarmee, wegen des Friedensschlusses von Nymwegen nach München und nach Neuburg, in den 80er Jahren, vor allem im Zusammenhang mit dem Pfälzischen Erbfolgekrieg und mit der Königswahl Josephs I. an Neckar und Rhein, in Heidelberg, in Mainz, in Köln und in Düsseldorf.

Ein bis heute erhalten gebliebenes sichtbares Zeugnis seiner Reisen in den Nordwesten des Reichs ist der silbergetriebene Schild, der das Gnadenbild in der Wallfahrtskapelle von Kevelaer rahmend umgibt. Graf Wolfgang hat ihn im Jahr 1681 gestiftet und sich in der Widmungsinschrift als Obersthofmeister der kaiserlichen Schwester Maria Anna Josepha, der Gemahlin des Pfalzgrafen Johann Wilhelm, Herzogs zu Jülich, Kleve und Berg bezeichnet. Dem Grafen war dieses Amt bei der Hochzeit der Erzherzogin 1678 übertragen worden (FÖWAH, PA Graf Wolfgang IV. Nr. 47), und im gleichen Jahr hatte ihm der Kaiser zugesichert, ihn zum Reichshofratspräsidenten oder einer anderen hohen Stelle zu befördern (FÖWAH, PA Graf Wolfgang IV. Nr. 32). Am 26. Mai 1683 war der Reichshofratspräsident Fürst Johann Adolf von Schwarzenberg gestorben, am 7. Juli der Kaiser mit dem Hof vor den herannahenden Türken aus Wien geflohen. Aber noch während seine Hauptstadt belagert war, hat er sein Versprechen eingelöst und den Grafen Wolfgang am 2. September 1683 zum Präsidenten des Reichshofrats bestellt (v. Gschließer 1942: 268). Fünfundzwanzig Jahre lang hat der Graf dieses Amt dann bis zu seinem Tod innegehabt. Kaiser Leopold hätte ihn freilich im Jahr 1696 gerne zum Reichsvizekanzler befördert gesehen, und auf diesem Posten hätte er traditionsgemäß außenpolitische Aufgaben übernehmen müssen. Lothar Franz von Schönborn, der Kurfürst von Mainz, der als Erzkanzler jenes Amt zu besetzen hatte, zog ihm aber trotz des kaiserlichen Wunsches den Grafen Dominik Andreas Kaunitz vor (Hantsch 1929: 75).

Teilabdruck aus: P. W. Schienerl (Hrsgb.): Diplomaten und Wesire. Krieg und Frieden im Spiegel türkischen Kunsthandwerks, München 1988, S. 9 f. Mit freundlicher Erlaubnis des Verfassers und des Staatlichen Museums für Völkerkunde, München.

Die Inschrift auf dem Silberschild

Haec tibi Virgo Parens, Comes hic Öttingius offert,
Seque, suosque tibi, Diva Maria, dicans,
Qui venis hic orans, simul haec, ac ipse dicato,
Sisque Comes Comiti corde, animo, atque prece,
Ut Comiti semper perstet Comes ipsa Maria
Et Comitis Comitum sit Comes atque Parens.

Dies opfert der Jungfrau-Gebärerin
Der Graf von Oettingen hier
Sich und die Seinen Dir Maria weihend.
Wer immer du seist in gleicher Weise betend,
Solches du auch selber weihe.
Sei dem Grafen Begleiter mit Herz, Gemüt und Gebet,
Damit dem Grafen beistehe
Maria die Begleiterin selbst.
Des Grafen und seiner Begleiter sei
Begleiterin und Mutter.

Anno, Mense, Die,
quo ornabat phoebUs spLenDore et VIrgInIs aras,
VIrgInIs ornabant et saCra Vota thronUM.*
Illustrissimi ac Excellentissimi Domini Domini Wolffgangi S. R. J.
Comitis ab Öttingen Sacrae Caesariae Hungariae Bohemiaeque
Regiae Majestatis Camerarii et Consiliarii intimi,
nec non ejusdem Sacrae Caesariae Regiaeque Majestatis
Serenissimae Dominae Sororis Mariae Annae Josephae,
nuptae Serenissimo Principi Palatino Duci Juliae, Cliviae, Montium etc.
Supremi Praefecti

Im Jahr – im Monat – am Tag, an dem die Sonne dem Sternbild Ara-Virgo Glanz verleiht. Dem Thron der Jungfrau zur Ehre gereichen die heiligen Gelübde des Erlauchten und Erhabenen Herrn, des Herrn *Wolfgang*, des Heiligen Römischen Reiches Graf von Oettingen, Seiner Kaiserlichen Ungarischen und Römischen Majestät Kammerherr und Geheimer Rat, der Geneigtesten Herrin Schwester Maria Anna Josepha, vermählt mit dem Erhabensten Pfalzgrafen, Herzog von Jülich, Kleve, Berg, *Obersthofmeister.*

Erläuterungen zur Datierung der Inschrift

Jahr	Monat	Tag
*Römische Buchstaben Zählweise: V L D V I I I V I I I C V V M 563 1118 1681 = Jahr	Sternbild: ARA VIRGO Gradeinteilung 30° = 30 Tage 5° = 5 Tage römische Buchstaben Zahlen Phöbus-Sonne V geht die letzten 5° 5 Tage „längs der scheinbaren Jahresbahn" durch das Sternbild Jungfrau im August Monat VIII	Römische Buchstaben: V – Virgo V – Vota V – thronUm Angabe für den 15. August Aufnahme Mariens zum Thron des Himmels, an dem Tag Heiliger Gelübde des Wolfgang Grafen von Oettingen und Obersthofmeisters der kaiserlichen Schwester Maria Anna Josepha, Gemahlin des Pfalzgrafen, Herzogs von Jülich, Cleve, Berg

Übersetzung der Inschrift und Erläuterungen von Radbert Kerkhoff OSB.

Der reich vergoldete Silberschild, mit dem Graf Wolfgang IV. zu Oettingen-Wallerstein 1681 als Weihegabe das Gnadenbild ehrte

Ulrike Bergmann

Zur Ikonographie des Gnadenbildes der „Trösterin der Betrübten" zu Kevelaer

Sucht der Pilger das Gnadenbild der „Trösterin der Betrübten" zu Kevelaer in der warmen Jahreszeit auf, so strahlt ihm vom Kapellenplatz her hinter einem offenen Rundbogenfenster zunächst der reiche Schmuck des Bildchens entgegen: gefaßt in einen silbernen Rahmen von 1664, eingelassen in eine reich verzierte Silberplatte von 1681, 1892

Blick auf das offene Fenster der Gnadenkapelle in Kevelaer. Federzeichnung v[on] Richard Bellm 1976

mit goldener Krone gekrönt, gehalten von Engeln, beladen mit Schmuck dankbarer Wallfahrer. Gegen diese Pracht tritt das Gnadenbild selbst, durch die Zeit und den starken Lichteinfall gedunkelt, in stiller Bescheidenheit zurück: ein kleines Bildnis der Muttergottes auf einem Kupferstich. Das unscheinbarste Gnadenbild Deutschlands hat man das Kevelaerer Gnadenbild nicht von ungefähr in der Literatur genannt.[1]

Es ist nichts anderes als ein „kleines Andachtsbild", ein Zettel mit der Wiedergabe eines real existierenden Gnadenbildes, den man als Andenken an eine Wallfahrt nach Hause tragen konnte. Solche kleinen Andachtsbilder, oft mit erbaulichen religiösen Darstellungen geschmückt und auch mit einem begleitenden Gebetstext versehen, wurden wohl schon im 14. Jahrhundert, allerdings als kleine, gemalte Bildchen, in Klöstern hergestellt[2] und dienten der privaten Andacht.

„Lepanto-Madonna", eine Silbertreibarbeit, 16. Jahrhundert, die von den Oratorianern via Namur mitgebracht wurde. Priesterhaus Kevelaer

Durch neue Techniken der Herstellung – Holzschnitt, Kupferstich – erlangten sie ab dem 15. Jahrhundert größere Verbreitung und Popularität. Sie dienten vielfältigen Zwecken: an Gnadenbilder und Reliquien angerührt, wurden sie selbst zu Reliquien, dienten, am Körper getragen, als Apotropaion, als Schutz gegen das Böse und gegen Krankheiten, schützten, im Stall angebracht, das Vieh, wurden als Heilmittel auf kranke Körperteile gelegt und als Grabbeigabe verwendet; in kleiner Form schluckte man sie gar hinunter.[3]

Einen ganz besonderen Aspekt gewannen die kleinen Andachtsbilder in der Zeit der Gegenreformation hinzu: sie werden zum Propagandamittel vor allem der Jesuiten im Kampf gegen den Protestantismus. Mehr noch als das gepredigte Wort waren diese volkstümlichen Bildchen in der Lage, den in Gefahr befindlichen Glauben zu stärken und anzufachen. Ganz besonderer Beliebtheit erfreuten sich Darstellungen der Gottesmutter, hatten sich doch die Jesuiten und andere Orden im Kampf gegen den Kalvinismus die Verehrung Mariens auf die Fahnen geschrieben. Eine vorher nicht gekannte Bilderverehrung blühte auf, mußte man doch die zum Himmel aufgefahrene Mutter Jesu in Ermangelung von Körperreliquien notgedrungen in dieser Form ehren. Mit dieser Reaktion auf den Bildersturm der Kalvinisten und Zwinglianer standen die Orden in einer historischen Tradition, denn schon in der Ostkirche hatten die Verteidiger der Bilder ihren Streit mit den Ikonoklasten im Namen Mariens gewonnen. Seitdem galt Maria als Bezwingerin aller Häresien[4]. Die Reformorden des Mittelalters unterstellten sich dem Schutz der Gottesmutter, um Häresie von innen und außen abzuwenden. Auch Ignatius von Loyola stellte die Jesuiten in den besonderen Dienst Mariens.

Hatte bereits das Konzil von Trient die reformatorischen Angriffe auf den Marienkult abgewehrt und die Grundlagen zu einer verstärkten Marien- und auch Reliquienverehrung gelegt, wurde der Sieg von Lepanto 1571, den man im Zeichen Mariens gewonnen hatte, zum Ausgangspunkt einer marianischen Begeisterung, die in barocker Festlichkeit und Inbrunst gefeiert wurde.[5] Medium des Marienkultes und damit auch der Gegenreformation wurde eine neu belebte Wallfahrt zu Marienbildern. Katholische Landesfürsten riefen Jesuiten in ihr Land, die in Prozessionen und Wallfahrten ein wichtiges Instrument der „Propaganda fidei catholicae" sahen. So entstanden in fast jeder katholischen Region eigene marianische Wallfahrtsstätten, welche die alten Pilgerfahrten zu ferngelegenen Zielen überflüssig machten und damit auch das Durchqueren protestantischer Regionen. Hatte vor allem bis zum 12. Jahrhundert die große Mehrheit aller Wallfahrten die leiblichen Überreste eines Heiligen zum Ziel[6], verlagerte sich im Barock das Wallfahrtswesen auf die Bilderverehrung, eine Tendenz, die im westlichen Abendland eigentlich mit der Eroberung von Konstantinopel 1204 ihren Ausgang nahm[7]. Doch gewann in der Zeit des Barocks auch die Verehrung und Präsentation von Reliquien und heiligen Leibern eine einzigartige Form und Gewichtung.[8]

Dies sind auch die Voraussetzungen für die Entstehung des Kevelaerer Gnadenbildes und somit der Wallfahrt. Bekanntermaßen ist es ein Bildnis der Muttergottes von Luxemburg. Die Wallfahrt zur Consolatrix Afflictorum von Luxemburg begann 1624, also mitten im 30jährigen

Krieg. Luxemburg gehörte zu dieser Zeit zu den spanischen Niederlanden und wurde von der Erzherzogin Isabella als Gouverneurin regiert. Diese hatte sich seit ihrem Regierungsantritt 1598 zusammen mit ihrem Gemahl Albert für die Gegenreformation eingesetzt, den Jesuitenorden und die Wallfahrt zu marianischen Stätten gefördert. Besonders nach Scherpenheuvel zog es das spanische Regentenpaar, wo sie für das Wallfahrtsbild eine große Basilika errichten ließen. Vom Holz der Eiche, in der das Gnadenbild der Muttergottes bisher gestanden hatte, ließ Isabella zahlreiche Kopien schnitzen und verschenkte sie. Wahrscheinlich kam eine dieser Statuetten auch nach Luxemburg[9], doch ist dies von der Forschung nicht genau geklärt. Das heutige Gnadenbild ist eine barocke Statue der Maria Immaculata, die 1624 von den Luxemburger Jesuiten unter Führung von P. Brocquart in einer feierlichen Prozession vor den Festungsmauern auf dem Glacis aufgestellt wurde. 1625 begann man mit dem Bau einer Kapelle, die nach einer Pestwelle erst 1628 konsekriert werden konnte. 1636 wütete die Pest wiederum in der Stadt. Danach erlebte die Wallfahrt einen ungeahnten Aufschwung. Die schrecklichen Leiden des Krieges und der Pest ließen die Menschen die Hilfe der „Trösterin der Betrübten" suchen, erste Wunderheilungen wurden berichtet. Dies wird man zum Anlaß genommen haben, erstmals Bilder der Muttergottes in Kupfer stechen zu lassen, wie auch P. Brocquart berichtet[10]. Das Kevelaerer Gnadenbild ist das früheste Andachtsbildchen der Luxemburger Muttergottes, entstanden 1640, und ist auch der einzige erhaltene Abzug dieser Druckplatte. Es ist künstlerisch von hervorragender Qualität und hebt sich hierdurch von der später produzierten Massenware deutlich ab. Sicherlich wurde es in Antwerpen gestochen, wo den Luxemburger Urkunden nach die Andachtsbildchen bezogen wurden. Leider ist die Aktensammlung auf Lieferungen der Zeit von 1652 bis etwa 1690 beschränkt[11], so daß der Stecher des Kevelaerer Gnadenbildes bisher anonym geblieben ist, doch scheint seine Herkunft aus Antwerpen, dem damaligen Zentrum der Herstellung solcher Kupferstiche, gesichert.

Alle wichtigen Merkmale der Ikonographie unseres Bildchens sind dadurch bestimmt, daß es sich um eine *frühe* Darstellung der Luxemburger Muttergottes handelt. Maria trägt einen weiten, steif abstehenden spanischen Mantel, darunter ebenfalls sehr starre, prächtige Barockgewänder mit großem Halskragen und Borten, das Kind ein leicht tailliertes Kleidchen. Beide sind mit Halsketten geschmückt, eine große Kette mit Kreuz ist um beide geschlungen. Auf dem Haupt Mariens eine große, sternenbesetzte Barockkrone, der Jesusknabe trägt eine Bügelkrone. Das Haar der Gottesmutter fällt lang und offen herab, in der Rechten hält sie als Königin des Himmels ein Zepter. Das Kind segnet mit der Rechten und trägt mit der anderen Hand die Weltkugel. Das untere Drittel des Bildchens wird von einer großen Kartusche mit der Bezeichnung „Vera effigies Matris IESU Consolatricis afflictorum in agre suburbano Luxemburgi Miraculis et Hominum Visitatione celebris Anno 1640" eingenommen. Das Bildchen zeigt also den Zustand des Luxemburger Gnadenbildes von 1640. Die Holzstatue ist also offenbar schon kurz nach der Aufstellung bekleidet worden. Das Bekleiden von Bildwerken kam schon in mittelalterlichen Klöstern vor, zur durchgesetzten Mode wurde es

Gnadenbild in Kevelaer, Nachbildung, Kupferstich, 19. Jahrhundert. Sammlung Wallfahrtsleitung

jedoch erst in der Zeit des Barock, wo eigentlich jedes Gnadenbild mit kostbaren Gewändern eingekleidet wurde.

Hochgestellte Persönlichkeiten stifteten Kleider für Gnadenbilder, oft aus eigener Kleidung gefertigt[12]. Die betreffenden Bildwerke besaßen meist mehrere Garnituren von Kleidern, die entsprechend dem Kirchenjahr gewechselt wurden. Selbstverständlich spiegelte sich in ihnen auch die Zeitmode. Die sehr steifen, spanischen Gewänder waren natürlich von der spanischen Regentschaft bestimmt und möglicherweise auch von dieser gestiftet. Sie treten jedoch in ganz ähnlicher Prägung bei sehr vielen anderen Gnadenbildern auf, so etwa in Vianden, Wijnegem, Turnhout, Mechelen, in Spanien haben sie sich teilweise noch heute erhalten. Die Luxemburger Muttergottes hatte jedenfalls schon 1682 einen anderen, sehr viel schmaleren Mantel, wie ein Stich von R. Collin zeigt[13]. Auch die Kronen waren zu dieser Zeit bereits ausgewechselt und entsprachen den heute noch erhaltenen. Das Kevelaerer Bild weist darauf hin, daß die Luxemburger Muttergottes auch künstliches Haar besaß, was zu dieser Zeit auch durchaus üblich war.

Die sternenbesetzte Krone ist Indiz dafür, daß die Gottesmutter hier als Immaculata dargestellt ist, wobei der Sternenkranz von der Vision des Apokalyptischen Weibes im 12. Kap. der Offenbarung nach Johannes übernommen wurde: „und auf ihrem Haupte ein Kranz von 12 Sternen“[14]. Der „Mond unter ihren Füßen“, der in der Vision des Johannes ebenfalls genannt wird, ist beim Kevelaerer Bild nicht sichtbar, beim geschnitzten Luxemburger Bild jedoch vorhanden. Ein weiteres Kennzeichen der Luxemburger Maria, nämlich der Stadtschlüssel am rechten Handgelenk, kommt bei unserem Gnadenbild noch nicht vor, da die Erwählung Mariens zur Stadtpatronin und damit die Schlüsselübergabe erst 1666 stattfand[15].

Die Kevelaerer Madonna in barocker Gewandung. Kupferstich, 1. Hälfte 18. Jahrhundert, Sammlung Wallfahrtsleitung

Eine weitere ikonographische Eigenheit läßt auf eine frühe Entstehungszeit des Gnadenbildes von Kevelaer schließen. Betrachtet man den Hintergrund der Marienfigur, sieht man links eine recht detaillierte Darstellung der Stadt Luxemburg mit Kirchen und Stadtmauer, auf der rechten Seite die Wallfahrtskapelle vor der Stadt auf dem Glacis, und zwar in dem Zustand ihrer ursprünglichen Erbauung. 1639 wurde bereits der Grundstein für einen Anbau gelegt, der offenbar erst 1642 vollendet war[16]. Der mächtige Erweiterungsbau ähnelte der Wallfahrtskirche in Scherpenheuvel.

Das frühe Bildchen der Muttergottes von Luxemburg muß bei den anwachsenden Pilgerströmen reißenden Absatz gefunden haben. Anschaulich berichtet eine allerdings etwas spätere Luxemburger Quelle: „Die historische Beschreibung der Kapelle, die neuntägigen

Andachts- und Bruderschaftsbücher, die in Kupfer geprägten wie auch auf Papier gedruckten und angenähten Muttergottesbilder findet man in der Sakristei der Kapelle oder beim Buchbinder auf dem Krautmarkt, in billigem Preise zu kaufen"[17]. So erwarben auch die beiden Soldaten, durch die das kleine Andachtsbild nach Kevelaer kam, ein Andenken auf dem Luxemburger Markt und wurden so indirekt Urheber einer Wallfahrt, bei der das unscheinbare Bildchen das Urbild schon bald an Popularität überflügeln sollte. Doch ist dies nicht verwunderlich in einer Zeit, in deren Glaube Bild und dargestellte Person vollkommen identisch waren und somit beide Gnadenbilder völlig gleichwertige Erscheinungen der Muttergottes. So ist es auch nicht verwunderlich, daß bereits kurze Zeit später die Luxemburger Inschrift und Topographie durch eigene Kevelaerer Bezeichnungen und Darstellungen der Kevelaerer Gebäude auf dem Kapellenplatz auf eigenen, nun in dem neuen Wallfahrtsort vertriebenen Bildchen ersetzt wurden.[18]

Anmerkungen

1 R. Kriss, L. Rettenbeck, Wallfahrtsorte Europas, München 1950, S. 75. – M. Werner, A. Fink (Hrsg.), Wallfahrten heute, München 1960, S. 42.
2 Zum kleinen Andachtsbild vgl. RDK, Bd. 1, Stuttgart 1937, Sp. 684–876 (D. Klein).
3 Zum kleinen Andachtsbild auch B. Schwering, Gelobt seist du Maria. Volkstümliche Darstellungen des Wallfahrtsbildes von Kevelaer, Freiburg, Basel, Wien,1987, S. 99.
4 H. Dünninger, Wahres Abbild. Bildwallfahrt und Gnadenbildkopie, in: Wallfahrt kennt keine Grenzen, München, Zürich 1984, S. 274-83, hier S. 275.
5 Hierzu Lexikon der Marienkunde, 3./4. Lieferung, Regensburg 1959, Sp. 566–83 (F. Zoepfl).
6 Vgl. u. a. M. Gauthier, Straßen des Glaubens, Fribourg 1983.
7 H. Belting, Die Reaktion der Kunst des 13. Jahrhunderts auf den Import von Reliquien und Ikonen, in: Ornamenta Ecclesiae. Kunst und Künstler der Romanik, Katalog, 3 Bde., Köln 1985 (Hrsg. A. Legner), hier Bd. 3, S. 173 ff.
8 A. Legner, Vom Glanz und Präsenz des Heiltums – Bilder und Texte, in: Reliquien. Verehrung und Verklärung, Köln 1989, S. 33 ff.
9 Zur Entstehung der Luxemburger Wallfahrt vor allem: J. Maertz, Entstehung und Entwicklung der Wallfahrt zur Trösterin der Betrübten in Luxemburg 1624–1666, in: Hémecht. Zeitschrift für Luxemburger Geschichte, 18. Jg. 1966, Heft 1.
10 P. Brocquart, Archives de Notre-Dame à Luxemburg, De informatione.
11 G. Schmitt, Luxemburger Kupferstecher in ihren Zusammenhängen mit dem Andachtsbild der Trösterin der Betrübten, in: Hémecht, 18. Jg. 1966, Heft 3, S. 298.
12 Zum Bekleiden von Bildern S. Beissel, Wallfahrten zu Unserer Lieben Frau in Legende und Geschichte, Freiburg i. Br. 1913, S. 157ff. – Lexikon der Marienkunde 3/4, 1959, Sp. 648ff. – RDK Bd. II, Stuttgart-Waldsee 1948, Sp. 219ff. (H. Wentzel).
13 Vgl. G. Schmitt (wie Anm. 11), Abb. 2.
14 Lexikon der Marienkunde, 2. Lfg., Regensburg 1958, Sp. 306.
15 Hierzu J. Maertz, (wie Anm. 9), S. 88ff.
16 J. Maertz, S. 62f.
17 M. Blum, Sammlung von Aktenstücken zur Geschichte des Gnadenbildes Mariä, der Trösterin der Betrübten zu Luxemburg, 1917, S. 40f.
18 So etwa bereits auf einem Votivbild von 1652 im Besitz der Pfarrgemeinde St. Marien, Kevelaer, oder auf einem Pilgerblatt von 1649 in Aachener Privatbesitz, beide im Katalog: Wallfahrten am Niederrhein, Düsseldorf 1982, Nr. 652 und 653.

François Karels

Einige Besonderheiten, die dem Gnadenbild Unserer Lieben Frau von Luxemburg eigentümlich sind

A. Einstieg

Man möge dem luxemburgischen Verfasser dieses Beitrags gestatten, zunächst festzuhalten, daß er keine Gegenüberstellung vom Marienkult in Kevelaer und Luxemburg beabsichtigt. Und weniger noch mißgönnt er dem ‚Jubiläumskind' in Kevelaer die größere Reichweite und Vielfalt der Verehrung. Doch freut er sich, kurz einige Besonderheiten unserer eigenen Verehrung hervorheben zu können, gemäß dem Wahlspruch des hl. Bernhard: „De Maria nunquam nimis", was in der Übersetzung sinngemäß besagt: „Für Maria tut man nie zuviel." Dies wiederum scheint uns eine Anlehnung zu sein an Kapitel 11,19 aus der Geheimen Offenbarung: „Dann erschien ein großes Zeichen am Himmel; eine Frau mit der Sonne bekleidet, den Mond unter ihren Füßen."

Leider haben wir aus der Vergangenheit, und trotz zahlloser kontrollierter Abbildungen seit 1624, nur wenige gewandlose integrale Darstellungen des luxemburgischen Gnadenbildes, auf denen wir das besondere Zeichen der Mondsichel zu Füßen der „Immakulata" erkennen können. Eine dieser Darstellungen stammt vom verstorbenen Berufsfotografen Nikolaus Sibenaler (†22.6.1978). Sie wurde vom Priestersohn Robert Sibenaler, Pfarrer in Düdelingen, für diese Veröffentlichung unter Mitarbeit seines Bruders Lé Sibenaler freundlichst zur Verfügung gestellt.

Seit Kriegsende 1945 werden immer häufiger solche gewandlosen Bilder Unserer Lieben Frau, allerdings auch ohne Betonung der Mondsichel bevorzugt, besonders nachdem einheimische Fachleute, wie der verstorbene Bischof Léon Lommel und der ehemalige Konservator des Staatlichen Museums Georges Schmitt, zur Auffassung gekommen sind, der Schöpfer des Gnadenbildes sei jener Künstler gewesen, der in der damaligen Jesuitenkirche und heutigen Kathedrale die kunstvolle Brüstung der Empore und das Eingangsportal gemeißelt hat. Besonders der Kopf des göttlichen Kindes gleiche demjenigen des Engels am Portal. In diesem Fall hieße der Künstler Daniel Müller, der unter trierischem Barockeinfluß 1613 das Erstvorbild schuf.[1]

Als bemerkenswert sei noch beigefügt, daß eine ebensolche Mondsichel-Madonna, aber steinern und viel kräftiger als beim Gnadenbild, die Hauptfront der Echternacher Muttergotteskapelle ziert. Der ehemalige Konservator des Staatlichen Archivs, Prof. Paul Spang, hält die Möglichkeit offen, der Begründer der luxemburgischen Wallfahrt, Jesuitenpater Brocquart, habe dem Echternacher Abt Peter Fisch dies vorgeschlagen. Die Reichsabtei wolle nicht bloß ihren Stifter St. Willibrord in der Konventskirche verehren, sondern auch das gläubige Volk, außerhalb der Stadtmauern Echternachs, für die (Mondsichel-) Madonna motivieren.

Originalstatue der „Tröster[in] der Betrübten" in der heutigen Kathedrale von Luxemburg, ohne die üblic[he] Gewandung

Muttergottesstatue als Immakulata über dem Eingang der Muttergotteskapelle „vor den Stadtmauern" von Echternach. Mitte des 17. Jahrhunderts

Die Entstehungsdaten beider Madonnenbilder rücken tatsächlich nahe zusammen (1624, bzw. 1654). Professor Spang, ein gebürtiger Echternacher, meint, „man könne diese Annahme nicht einfach ablehnen, aber auch nicht beweisen".[2]

B. Luxemburgische Besonderheiten

a) Nach diesen Vorbemerkungen möchten wir die erste der eigentlichen Besonderheiten des Andachtsbildes der Trösterin der Betrübten vorstellen. Gemeint sind zunächst die luxemburgischen *Kupferstiche,* worüber der schon erwähnte Georges Schmitt eine besondere Studie schrieb. Wir begnügen uns mit denjenigen luxemburgischer Herkunft, soweit sie nachträglich nicht zu „Kleiderbildern zerschnitten wurden (und) nur noch die Widmungskartusche, die Schriftbänder, die Köpfe und die Hände und z. T. die Kleiderumrisse erhalten sind". Als Entschuldigung hierfür möchten wir allerdings geltend machen, daß die übergroße Zahl der Pilger von damals des Schreibens und Lesens unkundig war und das gesegnete bzw. angerührte Bild bereits als trost- und hilfreich empfunden wurde.[3]

Richard Collin wurde um 1627 in Luxemburg geboren und starb wahrscheinlich um 1697 in Brüssel. Er war sowohl in den Südniederlanden als auch in Deutschland als Reproduktionsstecher berühmt und gesucht, in solchem Maße, daß er dort an bedeutenden damaligen Buchausgaben als Reproduktionsillustrator weitgehend beteiligt war. Gewissermaßen als

*Kupferstich von Richard Collin von 1682, * um 1617 Luxemburg, † um 1697 in Brüssel, nachdem er in Antwerpen als angesehener Kupferstecher gewirkt hatte, gezeichnet von A. von Diepenbeck*

„Testbild“ möchten wir jenen Stich wählen, wo der Text der Kartusche mit von Reihe zu Reihe kleiner werdenden Lettern geschrieben wird. Der Stadtschlüssel ab 1666 figuriert dort ebenso wie die Widmung, daß Unsere Liebe Frau zur Patronin der luxemburgischen Heimat und des Herzogtums Luxemburg erwählt wurde. Diese einmalige Formulierung geschah nur noch von *ziviler* Seite am Befreiungstag des 10. September 1944. War es eine Anlehnung an 1666 oder bloß überschäumende Freude der wiedergewonnenen Freiheit? Beide Standpunkte haben ihre Anhänger, die wir respektieren möchten.

Erwähnen wollen wir sodann noch den in Luxemburg eingebürgerten *Johann Georg Weiser*. Er stammt aus Kressau in Böhmen, wohnte aber seit 1736 in Luxemburg und kaufte sich 1740 in die . . . Krämerzunft ein. Er starb um das Jahr 1767. J. G. W. dürfte sechs oder sieben Kupferstiche mit verschiedenem Format, unter Anlehnung an Collin oder an den Zeitgeschmack entworfen haben. Von ihm schreibt ein luxemburgischer Kunstkritiker: „Er war kein genialer Kupferstecher, aber er verdient wegen seiner Ehrenhaftigkeit (probité) Anerkennung."Übrigens sind seine großflächigen Innenfresken in den Kirchen von Itzig, Mondorf und Dalheim noch heute sehr geschätzt, nachdem sie mit viel Liebe und Sachkenntnis restauriert wurden.

Hausaltar aus dem 18. Jahrhundert. Privatbesitz

b) Eine zweite Besonderheit bilden die sogenannten *Hausaltärchen*. Sie wurden früher vornehmlich im Innern von Bürgerhäusern an der Wand befestigt und waren meist unter Glas und mit mannigfachem Zierat versehen. Sie bildeten dort eine Möglichkeit zur Zwiesprache mit der Trösterin. Leider sind sie heute nur mehr selten anzutreffen. Doch gibt es glücklicherweise noch einige Klöster und Sakristeien im Lande mit besonders schönen Exemplaren. Wohl das schönste, aus Privatbesitz herrührend, konnten wir im Bilde festhalten. Alle verdienten inventarisiert und nötigenfalls aufgeputzt zu werden als Zeugen echter Volksfrömmigkeit.[4]

c) Schließlich mögen erwähnt sein als dritte Besonderheit für das ehemalige Luxemburg (vor 1815 und nach 1839) die *Taken:* Dies sind gußeiserne Platten mit womöglich entsprechender Jahresziffer und Herkunftsmarke. Sie beanspruchen am wenigsten Pietät und leisten bis in die

Herdplatte von 1708

Neuzeit praktische Dienste als Zierobjekte, beim Kaminfeuer und dergleichen mehr. Ohne die heutigen Produkte zu mißbilligen, etwa im Format 21,5 x 16 cm, vermögen diese ebenso an die marianische Tradition unserer Vorfahren zu erinnern wie die bekannten Steingutplatten gleichen Formates als dauerhafte *Firm*andenken fragwürdig bleiben.[5]

C. Zwischenbilanz

Derzeit wird fieberhaft an einer zeitgemäßen Zusammenstellung wertvoller Archivalien gearbeitet, die folgende Themen berücksichtigen dürfte:

1. Der sogenannte *„Fonds Notre-Dame"* mit den Namen der jeweiligen Betreuer der Gnadenkapelle; vor allem Jesuitenpater Jacques Brocquart aus Diedenhofen, heute Thionville (Lothringen), Rektor von 1624 bis 1661, und Pater Alexander Wiltheim (1660–1689), Stadtluxemburger. Sie lieferten beide genaue Angaben über Besucherzahlen, Gebetstexte, verkaufte Andachtsbilder und gemeldete Gebetserhörungen ab 1624.

2. Auch die herrliche *Bildersammlung* aus früherer Zeit vom ehemaligen Präses der Männersodalität Renatus Vleugels, einem gebürtigen Aachener Jesuiten, verdiente zumindest zeitweise eine Museumswand zu schmücken, gleich wie die Kostbarkeiten vom verstorbenen Seminarprofessor Paul Weber, was alte Stiche und seltene Devotionalien betrifft.

3. Ihnen sollte man zugesellen, was im Staatsarchiv als Dokumentensammlung bei früheren Ausstellungen besonderen Anklang fand und (oder) zwischendurch neu erworben werden konnte, dies nach dem Motto: „Les Archives sont la mémoire (das Gedächtnis) des Nations". Es wäre dies eine verdiente Zugabe zu den seit Kriegsende berechtigter-

weise errichteten Denkmälern und Prunkbauten in Luxemburg-Stadt und Umgebung.[6]

D. Ausweitungen

1. Aus Lothringen, dem heutigen französischen Moseldepartement, pilgern immer noch an drei Oktavtagen gläubige Verehrer der „Trösterin der Betrübten" zum Gnadenbild nach Luxemburg und verehren ihr Bild daheim gemäß dreifarbiger Darstellung aus der Werkstatt Pellerin in *Epinal*. Man beachte den feinen Kontrast der französischen Nationalfarben (blau, weiß, rot) und die dienstbereite Haltung von der Mutter zum Kind, abgebildet in „Wallfahrt im Rheinland" (Köln 1981) mit dem Vermerk: „Notre-Dame de Luxembourg", Holzschnitt koloriert, Epinal, A. 19. Jahrhundert.[7]

Holzschnitt koloriert, „Notre Dame de Luxembourg", Epinal, 19. Jahrhundert

2. Es bleiben noch zwei luxemburgische Madonnen feinster Art zu erwähnen, die sich in Privatbesitz befinden und von Kunstkennern als äußerst wertvoll eingeschätzt werden. Es sind *Ölgemälde auf Blech*, deren Urheber jedoch nicht bekannt sind. Das ältere erwähnt als Schenkgeber J. Dav und trägt die Jahreszahl 1729. Sein Besitzer ist Pfarrer Emile Neser aus Helzen (Hachiville); er gehört dem Priesterjahrgang 1942 an und schätzt sich glücklich, eine solch würdevolle Madonna mit heimatlicher Silhouette zu besitzen.

Das zweite Ölbild auf Blech ist hinterlegt im luxemburgischen Staatsmuseum und trägt folgenden handschriftlichen Text: „Aus dem Besitz meines Großonkels, des Herrn Dechanten Theodor-Alois Pastoret,

Ölbild auf Metallplatte, datiert 1729 und signiert J. Dav. Privatbesitz

*Ölbild auf Metallplatte im Nachlaß von Jean Pastoret (*1987), langjähriger Pfarrdechant von Echternac*

1861–1880 in Koerich." Der Großneffe hieß Jean Pastoret, geboren am 1. 5. 1887; er war während Jahrzehnten Dechant in Echternach. Er veröffentlichte verschiedentlich zeitgemäße Betrachtungen wie etwa „Ave Maria", das obigen Text aufweist, wohl ein bischöfliches Imprimatur besitzt, aber nicht im Handel angeboten wurde.

Drei Briefmarken wurden gezeichnet von Gustave Trémont für die Briefmarkenausgabe von 1945. Bild 1: Gnadenbild „Patrona civitatis" 1.20 +80). Bild 2: Hauptaltar mit dem Gnadenbild in der Kathedrale von Luxemburg vor dem Neubau (1935) (20 + 20). Bild 3: Priester tragen das Gnadenbild während der feierlichen Prozession am Schlußtag der Muttergottesoktave am 6. Sonntag in der österlichen Zeit (60 + 40)

E. Ausklang

Einen Wermutstropfen können wir dem Leser nicht ersparen. Die Beteiligung der ehemaligen luxemburgischen Kantone, die 1839 vom Herzogtum zugunsten *Belgiens* abgetrennt wurden, ebenso wie es ab 1815 mit den *Eifelkantonen* schon vorher der Fall war, ist zunehmend rückläufig. Aber die Geschichtsdaten, von Prof. Jos. Maertz erstellt, liegen für Belgien vor, wie auch diejenigen für die Eifel nach unserem Schema (Holz- und Kupferstiche, Hausaltärchen und Herdplatten) von Prof. Andreas Heinz, Dozent an der Universität Trier.[8] Doch spätestens bei einem Jubiläum in Anlehnung an die Daten von 1666 oder 1678 wird die Dankbarkeit uns zu Füßen der „Trösterin der Betrübten" zusammenführen. Darüber besteht kein Zweifel, denn seit 1864 (!) beten die Mitbrüder in der 6. Lektion ihres Breviers: „Der Klerus aber hat nicht aufgehört und wird nie aufhören, die durch Apostolische Autorität als Fest der Trösterin der Betrübten eingesetzte Feier Jahr um Jahr festlich zu begehen." Der Text stammt aus der vorzüglichen Diplomarbeit von Pfarrer Emile André, dessen Referent Prof. Dr. Andreas Heinz war.[9]

Mit einem Ausspruch des hl. Bernhard begannen wir diesen Beitrag: „Für Maria tut man nie zuviel." Er war sinngemäß hierfür angepaßt worden, und wir möchten ihn auch zum Abschluß als Impuls wiederholen, indem wir etwa . . .

Briefmarken mit dem Marienbild wertschätzen wollen, sofern sie in Sammlerkreisen noch erhältlich sind. Wir denken besonders an jene Briefmarken von Julien Lefèvre und von Gustave Tremont, Jahrgang 1892, der bei der Vergrößerung der Luxemburger Kathedrale seinerzeit die gotischen Stilelemente für das neue Marienportal gemeißelt hat. Er tat dies irgendwie als Dank, daß er während des 2. Weltkrieges in Paris überleben konnte. Dies mag ihn auch bewogen haben, 1945 drei herrliche Caritas-Briefmarken der Trösterin in leuchtenden Farben zu zeichnen, die zu reproduzieren der Vorsteher des „Office des Timbres" M. W. uns spontan gestattete. Wir danken ihm aufrichtig hierfür und wiederholen mit St. Bernhard: „Für Maria tut man nie zuviel."[10]

Anmerkungen

[1]Joseph Maertz, Entstehung und Entwicklung der Wallfahrt zur Trösterin der Betrübten in Luxemburg 1624 - 1666. in: Hémecht, Zeitschrift für Luxemburger Geschichte, 1966, 5-132.

[2]Paul Spang, La chapelle Notre-Dame d'Echternach, oeuvre du Père Brocquart ou de l' abbé Fisch? in: Hémecht 1966,363-367.

[3]Georges Schmitt, Luxemburger Kupferstecher in ihrem Zusammenhang mit dem Andachtsbild der Trösterin der Betrübten. in: Hémecht 1966, 297-310. Der Vergleich des Kevelaerer Bildes mit den übrigen Stichen s.S 303-304. Als Kunstbeilage veröffentlichte die Redaktion von „Luxemburger Marienkalender" 1966, S. 112-113 ein handkoloriertes, schnittfertiges Kupferstichdruckblatt aus dem Verlag des Johann Andreas Endter, Nürnberg: „Die typisch breitmantelige Darstellung des Gnadenbildes lehnt sich ziemlich genau an diejenige des 1640 wohl in Antwerpen entstande-

nen Andachtsbildes an, dessen berühmtester Abzug das Gnadenbild von Kevelaer ist. Von diesem wurde auch das Datum (1640) übernommen, wenngleich vereinfachende Varianten im Hintergrund, besonders aber in der Umrahmung, sowie die flüchtigere Gravur und die gelockerten Schriftzüge auf ein späteres Entstehungsdatum schliessen lassen."

[4]Abbildung des „Hausaltärchen" im Besitz der Dame Wirion (†).

[5]Ältere Inventare der Herdplatten bei Fischer-Ferron, Tacques, Luxembourg, 1901. – Antoine Hirsch, L' art des plaques de fourneaux et de cheminées, Luxembourg, 1929. – Andreas Heinz, Schicksale einer Wallfahrt. Zum Kult der „Trösterin der Betrübten" in den 1815 abgetrennten altluxemburgischen Gebieten. in: Hémecht, 1979,5-52. „Man darf es als Zeichen für die Volksfrömmigkeit des Luxemburger Gnadenbildes werten, wenn viele Familien Wert darauf legten, eine Takenplatte in ihrem Wohnhaus anzubringen. So hatte das Bild der Luxemburger Muttergottes, in Eisen gegossen, einen Platz in den Wohnstuben vieler Bauernhäuser der alt-luxemburgischen Eifel" (S.22).

[6]Zitat von Dr. Joseph Goedert, Staatsarchivdirektor i. R. in: Exposition documentaire sur les origines du culte de Notre-Dame de Luxembourg, Mai 1961, S.6.

[7]Adolf Spamer, Das kleine Andachtsbild vom 14. bis zum 20. Jahrhundert, 1980, 2. Auflage, S. 155, 266: Epinal.

[8]Joseph Maertz, Notre-Dame de Luxembourg, Consolatrice des Affligés, vénérée pendant 300 ans dans la Province belge de Luxembourg. in: Hémecht, 1978, 7-154. – Andreas Heinz, o.c. sub 5).

[9]Emile André, Die Geschichte des Festes, des Offiziums und der Messe der „Consolatrix Afflictorum", Diplomarbeit, Maschinenschrift, Theol. Fakultät. Trier,1982.

[10]Eugène Mullenbach, Die Madonna auf Briefmarken. in: Luxemburger Marienkalender 1966, 85-89.

Peter Schmidt-Eppendorf

Eine wechselvolle Geschichte verbindet Kevelaer und Nordstrand

Im Nordfriesischen Wattengebiet, rund zwanzig Kilometer nordwestlich von Husum, liegt die ehemalige Insel, heutige Halbinsel Nordstrand. Dort gibt es eine kleine katholische Gemeinde von etwa fünfhundert Seelen, rund 20% der gesamten Bevölkerung. Bedenkt man, daß Schleswig-Holstein insgesamt nur einen Katholiken-Anteil von etwa 7 % hat, so ist diese Zahl beachtlich. In der Geschichte dieser Gemeinde hat der Name Kevelaer immer wieder eine gewisse Rolle gespielt, weshalb es gerechtfertigt erscheint, den Beziehungen zwischen Kevelaer und Nordstrand einmal nachzuspüren.

Die katholische Gemeinde auf Nordstrand verdankt ihre Wiederbegründung nach der Reformation einem Vertrag zwischen Herzog Friedrich III. von Schleswig-Holstein-Gottorf und niederländischen Deichbau-Aktionären (Partizipanten).[1]

Eine gewaltige Sturmflut hatte im Oktober 1634 die alte Insel Strand vernichtet. Zwanzig Dörfer wurden zerstört, siebzehn Kirchen gingen unter, über 6400 Menschen ertranken. Durch die zerstörten Deiche drang die See und setzte Jahr für Jahr ihr Zerstörungswerk fort. Herzog Friedrich III. war bemüht, das fruchtbare Acker- und Weideland wieder vor dem Zugriff der See zu sichern. Er nahm deshalb Kontakt zum Deichgrafen Indervelden auf, der durch seine Arbeit im Scheldegebiet sich einen Namen erworben hatte. Im Jahre 1652 wurde ein entsprechender Oktroy-Vertrag unterzeichnet. Zu den weitgehenden Rechten, die die niederländischen Partizipanten erhielten, gehörte auch die freie Ausübung ihrer Religion. Es gab nämlich damals keine Niederlassungsfreiheit für Katholiken in Dänemark und in den Herzogtümern. So kamen 1654 die ersten Deichbauer und Siedler aus Flandern und Brabant nach Nordstrand. Ihre Priester brachten sie sich gleich mit.

Es waren in der Regel belgische Oratorianer-Patres aus Mecheln. Der bedeutendste unter ihnen war der Pfarrer der St. Janskirche von Mecheln und Superior der Oratorianer: Christian de Cort.[2]

Die Insel versprach mehrfachen Gewinn: Das eingedeichte Land fiel den Partizipanten zu. Sie erhofften sich aus den Erträgen im Laufe der Jahre ein Vielfaches ihrer Investitionen zurück. Dieses kam sowohl den Familien als auch den mit Kapital beteiligten Häusern des Belgischen Oratoriums zugute.

Obendrein sah man in der Nordstrander Deichbauaktion die Errichtung eines weiteren „katholischen Brückenkopfes", nach Altona, Glückstadt und Friedrichstadt, im protestantischen Norden.[3]

Mit den Oratorianern ist auch die Verbindung zu Kevelaer gegeben. Derselbe Christian de Cort hatte im Jahre 1646 namens seiner Kongregation die Seelsorge an den Pilgern in Kevelaer übernommen. Damals wurde das Oratorium erbaut (das jetzige Priesterhaus am Kapellenplatz) und die erste Wallfahrtskirche, die heutige Kerzenkapelle.

Auf Nordstrand entstand 1654 ebenfalls ein Oratorium (das Herrenhaus am Herrendeich), acht Jahre später wurde die Theresienkirche durch Christian de Cort erbaut.

St. Theresienkirche Nordstrand, heute Alt-Katholische Kirche. Im Innern ist das Grab von P. Christian de Cort, Pastor vo St. Jan und Superior in Mecheln, der am 20. April 1646 im Namen des Oratoriums Besitz genomme hat von der Kapelle Unserer Lieben Frau in Kevelaer, übertragen durch Generalvikar Antonius Bosman, Roermond

Es war geradezu selbstverständlich, daß zwischen den beiden Niederlassungen Kevelaer und Nordstrand (die eine damals noch niederländisch, die andere dänisch – wenngleich beide stets deutsch) rege Beziehungen herrschten.

Besuchte man von Mecheln oder Löwen und später von Brüssel aus Nordstrand, so führte der Weg nicht selten über Kevelaer, wo man gerne bei den Brüdern Station machte.

Ähnlich wie einige Häuser in Belgien steuerte auch Kevelaer Kapital zum Deichbau und zur Landgewinnung bei. Das „Rechenbuch" von Pater de Cort weist eine Summe von 300 Florin aus, deren Rendite alljährlich nach Kevelaer abgeführt wurde.[4] Noch 1827 ist ein Kapital von Kevelaer auf den Gütern der Oratorianer belegt, nämlich 3338 Reichsbankthaler.

Christian de Cort starb am 24. Oktober 1669 auf Nordstrand. Sein Grab befindet sich in der (heute altkatholischen) Theresienkirche.

Zwischen dem Oratorium in Kevelaer und dem Haus auf Nordstrand, das eigentlich ein „annex" der Häuser in Mecheln und Löwen war, fand auch immer wieder ein Austausch von Patres und Brüdern statt.

Außer Christian de Cort sind uns wenigstens neun Patres bekannt, die auch in Kevelaer gewesen sind, zum Teil sogar dort als Pfarrer tätig waren und in der Gruft der Oratorianer unter dem Hochaltar der Kerzenkapelle ihre letzte Ruhestätte gefunden haben.

In der Zeit der jansenistischen Spaltung, als 1740 die Theresienkirche der römisch-katholischen Gemeinde verlorenging, wurde die Hauskapelle der Oratorianer am Herrendeich zur heimlichen Pfarrkirche.

Seitens der antirömisch gesinnten Regierung war es den Katholiken nicht erlaubt, dort die Sonntagspflicht zu erfüllen oder gar die Sakramente zu empfangen. Die Patres mißachteten jedoch in der Regel diese unrechtmäßigen Anordnungen und mußten oftmals große Schwierigkeiten deshalb in Kauf nehmen. Insbesondere als der Gottesdienstbesuch der Jansenisten immer mehr abnahm und sich in der Theresienkirche kaum mehr als drei bis sechs Personen einfanden (Jesuitenbericht Friedrichstadt für das Jahr 1765)[5], zog man gegen das Oratorium vor Gericht. In zweiter Instanz wurde schließlich 1771 durch das Obergericht gegen die Oratorianer entschieden. Die Patres sollten einen Eid leisten, daß sie an dem Zustand unschuldig seien, oder sie sollten 500 Reichstaler Strafe zahlen.

Pater Emmanuel Verkinderen weigerte sich sowohl zu schwören, wie auch zu zahlen. Der drohenden Inhaftierung entzog er sich durch die Flucht – nach Kevelaer. 1778 wurde er dort Superior des Oratoriums und zugleich auch Pfarrer. Dieses Amt hatte er bis zu seinem Tode inne.[6]

Mit der Französischen Revolution (1789) begann für das Belgische Oratorium eine schwere Zeit. Die Häuser in Belgien wurden enteignet, die Patres ausgewiesen oder verhaftet und deportiert.[7] Auch das Haus in Kevelaer war nicht sicher. Man entschloß sich daher, die wichtigsten Dokumente und vor allem auch den Kirchenschatz des Gnadenortes, kostbare Paramente und Kleinodien, silbernes und goldenes Altargerät, nach Nordstrand in Sicherheit zu bringen. Der Überlieferung nach waren es zwölf Karren voll, die man über Wesel und Münster nach Nordstrand in Marsch setzte.[8] Hier waren diese Schätze tatsächlich vor den plündernden französischen Horden sicher. Nicht aber vor dem Brand, der 1806, im Verlauf eines Unwetters, das Oratorium auf Nordstrand in Schutt und Asche legte.

Bei diesem Brand sind unschätzbare Werte aus Kevelaer und aus den Häusern der Oratorianer in Belgien verlorengegangen, dabei auch der größte Teil ihrer nach Nordstrand geflüchteten Archivalien.

Im Jahre 1793 waren mindestens dreizehn Priester als Flüchtlinge auf Nordstrand. Ein erst kürzlich in der Königlichen Bibliothek in Brüssel aufgefundenes Tagebuch des Paters Felix Stuer schildert dessen Flucht von Brüssel nach Nordstrand.[9] Zusammen mit sieben anderen namentlich aufgeführten Mitbrüdern, darunter auch der Generalobere der Oratorianer, Johannes van der Meeren, nimmt er damals seinen Weg auch über Kevelaer. Während ihres Aufenthaltes am Gnadenort begegnen sie vielen Hunderten von Priesterflüchtlingen aus Frankreich und Belgien. Stuer schildert auch einen heimlichen Besuch des Bischofs von Roermond, der in aller Bedrängnis 1600 Personen aus Kevelaer und Umgebung die hl. Firmung spendet. Ein aus Kevelaer gebürtiger Oratorianerbruder namens

St. Knud Nordstrand, die heutige Römisch-Katholisch Kirche

Bernard Celraedt empfängt in jenen turbulenten Tagen in Kevelaer durch denselben Bischof die Priesterweihe. 1796 begibt dieser sich nach Nordstrand, wo er als Assistent des Paters Wouters bis zum Jahre 1807 tätig ist. Dann geht Celraedt nach Kevelaer zurück. 1827 wohnt er als Pastor emeritus im „Spiegel von Kevelaer". Er starb dort am 16. Mai 1835.[10] Es war sein Wunsch, in der Pfarrkirche St. Antonius vor der Kommunionbank beigesetzt zu werden. Eine große Steinplatte bedeckte die Gruft. Diese Grabplatte ist erhalten geblieben und liegt heute an der äußeren nördlichen Längsseite der St. Antonius-Kapelle zwischen dem zweiten und dritten Strebepfeiler.[11] Die dienenden Brüder Jan van der Mooter und Jan van Hamme auf Nordstrand erkannten ihn zeitlebens als ihren Oberen an, nachdem durch die Französische Revolution und die Napoleonischen Gesetze die Kongregation aufgehoben und die letzten Patres verstorben waren.

Grabplatte von P. Bernard Celraedt, einem der letzten Oratorianer in Kevelaer, an der Nordseite d St. Antonius-Kirche

Auf Nordstrand wurde das 1806 abgebrannte Oratorium wieder neu aufgebaut. Mit ihm auch die Hauskapelle, welche schließlich 1826 auch seitens der Regierung als Pfarrkirche der Katholischen Gemeinde Nordstrand anerkannt wurde. Mit der Gemeinde, die damals aus rund zweihundert Personen bestand, war es allerdings nicht gerade zum besten bestellt. Der alte Laienbruder van Hamme, der das Oratoriengut verwaltete, bemühte sich recht und schlecht, immer wieder Priester für die Gemeinde zu besorgen.

Der letzte belgische Priester, der schließlich auch den van Hamme beerbte und alleiniger Besitzer aller Oratorien-Ländereien auf Nordstrand wurde, war Johannes Franziskus van Lierde. Er kam 1836 nach Nordstrand und leitete die Pfarrei bis zum Jahre 1858.

Ihm folgte ein Priester aus Kevelaer, Kaplan Joseph van Ackeren (1858 – 1860), der in den zwei Jahren seiner Anwesenheit auf Nordstrand außerordentlich segensreich wirkte. Er sorgte dafür, daß die Seelsorge hier auf eine gute finanzielle Basis gestellt wurde. Die ersten Bemühungen um eine katholische Schule und um katholische Lehrer auf der Insel gehen auf ihn zurück. Viel trug er auch zur Hebung des Gottesdienstes und zur Verbesserung der kirchlichen Disziplin bei. Gegen die Behinderung des katholischen Lebens in Schleswig-Holstein wurde er wiederholt durch Petitionen an die Ständeversammlung vorstellig.

Bereits im Mai 1860 wurde der außerordentlich befähigte Priester wieder nach Kevelaer zurückberufen. Er war zunächst Rektor der Wallfahrtskapellen, 1863 zugleich auch Pfarrer von Kevelaer, später Dechant des Dekanates Geldern, Ehrendomkapitular und päpstlicher Hausprälat. Er starb am 2. 5. 1903 in Kevelaer. Sein Grab befindet sich in der 14. Kapelle des von ihm angelegten Kreuzweges.[12]

So verbindet eine wechselvolle Geschichte von Ereignissen und Personen die kleine Gemeinde auf Nordstrand mit Kevelaer. Die „Wiederentdeckung" dieser in Vergessenheit geratenen Ereignisse führte schließlich dazu, daß im Mai 1978 sich eine Schar von 40 Teilnehmern auf „Pilgerfahrt" nach Kevelaer begab. Seither findet diese Fahrt jedes zweite Jahr statt. Zu dem Gebet vor dem Gnadenbild kommt der Besuch und die hl. Messe an den Gräbern der Oratorianer und des Dechanten van Ackeren.

Doch auch auf Nordstrand gibt es Denkzeichen an Kevelaer: eine Abbildung des Gnadenbildes in der Pfarrkirche und eine vom Verkehrsverein Kevelaer gestiftete Ruhebank in der kleinen Parkanlage vor dem Pfarrhaus.

Priester auf Nordstrand und in Kevelaer*

Christian de Cort,	Nordstrand	1654–1669,	Kevelaer	1646
Gerard Pattyn,	Nordstrand	1662–1676,	Kevelaer	1658
Jakobus Sneyers,	Nordstrand	1679–1680,	Kevelaer	1665–1666
Emmanuel de Camba,	Nordstrand	1738–1748,	Kevelaer	1714 ff
Emmanuel Verkinderen,	Nordstrand	1762–1772,	Kevelaer	1772–1795
Joh. B. de Smet,	Nordstrand	1777–1780 (?),	Kevelaer	1771–1775
Petrus de Wit,	Nordstrand	1786–1807,	Kevelaer	1807–1832
Augustinus Fuyck,	Nordstrand	1794–1795,	Kevelaer	1795–1798
Melchior v. Cleemputte,	Nordstrand	1794–	Kevelaer	1796–1817
Bernard Celraedt,	Nordstrand	1796–1807,	Kevelaer	1807 1835
Joseph van Ackeren	Nordstrand	1858–1860	Kevelaer	1860–1903

*P. Schmidt-Eppendorf: Die Katholischen Geistlichen auf Nordstrand ab 1654. Kath. Pfarramt Nordstrand 1976–1990

Anmerkungen

[1] Auch Franzosen waren zunächst mitbeteiligt, zogen sich aber schon frühzeitig wieder zurück. Über die ganze Aktion informiert umfangreich Karl Kuenz, „Nordstrand nach 1634", Konstanz 1978.
[2] Schmidt-Eppendorf, „Die katholischen Geistlichen . . ." S. 3 ff. P. de Swert, Chronicon S. 10
[3] L. Ceyssens, Nordstrand et le Jansenisme, in: Augustiniana XIX, Löwen 1969.
[4] Landesarchiv Schleswig-Holstein Abt. 7. Nr. 3130.
[5] Annuae litterae missionis Fredericopolitanae, Archiv d. Generalates d. Jesuiten, Rom.
[6] Schmidt-Eppendorf, Die katholischen Geistlichen . . . S. 45 Pfarrarchiv Nordstrand Nr. 35.
[7] P. Schmidt-Eppendorf: Priester-Emigranten in Hamburg und Schleswig-Holstein zur Zeit der Französischen Revolution. In: Beiträge und Mitteilungen des Vereins f. Kath. Kirchengesch. in Hamburg u. Schleswig-Holstein, Bd. 3, Husum 1989.
[8] „Unsere Heimat" (Blätter des Vereins für Heimatschutz), Kevelaer, Nr. 1 1955. Aufsatz eines unbekannten Verfassers: „Aus der Franzosenzeit 1792–1813 – Erinnerungen der Großmutter".
[9] Dagregister der vlucht reyse van den Eerw. Felix, Reichsarchiv Brüssel, Bibliothek Goethals, Mskr. 1795.
[10] Schmidt-Eppendorf, Die Kath. Geistlichen . . S. 54, S. 76, S. 131.
[11] „Unsere Heimat", Kevelaer, 3. Jg., Nr. 6, Juni 1952: Freudenhammer/Verhülsdonk, Aus der Geschichte unserer Pfarre und der Pfarrkirche.
[12] Schmidt-Eppendorf, Die Kath. Geistlichen, S. 109 ff.

Benutzte Archive:

Pfarrarchiv der röm. kath. Kirchengemeinde St. Knud, Nordstrand
Archiv des Priesterhauses in Kevelaer
Landesarchiv Schleswig-Holstein, Schleswig
Reichsarchiv Brüssel
Archiv des Generalates d. Jesuiten, Rom

Literatur:

P. de Swert: Chronicon Congregationis Oratorii Domini Jesu per Provinciam Archiepiscopatus Mechliniensis diffusae. Lille 1740
Bernhard Höting: Geschichte und Rechtsverhältnisse des Oratoriums auf Nordstrand, Osnabrück 1888
Schmidt-Eppendorf, Peter: Die Katholischen Geistlichen auf Nordstrand ab 1654. Nordstrand 1976–1990, Loseblatt-Sammlung. (Erscheint voraussichtlich 1992 als Buch)
Kuenz, Karl: Nordstrand nach 1634, Konstanz 1978
„Unsere Heimat", Blätter des Vereins für Heimatschutz, Kevelaer.

Alois Schröer

Das Bistum Münster und die Kevelaer-Wallfahrt

Die lebhafte Resonanz, die das Marienbild von Kevelaer nach 1642 im weiten Umkreis des Gnadenortes fand, war unstreitig ein großartiges Zeugnis für die in der katholischen Bevölkerung tief verwurzelte Marienverehrung. Sie wurde aber in nicht geringem Maße mitverursacht durch die leidvolle Zeitgeschichte. Das deutsch-niederländische Grenzgebiet sah sich infolge der heftigen Kämpfe zwischen Calvinismus und Katholizismus schweren Heimsuchungen ausgesetzt. Die Leidensgeschichte des Niederrheins war während des Spanisch-Niederländischen Krieges gekennzeichnet durch Überfälle, Durchzüge, Einquartierungen, Kontributionen, Plünderungen oder, wie in Kevelaer, durch Mord und Totschlag. Das Kevelaerer Kroatenkreuz aus dem Jahre 1635 hält die Erinnerung an diese Schreckenszeit für die Nachwelt in beeindruckender Weise fest.[1]

Als das bedrängte Volk von den wunderbaren Vorgängen um das unscheinbare Marienbild hörte, das der Kevelaerer Pfarrer Johannes Schink am 1. Juni 1642 in einem Heiligenhäuschen zur Verehrung ausgestellt hatte, setzte ein wahrer Pilgerstrom ein, der von Tag zu Tag wuchs. Die Wallfahrt zur Consolatrix Afflictorum gab den Menschen neue Hoffnung. Allerdings wurden die Pilger damals wie heute nicht nur durch die politischen oder militärischen Heimsuchungen der Zeit, sondern auch und in großer Zahl durch die ganz persönlichen Sorgen, Nöte und Anliegen namentlich im Bereich der Familie zur Consolatrix Afflictorum geführt.

Bereits 1643 begann man mit dem Bau der heutigen Kerzenkapelle, die sechs Jahre später, 1649, von dem Archidiakon von Xanten und Titularbischof von Sebaste, dem Münsterer Weihbischof Dr. theol. Johannes *Sternenberg gen. Düsseldorf* (1647–1653), Sohn einer protestantischen Adelsfamilie in Wesel, konsekriert wurde.[2] Im Jahre 1654 entstand der barocke sechseckige Kuppelbau der Gnadenkapelle, der noch heute das Marienbild birgt.

I.

Aus dem rheinischen Umland und dem Vest Recklinghausen, aus Holland, Belgien und Luxemburg eilten die Menschen herbei, um bei der „Trösterin der Betrübten" Hilfe und religiösen Trost zu finden. Diese gewaltige peregrinatio setzte sich, wenn auch in ihrer Dichte zeitweiligen Schwankungen unterworfen, bis in die Gegenwart fort. Die Wallfahrtsbewegung ergriff auch das Bistum Münster, in dessen Grenzen seit 1821 das Kevelaerer Marienheiligtum liegt. Die Verehrung der Consolatrix Afflictorum in diesem Raum wurde in ihrer vollen Breite deutlich, als 1940 der damalige Diözesanarchivar Dr. Heinrich Börsting für das in

Vorbereitung befindliche „Handbuch des Bistums Münster" eine an sämtliche Pfarrer und Rektoren des Bistums gerichtete *Fragebogenaktion* veranstaltete, die auch die Frage nach dem Wallfahrtswesen der jeweiligen Kirchengemeinde stellte.[3]

Die Umfrage 1940

Die aus dieser Aktion gewonnenen Erkenntnisse zur Kevelaer-Wallfahrt des Bistums Münster liegen der folgenden Darstellung zugrunde.

Das Bistum Münster bestand damals wie heute aus drei Teilräumen, die insgesamt 460 Pfarreien zählten:

1. dem westfälischen Teil und dem seit 1823 im Münsterer Diözesanverband befindlichen, ehemals zum Erzstift Köln gehörigen Vest Recklinghausen mit 252 Pfarreien,
2. dem durch die Circumscriptionsbulle von 1821 dem Bistum Münster angeschlossenen rheinischen Teil, der 1642 zum Bistum Roermond bzw. zum Erzbistum Köln gehörte, mit 155 Pfarreien,
3. dem aus dem alten Niederstift Münster herrührenden oldenburgischen Teil mit 53 Pfarreien.

Die Umfrage legte den Pfarrern – neben zahlreichen anderen Sachgebieten – zum Wallfahrtswesen folgende Fragen vor:

1. Welche Wallfahrten sind in ihrer Gemeinde üblich?
2. Zu welchem Zeitpunkt finden die Wallfahrten statt?
3. Seit wann sind die Wallfahrten nachweisbar?
4. Handelt es sich um Fußwallfahrten oder bedienen sich die Pilger privater oder öffentlicher Verkehrsmittel?

Die Umfrage erbrachte das *erstaunliche Ergebnis*, daß von den 460 Pfarreien des Bistums 282, also weit mehr als die Hälfte, alljährlich eine Wallfahrt nach Kevelaer unternahmen. Diese verteilten sich auf die drei genannten Räume, wie folgt:

aus den 252 Gemeinden des westfälischen Teils einschließlich des ehemaligen Vests Recklinghausen: 133 Pilgerzüge (wobei das Schwergewicht deutlich auf dem nahe bei Kevelaer gelegenen ehemaligen Vest liegt),

aus dem 155 Gemeinden zählenden rheinischen Teil: 144 Pilgerzüge,

aus den entfernt gelegenen 53 Pfarreien des oldenburgischen Teils: fünf Pilgerzüge, und zwar in einem zeitlichen Abstand von je fünf Jahren.

Abgesehen von Einzelbesuchen des Gnadenbildes reicht die offizielle Wallfahrtszeit in Kevelaer von Anfang Mai bis 1. November. Der *Wallfahrtstermin* orientiert sich im allgemeinen an den drei großen Marienfesten des Kirchenjahres in den Monaten Juli, August und September. Aber auch die Rücksicht auf die Erntezeit (Ende Juli/August) spielt namentlich in den ländlichen Gemeinden bei der Wahl des Zeitpunkts eine Rolle. Der beliebteste Wallfahrtsmonat war und ist im Bistum Münster der Juli, an dessen Beginn das Fest Mariä Heimsuchung (2. 7.) steht, das den Pilger an die „Wallfahrt" der Mutter des Herrn zu ihrer Base Elisabeth erinnert. 29 Pfarreien des westfälischen Teils und 61 Pfarreien des Niederrheins entsandten nach der Umfrage an diesem Fest bzw. in diesem Monat ihre Pilgerzüge oder Wallfahrergruppen nach Kevelaer.

Der August mit dem Fest Mariä Himmelfahrt (15. 8.) wurde im westfälischen Teil des Bistums von 12, im rheinischen von 16 Gemeinden als

Domkirche zu Münster, die Kathedrale des Bistums, zu dem Kevelaer gehört

Wallfahrtsmonat gewählt, während der September mit dem Fest Mariä Geburt (8. 9.) im westfälischen Münsterland von 16, am Niederrhein von 19 Pfarreien als Wallfahrtstermin bevorzugt wurde. Fünf Gemeinden wählten das Fest Peter und Paul (29. Juni), vier den Monat Oktober und eine das Fest Johannes Baptist (24. Juni) als Zeitpunkt der Wallfahrt.

Die Frage nach dem *Alter der einzelnen Pilgerzüge* begegnet einigen Schwierigkeiten, da sich eine geschlossene Pilgereinheit gewöhnlich erst über einen längeren Zeitraum aus kleineren oder größeren Pilgergruppen oder gar Einzelwallfahrern bildete. Bevor sich diese zu einer Gemeindewallfahrt zusammenschlossen, konnten einige Jahre vergehen. Daher müssen wir den nach der örtlichen Tradition notierten Angaben der Umfrage zur Anfangsdatierung der Pilgerzüge einen gewissen Spielraum gewähren. In 45 Fällen wird diese Frage durch eine bestimmte Jahreszahl, in 34 Fällen durch die allgemeine Formel „seit alters“ beantwortet. Bei allen übrigen Pfarreien fehlt eine Angabe.

Ein neuer Wallfahrtstyp

Bis weit in die zweite Hälfte des 19. Jahrhunderts galt es als selbstverständlich, daß der fromme Pilger mit Gebet und unter bewußtem Verzicht auf Reisebequemlichkeit den Wallfahrtsweg zu Fuß zurücklegte. Die *Fußwallfahrt* stellt symbolhaft den Weg des Menschen zum ewigen Ziel dar, das am Wallfahrtsort zeichenhaft gegenwärtig ist. Die Mühen und Opfer der Wallfahrt werden von den Pilgern als Werk der Sühne und Läuterung gewertet.

Die frühesten Pilgerzüge des heutigen Bistums Münster kamen aus dem rheinischen Bistumsraum und dem ehemaligen Vest Recklinghausen. Die weit entfernten Städte und Dörfer des zentralen, östlichen und südlichen Münsterlandes waren unter ihnen noch nicht vertreten. Sie tendierten je nach ihrer Lage zu den näher gelegenen Wallfahrtsorten Telgte, Anna Selbdritt auf dem Annaberg bei Haltern, Bethen bei Cloppenburg, Stromberg, Eggerode oder Vinnenberg. Die Umfrage nennt in zeitlicher Folge die Pilgerzüge der Orte: Winnekendonk 1642, Rees 1643, Goch, Kleve und Materborn 1647, Gladbeck 1648, Kervenheim 1650, Dorsten 1669 und Keppeln 1681. Im 18. Jh. folgten Bocholt als erste Wallfahrt aus dem westlichen Münsterland 1733, Bottrop 1745, Duisburg-Hamborn 1780 und Donsbrüggen 1784. In der Folgezeit beteiligten sich Dingden im westlichen Münsterland 1800, Pfalzdorf 1811 und Bislich 1819.

Mit dem Aufkommen der *neuen Verkehrsmittel* Bahn und Auto bzw. Bus verlor die Fußwallfahrt den Charakter der Ausschließlichkeit. Wenn die alte peregrinatio durch die Benutzung der neuen Verkehrsmittel auch an Farbe und Reiz verlor, so eröffnete diese Entwicklung doch einer ungleich höheren Zahl von Menschen auch in den weit entlegenen Gebieten des Bistums die Möglichkeit der Teilnahme an einer zeitlich begrenzten Wallfahrt.

Die große Mehrheit der Wallfahrer aus den entfernteren Gebieten des Bistums bediente sich zur Zeit der Umfrage der Bahn. Die Städte Bocholt, Stadtlohn, Münster und andere bestellten für die Kevelaerpilger einen oder, wie in Bocholt, gar zwei Sonderzüge. Auch Fahrräder, Motorräder und Autos wurden zunehmend als Verkehrsmittel in Anspruch genommen.

Soweit die Pilgerzüge jedoch aus der näheren Umgebung von Kevelaer einzogen, hielten sie traditionsbewußt ganz oder wenigstens teilweise an der alten volkstümlichen Fußwallfahrt fest. Dies galt auch für drei Kirchengemeinden des westlichen Münsterlandes bzw. des Vests Recklinghausen: Die Bocholter führten die Kevelaer-Wallfahrt (52 km) in getrennten Einheiten als reine Fußprozession, als Bahn- bzw. als „Bus-Familienwallfahrt" und als Radwallfahrt durch. Die Raesfelder legten die 11 km lange Wegstrecke bis Schermbeck zu Fuß zurück und fuhren dann mit der Bahn zum Ziel der Wallfahrt. Die Gladbecker pilgerten zunächst 14 km zu Fuß bis Sterkrade, bestiegen dann den Zug nach Wesel, um von dort die Wallfahrt nach Kevelaer auf einer Strecke von 35 km zu Fuß fortzusetzen.

Die Pilgerzüge aus dem rheinischen Teil des Bistums Münster blieben größtenteils der alten Fußwallfahrt treu, wenn auch teilweise in modifizierter Form. Als reine Fußwallfahrt im hergebrachten Sinn bezeichnet die Umfrage die Prozessionen folgender Kirchengemeinden mit Angabe der Entfernung: Duisburg-Liebfrauen und -St. Ludger, 40 km; Geldern, 10 km; Hartefeld, 15 km; Nieukerk, 20 km; Pont, 14 km; Sevelen, 20 km; Wankum, 21 km; Asperden, 15 km; Goch-Liebfrauen, 12 km; Goch-St. Maria Magdalena, 13 km; Hülm, 11 km; Keppeln, 15 km; Uedem, 11 km; Duisburg-Hamborn-St. Johann, dreitägige Fußwallfahrt; Kapellen, 10 km; Kervenheim, 7 km; Twisteden, 5 km; Veert, 6 km; Walbeck, 10 km; Weeze, 6 km; Wetten, 4 km; Winnekendonk, 3,5 km; Sonsbeck, 12 km.

Andere Pilgergruppen legten den Wallfahrtsweg teils zu Fuß, teils mit der Bahn oder anderen Verkehrsmitteln zurück: Duisburg-St. Joseph, teils zu Fuß, teils mit der Bahn; Emmerich-St. Aldegundis und St. Martini, bis Kleve zu Fuß, dann mit der Bahn; Aldekerk, 20 km zu Fuß, Rückweg mit der Bahn; Herongen, 6 km bis Straelen zu Fuß, dann mit der Bahn; Straelen, 17 km, zu Fuß, im übrigen mit der Bahn; Broekhuysen, 3,5 km bis Straelen zu Fuß, im übrigen mit der Bahn; Wachtendonk 8 km bis Nieukerk zu Fuß, dann mit der Bahn; Duisburg-Hamborn-St. Josef, teils zu Fuß, teils mit der Bahn; Qualburg und Hasselt, zu Fuß bis Bed-

›cholter Fußpilger unterwegs nach Kevelaer

burg, dann mit der Bahn; Frasselt, 3 km zu Fuß, im übrigen mit der Bahn; Kleve, 25 km zu Fuß, Rückweg mit der Bahn; Kamp, 25 km, teils zu Fuß, teils mit Fahrzeugen; Lintfort, 7 km bis Rheinberg zu Fuß, im übrigen mit der Bahn; Rheurdt, 6 km bis Aldekerk zu Fuß, im übrigen mit der Bahn; Schaephuysen, 5 km bis Aldekerk zu Fuß, dann mit der Bahn; Tönisberg, 7 km bis Aldekerk zu Fuß, dann mit der Bahn; Bislich, 25 km, teils zu Fuß, teils mit Fahrzeugen.

Die Erhebungen der Umfrage von 1940, die ein vorzügliches Gesamtbild der Kevelaer-Wallfahrt im Bistum Münster vermitteln, werden im wesentlichen durch eine in jüngster Zeit durchgeführte Fragebogenaktion des Münsterer Bistumsarchivs bestätigt.[4] Die Ergebnisse dieser Fragebogenaktion und der Umfrage 1940 sind von Peter *Dohms* im einzelnen berücksichtigt worden im Verzeichnis der Prozessionsorte in Band II dieser Festschrift: „Die Wallfahrt nach Kevelaer zum Gnadenbild der Trösterin der Betrübten", worauf an dieser Stelle hingewiesen sei.

Hinter den knappen Aussagen der Umfrage verbirgt sich in der Regel eine religiös tief verwurzelte, volkskundlich interessante Verehrung der Mutter des Herrn. Ein Muster dieser Art ist das pilgerfreudige Bocholt, dessen Kirchengemeinden alljährlich, wie Elisabeth Bröker 1983 aus eigenem Erleben liebevoll und farbig schildert[5], vier Pilgerprozessionen nach Kevelaer entsenden: Die althergebrachte Fußwallfahrt, die Bus- oder Familien-Wallfahrt, die Radwallfahrt der Männer und jüngst die Radwallfahrt der Frauen und Mädchen.

Bocholter Radpilger, die Weißmützen, bei der jährlichen Wallfahrt, 1959

Als heiliges Erbe hüten die Bocholter ihre liebgewonnene, seit 1733 regelmäßig durchgeführte *Fußwallfahrt.*[5a] Die Prozession, die einen Weg von etwa 52 km nach Kevelaer zurücklegt, verläuft nach alter Sitte und hergebrachtem Brauch und stellt an den religiösen Eifer und die körperliche Ausdauer der Teilnehmer erhebliche Anforderungen. Die Pilger werden zwar von einem Priester begleitet, der vor dem Auszug und in Kevelaer mit ihnen die hl. Eucharistie feiert, die Leitung der Prozession liegt aber in den Händen des Laien-Vorstandes. Der Priester ist Pilger wie jeder andere Laie.

Als nach dem ersten Weltkrieg die belgischen Besatzungsbehörden Prozessionen über den Rhein durch die besetzten Gebiete nach Kevelaer untersagten, wich die Bocholter Fußprozession, um die jährliche Marienwallfahrt einzuhalten, 1923 kurz entschlossen nach Telgte aus. Man fuhr bis Münster mit der Bahn und zog von dort auf dem alten Pilgerweg in gewohnter Fußprozession nach Telgte, wo die Pilger an der „Dicken Linde" feierlich eingeholt wurden – ein schönes Zeugnis für die Echtheit und Tiefe der letztlich an keine Örtlichkeit gebundenen Marienverehrung der Bocholter Bevölkerung. Im Jahre 1924 konnte die Fußwallfahrt nach Kevelaer wieder in gewohnter Weise aufgenommen werden.[6] Nach der Krise um die Mitte der sechziger Jahre (Rückgang bis auf 400 Teilnehmer) stieg die Zahl der Pilger im Jahre 1982 zu einer im letzten Jahrhundert noch nicht erreichten Höhe von 910 Teilnehmern.

Dank der Initiative aus Laienkreisen bildete sich 1895 eine erste zusätzliche *Bahnwallfahrt* nach Kevelaer, die am Samstag/Sonntag nach der Fußwallfahrt stattfand. Sie zählte schon bald 2000 Teilnehmer, so daß zwei Sonderzüge bestellt werden mußten. Die Bahnwallfahrt wurde, wie in Münster und andernorts, 1942 eingestellt, da die Reichsbahn aus kriegsbedingten Gründen keine Sonderzüge mehr zur Verfügung stellte. Sie wurde 1949 wiederaufgenommen, aber 1964 wegen rückläufiger Teilnehmerzahlen auf Omnibusse umgestellt. Sie erfreut sich seitdem als „Familienwallfahrt" guten Zuspruchs. Seit 1973 findet die Familienwallfahrt am Sonntag der Fußprozession statt. Die Teilnehmer nehmen in Kevelaer gemeinsam mit den Fußpilgern an den dort vorgesehenen religiösen Veranstaltungen teil.

Im Jahre 1909 unternahmen – ebenfalls auf Laieninitiative – 27 Bocholter Männer die erste *„Bocholt-Kevelaer-Radwallfahrt"*, die von der Liebfrauenkirche ausging und seit 1928 auf Wunsch des Pfarrers von einem Geistlichen begleitet wird. Unter dem Druck der NS-Herrschaft erhöhte sich die Zahl der Teilnehmer sprunghaft von 376 im Jahre 1928 auf 839 im Jahre 1934. Nach ihrem Verbot nahm die Radwallfahrt 1946 erstmals wieder „unter gemeinsamem Singen und Beten" die Pilgerfahrt nach Kevelaer auf und zwar am Samstag/Sonntag nach der Wallfahrt der Fußpilger. Ihre Zahl bewegt sich zwischen 500 und 600.

Die jüngste bemerkenswerte Wallfahrtsvariante der pilgerfreudigen Bocholter ist die 1978 beschlossene *Radwallfahrt der Frauen und Mädchen*, zu der das ganze Dekanat Bocholt eingeladen wird. Sie zählte im Jahre 1983 bereits über 1000 Teilnehmerinnen. Termin dieser Wallfahrt ist der Dienstag der Pfingstwoche.

II.

Die Umfrage von 1940 zeigt eine pilgerfreudige kirchliche Landschaft mit 300jähriger Geschichte. Zwar gab es – aus sehr unterschiedlichen Gründen – Einbrüche zur Zeit der Aufklärung und im Gefolge des Zweiten Vatikanischen Konzils. Aber soweit erkennbar, hat die in der Kevelaerer Wallfahrtsbewegung in Erscheinung tretende Marienverehrung spektakuläre Fehlentwicklungen vermieden und ihre theologische Ausrichtung auf den Erlöser und unsere Erlösung nie verloren. Kevelaer war stets eine von Wundersucht unbelastete Gnadenstätte des Gebetes. Diese gesunde religiöse Entwicklung ist zum nicht geringen Teil den *Münsterer Bischöfen* zuzuschreiben, die durch Wort und Beispiel die rechte Marienverehrung lehrten.

Die Gnadenstätte von Kevelaer gehörte, wie erwähnt, seit dem Jahre 1821 kirchlich zum Bistum Münster. Vier Jahre nach der neuen Circumskription wurde *Caspar Max Droste zu Vischering* (1825–1846) zum Bischof von Münster gewählt. Sein Wirken fällt in die Zeit der *Auf-*

klärung, die das religiöse Leben aus den Bindungen der Tradition zu lösen suchte, um zu einer vernunftgemäßen „natürlichen" Religion zu gelangen. Wie der Erzbischof von Köln, Ferdinand August Graf Spiegel, entschloß sich auch der Bischof von Münster Caspar Max am 4. 8. 1826 auf Drängen der Regierung und nach Befragung der Pfarrer, die sogenannten übernachtenden Wallfahrten im Bistum Münster zu verbieten. Der Bischof begründete – offenbar nicht zu Unrecht – das Verbot „mit den vorkommenden Entgleisungen und den Schäden in ökonomischer, religiöser und moralischer Hinsicht". Die Folge war, daß nur noch die in der Nähe von Kevelaer gelegenen Orte eine Wallfahrt zum Marienheiligtum unternahmen.

Aber dieser Zustand währte nicht lange. Seit dem Ende der dreißiger Jahre konnten die Gemeinden die Kevelaer-Wallfahrt, die in der Regel von einem Pfarrgeistlichen begleitet wurde, ohne staatliche Einschränkung wieder aufnehmen. Als Kevelaer 1842 die *200-Jahrfeier* der Wallfahrt beging, wurden angeblich 200 000 Pilger gezählt.[7]

Caspar Max Droste zu Vischering, Bischof von Münster 1825–1846, Gemäld[e] um 1850, Bischöfliches Generalvikariat Münster

Der reformfreudige und ideenreiche Bischof *Johann Georg Müller* (1847–1870), ehedem Professor für Kirchengeschichte in Trier, der für die wissenschaftliche Ausbildung und die geistliche Erziehung des Priesternachwuchses entscheidende Voraussetzungen schuf, gründete 1854 in Kevelaer eine Kongregation von Weltpriestern, die er mit der Seelsorge und Verwaltung der Wallfahrt betraute.[8] 1871 übernahmen Vorsehungsschwestern aus Münster die Haushaltsführung im Priesterhaus. Der Bischof gab auch die Anregung zum Bau der neuen Wallfahrtskirche und

ohann Georg Müller, Bischof von Münster 1847–1870, brachte Kevelaer besondere Aufmerksamkeit entgegen und förderte den Bau der großen Marienkirche, Kupferstich, Priesterhaus Kevelaer

der Beichtkapelle. Papst Pius XI. verlieh der Marienkirche 1923 den Titel einer Basilica minor.[9]

Erster Direktor der segensreich wirkenden Weltpriester-Kongregation und Rektor der Gnadenkapelle (1854–1857) war der spätere Bekennerbischof *Johann Bernhard Brinkmann* (1870–1889), der auch als Oberhirt des Bistums und als standhafter Bekenner seines Glaubens im *Kulturkampf* während seiner Gefängnishaft in Warendorf und der neunjährigen freiwilligen Verbannung in Holland in enger religiöser Verbindung mit der Trösterin der Betrübten von Kevelaer blieb.[10] Die Aufwärtsentwicklung, die die Kevelaerer Wallfahrt in den fünfziger und sechziger Jahren genommen hatte, wurde seit 1871 infolge der Bismarckschen Politik wieder drastisch behindert. Nach einer Verfügung der Königl. Regierung in Düsseldorf wurden seit 1875 nur solche Prozessionen und Wallfahrten zugelassen, die ein „Altherkömmlichkeitsattest" vorlegen konnten.[11]

Die Krönung des Gnadenbildes

Den Jahren der Bedrängnis folgte 1892 das große *250jährige Jubiläum* der Kevelaer-Wallfahrt, das ohne staatliche Bevormundung gefeiert werden konnte. Auf dem Stuhl des hl. Liudger saß Bischof *Hermann Dingelstad* (1889–1911), der die gewaltigen Aufgaben, die die Industrialisierung seines Bistums an die Organisation der Seelsorge stellte, mit Klugheit löste. In einem bemerkenswerten *Hirtenbrief* vom 1. Mai 1892 kündigte Bischof Dingelstad die 250-Jahrfeier für den 1. Juni 1892 an.[12] Er lud alle Gläubigen aus Anlaß dieser großen Dankfeier zum Besuch der Kevelaerer Gnadenstätte ein, „die wie ein strahlender Stern der Muttergottesvereh-

Hermann Dingelstad, Bischo[f] von Münster 1889–1911, krönte 1892 das Gnadenbild zu Kevelaer im Auftrag des Kapitels von St. Peter zu Ro[m] und mit Zustimmung Papst Leo's XIII. Schon als Junge pilgerte er mit seiner Mutter vom Heimatort Bracht/Niederrhein aus zu Fuß nach Kevelaer und blieb auch als Priester und Bischof Kevelaer eng verbunden. Gemälde von P. Beckert 191[2] Bischöfliches Generalvikaria[t] Münster

rung weit hinaus leuchtet in die deutschen Gaue und die angrenzenden Lande".

Der Bischof zeichnet dann umrißhaft die Geschichte des Kevelaerer Gnadenbildes, erläutert die tridentinische Lehre von der Bilderverehrung und deutet an, daß theologisch und religiös die fürbittende Wirksamkeit der Trösterin der Betrübten in Verbindung zum Erlösungswerk Jesu stehe. Nahezu 400 000 Pilger aus dem Rheinland, aus Westfalen, Holland, Belgien und Luxemburg hätten Jahr für Jahr die Consolatrix Afflictorum besucht.

„Eben darum wollen wir denn auch das diesjährige Jubiläum von Kevelaer so glänzend feiern, daß es den Jubiläen nicht nachsteht, die unsere Vorfahren vor 50 und vor 100 und vor 200 Jahren in Kevelaer gefeiert haben."

Mit erkennbarer Freude verkündete der Bischof alsdann den Gläubigen des Bistums, daß er bei dieser Feier mit Zustimmung Papst Leos XIII. das Gnadenbild von Kevelaer krönen werde. Durch diesen alten katholischen Brauch wolle die Kirche Gott für die zahllosen Wohltaten danken, die ihr und den vielen Betern auf die Fürsprache Mariens zuteil geworden seien. Das Vorrecht, Gnadenbilder zu krönen, so fügte der Bischof erläuternd hinzu, hätten die Päpste dem Kapitel der Patriarchalbasilika des Apostelfürsten Petrus zu Rom übertragen. Kraft dieses Privilegs habe der Erzpriester der genannten Basilika, Se. Eminenz der Hochwürdigste Herr Kardinal Eduard Henricus Howard, auf Bitten des Kevelaerer Pfarrers und Dechanten Joseph van Ackeren ihn ermächtigt, das Kevelaerer Gnadenbild im Namen und Auftrag des Kapitels von St. Peter mit einer goldenen Krone zu schmücken.

„Wohlan denn, geliebte Diözesanen, kommt, soweit eure Umstände es erlauben, zur Jubelfeier der Wallfahrt zum Gnadenbilde der ‚Trösterin der Betrübten'. Es gilt die Ehre Gottes, die Verherrlichung Mariä; es gilt den Dank für zahllose Wohltaten und Gnaden; die Bitte um weiteren Segen. Kommt zum Jubiläum unserer Gnadenstätte, zur Krönung unseres Gnadenbildes Mariä!"

Um allen Gläubigen des Bistums Gelegenheit zu geben, sich an der Huldigung Mariä zu beteiligen, ordnete der Bischof an, am Vorabend der Jubiläumsfeier in allen Pfarrkirchen des Bistums ein feierliches Hochamt zu halten, anschließend das allerheiligste Sakrament auszusetzen, das Te Deum zu singen und den sakramentalen Segen zu erteilen. Von allen Türmen des Bistums solle das Krönungsfest in Kevelaer durch ein einstündiges Glockengeläut festlich eingeläutet werden.

Das Jubiläum in Kevelaer, das unter Beteiligung der ganzen Diözese stattfand, wurde, wie Bischof Clemens August von Galen es später formulierte, zu „einem grandiosen kirchlichen Fest".[13] Unter den hohen Gästen befanden sich die Erzbischöfe Philippus Krementz von Köln und P. M. Snikkers von Utrecht und einige andere Bischöfe. Höhepunkt der Feier war die Krönung des Gnadenbildes durch Bischof Hermann Dingelstad. Die kleine, zierliche, mit kostbaren Edelsteinen geschmückte Krone, ein Meisterwerk der Kevelaerer Goldschmiede Gebrüder Bausch, wurde oberhalb des Gnadenbildes angebracht, wo sie sich noch heute befindet.[14]

Die Wallfahrt der Stadt Münster

Der Aufruf Bischof Hermanns richtete sich in erster Linie an die Teilnehmer der zahlreichen Fuß-, Bahn-, und Radprozessionen, die alljährlich aus dem rheinisch-westfälischen Bistum nach Kevelaer zogen. Zu diesen Pilgerzügen gehörte auch die Bahnwallfahrt der Bischofsstadt Münster. In Anbetracht der weiten Entfernung zwischen Münster und Kevelaer gab es eine geschlossene Fußwallfahrt der Bischofsstadt zu keiner Zeit. Die erste organisierte Bahnwallfahrt erfolgte im Jahre 1888, wie die Wallfahrtschronik in Kevelaer nachweist; auch das Wappenschild Münsters in der Kerzenkapelle in Kevelaer trägt die Jahreszahl 1888. Die Stadt- und Marktkirche St. Lamberti übernahm die Verantwortung für die Bahnwallfahrt. Besondere Verdienste um die Vorbereitung und Betreuung dieses Pilgerzuges erwarb ein Bürger der Stadt, Herr *Focke*, der den Sonderzug der Reichsbahn bestellte und in Kevelaer für die äußere Ordnung der gemeinsamen Andachtsübungen, wie Eucharistiefeier, Kreuzweg und Lichterprozession, Sorge trug. Bischof Clemens August widmete diesem verdienten Mitbürger, der 1935 starb, in seiner Kevelaerer Predigt 1936 ein dankbares Gedenken.[15]

Von St. Lamberti zieht die Münstersche Prozession nach Kevelaer

Ein hochverdienter Förderer der Wallfahrt nach Kevelaer war der zweite Nachfolger Dingelstads, Bischof *Johannes Poggenburg* (1913–1933), der in den Schicksalsjahren des ersten Weltkrieges und der Nachkriegszeit den Gläubigen des Bistums ein stets hilfsbereiter und mitfühlender Oberhirt war. Es ist bezeichnend, daß Bischof Johannes, wie der ehemalige Pfarrer von St. Lamberti, der spätere Bischof v. Galen, ausdrücklich bezeugt, bis zu seinem Tode fast Jahr für Jahr mit den Gläubigen an der Münsterer Wallfahrt nach Kevelaer teilnahm.[16] Die regelmäßige persönliche Teilnahme an dieser Pilgerfahrt zeigt besser als alles andere, was dem Münsterer Oberhirten die Consolatrix Afflictorum bedeutete.

Johannes Poggenburg, Bischo von Münster 1913–1933, Gemälde von W. Lautenbach 1934, Bischöfliches Generalvikariat Münster

Auch der Pfarrer von St. Lamberti, Clemens August v. Galen, übernahm alljährlich selbst die Leitung der Kevelaer-Wallfahrt. So geschah es auch am 11. September 1933. Als der Pfarrer abends von der Wallfahrt müde heimkehrte, fand er seine Ernennung zum Bischof von Münster vor.[17] Die Verehrung der Mutter des Herrn war und blieb eines der prägenden Merkmale seines seelsorglichen Wirkens.

Bischof Clemens August v. Galen (1933–1946), der durch seinen Kampf gegen das Neuheidentum und seine Predigten gegen den nationalsozialistischen Klostersturm und die Euthanasie (1941) weltweit bekannt wurde, war ein häufiger Gast in Kevelaer. Die Chronisten haben nicht überliefert, wie oft Bischof Clemens August im Laufe der Jahre in Kevelaer, Telgte, Bethen oder Eggerode weilte. Als er am 8. September 1936 wiederum mit den Pilgern seines Bistums in Kevelaer zusammentraf, war dies bereits der dritte Besuch der Consolatrix Afflictorum in diesem Jahr. In der Marienbasilika feierte der Bischof ein Pontifikalamt und wies in seiner Predigt auf die Sonderstellung der Himmelskönigin als Fürsprecherin bei ihrem göttlichen Sohn hin. Er führte u. a. aus: „Darum nehmen wir gern die Mühen und Beschwerden solcher Wallfahrten auf uns. Darum kommen wir auch von Münster jedes Jahr nach Kevelaer, ‚dem größten Wallfahrtsort Deutschlands', wie der Vatikansender am

Freitag, den 21. August, in der Deutschen Stunde unser niederrheinisches Heiligtum genannt hat, um Maria und ihrem göttlichen Sohne zu huldigen, um vor Marias Mutteraugen, Mutterherzen alle unsere Wünsche, Sorgen, Bitten auszubreiten, damit sie bei Jesus uns Hilfe und Gnade erflehe."[18]

Die 300-Jahrfeier 1942

Während das kirchenfeindliche diktatorische NS-Regime unter den Menschen Angst und Schrecken verbreitete und der Zweite Weltkrieg ganze Städte in Schutt und Asche legte, rüstete sich Kevelaer 1942 im Rahmen des Möglichen zur 300-Jahrfeier der Wallfahrt zur Trösterin der Betrübten. Am 4. April 1942 lud Bischof Clemens August durch einen *Hirtenbrief* die Gläubigen des Bistums ein, mit ihm diesen Gedächtnistag in Dankbarkeit zu feiern.[19] Er zeichnete kurz den Ursprung und die Geschichte der Wallfahrt zur Consolatrix Afflictorum und fuhr fort: „Wer es überdenkt, wie in diesen 300 Jahren die Wallfahrt nach Kevelaer sich entwickelt hat, so daß bis in die neueste Zeit alljährlich die Zahl der Pilger bis zu einer halben Million und darüber betrug, der kann kaum zweifeln, daß... die Entstehung der Wallfahrt nach Kevelaer göttliche Fügung war."

In dieser Kriegszeit sei es zwar nicht möglich, das Jubiläum in großen äußeren Feiern zu begehen, wie es 1892 geschehen sei. Er, der Bischof, werde aber am 7. Juni, „so Gott will", in Kevelaer in feierlichem Gottesdienst namens der ganzen Diözese Gott dem Herrn danken und der lieben Gottesmutter huldigen.

In längeren Ausführungen beantwortete der Bischof die Frage, warum wir Maria „Trösterin der Betrübten" nennen. Er teilte dann den Gläubigen mit, der Heilige Vater habe im Hinblick auf das Jubiläum der Wallfahrt nach Kevelaer auf seine, des Bischofs, Bitte hin gestattet, daß künftig alljährlich ein besonderes Fest der „Trösterin der Betrübten" im ganzen Bistum Münster zu Ehren der allerseligsten Jungfrau Maria gefeiert werde. Das Fest solle jedes Jahr am Samstag in der Oktav von Christi Himmelfahrt, auf den im Jahre 1642 der 31. Mai fiel, mit einer besonderen Messe in allen Kirchen begangen werden.

Die Jubiläumsfeier am 7. Juni 1942 verlief in der Tat in bescheidenem Rahmen. Die Reichsbahndirektion hatte am 15. Mai 1942 das Bischöfliche Generalvikariat Münster gebeten, auf die Herren Pfarrer einzuwirken, keine geschlossenen Pilgerfahrten zu organisieren, da dadurch eine massive Störung des Verkehrs verursacht und der wehrwirtschaftlich wichtige Berufsverkehr in unerträglicher Weise behindert werde.[20] Pilger-Sonderzüge wurden in Münster bereits seit 1938 nicht mehr zur Verfügung gestellt. Da die Männer zum weitaus größten Teil im Felde standen, setzten sich die eintreffenden Pilgergruppen fast ganz aus Teilnehmerinnen, namentlich jungen Mädchen, zusammen, die teilweise auf Rädern nach Kevelaer kamen.[21]

Im Mittelpunkt der Jubiläumsfeier am 7. Juni 1942 stand das Pontifikalamt des Bischofs Clemens August, der in seiner Predigt die versammelten Gläubigen aufrief, „in dieser bitteren Kriegszeit unsere Hoffnung auf sie, die Jungfrau und Mutter, zu setzen, indem wir unser Leid vor sie tragen und sie um Hilfe bitten für uns, für unser Vaterland, für unsere

Soldaten im Felde, für die lieben Gefallenen, für alle die Vielen, die Not leiden".

Dann eröffnete Clemens August den versammelten Gläubigen die erwähnte neue Ehrung der Consolatrix Afflictorum von Kevelaer.

Unter den Teilnehmern der Feier befand sich auch ein getarnter Agent des SD, der den Auftrag hatte, der Gestapo über die Demonstrationen zu berichten, die „auf Veranlassung des durch seine Hetzpredigten bekannten Bischofs von Münster mit der Dreihundertjahrfeier des Wallfahrtsortes verbunden wurden". Er meldete u. a., Bischof Galen sei nach dem Gottesdienst von der Menge mit anhaltenden Heilrufen begrüßt worden. Es hätten sich Sprechchöre gebildet, die nach dem Bischof riefen. In einer Ansprache habe Galen die vor dem Hause versammelten Gläubigen aufgefordert, in Treue zu ihrem Glauben zu stehen, wenn es ihnen auch von anderer Seite sehr schwer gemacht werde. Als der Bischof vom Fenster aus seinen Segen erteilt habe und zurückgetreten sei, habe die Menge mit erhobener Schwurhand das Christ-Königslied und anschließend das Lied „Großer Gott, wir loben Dich" gesungen.[22] – Einen Grund zum Vorgehen gegen den Bischof fand der Agent nicht.

Am 12. September 1943 feierte Bischof Clemens August wiederum in Kevelaer ein Pontifikalamt. In seiner Predigt teilte er den Gläubigen mit, er habe am 23. Januar 1943 *Papst Pius XII.* zum Jahrestag der Wahl und Krönung beglückwünscht und ihm u. a. auch über seine freudigen Erlebnisse beim Besuch der Marienheiligtümer seines Bistums berichtet. Der Papst habe sich über diese Mitteilungen sehr gefreut und in seinem Antwortschreiben betont: „Was Uns in Unseren Sorgen stärkt und tröstet, sind Nachrichten wie die in Deinem Schreiben über den Besuch der Marienwallfahrtsorte Deiner Diözese im vergangenen Jahr."[23]

Nach der Unterbrechung durch die Kriegsjahre fand die Kevelaer-Wallfahrt der Stadt Münster erstmals wieder im Jahre 1948 statt. Der bereitgestellte Sonderzug zählte, wie ein Teilnehmer berichtet, 14 Wagen. Bei ihrer Rückkehr von Kevelaer wurden die Bahnpilger, wie auch in Bocholt und an anderen Orten üblich, am Bahnhof mit Kreuz und Fahnen abgeholt. In der Lambertikirche fand eine Schlußandacht mit sakramentalem Segen statt.

Gegen Ende der sechziger Jahre wurde die Münsterer Bahnprozession auf Omnibusse umgestellt.

Der Nachfolger Galens, Bischof *Michael Keller* (1947–1961), der nach den materiellen und geistigen Verwüstungen des NS-Regimes den kirchlich-religiösen Wiederaufbau des Bistums in Angriff nahm und weitgehend vollendete, stellte, seinem Wahlspruch „Iter para tutum" gemäß, sein bischöfliches Wirken unter den Schutz der Gottesmutter, von der er sicheres Weggeleit erhoffte. Es war ein vordringliches Anliegen des Bischofs, alle Formen echter marianischer Volksfrömmigkeit, wie den Rosenkranz, den Engel des Herrn und die Maiandacht, zu fördern und mit Leben zu erfüllen. Dies galt, wie der Bischof in einem Schreiben an die Priester vom 1. 11. 1950 betonte, auch von den Wallfahrten zu den Gnadenstätten des Bistums, „die unser christliches Volk so gern besucht".[24]

Während der Amtszeit der *Bischöfe Joseph Höffner* (1962–1968) und *Heinrich Tenhumberg* (1969–1979) geriet auch Kevelaer zeitweilig unter

Michael Keller, Bischof von Münster 1947–1961, bei der /allfahrt der Landjugend am 31. Mai 1959 in Kevelaer, begleitet vom Bischöflichen Kommissar für den Niederrhein, Josef Janssen, :d Dechant Johannes Oomen

Joseph Höffner, Bischof vun Aünster 1962–1968, späterer -zbischof von Köln, auf dem Kapellenplatz

*Heinrich Tenhumberg, Bisch
von Münster 1969–1979,
begegnet den Pilgern auf der
Kapellenplatz*

*Bischof Reinhard Lettmann
von Münster öffnet das
Pilgerportal in Kevelaer zum
Beginn der Wallfahrtszeit*

den Einfluß der erwähnten nachkonziliären Krise der Marienverehrung. Das Zweite Vatikanische Konzil hatte betont, daß Maria theologisch und religiös nur in engster Verbindung mit dem Erlösungswerk Jesu betrachtet werden darf und ihm gegenüber keine verselbständigte Bedeutung besitzt. Dementsprechend hatte das Konzil die Mariologie nicht in einer eigenen Konstitution behandelt, sondern in die Konstitution über die Kirche, das Heilswerk Jesu, aufgenommen. Diese keineswegs neuartige Beurteilung der Stellung Mariä im Erlösungswerk Jesu, die in manchen Kreisen als Abwertung der Marienverehrung mißverstanden wurde, trug in Verbindung mit dem zunehmenden Rationalismus und dem wachsenden Wohlstandsdenken des modernen Menschen offenbar dazu bei, daß die Zahl der Kevelaer-Pilger 1970 fast um die Hälfte, auf 240 000, zurückging.

Zur Zeit dieser Krise, 1972, begleitete *Bischof Tenhumberg* die Bocholter Fußprozession von Winnekendonk bis Kevelaer, wo er ein Pontifikalamt feierte und in seiner Predigt namentlich die Jugend aufrief, eine lebendige Marienverehrung zu pflegen.

Nachdem Papst Paul VI. in dem Apostolischen Schreiben „Marialis Cultus" (1974) die rechte kirchliche Weise der Marienverehrung dargelegt hatte, kam die rückläufige Tendenz der Kevelaerer Wallfahrt bald wieder zum Stillstand. Im Jahre 1976 besuchten, wie vor dem Konzil, 500 000 Pilger die Consolatrix Afflictorum in Kevelaer. Mit großer Genugtuung konnte *Bischof Tenhumberg*, Mitglied und Förderer des Schönstatt-Werkes, feststellen, daß „die in unseren Wallfahrtsorten tätigen Priester berichten, wie die Zahl der Pilger von Jahr zu Jahr wächst, obgleich vor nicht langer Zeit Stimmen laut wurden, die von einem Ende der Wallfahrten sprachen".[25]

Der Papst in Kevelaer

Höchste Ehre wurde der Gnadenstätte von Kevelaer zuteil, als *Papst Johannes Paul II.* bei seiner zweiten Pastoralreise in der Bundesrepublik Deutschland auf Einladung unseres *Bischofs Reinhard Lettmann* am 2. Mai 1987 auch bei der Consolatrix Afflictorum einkehrte: „Ich komme als Pilger und Beter in der Reihe der ungezählten Menschen, die seit dem Jahre 1642 zur Gottesmutter in Kevelaer wallfahren. Heute eröffne ich selbst die diesjährige Wallfahrtszeit. Nun werden sie wieder nach Kevelaer ziehen: die großen Prozessionen, die kleinen Gruppen und Familien, die vielen Einzelpilger, Menschen aus allen Ständen und Schichten. Sie alle folgen den Spuren der Pilger durch die Jahrhunderte." Der Papstbesuch, über den ein eigener Beitrag dieser Festschrift von Gunther M. *Michel* berichtet, wurde das große kirchengeschichtliche Ereignis der Gnadenstätte von Kevelaer.[26]

Das Wallfahrtswesen hat in jüngster Zeit zahlreiche neue Freunde gewonnen. Kirchliche Gruppierungen, aber auch weltliche Reiseunternehmen wählen gern heimatliche oder internationale Wallfahrtsorte als Reiseziel. Es ist ein hoffnungsvolles Zeichen, daß weite Kreise der katholischen Jugend wieder die Fußwallfahrt als echtes religiöses Erlebnis entdeckt haben. So pilgern alljährlich Jugendgruppen gemeinsam mit *Bischof Reinhard Lettmann* in mehrtägigen Wanderungen zu den Heiligtümern unseres Bistums. „Gemeinsam tragen wir", so der Bischof, „die

Mühen und Beschwerden des Pilgerweges. Jeder trägt den Staub der Straße an den Schuhen. ... Beten und Singen, Anbetung und Lobpreis Gottes vereinen uns. Eine solche Wallfahrt ist ein Bild für unser Leben als Christen und als Kirche. Wir sind miteinander auf dem Weg durch die Zeit."[27]

Anmerkungen

[1] F. Petri, Im Zeitalter der Glaubenskämpfe (1500–1648): Rheinische Geschichte, hrsg. von F. Petri und G. Droege, Bd. 2 (1976) S. 146f. G. Schreiber (Hg.), Wallfahrt und Volkstum in Geschichte und Leben = Forschungen zur Volkskunde, hrsg. von G. Schreiber, 16/17 (o. J.) S. 34 (s. Reg.). E. Bröker, 250 Jahre Fußprozession Bocholt-Kevelaer 1733–1983 (1983) S. 14 (Sonderdruck der Zeitschrift UNSER BOCHOLT, hg. vom Verein für Heimatpflege Bocholt e. V., Jg. 34, Heft 2). R. Plötz, Die Wallfahrt nach Kevelaer. Ein Wallfahrtsort und seine Geschichte (1986) S. 11ff. P. Löffler (Bearb.), Bischof Clemens August Graf von Galen, Akten, Briefe und Predigten 1933–1946, 2 Bde (1988) = Veröffentlichungen der Kommission für Zeitgeschichte. In Verbindung mit D. Albrecht, H. Hürten, R. Morsey hrsg. von K. Repgen. Reihe A: Quellen. Bd. 42.

[2] Handbuch des Bistums Münster, bearb. von H. Börsting und A. Schröer, Bd. 1 (1946) S. 121.

[3] Ebd. 2, 484ff.; s. jeweils unter den Pfarreien den letzten Titel „Wallfahrten".

[4] Bistumsarchiv Münster.

[5] Bröker, wie Anm. 1, S. 53ff.

[5a] Als Fürstbischof Friedrich Christian v. Plettenberg (1688–1706) den Pfarrern des Bistums Weisung erteilte, Wallfahrten nach Kevelaer zu unterlassen und statt dessen Prozessionen nach Telgte einzuführen, leistete Pastor Breving von Bocholt trotz Strafandrohung durch den Archidiakon der Aufforderung keine Folge. W. Freitag, Volks- und Elitenfrömmigkeit in der Frühen Neuzeit. Marienwallfahrten im Fürstbistum Münster = Veröffentlichungen des Provinzialinstituts für westfälische Landes- und Volksforschung des Landschaftsverbandes Westfalen-Lippe 20 (1991) 127f.

[6] Ebd. S. 40f. Plötz S. 47.

[7] Bröker S. 33ff.

[8] Ebd. S. 34. Das Kevelaerer Oratorium der Oratorianerpriester war in der Franzosenzeit 1802 aufgehoben worden.

[9] Ebd. S. 34.

[10] Handbuch, wie Anm. 2, S. 113.

[11] Bröker S. 37.

[12] Kirchl. Amtsblatt der Diözese Münster Nr. 7 vom 9. Mai 1892, Art. 25.

[13] Löffler, wie Anm. 1, 2 S. 950.

[14] Bröker S. 39.

[15] Löffler, wie Anm. 1, 1 S. 448.

[16] Ebd.

[17] H. Portmann, Kardinal v. Galen. Ein Gottesmann seiner Zeit ([18]1986) S. 81f.

[18] Löffler, wie Anm. 1, 1 S. 448.

[19] Kirchl. Amtsblatt Nr. 8 vom 20. April 1942 Art. 59.

[20] Löffler 2 S. 949 Anm. 2.

[21] S. Anm. 23.

[22] Löffler 2 S. 949.

[23] H. Boberach, Berichte des SD und der Gestapo über Kirchen und Kirchenvolk in Deutschland 1934–1944 = Veröffentlichungen der Kommission für Zeitgeschichte. Reihe A Quellen 12 (1971) Nr. 202 S. 699. Löffler 2 S. 951 Anm. 5.

[24] Bröker S. 50.

[25] Ebd. S. 51.

[26] B. Gervink, Der Papst bei uns (1987) S. 44.

[27] Bröker S. 5. S. auch: R. Lettmann, Was er euch sagt, das tut. Mit Maria im Dienst der Erlösung (1988).

Jakob Schlafke

Das Erzbistum Köln und die Kevelaer-Wallfahrt

Am Rosenkranzfest 1989 schrieb der Kölner Erzbischof Joachim Kardinal Meisner zu dem großformatigen Buch „Wallfahrt im Erzbistum Köln"[1] im Vorwort:

„. . . Wer glaubt, ist ein Mensch unterwegs. Diese Wirklichkeit zeigt sich in der Geschichte der Christenheit besonders deutlich in den Wallfahrten. Das Volk Gottes braucht immer wieder solche gemeinsamen Aufbrüche, die es mit anderen Christen auf den Weg bringen, um sich der

Kardinal Joachim Meisner, Erzbischof von Köln, zur Wallfahrt in Kevelaer

Romanische Stiftskirche St. Kunibert in Köln, Heimatkirche der Kölner Prozession von den Anfänger bis heute. Lithographie nach einer Zeichnung von Domenico Quaglio, 1831

eigenen Berufung zu vergewissern, nämlich Menschen auf dem Weg zu Gott hin zu bleiben.

In unserem Bistum gibt es eine ganze Reihe solcher Wallfahrtsorte, die heute noch gläubige Menschen als einzelne oder als Gruppen seit Jahrhunderten anziehen und ihnen die Erfahrung der Nähe Gottes vermitteln. Auch außerhalb der Grenzen des heutigen Erzbistums Köln finden sich zahlreiche Pilgerziele, die das Volk Gottes aus dem Erzbistum Köln anlocken. Solange es Wallfahrten gibt, sind wir vor der Gefahr bewahrt, uns in der Welt einzugraben und nicht mehr unterwegs zu bleiben!"

Zehn Jahre lang war der Autor des genannten Buches den Spuren der Kölner Wallfahrtstraditionen nachgegangen und hatte, unterstützt von fast allen Pfarreien der Erzdiözese 157 Orte vorgestellt, die für sie auch heute noch Ziel regelmäßiger Wallfahrten sind. Von diesen sind 58 Gnadenorte der Mutter Maria. Die erste Stelle nimmt mit weitem Abstand Kevelaer ein. 342 Pfarreien haben angegeben, daß sie alljährlich zur „Consolatrix Afflictorum", zur „Trösterin der Betrübten" ziehen. An zweiter Stelle folgt mit 159 Pfarreien Neviges, der Wallfahrtsort der „Maria Immaculata" und der „Königin des Friedens".

Für Wallfahrten und den ganzen Bereich der Volksfrömmigkeit haben die Bruderschaften große Bedeutung gehabt. Die Rechnungsbücher der Kölner Kevelaer-Bruderschaft beginnen mit dem Jahre 1684. Hier findet sich aber eine Notiz, daß ein Kölner Bürger, Peter Lapp, im Jahre 1648 nach Ende der Kriegswirren die Wallfahrt nach Kevelaer angefangen habe, indem er allein Jahr für Jahr das wundertätige Bild der hl. Jungfrau in Kevelaer besuchte. Ihm haben sich dann andere angeschlossen. In einer Notiz heißt es, er habe im Jahre 1663 einen Gefährten, Jakob Deutz, als Mitführer hinzugezogen, und diese hätten, gleichsam als Brudermei-

Mit dieser Urkunde errichte Kurfürst Maximili Heinrich, Erzbischof v Köln, am 17. August 1680 c Kevelaer-Brudersch

ster, unter vorangetragener Fahne die Prozession geführt. Das Volk versammelte sich in der Kirche St. Kunibert und empfing vom Pastor dort vor dem Auszug den Segen. Anfangs ging kein Geistlicher mit. Erst im Jahre 1672 erbat sich Peter Lapp vom Guardian der Kapuziner einen Pater und einen Laienbruder, die ihm bei der Durchführung der Prozession helfen sollten. Der Pater sollte die Pilger zur Frömmigkeit aneifern und in Kevelaer ihre Beichte hören. Erst als die Zahl der Teilnehmer wuchs, kam bei diesen der Wunsch auf, sich zu einer Bruderschaft zusammenzuschließen. So erteilte der Erzbischof von Köln, der Kurfürst Maximilian Heinrich, am 17. August 1680 die Genehmigung zur Errichtung einer kirchlichen Bruderschaft.

Diese ist die älteste in der Stadt Köln. Eine ganze Reihe anderer sind ihr gefolgt. Wenn für das Handbuch 1966 345 Pfarreien angegeben haben, daß sie alljährlich an einer Wallfahrt nach Kevelaer teilnehmen, so zeigt das, wie groß die Bedeutung dieser Frömmigkeitsübung in der Erzdiözese Köln ist. Für viele, besonders auch in ländlichen Gegenden, gehört die Erinnerung an diese zu den schönsten ihrer Jugendzeit.

Schon früh haben sich Kevelaer-Bruderschaften gebildet, in denen sich die umliegenden Gemeinden zu gemeinsamer Wallfahrt zusammenschlossen.

Maximilianus Henricus Dei Gratia Archiepiscopus Coloniensis sacri

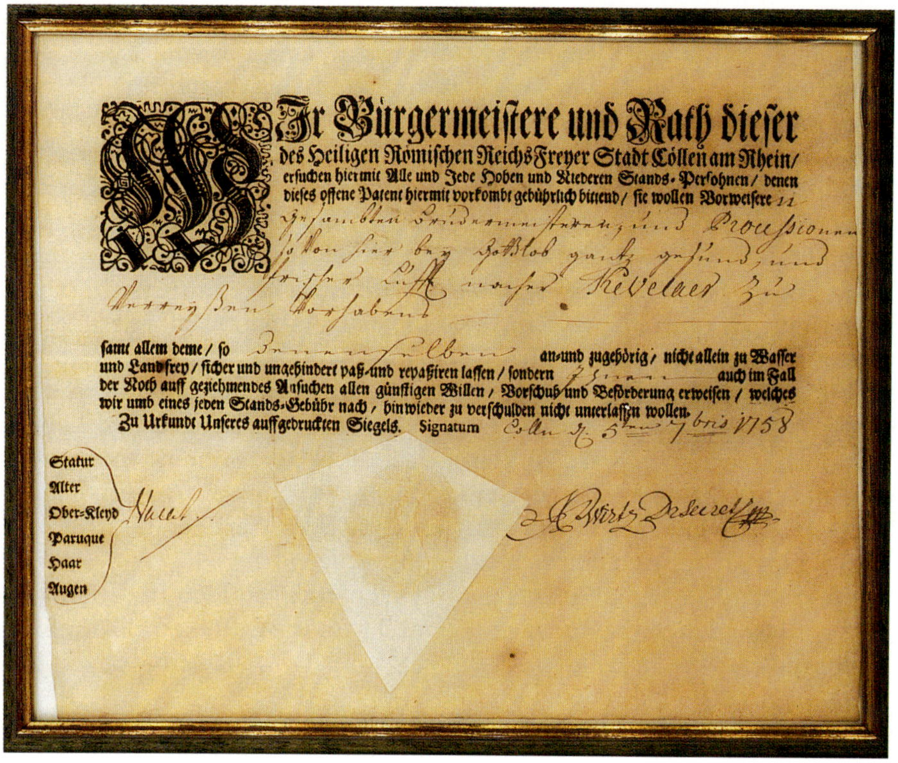

Wir Bürgermeistere und Rath dieser des Heiligen Römischen Reichs Freyer Stadt Cöllen am Rhein/ ersuchen hiermit Alle und Jede Hohen und Niederen Stands-Persohnen/ denen dieses offene Patent hiermit vorkombt gebührlich bittend/ sie wollen Vorweisere ... Kevelaer ...

samt allem deme/ so ... an- und zugehörig/ nicht allein zu Wasser und Land frey/ sicher und ungehindert paß- und repaßiren lassen/ sondern ... auch im Fall der Noth auff geziehmendes Ansuchen allen günstigen Willen/ Vorschub und Beförderung erweisen/ welches wir umb eines jeden Stands-Gebühr nach/ hinwieder zu verschulden nicht unterlassen wollen.

Zu Urkundt Unseres auffgedruckten Siegels. Signatum Cölln d. 5ten 7bris 1758

Statur
Alter
Ober-Kleyd
Paruque
Haar
Augen

Geleitschutzbrief vom Bürgermeister und Rat der Stadt Köln für die Kölner Prozession nach Kevelaer, 1758

Kevelaer gehörte ursprünglich zum Erzbistum Köln. Heute dem Bistum Münster zugehörig, ist es immer noch Teil der Kölner Kirchenprovinz. Die vielfältigen Beziehungen der Kölner Erzbischöfe in den verschiedenen Jahrhunderten kommen in mehreren Beiträgen dieses Buches zur Sprache.

Kevelaer ist immer noch mit weitem Abstand der beliebteste Kölner Wallfahrtsort.

Im zweiten Band dieser Festschrift führt P. Dohms[2] auch den Nachweis der Prozessionen aus dem Erzbistum Köln nach Kevelaer von den Anfängen bis zur Gegenwart mit Angaben über ihre Geschichte, bestehende Kevelaer-Bruderschaften, Anlaß und Anliegen, Gestaltung und Bräuche, Jahrestermin und Weg.

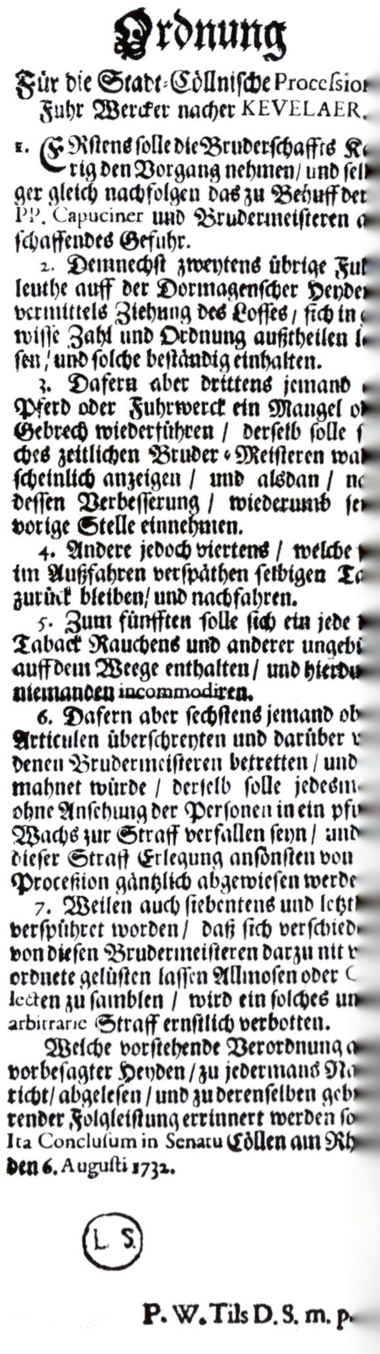

Ordnung

Für die Stadt-Cöllnische Procesio[n]
Fuhr Wercker nacher KEVELAER.

1. ERstens solle die Bruderschaffts K[...] rig den Vorgang nehmen/ und sel[...] ger gleich nachfolgen das zu Behuff der PP. Capuciner und Brudermeisteren a[...] schaffendes Gefuhr.

2. Demnechst zweytens übrige Fu[...] leuthe auff der Dormagenscher Heyde[...] vermittels Ziehung des Losses/ sich in [...] wisse Zahl und Ordnung außtheilen l[...] sen/ und solche beständig einhalten.

3. Dafern aber drittens jemand [...] Pferd oder Fuhrwerck ein Mangel o[...] Gebrech wiederführen/ derselb solle [...] ches zeitlichen Bruder-Meisteren wa[...] scheinlich anzeigen/ und alsdan/ n[...] dessen Verbesserung/ wiederumb se[...] vorige Stelle einnehmen.

4. Andere jedoch viertens/ welche [...] im Außfahren verspäthen selbigen Ta[...] zurück bleiben/ und nachfahren.

5. Zum fünfften solle sich ein jede [...] Taback Rauchens und anderer ungeb[...] auff dem Weege enthalten/ und hierdu[...] niemanden incommodiren.

6. Dafern aber sechstens jemand ob[...] Articulen überschreyten und darüber v[...] denen Brudermeisteren betretten/ und [...] mahnet würde/ derselb solle jedesm[...] ohne Ansehung der Personen in ein pf[...] Wachs zur Straff verfallen seyn/ und [...] dieser Straff Erlegung ansonsten von [...] Procesion gäntzlich abgewiesen werde[...]

7. Weilen auch siebentens und letzt[...] verspühret worden/ daß sich verschied[...] von diesen Brudermeisteren darzu nit [...] ordnete gelüsten lassen Allmosen oder C[...] lecten zu samblen/ wird ein solches un[...] arbitrarie Straff ernstlich verbotten.

Welche vorstehende Verordnung a[...] vorbesagter Heyden/ zu jedermans Na[...] richt/ abgelesen/ und zu derenselben geb[...] render Folgleistung errinnert werden so[...] Ita Conclusum in Senatu Cöllen am Rh[...] den 6. Augusti 1732.

(L. S.)

P. W. Tils D. S. m. p.

[1] Jakob Schlafke, Wallfahrt im Erzbistum Köln. 386 S., mit zahlreichen farbigen Abbildungen. © 1989 by E. Vey Verlag, Margarethenkloster 5, 5000 Köln 1.
[2] Peter Dohms, Die Wallfahrt nach Kevelaer zum Gnadenbild der „Trösterin der Betrübten". Kevelaer 1992.

Erwin Gatz

Anton de Waal, Rektor des Campo Santo Teutonico zu Rom, ein Förderer der Kevelaer-Wallfahrt

Nachdem die Pfarrer von Kevelaer 1885 das Privileg erhalten hatten, an bestimmten Festtagen den Päpstlichen Segen zu erteilen, mit dem die Spendung eines vollkommenen Ablasses verbunden war, erfolgte am 1. Juni 1892 zu Beginn der Feierlichkeiten zum 250jährigen Bestehen der Wallfahrt im Auftrage des Domkapitels von St. Peter zu Rom die festliche Krönung des Kevelaerer Gnadenbildes[1]. Diese war schon seit längerer Zeit von Kevelaer aus erbeten worden. Anfang 1892 beantragte der münstersche Bischof Hermann Dingelstad sie in Rom, und schon am 13. März 1892 faßte das Kapitel von St. Peter den entsprechenden Beschluß. Die feierliche Krönung erfolgte am 1. Juni 1892 durch Bischof Dingelstad in Anwesenheit des Erzbischofs von Utrecht und der Bischöfe von Roermond und Trier.

Diese feierliche Zeremonie fügte sich in eine lange Tradition der Krönung berühmter Marienbilder durch das Kapitel von St. Peter ein[2]. Ihre Anfänge gingen auf eine Stiftung des Piacenzer Grafen Alessandro Sforza Pallavicino zurück, der dazu durch den Kapuzinerprediger Girolamo da Forli angeregt worden sein soll[3]. Graf Sforza Pallavicino errichtete jedenfalls 1638 eine bedeutende Stiftung, deren Verwaltung er dem Kapitel von St. Peter übertrug. Aus ihrem Ertrag sollten die Krönungen mit kostbaren Kronen erfolgen. Später sind solche Kronen freilich auch aus anderen Spenden finanziert worden. Nach dem von Anselmo da Reno Centese aufgestellten Verzeichnis wurden zwischen 1815 und 1914 durch das Kapitel von St. Peter u. a. Marienbilder in folgenden Orten gekrönt: 1843 Brüssel, 1867 Hasselt, 1874 Mecheln, 1877 Roermond, 1885 Weißenstein (Tirol), 1895 Lüttich, 1908 Marienthal (Rheingau), 1911 Werl und 1911 wieder Roermond. Eine ungleich größere Zahl von Krönungen fand jedoch in Italien, daneben auch in Frankreich statt.

I.

Die Erwirkung der Krönung des Kevelaerer Gnadenbildes war durch den aus Emmerich stammenden Priester Anton de Waal erfolgt, der seit 1868 in Rom lebte und enge Kontakte zu seiner niederrheinischen Heimat pflegte[4]. Am 11. Mai 1884 schrieb er an Pfarrer van Ackeren über seine Verbundenheit mit Kevelaer: „. . . Wiederholt bin ich als Meßdiener und Gymnasiast von Emmerich nach Kevelaer gepilgert; als Priester habe ich wiederholt dort im Beichtstuhl ausgeholfen; als ich nach Gaesdonck ging und als ich nach Rom reiste, habe ich erst vor Ihrem Gnadenbilde gekniet und gebetet . . ." Wer war dieser Anton de Waal?

Anton Joseph Johann Maria de Waal wurde am 5. Mai 1837 als ältestes von 15 Kindern eines Fabrikbesitzers zu Emmerich am Niederrhein geboren. Schon vor der Geburt dem hl. Antonius geweiht, führte sein Lebensweg geradlinig zum Priestertum. Nach dem Besuch des humanistischen Gymnasiums seiner Heimatstadt begann er das Studium der Theologie in Münster, wo er auch am 11. Oktober 1862 zum Priester geweiht wurde. De Waal war nie in der Pfarrseelsorge tätig, sondern wurde unmittelbar nach seiner Weihe als Lehrer an das Bischöfliche Gymnasium Collegium Augustinianum bei Goch („Gaesdonck") entsandt. Dort wurde er nicht nur in die pädagogische Arbeit eingeführt, sondern er erlebte auch das Gemeinschaftsleben mit Kollegen („Vita communis"), das für ihn eine wichtige Vorbereitung auf seine spätere römische Aufgabe bildete. De Waal hat beinahe alle Fächer gelehrt: Latein, Französisch, Zeichnen, Deutsch, Rechnen, Religion, und sich als Pädagoge bewährt, worauf auch die guten Kontakte hinweisen, die er von Rom aus zu seinen ehemaligen Kollegen unterhielt. 1868 wurde er dann zum Studium der seit der Mitte des Jahrhunderts aufblühenden Christlichen Archäologie nach Rom beurlaubt. Dort nahm er Wohnung im Kolleg der Anima. Schon im Februar 1869 wurde er zum Dr. theol. promoviert.

Der römische Aufenthalt sollte jedoch für den jungen Geistlichen nicht nur wissenschaftliche Früchte bringen, er machte ihn auch zum Zeugen des Vatikanischen Konzils und seiner vorbereitenden Phase. De Waal hat die großen kirchlichen Feiern, aber auch das Ende des Kirchenstaates bewußt miterlebt. 1869 veröffentlichte er „Gedenkblätter an die Jubelfeier des Heiligen Vaters und der vorhergehenden Ostern in Rom", und 1870 folgte „Die Wallfahrt zu den sieben Hauptkirchen Roms. Ein Führer für die deutschen Pilger". Er wollte damit den Wallfahrern einen historisch fundierten, allgemeinverständlichen Führer in die Hand geben. Das ganze wissenschaftliche und insbesondere archäologische Bemühen de Waals während seines langen Romaufenthaltes ist im Grunde diesem Konzept treu geblieben: Der Wahrheit verpflichtet, sollte die Forschung zugleich dem lebendigen Glauben dienen. Kritischer Sinn ging dieser ersten Veröffentlichung freilich noch ganz ab. Das gleiche gilt von dem 1871, also nach dem Ende des Kirchenstaates, veröffentlichten Werk „Des Apostelfürsten Petrus glorreiche Ruhestätte". De Waal zog hier Parallelen, wie sie für die damals noch ganz apologetisch eingestellte Christliche Archäologie typisch waren. Er sah nämlich handfeste Parallelen zwischen einst und jetzt: Die Kirche der Märtyrer, die in Rom in so vielen authentischen und legendären Denkmälern präsent war, erschien ihm als Vorbild der in vielen Staaten Europas aufs neue in Bedrängnis geratenen Kirche („Kulturkämpfe"). Und so wie sich einst die glaubensstarken Christen gegen den heidnischen Staat durchgesetzt hatten, so hoffte er auch jetzt auf den endlichen Sieg der Kirche gegen die übermächtigen liberalen Staaten.

II.

Nach Ablauf seines zweijährigen Aufenthaltes in der Anima wollte de Waal seinen Rom-Aufenthalt verlängern und die Stelle eines Kaplans beim päpstlichen Zuaven-Korps übernehmen. Das Ende des Kirchenstaates und die Auflösung der päpstlichen Armee zerschlugen jedoch diese

Porträt Anton de Waal aus
nmerich, Rektor des Campo
Santo Teutonico Rom
1872 – 1917

Pläne. Da sein Heimatbischof ihm völlige Freiheit ließ, blieb er vorerst und nutzte seine Zeit zu wissenschaftlichen Studien, zu Gelegenheitsschriften und als Korrespondent katholischer Zeitungen und Zeitschriften. Außerdem betätigte er sich in der Deutschenseelsorge. Um die Jahreswende 1871/72 ging er dann als Kaplan an den Campo Santo Teutonico, und Ende 1872 wurde er dessen Rektor. De Waal hat nicht voraussehen können, daß er damit seine Lebensstellung gefunden hatte und daß die alte Stiftung unter seinem Rektorat zu neuem Glanz aufsteigen sollte. Der unmittelbar südlich von St. Peter liegende „Campo Santo dei Teutonici e Fiamminghi" läßt sich bis in die Zeit Karls d. Gr. zurückverfolgen, weshalb er den stolzen Anspruch erhebt, die älteste deutsche Nationalstiftung Roms zu sein. Mit dem Friedhof verbunden ist die Kirche zur Schmerzhaften Mutter Gottes. Viele deutsche Pilger und Pilgergruppen besuchen diesen ehrwürdigen Platz und feiern dort den Gottesdienst in ihrer Muttersprache. Die wenigsten aber wissen, daß sich in den anliegenden Gebäuden zugleich seit de Waals Zeit ein wissenschaftliches deutsches Priesterkolleg und das Römische Institut der Görres-Gesellschaft mit einer wertvollen Bibliothek befinden. Diese Gelehrtenresidenz, die zugleich eine wichtige Kontaktstelle zwischen dem deutschen Katholizismus und der römischen Kirchenzentrale darstellt, verdankt ihre Gründung de Waal. Er hat den Campo Santo zu dem gemacht, was er heute ist.

Die „Erzbruderschaft zur Schmerzhaften Mutter Gottes auf dem deutschen Gottesacker bei St. Peter", wie ihre offizielle Bezeichnung heute lautet, mußte sich als Eigentümerin des Campo Santo und als stiftungsmäßig deutsch-flämische Gemeinschaft permanent gegen die nationale Absorbierung ihrer Mitglieder durch das Gastland und gegen die italienische Unterwanderung wehren. Ein Anreiz dafür lag vor allem in einer Reihe von Stiftungen, die den Bruderschaftsmitgliedern und ihren Angehörigen zugute kamen. Auch zu Beginn des 19. Jahrhunderts überwogen die italienischen Mitglieder, doch hatte die Erzbruderschaft 1847 eine gründliche Reform erfahren und ein neues Statut erhalten.

Das Wappen der „Erzbruderschaft zur Schmerzhaften Muttergottes auf dem deutschen Gottesacker bei St. Peter"

Mit der Übernahme des Rektorates durch de Waal begann eine neue Epoche in der Geschichte der alten Stiftung. De Waal war sich der historischen Bedeutung des Platzes, die er mit seltener Hingabe immer wieder deutete, und seiner Chancen von Anfang an bewußt. Der neue Campo Santo sollte immer mehr zum Kristallisationspunkt der Deutschrömer werden. Daher galt sein Bemühen einerseits der Erzbruderschaft, andererseits aber auch der Einrichtung und Pflege neuer Gottesdienste.

III.

Folgenreicher als das Bemühen um die Deutschen- und Pilgerseelsorge war jedoch de Waals Gründung des Priesterkollegs. Um die Mitte des 19. Jh. stieg Rom, das schon seit dem 16. Jh. eine Reihe internationaler Studienhäuser besaß, durch die Gründung neuer Kollegien zum wichtigsten katholischen Studienzentrum auf.

Als Gründungsdatum des Kollegs am Campo Santo Teutonico gilt der 21. November 1876, an dem Papst Pius IX. das noch heute geltende Statut für die Erzbruderschaft approbierte. Darin war nicht nur vom religiösen Leben und von der Vermögensverwaltung die Rede, sondern die Gemeinschaft sollte danach auch einen Teil ihrer Einkünfte für die Förderung studierender Geistlicher zur Verfügung stellen. Die erste aus Spenden zusammengetragene Kaplaneistiftung, die nach Pius IX. den Namen „Piuskaplanei" erhielt, konnte de Waal noch im gleichen Jahr errichten. Im Laufe der Zeit gelang es ihm, insgesamt sechs solcher Stiftungen zu schaffen. Die Absicht, die ihn ursprünglich leitete, war die Hilfe für die im Kulturkampf bedrängten Geistlichen. Darüber schrieb er am 9. September 1876, also mitten auf dem Höhepunkt dieses schweren Konfliktes, an den Kölner Erzbischof P. Melchers: „Die bedrängte Lage gar mancher unserer heimatlichen Priester hat mich immer wieder und wieder darauf sinnen lassen, wie ich selber und wie die Stiftung des C. S. mit unseren schwachen Kräften Hülfe bieten könnten. Die einen sind aus einer segensreichen Tätigkeit heraus in die Verbannung getrieben, andere sind genötigt gewesen, Stellen als Hausgeistliche anzunehmen, selbst unter Verhältnissen, die für den klerikalen Geist nicht ohne die bedenklichsten Gefahren sind; anderen sind durch harte Gesetze beide Hände zu einer unfruchtbaren Tatenlosigkeit gebunden. Wie lange der

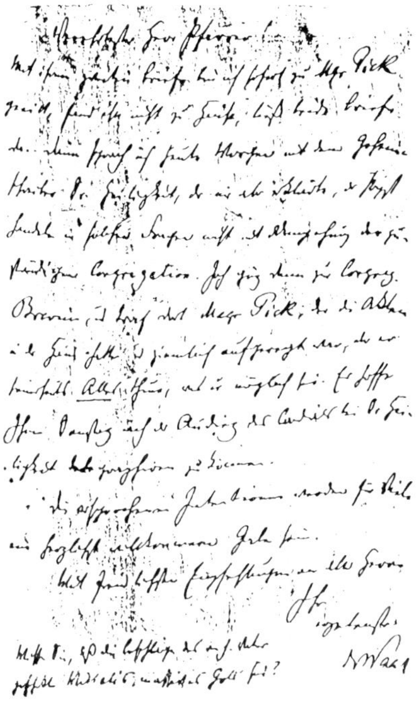

Faksimile eines Briefes von Msgr. Anton de Waal an Pastor Joseph van Ackeren, aus dem deutlich wird, wie hr er die Anliegen Kevelaers in Rom förderte

Verehrter Herr Pfarrer!
Mit Ihrem zweiten Brief bin ich sofort zu Mgr. Pick geeilt, fand ihn nicht zu Hause, ließ beide Briefe da. Dann sprach ich heute Morgen mit dem Geheimschreiber Sr. Heiligkeit, der mir aber erklärte, der Papst handele in solchen Fragen nicht mit Umgehung der zuständigen Congregation. Ich ging dann zur Congreg. Brevium und traf dort Mgr. Pick, der die Akten in der Hand hatte und ziemlich aufgeregt war, da er seinerseits *Alles* thue, was nur möglich sei. Er hoffe, Ihnen Samstag nach der Audienz des Cardinals bei Sr. Heiligkeit telegraphieren zu können.
Die versprochenen Intentionen werden für Viele eine herzlichst willkommene Gabe sein.
Mit freundlichsten Empfehlungen an Ihre Herren

Ihr ergebenster de Waal

Wissen Sie, ob die Beschläge des vom Hl. Vater geschenkten Missale massives Gold sind?

Kampf noch andauern wird, wissen wir nicht; allein es ist unermeßlich wichtig, daß, wenn er zu Ende geht, den Bischöfen eine Zahl wahrhaft tüchtiger, durch und durch bewährter Priester zur Verfügung stehe, und ich weiß nicht, ob die Stellungen und Verhältnisse, in denen sich unsere Geistlichen notgedrungen jetzt befinden, danach angetan sind, aus ihnen Ecksteine zu machen, über denen sich allenthalben der Neubau des Zerstörten wird aufrichten lassen."

Seit 1879 kristallierte sich dann jene spezielle Zielsetzung des Kollegs heraus, die seinen eigentlichen Ruhm begründet hat, nämlich die Konzentration auf kirchengeschichtliche und christlich-archäologische Studien. Daß de Waal einschlägige Interessen besaß, ist bereits gesagt worden; ihn interessierten in erster Linie sein unmittelbares Umfeld, das altchristliche Rom, aber auch die Geschichte der Deutschen und ihrer Institutionen in der Ewigen Stadt. Einen neuen Impuls erhielt dieses Interesse durch die Archivpolitik Leos XIII., der seit 1879 dem Papsthistoriker Ludwig von Pastor die Archivbenutzung gestattete. Pastor wohnte im Kolleg und ist diesem und seinem Rektor eng verbunden geblieben und wie mancher andere Gelehrte von Rang noch öfters hier abgestiegen. Seit der Öffnung des Vatikanischen Archivs setzte de Waal neue Maßstäbe für die Bewerber um die Studienkaplaneien, indem er sich auf die Gewinnung von Historikern und später auch von Archäologen konzentrierte. Im Jahresbericht für 1879 bezeichnete er es erstmals „als vorwiegende Aufgabe des Kollegiums, die Erforschung der römischen Archive und das Studium der Christlichen Archäologie zu fördern". Und wenn auch manche Kapläne auf andere Disziplinen festgelegt waren, so drängte de Waal darauf, daß sie sich wenigstens nebenher mit historischen Problemen beschäftigen. Im Studienjahr 1879/80 waren von sieben Kollegsmitgliedern drei Historiker.

IV.

Das primäre Anliegen de Waals war also die Förderung junger, vor allem geistlicher Gelehrter. Andererseits wollte er einen Beitrag zur intensiveren Teilnahme der Katholiken am wissenschaftlichen Leben leisten. Daher legte er auf die Publikation der Forschungsergebnisse schon aus „apologetischen" Gründen großen Wert. Konsequenterweise folgte daher der Plan zur Herausgabe eines Fachorgans. 1887 kam es zur Gründung der „Römischen Quartalschrift für christliche Altertumskunde und Kirchengeschichte". Gegen alle Skepsis hat diese Zeitschrift sich durchsetzen können und es als wissenschaftliches Organ des Priesterkollegs und zugleich des Römischen Instituts der Görres-Gesellschaft zu großem Ansehen gebracht. De Waal blieb nicht bei der Gründung der Zeitschrift stehen, er griff 1887 auch das schon früher vom Präsidenten der Görres-Gesellschaft, G. Freiherr von Hertling, geplante Projekt eines Historischen Instituts auf und schlug vor, dieses in den Räumen des Priesterkollegs unterzubringen. Auf der Generalversammlung der Gesellschaft fiel dann 1888 in Eichstätt die Entscheidung für diesen Vorschlag. Am 6. Dezember des gleichen Jahres traf der Luxemburger Kirchenhistoriker Johann Peter Kirsch, der einige Jahre Mitglied des Kollegs gewesen war, als erster Leiter des neuen Instituts ein.

Mit dem Ausbau des Kollegs gingen die Einrichtungen einer wertvollen Bibliothek und einer Sammlung christlicher Altertümer einher. De Waal, der an allen geschichtlichen Überlieferungen des Campo Santo und des Deutschtums in Rom interessiert war, hat zunächst Erinnerungsstücke zu diesem Themenkreis gesammelt. Allmählich hat er aber seine Sammeltätigkeit immer mehr ausgeweitet. So wuchs neben dem seit alters von der Erzbruderschaft erworbenen Kunstbesitz, der in der Kirche konzentriert war, eine zusätzliche Kunstsammlung heran. De Waal ist bei dem Ausbau von einzelnen Kaplänen und auch von Freunden unterstützt worden. Nach seinem Tod fiel diese Sammlung, deren besonderer Wert in ihren altchristlichen Stücken besteht, an die Erzbruderschaft. Diese Sammlung stellte nach dem Willen des Rektors das Anschauungsmaterial bereit, das den jungen Gelehrten seines Kollegs täglich zur Verfügung stand. Über diesen unmittelbaren Studienzweck hinaus besaß sie jedoch für ihn auch eine religiöse Bedeutung, weil dadurch die Kirche der Märtyrer lebendig wurde.

Bis zum Ausbruch des Ersten Weltkrieges traten in das Kolleg 169 Geistliche ein. Die meisten kamen aus reichsdeutschen Diözesen, während Österreich-Ungarn mit nur 17 vertreten war. Daneben spielten auch die Niederlande mit zwölf und die USA mit 17 Geistlichen eine gewisse Rolle. Außerdem traten bis 1914 fünf Geistliche aus Luxemburg, fünf aus der Schweiz und fünf aus sonstigen Ländern in das Kolleg ein. Hinsichtlich der Studienrichtung bildeten die Kirchenhistoriker (56) und Archäologen (31) die größte Gruppe. Aber auch die Kirchenrechtler (31) waren stark vertreten. Den Kern des Kollegs bildeten die Inhaber der Studienkaplaneien. Die Zahl der Plätze betrug ca. ein Dutzend. Neben den eigentlichen Kollegsmitgliedern sind ferner jene zahlreichen Gäste zu erwähnen, die de Waal mitunter alljährlich und auf längere Zeit aufnahm. Dabei handelte es sich um Gelehrte, die aus dem Kolleg hervorgegangen waren, aber auch um Freunde, insbesondere um Mitglieder der Görres-Gesellschaft. Diese Gäste haben am Kollegsleben und an der hier bestehenden gelehrten Leistungsgemeinschaft z. T. intensiven Anteil genommen. Das hat seinen Niederschlag nicht nur in den Sabbatinen, sondern auch in der Römischen Quartalschrift gefunden.

Die „Kirchlichkeit" der im Campo Santo geleisteten Forschung bildete für de Waal eine unaufgebbare Grundforderung. Das brachte er wiederholt zum Ausdruck: „Die Pflege der Wissenschaft ist heute mehr denn je Pflicht des Klerus, wenn er seiner großen und heiligen Aufgabe entsprechen will. Aber unsere Studien und unsere Wissenschaft muß auf dem festen Boden kirchlich korrekten Geistes aufgebaut werden, im Gehorsam gegen die höchste Autorität, in Übereinstimmung mit dem obersten Magisterium. . . Wir wollen hier im Campo Santo nicht bloß in der Nähe des Apostelgrabes wohnen, sondern auch als gelehrige und folgsame Jünger zu den Füßen Petri und seiner Nachfolger sitzen."

Msgr. Anton de Waal bei der Audienz Pius´ X. für den deutschen Gesellenverein Rom, 1913

De Waal hat gern und häufig Jubiläen gefeiert und den Campo Santo, dem er seine Kraft ohne jeden Abstrich schenkte, dadurch immer mehr ins Licht der Öffentlichkeit gestellt. So wurde 1896 die 1100jährige Wiederkehr der karolingischen Gründung gefeiert, die dem Rektor zugleich eine Reihe von Ehrungen (Päpstlicher Hausprälat, Konsultor der Kardinalskongregation für geschichtliche Studien, Preußischer Kronenorden IV. Klasse) brachte. Zwei bedeutende Festschriften zum 50jährigen Priesterjubiläum im Jahre 1913 spiegelten eindrucksvoll jene Dichte und zugleich Vielfalt gelehrten Strebens, die am Vorabend des Ersten Weltkrieges im Kolleg herrschte.

Denkmal für Anton de Waal in S. Maria della Pietà, Campo Santo Teutonico Rom † 1917

V.

Der Einsatz, den de Waal seit 1876 für die Gründung und den Ausbau des Kollegs sowie für die Studienförderung geleistet und der Erfolg, den er damit gehabt hat, haben ihn keinesfalls daran gehindert, sich auch weiterhin den allgemeinen Interessen der katholischen Deutschrömer und der Deutschen in Rom zu widmen. Dazu zählt u. a. die Mitsorge für den katholischen Gesellenverein und für die zahlreichen in Rom arbeitenden deutschen Erzieherinnen und Hausangestellten. 1887 konnte unter der Leitung der Grauen Schwestern aus Neiße ein eigenes Mädchenwohnheim errichtet werden.

Auch auf die Bemühungen de Waals um die Gesamtorganisation der Deutschenseelsorge in Italien muß hier hingewiesen werden. Schon früh hatte er dafür Interesse gezeigt. Aber erst durch die Berufung der Grauen Schwestern, die seit 1887 nicht nur in Rom, sondern auch in mehreren anderen italienischen Städten mit seiner Unterstützung ihre Niederlassungen schufen, um die sich dann jeweils eine deutsche Gemeinde sammelte, wurde allmählich ein Netz deutscher Seelsorgsstationen geschaffen.

VI.

De Waal hat der einzigartigen Lage des Campo Santo nicht nur Rechnung getragen, sondern als Bewunderer Roms, des Papsttums und der Päpste seiner Zeit seine Aufgabe auch darin gesehen, zahlreiche Fäden zwischen Rom und dem deutschen Katholizismus zu knüpfen. Dabei hat er als dessen römischer Exponent, als Organisationsleiter vieler Pilgergruppen und persönlicher Vermittler und nicht zuletzt als Wissenschaftsorganisator und Schriftsteller bedeutende Erfolge gehabt. Die Kirchenpolitik blieb dabei freilich fast ganz ausgespart, weil die Diplomatie seinem einfachen und schlichten Wesen nicht entsprach.

Zu allen Päpsten seiner Epoche unterhielt er relativ enge Kontakte, so wie sie angesichts der damals kleinen und jedenfalls nicht hektischen Verhältnisse noch möglich waren. Er ist allen Päpsten bei offiziellen Anlässen, aber auch in zahlreichen Privataudienzen begegnet, die oft wissenschaftlichen oder künstlerischen Fragen galten. Angesichts der völligen Unterrepräsentanz des deutschsprachigen Katholizismus im Beamtenstab der Kurie wurde ihm daher manche wichtige Verbindung anvertraut.

Blick vom Campo Santo Teutonico auf St. Peter

VII.

1872 hatte niemand vorhersehen können, daß de Waal 45 Jahre lang die Leitung des Campo Santo behalten und diesem ein neues Gepräge geben sollte. Nach der Jahrhundertwende hat er dann u. a. aus gesundheitlichen Gründen die Suche nach einem Nachfolger aufgenommen. Dabei dachte er an einen Gelehrten, der die von ihm begründeten wissenschaftlichen Arbeiten aufgreifen und weiterführen sollte. Trotz aller Bemühungen gelang es jedoch nicht, eine geeignete Persönlichkeit zu gewinnen, zumal die finanzielle Ausstattung der Stelle äußerst bescheiden war. Der 1903 von ihm in Aussicht genommene Nachfolger Wilhelm van Gulik aus Goch verstarb plötzlich an einer Typhusinfektion. Andererseits gelang de Waal die Sicherung seiner Gründung. Am 15. April 1914 approbierte Pius X. nämlich die Regeln des Priesterkollegs, das dadurch einen klaren Rechtsstatus erhielt.

Als Pius X. das Kollegskonzept de Waals billigte, konnte niemand ahnen, daß wenig später der Ausbruch des Weltkrieges den Fortbestand der blühenden Gründung aufs schwerste gefährden und das Leben der deutschen Gemeinde beenden sollte. Im Studienjahr 1914/15 wohnten im Kolleg neben dem Rektor nur noch drei Geistliche. Die nach dem Kriegsausbruch zwischen Italien und Österreich lange befürchtete Sequestierung der Nationalstiftung kam freilich nicht zustande, aber das Kollegs- und Bruderschaftsleben ruhte fast ganz. Andererseits gelangen de Waal damals noch einmal aufsehenerregende archäologische Entdeckungen. Zeit seines Rektorates war es sein sehnlichster Wunsch gewesen, die Überreste des neronischen Zirkus, des Zeugen christlicher Martyrien, archäologisch nachzuweisen. Aber alle seine Nachforschungen auf dem Gebiet des Campo Santo waren ergebnislos geblieben. Stattdessen stieß er unter S. Sebastiano an der Via Appia, wo er bereits 1892/93 gegraben hatte, nun auf das Grab von Papst Fabianus (+ 253), vor allem aber auf die Gedenkstätte an Petrus und Paulus.

Es war de Waal vergönnt, bis zum Tage vor seinem Tode in geistiger und körperlicher Frische am wissenschaftlichen Geschehen Anteil zu nehmen und trotz der Kriegsereignisse auch noch die altchristliche Sammlung ständig zu vermehren. Am 23. Februar 1917 starb er unerwartet und wurde drei Tage später von einer illustren internationalen Trauergemeinde auf dem von ihm so geliebten Friedhof zur letzten Ruhe gebettet.

Anmerkungen

[1] Ausführlicher Bericht: J. van Ackeren, Die Wallfahrt nach Kevelaer (Kevelaer 1924) 156–167.
[2] G. Moroni, Dizionario di erudizione storico-ecclesiastica 17 (Venezia 1842) 238–245. – Enciclopedia Cattolica 6 (Città del Vaticano 1951) 1782–1784.
[3] Anselmo da Reno Centese, Catalogo delle Immagini Mariane, incoronate dal Reverendissimo Capitolo Vaticano (Isola del Liri 1963).
[4] Über ihn ausführlich: E. Gatz, Anton de Waal (1837–1917) und der Campo Santo Teutonico (Freiburg 1980). - Über den von de Waal erneuerten Campo Santo: E. Gatz (Hg.), Der Campo Santo Teutonico in Rom, 2 Bde. (Freiburg 1988).

Karl Keller

Die Jubiläumsfeiern in Kevelaer

Alle 50 Jahre fanden in Kevelaer Jubiläumsfeiern statt: 1692, 1742, 1792, 1842, 1892, 1942 (mit Einschränkung) bzw. 1951. In den jeweiligen Jubiläumsjahren zogen aus verschiedenen Orten festlichere Prozessionen nach Kevelaer, um die dortigen Feierlichkeiten mitzugestalten. Sie können in diesem eingeschränkten Rahmen, insbesondere auch wegen der Fülle des Quellenmaterials für die Jubiläumsfeiern in Kevelaer selbst, hier nicht zur Darstellung kommen. Wenn jedoch die Gelderner Jubiläumsprozessionen wenigstens kurz miteinbezogen werden, so ist das darin begründet, daß Geldern gewissermaßen bei der Entstehung der Wallfahrt „Pate gestanden hat" und seinen Anteil an der Entstehung der Wallfahrt durch besonders festliche Prozessionen in bestimmten Jahren zum Ausdruck bringen wollte. Es hatte sich sogar neben der „Kevelaer-Tradition" der Übertragung des Gnadenbildes von Geldern nach Kevelaer am 31. Mai 1642 auch eine „Gelderner Tradition" vom 2. Juli 1642 herausgebildet (s. meinen Beitrag in diesem Buch „Beiträge zum Gelderner Ursprung der Wallfahrt nach Kevelaer").

Jubiläumsfeier 1692?

Dem Wallfahrtshistoriker Carl *Schumacher*[1] war eine Jubiläumsveranstaltung 1692 nicht bekannt; denn er schrieb 1921: „Die Oratorianerchorherren beschlossen, 1742 ein hundertjähriges Jubelfest zu feiern." Er

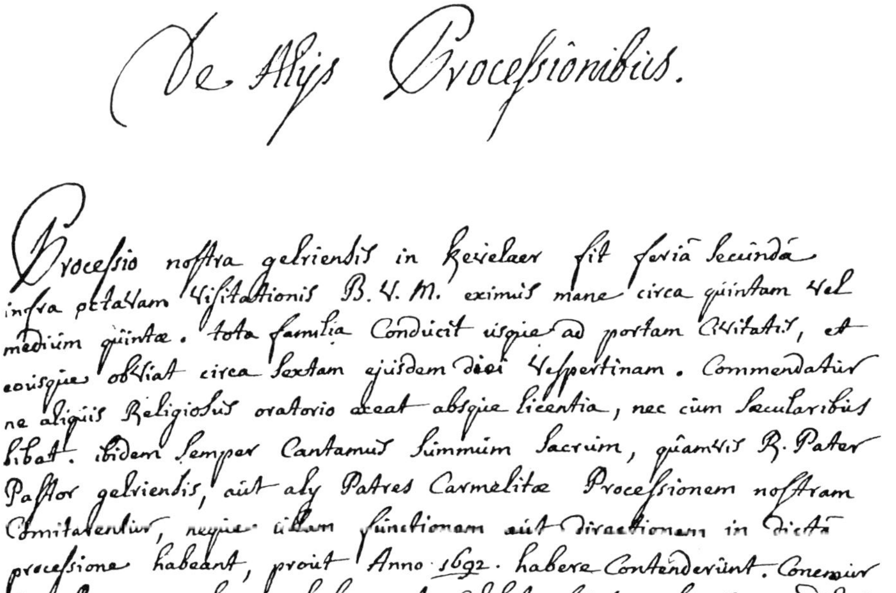
De Alijs Processionibus.

Processio nostra gelriensis in Kevelaer fit feria secunda infra octavam Visitationis B. V. M. eximis mane circa quintam vel medium quintae. tota familia conducit usque ad portam Civitatis, et eousque obviat circa sextam ejusdem diei Vespertinam. Commendatur ne aliquis Religiosus oratorio abeat absque licentia, nec cum Saecularibus bibat. ibidem semper cantamus summum sacrum, quamvis R. Pater Pastor gelriensis, aut alij Patres Carmelitae Processionem nostram comitarentur, neque illam functionem aut directionem in dicta processione habeant, prout Anno 1692. habere contenderunt. Conservir cum illis pacem semper habere, et quilibet fruatur suo jura. etc.

Originalbericht aus der Gelderner Kapuzinerchronik über die Gelderner Prozession nach Kevelaer im Jubiläumsjahr 1692

bezeichnete dieses als das erste Jubelfest. J. H. *Krickelberg* erwähnt weder in seiner Wallfahrtsgeschichte von 1843[2] noch in seiner Sonderbroschüre[3] von 1842 Jubiläumsveranstaltungen 1692. J. *van Ackeren*[4] schrieb zwar am Anfang seines Kapitels über Jubelfeste „von je 50 zu 50 Jahren sind Jubelfeste gefeiert worden", gibt aber keinen Hinweis auf 1692; seine Worte „das zweite 50jährige Jubelfest 1792" lassen sogar die Schlußfolgerung zu, daß nach seiner Meinung 1742 das erste Jubelfest veranstaltet worden war. In der Oratorianerchronik in Kevelaer ist auch kein diesbezüglicher Hinweis enthalten. Als einzige Quelle, aus der wenigstens indirekt auf die Feier des ersten 50jährigen Jubiläums 1692 geschlossen werden darf, ist mir die *Gelderner Kapuzinerchronik* bekannt geworden, in der berichtet wird: Im Jahr 1692 führten die Gelderner Kapuzinerpatres eine festliche Prozession nach Kevelaer.[5] Sie fand, wie C. *Kamps*[6] gemäß dieser Chronik schrieb, am Montag vor dem 2. Juli statt. Der gesamte Kapuzinerkonvent begleitete die Prozession bis zum Stadttor und holte sie gegen sechs Uhr abends am gleichen Tag wieder ab. Die Festpredigt im Hochamt in Kevelaer hielt ein Kapuzinerpater, obwohl, wie ausdrücklich betont wird, der Pfarrer von Geldern, der Karmeliterpater Ambrosius von der Unbefleckten Empfängnis Mariä, der von 1689 bis 1724 Pfarrer in Geldern war, die Prozession begleitete.

Die Jubiläumsfeiern 1742

Die quellenmäßig als erste zu belegende sogenannte *Marientracht* in Kevelaer fand 1742 statt, und zwar zweimal; denn gemäß Augenzeugenberichten trugen sowohl bei der Jubelprozession in Kevelaer am 2. Juli als auch in der Jubelprozession Gelderns am 19. August während ihres Umzuges in Kevelaer jeweils vier Priester das Gnadenbild in den Prozessionen, wobei interessanterweise innerhalb der Gelderner Prozession das Originalbild und (von Geldern aus) eine Abbildung mitgetragen wurden.

Nach dem Bericht von *van Ackeren*[7] wurde 1742 Kevelaer mit Ehrenpforten und Kränzen auf den Straßen und an den Häusern geschmückt, insbesondere der Kapellenplatz und die Kirchen. An den Hauptfesten sollen ca. 30–40 000 Pilger teilgenommen haben. Das Jubeljahr wurde am 2. Juli eröffnet. Die Stadt Geldern nahm durch eine Prozession an der Eröffnungsfeier teil. Bei einer zweiten Gelderner Prozession am 19. August wurde eine schöne, gut geschulte Kavalkade gestellt; dazu kamen lebende Bilder, welche die 15 Geheimnisse des Rosenkranzes und die Hauptfeste der Gottesmutter veranschaulichten.[8] C. *Schumacher*[9] brachte 1921, gestützt auf zahlreiche literarische Vorlagen, eine ausführliche, anschauliche Schilderung, die er betitelte: „Das erste Jubelfest zu Kevelaer". Nach der Genehmigung der Jubelfeier durch den Bischof bereiteten sich die Kevelaerer auf die „Jubel-Pilgerfahrt" vor. Die Nachbarschaften schlossen sich zusammen und schmückten Straßen und Häuser. Die Berichte bestätigen, daß das, was an Schmuck der Häuser, Kapellen, Prozessionen, Ehrenpforten usw. geleistet wurde, „jeder Beschreibung spotte":

„Von Geldern kommen sie, vom Cleverlande, von Emmerich, vom heil'gen Köln am Rhein. – Weit von der Maas und von der Nordsee Strande, halb Holland findet sich in Kevelaer ein. – Bischöfe, Priester,

Herren hoch von Stande, gekrönte Häupter, arme Mütterlein, – und groß und klein, die Armen wie die Reichen, sich vor dem Thron der Mutter betend gleichen".

Da Kevelaer damals noch nicht auf einen so großen Pilgerandrang eingerichtet war, mußten viele Wagen und Karren außerhalb des Ortes bleiben. Ein sehr großer Teil der Pilger ließ sich, einem Heerlager gleich, auf dem Feld um Kevelaer nieder.

Am 2. Juli wurde nach dem feierlichen Eröffnungsgottesdienst *das Gnadenbild durch den Ort getragen,* begleitet von stattlichen Reitern und sinnvollen Darstellungen aus dem Leben der Gottesmutter, Schilden mit passenden Inschriften, von Sängern und Musikchören, (worüber weiter unten ausführlich berichtet wird). Die Stadt Geldern wollte aber, bestätigte der Berichterstatter, noch viel mehr zur Ehre der Gottesmutter aufbieten, da sie gewürdigt worden war, das Gnadenbild zu allererst in ihren Mauern aufzustellen. Deshalb wurde am 19. August unter der Leitung der Karmeliterpatres „eine äußerst feierliche Prozession" nach Kevelaer geführt, die C. Schumacher ausführlich beschreibt und die auch ich detailliert beschrieben habe.[10] Abschließend bemerkt C. Schumacher: Das war eine Jubelprozession der Stadt Geldern, wie Kevelaer selten eine gesehen hat. Die Großartigkeit dieser Prozession hatte zur Folge, daß der Andrang der Menschen zum Wallfahrtsort am 19. August überaus groß war. Die Straßen und Fenster der Häuser waren nicht imstande, die Schaulustigen zu fassen. Manche kletterten auf die Dächer oder auf Bäume, um diese „schönste Jubelprozession" des Jahres 1742 genau ansehen zu können. In der Tat dürfte diese Jubelprozession in ihrer Gestaltung einmalig gewesen sein; denn aus ihrer Beschreibung durch den Gelderner Augenzeugen, den Bürgermeister und Stadtsekretär P. A. Richardt[11] konnte ich über 90 Chronogramme, die fast alle die Jahreszahl 1742 ergeben, zählen, lateinische und niederländische, auf Schilden und Standarten aufgezeichnet. Sie wurden jeweils den einzelnen Gruppen durch Schulkinder vorangetragen. Da konnte man u. a. sehen: Trachtengruppen, Jugendgruppen, eine Abteilung „Wilde Männer", die das Heidentum symbolisierten, eine Kompanie von Mohren, von Engelchen und Bräutchen begleitet, die Darstellung der Mysterien Marias, die Geburt Jesu in Bethlehem, eine Gruppe römischer Soldaten und schließlich einen Triumphwagen, der die Himmelfahrt Marias veranschaulichte.

P. A. Richardt beschreibt auch die Kevelaerer Prozession vom 2. Juli: Ein „Post-Ryder" eröffnete sie, dem ein „Timbalier" und „Trompetters" folgten. Sie trugen Fahnen und Schilde mit Aufschriften, die zugleich eine Reihe von Chronogrammen (1742) enthielten. Dargestellt waren religiöse Motive, wie z. B. der Erzengel Michael. Eine Reiterkavalkade stellte die Länder Deutschland, Holland und die Provinz Gelderland dar. Auf dem Triumphwagen war Maria umgeben von symbolischen Gestalten Glaube, Hoffnung, Liebe, Gerechtigkeit und Frieden. Musikchöre sangen, Musikanten spielten auf verschiedenen Instrumenten. Das Gnadenbild wurde von vier Priestern getragen, von Engelchen, Reitern und Geistlichkeit begleitet. Das Büchlein enthält zum Schluß den Hinweis, daß am 15. August, am 19. August, am 8. September und am 16. September in diesem Jubeljahr „mit derselben Festlichkeit", wie zuvor, gefeiert werden sollte.

Erinnerungstafel an das 250jährige Wallfahrtsjubiläum 1892 von H. Lamers

Das Jubiläum 1792

Es stand, wie *van Ackeren* S. 154 schreibt, schon unter dem Einfluß der Französischen Revolution. Der Bischof von Roermond als der damalige oberste Hüter der Wallfahrt empfahl in Vorahnung der traurigen Ereignisse möglichst eine Einschränkung und riet von feierlichen Triumphzügen mit Wagen und Reitern ab. Die Pfarre legte jedoch den üblichen Schmuck an. Zum letztenmal wurden während der Feier in den Kapellen die kostbaren Geräte und Gewänder sichtbar, die eine freigebige Frömmigkeit im Verlauf von 150 Jahren zusammengetragen hatte. Die Stadt Geldern veranstaltete wiederum, wie schon 1742, unter der Führung des Stadtschulmeisters Johann Gerhard *Schiffer* eine glänzende Prozession[12] am 9. Juli 1792, an der, neben der Schuljugend, über 3000 Andächtige teilnahmen. Sie wurde gemeinsam von Karmelitern und Kapuzinern veranstaltet und von der Stadtverwaltung in Geldern unterstützt. In dieser Prozession wurden jedoch „nur" 7 Chronogramme mitgeführt. Allerdings waren verschiedene Chronika in der festlich geschmückten Kapuzinerkirche in Geldern aufgehängt. In Kevelaer selbst fand die Prozession wiederum Bewunderung: „Wegen der großen Zahl und dem Gedränge der Schaulustigen", heißt es in dem Bericht, „konnte man kaum über die Straße ziehen." Ein feierliches Hochamt wurde zelebriert, mit Musik und Gesang. Die Prozession selbst war zwar nicht so prächtig wie diejenige von 1742, aber in Anbetracht der Zeitverhältnisse großzügig genug. Man begnügte sich in Geldern nicht mit der Prozession allein, sondern der Kapuzinerguardian Pater Antonius dichtete auch einen lateinischen Jubelhymnus von 13 Strophen zu je 8 Versen, der bei N. Schaffrath, Geldern, gedruckt wurde.[13] Die Widmung und der Schluß enthalten als „Umrahmung" des Hymnus 7 Chronogramme (1792). Es sei hier wenigstens die erste Strophe zitiert und übertragen:

Gelrienses exultate	Gelderns Bürger, o frohlocket,
Cantum date vocibus,	Laßt die Stimmen schallen laut,
Jubiläum decorate	Schmückt die Jubiläumsfeier,
Cives laetis plausibus;	Spendet Beifall frohgestimmt;
Jubilantem honorate,	Ehrt die Jubilierende,
Divae decus psallite,	Singt der Göttlichen zur Ehre,
Et Mariam salutate	Sendet Grüße an Maria
Triumphantem canite.	Und besingt, die triumphiert.

Das erste der drei Titelchronogramme oder Chronodistichen[14] (1792) lautet:

IUbILaeUM VIrgInIs keVeLarIensIs VersU DeCLaratUr
(Das Jubiläum der Kevelaerer Jungfrau wird in Versen gepriesen).

Das 200jährige Jubiläum 1842

Dieses konnte unter günstigeren Verhältnissen als dasjenige von 1792 begangen werden. Der Bischof von Münster, Caspar Max Droste zu Vischering erließ am 15. April einen Hirtenbrief, in dem er zur Teilnahme an den Jubelfeiern einlud, deren Eröffnung auf den 1. Juni und deren Abschluß auf den 18. September festgesetzt wurden. Der Bischof erklärte, er halte es für angemessen, daß wie 1792 so auch 1842 eine Säkular-Dank- und Jubelfeier begangen werde. Er legte in einer Verordnung die Gestaltung der Feiern selbst fest: Am 31. Mai Eröffnung durch eine Abendandacht, am 1. Juni feierliches Hochamt mit Predigt, anschließend öffentliche Prozession mit dem Muttergottesbild, doch ohne das Hochw. Sakrament, Hochamt mit Predigt acht Tage hindurch, jedoch ohne Prozession, danach wieder Gottesdienste in hergebrachter Weise, aber jeweils mit Bezugnahme auf die laufende Jubiläumszeit, schließlich am 18. September Festhochamt mit Predigt und Prozession wie am 1. Juni und nachmittags Abschluß mit Komplet und Te Deum. Nach Bekanntwerden der bischöflichen Anordnung wurden Ehrenbögen angefertigt und so eingerichtet, daß sie für die Dauer des Jubelfestes stehen bleiben konnten, Häuser u. a. mit Inschriften und Gedenksprüchen verziert, Maien gepflanzt u. a. *Krickelberg* schildert[15] ausführlich die Durchführung der Festlichkeiten, insbesondere am 1. Juni. Er stellt dann fest: Es seien zwar nur einige zusätzliche Prozessionen aus der Umgebung in der ersten Jubiläumsoktav gekommen, weil der Beginn der Feierlichkeiten noch weithin unbekannt gewesen sei. Aber er stellt mit Stolz fest, daß über 200000 Personen und 248 Prozessionen während der Jubiläumszeit in Kevelaer gewesen seien.

Das Jubelfest wurde, wie A. *Marx* schildert, am Vorabend mit feierlicher Andacht und halbstündigem Festgeläute eingeleitet sowie mit Festliedern, die der Musik- und Gesangverein vor dem Gnadenbild vortrug. Zur Eröffnung des Jubiläums hielt am folgenden Tag Pfarrer *Krickelberg* eine Predigt im Freien vor dem Gnadenbild, und zwar über Ursprung und Sinn der Wallfahrt. An dem sich anschließenden feierlichen Hochamt in der großen Kapelle und an der festlichen Prozession nahmen die Gemeindekorporationen, mehr als 50 Priester und weit über 3000 Gläubige teil. 50 Bräutchen trugen Symbole, Kränze und eine Kerze von 100 Pfund als Opfer der Pfarrei. *Das Gnadenbild* wurde *als Mittelpunkt der Prozession* abwechselnd von je vier Priestern auf einer reichgeschmückten Bahre unter einem Baldachin getragen. Der Eröffnungstag wurde abgeschlossen mit einer abendlichen festlichen Illumination der Kapellen und des ganzen Ortes. Wie an diesem Tag, so war täglich während der gesamten Festoktav feierliches Hochamt mit Predigt. Abends wurden vor dem Gnadenbild festliche Lieder gesungen. Während der ganzen Festzeit wurden mehr Prozessionen gezählt als zuvor, nämlich 254, die 94500 Personen umfaßten. Am 18. Sept. wurde das Jubiläum mit einer Prozession nach dem feierlichen Hochamt, nachmittags mit feierlicher Komplet und nachfolgendem Te Deum abgeschlossen. Außerhalb der Kirchen verkündete die reiche Illumination des ganzen Ortes das Ende der Festzeit.

Eine eigene Gelderner Prozession in festlicherer Gestaltung ist 1842 nicht nachweisbar. Solche Prozessionen wie 1742 und 1792 waren wohl auch nicht mehr möglich, weil seit der Säkularisation 1802 die Gelderner Klöster aufgelöst waren, deren Patres in erster Linie die damaligen Festprozessionen ausgerichtet hatten. Ein vierseitiges „Gebet op het vierde 200jaerige Jubelfest te Kevelaer in't Jaar 1842 tot de alderheiligste Maagd en Moeder Gods Maria" freilich war in Geldern, bei Schaffrath gedruckt, herausgegeben worden. C. *Schumacher* konnte ausführlich über die *Leuther Prozession* zum Jubelfest 1842 berichten,[16] wobei die Leuther das von Krickelberg in niederländischer Sprache in seine Jubiläumsberichte von 1842 und 1843 aufgenommene und für dieses Jubiläum gedichtete Lied sangen, von dem C. Schumacher die erste Strophe in Hochdeutsch zitiert, während mir eine hochdeutsche Fassung des gesamten Liedes bisher nicht bekannt wurde.[17] Hier die erste Strophe in niederländischer (Krickelberg) und hochdeutscher (Schumacher) Fassung:

Heft nu blijde jubel-zangen	Jubelt, Brüder, jubelt Schwestern,
Broeders, Zusters, vrolijk aan;	Alle hebt die Stimm' empor;
Laten solo's 't koor vervangen	Singet froh in den Orchestern,
God heeft wond'ren hier gedaan;	Einzeln sowie auch im Chor;
Want het is te Kevelaer	Denn es ist das Jubeljahr,
Zhans het blijde Jubeljaar.	Daß man hier in Kevelaer
Eeuwen reeds werd onbedwongen	Dir, Maria, Lob gesungen,
Hier Marias lof gezongen:	Und es früh und spät geklungen:
Troosteres, o Troosteres	Trösterin, o Trösterin der Betrübten
Der bedrukten, wees gegroet!	Sei gegrüßt!

Das Jubiläumsjahr 1892

Wegen günstiger Zeitumstände und wegen der zeitlicheren Nähe zur Gegenwart fließen die Quellen für die Schilderung der Feiern zum Jubiläumsjahr 1892 noch reichlicher, und die Literatur ist so umfangreich, daß noch mehr Beschränkung auf das Wichtigste erforderlich ist.[18]

Festliche Marientracht 1892. Illustration von Arthur Kampf

Durch die *Krönung des Wallfahrtsbildes* sollte die 250jährige Jubelfeier eine besondere Auszeichnung erhalten. „Es besteht nämlich in der Kirche der Gebrauch, solche Bilder der allerseligsten Jungfrau, welche von den Gläubigen vielfach besucht und verehrt werden, mit einer goldenen Krone zu schmücken", wie *van Ackeren*[19] schrieb. Zur Erlangung der Auszeichnung richtet der Pfarrer der entsprechenden Kirche durch den Diözesanbischof an das dafür zuständige Kapitel an der Peterskirche in Rom einen Bericht über Geschichte und Verehrung des Bildes mit dem Ersuchen, diesem die goldene Krone verleihen zu wollen. Das Kapitel an St. Peter in Rom erließ am 13. März ein Dekret an den Bischof von Münster Hermann Dingelstad, dem Gnadenbild mit Rücksicht auf das bevorstehende 250jährige Jubiläum die Auszeichnung der goldenen Krone zu gewähren und betraute den Bischof von Münster mit der Vornahme der Weihe der Krone und mit der Krönung.

Die Vorbereitungen für die Jubiläumsfestlichkeiten hatten in Kevelaer schon Ende 1891 begonnen: Komitees wurden für die Planung der Ausschmückung gebildet und Nachbarschaften für die Aufstellung von Ehrenpforten eingerichtet. Aus Mitteln des seit 1878 bestehenden Kirchbauvereins wurde das Hauptportal der Kirche farbenreich dekoriert, „wie es in früheren Jahrhunderten vielfach Sitte war und in Italien noch heute in Gebrauch ist", schrieb *van Ackeren* S. 160. Die Mauern der Gnadenkapelle wurden mit Mörtel verkleidet und verschiedenartig marmoriert; viele Wappen der 12 Diözesen, aus denen die Prozessionen kamen, wurden farbig teils in Holz, teils in Gips erstellt, womit die Kirche ausgeschmückt wurde. Blumenkränze in großer Zahl wurden geflochten und, mit naturgetreuen Früchten versehen, die sich von Pfeiler zu Pfeiler hinzogen, in der St. Marien-Kirche aufgehängt. Meister *Stummel*, der kunstsinnige Maler, gestaltete mit tiefer und frommer Überzeugung die Kirche kunstvoll aus. Sämtliche Häuser in Kevelaer waren geschmückt, die

Ehrenbogen in der Mühlenstraße (heute Basilikastraße) im Jubiläumsjahr 1892

Straßen mit insgesamt 15 Triumphbogen und mit Flaggen dekoriert.[20] Durch das Publikationsorgan *Geldern'sches Wochenblatt* wurde auch die Umgebung informiert. Am 13. Mai wurde u. a. darin der vorgesehene Hirtenbrief des Bischofs Hermann von Münster angekündigt und die Verordnung in demselben, daß am Tag vor der feierlichen Krönung des Gnadenbildes, also am 31. Mai, in allen Kirchen des Bistums Münster ein feierliches Hochamt mit Segen und Te Deum stattfinden und abends das Krönungsfest durch einstündiges Glockengeläute von allen Türmen der Diözese festlich eingeläutet werden solle. Der Besuch des Erzbischofs *Krementz* von Köln, des Bischofs *Korum* von Trier, des Erzbischofs *Snikkers* von Utrecht und des Bischofs *Boermanns* von Roermond wurden für den 1. Juni angekündigt.

Am 20. Mai wurde das Jubiläumsprogramm im Geldern'schen Wochenblatt abgedruckt und am 24. Mai der gesamte Wortlaut des Hirtenbriefes des Bischofs Hermann, vom 1. Mai datiert, abgedruckt, in dem des Ursprungs und des vielfachen Segens der Wallfahrt gedacht und über die Krönung des Gnadenbildes und ihre Sinngebung „eine treffliche Belehrung", wie *van Ackeren* S. 162 schrieb, erteilt wurde. Am 31. Mai erschien wiederum im Geldern'schen Wochenblatt die detailliertere Information über das Programm für die am 1. Juni stattfindende Krönung des Gnadenbildes. Am 31. Mai entbot Geldern durch sein Wochenblatt Kevelaer folgenden Gruß:

Geldern's Gruß an Kevelaer zum 1. Juni '

Sei Kevelaer gegrüßt zur heut'gen Fe
Durch hohe Kirchenfürsten wirst
Wo man Dein Gnadenbild mi
Wie freuet sich die Christe

Es weilen bei Dir Bischöf' fromm vereint im Bunde,
Und rings umher nur Glanz und Pracht das Aug' entzückt;
Wohl alles ist dem Alltagsleben sehr entrückt,
Drum Lob und Preis Maria, Dir, mit Herz und Munde!

Durch's Gnadenbild verknüpft und nachbarliche Bande,
Einleitend zu dem Fest zieht Geldern's Pilgerschar
Zur „Tröst'rin der Betrübten" heut im Festgewande.

Sei doppelt d'rum gegrüßt, Du, dieses Jubeljahr.
O möchten zu Dir strömen alle Christenlande,
In Andacht bringen Dir der Liebe Gaben dar!

Am 10. Juni schließlich teilte Kevelaer durch das Geldern'sche Wochenblatt mit: Dem bei der Krönungsfeier von Gnadenbildern bestehenden Herkommen gemäß wurde auch hier zum Gedächtnis an den vollzogenen Krönungsakt eine *Gedenkmünze* in Silber geprägt, in der Größe eines Fünfmarkstücks. Diese ist höchst fein gestochen und zeigt in erhabener Arbeit eine sehr gelungene Darstellung des Kevelaerer Muttergottesbildes, über dem zwei Engel die Krone emporhalten. Darunter steht die Devise „Consolatrix Afflictorum o. p. n." (ora pro nobis, Trösterin der Betrübten, bitte für uns). Auf der Rückseite liest man: „In memoriam coronationis imaginis B. M. V. Kevelaer, auctoritate S. P. Leonis XIII, factae per Episcopum Monasteriensem Hermannum Anno Jubilaei MDCCCXCII Kal. Jun." (Zum Gedenken an die Krönung des Bildes der Allerseligsten Jungfrau Maria Kevelaer, im Auftrag des Heiligen Vaters Leos XIII., vollzogen durch den Bischof von Münster Hermann im Jahre des Jubiläums 1892). Bereits am Tag der Feier wurden den fünf Kirchenfürsten, den Mitgliedern des hochw. Domkapitels zu Münster und den Johanniter-Malteser-Rittern, die bei der Krönung assistiert hatten, Exemplare dieser Gedenkmünze überreicht. Am 3. Juni berichtete die Geldern'sche Zeitung sehr ausführlich über die Festveranstaltungen, denen wie erwähnt J. van Ackeren ebenfalls eine ausführliche Schilderung widmete. Die mit prächtigen Edelsteinen verzierte Krone ist eine kunstvolle Arbeit der Kevelaerer Goldschmiede Gebrüder Bausch. Gold und Steine dazu wurden geschenkt. Den ersten Edelstein hatte eine Kevelaerer Dame gestiftet, den schönsten der Bischof von Münster. Auf die Kunde von der Krönung des Gnadenbildes waren aus der Nähe und aus der Ferne, aus hochadeligen und aus bürgerlichen Kreisen, Edelsteine, Brillanten und Diamanten in Kolliers, Nadeln, Armbändern usw. als Zeichen kindlicher Verehrung und Liebe zur Gottesmutter geweiht worden. Sie zieren seitdem die Krone, die nach oben in ein Kreuz ausläuft, in dem die schönsten Steine liegen, während sich am unteren Reifen ein Schild mit der Jahreszahl 1892 befindet. Der breite Reif, auf dem die Krone sich aufbaut, enthält die Anfangsbuchstaben der frommen Spender der Steine.

lief zur Erinnerung an das llfahrtsjubiläum 1892

J. van Ackeren erwähnt in seinem Bericht ausdrücklich, daß die Prozession von Geldern am Festtag „sehr zahlreich mit dem schönsten Schmuck" eintraf, um derjenigen, deren Gnadenbild die Stadt vor 250

J[illegible]en" beherbergt hatte, bei den Krönungsfeierlichkeiten [illegible] zu erweisen. Die Zahl der Anwesenden am 1. Juni aus Anla[illegible] Prozession mit dem Gnadenbild wurde auf 10 – 12000 geschätzt.

Der Erzbischof von Utrecht, Msgr. P. M. Snikkers, nahm a der Marientracht 1892 teil

Vom 1. Juni an entwickelte sich als Folge der Krönungsfeierlichkeiten ein reiches Wallfahrtsleben. Die Anzahl der Prozessionen steigerte sich, und die Zahl der teilnehmenden Pilger war außergewöhnlich groß. Bis Mitte August kamen 110 Prozessionen, während zuvor die Zahl 60 kaum überschritten worden war. Infolge einer Pestepidemie, die sich von Hamburg aus verbreitet hatte, wurden am 3. September alle auswärtigen, ausländischen Prozessionen und am 11. September alle inländischen verboten.[21] Am Freitag, dem 28. Oktober, hielt zum Abschluß des Jubeljahres der Bischof von Münster ein Pontifikalamt, woran sich eine *Prozession* anschloß *mit dem Gnadenbild*, zum Dank für die Jubelfeier. Trotz aller Ungunst der Zeitumstände infolge der Cholera, schließt van Ackeren S. 169 seinen Bericht, erschienen doch insgesamt 294 Prozessionen im Jubiläumsjahr, und die Zahl der Pilger hatte eine Höhe wie früher in keinem Jahr erreicht. Im Jubiläumsjahr 1892 gab der Jesuitenpater *Kreiten* eine längere Dichtung heraus, die „Maria Kevelaer, die Trösterin der Betrübten" betitelt ist.

Plakat zum 300jährigen Wallfahrtsjubiläum 1942

Jubiläumsveranstaltungen 1942 und 1951

Inmitten des Zweiten Weltkrieges konnte das 300. Jubiläumsjahr nicht in der Weise festlich begangen werden, wie das in Friedenszeiten üblich gewesen wäre; denn die Kriegsjahre seit 1939 hatten auch für die Wallfahrt einschneidende Veränderungen gebracht.[22] Deshalb sollte die Marientracht 1951 das 300jährige Jubiläum „nachholen", das, so Th. Bercker, „im Jahr 1942 wegen der Ungunst der Zeit ausfallen mußte". Letzteres stimmt in dieser Formulierung nicht; denn das Jubiläum wurde auch 1942 begangen, allerdings in entsprechend bescheidenem Rahmen. Th. Bercker standen weder die diesbezüglichen Berichte bei F. *Dyckmans* und der *Geheime Lagebericht* des nationalsozialistischen Sicherheitsdienstes der SS[23] zur Verfügung noch weiteres Quellenmaterial. In den Tageszeitungen „Westdeutsche Landeszeitung", Ausgabe B, „Niederrheinische Landeszeitung", sowie im „Kevelaerer Volksblatt" ist nichts darüber berichtet worden. Die örtliche Presse schwieg oder mußte schweigen.

Dennoch fanden auch im Jahre 1942 zur Feier des Jubiläums zahlreiche kirchliche Veranstaltungen statt. An fast allen Sonntagen der Pilgerzeit war ein Bischof anwesend, der mit vielen Pilgern, die trotz der zeitbedingten Erschwernisse gekommen waren, ein Pontifikalamt feierte. Es sei an dieser Stelle nur verwiesen auf die entsprechenden Berichte in den Beiträgen von Alois Schröer: „Das Bistum Münster und die Kevelaer-Wallfahrt" und von Josef Heckens im Beitrag: „Die Marien-Wallfahrt und Kirche von Kevelaer 1933 – 1945". Das Gnadenbild konnte 1942 nicht in einer feierlichen „Marientracht", nicht einmal in einem kleinen Umzug auf dem Kapellenplatz außerhalb der Gnadenkapelle gezeigt werden. In großartiger Weise wurde im Jahre 1951 diese während des Weltkrieges ausgefallene „Marientracht" nachgeholt.

Festliche Marientracht 1951

Die Marientracht 1951

Die Marientracht am 10. Juni 1951 war „eine Dokumentation der kulturgeschichtlichen Situation am Niederrhein".[24] In feierlicher Prozession wurde das Gnadenbild durch die Straßen Kevelaers getragen. Anlaß zu dieser Schauzeigung war die Verkündung des Dogmas der leiblichen Aufnahme Mariens in den Himmel durch Papst Pius XII. am Allerheiligenfest 1950 und die Weihe der Diözese Münster an Maria am 21. Mai 1951. Nach mehreren Tagen schon festlicher Einstimmung wurde die „Marientracht des Jubels und des Dankes", wie ein Bericht der „Rheinischen Post" vom 11. Juni 1951 überschrieben ist, zu einem machtvollen Bekenntnis des niederrheinischen Volkes. Auch das Kirchenblatt für das Bistum Münster „Kirche und Leben" brachte Hinweise in verschiedenen Ausgaben.[25] Der sehr anschauliche Bericht der „Rheinischen Post" beschreibt das Ereignis eindrucksvoll und folgt nachstehend in seinen wesentlichsten Ausführungen:

Diese festliche Marientracht – die erste seit 1892 und damit die erste Marientracht Kevelaers in diesem Jahrhundert – wurde eine Prozession des Jubels und des Dankes, der Verehrung und Huldigung an die Gottesmutter von Kevelaer ... Von überall her war das gläubige Volk an die niederrheinische Gnadenstätte gepilgert: aus den ländlichen Bezirken des Niederrheins, aus den Industriestädten im Schatten der Fördertürme, auch aus den benachbarten Niederlanden ... Aus dem mit Kevelaer freundschaftlich verbundenen Luxemburg waren zahlreiche Wallfahrer in die niederrheinische Marienstadt gekommen, um hier, am Herzen der Trösterin der Betrübten, wie Bischof Michael von Münster in seiner Morgenpredigt auf dem Kapellenplatz so eindrucksvoll feststellte, neue Glaubenskraft, neuen Bekennermut und neuen Trost zu finden. Und dies war das Kennzeichen des Tages: Priester und Volk waren hier an der Gnadenstätte der niederrheinischen Gottesmutter als schlichte, einfache Marienkinder vereint. Gleich, ob es sich nun um den Bischof, den Prälaten, um den Bauern vom Niederrhein oder den Kumpel aus dem Kohlenpott handelte. Das war sichtbar gewordene Kirche: Bischof und Volk in der innigen Verehrung Mariens vereint. Die Marientracht des Jahres 1951 dürfte sich damit ebenbürtig an die Ereignisse gleicher Art in den früheren Jahrhunderten anreihen und so zu einem eindrucksvollen Glaubenszeugnis des durch zwei Weltkriege leidgeprüften Volkes an Rhein und Ruhr geworden sein.

Hohe kirchliche Würdenträger als Gäste

Zahlreiche hohe kirchliche Würdenträger weilten am Wochenende und am gestrigen Festtag der Marientracht in Kevelaer. Bischof Dr. Michael Keller war bereits am Samstagnachmittag feierlich empfangen worden. Auch der Senior des Domkapitels Münster, Regens und Prälat Francken, ein Sohn Kervenheims, war trotz seines hohen Alters in die Marienstadt gekommen, um die ganze Marientracht zu Fuß mitzumachen. Als Vertreter deutscher und ausländischer Bischöfe waren anwesend: Der Senior des Kölner Domkapitels, Prälat Dr. Lenné, als Vertreter des Kardinals, der Generalvikar und Protonotar Dr. Müssener als Abgesandter des Bischofs von Aachen, Domkapitular Dompfarrer Schmit als Vertreter des Bischofs von Luxemburg; Coadjutorbischof Dr. Hanssen, der den Bischof von Roermond vertrat und seit 17 Jahren wieder zum erstenmal in Kevelaer weilte; Generalvikar und Protonotar Huurleman als Vertreter des Kardinals de Jong in Utrecht, ferner der Regens des Priesterseminars von Utrecht mit drei weiteren Geistlichen Herren aus Utrecht. Aus der näheren und weiteren Umgebung waren ferner anwesend: Der Direktor des Theologenkonvikts des Borromäums, Delbeck, die Prälaten Friedrichs und Leufkens aus Münster, Prälat Heuken, Stadtdechant und Prälat Dr. Schwamborn aus Krefeld, der nach der Genesung von schwerer Krankheit erstmals wieder in Kevelaer weilte, Prälat und Stadtdechant Liedtmann, Neuß, und Domkapitular Janssen, Wesel.

Die Predigt des Bischofs

Bereits in den frühen Morgenstunden des gestrigen Festtages ergoß sich eine unermeßliche Zahl frommer Pilger in die Marienstadt. Sie kamen zu Fuß und per Rad, in Omnibussen und Lastkraftwagen, nicht zuletzt aber auch mit der Bundesbahn. In der zehnten Morgenstunde fanden sich die Gläubigen in großer Zahl in der Basilika zum Pontifikalamt ein, das Bischof Michael zelebrierte. Nicht nur in der Basilika, sondern auch auf dem weiten Rund des Kapellenplatzes wohnten viele Pilger der Feierstunde bei, die durch große, in den Basilikaturm eingebaute Lautsprecher auf den Platz und die umliegenden Straßen übertragen wurde.

Mit stiller Ergriffenheit lauschten die zahlreichen Besucher und Wallfahrer den Klängen und Gesängen von Basilika-Orchester und -chor unter der Leitung von Chordirektor Kempkes. Nach dem Pontifikalamt sprach Bischof Michael von dem vor der Kerzenkapelle aufgebauten Altar aus zu den Gläubigen über den Sinn der Marientracht, die Bedeutung der Marienverehrung und vor allem auch über Kevelaer als Gnadenstätte am Niederrhein. Der Bischof nannte den hochfestlichen Tag einen Tag der Freude und des Jubels für Kevelaer, den Niederrhein und das gesamte Bistum Münster . . .

Die ältesten Heiligtümer des Niederrheins

In den frühen Nachmittagsstunden näherte sich das festliche Geschehen des Tages mit der Aufstellung der nach Tausenden zählenden Teilnehmer an der Marientracht seinem Höhepunkt. Trotz dräuender Regenwolken trafen noch in den Mittagsstunden zahlreiche Wallfahrer sowie kirchliche Vereine und Organisationen mit ihren Bannern und Fahnen in den festlich geschmückten Straßen der Marienstadt ein. Aus allen Dekanaten des Niederrheins kamen sie: aus Kleve, Goch, Kalkar, Emmerich, Rees, Rheinberg, Moers, Xanten, Geldern, Kempen und Krefeld. Jungmännergruppen, Pfadfindergruppen, Neudeutsche Gruppen, Bannergruppen der katholischen Jugend, alle waren sie vertreten, als sich gegen 14 Uhr die Spitze der Prozession vom Kapellenplatz aus in Bewegung setzte. Die Pfarrgemeinde Kevelaer eröffnete die Marientracht. Die kirchlichen Vereine und Organisationen der Marienstadt waren zahlreich vertreten. Erfreulich der Geschmack und die Sorgfalt, mit denen die vielen Bräutchen, die Blumen und Symbole trugen, gekleidet und ausgestattet waren. Und dann folgte Pfarrei auf Pfarrei, Dekanat auf Dekanat. Unmöglich, sie alle an dieser Stelle mit Namen zu nennen. Alle gaben sie der Gottesmutter von Kevelaer ein festliches und von Andacht getragenes Ehrengeleit. Die schönsten und ältesten Heiligtümer des Niederrheins wurden mitgetragen: Das wundertätige Kreuz von Kranenburg, die Willibrord-Büste aus Kellen, die Willibrordi-Arche aus Emmerich, der St. Galenus- und Valenus-Schrein aus Geldern, das Gnadenbild von Aengenesch, die Antonius-Reliquie von Kevelaer, die Mitglieder der Antonius-Bruderschaft trugen.

Feierliche Stimmung herrschte auf dem Kapellenplatz, während die rund 6000 Prozessionsteilnehmer an der Basilika vorbeizogen, wo der Silberschrein mit dem Gnadenbild aufgestellt war, das dann den eindrucksvollen Abschluß der Marientracht bildete. Eine nach tausenden zählende Menschenmenge ließ die Prozession an sich vorüberziehen, und zwischendurch fiel die andächtige Zuschauerschar in das Beten und Singen der Marientracht-Teilnehmer ein. Der ganze Kapellenplatz war ein jubelnder Chor, dessen Gesänge und Gebete sich vielfach über die Lautsprecheranlagen verstärkten. Viele der Männer und Frauen, der Jungen und Mädchen lauschten mit stiller Ergriffenheit dem vielchorigen Hymnus, der über den Platz und die Straßen der Marienstadt hallte. Es war die Ergriffenheit betender Ehrfurcht, die man hier erleben konnte, und die sich noch steigerte, als unter dem machtvollen Klang der Basilikaglocken, untermalt vom hellen Ton das Glöckleins der Kerzenkapelle und unter den brausenden Akkorden von Basilikachor und -orchester der Schrein mit dem Gnadenbild aus der Basilika getragen wurde, um seinen Weg durch die von dichten Menschenmauern umstandenen Straßen zu nehmen.

Rittergeleit für Gnadenbild

Die Schar der Kerzen und Laternen tragenden Meßdiener in ihrem festlichen Rotweiß eröffnete das Ehrengeleit, das dem Schrein gegeben wurde. Es folgten Bräutchen in Weiß mit Körbchen und Blumen, sodann im schlichten Schwarzweiß ihres Ornats die Kapläne, Pfarrer und Dechanten des Niederrheins, die Prälaten und schließlich die vier Mitraträger.

Im Silberschrein von 1951, gestaltet von Will Horsten, wird auch 1992 das Gnadenbild wieder durch die Straßen der Stadt getragen

Dann aber kam das Gnadenbild im Silberschrein getragen von je vier Priestern in weißen Levitengewändern, meist Söhne Kevelaers oder in Kevelaer tätige Geistliche. Einfacher Blumenschmuck umgab den Schrein, der auf einer flammendroten Unterlage ruhte. Den Schrein selbst eskortierten drei Malteserritter und drei Ritter von Hl. Grabe. Und hinter dem Schrein schritt der Diözesanbischof in purpurvioletter Cappa magna, immer wieder nach beiden Seiten den bischöflichen Segen austeilend. Den Abschluß der Marientracht bildeten dann die Vertreter der weltlichen Behörden, die Ratsherren von Kevelaer, die Vertreter der Verwaltung der Stadt Kevelaer und des Kreises Geldern.

Wieder in der Gnadenkapelle

Über zwei Stunden zogen die Prozessionsteilnehmer durch die Straßen der Stadt – vorbei an vielen geschmackvoll geschmückten Häusern und Straßenecken. Immer wieder konnte man feststellen, daß der Schmuck zu dieser Marientracht in schlichten und doch eindrucksvollen Farben gehalten war. Kevelaer hat sich mit diesem Schmuck zur Marientracht ein sehr gutes Zeugnis ausgestellt. Als sich die zahlreichen Gläubigen nach über zweistündiger Marientracht trotz eines Gewitterregens auf dem Kapellenplatz einfanden, klang der festliche Tag in einer eindrucksvollen Abschlußfeier aus. Nach Gebeten und Gesängen wurde das Gnadenbild durch den Diözesanbischof und Dechant Janssen in die Gnadenkapelle feierlich zurückgetragen, während die auf dem Kapellenplatz in stiller Andacht verharrende Menge das Lied „Großer Gott, wir loben Dich" anstimmte. Es war der glanzvolle Abschluß dieser „grandiosen Huldigung an die Trösterin der Betrübten", um mit den Worten von Bischof Michael zu sprechen. Ein Ereignis, das man am Niederrhein nicht so leicht vergessen wird ...[26]

Anmerkungen mit Quellen- und Literaturangaben

[1] Schumacher, C., Das erste Jubelfest zu Kevelaer, in: Unsere Heimat, 8. Jahrgang, Nr. 1, 1921 und Nr. 2, 1921.
[2] Krickelberg, J. H., Die Wallfahrt zu Kevelaer, von ihrem Anfange bis zur 200jährigen Jubel-Feier im Jahre 1842, Köln [3]1843.
[3] Krickelberg, J. H., De viering van het 200jarig Jubelfeest te Kevelaer 1842, Grave 1842, S. 3 u. 4., siehe auch: Krickelberg, J. H., De Bedevaert te Kevelaer, Köln 1842. Die hochdeutsche Fassung ist mir nicht bekannt.
[4] Van Ackeren, J., Die Wallfahrt in Kevelaer, Kevelaer [5]1924, S. 154.
[5] Siehe Keller, K., Zwei Gelderner Jubiläumswallfahrten nach Kevelaer 1742 und 1792, Geldrischer Heimatkalender, 1978, S. 43–52.
[6] Kamps, C., Mitteilungen aus der Geschichte des Kapuzinerklosters zu Geldern (1913) in: Veröffentl. des Histor. Vereins Geldern Nr. 35, Gesamtausgabe, Bd. II, Geldern 1974, S. 704 f.
[7] Van Ackeren S. 154.
[8] Dazu ausführlich Keller, K. (=Anmerkung 5).
[9] Schumacher, C. Unsere Heimat, 8. Jg., Nr. 1, 1921. Er gibt als seine Quellen an: Krickelberg, Köln 1842; Aenstoots, Maria Kevelaer, Kevelaer 1905; Van Ackeren, Kevelaer 1907; Schütz, Die Mariengnadenorte, Kevelaer 1911; Schäfer, Maria Kevelaer, Kevelaer 1905; Die Wallfahrt zum Gnadenbilde, hrsg. von zwei Priestern, Geldern 1889; Pilgrim, Maria zu dir kommen wir, Kevelaer 1892; Niederberger Festschrift zum 150jährigen Jubiläum, M. Gladbach 1892; Kort verhael van het zegen-praelen in Kevelaer 1742. Diese Literaturangaben von C. Schumacher zitiere ich vollständig, weil verschiedene dieser Schriften nicht mehr in Kevelaer vorhanden sind.
[10] Keller, Zwei Gelderner Wallfahrten. Geldr. Heimatkal. 1978 S. 43 ff.
[11] Richardt, P.A., Kort verhael van het zegen–praelen in Kevelaer, 40 S. – B. Schwering stellte diese Veröffentlichung zur Verfügung. Vollständige Inhaltsangabe u. Besprechung in Keller, K., Die Kevelaerer Wallfahrt in Liedern und Gedichten, Geldern 1991.
[12] Ausführlich von mir beschrieben im Geldr. Heimatkal. 1978 S. 50 ff. Auch Friedrich Nettesheim erwähnte sie in seiner Geschichte der Schulen im alten Herzoghtum Geldern, Geldern, 1881, S. 622, Anm. 1.
[13] Jubilaeum Virginis Kevelariensis versu declaratur . . . Das Original befindet sich im Priesterhaus in Kevelaer. Die Hymne ist vollständig zitiert und übertragen in Keller, K., Die Kevelaerer Wallfahrt in Liedern und Gedichten, Geldern 1991.
[14] Beim Chronogramm ergeben die großen lateinischen bzw. niederländischen Buchstaben die jeweilige Jahreszahl: M = 1000, D = 500, C = 100, L = 50, X = 10, V u. U = 5, I = 1.
[15] S.Anm. 3: Krickelberg, De viering . . . S. 29–31.
[16] Schumacher, C., Die Leuther Prozession zieht bei der 200jährigen Jubelfeier nach Kevelaer, in: Unsere Heimat, Nr. 7, 1925, S. 4–6.
[17] Die drei Wallfahrtslieder in Krickelbergs Jubiläumsbroschüre von 1842, in: Keller, K., Die Kevelaerer Wallfahrt in Liedern und Gedichten, Geldern 1991.
[18] Ausführliche Berichte bei van Ackeren S. 156–170 und im Geldernschen Wochenblatt, wirksamstes Insertionsorgan für die Kreise Geldern und Moers, worin im voraus am 17. 5., 20. 5., 24. 5. und 31. 5. über die Planungen und Vorbereitungen für die Festveranstaltungen 1892 berichtet wurde, und in der Geldern'schen Zeitung anschließend am 3. 6. über die durchgeführten Feierlichkeiten. Das Kevelaerer Wochenblatt mit einem Bericht über die Veranstaltungen fehlt in den Kevelaerer und Gelderner Archiven. Für freundliche Mithilfe bei der Beschaffung der Unterlagen danke ich den Herren B. Keuck, Kreisarchiv Kleve in Geldern, R. Plötz und B. Schwering in Kevelaer, P. Radbert Kerkhoff, Priesterhaus Kevelaer und J. Heckens, Kevelaer.

[19] Van Ackeren (wie Anm. 4).
[20] Plötz, R., Die Wallfahrt nach Kevelaer, Ein Wallfahrtsort und seine Geschichte, Duisburg 1986. Sowohl bei Steinert als auch bei Plötz sind Abbildungen eines Ehrenbogens und des Entwurfes eines Erinnerungsblattes zu finden, deren Originale sich im Niederrheinischen Museum für Volkskunde und Kulturgeschichte in Kevelaer befinden. Plötz S. 41: Prunkvolle Triumphbögen waren an allen wichtigen Einfallstraßen zum Kapellenplatz aufgestellt. S. auch R. Plötz – B. Schwering, Alt-Kevelaer, Veröffentl. des Historischen Vereins Geldern, 1982 S. 204, 205 und 206.
[21] Steinert, J.-D., Kevelaer, Eine niederrheinische Region zwischen Kaiserreich und Drittem Reich, Kevelaer 1988, S. 30: Schon während der Vorbereitungen zum 250jährigen Jubiläum waren Teile Belgiens und Hollands im Frühjahr 1892 von einer Pockenepidemie heimgesucht worden, so daß traditionelle Wallfahrten aus diesen Ländern ausfallen mußten.
[22] S. Th. Bercker in: Unsere Heimat, Nr. 4, April 1951 „Die Marientracht vor 100 Jahren"; Dyckmans, Kevelaer, Das Marienheiligtum am Niederrhein, Kevelaer [6]1952; Steinert S. 341 ff.
[23] Meldungen aus dem Reich, 1938–1945, Die geheimen Lageberichte des Sicherheitsdienstes der SS, hrsg. u. eingeleitet von Heinz Boberach, Bd. II, Herrsching, 1985, S. 3391. Vgl. auch Steinert S. 341 ff.
[24] Plötz S. 55, gemäß einem Zitat von L. Bergmann. Vgl. auch Dyckmans S. 25.
[25] In Kirche und Leben, Kirchenblatt für das Bistum Münster, 6. Jahrg. Nr. 23, Nr. 24 u. Nr. 26 stehen folgende Hinweise: Sonntag, 3. Juni 1951 Hinweise für die Dekanate Geldern und Kevelaer mit den Gottesdienstordnungen und persönlichen Aufrufen von Dechant und Pfarrer H. Janssen, Kevelaer, zur Beteiligung an der Marientracht, So., 10. Juni Hinweise zum „Hochfesttag der Marientracht", So., 17. Juni kurzer Bericht mit Rückblick auf die Marientracht, So., 24. Juni ein kurzer Bericht über die Marientracht mit 4 Fotos.
[26] Daß man dieses Ereignis nicht so leicht vergessen wird, dafür sorgte auch die Verfilmung der Marientracht, die jetzt im Niederrheinischen Museum für Volkskunde und Kulturgeschichte in Kevelaer, auf Video überspielt, innerhalb eines Wallfahrtsfilmes für die Zukunft sichtbar gemacht wurde.

Josef Heckens

Die Marien-Wallfahrt und Kirchengemeinde von Kevelaer 1933–1945

Einleitung

Dieser Beitrag berichtet auf der Grundlage von Aufzeichnungen und Dokumenten des Wallfahrts- und Pfarrarchivs[1], auf welche Weise die Kirchengemeinde Kevelaer, verbunden mit einer großen Pilgergemeinde, unter den Bedingungen und Erfahrungen des sogenannten „Dritten Reiches" ihren christlichen Glauben lebte, wie diese große Christengemeinde offen ihren katholischen Glauben bekannte an einer Stätte, die unter besonderer Beobachtung des nationalsozialistischen Staates stand, der Glaubenskundgebungen als politische, gegen ihn gerichtete Demonstrationen auffaßte.

Bei dieser Darstellung tritt das Bild zweier Persönlichkeiten hervor: des Pfarrers von Kevelaer, Wilhelm Holtmann, und des Bischofs von Münster, Clemens August Graf von Galen. Dieser war schon als Pfarrer von St. Lamberti regelmäßig mit der Münsterischen Prozession nach Kevelaer gewallfahrtet, fühlte sich Kevelaer freundschaftlich verbunden und bewahrte sein inniges Verhältnis zum Gnadenbild der „Trösterin der Betrübten" auch als Bischof. Beiden Priestern wird in diesem Beitrag ein eigenes Kapitel gewidmet.

Die Chronik der Wallfahrt und Pfarrei von Kevelaer wurde von Januar 1933 bis 31. 12. 1934 im Auftrag des Pfarrers von einem Chronisten geführt. Die Aufzeichnungen ab Januar 1935 bis Dezember 1943 trug Pfarrer Holtmann handschriftlich selbst ein; er hat diese, eigenen Angaben zufolge, anhand umfangreicher Notizen vom Frühsommer 1944 bis zum Herbst 1944 nachgetragen, „während Flugzeugverbände über Kevelaer hinwegbrausten und das Trommelfeuer der Front bei Venray unser Haus erzittern ließ". Das Buch wurde zur Sicherheit in einem Privathaus eingemauert. Die persönlichen Aufzeichnungen Holtmanns als dem Hauptzeugen jener Zeit sind besonders aufschlußreich. Sie bedürfen mehrfach der Ergänzung, wenn Holtmann selbst auf vorhandene Archivunterlagen verweist. Außerdem wird in eigenen Kapiteln über einige von Holtmann nicht erwähnte Ereignisse berichtet. Die Chronik ab Januar 1944 wurde von einer Chronistin nach 1950 aufgrund vorliegender Notizen Holtmanns nachgetragen unter der Verantwortung seines Nachfolgers, des Pfarrers Heinrich Maria Janssen, des späteren Bischofs von Hildesheim.

Dieser Beitrag versteht sich als ein Stück Kirchengeschichte des Ortes im zeitgeschichtlichen Kontext. Zunächst werden mosaikartig und chronologisch zahlreiche Ereignisse berichtet. Sie werden mehrheitlich sinngemäß in möglichst knapper Form wiedergegeben. Wörtliche Zitate sind in Anführungszeichen gesetzt. Vollständigkeit ist an dieser Stelle nicht möglich. Eine allgemeine ortsgeschichtliche Veröffentlichung u. a. zu diesem Zeitabschnitt legte J.-D. Steinert vor[2]. Für die Kriegsjahre 1944/45 wurden auch die angemerkten Quellen benutzt. Der Krieg am Niederrhein hat unsagbares menschliches Leid gebracht und diesem Grenzland tiefe Wunden geschlagen. Auch an Kevelaer ging der Krieg nicht spurlos vorüber.

Clemens August Graf von Galen, Bischof von Münster 1933-1946

Am 23. März 1933 sagte Adolf Hitler, legal ernannter Reichskanzler, von einer absoluten Koalitionsmehrheit im Reichstag getragen, vor der Verabschiedung des Ermächtigungsgesetzes[3] in seiner Regierungserklärung: „Die nationale Regierung sieht in den beiden christlichen Konfessionen wichtigste Faktoren der Erhaltung unseres Volkstums. Sie wird die zwischen ihnen und den Ländern abgeschlossenen Verträge respektieren; ihre Rechte sollen nicht angetastet werden. Sie erwartet aber und hofft, daß die Arbeit an der nationalen und sittlichen Erhebung unseres Volkes, die sich die Regierung zur Aufgabe gestellt hat, umgekehrt die gleiche Würdigung erfährt. . . . Die nationale Regierung wird in Schule und Erziehung den christlichen Konfessionen den ihnen zukommenden Einfluß einräumen und sicherstellen. Ihre Sorge gilt dem aufrichtigen Zusammenleben zwischen Kirche und Staat. Der Kampf gegen eine materialistische Weltauffassung und für die Herstellung einer wirklichen Volksgemeinschaft dient ebensosehr den Interessen der deutschen Nation wie denen unseres christlichen Glaubens."[4]

Diese und andere Worte, vor allem das zwischen dem Vatikan und der Reichsregierung am 20. Juli 1933 geschlossene Konkordat[5] schienen zu bestätigen, daß die Rechte der Kirche gesichert seien. Mit welcher Erkenntnis und inneren Einstellung Pfarrer Holtmann jedoch den Nationalsozialismus und dessen „Machtergreifung" beurteilte, wird aus einer Niederschrift deutlich, die er im Rückblick verfaßte: „Im August des Jahres 1933 hatte ich an einem Nachmittag den Besuch vom Regens des Priesterseminars, Domkapitular Prälat Francken aus Münster und vom Rektor des Jesuitenkollegs Valkenburg (Holland), P. Keller S. J. In der längeren Unterhaltung mit beiden Herren kamen wir zu dem Resultat, daß der Nationalsozialismus zweifellos eine Häresie sei, die durchaus abgelehnt werden müsse. Zwei Gründe gaben uns diese Klarheit. Der Naturalismus[6] dieses Systems läßt keinen Raum für eine christliche Weltauffassung und Lebensführung. Ferner läßt der Totalitätsanspruch des Nazismus der Kirche keine Möglichkeit, ihre Aufgabe zu erfüllen. Infolgedessen war uns klar, daß die Hitlerbewegung zu einer furchtbaren Katastrophe führen müsse, wenn es nicht gelinge, sie niederzuringen. Freilich haben wir damals das Ausmaß der Katastrophe nicht ahnen können. – Wohl stand bei mir fest, daß ich das Nazitum radikal ablehnen mußte. Es wurde mir schwer, den Pfarrkindern gegenüber, die offen oder verschleiert die Bewegung mitmachten, besonders denen gegenüber, die sich trotzdem am kirchlichen Leben und Sakramentenempfang beteiligten, die rechte Stellungnahme als Pfarrer zu gewinnen. Diese Ablehnung, die ich als meine Pflicht betrachtete, hat mir manche Verkennung und Schwierigkeit in meiner Amtsführung gebracht; doch ich habe durchgehalten. Die treu kirchlich Gesinnten verstanden mich wohl. Die Nazi waren keinen Augenblick im Zweifel darüber, daß sie an mir einen unerbittlichen Gegner hatten. Zwar war ich zum passiven Widerstand verurteilt . . ."

Ein Seelsorger, der den Nationalsozialismus früh durchschaute, dem der Paulus-Brief an die Römer Kapitel 13, Vers 1–7 („. . . es gibt keine staatliche Gewalt, die nicht von Gott stammt . . .") vertraut war, der jedoch die Grenzen des Gehorsams dem Staat gegenüber klar erkannte! Diese Geistesart hat die enge Verbundenheit Holtmanns mit seinem Bischof Clemens August noch bestärkt.

Aus der Chronik[1] und nach Dokumenten[1]

1933

Eine „Kundgebung der deutschen Bischöfe"[7] vom *28. März* „glaubt . . . das Vertrauen hegen zu können, daß die . . . allgemeinen Verbote und Warnungen [gegenüber der nationalsozialistischen Bewegung] nicht mehr als notwendig betrachtet zu werden brauchen." Die Bischöfe nahmen Bezug auf öffentliche und feierliche Zusicherungen Hitlers zur Unverletzlichkeit der katholischen Glaubenslehre, zu den unveränderlichen Aufgaben und Rechten der Kirche und der Geltung der von den deutschen Ländern mit der Kirche abgeschlossenen Verträge.

Den Festgottesdienst zum „Tag der nationalen Arbeit" am *1. Mai* hielt Pfarrer Holtmann. Der Festzug zog vorbei an einer geschmückten Statue des hl. Josef, des Patrons der Arbeit, aufgestellt vor dem Priesterhaus (Pfarramt).

Die Wallfahrtsleitung erreichte bei der Reichsbahn erhebliche Preisvergünstigungen für Pilgersonderzüge nach Kevelaer.

An der Wallfahrt nach Luxemburg am *20. Mai* nahmen 450 Pfarrangehörige teil; sie brachten der „Mutter von Luxemburg" den Gruß des Tochter-Bildes von Kevelaer und nahmen an bevorzugter Stelle teil an der Großen Prozession mit dem Gnadenbild.

Ein gemeinsamer Hirtenbrief der deutschen Bischöfe vom *3. Juni* nahm Stellung zum neuen deutschen Staat, meldete eine Reihe von Forderungen der Kirche bei der neuen Staatsführung an, hob die Rechte, Pflichten und Grenzen der Staatsautorität hervor („Gebet Gott, was Gottes ist, und dem Kaiser, was des Kaisers ist" [nach Mt 22,21]) und sagte zu, „mitzuhelfen am Wiederaufbau des Volkes" im Vertrauen darauf, daß „alles Haßerfüllte und Unversöhnliche verschwinde".[8]

Eine Gruppe SA-Männer marschierte am *1. Juli* rücksichtslos durch eine (holländische?) Prozession und störte deren Aufenthalt in Kevelaer empfindlich.

Der Heilige Stuhl und das Deutsche Reich schlossen am *20. Juli* ein Konkordat[5], „von dem gemeinsamen Wunsche geleitet, die . . . bestehenden freundschaftlichen Beziehungen zu festigen und zu fördern" [Präambel].

Am *12. September* wurde bekannt, daß Papst Pius XI. den Pfarrer von St. Lamberti in Münster zum neuen Bischof von Münster ernannte.

Am *28. Oktober* wurde Clemens August Graf von Galen im Dom zu Münster zum Bischof geweiht und inthronisiert.

Das amtliche Verbot des Kerzenverkaufs durch die Wallfahrtsleitung und der Übernachtung von Priestern im Priesterhaus konnte durch Verhandlungen abgewendet werden.

Im Jahr 1933 kamen 314 deutsche und 94 holländische Prozessionen zur Wallfahrt nach Kevelaer.

1934

Pfarrer Holtmann teilte zu Neujahr der Pfarrgemeinde umfangreiche Bauvorhaben mit, die zugleich der Arbeitsbeschaffung dienen sollten: die Neugestaltung des großen Kreuzweges und die Errichtung eines Marienparks mit Aufstellung der Schutzmantel-Madonna, dem Ehrenmal für die Gefallenen des Weltkrieges.

Bischof Clemens August kam am *20./21. Februar* zum ersten Male als Bischof nach Kevelaer; Pfarrer Holtmann war dem Bischof nach Schloß Heltorf entgegengefahren und hatte ihn nach Kevelaer begleitet. Er feierte in der Gnadenkapelle die hl. Messe, besuchte die Kirchen, Klöster und kirchlichen Häuser und kam auch zu einem Heimabend der Jungschar in das katholische Jugendheim; er forderte die Jungen auf, treu zu stehen zu Christus und der Kirche.

intragung in das Gästebuch des Priesterhauses beim rsten Besuch in Kevelaer als Bischof

Am *21. März* mahnte Bischof Clemens August die Führung und Mitglieder der katholischen Vereine zur Treue. Verhandlungen zwischen dem Heiligen Stuhl und der Reichsregierung über das katholische Vereinswesen [Artikel 31 des Reichskonkordats] müßten zur Aufhebung bestehender Beschränkungen führen.

Das Hirtenschreiben des Bischofs gegen das Neuheidentum wurde am *1. April* im Gottesdienst verlesen.

Am *16. Juni* verursachte ein von Unbekannten in der Nähe der Gnadenkapelle angebrachtes rotes Stoffschild mit der Aufschrift „Hinweg mit dem Ungeist der Reaktion und des Zentrums" erhebliche Unruhe vor allem unter holländischen und belgischen Pilgern.

In der Zeitung „De Zuidlimburger" vom *23. Juni* war folgende Mitteilung zu lesen:

Geen Maastrichtsche processie naar Kevelaer

In verband met de ongunstige tijdsomstandigheden zal de jaarlijksche bedevaart van Maastricht en omstreken naar Kevelaer ditmaal niet plaats hebben.

Er is besloten een bedetocht te houden naar O. L. Vrouw in 't Zand te Roermond.

Niet alleen de ongunstige tijd, maar ook de politieke toestand in Duitschland zal menigeen weerhouden, naar Kevelaer te pelgrimeeren. De Deken van Kevelaer heeft weliswaar aan de Pers bericht, dat geen moeilijkheden worden in den weg gelegd, maar van de praktijk weten we, hoe lastig het buitenlanders vaak wordt gemaakt.

Keine Prozession von Maastricht nach Kevelaer, „nicht allein wegen der ungünstigen Zeitumstände, sondern auch wegen des politischen Zustandes in Deutschland"

Auf Wunsch des Bischofs wurde ab *1. Juli* die Wochenzeitung „Unser Kirchenblatt" eingeführt.

Im August kamen zahlreiche slowenische Katholiken aus Deutschland, Holland und Belgien zur Wallfahrt.

Öffentliche Gebete für Kirche, Volk und Vaterland ordnete Bischof Clemens August an für die Zeit vom *1. September* bis zum Christ-Königs-Fest am 28. Oktober.

Am *9. September* wallfahrteten 50 000 Mitglieder der Jungfrauen-Kongregationen nach Kevelaer. Nach der Gemeinschaftsmesse auf dem Kapellenplatz erteilte der Pfarrer von Kevelaer aufgrund der ihm gewährten Vollmacht den Päpstlichen Segen. Um die Mittagszeit traf Bischof Clemens August ein. Sofort versammelten sich viele Pilger vor dem Priesterhaus auf dem Kapellenplatz. Im Chore wurde der Ruf laut: „Wir wollen unseren Bischof sehen!", wofür er wiederholt dankte. Nachmittags war eine Treuekundgebung in Anwesenheit des Bischofs. Als der Bischof erschien, setzte eine spontane Begeisterung ein. „Christus, Herr der neuen Zeit" schallte es weit. Diözesanpräses Domkapitular Surmann sprach über die Irrlehren der Entgöttlichung, der Entseelung des Volkes, der Entgnadigung, warnte vor falschen Propheten der modernen Zeit. Gerührt nahm der Bischof das Treuegelöbnis der Jugend entgegen: Christus dem König, der Kirche, ihren Hirten. Dann hielt der Bischof eine Ansprache an „meine lieben Marienkinder": . . . „Als Marienkinder, des Heilandes Schwestern durchs Leben gehen, nicht verzagen, uns nicht niederdrücken lassen in dem festen Entschluß, die Treue zu halten . . ." Wieder brach lang anhaltender Jubel aus. Hände und Arme streckten sich dem Bischof entgegen. Spontan kam der Gesang auf: „Fest soll mein Taufbund immer stehn!" Wieder und wieder zeigte sich der Bischof am Fenster des Priesterhauses. Am Abend versammelte sich die gleichzeitig anwesende Münsterische Prozession zu einer erneuten Kundgebung für den Bischof. Pfarrer Holtmann sprach von einem denkwürdigen Tag durch das Gelöbnis der Treue zu Christus, dem König, zu Maria, der Schirmherrin, zum Bischof, dem geistlichen Führer. Tief bewegt dankte Bischof Clemens August.

Die Statistik des Jahres 1934 zählt 396 deutsche und 59 holländische Prozessionen, 1 belgische; insgesamt 600 000 Pilger.

1935

Bischof Clemens August ernannte am *25. Juni* Pfarrer Wilhelm Holtmann zum Ehrendomkapitular an der Kathedralkirche zu Münster.

Ein neues Bauvorhaben sorgte für eine willkommene, großzügige Arbeitsbeschaffung. Das Priesterhaus – Pfarramt, Sitz der Wallfahrtsleitung, Herberge für wallfahrende Priester und Exerzitienhaus – wurde modernisiert und vergrößert. Der Neubau wurde am *25. August* eingeweiht.

Am *22. September* waren 25 000 Mitglieder der Jungfrauen-Kongregationen der Erzdiözese Köln zur Wallfahrt anwesend. An diesem Tage betrug die Zahl der Pilger insgesamt 45 000.

Im September war eine Berliner Pilgergruppe zu Gast. Bischof Clemens August, gerade anwesend, begrüßte in Erinnerung an seine langjährige Tätigkeit als Seelsorger in Berlin die Pilger persönlich.

Am *19. November* fand eine Elisabethfeier der Pfarrgemeinde in gewohnter Weise statt. Bischof Clemens August erfreute alle durch seine Teilnahme. Es hatte an den Tagen vorher in Kevelaer ein Konveniat der westdeutschen Bischöfe stattgefunden unter Vorsitz des Kardinals Schulte von Köln.

Die Statistik des Jahres 1935 weist 375 deutsche, 61 holländische und 3 belgische Prozessionen auf sowie Pilger aus Amerika, Italien, Frankreich, Dänemark und Schottland.

1936

Eine Weisung des Bischofs Clemens August vom *22. Februar* für den Fall seiner Verhaftung wurde dem Dechanten von Kevelaer[9] durch Domkapitular Francken persönlich überbracht. Der Briefumschlag wird hier als Faksimile wiedergegeben. (Der vollständige Text des Dokumentes ist abgedruckt in: Clemens August van Galen, Akten, Briefe und Predigten 1933 – 1946; Mainz 1988.)

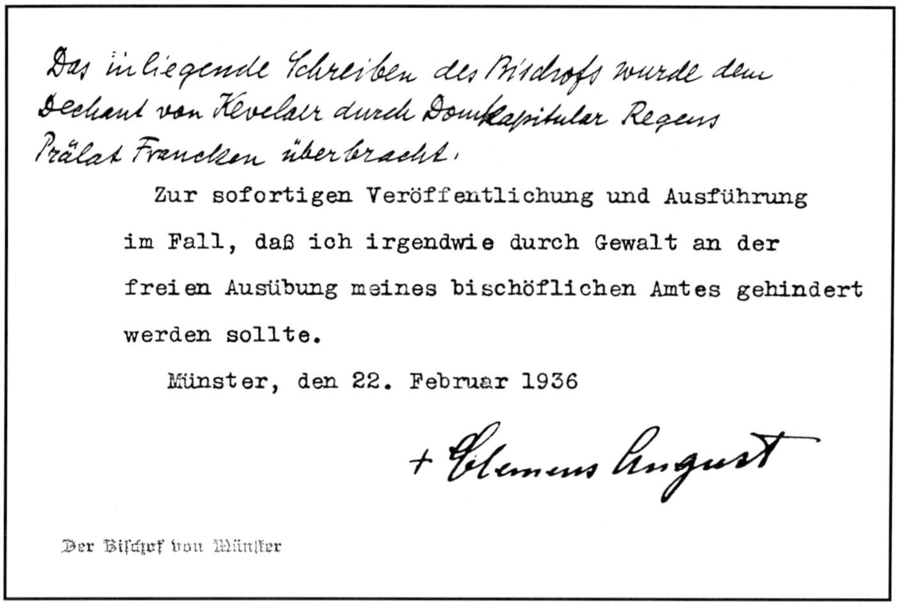
Das inliegende Schreiben des Bischofs wurde dem Dechant von Kevelaer durch Domkapitular Regens Prälat Francken überbracht.

Zur sofortigen Veröffentlichung und Ausführung im Fall, daß ich irgendwie durch Gewalt an der freien Ausübung meines bischöflichen Amtes gehindert werden sollte.

Münster, den 22. Februar 1936

+ Clemens August

Der Bischof von Münster

Schon im Frühjahr 1936 gab Bischof Clemens August von Galen den Dechanten des Bistums Münster genaue Anweisungen für den Fall de gewaltsamen Behinderung seines bischöflichen Amtes

„Kath. Pfarramt Kevelaer an Bischöfl. Generalvikariat Münster, *8. 5. 1936.* Im Kreise Geldern wird seit längerer Zeit Sterilisierung im weitesten Umfang und mit großer Härte durchgeführt. Immer wieder kommen Eltern und Pfleger, um beim Pfarrer Rat zu holen. In größter Not befindet sich . . ., wovon die Behörde Gutachten verlangt. In ihrer Not wenden sich auch die von den gesetzlichen Maßnahmen Betroffenen an sie. Unter Beifügung der Abschriften der Urteile und Eingaben, die in einem bestimmten Fall erfolgt sind, frage ich an, ob es außer den in Anwendung gebrachten sonst noch irgendeine gesetzliche Handhabe oder irgendeine Möglichkeit der Motivierung gibt, um der Anwendung des Gesetzes[10] zu entgehen . . ."

Großwallfahrtstag der Frauen- und Müttervereine der Erzdiözese Köln am *8. Juli.* 25 000 Teilnehmer kamen in 17 Sonderzügen und 400 Autobussen.

„Immer mehr machten sich die Einschränkungen der Wallfahrt bemerkbar. Durch allerhand wilde Nachrichten suchte man die kirchliche Behörde zu diskreditieren. Am 29. Juni, so schrieb die ‚Egerer Zeitung', hätten beim Einzug des Bischofs Clemens August Mitglieder der SA den Jugendvereinen ihr Banner mit Gewalt aus der Prozession entrissen. Darauf hätte der Bischof dem Bürgermeister seine Visitenkarte zugeschickt mit der Aufforderung, wenn die Fahnen nicht binnen 20 Minuten zurückgegeben wären, würde er das Gnadenbild mit nach Münster nehmen. Bischof Clemens August war am 29. Juni überhaupt nicht in Kevelaer. Der Einzug des Weihbischofs hatte in aller Ruhe festlich stattgefunden. Abends wurde ihm ein Ständchen gebracht. Die irrige Meldung lief durch die ganze holländische Presse, und auch der Vatikansender fiel am 21. August dem Schwindel zum Opfer. Bischof Clemens August, der am *30. August*[11] mit der Münsterischen Prozession in Kevelaer war und Pontifikalamt gehalten hatte, ist der Falschmeldung am Abend beim Ständchen sehr energisch entgegengetreten.[12] Der Vatikansender hat am 4. September den Irrtum widerrufen."

Ehrendomkapitular Holtmann war Assistenz des Bischofs Clemens August bei der Viktorstracht in Xanten am *6. September*, bei der Prozession vom Dom zum Fürstenberg und beim Pontifikalamt.

Auf Einladung Holtmanns besuchte der zur Viktorstracht in Xanten weilende Erzbischof von Mecheln, Kardinal Joseph Ernst van Roey, Kevelaer am *6. September*. Kevelaer gehörte wegen seiner Zugehörigkeit zum Bistum Roermond (1559 – 1801) zur Kirchenprovinz Mecheln.

Die Statistik des Jahres 1936 verzeichnet insgesamt 327 Sonderzüge, davon 43 aus Holland. Bei 133 feierlichen Hochämtern wirkten Basilika-Chor und -Orchester mit.

1937

Ein jedes religiöse Empfinden verletzender Hetzartikel gegen die Kevelaer-Wallfahrt erschien in der Zeitung „Das Schwarze Korps"[13] vom *20. Mai* und kennzeichnete die Verschärfung des nationalsozialistischen Kampfes gegen Religion und Kirche.

Anfang August verbot die Geheime Staatspolizei die Trierer Prozession[14] nach Kevelaer. Alle Versuche, das Verbot rückgängig zu machen, schlugen fehl. „Überhaupt wurden die Prozessionen mehr und mehr erschwert."

Pfarrer Holtmann wurde am *22. Oktober* zum Dechanten des Dekanates Kevelaer ernannt. Bischof Clemens August überreichte persönlich die Ernennungsurkunde am Schluß des Bischofskonveniats in Kevelaer.

Dem Katholischen Gesellenhaus e. V., seit 1931 gemietet, wurde die Konzession der Gastwirtschaft verweigert; der Betrieb des Hauses mußte im November eingestellt, das Mietverhältnis gelöst werden.

„Der deutsche Pilgerverkehr ging zurück um 11 Prozessionen gegenüber dem Vorjahr; holländische kamen 31 weniger als 1936. Die Paß- und Devisenbestimmungen sind außerordentlich erschwert worden. Dazu kommt das Mißtrauen der Holländer."

1938

„Am *13.–14. Juni* war Bischofskonveniat . . . Ein paar Tage vor dem Konveniat war bekannt geworden, daß Weihbischof Dr. Hermann Joseph Sträter zum Apostolischen Administrator von Aachen ernannt worden sei. Die Ernennung datierte vom 15. Mai. Hiermit war Pfr. Holtmann von einem Alpdruck erlöst. Seit Januar ging das Gerede, er sei zum Bischof von Aachen gewählt.[15] Er selbst hat nie etwas Amtliches darüber erhalten. Der Aachener Klerus rechnete bestimmt damit und sprach es offen aus. Peinlich war es, daß die Kinder im Unterricht danach fragten. Bei einer Feier der Landwirtschaftlichen Genossenschaft im Februar gratulierte Bürgermeister E. offiziell und wunderte sich, daß der Pastor in aller Ehrlichkeit erklärte, er wisse nichts dergleichen. Irgendwelche Schritte gegen die Wahl zu unternehmen war unmöglich, weil die geistliche Behörde sofort die Frage gestellt haben würde: ‚Woher wissen Sie das?' . . . Inzwischen hatte der Kardinal von Köln beim Bischofskonveniat im März in Kevelaer eine Bemerkung gemacht, die dem Pfarrer von Kevelaer nur zu klar sagte, daß die Gerüchte nicht aus der Luft gegriffen seien. Gott sei Dank, daß es anders kam. Nachher gestand Bischof Clemens August am 13. Juni: ‚Ich hätte es doch gerne gesehen.'

So schwierig und arbeitsreich der seelsorgliche Acker in Kevelaer ist, so ist die Verantwortung des Bischofs in heutiger Zeit viel größer. Der Pfarrer von Kevelaer dankte Gott innig, daß dieser Leidenskelch ihm erspart blieb und daß er im Dienste der Marienwallfahrt bleiben durfte."

Am *4. September* erlitt der Pilgerzug aus Rommerskirchen mit etwa 800 Pilgern ein schreckliches Unglück. Der Sonderzug entgleiste bei der Durchfahrt im Bahnhof Holzheim bei Neuß. Die Lokomotive und 4 Wagen entgleisten, von denen drei umstürzten und zertrümmert wurden. Falsche Weichenstellung war die Ursache. 19 Tote und zahlreiche Schwer- und Leichtverletzte waren zu beklagen. Am 7. September wurde ein Requiem in der Marien-Basilika gehalten.

Dechant Holtmann nahm am *9. September* an der Trauerfeier und dem Requiem in Rommerskirchen teil; Kardinal Schulte hielt die Traueransprache. Holtmann besuchte die Schwerverletzten in den verschiedenen Krankenhäusern.

„Die Zahl der Abonnenten des Kirchenblattes stieg durch intensive Werbung auf 1140. Das lag hauptsächlich daran, daß die Tagesblätter allmählich den katholischen Charakter einbüßten und keine kirchlichen Nachrichten mehr brachten."

„Die Wallfahrt ging bedeutend zurück . . . Die Zahl der Prozessionen erhöhte sich auf 428 (Deutschland 388, Holland 37, Belgien 3), indessen ist die Zunahme auf die Auflösung gemeinschaftlicher großstädtischer Prozessionen in kleine Pfarrprozessionen zurückzuführen, so Duisburg, Düsseldorf, Krefeld, Köln u. a."

1939

Eine Abstimmung über die Beibehaltung der Bekenntnisschule fand auf Weisung des Bischofs am *26. Februar* statt. Sie geschah in allen Kirchen der Diözese nach Verlesung des bischöflichen Hirtenbriefes vom 20. Februar[16]. Wegen des Beginns der Volksmission am gleichen Tage konnte der Hirtenbrief nicht vollständig verlesen werden. Pfarrer Holtmann gab ihn in einer aufrüttelnden Ansprache sinngemäß wieder, zeigte die Gefahren der Einführung der ‚neuen deutschen Gemeinschaftsschule' als Pflichtschule und ‚nationalsozialistische Bekenntnisschule' auf und hob die Verantwortung der Eltern für die christliche Erziehung der Kinder als eine schwerwiegende Gewissensfrage hervor. Nach dem Verlesen der Schlußsätze des Hirtenbriefes erfolgte die Aufforderung zur Abstimmung. „Mit einer ganz verschwindenden Ausnahme hoben alle die rechte Hand . . ." als Zustimmung für die katholische Bekenntnisschule.

Vom *25. Februar bis 12. März* war Heilige Mission in Kevelaer. Die Seelsorger hatten durch 2 000 Hausbesuche die Gemeinde eingeladen und vorbereitet. Vorauf ging eine Mission der Kinder. Im Bericht des Pfarrers an das Bistum heißt es: „. . . Durch die Mission ist das Gewissen wieder geschärft und die Glaubensfreudigkeit im Allgemeinen gestärkt worden. Der Haupterfolg liegt . . . im demonstrativen Charakter der Veranstaltung. Es ist in heutiger Zeit nicht gering anzuschlagen, wenn in einer Gemeinde mehr als 80% der Kommunikanten 15 Tage lang zweimal am Tage, zum Teil unter großen Opfern in aller Frühe und abends spät zur Kirche und zu den Predigten kommen."

Eine Meßdienerwallfahrt des Niederrheins fand am *27. Juli* statt. 1 200 Ministranten in ihren Chorröcken versammelten sich zur Schlußandacht auf dem Kapellenplatz.

Seit Mitte August hielten allabendlich um 20 Uhr zahlreiche Gläubige eine Friedensandacht vor dem Gnadenbild. Auch viele Pilger nahmen daran teil. „Als wir dann unmerklich in den Kriegszustand glitten, wurde eine Kriegsandacht daraus."

Parade am Kapellenplatz ...ner in Kevelaer stationierten Einheit der Deutschen Wehrmacht, Winter 1939/1940

Wechselnde militärische Einquartierung belegte das Priesterhaus und andere kirchliche Häuser von Anfang September 1939 bis Mitte Mai 1940. Zahlreiche Soldaten der in Kevelaer stationierten Einheiten waren auch in Privathäusern untergebracht.

Das Weihnachtsfest wurde in hergebrachter Weise begangen. Zum nächtlichen feierlichen Mettenamt waren viele Soldaten, auch Andersgläubige, anwesend.

Im Jahr 1939 kamen noch 237 deutsche und 12 ausländische Prozessionen zur Wallfahrt.

1940

Im Januar bis April führte zusätzliche Einquartierung zu weiteren Einschränkungen. Der Kapellenplatz war zeitweise mit militärischem Gerät belegt. Am *16. April* wurden 3 Kapläne zur Wehrmacht einberufen. Der Aufforderung, die vorhandenen Glocken nach Gewicht, Größe, Entstehungsjahr und Ton zu melden, wurde am *23. April* Folge geleistet.

In der Nacht zum *10. Mai* überschritten die deutschen Truppen die holländische Grenze. „Ein bitteres Gefühl für die Wallfahrtsleitung, die so viele gute Freunde in Holland besaß."

„*11. Mai*, Samstag vor Pfingsten. Heute abend in aller Stille im Beisein der nächsten Anverwandten die Urne von . . . gesegnet und beigesetzt. Es handelte sich um einen Geisteskranken aus Kevelaer, der nach . . . verbracht war und zu Tode gekommen ist. Erst später wurde bekannt, daß auch [3 weitere Kranke] in gleicher Weise ein Ende gefunden hatten. Bei [2 Kranken] war von einem Anerbieten der Urne keine Rede, weil keine Verwandten mehr in Kevelaer lebten. Der Mutter von ... war die Urne angeboten, aber sie verzichtete."

„Die Urne des im KZ ... Verstorbenen ... wurde beigesetzt ... Gegen Einsendung von RM 6,80 war dem Vater die Asche ausgeliefert worden."

Mit welchem Zynismus die Tötung unheilbar Kranker vertuscht wurde, zeigt der nachstehende Briefauszug: „Landespflegeanstalt ..., 27. 4. 1940. Mit aufrichtigem Bedauern müssen wir Ihnen heute mitteilen, daß Ihr Vater ... am ... in unserer Anstalt infolge Altersschwäche verstorben ist. Trotz aller Pflege war es nicht möglich, die Lebensdauer noch hinauszuziehen ... Die Übersendung der Urne geschieht kostenlos ... Heil Hitler! gez. Dr. ..."

„*8. Juli*. Polizeiwachtmeister ... erschien, weil eine Beschwerde vorlag, daß 2 Eiserne Kreuze und ein Mutterkreuz[17] beim Gnadenbild hingen. Die Anfrage lautete, von wem die 3 Kreuze stammen. Die Frage konnte nicht beantwortet werden. Die EK waren aus dem Weltkrieg 1914–18. Das Mutterkreuz war anonym eingesandt mit der Bitte, es beim Gnadenbild aufzuhängen."

1. September: Die Gestapo erschien beim Dechanten und verbot das Aufhängen von Eisernen Kreuzen und Mutterkreuzen beim Gnadenbild. Wieder wurde die Angabe der Namen verlangt, von wem die Kreuze stammten. „Unmöglich!"

4. November: Die Gestapo kam erneut und forderte die Entfernung der Eisernen Kreuze und des Mutterkreuzes beim Gnadenbild.

79 deutsche Prozessionen waren 1940 zur Wallfahrt in Kevelaer.

1941

Im Frühjahr wurden alle Glocken beschlagnahmt. Ab 1. Juni blieb das Kirchenblatt verboten. Vom *1. Juni* bis Mitte September war allabendlich Kriegsandacht vor der Gnadenkapelle mit Gebet um Frieden, für die Gefallenen, für alle Opfer des Krieges. Die Teilnahme, auch von Pilgern, war groß.

Dechant Holtmann besuchte am *15. Juli* Bischof Clemens August in Münster und erhielt von ihm einen Durchschlag der Predigt, die er am 13. Juli gehalten hatte.[18]

An den Sonntagen: *10., 17. und 24. August* verlas der Dechant selbst nach der Kriegsandacht die drei berühmten Predigten[18, 19] von Bischof Clemens August. Die Basilika war dichtgedrängt angefüllt. Die Verlesung war morgens bekanntgegeben. Die Polizei war zugegen, schritt aber nicht ein.

Vom *8. bis 15. September* firmte Bischof Clemens August im Dekanat Kevelaer. Abends kehrte er nach Kevelaer zurück. Da die Schulen zur Firmung nicht frei gaben, firmte der Bischof morgens um 6 Uhr oder nachmittags. Am Sonntag, *14. September* hielt der Bischof in der Basilika ein Pontifikalamt. Nachmittags fand in der Basilika eine Firmerneuerungsfeier statt mit Predigt des Bischofs. Vom *16. bis 19. September* nahm der Bischof an Priesterexerzitien in Kevelaer teil. Selbst an diesen Tagen ließen die Gläubigen den Bischof nicht in Ruhe. Er sprach abends

Bischof Clemens August von Galen wird beim Auszug aus der Marien-Basilika auf dem Kapellenplatz in Kevelaer begeistert begrüßt – eine öffentliche Glaubenskundgebung, die sich bei jedem seiner Besuche wiederholte

am Fenster wie an den Tagen der Firmung zu den Kevelaerern und Pilgern.

Eine Welle von Hetzversammlungen gegen den Bischof ging durch das Land, um die Wirkung seiner Predigten zunichte zu machen. Am *25. September* fand in Kevelaer eine öffentliche Parteiversammlung statt. Der Redner nannte den Bischof einen ‚Landesverräter'. 4 Jungmänner verließen daraufhin den Saal; der Redner rief ihnen nach, sie könnten diese Behauptung auch schriftlich haben. Ein Teilnehmer nahm den Redner am Schluß der Versammlung beim Wort, legte ihm die handschriftlich wiederholte Anschuldigung vor und bat ihn um seine Unterschrift.[20]

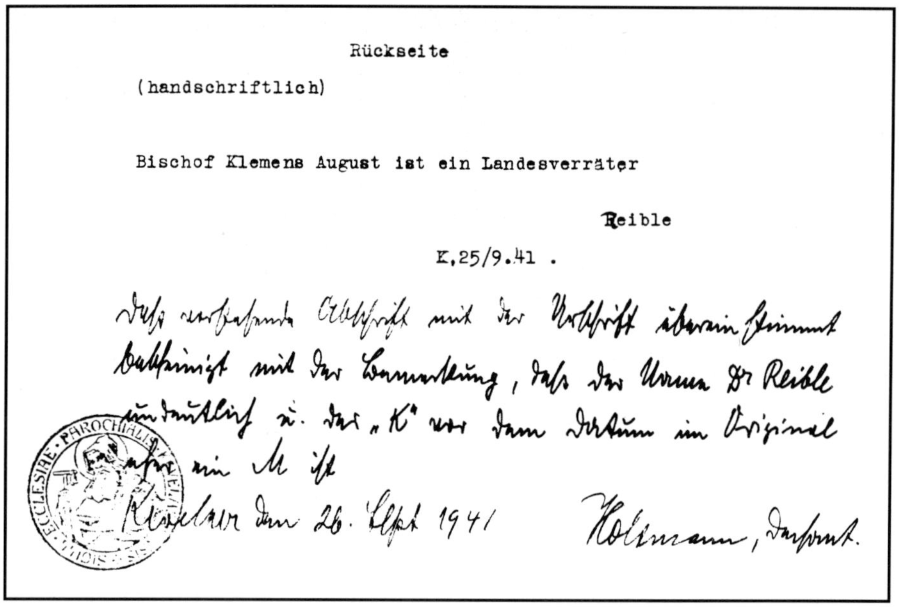
Rückseite

(handschriftlich)

Bischof Klemens August ist ein Landesverräter

Reible

K.25/9.41 .

Daß vorstehende Abschrift mit der Urschrift übereinstimmt bestätigt mit der Bemerkung, daß der Name Dr Reible undeutlich u. das „K" vor dem Datum im Original [illegible] ein M ist

Kevelaer den 26. Sept 1941 Holtmann, Dechant.

Die Abschrift des Schriftstückes mit der Beleidigung des Bischofs Clemens August von Galen

Mit seinem Brief vom *26. September* berichtete Holtmann dem Bischof das Geschehen vom Vortage und übersandte ihm den Zettel. Im Brief heißt es: „Freiwillig kamen [die fünf Zeugen] heute hierher und gaben die unterschriebene Erklärung ab. Die fünf Unterzeichner sind durchaus glaubwürdig. Die Sache ist heute Stadtgespräch." Generalvikar Dr. Meis reichte am *3. Oktober* beim Oberstaatsanwalt in Kleve einen Strafantrag ein, dem sich der Bischof anschloß:

Bischöfliches Generalvikariat Münster (Westf.), den 3. Oktober 1941. G.-Nr. 4510.

Strafantrag gegen den Kreisamtsleiter Dr. Reible wegen Beleidigung des Bischofs Graf Galen in Münster.

Am 25. 9. 1941 fand in Kevelaer im Saale Schatorjé eine öffentliche Versammlung statt. Der Hauptredner Dr. Reible befaßte sich im 2. Teil seiner Rede vornehmlich mit der Person des Bischofs von Münster. Vorher forderte er die Freunde des Bischofs auf, besonders gut achtzugeben, ihre Notizblocks zu nehmen und mitzuschreiben. Er kam dann bei seinen Ausführungen zu der Folgerung, der Bischof von Münster sei ein Landesverräter. Er setzte hinzu, er sei bereit, dieses jedem schriftlich zu geben, der es haben wolle.

Daß hierin eine schwere Beleidigung des Bischofs liegt, bedarf keiner weiteren Darlegung.

Als Zeugen für diese Äußerungen benennen wir folgende Teilnehmer der Versammlung: [Folgen 5 Namen].

Am Schluß der Rede begab sich der erstgenannte Zeuge [NN.], der sich gerade in Kevelaer auf Urlaub befand, zum Rednerpult und verlangte von Dr. Reible die schriftliche Bescheinigung dahin, daß der Bischof von Münster ein Landesverräter sei. Der Redner zögerte zunächst und fragte [Zeugen], wofür er die Bescheinigung haben wolle. Dieser erklärte, er könne es sich nicht gefallen lassen, daß ein Landesverräter noch frei herumlaufe. Hierauf ermunterten der neben Dr. Reible sitzende Kreisleiter Quella und andere den Redner zu unterschreiben, sie würden auch unterschreiben. [Zeuge] notierte dann auf einem ihm gereichten Zettel die Worte: „Bischof Clemens August ist ein Landesverräter", worauf er von Dr. Reible dessen Unterschrift erhielt. Beweis: [Zeuge].

Dieses Schriftstück haben wir in Händen und sind zur Vorlegung bereit. Eine Fotokopie fügen wir in der Anlage bei.

Wegen dieser Beleidigung des Bischofs Graf Galen stellen wir hiermit Strafantrag gegen Dr. Reible, indem wir noch auf Artikel 5 des Reichskonkordates verweisen, wo es heißt:

„In Ausübung ihrer geistlichen Tätigkeit genießen die Geistlichen in gleicher Weise wie die Staatsbeamten den Schutz des Staates. Letzterer wird gegen Beleidigungen ihrer Person oder ihrer Eigenschaft als Geistliche sowie gegen Störungen ihrer Amtshandlungen nach Maßgabe der allgemeinen staatlichen Gesetzgebung vorgehen und im Bedarfsfall behördlichen Schutz gewähren."

L. S. gez. Meis

Vorstehendem Strafantrage schließe ich mich an.

Münster, den 3. Oktober 1941.

Der Bischof von Münster

L. S. gez. Clemens August Graf von Galen.

An den Herrn Oberstaatsanwalt in Kleve (Einschreiben!)

Ew. Hochwürden erhalten Abschrift zur gefälligen Kenntnisnahme, gez. Meis

Herrn Ehrendomkapitular Dechant Holtmann, Hochwürden, Kevelaer.

Die Statistik verzeichnet im Jahre 1941 119 deutsche Prozessionen.

1942 – Jubiläum der Kevelaer-Wallfahrt 1642–1942

Die Chronik führt als Erschwernisse der Wallfahrt u. a. auf: Versorgung der Pilger wegen Rationierung der Lebensmittel, Verkehrsbeschränkungen der Eisenbahn, Verbot von Prozessionen und Umzügen auf Verkehrsstraßen, häufigen Fliegeralarm und deshalb Störung der gottesdienstlichen Planung.

Dechant Holtmann fuhr zu den Freunden Kevelaers nach Luxemburg, um sie zum Jubiläum einzuladen. „Man nahm uns mit der gewohnten Herzlichkeit auf. Indessen konnte sich weder der Bischof noch auch Dompfarrer Heinrich Schmit entschließen, den Fuß auf deutschen Boden zu setzen . . ."

Bischof Clemens August schrieb einen Hirtenbrief zum Jubiläumsjahr, der im Kirchlichen Amtsblatt Münster erschien.[21] Die Bischöfe von Mainz und Trier veröffentlichten ein eigenes Bischofswort aus gleichem Anlaß. Höhepunkte der Wallfahrtszeit waren die Bischofsbesuche aus Münster, Paderborn, Passau, Aachen, Osnabrück, Mainz, Meißen, Köln und mehrerer Weihbischöfe; alle Bischöfe feierten ein Pontifikalamt und gaben anschließend aufgrund einer besonderen Erlaubnis Pius' XII. den Päpstlichen Segen.

„An jedem Sonntag war die Geheime Staatspolizei anwesend, mit mehreren Autos kamen sie . . . Jedesmal saßen zwei Stenotypistinnen an der Seitenwand der Basilika der Kanzel schräg gegenüber und schrieben die Predigt des Bischofs mit."

Zahlreiche Pilger kamen an den Sonntagen, auch werktags. Am *16. August* waren zur Feier „Mariä Himmelfahrt" etwa 4000 Gläubige im Hochamt.

Das Priesterhaus wurde am *15. März* als Lazarett beschlagnahmt.

„Mit der Abnahme der beschlagnahmten Glocken[22] wurde am *27. April* begonnen. Es war ein trostloses Schauspiel. Dem Durcheinander der Gutachter und Sachverständigen haben wir es zuzuschreiben, daß wir 3 von den kleineren Glocken behielten. So wurde die Glocke der Hubertuskapelle von 1477 und die größere der Pfarrkirche von 1721 in

Bischof Clemens August von Galen bei der Eröffnung des Jubiläums-Jahres 1942; 300 Jahre Kevelaer-Wallfahrt

den Turm der Basilika gebracht. Außerdem blieb in der Pfarrkirche (St. Antonius) die von 1435."

Zur Eröffnung des Jubiläumsjahres war Bischof Clemens August am *6. Juni* gekommen. Er feierte am 7. Juni ein Pontifikalamt. Durch eine dicht gedrängte Volksmenge wurde er nur mit Mühe zur Basilika geleitet. Er predigte länger als geplant.[23] Nachmittags hielt er erneut eine Predigt in der Basilika. Nach der Andacht entstand eine spontane Kundgebung auf dem Kapellenplatz; wiederum sprach der Bischof vom Fenster des Priesterhauses aus, besonders zur Jugend.

Am *1. November* beschloß der neue Kölner Erzbischof Dr. Joseph Frings das Jubiläumsjahr, „der von Jugend an nach Kevelaer gepilgert war, auch als Kölner Pfarrer."

67 Prozessionen waren 1942 zu verzeichnen.

1943

Ab *1. Juni* war wie im Vorjahr abendlich Andacht vor der Gnadenkapelle. Schon in der österlichen Zeit waren Pilger gekommen. Im Laufe der Wallfahrtszeit war der tägliche Zustrom so groß wie im Jubiläumsjahr.

„Für Pfingstsonntag, den *13. Juni*, war der ukrainische Pastor Michael Moskalik, der dem Apostolischen Visitator, Prälat Dr. Petro Verhun in Berlin unterstellt, in Bremen seinen Sitz hatte, gewonnen worden, um den ukrainischen Arbeitern und Arbeiterinnen vom unteren linken

Niederrhein Gottesdienst zu halten. Am Samstagnachmittag kam ein telefonischer Anruf vom Landratsamt, daß die Veranstaltung durch ‚Polizei-Funkspruch' verboten sei. Da Pastor Moskalik für die Veranstaltung, die jeden Sonntag hier im Westen irgendwo stattfindet, die spezielle Genehmigung der Geh. Staatspolizei in Berlin hat, wurde ich sehr energisch, so daß die Herren in Geldern nach einigen Stunden klein beigaben. In der Nacht gab es leider Alarm. Infolgedessen konnte keine Kirche vor 10 Uhr geöffnet werden. Von 7 Uhr an trafen Ukrainer und Ukrainerinnen ein. Wir ließen sie im 1. Sprechzimmer des Priesterhauses beichten. Gegen 250 Personen waren eingetroffen. Schließlich war keine Einzelbeichte mehr möglich. Moskalik erweckte mit dem Rest Reue und erteilte die Generalabsolution. Da folgte gegen 10.20 Uhr die Liturgie in der Kerzenkapelle. Auch wurde ein ukrainisches Kind getauft. Die Frömmigkeit der Ukrainer war rührend."[24] (Siehe Beitrag „Kevelaer und die Ukrainische Katholische Kirche".)

Am *12. September* war Bischof Clemens August zur persönlichen Wallfahrt in Kevelaer; er hielt ein Pontifikalamt und predigte.[25]

57 Prozessionen waren trotz der Erschwernisse gekommen.

1944

Pilger trafen immer noch ein; im August kam wie in den Vorjahren sogar die Bocholter Fußprozession in kleinen Gruppen mit über 600 Teilnehmern, trotz Verbot und Gefahr durch Fliegeralarm. Bischof Clemens August teilte mit, daß er am 10. September nicht kommen kann. Am *18. Juni* und *17. September* war wieder Gottesdienst für die Ukrainer.

September bis Dezember: Die Kriegsfront rückte näher, der Kampf um den Niederrhein stand bevor; auch Kevelaer war Teil des Kampfgebietes. Flugzeuge der alliierten Verbände griffen wiederholt mit Bomben und Bordgeschützen an. Tote und Verletzte waren zu beklagen. Häuser wurden zerstört.

Bischof Clemens August erteilte am *15. September* dem Dechanten Wilhelm Holtmann Vollmacht für den Fall, daß „für kürzere oder längere Dauer durch Unterbrechung des privaten Reise- und Postverkehrs für einen Teil der Gemeinden im Westen unseres Bistums es unmöglich wird, mit uns und unserem Generalvikariat in Verbindung zu treten . . ., alles zu tun, was nach dem CIC [Codex Juris Canonici] dem Generalvikar zusteht . . ." [es folgten Einzelaufzählung und genaue Anweisungen des Vorgehens].

Am Vormittag des *27. September* wurde das Klarissenkloster von Bomben getroffen. Die Kirche wurde vollständig zerstört, das Kloster zum größten Teil. Zwei Schwestern wurden tot geborgen, mehrere Schwer- und Leichtverletzte. Auch Häuser der Umgebung wurden zerstört, mehrere Bewohner fanden den Tod.

Am *18. und 19. November* beschuldigte die Gestapo Dechant Holtmann, öffentlich vor der Evakuierung gewarnt zu haben. Im Dezember scheiterten mehrere Versuche, die Zivilbevölkerung zu evakuieren.

Am *20. Dezember* traf ein Handschreiben des Bischofs Clemens August vom 8. Dezember ein, das am 24. Dezember in allen Messen verlesen wurde.

Sendenhorst d. 8. XII. 1944
Wester 360

Mein lieber hochwürdiger Herr Domkapitular!

Soeben erhielt ich Ihren Brief v. 2. XII. mit dem Dekanatsbericht. Für beides herzlichsten Dank! Ich fürchte, Sie werden diese Zeilen nicht erhalten, aber ich will doch gleich versuchen, es Ihnen auszusprechen, wie sehr mich alle Nachrichten bewegt und erschüttert haben. Gott schütze und segne Sie und alle Mitbrüder und alle die lieben braven Menschen Ihrer Gegend; und die teuren Schwestern; und den lieben Gnadenort der „Trösterin der Betrübten"! Gottes heiliger Wille geschehe! Er will ja unser Heil. Und Maria wird ihren Kindern in jeder Not beistehen. „Monstra te esse matrem!" So bitte ich jeden Tag auch für Sie und für Kevelaer. Gott lohne es Ihnen und allen, die in Treue ausharren!

Die Anweisung für den Fall der Zerstörung oder Evakuierung v. 20. XI. wird hoffentlich noch an die Pfarrer gekommen sein. Im Übrigen muß alles

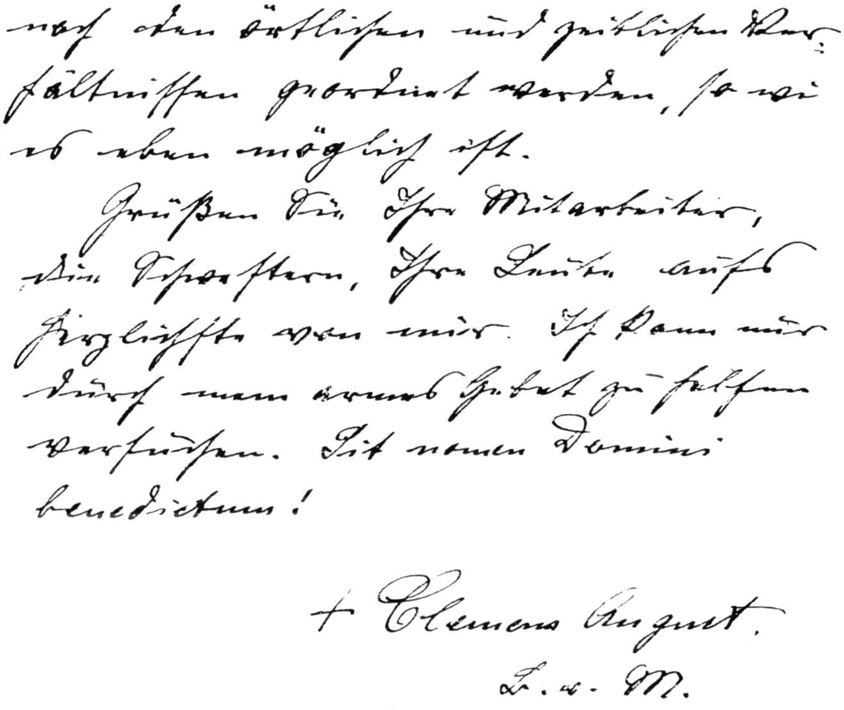
nach den örtlichen und zeitlichen Ver-
hältnissen geordnet werden, so sei
es eben möglichst oft.
Grüßen Sie Ihre Mitarbeiter,
die Schwestern, Ihre Leute aufs
herzlichste von mir. Ich kann nur
durch mein armes Gebet zu helfen
versuchen. Sit nomen Domini
benedictum!
+ Clemens August.
B. v. M.

Das Handschreiben des Bischofs Clemens August von Galen vom 8. Dezember 1944 bezeugt sein inniges Verhältnis zu Kevelaer

1945

Kevelaer litt seit Monaten an Überfremdung und glich zum Jahresanfang einem Heerlager. Später notierte Holtmann: „Immer mehr bemächtigte sich der Einwohner eine lähmende Angst. Umso entschlossener war der Teil der Bevölkerung, der im tiefsten Herzen Gegner der Nazi war, um jeden Preis auszuharren. Hierzu gehörten vor allem jene Frauen, die nun schon seit Wochen allabendlich um 22 Uhr an der Kapelle den Rosenkranz beteten. Wahrhaft bewundernswert waren sie. Ob es regnete, ob es schneite, ob grimmige Kälte herrschte, ob der Jagdflieger kam – standhaft erschienen sie und beteten. Auch viele Männer und Jugendliche nahmen teil. Immer wieder sah man unter den Betern auch Soldaten. Niemand konnte diesen standhaften Frauen die Sicherheit geben, daß ihnen in Kevelaer kein Unheil widerfahren würde. Das war auch nicht die Frage. Sie wollten nicht von ihrem Kevelaer, von ihrer Heimat lassen. Es war der letzte Protest gegen die Vergewaltigung durch die Nazi. Es war der unwillkürliche Aufschrei der gequälten Volksseele. Es war der Schrei zur Trösterin der Betrübten, zur Mutter."

2. Januar: Grüne Polizei (= Zivilpolizei, Parteifunktionäre, SS-Leute, dem Reichsverteidigungskommissar von Essen unterstellt) versuchte, mit Gewalt die Einwohner zu evakuieren. Gaustabsleiter F. forderte Holtmann auf, die Maßnahme zu unterstützen und sich an die Spitze zu stellen. „Ich lehnte ab, weil es meine Pflicht sei, als Pfarrer in Kevelaer zu bleiben, solange noch Pfarrkinder dort sind." Am Abend wurde Dechant Holtmann wegen seiner Weigerung verhaftet und zur Gestapoleitstelle Düsseldorf nach Ratingen gebracht. Es gelang ihm, sein Verhal-

Sendenhorst, den 19. Januar 1945

Hochwürdige Herren!

Besten Dank für die Berichte, v. 15.1. die Herr Rektor Voß mir soeben überbrachte. Ich will ihm diese Antwort mitgeben und muß mich daher kurz fassen.

Ich danke Ihnen, daß Sie bis zum Aeußersten treu durchhhalten, als Hüter der Heiligtümer der "Consolatrix afflictorum" und als gute Hirten der noch zurückgebliebenen Pfarrkinder. Gott der Herr und die liebe Mutter Gottes möge es Ihnen lohnen.

Nach den letzten Nachrichten will ich die Hoffnung noch nicht aufgeben, daß Sie vorläufig noch weiter Erlaubnis und Möglichkeit haben, in Kevelaer zu bleiben. Gott gebe es! Und daß Dechant Holtmann bald frei wird und zurückkehren kann!

Was immer kommen mag: wir stehen in Gottes Hand und sind geborgen in Seiner Vatergüte: "quia ipsi cura est de vobis." Das ist mein Trost in dieser mich so bedrückenden Lage, wo ich gehindert bin, rechtzeitig mit Rat und Anordnung oder gar durch aktives Eingreifen zu helfen.

Um die Freilassung des Herrn Dechanten Holtmann habe ich einen Antrag an das Reichssicherheitshauptamt in Berlin gerichtet und an Bischof Wienken geschickt. Ich freue mich sehr, zu hören, daß er in leichter Haft gehalten wird.

Gott beschütze und segne Sie und alle, die noch bei Ihnen sind!

+ Clemens August
B. v. M.

Den Brief des P. Winkelhaus habe ich gestern erhalten und nach Sonsbeck beantwortet.

as Bischöfliche Haus in ünster war zerstört; von endenhorst aus läßt Bischof lemens August von Galen m 19. Januar 1945 besorgt eine Anteilnahme an den reignissen in Kevelaer wissen

ten zu rechtfertigen. Jedoch wurde ihm das Marienhospital Ratingen als ständiger Aufenthaltsort zugewiesen. Diesen durfte er am *15. Februar* verlassen mit der Einschränkung, nicht das linksrheinische Gebiet zu betreten.

Bischof Clemens August ernannte am *12. Januar* Kaplan Erich Bensch zum Pfarrverwalter für die Zeit der Abwesenheit von Pfarrer Holtmann.

Am gleichen Tage richtete er ein Schreiben an das Reichssicherheitshauptamt in Berlin[26], mit dem er begründet den Antrag stellte, „die über den Hochwürdigen Herrn Dechanten Wilhelm Holtmann verhängte Haft alsbald aufheben und ihm die Rückkehr nach Kevelaer gestatten zu wollen."

Erneut schrieb Bischof Clemens August am *19. Januar* einen persönlichen Brief an die in Kevelaer gebliebenen Priester und „alle, die noch bei Ihnen sind".

„Vom *11. Februar bis 1. März* haben wir etwa hundert Gefallene (vom Hauptverbandsplatz in Wissen bei Weeze) und durch Bomben umgekommene Ziviltote beerdigt . . .", berichtet Kaplan E. Bensch in seinen Aufzeichnungen.[27]

Der Vormarsch der alliierten Verbände machte Kevelaer Anfang Februar zur Frontstadt. Jetzt wurde die Evakuierung erzwungen oder geschah freiwillig. Etwa 100 Einwohner[28] blieben bis zum Einmarsch der Engländer. Am *11. Februar* setzten die Bombenangriffe auf Kevelaer ein. Schreckenstage waren auch der Aschermittwoch, *14. Februar* und der *1. März*. Wieder waren Menschenleben zu beklagen. „Am Morgen des *3. März* rollten gegen 6 Uhr die ersten Panzer auf den Straßen Kevelaers zum Kapellenplatz vor . . . Kevelaer war die erste Stadt in Deutschland, die die Engländer nicht als Ruinenfeld vorfanden", schreibt H. Bosch.[29] Seine Veröffentlichung berichtet über alle Einzelheiten. Kevelaer war,

Englischer Panzer vor der Marien-Basilika in Kevelaer, 3. März 1945

Englische Panzer an der kriegszerstörten Pfarrkirche St. Antonius in Kevelaer, März 1945

wie schon oft in seiner Geschichte, von fremden Truppen besetzt, doch es war befreit von der nationalsozialistischen Gewaltherrschaft.

Am *26. April* konnte Dechant Holtmann mit einem englischen Militärlastwagen aus Haldern nach Kevelaer zurückkehren. „Das war ein Wiedersehen! Nach der ersten Begrüßung machte ich einen stundenlangen Rundgang durch die Stadt . . ." „Das Jahr 1945 ist das leidvollste und schmerzensreichste in der Geschichte Kevelaers geworden. Die Säkularisation und der Kulturkampf waren ein Kinderspiel gegen den Greuel der Verwüstung, den der schöne Wallfahrtsort unter der Naziherrschaft über sich ergehen lassen mußte . . ."

Viele Familien der Pfarrgemeinde verloren Angehörige in diesem Zweiten Weltkrieg. Eine Liste der Gefallenen führt 270 Namen auf. Eine Liste der vermißten Soldaten aus Kevelaer enthält 286 Namen, eine Liste der Zivilvermißten 19 Namen. Diese Übersichten sind handschriftlich nachbearbeitet, so daß die Endgültigkeit der Zahlen nicht zu ersehen ist, doch dürften sie nahe der traurigen Wirklichkeit sein. Es kommen noch hinzu die bei den Bombenangriffen und durch andere Kriegseinwirkungen getöteten Einwohner, deren Zahl nicht zu ermitteln war. Beim Ende des Krieges wurden auf dem Friedhof in Kevelaer etwa 150 Kriegsgräber gezählt, überwiegend von Soldaten, die bei den Kämpfen nahe Kevelaer ums Leben kamen.

Durch Kriegseinwirkung wurden etwa 15% aller Wohnungen unbenutzbar, davon die Hälfte völlig zerstört. Von den kirchlichen Gebäuden wurden außer der schon genannten Klarissenkirche die St. Antonius-Pfarrkirche völlig zerstört und ein großer Flügel des Priesterhauses. Schwere Schäden erlitten die Basilika, die Beichtkapellen, das Klarissenkloster, die Kreuzweg-Anlagen.

Die Gnadenkapelle blieb unversehrt. Es war, als ob die Muttergottes selbst ihren Schutz über diesem Heiligtum ausgebreitet hätte. So empfanden es die Kevelaerer und die zahlreichen Pilger. Auch die Kerzenkapelle, die alte, erste Wallfahrtskirche wies nur geringe Schäden auf.

Das Priesterhaus war beschlagnahmt für die Kommandantur des DP (=Displaced persons)–Repatriierungslagers. Die Basilika wurde zum Durchgangslager für entlassene französische, belgische, holländische, englische, amerikanische, russische, polnische Kriegsgefangene, befreite KZ-Häftlinge und deportierte Zwangsarbeitsverpflichtete. Täglich wurden bis zu 8000 Personen durchgeschleust. Schäden erlitt die Basilika an ihren Kunstwerken und Einrichtungen, den Fenstern und der Orgel.

Der brasilianische Priester Padre Luiz Almeida de Azevedo sammelte in den Lagern der Ausländer für ein Fenster der Basilika und überreichte 4500 RM.

Unter der Bezeichnung „Bischöfliches Generalvikariat für das besetzte Gebiet“ gab Dechant Holtmann am *16. Mai* den Dechanten des Niederrheins Kenntnis von der ihm erteilten bischöflichen Vollmacht. Nach vorliegenden Akten ernannte er u. a. für 14 Pfarrgemeinden einen Pfarrverwalter.

Die ersten Fußprozessionen aus Köln, Bonn, Gladbeck und anderen Orten und die Bocholter Radfahrer-Prozession fanden sich schon im August und September zur Wallfahrt ein.

Die Freigabe der Basilika durch die Militärbehörde geschah am *28. August*. Am Fest Mariä Geburt erfolgte die Benediktion. Der erste Gottesdienst wurde am *9. September* gefeiert, und Pfarrer Holtmann spendete den Päpstlichen Segen.

Bischof Clemens August weilte vom *12.–15. September* wieder in Kevelaer. Zur Visitation der niederrheinischen Dekanate unternahm er tägliche Reisen in Begleitung von Dechant Holtmann und Domkapitular Francken. An einem dieser Tage predigte er in der Basilika. Niemand ahnte, daß es seine letzte Predigt auf dieser Kanzel, daß es sein letzter Besuch in Kevelaer sein würde.

Am *23. Dezember* wurde in Rom bekanntgegeben, daß Papst Pius XII. Bischof Clemens August zum Kardinal ernannte. Dechant Holtmann sandte ihm am *29. Dezember* den hier faksimiliert wiedergegebenen Glückwunschbrief[30].

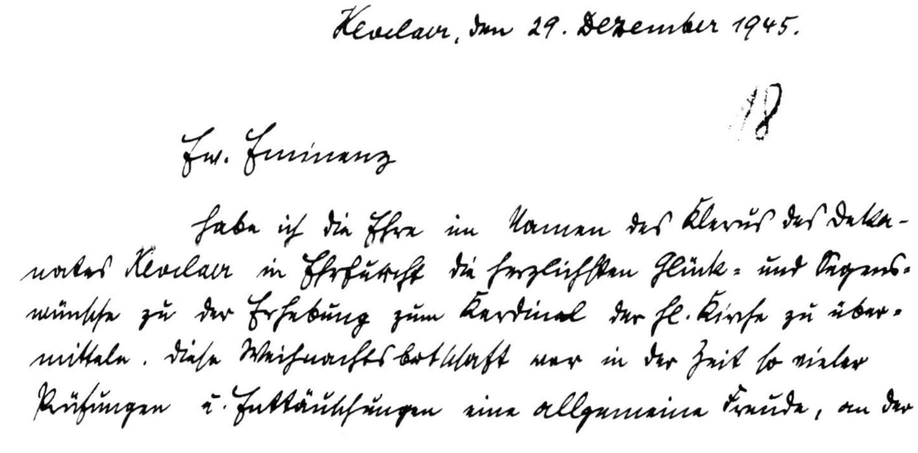

Kevelaer, den 29. Dezember 1945.

18

Ew. Eminenz

habe ich die Ehre im Namen des Klerus des Dekanates Kevelaer in Ehrfurcht die herzlichsten Glück- und Segenswünsche zu der Erhebung zum Kardinal der hl. Kirche zu übermitteln. Diese Weihnachtsbotschaft war in der Zeit so vieler Prüfungen u. Enttäuschungen eine allgemeine Freude, an der auch das gläubige Volk teilgenommen hat. Freilich das schlichte Volk kam gleich mit der zaghaften Frage „Verlieren wir jetzt unseren Bischof?" Man war froh, als ich sie schnell über diesen Punkt beruhigen konnte. Sehr gefreut haben sich namentlich auch die Ehrw. Schwestern, die nicht bloss gratulieren sondern auch innig beten wollen, dass der gütige Gott Ew Eminenz in dem heute so schweren bischöflichen Amte stärken und segnen wolle. Der Klerus sieht einmütig und klar, was der Hl Vater mit dieser ausserhalb der hergebrachten Tradition liegenden Ernennung hat sagen wollen. Persönlich freue ich mich über den Beweis des väterlichen Mitgefühls des Hl Vaters mit unserem gequälten deutschen Volke, das in den Kardinalsernennungen erneut zum Ausdruck kommt. Schon kurz nach den Predigten, mit denen Ew Eminenz die anständig denkenden Menschen wachriefen, wurde manchmal im Klerus der Gedanke geäussert „Unser Bischof wird noch mal Kardinal." Es war vor dem Wechsel auf dem Kölner Erzbischofsstuhl. Jetzt freut man sich doppelt, dass der Hl Vater die Ahnungen erfüllt hat, ohne dass wir unseren Bischof verlieren. Als ich heute im Brevier die Worte neque pollicitationibus neque terroribus betete, habe ich gedacht „Wenn auch die Martyrerpalme etwas Ermunterndes ist, gut ist es doch und sicherlich vom Herrgott so gefügt, dass dass wir eine Eminenz haben, die unter uns Lebenden den Wahlspruch Nec laudibus nec timore weiterhin vertreten kann." Gott erhalte uns Ew Eminenz noch viele Jahre in Gesundheit und Frische!

Und wenn Ew Eminenz demnächst zum Hl Vater reisen, habe ich eine ehrerbietige Bitte, ihm von unserem armen Kevelaer zu erzählen. Vielleicht zeigen sich dann Wege u. Möglichkeiten, etwas zur Freigabe unseres Priesterhauses zu erwirken, damit wir bald wieder mit Priesterexerzitien, die so notwendig sind, beginnen können.

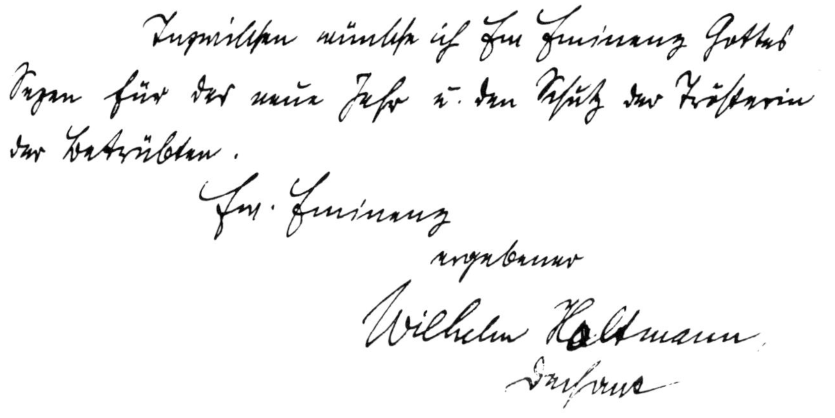
Inzwischen wünsche ich Eurer Eminenz Gottes Segen für das neue Jahr u. den Schutz der Trösterin der Betrübten.
Eurer Eminenz
ergebener
Wilhelm Holtmann
Dechant

Der Glückwunschbrief des Dechanten Wilhelm Ioltmann vom 29. Dezember 945 zur Kardinals-Ernennung les Bischofs Clemens August von Galen

„Irénée von Lourdes“

Unter den Notizen von Dechant Holtmann über die Vorbereitung des Pax-Christi-Kongresses 1948 in Kevelaer ist unter dem Datum 31. März – 4. April 1948 u. a. folgendes zu lesen:

„Es war mir daran gelegen, den Bischof von Lourdes über die Tat des Irénée Aguillon zu unterrichten und auch eine wirkliche Bestätigung der Echtheit der Erzählung der Leute in Keylaer [Bauernschaft nahe Kevelaer] zu erhalten. Deshalb hatte ich am 19. Februar durch Joseph Probst [Mitbegründer der deutschen Pax-Christi-Bewegung] die ganze Schilderung der Ereignisse vom 2./3. März 1945 dem Bischof von Lourdes übermittelt. Am 15. März erhielt ich einen Brief von Herrn Probst, dem ein Schreiben des Bischofs Théas in Abschrift und eine Kopie der eidlichen Vernehmung des Irénée in Form eines Briefes an Bischof Théas beigefügt waren.“

Im Brief von Bischof Théas von Lourdes heißt es:

Tarbes, den 10. März 1948

„. . . Ich habe den zu mir bestellt, den man in Kevelaer mit dem Namen Irénée von Lourdes bezeichnet. Hier nun seine Zeugenaussage. Sie klingt sehr schön und zeigt, wie das Kevelaerer Heiligtum von einem Pfarrkind aus Lourdes[31] beschützt worden ist . . .“

+ Pierre-Marie Théas, Bischof von Tarbes und Lourdes

Der Brief des Irénée Aguillon lautet:

Gaillagos, den 7. März 1948

„Exzellenz, Ich habe Kenntnis erhalten von dem Brief des Abbé Holtmann, des Dechanten von Kevelaer. Ich kann unter Eid bezeugen, daß die in diesem Brief angeführten Tatsachen völlig der Wahrheit entsprechen.

Hier nun die Auskünfte, die ich erteilen kann: Als Gefangener gehörte ich zum Kommando Wissen, einem nicht weit von Kevelaer gelegenen Schloß. Als der Befehl zur Evakuierung eintraf, bin ich meinen Kameraden und den Wachposten, die uns abführen sollten, nicht gefolgt. Ich habe mich auf dem Bauernhof von Frau Rühl versteckt, wo ich vorher arbeitete. Beim Eintreffen der Engländer habe ich die Frontlinie überschritten und habe mich zu den Engländern begeben, denen ich alle nützlichen Hinweise über die Art des Geländes gegeben habe, das die Deutschen befestigt hatten, um den Vormarsch aufzuhalten.

Irénée Aguillon (mit erhobenen Armen) beim Empfang der Stadt Kevelaer im März 1969. Von links: Bürgermeister Peter Plümpe, Amtsdirektor Dr. Karl-Heinz Röser, Frau Rühl, auf deren Bauernhof Irénée als Kriegsgefangener arbeitete

Meine Absicht war es, alles Mögliche zu tun, um die Zerstörung der Stadt Kevelaer zu verhindern, die für mich eine heilige Stadt war, da sie ein Heiligtum beherbergt, das mich an das von Lourdes erinnerte.

Die Engländer zweifelten zunächst an meiner Aussage; aber auf hartnäckiges Drängen hin habe ich sie überzeugt. Da ich hinreichend die deutsche Sprache beherrschte und einige englische Wörter mir bekannt waren, gelang es mir, mich verständlich zu machen.

Nachdem ich diese Hinweise gegeben hatte, erlaubten mir die Engländer, zum Bauernhof zurückzukehren, um die Familie zu schützen, die sehr gut zu mir gewesen war und die mich einige Monate versteckt hatte. Bei der Gelegenheit fand ich einen verwundeten Engländer. Ich habe ihn mit auf den Bauernhof genommen, wo alles Notwendige für seine Pflege getan wurde. Ich habe daraufhin die englischen Sanitäter benachrichtigt, die ihn abgeholt haben.

Ich danke der Heiligen Jungfrau, deren Schutz es mir erlaubt hat, eines ihrer Heiligtümer vor der Zerstörung zu bewahren. Würden Sie, Exzellenz, bitte meine vorzügliche Hochachtung entgegennehmen."

gez. Irénée Hippolyte Aguillon, Gaillagos bei Aucun (Hautes – Pyrénées)

Bischof Pierre-Marie Théas nahm als Präsident und Gründer der Internationalen Pax-Christi-Bewegung am Pax-Christi-Kongreß vom 1.–4. April 1948 in Kevelaer teil. In seiner Ansprache bei der großen Schlußkundgebung des Kongresses sagte er u. a.:

„Ahnen Sie die Freude, die der Bischof von Tarbes und Lourdes, der Wächter der geheiligten Grotte von Massabielle empfindet, wenn er heute im altehrwürdigen Heiligtum von Kevelaer die heilige Jungfrau verehrt, die Trösterin der Betrübten? In jenem Heiligtum, das im Jahre 1945 ein Trümmerhaufen geworden wäre, wenn Unsere Liebe Frau es nicht behütet hätte, indem sie sich eines französischen Kriegsgefangenen bediente, den die Bevölkerung von Kevelaer Irénée von Lourdes nannte? . . ."

In seiner Dokumentation der Kriegsereignisse im Kreise Geldern zeichnete H. Bosch[32] auch die militärischen Operationen im Raum Kevelaer auf. Beim Besuch des Irénée Aguillon am 5. März 1969 in Geldern und Kevelaer hatte Bosch Gelegenheit, diesen über seine Erlebnisse am 3. März 1945 persönlich zu befragen. Darüber berichtete Bosch in seiner Veröffentlichung.[33] Ausführlich schrieb W. Cuypers in der Tageszeitung „Rheinische Post" über die von Aguillon gemachten Aussagen.[34] In einer

Versammlung des „Historischen Vereins für Geldern und Umgegend" im November 1986 faßte Bosch das Ergebnis der Nachforschungen kurz zusammen, daß zum Zeitpunkt der Tat des Aguillon „Kevelaer deshalb nicht mehr beschossen wurde, weil englische Einheiten die Stadt bereits besetzt hatten, was Aguillon damals aber nicht wissen konnte"[35].

Ist die Tat des Irénée Aguillon somit bedeutungslos? Es ist nicht auszuschließen, daß er vielleicht einige Höfe der Bauernschaft Keylaer vor der Zerstörung bewahrte. Enthält aber das Verhalten des französischen Kriegsgefangenen nicht noch eine ganz andere Dimension? Bedenken wir:

Sein Heimatland Frankreich war seit 1940 von deutschen Truppen besetzt, er selbst seit Jahren gefangen gehalten in Deutschland, eingesperrt in trostlosen Lagern, zur Arbeit beim Bauern kommandiert, im Grunde nur von der Hoffnung auf baldige Heimkehr getragen. Die Front nahte. Statt für die eigene Sicherheit zu sorgen, fuhr er mit dem Fahrrad der alliierten Frontlinie entgegen; ein gefährliches Unternehmen. Er wollte Menschen schützen, die gut zu ihm waren [obgleich jede Begünstigung Gefangener streng verboten war], dachte an das heimatliche Lourdes und sah eine „heilige Stadt" in Gefahr, zu deren Rettung er durch seine Auskünfte glaubte beitragen zu können. Die mißtrauischen Engländer packten ihn in einen Jeep, drückten die Mündung einer Maschinenpistole in seinen Rücken und fuhren ihn durch die Bauernschaft. Zum Glück fielen aus den Höfen keine Schüsse mehr.

Auch wenn Aguillons Annahme guten Glaubens, die Rettung des Kevelaerer Heiligtums mitbewirkt zu haben, sich als nicht zutreffend erwies, so bleibt sein Brief dennoch ein bewegendes Zeitdokument und seine Tat ein beispielhaftes Zeichen der Menschlichkeit und Verantwortung in gefahrvoller Zeit. Mit Recht gaben die Repräsentanten der Stadt Kevelaer Aguillon 1969 einen festlichen Empfang. Er trug sich am 5. März 1969 in das Goldene Buch der Stadt ein. Über seiner Namenszeile ist zu lesen: „Zur Erinnerung an den denkwürdigen Aufenthalt im Gebiet von Kevelaer." Dem „Irénée von Lourdes" gebührt eine bleibende Erinnerung in der Geschichte Kevelaers und der Wallfahrt.

Die Rettung der St. Marien-Basilika

Nach Berichten von Zeitzeugen drohte noch in den letzten Stunden vor dem Rückzug der deutschen Truppen aus dem Raum Kevelaer eine große Gefahr durch geplante Maßnahmen zur Sprengung des Wasser- und des Basilika-Turms. Eine Kompanie des Pionier-Bataillons 180 war in Kevelaer stationiert. Das Pfarrarchiv besitzt die Zeugenaussage eines Zugführers dieser Einheit, Peter Staudt aus Aschaffenburg. In seinem Brief vom 29. Januar 1947 an Dechant Holtmann bestätigte er, daß sein Zug den Auftrag hatte, „die Kirchen, Wasserturm und sonstige auffallende Punkte zur Sprengung vorzubereiten". Der unerwartet schnelle alliierte Durchbruch von Süden her zwang die deutschen Truppen zum eiligen Rückzug über den Rhein bei Wesel. Staudt erinnerte sich an diesen kritischen Zeitpunkt so: „Es erfolgen die Sprengbefehle und erst jetzt erkannte man, daß zwar an den einzelnen Objekten Munition vorhanden, aber keine ‚angebracht' war. Es ging alles ziemlich durcheinander . . ."

Eine in der Pfarrchronik genannte Zeugin, die sich nahe der Telefonstelle des Sprengkommandos aufhielt, glaubte gehört zu haben, wie sich die Pioniere über den Befehl zur Sprengung unterhielten. Andere Zeugen berichteten, die Sprengung sei verhindert worden, weil die Pioniereinheit in der Nacht vom 2. zum 3. März 1945 in Kevelaer plötzlich in starken Artilleriebeschuß geriet, wobei es Tote und Verwundete gab. Die Verletzten wurden in Kellern naheliegender Privathäuser versorgt und eilig nach Wesel gebracht. Staudts Aussagen dürften so zu deuten sein, daß die befohlene Vorbereitung der Sprengung nicht vorschriftsmäßig durchgeführt oder bewußt unvollständig gehalten wurde, denn Staudt schreibt: „Das Bataillon glaubte nach Rücksprache mit mir, die Sprengungen seien in ihrer Fertigstellung und man setzte meine Leute zu anderen Sperren ein." Der Basilika-Turm wird nicht ausdrücklich genannt; da Staudt aber „die Kirchen, den Wasserturm und sonstige auffallende Punkte" nennt, kann er mit „Kirchen" nur den hochragenden Turm der Basilika gemeint haben. Wie Staudt sich bei seinen militärischen Vorgesetzten rechtfertigte, ist nicht bekannt. „Man gab mir ... Zeit zur Bewährung", schrieb er. Seine bald danach erfolgte Gefangennahme am Bahnhof Voerde habe ihn vor weiteren Maßnahmen bewahrt.

Können diese Zeugenaussagen einer kritischen Nachprüfung standhalten? Beachtung verdient folgende Äußerung des Generals a. D. Alfred Schlemm, der Armeebefehlshaber des nördlichen niederrheinischen Frontabschnitts war und auch die Evakuierung Kevelaers befahl: „Als gläubiger Christ bedaure ich die Zerstörung von Kirchen im Rheinland ... Keine höhere Kommandobehörde meines Befehlsbereiches hat Kirchensprengungen angeordnet. In der Hitze des Kampfes werden aber Kirchtürme von Freund und Feind immer wieder als Feuerleitungsstände mißbraucht und demzufolge bei Rückzügen gesprengt ..."[36] Das Bundesarchiv-Militärarchiv Freiburg/Br. antwortete auf Anfrage: „Kriegstagebücher sind von den Kämpfen am Niederrhein nicht mehr überliefert, auch auf den höheren Ebenen von Korps, Armee und Heeresgruppe nicht ..." Ganz allgemein sei zu sagen, daß bei Rückzügen in der Ebene es militärische Überlegung war, dem nachrückenden Feind keine höher gelegenen Beobachtungsposten zu hinterlassen.[37]

Das Pionier-Bataillon 180 gehörte zur 180. Infanterie-Division, deren Gefechtsstand in Winnekendonk nahe Kevelaer war. In den bei H. Bosch[29] zitierten „Führungsanordnungen ... bis 27. 2. 1945" dieser Division sind keine Anhaltspunkte über Befehle zur Sprengung von Kirchtürmen oder deren Vorbereitung enthalten. Dem Verfasser dieses Beitrags ist der Name des Kommandeurs des Pionier-Bataillons 180 bekannt. Unter seinen zuletzt gemeldeten beiden Anschriften war er nicht mehr zu erreichen. Da Peter Staudt sich ausdrücklich auf das Bataillon bezieht, hätte eine Mitteilung seines damaligen Kommandeurs von Gewicht sein können.

Im Pfarrarchiv befindet sich keine Notiz über die Entfernung von Munition am Turm der Basilika oder verursachte Schäden in diesem Zusammenhang. Auch der Brief von Staudt läßt viele Fragen offen. Er schrieb selbst an Dechant Holtmann: „... Sie richteten allerlei Fragen an mich. Leider kann ich Ihnen dieselben nicht mehr so beantworten, wie Sie es wünschen ..."

Die Urkunde über
Vergrabung des Gnadenbil
am Tag des Kriegsausbruc
1. September 19

Die Sprengung der Pfarrkirche St. Cyriakus im 6 km nördlich Kevelaer gelegenen Weeze durch deutsche Truppen im Rückzug ist jedoch eine traurige Bestätigung der These des Generals Schlemm. Der Versuch, die Aussagen des Peter Staudt etwa durch ein militärisches Dokument oder durch eine Aussage von anderer Seite zu stützen, gelang zu diesem späten Zeitpunkt nicht mehr.

Es bleibt auch nach fast einem halben Jahrhundert die Empfindung von Dankbarkeit, daß die St. Marien-Basilika zu Kevelaer vor großer Kriegszerstörung bewahrt geblieben ist.

Die Bewahrung des Gnadenbildes

Am Fuß des Kevelaerer Gnadenbildes steht die Inschrift (übersetzt): „Wahres, durch Wunder und den Besuch der Menschen berühmtes Abbild der Mutter Jesu, Trösterin der Betrübten . . ." Jeder Hüter dieses Heiligtums gibt die sichere Gewähr, daß die vielen Besucher der Gnadenstätte das „wahre Bild" anschauen können. In gefahrvoller Zeit ist es jedoch auch seine Pflicht, für den Schutz des Bildes zu sorgen. So nahm Dechant Wilhelm Holtmann am Tag des Kriegsausbruchs, dem 1. September 1939, das „wahre Bild" aus dem Schrein der Gnadenkapelle. Das bezeugt die nachstehend wiedergegebene Urkunde:
„Die mich ans Licht bringen, werden ewiges Leben haben. Gesegnet sei der von der hl. Jungfrau, der der Welt den Frieden schenkt", so schließt die Urkunde.

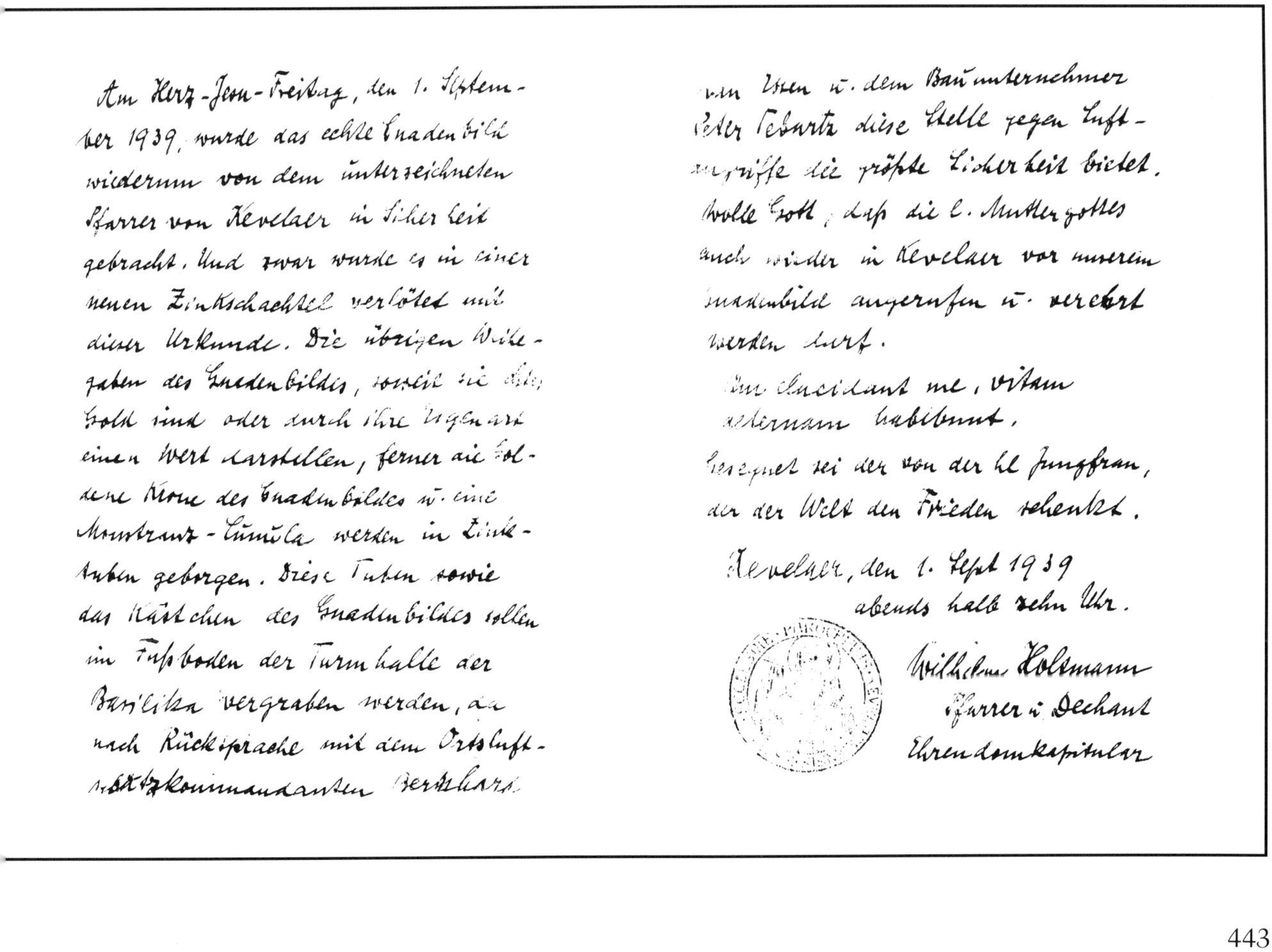
Am Herz-Jesu-Freitag, den 1. September 1939, wurde das echte Gnadenbild wiederum von dem unterzeichneten Pfarrer von Kevelaer in Sicherheit gebracht. Und zwar wurde es in einer neuen Zinkschachtel verlötet mit dieser Urkunde. Die übrigen Weihegaben des Gnadenbildes, soweit sie aus Gold sind oder durch ihre Eigenart einen Wert darstellen, ferner die goldene Krone des Gnadenbildes u. eine Monstranz-Cumula werden in Zinktuben geborgen. Diese Tuben sowie das Kästchen des Gnadenbildes sollen im Fußboden der Turmhalle der Basilika vergraben werden, da nach Rücksprache mit dem Ortsluftschutzkommandanten Berkhaus von Essen u. dem Bauunternehmer Peter Tebartz diese Stelle gegen Luftangriffe die größte Sicherheit bietet. Wolle Gott, daß die l. Muttergottes auch wieder in Kevelaer vor unserem Gnadenbild angerufen u. verehrt werden darf.

Qui elucidant me, vitam aeternam habebunt.

Gesegnet sei der von der hl Jungfrau, der der Welt den Frieden schenkt.

Kevelaer, den 1. Sept 1939
abends halb zehn Uhr.

Wilhelm Holtmann
Pfarrer u. Dechant
Ehrendomkapitular

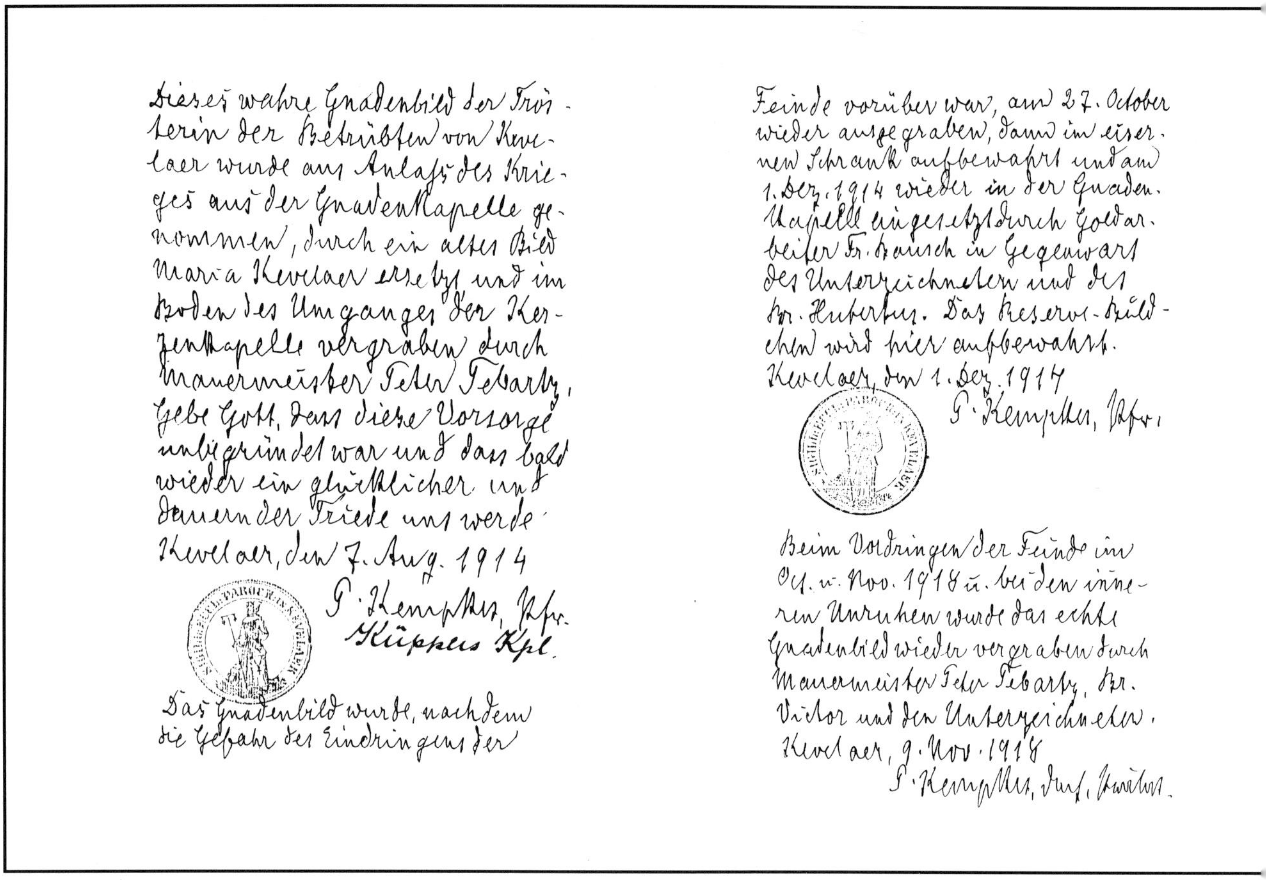

Dieses wahre Gnadenbild der Trösterin der Betrübten von Kevelaer wurde aus Anlaß des Krieges aus der Gnadenkapelle genommen, durch ein altes Bild Maria Kevelaer ersetzt und im Boden des Umganges der Kerzenkapelle vergraben durch Mauermeister Peter Tebartz. Gebe Gott, dass diese Vorsorge unbegründet war und dass bald wieder ein glücklicher und dauernder Friede uns werde.
Kevelaer, den 7. Aug. 1914
P. Kempkes, Pfr.
Küppers Kpl.

Das Gnadenbild wurde, nachdem die Gefahr des Eindringens der Feinde vorüber war, am 27. October wieder ausgegraben, dann im eisernen Schrank aufbewahrt und am 1. Dez. 1914 wieder in der Gnadenkapelle eingesetzt durch Goldarbeiter Fr. Bausch in Gegenwart des Unterzeichneten und des Br. Hubertus. Das Reserve-Bildchen wird hier aufbewahrt.
Kevelaer, den 1. Dez. 1914
P. Kempkes, Pfr.

Beim Vordringen der Feinde im Okt. u. Nov. 1918 u. bei den inneren Unruhen wurde das echte Gnadenbild wieder vergraben durch Mauermeister Peter Tebartz, Br. Victor und den Unterzeichneten.
Kevelaer, 9. Nov. 1918
P. Kempkes, Dech. Pastor.

Im Schrein wurde eine Kopie eingesetzt. Es gibt keine Aufzeichnung darüber, wann das Gnadenbild wieder „ans Licht" kam und wann es nochmals in Sicherheit gebracht wurde. Mit hoher Wahrscheinlichkeit kann angenommen werden, daß die erneute Vergrabung im August 1943 stattgefunden hat. Der häufig gewordene Überflug alliierter Bombergeschwader kann zur Sicherstellung angeraten haben. Vor allem hat der Absturz eines englischen Flugzeugs, das auch brennend über dem Kapellenplatz zu beobachten war, im Mai 1943 nahe Kevelaer, Holtmann mit äußerster Unruhe erfüllt, wie seine Eintragung in der Pfarrchronik beweist.

Die Vorbereitungen der wahrscheinlich umfangreicheren erneuten Vergrabung an gleicher Stelle wurden durch den Goldschmied Johann van Ooyen getroffen; er legte die Maße der benötigten Zinkbehälter fest. Klempnermeister Heinrich Boes, der schon 1939 den von Dechant Holtmann in der Urkunde erwähnten neuen Schutzbehälter für das Gnadenbild hergestellt hatte, fertigte die Zinkbehälter an. Johann van Ooyen gestaltete ein Duplikat des Rahmens vom Gnadenbild, legte alles sorgfältig in die Zinkbehälter, das Gnadenbild, die Kostbarkeiten, wichtige Urkunden und Dokumente. Sein Sohn Paul half während eines Heimaturlaubs im August 1943, die Zinkbehälter zu verlöten, ohne deren Inhalt zu kennen. Nachdem die Weihe- und Votivgaben dem Schrein der Gnadenkapelle entnommen waren, wurde dieser mit einem Tuch in blauer Farbe ausgespannt und würdig geschmückt, in der Mitte die Kopie des

Gnadenbildes im Rahmen-Duplikat. Das Volk hatte Verständnis für die Sicherstellung der wertvollen Schätze, wußte aber vom Austausch des Bildes nichts. Vor dem Schrein befand sich noch das alte Gitter aus dem 17. Jahrhundert.

Außer dem Dechanten waren bei dieser zweiten Vergrabung zugegen: Goldschmied Johann van Ooyen, Canisianer-Bruder Alois (Stanek), Schwester M. Isentrud, Küsterin der Basilika und der Maurer Johann Weyers.

Vermutlich vertraute Dechant Holtmann wegen der bedrohlich nahegerückten Kriegsfront im Herbst 1944 drei Kindern das Geheimnis des verborgenen Gnadenbildes an. Zwei dieser jungen Geheimnisträger waren Fritz Janssen (geb. 1935) und Josef Kalenberg (geb. 1935). Ihre im Juli 1990 schriftlich gegebene Bezeugung unterscheidet sich in Einzelheiten. Der Anschaulichkeit wegen sei nachfolgend die Erinnerung des heutigen Professors der Theologie Dr. Friedrich [Fritz] Janssen, Vechta, in gekürzter Form wiedergegeben:

…Viederum" in der Urkunde …m 1. September 1939 …zieht sich auf die …veimalige Vergrabung des …nadenbildes im August 1914 …d November 1918 durch …arrer Peter Kempkes

»Im Herbst 1944, an einem Sonntag nach der Christenlehre, die jeweils in der Kerzenkapelle stattfand, bestellte uns Dechant Holtmann in die Sakristei der Marienbasilika. Von dort führte er uns in die Turmhalle der Basilika. Dort vertraute er uns folgendes Geheimnis an: Im Fußboden unter dieser Platte ist das Original des Gnadenbildes der „Consolatrix Afflictorum" in einer Kassette deponiert, in der Gnadenkapelle selbst eine Kopie desselben eingesetzt worden. Dies sei als Vorsorgemaßnahme und aus Sicherheitsgründen wegen der zunehmenden Luftangriffe geschehen. Zum Ort des Verstecks erklärte er ferner, er habe diesen Platz nicht nur deswegen ausgewählt, weil er der sicherste bei Bombenangriffen sei, vielmehr sei es ihm ein Herzensanliegen, daß das authentische Gnadenbild in unmittelbarer Nähe zur Gnadenkapelle aufbewahrt werde. Die Beter vor der Kopie des Bildes sollten in Reichweite zum Original ihre Bitten der „Trösterin der Betrübten" vortragen können.

Weiter sagte der Dechant zu uns sinngemäß: „Wenn Kevelaer zerstört werden oder mir etwas zustoßen oder kein Priester mehr vor Ort sein sollte, so teilt den nach dem Gnadenbild Suchenden mit, wo es vergraben ist." Schließlich legte der Dechant uns striktes Stillschweigen über das uns anvertraute Geheimnis auf. Er fragte mich in der Folgezeit mehrmals danach, ob ich mit irgendjemandem darüber gesprochen und die Sache ausgeplaudert hätte. „Hast du auch zu Mutter nichts gesagt?" – die Frage klingt mir noch im Ohr.

Da ich s. Zt. aus Geheimhaltungsgründen keine schriftlichen Aufzeichnungen anfertigen durfte und konnte, habe ich obige Angaben aus meinem Gedächtnis gemacht. Ich versichere, nach bestem Wissen und Gewissen mitgeteilt zu haben, wie Dechant Holtmann mich – ich war damals neun Jahre alt – ins Vertrauen gezogen hat bei der Sicherung des Gnadenbildes.«

Das „Ans-Licht-holen" geschah nicht sofort nach Kriegsende. Dechant Holtmann teilte am 18. August 1946 dem Kapitularvikar in Münster mit: „. . . Die wichtigsten Akten mit dem Gnadenbild und den wertvollen Schätzen sind noch eingemauert. Das Aufbrechen ist vorläufig unmöglich . . ." Goldschmiedemeister Paul van Ooyen erinnert sich, daß

„zu Beginn der neuen Wallfahrtszeit das Gnadenbild wieder eingesetzt werden sollte": etwa Mitte des Jahres 1947. Nur zu diesem Zeitpunkt war die gesicherte Aufbewahrung des Bildes und aller anderen Kostbarkeiten möglich; denn das Priesterhaus konnte erst nach Juni 1947 wieder instandgesetzt und bezogen werden.

Paul van Ooyen und der damalige Küster der Basilika, Canisianer-Bruder Norbert (Hubbeling) nahmen an der Ausgrabung teil und bezeugten dem Verfasser, das Gnadenbild und alle Gegenstände seien unversehrt geborgen worden.

Die Frage nach dem Austausch des Bildes im Schrein der Gnadenkapelle drängt sich noch auf. Die Sorge um die Erhaltung des „wahren Bildes" ist schon Rechtfertigung genug. Das wahre Bild war in der Nähe, es hat Kevelaer nie verlassen. Auch die Gnadenstätte selbst ist geheiligt durch ihre Erwählung 1641/42 und durch das Jahrhunderte währende Gebet der Gläubigen. „Was birgt, sind Gnadenkapellen", schreibt der Priesterdichter Wilhelm Willms. Die Kirche lehrt im Konzil von Trient (1563), daß „. . . die den Bildern erwiesene Ehrfurcht das Urbild meint, das sie darstellen. Wenn wir deshalb Bilder küssen, das Haupt vor ihnen entblößen, hinknien, so beten wir Christus an und verehren die Heiligen, die sie darstellen . . ."

Das kleine Gnadenbild von Kevelaer ist vielen Menschen „ans Herz gewachsen". Möge es nie wieder einen Anlaß geben, es verbergen zu müssen!

Verbot „zum Schutz von Volk und Staat"

Bischof Clemens August gab am 30. Oktober 1937 den Pfarrern der Diözese Münster folgende Nachricht und Weisung:

„Durch eine mir heute abschriftlich mitgeteilte Verfügung der Geheimen Staatspolizei vom 27. Oktober 1937 ist ‚auf Grund des § 1 der Verordnung des Reichspräsidenten zum Schutz von Volk und Staat vom 28. 2.1933 (RGB1. I S. 83) in Verbindung mit § 1 des Gesetzes über die Geheime Staatspolizei vom 10. 2. 1936 der katholische Jungmännerverband der Diözese Münster einschließlich seiner Unter- und Nebengliederungen mit sofortiger Wirkung aufgelöst. Das Vermögen wird beschlagnahmt und sichergestellt!' Ew. Hochwürden weisen wir an, bis zum 5. November 1937 an das Bischöfliche Generalvikariat einen eingehenden Bericht darüber zu senden, ob und in welcher Weise diese Verfügung gegenüber dem dort bestehenden männlichen Jugendverein mitgeteilt und durchgeführt worden ist und welche Gegenstände beschlagnahmt sind . . ."

Für das Kath. Pfarramt Kevelaer antwortete Präses Kaplan Fritz Dyckmans am 3. November 1937:

„Am Freitagmorgen, dem 29. 10. erschienen Beamte der Geheimen Staatspolizei und erklärten dem Präses des Kath. Jugendvereins den Verein für aufgelöst, das Vermögen für beschlagnahmt und weitere Tätigkeit für untersagt. Als der Beschlagnahme verfallen erklärt wurden:
2 Christusbanner, 1 Jungscharbanner, eine Anzahl Gebetbücher ‚Im Dienste des Herrn', 1 Madonnenbild, 2 Spruchbilder, an Geld 45,- RM, Kassenbücher, Rechnungen, Mitgliedsverzeichnisse, Schriftwechsel und andere die Tätigkeit des Vereins angehende Schriftstücke . . . [es folgten weitere Angaben].

Zur Beantwortung der besonderen Fragen folgendes: Die über 18 Jahre alten Mitglieder des Vereins gehören der im Jahre 1855 kanonisch errichteten Marianischen Jünglings-Sodalität an. Gegen Präses und Mitglieder erfolgten keine persönlichen Maßnahmen. Nach der Überzeugung des Präses hat sich die Tätigkeit des Vereins im Rahmen der Verordnung vom 23. 7. 1935 gehalten. Insbesondere sind irgendwelche Beanstandungen seitens der Polizeibehörde niemals gemacht worden."

Vorsorglich hatten die deutschen Bischöfe bereits im April 1936 „Richtlinien für die katholische Jugendseelsorge" zur allgemeinen Pfarrjugendseelsorge und für pfarrliche religiöse Gemeinschaftsabende erlassen. Die Bischöfe dankten darin ausdrücklich für den Dienst jugendlicher Laienhelfer. Es gab nach dem Verbot auch in Kevelaer einen kleinen Kreis Getreuer, der sich „Bibelkreis" nannte und regelmäßig zu Heimabenden im Kath. Jugendheim traf. Vor jedem Treffen wurde in der Gnadenkapelle das kirchliche Abendgebet gesprochen und gesungen. Einladungszettel zur Jugendpredigt und monatlichen Gemeinschaftsmesse der Jugend wurden allen Jugendlichen der Pfarrgemeinde ab 14 Jahren über lange Zeit ins Haus gebracht. Diese Einladung sollte ein Zeichen sein. In der Gestapo-Akte des Kaplans Fritz Lohmann, dessen faksimilierte Unterschrift die Zettel zeitweise trugen, ist diese Aktivität ausdrücklich erwähnt.[38] Trotz des Verbots ging die Gruppe gelegentlich auf Fahrt, z. B. nach Altenberg, immer zu zweien und mit großen Abständen. An die Wand ihres Tagungsraumes im Kath. Jugendheim, das im Februar 1945 durch Bomben zerstört wurde, hatte sie in feierlichen Lettern geschrieben: „Was liegt daran, wenn nur die Fahnen Gottes wehen! Was liegt daran, wenn nur die Treue lebt!" Es war ein Leitspruch der Sturmschar, einer besonders aktiven Gliederung des Jungmännerverbandes, die auch in Kevelaer stark vertreten war.

Der „Fall Aachen"

Die NS-Reichsregierung erhob Einspruch gegen die Wahl des Pfarrers Wilhelm Holtmann zum Bischof von Aachen

Biographisches: Geboren am 20. April 1882. Priesterweihe 9. Juni 1906. Zum Pfarrer von Kevelaer ernannt 10. November 1930 (Pfarreinführung 11. Januar 1931); zugleich Rektor der Wallfahrt und Hüter des Heiligtums der „Trösterin der Betrübten". 25. Juni 1935 Ernennung zum Ehrendomkapitular. 22. Oktober 1937 Ernennung zum Dechanten des Dekanates Kevelaer. 14. März 1949 Ernennung zum nichtresidierenden Domkapitular an der Domkirche zu Münster. † 24. Juni 1949.

Das Kathedral-Kapitel zu Aachen wählte am 18. Dezember 1937 den Pfarrer von Kevelaer, Wilhelm Holtmann, zum Nachfolger des am 5. Oktober 1937 gestorbenen Bischofs Joseph Vogt als neuen Bischof des Bistums Aachen. Holtmann konnte dieses Amt wegen eines staatlichen Einspruchs jedoch nicht antreten. Eine sogenannte „Politische Klausel" in den Konkordaten zwischen Staat und Kirche (hier: Konkordat mit dem Freistaat Preußen von 1929 und Reichskonkordat von 1933) gesteht dem Staat ein „Erinnerungsrecht" (Einspruchsrecht) bei der Besetzung eines Bischofsstuhles zu, wofür ihm eine Frist von 20 Tagen gewährt ist. Der Einspruch gegen Holtmann erfolgte, weil er „wegen seiner Einstellung zum heutigen Staat politisch nicht genehm ist"[39]. Aus anderen bekannt-

Domkapitular Dechant Wilhelm Holtmann, Pfarrer von Kevelaer und Rektor der Wallfahrt 1930–1949, Ölgemälde, Priesterhaus Kevelaer

gewordenen Dokumenten wird der entscheidende Grund jedoch deutlicher: „Er gilt als ausgeprägter Anhänger des Bischofs Graf Galen von Münster"[40] und: „Bedenken, die aus der engen Verbundenheit des Pfarrers Holtmann mit dem Bischof Graf Galen bestehen"[40]. „Die Beweggründe der Reichsregierung liegen auf der Hand: sie wollte keinen zweiten ‚Bischof von Münster'" (J. H. Kaiser).

Die Ablehnung Holtmanns durch den nationalsozialistischen Staat wurde zum „Präzedenzfall zur Verteidigung des kirchlichen Rechtsstandpunktes" (J. H. Kaiser). Papst Pius XI. ernannte wider Erwarten keinen neuen Bischof, sondern am 15. Mai 1938 den Aachener Weihbischof Hermann Joseph Sträter zum Apostolischen Administrator mit allen bischöflichen Vollmachten. Für diese Ernennung erübrigte sich die Anfrage bei der Reichsregierung, der Heilige Stuhl umging das Einspruchsrecht des Staates. Wie sehr sich die Reichsregierung diesen Vorfall gemerkt hat, geht daraus hervor, daß es, soweit bekannt, in der Folgezeit zu keinen weiteren Einsprüchen gegen die Besetzung eines Bischofsstuhles mehr gekommen ist.

Dr. jur. Joseph H. Kaiser, s. Zt. Lehrbeauftragter an der Universität Tübingen, gebührt das Verdienst, in seiner Veröffentlichung „Die Politische Klausel der Konkordate"[41], aus der auch die Zitate entnommen wurden, den „Fall Aachen" in die wissenschaftliche Literatur zum Konkordatsrecht eingeführt zu haben. Zuvor bat er Dechant Holtmann um die Erlaubnis, dessen Name nennen zu dürfen. Er schrieb ihm am 9. Oktober 1948 u. a.: „. . . Es wird Ihnen bekannt sein, daß das Aachener Kapitel Sie erwählt und Ihren Namen der Reichsregierung notifiziert hatte. Diese hat alsdann über den Oberpräsidenten, den Stellvertreter des Führers und die Gestapo Erkundigungen eingezogen, die dazu führten, daß die Reichsregierung gegen Ihre Person Bedenken äußerte . . ."[42] Im Antwortbrief Holtmanns vom 14. Oktober 1948 heißt es u. a.: „. . . daß ich offiziell nichts von meiner Wahl weiß. Die Kapitulare von Aachen waren ja durch Amtseid zum Schweigen verpflichtet. Lediglich Andeutungen von Kardinal Schulte, dem Bischof von Münster und vom hiesigen Rathaus sind mir bekannt. Der Einspruch der Regierung war mir damals eine Beruhigung, das einzige Gute, wofür ich der Partei hätte dankbar sein müssen . . . Daß die Regierung mich ablehnte, weil ich entschiedener Gegner des Nazismus war, dürfte mir nur zur Ehre gereichen ..." Mit der Nennung seines Namens erklärte Holtmann sich in einem weiteren Schreiben an J. H. Kaiser einverstanden, der sich bei ihm mit Brief vom 19. November 1948 bedankte und schrieb: „. . . Es ist dieser Vorgang ein rühmliches Kapitel der Geschichte des Abwehrkampfes der katholischen Kirche gegen den nationalsozialistischen Staat, das es verdient, einer größeren Öffentlichkeit zugänglich gemacht zu werden . . ."[43]

Diese Ausführungen fußen – mit Ausnahme der zitierten Briefstellen – auf der erwähnten Veröffentlichung von Kaiser; dort wurden auch die nachstehend wiedergegebenen Dokumente entnommen:

Das Kathedral-Kapitel Aachen, den 20. Dez. 1937.

„Ew. Exzellenz

beehren wir uns sehr ergebenst davon in Kenntnis zu setzen, daß das Domkapitel in Aachen in seiner Sitzung vom 18. Dezember gemäß Art. 6 der Bestimmungen der zwischen Preußen und dem Apostolischen Stuhle am 14. Juni 1929 getroffenen Vereinbarung den Herrn Wilhelm Holtmann, Pfarrer in Kevelaer, zum Bischof der Diözese Aachen gewählt hat. Da dem Kapitel die Pflicht obliegt, festzustellen, ob seitens der Regierung Bedenken politischer Art gegen den Gewählten nicht bestehen, bitten wir sehr ergebenst um gefällige Rückäußerung.

Das Domkapitel
gez. Dr. Sträter
Dompropst

An Seine Exzellenz
den Herrn Reichs- und Preuß. Minister
für die kirchlichen Angelegenheiten
Berlin

Berlin, den 5. Januar 1938

Der Reichs- und Preuß. Minister
für die kirchlichen Angelegenheiten
G II 0003/0001/38
An das
Kathedral-Kapitel
in Aachen

Auf das Schreiben vom 20. Dez. v. J. teile ich erg. mit, daß der Pfarrer Wilhelm Holtmann in Kevelaer wegen seiner Einstellung zum heutigen Staat politisch nicht genehm ist. Seine Ernennung zum Bischof von Aachen müßte ich als einen unfreundlichen Akt gegenüber der Staatsregierung ansehen.

I. V.
gez. Unterschrift

Bischof Clemens August von Galen am Eingang des Priesterhauses in Kevelaer, September 1941

Bischof Clemens August Graf von Galen und Kevelaer

In der voraufgehenden Chronik der Ereignisse von 1933 – 1945 tritt die innige Verbundenheit des Bischofs mit der Gnadenstätte und dem Gnadenbild der „Consolatrix Afflictorum" zu Kevelaer anschaulich hervor. Sie wird aber auch deutlich in seiner häufigen Anwesenheit. Der Bischof kam gerne nach Kevelaer, wie er selbst in seinem Brief vom 24. November 1933 schreibt; dazu mag auch sein vertrauensvolles Verhältnis zum Pfarrer und Dechanten Wilhelm Holtmann beigetragen haben. Dieser hatte 1934 im neuerbauten Flügel des Priesterhauses an der ruhigen Gartenseite ein Bischofszimmer einrichten lassen. Da Holtmann einen praktischen Sinn hatte, ließ er eigens für das Bischofszimmer ein Bett mit 2,35 m Länge herrichten. (Die Körpergröße des Bischofs maß 2,06 m.) Der Bischof sollte nach anstrengenden Reisen und Diensten sich wohl fühlen im Hause und erholsame Nachtruhe haben. Ein schönes Zeichen aufmerksamer Gastfreundschaft!

Die nachstehende Übersicht, nach den angegebenen Quellen erstellt, weist von September 1933 bis September 1945 28 Aufenthalte des Bischofs in Kevelaer nach:

9./10. 9. 1933	Der Pfarrer von St. Lamberti, Clemens August Graf von Galen, leitete die Münsterische Wallfahrt. 31.8.: durch Nuntius Orsenigo über seine Wahl zum Bischof unterrichtet. 5. 9.: Ernennungsurkunden für Bischof und Domkapi-	Löffler* S. 2

	tel. Bei der Rückkehr aus Kevelaer am 11.9. fand v. Galen die Ernennungsurkunde vor. 12. 9.: Bekanntgabe der Ernennung zum Bischof von Münster.	
20./21. 2. 1934	Erster offizieller Besuch	Chronik*, Gästebuch*, Löffler (datiert 17. 2)
9./10. 9. 1934	Wallfahrt der Marianischen Jungfrauen-Kongregation und Münsterische Wallfahrt. 9. 9. Predigt, Ansprache. 10. 9. Pontifikalamt	Chronik, Löffler
Im Sept. 1935	„Bischof gerade anwesend", begrüßte Pilgergruppe aus Berlin	Chronik
18./19. 11. 1935	Kevelaerer Bischofskonveniat. Teilnahme an Elisabethfeier der Pfarrgemeinde	Chronik, Löffler, Volk*
30. 3. 1936	Kevelaerer Bischofskonveniat	Volk, v.Galen (s. Löffler S. 448)
8. 6. 1936	Kevelaerer Bischofskonveniat	Volk, v.Galen (s. Löffler S. 448)
30. 8. 1936	Wallfahrt Münster	Chronik, (Löffler, datiert 8. 9.)
9./10. 11. 1936	Kevelaerer Bischofskonveniat	Chronik, Gästebuch, Volk
15. 2. 1937	Kevelaerer Bischofskonveniat	Volk
9. 4. 1937	Kevelaerer Bischofskonveniat	Volk
19. 9. 1937	Wallfahrt Münster	Löffler
25. 10. 1937	Kevelaerer Bischofskonveniat. Ernennung des Pfarrers W. Holtmann zum Dechanten, Urkunde persönlich überreicht	Chronik, Volk
31. 1. 1938	Kevelaerer Bischofskonveniat	Löffler, Volk
13./14. 6. 1938	Kevelaerer Bischofskonveniat. Bischof zu Pfr. Holtmann: „Ich hätte es doch gerne gesehen!" (wenn Holtmann Bischof von Aachen geworden wäre)	Chronik, Gästebuch, Volk
28./29. 11. 1938	Kevelaerer Bischofskonveniat	Chronik, Gästebuch, Löffler, Volk
27./28. 3. 1939	Kevelaerer Bischofskonveniat	Chronik, Gästebuch, Löffler, Volk
5./6. 6. 1939	Kevelaerer Bischofskonveniat	Chronik, Gästebuch, Volk
11. 3. 1940	Konferenz mit Dechanten des Niederrheins	Chronik
27./28. 3.1940	Kevelaerer Bischofskonveniat	Chronik, Gästebuch, Löffler, Volk
6./7. 11. 1940	Kevelaerer Bischofskonveniat	Chronik, Gästebuch, Löffler, Volk
3./4. 3. 1941	Kevelaerer Bischofskonveniat	Chronik, Löffler, Volk
8.-15. 9. 1941	Firmung im Dekanat Kevelaer. 14. 9. Pontifikalamt, Firmerneuerung und Predigt (Gestapo: „tendenziös-aufgemachte Predigt"[44])	Chronik, Löffler
16.-19. 9. 1941	Teilnahme an Priesterexerzitien	Chronik, Löffler

22.-24. 2. 1942	Kevelaerer Bischofskonveniat	Chronik, Gästebuch, Löffler, Volk
6.-8. 6. 1942	Pontifikalamt zur Eröffnung des 300-jährigen Wallfahrts-Jubiläums, Andacht und Predigt (7. 6.)	Chronik, Gästebuch, Löffler
18./19. 11. 1942	Kevelaerer Bischofskonveniat (letztmals in Kevelaer)	Chronik, Löffler, Volk
11./12. 9. 1943	Persönliche Wallfahrt, Pontifikalamt, Andacht und Predigt	Chronik, Gästebuch, Löffler
12.-15. 9.1945	Visitation der niederrheinischen Dekanate (tägliche Reisen von Kevelaer aus, begleitet von Dechant W. Holtmann und Regens Francken)	Chronik,Löffler

* P. Löffler [Bearb.]: Galen, Clemens August von: Akten, Briefe und Predigten, 1933–1946. Bd. I Veröffentlichungen der Kommission für Zeitgeschichte, Reihe A, Quellen. Bd. 42. Mainz 1988. S. LXXX–XCVI.– Chronik der Wallfahrt und des Oratoriums Kevelaer. Archiv Priesterhaus. – Gästebuch ebd. – L. Volk [Bearb.]: Akten deutscher Bischöfe über die Lage der Kirche 1933–1945, VI: 1943–1945. Veröffentlichungen der Kommission für Zeitgeschichte Reihe A, Quellen. Bd. 38. Mainz 1985. S. XXVIII – XXIX.

Die Zuneigung des Bischofs zu Kevelaer dürfen wir auch darin erkennen, daß im Jubiläumsjahr 1942 auf seine Bitte hin Papst Pius XII. die alljährliche Feier des Festes der „Trösterin der Betrübten" im ganzen Bistum Münster gestattete; es wird seitdem am Samstag in der Oktav von Christi Himmelfahrt begangen. In seinem Testament vermachte der Bischof dem Marienwallfahrtsort Kevelaer sein persönliches „Missale Romanum", ein Geschenk seines Taufpaten Clemens Heidenreich Graf Droste zu Vischering und dessen Gemahlin Helena, geb. von Galen (zur Priesterweihe 1904); es wird als kostbare Erinnerung aufbewahrt an diesen großen Bischof († 22. März 1946).

Das persönliche „Missale Romanum", Geschenk des Bischofs Clemens August vo[n] Galen an den Marien-Wallfahrtsort Kevelaer

Kardinal Joseph Frings sagte in seiner Trauerpredigt am 28. März 1946 über ihn: „Vor den Menschen ein Held, vor Gott ein Kind . . ."

Bischof Clemens August war ein kindlich frommer, tiefer Beter. Als Ministrant habe ich dem Bischof zwischen 1934 und 1937 in Kevelaer oft dienen dürfen, bei der stillen hl. Messe, die er gerne in der Gnadenkapelle las oder am Seitenaltar im Marienchor der Basilika und auch an deren Hauptaltar, sowie auch beim feierlichen Pontifikalamt. Außer seiner tiefen Andacht bei jedem Gottesdienst ist mir ganz besonders das Bild des betenden Bischofs bei der anschließenden Danksagung in lebendiger Erinnerung geblieben. Wenn ein anderer Bischof nach ihm in der Gnadenkapelle zelebrierte, kniete er mitbetend seitlich rechts vom Altar. Gerne verweilte er lange betend aber auch im Marienchor mit dem Blick auf den Hauptaltar der Basilika. Dieses Bild des betenden Bischofs hat sich mir als Kind beispielhaft eingeprägt und tritt zuweilen noch heute vor mein geistiges Auge.

„Kevelaerer Bischofskonveniat"

Unter diesem Begriff werden in den „Akten deutscher Bischöfe über die Lage der Kirche 1933 – 1945" die Protokolle der „Konferenzen der Bischöfe der Kölner und Paderborner Kirchenprovinzen" dokumentarisch wiedergegeben.[45] Von 1934 – 1944 fanden 29 Konferenzen der westdeutschen Bischöfe statt, davon 17 in Kevelaer (November 1935 – November 1942). Zu den beiden Kirchenprovinzen gehören folgende 9 Bistümer: Erzbistum Köln, Bistümer Aachen, Limburg, Münster, Osnabrück, Trier[46]; Erzbistum Paderborn, Bistümer Fulda und Hildesheim. Gastteilnehmer der Kevelaerer Konferenzen waren gelegentlich die Bischöfe von Berlin, Mainz und Meißen sowie der Leiter des Commissariats der Fuldaer Bischofskonferenz in Berlin. Andere Tagungsorte waren: Bensberg, Paderborn, Köln, Bonn, Honnef und Fulda.

Der Erzbischof von Köln, Kardinal Carl Joseph Schulte, hatte als Vorsitzender die Westdeutsche Bischofskonferenz (anfangs als Konferenz der Bischöfe der Kölner Kirchenprovinz) 1934 ins Leben gerufen. Die Wahl Kevelaers als Tagungsort mag in seinem engen Verhältnis zum Wallfahrtsort begründet gewesen sein, doch ist es auch denkbar, daß eine Anregung des Bischofs Clemens August von Galen dazu den Anstoß gab. Die Beschaulichkeit des Ortes und die Gastlichkeit des Kevelaerer Priesterhauses mögen die häufige Einberufung der Konferenz nach Kevelaer gefördert haben. Als herausragendes Motiv darf indes als sicher gelten, daß die Bischöfe ihre Zusammenkünfte an einer Gnadenstätte unter den Schutz der Gottesmutter stellen wollten.

Der Termin der Konferenzen wurde nie veröffentlicht, und doch sprach sich in Kevelaer und Umgebung rasch herum: Die Bischöfe sind wieder hier! Man sah sie auf dem Kapellenplatz, und sie feierten die Messe in der Gnadenkapelle oder in der Basilika. Viele Gläubige nahmen stets während der Tagungen an einer Bischofsmesse teil.

Die Konferenzen dienten der Aussprache über die Lage der Kirche im nationalsozialistischen Staat und wie den zunehmenden kirchenfeindlichen Maßnahmen des Staates zu begegnen sei; es wurden seelsorgliche, gottesdienstliche und sonstige innerkirchliche Fragen besprochen; die Fuldaer Bischofskonferenzen wurden vorbereitet und deren Ergebnisse beraten; gemeinsame Hirtenbriefe zu aktuellen Themen wurden entworfen und beschlossen. Die nachfolgende kleine Auswahl aus einer Fülle der in Kevelaer beratenen Themen läßt schon die hohe Bedeutung dieser Konferenzen für die ganze Kirche Deutschlands erkennen.

Der Erzbischof von Breslau, Kardinal Adolf Bertram, Vorsitzender der Fuldaer Bischofskonferenz, schrieb am 25. März 1936 darüber: „Die Provinzialkonferenzen fortzusetzen, ist dringend wünschenswert, ebenso die Mitteilung ihrer Ergebnisse an alle Diözesanoberen Deutschlands", und am 5. November 1942: „. . . Es hat sich bewährt, wenn benachbarte Kirchenprovinzen zu gemeinsamem Konveniat sich vereinigen. Ich denke an die inhaltreichen Niederschriften der Kevelaerer Konveniat-Verhandlungen und der Bayerischen Bischofstagungen."[45]

Beratungs-Themen in Kevelaer u. a.:

18. November 1935: Konstituierung des Zentralrates der Katholischen Aktion. Jugendseelsorge in Stadt und Land.

30. März 1936: Entwürfe zu Richtlinien der Jugendseelsorge und zu einem Hirtenwort an die Jugend. Katholische Aktion in Deutschland und katholische Vereine, Laienapostolat.

8. Juni 1936: Schulfragen. Abwehr des weltanschaulichen Kampfes gegen Kirche und Christentum.

9./10. November 1936: Außerschulischer Religionsunterricht. Kirchenpresse. „Katechismuswahrheiten". Hirtenwort zur kirchenpolitischen Lage.

15. Februar 1937: Seelsorgliche Maßnahmen gegen die NS-Propaganda für den Austritt aus der Kirche.

9. April 1937: Kirchenpolitische Lage nach der Enzyklika Papst Pius' XI.: „Mit brennender Sorge".

25. Oktober 1937: Leitsätze zum schulplanmäßigen Religionsunterricht. Leitsätze zur Kinderseelsorge. Richtlinien zur Ausbildung von Laienkatecheten.

31. Januar 1938: Jugendseelsorge und religiöse Betreuung der Jugend. Öffentliche Gebete in der Kirche für alle, die um ihres Glaubens willen Leiden und Verfolgungen zu ertragen haben.

13. Juni 1938: Zusammenarbeit des Episkopats. Kinderseelsorgsstunden.

28. November 1938: Männerseelsorge. Hilfswerk für die katholischen Nichtarier.

27. März 1939: Staatliche Gemeinschaftsschule.

5. Juni 1939: Einschränkungen des katholischen Schrifttums und der Kirchenpresse. Richtlinien für den Religionsunterricht an den Volksschulen.

27./28. März 1940: Frauen- und Jungfrauen-Seelsorge. Religionsunterricht an Volks-, Berufs- und höheren Schulen.

6./7. November 1940: Gefährdung der in den Anstalten untergebrachten Geisteskranken. Enteignung kirchlicher Anstalten.

3./4. März 1941: Abwehr polizeilicher und staatlicher Maßnahmen gegen Geistliche aus politischen Gründen. Veröffentlichung des Dekretes des Heiligen Stuhles über die Unerlaubtheit der Euthanasie. Hirtenwort zum Kindersonntag.

23./24. Februar 1942: Kirchenpolitische Lage. Seelsorge für die Ausländer in Deutschland.

18./19. November 1942: Verhältnis zwischen Kirche und Staat.

⋆

1933 – 1945, nur eine Phase in der über 500-jährigen Geschichte der Kirchengemeinde von Kevelaer und der 350-jährigen Geschichte der Marien-Wallfahrt, aber eine dunkle Zeit, ein tiefer Einschnitt. Dieser Bericht möchte vor dem Vergessen bewahren helfen und erinnern, wie auch die Gemeinde von Kevelaer mit dem Niederrhein das Opfer der „unmenschlichen Ziele einer verbrecherischen Führung" (Richard v. Weizsäcker) wurde.

Die Wallfahrtsbewegung schritt trotz der Störungen und Behinderungen bekennend durch jene Zeit, beobachtet und bespitzelt von den Organen eines totalitären Regimes[47], das ein Verbot der Wallfahrt *noch* nicht wagte.

Die Erinnerung macht uns frei, in die Zukunft hinein die eindringliche Mahnung des Apostels zu vernehmen: „Prüfet die Geister, ob sie aus Gott sind!" (1 Johannes 4,1).

Anmerkungen

[1] Chronik der Wallfahrt und des Oratoriums Kevelaer 1933–1950, Archiv-Nr. 1036.1. Pfarr- und Wallfahrtsarchiv Priesterhaus Kevelaer.

[2] J. D. Steinert, Kevelaer. Eine niederrheinische Region zwischen Kaiserreich und Drittem Reich. Kevelaer 1988. (Kapitel: Nationalsozialismus auf dem Lande; Der Zweite Weltkrieg.)

[3] Das „Gesetz zur Behebung der Not von Volk und Reich", später „Ermächtigungsgesetz" genannt, gab der Reichsregierung unter Hitler Vollmachten, die mißbraucht wurden. Es war der Anfang vom Ende der jungen deutschen Demokratie.

[4] Zitiert nach: „Katholische Kirche und NS-Staat". Hrsgg. von M. Kringels-Kemen u. L. Lemhöfer. Frankfurt 1981, S. 19.

[5] Das sog. Reichskonkordat sollte der katholischen Kirche im neuen Staat ihre Rechte vertraglich sichern. Hitler verband mit dem Vertrag rein politische Zwecke und hielt ihn nur, solange er ihm nützlich war.

[6] Weltanschauung, nach der alles aus der Natur und diese allein aus sich selbst erklärbar sei (Duden Bd. 5, Mannheim 1971).

[7] Akten deutscher Bischöfe über die Lage der Kirche 1933 – 1945. Veröffentlichungen der Kommission für Zeitgeschichte. Reihe A: Quellen. I: 1933 – 1934. Bearb. v. B. Stasiewski. Bd. 5. Nr. 14a. Mainz 1968.

[8] dsgl. Nr. 45

[9] Dechant des Dekanates Kevelaer war bis 1937 der Pfarrer von Wetten, Anton Krimphove.

[10] „Gesetz zur Verhütung erbkranken Nachwuchses" v. 14. Juli 1933/26. Juni 1935.

[11] P. Löffler datiert diesen Besuch am 8. September 1936 in P. Löffler (Bearb.): Galen, Clemens August von: Akten, Briefe und Predigten 1933–1946. Bd. I. Veröffentlichungen der Kommission für Zeitgeschichte, Reihe A, Quellen. Bd. 42. Mainz 1988, S. CII, 447. (nachfolgend Löffler I genannt).

[12] Löffler I. Dokument 190, S. 447 ff. Wiedergabe der vollständigen Ansprache.

[13] „Das Schwarze Korps", Wochenzeitung der Schutzstaffeln der NSDAP, Organ der Reichsführung SS, Auflage über 500 000.

[14] Das Verbot erfolgte wegen angeblicher „Bereicherung des Pilgerkomitées zum Schaden pilgernder Volksgenossen".

[15] s. Dokumente im besonderen Kapitel dieses Beitrages.

[16] s. Dokument Nr. 274 in P. Löffler (Bearb.): Galen, Clemens August von: Akten, Briefe und Predigten: 1933–1946. Bd. II. Mainz 1988. S. 699 ff. (nachfolgend Löffler II genannt).

[17] „Mutterkreuz" = „Ehrenkreuz der Deutschen Mutter", 1938 von Hitler gestiftet, verliehen in Bronze bei 4 u. 5, Silber bei 6 u. 7, Gold bei mind. 8 Kindern.

[18] s. Löffler II Nr. 333, S. 843 ff.

[19] s. Löffler II, Predigt v. 20. 7. 1941, Nr. 336, S. 855 ff.; Predigt v. 3. 8. 1941, Nr. 341, S. 874 ff.

[20] Vgl. F. Meyers, Junge Kevelaerer protestierten, als die Partei 1941 Bischof Clemens August angriff. In: Geldrischer Heimatkalender 1982, S. 127–136.

[21] Jahrg. LXXVI, Nr. 8, 20. 4. 1942, Art. 59, S. 57–60.

[22] Empfangsbescheinigung der Reichsstelle für Metalle, Geldern (Kreishandwerkerschaft) v. 18. 6. 1942 für 10 Glocken: 1: Pfarrkirche St. Antonius, 6: Basilika, 2: Kerzenkapelle, 1: Klarissenkirche. Die Metallhütte Kall bestätigte am 1. 2. 1948 das Einschmelzen von 9 Glocken. „Eine 10. kleinere Glocke [der Pfarrkirche St. Antonius v. 1631] erhielten wir im Jahre 1947 aus Hamburg zurück."

[23] s. Löffler II Nr. 369, S. 949 ff.

[24] Angehörige der mit Rom unierten Ukrainisch-katholischen Kirche des byzantinischen Ritus und orthodoxe Christen.

[25] s. Löffler II Nr. 387, S. 994 ff.

[26] s. Löffler II Nr. 440, S. 1093 f.

[27] E. Bensch, Wegmarken 1933 · 1945. Hrsgg. v. C. Riewerts. Vechta 1986 (s. Kapitel: In der Frontstadt).

[28] Nach einer Mitteilung von Pfarrer Gottfried Engels, Kapellen, vom 29. 2. 1960 waren kurz nach dem Einmarsch der Engländer etwa 1200 Einwohner in Kevelaer anwesend. Engels war von der Ortskommandantur beauftragt, mit Helfern die Zählung durchzuführen. Die Namen der Anwesenden mußten an den Türen angegeben werden. – Entgegen anderen Angaben waren zum gleichen Zeitpunkt auch 2 Priester in Kellern von Privathäusern nahe dem Kapellenplatz anwesend: Pfr. G. Engels und Kaplan Johannes Real (Mitteilung Engels vom 29. 2. 1960).

[29] H. Bosch, Der Zweite Weltkrieg zwischen Rhein und Maas. Dokumente der Kriegsereignisse im Kreise Geldern 1939 – 1945. Geldern 1970, S. 245.

[30] Bistumsarchiv Münster, Bischöfliches Sekretariat, 0–32.

[31] Gaillagos südwestlich Lourdes gelegen

[32] H. Bosch, Der Zweite Weltkrieg zwischen Rhein und Maas. Geldern 1970.

[33] Bosch S. 7, 246

[34] Rheinische Post, Geldern, vom 6. 3. 1969

[35] Rheinische Post, Geldern, vom 26. 11. 1986

[36] Brief an W. Michels, Kleve v. 23. 2. 1965

[37] Brief an Verf. v. 3. 7. 1990

[38] Steinert S. 310

[39] Schreiben Reichs- und Preuß. Minister für die kirchlichen Angelegenheiten, Berlin, 5. 1. 1938, an Kathedral-Kapitel in Aachen.

[40] Oberpräsident der Rheinprovinz, Koblenz, 31.12.1937 an Reichs- u. Preuß. Minister f. d. kirchl. Angelegenheiten, Berlin.

[41] J. H. Kaiser, Die Politische Klausel der Konkordate. Verlag Duncker & Humblot, Berlin-München 1949.
[42] Briefzitate mit freundlicher Erlaubnis von Prof. Dr. jur. Dr. rer. pol. h. c. Joseph H. Kaiser, Freiburg/Staufen.
[43] Vgl. auch: F. Meyers, Hüter unter dem Hakenkreuz. Zwei Episoden aus dem Leben des Dechanten Wilhelm Holtmann. In: Geldrischer Heimatkalender 1983, S. 65-71.
[44] Steinert S. 344
[45] Akten deutscher Bischöfe über die Lage der Kirche 1933 – 1945. Veröffentlichungen der Kommission für Zeitgeschichte. Reihe A: Quellen. III: 1935 – 1936. Bearb. v. B. Stasiewski. Bd. 25. Mainz 1979. IV: 1936 – 1939. Bearb. v. L. Volk. Bd. 30. Mainz 1981. V: 1940 – 1942. Bearb. v. L. Volk. Bd. 34. Mainz 1983. VI: 1943 – 1945. Bearb. v. L. Volk. Bd. 38. Mainz 1985. (Die Bd. VI S. XXVIII unter Kevelaer aufgeführten Konferenzorte 1934/II und 1935/III waren Bensberg, 1941/VI Paderborn.)
[46] Das Bistum Essen wurde erst 1958 gegründet, es gehört zur Kirchenprovinz Köln.
[47] Steinert a. a. O.
H. Boberach, [Bearb.]: Berichte des SD und der Gestapo über Kirchen und Kirchenvolk in Deutschland 1934 – 1944. Veröffentlichungen der Kommission für Zeitgeschichte. Reihe A: Quellen. Bd. 12, Mainz 1971. S. 313, S. 699.

Herrn Dr. Peter Löffler im Bistumsarchiv Münster danke ich für Hinweise und für die Durchsicht des Manuskriptes.

Benutzte Quellen
(soweit nicht in Anmerkungen enthalten)

Portmann, Heinrich, Der Bischof von Münster. Das Echo eines Kampfes für Gottesrecht und Menschenrecht. 52. Tsd. Münster 1947.
Otto, Bertram, 100 Jahre Nacht und Tag. Geschichte des deutschen Katholizismus zwischen 1868 und 1968. Bonn 1968.

Abkürzungen

Gestapo: Geheime Staatspolizei
NSDAP: Nationalsozialistische Deutsche Arbeiterpartei
SA: Sturmabteilung
SD: Sicherheitsdienst
SS: Schutzstaffel

Georteter Glaube

Gunther Maria Michel

Der Besuch Papst Johannes Pauls II. am 2. Mai 1987 in Kevelaer

Päpste, die nach Deutschland kamen

Johannes Paul II. ist der sechste von allen Päpsten, die jemals Deutschland besucht haben. Vor ihm sind nur Leo III. (795–816), Benedikt VIII. (1012–1024), Leo IX. (1048–1054), Eugen III. (1145–1153) und Pius VI. (1775–1799) nach Deutschland gekommen.[1]

Der erste Papst, der an den Niederrhein kam, war Papst Leo IX. Im Jahre 1049 besuchte er seine Nichte, die hl. Irmgardis, die Gräfin von Aspel bei Rees (Kreis Kleve) war.[2]

Zum zweiten Mal bei der geliebten deutschen Nation

Vom 15. bis 19. November 1980 stattete Papst Johannes Paul II. Deutschland seinen ersten Pastoralbesuch ab. „Mit Freude", so sagte er beim Angelus am 10. August jenes Jahres, „folge ich mit dieser Reise den Einladungen, die von der Deutschen Bischofskonferenz und von den höchsten staatlichen Autoritäten dieser großen Nation an mich gerichtet wurden. Mit meiner apostolischen Reise möchte ich, auch wenn ich nur einige wichtige Orte berühren kann, die ganze geliebte deutsche Nation ehren, die so eng mit der Geschichte der Kirche verbunden und zutiefst in der christlichen Tradition verwurzelt ist . . .".[3]

Die 34. Auslandsreise des Papstes vom 30. April bis 4. Mai 1987 war sein zweiter Pastoralbesuch in Deutschland. Hatte der erste Besuch ihn nach Köln, Bonn, Osnabrück, Fulda, Mainz, Altötting und München geführt, so standen diesmal die Städte Köln, Münster, Kevelaer, Bottrop, Essen, Gelsenkirchen, München, Augsburg und Speyer auf dem Programm. Mit diesem Besuch des 264. Nachfolgers Petri kam zum ersten Mal ein Papst in das mehr als tausend Jahre alte Bistum Münster.[4]

Über den Zweck seiner Reise sagte Johannes Paul II. am 25. April 1987 im „Wort zum Sonntag" des Ersten Deutschen Fernsehens: „Ich komme als Nachfolger des Apostels Petrus, zu dem Jesus gesagt hat: Du Petrus, stärke deine Brüder! (Lk 22,32). Der Glaube, den wir von unseren Eltern empfangen haben, muß immer neu gestärkt werden. Auch der Nachfolger des hl. Petrus braucht für seinen Glauben, für seinen Dienst in der Kirche die Stärkung durch den Glauben der Gemeinde. Wenn ich zu Ihnen komme, wollen wir gemeinsam unseren Glauben bekennen."[5]

Kevelaer im Blickpunkt

Einige deutsche Bischöfe gingen auf den Besuch des Papstes in ihren Fastenhirtenbriefen ein. Der Bischof von Münster, Reinhard Lettmann: „Wir wollen dem Papst durch unsere lebendige Teilnahme zeigen, wie sehr wir uns freuen, daß er zu uns kommt, und daß wir bereit sind, ihn in seinem Amt zu stützen und zu tragen."[6]

Der bevorstehende Papstbesuch und der Marianisch-Mariologische Weltkongreß, zwei herausragende religiöse Ereignisse, hatten die Bundespost veranlaßt, ihnen und damit auch der Stadt Kevelaer ein Sonderpostwertzeichen zu widmen. Der Präsident der Oberpostdirektion Düsseldorf, Dr. Manfred Bänsch, stellte die Sondermarke als ‚kleines Kunstwerk mit großer Ausstrahlung' heraus: Sie sei in Form und Inhalt außergewöhnlich. Zum einen würden in einer geschlossenen Darstellung gleich zwei Geschehnisse bildlich und schriftlich präsentiert; zum anderen erscheine diese Briefmarke im Großformat. Darüber hinaus erhielt Kevelaer einen Sonderstempel. Diese Sondermarke erschien in einer Auflage von 30 Millionen und trug mit dazu bei, den Besuch des Papstes in der Bundesrepublik und den Marienwallfahrtsort Kevelaer weltweit bekanntzumachen.

Sondermarke der Deutsche Bundespost „Papst Johanne Paul II. in der Bundesrepub Deutschland, 17. Marianischer Kongreß, 10. Mariologischer Kongreß Kevelaer 1987" mit Sonderstempel vom 2. 5. 19

Willkommensgruß im Namen der Kevelaer-Pilger

Den größeren Kontext des Besuchs deutete der Gruß des Altbischofs von Hildesheim, Heinrich Maria Janssen, des ehemaligen Pfarrers von Kevelaer: „Der Willkommgruß, den wir dem Heiligen Vater beim Kommen nach Kevelaer entbieten, ist ein Gruß im Namen der Hunderttausende, die jährlich als Pilger nach Kevelaer kommen. Auch wenn Papst Johannes Paul II. nicht in unser Bistum Hildesheim kommt, wissen wir uns doch hineingenommen in sein Gebet. Die große Pilgergemeinde nach Kevelaer weiß sich dem Pilger aus Rom verbunden.

Papst Johannes Paul eröffnet die Wallfahrt für das ‚Marianische Jahr'. Er selbst führt die unübersehbare Pilgerschar an, die er besonders durch

Mit drei Hammerschlägen öffnete Papst Johannes Paul am 2. Mai 1987 das Pilgerportal der Marien-Basilika. „Öffnet die Tore unserem Erlöser Jesus Christus!"

seine neue Enzyklika ‚Redemptoris Mater' zur Gnadenstätte der ‚Consolatrix Afflictorum' eingeladen hat. Wir danken unserem Heiligen Vater für seine Pilgerfahrt nach Kevelaer. Wir danken ihm für das ‚Marianische Jahr', das er ausgerufen hat. Wir sagen ihm Dank für die Marien-Enzyklika und das so überzeugende Beispiel, das er aller Welt gibt als Bote des Friedens und Künder der Frohbotschaft."[7]

„In Kevelaer werde ich vor dem Gnadenbild beten"

Am Donnerstag, 30. April 1987, landete Papst Johannes Paul II. mit einem Sonderflugzeug der Alitalia auf dem Flughafen Köln/Bonn. Bei seiner Ansprache an die Deutsche Bischofskonferenz im Maternus-Haus zu

as Geschenk des Papstes an las Gnadenbild in Kevelaer, ein golden-elfenbeinerner Rosenkranz

Köln sagte Johannes Paul II. mit Blick auf seine bevorstehende Pilgerfahrt nach Kevelaer:

„Es bleiben wichtige Fragen, die auch durch meinen Besuch neu aufgeworfen werden: zum Beispiel die *Marienfrömmigkeit und die Heiligenverehrung.* Oft gibt mehr die Praxis als die Lehre der katholischen Kirche Anstoß für unsere getrennten Brüder und Schwestern. Echte Marien- und Heiligenverehrung kann und will aber der einzigen Mittlerschaft Jesu Christi keinen Abbruch tun, wie ich auch in der soeben erschienenen Enzyklika ‚Redemptoris Mater' deutlich hervorgehoben habe.

In Maria und den Heiligen hat das christliche Leben in der Nachfolge Jesu eine besonders dichte und überzeugende Ausformung gefunden. So liegt es nahe, daß wir uns an ihrem Leben ein *Beispiel* nehmen und, durch sie ermutigt, unseren Pilgerweg gehen. Damit nehmen wir ernst, was es bedeutet, daß in einer konkreten Person das Gnadengeschenk der Gotteskindschaft zur vollen Blüte gelangt ist und dieser heiligmäßige Mensch darum zur Fülle der ewigen Seligkeit zugelassen worden ist. Diese Überzeugung geht auch aus dem wichtigsten Bekenntnisdokument der lutherischen Kirche, der ‚Confessio Augustana', hervor. Dort heißt es zum Dienst der Heiligen: ‚Über die Verehrung der Heiligen wird von den Unseren gelehrt, daß man der Heiligen gedenken soll, damit unser Glaube dadurch gestärkt wird, daß wir sehen, wie ihnen Gnade widerfahren und ihnen durch den Glauben geholfen worden ist. Außerdem soll man sich an ihren guten Werken ein Beispiel nehmen, jeder für seinen Lebensbereich' (CA 21). Darüber hinaus rufen viele Christen Maria und die Heiligen vertrauensvoll auch um ihre *Fürbitte* an, ja sie erhoffen sich von ihnen vielfältige *Hilfe* bei Beschwerden und Bedrängnissen auf ihrem Pilgerweg. Wenn wir der Muttergottes und so vieler Heiligen Fürbitte und Hilfe zutrauen, bleiben sie für uns doch stets durchsichtig auf den einen und einzigen Mittler zwischen Gott und den Menschen, auf unseren Herrn Jesus Christus. Alles Wirken der Heiligen für uns hier auf Erden lebt aus ihrer seligen Nähe zu Gott, dem allmächtigen und barmherzigen Vater. Aus ihm und durch ihn und für ihn können auch sie uns beschenken. Alle konkreten Formen der Marienfrömmigkeit und der Heiligenverehrung müssen diese Glaubensgrundsätze beherzigen und im Vollzug deutlich werden lassen. Dann können auch sie durchaus zum ökumenischen Dialog und zur erhofften Einheit aller Christen beitragen.

Liebe Mitbrüder! Ich möchte diese unsere erste Begegnung zu Beginn meines Pastoralbesuches mit einem Hinweis auf *Maria*, die Königin der Heiligen, beschließen. In diesem Jahr findet in Kevelaer der *Marianische Weltkongreß* statt. Mögen daraus auch für eure Ortskirchen reiche geistliche Früchte erwachsen. In Kevelaer werde ich vor dem Gnadenbild der Gottesmutter beten und ihrer Fürbitte auch eueren bischöflichen Dienst und alle Begegnungen und gemeinsamen Feiern der kommenden Tage anvertrauen. Am Pfingstfest wird dann in Rom das Marianische Jahr eröffnet, das bis zum 15. August 1988 dauern soll. In diesem Jahr wollen wir besonders die christlichen Grundhaltungen einüben, die uns in Maria auf beispielhafte Weise begegnen: ihr Jawort zu Gottes unbegreiflichem Willen, ihr Dank für Gottes Führung, ihr Hören und Bewahren des Wortes Gottes, ihr Hinweis auf Jesus: ‚Was er euch sagt, das tut!' (Joh

Der Papst, der Bischof v
Münster und der Pastor v
Kevelaer St. Marien an d
Gnadenkape

CONSOLATRIX AFFLICT

2,5), ihr Ausharren unter dem Kreuz und ihre betende Gemeinschaft mit den Jüngern in der Erwartung des Heiligen Geistes. Maria führt uns durch die Gemeinschaft der Kirche zu ihrem Sohn und damit zum Ziel unseres christlichen Lebens, zur seligen Gemeinschaft mit Gott, die uns bereits in der Taufe geschenkt ist und in unserer Auferstehung vollendet wird.

Der Fürsprache Marias empfehle ich schließlich die Sendung der Kirche in eurem Land und in allen Ländern, unser Zeugnis für Christus und seine Wahrheit in der Welt von heute, auf daß unser Zeugesein immer glaubwürdiger werde. Euer bevorstehender *Adlimina-Besuch* wird es uns gestatten, die hier begonnenen Überlegungen fortzusetzen und noch weiter zu vertiefen. Von Herzen segne ich euch alle und unsere abwesenden Mitbrüder in der Liebe unseres Herrn Jesus Christus. Ihm sei Ehre und Dank in alle Ewigkeit!"[8]

Johannes Paul II. in Kevelaer

Am 2. Mai, gegen 8.50 Uhr tauchen die erwarteten fünf Hubschrauber des Bundesgrenzschutzes in V-Formation am Horizont auf und nähern sich mit dröhnenden Rotorblättern der Kevelaerer Innenstadt. Allenthalben beginnen die Menschen zu jubeln und zu winken.

Die Hubschrauber landen auf dem Sportplatz an der Kroatenstraße – zuerst die Hubschrauber mit der Papstdelegation, zuletzt der Hubschrauber Nr. 1, der den Papst und seinen Begleiter, Kardinal Höffner, trägt. Der rote Teppich wird ausgerollt. Dann öffnet sich die Tür des mit dem päpstlichen Wappen gekennzeichneten Hubschraubers, und Johannes Paul II., im weißen Gewand, steigt aus. Er lächelt und hebt die Hand zum Gruß. Bischof Lettmann steht neben der Treppe bereit, faßt den Papst bei der Hand und hilft ihm die Treppe herunter. Als ersten begrüßt der Gast den aus Kevelaer gebürtigen Regionalbischof Heinz Janssen, dem er freundschaftlich die Schulter klopft. Dann geht er zur receiving line. Dort warten Bürgermeister Karl Dingermann, Stadtdirektor Heinz Paal, Landrat Hans Pickers, Oberkreisdirektor Dr. Hans-Wilhelm Schneider und ein Ehepaar von der Vereinigung „Christus vincit" als Vertreter der Niederlande. Die Begrüßung ist fröhlich und herzlich. Mit einem „Grüß Gott!" reicht der Papst einem jeden die Hand, hört sich aufmerksam die Begrüßungsworte an und dankt auf deutsch mit kurzen Worten. Bürgermeister Dingermann sagt: „Heiliger Vater! Zeit und Worte reichen mit Sicherheit nicht, Ihnen das auszudrücken, was uns in dieser Stunde bewegt. In tiefer Verehrung und Hochachtung für Sie persönlich und Ihr hohes Amt darf ich Sie als Bürgermeister dieser Stadt am Gnadenort der ‚Consolatrix Afflictorum' in Anwesenheit der Repräsentanten des Kreises Kleve und des Herrn Stadtdirektors unserer Stadt begrüßen und mich in aller Namen für die Ehre Ihres Besuches bedanken. Wir erflehen im Gebet mit Ihnen auf die Fürsprache der heiligen Gottesmutter für Sie den Schutz und Segen des Allerhöchsten."[9]

Bei der Begrüßung des Ehepaares aus den Niederlanden sagt der Papst erfreut: „Aus Holland? Oh, schön! Seht, seht . . . Ich danke Ihnen."

Eine Blaskapelle spielt das Trio aus Beethovens Siebter, und die Glocken läuten. Der Papst und Bischof Lettmann steigen in das bereitstehende Fahrzeug und fahren in Kolonne zum Kapellenplatz. Die Wagenfolge besteht aus 23 Fahrzeugen. In ihnen fährt auch die päpstliche Delegation.

Folgende Personen begleiteten Papst Johannes Paul II. bei seinem Deutschlandbesuch:

Kardinal Agostino Casaroli, Staatssekretär und Präfekt des Rates für öffentliche Angelegenheiten der Kirche,

Erzbischof Eduardo Martinez Somalo, Substitut des Staatssekretariats,

Erzbischof Dino Monduzzi, Präfekt des Apostolischen Palastes,

Prälat Stanislaw Dziwisz, Päpstlicher Geheimsekretär,

Prälat Piero Marini, Päpstlicher Zeremonienmeister,

Prälat Emery Kabongo, Päpstlicher Sekretär, und die Prälaten Dr. Erwin Ender, Emil Tscherrig und Tadeusz Rakoczy vom Staatssekretariat,

Pater Roberto Tucci S. J., Organisator der Reise (Chef des Protokolls), des weiteren:

Pater Pasquale Borgomeo S. J., Generaldirektor Radio Vatikan, mit zwei Technikern,

Dr. Sergio Trasatti, Chefredakteur L'Osservatore Romano,

zwei Herren vom Vatikanischen Fernsehen, ein Herr von der Vatikanischen Presse und ein Photograph,

der Direktor der Sicherheit des Vatikans mit drei Mitarbeitern, ein Kapitän und ein Leutnant der Schweizer Garde,

der Leibarzt des Papstes und Direktor des päpstlichen Gesundheitswesens sowie

ein Adjutant der päpstlichen Kammer und ein Adjutant des Protokolls.

Gäste des päpstlichen Gefolges aus Rom:
Kardinal Joseph Ratzinger, Kardinal Augustinus Mayer und Bischof Paul Josef Cordes.

Apostolische Nuntiatur:
Erzbischof Dr. Josef Uhac und Prälat Dr. George Panikulam, Nuntiaturauditor.

Von der Deutschen Bischofskonferenz:

Kardinal Joseph Höffner, Erzbischof von Köln und Vorsitzender der Deutschen Bischofskonferenz,

Prälat Wilhelm Schätzler, Sekretär der Deutschen Bischofskonferenz,

Prälat Manfred Melzer, Geheimsekretär des Kardinals,

Herr Edgar Panholzer, Abteilungsleiter im Sekretariat der Deutschen Bischofskonferenz, und ein Berichterstatter der Katholischen Nachrichtenagentur Bonn.

Den Papst begleiteten weiterhin deutscherseits Dr. Erhard Holtermann, Gesandter, und zwei weitere Herren vom Protokoll des Auswärtigen Amtes, ein Dolmetscher (zeitweilig), ein Arzt sowie eine Reihe von Polizeibeamten für den Personen- und Kolonnenschutz und ein Sicherheitsbeauftragter der Diözese, in der sich der Papst jeweils aufhielt.

In Kevelaer wurde der Papst zusätzlich von folgenden kirchlichen Würdenträgern begleitet: Kardinal Adrianus Simonis von Utrecht, Kardinal Joachim Meisner von Berlin, Erzbischof Jean Hengen von Luxemburg, Bischof Dr. Reinhard Lettmann von Münster und von Bischöfen der in Deutschland vertretenen orthodoxen Kirchen.

„Der 23 000 Einwohner zählende Wallfahrtsort hat sich zu diesem historischen Tag herausgeputzt wie wohl keine andere deutsche Gemeinde im fünftägigen Besuchsprogramm des Papstes. Die Bürgersteige schmückt frisches Birkengrün, Tannengirlanden über den schmalen Straßen bilden einen grünen Himmel, Fähnchen am Fahrbahnrand markieren den Weg vom Hubschrauberlandeplatz an der Kroatenstraße zur Basilika, die Häuser sind in Stadt- und Kirchenfarben geflaggt. Über dem Haupteingang zum Stadion wölbt sich ein riesiger Torbogen mit päpstlichem Emblem.

Doch der Bischof von Rom empfängt diese Ehre, die ihm die bürgerliche Gemeinschaft einer Kleinstadt entgegenbringt, nicht greifbar nahe in einer offenen Kutsche, sondern in einem schußsicheren Spezialfahrzeug. Er ist nicht mehr, wie vor sieben Jahren beim ersten Deutschlandbesuch, der Heilige Vater ‚zum Anfassen', sondern ein von Anschlägen bedrohter Sicherheitsfaktor. Daher haben Kriminalisten tage- und nächtelang den Ort durchleuchtet, die Kanaldeckel versiegelt und die erwartungsfrohe Bevölkerung mit Verboten auf Abstand zurückgewiesen. Jetzt, da zum ersten Male in der 345jährigen Wallfahrtsgeschichte ein Oberhaupt der katholischen Kirche vor dem Gnadenbild knien wird, schirmen über 2 000 Polizisten den Gast auf dem Weg zum Zentrum ab. 1 500 Stahlrohrgitter halten die Zuschauer auf Distanz."[10]

Die Menschen längs den Straßen aber begrüßen den Papst mit freudigem Winken, Klatschen und Zurufen: „Viva il Papa".

„Sei gegrüßt, Jungfrau Maria"

Kurz nach neun Uhr hält das Papamobil vor den Eingangsstufen der Basilika. Unter dem Jubel der über 2 000 wartenden Gläubigen schreitet der Papst in Begleitung des Münsteraner Bischofs und des Hüters des Heiligtums Domkapitular Richard Schulte Staade die Stufen hinauf. Hier wendet sich der Papst den Gläubigen zu und hebt die rechte Hand zum Segensgruß. Dann wendet er sich um zum geschlossenen Portal, das mit einem herrlichen Blumenkranz geschmückt ist. Ein Kaplan öffnet das liturgische Buch. Der Papst ruft in lateinischer Sprache: „Aperite portas Salvatori Domino nostro Jesu Christo!" („Öffnet die Tore unserem Erlöser, dem Herrn Jesus Christus"). Benediktinerpater Radbert reicht von einem Kissen dem Papst einen Hammer. Der Papst ergreift den Hammer und schlägt dreimal mit je zwei Schlägen gegen das Pilgertor, das dann geöffnet wird. Die Wallfahrtszeit 1987 ist eröffnet.

Der Basilikachor auf dem Kapellenplatz intoniert nun die Worte, mit denen Jesus seine Kirche gegründet und Petrus und seine Nachfolger zu ihrem obersten Leiter eingesetzt hat: „Tu es Petrus, et super hanc petram aedificabo Ecclesiam meam; et portae inferi non praevalebunt adversum

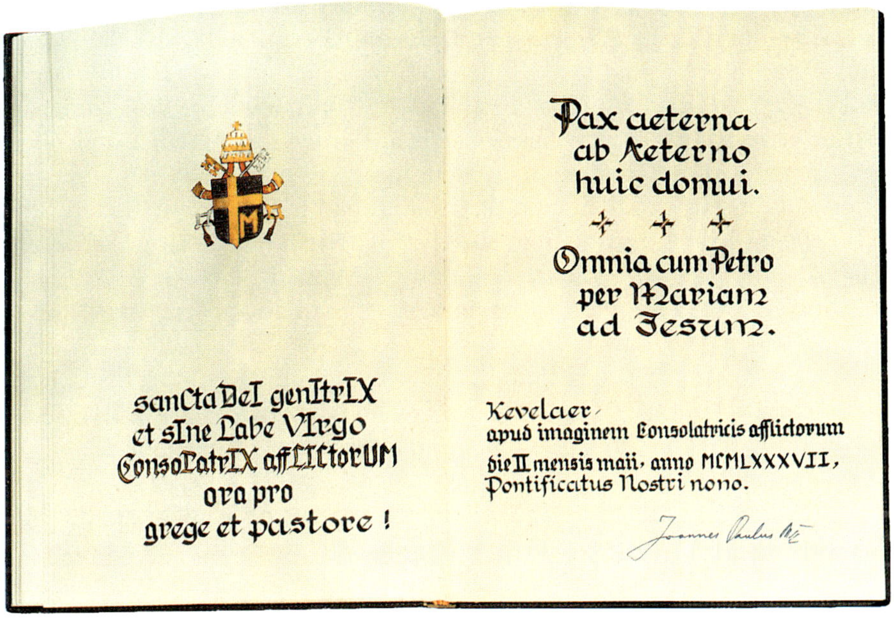

Ein Chronogramm hält die Erinnerung fest für alle Zukunft und bringt einen Wunsch des hohen Besuchers von bleibender Gültigkeit zum Ausdruck: „Heilige Gottesgebärerin und Jungfrau ohne Makel, Trösterin der Betrübten, bitte für Herde und Hirt."

eam" („Du bist Petrus, und auf diesen Felsen will ich meine Kirche bauen, und die Mächte der Unterwelt werden sie nicht überwältigen"; Mt 16,18). Beim ersten Blick durch das geöffnete Pilgerportal in das Innere der Basilika verharrt der Papst einen Augenblick und sagt spontan: „Wie schön!"[11] Dann tritt er ein. In der Basilika hält ein Diakon Weihwasser bereit. Er reicht es dem Rektor des Heiligtums, und dieser reicht es dem Papst. Der Papst bekreuzigt sich und geht zur Kniebank, die im Eingangsbereich für ihn vorbereitet ist. Er kniet nieder zur stillen Anbetung. Durch das Längsschiff der Basilika blickt er wieder nach vorne zum festlich beleuchteten Altarraum, wo im Tabernakel des Hochaltars das Allerheiligste aufbewahrt wird. Er sieht sich nicht um, nimmt das Blitzen der Fotografen nicht wahr. Den Kopf in beide Hände gestützt, ist er ins Gebet versunken. Zwischendurch schaut er auf, nimmt die Hände vor das Gesicht. Die Päpstliche Delegation kniet hinter ihm. Als sich nach etwa zwei Minuten Kardinal Höffner erhebt, steht auch der Papst auf. Noch einmal macht er eine Kniebeuge zum Allerheiligsten hin und wendet sich dann nach rechts, um Andachtsgegenstände zu segnen. Es sind die Faltkarten mit Mariengebeten für die mit heutigem Tag gegründete Betergemeinschaft der „Consolatrix Afflictorum", und es sind die Wunderbaren Medaillen, die im September während des Marianischen Kongresses von Mutter Teresa verteilt werden. Der Papst hebt beide Hände grüßend zu den Fotografen hin. Dann verläßt er die Basilika, flankiert vom Wallfahrtsrektor zu seiner Rechten und dem Diözesanbischof zu seiner Linken. Hinter ihm gehen der Regionalbischof Heinrich Janssen und der Hildesheimer Altbischof Heinrich Maria Janssen. Mit beiden Händen grüßend und segnend schreitet der Papst über den Platz zur Gnadenkapelle. Im Gehen wird ihm, gleichsam als Pilgermantel, eine rote Mozzetta übergeworfen. Die Schola singt jetzt „Ave, spes nostra . . .". An der Gnadenkapelle angekommen, entzündet der

Papst wie so viele Pilger vor ihm eine große Wallfahrtskerze und hängt daran das päpstliche Wappenschild. Bischof Lettmann weist den Papst zum Gnadenbild. Es ist festlich beleuchtet. Der Papst ist fast überrascht und sagt: „Das Gnadenbild ist ja ganz klein." Er macht eine Bewegung, als wollte er hingehen. Dann läßt er sich auf einer mit rotem Tuch überschlagenen Kniebank in knapper Entfernung vor dem Gnadenbild nieder. Bischof Lettmann und der Wallfahrtsleiter knien auf dem Boden. Die Schola verstummt, und auf dem Kapellenplatz tritt ehrfürchtige Stille ein.

Nach einer Pause spricht der Heilige Vater bedächtig, mit klarer Stimme sein Gebet vor dem Gnadenbild; es wird an anderer Stelle dieses Buches wiedergegeben.

Die Gläubigen klatschen Beifall, und der Heilige Vater fährt fort: „Jetzt wollen wir Maria so grüßen, wie der Engel Gabriel sie gegrüßt hat!" Der Papst und die Gläubigen beten gemeinsam das „Gegrüßet seist du, Maria".

Dann steht der Papst auf. Er geht zum Fenster der Gnadenkapelle. Mit der linken Hand an die Mauer gelehnt, blickt er zum Bild der „Trösterin der Betrübten". Er legt seine Weihegabe, einen golden-elfenbeinernen Rosenkranz, links auf die Fensterbank.[12] Dann sagt der Heilige Vater, an den Hüter des Heiligtums gewandt: „So ein kleines Bild, es ist wie das Senfkorn im Evangelium."[13]

Währenddessen hat die Gemeinde das Lied „Maria, breit den Mantel aus" angestimmt. Statt nun, wie im Programm vorgesehen, zum Goldenen Buch zu gehen, strebt der Papst, umschwärmt von besorgten Sicherheitsbeamten, den Menschen zu, die sich zwischen dem Priesterhaus und der Basilika drängen. Er segnet die Musikanten des Kirchenchors und -orchesters, die sich links vom Eingang des Priesterhauses aufgestellt haben, dann geht er die ganze rechte Seite entlang bis unter die Treppe der Basilika und begrüßt Priester, Ordensleute und Bürger von Kevelaer und außerhalb. Er ergreift Hände, die sich ihm auch aus hinteren Reihen entgegenstrecken. Einzeln begrüßt er die Mädchen und Jungen, die in ihren Erstkommunionkleidern in der ersten Reihe stehen. Einem Kind legt er behutsam die Hand auf den Kopf. Wohl kaum jemals konnte man in Kevelaer so viele glückstrahlende Gesichter sehen wie an diesem Morgen.

Dann erst geht der Papst an das Stehpult, neben dem der Bürgermeister und der Stadtdirektor warten, und trägt sich in das neue Goldene Buch der Stadt ein. Die Widmung, die er unterzeichnet, ist dem Psalm 122 entnommen und lautet:

„Stadt Kevelaer,
‚wer dich liebt, sei in dir geborgen,
Friede wohne in deinen Mauern,
in deinen Häusern Geborgenheit.
Wegen meiner Brüder und Freunde
will ich sagen: In dir sei Friede.
Wegen des Hauses des Herrn, unseres Gottes,
will ich dir Glück erflehen'
(Psalm 122, 6b-9)

Auf Mariens Fürsprache
werde vom Herrn euch zuteil
Leben, Gnade und Heil.
Joannes Paulus PP II

Kevelaer, beim Gnadenbild der ,Consolatrix Afflictorum',
den 2. Mai 1987, im neunten Jahr des Pontifikats"[14]

So ausgiebig Zeit hat sich der Papst für die Begegnung mit den Menschen genommen, daß er mit Verspätung in das Fahrzeug einsteigt. Wieder hebt der Papst die Hände zum Segensgruß, die Glocken beginnen zu läuten. Während er abfährt, singen die Gläubigen: „Großer Gott, wir loben dich."

Die Wagenkolonne mit dem Papst und seinem Gefolge fährt durch die Straßen der Stadt zur Laudes im Hülsparkstadion. An den Straßenrändern drängen sich die Menschen, die freundlich winken, weiß-gelbe Fähnchen schwenken und mit Zurufen den Gast aus Rom grüßen.

Nieselregen und ein Meer von Blüten

Lebendig und anschaulich ist in Zeitungsreportagen die Atmosphäre bei der Begegnung des Papstes mit den Menschen im Hülsparkstadion geschildert:

„Dies ist der schönste, der beglückendste, der unvergeßliche Augenblick: Als Papst Johannes Paul II. von seinem mit Panzerglas geschützten weißen Automobil aus den Menschen im weitläufigen Hülsparkstadion in Kevelaer zuwinkt, da strecken sich ihm 70 000 Hände entgegen. Jede Hand schwenkt einen kleinen Blumenstrauß: Gerbera und Lilien, Chrysanthemen, Gladiolen, Iris und Rosen. Der Papst fährt bei seinem Besuch am Niederrhein durch ein Meer von Blüten und löst eine Welle der Begeisterung aus. ,Grüß Gott und herzlich willkommen!', rufen ihm die Wartenden wie aus einem Munde zu. Und die deutsch-niederländische Glaubensgemeinschaft stimmt zur freudigen religiösen Begrüßung ein Kirchenlied an: ,Großer Gott, wir loben Dich' – ,Grote God, wij loven U'.

Sie kamen aus allen Pfarreien des Niederrheins, von Dinslaken bis Emmerich, von Moers bis Kleve, aus Westfalen und aus dem benachbarten Ausland und dokumentierten farbenprächtig und musikalisch das rege Leben in ihren Kirchengemeinden. Fast 200 Schützenbruderschaften haben Fahnenabordnungen entsandt, 270 Kolpingsfamilien bilden mit ihren Bannern Spalier, über 3 000 Mitglieder von 117 Kirchenchören stimmen gemeinsam das Gotteslob an. 1 300 Schützenbrüder sind in Uniformen zum Ordnungsdienst eingeteilt.

Die stärkste ausländische Besuchergruppe formen die Holländer. Mit 450 Bussen rollten 20 000 Niederländer an den Niederrhein, um ,Paus Johannes Paulus II', wie sie den Heiligen Vater in ihrer Landessprache nennen, zu sehen. Dafür haben sie einheitlich, gleich ob sie in dem grenznahen Arnheim oder im über 200 Kilometer entfernten Volendam abgefahren sind, 35 Gulden bezahlt. Dieser Preis schließt ein ,Kopje Koffie' unterwegs und ein Geschenk für den Papst mit ein.

Dunkle Regenwolken hängen über dem Hülsparkstadion, als der Papst die Stufen zum Altar emporschreitet, um mit den ihn bejubelnden Gläubigen das Morgenlob zu Ehren Marias zu feiern. Über 100 000 Frühlingsblüten aus den Gewächshäusern des Niederrheins schmücken den riesigen Aufbau, der in die Nische einer Dreifachturnhalle gezimmert worden ist. Zwanzig Floristen haben mit Maiglöckchen, Tulpen und Flieder, mit Azaleen, Hortensien und Usambara das Podest in leuchtende, ‚hängende Gärten' verwandelt. Den eindrucksvollen Hintergrund bildet ein zwei mal drei Meter großes Gnadenbild aus schwarzer Kordel auf weißem Markisenstoff, gemeinsam gestaltet von Buddhistinnen, Mohammedanerinnen sowie katholischen und evangelischen Christinnen . . ."[15]

Das Morgenlob in der ‚Gemeinschaft der Heiligen im Land an Rhein und Maas'

In schönem Zusammenklang singt nun der Chor mehrstimmig gemeinsam mit den Gläubigen: „Lobet den Herren, den mächtigen König der

Das „Kranenburger Kreuz", seit Jahrhunderten am Niederrhein verehrt, vor dem Bild der Consolatrix Afflictorum. Die Kordelstickereiarbeit wurde dem Gnadenbild nachempfunden

er Papst grüßt und dankt für den herzlichen Empfang bei der morgendlichen Marienfeier

Ehren . . .". Unterstützt von vier Priestern, legt der Papst die liturgischen Gewänder an. Dann wird ihm das Mikrofon gereicht. Der Papst ruft: „Gelobt sei Jesus Christus!", die Gemeinde antwortet: „In Ewigkeit. Amen." Der Papst nimmt auf seinem Sedile Platz, und der Bischof von Münster begrüßt ihn mit folgenden Worten:

„Heiliger Vater!

Im Namen all der vielen Tausenden, die hier versammelt sind, begrüße ich Sie an unserem Marienwallfahrtsort Kevelaer im Bistum Münster. Seit 350 Jahren wird die Gottesmutter hier angerufen als die Trösterin der Betrübten, die Consolatrix Afflictorum. Etwa 600 000 Pilger aus Deutschland und den Niederlanden, aus Belgien und Luxemburg und den übrigen benachbarten Ländern kommen jährlich hierher, um Maria zu grüßen und sie in allen Anliegen um ihre Hilfe zu bitten. Wir freuen uns, daß auch Sie heute in unserer Mitte sind; wir freuen uns, daß Sie mit uns jetzt als Pilger das Morgenlob halten. Herzlich willkommen!"

Nun leiten die Bläser die Laudes, das Morgenlob aus dem Stundengebet der Kirche, ein.

„Das Morgenlob wird gefeiert in der ‚Gemeinschaft der Heiligen im Land an Rhein und Maas'. Zu ihnen gehören als Säulen der Kirche in besonderer Weise: Viktor von Xanten, Willibrord von Utrecht, Liudger von Deventer, Petrus Canisius von Nimwegen, Irmgardis von Aspel, Norbert von Gennep/Xanten, Arnold Janssen von Goch/Steyl.

Ihre Reliquien halten uns diese Verbundenheit in Dankbarkeit vor Augen. Deshalb stehen am Altar:

Ein Reliquiar des heiligen Märtyrers Viktor von Xanten, der über die Straßen des Römischen Reiches als Christ im Dienst des heidnischen Kaisers das Zeugnis des Glaubens gegeben hat.

Das Morgenlob wurde in dre Sprachen gesungen: Latein, Deutsch und Niederländiscl

Die ‚Arche des heiligen Willibrord' (Emmerich um 1040), des großen Missionars an Rhein und Maas; ein kostbares Geschenk von Papst Sergius an den von ihm in Rom zum Bischof geweihten Willibrord, dessen Grab sich in Echternach (Luxemburg) befindet.

Ein Reliquiar des heiligen Liudger, des ersten Bischofs von Münster und Stifters der Abtei Werden (Essen).

Ein Reliquiar des heiligen Petrus Canisius, des ‚zweiten Apostels Deutschlands', der in schwerer Zeit durch Wort und Schrift den Glauben seines Volkes erneuerte. Sein Grab befindet sich in Freiburg (Schweiz) . . .

Auf dem Altar befindet sich das ‚Kranenburger Kreuz', seit Jahrhunderten am Niederrhein verehrt von Niederländern und Deutschen."[16]

Die Laudes im Hülsparkstadion wird in drei Sprachen gesungen: in Latein, Deutsch und Niederländisch.

Der Papst eröffnet sie mit den Worten: „Deus, in adiutorium meum intende".

Sie nehmen den normalen Verlauf von Eröffnung, Hymnus und Psalmen bzw. Canticum. Zur Lesung wird von der Lektorin der Evangelienabschnitt Joh 19,25–27 „Siehe, deine Mutter" aus der Kevelaer-Liturgie verlesen.

Nach dem Antwortgesang hält Papst Johannes Paul II. eine Predigt, deren Text in diesem Buch wiedergegeben wird.

Der Ansprache folgt ein kurzes Dankeswort von Bischof Lettmann.

Zum Benedictus legt der Papst Weihrauch ein und inzensiert, begleitet von Prälat Marini und Wallfahrtsleiter Schulte Staade, den Altar und das darauf stehende Kranenburger Kreuz. Nach dem letzten „Kyrie eleison" der Fürbitten leiten die Bläser das „Pater noster" ein, in das alle einstimmen. Dann singt der Papst die Oratio aus der Kevelaer-Messe an den Vater des Erbarmens und Gott allen Trostes mit der Bitte um Trost und Hilfe in allen Nöten. Auf die Bitte des Bischofs spendet der Papst den Segen des dreifaltigen Gottes. Nach dem Schlußgesang des „Salve, Regina" legt der Papst die liturgischen Gewänder ab, und die rote Mozetta wird ihm wieder übergelegt. Dann steigt er die Stufen der Tribüne hinab. Ein Seminarist aus dem holländischen Priesterseminar „Rolduc" in Kerkrade hält ihm den Regenschirm. Auch jetzt läßt der Heilige Vater es sich nicht nehmen, liebevoll die Behinderten zu begrüßen, die im Rollstuhl das Morgenlob mitgebetet und mitgesungen haben. Von einem Moderator angefeuert, ruft die Gemeinde: „Auf Wiedersehen in Kevelaer!" Unter den Klängen des Marienliedes „Wunderschön prächtige . . ." verläßt der Papst mit seinen Begleitern in der Wagenkolonne das Gelände. Wenige Minuten später entschwinden die Hubschrauber am östlichen Horizont.

Hineingenommen in die Gemeinschaft der Glaubenden

Wie hat der Papst auf die Menschen gewirkt?

„Einige Menschen weinen, einige jubeln, einige sitzen andächtig, voller Ruhe auf ihrem Papphocker. Für sehr viele, das sieht man ihnen deutlich an, ist das hautnahe Beisammensein mit dem Papst ein inneres Erlebnis, das sie aufwühlt, erfahrener macht, vielleicht sogar ein bißchen sicherer macht auf ihrem alltäglichen Lebensweg bei der Arbeit, in der Schule und in der Familie.

Einige Menschen sprechen von Dankbarkeit, daß sie den Papst erleben durften, daß sie von ihm angeregt wurden.

Andere stellen erstaunt fest, daß der Besuch des Heiligen Vaters sie doch stärker in den Bann gezogen hat, als sie es vermutet hatten: Sie waren als Schaulustige gekommen, hatten sich gesagt, ‚ein König war auch schon in Kevelaer; jetzt kommt der Papst, okay, gehen wir mal gucken, was der zu bieten hat – ein Spektakel kriegen wir allemal zu sehen'.

Und dann sind sie überrascht, daß er etwas zu bieten hat, daß er Ausstrahlung hat, daß ihr Herz klopft, als er – auch – zu ihnen spricht. Einer sagt es hinterher deutlich: ‚Irgendwie fühlte ich mich hineingenommen in diese Gemeinschaft'.

Wieder andere sprechen von dem höchsten Glück, das ihnen bisher zuteil wurde. Und eines kristallisiert sich heraus:

Das, was manchem vorher im Kopf nicht klar geworden war, wurde jetzt zumindest gefühlsmäßig deutlich erlebt:

Auch die Gemeinschaft der Glaubenden."[17]

Begegnung des Papstes mit den Bischöfen der orthodoxe Kirche, Erzbischof Augoustinos aus Griechenland, dem Vertreter des Ökumenischen Patriarchats von Konstantinopel, Erzbischof Longin, dem Vertreter des Patriarchats von Moskau

Am 8. Mai schickte Joseph Kardinal Höffner Papst Johannes Paul II. ein Danktelegramm:

„Heiliger Vater!

Es ist mir ein tiefes Bedürfnis, Ihnen im Namen der Deutschen Bischofskonferenz und persönlich für Ihren zweiten Pastoralbesuch in Deutschland zu danken.

Ihre Ansprachen und Predigten, die Sie an den verschiedenen Orten der besuchten Bistümer gehalten haben, sind ein nachhaltiges Zeugnis für Ihre unermüdliche Sorge um eine lebendige Beziehung zwischen dem Nachfolger des heiligen Petrus und den jeweiligen Ortskirchen. Dafür danken wir Ihnen.

Der inhaltliche Schwerpunkt Ihres Besuches war geprägt vom Leitmotiv der Apostelgeschichte: ‚Ihr werdet meine Zeugen sein' (1,8). Mit der Seligsprechung von Schwester Teresia Benedicta vom Kreuz und von Pater Rupert Mayer haben Sie den Bischöfen, den Priestern und den Gläubigen der Kirche in Deutschland lebendige Glaubenszeugen zur Ver-

Eintragung in das Goldene Buch der Stadt Kevelaer und Gespräch mit ihren Repräsentanten, Bürgermeister Karl Dingermann und Stadtdirektor Heinz Paal

ehrung und Nachfolge vor Augen gestellt. Auch dafür danken wir Ihnen.

Mit Ihren Stellungnahmen zu den verschiedenen Problembereichen: wie Arbeitslosigkeit, Mitbestimmung, Einhaltung der Menschenrechte, Schutz der ungeborenen Kinder, ökumenische Bemühungen und Ihren Appellen zum Aufbau eines vereinten christlichen Europa, haben Sie vielen Menschen, Jugendlichen wie Erwachsenen, Mut und Zuversicht vermittelt. Ihre Pastoralreise hat uns im Glauben gestärkt.

In der Liebe Christi
bin ich
Ihr
Joseph Kardinal Höffner
(Vorsitzender der Deutschen Bischofskonferenz)"[18]

Und der Papst?

Bischof Reinhard Lettmann erinnert sich im Rückblick auf den Besuch: „Da ich den Papst in Münster und Kevelaer stets begleiten konnte, ergab sich manches kurze und zwanglose Gespräch. Als der Papst in Kevelaer die Fülle der Blumen sah, die Blumen am Altar, die Blumen in den Händen der Menschen und dazu die prächtig blühenden japanischen Kirschen an den Straßen, freute er sich herzlich und sagte mir:,Wir sind im Land der Blumen.'"[19]

Personen, die vom Papst in Privataudienz empfangen wurden, haben berichtet, daß der herzliche Empfang in Kevelaer zu den schönsten Eindrücken seiner Deutschlandvisite gehörte.

Anmerkungen

1 P. C. Eichenseer: Papa Germaniam obiit, Pars prior, (in:) Vox Latina, tom. 17, fasc. 63 (1981), S. 66.
2 Kirche und Leben, Nr. 18 v. 3. 5. 1987, S. 24.
3 Zitiert nach einem Faltblatt des Instituts für Elternbildung (IEB), Danziger Str. 7, 5160 Düren, o. J.
4 Kirche und Leben, a. a. O.
5 Zit. nach: Johannes Paul II. in Kevelaer. Ein Papst als Pilger am Niederrhein. Eine Bilddokumentation zum 2. Mai 1987, Red. Alois Puyn, Kleve 1987, S. 7.
6 Kirche und Leben Nr. 11 v. 15. 3. 1987.
7 Extra-Blatt „Der Papst kommt . . .", S. 1.
8 Predigten und Ansprachen von Papst Johannes Paul II. bei seinem zweiten Pastoralbesuch in Deutschland sowie Begrüßungsworte und Reden, die an den Heiligen Vater gerichtet wurden. 30. April bis 4. Mai 1987. Offizielle Ausgabe. (Hrsg.:) Sekretariat der Deutschen Bischofskonferenz. Verlautbarungen des Apostolischen Stuhls 77, S. 19–21.
9 ebd., S. 50.
10 Carlheinz Tüllmann: Jubel in einem Meer von Blumen, (in:) Rheinische Post Nr. 103 v. 4. Mai 1987.
11 Richard Schulte Staade: Im nachhinein, (in:) Kevelaer – Europa des Glaubens. Papst Johannes Paul II. am Wallfahrtsort der „Trösterin der Betrübten", Kevelaer 1987, S. 67.
12 Josef Heckens: Begegnung beim Gnadenbild mit dem Pilger aus Rom, (in:) Kevelaer – Europa des Glaubens usw., S. 78.
13 Richard Schulte Staade, a. a. O., S. 70.
14 Predigten und Ansprachen . . ., Verlautbarungen des Apostolischen Stuhls 77, S. 52.
15 Carlheinz Tüllmann, a. a. O.
16 Papst Johannes Paul II. in Kevelaer, Samstag, 2. Mai 1987. Text- und Liedheft, als Manuskript gedruckt. Hrsg. v. der Wallfahrtsleitung Kevelaer, S. 37 f.
17 Kävels Bläche, Nr. 18b v. 3. 5. 1987, S. 7.
18 Predigten und Ansprachen . . ., Verlautbarungen des Apostolischen Stuhls 77, S. 141 f.
19 Reinhard Lettmann: In der Reihe der Glaubenden. Gedanken zum Papstbesuch, (in:) Kevelaer – Europa des Glaubens usw., S. 7.

Papst Johannes Paul II.

„Hier ist das Europa des Glaubens"

Ansprache bei der Marienfeier (Laudes) in Kevelaer am 2. Mai 1987

Sancta Maria, Consolatrix Afflictorum, ora pro nobis.
Heilige Maria, Trösterin der Betrübten, Mutter Gottes von Kevelaer, bitte für uns. Bitte für uns alle, die wir hier zum Morgengebet der Kirche, den Laudes, zum Gotteslob und zu deinem Lobpreis versammelt sind. Bitte für alle, die sich mit uns heute morgen durch Fernsehen und Rundfunk zu einer großen Gebetsgemeinschaft verbinden.

Liebe Brüder und Schwestern!

1. In großer Freude bin ich heute zu euch nach Kevelaer gekommen. Mein erster Weg in diesem Wallfahrtsort führte mich zum *Gnadenbild der Trösterin der Betrübten*. Vor diesem Bild habe ich gebetet und euch alle und auch mich dem besonderen Schutz der Gottesmutter anempfohlen.

Ich komme als Pilger und Beter in der Reihe der ungezählten Menschen, die seit dem Jahre 1642 zur Gottesmutter in Kevelaer wallfahren. Heute eröffne ich selbst die diesjährige Wallfahrtszeit. Nun werden sie wieder nach Kevelaer ziehen: die großen Prozessionen, die kleinen Gruppen und Familien, die vielen Einzelpilger, Menschen aus allen Ständen und Schichten. Sie alle folgen den Spuren der Pilger durch die Jahrhunderte. Eine *Prozession des Glaubens*, die nicht abreißt. Unübersehbare Scharen von Menschen, die den Lobpreis Marias singen. Das Lied des Glaubens klingt über die Zeiten, über die Länder und die ganze Welt. Es klingt in dieser irdischen Zeit und findet seinen Widerhall in Gottes Ewigkeit.

Die wirklichen Zentren der Welt- und Heilsgeschichte sind nicht die betriebsamen Hauptstädte von Politik und Wirtschaft, von Geld und irdischer Macht. Die wahren Mittelpunkte der Geschichte sind die stillen Gebetsorte der Menschen. Hier vollziehen sich in besonders dichter Weise die Begegnung der irdischen Welt mit der überirdischen Welt, der pilgernden Kirche auf Erden mit der ewigen und siegreichen Kirche des Himmels. Hier geschieht Größeres und für Leben und Sterben Entscheidenderes als in den großen Hauptstädten, wo man meint, am Puls der Zeit zu sitzen und am Rad der Weltgeschichte zu drehen.

2. Bei dem Gnadenbild der Gottesmutter in Kevelaer versammelt, schauen wir heute auf Maria, die den König des Himmels und der Erde auf ihrem Arm trägt. Diese Begegnung mit Maria und ihrem Sohn ist für uns ein neuer Anruf, eine *Aufforderung zu Besinnung und geistlichem Aufbruch*. Hier ist der Ort, wo uns die Botschaft des Evangeliums neu

zugerufen wird. „Die Zeit ist erfüllt, das Reich Gottes ist nahe. Kehrt um und glaubt an das Evangelium!" (Mk 1,15).

Kehrt um! Hört die Botschaft! – Welches ist wohl das Wort, das die Menschen heute am meisten auf ihren Lippen führen? Welches Wort bestimmt am stärksten das Denken und Tun der Menschen? Es ist das kleine Wörtchen: *Ich!* Was habe *ich* davon? Was nützt *mir* das? Was geht das *mich* an? So fragen wir. Die Ich-Bezogenheit des Menschen beherrscht das private und öffentliche Leben. Ist nicht „Selbstverwirklichung" ein besonders oft wiederkehrendes und sehr beliebtes Wort unserer Tage? Ich möchte vor allem *zu mir* kommen, *mich selbst* entfalten.

Im Evangelium Christi steht jedoch der Satz: „Wer mein Jünger sein will, der verleugne sich selbst, nehme sein Kreuz auf sich und folge mir nach. Denn *wer sein Leben retten will, wird es verlieren;* wer aber sein Leben um meinetwillen und um des Evangeliums willen verliert, wird es retten" (Mk 8,34). Wie kann der ich-verhaftete Mensch diese Botschaft Christi überhaupt verstehen und sie befolgen? Er ist unfähig, sich selbst loszulassen und zu verzichten. Er hat keine Zeit für den Nächsten und für Gott, kein Brot für den Hungernden, keinen Platz für den Heimatlosen und Asylsuchenden. Er hat keine Liebe. – „Kehrt um und glaubt an das Evangelium!" Öffnen wir uns wieder neu dieser Botschaft!

3. Hier am Gnadenort der Mutter des Herrn hören wir das Wort, das Maria bei der Verkündigung des Engels gesprochen hat: *„Fiat.* Mir geschehe, wie *du* es gesagt hast." Marias Geschichte beginnt damit, daß sie *Du* sagt. Schon damals in Nazaret hat sie jenen Satz gesprochen, den uns dann der Herr selber zu beten gelehrt hat: *„Dein Wille geschehe, wie im Himmel so auf Erden."* Maria hat sich bei der Botschaft des Engels nicht in sich verschlossen und verweigert. Sie hatte den Mut zur Hingabe; die Demut, Magd des Herrn zu werden. Und nur deshalb, weil Maria sich dem göttlichen *Du* geöffnet und seinen Ruf angenommen hat, wird ihr Schoß fruchtbar und darf sie Christus, den Sohn Gottes und Erlöser der Menschheit, gebären. Weil sie Ja zu Gott gesagt hat, wird sie die Mutter eines unendlich großen Volkes, Mutter der Kirche und auch unsere Mutter.

In unserer heutigen Begegnung bei ihrem Gnadenbild lädt uns Maria ein, sie nicht nur in unseren Gebeten anzurufen, sondern vor allem auch ihrem Wort und Beispiel zu folgen. Haben auch wir Mut, wie Maria *Du* zu sagen, unser Leben auf die Mitmenschen und auf Gott hin zu öffnen! Seid Menschen, die bereit sind, für andere da zu sein und in der Liebe zum Nächsten ihre Liebe zu Gott konkret zu leben (vgl. 1 Joh 4,20). Unsere *Öffnung zum göttlichen Du* verlangt notwendig unsere liebende *Hinwendung zu unseren Brüdern und Schwestern.* Erst der hingebende Dienst am Nächsten macht uns fähig zum würdigen und wohlgefälligen Gottesdienst.

4. Als Magd des Herrn war Maria bereit zur selbstlosen Hingabe, zu Verzicht und Opfer, zur Christusnachfolge bis unter das Kreuz. Sie verlangt von uns die gleiche Haltung und Bereitschaft, wenn sie uns auf Christus verweist und auffordert: *„Was er euch sagt, das tut!"* (Joh 2,5). Maria will

nsprache des Papstes bei der Laudes am Morgen im Hülsparkstadion. Rechts: Kardinal Agostino Casaroli, Rom

uns nicht an sich binden, sondern ruft uns in die Nachfolge ihres Sohnes. Um aber wahrhaft seine Jünger zu werden, müssen wir – wie Christus selbst uns lehrt – von uns wegschauen, uns aus unserer eigenen Selbstgefälligkeit befreien und wie Maria ganz auf Christus einlassen; müssen wir seiner Wahrheit folgen, die er selbst uns als einzigen Weg zum wahren, zum unvergänglichen Leben anbietet.

„Was er euch sagt, das tut!" – Eine solche konkrete Nachfolge Christi verlangt von uns die gläubige Annahme seines Wortes, die Bereitschaft zu Gehorsam und Hingabe, die bewußte Bindung unserer Freiheit an seine Wahrheit, an seine Gebote. Wir müssen nach dem Vorbild und in der Haltung Marias unser ganz persönliches *Fiat* sprechen: „Mir geschehe, wie du es gesagt hast." Oder wie Christus selbst beten: „Nicht wie ich will, sondern wie *du* willst" (Mt 26,39). Nur ein solches bereites Eingehen auf Christus und seine Botschaft kann uns zu unserer *wahren Selbstverwirklichung* führen. Wahre Selbstverwirklichung geschieht nur, wenn wir die in uns grundgelegte Gottesebenbildlichkeit voll zur

Entfaltung bringen. Nehmt als sicheren Wegweiser zu diesem Ziel das Wort der Heiligen Schrift und die verbindliche Lehre der Kirche. Hier in Kevelaer empfehle ich euch auch noch besonders das wertvolle Buch der „*Nachfolge Christi*" des Augustiner-Chorherrn Thomas von Kempen, das hier in eurer näheren Heimat vor mehreren Jahrhunderten verfaßt wurde. Es ist ein geistlicher Wegweiser von bleibendem Wert.

Erbitten wir also für den Weg unserer Christusnachfolge in einer besonderen Weise die Fürsprache und Hilfe der Gottesmutter. Sie zeigt und führt uns mit sicherer Hand den Weg zu Christus und mit ihm zum Vater. Ich empfehle euch heute neu ihrer mütterlichen Sorge. Zugleich ermutige ich euch zu einer innigen Verehrung der Gottesmutter; jetzt im Monat Mai, der ja ihr geweiht ist, und dann im bald beginnenden Marianischen Jahr.

Liebe Brüder und Schwestern!

5. Als wir unser heutiges Morgenlob der Kirche begonnen haben, habe ich euch zugerufen: Pax vobis! Der Friede sei mit euch! Damit habe ich ein Wort gesagt, das eine Grundsehnsucht aller Menschen ausdrückt: *Friede*; Friede im eigenen Herzen und Friede in der Welt. In der Lauretanischen Litanei bekennen wir Maria auch als „Königin des Friedens" und bitten sie um ihren Beistand.

Um der Welt den Frieden zu schenken, nach dem sich die Menschheit sehnt, braucht es mehr als die Konferenzen der Politiker, braucht es mehr als Verträge, als von Menschen versuchte Politik der Entspannung – so wichtig und notwendig auch diese sind. Die vom Unfrieden heimgesuchte Welt braucht vor allem den *Frieden Christi*. Und dieser ist mehr als bloßer politischer Friede. Der Friede Christi kann nur dort einziehen, wo Menschen bereit sind, sich von der Sünde zu lösen. Die tiefste Ursache aller Zwietracht in der Welt ist die Abkehr des Menschen von Gott. Wer mit Gott nicht in Frieden lebt, der kann nur schwerlich mit seinen Mitmenschen in Frieden leben.

Wie das Gebetstreffen in Assisi im vergangenen Jahr deutlich unterstrichen hat, kommt bei den vielfältigen Friedensbemühungen vor allem dem *Gebet eine große Bedeutung* zu. Unsere Hoffnung für die Zukunft der Menschheit gründet dort, wo Menschen im Gebet um den Frieden ringen. Hier verbindet sich unsere menschliche Ohnmacht mit der Allmacht Gottes. Hier kommt unserer menschlichen Erbärmlichkeit das Erbarmen Gottes zu Hilfe. Hier betet mit uns die Mutter des Herrn und bringt unser Gebet um Frieden vor ihren Sohn, der gekommen ist, wie die Schrift sagt, den Frieden zu verkünden den Fernen und den Nahen (vgl. Eph 2,17).

6. Als Maria den Erlöser der Welt in Betlehem gebar, da öffnete sich der Himmel. Die Botschaft der Engel verkündete einer im Dunkel liegenden Welt: „Verherrlicht ist Gott in der Höhe, und auf Erden ist Friede bei den Menschen seiner Gnade" (Lk 2,14). Die *Botschaft des Friedens ist eng mit der Sendung Marias und der Heilsbotschaft ihres göttlichen Kindes verbunden*. Die großen Botschaften der Gottesmutter an die Welt – wie z. B. an die Kinder von Fatima – sprechen immer wieder vom Frieden und

von der Notwendigkeit der Bekehrung der Menschen und Völker in Jesus Christus.

Nach dem Zweiten Weltkrieg waren die Marienwallfahrtsorte Zentren, in denen sich die Angehörigen der durch den Krieg verfeindeten Völker zuerst wieder getroffen haben: zum gemeinsamen Gebet und zur gegenseitigen Versöhnung. In Lourdes wurde damals von Bischof Théas die *Pax-Christi-Bewegung* gegründet. In Deutschland ist sie hier in Kevelaer ins Leben gerufen worden. Die Pax-Christi-Kapelle am Wallfahrtsplatz erinnert in eindrucksvoller Symbolik daran.

Ein Seitenblick auf den festlich geschmückten Altar

7. Darum rufe ich euch heute an diesem Gnadenort der Mutter des Herrn zu einem *verstärkten Einsatz für den Frieden* auf. Der Friede ist vor allem eine moralische Verpflichtung und gründet in der Friedensbereitschaft aller Beteiligten. Als Jünger Christi sind wir in einer besonderen Weise aufgerufen, Friedensstifter zu sein: Überwindung der Ungerechtigkeiten, Verzicht auf Gewaltanwendung, Bereitschaft zur Verständigung und auch zum gegenseitigen Verzeihen. Jeder kann dadurch zum Frieden unter den Menschen einen entscheidenden und ganz persönlichen Beitrag leisten. Tretet ein für die internationale Völkerverständigung, für eine schrittweise Beseitigung aller Massenvernichtungswaffen und gemeinsame Anstrengungen aller Völker für Frieden und Gerechtigkeit in der Welt.

Prüft im konkreten Alltag, was euch als „Fortschritt" angeboten wird. Besondere Wachsamkeit ist geboten, wenn wir unsere Erde und das menschliche Leben auf ihr für die Zukunft wirksam verteidigen wollen. Es geht ja zum Beispiel beim Umweltproblem und beim Strahlenschutz längst nicht mehr nur um das Leben der heutigen Menschen, sondern auch um das der kommenden Generationen. Wir müssen *aus den Gren-*

Mit Blumen in aufgestreckte Händen grüßten die in Kevelaer Versammelten aus dem Rheinland und den Niederlanden den päpstliche Pilger

zen und Gefahren des Wachstums die Konsequenzen ziehen. Wir dürfen nicht alles machen, was wir tatsächlich machen könnten. Askese, Selbstbeschränkung, Verzicht – diese alten Forderungen der Kirche werden plötzlich wieder sehr aktuell und modern; ja, weithin sogar lebensnotwendig, um das Überleben der Menschheit auch morgen zu gewährleisten.

8. Wir tragen heute die *Bitte um Frieden* unter den Völkern und um *eine gesicherte und menschenwürdige Zukunft* vor Gott, der ein „Gott des Friedens" (Röm 15,33) ist. Dabei vertrauen wir auf die Fürsprache Marias. Sie wird uns helfen, vom Mißtrauen zum Verstehen zu finden, den Haß durch die Liebe zu überwinden. Sie wird uns helfen, Gleichgültigkeit in Solidarität zu verwandeln und Geist und Herz füreinander in weltweiter Brüderlichkeit zu öffnen.

Maria ist die *Mutter aller Menschen*, weil sie die Mutter des Sohnes Gottes ist. Gott ist ja Mensch und damit der Bruder aller Menschen geworden. Über alle Grenzen von Rassen, Nationen und Staaten hinweg reicht der schützende Mantel der Mutter des Herrn. Hier in Kevelaer wird das deutlich. Mit mir, dem Bischof von Rom, sind hier Gläubige aus den verschiedenen deutschen Ländern. Mit uns sind Gläubige aus den Niederlanden, aus Belgien und aus Luxemburg, aus Frankreich, aus Polen und aus zahlreichen anderen Nationen. Was vielen als Traum und Utopie erscheint, hier ist es wahr und wirklich: Grenzen fallen nieder. Menschen kommen zusammen. Fremdheit schwindet. Trennendes weicht. Weil der gemeinsame Glaube die Menschen eint. Weil gemeinsame Hoffnung uns trägt. Weil gemeinsame Liebe uns beseelt. Hier gibt es schon das einige Europa aus den vielen Völkern – das die Politiker mit so unzähligen Schwierigkeiten zu schaffen versuchen. Hier ist das *Europa des Glaubens*, das es bereits in vergangenen Jahrhunderten gegeben hat. Hier erhebt sich die Hoffnung, daß es ein solches auch künftig wieder geben kann.

Liebe Brüder und Schwestern!

9. In der Apostelgeschichte wird berichtet, wie im Abendmahlssaal alle einmütig im Gebet verharrten „zusammen mit den Frauen und mit Maria, der Mutter Jesu, und mit seinen Brüdern" (Apg 1,14). In dieser Einmütigkeit sind wir heute zusammen mit Maria bei ihrem Gnadenbild in Kevelaer versammelt, um uns durch ihr Wort und Beispiel, durch ihr gesprochenes und gelebtes Fiat, den Weg zu Christus, unserem wahren Leben, zeigen zu lassen. Wir sind hier, um von ihr, der Königin des Friedens, den Frieden für die Welt zu erbitten. Laßt uns auch in Zukunft, in den Mühen und Pflichten unseres Alltags, *in dieser einmütigen Gebetsgemeinschaft mit Maria verharren!*

Möge der *Internationale Marianische und Mariologische Kongreß*, der im Herbst dieses Jahres unter dem Leitgedanken „Maria, Mutter der Glaubenden" hier in Kevelaer stattfinden wird, auch euch wertvolle Anregungen für eine weitere Vertiefung eurer Verehrung und Liebe zur Gottesmutter schenken. Ebenso soll das kommende *Marianische Jahr* uns helfen, uns zusammen mit der ganzen Kirche würdig auf die bevorstehende 2000-Jahrfeier der Geburt unseres Erlösers vorzubereiten, damit unter der Führung und dem Schutz Marias das Reich Gottes in der Welt immer mehr Wirklichkeit werde.

Maria mit dem Kinde lieb,
uns allen deinen Segen gib! Amen.

Gruß in niederländischer Sprache an die Besucher aus Holland und Belgien:

Dierbare broeders en zusters uit België en Nederland!

Ook voor de gelovigen van uw landen is Kevelaer sinds lang een geliefde bedevaartplaats, waar men hulp en troost komt zoeken bij de Troosteres der bedroefden, en haar komt danken voor verkregen gunsten.

Het verheugt mij zeer, dat ook vandaag velen uit uw vaderland naar Kevelaer zijn gekomen, om samen met de bisschop van Rome en talrijke gelovigen uit andere landen van Europa de lof te zingen van haar, die door haar gelovige fiat de menswording van de Zoon van God en de verlossing van de mensheid mogelijk heeft gemaakt, voorzover dit volgens Gods plan van haar afhing.

Juist door haar geloof is Maria het voorbeeld bij uitstek voor de kerk en voor alle gelovigen. Zij spoort ons aan te doen, zoals zij zelf heel haar leven heeft gedaan: „Doet maar wat Jezus u zeggen zal." Maar de heilige Maagd is niet alleen voorbeeld; zij is ook voorspreekster, middelares. Zij legt onze noden voor aan haar goddelijke Zoon en werkt mee aan de leniging van onze diepste nood, aan de verlossing, aan de bevrijding uit egoïsme, uit zonde, aan de volmaakte vrijheid van de kinderen Gods.

Laten wij aan het begin van de Mariamaand en aan de vooravond van het Mariajaar, samen met de Moeder van God, volharden in het gebed.

Moge de Troosteres der bedroefden, als Sterre der zee, steeds een veilige gids zijn voor de kerk in uw vaderland, opdat deze een behouden vaart mag maken naar de hemelse haven.

Papst Johannes Paul II.

Gebet vor dem Gnadenbild der „Trösterin der Betrübten" in Kevelaer

Sei gegrüßt, Jungfrau Maria,
Mutter unseres Erlösers,
Mutter der Kirche und unsere Mutter!

Als Pilger zu diesem Gnadenort Kevelaer
reihe ich mich ein
in die Schar der ungezählten Gläubigen,
die hier vor deinem Bild
dein Lob gesungen haben.
So erfüllt sich auch durch uns
das Wort der Schrift:
„Von nun an werden mich seligpreisen
alle Geschlechter."

Mit dir preisen wir unseren Herrn und Gott,
der auf die Niedrigkeit der Menschen schaut
und Großes für uns getan hat
durch den Tod und die Auferstehung seines Sohnes.

Mit allen Pilgern,
die sich mit meinem Gebet vereinen,
rufe ich dich an
als unsere Hoffnung und Quelle des Trostes.
Maria, Trösterin der Betrübten, bitte für uns.
Deiner mütterlichen Liebe und Fürsprache
empfehle ich heute alle,
die sich voll Zuversicht an dich wenden.

Zu dir kommen die Gesunden und Glücklichen;
erhalte in ihnen Freude und Dankbarkeit,
und mache sie empfänglich und hilfsbereit
für die Not ihrer Mitmenschen nah und fern.

Zu dir kommen die Kranken;
sie beten um Gesundheit
der Seele und des Leibes.
Hilf ihnen, ihr Leid tragen;
lindere ihre Schmerzen,
und erbitte ihnen darin Trost und Heil.

Zu dir gehen die Blicke
der Einsamen und Verlassenen,
vor dir weinen die Trauernden.
Laß sie erfahren, daß du unter dem Kreuz
unsere Mutter geworden bist

Gebet des Papstes Johann Paul II. vor dem Gnadenbi in Kevela

CONSOLATRIX AFFLICTORUM

und vor allem denen mütterlich nahe bist,
die deiner Hilfe besonders bedürfen.

Vor dir stehen die jungen Menschen,
die in das Leben hineingehen.
Leuchte ihnen als heller Stern
in den Dunkelheiten der Pilgerschaft,
daß sie nicht abirren
vom Weg des Glaubens.

Vor dir stehen die Menschen
in der Mitte des Lebens;
laß sie nicht mutlos werden,
stärke sie in ihren täglichen Aufgaben
und führe sie immer tiefer
in die Nachfolge deines Sohnes.

Vor dir stehen die Alten, die wissen,
daß sich ihr Weg durch dieses Erdental
dem Ende zuneigt.

Mit ihnen beten wir: Heilige Maria,
zeige uns nach diesem Elende Jesus,
die gebenedeite Frucht deines Leibes.
O gütige, o milde, o süße Jungfrau Maria.

Deinem mütterlichen Schutz
empfehlen wir zugleich
die ganze Kirche in diesem Land und aller Welt,
die Bischöfe, Priester und Ordensleute,
die Alleinstehenden, die Familien
und die Pfarrgemeinden.

Mögen alle Christen wachsen
in Glaube, Hoffnung und Liebe.
Mache sie zu glaubwürdigen Zeugen
deines Sohnes,
seiner befreienden Wahrheit
und erlösenden Liebe,
in der allen Menschen guten Willens
ewiges Heil verheißen ist.

Mutter des ewigen Wortes,
lehre uns, Christus entgegenzugehen,
unserem wiederkommenden Herrn und Retter,
in dessen seliger Gemeinschaft du lebst
und für uns eintrittst jetzt und alle Tage
und in Ewigkeit. Amen.

(2. Mai 1987)

Hanswerner Reißner

Kevelaer im Kranz europäischer Wallfahrten

Das nach dem Zweiten Weltkrieg neu aufgelebte Bewußtsein für die europäische Einheit oder wenigstens Zusammengehörigkeit nur für ein Ergebnis wirtschaftspolitischer Vernunft zu halten, wäre beschämend und zudem verhängnisvoll. Geht es nicht vielmehr darum, die christlich-abendländische Völkergemeinschaft des Mittelalters, die ja doch Realität war – man denke nur zum Beispiel an die wahrhaft europäische Wallfahrt nach Santiago de Compostela und an die Lebensstationen Alberts des Großen – und die erst im unseligen 16. Jahrhundert trotz der Bemühungen Kaiser Karls V. zerbrach, zu erneuern, wenn auch nicht zu restaurieren? Hierbei kommt naturgemäß den Wallfahrtsorten als den „heimlichen Hauptstädten der Welt" (Konrad Adenauer), also auch Europas, eine besondere Mission zu. Die internationale Soldatenwallfahrt nach Lourdes, vor 1945 noch absolut undenkbar, ist nur ein Beispiel dafür. Denn neben Lourdes sind noch viele andere Heiligtümer zu nennen, wie etwa Tschenstochau, Loreto, Mariazell, ganz zu schweigen von Fatima, das ja mit Lourdes zusammen längst Weltrang besitzt. Aber seit 1945 haben auch manche kleinere Wallfahrten mehr und mehr europäische Ausstrahlung gewonnen.[1]

So ist auch Kevelaer neben und mit Altötting keineswegs nur einer der bedeutendsten deutschen Wallfahrtsorte, kommen hierher ja auch Wallfahrer aus Holland, Belgien, Luxemburg (gleichsam Kevelaers Mutter) und sogar aus Italien, Frankreich und England! Es liegt also nahe, ja scheint fast geboten, Kevelaer einmal in die Reihe großer Wallfahrten unseres Kontinents zu stellen und mit ihnen zu vergleichen. Denn die Wallfahrtsorte im allgemeinen – das gilt auch über den christlichen Raum hinaus – und die Marienheiligtümer im besonderen haben zwar auf den ersten Blick sehr viel gemeinsam. Jedoch zeigen sich bei genauerem Hinschauen bald schon Unterschiede, zuweilen sogar erhebliche. Die Übereinstimmungen sind weithin durch die menschliche Natur bestimmt, zumal durch allgemeine religiöse und psychologische Komponenten. „Immerhin gehört der Glaube an die Bevorzugung bestimmter Orte für das außerordentliche Wirken Gottes oder der Götter zu den Grundtatsachen der Religion überhaupt."[2] Darum kann, ja muß man wohl sagen, daß sich „in den Wallfahrten . . . die Anlage des Menschen zu religiöser Betätigung offenbart"[3]. Die Differenzen hingegen beruhen vornehmlich auf historischen Fakten sowie auf kulturellen und soziologischen Komponenten. Dazu kommen dann Vorgänge, die wir „übernatürlich" zu nennen pflegen (was immer man darunter verstehen mag).

Auch nach der abendländischen Glaubensspaltung, die zumal in Nord- und Mitteleuropa viel katholisches Brauchtum zerstört hat, gibt es noch immer oder auch wieder zahlreiche heilige Stätten in Europa, zu denen gläubige Menschen wallfahren. Unter ihnen überwiegen die marianischen Orte bei weitem, ein interessantes Phänomen, das wir in diesem Rahmen jedoch nicht untersuchen können.

Nun ist hier sogleich eine wichtige Unterscheidung vorzunehmen: Kevelaer zählt nicht zu den Stätten, die einer Marienerscheinung ihren Charakter verdanken. Auch gibt es folglich in Kevelaer keine „Botschaft" vergleichbar denen von La Salette, Lourdes, Fatima u. a. Im Heiligtum der „Trösterin der Betrübten" sucht man „nur" ein Gnadenbild auf, übrigens eines der kleinsten der Welt (ähnlich dem von Neviges). Somit sollten wir Kevelaer eigentlich nur mit solchen Stätten vergleichen, an denen ebenfalls „nur" ein Gnadenbild Ziel der Wallfahrer ist. Wenn wir aber das specificum von Kevelaer herausarbeiten wollen, scheint ein Vergleich mit Erscheinungsstätten nicht nur reizvoll, sondern geboten. Denn zum einen will ja der „Begründer" der Kevelaer-Wallfahrt, (wenn wir Hendrick Busman so nennen dürfen) immerhin eine himmlische Stimme vernommen haben; zum anderen hat Kevelaer durchaus eine „Botschaft" auszurichten. Daß diese nicht in Worten, sondern in Fakten und Symbolen besteht, mindert nicht deren Wert. Gibt es im Leben doch manche Situationen, da Symbole mehr „sagen" als Worte.

In Kevelaer gilt das Unscheinbare, das Kleine, ja Niedrige. Busman und seine Frau gehörten zu den „kleinen Leuten". Im Blick auf diese Menschen schreibt Paulus, daß Gott „nicht viele Weise, nicht viele Mächtige beruft", sondern die Unbedeutenden, die Schlichten (vgl. Mt. 11,25f.;5,3). Ähnlich steht es um das Gnadenbild. Es ist sehr klein, ein Kupferstich von siebeneinhalb mal elf Zentimetern, künstlerisch nichts Besonderes. Klein ist auch der Kapellenplatz: Welch ein Unterschied etwa zu Altötting oder gar zum „Weißen Platz" in Fatima!

Was Kevelaer weiterhin auszeichnet, ist der Umstand, daß sich seine Wallfahrt nicht aufbaut auf dem Treibsand frommer Legenden (man denke nur an so manches stromaufwärts geschwommene Gnadenbild), sondern auf historischen Fakten. Die Venloer Protokolle von 1647 liegen im hellen Licht der Geschichte. Hier gelten die Worte Petri: „Wir hingen nicht ausgeklügelten Fabeln an . . ., sondern waren Augenzeugen." (2 Petr 1,16). In die Wirrnis unserer Tage, da alle möglichen neuen „Religionen" ins Kraut schießen, spricht Kevelaer also „gesicherte prophetische Worte" (ebda).

Unweit der Gnadenkapelle steht die altehrwürdige Kerzenkapelle, die erste Wallfahrtskirche. Das dort übliche Kerzenopfer erneuert die Mahnung des Herrn: „Laßt vor den Menschen euer Licht leuchten!" (Mt 5). Just dieses Symbol ist schmerzlich aktuell angesichts so vieler Irrlichter in unserer Zeit, so vieler Finsternisse in unserer Welt.

Doch das eigentliche „Wort" von Kevelaer liegt in dem, was die „Trösterin der Betrübten" den Wallfahrern in aller Stille sagt. Gegen Ende des Dreißigjährigen Krieges, als diese Wallfahrt entstand, gab es kaum einen passenderen Titel für die Mutter Gottes, welcher der sterbende Erlöser uns ja einst alle anvertraut hat (Joh 19). Überdies ist das der Titel des Luxemburger Gnadenbildes, von dem das Kevelaerer nur eine Kopie ist. Wer Augen hat zu sehen und Ohren zu hören (vgl. Mt 11,15), wird die Botschaft von Kevelaer sehr wohl verstehen.

Die genannten Aspekte gehören wesentlich zur geistlichen Physiognomie der Kevelaer-Wallfahrt.[4] Bedenkt man sie, so wird man dieses Heiligtum besser in den Kranz europäischer Wallfahrten einordnen können.

Ehe wir Deutschland verlassen, schauen wir nach *Altötting*. Nicht nur, weil es auf fünf Jahrhunderte seines Bestehens als Wallfahrtsort zurückblicken konnte. Es ist auch der andere ganz große Wallfahrtsort unserer Heimat. Kevelaer und Altötting sind wie zwei Brennpunkte des katholischen Deutschland. Was verbindet und was unterscheidet diese beiden Heiligtümer? Das Gemeinsame liegt zunächst im urevangelischen Element der Schlichtheit. Eng und klein ist die Gnadenkapelle auch hier. Und mag das Oktogon der karolingischen Pfalz einst eine gewisse Würde gehabt haben, so war diese 1489, als die Wallfahrt entstand, längst dahin. Auch hier stehen am Anfang keinerlei großartige Geschehnisse. Lediglich zwei Gebetserhörungen, die die Betroffenen als Wunder erlebten, sind überliefert. Und diese Menschen gehörten ebenfalls zum „einfachen Volk", die vor der Welt als gering, ja als töricht gelten (1 Kor 1). Eine Botschaft gibt es in Altötting auch nicht. Was für Kevelaer gilt, gilt auch hier: Altötting *ist* eine Botschaft. Und der „Botschafter" – wenn man so will – ist seit dem späten 19. Jahrhundert Konrad von Parzham, von dem wir im Sinne der Gottesmutter sagen können: „Er hat angeschaut die Niedrigkeit seines Knechtes" (vgl. Luk 1). Darum wird auch er „seliggepriesen von Geschlecht zu Geschlecht". Aber Bruder Konrad schweigt, wie auch (in anderer Weise) Hendrick Busman. Er übermittelt Altöttings Botschaft durch sein Leben. Wer ihn anschaut, muß Altötting verstehen.

Während Maria jedoch in Kevelaer zunächst ein von Kriegsleiden geplagtes Volk tröstete, wollte sie in Altötting die Menschen wohl auf die bevorstehenden Wirren der Glaubensspaltung vorbereiten. Für diese Aufgabe wirkte schon bald in Altötting der erleuchtete Konvertit Dr. Martin Eisengrein († 1578). In Wort und Schrift verteidigte er die Marienliebe des Volkes gegen die Glaubensneuerer. In diesem Sinne hat auch das Grab des frommen Feldmarschalls Tilly in Altötting Symbolwert. Was Altötting und Kevelaer weiterhin unterscheidet, sind besonders drei Elemente. Zum einen war Altötting Reichsheiligtum, was vielleicht am deutlichsten wurde, als Kaiser Leopold I. am Abend des 5. September 1658, von seiner Krönung kommend, „im Dämmerschein der Heiligen Kapelle kniete und als Vasall und Bittsteller allerdemütigst von Unserer Lieben Frau, der Himmelskaiserin (!), das neu angetretene Kaisertum von ihr zu Lehen nehmen und sich und seine Land und Leute unter den Schutz Mariens befehlen wollte"[5]. Auch ist Altötting in eigener Weise Stätte des Kreuzes. Denn hier umschreiten immer wieder Wallfahrer einzeln oder in Gruppen ein Holzkreuz tragend die Gnadenkapelle und rüsten sich so für die Nachfolge des Gekreuzigten. Auch die Herz-Urnen in der Heiligen Kapelle haben uns einiges zu sagen: Seit dem 18. Jahrhundert ließen die Wittelsbacher ihre Herzen hier beisetzen, weil sie spürten, „daß Gott nicht irgendwelche Gaben von uns braucht, daß vielmehr die einzige Gabe, die Ihm ziemt, unser Herz ist (Spr 23,26), und daß wir es Jesus geben, indem wir es Maria in die Hände legen."[6]

Bleiben wir noch im deutschsprachigen Süden. Denn hier steht ein weiteres Reichsheiligtum: *Mariazell*. Zwar nennt man Maria hier

„Magna Mater Austriae". Doch darüber hinaus ist sie hier mehr denn je „Große Mutter Europas", ein Titel, der für dieses Gnadenbild zumal heute höchst sinnvoll wäre. Mariazell war ja mit den Habsburgern, die jahrhundertelang die Reichskrone trugen, innigst verbunden. Und dieses Reich hatte „längst, wenn auch in Miniaturform, Victor Hugos Traum der Vereinigten Staaten von Europa verwirklicht. Ein Staatenblock verschiedenster Nationen unter einheitlicher Führung. Eine Idee von ungeheuerster Wichtigkeit für die Weltzivilisation!"[7]

Spätestens seit 1330 ist Mariazell *der* Wallfahrtsort für Österreich und die Länder der späteren Donaumonarchie. Drei Kronen trägt es darum im Wappen: die Krone des heiligen Leopold, die des heiligen Stephan und die des heiligen Wenzel. Maria ist also „Große Mutter" Österreichs, „Großherrin" Ungarns und „Fürstin" der slawischen Stämme. Gnadenbild und Basilika gelten seit je als „Herz des Reiches"[8].

Hier liegt ganz sicher der größte Unterschied zu Kevelaer. Unterschied, nicht aber Gegensatz. Denn all die verschiedenen Aspekte ergänzen sich so wie die verschiedenen Anrufungen der Mutter Gottes in der Lauretanischen Litanei. Es ist allemal nur die eine Gottesmutter; ihr Licht bricht sich in Geschichte und Frömmigkeit in den verschiedensten Farben.

Dem einstigen Reich und heutigen Europa gemäß ist hier alles großräumig, vor allem der hinreißend schöne Barockbau aus dem späten 17. Jahrhundert. Mit Recht zitierte Papst Johannes Paul II. in Mariazell den Propheten Jesaja: „Völker wandern zu deinem Licht, Könige zu deinem strahlenden Glanz. Blick auf und schau umher: Sie alle kommen zu dir. Dein Herz öffnet sich weit." (60,3–5) Denn hier sind bei der Mutter daheim neben Österreichern, Ungarn und Deutschen auch Kroaten, Slowenen, Slowaken, Tschechen, Polen, ja sogar Italiener, Franzosen, Belgier, Holländer und Christen aus Übersee.

Vor rund zwei Jahrzehnten entstand in Österreich eine neue Art von Wallfahrt, die *„Wallfahrt für die Kirche"*. Nun wird zwar überall und immer auch für die großen Anliegen der Weltkirche gebetet, in Kevelaer zum Beispiel beim abendlichen Marienlob. Aber daß alles Individuelle ausscheidet und das Gesamtkirchliche Mitte und Thema einer Wallfahrt wird, ist ein Novum. Initiator war der damalige Religionsprofessor und jetzige Erzbischof von Wien, Dr. Hanns Hermann Groër OSB. Geprägt ist die „Wallfahrt für die Kirche" vom Geist der Legio Mariae. Geburtsort aber ist die dem Benediktinerstift Göttweig inkorporierte Pfarrei Roggendorf (heute Maria Roggendorf). In der Epoche des Josefinismus unterdrückt, lebt die Roggendorfer Wallfahrt heute in wunderbarster Weise wieder auf: Das benediktinische „succisa virescit" gilt auch hier! Mit Bezug auf Fatima, jedoch nicht darauf eingeengt, findet seit 1969 an jedem Monatsdreizehnten eine große Wallfahrt statt; ihre Anliegen sind Festigung im Glauben, geistliche Berufe, Erneuerung der Kirche und Frieden für die Welt. Stets führt dabei ein Bischof oder Abt, damit der eminent „kirchliche" Charakter eindeutig bleibt. Zudem fehlen hier Gastronomie und Kommerz. Seither haben viele marianische Stätten sich diese Wallfahrtsform zu eigen gemacht; die volksmissionarische Breitenwirkung zumal bei der Jugend ist tief beeindruckend. Und Rom gab sein Ja zu dieser Bewegung durch die Erhebung Dr. Groërs auf den Wiener Erzstuhl.[9]

Obwohl „Reichsheiligtum", hatte Mariazell seit je eher einen internationalen Charakter. Anders die Wallfahrt von *Tschenstochau*. Hier schlägt Polens Herz, hier residiert die „Königin Polens", zu der Maria am 26. August 1656 von Jan Kasimir, dem Herrscher Polens, proklamiert wurde. Darum ist letztlich nicht Warschau, sondern Tschenstochau die eigentliche „Hauptstadt" Polens. Hier sind Wunder und Gebetserhörungen weniger prägend als die Erfahrungen der Geschichte: Hussiten (1428) scheiterten an Tschenstochau ebenso wie die Schweden (1655), die Bol-

Gnadenmutter von Mariazell/Österreich, Magna Mater Austriae

schewisten (1920) und die Faschisten (1939). Die wohl stärkste Demonstration des Glaubens gegen den Unglauben war jene große Novene (nicht neun Tage, sondern neun Jahre!) zur Vorbereitung der Tausendjahrfeier der Taufe Polens: Eine Kopie der Schwarzen Mutter Gottes „pilgerte" durch alle Pfarreien Polens, allen Behinderungen zum Trotz. Und der nationale Charakter dieser Wallfahrt wird nicht zuletzt aus den „Gelübden von Jasna Gora" (1956) deutlich. Da heißt es u. a.: „Da drei Jahrhunderte seit dem freudigen Tag, an dem du die Königin Polens wurdest, vergangen sind, stehen wir Kinder der polnischen Nation wieder vor dir, erfüllt von den gleichen Gefühlen, die unsere Väter beseelten. Wir erneuern die Gelübde unserer Väter und geloben, daß wir in unseren Herzen und in deinem Lande (!) deine Ehre festigen. Wir weihen dir in einem besonderen Liebesakt jedes polnische Haus und Herz."[10]

Aber auch Tschenstochau weitet sich mehr und mehr ins Europäische. Dankbar stellte Papst Johannes Paul II. fest: „Immer mehr Menschen aus ganz Europa und der übrigen Welt strömen hier zusammen." Und im Weihegebet vom 4. Juni 1979 in Tschenstochau empfahl er „nicht nur Polen, sondern die gesamte, Länder und Kontinente umfassende Kirche" der Mutter unseres Herrn, der „Herrin von Jasna Gora".[11] Es ist wohl gerade diese Symbiose von Glaube und Vaterlandsliebe, die so viele Menschen aus aller Welt nach hier zieht. Und fraglos ist Maria in der überaus leidvollen Geschichte des immer neu unterdrückten und geteilten Polen eben nicht nur „Königin" dieses Volkes, sondern mehr noch Trösterin der Betrübten und Gequälten – es waren hier nur allzu viele – gewesen: „Wie oft schlug das Herz der Mutter im Klagelaut unserer geschichtlichen Leiden", sagte der Papst[12]. Nur wurde das Trostamt Mariens hier nicht zum Thema der Wallfahrt.

Letztlich ist diejenige, die der sterbende Erlöser uns zur Mutter gab, sowohl als Schmerzensmutter wie auch besonders als das geschöpfliche Ab- und Gegenbild des Heiligen Geistes[13], des Parakleten, stets und wesenhaft Trösterin. Ganz stark erlebt man das unter anderem in *Loreto*. Um diese Wallfahrt zu schätzen, ja zu lieben, muß man die absonderliche Legende von der Übertragung des Hauses von Nazareth nach hier keineswegs glauben, ganz abgesehen davon, daß es diese Legende auch anderswo gibt. Es waren die unseligen Kreuzzüge, die den Wunsch entstehen ließen, Nachbildungen heiliger Stätten Palästinas auch da und dort in Europa zu haben (Deutschland zum Beispiel hatte etwa 50 „heilige Gräber"). Letztlich geht es in dieser Legende um das Mysterium der Inkarnation. Wer das übersieht, verfehlt den tieferen Sinn von Loreto.

Der Ursprung dieser Wallfahrt liegt vor 1200. Das später prunkvoll umkleidete Gnadenbild fand überall viele Nachbildungen (Loreto-Kapellen). Die heutige Basilika (schon 1193 ist eine Marienkirche bezeugt) wurde unter Pius V., dem Lepanto-Papst, vollendet. Christen aus aller Welt suchen hier Trost und Hilfe bei der Gottesmutter. Daß die Lauretanische Litanei (ursprünglich in zwei Fassungen) hier ihren Anfang nahm ebenso wie der Brauch, den Samstag als Marientag zu begehen, läßt uns den geistlichen Rang dieser Wallfahrt ahnen. Johannes XXIII. wallfahrtete vor dem Konzil und für dieses nach Loreto. Das hat mancherorts verwundert, war aber dem Rang dieses italienischen Heiligtums und seiner internationalen Ausstrahlung angemessen. Zudem gab er damit den

Gnadenbild der Schwarzen Madonna auf der Jasna Gora n Tschenstochau, Heiligtum der polnischen Nation

Anstoß für die Wallfahrten seiner Nachfolger. Voll verstehen wird das Trostamt der Mutter unseres Herrn an dieser Stelle aber erst derjenige, der einmal mit den vielen Kranken hier gebetet hat: Einige wenige empfangen den Trost der Heilung, die Mehrzahl empfängt von der Trösterin Maria Kraft für den Kreuzweg des Lebens.

Wer Loreto erwähnt, darf *Walsingham* nicht vergessen. Der „National Shrine of Our Lady" an Norfolks Küste war einst Mittelpunkt englischer Marienfrömmigkeit und ist es in etwa heute wieder. Geht auch der Anfang auf einen „Auftrag" an eine Visionärin zurück, so wurde die

Wallfahrt bald durch eine Engel-Übertragungs-Legende überhöht. Nicht zuletzt wegen der Verheißung der Mutter Gottes an die Seherin Richeldis: „Wer immer meine Hilfe sucht, wird nicht mit leeren Händen ausgehen!", wuchs Walsinghams Bedeutung rasch; zeitweise stand es dem spanischen Santiago kaum nach. Erst Heinrich VIII., einst dankbarer Fußwallfahrer nach Walsingham, schloß nach seinem Bruch mit Rom Wallfahrt und Kloster. Völlig zerstört wurde es dann vom Tyrannen Cromwell. Doch die Katholikenemanzipation im 19. Jahrhundert ließ diese Wallfahrt „auferstehen". Da sich heute auch Anglikaner an ihr beteiligen, hat Walsingham ökumenischen Charakter, ein Zeichen der

Unsere Liebe Frau von Loreto/Italien, Mutter des „Heiligen Hauses"

Hoffnung und des Trostes angesichts der noch immer gespaltenen Christenheit.

In ganz anderer Weise erlebten die Franzosen besonders im späten 19. Jahrhundert Maria als Trösterin. Dafür zeugt ihr Heiligtum *„Notre Dame de Fourvière"* oberhalb von *Lyon*. Wo einst ein Tempel der antiken Göttin Kybele, einer „Magna Mater"(!) stand, bauten die Christen – missionarisch klug und theologisch durchaus vertretbar – eine Marienkapelle. Die heutige Basilika, die wie eine Gottesburg über der Stadt thront, wurde in Erfüllung eines aus der Pestzeit stammenden und in der Kriegsnot von 1870 erneuerten Gelübdes errichtet: Das der Verzweiflung nahe Frankreich suchte Trost und Hilfe bei derjenigen, die schon in den Pestwellen des 17. Jahrhunderts sich als Trösterin bewährt hatte. Die künstlerische Ausstattung dieses großartigen Mutter-Gottes-Heiligtums zeigt teils die heilsgeschichtliche, teils die kirchen- und nationalgeschichtliche Bedeutung der Mutter des Herrn. Und gerade an dieser heiligen Stätte fanden nicht wenige Menschen Trost in Anfechtungen und Weisung für den Lebensweg, die später zu Heiligen heranreiften, wie zum Beispiel Jean M. Vianney, der Pfarrer von Ars, wie der Stifter der Eucharistiner Pierre Julien Eymard und der Protomartyrer Ozeaniens Pierre Chanel.

Der Südwesten unseres Kontinents, die iberische Halbinsel, ist überreich an Marienheiligtümern. Hier sei nur an den „zersägten" Berg, den *Montserrat* erinnert. Trug er anfangs nur katalanischen Charakter, so hat er inzwischen längst weltweite Ausstrahlung. Die „Schwarze Mutter Gottes" – das romanische Gnadenbild wird von den Gläubigen vertrauensvoll „Moreneta" (kleine Dunkelbraune) genannt – ist hier Königin und Patronin ganz Spaniens. Mönche Sankt Benedikts hüten seit der Jahrtausendwende dieses Heiligtum. Jahr für Jahr kommen Wallfahrer – etwa eine Million – hierher. Zudem weilten hier im Laufe der Jahrhunderte viele bedeutende Persönlichkeiten aus Kirche, Kultur und Politik. Da finden wir neben Heiligen wie Raymund von Peñaforte, Franz Borgia, Aloisius von Gonzaga oder Antonio M. Claret auch Mystiker wie Ramon Lull und Dichter wie Lope de Vega und Paul Claudel. Und neben gekrönten Häuptern wie Karl V. und Philipp II. sind hier die Päpste Hadrian VI., Julius II. und Benedikt XIII. zu nennen. Selbst Alexander VI. fand den Weg zur Mutter Gottes von Montserrat! Zu allen Zeiten erlebten die Wallfahrer hier Maria nicht nur als Patronin ihrer Heimat, sondern mehr noch als Wegweiserin, Helferin und Trösterin. Man kann das in etwa miterleben, wenn man sich gemeinsam mit den Gläubigen zum Gnadenbild hinaufbegibt. Wegweiserin wurde Maria hier aber vor allem für Ignatius von Loyola, den Gründer des Jesuitenordens. Trösterin wurde die „Moreneta" besonders in jenem unseligen Bürgerkrieg der Dreißiger Jahre, als es hier und in ganz Spanien zahlreiche Martyrer gab.

Kehren wir in den deutschsprachigen Raum zurück! Da ist noch des großen und international weit ausstrahlenden Heiligtums der Schweiz zu gedenken: *Maria Einsiedeln*. Geistlich gesehen sind Kloster und Wallfahrt Früchte der frommen Saat, die im 9. Jahrhundert Sankt Meinrad, zunächst Priestermönch der Reichenau und später Eremit am Sihlsee im „finsteren Wald", hier ausgestreut hat. Auch sein Martyrerblut – 861 wurde Meinrad von zwei Mördern erschlagen – wurde „Same der Kirche". Die Wallfahrt ist freilich etwas jünger als das Kloster, in dem schon Sankt Wolfgang († 994) lebte, reicht aber mindestens bis ins 12. Jahrhundert zurück. Zum einen suchten und suchen die Wallfahrer die Kapelle auf, die man auf die Meinradsklause zurückführt; es könnte aber auch eine Nachbildung des „Hauses Mariens" sein (vgl. Loreto). Vor allem aber pilgert man hier zur Mutter des Herrn in Gestalt eines edlen spätgotischen (1466) Gnadenbildes der schwarzen Mutter Gottes. Tag für Tag ziehen die Mönche nach der Vesper zur Gnadenkapelle (innerhalb der riesigen Klosterkirche) und singen das „Salve Regina" gemäß einer Verfügung, die der letzte Abt von Maulbronn nach seiner Vertreibung hier in Einsiedeln kurz vor seinem Tode 1547 traf.

Die gewaltige, herrliche Barockkirche (1719 – 1735), die weitläufige Anlage der berühmten Benediktinerabtei, der große Vorplatz – welch ein Kontrast zu Kevelaer! Und doch: Einsiedelns Salve-Regina-Prozession – charakteristisch ist die schwere Melodik, die wohl von der Reichenau kommt – ist seither für Ungezählte trostvoller Ausdruck alles dessen, was ihre beglückten und wohl öfter noch bedrückten Herzen kaum besser auszudrücken vermochten und vermögen! Besonders nach den Wirren der Reformation – jener Maulbronner Abt starb ein Jahr nach Luther! – sowie in und nach den Schrecken der Französischen Revolution und dann wieder in unserem leidvollen Jahrhundert war Maria auch hier Trösterin all der vielen Leidtragenden. Sie alle sangen und beteten: „Wohlan denn, unsere Fürsprecherin, wende uns deine barmherzigen Augen zu und zeige uns nach diesem Elend Jesus, die gebenedeite Frucht deines Leibes", den Trost der ganzen Welt! Nicht wenige Heilige waren dabei, z. B. Bruder Klaus von Flüe, Karl Borromäus, Petrus Canisius, Benedikt Josef Labre und Pius X. Aber auch der junge Huldrych Zwingli hat hier zwei Jahre als Leutpriester gewirkt, ehe er sich von der Kirche abwandte. – 1934 hat der Diener Gottes Kardinal Ildefons Schuster, Erzbischof von Mailand, Benediktiner wie die Mönche von Einsiedeln, das Gnadenbild des Schweizer Nationalheiligtums gekrönt.

Wir sagten eingangs, daß Kevelaer gleichsam zwischen den reinen Gnadenbildorten und den Erscheinungsstätten liegt. Darum wollen wir noch kurz nach La Salette, Lourdes und Fatima schauen und sie mit Kevelaer – soweit möglich – vergleichen. Das Prophetisch-Visionäre ist ja für eine Offenbarungsreligion unverzichtbar, wie die Heilige Schrift durchgängig zeigt, und wie wir es im Credo bekennen. Freilich meint die kirchliche Anerkennung einer (Marien-)Erscheinung nie eine Glaubensverpflichtung, nur eine Glaubenserlaubnis; die Echtheitsfrage bleibt immer irgendwie akut. Insofern liegen die Dinge an Stätten, wo es „nur" um ein durch den Glauben von Generationen geheiligtes Gnadenbild geht, eher einfach.[14] Zu prophetischen Phänomenen hat das letzte Konzil jedoch klar gesprochen: Der Heilige Geist verteile immer wieder besondere Gnadengaben (Charismata) für die Erneuerung der Kirche; ob diese nun „von besonderer Leuchtkraft oder allgemeiner verbreitet sind, sie müssen (!) mit Dank und Freude angenommen werden. Das Urteil über ihre Echtheit steht bei jenen, die in der Kirche die Leitung innehaben."[15]

Und sicher gilt von allen (echten) Marienerscheinungen, was das Zweite Vaticanum am 21. November 1964 in aller Form proklamierte: „Die Mutter Jesu, schon verherrlicht, leuchtet dem wandernden Gottes-

Unsere Liebe Frau von Einsiedeln/Schweiz

volk in der Zwischenzeit bis zur Ankunft des Tages des Herrn als sicheres Zeichen der Hoffnung und des Trostes (!) voran."[16] Indem Maria erscheint, stärkt sie nicht nur unseren Glauben, sondern ist als solche Zeichen des Trostes in unseren Anfechtungen, ja mehr noch: als geschöpfliches Abbild des mütterlichen Gottesgeistes (vgl. Anmerkung 13) Trösterin schlechthin für die pilgernde Kirche. Wo immer die Gottesmutter erscheint, wo immer ein Gnadenbild von ihr kündet, erfüllt sich die Verheißung: „Ich will euch trösten, wie jemanden seine Mutter tröstet" (Jes 66,13).

Das gilt auch für *La Salette* (1846). Nun ist zwar die Botschaft von dort fast nur durch Warnungen und Drohungen bekannt: „Wenn mein Volk sich nicht unterwirft, bin ich gezwungen, den Arm meines Sohnes fallen zu lassen." Unsere Sünden machen seinen Arm „so schwer", heißt es da. Also Drohbotschaft statt Trostbotschaft? Tröstet denn nicht, daß uns Maria hier als die Mater dolorosa, als die Weinende begegnet? Zudem darf man fragen, ob vom Evangelium her ihre Worte „Fürchtet euch nicht, kommt näher!" und vor allem jenes wunderbare „schon so lange leide ich um euch" nicht weit schwerer als die Drohungen wiegen.[17] Die Weinende in La Salette erinnert daran, daß wir seit Golgotha eine Mutter im Heiligen Geist haben. Wie ja auch Maria in Kevelaer unverstanden bleibt, wenn man die Schmerzensmutter im Hochaltar und an der Kerzenkapelle übersieht! Sie mahnt, aber sie tröstet auch immer neu. Leon Bloy (gest. 1917), der vielgeprüfte Dichter und „beständige Zeuge Gottes" wußte darum wie wenige: „Wenn es wahr ist, daß diesen heiligen Worten (sc. von La Salette) etwas Prophetisches innewohnt, dann frage ich, ob es selbst für Menschen mit wenig Glauben etwas Beruhigenderes und für Furchtsame etwas Stärkenderes geben kann als dieses Zeugnis."[18] La Salette, in den französischen Alpen gelegen, ist also nur geographisch weit entfernt von Kevelaer; von der Sache her steht es ihm sehr nahe.

Man meint, einen Kristall gegen das Licht zu halten (es wurde schon angedeutet): Jeweils andere Färbungen, und doch immer das eine Licht. Diese Erfahrung machen wir auch beim Blick auf *Lourdes*. Wirkt es zunächst wie ein himmlisches Ja zur Dogmatisierung von 1854 – „Ich bin die Unbefleckte Empfängnis" sagt hier Maria –, so gilt es doch weltweit als die Stätte der Wunder, nicht zuletzt dank der Untersuchungen durch die neutrale Ärztekommission. Die Gottesmutter wird hier zu Recht vor allem als Heil der Kranken angesehen und geliebt. Aber ist sie nicht gerade an dieser Stätte auch und besonders Trösterin der Betrübten und Leidenden? Zumal, wenn wir das sogenannte „größte Wunder von Lourdes" bedenken, das darin besteht, daß die vielen, die hier keine Heilung fanden, im Glauben fest bleiben und getröstet heimkehren – oft genug noch ihre Mitmenschen tröstend! Von daher kann man es nur providentiell nennen, daß 1948 just der Bischof von Tarbes und Lourdes nach Kevelaer kam und den Erstkommunikanten ihre kriegsgefangenen Väter wiederbrachte. Dadurch und durch das Friedenslicht hat die Consolatrix Afflictorum ihre Heiligtümer Lourdes und Kevelaer innigst verbunden. Und Trösterin war Maria in ganz eigener Weise auch für Bernadette, die nach dem Geschehen von 1858 einen schweren und leidvollen Weg zu gehen hatte. Ihre Briefe und Bekenntnisse bezeugen dieses zutiefst getröstete Leiden in eindrucksvoller Weise.[19]

Fatima ist in vielem anders. Wenn wir seinen Weltrang bedenken, den es wohl vor allem den Bezügen seiner Botschaft auf Rußland verdankt wie auch dem Umstand, daß die Erscheinungen gerade 1917 stattfinden, wenn hier neben der Herz-Mariä-Verehrung vor allem Buße und Sühne im Mittelpunkt stehen[20], dann erscheint der Abstand zu Kevelaer allzu groß. Aber lassen wir uns nicht täuschen! Daß in jenem Katastrophenjahr 1917 die Gottesmutter mit einer so inhaltvollen und aktuellen Botschaft erscheint, ist Trost im eminenten Sinn: „Es geht um den gigantischen Kampf zwischen dem einen großen Zeichen, der Sonnenfrau, und dem anderen Zeichen, dem roten Drachen . . . Eine gottfeindliche Macht tritt auf, wird Irrtümer über die ganze Welt verbreiten und Kriege entfesseln. Aber schließlich wird genau wie in der Apokalypse (Kap. 12) Gott siegen. Am Ende wird mein unbeflecktes Herz triumphieren, verkündet die Gottesmutter."[21] Vielleicht darf man doch sagen, daß noch nie in der Geschichte der Christenheit Maria in solchem Grade „sicheres Zeichen der Hoffnung und des Trostes" war wie in Fatima 1917. Und die Verheißung der Mutter Jesu „Es wird Friede sein!" führt uns direkt nach Kevelaer zurück, wo spätestens seit 1948 Gebet und Engagement für den Frieden, der in Christus wurzelt, zentral sind. Das Gleichnis vom Kristall, der das eine Licht in verschiedene Farben zerlegt, gilt also auch hier: Die eine Mutter Gottes, Abbild des Heiligen Geistes, ist überall und

Die Grotte der Marienerscheinungen in Lourdes/Frankreich

für alle die große Trösterin, berufen auf Golgotha vom sterbenden Erlöser. Aber sie waltet ihres Trostamtes je nach Ort und Zeit auf verschiedene Weise. Kevelaer ist kein Sonderfall, sondern Glied einer großen heiligen Kette, die Europa, ja die Welt umschlingt und alle Völker verbinden soll. Denn alle „Marienheiligtümer sind Zentren christlicher Ausstrahlung, dazu bestimmt, die Menschen zu versöhnen und den Glauben auszubreiten. Laßt darum das Licht, das Maria euch hier (und anderswo) schenkt, nicht nur die eigene Seele erfüllen, sondern laßt es auf verschiedene Weise überströmen und sich ausbreiten."[22]

Unsere Liebe Frau vom Rosenkranz in Fatima/Portugal

Anmerkungen

[1] Daß wir hier nur Marienwallfahrten betrachten, versteht sich im Zusammenhang mit Kevelaer von selbst.
[2] B. Kötting: „Peregrinatio religiosa", Münster 1980 S. 1.
[3] ebenda.
[4] vgl. H. Reißner: „Wir gehen zur Mutter der Kirche" Kevelaer 1977, S. 17 ff.
[5] R. Graber im Geleitwort zu Reißner: „Wir ziehen zur Mutter der Kirche", Altötting 1967.
[6] J. Ratzinger am 15. 1. 89 in Altötting (Vgl. Liebfrauenbote vom 22. 1. 89)
[7] Kronprinz Rudolf zu Clemenceau im Dezember 1886.
[8] Vgl. K. Kolb: „Mariahilf", Würzburg 1974, S. 28. Auf die Problematik der Magna-Mater-Idee kann hier nicht näher eingegangen werden. Vgl. dazu u. a. J. Leipoldt: „Von Epidauros bis Lourdes", Leipzig 1957, S. 135 ff.
[9] Vgl. Holzer: „Maria Roggendorf", Wien 1971 und A. Andre OSB: „Wallfahrt f. d. Kirche", Roggendorf 1986.
[10] „Für Freiheit u. Menschenwürde", Limburg 1966, S. 24 ff.
[11] Papst Johannes Paul II.: „Maria, Leitstern meines Weges", Kevelaer 1988, S. 34 f.
[12] ebenda S. 34.
[13] vgl. zum Ganzen F. Kastner SAC: „In Erwartung des Hl. Geistes", Limburg 1949, Kap. 2 und 3.
[14] Die Theologie des Bildes mit ihren Problemen steht allerdings immer im Hintergrund.
[15] „Lumen Gentium", Nr. 12. Vgl. K. Rahner „Visionen und Prophezeiungen", Freiburg 1958, S. 27.
[16] „Lumen Gentium", Nr. 68.
[17] zit. nach E. Ritz „Deine Mutter weint", Mörschwil 1960, S.23. Selbst bei den biblischen Propheten und erst recht bei allen späteren Sehern gibt es das psychologische Problem des Durchgebens von Botschaften. K. Rahner, a. a. O. passim.
[18] R. Bloy in „Der beständige Zeuge Gottes", Salzburg 1953, S. 274.
[19] Bernadette v. Lourdes: „Ich habe das Glück, zur Grotte zu gehen." Freiburg 1979, passim.
[20] vgl. V. Marion: „Eine Theologie über Fatima", Innsbruck 1960.
[21] vgl. R. Graber „Fatima", Würzburg 1987, S. 76 f.
[22] Joh. Paul II. am 16. 7. 1989 in Oropa/Italien.

German Rovira

Mariologie in Kevelaer

Internationaler Mariologischer Arbeitskreis Kevelaer 17. Marianischer und 10. Mariologischer Weltkongreß 1987

Bei der Ankündigung des 17. Marianischen und 10. Mariologischen Kongresses, die in Kevelaer vom 11. bis zum 20. September 1987 stattfanden, schrieb der Kardinalstaatssekretär Agostino Casaroli an den damaligen Vorsitzenden der Deutschen Bischofskonferenz, Kardinal Joseph Höffner: „Mit Freude hat der Heilige Vater durch das örtliche Sekretariat des kommenden Internationalen Marianischen Kongresses in Kevelaer im September 1987 erfahren, daß die Gläubigen in Ihrem Lande durch intensive marianische Pastoral auf dieses wichtige geistliche Ereignis im Leben der Kirche vorbereitet werden sollen."[1] Er empfahl überdies, die unternommenen Anstrengungen zu vermehren und erklärte: „Wer in der Erwachsenenkatechese einem müde gewordenen Glauben neue Impulse zur Vertiefung, Belebung und aktiven Bezeugung zu geben versucht, kann auf Maria verweisen . . . Glaubensbesinnung, gemeinsames Gebet und liturgische Feier lassen dann auf dem Grund unserer Seele das Bild der Mutter neu aufleuchten."[2]

Ohne Vermessenheit darf man sagen, daß Kevelaer, und das heißt zuerst die seit Jahrhunderten für die Wallfahrt zur „Consolatrix Afflictorum" Verantwortlichen, nachdem 1642 der Bildstock aufgestellt wurde und die Wallfahrten begannen, diese Aufgaben erfüllt. Die marianische Erwachsenenkatechese stand von Anfang an im Mittelpunkt der Betreuung der Pilger, die nach Kevelaer kamen. Dies ist auch das Verdienst des Initiators der ersten Wallfahrtsprozession nach Kevelaer, Johannes Stalenus (Staell), damals Pfarrer von Rees, der die Wallfahrt und die marianische Frömmigkeit mit zahlreichen wissenschaftlichen und volkstümlichen Werken theologisch begründete.[3] Damals war dies wegen der Kalvinisten, die zu jener Zeit am Niederrhein das gesellschaftliche Leben mitbestimmten, ein dringlicher Dienst für die Katholiken, die entsprechend ihrer Tradition leben wollten. Was Stalenus begann, wurde so auch zur verpflichtenden Tradition für spätere Generationen.

Es ist eine nachprüfbare Wirklichkeit, daß Kevelaer seitdem in dieser Tradition lebt: Die Mariologie fördert und untermauert die Pastorale in Kevelaer und vom Marienheiligtum aus in alle angrenzenden Gebiete. Auch Feinschmiede und Künstler, Museum, kulturelle Einrichtungen und die Buchkultur stehen zum großen Teil im Dienste dieser Aufgabe; man darf wohl sagen, das Leben der kirchlichen und weltlichen Gemeinde wird von der „Anwesenheit" Marias in der Gnadenkapelle geprägt. So bewahrheitet sich in Kevelaer, was der Heilige Vater Johannes Paul II. in seiner Grußbotschaft an den Päpstlichen Legaten beim schon erwähnten Weltkongreß und durch ihn an alle Teilnehmer des Kongresses sagte: „Die vollkommene Jüngerin des Herrn, zugleich Bild und Modell der Kirche, hat nicht nur die Theologie zu besonderer Leistung angeregt, sondern auch manche Bereiche menschlicher Kultur, wie Musik und Malerei, Architektur und Bildhauerei, Literatur und Volkskunst, inspiriert".[4] In dieser verpflichtenden Tradition muß man auch, und vielleicht nur so kann man es verstehen, die Gründung eines Internationalen Mariologischen Arbeitskreises, mit einem eigenen Lehr- und Forschungsinstitut bei der „Consolatrix Afflictorum" verstehen, wie auch diesem Arbeitskreis zu verdanken ist, daß wieder ein Marianischer Weltkongreß nach 75 Jahren in Deutschland stattfand, und zwar in Kevelaer.

Weltkongreß vom 11. bis 20. September 1987. öffnungssitzung im Konzert- nd Bühnenhaus zu Kevelaer

Internationaler Mariologischer Arbeitskreis Kevelaer – IMAK

Zum Marianischen Jahr 1954 gab Carl Feckes das wertvolle Buch „So feiert Dich die Kirche" heraus. Es war ein Handbuch über die Gnadenvorzüge Marias „im Kranz ihrer Feste", wie bereits der Untertitel des Werkes vorankündigte. Das Buch war auch ein eindrucksvoller Marienkalender mit kunstvollen Abbildungen von Marienbildern der auserlesensten Künstler, die gut mit den Texten abgestimmt waren.

Dieses Vorbild regte die späteren Initiatoren des IMAK dazu an, zum 125. Jubiläum der Dogmenverkündigung der Unbefleckten Empfängnis Marias eine Sammelschrift über die katholische Lehre von dieser Wahrheit herauszugeben; das Werk sollte zum besseren Verständnis derselben beitragen, einer Wahrheit, deren Glaubensinhalt nicht selten selbst bei Marienverehrern unerfaßbar bleibt, unverstanden und sogar mißverstanden. Das war im Herbst 1978. Mit Datum vom 30. April 1979 veröffentlichten die deutschen Bischöfe einen gemeinsamen Hirtenbrief über „Maria, die Mutter des Herrn", in dem sie die Gläubigen dazu ermunterten, die im deutschen katholischen Volk festverwurzelte, traditionelle Marienverehrung wieder besonders zu pflegen und zu erneuern.

So konnte man wie beinahe zehn Jahre später, im Jahr des Marianischen-Mariologischen Weltkongresses in Kevelaer 1987, den Brief der deutschen Bischöfe als Bestätigung des erwähnten Vorhabens empfinden. Als der IMAK 1986 mit den Vorbereitungen des Weltkongresses begann und verschiedene Tagungen veranstaltete, um mit allen in Deutschland im marianischen Apostolat tätigen Gruppen die Mitarbeit zu suchen, wurde auch der Wunsch geäußert, es wäre gut, wenn die deutschen Bischöfe das Kongreßjahr 1987 zum Marianischen Jahr für Deutschland erklären würden; dieser Vorschlag wurde auch den Bischöfen und der Bischofskonferenz unterbreitet. Als die Entscheidung fällig wurde und keine Antwort auf die Bitte kam, kündigte der Heilige Vater an, die Zeit vom 25. März 1987 bis 15. August 1988 sollte in der katholischen Kirche als „Marianisches Jahr" begangen werden.

Kardinal Joseph Ratzinger, Rom, eröffnete den Mariologischen Weltkongreß am 11. September 1987

Die Bemühungen um die erwähnte Veröffentlichung und neue Pläne schlossen einige der späteren Mitbegründer des IMAK zuerst in einem lockeren Kreis zusammen, der die Herausgabe des Buches und das Anliegen der deutschen Bischöfe fördern sollte. Im Sommer 1979 erhielt der Zusammenschluß der Förderer den Namen „Kevelaer-Arbeitskreis für Mariologie", welcher auch den Titel des ersten Buches vom IMAK beschloß: „Im Gewande des Heils" und gleichzeitig die Entscheidung faßte, auch in der Zukunft die Herausgabe weiterer Publikationen anzustreben. Dementsprechend sollte auch das neue Buch die Reihe „Marianische Schriften des Kevelaer-Arbeitskreis für Mariologie" eröffnen, in der die späteren Publikationen erscheinen sollten.

Am 8. Dezember 1979 erschien zum 125. Jubiläumsjahr der Proklamierung des Dogmas der Unbefleckten Empfängnis Marias das erwähnte Buch. Mit dieser Publikation war die erste und ursächliche Aufgabe des Arbeitskreises erreicht. Es stellte sich nun jedoch im Falle der weiteren

Publikationen die Frage der juristischen Persönlichkeit des Kreises mit einem konkreten Aufgabenkatalog, womit der eigentliche und ursprüngliche Gründungszweck des Kreises konkretisiert werden sollte: Was könnte getan werden, um das Anliegen der deutschen Bischöfe in ihrem Hirtenbrief über Maria vom April 1979 zu fördern?

Das Problem der juristischen Anerkennung des Kreises wurde dem emeritierten Justitiar des Bistums Essen, dem inzwischen verstorbenen Rechtsanwalt Heinz Boskamp, anvertraut. Ihm verdankt IMAK auch die Statuten des „Mariologischen Institutes Kevelaer" und der „Academia Mariana Cañete" (Peru), Einrichtungen, die IMAK bald danach stiftete; bis zu seinem Tode war das Gründungsmitglied Boskamp immer einsatzbereit für die Belange des Kreises. Er sammelte zuerst die Wünsche der Mitglieder des Kreises für die Gestaltung des einzutragenden Vereins und prüfte die Satzungsentwürfe, die ihm vorgelegt wurden; danach fertigte er auch die endgültige Fassung der Vereinsstatuten, die vor dem Notar Salzberger in Kevelaer bei der ersten Sitzung des Kreises von den Gründungsmitgliedern angenommen wurde. An dieser Sitzung nahmen folgende Mitglieder teil: Dechant Richard Schulte Staade, Rektor des Heiligtums und Pfarrer von St. Marien in Kevelaer, Prälat Joseph Auda aus Bochum-Wattenscheid, Rechtsanwalt Heinz Boskamp aus Essen, Erich Braun aus Kerken-Stenden (ihm verdankt der Kreis die ersten finanziellen Mittel; durch eine großzügige Spende ermöglichte er die Eröffnung eines Kontos), Peter Demand aus Essen, Altlandrat Gregor Vos aus Kevelaer-Wetten und Dr. German Rovira, der in der gleichen Sitzung zum Vorsitzenden des Arbeitskreises einstimmig gewählt wurde; mit ihm wurden auch zu Mitgliedern des Vorstandes Dr. Klaus M. Becker aus Köln, Julio Garcia Llovera aus Spanien, wohnhaft in Kevelaer, Dechant Richard Schulte Staade und Prof. Dr. Johannes Stöhr aus Bamberg gewählt.

Was ist jedoch ein Vorstand ohne Mitarbeiter? Gerade in den Entstehungsstunden waren Frau Josephine van Onselen und Bruder Carl Debernitz die eigentlichen Träger des IMAK, durch ihren unermüdlichen Einsatz konnten die ersten Publikationen druckfertig gemacht werden. Danach haben sie die Bibliothek des Kevelaerer Instituts von IMAK aufgebaut.

Die Satzung umschrieb die Aufgaben des neuen Vereins so: „Der Verein bezweckt die Verbreitung und Vertiefung der Marienverehrung durch entsprechende theologische Forschung und Pflege des Volksbrauchtums und der Volksfrömmigkeit". Zur Verwirklichung dieses absichtlich etwas allgemein formulierten Vereinszweckes konnten und sollten weitere Initiativen entwickelt werden. Somit wurden mit der Satzung die wichtigsten Koordinaten jeglicher zukünftiger Tätigkeit des Kreises festgelegt: Er sollte der katholischen Volksfrömmigkeit dienen und versuchen, sie theologisch zu untermauern; die lehramtliche katholische Verkündigung sollte Richtschnur der Arbeit der Mitglieder des Kreises sein. Der Kreis hatte vor allem die Initiativen der Mitglieder zu unterstützen und von sich aus alles zu initiieren, was bei deren Durchführung Mitgliedern des Kreises anvertraut werden könnte. Man wollte auch, daß der Kreis international sei, weil katholisch – und dementsprechend im Glauben und im Dienst an den Menschen universal, ohne Unterschiede –, aber auch wegen der verschiedenen Nationalitäten der Mitgründer des Kreises und weil Kevelaer, als Sitz des Vereins, engste Zusammenarbeit mit Mariologen aus allen Ländern von Anfang an anstrebte, insbesondere aber aus den Ländern, aus denen die meisten Pilger zur „Consolatrix Afflictorum" kommen. So beschloß man schon bei der Annahme der Satzung, daß dem Kreis der Titel „International" hinzuzufügen wäre, um den Charakter der Internationalität festzuschreiben: Der Kreis würde den Namen „Internationaler Mariologischer Arbeitskreis Kevelaer" tragen und sollte als IMAK abgekürzt werden. Beides wurde bei der Errichtung des Kreises am 23. März 1981 notariell festgelegt.

Die Tätigkeiten der Mitglieder führten schon vor der Gründung des Kreises zu Kontakten mit marianischen und mariologischen Vereinigungen in anderen Ländern; einige von ihnen nahmen teil an Kongressen und Arbeitstagungen ähnlicher Institutionen im In- und Ausland. Nicht nur der Name, sondern auch die Tätigkeiten der Mitglieder prägte die „Internationalität" des Kreises.

Auch wenn die erste Einrichtung des IMAK in Kevelaer das „Mariologische Institut Kevelaer" (MIK) war – es sollte auch sozusagen als Zentrale des Kreises fungieren –, die zweite Stiftung führte schon in Übersee, nach Peru, mit der Gründung der „Academia Mariana Cañete", die am Priesterseminar der Apostolischen Prälatur Yauyos-Cañete angeschlossen werden sollte und wurde. Am 2. Juli 1984 wurde der erste Beschluß der Generalversammlung des Arbeitskreises gefaßt; an der Versammlung nahmen folgende aktive Mitglieder teil: Prälat Joseph Auda, Dr. Klaus M. Becker, Rechtsanwalt Heinz Boskamp, Dr. German Rovira, Prof. Dr. Joseph Schumacher, Dechant Richard Schulte Staade, Prof. Dr. Johannes Stöhr und Altlandrat Gregor Vos. Wegen des Verzichts von Garcia Llovera auf seinen Sitz im Vorstand wurde Prof. Dr. Schumacher zum neuen Schriftführer des Vorstandes gewählt. Man genehmigte die Satzung des MIK, das unter anderem auch die Redaktion des Vereinsorgans übernehmen sollte. Im September des gleichen Jahres übernahm MIK die Redaktion von „Mariologisches", als Sonderbeilage der „Offerten-Zeitung", die seitdem dreimal im Jahr erscheint.

Ende April 1981 fand bereits die erste vom Kreis organisierte Arbeitstagung für Priester statt. Da die Statuten des Kreises eine Generalversammlung der Mitglieder jedes Jahr vorsehen, wurden seitdem diese Versammlungen immer wieder mit Informations- und Lehrtagungen verbunden, in denen aktuelle Probleme behandelt werden, die an die Mariologie grenzen; daraus sind verschiedene Publikationen entstanden. Andere Versammlungen und Kurse fanden in anderen Städten und Einrichtungen in Deutschland und im Ausland statt. So halten beispielsweise Mitglieder des Arbeitskreises jeden Sommer Kurse über Mariologie in der Gustav-Siewert-Akademie an der Philosophischen Hochschule in Weilheim/Schwarzwald, die auch die Gründung eines Mariologischen Institutes in Zusammenarbeit mit IMAK anstrebt.

Durch die Mitarbeit einiger Mitglieder des Arbeitskreises mit Freunden aus Peru war es dem Arbeitskreis möglich, in der Apostolischen Prälatur von Yauyos und Cañete die „Academia Mariana Cañete" zu errichten und für deren Leitung den deutschen Priester Thomas Huckemann aus der Diözese Mainz zu gewinnen. Auch in Polen und den Phi-

Plenarsitzung des Kongresses

lippinen unterstützt IMAK Bildungsstätten, die bemüht sind, das Fach Mariologie in ihren Lehrplänen zu fördern.

Die Statuten des Kreises schreiben aber auch vor, daß der IMAK sich um die Förderung der Volksfrömmigkeit zu bemühen habe, ja es gehört gerade zu den Aufgaben des Arbeitskreises, marianische Übungen und Bräuche zu fördern und, wo nötig, wieder zu beleben. Dabei soll der Kreis solche volkstümlichen Bräuche und Übungen durch mariologische Untermauerung vor den Gefahren des Populismus bewahren. Bewahrt werden kann jedoch nur Existierendes, und deshalb sollte der Kreis durch direkte Förderung bestimmter Frömmigkeitsübungen helfen, daß sie nicht in Vergessenheit geraten. Schon im Jahre 1980 veranstaltete der Kreis, damals noch im Begriff, sich zu konstituieren, eine Novene zur Vorbereitung des Festes der Unbefleckten Empfängnis in der Marienkirche zu Essen-Segeroth, zu jener Zeit von Herrn Pfarrer Bruno Freyaldenhoven betreut, der auch zu den Gründungsmitgliedern vom IMAK zählte und die Anregung des Vorsitzenden freudig aufnahm. Nach seiner Versetzung nach Duisburg führte er in Zusammenarbeit mit dem Kreis die Novene in der Duisburger Liebfrauenkirche ein, wo sie seit Jahren vom IMAK organisiert wird. In Essen wurde die Novene in die Anbetungskirche des Domes verlegt, und sie wird auch seitdem vom IMAK veranstaltet. Nach diesem Beispiel begann auch die Novene in Düsseldorf durch den Einsatz von Pfarrer Johannes Kaulmann, einem Mitglied des IMAK. Auch mittels der Wallfahrten, die der Arbeitskreis veranstaltet, ist IMAK darum bemüht, die Praxis der „Peregrinatio pro Christo cum Maria" zu fördern und neue Pilgerwege zu ebnen. Der Kreis selbst organisiert jedes Jahr zu Pfingsten eine Wallfahrt über die „Marianische Route": Lourdes, Torreciudad, Saragossa, über Lyon, Le Puy, etc.

Die „Pontificia Academia Mariana Internationalis" (PAMI) erkannte bald die Bedeutung der Arbeit von IMAK zur Förderung der Marienverehrung an und ehrte den Kreis 1986 mit der Ernennung von drei seiner Vorstandsmitglieder zu ordentlichen Mitgliedern der PAMI (Prof. Stöhr und Dr. Rovira) bzw. Honorarmitglied (Domkapitular Schulte Staade); nach dem Marianischen Weltkongreß ehrte 1988 die PAMI wiederum Kevelaer in der Person von Bürgermeister Dingermann, und damit ein weiteres Mitglied des IMAK, mit der Verleihung der Honorarmitgliedschaft. Den Ehrungen jedoch folgte bzw. ging voraus die Arbeit der Mitglieder des IMAK zur Vorbereitung und Durchführung der Weltkongresse in Kevelaer, die PAMI hauptsächlich dem IMAK anvertraute, dessen Vorsitzender zum Generalsekretär der Kongresse ernannt wurde.

17. Marianischer und 10. Mariologischer Weltkongreß

Zum Auftakt der Kongresse schrieb Prof. Dr. Scheffzcyk: „Die wissenschaftlichen Mariologischen Weltkongresse sind, im Unterschied zu den auf die Frömmigkeit und Verehrung ausgerichteten Marianischen Welttreffen, jüngeren Ursprungs. Beide gehen jedoch auf gleiche Wurzeln

Der Päpstliche Legat, Kardin Franciszek Macharski, Erzbischof von Krakau, eröffnete am 18. September 1987 den Marianischen Weltkongreß

zurück, wie sie sich auch in ihrer Entwicklung verknüpfen und so die Einheit von Marienlehre und Marienfrömmigkeit dokumentieren."[5]

Am Ende der Marienkongresse in Kevelaer erklärte der Präsident der PAMI, der Veranstalterin der Kongresse, noch einmal das gleiche, die Einheit von Lehre und Frömmigkeit: „Als Spezialisten der Mariologie müssen wir uns dazu aufgerufen fühlen, die katholische Lehre über Maria nicht nur zu verteidigen, sondern vor allem sie zu erklären, indem wir sie in das übrige des christlichen Credos integrieren, indem wir die Dimension der Marienverehrung ins Gleichgewicht bringen mit einer harmonischen Entwicklung der Lehre."[6]

Möge ein weiteres Zeugnis die Konzeption der beiden Kongresse zusammenfassen, die in Kevelaer durch das pastorale Rahmenprogramm praktisch in einen Kongreß verschmolzen. So beschreibt Dr. Michel, Kongreßsekretär und Mitglied des IMAK, seine Eindrücke nach den Kongressen so: „Kennzeichnend für den Kongreß, für das von ihm ausstrahlende Fluidum, war das Beisammensein und Miteinander von Wissenschaft, Frömmigkeit und Kultur, das sich in großer Offenheit und Spontaneität vollzog."[7]

I. Der Auftrag an den IMAK

Bei der Tagung der Spanischen Gesellschaft für Mariologie 1982 in Sevilla fragte P. Melada, Präsident der PAMI, den Vorsitzenden des IMAK, ob er es für möglich hielte, in Deutschland die Kongresse zu veranstalten und ob IMAK evtl. die Organisation derselben übernehmen würde.

Der Wunsch der PAMI, einen mariologischen und marianischen Doppelkongreß in Deutschland zu veranstalten, hatte leider bis dahin bei den dafür geeigneten Institutionen nur prinzipielle Zustimmung gefunden, aber keine grundsätzliche Bereitschaft, die Verantwortung zu übernehmen. Man erkannte im allgemeinen, daß die Durchführung der Kongresse entsprechend den marianischen Traditionen des Landes und der Bedeutung eines mariologischen Kongresses zur Förderung der theologischen Forschung irgendwann in Deutschland stattfinden sollte; jedoch bot sich ein möglicher Organisator nicht an. Nachdem der letzte Internationale Marianische Kongreß in Deutschland 1912 in Trier stattfand, war aber die Austragung eines neuen Kongresses dieser Art in Deutschland längst überfällig.

Die in Sevilla von IMAK erteilte Zusicherung, der Arbeitskreis werde alles Mögliche tun, um die Austragung der Kongresse in Deutschland durchzusetzen, aber auch das Angebot, die Kongresse in Kevelaer abzuhalten, waren die Voraussetzung für die Entscheidung bei den 9. Internationalen Mariologischen und 16. Marianischen Kongressen von 1983 in Malta, die darauffolgenden Internationalen Kongresse in Deutschland abzuhalten. 1984 kamen der Vorsitzende und der Sekretär der PAMI zur Jahrestagung des IMAK nach Kevelaer, um Einzelheiten über die Durchführung der Kongresse am Ort des Heiligtums der „Consolatrix Afflictorum" zu erörtern.

Ende 1985 legte der Heilige Stuhl auf Vorschlag der PAMI fest: der 10. Internationale Mariologische und der 17. Marianische Kongreß sollen in Kevelaer stattfinden. PAMI erteilte dem IMAK offiziell den Auftrag bei der Jahrestagung des Kreises Ende April 1986. Mit der Ernennung des Vorsitzenden des IMAK zum Generalsekretär des Kongresses begannen sofort nach der Tagung die Vorbereitungen der Kongresse; als erstes wurde Anfang Mai das Kongreßsekretariat in Kevelaer errichtet. „War (nun) die PAMI der offizielle Veranstalter des Kongresses, so war das Kongreßsekretariat in Kevelaer . . . der Organisator", wie Dr. Gunther M. Michel es ausdrückte, den der Generalsekretär mit Zustimmung der PAMI, der Wallfahrtsleitung und des Vorstandes des IMAK zum Kongreßsekretär berief.

II. Die Kevelaerer Konzeption der Kongresse

IMAK verknüpfte die Vorbereitung der beiden Weltkongresse mit einem intensiven Einsatz für eine breite und tiefe marianische Pastoral in allen deutschsprachigen Ländern.

Der Kongreßsekretär beschreibt so die unternommenen Anstrengungen: „Der IMAK verband mit der Kongreßvorbereitung von Anfang an ein pastorales Konzept: Er ergriff die Initiative einer marianischen Pastoral für ganz Deutschland, die – man muß es bekennen – zunächst nur geringen Widerhall fand, sogar auf Widerstand stieß, bis sie unerwartet eine alle Erwartungen übertreffende Förderung durch den Heiligen Vater erfuhr, als er für die ganze Kirche ein Marianisches Jahr ausrief. Der IMAK brachte marianische Katechismen heraus, regte die Durchführung marianischer Exerzitien an; veranstaltete Priester- und Wallfahrtsleitertagungen, deren wichtigstes Ergebnis die Erarbeitung einer Skala abgestufter pastoraler Ziele war."[8]

Die angedeutete Schwierigkeit, bestimmte Gruppierungen zur Mitarbeit zu gewinnen, bestand zum Teil darin, daß der Mariologische Kongreß hauptsächlich, bei einzelnen sogar ausschließlich als theologische Veranstaltung aufgefaßt wurde; bei dem Marianischen Kongreß herrschte nicht selten die Anschauung, er müßte vordergründig eine Kundgebung der Marianischen Vereinigungen sein. Für nicht wenige war der internationale Charakter der Kongresse sekundäre Angelegenheit und für sie nur von Interesse, wenn der Kongreß ihre Forderungen erfüllen und ihren Erwartungen entsprechen würde.

Aber selbst wenn das Echo auf all jene Initiativen zuerst nicht unbedingt ermutigend war, wurden trotzdem Ziele einer Pastoral in Gesprächen mit vielen festgelegt, die ganz gewiß sich nachhaltig auswirken würden und die wiederum auch von vielen mit großer Hingabe verfolgt wurden. Im Ankündigungs- bzw. Werbeblatt der Kongresse wurden die Ziele dieser Pastoral zur Vorbereitung der Kongresse so formuliert: „Der Weltkongreß will zur Förderung einer marianischen Frömmigkeit beitragen, die vom Evangelium beleuchtet und von Christus her geprägt ist. Er unterstützt folgende Ziele:

- In jede christliche Wohnung – zum Kreuz ein Bild Marias
- Alle Gläubigen beten täglich wenigstens ein ‚Vaterunser', ein ‚Gegrüßet seist du Maria' und ein ‚Ehre sei dem Vater'
- In jede christliche Familie – zur Bibel ein Buch über Maria
- Den Engel des Herrn auch gemeinsam beten, besonders bei Versammlungen im kirchlichen Bereich
- Den Rosenkranz bei sich tragen und beten
- Sich dafür einsetzen, daß in jeder Gemeinde wöchentlich ein marianischer Wortgottesdienst gefeiert wird (Marienandacht, Salve-, Rosenkranz-, Sühne-, Maiandacht, Marienfeier für Jugendliche und Kinder usw.)
- Mit Maria unterwegs sein: Marienwallfahrten der Pfarrgemeinden, Pilgerwege der Jugend, ‚Herbergssuche' im Advent u. a.
- Den Namen Maria als ersten oder zweiten Taufnamen geben
- Marianisches Brauchtum neu entdecken und beleben."[9]

Zur Förderung der Marienverehrung gehört notwendig die wissenschaftliche Erforschung des Geheimnisses Marias, ihrer Person und ihrer Stellung im Heilsplan nach dem ewigen unergründlichen Ratschluß Gottes, des Dreifaltigen. Aber diese Forschung mußte im Dienste der Volksfrömmigkeit stehen und aus dieser schöpfen; sie durfte nicht sich verselbständigen und zum Selbstzweck werden. Die daraus gezogene Konsequenz

Kardinal Macharski widmet
[d]em Gnadenbild eine goldene
Votivtafel als Gabe der
Kongreßleitung

war, daß der Mariologische Kongreß in den Marianischen ganz einzubetten sei und diesem letzten die Zeit einzuräumen, die für die Dauer beider Kongresse vorgesehen war. Erwünscht war, daß alle Teilnehmer sowohl bei den wissenschaftlichen Tagungen des Mariologischen Kongresses anwesend sein könnten, wie auch bei eigenen Veranstaltungen und wissenschaftlichen Vorträgen, welche die spezifischen Interessen der verschiedensten Gruppen im Hinblick auf die Bedeutung der Marienverehrung im Alltag thematisch behandeln sollten. Anzustreben wäre überdies, daß das gläubige Volk sich zusammen mit den Wissenschaftlern an den zahlreichen Gottesdiensten in allen Sprachen der Kongreßteilnehmer beteiligen würden, um so wahrhaftig die Wirklichkeit von der Gemeinschaft der betenden Kirche um und mit Maria sichtbar werden zu lassen.

Die Integration oder Vereinheitlichung beider Kongresse im erwähnten Sinne in einen Kongreß, der für alle Teilnehmer die Beteiligung sowohl an den wissenschaftlichen Veranstaltungen wie an den Andachten ermöglichen würde, erwies sich nicht nur als schwierig, sondern zum Teil auch als nicht praktikabel, da der Mariologische Kongreß seine Teilnehmer ganz in Anspruch nehmen würde. Dazu kam, daß nicht alle zur Mitarbeit eingeladenen Gruppen und Personen sich das Angestrebte zu eigen machten. Die Theologen hauptsächlich beharrten auf der Trennung der beiden Kongresse. Die Planung und Durchführung der Kongresse nach einer neuen Gesamtkonzeption mußte auch diese zum Teil berechtigten Wünsche berücksichtigen. Die einzige Möglichkeit war, beide Kongresse in einen Rahmen einzuordnen, der wenigstens in etwa die in Kevelaer angestrebte marianische Pastorale für alle gesellschaftlichen Gruppierungen verwirklichen ließ.

III. Das Rahmenprogramm zum 17. Marianischen Kongreß

Trotz aller Schwierigkeiten, das Anliegen Leos XIII. und des hl. Pius X. zu verwirklichen, der Päpste, die zu den ersten Kongressen von 1900 bis 1912 aufriefen und sie hoffnungsvoll förderten, sollte das bestimmende Ziel der Kongresse in Kevelaer sein, „Maria zu ehren, ihre Verehrung zu fördern, ihre Gnadenvorzüge zu erforschen und den Ruhm der allerseligsten Gottesmutter zu mehren“[10].

Der Marianische Kongreß konnte durch ein Rahmenprogramm während des Mariologischen Kongresses auf diese Weise verlängert werden. Die Veranstaltungen der Marianischen Vereinigungen würden dann in diesem Programm den feierlichen Abschluß des Marianischen Kongresses bilden; für alle anderen gesellschaftlich relevanten Gruppen würde man Wallfahrtstage mit besonderem Programm veranstalten, die während der Dauer beider Kongresse für jede einzelne Gruppe stattfänden.

Gleichzeitig bemühte sich der IMAK, auch den Mariologischen Kongreß durch die Einladung von Forschern aus anderen Fachgebieten, die sich mit der Volksfrömmigkeit und mit der Gestalt Marias und ihrer Verehrung beschäftigen (Völkerkundler, Kunsthistoriker, Geschichts-, Literatur- und Musikwissenschaftler, Psychologen und Soziologen etc. etc.) zu bereichern. Somit würde der Kongreß keine exklusive Angelegenheit der Theologen sein und ein breiteres Echo in der Öffentlichkeit finden.

Mit Begeisterung erklärten sich die verschiedenen angesprochenen Gruppen, für die bestimmte Wallfahrtstage mit einem spezifischen Charakter angeboten werden sollten, zur Mitarbeit bereit. Ihre Hilfe machte die Durchführung der Kongresse in der angestrebten Konzeption möglich. Auch mehrere Organisationen mit internationalen Verzweigungen bewiesen uneingeschränkte Bereitschaft zum Mitwirken. Pilgergruppen anderer Länder mit ihren Wissenschaftlern aller Sparten und Forschungsgebiete zeigten wiederum großes Verständnis für die Art und Weise, wie die Kongresse durchgeführt werden sollten und halfen tatkräftig mit.

So entstand das Rahmenprogramm mit zahlreichen Wallfahrten und Kongreßtagen, die nach den eigenen Vorstellungen der eingeladenen Gruppen in harmonischer Zusammenarbeit mit dem Generalsekretariat organisiert wurden. Sie boten den Wallfahrern Vorträge, Podiumsgespräche und kulturelle Veranstaltungen zur Förderung ihrer marianischen Frömmigkeit und Erweiterung bzw. Vertiefung ihres Wissens über Maria. Vor allem aber sahen alle diese Tage Wichtigeres vor, und zwar die Gelegenheit zum Gebet, in stiller Anbetung vor dem ausgesetzten Allerheiligsten Sakrament auszuharren, das Bußsakrament zu empfangen und Gottesdienste bzw. marianische Andachten mitzufeiern.

Nach der feierlichen Eröffnung des Mariologischen Kongresses durch Kardinal Ratzinger am Freitag, 11. September, begannen schon am Samstag, 12. September 87, die erwähnten Tage und Wallfahrten. Mit der feierlichen Eröffnung des Marianischen Kongresses durch Kardinal Macharski, des Päpstlichen Legaten, am Freitag, 18. September 87, kam es zum Höhepunkt. Der Tag und die Wallfahrten der Familien eröffneten das

Wallfahrt der Kranken und Behinderten, der Ärzte und des Pflegepersonals

Programm; es folgten die Tage und Wallfahrten der Verfolgten Kirche, der ausländischen Mitbürger, der Blinden und Gehörlosen, der Künstler, Wissenschaftler und Publizisten, der Orden und Säkularinstitute, der katholischen Erzieher, der Soldaten und der Gebetstag für den Frieden, der Wallfahrtstag der Priester und Diakone, der Verbände und der geistlichen Gemeinschaften, der Kranken und Behinderten mit Ärzten und Pflegepersonal, der Weltgebetstag der Jugend und die Wallfahrt der marianischen Verbände.

Durch die Anwesenheit des Päpstlichen Legaten und den Besuch von Mutter Teresa von Kalkutta am „Weltgebetstag der Jugend" wurde der Samstag, 19. September, mit Nachtanbetung und dem von Mutter Teresa geleiteten Rosenkranzgebet mit mehr als 15 000 Personen wahrhaftig ein würdiger Vortag des grandiosen Abschlusses aller Wallfahrten, Tage und der Kongresse selbst am Sonntag, 20. September. Pfr. Mauer, geistlicher Leiter einer Pilgergruppe aus Bayern, beschreibt so seine Impressionen des Abschlußtages der Kongresse: „Sonntag, 20. September, der Abschlußtag des Marianischen Kongresses, war angebrochen. Langsam sammelten sich die Priester in der Tauf- und Beichtkapelle, um sich auf die Konzelebration vorzubereiten. Priester von überallher, Priester in den verschiedenen Sprachen, auch Priester, die bereits den Mariologischen Weltkongreß mitgemacht hatten. Um 9.15 Uhr bewegte sich die Prozession der 176 Konzelebranten und Ehrengäste von der Basilika zum Marienpark. Man spürte die festliche Stimmung, als der liturgische Dienst mit den Konzelebranten, den Bischöfen und dem Päpstlichen Legaten in den Marienpark durch die Pilgermenge einzog. Es ist etwas Eigenartiges, wie der Pilger erfaßt wird, der aus dem Glauben an die Gegenwart der Gottesmutter lebt am heiligen Ort."[11]

IV. Kulturelles Programm

Das schon zitierte Wort von Johannes Paul II. in seinem Schreiben an den Päpstlichen Legaten bei den Weltkongressen in Kevelaer: „Maria hat alle Bereiche der wahrhaftig menschlichen Kultur inspiriert"[12], bestimmte auch das Konzept der Kongresse.

IMAK schrieb als eine der ersten Maßnahmen einen Literatur- sowie Mal- und Zeichenwettbewerb aus. IMAK selbst stiftete die Preise für den Mal- und Zeichenwettbewerb in Höhe von 3 000 DM, während („durch Beschluß des Rates der Stadt Kevelaer vom 16. Juli 1986") der Rat der Stadt Kevelaer beschlossen hatte, dem Internationalen Mariologischen Arbeitskreis Kevelaer e. V. auf Antrag einen Zuschuß in Höhe von 10 000 DM zu gewähren mit der Auflage, einen literarischen Wettbewerb über das Thema „Maria, die Mutter Jesu" zu veranstalten.[13]

Insgesamt wurden 12 Preise am Weltgebetstag der Jugend vergeben; die Dokumentation des Kongresses veröffentlichte die prämierten Werke.[14] Künstler und Musikwissenschaftler wurden vom IMAK dazu eingeladen, Hymnen, Litaneien oder Lieder zur Ehre der Mutter Gottes zu komponieren oder wiederzuredigieren. Eine Auswahl der eingereichten Werke wurde in der Kongreßdokumentation abgedruckt.[15]

Das Kongreßsekretariat organisierte ein umfangreiches Programm kultureller Veranstaltungen während der Kongreßtage, ebenso mehrere Ausstellungen, die über den Kongreßtermin hinaus besucht werden konnten. Die Veranstaltungen fanden in Räumen statt, welche die Kirchengemeinden, die Wallfahrtsleitung, die Stadt, das Museum, die Schwestern der Göttlichen Vorsehung und Privatleute zur Verfügung stellten. Neben den vom Kongreßsekretariat und IMAK veranstalteten Ausstellungen stellten auch verschiedene Kunstgalerien in Absprache mit dem Lokalkomitee, das dem Generalsekretär tatkräftig bei der Organisation half, Ikonen, Skulpturen, Graphiken etc. aus. Zwölf Ausstellungen wurden im Programm aufgeführt, damit die Pilger sich bei einem so umfangreichen Angebot orientieren konnten. Auch eine Verkaufsausstellung marianischer und mariologischer Literatur verhalf den Kongreßteilnehmern zu einer möglichen späteren Vertiefung des im Kongreß Gesehenen und Gehörten.

Mutter Teresa aus Kalkut
betete mit der Jugend d
Rosenkra

Die ausländischen Pilgergruppen sowie die Mitorganisatoren der verschiedenen Kongreßtage und Wallfahrten des Rahmenprogramms veranstalteten überdies Musik- und Kulturabende sowie Ausstellungen, die über die Verbundenheit der Katholiken in der Marienverehrung Zeugnis gaben. Die Kinotheater führten während der Tage Filme von hohem künstlerischen Wert mit religiöser Thematik auf, und im Petrus-Canisius-Haus lief ein Nonstop-Video-Programm gleicher Art während der Zeit der Kongresse. Orgelkonzerte auf der großen Orgel der St. Marien-Basilika und Konzerte geistlicher Musik von der Gregorianik über Lieder und Arien großer Komponisten bis hin zu Kantaten und Motetten klassischen und zeitgenössischen Ursprungs wurden von den Teilnehmern als Bereicherung der Kongresse gerne angenommen.[16]

V. Die Ausstrahlung der Kevelaerer Marianischen und Mariologischen Weltkongresse

Es wäre töricht, die Wirkung der Kongresse in Zahlen messen zu wollen oder durch die Hervorhebung der Würdenträger und Persönlichkeiten, die aus Anlaß der Kongresse nach Kevelaer kamen. Will man jedoch, mit Paulus redend, eine „Torheit" begehen und als Index der Ausstrahlung der Kongresse Statistisches angeben, so darf man sich nur an den ungenauen Angaben der Presse- und Polizeiberichte orientieren, die von insgesamt über 65 000 Pilgern sprachen, welche die Veranstaltungen der Kongresse besuchten; bei einzelnen Veranstaltungen, wie dem Rosenkranzgebet mit Mutter Teresa oder der Abschlußfeier wurden mehr als zehn- bis fünfzehntausend Besucher geschätzt. Genauer sind nachprüfbare Zahlen: Laut Programm des Mariologischen Kongresses nahmen 288 Wissenschaftler aus 27 Ländern und vier Kontinenten an den Sitzungen mit eigenen Beiträgen aktiv teil[17]; aus 20 Bischofskonferenzen kamen 63 Bischöfe und Erzbischöfe nach Kevelaer zu den Wallfahrten

Die Gebetsstunde mit Mutter Teresa, von Liedern und Rhythmen begleitet

Ostkirchlicher Vespergottesdienst mit dem russisch-orthodoxen Erzbischof Longin, dem serbisch-orthodoxen Bischof Lavrentije und dem Vertreter des Metropoliten der griechisch-orthodoxen Kirche in Deutschland

und Tagen der Kongresse, darunter fünf Kardinäle und der Patriarch der Melchiten von Damaskus sowie der Apostolische Exarch der Ukrainer in Mitteleuropa und der Apostolische Nuntius in Deutschland.

Aber mehr als die Zahlen verdient ein wichtiges Ereignis bei allen Wallfahrten und Pilgergruppen besondere Beachtung. Es zog sich durch die ganze Zeit der Kongresse und bildete den Abschluß aller Wallfahrten und Pilgerwege einzelner Personen, die nach Kevelaer kamen: die Marienweihe. Sie wurde von allen vollzogen. Der Heilige Vater hatte vier Monate vor den Kongressen, bei seinem Besuch in Kevelaer am 2. Mai 1987, die Kirche in Deutschland und alle Menschen der Gottesmutter anvertraut und den Wunsch geäußert, die Kongresse mögen zur Vertiefung der Verehrung Marias beitragen.[18] Das Gebet des Heiligen Vaters diente vielen Pilgern, mit ihm ihre Weihe zu vollziehen; andere Gruppen zogen das Weihe-Gebet vor, das vom Generalsekretariat zum 17. Marianischen Kongreß verfaßt wurde[19]; bei der Wallfahrt der Familien erneuerte man die Weihe an die Heilige Familie von Leo XIII.[20], während der Päpstliche Legat sich eines Gebetes der Mutter Teresa von Kalkutta bediente, um die Jugend der Welt dem Herzen Marias zu weihen[21].

„Obwohl er doch zu den gutgeheißenen pastoralen Kongreßzielen gehörte", – bemerkte Gunther M. Michel in seinen ‚Bemerkungen' zu den Kongressen, –" „war dieser Punkt (die Marienweihe) bei der Aufstellung des Rahmenprogramms nicht unumstritten . . . hinsichtlich seines seelsorglichen Wertes und seiner Opportunität im heutigen Deutschland. Daß die Weihe an Maria beim Kongreß doch täglich vollzogen und zum unspektakulären geistlichen Höhepunkt des Kongresses wurde (nach den Sakramenten), darf man als Zeichen verstehen, das zur Nachahmung auffordert."[22]

Würde man zuletzt nun untersuchen wollen, was am Ende der riesige Aufwand der Weltkongresse brachte, ist man auf Meinungen angewiesen. Die Dokumentation der Kongresse hat eine kurze Sammlung von

Schreiben an IMAK und das Kongreßsekretariat zusammengefaßt, die in etwa den Eindruck Kevelaers auf den Kongreßteilnehmer in diesen Tagen schildern. Mögen hier drei Zitate zur Wiedergabe dieser Eindrücke helfen:

Der Landesvorsitzende der Christdemokraten für das Leben, Dr. Peters, der als privater Pilger sich während der Kongreßtage häufig in Kevelaer aufhielt, schrieb: „Am Ende des Kirchenjahres möchte ich Ihnen Dank sagen, daß der Marianische Kongreß in Kevelaer 1987 für mich ein Ereignis ganz besonderer Bedeutung war. Er war eine Ermunterung für viele, die mit wacher Sorge so manche trostlosen Entwicklungen in unserem Land beobachten und wohl auch ein Stein des Anstoßes für jene, die die Kirche lieber auf einen transzendenzfernen, innerweltlichen Sozialverein reduzieren möchten.

Verehrung der Eucharistie. Sakramentsprozession zum Abschluß des Weltkongresse

In diesem Sinne war der Kongreß eben auch ein Kontrastprogramm zu manchem kirchlichen Veranstaltungsaktivismus, der sich nach der Themenauswahl und Optik kaum noch von der Tagespolitik absetzt, den Heilsauftrag der Kirche in den Hintergrund drängt und sie im Blick der Öffentlichkeit immer mehr des Außerordentlichen beraubt."

Prof. Carroll aus der Loyola University of Chicago teilte dem Kongreßsekretariat mit: „Die Gestaltung der Heiligen Messen und der anderen am Gnadenort abgehaltenen liturgischen Feiern war ausgezeichnet, und die Zuvorkommenheit gegenüber allen Konzelebranten jeder Sprachgruppe zu jeder Tageszeit, bei Dunkelheit oder Tageslicht, war wundervoll. Ich bin wahrscheinlich einer von der kleinen Handvoll derer, die bei allen Kongressen anwesend waren: 1950, 1954, 1958, 1965, 1971, 1975, 1979, 1983 und jetzt so herrlich in Kevelaer 1987. In meinen Bemerkungen zur Eröffnung am ersten Morgen sagte ich, daß meiner Meinung nach vielleicht nicht mehr als zehn von uns, höchstens vielleicht zwanzig, auf ausnahmslos allen Kongressen gewesen sind. Ich glaube, wir würden alle darin übereinstimmen, daß Kevelaer hinter keinem anderen Ort zurücksteht und einen Standard setzte, den es fast unmöglich ist zu übertreffen."

Mit dem Präsidenten der PAMI, Prof. Dr. P. Melada, darf man zusammenfassen, was Kevelaer mit dem IMAK und durch die Organisation der Weltkongresse für die katholische Mariologie getan hat und tut: „Dieser Kongreß hat einige Dinge mehr gehabt als andere, . . . und wir werden möglicherweise diese Dinge für die kommenden Kongresse bewahren müssen."[23]

Anmerkungen

[1] vgl. G. Rovira (Hrsg.), Maria, Mutter der Glaubenden – Dokumentation des Rahmenprogramms zum 17. Marianischen Weltkongreß –, Essen 1989, S. 35 (Im folgenden Dokumentation).
[2] ebda S. 35 f.
[3] vgl. G. Rovira, Die Schrift zur Verteidigung der Wallfahrten von Johannes Stalenus (1596–1681), in: Acta Congressus Mariologici-Mariani Internationalis in Republica Melitensi 1983 celebrati, Romae 1987, S. 425–452.
[4] Dokumentation, a. a. O., S. 323.
[5] Dokumentation, S. 31.
[6] Dokumentation, S. 62.
[7] Dokumentation, S. 65.
[8] Dokumentation, S. 66.
[9] Dokumentation, S. 60.
[10] Dokumentation, S. 27.
[11] Dokumentation, S. 417.
[12] vgl. Anm. 4.
[13] Dokumentation, S. 465.
[14] vgl. Dokumentation, S. 465–520.
[15] vgl. Dokumentation, S. 521–533.
[16] über das kulturelle Programm vgl. S. 449–459 der Dokumentation.
[17] vgl. – Die Marienverehrung im 19. und 20. Jahrhundert – Programm Leutesdorf 1988.
[18] vgl. Verlautbarungen des Apostolischen Stuhls 77, Bonn 1987, S. 50f bzw. 58f.
[19] vgl. Kevelaer – Europa des Glaubens: Papst Johannes Paul II. am Wallfahrtsort d. „Trösterin der Betrübten", Kevelaer 1987, S.52
[20] vgl. Dokumentation, S. 129.
[21] vgl. Dokumentation, S. 366 und 374.
[22] Dokumentation, S. 66.
[23] vgl. für alle drei Zitate „Dokumentation", S. 461–463.

Ilona Riedel-Spangenberger

Kevelaerer Gespräche Maria und die Ökumene

Die Initiativen der *Bistumskommission für ökumenische Fragen der Diözese Münster,* die Christen in der Folge des II. Vatikanischen Konzils zu ökumenischem Lernen zu ermutigen und anzuleiten, sind weit über die nordwestdeutsche Region bekannt geworden. Besonders verpflichtet fühlten sich die Veranstalter dem ökumenischen Rezeptionsprozeß, d. h. der Vermittlung und Umsetzung der Erkenntnisse und Ergebnisse der vielfältigen weltweiten Dialoge der Theologen aus den verschiedenen christlichen Kirchen. Alle ökumenisch bedeutsamen Themen standen somit im Mittelpunkt der Tagungen und Treffen von in der Seelsorge tätigen Personen und von Ökumenebeauftragten der Pfarrgemeinden. Ein Ort solchen Bemühens war auch immer Kevelaer, obwohl dies gerade wegen der Natur dieses Ortes nicht ohne weiteres anzunehmen gewesen wäre. In besonderer Weise etablierten sich seit 1987 die „Kevelaerer Gespräche" mit einer Reihe von Veranstaltungen zum Thema „Maria und die Ökumene". Hunderte von Teilnehmern versammelten sich im Laufe von drei Jahren zu diesen interkonfessionell besetzten Tagungen. Nachdem man lange Jahre über das Glaubensbekenntnis, die Sakramente und die kirchlichen Ämter reflektiert hatte, fühlte man sich im ökumenischen Gespräch ausreichend erprobt, mit dieser Themenstellung ein interkonfessionell als unüberwindbar geltendes Thema aufzugreifen, das als „heißes Eisen" bis heute gilt. Herausgefordert waren die Veranstalter auch durch den Besuch des Papstes in diesem Wallfahrtsort und durch die Vorbereitungen für den Internationalen Mariologischen Kongreß dort. In wissenschaftlichen Vorträgen und Diskussionen trugen evangelische, orthodoxe und katholische Theologen und Theologinnen beachtenswerte Erkenntnisse vor.

Den Anfang der Kevelaerer Gespräche machte der katholische Universitätsprofessor für neutestamentliche Exegese im Fachbereich Katholische Theologie der Universität Münster, *Karl Kertelge,* der zu dem Thema *„Maria in der Heiligen Schrift"* sprach.* Der sowohl in der Exegese als auch in der Ökumene ausgewiesene Wissenschaftler erläuterte die Aussagen des Neuen Testamentes über Maria in historisch-kritischer Auslegung und entwickelte eine Theologie der Mutter Jesu aus dem Geist der Heiligen Schrift, um auf dieser Grundlage Möglichkeiten einer ökumenischen Verständigung über Maria in der Theologie und in der kirchlichen Praxis aufzuzeigen. Dabei machte er deutlich, daß in der Mariologie fast alle theologischen Linien zusammenlaufen, die christologische, die ekklesiologische, die anthropologische und die eschatologische.

*S. auch den Beitrag von Karl Kertelge „Maria, die Mutter Jesu, in der Heiligen Schrift" an anderer Stelle dieses Buches.

Aus der Holzschnittfolge „Das Marienleben" von Albrecht Dürer, erschienen 1511: Maria im Strahlenkranz, 1511

Er wies darauf hin, daß Maria als Glaubende, als Glied und Urbild der Kirche zugleich Möglichkeiten aufzeige der ökumenischen Verständigung. Dabei sei der Rückgriff auf die Tradition im Lichte der Heiligen Schrift unverzichtbar, denn eine echte, biblisch begründete Marienverehrung komme dem gesamten Christsein zugute. Er erläuterte zunächst die einschlägigen Texte der Heiligen Schrift, die er als Zeugnisse einer bestimmten Zeit herausstellte und daraus er ein Bild von Maria im Neuen Testament entwickelte. Er wies darauf hin, daß Maria im Neuen Testament keine zentrale Stellung einnehme, doch in einigen Schriften eine nicht unwesentliche Bedeutung habe. Er erläuterte die Schriften im einzelnen und stellte seine Beobachtung heraus, daß die Darstellungen über die Mutter Jesu innerhalb der Evangelien nicht einheitlich und spannungsfrei seien. Dabei blieben die theologischen Aussagen über Maria im Neuen Testament in den Grenzen, die durch die zentralen Themen von der Sendung Jesu, seiner eschatologischen Reich-Gottes-Verkündigung, seines Erlösungstodes und seiner Auferstehung bezogen sind. In die urchristliche Verkündigung vom Erlösungswerk Jesu Christi sei Maria nicht unmittelbar einbezogen, sondern nur mittelbar. In die Sendung des Sohnes durch Gott sei seine menschliche Mutter miteinbezogen.

Neben dieser theologischen Deutung der Mutter Jesu, die zugleich immer auch eine christologische sei, könne im Neuen Testament auch eine ekklesiologische Bedeutung festgestellt werden. Maria als Vorbild der Glaubenden und vor allem der glaubend Leidenden und Hoffenden sei deshalb auch für den heutigen Christen verständlich und mitvollziehbar. Deshalb gebe es Möglichkeiten einer ökumenischen Verständigung über Maria, wobei das Zeugnis der Heiligen Schrift an erster Stelle zu stehen habe. Dabei sei auch die reformatorische Gnadentheologie und die katholisch geprägte Vorstellung von Maria als Typus der Kirche von nicht zu unterschätzender ökumenischer Bedeutung. Der Referent sah also durchaus Möglichkeiten, auf dem Hintergrund der Texte des Neuen Testamentes eine Verständigung zwischen evangelischen und katholischen Christen in dieser Kontroversfrage herbeizuführen.

Albrecht Dürer, Die Verkündigung, um 1503

Fortgeführt wurden die Kevelaerer Gespräche mit einer Podiumsdiskussion, an der ein orthodoxer Bischof, ein evangelischer und zwei katholische Hochschullehrer sowie eine katholische Theologin das Thema *„Maria – Leitbild christlichen Glaubens, kirchlicher Gemeinschaft und christlichen Lebens"* darlegten.

Professor *E. Lessing* vom Fachbereich Evangelische Theologie der Universität Münster erläuterte die Mariologie aus evangelischer Sicht. Gegen die mittelalterliche katholische Marienverehrung habe die Reformation auf Jesus Christus als den alleinigen Versöhner hingewiesen, so daß Maria als Mittlerin aller Gnaden der protestantischen Kritik verfallen sei. Trotzdem habe sich die Reformation nicht veranlaßt gesehen, jegliche Marienverehrung zu verwerfen. Maria als Zeugin des Glaubens und der Demut sei biblisch bezeugt und auch evangelischerseits annehmbar, zudem sei Maria nicht eine Zeugin unter vielen anderen, sondern „als von Gott zur Menschwerdung des Sohnes Erwählte ist sie Zeugin". Insofern gehöre Maria in das Glaubensbekenntnis, das die Reformation als ein Bekenntnis zu Jesus Christus verstanden habe.

Zur katholischen Marienfrömmigkeit hätten evangelische Christen deshalb durchaus einen Zugang, jedoch nur in partieller Hinsicht. Maria als Schmerzensmutter, als Magd und als Beterin sei zwar akzeptierbar, aber Vorbehalte setzten da ein, „wo Maria als Person selber in den Vordergrund tritt, wo sie als Himmelskönigin, Fürsprecherin, Helferin, Mittlerin, womöglich Miterlöserin, angerufen und verstanden wird".

Heute jedoch träfen solche Einwände nicht mehr ohne weiteres die katholische Theologie, die hierzulande bemüht sei, die Vorrangstellung der Christologie und die Notwendigkeit zu betonen, daß die Marienverehrung am biblischen Bild der Mutter Jesu zu messen sei. Darum werde evangelischerseits ausschließlich Kritik an „überbordender Marienfrömmigkeit" geübt. Diese Kritik beziehe sich insbesondere auf die theologische Erkenntnisweise im Zusammenhang mit den dogmatischen Aussagen, die für evangelisches Verständnis nur implizit im biblischen Zeugnis enthalten seien und nicht als „schlechthin verbindliche Glaubenswahrheit" gelten könnten. Ebenso werde die Vorstellung von Maria als Mutter der Kirche kritisiert, insofern sie „nicht nur eine Nehmende und Empfangende, sondern auch eine Gebende und Tätige" gewesen sei und weil diese Formel Maria ein Eigenwesen gebe, so daß sie als „Bereitung zum Gang des Heiles" verstanden werde. Von dieser Kritik seien vor allem die beiden Dogmen von 1854 und 1950 betroffen. Die Anfrage des Referenten lautete: „Ist das nicht doch eine Beeinträchtigung der Gnade des Christusgeschehens, weil hier die menschliche Natur zur Mitwirkung bestimmt ist – und diese Gnade nicht als schlechthin unableitbar, unverrechenbar, wunderbar Neues aus dem Nichts schaffend entgegengenommen wird?" Demgegenüber erschließe sich der Sinn der Erwählung Marias, die Zukunft ihrer Nachfolge sowie ihre Vorbildlichkeit gerade dann, wenn sie ganz mit den Menschen in der Gemeinschaft der Heiligen und nicht vor ihnen oder über ihnen stehe.

Der griechisch-orthodoxe Theologe Dr. *Christophoros Papakonstantinou* stellte die Lehre der orthodoxen Kirche von der Gottesmutter als ein Glaubensgut, das seinen festen Platz im religiösen Leben der orthodoxen Christen habe, heraus. Dabei ständen Maria, die Gottesmutter, und

Christus, ihr einzig geborener Sohn, „in einer einzigartigen übernatürlichen, doch nicht weniger personenhaften Beziehung, deren Urgrund letztendlich nicht nachvollziehbar" sei. Diese Beziehung sei auch so deutlich in den Evangelien bezeugt und komme in den Gottesmutterikonen, die Darstellungen der Menschwerdung Christi seien, auch zum Ausdruck. In der orthodoxen Tradition sei die Lehre über die Gottesmutter Bestandteil der Christologie, die ohne den mariologischen Aspekt der Gefahr einer Minimalisierung ausgesetzt sei. Denn die Überbetonung des göttlichen Elements bei der Menschwerdung Christi lasse diese als Offenbarung eines göttlichen Prinzips erscheinen und verdunkele das Dogma der Vereinigung der göttlichen und menschlichen Natur in Christus. Maria stehe am Wendepunkt der Heilsgeschichte, weil sie einerseits zu dem auf Erlösung wartenden Geschlecht gehöre, andererseits aber durch die Menschwerdung Gottes die erste Erlöste sei. Als diejenige, in der sich göttliche und menschliche Natur vereinigt haben, sei sie der Archetypos, das Vorbild, der Kirche und des Christseins. Eine Parallele zwischen der Gottesmutter und der Kirche als Mutter bestehe, weil aus beiden das neue Leben hervorgehe. Auch die Bezeichnung der Gottesmutter als „immerwährende Jungfrau" in der orthodoxen Tradition stehe im Zusammenhang der Menschwerdung Gottes. Dabei gehe es nicht um das „Wie", sondern um das „Daß" der Menschwerdung, in der bereits das gesamte Heilswirken Christi vorwegbezeichnet sei. Deshalb sei die Jungfräulichkeit keine biologische Aussage, sondern ein übernatürlicher Akt Gottes und als solcher Zeichen der vollkommenen Hinwendung zu Gott. Der Referent stellte fest, daß die orthodoxe Kirche eine Dogmatisierung der Lehre über die Gottesmutter vermieden habe und den Weg der Katechese und Vertiefung in dieser Lehre durch das liturgische Erlebnis bevorzuge. Dabei gründe die Vermittlung um das Erbarmen Christi für die Menschen auf der gläubigen Zuversicht, Gottesmutter zu sein und dennoch dem menschlichen Geschlecht anzugehören.

Professor Dr. *H. Petri* vom Fachbereich Katholische Theologie der Universität Regensburg ging von der Frage der möglichen Leitbildfunktion Marias für den Christen aus. Er fragte, ob Maria eines von den vielen möglichen Leitbildern des Christseins sei oder ob wirkliches Christsein verfehlt werde, wenn man sich grundsätzlich nicht an Maria orientieren wolle. Mit den Aussagen des II. Vatikanischen Konzils und der Enzyklika „Marialis cultus" Papst Pauls VI. stellte er fest, daß mit Maria als „exemplar virtutum" mehr gemeint sei als ein moralisches Vorbild, so daß die Übersetzung mit „Urbild" sachgemäßer sei. Dabei könne Maria zum Vorbild werden für Dinge, die einer bestimmten Zeit wichtig und wertvoll gewesen seien, in denen sie ihr Ideal fände, so daß Maria zum Leitbild erklärt werde gemäß dem Bild, das sich eine bestimmte Zeit von ihr gemacht habe. Aber Maria sei auch Vorbild, weil sie ganz geprägt gewesen sei von der Liebe und dem Willen zum Dienst für Christus. Diese Aussagen seien auch durchaus mit dem Neuen Testament vereinbar. Im 8. Kapitel der Kirchenkonstitution des II. Vatikanischen Konzils werde Maria als Typus der Kirche vorgestellt, um mit dem dort von Maria gezeichneten Bild besonders deutlich das personale Moment des christlichen Glaubens herauszustellen. Denn wenn von Maria gesagt werde, daß sie aufgrund ihrer Stellung in der Heilsgeschichte die größten Glaubensgeheimnisse in sich vereinige und widerstrahle und dadurch zum Typus der Kirche werde, dem die Kirche immer ähnlicher werden müsse, sei sie nicht nur Vorbild, sondern dann stelle sich in ihrer Person Kirche dar. Somit sei Marias Ja, die Mutter Jesu zu werden, recht verstanden, eine Voraussetzung für unser Christsein. In ihrem Ja sei schon irgendwie jedes andere menschliche Ja zu Jesus Christus vorweggenommen, so daß jede menschliche Glaubensentscheidung auch irgendwie marianisch sei. An diesem Punkt gehe es um die Grundstrukturen des christlichen Glaubensverständnisses und damit um eine Sicht Marias, in der sich die christlichen Konfessionen tatsächlich nicht einig seien.

Die Beiträge des russisch-orthodoxen Bischofs *Longin* (Düsseldorf) und der katholischen Theologin *Eugenie Neugebauer* (Münster) waren in die-

Albrecht Dürer, Die Heimsuchung, um 1503/04

ser Gesprächsrunde ein beredtes Zeugnis für eine Frömmigkeit, die ihre Identität mit Maria gefunden hat: Sowohl die vielfältigen Äußerungen der Verehrung der Gottesmutter in der orthodoxen Liturgie und Spiritualität als auch die Orientierung einer mitten im Leben stehenden Frau der heutigen Zeit an der im Glauben selbstbewußt gewordenen Maria bei der auf der Hochzeit zu Kana bezeugten christlichen Glaubens- und Lebensweise, die in der Ehre Gottes die Person des Menschen nicht aus dem Auge verliert. Die Podiumsdiskussion war ein interessantes Zusammenspiel wissenschaftlicher Theologie und menschlicher Rezeption des herausragenden Leitbildes Maria für den Glauben und das Leben von Menschen in der Gemeinschaft mit Jesus Christus.

Nicht weniger interessant waren die kirchengeschichtlichen Ausführungen des katholischen Professors für Dogmatik *J. Stöhr* von der Universität Bamberg, der zu dem Thema *„Maria in der Glaubensgeschichte"* einen Einzelvortrag hielt. In beeindruckender Weise zeichnete er eine Geschichte der Frömmigkeit mit der Gottesmutter von den Kirchenvätern der Alten Kirche über die Theologen des Mittelalters und in den lehramtlichen Aussagen der Päpste der Neuzeit. Er betonte die von Maria ausgehenden mystischen Gnaden, das Erlebnis der mystischen Gottesvereinigung durch ein an Maria orientiertes Gebetsleben sowie die Tiefe der Glaubenshingabe, wie sie bei Maria in besonderer Weise zum Ausdruck gekommen seien. Die Privilegien Mariens seien die Großtaten Gottes selbst, die ihr in engem Zusammenhang mit ihrer unvergleichlichen Vorherbestimmung als Gottesmutter verliehen worden seien. Ihre Gnadendisposition als würdige Mutter Gottes und ihre Christusnähe hätten diejenigen aller Engel und Heiligen übertroffen. Unmittelbar verbunden damit sei ihre fortdauernde geistliche Mutterschaft für die Kirche und für alle Christen. Wenn man die in Maria als Person verwirklichte Heiligkeit, Mutterschaft, Jungfräulichkeit, Glaubensgnade und Spiritualität nicht hinreichend erkenne, werde man auch die analogen Eigenschaften der Kirche nicht verstehen und lieben können. Der Referent sprach sich gegen eine Beschränkung der Mariologie auf die soziale Bedeutung Mariens und gegen eine Außerachtlassung ihrer persönlichen Privilegien als eine Verarmung aus. Deshalb genüge es nicht, die Beispielhaftigkeit Marias für die Kirche und die Christen hervorzuheben. Denn nach Gottes Willen sei sie unter und zusammen mit ihrem Sohn auch mit besonderen, ja einzigartigen Gaben und mit den höchsten Privilegien der ganzen Schöpfung ausgestattet gewesen.

Nach diesem Vortrag schloß sich eine sehr lebhafte Diskussion an, die verdeutlichte, daß eine solche Denkweise dem heutigen Menschen und Zeitgenossen nicht ohne weiteres einsehbar und akzeptierbar erscheint.

Bei den „Kevelaerer Gesprächen" wurde auch die brisante Thematik *„Maria – Leitbild der Frauenbewegung?"* nicht ausgeklammert. Die katholische Pädagogin *Doris Lindenblatt* (Hamburg) und die evangelische Theologin Dr. *Hanni Berthold* (Schwerte) referierten zu dem Thema *„Die Frauenbewegung und das Bild von Maria"*. Dabei zeichneten sie die Frauenbewegung als neuzeitlichen Aufbruch, der sich zum einen aus der amerikanischen und westeuropäischen Aufklärung herleite, zum

Albrecht Dürer, Die Geburt Christi, um 1503

anderen aber auch seine Verankerung in der Botschaft des Evangeliums habe, so daß beide für die christliche Kirche nicht zu trennen seien. Dabei gehe es um Fragen nach den Aufgaben und der Stellung der Frau in der Kirche von heute und letztlich auch grundlegend um die Frage nach dem christlichen Menschenbild, nach dem Bild von Mann und Frau vor Gott und als gleichwertige Glieder am Leib Christi. Maria nehme dabei zweifelsohne eine exemplarische Rolle ein. Über ihre Stellung im Heilswerk Gottes als Mutter Christi ständen die verschiedenen Kirchen in unterschiedlichen Traditionen oder aber auch im unbewußten oder bewußten Abschneiden solcher Traditionen. In kontroverstheologischer Sicht sei die Mariologie ein ökumenischer Schwachpunkt, über den nur eine geringe Verständigung möglich sein wird. Durch die über die Konfessionsgrenzen hinaus in der feministischen Theologie ausgebrochene Thematisierung der Gestalt der Mutter Christi scheinen neue, die kirchlichen Trennungen überwindbare Verständigungen möglich zu werden. Die beiden Referentinnen zeigten auf, daß von Anfang an die christliche Frauenbewegung ökumenisch ausgerichtet sei. Sie gründe in dem interkonfessionellen Grundkonsens, den in allen Kirchen empfundenen Benachteiligungen der Frau nachzugehen. Dies geschehe gerade durch die Neuentdeckung der biblischen Frauengestalten, wobei der Mutter Gottes, Maria, besondere Aufmerksamkeit gewidmet werde. Demgegenüber lehne man die radikale aufklärerische Frauenbewegung ab, die Maria überhaupt nicht berücksichtigen möchte, vor allem deshalb, weil sie gerade in ihr die Verkörperung und das Mittel für den Patriarchat sehe.

Albrecht Dürer, Die Darbringung im Tempel, um 1503/1504

Das Verhältnis zwischen Eva, als Leitbild der normalen Frau, und Maria, als Leitbild der idealen Frau, spiele heute in ökumenischen Gesprächskreisen von Frauen eine große Rolle. Ganz anders gehe es christlichen Frauen darum, Maria zunächst als Frau wahrzunehmen und Maria zu ihrem Frau-sein zu befreien, d. h. sie wieder neu zu entdecken. Es gehe dabei um ihre Einmaligkeit, ihre Besonderheit, ihre Rolle in der Geschichte der Menschwerdung Gottes, weniger um ihre Symbolhaftigkeit. In dieser Weise sei Maria den christlichen Frauen vielmehr Schwester geworden, mit der man ins Gespräch gekommen ist, um den eigenen Platz in der Kirche besser zu erkennen und zu bestimmen. Die beiden Referentinnen stützten ihre wissenschaftlich fundierten Aussagen auch auf ihre persönlichen Erfahrungen mit Maria und zeichneten ein beeindruckendes Bild marianischer Frömmigkeit zweier moderner Frauen von heute.

Recht eigenwillig war dagegen der Ansatz bei dem nächsten „Kevelaerer Gespräch". Die Auswahl des Referenten versprach von vornherein ein kritisches Wort an die Katholiken, kam er doch aus dem Konfessionskundlichen Institut des Evangelischen Bundes in Bensheim, dem Arbeitswerk der Evangelischen Kirche in Deutschland, das wesentlich die protestantische Position der Ökumene in Deutschland bestimmt. So war es denn auch in Kevelaer, aber es war auch wieder ganz anders. Dr. theol. *Heiner Grote*, der wissenschaftliche Referent dieses Institutes und der versierte Kenner der katholischen Theologie und Kirche, hatte schon mit seiner Themenstellung Flagge gezeigt. Sein Vortrag stand unter dem Motto *„Nicht machen, sondern empfangen!"* Dabei ging er der Frage nach: *„Was ist aus reformatorischer Erkenntnis und Erfahrung heraus und in heutiger evangelisch-kirchlicher Besinnung zu Maria zu sagen?"* Auch wenn er herausstellte, daß im Blick auf Maria evangelischerseits eine gewisse Sprachlosigkeit um sich gegriffen habe, so sei doch zu sagen: „Evangelische Christen können wohl mehr als bisher beherzigen, daß Maria neben Abraham, Petrus, Paulus und vielen anderen ein Ehrenplatz in der ‚Wolke der Zeugen' gebührt".

Zweifelsohne sei dafür das Neue Testament die Ur-Kunde. Aber „wo das Heil tatsächlich vermittelt wird, setzt es, da es wirklich und wirksam ist, ein weitergehendes Sprachereignis frei". Kern der Botschaft sei die Rechtfertigung des Sünders durch Gnade, ein protestantischer Topos also, über den allein es sich schon gelohnt hätte, lange zu diskutieren. Grote benutzte ihn, um Maria in das rechte Verhältnis zum Dreieinigen Gott zu setzen, wobei jedoch allein Jesus Christus herausgestellt wurde. Im Hinblick auf Maria nannte er im wesentlichen „sieben Lichter zu Lob und Ehr des Dreieinigen". Die Botschaft von Maria habe sehr viel mit Leiblichkeit zu tun, und dieses Licht solle bei allem leuchten, was sonst noch über Maria zu sagen sei. Fernerhin sei sie die Mutter Jesu, denn Jesus habe eine Mutter gehabt, wie jeder Mensch eine Mutter habe.

Der Referent wies hierbei auf die Schwierigkeiten hin, die seines Erachtens die Familie Jesu mit ihrem Sohn und Bruder gehabt habe. Das dritte Licht bezog sich auf Maria als Prophetin und Psalmistin, wobei sie in der Nachfolge der Prophetinnen und Propheten, der Liedersängerinnen und Psalmenbeter des Alten Bundes zu sehen sei. In selbstbewußter Bescheidenheit sei sie Tochter ihres Volkes gewesen. Als Hochbegnadete schließlich leuchte Maria auf, weil ihr als Frau aus dem Volk ganz Unvergleichbares widerfahren sei. Was da einem niedrigen Menschen geschehen sei, sei „so bedeutsam, groß und gewaltig, daß weder die Zeitgenossen von damals, noch die Menschen aller Zeiten es angemessen erzählen" könnten. Der Referent äußerte die Scheu evangelischer Christen, daß manchmal zu vollmundig über Maria geredet werde. Dazu bedürfe es einer Unterscheidung der Geister, denn manches brauche auch für evangelische Christen nicht mehr Hemmschwelle und Blokkade zu sein. Dies erläuterte er an dem Satz aus dem Glaubensbekenntnis „. . . geboren aus der Jungfrau Maria". Dieser Satz stehe dort nicht allein. Der Satz „empfangen durch den Heiligen Geist . . ." müsse unbedingt dazugesprochen werden, denn er bildet die übergeordnete Aussage. Wenn nämlich Denken und religiöser Eifer immer nur um die Jungfrauengeburt kreisten, bleibe der Zugang über den Heiligen Geist verschlossen, und Unerleuchtetheit müsse die Folge sein. Deshalb wäre es auch geläufig, erklärend hinzuzufügen: „Nicht aus dem Willen eines Mannes gezeugt", wie ebenso aber auch: „Nicht bloß aus den Anlagen und Fähigkeiten einer jungen Frau geboren". Denn Wirkursache sei der Mensch weder als vereinigtes Paar noch als Mann oder Frau. „Der Mensch an sich konnte die Menschwerdung Jesu Christi nicht vollbringen", resümierte Dr. Grote. Er wies auf das 5. Licht, die Gottesgebärerin hin, die zu verschmähen evangelischer Glaube nicht gut daran täte. Dieser altkirchliche Titel der Gottesmutter besage, daß Maria die Mutter dessen ist, der als wahrer Mensch auch wahrer Gott ist, und in einzigartiger, eindeutiger und endgültiger Weise Gottes Wesen und Willen geoffenbart hat. Besonders wichtig sei deshalb Maria im 6. Licht als Gestalt des Glaubens zu sehen. Sie sei der Inbegriff für alle, die Glauben lernen und Glaubensgehorsam beweisen. In ihr lebe die weit ältere Gestalt des Glaubens, Abraham, wieder auf. Bei ihr als Frau werde der Glaube aber gleichsam noch lebensnäher und lebenschenkender. Das 7. Licht sei Maria als Frau in der Gemeinde, das häufig auch in den evangelischen Kirchen ausgeblendet worden sei. Dieses Licht nämlich mache jede Frauenfeindschaft unmöglich, weil sie geradezu gegen die christliche Botschaft gerichtet sei. Diese Frauenfeindschaft werde zwar nicht ernsthaft vertreten, aber sie sei „trickreich", denn „sowohl im supermarianischen als auch im antimarianischen Milieu hat die stille Verachtung der Frau in der Gemeinde – der Tochter, der Schwester, der Ehefrau und der Mutter – Nährböden zu finden verstanden".

Der Referent meinte abschließend, alle sieben Lichter müßten heute leuchten, zu keines anderen Lob und Ehr als zu Lob und Ehr des Dreieinigen. In vier Hauptanliegen schloß er deshalb für das ökumenische Miteinander die Bitten an, daß die Christen nicht auf den in Jahrhunderten entstandenen Gegensatzprofilen beharren sollten, daß die gemeinsamen Bemühungen um die Heilige Schrift weitergeführt werden, daß man nicht allein die Lehre, sondern den Glauben in Menschengestalt in den Blick nehmen solle und daß den Samen und Keimlingen mancherlei heute hervortretender Religiosität in den christlichen Gemeinden Raum gegeben werden soll.

Die anschließende Diskussion bei dieser Veranstaltung zeigte, daß der Vortrag die Teilnehmerschaft aufgerüttelt, irritiert und auch herausge-

lbrecht Dürer, Der Abschied Christi von seiner Mutter, um 1504

fordert hatte. Die vom Referenten ausgeblendeten Aspekte wurden angesprochen: Maria als Typus der Kirche, die Gemeinschaft mit Maria im fürbittenden Gebet, die Stellung Marias in der Jüngergemeinde, Maria als Beispiel des Verhältnisses Gottes zum Menschen, der Mensch im Erlösungsgeschehen. Viele Fragen sind dabei offengeblieben, aber nicht wenige Aspekte haben den Blick auf Maria verschärft.

Die Vielfalt der theologischen Überlegungen und ökumenischen Erwägungen über Maria wurde abgerundet durch einen Vortrag der Kunsthistorikerin Dr. *Gabriele Bräkling-Gersuny*. Sie zeigte die *Gestalt Mariens anhand von illustrierenden Bildern in der Kulturgeschichte und Kunst*

Albrecht Dürer, Die Himmelfahrt Mariens, 1510

seit der Antike bis in die Neuzeit. Das Interesse der Teilnehmer an den „Kevelaerer Gesprächen" zeigte, daß sie nicht nur der theologischen Reflexion dienten, sondern vor allem auf die praktische Umsetzung für die Katechese und Verkündigung im Leben der christlichen Gemeinden und in der persönlichen Spiritualität ausgerichtet waren. Für evangelische, orthodoxe und katholische in der Seelsorge tätige Personen boten sie Anregung und Verständigung im Hinblick auf einen konfessionellen Streitpunkt, der bisher nur sehr wenig in ökumenischer Offenheit diskutiert werden konnte.

Die Gespräche gelten derzeit als noch nicht abgeschlossen, und es bleibt zu hoffen, daß die Bistumskommission für ökumenische Fragen sie in anderer Themenstellung weiter fortführt.

Franz Norbert Otterbeck

Der Weg in den Frieden

Die vier Pax Christi-Kongresse in Kevelaer 1948 – 1958 – 1973 – 1988

Über alle Grenzen von Rassen, Nationen und Staaten hinweg reicht der schützende Mantel der Mutter des Herrn. Hier in Kevelaer wird das deutlich ..." In seiner Ansprache vom 2. Mai 1987 hat Papst Johannes Paul II. treffend zusammengefaßt, was Kevelaer für den Frieden Christi sein kann und was Pax Christi für Kevelaer bedeutet: Das Europa des Glaubens sei ein Europa des Friedens. Der Heilige Vater hat in lebendige Erinnerung gerufen, daß in Kevelaer seit jeher „Der Weg in den Frieden" die Aufgabe ist.

1948

Schon wenige Jahre nach dem Zweiten Weltkrieg erlebte die Marienstadt den Besuch eines anderen Friedensstifters. Der französische Bischof Pierre-Marie Théas aus Lourdes ließ die Grenzen zum „Feindesland" hinter sich und reichte den deutschen Christen die Hand zur Versöhnung. Bischof Théas verdanken wir eine unersetzliche Anregung für Weg und Werk der katholischen Friedensbewegung. Die Pax Christi-Kapelle in Kevelaer erinnert nicht nur daran, daß Beter auch Friedensarbeiter sind. Der Name der Kapelle mahnt auch, die Ereignisse nicht zu vergessen, die hier bereits im Namen des Friedens Christi geschehen sind.

Für Nachkriegsgenerationen ist nur noch schwer zu erfassen, daß es keineswegs selbstverständlich war, als sich Christen verschiedener Nationen 1948 zu einer internationalen Friedenstagung in Kevelaer zusammenfanden. Daher bin ich besonders Cäcilie Müller, Josef Heckens und Martin Pauli dankbar, daß sie mir zur Vierzigjahrfeier 1988 lebendige Eindrücke aus ihrem eigenen Erleben mitteilten.

Nach dem verheerenden Krieg war es ein echtes Geschenk, daß unser Volk sich nach und nach wieder als geachteter Partner in die Völkerfamilie einordnen durfte. Der Pax Christi-Kongreß mit Bischof Théas hatte große Begeisterung bei den Dabeigewesenen entzünden können, weil unser Volk alles Ansehen in Europa verloren hatte – und die gewissenhafteren Deutschen schämten sich für die Greueltaten, die im Namen Deutschlands geschehen waren.

Auch Bischof Théas hatte unter deutscher Gefangenschaft gelitten, aber er wollte den Kreis der Gewalt durchbrechen und forderte seine Mitgefangenen im Lager auf, auch den deutschen Tätern zu verzeihen. Das war für viele eine harte Forderung, so für den unbekannten Vater, dessen Kind von SS-Soldaten bei der Zerstörung Oradours in einen glühenden Ofen geworfen wurde. Bischof Théas stellte der Gewalttätigkeit das unbedingte Gebot des Friedens Christi gegenüber. Nach dem Ende des Krieges griff Pierre-Marie Théas eine Idee katholischer Laien in Frankreich auf, die einen Gebetskreuzzug für den Frieden Christi begonnen hatten. Zunächst war damit ein Aufruf zum Gebet für die Bekehrung Deutschlands verbunden, aber rasch wurde deutlich, daß eine katholische Friedensbewegung nicht national auf Frankreich begrenzt sein konnte. Eine gutgemeinte Gebetsbewegung kann leicht in Hochmütigkeit geraten, wenn sie nur der Bekehrung anderer dienen will. Man fand rasch das umfassende Leitwort: Pax christi in regno christi, der Friede Christi in Christi Reich. Dem Engagement auf französischer Seite antwortete bald eine Gruppe deutscher Katholiken. Bewegt und leidenschaftlich nahmen sie den Friedensanstoß aus Frankreich auf. Schon an der internationalen Friedenswallfahrt nach Lourdes 1947 konnten Deutsche teilnehmen – und bald war die Vision geboren, eine Friedenstagung auf deutschem Boden zu wagen.

Wie kam es zum Friedens-Treffen 1948 in Kevelaer? Über die erste internationale Arbeitstagung von „Pax Christi" in Kevelaer erschien ein zusammenfassendes Buch, betitelt: „Der Weg in den Frieden". Darin schreibt Egon Formanns, die Wahl Kevelaers als Tagungsort sei providenziell gewesen, also von der Vorsehung bewirkt. Er habe am 8. September 1947 vor dem Bild der Consolatrix Afflictorum gekniet und die neu aufblühende Friedensarbeit der Pax Christi-Bewegung unter den Schutz der Gottesmutter gestellt. „Und dann wußte ich plötzlich: Hier in Kevelaer werden wir unsere 1. internationale Pax Christi-Arbeitstagung halten!" Er begab sich zum Dechanten von Kevelaer, Wilhelm Holtmann. „Obwohl ich in keinem Auftrag kam und ihm einen Plan vortrug, der noch keinerlei konkrete Gestalt hatte, begriff er gleich, worum es ging."

„Auch Msgr. Théas und das Generalsekretariat in Paris stimmten begeistert zu und gaben uns alle Vollmacht für die Vorbereitung der Tagung. Alle Schwierigkeiten wurden leicht überwunden, und immer wieder stellten wir mit Erstaunen fest, daß es auch hier die Regina pacis, die Gnadenmutter von Kevelaer selber sein mußte, die uns den Weg ebnete. Unser Vertrauen und unsere Zuversicht stiegen ständig, und voll dankbarer Freude bekennen wir, daß Maria ihren Schutzmantel weit über unsere 1. internationale Pax Christi-Arbeitstagung ausgebreitet hat."

Heute wird nicht jedem Friedensfreund leicht einsichtig sein, daß Marienfrömmigkeit, wie Egon Formanns sie bekennt, eine kraftvolle Wurzel für Friedensarbeit sein kann. Jedoch, in Kevelaer wurde 1948 ein Grundstein gelegt für die Friedenspolitik in Europa. Daß eine solche Würdigung nicht aus der Luft gegriffen ist, zeigen auch Pressestimmen von damals.

„Die Bedeutung der ersten internationalen Konferenz der Pax Christi-Bewegung in Kevelaer bestand darin, daß sie inmitten einer Kriegspsychose dem Friedensgedanken einen starken internationalen Widerhall verschaffte." (Rheinischer Merkur)

„Der Anfang war vielversprechend. Menschen von hüben und drüben der Grenzen kamen ins Gespräch miteinander, ... in Offenheit und Bereitschaft, den anderen zu verstehen und mit ihm gemeinsam dem Tage entgegenzuarbeiten, an dem es nicht mehr zuerst heißt: hier Franzose oder hier Deutscher, sondern Bruder und Mitchrist ... Die Tage von Kevelaer sind aber auch eine Verheißung, daß

Bischof Pierre-Marie Théas von Lourdes und Tarbes bei einer Ansprache während der Schlußveranstaltung des 1. Pax-Christi-Kongresses am 4. April 1948: „Ich begrüße das gesamte Deutschland und bringe ihm den Bruderkuß des christlichen Frankreichs, einen Kuß, der Verzeihung gewährt und solche sucht, das heißt den Kuß der Versöhnung."

Von links: Kardinal Josef Frings, Erzbischof von Köln; Johannes Joseph van der Velden, Bischof von Aachen; Apostolischer Visitator für Deutschland, Erzbischof Aloys Muench

das christliche Volk in allen Ländern hellhörig geworden ist und seine Aufgabe begreift." (Kölnische Rundschau)
„Diese Bemühungen haben nichts Geringeres zum Ziel als 390 Millionen Katholiken der Welt zum Veto gegen jeden neuen Krieg aufzurufen und damit das Christentum als stärkste politische Macht zu reaktivieren, da bereits das neueste öffentliche Kirchenrecht sich uneingeschränkt zu dem Grundsatz des ‚bellum omnino interdicendum' bekannt hat; , der Krieg ist völlig zu untersagen'." (Der Tagesspiegel, Berlin)

Bischof Théas stellte rückblickend fest: „Die Erfahrung von Kevelaer war die Erfahrung christlicher Liebe. Es war eine köstliche, erfrischende und verheißungsvolle Erfahrung. Kevelaer war keine Friedenstagung mit Reden über die allgemeine Menschenverbrüderung. In Kevelaer blieb die Liebe kein leerer Begriff auf den Lippen mehr oder weniger gewandter Redner. Sie wurde zur geheimnisvollen Wirklichkeit und zum zündenden Funken, der vom Herzen Christi auf die Herzen von tausend und aber tausend Gläubigen übergriff ... So war Kevelaer die Offenbarung und der lebendige Beweis dieser Wahrheit: Wenn Christi Liebe unter den Völkern herrscht, dann wird auch der irdische Friede auf dieser Welt endlich eine Wirklichkeit werden."

Tatsächlich waren am „Tag des Friedens" in Kevelaer, am Weißen Sonntag 1948, über zehntausend Menschen versammelt. „Am Abschlußtag brach im wahrsten Sinne das katholische Volk vom Niederrhein auf und zog nach Kevelaer. Überfüllt waren die Kirchen, der Kapellenplatz mit der Gnadenkapelle und die Straßen", berichtet Wilhelm de Schmidt in seinem Beitrag zum 25. Jahrestag (1973). Darin sagt er zur Tagung selbst: „In Nachtarbeit wurden die Einladungen an bekannte Freunde verschickt ... Wir wußten nicht, welches Echo die Einladungen haben würden. In Vorbesprechungen hatten wir die Zahl der Teilnehmer auf 150 bis 200 geschätzt – eine Flut von Zusagen überrollte uns. Fast sechshundert Freunde aus allen Zonen, auch aus der Ostzone, wollten kommen und kamen auch." Die großen Organisationsprobleme konnten nur mit Mühe gelöst werden, in Gasthöfen und Privatquartieren nahm Kevelaer die Pax Christi-Freunde auf. Unerwartete Hilfe kam aus den Niederlanden: man schickte Lastwagen mit Lebensmitteln. Auch für Dolmetscher und Schreibkräfte war gesorgt.

Eine Kopie der Einladung, die zur Tagung versandt wurde, habe ich auf Vermittlung von Msgr. Melzer aus dem Archiv des Erzbistums Köln erhalten können. Leider war dort ansonsten nur noch der erste Rundbrief der deutschen Sektion vorhanden, die am 2. April 1948 in Kevelaer begründet wurde. Aus dem Einladungsblatt geht hervor, welche Struktur die Friedenstagung hatte. Sie dauerte vom 31. März bis zum 4. April 1948. Für den Donnerstag waren drei Vorträge angesetzt, Freitag und Samstag je einer. Am Donnerstag wurden Arbeitskreise gebildet, die Kundgebung am Weißen Sonntag nachmittags krönte die Tagung. Es war auch für ein kulturelles Rahmenprogramm gesorgt, am 1. April mit einem Festkonzert, am 2. April mit dem Theaterstück „Monsignores große Stunde" von Lavery.

Das Programm blieb jedoch nicht unverändert, wie aus der Dokumentation „Weg in den Frieden" hervorgeht. Details sind kaum noch zu ermitteln. Hier sollen wenigstens die Namen und Themen der gedruckten Vorträge aufgeführt sein: Sehr feurig sprach P. Manfred Hörhammer, der geistlicher Beirat von Pax Christi in Deutschland wurde über die Ziele der Bewegung (1. April). P. Hyacinthe Roy sprach über „die Päpste und der Friede" (2. April). Die „Regina pacis" – Königin des Friedens – war Bezugspunkt des Vortrages von P. Bernward Dietsche OP aus Augsburg. Von großer Wichtigkeit sind auch die Referate von Mme. Dortel-Claudot, der Mitbegründerin und ersten Generalsekretärin von Pax Christi, die das Werden und den Weg der katholischen Friedensbewegung zusammenfaßte. Ihr Gatte Colonel Dortel-Claudot stellte das Projekt einer internationalen katholischen Friedenszentrale vor. Hier ist leider nicht der Platz, die ganze Breite des Aufbruchs darzustellen, die in diesen Zeugnissen der ersten Stunde von Pax Christi aufscheint. Die drei Arbeitskreise mußten verdoppelt werden. Nicht nur P. Franziskus Stratmann, Nikolaus Ehlen und Peter Wilhelm Haurand leiteten je einen Arbeitskreis, sondern auch Willi Hammelrath, Josef Steinberg und Ludwig Stangl. Josef Steinberg hatte zudem den Vortrag von Dr. Peterson übernommen, der sich auf praktische Wege der Verständigung und Begegnung konzentrierte.

Einige Schlaglichter aus den Ergebnissen der Arbeitskreise genügen schon, um deutlich werden zu lassen, daß es damals in Kevelaer, wie Bischof Théas sagte, nicht um Lippenbekenntnisse und Gerede ging; Christi Friede sollte zur Tat werden. Die Arbeitskreise zählten 50 bis 200 Teilnehmer. Das Fassungsvermögen der vorgesehenen Räume war weit überschritten, so daß weitere Gaststätten hinzugenommen werden mußten. Das Anliegen der Tagung, praktische Wege der Verständigung und Begegnung zwischen den Völkern zu suchen, war vor allem den Kreisen anvertraut. Den 1. religiösen Arbeitskreis leitete P. Franziskus Stratmann O.P. Aus seinem Bericht: „Was tun, wenn ein neuer Krieg ausbricht? Für die Deutschen ist die persönliche Situation dadurch erleichtert, daß es für sie keine militärische Dienstpflicht mehr gibt. Die

‚allgemeine Wehrpflicht' widerspricht der christlichen Tradition ebenso wie dem wahren Interesse der Völker. Sie hat durch die Vergeudung des Volksvermögens für militärische Zwecke und die Militarisierung der Gesinnung nur Unsegen über die Welt gebracht und die Sicherheit in hohem Maße verschlechtert, weil die Waffen des einen Staates die des anderen anziehen. Sie ist im Namen der Vernunft und des Christentums zu bekämpfen ... In der neuen Staatsordnung (muß) der Waffe des passiven Widerstandes alle Aufmerksamkeit zugewandt werden. Er besteht, bei Verzicht auf bewaffnete Gegenwehr, in der Verweigerung jeder Zusammenarbeit mit dem Rechtsbrecher ... Zur Durchführung dieses Widerstandes bedarf es sorgfältiger Erziehung und Organisation." Bei Dr. Willi Hammelrath, der den 1. pädagogischen Arbeitskreis begleitete, ist zu lesen: „Friede ruft zur Tatkraft auf. Es kommt aufs Tun an, nicht auf das Reden. Durch Worte täuscht man sich und andere leicht. Der Friede muß geschaffen werden, in angestrengter Tatkraft: Selig die Friedfertigen, heißt es, die den Frieden fertigen, ‚paci-fici', die den Frieden schaffen ... Auch das heiligste Programm und die tiefsinnigste Lehre tut es nicht, auch nicht der Name ‚Gott': vergessen wir nie, wieviel Unfriede und

ie Botschaft Kevelaers an ie Pax-Christi-Bewegung, an ischof Pierre-Marie Théas nd die Bevölkerung der Stadt ourdes (Juli 1949). andgeschrieben von Karl obert Brandt

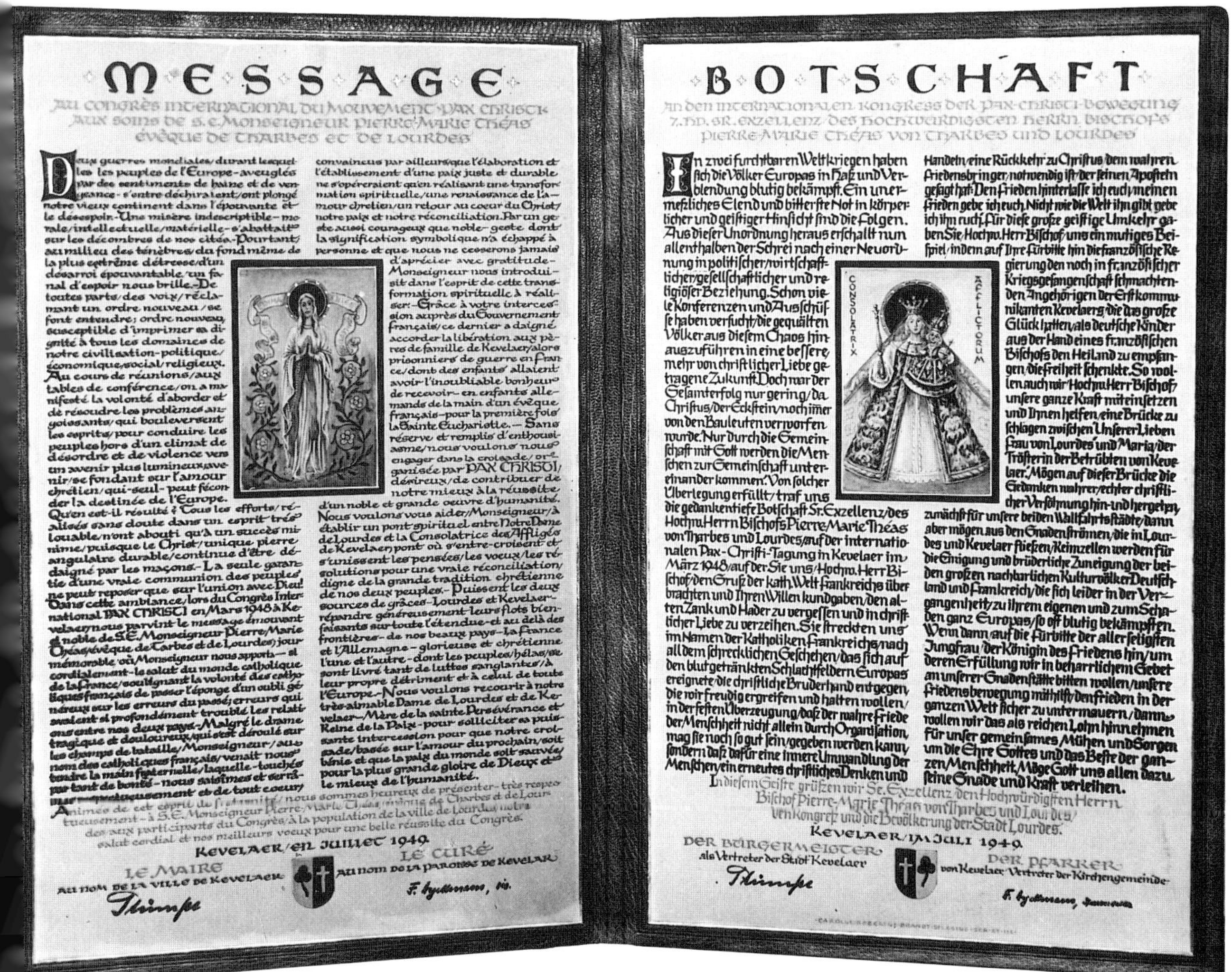

Gewalt im Namen ‚Gott' verübt worden ist ... Es ruht große Verantwortung auf jedem, der vom Frieden redet!"

Als Referent des 1. sozialen Arbeitskreises trug Nikolaus Ehlen vor: „Wir haben erkannt, daß die Lösung der sozialen Frage die entscheidende Aufgabe unserer Zeit ist. Ihre Lösung im gottgewollten Sinne ist die Voraussetzung für den Frieden im Menschen, in der Familie, in und zwischen den Völkern. Ohne die Lösung der sozialen Frage wird die ganze Welt in eine Wüste verwandelt werden. Das Geld, das ausgegeben wird für Rüstungen, muß eingesetzt werden, um die soziale Frage zu lösen. Nur so wird der Friede kommen ... Oft genug sind große Programme entwickelt worden, die Enzykliken der Päpste sind an unseren Ohren vorbeigerauscht, aber die rettende Tat ist ausgeblieben ... Gehen wir nun nach Hause und entstehen nicht überall im Lande Werke unserer Liebe ..., die die Menschen ergreifen und zur Nachahmung anregen, so war unsere Tagung ein Schein und ein Strohfeuer. Daß es nicht so sein möge, sondern daß unsere Herzen zum höchsten Opfer und Einsatz bereit werden, dazu helfe uns die Trösterin der Betrübten, die Königin des Friedens." Dr. P. W. Haurand vom 2. sozialen Arbeitskreis wurde noch deutlicher: „Das Vorbild Christi und sein ausdrückliches Gebot fordern die bedingungslose, uneingeschränkte Ächtung jedes Krieges und jedes Kriegsdienstes. Wer Kriegsdienst leistet, schließt sich aus der Gemeinschaft der Christen aus ..." Über die christliche Soziallehre sagte er: „Keine geistige Macht der Erde hat das Kommunistische Manifest vom Jahre 1848 so bitter ernst genommen wie Rom. Und nach dem kommunistischen Manifest ist kein Wort mehr so laut an das soziale Weltgewissen gerichtet worden, wie die moderne Soziallehre Roms. Rom identifiziert sich vollständig mit dem Anliegen des Proletariats. In der entscheidenden These der Enzyklika ‚Rerum Novarum' anerkennt Rom die Arbeitswerttheorie und die sich aus ihr ergebenden Konsequenzen. Und so fordert Rom kategorisch die Entproletarisierung des Proletariats ... durch die Verteilung des zukünftigen Sozialproduktes in der Weise, daß es in breitem Strom den Arbeitern zufließe ..." Wer also meint, Pax Christi habe sich 1948 nur dem Friedensgebet gewidmet, der verkennt, wie damals Gebet und Friedensarbeit zusammenklangen.

Unvergessen blieb in der Marienstadt, daß Bischof Théas den Kevelaerer Kommunionkindern des Jahres 1948 am Weißen Sonntag den Leib des Herrn reichte. Annemarie Marliani hat mir berichtet, wie lebendig die Beziehung zu Lourdes und Bischof Théas für viele der Kommunionkinder auch später blieb. Der Pax Christi-Gründer ist auch bei seinem letzten Besuch in Kevelaer 1973 noch einmal mit einigen von ihnen zusammengetroffen. Es wird häufig berichtet, der Bischof habe die Väter einiger Kinder aus französischer Kriegsgefangenschaft befreien können. Zur Vierzigjahrfeier 1988 konnte der Name eines Vaters ermittelt werden. Weitere Auskünfte sind im kirchlichen und städtischen Archiv nicht zu finden.

Das Pontifikalamt in der Kevelaerer Basilika am Schlußtag des Kongresses wurde in Gegenwart sämtlicher Bischöfe durch Bischof Muench zelebriert. Kardinal Frings legte seiner Predigt die Epistelworte zugrunde: „Das ist der Sieg, der die Welt überwindet, unser Glaube." Der Kardinal betonte, daß die Welt wahren Frieden nur durch Christus und seine

Lehre erhalten könne. Die Kraft des Glaubens verleihe jene Unerschütterlichkeit, durch die wir die Welt überwinden könnten.

Der Bischof von Münster, Michael Keller, eröffnete die Kundgebung am Nachmittag mit Grußworten an die ausländischen und deutschen Gäste. Gerade die Bevölkerung des Niederrheins, die den Krieg bereits oft in seiner ganzen grausamen Härte kennengelernt habe, wisse das hohe Gut des Friedens zu schätzen. Es sei mehr als ein bloßes Symbol, wenn sich die Pax Christi-Bewegung in diesem niederrheinischen Muttergottesland zum wahren Völkerfrieden bekenne.

Der Apostolische Visitator für Deutschland, Bischof Muench, ging davon aus, daß wir noch unter den bösen Auswirkungen des letzten Krieges leidend, schon wieder von neuer Kriegsfurcht bedroht seien. Jetzt komme es darauf an, alle Ansatzpunkte für einen dauerhaften Frieden zu finden und auszuwerten. Nur in einer Atmosphäre friedlicher Gesinnung könnten die Völker gedeihen. Das sei aber nur möglich, wenn Gottes ewige Gesetze wieder überall Geltung hätten. Ohne Gott sei kein wahrer Friede möglich. Durch Glaube und Ehrfurcht könne man den rationalen Egoismus totalitärer Systeme überwinden und die sittlichen Kräfte der Völker erneuern. Der Haß unter den Nationen müsse begraben werden. Statt dessen hätten wir alle Sendboten des Friedens zu sein, so wie es sich auch die Pax Christi-Bewegung zum Ziel gesetzt habe.

Die Friedensampel in der Gnadenkapelle: PAX CHRISTI IN REGNO CHRISTI – Friede Christi im Reich Christi. Die Dreizahl der Tauben symbolisiert Lourdes, Altötting und Kevelaer. An diesen drei Wallfahrtsorten brennt seit 1949 das in Lourdes entzündete Friedenslicht. (Gestaltung: Max van Ooyen)

Walther Pesch erinnerte an die „begeisterten und begeisternden Worte des Schirmherrn der Tagung, Bischof Keller, da er sich vorbehaltlos in den Bruderring des Friedens eingliederte." Gabe und Gewinn sei „die schlichte Tatsache, daß sich unsere Bischöfe, Nachfolger der Apostel, sahen und schätzen lernten ..." Für uns heute ist schwer zu ermessen, daß es wie eine Befreiung war, daß Bischöfe verschiedener Länder ebenso wie Gläubige aus Deutschland, Frankreich, den Niederlanden, Belgien und Luxemburg zusammenkamen. Den Kevelaerern war es fast noch wichtiger, daß Bischof Lemmens von Roermond anwesend war. Das niederländische Bistum Roermond war jahrhundertelang auch Kevelaers Bistum. Krieg zwischen Nachbarn? Jetzt war Bischof Lemmens in Kevelaer. Er würdigte „in spontan aufquellender Herzlichkeit unsere gemeinsame Mutter als die Königin des Friedens" (Pesch). Der aus dem Krieg heimgekehrte Josef Heckens sagt es so: „Als dann der ‚vader bisschop' Lemmens, ein Freund Kevelaers, seine Hände weit zur nahen Gnadenkapelle ausstreckte und rief: ‚Unsere Mutter der Liebe dort reicht uns allen die Hand; dann dürfen auch wir uns wieder die Hand reichen, selbst wenn wir uns verloren hatten ...', da schämte sich mit vielen anderen Zuhörern auch der junge Heimkehrer seiner inneren Bewegung nicht ..."

Walther Pesch resümierte: „Das Ereignis von Kevelaer muß wachgehalten werden, sonst schlummert es selig ein wie manche andere ... Die Erkenntnisse und Erfahrungen der Tagung müssen immer neu ausgewertet werden, praktische Wege der Verständigung immer neu aufgezeigt, entwickelt, ausgebaut werden ... Es liegt an uns!" In welchen Dimensionen die Pax Christi-Gründer 1948 in Kevelaer dachten, das vergegenwärtigt ein Wort aus der Ansprache P. Manfred Hörhammers. „Pax christi in regno christi. Ja, meine Freunde, das ist eine Revolution, die einzig würdige Revolution im Jahre 1948, wo von Jubiläen der Revolution die Rede ist; zu dieser Revolution bekennen wir uns von ganzem Herzen." Dann erklärte er sich einverstanden mit der Losung des französischen Freundes P. Périn: „,In zehn Jahren sitzen wir überall an den entscheidenden Stellen. In zwanzig Jahren sind ganze Familien dahinter nachgewachsen. In dreißig Jahren gehört uns Frankreich.' Ja, Christus ist die Revolution! In seinem Namen laßt sie uns wagen, die Revolution, die Er gemeint hat: ,Ich wollte Feuer auf die Erde werfen und wie sehne ich mich danach, es würde ringsum lichterloh brennen'."

Kevelaers Bürgermeister Karl Dingermann machte 1988 in einer Gesprächsrunde zu 40 Jahren Pax Christi darauf aufmerksam, daß Lourdes und Kevelaer im Anschluß an die Tage von Kevelaer eine Partnerschaft im Geiste des Friedens konzipierten. Eine stetige Nachwirkung blieb auch die Friedensmesse, die an jedem Samstag in Lourdes, Altötting und Kevelaer an den Gnadenstätten gefeiert wird. Sie geht auf eine Anregung des Bischofs Théas zurück, der sie zuerst in Lourdes einführte. Wie in Lourdes und Altötting brennt seit 1949 auch in Kevelaer eine Frie-

Alfons Erb, Vizepräsident de deutschen Sektion, überbrachte beim Pax-Chris Kongreß 1958 u. a. die Grüß des Präsidenten des ersten Europa-Parlaments, Robert Schuman

densampel, darauf das Leitwort „Pax christi in regno christi". Dieses Friedenslicht mahnt uns, nicht nachzulassen in der Anstrengung, die Gnadenstätte der Mutter des Herrn zu einem Wirkungsort für den Frieden werden zu lassen, wie es auch Papst Paul VI. den Marienheiligtümern empfahl, denn Papst Paul war überzeugt, daß Friede auf Erden möglich ist.

1958

In Kevelaer ist der Pax Christi-Gedanke nicht erloschen. Aber schon bis zur ersten Jubiläumsfeier nach zehn Jahren (18.–20. 4. 1958) hatte sich vieles in Kirche und Welt gewandelt. Die Tagung von 1958 war vor allem eine Veranstaltung des deutschen Zweiges von Pax Christi; an der Spitze als Präsident wirkte damals der Bischof von Eichstätt und spätere Kurienkardinal Joseph Schröffer. Die Presse verzeichnete nur zwei Referate

– und die Tagungsteilnehmer fanden Platz im Saal des Priesterhauses. Das Wiedersehen mit Bischof Théas führte immerhin eine große Zahl Menschen auf dem Kapellenplatz zusammen, die ihn freundlich empfingen. Théas rief ihnen zu: „Vor zehn Jahren habe ich Euch den Bruderkuß der Versöhnung gebracht, heute bringe ich Euch den Bruderkuß der Freundschaft." Und „seine" Kommunionkinder von 1948 ließ der Bischof von Lourdes wissen, daß es eine der schönsten Stunden seines Lebens gewesen sei, als er ihnen damals die Erstkommunion reichte. Bilder dieser Kommunionkinder und der Kevelaerer Gnadenkapelle in seinem Zimmer seien ihm Zeichen der lebendigen Erinnerung.

Bischof Lemmens (Roermond) und Bischof Keller (Münster) besuchten erneut Pax Christi in Kevelaer; wie auch Bischof Lommel von Luxemburg, der wie Théas unter den Nazis hatte leiden müssen.

P. Manfred Hörhammer stellte 1958 seine Ansprache unter das Thema: „Pax Christi, eine Botschaft, die sich trotzdem lohnt ..." Er sprach von dem „Talent", das den deutschen Brüdern vor einem Jahrzehnt von einem französischen Bischof, der selbst Unrecht erlitt, zugedacht worden war und wie ein strahlendes Licht in der Dunkelheit der Zeit auf uns zugeschritten kam. P. Manfred griff auch sein Bild vom Feuer wieder auf: „Ein Feuer, das, in Kevelaer entzündet, in Deutschland hätte brennen müssen, lichterloh hätte brennen müssen ..." Er warnte vor der Versuchung, die Bewegung könne nach erstem Emporstoßen leicht kraftlos zurückfallen, den Fontänen eines Springbrunnens gleich. Gegen solch eine Gefahr helfe das Wachstum aus der Tiefe heraus. Auch andere Redner erinnerten an 1948, um zu einem neuen Aufschwung in der Pax Christi-Arbeit anzuregen, so Bischof Schröffer. Heinrich Maria Janssen, Bischof von Hildesheim, zuvor Pfarrer in Kevelaer, gedachte dankbar des verstorbenen Dechanten Holtmann, dem das Friedensgebet am Gnadenort Kevelaer ein Anliegen war. „Wie ganz anders würde die Pax Christi-Bewegung in der Welt dastehen", meinte er, „wenn die Christen sich bewußt wären, welche Möglichkeiten ihnen durch das Friedensopfer Christi gegeben sind".

Im Referat des internationalen Sekretärs, Bernard Lalande, der zugleich den internationalen Präsidenten Kardinal Feltin von Paris vertrat, wurden die Schwierigkeiten und Hindernisse, auch die Armut von Pax Christi nicht verschwiegen. Nach zehn Jahren war Pax Christi in 13 Ländern in aufstrebender Entwicklung – und hatte in vierzig Ländern einzelne Mitglieder. Das sei nicht viel, meinte er, aber Pax Christi sei beides: „Mystik und Organisation" – Pax Christi trete nun in eine neue Phase ein, die Ziele seien aktueller denn je und es gebe viel, viel Arbeit. Dazu könne der Dreischritt „Sehen-urteilen-handeln" wegweisend sein.

Alfons Erb überbrachte als Vizepräsident der deutschen Sektion die Grüße des Präsidenten des ersten Europa-Parlaments, Robert Schuman, der österreichischen Pax Christi-Bewegung und des Bundes der Polen in Deutschland. Beim Abschluß der Tagung referierte Dr. K. J. Hahn aus Bilthoven in Holland über die Aufgabe von Pax Christi in der europäischen Einigung. Es ginge nicht nur um Kohle, Stahl oder Kernenergie. Es ginge vor allem um die sittlichen Fundamente der europäischen Ordnung. Die Tagung von 1958 hat auch einen neuen Akzent gesetzt, man pilgerte „ad sanctos" – nach Xanten, an die Grabstätte frühchristlicher

Märtyrer, um an die Glaubenszeugen der jüngsten Vergangenheit zu erinnern, die im Geiste Christi gegen Hitler standen. Die Gedenkstunde im Xantener Dom, die an Vorbilder wie Alfred Delp S.J., Karl Leisner oder Edith Stein erinnerte, fand rege Anteilnahme der Jugend des Niederrheins. Der langjährige Gefängnispfarrer von Berlin-Plötzensee, Peter Buchholz, löste mit seinem Bericht tiefe Ergriffenheit aus. Kardinal Frings von Köln sprach die Schlußworte, mit ernstem Dank für diese Begegnung; der Pax Christi-Gedanke – „Wir alle sind Brüder" – solle immer mehr Raum gewinnen in den Herzen der Menschen.

Am Abend desselben Tages konnte sich in Kevelaer die Lichterprozession prachtvoll entfalten. Immer wieder, sagte Bischof Lommel, erfreue ihn dieses Bild der Verehrung der Gottesmutter von Kevelaer, die „als Tochter die Mutter von Luxemburg übertroffen" habe. Auch die Verbundenheit Kevelaers mit Luxemburg, das Europastadt ist, weist Kevelaer auf Europa hin – und jede Lichterprozession ist ein Symbol für uns, daß wir mehr Licht schaffen sollen.

1973

Dechant Johannes Oomen würdigte 1958 wie auch 1973 die Verbundenheit von Pax Christi und Kevelaer. War auch der gegenseitige Kontakt schwächer geworden mit der Zeit, abgerissen war die Verbindung nicht. Pax Christi feierte 1973, wiederum in Kevelaer, das 25jährige Bestehen. Die Anteilnahme der Öffentlichkeit war noch geringer geworden. Bischof Théas besuchte Kevelaer ein letztes Mal. Pax Christi bekannte sich zu neuen Aufgaben und forderte tätige Solidarität.

Einen Eindruck des Kongresses vermittelt der Artikel von Wilhelm Cuypers, der am 30. April 1973 in der „Rheinischen Post" erschien: »Wer nach den ausgiebigen Diskussionsbeiträgen im Bühnenhaus ein Fazit dieses internationalen Treffens von Pax Christi zu ziehen versuchte, kam zu der Erkenntnis, daß die Situation der Pax Christi-Bewegung sich in der Welt von heute verändert hat. Nicht, als ob das Evangelium für ihre Anhänger keine Gültigkeit mehr hätte. Allerdings sind die Freunde der katholischen Friedensbewegung in einer vom Nuklearkrieg und Hungertod bedrohten Welt genötigt, auch politische Realitäten zu berücksichtigen. Man will praktische Friedensarbeit leisten, wie Bischof Heinrich Tenhumberg beim eindrucksvollen Eröffnungsgottesdienst in der Basilika forderte. Der Bischof erinnerte an die neuen Aufgaben von Pax Christi in der Friedensforschung und Friedenserziehung. Die neuen Aufgaben von Pax Christi klangen bereits in den kurzen Gebeten von Vertretern aus neun Nationen in der Basilika an, wo Österreich, Frankreich, Spanien, Portugal, Italien, Peru, England, Polen und die Niederlande vertreten waren, mit Bitten für eine gerechte Verteilung der Güter in dieser Welt, um gerechte Behandlung der Gefangenen, nicht zuletzt auch für die Behebung der Not in der Dritten Welt. Bemerkenswert auch die Äußerungen des polnischen Vertreters. Professor Stomma ist Vorsitzender der Abgeordnetengruppe Znak im polnischen Parlament. Stomma zu den deutsch-polnischen Beziehungen: „Die geschichtliche Schwelle ist überschritten, der Durchbruch in den deutsch-polnischen Beziehungen wurde vollzogen", wobei er auch an die Ratifizierung des Warschauer Vertrages erinnerte. Manche Tagungsteilnehmer bedauerten allerdings, daß kein Repräsentant des polnischen Episkopats anwesend sein konnte ... Tiefen Eindruck hinterließen die Ausführungen des evangelischen Vertreters, Christoph von Wachter aus Taizé, der sich ausführlich mit der Persönlichkeit von Papst Johannes XXIII. und der Friedensenzyklika „Pacem in terris" befaßte, die Leitmotiv für den Kongreß war. „Wir sollten neben der berechtigten Anwendung unserer intellektuellen Fähigkeiten immer danach trachten, nach dem Vorbild dieses Papstes ‚mit dem Herzen zu denken'."« Prof. Teunissen aus den Niederlanden wies auf die großen Gefahren des nuklearen Rüstungswettlaufs hin, der möglicherweise eine Kriegssituation schaffen könne. Weihbischof Moser forderte als Präsident der deutschen Pax Christi „tätige Solidarität". Wie schon 1958 wurde auch 1973 wieder eine Feier im Xantener Dom dem Kongreß zugeordnet, diesmal als Abschluß der Tage von Kevelaer. In der Meßfeier mit Weihbischof Böggering aus Münster und dem Präsidenten der belgischen Pax Christi, Weihbischof Descamps aus Löwen, hielt P. Manfred Hörhammer die Predigt. Die Kirche, so sagte er, lebt immer von

Begegnung des Bischofs Pierre-Marie Théas im April 973 mit Kommunionkindern von 1948, die von ihm die Erstkommunion empfingen

den Glaubenszeugnissen, die in jeder Zeit neu gesetzt werden müssen. In unseren Tagen der Ökumene müsse ein neues Bekenntnis für die Einheit der Christen abgelegt werden im Sinne der größeren Liebe, der größeren Gerechtigkeit und damit der größeren Wahrheit, und das in Ost und West, in Nord und Süd.

Einer der maßgeblichen Initiatoren des Wiedersehens in Kevelaer 1973 war der Vizepräsident der deutschen Sektion, Wilhelm de Schmidt aus Krefeld, der noch selbst, wie P. Manfred, zu den Trägern der ersten Stunde zählte. Der Kongreß 1973 fand mit seiner Unterstützung auch internationale Aufmerksamkeit. Kardinal Alfrink von Utrecht war als Pax Christi-Präsident in Kevelaer, mit ihm der spätere Präsident Luigi Betazzi aus Italien.

Es soll nur kurz erwähnt sein, daß Pax Christi sich nicht erst 1973 dem sozialpolitischen Spektrum öffnete. Das Schlüsselwort der Enzyklika Papst Pauls VI.: „Populorum progressio" hat Kardinal Feltin zuerst 1960 beim Pax Christi-Kongreß in Genf geprägt: „Entwicklung ist der neue Name für Frieden." Schon in den fünfziger Jahren widmete Pax Christi viermal sein Jahresthema der Hilfe für die hungernden Völker. Pax Christi in Deutschland war Mitbegründer von Misereor und in Frankreich gleichermaßen am „Katholischen Komitee gegen den Hunger" beteiligt. Die Aussöhnung mit dem Osten, in Deutschland vordringlich mit Polen, rückte spätestens in den sechziger Jahren unter die wichtigsten Anliegen vor. Eine Pax Christi-Gruppe pilgerte 1964 nach Auschwitz.

1988

In Kevelaer brennt noch immer das Friedenslicht von 1948. Seit 1982 hat Kevelaer die Pax Christi-Kapelle. Dort enthüllte Bischof Henri Donze, der Nachfolger von Pierre-Marie Théas als Bischof von Lourdes, am 1. Mai 1986 eine Gedenktafel an den Mitbegründer der Pax Christi-Bewegung. Vor Pax Christi-Mitgliedern sprach er von der für die ganze Kirche verpflichtenden Aufgabe, Frieden zu schaffen und selbst Zeichen des Friedens zu setzen. Er zitierte Kardinal Etchegaray: atomare Abschreckung sei nicht der Weg zur Sicherheit.

Zum vierzigsten Jahrestag der Pax Christi-Gründung 1988 erschien eine Broschüre, herausgegeben vom Pfarrgemeinderat St. Marien Kevelaer, welche die Anfänge der Bewegung dokumentiert. Bischof Hermann Josef Spital, damals noch nicht Präsident der deutschen Sektion, schreibt im Vorwort: „Vierzig Jahre Pax Christi bedeutet einen leidenschaftlichen Einsatz grenzüberschreitender Versöhnung ... (und wir) brauchen heute notwendiger denn je Menschen, die ihr Leben einsetzen für die Versöhnung zwischen den einzelnen und unter den Nationen ..."

Zur Vierzigjahrfeier tagte in Kevelaer auch der Internationale Rat mit Präsident Kardinal Franz König (Wien), es fand ein Kongreß der deutschen Sektion statt, der Nord-Süd-Frage gewidmet – und zu diesen Ereignissen in Kevelaer hatten sich Christen von Münster her über Xanten, Marienbaum und Weeze auf einen Pilgerweg mit dem Aachener Friedenskreuz begeben.

Bei aller Sorge um die ernsten Fragen der Welt von heute tagte Pax Christi fast fröhlich; christliche Hoffnung trug den Kongreß. In demselben Geist feierten die Pax Christi-Freunde ihre Gottesdienste. Junge und Alte, die dabei waren, zeigten Begeisterung über „die anderen Pilger", die vom 13. – 15. Mai 1988 in Kevelaer waren. Auch der Festabend der deutschen Sektion am 13. Mai gestaltete sich in offener und herzlicher Atmosphäre. Karlheinz Koppe eröffnete als Vizepräsident der deutschen Sektion den Abend mit einem kurzen Ausblick. Wie in der Vergangenheit, so wolle Pax Christi auch in Zukunft eine bewegende Kraft der Versöhnung sein, betonte er. „Versöhnung umfaßt alle, schließt niemanden aus, kann nicht gegen irgend jemanden gerichtet sein. Versöhnung heißt Hoffnung und Verantwortung zugleich. Versöhnung ist Weg und Ziel in einem, das, was wir heute als konziliaren Prozeß zu begreifen versuchen: Gerechtigkeit, Frieden, Bewahrung der Schöpfung."

Bronzetafel zur Erinnerung a Bischof Pierre-Marie Théas († 1977) und an den 1. Pax-Christi-Kongreß 1948 im Kreuzgang an der Pax-Christi-Kapelle

Der Rundaltar der Pax-Christi-Kapelle in Kevelaer mit Reliquiar. Gestaltet von Roland Friederichsen

Weihbischof Heinz Janssen (Xanten) übermittelte Grüße vom Bischof von Münster, Reinhard Lettmann – und erzählte von seinen Erinnerungen an die Apriltage des Jahres 1948, als er den „Tag des Friedens" in Kevelaer miterlebte, damals als Meßdiener. Er bekräftigte, daß Kevelaer als Wallfahrtsort dem Aufruf des Papstes vom 2. Mai 1987 folgen werde und wünschte, daß der Ort immer mehr eine Stätte des Friedens sein möge. Karl Dingermann hob als Bürgermeister der Stadt Kevelaer hervor, daß der Pax Christi-Kongreß vor vierzig Jahren eine Welle der Hoffnung gewesen sei nach schrecklicher Zeit. Er bat die Pax Christi-Versammlung, Kevelaer und seine Gnadenstätte in guter Erinnerung zu halten.

Zu Wort kamen auch Rufus Flügge für die evangelische Friedensarbeit, Albert Samuel von der französischen Sektion und Joof van Keulen aus den Niederlanden. Aus der damaligen DDR konnte Jochen Garstecki teilnehmen; damals noch nicht selbstverständlich. Er gab Pax Christi einige Erfahrungen aus der anderen deutschen Republik mit auf den Weg und appellierte, den „Kreis nicht zu klein" zu ziehen, wenn wir im Westen von Europa sprechen.

Für den Festvortrag hatte sich P. Paulus Engelhardt O.P. die Mühe gemacht, in der Geschichte der deutschen Sektion auch Spuren dessen zu finden, was in jüngerer Zeit bei Pax Christi aktuell ist. Seine ursprüngliche These, Pax Christi sei zwanzig Jahre lang „fromm, aber unpolitisch" – dann aber nur-politisch gewesen, habe er fallen lassen müssen. Schon im Anfang habe es bei Pax Christi auch Ansätze einer politischen Dimension gegeben, stärker allerdings beim Friedensbund der Katholiken, der 1952 in die Pax Christi-Bewegung integriert wurde. Auch in den fünfziger Jahren fänden sich, so in der Pax Christi-Zeitschrift, einzelne Beiträge zu den Diskussionen um Wiederbewaffnung, Kriegsdienstverweigerung und der Öffnung nach Osten. Das politische Engagement sei jedoch, angestoßen durch das II. Vatikanische Konzil, erst in den vergangenen zwanzig Jahren kräftiger geworden. Für die Zukunft empfahl P. Paulus, geistlicher Beirat von Pax Christi, daß eine fruchtbare Synthese aus Spiritualität und politischem Einsatz gewonnen werden solle.

Zum Festabend am 13. Mai traf die Pilgergruppe ein, deren letzte Etappe, vom Ort Weeze aus, mit Mitgliedern des Internationalen Rates gemeinsam gegangen wurde. Unter den Pilgern war auch Bischof Betazzi, ehemaliger internationaler Präsident, und Weihbischof Walther Kampe aus Limburg, vormals Präsident der deutschen Sektion, daneben zahlreiche Pax Christi-Freunde aus Frankreich, Italien, England, Irland, Belgien, den Niederlanden, der Schweiz, aus Luxemburg und anderen Ländern. Alle Mitpilger hatten sich mittags auf dem Kriegsopferfriedhof in Weeze

Pax-Christi-Kongreß 1988. „Unterwegs mit dem Aachener Friedenskreuz" vo Xanten über Marienbaum, Kalkar und den Kriegsopfer-Friedhof Weeze nach Kevela

Am Ziel des Pilgerweges. Magnifikat an der Gnadenkapelle, gemeinsam mit den russisch-orthodoxen Erzbischöfen Kyrill von nolensk, Longin, Düsseldorf, den Bischöfen Luigi Betazzi, Italien, Huub Ernst, Breda, und Regionalbischof Heinz Janssen, Xanten

eingefunden. Die Wallfahrergruppe zog in Kevelaer ein, an der Spitze des Zuges das Aachener Friedenskreuz von 1947, am Schluß eine besondere Muttergottesfahne: die Schutzmantelmadonna schützt die Menschen vor herabregnenden Bomben, auf der Rückseite das Mahnwort: „Maria, hilf zum Siege – den Menschen gegen Kriege."

In der anschließenden Eucharistiefeier konnte Weihbischof Kampe den russisch-orthodoxen Erzbischof Kyrill von Smolensk begrüßen. Nachhaltig beeindruckten dessen Grußworte aufgrund des für die Ökumene essentiellen Aspekts der Friedensarbeit von Christen und Kirchen, den er hervorhob. Auch der Erzbischof von Luxemburg Jean Hengen und Regionalbischof Janssen feierten die Eucharistie mit. Walther Kampe äußerte die lebendige Hoffnung, daß der Besuch des russischen Erzbischofs ein ähnliches Zeichen sein könne, wie es die Anwesenheit des französischen Bischofs Théas 1948 war, denn heute sei die Aussöhnung mit den Völkern des Ostens die dringendste Aufgabe.

Der internationale Vizepräsident Bischof Ernst aus Breda (NL) unterstrich den inneren Zusammenhang von Glaubensleben und Friedenswirken. Getragen vom Glauben an Christus könne es gelingen, die Realität dieser Welt mehr und mehr der Radikalität des Evangeliums Jesu Christi entgegenzuführen, das eine Radikalität der Gewaltlosigkeit, der Gerechtigkeit, des Friedens und der Liebe sei. Kardinal König äußerte in seiner Ansprache als Pax Christi-Präsident in Kevelaer, daß Pax Christi sehr den Geist der Ansprache (29. 4. 1988) von Michail Gorbatschow an die Leiter der russisch-orthodoxen Kirche begrüße, worin er die Gewissensfreiheit und die Bedeutung der Kirchen im Leben der Nationen positiv würdigte. In seiner Predigt am Fest Christi Himmelfahrt hat Kardinal König noch einmal an die Worte des Papstes bei dessen Besuch in Kevelaer erinnert und die Bedeutung der Wallfahrtsorte für den Frieden verdeutlicht.

Platon Kornyljak
in Zusammenarbeit mit Johannes Madey

Kevelaer und die Ukrainische Katholische Kirche

Wenn Kevelaer 1992 das 350jährige Wallfahrtsjubiläum begeht, dann gehört die Ukrainische Katholische Kirche zu den relativ jungen Pilgergruppen, die den Weg zur „Trösterin der Betrübten" gefunden haben. Es war in den schweren Jahren des letzten Krieges, als viele Ukrainerinnen und Ukrainer, orthodoxe und katholische, ihre Heimat verlassen mußten und zur Arbeit im Westen verpflichtet waren. Fast wie von selbst fanden sie den Weg nach Kevelaer, denn schon in der Heimat war die Verehrung der Ikone der Gottesmutter „Trösterin der Betrübten" und jene der Gottesmutter der Verlorenen bekannt. Die Pfarrchronik von Kevelaer berichtet, daß für Pfingstsonntag, den 13. Juni 1943, der dem Apostolischen Visitator für die katholischen Ukrainer des byzantinischen Ritus unterstehende Priester Michael Moskalik gewonnen wurde, für die am unteren linken Niederrhein wohnenden ukrainischen Gläubigen einen Gottesdienst zu halten. Mit Fug und Recht kann daher dieser Priester als *der Vater der ukrainischen Wallfahrt zu U. L. Frau von Kevelaer* angesehen werden.

Michael Moskalik war ein Sohn des weißruthenischen Volkes, das zusammen mit dem ukrainischen die Überlieferungen der Kiever Mutterkirche teilt. Er wurde am 18. Januar 1903 in Haradziaj geboren. Nach dem Abschluß des Philosophiestudiums kam er im Jahre 1934 an das von Kardinal Faulhaber 1932 in München gegründete ostkirchliche St.-Andreas-Kolleg, dessen Errichtung besonders von dem „Diener Gottes", Metropolit Andreas Šeptyc'kyj von Halyč, Erzbischof von Lemberg, gefördert wurde. In München studierte der Seminarist Michael Moskalik Theologie. Am 17. Juli 1938 kam der Bischof von Križevci, Kyr Dionysij Njaradi, nach München, um zwei Diakone des St.-Andreas-Kollegs durch das Sakrament der Handauflegung zu Priestern zu weihen: Isydor Borec'kyj (seit 1948 ukrainischer Bischof von Toronto und Ostkanada) und Michael Moskalik. Nach seiner Priesterweihe kehrte er in seine Heimat zurück und wirkte im Erzbistum Vilnius (Litauen), das damals zu Polen gehörte. Doch schon 1939 kehrte er nach Deutschland zurück. Bis 1940 hielt er sich in München auf. Er stellte sich dem vom Metropoliten von Lemberg im Jahre 1927 eingesetzten Seelsorger für alle Ukrainer, Petro Verhun, zur Verfügung, der ihn 1941 als Seelsorger nach Bremen schickte, von wo aus er auch noch die im Raum Osnabrück tätigen Ukrainer betreuen sollte. Trotz zahlreicher Schwierigkeiten mit örtlichen Behörden konnte er bis 1943 im ganzen norddeutschen Raum seelsorglich wirken. In diese Zeit fällt die erste Feier der Göttlichen Liturgie für die Ukrainer in Kevelaer. Kurz darauf wurde er verhaftet und in ein Konzentrationslager eingewiesen, doch schon im Frühjahr 1944 entlassen. Nachdem Vater Petro Verhun 1943 zum Apostolischen Visitator im Prälatenrang ernannt worden war, wurde Vater Michael auch mit der Seelsorge im Raum Paderborn, Münster und Hildesheim betraut. Im Jahre 1944 siedelte er an den Sitz des Apostolischen Visitators nach Berlin über.

Der zweite Gottesdienst in Kevelaer konnte wegen der oben erwähnten Verhaftung des Seelsorgers erst am 18. Juni 1944 in der Kerzenkapelle stattfinden; an die 150 Ukrainer waren gekommen, um in ihrer Muttersprache das Sakrament der Versöhnung zu empfangen und mit dem Leib und Blut des Herrn gestärkt zu werden. Aus der Kevelaerer Pfarrchronik erfahren wir, daß am 17. September 1944 – die Kriegshandlungen waren bereits in die Nähe gerückt – noch einmal die Göttliche Liturgie in Kevelaer gefeiert werden konnte.

Am 22. Juni 1945 verhaftete die sowjetische Polizei den Apostolischen Visitator Petro Verhun in Berlin; er wurde in die UdSSR deportiert und dort „wegen Kollaboration mit dem Feind" zu acht Jahren Zwangsarbeit verurteilt. Prälat Verhun wurde am 18. November 1890 in Horodok bei Lemberg (damals Österreichisch-Galizien) geboren und wirkte seit seiner Priesterweihe in Deutschland; er hatte niemals seine österreichische Staatsbürgerschaft abgelegt und besaß Ende des Krieges die deutsche. Am 7. Februar 1957 starb er als Bekenner des Glaubens in Anhar in Sibirien. Vater Michael Moskalik ging, nachdem fast alle Ukrainer aus Sicherheitsgründen Berlin verlassen hatten, 1946 nach Goslar, von wo aus er auch die ukrainischen Gläubigen in Braunschweig, Göttingen und Seedorf betreute. Gleichzeitig war er Seelsorger für alle Weißruthenen im norddeutschen Raum. Er starb am 25. September 1964 und wurde in Goslar beigesetzt. Mit diesen Zeilen wollten wir einem der Pioniere der ukrainischen Seelsorge in Deutschland, der gleichzeitig der Begründer der Beziehungen der Ukrainischen Katholischen Kirche zum Marienwallfahrtsort Kevelaer ist, ein kleines Denkmal setzen, da bisher nichts über sein Leben publiziert worden ist.

Die Entwicklung der ukrainischen Seelsorge nach dem Ende des zweiten Weltkrieges und der Deportation des Apostolischen Visitators war zunächst unsicher. Am 12. Oktober 1945 wurde der Priester Mykola Vojakovs'kyj mit der Leitung der Seelsorge betraut; er nannte sich „Stellvertretender Leiter der Apostolischen Visitatur"; nachdem Papst Pius XII. 1947 den in Rom lebenden früheren Hilfsbischof von Lemberg, Kyr Ivan Bucko, zum Apostolischen Visitator für alle Ukrainer in Westeuropa ernannt hatte, wurde Vater Mykola sein Generalvikar (bis 1949, als er in die Vereinigten Staaten auswanderte); sein Nachfolger wurde Vater Petro Holyns'kyj († 1974) bis 1962.

Am 17. April 1959 errichtete Papst Johannes XXIII. für die in Deutschland wohnenden Ukrainer und Ruthenen ein Apostolisches Exarchat, das in etwa mit einem Apostolischen Vikariat in der römisch-katholischen Kirche vergleichbar ist. Der Oberhirte hat die ausschließliche geistliche Gewalt über alle ukrainischen und ruthenischen Priester, Ordensleute und Gläubigen in seinem Gebiet. Zum ersten Apostolischen Exarchen im Bischofsrang berief der Papst den damaligen Kanzler der ukrainischen Metropolitaneparchie Philadelphia (Pennsylvanien, USA), DDr. Platon Kornyljak. Als 1982 der Apostolische Visitator für die

Länder Westeuropas, in denen es kein eigenes Exarchat gab, Bischof Kyr Myroslav Marusyn, Erzbischof-Sekretär der Kongregation für die Ostkirchen in Rom wurde, weitete Papst Johannes Paul II. die Jurisdiktion des Exarchats auch auf die skandinavischen Länder aus.

Kyr Platon wurde am 6. September 1920 in Stebni im Buchenland geboren; nach dem ersten Weltkrieg fiel dieses Gebiet, das zu Österreichisch-Galizien und zur Eparchie Stanyslaviv (jetzt Ivano-Frankivsk') gehört hatte, an Rumänien; die ukrainischen Pfarrgemeinden mit etwa 40000

Erzbischof Kyr Ivan Bucko, Apostolischer Visitator für alle Ukrainer in Westeuropa, bei einer Andacht vor dem Gnadenbild in Kevelaer

Gläubigen kamen an die rumänisch-katholische Eparchie Maramures. Nach seinem Abitur studierte Platon Kornyljak in Rom als Alumnus des Päpstlichen Ukrainischen St.-Josafat-Kollegs. Nach seiner Priesterweihe am 25. März 1945 setzte er seine Studien fort und, da er nicht in seine Heimat zurückkehren konnte, stellte er sich 1948 dem damaligen Exarchen (späteren Metropoliten) von Philadelphia, Kyr Konstantyn Bohačevs'kyj, zur Verfügung. Dieser spendete ihm am 7. Juli 1959 die Bischofsweihe.

Das Apostolische Exarchat für Deutschland und Skandinavien ist in vier Protopresbyterate (Dekanate) eingeteilt: 1. „Nord" für den Raum Hamburg, Hildesheim und Osnabrück (von hier aus wird auch Skandinavien mitbetreut, wo es Gemeinschaften ukrainischer Katholiken in

Bischof Dr. Platon Kornylja Apostolischer Exarch für d in Deutschland u Skandinavien wohnend Ukrainer und Ruthenen, bei Einzug in die Marienbasili zur Eucharistiefeier a Ostkirchentag 19

Malmö, Lund und Örebro in Schweden sowie Oslo in Norwegen gibt); 2. „Nord-West" für den Raum Essen, Krefeld-Traar, Münster und Bielefeld (Kevelaer gehört in den Bereich der von Pfarrer Johannes Gies geleiteten St.-Georgs-Pfarrei, Essen); das Protopresbyterat Nord-West umfaßt also das gesamte Bundesland Nordrhein-Westfalen; 3. „Süd-West" für den Bereich Neu-Ulm, Trier, Speyer, Stuttgart, Frankfurt/Main, Freiburg und Crailsheim; 4. „Süd-Ost" für den bayerischen Raum (Ingolstadt, Landshut und Nürnberg). Die am Sitz des Apostolischen Exarchen errichtete Kathedralkirche und -pfarrei, von der aus Ludwigsfeld und zur Zeit auch Rosenheim mitbetreut werden, ist unabhängig vom Protopresbyterat Süd-Ost, sondern untersteht direkt dem Bischof.

Was nach dem Krieg für die ukrainischen Katholiken im süddeutschen Raum *Altötting* geworden ist, wo schon 1946 in der Gnadenkapelle eine Gedenktafel in ukrainischer und deutscher Sprache mit der Aufschrift „Hilf uns, o Jungfrau Maria, in dieser schweren Lebenszeit" angebracht worden ist, das ist im Laufe der Jahre *Kevelaer* für das Protopresbyterat Nord-West und darüber hinaus geworden, wo seit Jahren der jährliche Ostkirchentag auch Wallfahrtstag der ukrainischen katholischen Gemeinden von Essen, Aachen, Köln, Osnabrück, Münster, Bielefeld, Düsseldorf, Krefeld geworden ist, denen sich Gläubige aus anderen Orten

anschließen. Was das Besondere am jährlichen Ostkirchentag ist, dürfte die Tatsache sein, daß hier ukrainische Katholiken des byzantinischen Ritus zusammen mit ihren deutschen Glaubensbrüdern des römischen Ritus Eucharistie feiern. Das zeigte sich insbesondere im Jubiläumsjahr 1988 der Tausendjahrfeier der Kiever Rus' in der Mitfeier des deutschen Diözesanbischofs Dr. Reinhard Lettmann von Münster, der auch die Predigt hielt.

Eine weitere Besonderheit, die sich in Kevelaer immer wieder in Erinnerung ruft, ist der *Chor des hl. Theodosios,* der sich der Pflege des byzantinisch-ukrainischen Kirchengesanges widmet und in Gegenwart der Ikone des hl. Abtes des Kiever Höhlenklosters seinen Gesang zur Ehre Gottes vorträgt. Dieser Chor, dessen Mitglieder deutsche Glaubensbrüder sind, ist ein wirkliches und sichtbares *Zeichen innerkatholischer Ökumene,* und durch seinen Gesang werden wir immer wieder auch erinnert an jene Millionen von Brüdern und Schwestern in der Kiever Rus', mit denen wir dieses Erbe gemeinsam, aber die kirchliche Gemeinschaft noch nicht wieder vollständig haben. Tragische Umstände haben die Einheit der Ukrainischen Kirche vor einigen Jahrhunderten aufgelöst, und heute gehen ukrainische und orthodoxe Ukrainer tastend wieder aufeinander zu. Ihre Trennung ist weniger eine Trennung glaubensmäßiger – es gibt in der Tat kaum etwas Trennendes, das nicht mit gutem Willen überwunden werden könnte – als eine solche psychologischer Art. Daß aber ukrainische Katholiken und Orthodoxe dieselbe Liturgie der gemeinsamen Väter im Glauben Basileios d. Gr. und Johannes Chrysostomos feiern, ist bereits über alle Trennungen hinweg ein großes Geschenk des gütigen und menschenliebenden Gottes, dem wir den Lobpreis emporsenden (Ekphonese der zweiten Kleinen Ektenie).

Die *Geschichte der Ukrainischen Kirche* ist in der Tat eine recht verwickelte. Grob gesehen, kann man mehrere Perioden unterscheiden. Mit der Einführung des Christentums als Staatsreligion der Kiever Rus' im Jahre 988 erhielt der Metropolit von Kiev (Kyiv) eine herausragende Stellung. Die Kirche von Konstantinopel versuchte mit allen zur Verfügung stehenden Mitteln, diesen wichtigen Metropolitansitz mit einem Griechen zu besetzen. Zwischen 1037, als der erste (griechische) Metropolit Theopempt die Leitung der Kiever Kirche übernahm und dem beginnenden 14. Jahrhundert gab es nur sechs oder sieben einheimische Oberhirten. Der Einfall der Tataren hatte für die Stadt und die Kirche von Kyiv weittragende Folgen. Das Reich Volodymyrs d. Gr. zerfiel: im Norden entstand der Suzdal-Moskauer Staat, der später den Namen Rußland (Rossija) annehmen sollte, im Westen der galizisch-wolhynische Staat, in dem die kulturellen Einflüsse des byzantinischen Staates und des Westens eine Symbiose eingingen. Da Kiev von den Tataren zerstört wurde, siedelte der Metropolit 1299 nach Volodymyr in Wolhynien über, doch gelang es den Moskauer Fürsten, die Metropoliten zu veranlassen, ihre Residenz in Moskau zu nehmen (1328). In dieser Zeit des politischen Tauziehens erwirkte der galizisch-wolhynische Fürst im Jahre 1303 die Errichtung der Metropolie Halyč, die gegen Ende des 14. Jahrhunderts wieder mit Kyiv vereinigt wurde; auch die politischen Besitzverhältnisse änderten sich im Laufe des 14. Jahrhunderts: Der größte Teil der Ukraine und Weißrutheniens war an Polen bzw. Litauen gefallen. Für das litauische Gebiet errichtete Konstantinopel eine eigene Metropolie, die auch den Titel von Kyiv erhielt (1353). Moskau versuchte immer wieder, auch die geistliche Leitung im litauischen Gebiet zu übernehmen, was nicht selten auf den politischen Widerstand der dortigen Großfürsten stieß. Im Jahre 1386 heiratete der litauische Fürst Johajla (poln. Jagiełło) die polnische Prinzessin Jadwiga (Hedwig) und vereinigte beide Gebiete zu einem Reich.

Die Eigenständigkeit der ukrainisch-weißruthenischen Kirche im polnisch-litauischen Staatswesen und damit die Trennung vom Moskauer Metropoliten, der noch den Titel von Kyiv trug, erfolgte 1414, als auf Anordnung des litauischen Großfürsten Vitautas (poln. Witold) eine Bischofsversammlung in Novahradok (Weißruthenien; poln. Nowogrodek) Grigorij Camvlak zum Metropoliten wählte und auch gegen den Widerstand von Konstantinopel zum Bischof weihte und inthronisierte.

Liturgie des hl. Johannes Chrysostomus am Ostkirchentag 1991 in Kevelaer

Im Jahre 1418 nimmt der Metropolit am Konzil von Konstanz teil, wo er über eine Kirchenunion mit der Kirche des Abendlandes verhandeln wollte; die Anerkennung des in Moskau residierenden Metropoliten Fotij nach dem Tode des Metropoliten Grigorij ließ den Unionsgedanken vorübergehend in den Hintergrund treten. Im Jahre 1436 wurde der aus Monembasia in Griechenland stammende Archimandrit *Isidoros* Metropolit von Kyiv und der ganzen Rus'. Auf dem Konzil von Florenz gehörte er zu den hervorragendsten Befürwortern der kirchlichen Gemeinschaft, der ecclesiastica communio, wie man heute sagt. Als Päpstlicher Legat verkündet er überall die Union der orthodoxen und der römisch-katholischen Kirche, doch stößt er in Moskau auf erbitterten politischen und kirchlichen Widerstand und wird verhaftet; es gelingt ihm die Flucht, und er begibt sich über das Gebiet des polnisch-litauischen Reiches nach Kyiv und von dort nach Rom († 1473). Während sein Nachfolger im polnisch-litauischen Reich der gebürtige Bulgare Grigorij II. wird, wählen die Bischöfe im Moskauer Fürstentum den Metropoliten Jona; sein Nachfolger nannte sich nur noch Metropolit von Moskau.

Nach dem Tode Grigorijs II. wurden die Beziehungen zur römischen Kirche immer geringer und hörten um die Jahrhundertwende ganz auf. Im 16. Jahrhundert kam es in der nun tatsächlich getrennten Kirche zu einem sittlichen Verfall bei Klerus und Volk. Simonie, Nepotismus, Mißachtung der kirchenrechtlichen Vorschriften waren an der Tagesordnung. Um eine in die Tiefe gehende Reform an Haupt und Gliedern verwirklichen zu können, beschlossen vier Bischöfe, die sich 1590 in Belz zu einer Sitzung versammelt hatten, den Primat des römischen Papstes anzuerkennen. An der Spitze der Unionsbewegung stand der Exarch des Patriarchen von Konstantinopel, Kyr Kyrylo Terlec'kyj, Bischof von Luck und Ostrih, der von dem hochgebildeten Bischof von Volodymyr und Berestja (Brest), Kyr Ipatij Potij, unterstützt wurde. Ihnen gelang es in der Folge, auch den Metropoliten, Kyr Mychajlo Rahoza, für die Sache der Union zu gewinnen. Zum Gegner der Union entwickelte sich in diesen Jahren Fürst Konstantyn V. Ostroz'kyj, ein Magnat von außerordentlicher Tatkraft, der sie einst besonders gefördert hatte; wahrscheinlich spielte hier auch gekränkter Stolz mit eine Rolle, da er an der Entscheidung der Bischöfe nicht beteiligt war.

Die kirchliche Gemeinschaft mit dem römischen Apostolischen Stuhl wurde im Jahre 1595 von den Bischöfen Kyrylo und Ipatij besiegelt und auf der Synode von Berestja vom Metropoliten Mychajlo und allen übrigen Bischöfen mit Ausnahme der Oberhirten von Lemberg (L'viv) und Peremyšl vollzogen. Diese Synode von 1596 ist in die Geschichte als die *Union von Brest* eingegangen. Basis dieser Union waren die Beschlüsse des Ökumenischen Konzils von Florenz. Kirchenrechtlich blieb der Metropolit von Kyiv, Halyč und der Ganzen Rus' (so nennen sich die Metropoliten ab 1507) autonom; dem Papst mußte nur die Wahl des Metropoliten angezeigt werden; seine Zustimmung und Bestätigung waren notwendig für seine Weihe und Inthronisation. Die übrigen Bischöfe sollten durch die Bischofssynode gewählt und durch den Metropoliten bestätigt, geweiht und inthronisiert werden „kraft der Vollmacht und im Namen des Apostolischen Stuhls". Trotz der abgeschlossenen Union blieben die Unionsgegner, gefördert durch Teile des Adels und die Kosacken, weiterhin eine Kraft, mit der zu rechnen war. Die Stadt Kyiv war praktisch in ihrer Hand. Im Jahre 1620 hatten die Orthodoxen nur noch einen Bischof, Kyr Jeremija Tysarovs'kyj von Lemberg. Sie nutzten daher die Anwesenheit des orthodoxen Patriarchen Theophanes IV. von Jerusalem, der sich auf der Rückreise von Moskau in Kyiv aufhielt, aus, um eine neue Hierarchie für alle übrigen Eparchien zu erhalten. Er weihte am 15. August 1620 den neuen Metropoliten Jov Borec'kyj und sechs weitere Bischöfe. Mit dem Entstehen dieser Doppelhierarchie war die Einheit der Ukrainischen Kirche zerstört. Von nun an gibt es die katholische und die orthodoxe Metropolie von Kyiv und der ganzen Rus'. Letztere wird im Laufe der Zeit aufgrund der politischen Umwälzungen in der Ostukraine von der russisch-orthodoxen Kirche absorbiert werden.

Die ukrainisch-weißruthenische Kirche im Königreich Polen entfaltete sich trotz mancherlei Behinderungen auch der römisch-katholischen Glaubensbrüder, vor allem ihrer Hierarchie, weiter. Die Eparchie Peremyšl wurde mit ihrem Bischof, Kyr Innokentij Vynnyc'kyj, 1692 und die Eparchie L'viv (Lemberg) im Jahre 1700 mit ihrem Bischof, Kyr Josyf Šumljans'kyj, katholisch; als letzter trat 1702 Kyr Dyonisij Žabokryc'kyj, Bischof von Luck, der Union bei. Im Jahre 1720 fand auf Betreiben des Metropoliten Lev Kiška die Synode von Zamostja (poln. Zamość) statt, die die rituellen, geistlichen und kulturellen Gewohnheiten dieser Kirche festlegte; sie richtete sich am Konzil von Trient aus und trug viel bei zur Hebung der Frömmigkeit, der Zucht und der Bildung. In manchen Dingen aber öffnete sie den Weg zu unnötigen Latinisierungen, die die Katholiken von ihren orthodoxen Brüdern noch stärker entfremdeten.

Der Theodosius-Chor Kevelaer widmet sich dem byzantinisch-ukrainischen Kirchengesang und wirkt mit bei den ostkirchlichen Gottesdiensten

Die Teilungen Polens Ende des 18. Jahrhunderts ließen weite Teile der Metropolie unter zaristische Herrschaft fallen, wo seit Katharina II. zunächst mit Schikanen und dann mit offener Verfolgung gegen die orientalischen Katholiken vorgegangen wurde. Mit Hilfe russophiler Priester, die Bischöfe wurden, und der russisch-orthodoxen Kirche wurde die Union in diesen Gebieten bis 1839 beseitigt; ein ähnliches Schicksal hatte die Eparchie Cholm 1875, die als letzte unter russische Herrschaft gekommen war. Nur in Galizien, das unter österreichische Herrschaft gekommen war, konnte die Kirche weiter in Gemeinschaft mit Rom leben: Die Metropolie Halyč wurde hier 1807 als Nachfolgerin der Metropolie Kyiv neuerrichtet mit Lemberg als Sitz des Metropoliten und der Suffraganeparchie Peremyšl; 1885 kam die Eparchie Stanyslaviv hinzu. Auch hier machte sich über die Grenze hinweg die Propaganda der russisch-orthodoxen Kirche bemerkbar, doch blieb ihr Erfolg in Grenzen. Gottes Vorsehung schenkte der Ukrainischen Katholischen Kirche jedoch zwei überragende Gestalten zu Beginn des 20. Jahrhunderts. Von 1901 bis 1944 leitete der heiligmäßige Metropolit *Kyr Andreas* Graf Šeptyc'kyj die Metropolie, die er zu einer neuen Blüte und geistlichen Erneuerung führte. Auf ihn gehen – lange bevor die ökumenische Bewegung in der katholischen Kirche zu wirken begann – die Unionskongresse von Velehrad in der Tschechoslowakei zurück. Sein engster Mitarbeiter war dabei der Priester *Dr. Josyf Slipyj-Kobernyc'kyj-Dyčkovs'kyj*, Leiter des Lemberger Priesterseminars und Rektor der Theologischen Akademie, der 1939 die Bischofsweihe erhielt und 1944 der Nachfolger von Kyr Andreas wurde. Mit der Einnahme Galiziens durch die sowjetischen Truppen am Ende des Zweiten Weltkrieges setzte die Verfolgung ein. Eine Scheinsynode, an der kein einziger Bischof teilnahm, erklärte die Ukrainische Katholische Kirche für aufgelöst, und der Moskauer Patriarch Aleksij gliederte sie in die russisch-orthodoxe Kirche ein. Alle katholischen Oberhirten wurden inhaftiert. Nur Metropolit Josyf überlebte die achtzehn Jahre der Inhaftierung und konnte während des Zweiten Vatikanischen Konzils nach Rom ausreisen. Den Bekenner des Glaubens ehrten das Zweite Vatikanische Konzil und Papst Paul VI. mit der Zuerkennung der quasipatriarchalen Würde eines Großerzbischofs und der Erhebung in den Kardinalsstand. Er sammelte die ukrainischen katholischen Eparchien und Exarchate im Exil und gab der Ukrainischen Kirche die alte Synodalstruktur zurück. Dabei hielt er – wie schon in der Zeit seiner Haft – die Verbindung zur Kirche in Galizien aufrecht; denn trotz der offiziellen Eingliederung in die russisch-orthodoxe Kirche lebte die Ukrainische Katholische Kirche weiter im Untergrund mit einer Hierarchie, Priestern, Ordensleuten und Millionen von Gläubigen. Im Jahre 1988 trat sie aus den Katakomben heraus. Trotz Verfolgungen seitens des Staates und Leugnung ihrer Existenzberechtigung durch die russisch-orthodoxe Kirche gab sie nicht auf, und seit dem historischen Besuch des Präsidenten der UdSSR und Generalsekretärs der KPdSU, Mikhail S. Gorbačëv, bei Papst Johannes Paul II. im Dezember 1989 können sich die Pfarrgemeinden entsprechend den sowjetischen Kultgesetzen registrieren lassen. Daraus ist eine wahre Volksbewegung geworden. Auch Hunderte von Priestern der russisch-orthodoxen Kirche katholischer Abstammung kehrten in den Schoß ihrer katholischen Mutterkirche zurück, häufig zusammen mit ihren Pfarrgemeinden. Das prophetische Wort des Metropoliten Kyr Andreas, daß die Ukrainische Katholische Kirche nach Jahren größter Verfolgung mit neuer Lebenskraft erblühen werde, geht in Erfüllung. Dafür sollten alle Katholiken gleich welcher kirchlicher Überlieferung Gott danken und die Gottesmutter, die Königin und Schützerin der Ukraine, preisen, die mit ihrem Gebet und ihrer Fürbitte die anscheinend Verlorenen nicht im Stich gelassen hat.

Heute ist die Ukrainische Katholische Kirche über viele Länder verbreitet. An ihrer Spitze steht der Großerzbischof von Lemberg, der wieder in Lemberg residiert. Sie lebt in Galizien (drei Eparchien) und in der Karpatho-Ukraine (eine Eparchie), in Polen (ein Weihbischof unter einem römisch-katholischen Ordinarius), in den Vereinigten Staaten von

Amerika (vier Eparchien in einer Metropolie), in Kanada (fünf Eparchien in einer Metropolie), in Australien (eine Eparchie), in Argentinien (eine Eparchie), in Brasilien (eine Eparchie), in Jugoslawien (eine Eparchie), in der Slowakei (eine Eparchie), in Österreich (unter einem römisch-katholischen Ordinarius), in Rumänien (unter einem rumänisch-katholischen Bischof), in Großbritannien (ein Apostolisches Exarchat), im Apostolischen Exarchat für Frankreich, die Benelux-Staaten und die Schweiz sowie im Apostolischen Exarchat für Deutschland und Skandinavien. Die Münchener Kathedralkirche ist Mariä Schutz und Fürbitte sowie dem hl. Apostel Andreas, dem Erstberufenen geweiht. Mariä Schutz und Fürbitte empfehlen wir das ukrainische Volk und seine tausendjährige Kirche und alle, die mit ihr beten und leiden:

„Heute feiern froh wir Rechtgläubigen, überschattet, o Gottesmutter, von deiner Ankunft; schauen dein heilig Bild und sprechen: Nimm uns unter deinen Schutz und Schirm, befreie uns von allem Übel und bitt Christus, deinen Sohn, unsern Gott, daß Er uns errette."

(Festtroparion, 1.Oktober)

Winfried Bergmann

Kevelaer, ein Ort religiöser Orientierung

Bedeutsame Wallfahrten, Kongresse und Tagungen

Am Wallfahrtsort Kevelaer, im Schatten des Marienheiligtums, erfolgt eine vielfältige Auseinandersetzung mit den Problemen der modernen Gesellschaft. Den Menschen soll in Vorträgen, Gesprächen und Diskussionen die Möglichkeit vermittelt werden, sich in den drängenden Fragen der Zeit am Evangelium Jesu Christi und an der Glaubensüberlieferung der Katholischen Kirche zu orientieren. Dabei ist die Schärfung des Gewissens jedes einzelnen von vorrangiger Bedeutung. Im weiten Feld moderner pluralistischer Welt- und Lebensdeutung soll ein Wertbewußtsein aus christlicher Verantwortung gefördert werden.

Alle Gesellschaftsschichten werden angesprochen: Jugendgruppen, Arbeiterschaft, Landbevölkerung, Kaufleute, Beamte, Akademiker u. a. Es ist nicht verwunderlich, daß in der Region des Niederrheins besonders die Anliegen der ländlichen Bevölkerung Berücksichtigung finden. Bei den zahlreichen Treffen standen nach dem Zweiten Weltkrieg die Probleme des Strukturwandels in der Landwirtschaft und die Bewahrung der christlichen Tradition in den bäuerlichen Familien im Vordergrund der Vorträge und Diskussionen. Neben der Stärkung des christlichen Glaubens, der Bewußtmachung sozialer Verantwortung wird am Wallfahrtsort ein aktives Leben in und mit der Katholischen Kirche erstrebt. Die Nähe zur Kirche wird schon dadurch spürbar, daß die meisten Tagungen und Konferenzen im Priesterhaus (Haus der Wallfahrtsleitung) stattfinden und die Teilnehmer dieser Treffen geistliche Orientierung in ihren gemeinsamen Gottesdiensten erfahren.

Nicht denkbar ist alle Gedankenarbeit und Gesprächsbereitschaft ohne den Kristallisationspunkt: die Gnadenkapelle mit dem Bild der „Consolatrix Afflictorum". Die Verehrung der Gottesmutter, der Anruf an sie um Hilfe und Fürsprache sind das eigentliche Motiv, das die Menschen immer wieder zum Verweilen in der Marienstadt bewegt. In ihrem Glauben erfahren sie das Gnadenhafte, das nun schon 350 Jahre lang sich den zahllosen Betern erschließt.

Wallfahrten als Glaubenskundgebung

Neben vielen Einzelpilgern und kleineren Gruppen machen sich große Prozessionen auf den Weg, halten an vor dem schlichten Madonnenbild. Unvergessen sind u. a. die Bitt- und Friedenswallfahrten der Frauen, die Wallfahrten der Ermländer und der Heimkehrer nach dem Zweiten Weltkrieg, die Meßdiener-Wallfahrten und die Wallfahrten der Kolpingssöhne, die auf Grund eines Gelübdes, das im Jahre 1917 der damalige Generalpräses Monsignore Schweitzer mit der Kölner Kolpingsfamilie ablegte, viele Jahre am 3. Sonntag im Oktober nach Kevelaer pilgerten.

Diese Traditionswallfahrt wurde am 1. Mai 1979 wieder aufgenommen, und zwar in der Form einer Wallfahrt aller Kolpingssöhne des Niederrheins.

Im Rahmen dieser Darstellung können nur einige wichtige Wallfahrtsereignisse erwähnt werden, die in besonderer Weise den Charakter öffentlicher Glaubenskundgebungen annahmen.

So weilte am 6. Oktober 1873 der *Bischof von Mainz, Wilhelm Emmanuel Freiherr von Ketteler,* auf einer Bittfahrt in Kevelaer. Es war zu einer Zeit, die im Zeichen des Kulturkampfes stand „zwischen den liberalistischen und absolutistischen Tendenzen des preußischen Staates und der Katholischen Kirche".[1] Anläßlich dieser Wallfahrt von 25000 Pilgern und 400 Priestern hielt der Bischof eine vielbeachtete Predigt, deren

Freiherr Wilhelm Emmanuel von Ketteler, Bischof von Mainz, unten links, Darstellung auf dem Papstportal an der Marien-Basilika. Bischof Ketteler verurteilte 1873 in Kevelaer in einer mutigen Predigt den Kulturkampf der preußischen Regierung gegen die katholische Kirche

Wortlaut nach stenographischen Aufzeichnungen im Pfarrarchiv von St. Marien vorliegt.[2] In seiner Predigt sprach Bischof Ketteler von den Bedrängnissen der Kirche. Der Haß der Welt gegen die Kirche äußere sich im Haß gegen den Papst, im Haß gegen alles echte Katholische. Er äußere sich weiterhin in dem Bestreben, die Jugend zu verderben, in dem Bemühen, das Herz der deutschen katholischen Jugend von Christus loszureißen.

In diesem Zusammenhang wies der Bischof auf die Pflichten des Katholiken hin. Der Gläubige dürfe nicht mutlos werden gegenüber den Bedrängnissen der Kirche, einer Kirche, die seit 1800 Jahren viele Stürme ausgehalten habe. Christus habe den Haß der Welt bei seiner Kreuzigung erfahren; die ihm folgen erführen in ähnlicher Weise diesen Haß. Mit dem Bild der Hölle kennzeichnete der Bischof besonders eindringlich den Ungeist der Welt im Gegensatz zur Kirche Christi. Gott lasse, so betonte der Bischof, Zeiten zu, wo die Hölle Gewalt ausübe. Diese Zeiten dienten für den Christen zur Prüfung und Läuterung. Vornehmliche Pflicht des Christen sei es, in allen Drangsalen der Kirche zu helfen: durch das Gebet und durch mutiges Bekenntnis im öffentlichen Leben, durch die Unterstützung der guten Presse und durch die Wahl der richtigen Männer für öffentliche Ämter. Wichtig sei auch, daß die Eltern ihre Kinder fromm erziehen: im Glauben und in der Tugend. Wörtlich sagte der Bischof: „Was der katholischen Kirche jetzt einfach entzogen wird an Einfluß zur Bildung eurer Kinder, müßt ihr Väter und Mütter ersetzen."[3] Sodann wies er im Sinne des Papstes auf ein großes „Zeichen der Göttlichkeit der Kirche" hin: ihre Einheit. Diese Einheit zeichne die Kirche aus gegenüber allen Sekten; sie bestehe im Glauben, in dem einen Opfer, in den Sakramenten und in dem Brote, das wir essen. Darum sei es herausragende Pflicht der Katholiken, die Einheit der Kirche zu wahren. Der Bischof setzte sich auch für die Sonntagsheiligung ein; er mahnte die Gläubigen eindringlich zu unermüdlichem Gebet und zu einer innigen Verehrung der Gottesmutter.

Zu den eindrucksvollen Ereignissen am Marienort gehört auch die *Arbeiterwallfahrt der Diözesanverbände Köln und Münster,* an der nicht weniger als 27000 katholische Arbeiter aus Anlaß des Heiligen Jahres teilnahmen. Über dieses Pilgertreffen, das am 5. Juli 1925 stattfand, berichtet die Oratorianerchronik in einer Sprache, die den hohen Respekt vor der Gläubigkeit des katholischen Arbeiters zum Ausdruck bringt: „Vom Rhein und von der Ruhr, aus Fabrik und Werkstatt, aus dem westfälischen und dem Jülicher Lande waren die Männer der Arbeit gekommen und die wackeren Bergleute, von denen Tausende, ohne sich Rast zu gönnen, vom Stollen und Schacht heraus an der Wallfahrt teilnahmen, um am Abend nach der Ankunft in der Heimat sofort wieder den harten und gefahrdrohenden Broterwerb aufzunehmen unter Tage. Helden der Arbeit, durchglüht von kath. Opfergeist!"[4]

Zwei Jahre vor der Machtübernahme Hitlers, am 3. Mai 1931, pilgerten aus Anlaß des 40jährigen Bestehens des von Papst Leo XIII. erlassenen Rundschreibens „Rerum novarum" über die „Arbeiterfrage" *15000 katholische Arbeiter aus den Diözesen Münster und Aachen* nach Keve-

Bernhard Letterhaus, Verbandssekretär der katholischen Arbeiter-Vereine, vor dem Volksgerichtshof in Berlin 1944. Schon 1931 hatte er auf einer Großkundgebung der Arbeiter in Kevelaer vor dem Nationalsozialismus gewarnt. Wegen seiner Beteiligung am Aufstand des 20. Juli 1944 wurde er zum Tode verurteilt und am 14. November 1944 hingerichtet

laer. Auf dem Kapellenplatz fand eine eindrucksvolle Kundgebung statt, auf der Verbandssekretär Bernhard Letterhaus, der später durch seine Teilnahme am Aufstand des 20. Juli 1944 ein Opfer des nationalsozialistischen Unrechtssystems wurde, eine die Zuhörer fesselnde Rede über die Ideale der katholischen Arbeitervereinsbewegung hielt. Auf diesem Treffen richteten die Teilnehmer Ergebenheitstelegramme an den Heiligen Vater Papst Pius XI., an Erzbischof Johannes Poggenburg in Münster und an Reichskanzler Dr. Brüning.[5]

Wie sehr zu dieser Zeit schon die nationalsozialistische Bewegung sich als Gegner des Katholizismus bemerkbar machte, entnehmen wir der folgenden Darstellung in der Oratorianerchronik[6]: „Gegen 6 Uhr, nach Abschluß der Kundgebung, marschierte eine Werkjugendgruppe singend durch die Hauptstraße. Plötzlich hetzten hinter dem Zuge etwa 20 bis 30 Hitlerjungens im Sturmschritt daher und setzten sich mit ihrer Hakenkreuzfahne demonstrativ an die Spitze der Marschierenden. Ihre durch diese Provokation bekundete Absicht erreichten sie jedoch nicht, denn die Werkjungens schenkten ihnen nicht die geringste Beachtung."

Die Stätte der „Trösterin der Betrübten" war am 10. Oktober 1954 Ziel von *12000 Schützenbrüdern* aus drei Diözesen des rheinischen und westfälischen Raumes. Zu den Pilgern des Marianischen Jahres zählten Bischof Cobben aus Finnland, der bischöfliche Kommissar des Niederrheins, Domkapitular Janßen, der Kevelaerer Wallfahrtsleiter, Dechant Janssen, und Hochmeister Fürst Salm-Reifferscheidt. Vor Beginn der Pontifikalmesse erinnerte der Diözesanpräses Kaplan Rogmans die Schützen an das Wort von Bischof Michael, es gehe nicht ohne sie im rheinischen Lande, sie alle müßten mithelfen, daß die alte katholische Tradition am Niederrhein gewahrt werde und dieses Land ein Strahlungsgebiet echter christlicher Sitte und Kultur bleibe[7]. In einer Andacht am Nachmittag im Marienpark, vor deren Beginn Dechant Janssen ein Telegramm an Diözesanbischof Dr. Michael Keller verlas, erklärte der Dechant, daß an die Schützenbrüder eindringlich der Anruf zum Werk der sozialen Arbeit ergehe. Er ermahnte sie, für die Erfüllung sozialer Aufgaben mehr Geld auszugeben als für Schützenfeste, Kirmes und Patronatsfeste. Es sei weniger entscheidend, ob der Katholizismus marianisch oder eucharistisch ausgerichtet sei, sondern wichtiger sei, daß er eine soziale Ausrichtung habe. Das in der Tat zu beherzigen, müsse für alle Schützenbrüder ein Gelöbnis sein.[8]

Diözesanbischof Dr. Michael Keller rief für den 18. Oktober 1953 *das katholische Landvolk* nach Kevelaer. Wie sehr auch aktuelle Ereignisse in den Blickpunkt solcher Treffen geraten, wurde deutlich, als auf der eindrucksvollen Glaubenskundgebung die zahlreichen Teilnehmer drei Protestschreiben formulierten[9]:

1. An das Generalsekretariat der UN, z. Hd. Herrn Hammarskjöld
„In Kevelaer zu Tausenden versammelte Vertreter des Katholischen Landvolkes protestieren gegen die widerrechtliche Absetzung und Verhaftung des Kardinalprimas von Polen, Erzbischof Wyszynski, und die Verfolgung der Kirche in Polen durch die polnische kommunistische Regierung. Sie erwarten Schritte der UN zur Wiederherstellung von Religionsfreiheit und Rechtssicherheit und zum Schutze der Menschenrechte."
2. An Seine Heiligkeit Papst Pius XII.
„An der Gnadenstätte zu Kevelaer zu Tausenden um ihren Bischof Dr. Michael Keller versammelte Vertreter des Katholischen Landvolks haben betend der verfolgten Kirche in den kommunistischen Ländern, besonders in Polen, gedacht. Sie versprechen inständige Gebete für die verfolgten Glaubensbrüder, treue Gefolgschaft und kindlichen Gehorsam gegenüber dem Stellvertreter Christi auf Erden."
3. An Herrn Staatspräsidenten der Volksrepublik Polen, Bierut
„In Kevelaer zu Tausenden versammelte Vertreter des Katholischen Landvolks protestieren gegen die widerrechtliche Absetzung und Verhaftung des Kardinalprimas von Polen, Erzbischof Wyszynski, durch die polnische Regierung und die Verfolgung der Katholischen Kirche in Polen. Sie hoffen und beten, daß Religionsfreiheit und Rechtssicherheit in Polen bald wiederhergestellt werden."

Eine eindrucksvolle *Glaubenskundgebung der katholischen Landjugend* fand am 31. Mai 1959 in Anwesenheit von Diözesanbischof Dr. Michael Keller in Kevelaer statt. Vom Priesterhaus wurde der Bischof durch das Spalier der Landjugendbanner mit dem stilisierten Zeichen von Kreuz und Pflugschar unter dem Geläut der Glocken in feierlicher Prozession zum Pontifikalamt in die Basilika geleitet. In seiner Ansprache erklärte der Bischof, daß Glaube und Sitte auch auf dem Lande schwer gefährdet seien. Die Landjugend sei dazu berufen, den Niederrhein wieder zu einem echten Marienland zu machen. Zwar werde sie damit in der heutigen Zeit zu einem Zeichen des Widerspruchs, aber sie müsse den Mut zur Wahrheit und Wahrhaftigkeit haben.[10]

Ein Dichterwort Reinhold Schneiders – „Nur die Beter werden Türme bauen" – stellte der Bundestagsabgeordnete Dr. Rainer Barzel am Nachmittag im Marienpark an den Beginn seiner Ansprache. Nur weil Beter aufgestanden seien und Türme gebaut hätten, sagte er, könnten die Menschen hier in Frieden und Freiheit leben. Damit auch die Zukunft so friedlich und freiheitlich gestaltet werden könne, sei es notwendig, dafür zu sorgen, daß das öffentliche Leben auf den christlichen Grundsätzen fundiert bleibe. Jeder verantwortungsbewußte Christ müsse sich immer wieder fragen, wo sein Beitrag zur Verchristlichung der Umwelt sei. Im weiteren Verlauf seiner Ansprache wies Dr. Barzel auf den stetigen Fortschritt der Technik mit den darin liegenden Gefahren hin. Eindringlich vertrat er die Auffassung, das Atomzeitalter zwinge dazu, die Notwendigkeit einer christlichen Kultur- und Sozialpolitik in den Vordergrund zu stellen.[11] Nach der Kundgebung im Marienpark zog die Landjugend mit ihren Bannern geschlossen zum Kapellenplatz. Dort fand die Wallfahrt mit einem gemeinsam gesungenen Marienlied und der Segensspendung ihren Ausklang.

Der *Katholische Kaufmännische Verein* des Bezirks Niederrhein veranstaltete am 13. Oktober 1963 eine Gemeinschaftswallfahrt nach Kevelaer, zu der auch die KKV-Gemeinschaften des Münsterlandes und des Ruhrgebiets eingeladen waren. In einer eindrucksvollen Prozession zogen die Kaufleute am frühen Vormittag unter dem Zeichen des Kreuzschiffes in die Basilika, wo der Tag mit einem feierlichen Hochamt eingeleitet wurde.

Nach dem festlichen Gottesdienst sprach in einer Feierstunde Professor Lowinski über das Thema „Freiheit ohne Verantwortung". Er hob die Verpflichtung des KKV hervor, sich mit den Erscheinungsformen der modernen Gesellschaft, in der der Mensch ohne schöpferische Aktivität sei, auseinanderzusetzen. Durch Automation und Arbeit am Fließband werde die fortschreitende Vermassung gefördert. Auf die Gefahren hinweisend, die dem Menschen aus den vielfältigen Erscheinungsformen des Materialismus erwachsen, wies der Referent auf die weithin zu beobachtenden Methoden der modernen Werbung hin, die zum Zwecke einer Konsumsteigerung den Menschen häufig in seiner Entscheidungsfreiheit beeinträchtige. Die Werbung diene nicht mehr dem Kunden, sondern sie beherrsche ihn, womit ein typisches Beispiel vom Mißbrauch der Freiheit gegeben sei. Dieser Freiheitsmißbrauch werde auch auf dem Gebiet der allgemeinen Meinungsbildung über die Massenmedien Presse, Funk

Wallfahrt der Kolping Familie des Niederrheins 19

und Fernsehen immer deutlicher spürbar. Aus dieser Situation heraus entwickelte Professor Lowinski die Möglichkeiten des Menschen, von seiner Freiheit im positiven Sinn Gebrauch zu machen, indem er die ihm zur Verfügung stehenden Instrumente der modernen Gesellschaft beherrsche und sich nicht beherrschen lasse. Als wegweisend bezeichnete der Referent die Sozialenzyklika „Mater et Magistra" des Papstes Johannes XXIII., in der die wirtschaftliche Freiheit bejaht, zugleich aber vor den Gefahren gewarnt werde, die diese Freiheit einengten.

In seiner Schlußfolgerung unterstrich der Redner, daß es eine spezifische Aufgabe des KKV sein müsse, durch „Verwirklichung der christlichen Soziallehre und Wiederaufwertung des Dienstleistungsgedankens im Sinne des kaufmännischen Berufsethos"[12] zu einer Bewältigung der Probleme der modernen Gesellschaft beizutragen. Man müsse sich stets bewußt sein, daß das Recht auf Freiheit auch die Pflicht zur Verantwortung in sich schließe.

Am 4. und 5. Juli 1964 wurde das *Jubiläum des 100-jährigen Bestehens der Kevelaerer Marien-Basilika* feierlich begangen. Diese Feier, zu der die Gläubigen des ganzen Niederrheins eingeladen waren, fand in Gegenwart hoher geistlicher und weltlicher Würdenträger statt. Zu den Teilnehmern zählten u. a. der Ministerpräsident des Landes Nordrhein-Westfalen, Dr. Franz Meyers, Diözesanbischof Dr. Joseph Höffner, Weihbischof Heinrich Baaken, Generalvikar Laurenz Böggering und Dompfarrer Dr. Friedrich Rasqué als Vertreter des Bischofs von Luxemburg.

In seiner Festansprache erklärte Bischof Höffner vor den zahlreichen Gläubigen, die sich auf dem Kapellenplatz eingefunden hatten, heute komme der Feind unserer Seele im Gewande des Schafspelzes, unter dem Zeichen des Fortschritts, des steigenden Lebensstandards, unter dem

Zeichen der Kunst, von der bei manchen Filmen gesprochen werde, obwohl sie nichts anderes als Pornographie seien. Das alles sei schwer zu unterscheiden und deswegen brauchten wir aus der Kraft unseres Glaubens die Gabe der Unterscheidung der Geister. Im weiteren Verlauf seiner Ansprache sagte der Bischof, unsere Zeit und die moderne Welt trügen großartige Züge; eine Entdeckung und Erfindung jage die andere. Der Lebensstandard, auch der breiten Schichten unseres Volkes, habe sich beträchtlich gehoben. Heute sei die Hälfte der deutschen Arbeiter mit der Herstellung von Gütern beschäftigt, die unsere Großväter nicht einmal dem Namen nach gekannt hätten. Aber leider liefen technisch-materieller Fortschritt auf der einen Seite und geistig-sittlich-religiöser Fortschritt auf der anderen Seite häufig nicht parallel, auch heute nicht. Unsere Zeit trage zwielichtige Züge. Wörtlich erklärte der Bischof: „Der Herr hat es so gefügt, daß wir in dieser Zeit heute leben. Diese Zeit ist unsere Aufgabe und unsere Sendung. Die Gottesmutter zeigt uns, indem sie uns zu Christus führt, worin unsere Aufgabe besteht. Unsere Zeit verlangt von uns ein Doppeltes, nämlich: 1. den standhaft mündigen Glauben an Christus den Herrn und 2. die Bereitschaft zum Apostolat für Christus und seine Kirche."[13]

In seiner Predigt erwähnte der Bischof auch die Schwierigkeiten mancher Christen, die an der Unabänderlichkeit des christlichen Glaubens zu zweifeln begännen. Er gab zu bedenken, daß der gläubige Christ gerade heute unterscheiden müsse zwischen den unabänderlich von Christus uns geoffenbarten Wahrheiten des Glaubens und gewissen Vorschriften und Anordnungen der Kirche, die geschichtlich bedingt seien und deswegen auch geändert werden könnten. Unabänderlich von Christus geoffenbart sei die Unsterblichkeit unserer Seele, die Unauflöslichkeit der Ehe, die Unantastbarkeit jedes menschlichen Lebens; aber Nüchternheitsgebote oder liturgische Formen seien Anordnungen der Kirche, die im Laufe der Zeit geändert werden könnten. Dasselbe gelte auch für die Feuerbestattung. An sich sei diese nicht gegen den Glauben unserer Kirche, denn sie sei kein Widerspruch gegen die Allmacht Gottes. Zum Ende seiner Predigt rief der Bischof dazu auf, die apostolische Verantwortung für unsere Mitmenschen und für die ganze Welt ernst zu nehmen.[14] Mit der Erteilung des Päpstlichen Segens durch den Diözesanbischof fand die eindrucksvolle Glaubenskundgebung ihren Abschluß.

Bedeutsame Treffen und Kongresse

Der Marienwallfahrtsort war am 10. und 11. Oktober 1920 *Treffpunkt des bedeutsamen Katholikentages* der Kreise Kleve, Geldern, Kempen, Moers und Rees. An der Eröffnungsfeier nahmen der Diözesanbischof Johannes Poggenburg, Bischof Dr. Joeppen und Missionsbischof Wolf teil. Das Treffen, das entscheidend von den Eindrücken und Auswirkungen des verlorenen Weltkrieges geprägt war, stand unter dem Leitwort: „Die katholische Kirche und die Not der Zeit". Wie stark dieses Anliegen war, geht aus einem Aufruf hervor, den der in Kevelaer gebildete Presse-Ausschuß damals an die Katholiken des Niederrheins richtete: „Vieles, ja alles steht auf dem Spiele. Wodurch kann dem Niedergang Einhalt geboten werden? – Unser ganzes Volks- und Wirtschaftsleben muß von neuem Geiste, von christlichem Geiste durchdrungen werden. Darum auch steht der Katholikentag diesmal unter dem Leitgedanken ‚Die katholische Kirche und die Not der Zeit.' Nackter Unglaube und krasse Selbstsucht sind die Kennzeichen dieser Not. Was unseren Vätern teuer war, was wir von Jugend auf durch christliche Erziehung in der christlichen Schule gelernt und im praktischen Leben betätigt haben, droht hinweg geschwemmt zu werden durch die Welle des Mammonismus und Egoismus, die die Welt durchstürmt. Da soll der Katholikentag ein Tag des Selbstbesinnens, der Einkehr und Umkehr werden."[15]

Der Grundgedanke der Not wurde zunächst in den beiden Vorträgen des ersten Tages aufgegriffen. Die Referenten wählten die Themen: „Gott und die Not der Zeit" und „Wir und die Not der Zeit". Im Rahmen einer Andacht bei einer abendlichen Versammlung auf dem Kapellenplatz lautete das Thema: „Maria und die Not der Zeit".[16] Eine ähnliche

Sternwallfahrt des Katholischen Berufsverband für Krankenpflege 1987

Themenstellung fand sich auch in den beiden Vorträgen der Hauptversammlung des zweiten Tages: „Die Familie und die Not der Zeit" und „Die Nächstenliebe und die Not der Zeit".

Studienrat Dr. Rosenberg aus Düsseldorf, der für seinen Vortrag das Thema „Wir und die Not der Zeit" wählte, sprach am ersten Tag über den Einfluß glaubensloser Philosophie auf religiösem Gebiete und die daraus entstandenen Folgen, die sich auch im ganzen Sittenleben bemerkbar machten. Der überall erkennbare Sittenverfall in Kunst, Theater und Literatur sei eine Folge der religionslosen und religionsfeindlichen Philosophie. Christi Geist müsse unsere Kultur wieder beleben, alles müsse auf den zehn Geboten aufgebaut werden.[17]

Dr. Nieder, München-Gladbach, von der Zentralstelle des Volksvereins erörterte am zweiten Tag vor zahlreichen Zuhörern die Aufgabe des „Volksvereins für das katholische Deutschland". Der Einrichtung einheitlicher Orientierung und Zusammenfassung aller Organisationen unter den großen katholischen Gesichtspunkten diene der Volksverein, dem alle Stände und Berufe angehörten. Die konkrete Einzelarbeit sei jedoch in den verschiedenen Standesvereinen zu leisten. Besondere Aufmerksamkeit, betonte der Referent, wende der Volksverein auch der Schulfrage zu, denn die seelische Not unseres Volkes könne nicht behoben werden durch ein in glaubenskalten Schulen herangebildetes Geschlecht. Der religiöse christliche Gedanke müsse in der Volksschule erhalten bleiben. Schule und Elternhaus müßten miteinander in richtiger Verbindung bleiben. Die Verteidigung und Förderung des christlichen Familienlebens lasse sich der Volksverein sehr angelegen sein, denn alle soziale Arbeit sei umsonst, wenn das Familienleben nicht innerlich gestärkt werde.[18]

Rechtsanwalt Dr. Reineke, Münster, der der Preußischen Landesversammlung als Abgeordneter angehörte, ging in seinem Referat „Die Familie und die Not der Zeit" auf den Verlust der Autorität ein. Sie müsse, betonte er, neu gegründet werden und das könne nur ausgehen von der Urzelle des Gesellschafts- und Gemeinschaftslebens, von der Familie. Die christliche Familie sei der fruchtbare Boden für Staat und Gesellschaft. Als Parlamentarier erinnerte Dr. Reineke an den von sozialistischer Seite ausgehenden Antrag, bestimmte Paragraphen des Strafgesetzbuches zu beseitigen, die das Verbrechen gegen das keimende Leben unter Strafe stellen. Der Vortragende ging in seinen Ausführungen auch auf den Kampf gegen die Konfessionsschule ein. An dem Tag, an dem der Reichsschulgesetzentwurf vorgelegt werde, beginne der schwerste Kulturkampf, den die christlichen Eltern Deutschlands jemals hätten bestehen müssen, der Kampf um unsere christliche, konfessionelle Schule.[19]

Zu einem erhebenden Augenblick kam es während des Niederrheinischen Katholikentages, als der Diözesanbischof Johannes auf dem Kapellenplatz eine Weihe der ganzen Diözese an die „Trösterin der Betrübten" vollzog und daraufhin mit Bischof Dr. Joeppen und Missionsbischof Wolf den bischöflichen Segen erteilte.[20]

Am 19. und 20. September 1970 war der Marienwallfahrtsort Tagungsstätte des *3. Fatima-Kongresses.* Etwa 15000 Personen aus den Niederlanden, Belgien, Luxemburg, Österreich, Schweiz, Ungarn, Polen und aus der Bundesrepublik nahmen an dem Treffen des Fatima-Freundeskreises teil. Unter den Teilnehmern des Kongresses, der unter der Leitung des Bischofs Don Joao Venancio Pereira von Fatima stand, befanden sich Bischof Dr. Rudolf Graber von Regensburg, Weihbischof Cleven von Köln, Bischof Adolf Bolte von Fulda, der Diözesanbischof Heinrich Tenhumberg und als Vertreter der Ostkirche Patriarch Maximos V. von Antiochien, Alexandrien und Jerusalem, das Oberhaupt der mit Rom unierten Melkiten, der den Gläubigen die Grüße des Morgenlandes überbrachte.

Ein wichtiges Anliegen des Kongresses war es, dazu beizutragen, „die Verehrung der Gottesmutter zu fördern, die Teilnehmer im Geist der Botschaft von Fatima zu stärken, den Kontakt mit den Bischöfen zu pflegen und miteinander zu diskutieren, wie im Sinne der Kirche und den Anforderungen der Gegenwart gemäß die Botschaft von Fatima im Leben der Menschen gefördert werden kann".[21]

4. Internationaler Kongreß d Marianischen Priestervereinigung vom 16. - 22. September 1983 mit 400 Teilnehmern, unter ihne viele Kardinäle, Erzbischöfe und Bischöfe, aus 41 Länder Europas, Afrikas, Amerikas und Asiens

Bei der abendlichen Marienfeier in der Basilika kritisierte am ersten Kongreßtag Pfarrer Dr. Hanns Albert Reul, 2. Vorsitzender des Fatima-Freundeskreises, in seiner Predigt das materialistische Denken in der heutigen Zeit: „Ein falsch geleitetes Glücksverlangen treibt vor allem junge Menschen dazu, die gähnende Leere des Inneren für Augenblicke mit den verlogenen Verheißungen der Rauschgifte zu betäuben."[22] Mit deutlichen Worten kennzeichnete der Prediger den eigentlichen Grund des Krankheitsbildes unserer Gesellschaft: „Es fehlt der Glaube und das Gebet, das zutiefst gelebter Glaube ist, Antwort auf den Anruf Gottes!"[23] Das Gebet sei „Dialog mit dem entscheidenden, dem göttlichen Partner". Dr. Reul gab zu bedenken, ob es nicht wirksamer sei, statt endloser Diskussionen über Religion und Seelsorge still vor dem Tabernakel mit Gott zu sprechen, der allein die Lösung aller Fragen geben könne. In diesem Zusammenhang mahnte er: „Mitmenschlichkeit, Brüderlichkeit werden zu bloßen Phrasen, zu leerem Wortgetön, wenn sie nicht immer wieder rückbezogen werden, sinnerfüllt durch das gläubige Bekenntnis zu Gott, dem allmächtigen Vater aller Menschen, zu Christus, dem Herrn und Bruder – dieses Bekenntnis gibt doch erst die Kraft zu einer Schau, die dem rein natürlichen Menschen und seinem rücksichtslosen Egoismus von Natur aus fremd ist."[24]

Nach einem Pontifikalhochamt, das am Sonntag, dem zweiten Kongreßtag, in der Basilika gefeiert wurde, fanden sich viele tausend Gläubige auf dem Kapellenplatz ein, um den Worten des Bischofs von Regensburg, Dr. Rudolf Graber, zu lauschen. Der Bischof sprach über den Sinn der Marienverehrung und über die heutige Situation der Kirche. Dabei setzte er sich in kritischer Weise mit einigen Schlagwörtern, die inzwischen auch im katholischen Bereich modisch geworden sind, auseinander: Dialog, Pluralismus und Demokratisierung der Kirche. Notwendiger Dialog, mahnte der Bischof, dürfe nicht gleichgesetzt werden mit endlosem Gerede und fruchtlosen Diskussionen. Christus habe seine Apostel ausgesandt nicht zum Disput und zur Diskussion, sondern zur Verkündigung. Der schillernde Begriff der Demokratie lasse sich auf die Katholische Kirche nicht anwenden, da nicht die Mehrheit der Stimmen über die Wahrheit entscheide. Der Bischof fuhr fort: „Wenn man jedoch für die echte und wahre Demokratie als Voraussetzung eine sittliche Haltung fordert und wenn man als Haltung die Pflicht des Dienens erblickt, dann geben wir zu dieser Interpretation unsere freudige Zustimmung. Und ich wage die Behauptung: Wenn dieser Gedanke des Dienens uns alle beseelte, angefangen vom Papst über Bischöfe und Priester bis zum letzten Laien, dann wäre die Krisis der Kirche überwunden."[25] Dr. Graber ermunterte die Gläubigen, gegenüber den Angriffen auf die Kirche Standhaftigkeit zu bewahren. Er wies auf die Gefahr unserer Zeit hin, die darin bestehe, daß der Mensch in seiner Überheblichkeit sich zum Maß aller Dinge mache. Dieser „Hominismus", so betonte er, sei verhängnisvoll. Nur durch die Konzentration auf Gott sei wahre Menschlichkeit möglich.[26] Nach der Ansprache des Bischofs klang die Feier aus mit der Erteilung des Päpstlichen Segens durch den Diözesanbischof Heinrich Tenhumberg und die übrigen Bischöfe.

Bei einer Festveranstaltung des Fatima-Freundeskreises im Bühnenhaus der Stadt Kevelaer hielt der Jesuitenpater Professor Dr. Varga aus Brüssel einen Vortrag über das Thema: „Fatima im Jahrhundert der Krise". Fatima bedeutet nach seinen Worten nicht nur eine neue Wende in der Geschichte der Kirche, sondern zugleich eine Botschaft an unsere von Kämpfen und Krisen geschüttelte Zeit. Die Bekehrung der Menschen unserer Tage könne nur durch die Botschaft von Fatima geschehen. Wörtlich erklärte Pater Dr. Varga: „Unsere Jugend weiß noch nicht, daß die Botschaft von Fatima das bringt, was sie erhofft. Auch wir kämpfen gegen die Öde und Einsamkeit der Herzen und für soziale Gerechtigkeit. Wir sollten auf der Seite derjenigen stehen, die ausgebeutet werden."[27]

Sieben Jahre später, am 60. Jahrestag der Erscheinungen in Fatima, trafen wieder circa 20 000 Pilger verschiedener Nationen am Marienort ein, um am 8. *Fatima-Kongreß*, der vom 17. bis 18. September 1977 dauerte, teilzunehmen. Sie kamen aus den Beneluxstaaten, aus Frankreich, Österreich, der Schweiz, aus Polen, Ungarn und aus dem weiten China. Trotz der vielen teilnehmenden Nationen gab es keine Sprachschwierigkeiten: Kardinal Ribeiro sprach deutsch, der Wallfahrtsleiter von Kevelaer, Pastor Schulte Staade, begrüßte auf holländisch und französisch, die Portugiesen hörten sich in ihrer Sprache angeredet und die älteren Teilnehmer aus Polen und Ungarn verstanden sehr gut deutsch.[28] Veranstalter des Kongresses war der Fatima-Arbeitskreis, der am 25. Februar 1977 bei einer Tagung der Arbeitsgemeinschaft Marianischer Vereinigungen Deutschlands in Leutesdorf konstituiert wurde. Dieser Arbeitskreis versteht sich als Zusammenschluß „aller Marianischen Gemeinschaften, Institutionen und Einzelpersonen, die sich direkt und ausdrücklich auf Fatima beziehen und die in Übereinstimmung mit der kirchlichen Lehre wirken wollen".[29]

Pater Josef Schultheis, Vorsitzender der Arbeitsgemeinschaft Marianischer Vereinigungen Deutschlands und Sprecher des Fatima-Arbeitskreises, stellte bei der Eröffnungsfeier in der Marienbasilika fest: „Europa muß seine christliche Seele wieder entdecken. Die Krise Europas ist eine Folge des Abfalles von Gott. Maria ist als Herrin des Friedens und Überwinderin der Hölle für uns ein mahnendes Zeichen. Sie leuchtet als tröstlicher Morgenstern im Dunkel unserer Zeit."[30]

Am ersten Tag des Kongresses beschäftigte sich der Regensburger Religionspädagoge Dr. Josef Ruf mit dem Thema „Fatima und die Theologie". In seinem Referat stellte er fest, daß nach 60 Jahren die Botschaft von Fatima nichts an Aktualität eingebüßt habe. Für die Menschen unter der kommunistischen Herrschaft seien die prophetischen Worte Mariens in Fatima, daß sich Rußland bekehren werde, wenn man ihren Bitten nachkomme, wie ein Hoffnungsstern. Dr. Ruf betonte, Fatima bringe zwar keine neue Theologie, setze aber einen ganz eigenen Akzent, nämlich eine stark vernachlässigte Wahrheit unserer Theologie: die der Stellvertretung und Sühne.[31]

An der abendlichen Lichterprozession im Marienpark und zum Kapellenplatz beteiligten sich am ersten Kongreßtag rund 10 000 Gläubige. Sie beteten den Rosenkranz und sangen das Ave Maria von Fatima, das abwechselnd in portugiesischer und deutscher Sprache vorgesungen wurde. Nach dem Eintreffen der Lichterprozession auf dem Kapellenplatz sprach Pater Benno Mikocki, Wien, über die brennende Aktualität der Botschaft von Fatima an die Hirtenkinder. Er erinnerte an das Geheimnis der dritten Erscheinung vom 13. Juli 1917, in der es u. a. heißt: „Wenn man auf meine Wünsche hört, wird Rußland sich bekehren, und es wird Friede sein. Wenn nicht, dann wird es seine Irrlehren über die Welt verbreiten und wird Kriege und Verfolgungen der Kirche heraufbeschwören." Und weiter berichtet diese Botschaft: „Aber am Ende wird mein Unbeflecktes Herz triumphieren. Der Heilige Vater wird Rußland weihen, das sich bekehren wird, und eine Zeit des Friedens wird der Welt geschenkt werden."[32] Um 22 Uhr feierte dann Alberto Cosme do Amaral, der Bischof von Leiria, in dessen Diözese Fatima liegt, in der überfüllten Basilika mit zwei Bischöfen und etwa 20 Priestern eine Pontifikalmesse.

Höhepunkt des Kongresses war am Sonntagmorgen um 10 Uhr die feierliche Konzelebration aller anwesenden Bischöfe mit dem Kardinal-

Patriarchen Antonio Ribeiro von Lissabon und etwa 40 Priestern im Marienpark. In seiner in deutsch gehaltenen Ansprache erklärte Antonio Ribeiro, Fatima sei Botschaft des Evangeliums für unsere Zeit. Gebet und Umkehr seien die zwei großen Pfeiler am Bau der Kirche Gottes. Durch Gebet und Umkehr finde die Welt Frieden und Eintracht. Portugal habe in ganz auffallender Weise durch Maria Schutz und Hilfe erfahren: Bewahrung vor dem Bürgerkrieg in den dreißiger Jahren, vor dem zweiten Weltkrieg, vor dem Kommunismus nach der Revolution im Jahre 1974.[33] In Ost und West herrsche heute ein theoretischer und praktischer Materialismus. Trotzdem sei kein Anlaß zu Mutlosigkeit und Resignation. Die Geschichte der Völker – wie z. B. auch die Geschichte des portugiesischen Volkes der jüngsten Vergangenheit – beweise, daß es die behütende und schützende Gegenwart der Gottesmutter gebe.[34]

Ministranten-Wallfahrt 1963 mit Weihbischof Julius ıgerhausen, Essen, Assistenz durch Dechant Johannes Oomen

Nach dem feierlichen Gottesdienst im Marienpark bewegte sich eine Sakramentsprozession mit Tausenden von Gläubigen zum Zentrum der Stadt, zum Kapellenplatz, wo die Feier mit dem sakramentalen Segen und einem Schlußwort des Bischofs von Fatima zum 8. Fatima-Kongreß ihren Ausklang fand.

Seine Bedeutung als religiöses Zentrum erlebte Kevelaer von neuem, als es die Teilnehmer am *4. Internationalen Kongreß der Marianischen Priestervereinigung* vom 16. – 22. September 1983 beherbergte. Das Leitthema des Treffens lautete: Das heilige Herz Jesu als Zeichen der Barmherzigkeit – in sich selbst – in den Sakramenten – in der Kirche. Etwa 400 Teilnehmer, unter ihnen 44 Kardinäle, Erzbischöfe und Bischöfe, aus 41 Nationen Europas, Afrikas, Amerikas und Asiens fanden sich am Marienwallfahrtsort ein. Über das Anliegen des Kongresses berichtet das Pfarrarchiv St. Marien: „Den Priestern, die sich hier versammeln und aus aller Welt nach Kevelaer kommen, geht es darum, theologisch tiefer die Bedeutung des Herzens Jesu zu verstehen, in dem sich das Erbarmen Gottes den Menschen gegenüber zeigen will. Gott hat sich den Menschen mitgeteilt, geoffenbart, ist für uns sichtbar geworden durch seinen Sohn, geboren aus der Jungfrau Maria. Deshalb ist Marienverehrung und die tiefere Kenntnis und Erkenntnis Jesu Christi immer unmittelbar miteinander verbunden."[35]

Diözesanbischof Reinhard Lettmann sprach auf dem Kongreß über das Thema: „Das Herz Christi – Zeichen des Erbarmens in den Sakramenten der Eucharistie und der Priesterweihe". Der Bischof rief dazu auf, die Feier der Eucharistie nicht nur als Zuschauer zu erleben. Die Antwort auf die Ganzhingabe Christi verlange nach unserer Hingabe an ihn. Wenn die Kirche auf Christus sehe und auf das Geheimnis, welches ihr Leben ausmache, dann könne sie nicht unempfindlich bleiben für alles, was dem wahren Wohl des Menschen diene, so wie es ihr auch nicht gleichgültig sein könne, wenn dieses bedroht werde. – Grundlegende Gedanken äußerte der Bischof über das Wesen des Priestertums. Der Priester sei bestellt, „in persona Christi" zu handeln, vor allem in der Feier der Eucharistie. Dieses für das priesterliche Amt wesentliche Moment der „Christusrepräsentanz" gebe ihm eine theologische Bedeutung, die sich einer rein soziologischen oder funktionalen Deutung entziehe. Würde und Auftrag des geweihten Priesters kennzeichnete der Bischof mit den Worten: „Durch das Sakrament der Weihe ist er im Auftrag und in der Nachfolge Christi zur Pro-Existenz für die anderen bestimmt und befähigt."[36]

Der 4. Kongreß der „Lega Sacerdotale Mariana" vollzog sich im glanzvollen Rahmen der Kevelaerer Wallfahrtsstätte. Zeichen katholischen Bekenntnisses waren die feierlichen Gottesdienste mit 130 Konzelebranten, Lichterprozessionen, die nächtliche Anbetung der Jugendlichen mit Diözesanbischof Lettmann und der Kreuzweg für die Kirche des Schweigens.

Im Zusammenhang dieser Darstellung dürfen nicht unerwähnt bleiben: die Pax-Christi-Kongresse der Jahre 1948, 1958, 1973 und 1988, der Besuch des Papstes Johannes Paul II. am 2. Mai 1987 sowie der 10. Mariologische und der 17. Marianische Weltkongreß, die beide in der Zeit vom 11. bis 20. September 1987 in der Marienstadt tagten. – Die genannten bedeutsamen Ereignisse werden an anderer Stelle dieser Festschrift gebührend gewürdigt.

Überregionale Tagungen

Priester-Treffen

Kevelaer, das durch die zahlreichen Pilgerströme internationale Berühmtheit erlangt hat, lädt immer wieder die unterschiedlichsten Gesellschaftsgruppen zum Verweilen ein. Auf den Tagungen, die meist im Priesterhaus stattfinden, werden viele Themen aufgegriffen, deren Erörterung dem Katholiken Orientierung und Festigung seines Glaubens vermitteln soll.

Kritische Auseinandersetzung mit dem Zeitgeist und das notwendige Gespräch über theologische Fragen führten auch häufig Gruppen von

Priestern in Kevelaer zusammen. Berühmt sind die Bischofskonferenzen, die während der nationalsozialistischen Herrschaft am Ort des Marienheiligtums stattfanden und über die an anderer Stelle berichtet wird.

Eine *Priestertagung* führte aus Anlaß des Marianischen Jahres vom 27.–29. April 1954 über 600 Priester aus den westdeutschen und norddeutschen Diözesen sowie aus dem Nachbarland Holland und Luxemburg zusammen. Unter den vielen Tagungsteilnehmern befanden sich auch der Erzbischof von Köln, Kardinal Joseph Frings, der Apostolische Nuntius für Deutschland, Erzbischof Dr. Aloysius Muench, der Bischof von Roermond, Dr. Lemmens, sowie zahlreiche weitere hohe kirchliche Würdenträger. Die folgende Übersicht vermittelt einen Eindruck von den Vortragsthemen und nennt die jeweiligen Referenten:

Prof. Prälat Feckes, Köln,: „Mariens Stellung im Heilsplan Gottes. Das dogmatische Vollbild der Mariengeheimnisse".
Prof. Volk, Münster,: „Jesus und Maria: Grundsätzliches zur marianischen Frömmigkeit".
Prof. Kötting, Münster,: „Marienverehrung in der griechisch-orthodoxen Kirche".
Prof. Graber, Eichstätt,: „Die Marienfrömmigkeit des hl. Ludwig Maria Grignion von Montfort unter besonderer Berücksichtigung der Weihe an Maria".
Prof. Schnitzler: „Innere Einheit von marianischer und liturgisch-eucharistischer Frömmigkeit im Leben des seligen Papstes Pius X.".

Bei der Abschlußfeier wies Kardinal Frings auf die Bedeutung der Tagung hin, in der die Stellung der Gottesmutter im Heilswerk unserer Erlösung aufgeleuchtet sei. Mariens Stellung im Reich der Gnade sei zentral. Unter dem Kreuze habe Maria am Erlösungswerk Christi mitgewirkt. Sie sei die Mitopfernde, die ihren Sohn als ihr Liebstes und Teuerstes zur Erlösung und Heiligung der Welt hingab. Sie sei aber auch Mittlerin, da sie an allem Anteil nehme, was das Werk ihres Sohnes, das Reich Gottes und das Wachstum der Gnade betreffe. Sie sei in Wahrheit die Mutter der Christen, die himmlische Mutter, denn unter dem Kreuz, wo sie als Schmerzensmutter ihren Sohn opferte, seien wir ihre Kinder aus ihrem Mitopfern und ihren Schmerzen geworden. An seine geistlichen Mitbrüder gewandt, erklärte der Kardinal, der Priester müsse nach dem Vorbild der Gottesmutter die Gläubigen mit mütterlicher Kraft betreuen. Jeder Priester müsse deshalb zutiefst die Liebe zur Gottesmutter in seinem Herzen tragen, die Liebe zu Maria, der Braut Christi.[37]

Der Kardinal beendete seine Ansprache mit dem Hinweis auf die enge Verbundenheit der Kirche mit Maria. Wie Maria sei auch die Kirche Mutter der Christen, und beide hätten die Aufgabe, in der Mithilfe am Erlösungswerk das Werk Jesu Christi fortzuführen.[38]

Vom 8. bis 10. Juni 1965 fand die erste *Dechantenkonferenz* des Bistums Münster im Priesterhaus statt. An diesem Treffen nahmen u. a. Diözesanbischof Dr. Joseph Höffner, die Weihbischöfe, das Domkapitel, die Geistlichen Räte, die Dechanten der 59 Dekanate der Diözese Münster und Vertreter der hauptamtlichen Diözesanpräsides teil. Auf dem Tagungsprogramm standen neben einem Eröffnungsvortrag von Bischof Höffner Beratungen und Diskussionen über folgende Themen: „Aufteilung der Großpfarreien und Errichtung von Gemeindezentren in neuen Siedlungsgebieten" – „Priesterliche Zusammenarbeit in der Seelsorge" –

„Hauptamtliche Laien in Seelsorge und Verwaltung" – „Die Mitarbeit in der Pfarr-Caritas – Auftrag und Vollmacht aller" – „Rechtsfragen zur Kirchensteuer" und „Fragen der Landschulreform".

In seinem Vortrag wies der Bischof darauf hin, daß die Kirche vielfach mit kritischen, argwöhnischen, ja feindseligen Augen beobachtet werde. Dabei gäben die Massenmedien weitgehend den Ton an. Die gezielten Angriffe gegen die Kirche hätten zum Teil den Charakter eines Kulturkampfes angenommen. Innerhalb der Kirche seien auch die gläubigen Katholiken von einer beachtlichen Unruhe erfaßt, die durch die Impulse des Konzils verursacht worden sei. Diese Impulse ließen sich nur in einem langwierigen Umformungs- und Erneuerungsprozeß verwirklichen. Die Erfahrung der Seelsorge zeige, daß das ökumenische Gespräch von zahlreichen Katholiken falsch verstanden werde und zur Abwertung der Glaubensunterschiede zu führen drohe. Der Bischof erwähnte in diesem Zusammenhang die Verharmlosung der Mischehe und die zunehmende Verständnislosigkeit gegenüber der Forderung nach katholischer Kindererziehung. Auf die Neuerungen in der Liturgie eingehend, betonte er die Notwendigkeit, den Gläubigen den Sinn des Neuen zu erschließen.

Wallfahrt der Landjugend 1960

Er bezeichnete die „totale Diskussion" als Charakteristikum für unsere Zeit. Letzte Instanz in Fragen der Glaubens- und Sittenlehre sei nicht der Professor der Theologie oder der Exegese, sondern das kirchliche Lehramt. Der Bischof sprach im weiteren von dem für unsere Zeit typischen Trend zur Demokratisierung. Viele befürchteten, daß im Gefolge des Konzils ein ungesunder Demokratisierungsprozeß auch in der Kirche stattfinde. Wörtlich erklärte hierzu der Bischof: „Weder die beiden Päpste Johannes XXIII. und Paul VI. noch die Konzilsväter haben sich durch diese Bedenken beirren lassen. Eine subsidiäre Auflockerung der Zuständigkeitsbereiche und eine Ergänzung der Autorität durch das brüderliche Gespräch waren längst fällig. Vor allem gilt es, die mündige Verantwortung der Gläubigen in Theorie und Praxis ernst zu nehmen."[39]

Das Thema „Ende der Volkskirche?" wählte Bischof Höffner für sein Referat auf einer *Dechantenkonferenz*, die vom 4. bis 6. Juni 1968 in Kevelaer tagte. Nach den Worten des Bischofs ist es Mode geworden, vom Ende der Volkskirche und vom kommenden Zeitalter der Gemeindekirche zu sprechen. Die Volkskirche, die man auch Massenkirche, Kleruskirche, Amtskirche und Klientenkirche zu nennen pflege, habe keinen guten Ruf. Um so begeisterter werde die Gemeindekirche gepriesen. Sie sei für viele die Verantwortungskirche, die Liebeskirche, die Laienkirche, die Kirche der Brüder, die „Entscheidungskirche", die auf die überkommenen Institutionen, vor allem auf eine vom katholischen Glauben geprägte Bekenntnisschule, verzichten könne. Der Bischof erinnerte daran, daß zahlreiche Pfarreien des Bistums Münster schon von ihrer Gründung her nicht mehr in das Schema der traditionsgebundenen „Volkskirche" passen. Seit dem Jahre 1852 seien 359 neue Pfarreien und selbständige Seelsorgestellen gegründet worden, davon 178 Pfarreien nach dem Zweiten Weltkrieg. „Niemand wird", so betonte er, „diese Neugründungen in den Räumen von Moers, Walsum, Dinslaken, Rheinhausen, Homberg, Marl, Recklinghausen, Oldenburg, Wilhelmshaven usw. vom geschlossenen katholischen Milieu eingeengte Volkskirchen nennen wollen."[40]

Bischof Höffner bewertete die beiden Kirchenformen, indem er präzisierte: „Geschichtliches Denken wird weder die sogenannte Volkskirche noch die sogenannte Gemeindekirche verketzern, aber auch nicht idealisieren, sondern beide in ihren jeweiligen Chancen und Grenzen sehen. . . Volkskirche und Gemeindekirche sind keine einander ausschließenden Gegensätze. "[41] Für den Priester bleibe die Gewinnung aller das Ziel der Verkündigung. Das Bekenntnis aller oder vieler Einwohner zum katholischen Glauben dürfe jedoch weder zur Uniformität noch zur Anonymität führen. Die Pfarrei müsse deshalb überschaubar sein. Die schlechten Erfahrungen mit den Großpfarreien des 18. und 19. Jahrhunderts sollten uns eine Warnung sein. Es sei töricht, die religiöse Krise, die besonders die jüngere Generation erfaßt habe, leugnen zu wollen. Es handle sich zum Teil aber um Anpassungsprozesse an die neuen Verhältnisse der modernen Welt und um einen Wandel der Formen des religiösen Verhaltens.

Von besonderer Bedeutung waren auch die *Grenzlandtreffen der Priester*, an denen Geistliche aus der Bundesrepublik, Luxemburg, Belgien und den Niederlanden teilnahmen. In einem von Dr. H. van Münster, Generalvikar von Utrecht, Pfarrer Schulte Staade und W. van Remmen unterzeichneten Einladungsschreiben zum 1. Grenzlandtreffen am 7. Oktober 1975 lesen wir: „Man möchte wissen, welche unsere Absichten sind bei dieser Initiative. Uns kennenlernen und Erfahrungen austauschen! Wir beabsichtigen keine theoretischen Diskussionen und keine Kirchenpolitik." Und weiter heißt es in dem Schreiben: „Wir möchten unsere Initiative unter den Schutz der Muttergottes stellen."[42]

Um einen Einblick in die Problemstellungen zu gewinnen, die als Grundlage der pastoralen Gespräche ausgewählt wurden, sollen im folgenden die Themen der Priestertreffen genannt werden, die in den Jahren 1975 bis 1986 jeweils im Oktober in Kevelaer stattfanden:

„Kirchliche Zusammenarbeit über die Grenzen hinweg"
„Die Probleme der Entwicklung von der betreuten Pfarrei zur sich selber betreuenden Pfarrei. Konsequenzen dieser Entwicklung für Klerus und Gläubige"
„Die fortgesetzte Bildung der Priester und Pastoralreferenten"
„Schulung ehrenamtlicher Mitarbeiter für den Bestand und das Leben in der Gemeinde an der Basis"
„Die Missionäre Dimension der Pfarrgemeinde"
„Die Evangelisierung der Arbeitswelt"
„Neue Relationen zwischen Mann und Frau als Problem für eine Pastoral der Gemeinden der Zukunft"
„Jugendarbeitslosigkeit"
„Arbeitslosigkeit als Dauerproblem – Herausforderung an die Kirche"
„In welcher Weise lassen sich neue Formen von Buße und Versöhnung verwirklichen?"
„20 Jahre Neugestaltung der Liturgie seit Vaticanum II"
„Gemeindeleitung und pastorale Mitarbeiter-Situation und Zukunft der Seelsorge in der Pfarrgemeinde"

Im Rahmen dieser Darstellung können nur einige wesentliche Gesichtspunkte angeführt werden, die im Vordergrund der pastoralen Gespräche standen.

Ein wichtiges Thema der *1. Grenzlandtagung* am 7. Oktober 1975 war „die Einstellung von jungen Menschen gegenüber der Kirche, dem Glauben und der Religion". Pieter W. J. van Hoof aus der Erzdiözese Utrecht gab mit seinem Referat eine Einführung zu einem Gespräch über dieses Thema. Seine Thesen legten den Kern der Problematik offen:[43]

These 1: Angesichts der Vielfältigkeit der Jugendgruppen, der verschiedenen Altersklassen und des unterschiedlichen Milieus, der Hintergründe und des Bildungsgefälles ist es nicht möglich, von *der* Jugend zu sprechen.
These 2: Kennzeichnend dagegen ist für alle Schichten von Jugend eine Tendenz zur Emanzipation von der gesellschaftlichen, religiösen und moralisch-ethischen Bevormundung und eine Kritik an dieser Gängelung.
These 3: Deshalb kann die Frage nach dem Verhältnis zwischen Jugend und Unglauben nicht gestellt werden, ohne daß dabei auch der Einfluß der Erwachsenen auf die Jugendlichen durchleuchtet wird. Hinter dem sogenannten Unglauben der Jugend mag sich gut die Unglaubwürdigkeit der Erziehenden verbergen.
These 4: Eine Entfremdung der Jugendlichen von der institutionellen Kirche bedeutet nicht notwendigerweise eine Entfremdung vom Evangelium und vom Glauben. Die eigene Glaubensfindung verlangt beim Heranwachsenden ein gewisses Maß an Abstand und eine Entfremdung gegenüber der institutionellen Kirche.
These 5: Wer als Erwachsener den Glauben der Jugendlichen ausloten und begreifen möchte, muß sich seiner eigenen Vorverständnisse bewußt werden und muß vorurteilsfrei auf das hören, was die Jugendlichen von sich aus an Glauben ausdrücken, vielleicht in einer neuen, den Erwachsenen nicht bekannten Sprache.
These 6: Die verschiedenen Formen der religiösen Äußerungen bei Jugendlichen kann man verallgemeinernd einerseits einer mystischen, personalistischen Richtung und andererseits einer politischen, gesellschaftlichen Richtung zuweisen. Beide Richtungen sind als quantitativ ausgeprägtere Äußerungen dessen anzusehen, was ungesagt bei den meisten Jugendlichen vorhanden ist. Eine bessere Erkenntnis der „Jugendlichen von heute" und der „Erwachsenen von morgen" bekommt man deshalb durch eine Untersuchung der Motivationen, die der mystischen Einkehr und der politischen Aktion zugrunde liegen.

Das Thema des *5. Grenzlandtreffens*, das am 23. Oktober 1979 veranstaltet wurde, lautete: „Die Missionäre Dimension der Pfarrgemeinde". Zu diesem Gesprächsthema hatte das „Secretariaat van de Rooms-Katholieke Kerkprovincie in Nederland" einen Gedankenentwurf ausgearbeitet.[44]

Auf der *6. Grenzlandtagung* am 7. Oktober 1980 befaßten sich die Teilnehmer mit der Evangelisierung der Arbeitswelt. Im Mittelpunkt der Erörterung standen folgende Probleme: Kirche und Arbeiter – Verbindung zwischen Arbeitswelt und Familie im Zusammenhang mit einem Leben mit der Kirche – Wo erfährt oder erfährt der Jugendliche nicht die Verkündigung in seiner Arbeitswelt?

Ein bis auf die heutige Zeit brennendes Problem stand im Mittelpunkt des *7. Grenzlandtreffens* am 5. Oktober 1981. Das Zentralthema der Tagung lautete: „Neue Relationen zwischen Mann und Frau als Problem für eine Pastoral der Gemeinden der Zukunft."

Um die Problematik dieses Themas zu erforschen, war innerhalb des katholischen Rates für Kirche und Gesellschaft eine Projektgruppe gebildet worden, die die Situation der Frau in der Kirche zu analysieren suchte. Frau ten Hagen aus den Niederlanden befaßte sich in ihrem Referat mit den Ergebnissen dieser Untersuchung. Aus den Ausführungen der Referentin wurde deutlich, daß viele Frauen unzufrieden sind wegen der mangelhaften Einwirkungsmöglichkeiten auf das Leben in der Kirche. Sie fühlen sich weitgehend ausgeschlossen von der Verwaltung und Beschlußfassung. Frau ten Hagen stellte vier Themen in den Mittelpunkt ihres Vortrags: 1. Erfahrung mit der Kirche. 2. Stellung/Aufgabe/Funktion und Rolle der Frau in der Kirche. 3. Rezente päpstliche Aussagen und im Zusammenhang damit: das Gewissen. 4. Die Frauenemanzipation.

Die Referentin wies darauf hin, daß die Frauen sich kritisch mit dem Bild auseinandersetzen, welches „eine patriarchale, einseitige, männliche Kirche und Gesellschaft"[45] geformt hat. Es sei wichtig, die Frau mit ihrer eigenen Persönlichkeit, mit ihren eigenen Qualitäten als Menschen anzuerkennen. Die innerhalb des katholischen Rates für Kirche und Gesellschaft gegründete Projektgruppe sei bei ihrer Forscherarbeit zu der Auffassung gelangt, daß die Kirche ihr traditionelles Menschenbild erneuern müsse und zwar in dem Sinne, daß die Gleichwertigkeit von Mann und Frau als etwas Natürliches akzeptiert und daß jede Form von geschlechtlicher Diskriminierung unterbunden werde. Viele Frauen, so referierte Frau ten Hagen, „können sich nicht abfinden mit dem sexistischen Sprachgebrauch in der Theologie, Liturgie und Verkündigung, einem Sprachgebrauch, in dem die Überwertung des Mannes ausgedrückt wird und in dem die Existenz der Frau unterwertet oder verneint wird".[46]

Kritisch setzten sich die meisten Frauen auch mit päpstlichen Aussagen über Familienplanung, Verhütungsmittel, Abtreibung, Homofilie, Sexualität, Zölibatsverpflichtung und der Stellung der Frau in Kirche und Gesellschaft auseinander. Sie wünschten eine Kirche, die die Frohe Botschaft von Jesus Christus in Wort und Tat verkündige und die die Gerechtigkeit von Gottes Reich in Kirche und Gesellschaft gestalte. Nahezu alle Frauen der genannten Projektgruppe waren nach dem

Bericht der Referentin der Meinung, der Frau solle die Zulassung zum Priesteramt ermöglicht werden. Es wurde die Empfehlung ausgesprochen, daß die Kirchenleiter mit Frauen und Männern eine offene Diskussion und einen wahrhaftigen Dialog eingehen über das Thema „Frau und Amt". Im Grunde genommen solle die Möglichkeit geboten werden, Frauen überall dort zu allen Amtsweihen zuzulassen, wo es keine grundlegenden biblischen Einwände dagegen gebe. In diesem Zusammenhang wies Frau ten Hagen auf die Empfehlung hin, kurzfristig eine interdiözesane Emanzipationskommission einzurichten, welche unter anderem untersuchen solle, an welchen Stellen und für welche Funktionen mehr Frauen eingesetzt werden könnten und auf welche Art und Weise Frauen für Aufgaben und Funktionen in der Kirche auszubilden seien.[47]

Stürmische Wallfahrt der Kathol. Kaufmännischen Vereine 1960

Auf dem *8. und 9. Grenzlandtreffen,* die am 25. Oktober 1982 bzw. am 25. Oktober 1983 stattfanden, wurde das Thema Arbeitslosigkeit erörtert. Das erste der beiden Treffen widmete sich dem Problem der Jugendarbeitslosigkeit. Zunächst wurde in drei Kurzreferaten dieses Problem, so wie es sich in Deutschland, Holland und Belgien darstellte, verdeutlicht. Um einen genaueren Überblick über Situation und Problematik in den einzelnen Ländern zu gewinnen, wurde im Verlauf des Gesprächs vorgeschlagen, Jugendliche aus den Beneluxstaaten und der Bundesrepublik für ein Seminar zu gewinnen, auf dem das Problem der Jugendarbeitslosigkeit und der Auftrag der Kirche in diesem Bereich formuliert werden sollten.

Das 9. Grenzlandtreffen griff das Thema der Tagung vom 25. Oktober 1982 wieder auf. In einem Schreiben vom 14. Juni 1983 an die Tagungsteilnehmer wies Generalvikar Heinz Janssen, Münster, darauf hin, daß man vordringlich der Frage nachgehen solle, „wie unsere Pfarrgemeinden über alle Bemühungen nach Arbeitsbeschaffung hinaus mit den vielen

Arbeitslosen solidarisch leben können".[48] Das Thema „Arbeitslosigkeit als Dauerproblem – Herausforderung an die Kirche" wurde in folgenden drei Referaten erörtert:

1. „Erfahrungen mit einem internationalen Jugendseminar und die Auswirkungen für die Gemeinde". Referent: Hermann Flothkötter, Münster.
2. „Psychologische Auswirkungen der Arbeitslosigkeit auf den einzelnen Menschen und die betroffenen Familien". Referent: L. Flapper, Den Haag.
3. „Auftrag und Möglichkeiten einer Gemeinde angesichts der Arbeitslosigkeit als Dauerproblem". Referent: Georg Ruhmöller, Münster.

Tagungen der Landbevölkerung

Unter den vielen Gesellschaftsgruppen, die sich zu Tagungen am Marienort einfinden, nimmt die Landbevölkerung einen bevorzugten Platz ein. So nahmen am 4. Februar 1953 mehrere hundert Frauen aus den Dekanaten Kevelaer, Geldern, Xanten und Rees an einer *Landfrauentagung* teil.

Der Leiter des Referates für Landseelsorge, Rektor Wiggenhorn, beschäftigte sich in seinem Vortrag mit dem Thema „Kirche – Herz des Dorfes". Er erläuterte den Begriff Kirche, besonders die Definition des Papstwortes, daß die Kirche das Lebensprinzip der menschlichen Gesellschaft sei. Deshalb, so betonte der Referent, sei es auch von größter Bedeutung, dem kirchlichen Denken auf dem Lande einen starken Auftrieb zu geben. Dieser Prozeß der Besinnung auf gute alte Traditionen müsse in der Familie beginnen. Den Frauen und Müttern vor allem sei die Aufgabe gestellt, die Kinder zur Bindung an Christus und seine Kirche zu führen, um dadurch dazu beizutragen, daß nicht am Ende unserer Zeit eine völlig entwurzelte Welt stehe.[49]

In einem zweiten Vortrag mit dem Thema „Erneuerung der Landfamilie durch die Frau" führte Maria Vielhaber, die Schriftleiterin der Zeitschrift „Frau und Mutter", den Frauen die Pflichten gegenüber der Familie vor Augen. Dabei wies sie darauf hin, der vorherrschende Materialismus habe die Familie krank gemacht. Es bestehe die Gefahr, daß dieser Materialismus Liebe, Familie, ja das Leben zerstöre. In einer solchen gefährlichen Situation für den Menschen sei es die erste Aufgabe der Frau und Mutter, das Haus zusammenzuhalten, zu verbinden und Brücken zu bauen, wo etwas auseinanderzufallen drohe. Auch müsse die väterliche Autorität in der Familie wieder ihre Geltung erhalten, da sie etwas von der Vatergüte Gottes widerspiegele. Die Referentin nannte als einen Grund für den Verfall der Familien die Verweltlichung der Ehe. Sie betonte, daß die Ehe ein Sakrament sei. Schließlich appellierte sie an die Landfrauen, ihre liebevolle Sorge der ganzen Hausgemeinschaft, wozu auch Knechte und Mägde gehörten, zu widmen.[50]

Am 18. Oktober 1953 trafen sich in der Marienstadt die *Delegierten der katholischen Landjugendbewegung* des Niederrheins.

Diözesanbischof Michael Keller bezeichnete in seiner Ansprache die Bildung einer katholischen Standesorganisation der Bauern als „ein dringendes Gebot der Stunde". Dabei nahm er Bezug auf die Limburger Entschließungen der westdeutschen Bischöfe vom November 1952, in denen unter anderem folgendes zum Ausdruck gebracht wurde: „Wir begrüßen ein freundschaftliches Zusammengehen mit den evangelischen Christen in allen praktischen Fragen des Berufsstandes, lehnen aber mit Nachdruck die Bildungsarbeit und erst recht die Erziehungsarbeit an der Jugend auf interkonfessioneller Grundlage ab. Demgemäß erwarten wir von den landwirtschaftlichen Verbänden, ganz besonders von den katholischen Christen in ihnen, Anerkennung und Förderung der katholischen Landjugendbewegung insgesamt zum Besten des Berufsstandes."[51]

Mit deutlichen Worten formulierte Bischof Michael sein Anliegen: „Wir haben eine Katholische Arbeiterbewegung, eine Kolpingfamilie, einen Katholischen Kaufmännischen Verein, einen Bund Katholischer Unternehmer. Eine katholische Standesvereinigung der Bauern ist nicht da, obwohl Pius X. und dann Pius XI. ganz eindeutig verlangten, daß die Mitgliedschaft bei interkonfessionellen Berufsverbänden nur dann statthaft sei, wenn die Katholiken gleichzeitig einer entsprechenden katholischen Standesorganisation angehörten."[52]

Für den Bischof bedeutet das Ringen der Kirche um die eigene Freiheit auch einen Kampf für die Rechte des einzelnen Mitbürgers. In diesem Sinne betonte er: „Wenn die Kirche für ihre eigene Freiheit kämpft, kämpft sie zugleich für die wahre Freiheit des Gewissens; wenn sie für das Elternrecht eintritt, tritt sie zugleich ein für das Recht der kleinen Gemeinschaft gegenüber dem würgenden Zugriff der größeren; wenn sie das Bildungs- und Erziehungsmonopol jedweder Organisation ablehnt, dient sie damit in hervorragender Weise dem Gemeinwohl, das sonst auf die Dauer aufs schwerste gefährdet ist."[53]

Als Ergebnis der Delegiertentagung der katholischen Landjugendbewegung des Niederrheins wurde in einer einstimmig angenommenen Resolution festgestellt, daß das Katholische Landvolk eine einheitliche Berufsorganisation der deutschen Landwirtschaft bejahe, wie sie im deutschen Bauernverband und im Rheinischen Landwirtschaftsverband gegeben sei. Das Katholische Landvolk sei auch weiter zu aktiver Mitarbeit in diesen Organisationen bereit. Ausdrücklich heißt es dann: „Mit unseren Bischöfen fordern wir aber die Anerkennung und gleichberechtigte Förderung der Katholischen Landjugendbewegung als Nachwuchsorganisation durch den Deutschen Bauernverband."[54]

Unter dem Rahmenthema „Kirche mitten in der Welt" standen richtungweisende Bildungstage, die die *Katholische Landfrauenbewegung des Bistums Münster* in der Zeit vom 23. bis 24. November 1964 im Priesterhaus durchführte. Auf der Tagung, an der fast 300 Landfrauen des unteren Niederrheins teilnahmen, hielt Diözesanseelsorger Franz Reckfort, Münster, ein Referat über das Thema „Die Aufgabe der Landfrau in der Kirche heute". Der Referent betonte, die Hinwendung der Kirche zur Welt, ein Anliegen des Konzils, setze ein großes Vertrauen zur persönlichen Verantwortung des einzelnen Christen voraus. Die Kirche verstehe sich heute vor allem als das wandernde Volk Gottes auf Erden. Kirche als wanderndes Volk Gottes besage ein Ja zum Liebesdienst. Durch das Zeugnis der Liebe solle die Landfrau dartun, daß der eine die Last des anderen tragen müsse, von der Nachbarschaft angefangen bis zur Not der Entwicklungsländer. Die Landfrau müsse das Gewissen wachhalten für die Werte, die über den Augenblick, den Tag und das Jahr hinausgehen. Christsein sei Lebensberufung, sei Lebenskern. Da die Verwirklichung christlicher Werte nicht immer leicht sei, müsse man oft Mut aufbringen, um gegen den Strom zu schwimmen.[55]

Auf einem *Bauerntag*, zu dem am 18. Dezember 1964 ins Priesterhaus geladen war, widmete sich Bezirksvikar Honsel, Wesel, dem Thema „Spricht die Kirche im Bereich der Ehemoral eine neue Sprache?" Nach Auffassung des Referenten, der die gestellte Frage bejahte, ringt die Kirche darum, die Wahrheit des Evangeliums den Formen des neuen Lebens in der gewandelten Welt anzupassen, sie vom Ballast alter Auffassungen zu befreien, ohne die Grundwahrheiten zu verfälschen. Im Mittelpunkt stehe die Gewissensentscheidung der Eheleute. Ihnen sei die Verantwortung überlassen, über die Zahl ihrer Kinder zu entscheiden und die Maßnahmen zur Verhütung weiteren Kindersegens nach ihrem Ermessen zu wählen. Der neue Weg der Kirche, die die Mündigkeit der Laien erstrebe, verlange von diesen das Bemühen, ihr Gewissen und ihr Wissen zu bilden.[56]

Historisches Fahnenschwenken anläßlich der Schützenwallfahrt 1960

Am 14. Januar 1970 veranstaltete die katholische *Landfrauenbewegung im Bistum Münster* eine Bildungstagung. Am Vormittag referierte Dr. med. Zintzen aus Emmerich über neue medizinische Erkenntnisse für die Frau in Ehe, Familie und Beruf. Der Referent sprach über die Zusammenhänge zwischen Seele und Körper. Seelische Belastungen seien nicht selten die Ursache einer Krankheit, die von den Ärzten nur schwer erklärt werden könne. Durch die psychotherapeutische Behandlung gelinge es nun, die Ursachen der Krankheiten zu erforschen und sie zu überwinden. Wichtig sei in diesem Zusammenhang die Erziehung gerade in den ersten Lebensjahren, die sich auf die weitere seelische Entwicklung des Menschen auswirke. Den Kindern dürfe nicht zu viel verboten werden; man müsse ihnen aber auf der anderen Seite auch Grenzen stecken. Abgebaut werden müßten auch gerade die Tabus auf sexuellem Gebiet. Dr. Zintzen gab zu bedenken, daß die vermehrte Freiheit des modernen Menschen von ihm weitergehende eigene Entscheidungen verlange. Gerade dort, wo die Glaubensbindungen verlorengingen, werde der Mensch unsicher. Er werde überfordert und neige zu spezifischen menschlichen Krankheiten wie Nervosität und Abgespanntheit. Auch hier müßten die Ursachen der Erkrankung nicht im Körper, sondern in der Seele gesucht werden.[57]

Am Nachmittag sprach nach einem gemeinsamen Gottesdienst Prälat Reckfort aus Münster über „Moderne Menschenführung in Familie und Kirche". Als ein wichtiges Thema des Konzils bezeichnete der Referent einen modernen Führungsstil in der Kirche. Auch die Theologie sehe in ihrem neuen Selbstverständnis die Kirche als *„Volk Gottes"* an, in der auch der Laie Mitverantwortung und Mitspracherecht habe. Es sei zu beachten, daß das hervorstechendste Merkmal im menschlichen Zusammenleben heute das demokratische, freiheitliche und partnerschaftliche Denken sei. Auch in der Ehe bilde sich immer mehr ein partnerschaftliches Verhältnis zwischen Mann und Frau, zwischen Eltern und Kindern. Das mache die Autorität in der Familie nicht überflüssig. Autorität müsse, so betonte Prälat Reckfort, aus der Bedürftigkeit zur Reife, aus der Unselbständigkeit zur Selbständigkeit führen. Wichtig sei es, daß in diesem Prozeß immer ein Verhältnis des Vertrauens und der Liebe bestehe.[58]

Unternehmer-Tagung

Ein wichtiges Treffen vereinte am 1. und 2. Februar 1952 *deutsche und holländische Unternehmer.* An der Tagung nahmen über 100 Personen teil, unter ihnen auch der Bischof von Münster, Dr. Michael Keller, Dechant Janssen und die beiden Präsidenten der holländischen und deutschen Unternehmerverbände P. J. Spoorenberg, Rotterdam, und Franz Greiß, Köln. Der Diözesanbischof wies in einer Ansprache auf die erfreuliche Entwicklung hin, die der Bund Katholischer Unternehmer seit der ersten Tagung in Burgsteinfurt genommen habe. Mehr denn je komme es heute darauf an, die Forderungen der Soziallehre der Kirche in der Praxis zu verwirklichen. Es gehe bei den Themen der Beratungen um zukunftsträchtige Dinge, die Allgemeingut des christlich-katholischen Volkes werden müßten.[59]

J. H. Derksen, der als Vertreter der holländischen Unternehmer das Wort ergriff, widmete sich ausführlich dem Thema „Die Schaffung von Eigentum in Arbeiterhand". Er hob hervor, daß bei der Erörterung der Möglichkeiten von Besitzbildung in den breiten Schichten des schaffenden Volkes von den katholischen niederländischen Unternehmern alle zeitgebundenen Argumente abgelehnt, dagegen die strukturellen Argumente bejaht würden. Die Unternehmer hätten die Pflicht, an der Schaffung von neuem Eigentum für die arbeitenden Schichten mitzuwirken. Vor allem müsse der Sparsinn im Arbeiter gefördert werden. So nur werde er allmählich zu Eigentum in Form eines Eigenheimes oder zu einer Eigentumsform in der gewerblichen Wirtschaft kommen.[60]

Zum gleichen Thema vermittelte Dr. P. H. Werhahn die Erfahrungen der deutschen Unternehmerschaft. Er unterstrich, daß gegenüber der verwirrenden Fülle verschiedener Eigentumsauffassungen, wie sie z. B. im Sozialismus oder Liberalismus ihren Niederschlag fänden, die Haltung der Kirche in dieser Frage immer klar und klug gewesen sei. Während Sozialismus und Liberalismus nur exklusiv dächten und im krassen Kollektivismus bzw. Individualismus endeten, gebe die Kirche dem einzelnen, was ihm zukomme. Sie denke nicht in Klassen oder Einzelwesen, sondern im Mittelpunkt ihrer Soziallehre stehe der Mensch und die Familie, und von hier werde der Begriff des Gemeinwohles entwickelt. Leider sei im Verlauf der Geschichte die Eigentumsverteilung selten gerecht gewesen. Auch in der Gegenwart werde die Atmosphäre durch Neid, Haß und Mißtrauen vergiftet. Es komme nun darauf an, statt der alten, verbrauchten Rezepte neue Gedanken zu verwirklichen und an die Stelle des naturwissenschaftlich-mechanistischen Denkens ein von wahrem Verantwortungsgefühl getragenes Gemeinschaftsdenken zu setzen, das statt der Alternative „Du oder ich" das „Zueinander" und „Miteinander" fordere. Gerade für den Unternehmer sei der Ohne-Mich-Standpunkt in sozialpolitischer Hinsicht selbstmörderisch. Es komme darauf an, durch die maßvolle und kluge Anerkennung des Eigentums, wie die Kirche es fordere, Möglichkeiten für Eigentumsbildungen in Arbeiterhand zu schaffen. Aufgabe der Unternehmer sei es, durch soziale Maßnahmen bei der Schaffung von Eigenheimen oder bei der Beteiligung am gewerblichen Besitz diese Bestrebungen zu unterstützen. Dr. Werhahn schloß seine Ausführungen mit einem Appell an die Unternehmer, durch soziale Haltung und beispielhafte Gesinnung zur Lösung der gesellschaftlichen Probleme beizutragen.[61]

Nachdem der zweite Tag der deutsch-holländischen Unternehmertagung mit einer Pontifikalmesse, die der Bischof von Münster, Dr. Michael Keller, in der Kevelaerer Kerzenkapelle zelebrierte, eingeleitet wurde, hielt der Jesuitenpater Dr. A. M. Kuijlaars ein aufschlußreiches Referat über das Thema „Die Verantwortung des Unternehmers für die moralische Gesundheit seiner Mitarbeiter". Der Referent wies darauf hin, daß die Aktivität des Unternehmers im wesentlichen auf sozial-ökonomischem Gebiet liegen müsse. Abgesehen vom persönlichen Beispiel, das er zu geben habe, und von der direkten Sorge für die Sittlichkeit gegenüber allen Mitarbeitern, die der Unternehmer von seinem christlichen Glauben her als seine Mitbrüder betrachten müsse, habe er eine besondere Verantwortung für die jungen Arbeiter und Arbeiterinnen, da die Schäden, denen das psychische und sittliche Leben der jungen Menschen in dem steinharten Fabrikmilieu ausgesetzt sei, sich unvorstellbar auswirken können.[62]

Das Thema der Verantwortung des Unternehmers griff von deutscher Seite der Bundestagsabgeordnete Wilhelm Naegel, Hannover, auf. Seine ergänzende Stellungnahme war aus der Sicht des Mannes der Praxis bestimmt. Er hob die Notwendigkeit hervor, die Sphäre der Familie mehr in die Betriebe zu übertragen, um dadurch die moralische Gesundheit der Betriebsangehörigen zu fördern, und wies auf die gesetzlichen Verankerungen hin, die den Unternehmer nicht nur verpflichten, um die körperliche Sicherheit des Arbeitnehmers besorgt zu sein, sondern die ihn auch

Wallfahrt der Schützenbrüder 1954

für die schuldhafte Verursachung moralischer Schäden verantwortlich machen.[63] Das deutsch-holländische Treffen katholischer Unternehmer machte in beeindruckender Weise deutlich, daß eine weitgehende Übereinstimmung der Meinungen und Zielsetzungen auf sozialem Gebiet besteht.

Tagungen der Arbeitnehmer

Unter dem Leitgedanken „Maria, Schutzherrin der jungen Arbeiterfamilie" fand vom 2. bis 3. Mai 1953 eine *Werkmannschaftstagung* in Kevelaer statt, an der über tausend Mitglieder der Katholischen Arbeiterbewegung teilnahmen. Das Treffen wurde eingeleitet mit einer Beratung des Führungskreises der Werkmannschaft des Bistums Münster. Bezirkssprecher Josef Schnipper betonte in seinem Referat, daß es tiefere Bedeutung habe, wenn man gerade die Marienstadt Kevelaer als Tagungsort ausgewählt habe. Die Gottesmutter sei in dem Leben vieler Werkleute, als sie in schweren Jahren hinter Stacheldraht oder im Gefängnis saßen, eine fürsorgliche Trösterin gewesen. So stehe sie in inniger Beziehung zu den Werkleuten. Die großen Aufgaben der Zeit erforderten mannhaftes Einstehen für die Ideale des Glaubens. Mehr denn je komme es heute auf Einigkeit an, denn die sozialistischen und liberalistischen Gegner der Kirche seien sich in ihrem Kampf gegen alles Kirchliche stets einig.[64]

In einem weiteren Vortrag stellte Bernhard Rott fest, daß die Katholische Arbeiterbewegung kein prinzipieller Gegner der Einheitsgewerkschaft sei. Die KAB wolle keine Spaltung der Gewerkschaften, sondern ihre Einheit. Aber der DGB müsse seine Neutralität auf politischem und weltanschaulichem Gebiet streng wahren.[65]

Während der Tagung wurde vor allem die Bedeutung der christlichen Familie in mehreren Referaten hervorgehoben. So mahnte in seinem Vortrag Diözesanpräses Wöste, die christliche Ehe müsse gelebte Gemeinschaft sein; die Familie erst gebe den Menschen wahre Heimat und Geborgenheit. Wichtig sei es, mutig für die christlichen Werte einzustehen, wenn von sozialistischer und liberalistischer Seite versucht werde, staatliche Gesetze durchzubringen, die den Bestand der Familie gefährden.[66]

Diözesansekretär Winkelheide wies in seinem Referat darauf hin, daß der alte Rahmen unserer Familie schon seit rund 25 Jahren gesprengt worden sei. In fast jeder Arbeiterfamilie stehe heute der Rundfunkapparat und bald werde es das Fernsehgerät sein. Der Begriff des Heimes sei durch die moderne technische Entwicklung gegenüber der früheren Zeit völlig verändert worden. Es komme nun darauf an, die Werte der Familie, das Familiengefühl, die Familie als intime Welt in der modernen Gesellschaftsordnung zu erhalten und sie entsprechend einzufügen. Der Referent forderte nur fünf Arbeitstage in der Woche und plädierte dafür, daß der sechste Tag für die geselligen Veranstaltungen, für den Sport, das Kino usw. reserviert bleibe, damit der Sonntag wieder ein heiliger Tag, ein Tag des Gottesdienstes und der Familie werde.[67]

Hubert Horn, Köln, behandelte das Thema „Rettet die junge Familie des Arbeiters". Er beklagte, daß es uns heute in einer Zeit des fortschreitenden Materialismus vielfach an der Ehrfurcht vor dem werdenden Leben, vor der Familie, den Eltern und Kindern mangele. Zerfall der Familie, so mahnte er eindringlich, bedeute zugleich Zerfall des Staates.

Ein deutliches Bekenntnis ihres Glaubens bekundeten die Arbeitnehmer, als sie am zweiten Tag mit ihren Bannern durch den Marienort zogen. Die Tagung fand einen Höhepunkt durch die Weihe der Werkmannschaft an die Muttergottes und ihren Abschluß durch das gemeinsame Gebet vor der Gnadenkapelle.

Die Einwirkung auf das gesellschaftliche Leben aus christlicher Verantwortung wurde auf dem *Bezirkstag der katholischen Arbeitnehmer* deutlich, der unter dem Motto „Wir gehen neue Wege" am 25. März 1972

Jugendwallfahrt 1947

im Kevelaerer Bühnenhaus über 200 Männer und Frauen zusammenführte. Auf diesem Treffen wurden drei Resolutionen einstimmig verabschiedet. Mit aller Entschiedenheit wandten sich die Tagungsteilnehmer aus über 50 örtlichen Gruppen des Bundes Katholischer Arbeitnehmer im Bezirksvorstand Kleve-Geldern „gegen den Versuch gewisser Kräfte in der Gesellschaft, das ungeborene menschliche Leben nicht mehr uneingeschränkt – und mit den Mitteln des Strafrechts – schützen zu wollen".[68] Nach Ansicht der Delegierten wäre der durch das Grundgesetz ausgesprochene Schutz des menschlichen Lebens – ob geboren oder ungeboren – durch die Fristenlösung oder durch eine erweiterte Indikationslösung nicht mehr garantiert.

In der Stellungnahme der katholischen Arbeitnehmer werden alle demokratischen Kräfte in Staat und Gesellschaft – insbesondere der Deutsche Bundestag – aufgefordert, die Familien- und Sozialpolitik zielstrebig so zu verbessern, daß kein unzumutbarer sozialer Notstand mehr eine Ursache für die Abtreibung sein kann. In weiteren ebenfalls einstimmig verabschiedeten Resolutionen wurden eine neue Pastoralplanung der Kirche, die auf die Zusammenfassung aller Kräfte ausgerichtet ist, und eine auf die Fähigkeiten und die Würde des einzelnen Menschen abgestimmte Ausbildung in Schule und am Arbeitsplatz gefordert. Das „unmenschliche Prinzip, bei dem der Wert des Menschen nicht mehr nach seinem Charakter, sondern nach seiner Leistung beurteilt wird"[69], wurde entschieden abgelehnt. In seinem Jahresbericht bezeichnete KAB-Bezirkssekretär Rolf Mengelmann es als wichtigste Aufgabe der KAB, als Kirche in der Welt der Arbeit, als Kirche in der Arbeitnehmerschaft, Arbeitnehmerfamilien eine neue Sicht für den Glauben und für die Kirche zu vermitteln. Es komme darauf an, über die bestehenden Generationskonflikte hinweg das Gemeinsame zu wollen. Die wichtigste Aufgabe bestehe darin, sich als Laienapostel und Werkzeug Christi zu verstehen und Zeugnis zu geben von dem, was in der Kirche geschieht.[70]

Treffen der Kaufleute

Rund 2500 Kaufleute aus den westdeutschen Diözesen trafen sich im Oktober 1949 in der Marienstadt. Generalpräses Albrod, der am Morgen auf dem Kapellenplatz eine Hl. Messe zelebrierte, wandte sich am Nachmittag in einer Ansprache an die Tagungsteilnehmer. Er ermahnte eindringlich die Gläubigen, in einer mehr und mehr dem Materialismus verfallenen Welt die hohen religiösen, ethischen und beruflichen Ideale zu wahren. Vor allem rief er die jungen Kaufleute dazu auf, daß sie keine Halbheiten im religiösen Leben duldeten und jeder Lauheit im Beruf ein Ende machten.[71]

Im November 1951 fand in Kevelaer eine *Bezirkstagung des Katholischen Kaufmännischen Vereins* (KKV) statt. In seinem Referat zum Thema „Warum KKV?" hob der stellvertretende Diözesanvorsitzende Direktor Pelster die Notwendigkeit des Einigseins hervor. Er forderte zugleich dazu auf, im privaten und öffentlichen Leben sich zur Weltanschauung des Katholiken zu bekennen. Die fortschreitende Liberalisierung bedrohe sowohl den Kaufmanns- als auch den Handwerkerstand in seiner Existenz. Es sei die besondere Sorge des Bischofs, katholische Kaufmannspersönlichkeiten heranzubilden. Um dieses Ziel zu erreichen, sei es wichtig, daß Gleichgültigkeit und Pessimismus verschwänden und daß der KKV mehr aus seiner Reserve heraustrete. Es gelte, eine in ihrer Existenz bedrohte Welt zu retten. Diese Rettung sei nur durch Christus zu finden.[72] In einem zweiten Referat betonte Bezirksleiter Schroer, daß sich eine neue Art des Vereinslebens entwickeln müsse. Wichtig sei es, mehr katholische Aktivität zu verwirklichen. Zugleich rief er die Mitglieder des KKV dazu auf, sich mehr um Bischof und Altar zu scharen.[73]

Treffen der historischen Schützenbruderschaften

Auf der *Frühjahrstagung* des im März 1951 gegründeten Dekanatsbundes Kevelaer der historischen Schützenbruderschaften sprach am 2. März 1957 der geistliche Beirat, Bischof Janssen, über das Thema „Sind wir mit unseren Bruderschaften auf dem richtigen Wege?" Von den 23 Bruderschaften des Dekanats hatten 22 ihre Delegierten zu der Tagung entsandt. Der Bischof unterstrich in seiner Ansprache, daß es angesichts der allgemeinen Profanisierung und Verweltlichung besonders bedeutsam sei, daß die Bruderschaften als kirchliche Gemeinschaften darauf bedacht seien, in Gesinnung und Haltung die Kirche zum Mittelpunkt und entscheidenden Ausgangspunkt ihrer Tätigkeit zu wählen. Die Bruderschaften müßten ihre Grundsätze aus der Sicht der religiösen Überzeugung bilden. Dazu gehöre die Erfüllung der Sonntagspflicht und das Bemühen um eine gute Ehe. Der Bischof mahnte, das Bruderschaftsleben solle nicht nur durch Äußerlichkeiten lebendig erhalten werden, sondern wichtiger sei es, daß sich die Bruderschaftssache von innen her trage. Nicht nur im eigenen Bereich müßten die Bruderschaften apostolisch wirken, sondern darüber hinaus auch in der sonstigen Gemeinschaft, in Gemeinde und Stadt, sich einsetzen für Christi Reich. Aus apostolischer Verantwortung müßten sie das sein, was sie hießen: Schützer. Als ein besonderes Anliegen bezeichnete der Bischof die Förderung der Jugend. Die von der Bruderschaftsidee tief durchdrungenen jungen Schützenbrüder im Dekanatsbundesvorstand und in den Bruderschaftsvorständen müßten in die Verantwortung eingebunden werden.[74]

Der Bund der historischen deutschen Schützenbruderschaften veranstaltete am 24. Mai 1970 in der Marienstadt den *Bundesköniginnentag.* Am Morgen hatten sich die zahlreichen Teilnehmer im Marienpark getroffen. Die Verbände Aachen, Essen, Paderborn und Trier, die Bundeskönigin, Hochmeister Graf Spee und die Mitglieder des Präsidiums, der Bezirk Köln, die holländischen Schuttersgilden, die Bezirke Oldenburg und Niederrhein des Diözesanverbandes Münster, der Stadtbund Kevelaer mit seinen fünf Bruderschaften und Gilden marschierten anschließend zum Kapellenplatz, wo Bundespräses Thönnies eine heilige Messe zelebrierte.

In einer Feierstunde im Konzert- und Bühnenhaus der Stadt hielt Bischof Tenhumberg aus Münster die Festansprache. Zuvor begrüßte Bürgermeister Plümpe die Gäste im Namen der Stadt. Dabei erklärte er, man veranstalte weniger ein Schützenfest als eine Wallfahrt. Auf diese Weise werde ausgedrückt, was die Ideale der Bruderschaften ausmachten: für Glaube, Sitte, Heimat.

Bischof Tenhumberg betonte in seiner Ansprache, es sei notwendig, daß in einer Zeit der Verwirrung und Verunsicherung die Kirche sich in ihrer Ganzheit zu Maria bekenne. Die Wallfahrtsorte seien wie lebendige Antworten auf die Fragen mancher Theologen, die nach dem Sinn der Verehrung der Mutter des Herrn fragten. Das Bild der Frau habe sich in den letzten 150 Jahren grundlegend geändert. Früher sei sie hingeordnet gewesen zum Intimbereich der Familie und begrenzt auf die Hauswirtschaft. Mit der industriellen Arbeitsteilung sei die Frau das geworden, was man bereits Jahrtausende zuvor im Schöpfungsbericht angekündigt habe, nämlich die Gefährtin und Mitarbeiterin des Mannes in allen Bereichen. Wichtig sei es, so mahnte der Bischof, die Einehe als wertvolles Gut der vergangenen Kulturepochen in die Zukunft hinüberzunehmen. Die Kirche müsse ihre sittliche Verantwortung darin erblicken, daß echte Partnerschaft zwischen Mann und Frau Lebenswirklichkeit werde. Im weiteren Verlauf seiner Ansprache wandte sich der Bischof direkt an die Bruderschaften, indem er sie aufforderte, das Modell einer brüderlichen Gemeinschaft zu leben und die anderen christlichen Gemeinschaften zu prägen, damit alle Menschen brüderlich miteinander umgingen.[75]

Jugendtreffen

Auf Einladung der Diözesanjugendführung pilgerten am 28. Juli 1946 mehr als *15000 Jugendliche* zur Trösterin der Betrübten nach Kevelaer. Für die eindrucksvolle Jugendwallfahrt hatten der Dekanatsjugendseelsorger Kaplan Erich Bensch und der Dekanatsjugendführer Peter Heckens gemeinsam bei Bauern Quartier gemacht. Für die zahlreichen Übernachtungen standen auch Schulräume zur Verfügung. Nach einer Gemeinschaftsmesse am Sonntagmorgen trafen sich die jungen Pilger bei herrlichem Sonnenschein im Marienpark zu einem gemeinsamen Singen, und am Nachmittag einte sie in der Basilika eine Marienfeier, bei der Dr. Franz Josef Wothe, Altenberg, sich in seiner Predigt an die niederrheinische Jugend wandte. Bei dieser Feier sprachen die Jugendlichen ein Weihegebet an die Gottesmutter: „Ave Maria, wir bitten in Schmerz und Liebe für unser deutsches Vaterland: Gib Heil und Hoffnung, laß Frieden werden und Kraft und Einheit und Heil aus dem Glauben, laß werden in Deutschland Christi Reich."

Auch im folgenden Jahr machten sich über *10000 Jugendliche* auf den gemeinsamen Pilgerweg. In einem am 15. Juni 1947 verfaßten Brief hatte der Dekanatsjugendführer Peter Heckens auf die Bedeutung der Jugendwallfahrt hingewiesen: „Es geht um die Bewegung der Herzen katholischer Jugend, die sich am 27. Juli 1947 vor dem Gnadenbild der Trösterin der Betrübten in Kevelaer zu vereinen gedenkt im Gebet um den Frieden. Um den Frieden im Bereich des öffentlichen Lebens, um den Frieden in den Seelen."

Am Wallfahrtstag feierte Generalpräses Msgr. Ludwig Wolker mit den Jugendlichen das Meßopfer. In den Gebetstexten der Marienfeier wurde das Anliegen der Pilger, die noch ganz unter dem Eindruck des beendeten

Weltkrieges standen, spürbar: „Hab Erbarmen mit allen, die hungern und dürsten nach der Gerechtigkeit, insbesondere mit unseren Kriegsgefangenen und Flüchtlingen! Nimm sie unter deinen Schutz und führe sie in die Heimat!"

Im November 1956 trafen sich *katholische Jugendführer des Niederrheins* in der Marienstadt. Bei dieser Zusammenkunft sprach der Diözesanpräses der männlichen Jugend, Kaplan Alfred Wilms, über das Thema: „Für eine bessere Welt". Er wies darauf hin, daß fünf Jahre vergangen seien, seit der Hl. Vater die Welt zu einem „Kreuzzug für eine bessere Welt" aufgerufen habe. Dieser Kreuzzug rufe alle bereiten Katholiken zusammen zu einem Großeinsatz zur Rettung der ganzen Welt, die heute überall in Gefahr sei, beherrscht zu werden von gottfeindlichen Mächten. Liberalismus und Kommunismus seien sich bei aller Verschiedenheit einig in dem Anliegen, die Kirche Christi aus der Öffentlichkeit zu verdrängen. Eine Welt ohne Christus aber sei eine finstere, tote Welt.[76]

nsprache von Generalpräses Prälat Ludwig Wolker bei der Jugendwallfahrt 1947

In einem zweiten Referat sprach Kaplan Ludes über das Thema: „Ist unsere Jugendarbeit zeitgemäß?" Bei der Untersuchung der Frage, was die Jugendarbeit oft so schwer mache, gab er zu bedenken, daß die Umwelt entchristlicht sei und das, was der letzte Fastenhirtenbrief der deutschen Bischöfe als „praktischen Materialismus" bezeichnete, auch in der christlichen Welt weithin Einlaß gefunden habe. Der Referent betonte, das Weltbild der Jugend werde heute nicht mehr vom Elternhaus und von der Kirche bestimmt, sondern mehr vom Arbeitsplatz, von der Technik, von der Scheinwelt des Films, von der Presse, vom Sportverein und von gewerkschaftlichen Organisationen. Das, was alles auf einen Jugendlichen heute einstürme, könne er aus sich heraus gar nicht mehr verkraften.

Im weiteren Verlauf seiner Darlegungen machte Kaplan Ludes darauf aufmerksam, daß an vielen Stellen des Niederrheins ein „Katholisches Bildungswerk" ins Leben gerufen worden sei, das sich als Aufgabe gestellt habe, für eine stärkere Koordinierung der Arbeit zu sorgen. Der Idealfall liege dort vor, wo das katholische Bildungswerk das Rüstzeug für die Arbeit in den Gruppen und Vereinen biete. Nur so wäre ja auch der Name „Bildungswerk", nicht „Vortragswerk", gerechtfertigt. Daß bei dieser Arbeit die Formung der christlichen Persönlichkeit das oberste Ziel sei, müsse eigentlich selbstverständlich sein. Ein zweites Ziel der Arbeit bestehe darin, daß man den jungen Menschen mündig mache für den großen Raum des öffentlichen Lebens. Gerade dieser Raum biete viele Möglichkeiten für eine zeitgemäße Jugendarbeit. Alle Aktivität erfordere einen ständigen Kontakt mit den Erwachsenen, u. a. mit dem Jugendseelsorger und den Eltern. Der Jugendführer müsse sich immer wieder darum bemühen, bei sich selbst die religiöse Voraussetzung zu schaffen, um den anderen ein wirklicher Führer zu sein.[77]

Jugendwallfahrt 1946

Auf einem *Dekanatstag der Landjugend* des Dekanates Kevelaer im Jahre 1966 beschäftigte sich Oberstudienrat Ernst Hammans mit dem Thema: „Der Christ von morgen". Der Referent betonte, daß nur der in der Welt von morgen Christ sein könne, der sein Christentum in der Verantwortung vor Gott lebe. Die Menschen seien heute näher zusammengerückt und plötzlich stelle man fest, daß der andere auch ganz akzeptabel sei, auch nach der Wahrheit suche und man nicht mehr recht wisse, was eigentlich wahr sei. Das führe zu einer Verwirrung, zu der auch die modernen Publikationsmittel noch beitrügen. Dadurch gebe es eine

Gefährdung der Entscheidungssicherheit, die man früher nicht gekannt habe. Durch die industrielle Bewegung der letzten Jahrzehnte sei in den Bereich des bäuerlichen Lebens eine Unruhe und Rastlosigkeit hineingeraten, die eine eminente Gefahr bedeute und eine verantwortliche Entscheidung schwer mache. Am bedenklichsten sei, daß diese Entwicklung dem Menschen seine Intimsphäre raube, seine Innenwelt, und sich Gefahrenquellen ergäben, die dazu führen könnten, daß er sich aus seiner Mitte verliere, nicht mehr er selber sei, nicht mehr zu einer persönlichen Entscheidung komme. Diesen Gefahren könne der Mensch nur dadurch begegnen, daß er die Dinge durchschaue und sich bemühe, verantwortungsbewußt zu handeln. In seinen weiteren Ausführungen wies der Referent darauf hin, daß sich im Zuge der Zeit auch die in der Geschichte stehende Kirche geändert habe. Die Aufgabe, die Welt heimzuholen zu Gott, könne nicht allein von der offiziellen Kirche, dem Papst, den Bischöfen und den Priestern erfüllt werden. Zu dieser Aufgabe sei auch der christliche Laie aufgerufen, um in eigener persönlicher Verantwortung zu denken und zu handeln. Damit er das könne, müsse er sein Gewissen bilden, eine feste Wertordnung finden, die sich an Gott orientiert, und ihr überall im Leben Geltung verschaffen. Nur unter diesen Voraussetzungen werde der christliche Mensch gewappnet sein, die Aufgaben der Zukunft zu bewältigen.[78]

Pädagogen-Tagungen

Zu einer religionspädagogischen *Tagung der katholischen Lehrerschaft* des Niederrheins trafen sich am 21. Juni 1950 deutsche und holländische Erzieher. Das erste Referat hielt Akademiedirektor Lohmüller über das Thema „Wertpädagogik und Religionsunterricht". In seinem Vortrag ging er davon aus, daß man eine wahrhafte Erneuerung unserer christlich-katholischen Schule nicht durch bloße Anknüpfung an die Tradition des Jahres 1932 erreichen könne, sondern vor allem von der neuen geistigen Situation des modernen Menschen ausgehen müsse. Eine Schulreform im Sinne der Forderungen der Katholischen Kirche müsse zugleich auch im Zusammenhang mit dem Menschenbild der Gegenwart gesehen werden. In den letzten zwei Jahrhunderten habe eine systematische Säkularisierung unseres Schulwesens unter dem Einfluß von Aufklärung und Rationalismus sowie Materialismus stattgefunden. Die Methode sei alles gewesen, aber der Inhalt nichts. Es sei deshalb nicht verwunderlich, wenn man unter diesem verhängnisvollen Einfluß an der Kernfrage jeder Pädagogik „Was ist der Mensch?" vorbeigegangen sei. Der moderne Mensch sei in Auswirkung dieser Entwicklung, wie man auch immer wieder in Literatur, Film und Theater feststellen könne, vorwiegend triebhaft, egoistisch und vital eingestellt und stehe den metaphysischen, transzendentalen Werten fremd gegenüber. Nicht die christliche Wertrangordnung werde anerkannt, vielmehr gelte allein der Nützlichkeitswert. Aufgabe des Erziehers sei es, dem Menschen der Gegenwart, der innerlich heimatlos geworden sei, zu helfen. Der katholische Pädagoge müsse diese Heimatlosigkeit, diese Entwurzelung sehen und alle Kräfte aufbieten, die alte christliche Wertordnung dem modernen Menschen wieder überzeugend nahezubringen. Direktor Lohmüller, der in seinen Ausführungen die Bildungsziele und Bildungsideale der Kulturpädagogik untersuchte, wie sie von Eduard Spranger, Peter Petersen und Theodor Litt vertreten wird, kam zu der Auffassung, daß es für die Kulturpädagogen keine Wertrangordnung im Sinne des Christentums gebe. Für den katholischen Erzieher gehe es jedoch bei der Erziehung der Jugend in Wahrheit um die Religion als Prinzip, um die religiöse Erziehung schlechthin. In diesem Zusammenhang erinnerte der Referent auch an das unverrückbare Elternrecht in der Erziehungsfrage.[79]

Professor Dr. Weber beschäftigte sich in einem zweiten Referat mit der Zusammenarbeit von Lehrerschaft und Geistlichkeit. Er unterstrich, daß es dem Christentum und der Kirche nach dem Wort Christi „Gehet hin und lehret alle Völker" vor allem um eine religiöse Volksbildung gehe. In einem historischen Rückblick erläuterte er das Verhältnis von Kirche und Schule. Dabei sprach er von der Infizierung der Lehrerschaft im 19. Jahrhundert mit rationalistischen Ideen. Diese seien der Ausdruck eines systematischen Kampfes gegen die Kirche gewesen. Nach Auffassung des Referenten muß die Kirche heute mehr denn je für die religiöse Volksbildung eintreten. Eindringlich forderte er dazu auf, die Jugend zu europäisch-abendländisch-christlicher Gesinnung zu erziehen.[80]

Auf einer *Diözesantagung des Vereins katholischer deutscher Lehrerinnen* des Bezirks Niederrhein, die im Januar 1963 stattfand, beschäftigte sich Frau Emmerich aus Essen mit dem Thema „Das Leitbild der Lehrerin heute". Die Referentin bezeichnete es als Aufgabe der Lehrerin, das christliche Menschenbild der Jugend als Leitbild zu vermitteln. Voraussetzung dafür sei es, daß man selbst einen festen Standpunkt vertrete. Frau Emmerich setzte sich in ihrem Vortrag auch mit der häufig vertretenen Meinung auseinander, nur verheiratete Frauen, die selbst Kinder haben, brächten heute noch die geeigneten pädagogischen Fähigkeiten zur Kindererziehung mit. Indem sie sich gegen jede Verallgemeinerung wehrte, mahnte sie, alle solche negativen Vorurteile in der Gesellschaft abzubauen.[81]

Für ein weiteres Referat wählte Oberstudiendirektorin i. R. Dr. Bertha Haese, Düsseldorf, das Thema „Das Bild Gottes in der neuen Dichtung". Sie vertrat die Auffassung, daß die moderne Durchschnittskultur nicht mehr fähig sei, einen Dichter zu tragen. Der Dichter werde mehr denn je dazu verurteilt, am Rande der Gesellschaft zu leben. Besonders die deutsche Literatur habe in neuester Zeit keinen würdigen Vertreter eines christlichen Weltbildes gefunden. Schuld daran seien auch die wechselnden Ideologien und politischen Zustände gewesen, die die deutsche Kunst zu ständigen Brüchen und neuen Anfängen verurteilt hätten. Frau Dr. Haese schilderte eindrucksvoll, wie sich nach dem Zusammenbruch die deutschen Dichter dem Chaos gegenübersahen. Ihr Glaube an höhere Mächte ging verloren. Das Nichts tat sich vor ihnen auf. Sie flüchteten sich in Darstellungen des Lasters und makaberer Welten. Nicht die Frage nach Gott beschäftigte sie, vielmehr der Mensch stand im Zentrum ihrer Überlegungen. Zitate von Borchert über Brecht und Benn bis Kafka würden, so betonte die Referentin, diese Orientierung deutlich machen. Hoffnungsvoll sei es jedoch, daß neben allem Zerstörerischen in letzter Zeit die Neuentdeckung der Würde des Menschen durch Dichter wie

Inge Aichinger, Heinrich Böll und Hans Bender erkennbar werde. Hier zeichne sich die Zuversicht ab, daß über den Weg zum Menschen auch der Weg zu einem christlichen Bewußtsein gefunden werden könne. Die Referentin ließ auch nicht unerwähnt, daß in der vorigen Dichtergeneration namhafte Vertreter echter Religiosität zu finden seien. Sie erinnerte an Werner Bergengruen, Reinhold Schneider, Gertrud von Le Fort und an Rudolf Alexander Schröder.[82]

Quellennachweis

P = Pfarrarchiv St. Marien Kevelaer
O = Oratorianerchronik, Wallfahrtsarchiv

1	P	1046.24
2	O	2011
3	O	ebd.
4	O	S. 584/585
5	O	S. 667
6	O	S. 667
7	P	1045.9b
8	P	ebd.
9	P	1043.4
10	P	1045.16
11	P	ebd.
12	P	1050.10
13	P	1050.11
14	P	ebd.
15	P	2024.1
16	O	S. 535
17	P	2024.1
18	P	ebd.
19	P	ebd.
20	O	S. 535
21	P	2030.4
22	P	2245
23	P	ebd.
24	P	ebd.
25	P	ebd.
26	P	1046.17
27	P	ebd.
28	P	2145.3a
29	P	1046.24
30	P	ebd.
31	P	2145.3a
32	P	1046.24
33	P	2145.3a
34	P	1046.24
35	P	2030.5
36	P	ebd.
37	P	1045.10
38	P	ebd.
39	P	1046.8
40	P	1046.14
41	P	ebd.
42	P	2029a
43	P	ebd.
44	P	ebd.
45	P	2029b
46	P	ebd.
47	P	ebd.
48	P	ebd.
49	P	1045.8
50	P	ebd.
51	P	ebd.
52	P	1045.7
53	P	ebd.
54	P	1045.8
55	P	1046.7
56	P	ebd.
57	P	1046.17
58	P	ebd.
59	P	1045.6
60	P	ebd.
61	P	ebd.
62	P	ebd.
63	P	ebd.
64	P	1045.8
65	P	ebd.
66	P	1045.7
67	P	1045.8
68	P	1046.19
69	P	ebd.
70	P	ebd.
71	P	1045.2
72	P	1045.4
73	P	ebd.
74	P	1045.14
75	P	1046.17
76	P	1045.12
77	P	ebd.
78	P	1046.10
79	P	1045.2
80	P	ebd.
81	P	1046.5
82	P	ebd.

Jakob Reuter

Der selige Arnold Janssen und Kevelaer

Der selige Arnold Janssen, Gründer des Steyler Missionswerkes, wurde am 5. November 1837 in Goch geboren. So war ihm der nur gut zehn Kilometer entfernt liegende, in aller Welt bekannte Wallfahrtsort der Gottesmutter in Kevelaer von Kindheit an bekannt. Schon seit Jahrzehnten pilgerten viele Pfarreien des Niederrheins einmal oder auch mehrmals im Jahr zur Gottesmutter nach Kevelaer. Das dortige Gnadenbild der „Trösterin der Betrübten" war überdies auch damals schon für sehr viele einzelne Gläubige beliebte Zufluchtsstätte bei so mancherlei Entscheidungen ihres persönlichen Lebens und in den Anliegen und Sorgen ihrer Familien. Durch die Fürbitte der Mittlerin der Gnaden suchten sie dort Rat und Hilfe von Gott.

So war es offenbar auch bei der Familie Janssen in der Frauenstraße zu Goch, in der Arnold Janssen heranwuchs. Vom Urgroßvater des Seligen, Wilhelm Janssen, der wegen seiner Frömmigkeit noch Jahrzehnte nach dem Tode hohes Ansehen in der Familie genoß, berichtete man: Als er schon 85 Jahre alt war, machte er noch gern die Wallfahrt nach Kevelaer. Die zwei Stunden hin und ebensoviel zurück macht er ganz zu Fuß und blieb nüchtern, auch auf dem Rückweg. Der junge Arnold pilgerte, wenn er als Student des Bischöflichen Gymnasiums der Gaesdonck bei Goch in Ferien kam, ebenfalls gern nach Kevelaer. Sein vier Jahre jüngerer Bruder Wilhelm, der später Kapuzinerbruder mit dem Namen Juniperus wurde, erzählt, wie er einmal diese Wallfahrt mit Arnold zusammen gemacht hat:

„In aller Frühe zogen wir zwei Pilger zur Stadt hinaus. Gleich nach dem Tore fing Arnold an vorzubeten, und ohne Unterbrechung wurde auf dem ganzen zweistündigen Wege bis Kevelaer weitergebetet. Wir kamen nahe an der Wohnung unseres Oheims Wilhelm in Weeze, des Vaters Bruder, vorbei. Aber Arnold kehrte nicht ein, sondern ging betend vorüber. In Kevelaer angekommen, empfingen wir die hl. Sakramente. Dann wurde eine lange Danksagung gehalten. Schließlich war es Mittag geworden, und wir waren noch nüchtern. ‚Nun', sagte Arnold, ‚Wilhelm, jetzt wirst du wohl Hunger haben. Da hast du zwei Groschen (24 Pfennige). Geh und kaufe Apfeltorten dafür.' Das war nämlich Arnolds Leibgericht, und ich aß sie nicht weniger gern. Ich ging also zu einer Bude und suchte mir die sechs größten Torten aus. Dann zogen wir uns hinter einen Stoß Baubretter zurück, dorthin, wo jetzt die große neue Kirche steht. Hier standen wir und verzehrten unser Mahl. Wer hätte gedacht, daß an dieser Stelle einmal die geistlichen Söhne meines Bruders Arnold auf der Kanzel stehen und das Wort Gottes verkünden würden? – Unsere Torten waren bald verzehrt. ‚Wilhelm, hast du noch Hunger?' – ‚O ja, es würde mir noch schmecken, wenn ich noch was hätte.' – ‚Da hast du noch einen Groschen; hole noch was.' – So holte ich denn noch drei Stück, und der gute Bruder gab mir zwei und nahm selbst nur eines. Für 36 Pfennig hat-

Arnold Janssen (1837-1909), Gründer des Steyler Missionswerkes

ten wir eine Doppelmahlzeit gehalten, und es war die ganze Auslage unserer Pilgerreise. – Nun wurde noch lange an der Gnadenkapelle gebetet. Dann zogen wir wieder heimwärts, wie wir gekommen waren, unter ständigem Gebet."

Das in Hunderten von Kopien verbreitete Tonbild über Arnold Janssen: „Ein Mann, der glaubte, der wagte", sagt mit Recht: „Dort – in Kevelaer – betete Arnold, wie schon vorher so oft, auch nach glücklich bestandener Reifeprüfung." Diese hatte er im Juli 1855 in Münster abgelegt. Die Liebe zur Gottesmutter nahm er mit in die höheren Studien und in sein Priesterleben. Im Borromäum zu Münster, wo er von Oktober 1855 bis März 1857 als Student der Philosophie und Naturwissenschaften wohnte, und ebenso in Bonn, wo er von 1857 bis 1859 diese Studien an der Universität fortsetzte, schloß er sich der Marianischen Sodalität oder Kongregation an. Als Neupriester hielt er bezeichnenderweise seine erste Predigt zu Mariä Geburt, am 8. September 1861, über das Unbefleckte Herz Mariä und die Bekehrung der Sünder.

Eine entscheidende Wende im Leben Arnold Janssens begann, als er um 1865 auf Anregung des Jesuiten P. Malfatti für die Gebetsvereinigung „Gebetsapostolat" zu arbeiten begann. Das entsprach seinem Verlangen, neben der Tätigkeit als Lehrer der Mathematik und Naturwissenschaften an der Höheren Bürgerschule in Bocholt (Westfalen) auch mehr priesterlich-seelsorglich zu wirken. Dabei suchte er nun bald in besonderer Weise das bei seinen Kevelaer-Wallfahrten wie im Elternhaus liebgewonnene Rosenkranzgebet zu fördern. Am meisten tat er das durch Verbreitung des sogenannten „Lebendigen Rosenkranzes." Pauline Jaricot, die in Lyon das Werk der Glaubensverbreitung (heute in Deutschland: „Missio") begründete, hat 1826 auch diese Form des Rosenkranzbetens eingeführt. Sie besteht darin, daß eine Gruppe von fünfzehn Personen sich verpflichtet, täglich wenigstens ein bestimmtes Gesätz des Rosenkranzes zu beten. Die Teilnehmer der Gruppe erhalten monatlich ein Gesätz zugeteilt und dazu einen entsprechenden Gebetszettel. Arnold Janssen verfaßte nun solche Gebetszettel für die Mitglieder des „Lebendigen Rosenkranzes", die außer einer zu erflehenden Tugend auch besondere Gebetsmeinungen enthielten, später außerdem litaneiartige Anrufungen von Heiligen. Auch als Janssen schon lange in Steyl war, ließ er immer noch diese Gebetszettel nachdrucken und durch ihre Verbreitung das Rosenkranzgebet fördern. – Als Generalsuperior hat er in einer anderen Weise das Rosenkranzgebet empfohlen. Als seit 1877 von Jahr zu Jahr immer größere Gruppen von Gläubigen, Priestern und Laien, Männern und Frauen in Steyl Exerzitien machten – es waren bis zum Tode des Gründers über 63.000! –, pflegte Arnold Janssen zum Abschluß solcher Exerzitientage den einzelnen Teilnehmern ein Dutzend Rosenkränze zu schenken. Das konnte er, weil seine Brüder und die Schüler des Hauses selber viele Tausende von Rosenkränzen ketteten.

Auch sonst hielt Arnold Janssen mit seiner Gemeinschaft in Steyl rege Verbindung mit Kevelaer, dem Wallfahrtsort seiner Heimat. Schon im November 1875, zwei Monate nach Eröffnung des Missionshauses am 8. 9. 1875, pilgerte er selber mit einem seiner ersten Mitarbeiter, dem jungen Kleriker Franz Reichart, der leider ein halbes Jahr später Steyl verließ, nach Kevelaer. – Mit der Gemeinschaft des Missionshauses begann er bald, alle Jahre eine Fußwallfahrt nach Kevelaer zu machen. Das war immerhin ein Weg von etwa sechs Stunden. Da der Hin- und Rückweg für einen Tag zu weit war, zumal man in Kevelaer genügend Zeit zum Beten haben wollte, übernachtete eine Gruppe der Steyler Pilger in Walbeck, die übrigen bei bekannten Leuten in Kevelaer. Auch den Rückweg machten die meisten zu Fuß; nur wer das nicht konnte, benützte für den ganzen Weg oder eine Teilstrecke die Eisenbahn. – Als die Gemeinschaft zu groß wurde – es war um 1888, sie zählte schon mehr als 300 Bewohner –, wurde die gemeinsame Kevelaer-Wallfahrt aufgegeben. Für einzelne

*Vater – Führer – Gründ[…]
Grabstätte des seligen Arno[…]
Janssen in der Unterkirche […]
Steyl/Niederlande. Sarkoph[…]
und Farbfenster gestalt[…]
durch Will Horsten, Kevela[…]*

FUNDATOR
1837
ARNOLD
JANSSEN
1909

Gruppen blieb Kevelaer jedoch beliebtes Ziel einer Pilgerfahrt. Diese Tradition ist noch in unseren Tagen lebendig. Jedes Jahr pflegt eine Gruppe von jungen Mitbrüdern und Postulanten die Wallfahrt nach Kevelaer zu machen. Nach Mitternacht beginnt sie mit einer Statio (einer kurzen Besinnung) am Grabe des seligen Arnold Janssen in der Unterkirche des Missionshauses, um nach dem etwa 35 km langen Fußweg am Vormittag bei der „Trösterin der Betrübten" zu sein, und ihr die eigenen Anliegen und die unserer Missionsgesellschaft zu empfehlen, wie es schon Arnold Janssen vor mehr als hundert Jahren getan hat.

Als im Jahre 1878, also bereits zweieinhalb Jahre nach Eröffnung des Missionshauses, die Steyler Familienzeitschrift „Stadt Gottes" zu erscheinen begann – sie hieß zunächst als Wochen-Zeitschrift „Die heilige Stadt Gottes" –, brachte sie schon im ersten Jahrgang auf den Seiten 249 bis 250 einen Artikel über Kevelaer und dazu auf Seite 255 zwei Illustrationen: von der Gnadenkapelle und von der „neuen Kirche", das heißt der damals im Bau befindlichen Basilika. Der Artikel enthält einige Stellen, die auch heute noch von Interesse sein könnten. Es heißt unter anderem:

„Dieser Gnadenort Unserer Lieben Frau . . . erfreut sich seit dem Jahre 1642, dem Anfange seines Bestehens, einer seltenen Berühmtheit. Alljährlich finden sich dort etwa 180 000 Andächtige aus allen Ständen ein, von denen manche nach altgewohntem Brauch auf der oft sehr beschwerlichen Pilgerreise acht Tage verbringen. Man pilgert dahin nicht bloß aus der nächsten Umgegend, dem alten Herzogtum Geldern, sondern auch die weit ausgedehnte Erzdiözese Köln sowie die Bistümer Münster, Paderborn und Trier entsenden nach Kevelaer in jedem Sommer eine ansehnliche Zahl von stattlichen Pilgerprozessionen; ebenso stark ist der Zudrang der Pilger aus allen Teilen der Niederlande und von den Grenzen Belgiens. In den glaubensvolleren Zeiten der Vergangenheit sah man hier nicht selten selbst berühmte Personen aus fürstlichem Stande vor dem Gnadenbilde knien und das Heiligtum mit wertvollen Weihegeschenken schmücken . . .

Hindernisse stellten sich der Wallfahrt entgegen zur Zeit der französischen Revolution und der deutschen Befreiungskriege. Die Gnadenkapelle wurde sogar eine Zeitlang von feindlicher Macht geschlossen gehalten, während man das Gnadenbild an einem anderen Orte verbergen mußte . . . In neuerer Zeit hat auch der sogenannte ‚Kulturkampf' sich in Kevelaer fühlbar gemacht; die dortige Geistlichkeit mußte das ihr zur Wohnung dienende frühere Oratorianer-Kloster zwangsweise verlassen; der Rektor der Wallfahrtskirche sah sich genötigt, die Verbannung zu wählen; etwa 30 Prozessionen, die sich nicht als ‚hergebracht' ausweisen konnten, mußten dem Gnadenorte fernbleiben; ausländische Pilger dürfen überhaupt nicht mehr in Prozessionen zur Gnadenstätte wallfahrten; der Mangel an aushelfenden Priestern erschwert den Pilgern den Empfang der Sakramente und beeinträchtigt zugleich die Feierlichkeit des Gottesdienstes. Dazu kommt endlich die Verlogenheit der ‚liberalen' Presse, welche von jeher mit ihrer bekannten, eingebildeten ‚sittlichen Entrüstung' das Wallfahrtsleben in Kevelaer als einen Herd der ‚Reichsfeindlichkeit' und Unsittlichkeit zu denunzieren versucht hat und auch heute noch damit fortfährt."

Als im Jahre 1892 das Gnadenbild von Kevelaer in feierlicher Weise gekrönt wurde, brachte die „Stadt Gottes" erneut auf drei Seiten (315, 317, 318) des XV. Jahrganges (1892) einen ausführlichen Bericht über die Feier; dazu ein Bild auf Seite 316 mit den drei Kirchen von Kevelaer und auf Seite 317 „das Innere der neuen Wallfahrtskirche, zum Jubiläum geschmückt" (so die Beschriftung zum Bild), schließlich auf Seite 326 ein Gedicht des Jesuiten A. Baumgartner: Festgruß zur Krönung der ‚Trösterin der Betrübten' zu Kevelaer." – Da Arnold Janssen in den ersten Jahren für den Inhalt seiner Zeitschriften entscheidend verantwortlich war – Redakteur war zuerst sein leiblicher Bruder Johannes –, zeigen auch diese Berichte über den Wallfahrtsort seiner Heimat, wie sehr er mit ihm verbunden blieb und die Verehrung der „Trösterin der Betrübten" fördern wollte. – Seine Priester leisteten schon zu Lebzeiten des Gründers sehr viele Seelsorgsaushilfen für die in den Sommermonaten so zahlreichen Pilger in Kevelaer, am meisten im Beichtstuhl. Das blieb auch in den fol-

Muttergottes-Wallfahrtskirchlein in iusingkuäng, Distrikt Ischui Süd-Shantung (China). Foto 1905

genden Jahrzehnten so, solange noch eine größere Zahl von Patres im Mutterhaus tätig war. Ein Beispiel besonderer Treue gab P. Peter Schmitz (1878–1967). Die meisten Jahre seines Priesterlebens – er war 1903 zum Priester geweiht worden und blieb fast ununterbrochen in Steyl – fuhr er zu allen Wochenenden von Ende Mai bis Allerheiligen nach Kevelaer als viel gesuchter Beichtvater, bis die Altersschwerhörigkeit dem Achtzigjährigen um 1957 diese Tätigkeit nicht mehr erlaubte.

Ohne Zweifel hatte auch die Liebe zur Gottesmutter im allgemeinen, die Arnold Janssen gepflegt und den Seinen weitergegeben hat, von Jugend an durch Kevelaer immer wieder Anregung und Nahrung erhalten. Er war zwar nicht ein besonderer Eiferer für die Verehrung der Gottesmutter, wie etwa Bernhard von Clairvaux oder Grignion von Montfort. Vielmehr sah er seine Aufgabe darin, die Verehrung des Dreifaltigen Gottes, vor allem des Göttlichen Wortes und des Heiligen Geistes, zu fördern. Dennoch verehrte er mit einer geradezu kindlich liebevollen Sorge die Gottesmutter. Bewußt legte er die Gründungstage seiner drei Ordensgenossenschaften auf die Marienfeste des 8. September und 8. Dezember. Jeder Tag sollte von den Seinen mit dem Ave Maria des „Engel des Herrn" begonnen und mit der Marianischen Antiphon und dem „Nos cum prole pia benedicat Virgo Maria – Maria, mit dem Kinde lieb, uns allen deinen Segen gib!" beendet werden. Die Marienfeste zeichnete er aus durch den feierlichen Gottesdienst und – so vor allem den 8. Dezember – durch eine Festakademie in der Aula. Die Gartenanlagen seiner Häuser ließ er gern mit Mariengrotten schmücken. In vielfältigster Weise wurde so die Liebe zur Gottesmutter gefördert.

Die geistlichen Söhne und Töchter Arnold Janssens trugen auch die Kunde von Kevelaer in die vielen Länder ihrer missionarischen Tätigkeit und gründeten oder betreuten selber marianische Heiligtümer. So übernahmen sie in Buenos Aires (Argentinien) die Gnadenkapelle Unserer Lieben Frau von Guadalupe, und im fernen China errichteten sie schon 1901 ein Wallfahrtskirchlein zur Gottesmutter auf einem Hügel des christlichen Dörfchens Niusingkuäng (Süd-Shantung). Sogar den Namen der Gottesmutter von Kevelaer gaben sie ihren Werken. So entstanden in Rekas, Diözese Ruteng (Flores, Indonesien), und in Buirui, Diözese Wewak, Papua-Neuguinea, Pfarreien mit Kirchen zu Ehren der „Consolatrix Afflictorum – Trösterin der Betrübten".

Heinrich Janssen

Ein Gnadenort, Quell geistlicher Berufung

Als ich am Fest Peter und Paul 1942 in Kevelaer Primiz feierte, war Dechant Holtmann seit 1930 dort und hatte in diesen 12 Jahren 21 Primizen gehabt!!, davon 10 Patres", schreibt Pater Heinrich Venmann OMI, am 4. 1. 1989. Die Zahl ist geringer geworden, doch immer wieder konnte in Kevelaer Heimatprimiz gefeiert werden. Aus den beiden Pfarren St. Antonius und St. Marien stammen derzeit 22 Priester (5 Ordenspriester) und 1 Diakon, der sich auf die Priesterweihe vorbereitet (Stand 1. 10. 1991). Zu diesen geistlichen Berufen kommen noch 4 Diakone mit Zivilberuf, 3 Brüder und 21 Schwestern (Stand 1. 10. 1991). Aus den Pfarren Kervenheim (Kevelaer 2), Winnekendonk (Kevelaer 3), Wetten (Kevelaer 4) und Twisteden (Kevelaer 5) kommen insgesamt 8 Priester (2 Ordenspriester), 31 Schwestern und 1 Diakon, der sich auf die Priesterweihe vorbereitet (Stand 1. 10. 1991).

Die Bedeutung Kevelaers für geistliche Berufe reicht weiter, als eine Statistik aussagen kann. Der Ort ist auch durch Klöster und Ordensniederlassungen ein geistliches Zentrum geworden. Seit 1892 beten die Klarissen in Kevelaer. Die Brüdergemeinschaft der Canisianer wurde 1854 von Bischof Johann Bernhard Brinkmann in Kevelaer gegründet, der damals Rektor der Wallfahrt war.

Von 1646 bis 1817 prägten die Oratorianer das Wallfahrts- und Pfarrleben. Die Schwestern von der Göttlichen Vorsehung gründeten am 7. 10.

Gnadenkapelle in Kevelaer. [Z]eichnung von Richard Bellm 1976

Gnadenbild in Kevelaer. Nachzeichnung von Richard Bellm 1976

1950 das Provinzhaus der Rheinischen Provinz in Kevelaer, zwei Konvente dieser Ordensgemeinschaft waren schon in der Stadt. Die Barmherzigen Schwestern (Clemensschwestern) sind seit 1867 im Marienhospital tätig. Im Jahre 1968 entstand ihr Kloster am Kreuzweg. Die Franziskusschwestern von Kleve unterhalten ein Alten- und Pflegeheim.

Kevelaers Bedeutung für geistliche Berufe spricht stark aus Zeugnissen und Berichten von Menschen, die bei einer Wallfahrt nach Kevelaer um ihren Beruf gebetet haben und immer wieder nach Kevelaer gepilgert sind.

Im ersten Teil sind solche Zeugnisse und Erinnerungen gesammelt. Der zweite Teil steht unter der Überschrift: Priester und Ordensberufe aus Kevelaer. Ein Verzeichnis mit Namen, Daten und kurzen Hinweisen von Priestern und Ordenschristen aus Kevelaer bildet den dritten Teil.

1. Zeugnisse, Berichte, Erinnerungen

Zeugnisse und Erinnerungen vielfältiger Art spiegeln die Bedeutung wider, die Kevelaer für den Glaubensweg und die Berufswahl vieler Menschen hat. Es sind darunter Namen, die Klang und Bedeutung für die Missionsgeschichte der Kirche haben, andere sind vor allem bedeutsam für den Niederrhein. Wir finden kleine Zeichen herzlicher Zuneigung, die ahnen lassen, wieviel Liebe für geistliche Berufe der Wallfahrtsort geweckt und gestärkt hat. Die Zeugnisse stammen aus den letzten hundertdreißig Jahren. Sie beginnen mit *Arnold Janssen,* dem Gründer des Steyler Missionswerkes.

Ein Bruder Arnold Janssens, der spätere Kapuzinerbruder Juniperus, erinnert sich: „Während der Ferien machte Arnold immer eine Wallfahrt nach Kevelaer, zwei Stunden Fußweg. Einmal nahm er mich mit.“[1] Während seiner Gaesdoncker Schulzeit (1849–1855) scheinen Wallfahrten nach Kevelaer von der Gaesdonck aus nicht üblich gewesen zu sein.[2] Die Prozession seiner Heimatpfarrei Maria Magdalena hat eine lange Tradition und reicht bis 1647 zurück. Sie wird sicherlich auch im Leben der Familie Janssen eine Rolle gespielt haben. Aus den ersten Jahren in Steyl wird berichtet: „Die Schüler wallfahrten überdies jedes Jahr, zwischen den Exerzitienkursen, nach Kevelaer, das erste Mal 1876 unter Führung des Rektors. Es war ein Weg über sechs Stunden. Auf dem Hinweg übernachtete ein Teil in Walbeck, ein anderer am Ziel in Kevelaer . . . Die Wallfahrt fand ihr Ende 1888, als die Schülerzahl zu groß geworden war.“[3] Die große Marienliebe von Pater Arnold Janssen, die in der Familie grundgelegt und auf der Gaesdonck gewiß gestärkt worden ist, begegnet uns in seiner Lebensgeschichte an vielen Stellen.

Zum Steyler Missionswerk gehören die „Dienerinnen des Heiligen Geistes“ (Steyler Missionsschwestern). Die beiden *Mitbegründerinnen, Helene Stollenwerk* aus Rollesbroich (Eifel) und *Hendrina Stenmanns* aus Issum haben beide ein persönliches Verhältnis zum Wallfahrtsort Kevelaer gehabt.

Aus einem Brief von Helene Stollenwerk an Pater Arnold Janssen vom 6. 8. 1882 geht hervor, daß es in ihrer Familie Tradition war, mit der Fußprozession von Simmerath nach Kevelaer zu wallfahren. Dieser Brief zeigt deutlich, wie sehr sie ihren Missionswunsch mit der Wallfahrt nach Kevelaer verbindet. In diesem Brief schreibt sie:

„Am Sonntag den 13. August zieht von Simmerath, wie alljährlich, die Prozession nach Kevelaer; dem Rate meines Beichtvaters zufolge, jedoch auch meinem heißersehnten Wunsch gemäß, werde ich mich ihr anschließen, um noch einmal nach dem geliebten Steyl zu kommen, wo ich die glücklichsten Stunden meines Lebens erlebt, mit der zuversichtlichen Hoffnung, Sie ehrwürdiger Vater, anzutreffen und zu einer Besprechung über die wichtigsten Angelegenheiten meines Lebens zugelassen zu werden." Sie kündigt den Besuch für Montagabend oder Dienstagmorgen an. „Sollte es jedoch schicklicher sein, so könnte ich auch Donnerstag oder Freitag in Steyl eintreffen, und sollte eine Besprechung sogar unmöglich sein, so erlaube ich mir die Bitte, Euer Hochwürden, mögen freundlichst schreiben, weil die Reihe an meine Schwester ist, nach Kevelaer zu pilgern, und sie mich nur gehen läßt, weil ich hoffe, nach Steyl zu reisen. Ferner erlaube ich mir die Bitte, Euer Hochwürden, möge schreiben, wie es in bezug der Gründung des Missionshauses stehe, ferner, ob auch wohl Hoffnung für mich vorhanden sei, in der neuen Mission aufgenommen zu werden."[4]

In persönlichen Notizen von Mutter Maria Stollenwerk findet sich unter dem Datum 13. oder 14. 8. 1882 eine Bemerkung zu ihrer Wallfahrt nach Kevelaer und dem anschließenden Besuch in Steyl. „Bei meiner zweiten Reise nach Steyl, welche ich mit einer Wallfahrt nach Kevelaer verband, und deshalb acht Tage dazu verwandte, hatte ich auf der Hinreise große Beängstigungen auszustehen. Ich fühlte fast gar kein Verlan-

Schwester Maria, Helene Stollenwerk, Mitbegründerin der Steyler Missionsschwestern

gen und keinen Eifer. Es überkam mich auch eine große Furcht, ob es wohl Gottes heiliger Wille sei, weil es mir jetzt auch so erging wie früher, wenn mir andere Klöster angeraten wurden oder ich in denselben um nähere Auskunft bat. Soviel ich mich erinnere, war, sobald ich die Schwelle des Missionshauses betreten hatte, meine Beängstigung gleich fort. Ich hoffte und verlangte wieder sehnlichst, daß der liebe Gott mich in diese geweihten Räume führen möge."[5]

Aus diesen Zeilen wird deutlich, welche Bedeutung die Wallfahrt und das Gebet in Kevelaer für Maria Stollenwerk auf ihrem Weg in den Missionsorden gehabt hat. Das spricht sie noch einmal aus in einem Brief vom 18. 2. 1882 an Pater Arnold Janssen: „Bereits ist eine geraume Zeit verflossen, seitdem ich Steyl so hoffnungsvoll verlassen, wo ich mich dem lieben Gott ganz und ohne Rückhalt hingegeben und dieses Versprechen dem lieben Gott und unserer himmlischen Mutter, der Trösterin der Betrübten, freudevoll erneuert habe. Sehnsuchtsvoll habe ich seitdem auf Nachricht gehofft, in der mir das große Glück mitgeteilt würde, mit dem Beistande Gottes die Welt zu verlassen und nur für Gott, mein eigenes Seelenheil und für die Ausbreitung unseres Glaubens verwendet zu werden. An vielen und heftigen Kämpfen hat es mir nicht gefehlt . . ."[6]

Für Mutter Josepha (Hendrina Stenmanns) gehörte die Wallfahrt nach Kevelaer vermutlich zu einer selbstverständlichen Familientradition. Die Nähe zu Kevelaer ermöglichte das auch, von Issum aus den Wallfahrtsort immer wieder persönlich anzugehen. Auf Nachfrage der Provinzoberin der Steyler Missionsschwestern erhielt diese am 22. 3. 1989 aus dem Elternhaus von Mutter Josepha in einem persönlichen Brief folgendes mitgeteilt: „Über die Gruppen- oder Familienwallfahrt nach Kevelaer, wonach Sie fragten, habe ich noch einmal nachgedacht. Vielleicht war es bei der vorigen Generation üblich. Wir von der Pfarrgemeinde haben, seit ich denken kann, unsere Fußprozession am 2. Sonntag im Juli nach Kevelaer. Meine Mutter hatte früher Pferd und Wagen dabei für Gepäck und Fußlahme. Heute wird nur noch eine Strecke gelaufen. Zurück fährt man mit dem Bus."

Von einem großen Vertrauen in Maria Kevelaer sprechen die Briefe von Mutter Josepha an ihre Familie in den Tagen der Krankheit im Jahre 1903. Ein schweres Asthmaleiden fesselt sie ans Krankenbett. Am 26. Januar 1903 empfängt sie auf eigenen Wunsch das Sakrament der Krankensalbung. Am 20. Mai 1903 stirbt sie. Auf diesem Hintergrund sind die Briefe vom Januar 1903 zu lesen. An ihren Bruder Anton nebst Familie schreibt sie am 18. 1. 1903: „Zuerst wünsche ich Euch allen ein glückseliges Neues Jahr . . . Mit meiner Gesundheit geht es noch nicht besser; muß nur Geduld haben bis Frühjahr. Hoffentlich wird es dann besser werden; jetzt bin ich noch immer auf dem Zimmer. Gewiß werden Sie und die Kinder fortfahren, fleißig zu beten. Ich habe immer großes Vertrauen zur Muttergottes von Kevelaer gehabt; vielleicht könnte von der Familie wohl jemand für mich hingehen; von Gondas Familie auch, ich werde auch an sie schreiben. Das Gebet ist der beste Arzt . . . Hoffentlich werden Sie meine Bitte erfüllen und gelegentlich nach Kevelaer gehen . . ."

Vom 20. Januar 1903 ist ein Brief an eine Schwester, Schwager und Kinder datiert. „Mit meiner Gesundheit ist es immer noch nicht besser; leide viel an Atemnot . . . Vielleicht ist jemand von der Familie so gut und geht für mich nach Kevelaer. Habe immer ein großes Vertrauen zur Muttergottes von Kevelaer gehabt. Habe Anton auch darum gebeten." Ein dritter Brief aus diesen Tagen, der kein Datum trägt, ist an den Bruder Josef gerichtet: „Wie ich höre, bist du jetzt in Kevelaer. Nun, die liebe Muttergottes wird dich gewiß beschützen. Ich habe immer großes Ver-

Schwester Josepha, Hendrine Stenmanns, Mitbegründerin der Steyler Missionsschwestern

trauen zu ihr gehabt . . . Viele herzliche Grüße. Grüß mir die liebe Muttergottes in Kevelaer. Ich habe dort so gerne gebetet. Sie hat mir viele Gnaden erfleht."[7]

Die derzeitige Provinzoberin, Schwester Mechthilde Berger, bemerkt in einem Brief vom 21. 4. 1989: „Bei uns Schwestern aus Steyl ist es inzwischen Tradition geworden, daß wir mit Schwesterngruppen, vor allem aus Übersee, nach Kevelaer pilgern, um dort im Geiste unserer Mutter Maria zu beten um Vertiefung und Treue in der geistlichen Berufung."

Zu den großen Missionarinnen, die in Kevelaer gebetet haben, gehört die weltbekannte *Lepra-Ärztin Dr. Ruth Pfau*. Sie weilte 1960 für ca. zwei Wochen in Kevelaer und wohnte im Gasthof „Stadt Ruhrort". In Kevelaer hat sie ihre Berufung bestätigt gefunden. Dr. Ruth Pfau gehört zu der französischen Kongregation „Töchter vom Herzen Mariä". Sie ist Konvertitin. Darüber schreibt sie:

„Wie es denn zur Konversion kam, 1953? Eigentlich ganz logisch. Wenn man an Gott glaubt, dann muß dieser Gott per definitionem unsere menschlichen Denkkategorien übersteigen. Dann kann er sich nur durch Offenbarung zu erkennen geben. Wiederum logischerweise können wir über den Wahrheitsgehalt dieser Offenbarung, die unsere endlichen Denkkategorien übersteigt, nicht selbst befinden. Es muß also

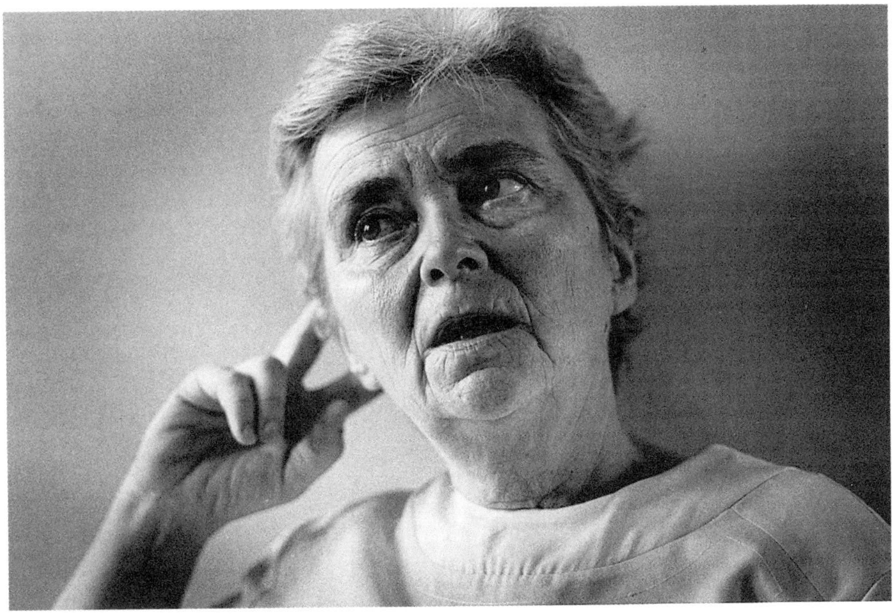

Die Ärztin Dr. Ruth Pfau wirkt seit 1960 in Karachi/Pakistan. Sie widmet ihr Leben den Aussätzigen

etwas geben, das die Reinheit der Lehre durch göttliche Zusicherung hält. Wenn sich das geschichtlich in der Kirche anbietet – warum soll ich es dann ablehnen? So war der Schritt zur Kirche also eine logische Folge meiner Zuwendung zum Christentum.

Natürlich war da mehr an untergründigen Strömen als der logische Schluß. Aus meiner Jugend kannte ich katholische Frömmigkeit kaum. Aber da war der erste Fronleichnamszug in Wiesbaden. Ich lief fasziniert mit. Menschen, die sich auf offener Straße hinknieten, feierlicher Gesang, Weihrauch und Blumen. Eine goldene Monstranz.

Dann Kollege Paul, im ersten Semester. Wenn wir zusammen spazierengingen, wollte ich immer die Sakramentskapelle in den Kirchen von Mainz sehen. Die Sakramentskapellen. „Warum?" wollte er wissen. „Du gehst doch nie in eine Kirche." Es war so still drin, so kühl. Später dann, ich praktizierte schon als Ärztin, bin ich laut, inbrünstig singend, inmitten singender Bauersfrauen um die Wallfahrtskirche Kevelaer marschiert. Und wenn irgendeiner meiner ironischen Kollegen mich dabei beobachtet hätte, hätte ich gesagt: „Da staunen Sie, wie ich abstrahieren kann." Entscheidend bei der endgültigen Begegnung mit dem Christentum war für mich dies: das Du dort zu entdecken, wo es mit dem Eigentlichen zusammenfällt. Den Sprung machen. Sinn kann man letztlich nur erreichen durch einen Sprung. Er ist da. Wie die Liebe schon da ist, für die, die lieben. Ob der Sprung ins Leere geht oder ob er aufgefangen wird und trägt, das kann man nicht abstrakt entscheiden, das zeigt sich im Leben. Wenn er nicht getragen hätte, dann hätte ich die Konsequenzen gezogen. Darüber bin ich mir klar. Denn so berauschend fand ich das Leben nicht, habe ich es nie gefunden. Es gibt zuviel Ungerechtigkeit, zuviel Leid, als daß man an diesem Leben hängen müßte."[8]

In Kevelaer hat sie gebetet: „. . . bin ich laut, inbrünstig singend, . . .". Daß es keine flüchtigen Stimmungen waren und keine schnellen Erlebnisse, zeigt ihr Leben. In Kevelaer hat Ruth Pfau ihre ersten Helfer, Beter und Freunde gefunden. Darüber gibt eine umfangreiche Korrespondenz Auskunft. In einem Brief aus Karachi (29. 1. 1962) schreibt sie an Frau Grünholz:

„Vielen Dank für Ihren Brief vom 22. 1. 1962. Es ist wirklich großartig, was Sie alles auf die Beine bringen, und die Organisation, die Sie leisten – wenn ich Sie hier hätte, könnte ich gewiß das doppelte an ärztlicher Hilfe leisten; das Organisatorische nimmt so viel in Anspruch, und auf diesem Gebiet war ich niemals besonders beschlagen. Nun, ich bin froh, Sie in Deutschland zu haben – was sollte ich ohne die Kevelaerer hier anfangen."[9]

Schwester Marianelde, geborene Antonia Kühnen, wurde 1933 in Veen am Niederrhein geboren und trat 1954 bei den Steyler Missionsschwestern ein. Sie starb 1987 auf der Insel Timor (Indonesien). Ihr deutscher Totenzettel trägt auf der Vorderseite das Gnadenbild von Kevelaer. Sie gehört zu den vielen Missionarinnen, die ihr ganzes Leben eingebracht haben – und das sehr bewußt: „Wenn man andere zu Christus führen will, muß man selbst in ihm verankert sein und an ihn glauben." (Aus einem Brief von Schwester Marianelde.)

Zur hauswirtschaftlichen Ausbildung ging Toni Kühnen ins Priesterhaus nach Kevelaer. Gegen Ende des Jahres sprach sie mit dem damaligen Dechanten von Kevelaer, dem späteren Bischof von Hildesheim, Heinrich Maria Janssen, über ihren Wunsch, in eine Ordensgemeinschaft einzutreten. Gut zwei Jahre später tat sie diesen Schritt. Es ist ein Mariengebet überliefert, das sie täglich betete. Darin bittet sie um Hände, wie Maria sie hatte, um Augen, die sehend sind für Leid, um Ohren, die liebend zuhören können. Und in der Schlußstrophe heißt es: „Schenk mir dein Herz, o Mutter, das weit ist wie die Welt . . .".

Man muß die Quellen kennen, wenn man ein solches Leben deuten will. Es braucht nicht viel Phantasie, um sagen zu können, wer mit der Sehnsucht, in einen Orden einzutreten, ein Jahr in Kevelaer lebt, wird das oft in der Gnadenkapelle zum Gebet gemacht haben.

In den Niederlanden starb 1983 die Steyler *Missionsschwester Leonia*, geborene Johanna Welbers. Sie stammt aus Malmedy und hat Jahre ihrer

Jugend in Kevelaer gelebt. Daraus war Liebe zu Kevelaer und zur Muttergottes von Kevelaer geblieben. So steht unter anderem auf ihrem Totenzettel: „Zuster Leonia, U kennende, willen wij met U Gods lof zingen en Hem danken voor alles. Dat U zo lang bij ons mocht zijn. Voor Uw grote Marialiefde. Als oud inwoonster van Kevelaer werd U steeds weer naar Maria's genadeoord getrokken."

Ein alter niederländischer Pfarrer legt in einem persönlichen Weihnachtsbrief ein „Bekenntnis" zu Kevelaer ab. Es ist die Sprache des Herzens. Eine Stimme, die viel einfängt. „Kevelaer . . . die Stadt meiner Jugend, wenn wir bei Gelegenheit einer Prozession vom Bahnhof unter Fanfarenbegleitung die Straße gezogen sind. Meine dankbare Erinnerung ist diese: Es war, als ob wir mit dieser Gesellschaft geradeaus in den Himmel einmarschierten. Viele Male sind wir um die Gnadenkapelle betend gegangen. Kevelaer . . . wer wird sagen, ob das Heiligtum für mich der Weg zum späteren Priestertum geworden ist . . ."

Priester vom Niederrhein

Ihre Lebenswege und Aufgaben waren verschieden, ihre Liebe zum Niederrhein und zum Wallfahrtsort Kevelaer ähnlich. Alle drei sind Priester des Bistums Münster: *Karl Leisner* (1915–1945) aus Kleve kam als Diakon in das KZ Dachau, wurde dort am Stephanustag 1944 zum Priester geweiht und starb an den Folgen der Haft 1945. Er ruht in der Krypta des Xantener Domes.

Johannes Bours (1913–1988) aus Elten war nach 13 Kaplansjahren am Niederrhein 32 Jahre als Spiritual im Collegium Borromäum und im Priesterseminar tätig. Weniger als drei Jahre konnte er noch Pfarrer in Mehr bei Kranenburg sein, ehe er in Coesfeld am 1. Februar 1988 starb. An der Pfarrkirche in Mehr ist sein Grab. Johannes Bours war geistlicher Lehrer, Berater und Wegbegleiter für viele Menschen. Seine geistlichen Schriften finden weite Verbreitung.

Josef Perau (1910) aus Wissel bei Kalkar lebt als Pfarrer emeritus in Hülm bei Goch. Abgesehen von einer kurzen Aushilfe in der Nähe von Dresden und der Jahre als Kriegspfarrer (1940-45) ist er immer am Niederrhein tätig gewesen.

Eine Tagebucheintragung des 12jährigen Karl Leisner vom 7. 9. 1928 erzählt, wie der Junge Kevelaer erlebte: „. . . und besuchten dort die Muttergottes . . ." „Mit Mama, Ferdinand (ein Vetter) und Maria machte ich heute eine Wallfahrt nach Kevelaer. Wir fuhren um 1/4 7 mit dem Zug dorthin. Wir beichteten in der Beichtkapelle. Um 9 Uhr hörten wir eine Messe, in der wir kommunizierten. Nach der Messe tranken wir im ‚König von Spanien' Kaffee und aßen dabei die mitgebrachten Butterbrote. Nachher kauften wir Rosenkränze und Kerzen. Dies ließen wir in der Kerzenkapelle weihen. Die Kerzen opferten wir in der Gnadenkapelle und besuchten dort die Muttergottes. Mittags gingen wir ins Klösterchen der Schwestern der ewigen Anbetung (gemeint ist das Klarissenkloster) und beteten den Kreuzweg. Dann gingen wir bis hinter Weeze zu Fuß (teilweise beteten wir den Rosenkranz). Auf dem Wege trafen wir einen Wagen, der uns bis Goch mitnahm . . ."[10]

In einer Lebensbeschreibung schreibt Otto Pies SJ, der mit Karl Leisner im KZ Dachau war, über Karls Liebe zu Kevelaer.

„Bei der religiösen Erziehung der Kinder durch das Elternhaus wurde vor allem die Liebe zur Gottesmutter früh geweckt. Mit Liebe und Stolz trug Karl den Namen Mariens. Der Wallfahrtsort Kevelaer, von Kleve 25 Kilometer entfernt, hat auf Karls religiöse Entwicklung tief eingewirkt. Jedes Jahr machte er, erst mit der Familie, später oft mit seinen Buben, Wallfahrten zum Gnadenbild, wo er gern und innig betete und durch das Erlebnis katholischer Gemeinschaft und echter Volksfrömmigkeit tief beeindruckt wurde. Die Hinreise wurde meist zu Fuß als echte Wallfahrt gemacht. Später fuhr er oft mit dem Fahrrad nach Kevelaer ... In seinem Tagebuch schreibt er einmal: ‚Heimat, was wärest du ohne die Gnadenstätte der Gottesmutter.' Wenn Karl später in stillen, vertrauten Stunden aus seiner inneren Welt ein wenig offenbarte, dann sprach er gern von Maria."[11]

Johannes Bours hat sieben Monate vor seinem Tod, am 5. Juli 1987, im Westdeutschen Rundfunk ein geistliches Wort gesprochen: „Kevelaer – Trösterin der Betrübten". Unter der Überschrift „Es gibt heilige Orte" ist diese Ansprache, die vom Rundfunk gekürzt gesendet wurde, im ersten Hauptteil dieses Buches vollständig wiedergegeben. Es sind Gedanken des Trostes.

‚Trösterin der Betrübten' – worin besteht der Trost! Zunächst: der Pilger, der zu diesem Gnadenbild geht, weiß, daß Maria selbst gelitten hat. Und nur, wer selbst gelitten hat, weiß, was Leid ist. Ja, Maria ist bis auf den Grund des Leids gekommen: sie hat die Kreuzigung ihres Sohnes mitansehen müssen! Sie hat erfahren müssen, daß das Schwert der Schmerzen ihr Herz durchbohrte. Aber Maria hat auch *den* Trost erfahren dürfen: Ostern! Auferstehung ihres Sohnes aus dem Tod!

Ich las das Wort: ‚Du kannst dein Leben nicht verlängern, nicht verbreitern, nur vertiefen.' Dieses Vertiefen, diese Tiefe in uns, den Getauften, ist Jesus Christus, der Sohn Mariens. Und wenn in Kevelaer dem Pilger etwas aufgeht von dieser Tiefe seines Lebens, so ist er getröstet in einem Trost, wie ihn nichts anderes geben kann."

Johannes Bours sagt in diesem Text, daß er häufig in Kevelaer war. Der Text läßt die innere Verbundenheit mit diesem Ort spüren. „Orte, an denen das Handeln Gottes in besonderer Weise erfahren wurde, strahlen für den Glaubenden etwas kaum Aussagbares aus an Geborgenheit, Nähe, Heimat."

Sein eigenes Leiden scheint deutlich durch, aber auch die Quellen des Trostes werden genannt. Zu einem Mitbruder bemerkte Johannes Bours in den Tagen vor der Sendung: „Das bin ich der Mutter Gottes schuldig."

Pfarrer Josef Perau verbindet gerne wichtige Tage seines Lebens mit einer Wallfahrt nach Kevelaer. Seine innere Verbundenheit mit dem Wallfahrtsort und die Bedeutung für seinen Priesterberuf hat er anläßlich seines Goldenen Priesterjubiläums vor dem Hochamt in der Basilika zu Kevelaer am 18. 7. 1987 in folgende Worte gefaßt:

„Unsere Fußwallfahrt nach Kevelaer – immer am ersten Samstag in den großen Ferien – fällt in diesem Jahr genau auf den Tag, an dem ich vor 50 Jahren im Dom zu Münster zum Priester geweiht wurde. Es fällt mir

Diakon Karl Leisner au
Kleve, Häftling Nr. 2235
wurde im Konzentrationslag
Dachau von Bischof Gabri
Piguet von Clermont-Ferran
Frankreich, der selbst Häftlin
war, am 17. Dezember 19
geheim zum Priester geweih
Detail des Altars der Pa
Christi-Kapelle in Kevela
von Roland Friederichse
19

OFFERRE

schwer, zu glauben, daß das reiner Zufall ist. Ich sehe darin einen Hinweis, daß wir die Danksagung für 50 Jahre priesterlichen Dienstes an der Stelle beginnen sollen, an der mir zuvor die notwendige Sicherheit über meine Berufung geschenkt wurde.

Im Jahr meiner ersten hl. Kommunion, ich war 9 Jahre alt, nahm meine Mutter mich zum ersten Mal mit nach Kevelaer. Als wir vor der Gnadenkapelle in der langen Reihe der Pilger standen, flüsterte sie mir zu: Wenn wir jetzt am Gnadenbild vorbeigehen, darfst du der Muttergottes einen geheimen Wunsch sagen. Nach kurzer Überlegung wußte ich nichts Besseres zu sagen als: Maria, rate mir, was ich werden soll. Ich erhielt nicht gleich eine Antwort, ich mußte die Bitte in den folgenden Jahren noch öfter wiederholen. Aber fast unmerklich wurde daraus die Frage: soll ich vielleicht Priester werden? Bin ich dazu berufen? Und wieder einige Jahre später betete ich an der gleichen Stelle: ich möchte gerne Priester werden. Sollte ich nicht berufen sein, erbitte du für mich bei deinem Sohn die Gnade der Berufung. Beim Abitur hatte ich die Gewißheit: du mußt Theologie studieren. Und bald wußte ich: du mußt diesen Weg weitergehen. Bei einem Zurückgehen könntest du nie mehr glücklich werden. Nach der Priesterweihe habe ich noch vor der Heimatprimiz in der Gnadenkapelle eine stille heilige Messe gefeiert. Darum mußte es sich wohl so fügen, daß wir auch heute, 50 Jahre danach, zuerst nach Kevelaer geführt wurden, bevor das Jubiläum in der Pfarrgemeinde und in der Heimatgemeinde gefeiert wird."[12]

Josef Perau erzählte mir von einem Besuch in Kevelaer anläßlich eines Fronturlaubes am 11. 8. 1942. Kevelaer feierte das 300jährige Wallfahrtsjubiläum. Er traf damals mit dem Erzbischof Jäger von Paderborn zusammen, der wie Pfarrer Perau Kriegspfarrer gewesen war und durch seine Bischofsernennung zurückgerufen wurde. Er hat diesen Besuch auch in seinem Kriegstagebuch festgehalten.[13]

„Alles ist wie früher, wie zeitlos liegt das Land. . . Kevelaer ist geblieben, was es 300 Jahre war. Als das ganze Volk betete: ‚Unter deinen Schutz und Schirm fliehen wir, heilige Gottesmutter', kamen mir die Tränen hoch. Schauerlich begannen gerade wieder die Sirenen zu heulen. Der vierte Alarm schon an diesem Tag . . . Ich habe mir eine kleine Silbermedaille der Mutter Gottes von Kevelaer mitgenommen. Ich will sie immer bei mir tragen." Diese Medaille hängt mit dem Kriegspfarrerkreuz bei den Votivgaben in der Gnadenkapelle. Pfarrer Perau sagte, dieses Kreuz haben viele Schwerverwundete und Sterbende angeschaut.

Es gibt viele Zeichen der Verbundenheit mit Kevelaer. *Bischof Johannes Janssen aus Keppeln* (Uedem) wurde 1888 erster Bischof von Belleville im Staate Illinois, USA. Sein Bischofswappen zeigt das Bild der Mutter Gottes von Kevelaer. Er hat sie gleichsam mitgenommen. Als Gaesdoncker Schüler ist sein Wappen in einem Fenster im Kreuzgang der Gaesdonck zu sehen.

Seine tiefe Verbundenheit mit Kevelaer hat *Bischof Heinrich Maria Janssen von Hildesheim* (1957–1988), der vorher Pfarrer und Dechant in Kevelaer (1949–1957) war, in vielen Wallfahrten nach Kevelaer gezeigt. Er hat als Schüler und Student immer wieder Kevelaer besucht. Als Bischof von Hildesheim hat er häufig Diözesanwallfahrten nach Kevelaer angeführt. Zu seinem Wahlspruch wählte er die Anfangsworte der Kevelaer-Messe: Ave spes nostra (Sei gegrüßt, unsere Hoffnung). Sein Bischofsstab ist als bleibendes Zeichen zur Consolatrix Afflictorum nach Kevelaer zurückgekommen.

Bischof Heinrich Maria Janssen war als Pfarrer zugleich Rektor der Wallfahrt. Nach der Auflösung des Oratoriums im Jahre 1802 wurde jeweils eigens ein Priester zum Rektor der Wallfahrt bzw. der Wallfahrtskirche bestellt, nach 1821 durch den Bischof von Münster.

In den Jahren 1834 bis 1841 war *Johannes Boßmann aus Keppeln* „Rektor der Wallfahrtskirche in Kevelaer".[14] Nach Pfarrertätigkeit in Weeze wurde er Regens des Priesterseminars in Münster und 1858 Titularbischof von Dioclea und Weihbischof in Münster.

Einige Jahre später – 1854 bis 1857 – war *Johannes Bernhard Brinkmann* „Rektor der Wallfahrtskapelle".[15] Er begründete wesentlich mit den weiteren Aufbau der Wallfahrtsstätte in Kevelaer.[16] Er ist Mitbegründer und war von 1854 bis 1866 Direktor der „Weltpriester-Congregation zu Cevelaer unter dem Titel der schmerzhaften Gottesmutter", aus der – wie oben schon erwähnt – die Brüdergemeinschaft der Canisianer hervorgegangen ist. Im Jahre 1857 wurde er Generalvikar des Bischofs von Münster und 1870 Bischof von Münster. Im Lexikon für Theologie und Kirche steht über ihn:

„Im Kulturkampf wegen Nichtbeachtung der Maigesetze zu Geldstrafen verurteilt, gepfändet und verhaftet. 1875 vom Gerichtshof für kirchliche Angelegenheiten für abgesetzt erklärt, entzog sich B. einer nochmaligen Verhaftung durch freiwilliges Exil in Holland. 1884 Aufhebung des Absetzungsdekretes durch Wilhelm I. und Rückkehr nach Münster".[17]

Während der Jahre im Exil kam Bischof Johannes Bernhard „öfter von Holland verkleidet über die Grenze nach Kevelaer und Goch und fand bei zuverlässigen Familien Gelegenheit, mit den Geistlichen in Kontakt zu treten und die Gläubigen zum Durchhalten zu stärken."[18] Der Bekennerbischof starb 1889.

Anmerkungen

[1] vgl. Fritz Bornemann, Erinnerungen an Pater Arnold Janssen, Gründer des Steyler Missionswerkes. Steyl [2]1974. Hier zitiert nach einem Brief von Studiendirektor Franz Hermes, Gaesdonck.

[2] Die Schwierigkeiten für die großen Wallfahrten und die Einschätzungen in „aufgeklärten" Kreisen sind in dem Buch „Ueber Cleve. In Briefen an einen Freund aus den Jahren 1811 und 1814" nachzulesen. Verfasser ist Johann Arnold Kopstadt, der 1781 nach Kleve übersiedelte und dort 1833 starb. Der „Siebente Brief" trägt die Überschrift „Cultus in Cleve" und trägt das Datum 25. Juli 1811 (S. 67 f.)

„Jetzt fahre ich fort, dir von den Einschränkungen etwas zu sagen, die sich die katholischen Glaubensgenossen, nach jetzt hergestellten Altären, dennoch durch das Dasein einer protestantischen Consistorial-Kirche in Cleve und vermöge der sonst über den Cultus bestehenden Polizei-Einrichtungen hier zu unterwerfen verbunden sind. Eben so wenig also als sie durch diese Stadt feierlich umgehen dürfen, eben so wenig können sie jetzt weiter ihre sonst üblichen Wallfahrten nach dem bekannten Gnadenbilde zu Kevelaer auf die sonst von ihnen beobachtete Weise vornehmen, sondern die Prozessionisten müssen sich ohne Gesang und Klang stille und in verschiedenen Haufen von einem Thore zum andern begeben; welches freilich den fanatischen Verehrern dieses Gnadenbildes hart genug fällt; es ist aber doch eine wohlbegründete Maßregel der Staatspolizei zur Erhaltung der öffentlichen Ruhe, und überhaupt wäre es wohl besser und dem Geiste unseres aufgeklärten Zeitalters gemäßer, wenn alle solche geistliche Wallfahrten gänzlich eingestellt würden! Sieht man jedoch diese heiligen Züge wieder von der Seite an, daß sie für Tausende dieser Pilger, welche mehrentheils zum gemeinen Volkshaufen gehören, eine gewisse Art von Erholung von ihrer schweren Feld- und Hausarbeit sind, und ihnen gleichsam statt einer Brunnenkur dienen, worauf sie auf einige Tage sich zu zerstreuen versuchen: so verlieren diese Züge in meinen Augen manches von dem Anstößigen und Gemeinschädlichen, was andere nicht ohne Grund darin finden. Warum sollte man nicht dem gemeinen Mann auch seine Brunnenfahrt und eine Erholung nach seinem Begriff eben sowohl gönnen, als dem Reichen und Vornehmen und so manchem Chevalier d'Industrie, der jedes Jahr seine Wallfahrten zu dem Pharao, Biribi und andern Götzen dieser Art macht, welche in Aachen, Wiesbaden und an andern Orten für ihn aufgestellt werden, ohne daß es andern zum Aergerniß und Anstoß gereicht?!"

[3] Fritz Bornemann, Arnold Janssen, der Gründer des Steyler Missionswerkes. Steyl 1969, S. 165.

[4] Archiv der Steyler Missionsschwestern: 5. Brief: M. Maria vom 6. 8. 1882. Original Seite S 14/III.5.

[5] Schw. Ortrud Stegmair, SSpS (Hrsg.) aus: M. Maria Stollenwerk „Berufsgeschichte". (Quellen 3) Rom 1987, S. 22.

[6] Archiv der Steyler Missionsschwestern: 6. Brief: M. Maria vom 8. 10. 1882. Original S 14/III.6.

[7] Archiv der Steyler Missionsschwestern: Original S. $15/II^2$,51 (18. 1. 1903); S. $15/II^2$,52 (20. 1. 1903); S. $15/II^2$,53 (ohne Datum).

[8] Ruth Pfau, Wenn du deine große Liebe triffst. Das Geheimnis meines Lebens. Herder Freiburg, S. 40.

[9] Private Korrespondenz von Dr. Ruth Pfau mit Frau Grünholz (Gasthof Stadt Ruhrort).

[10] Ohne Quellenangabe aus einem Brief übernommen.

[11] Otto Pies, Stephanus heute. Karl Leisner, Priester und Opfer. Kevelaer 1950, S. 13.

[12] Der Text wurde mir von Josef Perau übergeben.

[13] Josef Perau, Priester im Heere Hitlers. Essen 1962.

[14] Alois Schroer (Hrsg.), Das Domkapitel zu Münster. München 1976, S. 371.

[15] Alois Schroer, Domkapitel a. a. O., S. 372.

[16] Alois Schroer, Domkapitel a. a. O., S. 226.

[17] LThK Herder Freiburg 1958 Sp. 696

[18] Gregor Hövelmann/Kurt Abels/Paul Dyckmans, Niederrheinische Kirchengeschichte. Kevelaer 1965, S. 140.

2. Priester und Ordensberufe aus Kevelaer

„Confraternitas Kevelaeriensis"

Das Heimattreffen der Kevelaerer Priester am Tag nach Weihnachten (Fest des Evangelisten Johannes) hat Tradition seit Beginn der 30er Jahre. Damals stieg die Zahl der aus Kevelaer stammenden Priester. Dechant Hugo Rogmans (Jahrgang 1910) erinnert sich, daß die ersten Zusammenkünfte unter der Leitung von Franz Tauwel († 1970) stattfanden. Auch der Name „Confraternitas Kevelaeriensis" kann nicht darüber hinwegtäuschen: es gibt kein Gründungsdatum, keine Satzung und keine Chronik. In der örtlichen Presse wird in den 60er Jahren und am Anfang der 70er Jahre regelmäßig von diesem Treffen berichtet. Gewählt wird ein Vorsitzender und ein Schriftführer. Der letztere ist zuständig für die jährlichen Einladungen. Ab der zweiten Hälfte der 50er Jahre werden auch die Theologiestudenten eingeladen und später die ständigen Diakone mit Zivilberuf. Als erster aus Kevelaer gehört dazu Rektor Heinrich Schmitz (Weihejahrgang 1978).

Bei dem Gottesdienst im Jahre 1969 erhielten alle Teilnehmer ein Erinnerungsbild (Kevelaerer Gnadenbild) mit den Namen der damals 34 lebenden und der 22 seit 1900 verstorbenen Priester. Diese (unvollständige!) Liste wurde in den folgenden Jahren verschiedentlich ergänzt.

Ebenfalls im Jahre 1969 wurde auf Vorschlag von Berufsschulpfarrer Hubert Janssen der Beschluß gefaßt, die Priester und Theologen aus den Pfarren einzuladen, die nach der kommunalen Neuordnung zur Stadt Kevelaer gehören: Kervenheim, Winnekendonk, Wetten und Twisteden. Zur Feier des 500jährigen Jubiläums der Pfarrkirche St. Antonius 1972 wurden auch alle Ordensbrüder und Ordensschwestern eingeladen.

Die Schullaufbahn vieler Kevelaerer Priester geht in früheren Jahren über das Bischöfliche Gymnasium Collegium Augustinianum Gaes-

Bischof Augustin van Aake aus Kevelaer, Steyl Missionar in Paraguay, m Kopfschmuck eine Häuptlings. Sein Bischofsstadt Ciudad del Es in Alto Parana ehrte a 3. Februar 1991 den im Ja 1990 verstorbenen Bisch durch die Umbenennung d „Platzes des Friedens" „Platz Monseñor August van Aaken

donck, da die kleinen Orte nur über eine Rektoratsschule verfügten, die bis einschließlich Untertertia (Klasse 8) führte.

Ordensberufe aus Kevelaer

Ordenspriester

Im Verzeichnis der Frauen und Männer aus Kevelaer, die einen Ordensberuf wählten, wird deutlich, daß bei den Frauenorden die „münsterischen" Ordensgemeinschaften durch Jahrzehnte „Spitzenreiter" geblieben sind. Die Clemensschwestern und Vorsehungsschwestern waren überwiegend in der caritativen Arbeit und in der Mädchenbildung (Vorsehungsschwestern) tätig.

Die Nähe zu Steyl und der hohe Bekanntheitsgrad des Steyler Missionswerkes durch ihre Pressearbeit erklärt die Zahl der Steyler Patres und Brüder (9) und Steyler Schwestern (12) aus Kevelaer.

Über die Wege künftiger Priester zu den Ordensgemeinschaften schreibt Pater Heinrich Venmann OMI in einem Brief vom 18. 12. 1987: „Ende der 20er, Anfang der 30er Jahre haben unsere Patres vom Nikolaus-Kloster Essen und von Gelsenkirchen jedes Jahr laufend die Beichtaushilfe in Kevelaer übernommen und die Predigt am Sonntag in dem 10-Uhr-Hochamt gehalten. Auch unsere Patres von Burlo haben regelmäßig Beichte gehört. So hat Pater Josef Arnold wohl über 30 Jahre diesen Dienst besorgt. Er kam jedes Wochenende, so daß der damalige ‚Bahnhof von Burlo seinetwegen Sonntagsrückfahrkarten nach Kevelaer ausgab'. Später hat Pater Josef Benning lange Zeit den festen Posten eines Kaplans in Kevelaer innegehabt, ich glaube über 12 Jahre."

In einem Brief vom 4. 1. 1989 schreibt Pater Venmann: „Daß ich selbst den Weg zu den Oblaten fand, hat sich zufällig (menschlich gesprochen!) so ergeben: ich hatte damals eigentlich ein Auge auf die Mariannhiller in Lohr/Main geworfen, wo damals eine ganze Stange Kevelaerer Jungen studierte, von denen aber keiner geblieben ist. Die Mariannhiller hatten damals ihr Noviziat St. Paul in Arcen, jenseits der Grenze bei Twisteden! Das war Ende der 20er Jahre. Bei den Herz-Jesu-Priestern in Sittard waren zwei Kevelaerer; die Salesianer hatten mehrere in Essen/Borbeck. In Steyl waren 3 Kevelaerer Theologen, einer ist geblieben: Pater Thoneick; dazu auch noch einige Missionsschüler. Mit mir waren vor dem Krieg noch 2 Kevelaerer Jungen in den Oblatenschulen, nach dem Kriege nochmals zwei."

Pater Josef Mölders (Jahrgang 1914) war Salesianer Don Bosco (SDB). In seinem Brief vom 12. 4. 1988 heißt es: „Ich habe ein wenig in meiner Erinnerung gekramt und dabei festgestellt: Dein Großonkel, Pater Wilhelm Winkels hatte seinerzeit für die Salesianer Don Bosco geworben." Und dann nennt er 6 Namen von Kevelaerern, die damals in diese Ordensgemeinschaft eingetreten sind. Drei wechselten später als Weltpriester zu einem Bistum über. Zu den Salesianern aus Kevelaer zählt heute noch Bruder Michael Schmitz (Jahrgang 1958).

Pater Felix Leushacke gehört zu den Pallottinern (SAC). Einem Brief von ihm vom 20. 12.1987 ist zu entnehmen, daß er bislang einziger Kevelaerer bei den Pallottinern ist und über die Schönstattbewegung dorthin gefunden hat: „Mit Conabiturient Theo Kuypers aus Kessel, der später als Diakon im Krieg geblieben ist, machte ich mich nach Ostern 1934 auf Radtour auf der Suche nach meinem Platz. Wir waren in Münster, wir fuhren durchs Sauerland nach Olpe und beschnupperten die Pallottiner. Zuvor hatte ich mich schon bei den Dominikanern in Walberberg und bei einem ganz neuen Verein in Godesberg umgesehen, den ‚Heiligen Engeln', einer Schmalspurgesellschaft für auslandsdeutsche Seelsorge. Angebissen habe ich schließlich in der Schuhputzkammer der Pallottiner in Olpe, wo ich mich mit einem schon ‚erfahrenen' Novizen unterhielt. Und so sind's halt die Pallottiner geworden, denen ich mich angeschlossen habe . . . Am 23. Dezember 1939 empfing ich die Priesterweihe. Eigentlich wäre sie erst zu Ostern 1940 fällig gewesen; sie wurde wegen des ausgebrochenen Krieges vorverlegt." Pater Felix Leushacke war 34 Jahre als deutscher Seelsorger in London tätig.

Über die drei Benediktiner aus Kevelaer, die ermittelt werden konnten, berichtet das erwähnte Verzeichnis. Sie gehörten alle verschiedenen Abteien an.

einrich Janssen aus evelaer, Regionalbischof für en Niederrhein und Veihbischof des Bistums Münster, Begegnung mit dem apst am 2. Mai 1987

Zu den fünf namentlich bekannten Kevelaerern, die Steyler Priestermissionare geworden sind, gehört Bischof Augustinus van Aaken. Er ist der erste Kevelaerer, der die Bischofsweihe empfing.

Ordensschwestern

Bei den Ordensschwestern aus Kevelaer fällt die große Zahl ins Auge. Es wird aber auch deutlich, daß in den letzten Jahren nur vereinzelt junge Frauen den Weg in eine Ordensgemeinschaft gefunden haben. Der hohe Anteil der beiden im Bistum Münster entstandenen Ordensgemeinschaften (80 Clemensschwestern und 35 Schwestern der Göttlichen Vorsehung) an diesen Schwesternberufen ist augenfällig. Die wenigen Eintritte in den letzten 20 Jahren zeigen durch die Ordenswahl an, daß die Wege viel stärker durch persönliche Überlegungen und Entscheidungen geprägt sind. Früher waren die Wege stärker vorgezeichnet. Frau Sophie Venmann, eine Schwester von Pater Heinrich Venmann OMI, hält seit vielen Jahren Kontakt zu den aus Kevelaer gebürtigen Ordensfrauen. Die Anregung dazu gab der frühere Pfarrer von St. Antonius, Pastor Wilhelm Overlack. Seit 1968 erhalten die Schwestern in jedem Jahr einen Rundbrief.

Aus Anlaß des 500jährigen Pfarrjubiläums in St. Antonius wurde im Juni 1972 zu einem Tag der geistlichen Berufe eingeladen. Von den 35 Ordensschwestern aus Kevelaer meldeten sich auf die Einladung 27 Schwestern. Die meisten Schwestern hatten seit Jahrzehnten die nähere Umgebung von Kevelaer nicht mehr gesehen und nahmen erfreut an einer Rundfahrt teil. Mit einem Vespergottesdienst in der Pfarrkirche endete am Abend das schöne Fest. Der Bericht aus der Chronik der Pfarrgemeinde St. Antonius endet mit dem Satz: „Und dann kam viel Post aus den Klöstern mit herzlichen Dankesworten der Schwestern".

Ordensbrüder

In seinem Brief vom 18. 12. 1987 bemerkt Pater Heinrich Venmann: „In den 20er Jahren gab es auch mehrere Ordensbrüder; zu ihnen gehörte auch ein Sohn vom ‚Kirchengendarm' Jakobs. Er ist in Steyl beerdigt."

Die Namensliste der Ordensbrüder ist unvollständig.

Es ist wenig bekannt, daß ein großer Brudermissionar aus Wetten kommt: Bruder Gerhard Kraut (1881 – 1968). In der Reihe „Missionare, die Geschichte machten" ist unter dem Titel „Es ist zu kalt, um verliebt zu sein" sein Leben beschrieben (Steyler Verlag St. Augustin/Bonn 1980). Er wird dort als ein Pionier der Eismeermission vorgestellt. Bruder Kraut gehörte zur Missionsgesellschaft der Oblaten (OMI).

„45 Jahre lang hat er in der Eismission als Maschinist im Sägewerk, als Fischer auf gefrorenem See und als Matrose auf wackeligen Flußdampfern sich gequält, daß seine Priester-Mitbrüder die Botschaft Christi bis an die Grenzen der bewohnbaren Erde tragen konnten" (S. 5).

„Sein ‚Wandern für Christus' fing mit kleinen Schritten an, zuerst in Wetten bei Kevelaer, wo er am 16. Juni 1881 geboren wurde. Unter zwei Brüdern und vier Schwestern lernte er, sich zu behaupten. Mit 13 Jahren verlor er seine Mutter. Da sein Elternhaus weit außerhalb des Ortes lag, wohnte er bei einem Onkel in Wetten und arbeitete in einer Schuhfabrik als Schäftemacher. Als Mitglied des Musikvereins übte er sich im Klarinettespielen und Fahnenschwenken.

Nicht Abenteuerlust, noch Ehrgeiz hielten den körperlich Schwachen zu lange am Mackenzie und am Eismeer fest. ‚Hier stirbt jede Schwärmerei und Romantik', schrieb er mit 70 Jahren aus Aklavik. ‚Solange bin ich schon im Land und habe mich noch nicht aklimatisiert. Immer noch fühle ich die Einsamkeit. Es ist zu kalt, um verliebt zu sein.' Auf endlosen Fahrten mit Schlitten und Schiffen wird er sich oft für einen ‚Narren um Christi willen' (1 Kor 4,10) gehalten haben. Gefühlsmäßige Missionsbegeisterung wäre schnell im ewigen Eis erfroren." (S. 5)

Bruder Gerhard Kraut hat auf Drängen der Redakteure der deutschen Oblatenzeitschriften Berichte angefertigt.

„Mit seiner Exaktheit als Handwerker und mit seiner grundehrlichen Offenheit mag es zusammenhängen, daß er ungeschminkt die wirkliche Lage schildert, auch peinliche Dinge. Er will niemandem Illusionen über die berühmte Eismission vorgaukeln . . . Weil er so kompromißlos mit der Wahrheit umgeht, ärgert er sich über das Buch von Pater Anton Kaltenbach: ‚Gerhard Kraut und seine Schlittenhunde', das in Deutschland vor dem Zweiten Weltkrieg erschienen war. In diesem Buch wird aus dem Ordensbruder Gerhard Kraut einfach ein Pelzhändler des hohen Nordens gemacht. Aufgeregt schreibt er: ‚Meine Schwester Sophie, die letzte Verteidigerin der Ehre der ‚Kräuter', kam ganz aus dem Gleichgewicht, weil die Leser meinten, ihr Bruder sei als Ausreißer aus dem Kloster über den Zaun gesprungen. Dem wirklichen Gerhard ist das schnuppe, aber gefallen hat's mir nicht.' Er konnte nicht wissen, daß schriftstellerische Freiheit diesen Berufswechsel zur Tarnung vorgenommen hatte. Unter den Nazis konnte zu dieser Zeit ein Buch über einen Ordensbruder in der Eismission nicht mehr erscheinen.

Und dieser schüchterne, publikumsscheue Bruder Kraut hat neben seiner schweren körperlichen Arbeit 18 große Artikel über seine Erlebnisse in der Eismission verfaßt. Es ist heute noch ein Genuß, sie zu lesen. Vielen jungen Menschen hat er den geistigen Horizont damit erweitert und sie zur Missionsarbeit begeistert in einer Zeit, da es das Wort Entwicklungshilfe noch gar nicht gab. Auch darin bewährt er sich als Pionier und Wegbereiter für das Kommen Gottes. Dafür klopft er sich nicht zufrieden auf seine Schulter, sondern erfährt im Glauben: ‚Jesus war immer gut zu mir'." (S. 111f.)

3. Verzeichnis der Priester und Ordenschristen

Das Verzeichnis der Priester und Ordenschristen umfaßt die sechs Pfarren der Stadt Kevelaer. Die Namen aus St. Antonius und St. Marien in Kevelaer sind in einer Aufstellung zusammengefaßt.

St. Marien wurde im Jahre 1955 von St. Antonius abgepfarrt. Die ersten drei Theologiestudenten aus St. Marien, die im Mai 1955 im Collegium Borromäum Münster begannen, waren Franz Günther Aengenheyster, Fritz Janssen und Heinz Janssen.

Die Namensliste der Priester einschließlich Ordenspriester enthalten das Geburtsjahr, das Jahr der Priesterweihe und bei den Verstorbenen das Todesjahr.

Bei den Ordensschwestern und -brüdern ist die zweite Jahresangabe das Eintrittsjahr in den Orden.

KEVELAER

1. Priester

Aengenvoort, Peter Matthias
Regens des Priesterseminars in Münster, 1899 Domkapitular
1838 – 1862 – 1903

Verheyen, Johannes
Pfarrer in Straelen St. Peter und Paul
1856 – 1879 – 1922

Rütters, Hubert
Chorkaplan in Münster St. Ludgeri
1862 – 1890 – 1904

Looschelders, Peter
als Priester in den USA tätig
1870 – 1895 – ?

Thönissen, Raphael OSB
Benediktinermönch der Abtei Siegburg
1873 – 1905 – 1924

van der Meulen, Matthias
Pater
1874 – 1901 – 1913

Hendricks, Heinrich
Pfarrer in Uedem St. Laurentius
1878 – 1903 – 1935

Winkels, Wilhelm SDB
Salesianer in Aulhausen Marienhausen
1881 – 1911 – 1958

Huygen, Wilhelm
vermutlich in USA tätig gewesen
1881 – 1905 – 1942

Eickmann, Franz Martin SVD
Steyler Missionar auf Flores (Indonesien)
1882 – 1908 – 1952

Neuhaus, Franz SVD
Steyler Missionar, zuletzt tätig als Lehrer am Missionspriesterseminar St. Mary's in Techny, USA
1883 – 1909 – 1944

Mott, Anton
Domkapitular, Pfarrer und Erzpriester in Schirgiswalde/Oberlausitz (Bistum Meißen)
1884 – 1908 – 1960

Voß, Hermann
Rektor im Kloster St. Bernardin Kapellen (Geldern)
1885 - 1909 - 1946

Janssen, Edmund
Pfarrer in Isselburg St. Pankratius
1886 – 1911 – 1957

Küsters Meinulf OSB
Benediktinermönch der Erzabtei St. Ottilien
1890 – 1914 – 1947

Bausch, Josef
Pfarrer in Wissel (Kalkar) St. Clemens
1893 – 1920 – 1987

Meyers, Gerhard
Pfarrer in Nütterden (Kranenburg) St. Antonius
1895 – 1921 – 1958

Riesen, Theodor
Pfarrer in Moers St. Josef
1897 – 1922 – 1981

Fuß, Joseph
Pastor, Priester des Bistums Osnabrück
1899 – 1927 – 1968

Bauer, Arnold
Pfarrer in Baal (Bistum Aachen)
1901 – 1928 – 1967

Plümpe, Josef
Pfarrer in Straelen St. Peter und Paul
1902 – 1928 – 1953

Tauwel, Franz
Pfarrer in Sevelen (Issum) St. Antonius
1903 – 1930 – 1970

Jacobs, Peter
Ehrendomkapitular, Pfarrer in Osorio im Staate Rio Grande do Sul (südlichster Staat in Brasilien)
1904 – 1929 – 1966

Hünnekens, Wilhelm
Kaplan in Moers St. Josef
1904 – 1931 – 1949

Goergen, Heinrich
Spiritaner in Knechtsteden
1904 – 1929 – 1983

Janssen, Heinrich SVD
Steyler Missionar, Krankenhauspfarrer in Lembeck (Michaelisstift)
1906 – 1936 – 1974

Scholten, Wilhelm
Pfarrer in Wemb (Weeze) Hl. Kreuz
1906 – 1931 – 1989

Jansen, Gerhard
Pfarrer in Elten (Emmerich) St. Martinus
1907 – 1931 – 1964

Ophey, Hugo SDB
Salesianerpater, ab 1957 Priester des Erzbistums Köln, Pfarrer in Bergheim-Paffendorf
1907 - 1940 - 1979

Thoneick, Josef SVD
Steyler Missionar in Nagoya/Japan
1907 – 1934

Voß, Anton
Pfarrektor in Bottrop St. Peter
1908 - 1934 – 1945

Goertz, Wilhelm
Realschulpfarrer in Kevelaer
1908 – 1934 – 1990

Klings, Josef
Mariannhiller Missionar und später Priester der Diözese Linz (Österreich)
1910 – 1936 – 1980

Strutz, Otto
Pfarrer in Geldern-Pont St. Antonius
1910 – 1935 – 1988

Rogmans, Hugo
Pfarrer in Emmerich St. Aldegundis, Pfarrer em. in Emmerich
1910 – 1935

Federhenn, Franz-Josef
Pfarrer und Dechant in Eutin (Bistum Osnabrück)
1912 – 1936 – 1971

Grave, Willi
Pfarrer in Dinslaken St. Vincentius, Pfarrer em. in Kleve
1912 – 1937

Dicks, Bernhard OSB
Benediktinermönch der Abtei Gerleve
1913 – 1939 - 1984

Leushacke, Felix SAC
Pallottiner in Bad Salzschlierf
1913 – 1939

Güllmann, Paul
Dechant, Pfarrektor in Maria Königin, Duisburg-Meiderich, Bistum Essen
1914 – 1939 – 1978

van Aaken, Augustin SVD
Titularbischof von Achirao, Bischof der freien Prälatur Alto Parana 1914 – 1941
12. 8. 1972 Bischofsweihe – 1990

Mölders, Josef SDB
Salesianerpater, Pfarrvikar in Schwarmstedt
1914 – 1942 – 1991

Venmann, Heinrich OMI
Oblatenmissionar in Mainz
1914 – 1941

Müser, Johannes SDB
Salesianer, vor der Priesterweihe in Rußland gefallen
1915 – 1942 – ?

Janssen, Johann
Pfarrer in Astorga/ Brasilien
1915 –1942 – 1961

Dingermann, Gerhard
Pfarrer in Bislich (Wesel) St. Johannes, Pfarrer em. in Moer
1915 – 1941

Schroer, Franz
Pfarrer in Oberhausen-Sterkrade (Bistum Essen)
1916 – 1946 – 1984

Polders, Heinz
Pfarrer von Geldern St. Maria Magdalen
Pfarrer em. in Mollens VS (Schweiz)
1918 – 1950

Krause, Viktor
Pfarrer in Oschersleben
1926 – 1953

Janssen, Hubert
Berufsschulpfarrer in Recklinghausen, Oberstudienrat i. R. in Marl
1927 – 1952

Felten, Dieter
Oratorianer, tätig in Chile
1929 – 1954

Wehren, Theo
Pfarrer in Bocholt Barlo St. Helena
1931 – 1966

Janssen, Heinrich
Weihbischof in Münster, Titularbischo v. Acque Sirensi, Regionalbischof für d Region Niederrhein, 1976 Domkapitul
1932 – 1961 – 21. 9. 1986 Bischofsweih

Aengenheyster, Franz Günther
Pfarrer in Kranenburg St. Peter und Pau
1932 – 1961

ıssen, Fritz, Dr. theol.
ofessor an der Universität Osnabrück,
ɔteilung Vechta
·35 – 1961

haffers, Franz
ɑrrer in Borken St. Josef
35 – 1963 – 1986

ıiser, Hans Rudolf
ɑrrer, Priester des Bistums Hildesheim
36 – 1966

ırgers, Heinz Josef
ɑrrer in Homberg-Hochheide (Duisburg)
ebfrauen
37 – 1964

n Heyster, Paul
ɑrrer, Priester der Erzdiözese Wien
38 – 1966

einröder, Reinhold
ɑrrer in Kerpen-Sindorf St. Maria
önigin, Priester des Erzbistums Köln
49 – 1975

echten, Heinrich
plan in Recklinghausen
49 – 1978

enders, Josef
ırrer in Walsum (Duisburg)
Dionysius
49 – 1980

ıß, Alfred
plan in Kleve, Propsteikirche
Maria Himmelfahrt
57 – 1987

lders, Markus OT
ester im Deutschen Orden
63 – 1991

ecking, Johannes
62 – Diakon seit 1991

akone mit Zivilberuf

uyters, Hermann Josef
akon in Troisdorf Oberlar
zbistum Köln)
32 – 1978

hmitz, Heinrich
Marien
16 – 1978

lke, Georg
Marien
53 – 1988

ırs, Helmut
Antonius
52 – 1988

Ordensbrüder

erkens, Gerhard
uder Stephan) OFM
ıdermissionar in Sao Paulo,
silien
09 – 1932 – 1985

rinsky, Alex OFM
nziskaner im Franziskanerkloster
bert-Neviges (Erzbistum Köln)
06 – 1930 – 1991

lders, Paul
ısianer
32 – 1958

Schmitz, Ulrich OFM
Franziskaner vom Hl. Kreuz
1955 – 1977

Schmitz, Michael SDB
Salesianer Don Bosco
1958 – 1982

3. Ordensschwestern

Clemensschwestern (Barmherzige Schwestern)

Schw. Adelgundis (Maria Bergmann)
1818 – 1846 – 1862

Schw. Amanda (Johanna Nederkorn)
1826 – 1851 – 1854

Schw. Anastasia (Theresia Verheyen)
1828 – 1852 – 1859

Schw. Norberta (Mechtilde Leuw)
1838 – 1865 – 1923

Schw. Petra (Gertrud Linker)
1842 – 1868 – 1930

Schw. Seraphica (Maria Schaafs)
1843 – 1873 – 1929

Schw. Hermina (Catharina Schopmann)
1851 – 1877 – 1921

Schw. Sulpitia (Elisabeth Ingenpass)
1851 – 1881 – 1887

Schw. Christiana (Elisabeth Lenders)
1854 – 1878 – 1935

Schw. Amantia (Elisabeth Schuylen)
1866 – 1890 – 1913

Schw. Hildegundis (Johanna Selders)
1868 – 1891 – 1900

Schw. Marciana (Catharina Matenaers)
1868 – 1893 – 1921

Schw. Christina (Johanna Gruyters)
1869 – 1888 – 1945

Schw. Alwina (Franziska Schuylen)
1870 – 1897 – 1957

Schw. Macrobia (Elisabeth Winkels)
1870 – 1900 – 1945

Schw. Garima (Elisabeth Tebart)
1877 – 1905 – 1934

Schw. Hemelina (Johanna Aengeneyndt)
1879 – 1906 – 1910

Schw. Anysia (Elisabeth Lemmen)
1883 – 1905 – 1919

Schw. Camione (Petronella Wessels)
1883 – 1905 – 1936

Schw. Addasta (Maria Langenberg)
1883 – 1907 – 1930

Schw. Cuniberta (Christine Winkels)
1885 – 1910 – 1962

Schw. Anicia (Johanna Hermsen)
1885 – 1907 – 1920

Schw. Irmgard (Adelgunde Ophey)
1887 – 1915 – 1956

Schw. Ermenhilda (Maria Tebest)
1888 – 1911 – 1922

Schw. Manetta (Maria Classen)
1888 – 1912 – 1965

Schw. Margarita (Maria Hendrix)
1889 – 1913 – 1970

Schw. Gunilde (Wilhelmine Deckers)
1890 – 1914 – 1916

Schw. Coronata (Maria Heilen)
1891 – 1913 – 1947

Schw. Fabia (Elisabeth Tebest)
1891 – 1917 – 1980

Schw. Domitilla (Wilhelmine Mülders)
1891 – 1919 – 1970

Schw. Ista (Maria Hönnekes)
1893 – 1919 – 1956

Schw. Heriburgis (Maria Beyers)
1894 – 1915 – 1985

Schw. Amarina (Johanna Schaafs)
1894 – 1915 – 1982

Schw. Virona (Katharina Mülders)
1894 – 1922 – 1955

Schw. Wilbronda (Bernardine Vüllings)
1896 – 1919 – 1948

Schw. Gonzagis (Katharina Kaenders)
1897 – 1920 – 1952

Schw. Seraphis (Wilhelmine Janssen)
1901 – 1923 – 1975

Schw. Laurina (Margarete Grote)
1901 – 1926 – 1959

Schw. Thyrsa (Johanna Faahsen)
1902 – 1926 – 1991

Schw. Gilberta (Antonie van Ackeren)
1902 – 1926 – 1946

Schw. Meleta (Elisabeth Agnes Brüx)
1903 – 1924 – 1945

Schw. Bilfrieda (Katharina Bogmann)
1903 – 1928 – 1984

Schw. Wigbertine (Maria Janssen)
1904 – 1926

Schw. Gertrudia (Hendrina Ripkens)
1909 – 1930

Schw. Mabilia (Maria Willems)
1911 – 1936

Schwestern von der Göttlichen Vorsehung (Münster)

Schw. Antonine (Christina Driessen)
1856 – 1886 – 1936

Schw. Marianna (Mechtildis Buckstegen)
1857 – 1885 – 1932

Schw. Cleophanis (Elisabeth Könning)
1879 – 1914 – 1917

Schw. Eventia (Helene te Niersen)
1880 - 1899 – 1944

Schw. Seraphika (Johanna van Betteray)
1881 – 1902 – 1918

Schw. Orana (Johanna Linssen)
1883 – 1906 – 1964

Schw. Aline (Maria Bauer)
1897 – 1919 – 1966

Schw. Marianis (Johanna Tebartz)
1897 – 1921 – 1968

Schw. Regine (Johanna Terlinden)
1899 – 1922

Schw. Lidwina (Elisabeth Flepsen)
1899 – 1923

Schw. Andoletis (Johanna Maas)
1900 – 1927 – 1986

Schw. Albana (Hendrina Berns)
1901 – 1931 – 1967

Schw. Bathilda (Maria Rademacher)
1901 – 1923 – 1976

Schw. Sapientia (Hermine van Ackeren)
1902 – 1923 – 1982

Schw. Bernadetta (Katharina Rademacher)
1903 – 1924

Schw. Rutharda (Maria Baumanns)
1907 – 1929 – 1991

Schw. Maria (Adelgunde Linders)
1917 – 1956

Steyler Missionsschwestern (Dienerinnen des Hl. Geistes)

Schw. Wiltrudis (Petronella Welbers)
1883 – 1910 – 1948 in Argentinien

Schw. Ewaldine (Maria Kempkes)
1883 – 1911 – 1913

Schw. Gebharda (Maria Neuhaus)
1886 – 1914 – 1947 in Steyl

Schw. Claretta (Maria Verheyen)
1892 – 1914 – 1920 in Steyl

Schw. Thietmaria (Anna Bueren) in Wahlwiller/NL
1904 – 1930

Franziskanerinnen von Waldbreitbach

Schw. Auxilia (Maria Ingenbleeck)
1921 – 1942

Schw. Adelberta (Josefa Ingenbleeck)
1927 – 1946

Schw. Consolatrix (Elisabeth Ingenbleeck)
1929 – 1950

Weitere Orden

Schw. Agatha (Johanna Peters)
Augustinerin
1909 – 1930

Schw. Camilla (Helma Probst)
Franziskanerin der hl. Familie
1917 – 1937

Schw. Ignatia (Margarethe Stassen)
Schwestern Unserer lieben Frau von der Liebe des Guten Hirten
1902 – 1925

Schw. Maria Consolatrix (Irmgard Tewes)
Dominikanerin
1940 – 1961

Schw. Adriana (Katharina Winkels)
Hiltruper Missionsschwester
1894 – 1912

Schw. Engelberga (Pauline Dennes)
Hiltruper Missionsschwester
1926 – 1950 – 1959

Schw. Alberta (Luise Zanders)
Ursuline
1913 – 1932

Schw. Maria Consolatrix (Maria Jeuken)
Steyler Anbetungsschwester
1905 – 1926

KERVENHEIM/KERVENDONK,
St. Antonius
(Kevelaer 2)

1. Priester

Franken, Johannes
Pfarrer von Millingen
1846 – 1870 – 1918

Brauers, Johannes
Pfarrer von Orsoy
1850 – 1876 – 1926

Francken, Arnold, Dr. theol.
Regens, Domkapitular
1875 – 1900 – 1954

Ostendorp, Jakob
Pfarrer von Bimmen
1879 – 1906 – 1943

Francken, Josef
Pfarrer in Homberg St. Johannes
1881 – 1906 – 1951

Mott, Johannes
Pfarrer von Asperden
1887 – 1912 – 1959

Terhorst, Gerhard
Pfarrer von Menzelen
1897 – 1922 – 1978

de Bruyn, Gerhard SVD
Steyler Missionar
1899 – 1929 – um 1943 in Neuguinea

Paeßens, Arnold
Pfarrer von Borth
1908 – 1933 – 1963

Drießen, Peter SVD
Steyler Missionar
1923 – 1940 – 1944 (als Novize)

Kröll, Theo
1965 – Diakon seit 1991

2. Ordensschwestern

Clemensschwestern (Barmherzige Schwestern)

Schw. Margarethe (Mechthild Arians)
1859 – 1887 – 1954

Schw. Gebharda (Berta Hopmans)
1861 – 1883 – 1905

Schw. Zacharia (Elisabeth Gellings)
1862 – 1886 – 1891

Schw. Valentia (Maria Geenen)
1868 – 1888 – 1944

Schw. Theonilla (Josephine Janssen)
1879 – 1901 – 1944

Schw. Rumetine (Hendrina Gerritzen)
1885 – 1908 – 1918

Schw. Gertrud (Josephine Pool)
1890 – 1916 – 1921

Schw. Raphaele (Gertrud Nieskens)
1892 –1914 –1977

Schw. Gerhildis (Katharina Brons)
1893 – 1918 – 1943

Schw. Michää (Adele Pool)
1894 –1915 – 1978

Schwestern von der Göttlichen Vorsehung, Münster

Schw. Warina (Anna Heiming)
1867 – 1890 – 1926

Schw. Niceta (Johanna Mott)
1876 – 1902 – 1951

Schw. Adelheide (Anna Drießen)
1920 – 1940 – 1947

Schw. Edelburga
(Wilhelmine Willemsen)
1930 – 1953

Schw. Laetitia (Maria Janßen)
1947 – 1968

Steyler Schwestern

Schw. Ernestine (Anna Cleven)
Steyler Anbetungsschwester
1889 – 1910 – 1960

Schw. Brunella (Maria Janssen)
Steyler Anbetungsschwester
1911 – 1932 – 1954

Schw. Maria Juliana
(Franziska Elisabeth Drießen)
Steyler Anbetungsschwester (USA)
1925 – 1946

Schw. Bernhilda
(Therese Gertrud Drießen)
Steyler Missionsschwester,
tätig in Australien 1926 – 1948

Cellitinnen Köln

Schw. M. Gregoria
(Petronella Lackmann)
1887 – 1908 – 1975

Schw. M. Edelburga (Maria Cleven)
1888 – 1923 – 1963

Schw. M. Eustachia
(Johanna Margarete Lackmann)
1889 – 1914 – 1955

Schw. M. Alipia (Sophie Hübbers)
1898 – 1920 – 1953

Schw. M. Emmanuela
(Hendrina Janßen)
1901 – 1928 – 1989

Schwestern Unserer Lieben Frau, Mülhausen

Schw. M. Bartholomäa (Jacoba Arians)
1862 –1888 –1936

Schw. M. Raphaela
(Johanna Horlemann)
1930 – 1952

Schw. M. Herlinde (Marianne Kniest)
1931 – 1953

Franziskanerinnen von Nonnenwerth

Schw. Olinda (Jacoba Tewilt)
1868 – 1893 –1935

Schw. Dionysia (Adelheid Schraven)
1890 – 1913 – 1976

Schw. Walfrieda (Gertrud Hönnekes)
1916 – 1940

enediktinerinnen

:hw. Dominika (Johanna Verhülsdonk)
nbetungsschwestern M. Hamicolt/
orup
69 -1898 -1906
e gehört zu den Gründungsschwestern
r Benediktinerinnenabtei Varensell.

:hw. Walburga (Maria Verhülsdonk)
nbetungsschwestern M. Hamicolt/
orup
72 - 1907 - 1917

:hw. Theresia
nna Mechtilde Verhülsdonk)
nbetungsschwestern M. Hamicolt/
orup
79 - 1906 - 1922

eitere Orden

:hw. Marie Philomene
ertruda Verhoeven)
rsulinen von Venray/Holland
45 - 1867 - 1927 in Batavia

hw. Konradine
lisabeth von Doornick)
rme Franziskanerinnen von Aachen
88 - 1914 - 1939

hw. M. Jovita (Maria Ostendorp)
öchter vom Hl. Kreuz in Düsseldorf
81 - 1904 - 1968

NNEKENDONK, St. Urbanus
evelaer 3)

Priester

selmans, Theodor
rrer in Birten
99 - 1823 - 1878

tenaers, Heinrich
rrer in Vorst
33 - 1861 - 1888

ngaerts, Karl
rrer in Grietherbusch
41 - 1866 - 1916

ller, Arnold
rrer in Rindern
64 - 1891 - 1922

isers, Theodor
rrer in Eyll
66 - 1893 - 1944

ekmann, Heinrich
rrer in Wesel St. Maria Himmelfahrt
66 - 1895 - 1926

hren, Heinrich
rrer in Grietherbusch
71 - 1897 - 1950

isers, Johannes
rrer in Bracht (Bistum Aachen)
72 - 1899 - 1953

men, Wilhelm
rrer in Kempen (Bistum Aachen)
77 - 1902 - 1957

istrüvers, Gerhard
rrer in Niel
83 - 1908 - 1948

Bohne, Johannes Wilhelm SDB
Salesianer-Pater in Aquacate, Ekuador/
Südamerika
1883 - 1929 - verstorben

Janßen, Wilhelm
Pfarrer in Grefrath (Bistum Aachen)
1889 - 1914 - 1963

Mott, Johannes
Pfarrer in Bönninghardt
1890 - 1915 - 1961

Jansen, Theodor
Rektor in Bergerfurth
1898 - 1924 - 1979

Wormland, Bernhard
Propst in Xanten
1907 - 1933 - 1961

Boll, Aloys
Pfarrer in Rheinkamp-Repelen St. Martin
1909 - 1935 - 1975

Cleven, Paul
Ordenspriester in Brasilien
1914 - 1940

Derstappen, Theo
Pfarrer in Wankum (Wachtendonk)
1923 - 1952

Teller-Weyers, Peter
Kaplan in Coesfeld St. Lamberti
1959 - 1986

Notz, Stefan
Kaplan in Steinfurt (Borghorst)
St. Maria Himmelfahrt
1961 - 1989

2. Ordensbrüder

Br. Gentianus van Meegen (Wilhelm)
SVD
Steyler Missionar
1875 - 1901 - 1962

Br. Clemens Derstappen (Hermann)
Canisianer
1877 - 1905 - 1944

Br. Wolfgang Francken (Johannes)
Orden der Hl. Familie
1910 - ? - 1986

3. Ordensschwestern

Benediktinerinnen

Schw. Theresia (Johanna Terhorst)
1878 - 1911 - verstorben

Schw. Scholastika (Maria Derstappen)
1882 - ? - 1925

Schw. Luitgardis (Maria Wehren)
1885 - 1905 - 1952

Schw. Claire (Dora Wehren)
1887 - 1913 - 1924

Clemensschwestern
(Barmherzige Schwestern)

Schw. Emerentia (Maria Pulljik)
1849 - 1876 - 1908

Schw. Theobalda (Hendrika Janßen)
1856 - 1880 - 1928

Schw. Maximina (Sophia Bohs)
1859 - 1886 - 1895

Schw. Udelina (Anna Sensen)
1860 - 1887 - 1911

Schw. Arnoldine (Catharina Peters)
1871 - 1897 - 1951

Schw. Calasancia (Catharina Wehren,
gen. Vöskens)
1881 - 1905 - 1952

Schw. Raphaele (Gertrud Nieskens)
1892 - 1914 - 1977

Schw. Asella (Catharina Nelleßen)
1899 - 1927 - 1963

Schw. Josepha (Elisabeth Brünnette)
1917 - 1939

Schwestern von der Göttlichen
Vorsehung (Münster)

Schw. Willibrorda (Gertrud Öhmen)
1846 - 1881 - 1893

Schw. Alana (Lucia Elders)
1876 - 1903 - 1959

Schw. Maritina (Helene Opgenhoff)
1886 - 1913 - 1959

Schwestern Unserer Lieben Frau
Mülhausen

Schw. Arnoldis (Catharina Mott)
1879 - 1904 - 1944

Schw. Corsini (Johanna Mott)
1886 - 1906 - 1941

Schw. Martini (Lucia Deloy)
1908 - 1929 - 1985

Weitere Orden

Schw. Maria Euphrosina
(Johanna Öhmen)
Carmeliterin
1844 - 1880 - 1912

Schw. Petrusa (Maria Hönnekes)
Franziskanerin von Mauritz
1876 - 1900 - 1943

Schw. Erasma (Clara Fehlemann)
Franziskanerin vom armen Kinde Jesu
1879 - ? - 1942

Schw. Humiliata (Maria Repges)
Franziskanerin von Nonnenwerth
1883 - ? - verstorben

Schw. Maria Gertruda (Josephine Mott)
Töchter vom Hl. Kreuz
1884 - 1910 - 1965

Schw. Lidwina (Maria Catharina Loeven)
Anbetungsschwester bei den Trappisten
in Mariannhill/Südafrika
1885 - ? - 1957

Schw. Maria Consolata
(Theodora Michels)
Augustinerin
1890 - 1920 - 1940

Schw. Reinardis (Elisabeth Geenen)
Steyler Missionsschwester
1898 - 1922 - 1986 in Wimbern

Schw. Willibalda (Helene Deselaers)
Arenberger Dominikanerin
1886 – ? – ?

WETTEN, St. Peter
(Kevelaer 4)

1. Priester

Selders, Matthias
Pfarrer in Keeken
1837 – 1867 – 1927

Hacks, Dominikus
Pfarrer in Waldniel (Bistum Aachen)
1844 – 1869 – 1928

Juntermann, Matthias
Pfarrer in Issum
1891 – 1915 – 1983

Tennagels, Everhard
Pfarrer in Hasselsweiler bei Düren
(Bistum Aachen)
1893 – 1922 – 1950

Knoor, Johannes
Steyler Pater
1907 – 1934

van Stephoudt, Theodor
Gymnasiallehrer i. R.
1918 – 1949

Vermöhlen, Johannes
Pfarrer in Wesel, Herz-Jesu
1940 – 1969

2. Ordensbrüder

Br. Gerhard Kraut OMI
Oblatenmissionar
1881 – 1905 – 1968

3. Ordensschwestern

Clemensschwestern (Barmherzige Schwestern)

Schw. Navida (Adelgunde Laermann)
1864 – 1887 – 1896

Schw. Rolendis (Helene Beurschgens)
1871 – 1892 – 1900

Schw. Mansueta (Johanna Harms)
1878 – 1899 – 1960

Schw. Aldemara (Mechthild Kolmans)
1881 – 1908 – 1920

Schw. Geraldis (Agnes Stegeman)
1881 – 1907 – 1952

Schw. Charitosa (Johanna Stegemann)
1884 – 1907 – 1959

Schw. Hemeline (Wilhelma Kolmans)
1890 – 1912 – 1966

Schw. Iduberga (Katharina Hanenberg)
1891 – 1914 – 1916

Schw. Eudoxia
(Wilhelmine v. d. Hoogen)
1891 – 1917 – 1972

Schw. Angelata (Katharina Kolmans)
1892 – 1918 – 1975

Schw. Deodatis (Katharina Heuvens)
1895 – 1917 – 1937

Schw. Brunoldis (Anna v. d. Hoogen)
1898 – 1924

Schw. Isolda (Elisabeth Elspass)
1905 – 1926 – 1984

Schwestern von der Göttlichen Vorsehung (Münster)

Schw. Jolendis (Gertrud Selders)
1876 – 1903 – 1940

Schw. Edelinda (Friederike van Bon)
1878 – 1903 – 1930

Schw. Sergina (Catharina Neuy)
1879 – 1905 – 1957

Schw. Wernfrida (Wilhelmine Könning)
1890 – 1916 – 1968

Schw. Hidolfa (Maria Bons)
1898 – 1925 – 1963

Schw. Thoma (Margaretha Willems)
1900 – 1926

Schw. Irmtrud (Maria Gerritzen)
1901 – 1926 – 1968

Arenberger Dominikanerinnen

Schw. Meinrade (Mechthild Ricken)
1893 – 1919 – 1968

Schw. Agnella (Hendrina Ricken)
1901 – 1925 – 1961

Weitere Orden

Schw. Ursula (Gertrud Sensen)
Steyler Missionsschwester
1869 – 1894 – 1932

Schw. Clementia Killewald OSB
Benediktinerin, Abtei St. Hildegard
Eibingen
1954 – 1976

Schw. Luzia (Karoline Gertrud Hoever)
Ursulinenkloster Grubbenvorst/Holland

Schw. Tobia (Wolters)
Orden Heilig Blut in
Rykevoort/Nordbrabant

TWISTEDEN, St. Quirinus
(Kevelaer 5)

1. Priester

Maags, Heinrich
Pfarrer in Haldern
1884 – 1910 – 1945

Hornbergs, Peter
Pfarrer in Bönninghardt
1911 – 1936 – 1969

Maags, Heinrich
Pfarrer em. in Qualburg
1913 – 1939 – 1990

Jansen, Jakob
Kaplan
1914 – 1939 – 1944

Tebartz-van Elst, Franz-Peter
Kaplan in Münster,
zum Studium freigestellt
1959 – 1985

2. Ordensbrüder

Br. Angelicus Jacobs SVD
Steyler Missionar
1900 – 1923 – 1977

3. Ordensschwestern

Clemensschwestern (Barmherzige Schwestern)

Schw. Euberta (Maria Poos)
1887 – 1910 – 1965

Schw. Coronata (Maria Heylen)
1891 – 1913 – 1947

Schw. Egina (Anna Klaas)
1894 – 1919 – 1978

Schw. Maria (Willems)
1946 – 1970

Schwestern von der Göttlichen Vorsehung (Münster)

Schw. Hildewina (Johanna Maria Jacobs
1901 – 1926 – 1984

Franziskusschwestern von Mauritz

Schw. Torquata (Maria Willems)
1883 – 1907 – 1919

Schw. Teuteria (Anna Margaretha Sleus
1889 – 1914 – 1919

Steyler Missionsschwestern

Schw. Clematia (Katharina van Vorst)
1890 – 1918 – 1980

Schw. Reinalde (Maria Herriger)
1905 – 1928 – 1986

Schw. Michaela (Hildegard van de Braa
1964 – 1985

Weitere Orden

Schw. Cäcila (Maria Heuvens)
Klarissenkloster Vaals, Holland
1889 – 1912 – 1981

Schw. Ruth (Elisabeth Füsgen)
Missionsschwestern von Nette
1939 – 1985

Schw. Richtrud (Helene Oskamp)
Franziskanerin von Nonnenwerth
1912 – 1936 – 1939

Schw. Evelina (Agnes Erben)
Schwestern Unserer Lb. Frau Mülhaus
1896 – 1921 – 1944

Sebald Stark

Die Brüdergemeinschaft der Canisianer, gegründet am Wallfahrtsort Kevelaer

Wallfahrtsorte sind Stätten intensiven Gebets und gelebten Zeugnisses. Aus diesen geistlichen Kräften wächst Umkehr und Neubesinnung, was zur Quelle werden kann für einzelne geistliche Berufe, aber auch für neue geistliche Gemeinschaften, wie es uns der folgende Bericht nahelegt.

Am Pfingstdienstag, dem 4. Juni 1979, feierte die Brüdergemeinschaft bei ihrem Pfingsttreffen ihr 125jähriges Bestehen am Gründungsort in Kevelaer. In einer Festschrift der Gemeinschaft charakterisiert der damalige Bischof von Münster, Heinrich Tenhumberg, die Gemeinschaft wie folgt: Sie sei geprägt durch
die Gründung am Wallfahrtsort Kevelaer,
die Tätigkeit in sozialen und pastoralen Aufgaben,
eine besondere Verbundenheit mit dem jeweiligen Bischof von Münster und dem Bistum.

Wenn Kevelaer im Jahre 1992 auf 350 Jahre Wallfahrt zurückblickt, dann sind die Brüder immerhin 135 Jahre davon mit dem Wallfahrtsort verbunden, ein gewichtiger Grund für diesen Beitrag in der vorliegenden Dokumentation.

Die Geschichte einer Ordensgemeinschaft ist eingebunden in die Kirchengeschichte, aber auch in die Zeitgeschichte. Gründung, neue Aufbrüche, Reformen unserer Brüdergemeinschaft geschahen aber immer im Einvernehmen mit dem jeweiligen Bischof von Münster, in dessen Bistum die Gemeinschaft ihre Heimat hat, auch wenn inzwischen Brüder in anderen Bistümern arbeiten. Beginnen wir mit einem kurzen Bericht aus der Chronik des Herz-Jesu-Klosters in Vreden-Ellewick, wo von 1929 bis 1954 das Noviziat und bis 1965 der Sitz der Leitung der Gemeinschaft war.

„Im Gefolge der Aufklärung und der französischen Revolution brach in Deutschland um die Wende des 18. Jahrhunderts ein furchtbarer Sturm gegen die Kirche und ihre Orden los, dem manche ehrwürdige Stätte des Gebetes und gottgeweihter Arbeit zum Opfer fielen. In Kevelaer waren es die Oratorianer, die dieser Kirchenhetze weichen mußten. Sie hatten von 1646 – 1802 den Wallfahrtsdienst an der Gnadenstätte der Trösterin der Betrübten versehen. Nur ein Mitglied des Ordens durfte in Kevelaer zurückbleiben. Pfarrer Melchior van Cleemputte war bis zu seinem Tod im Frühjahr 1817 Pfarrer von Kevelaer.

In den folgenden Jahrzehnten wurde der Zustrom der Wallfahrer nach Kevelaer größer. Während sich bei den Oratorianern meist 8 Priester in der Pfarr- und Wallfahrtsseelsorge betätigten, standen nach der Übernahme durch den Weltklerus der Diözese Münster nun nicht mehr genügend Seelsorger zur Verfügung. Das war einer der Gründe, warum sich der Bischof von Münster, Johann Georg Müller, 1854 auf mehrfach geäußerten Wunsch veranlaßt sah, eine den Oratorianern ähnliche Kongregation ins Leben zu rufen. Diese Genossenschaft umfaßte Priester und Laienbrüder. Ihre Mitglieder legten keine Gelübde ab, verpflichteten sich aber durch ein dem Bischof gegebenes Versprechen zum gemeinsamen Leben und zur Beobachtung einer gemeinsamen Hausordnung. Das Ernennungsrecht lag in den Händen des Bischofs."

Sinn und Ziel der Gründung war u. a. auch, das gemeinsame Leben der Kleriker neu zu beleben. Dieses Ideal eines gemeinsamen Lebens wurde für unsere Kongregation – so lesen wir in der Chronik der Brüder der christlichen Liebe und der Canisianerbrüder – von keinem Geringeren als dem späteren Bischof von Mainz, Wilhelm Emmanuel von Ketteler, gesetzt, der bereits als Kaplan in Hopsten in Gemeinschaft mit dem späteren Bekennerbischof Johann Bernhard Brinkmann Priester und Laien in kleinstem Kreise zu einer klösterlichen Gemeinschaft zusammenführte und durch diesen Gedanken die Form der Kongregation bestimmte. Brinkmann wurde bald nach Kevelaer versetzt und brachte den Gedanken dorthin. Am 16. Juni 1854 gründete der damalige Rektor der Wallfahrt Johann Bernhard Brinkmann in Kevelaer die „Weltpriester-Kongregation zu Kevelaer unter dem Schutze der schmerzhaften Mutter". Hier liegen also die Wurzeln unserer Gemeinschaft.

1857 bestimmte Bischof Johann Georg Müller die Errichtung einer Erziehungsanstalt auf Haus Hall in Gescher unter der Leitung des Gründers und Präses der Weltpriester-Kongregation zu Kevelaer, Johann Bernhard Brinkmann. Wegen dieser neuen Aufgabe mußte die Mitgliederzahl der Kongregation vergrößert werden. Es wurden Lehrer, Handwerker, Landwirte und sonstige Kräfte für sie gewonnen. Nachdem sich der Bischof von dem wirklichen, guten Ordensgeiste der Mitglieder überzeugt hatte, entschloß er sich, am 30. September 1866 die Genossenschaft förmlich zu einer kirchlichen Kongregation zu erheben. Sie erhielt den Namen: „Kongregation der Brüder der christlichen Liebe" zu Kevelaer und Hall. Haus Hall wurde das Mutterhaus.

Während des Kulturkampfes wurde im Jahre 1875 das folgende Gesetz in Preußen verabschiedet: „Sämtliche noch vorhandene Orden werden aus Preußen verbannt mit alleiniger Ausnahme der krankenpflegenden." Auch diese hatte man beseitigen wollen, aber der damalige Kriegsminister von Kameke erklärte sich entschieden für die Barmherzigen Schwestern, so daß der Minister Falk nach dem Willen des Kaisers die Krankenpflegeorden verschonen mußte. (Annegarn, Weltgeschichte VIII S. 332.) Auf Grund dieses Gesetzes war die Weltpriester-Kongregation verboten worden, die Kongregation der Brüder der christlichen Liebe aber durfte fortbestehen.

Was sind das für Brüder – wir halten uns an Kevelaer, – die mit den Priestern am Wallfahrtsort gewirkt haben? Da sich der Dienst der Brüder zumeist in der Stille vollzogen hat, geben die Mitteilungen der Chronik und der wenigen erhaltenen Akten kaum etwas her. Der Grabstein auf dem Kevelaerer Friedhof und ein Auszug aus der Chronik des Priesterhauses nennen einige Namen:

a) Grabstein der Canisianer:
Br. Matthias Polders 1808 – 1884
Br. Benedict Stief 1822 – 1901

Br. Leo Hörbelt 1845 – 1913
Br. Anton Koppers 1847 – 1919
Br. Victor Hermanns 1875 – 1937
Br. Hubert Faltmann 1873 – 1961
Br. Alois Stanek 1889 – 1969

b) Auszug aus der Oratorianerchronik 1869 S. 212, 13. August:
„In der Zeit, als die Geschäfte der Kongregation vom Ortspfarrer von Kevelaer Joseph van Ackeren wahrgenommen worden sind, war der Personenstand, was die Brüder anbetrifft, folgender:
I. Diener:
1. Matthias Polders aus Goch, Küster der Kapellen,
2. Heinrich Wolter aus Haltern (Bruder Alexius), Küster der Marienkirche

ohann Bernhard Brinkmann, Bischof von Münster 1870 – 1889, gründete 1854 als Rektor der Wallfahrt die Weltpriesterkongregation zu Kevelaer unter dem Schutze der schmerzhaften Mutter", aus ihr ging die Brüdergemeinschaft der Canisianer hervor. Gemälde im Canisius-Haus Münster

3. Benedict Stief aus Liebau, Pförtner
4. Vincent Erken(?) aus Straelen (Bruder Andreas), Hausdiener
5. Theodor Krampe aus Beckum, Gärtner; sämtlich Brüder der christlichen Liebe."

Wir können den Unterlagen entnehmen, daß sie, was an einem Wallfahrtsort verständlich ist, als Küster der verschiedenen Kirchen und Kapellen tätig waren. Da im Priesterhaus zu dieser Zeit, wie berichtet wird, keine Frauen als Bedienung bei Tisch üblich waren, mußten es die Brüder tun. Sie waren ebenfalls zuständig für die Heizung der Zimmer im Winter und für alle sonst anfallenden Dienstleistungen.

Außerhalb der Wallfahrtszeit wurden im Priesterhaus auch Wallfahrtskerzen hergestellt, und es gab im Haus sogar eine eigene Brauerei. Ob die Brüder dafür zuständig waren, dafür lassen sich allerdings keine Belege finden.

Vielleicht sollten wir aber einen Bruder besonders erwähnen. Es handelt sich um Bruder Benedict Stief, der nach einer Notiz in der Oratorianerchronik des Priesterhauses persönlich vom Gesellenvater Adolf Kolping der Kongregation zugeführt worden ist. Kolping hatte Stief empfohlen, eine Wallfahrt nach Kevelaer zu machen. Von der Begegnung mit dem Gnadenbild bewegt, faßte er den Entschluß, in Kevelaer zu bleiben. Er wirkte an der Pforte des Priesterhauses, konnte 1895 sein 40jähriges Jubiläum feiern und ist im Jahre 1901 gestorben. Die Erinnerung an Bruder Konrad von Parzham, den Pförtnerbruder von Altötting, kommt einem da in den Sinn. Erinnern möchten wir auch noch an Br. Viktor Hermanns, der aus dem Kevelaer benachbarten Weeze stammte, 34 Jahre der Kongregation angehörte, davon 33 Jahre in Kevelaer als Küster der Wallfahrtskirche gewirkt hat und 1937 gestorben ist.

Die Zeit des Nationalsozialismus und auch die Jahre des 2. Weltkriegs brachten sowohl für den Wallfahrtsort, als auch für die Kongregation oft erhebliche Beschränkungen mit sich. Erst Mitte 1947 konnten die Brüder mit dem damaligen Dechanten Holtmann wieder ins Priesterhaus einziehen.

Am 28. 10. 1947 wurde der Regens des Priesterseminars von Osnabrück, Dr. Michael Keller, neuer Bischof von Münster. Seiner Weitsicht ist es zu verdanken, daß sich den Brüdern neue Perspektiven eröffneten. Es ist die Zeit, wo in der Kirche ein neuer Aufbruch spürbar wurde. Romano Guardinis Wort vom „Aufbruch der Kirche in den Seelen" aus dem Jahre 1922 begann in der Kirche erneut zu leben. Die Bibelbewegung, liturgische Bewegung und Jugendbewegung konnten sich, von den Fesseln staatlicher Willkür befreit, nun entfalten. Das Wort vom Laienapostolat kam mehr und mehr ins Gespräch.

Bisher taten die Brüder ihren Dienst in ihren verschiedenen Aufgaben als Mitarbeiter der verantwortlichen Priester, aber es wurden doch auch andere Akzente gesetzt. Nach einer päpstlichen Visitation 1949/1950 gab Bischof Michael Keller den Brüdern der christlichen Liebe eine neue Satzung. Dadurch erhielt die Gemeinschaft ihre Selbständigkeit. Sie nennt sich „Genossenschaft der Brüder des hl. Petrus Canisius vom christlichen Apostolat". Die Gemeinschaft erhielt aus ihren Reihen die ersten Oberen und in Br. Felix Rohde den ersten Generaloberen. Das

Canisianer-Bruder Hubert Faltmann, von 1905 – 1961 treuer Diener des Gnadenbildes der „Trösterin der Betrübten" zu Kevelaer. Am Fenster: Kaplan Dr. Friedrich Lohmann (Foto um 1939)

Noviziatshaus wechselte von Ellewick bei Vreden nach Münster ins Canisiushaus. In einem Vorwort zu den neuen Satzungen der Canisianer schrieb Bischof Keller u. a.: „In Euch Canisianern erblicke ich darum die geeigneten Kräfte für so manche Aufgaben des Laienapostolats und der Seelsorgshilfe, wie sie die heutigen Verhältnisse mit sich bringen."

Als 1954 die Brüdergenossenschaft in Kevelaer unter Anteilnahme von Brüdern aller westdeutschen Brüdergenossenschaften ihr 100jähriges Bestehen feierte, Pfarrer war damals der spätere Bischof von Hildesheim Heinrich Maria Janssen, waren in Kevelaer 5 Brüder tätig. Wer waren diese Brüder, und an welcher Stelle waren sie am Wallfahrtsort tätig? Wir wollen uns auf zwei Brüder beschränken, die über längere Zeit am Wallfahrtsort gewirkt haben. Da ist zuerst Br. Alois Stanek zu nennen. Er kam von Schlesien und tat fast 50 Jahre seinen Dienst am Wallfahrtsort in verschiedenen Aufgaben. Nach dem Zweiten Weltkrieg und nach dem Wiederaufbau der zerstörten Pfarrkirche St. Antonius war er dort bis zur Errichtung der Pfarrei St. Marien im Jahre 1956 Küster. Danach war er Küster der Kerzenkapelle. Er starb 1969. Noch bekannter war Br. Hubert Faltmann. Er kam aus Havixbeck in Westfalen. 1905 wurde er nach Kevelaer versetzt und diente 56 Jahre hindurch bis kurz vor seinem Tod am 8. September 1961 in stiller und hingebender Weise dem Gnadenheiligtum der „Trösterin der Betrübten". Als er am Fest Mariä Namen unter großer Anteilnahme von Geistlichen und Ordensleuten, u. a. auch vom früheren Pfarrer und damaligen Bischof von Hildesheim, Heinrich Maria Janssen, beerdigt wurde, feierte man ein Festhochamt, und der Chor der Basilika sang die Krönungsmesse von W. A. Mozart. „Es ist schön, erwartet zu werden", war eines seiner letzten Worte. Das Leben und Sterben dieses Ordensmannes war gewiß zeichenhaft für manch andere Brüder, die in Kevelaer in den vielen Jahren gewirkt haben und auch heute noch ihren Dienst am Wallfahrtsort tun.

1962–1965 fand das II. Vatikanische Konzil statt, 1971–1975 die Synode der Bistümer in der Bundesrepublik Deutschland. 1969–1970 fand dann, einberufen noch durch Bischof Heinrich Tenhumberg, ein Außerordentliches Generalkapitel (Reformkapitel) der Brüdergemeinschaft statt. Die beiden o. a. kirchlichen Ereignisse übten ohne Zweifel eine starke Wirkung auf die geistliche Neuorientierung der Gemeinschaft aus, die nun den Namen: „Brüdergemeinschaft der Canisianer" trägt. Im Vorspruch zur neuen geistlichen Anweisung und Satzung für die Brüdergemeinschaft der Canisianer lesen wir u. a. folgendes: „Die Brüdergemeinschaft der Canisianer sieht ihren Sinn und ihr Ziel im Zeugnis lebendigen Glaubens, im brüderlichen Dienst und in der Sorge für die Bedürftigen. Sie erfüllt ihre Aufgabe in enger Verbindung mit den kirchlichen Gemeinden und Institutionen."

Der Aufbruch im Raum der Kirche, die Sehnsucht danach, als mündiger Christ anerkannt zu werden, machte auch vor den Ordensgemeinschaften nicht halt. Es brauchte weitsichtige Ordensobere, die neue Wege, Experimente nicht von vornherein ablehnten und verboten, wohl wissend, daß sie scheitern könnten und daß Freiheit auch mißbraucht werden kann. Vertrauen in jeden einzelnen war gefragt und wurde auch gewährt. In dieser Zeit gingen Brüder nach Mexiko als Entwicklungshelfer, begannen als Sozialarbeiter beim Caritasverband und setzten sich nach langjähriger Ausbildung für behinderte Menschen ein. Auch Priester und Diakone konnten wieder Mitglieder der Gemeinschaft werden. Hier kommt der soziale Aspekt, der schon in der Gründung enthalten war, in der Situation unserer Zeit zum Ausdruck.

Von Kevelaer ist noch zu berichten, daß 1976 dort das Pfingsttreffen mit dem Thema: „Das marianische Element in unserer Spiritualiät" und am 4. Juni 1979, wie schon erwähnt, ebenfalls beim jährlichen Pfingsttreffen das 125jährige Bestehen am Gründungsort gefeiert wurde. Beim Treffen von 1979 hielt Prof. Dr. Erwin Iserloh, Münster, in der Festakademie einen Vortrag zum Thema: „Einer ist euer Meister, ihr aber seid alle Brüder" (Mt 23,8). U. a. sagte er: „Kirche ist Bruderschaft. Jesus sagt im Matthäusevangelium: Einer ist euer Meister, Christus; ihr aber seid alle Brüder (23,8). Weil auch unter Christen der Geist der Bruderschaft bedroht ist, bedarf es der Gruppen, die sich die Verwirklichung der Bruderschaft zur Aufgabe machen. Bruderschaft gewinnt Gestalt in Bruderschaften. Die Kirchengeschichte zeigt, daß innerhalb und neben der hierarchischen Gliederung der Kirche es immer wieder Gemeinschaften gegeben hat, die stellvertretend und vorbildlich, beispielhaft und doch in einer unnachahmlichen Form den Auftrag zu verwirklichen suchten, der der ganzen Christenheit gegeben ist. Mit anderen Worten, es hat begrenzte und geformte Gemeinschaften gegeben, die den Versuch gemacht haben, die christliche Bruderschaft darzustellen.

Sie wollten nichts anderes als ernst machen mit dem, was an sich alle tun sollten."

Zum Zeitpunkt dieses Berichtes sind im Priesterhaus 6 Brüder tätig. Sie möchte ich nun kurz vorstellen: Da ist zuerst Bruder Norbert Hubbeling, der Senior unserer Kleingemeinschaft. Er kommt aus Vreden in Westfalen und konnte im Dezember 1989 sein Diamantenes Ordensjubiläum feiern. Mehr als 50 Jahre verbrachte er davon in Kevelaer, viele Jahre davon als Küster der Basilika und danach der Gnadenkapelle. Er lebt im Ruhestand und hilft nach seinen Kräften, wo Not am Mann ist. Da ist Bruder Jordan Strehlow. Seine Heimat ist Duisburg. Er wirkt als

Küsterdienste in der Marien-Basilika

Küster für die Gnadenkapelle, Kerzenkapelle und die Pax-Christi-Kapelle. Weiter ist in der Gemeinschaft Bruder Klaus Pittermann aus Ochsengraben im Sudetenland, der als Küster in der Basilika tätig ist und Bruder Reinhold Müller aus Duisburg-Hamborn, der ihm dabei hilft. Zuletzt sind dann noch zwei Brüder zu nennen, die im Priesterhaus ihre Arbeit leisten. Bruder Carl Debernitz aus Lipine in Oberschlesien, der als Mitarbeiter des Hausmeisters arbeitet und zugleich im Sekretariat des Internationalen Mariologischen Arbeitskreises mithilft und Bruder Sebald Stark, der Berichterstatter, der aus Kaaden im Sudetenland stammt und Verwaltungsaufgaben in der Wallfahrtsleitung und im Priesterhaus wahrnimmt. Er ist auch Leiter der Kleingemeinschaft.

Soweit es Zeit und Kräfte erlauben, setzen sich die Brüder neben ihrer beruflichen Tätigkeit für Aufgaben in der Pfarrgemeinde ein, sei es im Pfarrgemeinderat, in den kirchlichen Vereinen, in der Pax-Christi-Gruppe, im Alten- und Krankenapostolat. In den vergangenen Jahren waren in der Brüdergemeinschaft auch zeitweise Mitbrüder, die Praktika während der Postulats- und Noviziatszeit machten und ein Mitbruder, der als Altenpfleger für die Sozialstation Goch tätig war und den ganz gewiß mancher Betroffene noch kennt, Bruder Gerhard Haspecker. Unter den vielen Brüdern, die als Wallfahrtsaushilfe im Küsterdienst zeitweise geholfen haben, die in diesem Bericht leider nicht genannt werden können, sollten wir aber Bruder Josef Diesen nicht vergessen, den langjährigen Leiter der Gemeinschaft, dem wie auch den anderen Oberen Kevelaer immer ein Herzensanliegen war.

Am Ende dieses Berichts stellt sich die Frage, ob wir als Ordensbrüder den Menschen unserer Tage noch etwas zu sagen haben. Manche bisher wahrgenommenen Arbeitsfelder werden inzwischen von Laien ausgeführt, schon aus Gründen des Mangels an Ordensleuten. Wir sollten, so meine ich, bei allem Einsatz für die Randgruppen unserer Gesellschaft, für die sich keiner verantwortlich weiß, also für Arme, bestimmte

Canisianer-Brüdergemeinschaft in Kevelaer 1991; sie leistet vielfältige Dienste für die Wallfahrt und für die Pfarrgemeinde

Küsterdienste in der Kerzenkapelle

Kranke und Benachteiligte, den Dienst im innerkirchlichen Bereich nicht vernachlässigen. Hier in Kevelaer gibt es viele Aufgabenbereiche, in denen auch junge Christen im Orden sich bewähren können. An jeder Arbeitsstelle wird es in Zukunft wichtig sein, wie der einzelne Bruder innerhalb seines speziellen Aufgabenbereichs mit Mut und Phantasie die „Zeichen der Zeit" zu entdecken versucht. Eine Frage ist freilich, ob das nicht Brüder, die es ernst meinten mit ihrer Berufung, schon immer getan haben, freilich oft ohne große Worte. Im Synodenpapier der Bistümer in der Bundesrepublik Deutschland heißt es im Beschluß: „Orden" 2.2.1:

„Geistliche Gemeinschaften erfüllen ihren Auftrag nicht schon dort, wo sie diesen oder jenen konkreten Dienst leisten. Was sie den Menschen vor allem schulden, ist ein geistlicher Dienst: Erhellung des Lebenssinnes, Glaubensermutigung, Zeugnis für Gottes Dasein und Liebe, eine Haltung der Selbstlosigkeit und Hilfsbereitschaft, des Vertrauens und der Hoffnung, ein Beitrag zur Achtung der Menschenwürde und zur Menschlichkeit des Lebens."

In einem Büchlein mit dem Titel „Damit die Kirche lebe", verfaßt von den Autoren Paul M. Zulehner und Johannes Haas, können wir folgendes lesen: „Ordensleute sind ein ‚Arme-Leute-Segen'. Dreifach wollen sie leben: ehelos, doch nicht beziehungslos, gehorsam, doch nicht willenlos, arm, doch nicht mittellos. Dreifach können sie zum Segen werden: ehelos – zum Segen für die, die beziehungs-los geblieben oder geworden sind; gehorsam – zum Segen für die, die bindungs-los geblieben oder geworden sind; arm – zum Segen für die, die in ihrem Reichtum arm geblieben oder geworden sind."

Wir werden uns fragen müssen, ob wir dieser Anfrage an uns genügen. An möglichst vielen hochherzigen jungen Brüdern, die dem Ruf des Herrn folgen, um mit uns brüderlich in Gemeinschaft zu leben, werden wir ablesen können, ob wir glaubwürdige Zeugen in der Nachfolge Jesu sind.

M. Bernadette Bargel

100 Jahre Klarissen in Kevelaer 1892–1992

Ein Zeichen am Pilgerweg der Wallfahrer

Ich, der ganz kleine Bruder Franziskus, will dem Leben und der Armut unseres höchsten Herrn Jesus Christus und seiner heiligsten Mutter nachfolgen und darin bis zum Ende verharren. Und ich bitte euch, meine Herrinnen, und gebe euch den Rat, ihr möchtet doch allezeit in diesem heiligsten Leben und in der Armut leben. Und hütet euch sehr, daß ihr nicht auf die Lehre oder den Rat von irgend jemand hin in irgendeiner Form auf ewig davon abweichet.“ (Vermächtnis für die heilige Klara, FranzQuSchr I, S. 217, DCV Werl).

Wer war dieser Mann, der kurz vor seinem Heimgang ein solches Vermächtnis hinterließ? Es ist jener Heilige von Assisi, der von seiner Bekehrung an bis heute durch sein überzeugendes Vorbild wegweisend wirkt.

Franziskus, als Sohn eines reichen Kaufmanns geboren, verbringt eine sorglose Jugend. In seinem rastlosen Suchen, in seinem ausschweifenden Leben mit Gleichgesinnten, in den Verwicklungen der kämpferischen Truppen der Feudalherren mit den Bürgern der Stadt, findet er die Aussätzigen der Stadt. Sie zeigen ihm andere Werte des Lebens. Franziskus bricht radikal mit seinem Vater, mit seiner Umwelt, mit seiner Vergangenheit. Im Evangelium findet er das Leben. Wachen und bereiten Herzens hört er die Worte aus dem Matthäus-Evangelium: „Heilt Kranke, weckt Tote auf, macht Aussätzige rein, treibt Dämonen aus! Umsonst habt ihr empfangen, umsonst sollt ihr geben. Steckt nicht Gold, Silber und Kupfermünzen in euren Gürtel. Nehmt keine Vorratstasche mit auf den Weg, kein zweites Hemd, keine Schuhe, keinen Wanderstab; denn wer arbeitet, hat ein Recht auf seinen Unterhalt. Wenn ihr in eine Stadt oder in ein Dorf kommt, erkundigt euch, wer es wert ist, euch aufzunehmen; bei ihm bleibt, bis ihr den Ort wieder verlaßt. Wenn ihr in ein Haus kommt, dann wünscht ihm Frieden.“ (Mt 10,8–12).

Er war kein tauber Hörer. Franziskus ging den neuen Weg: das heißt, Freisein von allen Dingen, die Brüderlichkeit verwirklichen, die Kirche Jesu Christi, die er liebte, von innen her erneuern und die Liebe zu allen Geschöpfen leben. Franziskus machte ernst mit seiner Bekehrung, mit dem Anspruch Christi. Er unterstellte sich mit seinem Ordensideal und mit allen seinen Brüdern, die sich ihm anschlossen, der Kirche und reformierte sie so von innen her.

Die erste Frau, die dem heiligen Franziskus folgt, ist Klara Favarone. Sie gehört zu seinem Leben. Beide haben ein- und dasselbe Ziel: dem gekreuzigten Christus gleichförmig zu werden. Beide, Franziskus und Klara, lassen sich glaubend auf Gott ein. Weil sie nichts festhalten, werden sie zu gefügigen Werkzeugen in der Hand des Herrn, zu Gehilfen Gottes und

Stützen der Kirche. Klara will die Empfangende sein und das Geschenkte im Schweigen hüten und zur Frucht werden lassen. Der innerste Sinn ihres verborgenen Lebens ist die Hingabe, das Gebet, das liebende Schweigen. Sie will Wächterin sein in der Nacht, das heißt in der Dunkelheit ihrer Zeit.

Schlicht und einfach, zugleich mutig und stark, stellte sie sich dem Anspruch Gottes. Über vierzig Jahre lebte Klara in größter Armut in dem kleinen Kloster San Damiano. Als erste Frau verfaßte Klara ihre eigene Regel. Mit viel Mut, Tapferkeit und Klugheit verteidigte sie diese Form der Christusnachfolge vor Bischöfen und Päpsten.

l. Franziskus und Hl. Klara. Detail eines Gemäldes von Niccolo da Foligno gen. Alunno, 15. Jahrhundert, Priesterhaus Kevelaer

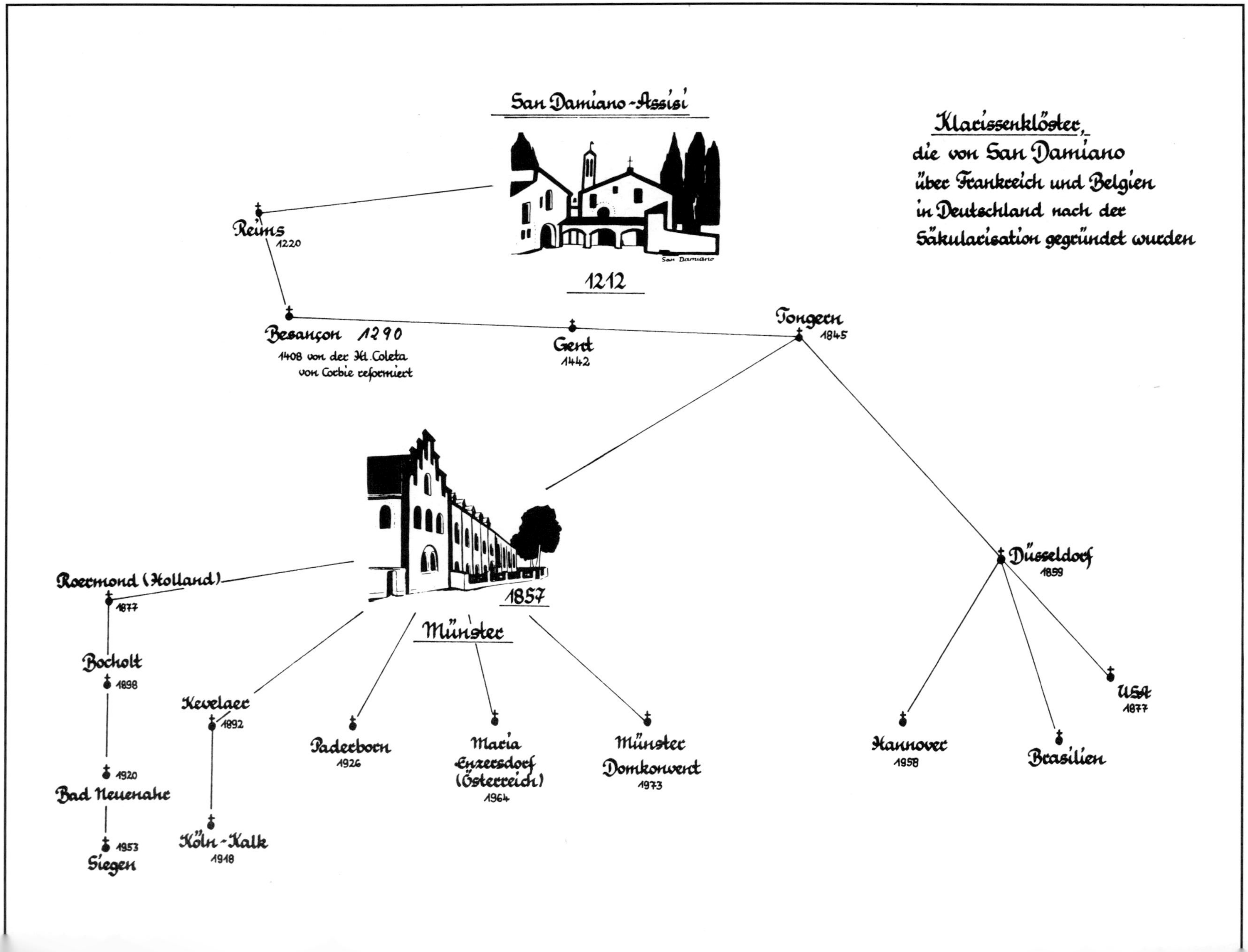
Klarissenklöster,
die von San Damiano
über Frankreich und Belgien
in Deutschland nach der
Säkularisation gegründet wurden
San Damiano-Assisi
San Damiano
1212
Reims 1220
Besançon 1290
1408 von der Hl. Coleta
von Corbie reformiert
Gent 1442
Tongern 1845
Düsseldorf 1859
Hannover 1958
Brasilien
USA 1877
1857
Münster
Roermond (Holland) 1877
Bocholt 1898
1920 Bad Neuenahr
1953 Siegen
Kevelaer 1892
Köln-Kalk 1948
Paderborn 1926
Maria Enzersdorf (Österreich) 1964
Münster Domkonvent 1973

Daraus erwuchs ihr auch jene Stärke, die sie befähigte, mutig den anrückenden Sarazenen, die die Stadt Assisi und das Kloster San Damiano bedrohten, entgegenzutreten. Durch ihren tiefen und lebendigen Glauben bannte sie die Gefahr. Klara rief nicht zum Kampf auf; sie setzte sich mit dem eucharistischen Herrn dem Feind aus.

Franziskus sagte am Ende seines Lebens: „Sei gelobt, mein Herr, für Schwester Klara. Du hast sie schweigsam gemacht, tatkräftig und einfühlsam. Durch sie leuchtet dein Licht in unsere Herzen." Klaras leuchtendes Beispiel strahlte hinein in alle Jahrhunderte, strahlt bis hinein in unsere Zeit. Immer wieder rief Gott Frauen auf diesen von Klara gewählten Weg der Nachfolge.

Vom ersten Kloster in San Damiano aus schickte Klara schon 1220 einige ihrer Schwestern nach Reims. Von diesem Kloster aus wurden zahlreiche Neugründungen ins Leben gerufen, so auch 1290 das Kloster in Besançon. Im Jahre 1408 reformierte die heilige Coleta mit einigen Schwestern dieses Kloster und führte hier zuerst die neuen strengen Konstitutionen ein.

Von Besançon aus gründete Coleta 1442 ein Kloster in Gent. Von hier aus wurde 1845 das Kloster in Tongern gegründet. Da in diesem Kloster auch Frauen aus Westfalen und dem Rheinland um Aufnahme baten, plante man schon bald eine Neugründung in Deutschland.

„Die Äbtissin von Tongern, Maria Lucia de Schütere, bemühte sich bei Bischof Johann Georg Müller um die Gründungserlaubnis in der Stadt Münster . . . Die ganze Angelegenheit nahm einen günstigen Verlauf, so daß bereits am Fest der heiligen Klara, am 12. August 1857, die Niederlassung eröffnet werden konnte. Bischof Johann Georg weihte selbst die Kapelle und die Wohnung ein. Vorläufig hatten die Töchter der heiligen Klara in Münster wieder ein Heim; und durch ihr stilles und verborgenes Leben hatten sich die Schwestern bald die Liebe und Gunst der Münsteraner erworben. Im Herbst 1863 war der Neubau des Gebäudes soweit fertiggestellt, daß die Schwestern das neue Kloster beziehen konnten. Nach zwölf friedlichen Jahren des Gebetes, der Arbeit und der Buße folgte eine schwere Zeit. Der Kulturkampf machte auch vor dem Klarissenkloster nicht halt. Am 19. August 1875 kam der Befehl der Aufhebung. In der Diözese Herzogenbusch/NL im Dörfchen Katwijk und dann ab September 1877 in Roermond fanden die Schwestern liebevolle Aufnahme. Die Verbannung sollte zwölf Jahre lang dauern. Am 17. Oktober 1887 reisten die Schwestern von der Maas-Stadt ab.

Bereits fünf Jahre nach der Rückkehr konnte der münsterische Konvent eine Neugründung wagen. 1892 begann die aus Münster stammende Schwester Maria Bonaventura Spriekmann-Kerkering als erste Äbtissin der neuen Gemeinschaft mit sechs Schwestern und vier Novizinnen im Wallfahrtsort Kevelaer ..." (Aus der Chronik des Klosters der Armen Klarissen zu Münster in Westfalen).

Die Gründung des Klarissenklosters in Kevelaer war mit vielen Schwierigkeiten verbunden. Die Chronistin des Klosters berichtet: „Endlich, nach siebenmonatlichem Warten, am 20. Juni 1891, einem Samstage, kam das Genehmigungsschreiben für die Klosterstiftung an. Dasselbe war am 16. Juni, dem Fest der ‚Mutter von der immerwährenden Hilfe' in

Düsseldorf ausgefertigt worden. Da der 20. Juni der Oktavtag vom Fest des heiligen Antonius war, den wir auch besonders angerufen hatten, so glaubten wir, auch hierin eine Fügung des Himmels zu sehen. Noch an demselben Tage machte unsere Ehrwürdige Mutter Äbtissin Antonia der Frau Gräfin von Schaesberg und dem Hochwürdigen Herrn Dechant van Ackeren von diesem freudigen Ereignis Mitteilung. Dienstagabend nach sieben Uhr kam ein Telegramm der Frau Gräfin des Inhaltes, daß sie am folgenden Tage unsere Ehrwürdige Mutter Äbtissin in Kevelaer erwarte, damit sie sich den gewählten Bauplatz ansehen und das Nähere mit ihr besprechen könne. Unsere Ehrwürdige Mutter Äbtissin trat am folgenden Morgen die Reise nach Kevelaer in Begleitung einer Chorschwester an und wurde aufs Herzlichste von der Frau Gräfin empfangen. Der erste Gang galt natürlich dem Gnadenbild, wo der lieben Mutter Gottes Dank gesagt wurde für den bisherigen, wenn auch einigermaßen gestörten, doch sonst günstigen Verlauf der Angelegenheit. Nachdem wir dieselbe auch der ferneren mächtigen Fürbitte der Gnadenmutter empfohlen hatten, begaben sich unsere Ehrwürdige Mutter Äbtissin und Schwester Maria Bonaventura in Begleitung der Frau Gräfin zum Hochwürdigen Herrn Dechant. Der Bauplan, welcher schon vorher angefertigt worden war, wurde Herrn Dechant vorgelegt. Er bemerkte, daß er den Baumeister der Beichtkapelle erwarte. Dieser Herr könne den Plan besichtigen und die Baukosten im Großen und Ganzen taxieren. Der Herr erschien dann auch bald und erklärte, daß der zuerst anzulegende Teil des Klosters, nämlich die Kirche, das Wohnhaus der Laienschwestern und ein Flügel des Hauses der Chorschwestern sich auf 40 000 bis 45 000 Mark belaufen würde. Der Herr Dechant begab sich mit dem Baumeister zum Bauplatz und Letzterer kam nachmittags noch zur Frau Gräfin, woselbst ihn unsere Ehrwürdige Mutter Äbtissin beauftragte, einen Bauplan herzustellen, und lud ihn zu diesem Zwecke zu einer baldigen Besichtigung des Münster'schen Klosters ein. Aber auch dieses Mal sollte die Sache nicht ungestört von Statten gehen. Der Hochwürdige Herr Dechant ließ durch den Baumeister sagen, daß er glaube, daß es ganz im Sinne des Hochwürdigsten Herrn Bischofs wäre, wenn das Kloster an die Pfarrkirche St. Antonius gebaut würde. Die Herren Kapläne hätten ihm berichtet, daß der Hochwürdigste Herr Bischof bei einem kürzlichen Besuch in Kevelaer, während er selbst abwesend gewesen sei, eine also lautende Äußerung getan habe. Unsere Ehrwürdige Mutter Äbtissin erwiderte hierauf, daß sie nicht darauf eingehen könne, sie habe dies dem Herrn Dechant auch bereits mitgeteilt. Etwas später kam der Herr Dechant selbst und bemerkte: ‚In dem Willen des Oberhirten müsse man den Willen Gottes erkennen und, wenn das Kloster an die Pfarrkirche gebaut würde, wäre alles bald in Ordnung, sonst aber sei keine Aussicht vorhanden, daß eine Niederlassung unseres Ordens in Kevelaer zustande käme.' Unsere Ehrwürdige Mutter Äbtissin sagte, sie wolle den Hochwürdigsten Herrn Bischof sogleich nach ihrer Rückkehr nach Münster um seine Meinung fragen und dieser wolle sie sich gerne unterwerfen. Sobald unsere Ehrwürdige Mutter Äbtissin in Münster angekommen war, berichtete sie dem Hochwürdigsten Herrn Bischof über den Erfolg ihrer Reise und bat um Nachricht darüber, wie Seine Bischöflichen Gnaden in Bezug auf den Ort, wo das Kloster zu erbauen sei, dächten. Darauf folgte die sofortige Antwort, daß ein grobes Mißverständnis der Herren Kapläne vorläge. Mutter Äbtissin möchte den Bauplatz aussuchen, der für den Klosterbau am besten geeignet sei. Diese Antwort teilte unsere Ehrwürdige Mutter Äbtissin sogleich dem Herrn Dechanten mit."

Der neue Bauplatz des Klosters lag nun an der Twistedener Straße, gegenüber dem Eingang zum Kreuzweg. Verbindet sich nicht mit der äußeren Lage des Klosters die innere Berufung einer Klarisse? Das Ausharren, das Dasein, das Sich-ein- oder -aussetzen mit und vor dem gekreuzigten Herrn ist ihre höchste Aufgabe. So wie Christus sich entäußerte, Knechtsgestalt annahm und uns Menschen gleich wurde (vgl. Phil 2,5–7), so wird auch die Schwester mit hineingenommen in die Stellvertretung, in das große Erlösungswerk. In der Verborgenheit der Klausur gleicht sie dem Weizenkorn, welches stirbt. Durch dieses Sterben in Christus hinein gibt sie der Welt das Leben.

Das Beten und Arbeiten der Schwestern schafft gleichsam einen Raum in der Zeit, in dem Gott der Mittelpunkt, die Herzmitte ist. Im Schweigen bewahrt sie in der kranken Welt eine Zelle, die heil ist und heilend wirkt. –

„Endlich wurde im November (1891) mit der Legung des Fundamentes begonnen. Beim Eintritt des Frostes ruhte der Bau natürlich, um erst im kommenden März 1892 wieder aufgenommen zu werden. In diesem Jahr wurde das 250jährige Bestehen des Kevelaerer Wallfahrtsortes gefeiert. Durch die Vorbereitungen zu dem bevorstehenden Jubiläum, das am 1. Juni 1892 begann und später durch die Feierlichkeiten desselben, war Herr Dechant sehr in Anspruch genommen, so daß er den Bauarbeiten nur wenig Aufmerksamkeit schenken konnte. So kam es denn, daß der Bau nur langsam voranschritt. Es schien unserer Ehrwürdigen Mutter Äbtissin geraten, den Bau doch einmal zu besichtigen ... Unsere Ehrwürdige Mutter Äbtissin begab sich in Begleitung unserer Mutter Vikarin, Schwester Maria Josefa, denn am 16. Mai 1892 nach Kevelaer ... Aber welch einen Schrecken bekamen die beiden Mütter, als sie im Laufe des Nachmittags zur Baustelle kamen. Die Mauern kamen eben aus der Erde, so daß man kaum erkennen konnte, was es werden sollte. Nur wenige Arbeiter waren am Bau beschäftigt. Es machte einen ganz entmutigenden Eindruck auf unsere Ehrwürdige Mutter Äbtissin und ihre Begleiterin, die sich vorgestellt hatten, den Rohbau fast vollendet zu finden ...

Nach einiger Zeit, als die Bauarbeiten bald so weit waren, daß die wichtigsten Teile, das Sprechzimmer und die Pforte, welche den Vorschriften der heiligen Regel und Statuten gemäß errichtet sein müssen, in Angriff genommen werden sollten, unternahm unsere Ehrwürdige Mutter Äbtissin nochmals eine Reise nach Kevelaer ... Diese Reise trat unsere Ehrwürdige Mutter Äbtissin am 5. August 1892 in Begleitung einer Chorschwester an ... Nachmittags wurde der Bau besichtigt, der aber jetzt sichtlich vorangeschritten war, sogar die Kirche war im Rohbau ziemlich fertig und das Türmchen der Kirche war schon mit Holz bekleidet. Natürlich fehlte noch viel bis zur Vollendung des Baues, so daß es Mutter Äbtissin sehr zweifelhaft erschien, ob der Einzug der kleinen Klostergemeinde wohl noch im Herbst werde stattfinden können ...

Am Freitag, den 21. Oktober 1892, kam die Nachricht vom Hochwürdigen Herrn Dechanten, daß der Hochwürdigste Herr Bischof beschlos-

Klarissenkloster Kevelaer, um 1930

sen habe, unsere Klosterkirche in Kevelaer am 29. d. M. einzuweihen. Die Übersiedlung wurde auf Dienstag, den 25. Oktober 1892 festgesetzt. Morgens reisten wir in Begleitung des damaligen Domkapitulars, späteren Weihbischofs, Graf von Galen, von Münster ab und kamen gegen elf Uhr in Kevelaer an, wo wir von der Gräfin Schaesberg herzlich empfangen wurden . . . Vom Hause der Gräfin begaben wir uns zur Gnadenkapelle, sowie zur Marien- und Wallfahrtskirche. Nachdem wir dort dem lieben Gott und der lieben Gottesmutter für das glückliche Gelingen der Stiftung gedankt und uns auch Gottes Segen und den Schutz unserer lieben Mutter Maria für alle kommenden Zeiten erfleht hatten, schlugen wir unseren Weg zum Kloster ein. Es war gerade zwölf Uhr mittags, und so traf es sich, daß wir, da der Schulunterricht beendet war, unter Begleitung der fröhlichen Schuljugend in unser neues Heiligtum einzogen. Daselbst nahmen alle Schwestern das Mittagsmahl ein, an welchem auch die Frau Gräfin teilnahm. Dasselbe wurde uns vom Gasthof Gruyters hierselbst kostenfrei zugesandt ...

Samstag, den 29. Oktober 1892, erfolgte durch den Hochwürdigsten Herrn Bischof Hermann von Münster, welcher mit seinem Geheimsekretär Herrn von Hartmann erschienen war, die Einweihung unserer Klosterkirche ..." (Aus der Chronik des Klarissenklosters in Kevelaer).

Über die Einweihung des Klosters berichtet auch die Oratorianer-Chronik: „Mit der Einweihung der Kirche und der offiziellen Schließung der Klausur war das neue Klarissenkloster errichtet. 250 Jahre nach der Einsetzung des Gnadenbildes begannen die Klarissen mit ihrem Dienst. Gleichsam war so die Wallfahrt dem Fürbittgebet der Schwestern anvertraut. Auf dem Pilgerweg der Wallfahrer sollte das Klarissenkloster einladen zum Gebet, zum Stillwerden, um auf Gott zu hören und seinem Sohn – mit der Hilfe Mariens – auf dem Weg zu ihm zu folgen. Tag und Nacht ertönte die kleine Glocke der Kirche um den Menschen zu sagen, daß die Schwestern sich aufmachen zum Lob- und Bittgebet, zum Hören auf Gottes Wort. So wird in der Geschichte Heilsgeschichte. Der Glockenschlag ist ein Zeichen für das Geheimnis Gottes in unserer Welt und Zeit."

In den folgenden Jahren wurde nach und nach der Bau des gesamten Klosters vollendet. Schon ab April 1893 traten Postulantinnen ein. So wuchs die kleine Gemeinschaft. Am 10. Juli 1898 starb die größte Wohltäterin und Mitstifterin des Hauses, Frau Gräfin von Schaesberg. Viele Kevelaerer und Pilger unterstützten die Schwestern. Aber auch viel Leid, Kummer und Sorgen wurden zu den Schwestern getragen.

Im August 1914 brach der Erste Weltkrieg aus, der entsetzlich viel Leid für die Menschen brachte. Belgische Klarissen von Boom/Antwerpen fanden vorübergehend schwesterliche Aufnahme und Hilfe in unserem Kloster. Am 30. Januar 1915 starb die Gründer-Äbtissin, Schwester Maria Bonaventura. Zur Nachfolgerin wurde Schwester Maria Johanna Rödder gewählt.

Auch in der Notzeit des Krieges nahm Schwester Maria Johanna trotz der Bedenken einiger Schwestern neue Postulantinnen auf. So konnte sie unmittelbar nach dem Krieg einen lang ersehnten Wunsch verwirklichen: eine Neugründung in Köln.

Die Zahl der Chorschwestern betrug im Januar 1918 sechsundzwanzig. Am 19. Juni 1918 zogen die sieben ausgewählten Stifterinnen unter dem Läuten des Klosterglöckchens zum Kapellenplatz und dann mit dem Segen der lieben Gottesmutter in Begleitung des Herrn Prälaten Kempkes und der Mutter Äbtissin Johanna zum Bahnhof. Der Abschied vom Wallfahrtsort fiel allen schwer, doch wurden sie am Gründungsort von der „Schmerzhaften Mutter von Köln-Kalk empfangen", so lesen wir es in der Chronik. Unter der Leitung der ersten Äbtissin Mutter Maria Baptista wuchs die kleine Gemeinschaft nach innen und außen. Im Kevelaerer Konvent war wieder Platz für die Aufnahme junger Schwestern.

Es kam die Zeit des Nationalsozialismus, die Zeit der Verfolgung der katholischen Kirche in Deutschland unter dem Hitler-Regime. In der Chronik heißt es: „Bei einem Parteigenossen in Kevelaer kam im August 1942 die GESTAPO (Geheime Staatspolizei) und verkündete dort, daß sie am 16. August unser Kloster räumen wollten. Wir brachten schon etwas in Sicherheit, aber die Gefahr ging vorüber. Dagegen blieb die beständige Sorge, daß die Schwestern bis zum Alter von 45 Jahren dienstverpflichtet werden sollten. Um vorzubeugen und davon befreit zu bleiben, arbeiteten wir in der Clausur für die Wehrmacht Handschuhe und Fliegerhauben, eine schwere Aufgabe ..." April 1942 wurde schon die kleine Kapellenglocke geholt. Am 3. Juli 1943 wurde das Klarissenkloster in Köln-Kalk stark bombardiert. Die Schwestern konnten nicht mehr in dem zerstörten Haus wohnen. Darum kamen sie alle in unser Kloster zurück. Trotz allem Leid und aller Sorge war die Wiedersehensfreude groß.

Der 27. September 1944 war für unser Kloster der schwerste Tag. Die Kirche, ein Teil des Klosters und der gesamte Pfortenflügel wurden durch Bomben zerstört. Zwei Schwestern fanden den Tod, Schwester Maria Veronika und Schwester Maria Gonzaga aus dem Kalker Konvent. Schwester Maria Gertrudis lag schwerverletzt unter den Trümmern. Sie konnte aber nach dreimonatigem Aufenthalt im Krankenhaus geheilt zurückkommen. Über diesen Schreckenstag schreibt die Chronistin: „Die übrigen Schwestern wurden vom Hochwürdigen Herrn Dechant Holtmann zum Priesterhaus geholt. Eine solche Prozession hat Kevelaer noch nie gesehen! Herr Dechant ging voran mit den heiligen Gefäßen, es folgten die mit Staub und Schmutz bedeckten Schwestern. Sie waren bei dem Krachen die Kellertreppe heruntergelaufen, die durch zertrümmerte Ölflaschen verschmutzt war, dann durch den Durchbruch, welcher vorsichtshalber im Sandkeller gemacht war, gekrochen, von der Clausur in den Keller der Außenschwestern. Die Pforte war zerstört und am Eisentürchen im Hof ein großer Trichter. Nachdem wir das ‚Großer Gott, wir loben dich', gesungen hatten, ging die Prozession langsam durch die Straßen, eine halbe Stunde lang bis zum Priesterhaus. Schwester Maria Theresia, Schwester Maria Josefa und die älteren Schwestern hatten kaum etwas an den Füßen. Schwester Maria Angela war im Keller durch Einsturz der Decke mit Steinen verschüttet, und noch mehrere Schwestern konnten wegen leichterer Verletzungen nicht schneller gehen.

Im Priesterhaus waren wir gut aufgehoben, den Schwestern von der Göttlichen Vorsehung können wir nicht genug danken. Sie sorgten die kommenden Monate für uns; aber wir hatten die liebe Clausur nicht mehr. Von dieser Zeit an wurden die Nächte noch unruhiger. Bisher waren meist größere Städte das Ziel der Fliegerangriffe gewesen. Jetzt waren alle Schwestern so furchtsam, daß wir ganz im Keller unseren Aufenthalt nahmen. Am 18. Oktober 1944 kam ein Telegramm aus Klotzsche, daß sofort neun Schwestern nach dort kommen könnten. Ehrwürdige Mutter Äbtissin beschloß, daß unsere alten und kränklichen Schwestern der Einladung folgen sollten, damit sie aus den Gefahren und Unruhen, die die nahe Front mit sich brachte, herauskämen. Gegen Mittag geleitete unsere liebe Ehrwürdige Mutter Äbtissin dieselben zum

Omnibus. Herr Dechant spendete ihnen dort seinen Segen ... Am 11. Januar 1945 kam Herr Kaplan Bensch mit der Nachricht vom Amt, die Schwestern müßten bis zum 15. Januar 1945 Kevelaer verlassen. Ein Auto aus Bocholt holte für Frau Lenders und andere Flüchtlinge Möbel und es wurde uns gesagt, daß noch elf Schwestern mitfahren könnten. Wir sahen wieder, wie Gottes Vorsehung sorgte und uns führte ... Um acht Uhr kamen wir im Clarissenkloster zu Bocholt an. Die Bestürzung war groß, aber auch die Freude des Wiedersehens. Acht Wochen gingen so friedlich dahin, allerdings war oft bei Tag und Nacht Fliegeralarm; aber es ging gut bis zum 22. März 1945. An diesem Tage wurde ganz Bocholt in Trümmer und Asche gelegt ... Die Brandbomben hagelten nur so auf das Kloster herunter; alles krachte und brannte ... Gottes Hand führte uns zu einer weiteren vorläufigen Unterkunft auf Gut Geuting in Spork bei Bocholt ... Dann kam die Front näher ..."

Klarissenkirche und Klarissenkloster kriegszerstört am 27. September 1944

Nach wiederholten Verhandlungen konnten die Schwestern endlich am 24. Mai 1945 unter großen Strapazen und Unannehmlichkeiten nach Kevelaer zurückfahren. Das Kloster war am 2. März 1945, vor dem Einzug der Engländer, vollständig zerstört worden. Zuerst war guter Rat teuer. Wo sollten die Schwestern bleiben? Die Familien Salomon und Dormann-Franssen boten Unterkunft an. Täglich gingen die Schwestern zum Kloster, um in den Trümmern aufzuräumen. In dem kleinen Haus Salomon wurde es zu eng. Herr Pastor Coenders in der Josefstraße überließ uns mehrere Räume in seinem Haus. Als aber am 10. September 1945 die Schwestern von Klotzsche nach einer langen, unglaublich abenteuerlichen Reise von Dresden aus hier ankamen, wurde es wieder zu eng. Die Wiedersehensfreude war groß. Nun war die Gemeinschaft wieder zusammen.

Diese Verbundenheit gab Mut und Zuversicht für den Wiederaufbau des Klosters. Der Plan wurde gemacht, und am Tag nach dem Fest der

Beim Vespergebet in der neuen Klarissenkirche. Wand-Sgraffito von Heribert Reul, Kevelaer

heiligen Mutter Klara, am 13. August 1945, begann man mit dem Wiederaufbau. Nach und nach wuchs der Bau, unter großer Mithilfe der Schwestern, der Bauunternehmer, der einzelnen Firmen und vieler guter Wohltäter. Von 1946 bis 1954 dauerte die Wiederherstellung der Gebäude. Am Fest der Sieben Freuden Mariens segnete Herr Dechant Heinrich Maria Janssen alle Räume und schloß die Klausur. Das stille, verborgene Leben konnte wieder aufgenommen werden. Im Laufe der folgenden Jahre mußte noch vieles am Haus und im Garten vervollständigt werden. Trotz dieser vielen Bauarbeiten und des ungeregelten Lebens traten ab 1948 wieder Postulantinnen ein.

Ein besonderer Tag war für die Gemeinschaft der 18. Januar 1961: die Feier der Konsekration des neuen Altares. Die Chronistin schildert eindrucksvoll diese Weihehandlung und fügt hinzu: Gebe Gott, daß unser

Altar nun eine wirkliche Gnadenstätte für uns und alle werde, die in unserer Kirche beten und das heilige Opfer feiern.

Am 11. Oktober 1962, dem Fest der Mutterschaft Mariens, eröffnete Papst Johannes XXIII. das II. Vatikanische Konzil. Ein neues Pfingsten in der Kirche und auch für unseren Orden begann. Im Laufe der folgenden Jahre erarbeiteten die Schwestern und verschiedene Kommissionen neue Konstitutionen, um in der veränderten Zeit dem Anspruch des Evangeliums, der Kirche und den Menschen von heute gerecht zu werden. – Jahre hindurch arbeiteten die Schwestern am Wiederaufbau des Klosters. Nun mußte am inneren Aufbau gearbeitet werden. – Demzufolge renovierten wir, den Liturgiekonstitutionen entsprechend, den Altarraum und das Chorgitter. Das wurde von den Schwestern, wie auch von den Betern in unserer Kapelle dankbar angenommen. Die Feier der Liturgie mit den Gläubigen ist den Schwestern ein besonderes Anliegen. Das Leben aus der Liturgie schließt das stille Gebet, die Stellvertretung, das Dasein für andere, Gottes Segen und Heil herabflehen auf eine zerrissene Welt, mit ein.

Doch, sind das nicht Werte und große Worte, die in der Hektik des Alltags, in dem Konsum- und Diesseitsdenken untergehen, ja, sinnlos erscheinen? Ein wirklich kontemplatives Leben, das „zur vollen Darstellung der Kirche gehört" und den tieferen Neigungen der menschlichen Natur entspricht, ist ein Leben, das „in Einsamkeit und Schweigen, in anhaltendem Gebet und hochherziger Buße" geführt wird. Es ist eine „besondere Form, das österliche Christusmysterium zu leben und zum Ausdruck zu bringen: Tod um der Auferstehung willen".

Weil die heilige Klara sich ganz auf dieses Sterben und Auferstehen einließ, war sie leer, aufnahmefähig und bereit für das Leben in und mit Gott. Leben in Fülle (nach Joh 10,10)! Wer sehnt sich nicht danach? Eine Grundstimmung der Angst, der Verdrossenheit, der Müdigkeit macht

Klarissenkirche und Kloster wiedererrichtet 1946-1954

sich breit. Lebensinhalte, Lebensbejahung und Lebensfreude werden vermißt. Gott, das Sich-ausrichten nach ihm, gibt man auf, um sich mit Vordergründigem zufrieden zu geben. Pater Alfred Delp SJ schrieb kurz vor seiner Hinrichtung am 2. Februar 1945 in Plötzensee: „Brot ist wichtig! Die Freiheit ist wichtiger! Am wichtigsten ist die ungebrochene Treue und die unverratene Anbetung."

Unser Kloster liegt an einer verkehrsreichen Straße. Und genau mitten in diesem Lärm liegt dieser abgeschlossene, stille Lebensbereich, um den Blick auf Gott zu lenken. Das äußere Sich-abschließen muß identisch sein mit dem inneren Sich-öffnen für Gott, für die Menschen.

Siebenmal am Tag unterbrechen die Schwestern ihre einfachen Arbeiten, um beim Chorgebet Gottes Lob zu singen. Beim Beten der Psalmen, beim Hören der Schriftworte trägt die Schwester alles vor Gott. Glaube und Anbetung, Zweifel und Dunkelheit, Dankbarkeit und Klage, tiefe Freude und ergriffenes Staunen. Sie steht dann für die vielen Menschen, die nicht mehr beten können, für diejenigen, die um Gebetshilfe baten, und auch für die Menschen, die nicht mehr beten wollen.

Rafael Hombach drückt es so aus: „Auf deinem Weg zu Gott ist dir mancher anvertraut, ohne daß du ihn kennst, ohne daß er dich kennt. Gott allein weiß es."

„Freude und Hoffnung, Trauer und Angst der Menschen von heute, besonders der Armen und Bedrängten aller Art, sind zugleich auch Freude und Hoffnung, Trauer und Angst der Jünger Christi: Und es gibt nichts wahrhaft Menschliches, das nicht in ihren Herzen seinen Widerhall fände," sagt das Konzil.

Vor mehr als 700 Jahren schrieb die heilige Klara an Agnes von Böhmen – Papst Johannes Paul II. sprach sie am 12. November 1989 heilig – : „Ich halte dich für eine Gehilfin Gottes selbst und eine Stütze der gebrechlichen Glieder seines Leibes, der Kirche. Und unser Herr sei mit dir zu allen Zeiten, und gebe Gott, daß du allezeit in ihm seiest."

Kontemplatives Leben: Verstehen durch Stille, Wirken aus Stille, Gewinnen in Stille.

Benutzte Literatur:

Engelbert Grau OFM, Leben und Schriften der heiligen Klara, Dietrich-Coelde-Verlag, Werl
Chronik des Klosters der Armen Klarissen zu Münster in Westfalen
Chronik des Klarissenklosters in Kevelaer
Oratorianer-Chronik des Priesterhauses in Kevelaer
Konzilsdokumente: Lumen gentium, Gaudium et spes
Instruktion „Venite seorsum"
Alfred Delp, Im Angesicht des Todes, Knecht-Verlag
Rafael Hombach, Einsam für alle, Verlag Leutesdorf

Eva Maria Theune

Die Evangelische Kirchengemeinde Kevelaer

Evangelisch sein im Wallfahrtsort Kevelaer – das war nicht immer leicht. Umso dankbarer bin ich, daß der Rektor der Wallfahrt an uns herangetreten ist mit der Bitte, die Geschichte der Evangelischen in Kevelaer aufzuschreiben, damit sie in diese Schrift zum 350. Jubiläumsjahr der Wallfahrt aufgenommen werden kann.

Ich habe die Ehefrau des ersten Pfarrers der 1955 selbständig gewordenen Evangelischen Kirchengemeinde Kevelaer gebeten, diese Geschichte aufzuschreiben. Eva Maria Theune hat hautnäher als ich selber erfahren, was es heißt, in diesem Ort als evangelische Minderheit ein glaubwürdiges Profil zu entwickeln, ohne den geschwisterlichen Kontakt zur römisch-katholischen Mehrheit aufzugeben.

Als Pfarrer der Evangelischen Kirchengemeinde Kevelaer grüße ich im Namen des Presbyteriums und der gesamten Gemeinde unsere katholischen Schwestern und Brüder zum 350. Jahr der Wallfahrt. Mögen die Wallfahrerinnen und Wallfahrer Segen bringen und selber zum Segen werden.

Pfarrer Volker Raettig

Bis zum Ende des letzten Krieges gab es jeweils nur einige Dutzend Evangelische in Kevelaer, ein paar Leute, die im kirchlichen Kunsthandwerk arbeiteten, ein paar Zollbeamtenfamilien in Twisteden, die häufig den Wohnort wechselten. Seit **1875** gehörten sie offiziell zur Kirchengemeinde Weeze. Von 1875–1884 war sogar einmal der Bürgermeister im größten Wallfahrtsort Deutschlands evangelisch – die Bürgermeister ernannte damals der preußische Staat. In der ehemaligen Berufsschule „Keylaer", dem Dachgeschoß der heutigen Hubertusschule, hielt man seit **1928** zuweilen evangelische Gottesdienste, und zeitweise hatten Kinder auch Religionsunterricht.

Die Katastrophe Deutschlands **1945** trieb Millionen Deutsche aus dem Baltikum, aus Ostpreußen, Pommern und Schlesien, aus Polen, dem Sudetenland und Siebenbürgen auf die Straßen. In diesem Flüchtlingselend fragte niemand mehr nach der Konfession, und so strandeten bald Hunderte von Evangelischen auch in Kevelaer, bitterarm und zutiefst verwundet von ihren Erlebnissen. Ein Obdach fanden viele von ihnen in den Hinterhäusern der Hotels, die ja im Winter leer standen. Pfarrer Peltner aus Weeze leistete dafür, daß sie wenigstens wieder eine kirchliche Heimat bekamen, unter heute unvorstellbaren Schwierigkeiten und Strapazen die Pionierarbeit. Seit 1946 hielt er regelmäßige Gottesdienste, zunächst im „Fahnensaal", dann in der Hubertusschule. Für festliche Anlässe wie die Konfirmation „lieh" die katholische Gemeinde die Beichtkapelle aus. Seit 1947 wurde fester Religionsunterricht in der Marktschule erteilt (am Peter-Plümpe-Platz). Die Zahl der Vertriebenen wuchs weiter an. Am Ort bildeten sich eigene Gemeindegruppen wie Frauenhilfe und Kirchenchor, die sich im alten Progymnasium an der

Schulstraße trafen. Das Jahr **1950** brachte zwei wichtige Daten. Gegen mancherlei Widerstand wurde eine zweiklassige Evangelische Schule eingerichtet, die ihre Räume zuerst in der Marktschule, dann in der Hubertusschule zugewiesen bekam. Und ein großes Grundstück an der Brunnenstraße, am Stadtrand, konnte von der Verwaltung gekauft werden, wo dann im Lauf der Jahre das Gemeindezentrum entstand. Der Lutherische Weltbund schenkte der Gemeinde Weeze für Kevelaer eine sogenannte Diasporakapelle; ein bescheidener Bau aus hölzernen Fertigteilen (Architekt Otto Bartning), wie er damals an vielen Orten in neuentstandenen Gemeinden dringend gebraucht wurde. Im Juli **1951** war die Kapelle aufgerichtet. Es war ein Ereignis, nicht nur für das katholische Kevelaer, auch für die Evangelische Kirche im Rheinland. Kein Geringerer als ihr Präses Heinrich Held weihte sie ein. In dieser Zeit wurden auch die ersten Flüchtlingssiedlungen weit draußen an der Südstraße und in Winnekendonk gebaut; nach und nach fanden die Flüchtlinge Arbeit und Wohnung und bekamen Heimrecht in der Stadt. Aber wieviele schmerzlich empfundene, eingefleischte Vorurteile waren dafür zu überwinden! Auf dem katholischen Friedhof trat man den Evangelischen eine Parzelle ab für ihre Toten, aber bis 1965 konnte kein Familiengrab erworben werden. *„Fern der Heimat“* stand oft auf den Grabsteinen.

Jesus-Christus-Kirche der Evangelischen Kirchengemeinde Kevelaer. Zeichnung von Richard Belln 1985

Auch in den Schulen von Winnekendonk und Twisteden gab es in den folgenden Jahren regelmäßige Gottesdienste. Eine verantwortungsvolle Gemeindearbeit war von Weeze aus kaum mehr zu bewältigen, und so wuchs die Einsicht, daß Kevelaer eine eigene Gemeinde und Pfarrstelle haben müsse. Am Erntedankfest **1955** wurde die Gemeindegründung von der Kirchenleitung offiziell bestätigt. Bis heute feiert die Gemeinde diesen Tag in doppelter Dankbarkeit. Die neue Gemeinde umfaßte Kevelaer, Winnekendonk, Wetten und Twisteden. Das Pfarrhaus war bereits errichtet mit einer großzügigen Geldhilfe des Gustav-Adolf-Werkes. (So genannt nach dem schwedischen König Gustav Adolf, der im 30jährigen Krieg den Tod fand; es unterstützt arme Gemeinden in der Diaspora). Hans-Joachim Theune wurde als erster Pfarrer von der Kirchenleitung ernannt und konnte mit seiner Familie im Pfarrhaus einziehen. Ein eigenes Presbyterium wurde gewählt und bestätigte den Pfarrer in seinem Amt. Das Siegel der jungen Gemeinde führte die Anfangszeile des Lutherliedes *„Erhalt uns Herr, bei deinem Wort"*. **1958** wurde das Jugendheim ans Pfarrhaus angebaut. Als die Evangelische Kirche der Union eine neue Agende einführte (Vorlage für den liturgischen Ablauf der Gottesdienste), entschied sich das Presbyterium für die mehr lutherische Form, weil die Gemeindeglieder aus den lutherischen Landeskirchen des Ostens stammten. Die alten evangelischen Gemeinden am Niederrhein gehörten immer der reformierten Prägung an.

Gemeinde- und Jugendgruppen festigten sich, Tagungen des Kirchenkreises kamen nun auch nach Kevelaer, es gab Kirchenmusiken und Vorträge. Die ersten ökumenischen Gespräche begannen, Jahre vor dem 2. Vatikanischen Konzil, zuerst zwischen den Pfarrern, dann in Gemeindeseminaren. Gemeindehelfer für die Jugendgruppen und Vikare wurden eingestellt. Als sich die kommunistische Regierung in der DDR festigte und die radikalen Änderungen wie etwa die Enteignungen durchsetzte, strömten wiederum Flüchtlinge in die Bundesrepublik. Die Gemeinde wuchs auf über 1500 Glieder an. Sie hatten nun einen Anteil an dem allgemein wachsenden Wohlstand jener Jahre. Der Pfarrer trat entschieden den noch lebendigen Illusionen von der Rückkehr in die verlorene Heimat entgegen. Die Flüchtlinge wurden zu Bürgern der Stadt, die sie ja auch entwickeln halfen.

Der gute Gottesdienstbesuch, besonders an den Feiertagen, machte den Platz in der Diasporakapelle eng. So beschloß das Presbyterium 1960 den Bau einer neuen Kirche und konnte dafür ihr Grundstück um ein angrenzendes Areal am Broeckhof erweitern. Gleich daneben wurde 1961 eine neue, nun vierklassige evangelische Schule erbaut, die Martin-Luther-Schule. In ihren Fluren hielt die Gemeinde ihre Gottesdienste während der Bauzeit. Die Kapelle, die ja abmontiert werden konnte, wurde im Winter **1961/62** auf einem neuerworbenen Grundstück an der Kettelerstraße in Winnekendonk wieder errichtet. In Kevelaer entstand eine größere, sehr moderne Kirche im strengen, schlichten Stil der Zeit nach den Plänen des Düsseldorfer Architekten Helmut Duncker.

Das sehr tiefgezogene Schieferdach gibt ihr eine Dreiecksform, die Frontseite ist in viele kleine Dreiecksfenster aufgegliedert; davor der freistehende Betonglockenturm wie ein steil zugespitztes Dreieck, durch einen Brückenaufgang mit der Kirche verbunden. Vom Kirchenraum, innen lärchenholzverkleidet mit hellen Holzbänken und braunen Ziegelwänden, geht konzentrierte Stille, Wärme und Geborgenheit aus. Im Untergeschoß liegen zwei Gemeinderäume, Küche usw. Die Bronzetür und das bronzene Kruzifix des Bildhauers Werner Habig wurden bald über Kevelaer hinaus bekannt. Das Kruzifix an der Stirnwand ist ein erschütterndes Bild des leidenden Gottesknechtes, wie er im 53. Kapitel des Jesaja und im 22. Psalm dargestellt wird. Dem Bildhauer standen dabei auch die Millionen während des Krieges ermordeten Juden vor Augen. Die einzelnen Reliefs auf der Tür zeigen biblische Szenen von Flucht und Vertreibung, in Erinnerung an die Entstehung der Gemeinde: die Vertreibung aus dem Paradies, Lots Flucht aus dem brennenden Sodom, Noah in der Arche, die Geburt Jesu im Stall, die Flucht nach Ägypten, und dann die neuerliche Sammlung der Gemeinde unter dem Kreuz.

Am 3. Juli 1963 wurde die Kirche als Jesus-Christus-Kirche eingeweiht, diesmal von Präses Dr. Joachim Beckmann. In den folgenden Jahren erhielt sie ein würdiges silbernes Altar- und Taufgerät (Goldschmied van Ooyen) und eine Orgel mit zwei Manualen und 13 Registern (Orgelbau Seifert).

Der frühe Tod ihres Pfarrers Theune **1968** traf die Gemeinde im Innersten. Die katholische Bevölkerung nahm großen Anteil. Sein Nachfolger wurde Anfang des Jahres 1969 für sieben Jahre Pfarrer Günter Voigt. In seiner Zeit blühte die Frauenhilfe auf. Der Weltfrauengebetstag, schon seit Jahren mitgebetet, wurde nun von allen Frauen des Stadtgebietes ökumenisch gefeiert, reihum in den Kirchen. Die Kapelle in Winnekendonk erhielt ein Orgelpositiv und eine eigene Taufschale.

Mit dem allgemeinen Ende der Konfessionsschulen wurde auch die Martin-Luther-Schule aufgelöst, zuerst ihre Oberstufe, dann auch die Grundschule. Auf dem Friedhof bekam die Gemeinde ein neues Areal gleich neben der Friedhofskapelle. Erst in den letzten Jahren werden die Toten der Konfessionen nebeneinander bestattet.

Seit **1977** ist Volker Raettig der dritte Pfarrer der Gemeinde. Er bemühte sich um das Verständnis der Liturgie, gewann viele Mitarbeiter für die Gemeindegruppen und den Besuchsdienst. Eine kleine Gemeindezeitung erscheint regelmäßig, eine Festschrift zum 25jährigen Bestehen der Gemeinde wurde gedruckt, eine Fernsehvesper aus der Kirche übertragen. Pfarrer Raettig hält in Abständen das Wort zum Sonntag in der ARD. Sein Einfallsreichtum kommt auch den neuen Familiengottesdiensten zugute. Ein Kleinbus holt die verstreuten Gemeindeglieder zu den Veranstaltungen zusammen. Die Kapelle in Winnekendonk erhielt den Namen Martin Luthers. Sein 500. Geburtsjahr 1983 und das 300. Geburtsjahr Johann Sebastian Bachs 1985 wurden gefeiert. Die Partnerschaft mit einer Gemeinde in der Mark Brandenburg wurde bei den regelmäßigen Treffen zur Freundschaft. Neue ökumenische Partnerschaften mit einem Kinderheim in Bolivien und einem Kirchenkreis in Sumatra lebten auf, bis hin zu gegenseitigen Besuchen. Wieder kommen Vikare zur Ausbildung und ein Jugendleiter für die Gruppen des Jugendheims. Zivildienstler leisten vielfältige Hilfe bei der wachsenden alltäglichen Arbeit und bei den Jugendfreizeiten. Nun soll noch ein Kindergarten gebaut werden.

Kreuz an der Altarwand d. Jesus-Christus-Kirche. Wern Habig gestaltete das Bild d leidenden Gottesknecht (Jes 53, Ps 2

In jedem November wird die ökumenische Bibelwoche von allen Gemeinden der Stadt gehalten. Sie beginnt mit dem ökumenischen Gottesdienst, bei dem sich die Gemeinden als Gastgeber abwechseln und den auch die Laien mitgestalten. Dann trifft man sich zu vier Bibelabenden, die mit einer Andacht beschlossen werden. Außerdem findet monatlich ein ökumenischer Bibel-Gesprächsabend statt. Dabei erweist sich immer wieder, wie nahe sich die Kirchen in der Bibelauslegung und im Gebet kommen. Mit besonderer Dankbarkeit begingen die christlichen Gemeinden den ökumenischen Gottesdienst am 3. Oktober 1990, dem Tag der deutschen Einheit.

Die evangelische Gemeinde wuchs weiter und hat nun mehr als 2500 Glieder. Der Charakter einer Flüchtlingsgemeinde verliert sich im Laufe der Zeit. Gute neue Ansätze und weniger gute Einflüsse ließen auch die evangelische Gemeinde Kevelaer nicht unberührt. Ihre Probleme haben sich denen anderer Gemeinden angeglichen. So vielseitig sie interessiert und engagiert ist, weiß sie doch, daß ihr ohne Gottes Führung nichts gelingen wird.

Klaus Schönberg

Die Evangelisch-freikirchliche Gemeinde (Baptisten) in Kevelaer

Die Geschichte dieser Gemeinde in Kevelaer begann mit dem Zustrom ostdeutscher Flüchtlinge, die durch die Folgen des Zweiten Weltkrieges an den unteren Niederrhein kamen. Unter den vielen protestantischen Flüchtlingen waren auch Christen evangelisch-freikirchlicher Prägung.

Gemeindezentrum der Evangelisch-freikirchlichen Gemeinde Kevelaer, eingeweiht 1991

Auf der Suche nach Christen gleichen Bekenntnisses fanden die Baptisten aus Kevelaer eine freikirchliche Familie im benachbarten Geldern. Da die kleine Gemeinde zunächst keinen eigenen Gottesdienstraum besaß, traf man sich in Privathäusern zu sogenannten Stubenversammlungen. Für die ostdeutschen Flüchtlinge war das nicht ungewöhnlich, wenn keine eigenen Gotteshäuser vorhanden oder in erreichbarer Nähe waren. Da die Mehrzahl der Gemeindeglieder in Kevelaer wohnte, verlegte man die Stubenversammlung von Geldern nach Kevelaer. Die kleine Schar schloß sich 1950 als sogenannte Station der Baptistengemeinde Kamp-Lintfort an, die dort schon seit 1912 bestand. Von da aus wurde die entstehende Gemeinde durch Pastor Spelter seelsorgerlich betreut. In Kevelaer wuchs nun auch der Wunsch nach einer eigenen Kapelle. Diesem Anliegen wurde von der Stadt Kevelaer nur unter der Voraussetzung stattgegeben, daß die Kapelle nach außen einem Wohnhaus entsprechen sollte. Unterstützt von der Muttergemeinde Kamp-

Lintfort, brachten die Kevelaerer den finanziellen Grundstock für ihr erstes Gemeindehaus zusammen, das weitgehend durch Eigenleistung erstellt und 1964 eingeweiht wurde.

In den folgenden Jahren entwickelte sich ein reges Gemeindeleben mit einem kontinuierlichen Wachstum der kleinen Gemeinde. In den 70er Jahren entstanden auch die ökumenischen Bibelabende und jährlichen Bibelwochen, die zu einem besseren Verständnis der christlichen Gemeinden in der Stadt beitrugen und bis heute bestehen. Das stetige Wachstum dieser Freikirche erforderte den Bau eines neuen, größeren Gemeindezentrums, dessen Einweihung am 14. Juli 1991 begangen wurde.

Kevelaer –
Eigenart und Wirklichkeit

wir sind
im bild
wenn wir
dich sehn
im gnadenbild
maria

laß uns
in deinem
schatten
stehn
am gnadenort
maria

im schatten
deiner
gnadennacht
am gnadenort
ein gnadenwort
verwahrt
in dir
maria

im schatten
deiner gnadennacht
ein glühwurm wuchs
zur leuchtspur
hin
und schrieb
mit blut
auf dunklem grund
auf gnadenlosem
erdenrund
den dunkeltiefen
erdensinn

wir sind
im bild
im gnadenbild
wenn wir dich sehn
maria
laß uns
in deinem schatten
stehn
am gnadenort
ein gnadenwort

maria

Wilhelm Willms

Richard Schulte Staade

Die Gnadenstätte, betrachtet vom Rektor der Wallfahrt

Die Gnadenkapelle, das Juwel Kevelaers

Im wesentlichen erhalten aus dem Baujahr 1654, hat sie ihr Äußeres häufiger geändert durch zeitgenössische Zutaten oder Schmuck zu Ehren der Gottesmutter, die hier verehrt wird. Geborgen in der Kapelle steht das Heiligenhäuschen, ungefähr 4 m hoch, etwa 120 cm breit und fast 50 cm tief, wie es von Hendrick Busman und seiner Frau Mechel 1642 erbaut und gegeben wurde. Bis 1924 konnte man noch unterhalb des Gnadenbildes die rohen Ziegelsteine sehen. 1663 wurde gegen die Rückseite des Heiligenhäuschens im Innern ein Altar errichtet, der am 18. August durch den Bischof Eugen Albert d'Allemont von Roermond konsekriert wurde. Auf diesem Altar war das Bild, ein Geschenk des Barons von Wachtendonk und Albert Bauwens van den Boye, das den 12-jährigen Jesus mit seinen Eltern auf der Wallfahrt nach Jerusalem darstellt. Das Bild hängt heute im großen Saal des Priesterhauses. 1874 wurde dieser Altar entfernt, um die Möglichkeit des Umgangs zu schaffen. An seiner Stelle wurde der heute noch vorhandene kostbare Marmoraltar errichtet.

Der Kapellenplatz an einem herbstlichen, stillen Wallfahrtstag

Der abgenutzte Türgriff des Eingangs zur Gnadenkapelle kündet von ungezählten Besuchern

Die Gnadenkapelle auf dem Kapellenplatz ist tatsächlich das Juwel dieser Stadt. Wie ein kostbarer Stein in einem Ring ist sie gefaßt durch den Platz und die Häuserfronten, welche diesen Bezirk umgeben. Unter der Kuppel wird eines der unscheinbarsten Wallfahrtsbilder Europas gehütet, das Marienbild am Weg. Das ganze Innere vermittelt den Eindruck, daß hier Künstler und Kunsthandwerk geprägt waren von dem Geist, „mein Größtes für den Größten" zu geben und zu schaffen. All diese Schönheit soll hinweisen auf die Schönste von allen, die nicht wegen äußerer Schönheit geehrt und gefeiert wird, die vergeht wie die Blütenpracht des Frühlings, sondern wegen ihrer inneren Schönheit als Mensch voll der Gnade im Einklang mit Gott.

Wer das Innere der Gnadenkapelle betritt, dem sind die wichtigsten Lebensdaten Mariens vor Augen gestellt. Wie in allen alten Marienheiligtümern der lateinischen und der orthodoxen Kirchen sind auch hier Verkündigung, Geburt Jesu und Krönung Mariens dargestellt, um so die Ereignisse des Marienlebens in den Blick des Beschauers und Beters zu bringen. Durch ihr Ja und ihren Gehorsam zu Gottes Wort nahmen die Passion und das Kreuz ihren Anfang in der Krippe und finden ihre Vollendung in der Verherrlichung im Reiche des Kyrios, ihres Sohnes, an dessen Herrlichkeit Maria, so ist es auch hier dargestellt, nun teilnimmt. Das festliche Altarkreuz bringt bildlich zum Ausdruck, was im Evangelium nach Johannes aus der Votivmesse von Kevelaer bekundet wird: „. . . Unter dem Kreuz Jesu stand Maria, seine Mutter, und der Jünger, den er liebte."

Die Restaurierungen der Gnadenkapelle zum Jubiläumsjahr 1992 orientieren sich an der ältesten Darstellung des Kapellenplatzes auf einem Bild im Priesterhaus aus dem Jahre 1706. Schon häufig war in den Jahrhunderten das Äußere mit verschiedenen Farbtönungen überstrichen worden. Davon befreit, zeigt sie sich nun in ihrer ursprünglichen Einfachheit mit den Zutaten der Jahrhunderte, den beiden Gedenktafeln, den kostbaren schmiedeeisernen, vergoldeten Gittern vor den Fenstern und der kleinen Glocke. Auch die Laterne und das illuminierte Kreuz haben im Laufe der Geschichte die Form gewechselt, wie man auf alten Bildern erkennen kann. Fast wie von den Jahrhunderten verschlissen mutet die Türklinke zur Gnadenkapelle an, abgegriffen und abgenutzt durch die vielen Hände der Menschen, die in Freude und Leid über diese Schwelle gegangen sind und sie in Dankbarkeit oder getröstet wieder verließen. 1895 legte der Venezianer Antonio Gobbo den prächtigen Mosaikfußboden nach Entwürfen von Friedrich Stummel.

Auf der alten Königstür, wahrscheinlich aus Zypern stammend mit venezianischem Einfluß, ist auf dem Spruchband des Erzengels Gabriel das „Gegrüßet seist du, Maria" in der griechischen Sprache zu lesen. Auf der rechten Seite unter dem Sitz Mariens steht das Wort, das an die Stifter für das Heiligtum erinnert: „Gedenke ihrer, o Herrin."

Gedanken zum Wallfahrtsbild von Kevelaer

Wer sich wie mehr als jährlich dreiviertel Millionen Pilger aus Deutschland und Benelux auf dem Weg macht zum Wallfahrtsbild der Trösterin der Betrübten nach Kevelaer, wird sicher, wenn er dieses Bild nicht kennt, ein Bild der Pietà, der Schmerzhaften Mutter, das Vesperbild des Karfreitag erwarten, auf dem Maria ihren toten Sohn auf dem Schoß hält und nun wirklich alle Hoffnungen zu Grabe tragen muß. In dieser Trostlosigkeit könnte für viele eine Solidarität zum Tragen kommen, daß da ein Mensch ist, der den Schmerz, der mich jetzt getroffen hat, mitempfindet aus der eigenen Leiderfahrung.

Das Wallfahrtsbild zu Kevelaer, ein nicht postkartengroßer, kleiner Kupferstich, der die Trösterin der Betrübten darstellt, wie sie in Luxemburg verehrt wird, stellt uns Maria jedoch als Trösterin der Betrübten in unerwarteter Weise vor Augen. So möchte ich einladen, dieses Bild genauer anzuschauen, um seine Botschaft an uns zu verstehen (s. S. XV).

Dieses kleine Bild an sich ist schon wie eine Botschaft. So klein, von geringem materiellen Wert, macht es uns deutlich, daß nichts so gering sein könnte, als daß Gott nicht Großes damit zu wirken vermag. Könnte diese Tatsache nicht schon wie ein Hinweis sein, daß ein Leben des Menschen oder gar mein eigenes Leben sozusagen nichts aufzuweisen hat von sich aus, daß Gott aber mit diesem kleinen Etwas Großes zu wirken vermag! Das allein ist schon Hoffnung und Trost für sich und nährt den Urgrund für das Vertrauen, ohne das kein Mensch leben kann.

Im Kevelaerer Wallfahrtsbild ist Maria dargestellt mit einem weiten Schutzmantel. Im Vordergrund des Bildes steht sie gleichsam in der Gegenwart dessen, der ihr jetzt gegenübersteht, und das ist immer der je jetzt wichtigste Mensch. Hinter ihr ist die Silhouette der Stadt Luxemburg dargestellt und die kleine Kapelle auf dem Glacis, der Befestigungsanlage der Stadt, wie ein Stück Vergangenheit.

Ihr gekröntes Haupt dagegen reicht in den Himmel wie ein Hinweis auf das Ziel und die Zukunft ihres Lebens. Aus dieser Vorgegebenheit eines menschlichen Lebens von Gegenwart, Vergangenheit und Zukunft vermag uns so etwas wie eine Botschaft zu erreichen. Maria steht mit beiden Füßen auf der Erde, mitten im Leben als ein Mensch, der den Alltag von Nazaret und überall kennt, als einer von uns Menschen, als Schwester der Menschen. Nichts Entrücktes, Entferntes, Unantastbares hat sie an sich, sondern Maria ist zum Greifen nahe geblieben. Sie teilt das Leben eines jeden Menschen. Aber wie jeder Mensch sein Ich nicht nur aus der freien Entscheidung des eigenen Daseins leben kann, sondern mit sich das Erbe der Vergangenheit trägt, so kann uns der Hinweis auf die Herkunft des Bildes in einer tieferen Dimension auf jene Vergangenheit hinweisen, von der das Leben auch von dir und mir mitgeprägt ist, aus Familie und Herkunft, aus Zeitgeschichte und Weltgeschichte.

So ist auch Maria eine Frau mit Vergangenheit, nicht im zweideutigen Sinn, denn bei ihren Vorfahren haben wir es nicht nur mit einer Ahnengalerie zu tun, in der von den Großen und Weisen des Alten Testaments die Rede ist, aus königlichem Geschlecht, in ihrer Vergangenheit gibt es auch die Tragik und die Tragödien unserer eigenen Lebensgeschichte. Nicht nur der gute Ruf geht uns voraus, sondern ebenso kann ein schlechter Ruf der eigenen Familie und Verwandtschaft unseren Spuren folgen und unser Leben mitprägen. So belastet uns die Veranlagung zum Jähzorn oder die Neigung zur Schwermut, die Leichtgläubigkeit oder der Hang, dieser oder jener Sucht nachzugeben und nicht widerstandsfähig genug zu sein, dem Triebhaften zu widerstehen.

Auch Mariens Leben ist mitgeprägt von der Vergangenheit ihrer Vorfahren, und doch wird uns eben daran deutlich: Gott schreibt gerade auch auf krummen Zeilen! Gottes Wege sind völlig anders als unsere so klar angelegten Pläne und Lebensentwürfe, die sich dann oft schnell zu einem Knäuel verknoten, so daß wir nicht mehr in der Lage sind, selbst den Knoten zu lösen. Gott aber vermag durch die Verwirrungen und Verirrungen eines Lebens hindurch jeden zu seinem Ziel zu führen, der sich von ihm führen läßt und wie Maria mit Gottes Gnade mitwirkt.

Das ist alles, was der Mensch tun kann. Das ist aber auch die Erfahrung, die Maria sagen läßt: „Großes hat an mir der Mächtige getan, er hat hingeschaut auf meine Niedrigkeit. Von nun an wird man mich seligpreisen.“ Was Maria im Magnificat voraussagt, damit macht im Evangelium die Frau aus dem Volk den Anfang, und man könnte diese so als die erste anonyme Marienverehrerin bezeichnen (Lk 11,27).

Die kleine Kapelle auf der Befestigung der Stadt Luxemburg im Hintergrund des Bildes ist wie ein Hinweis auf die Zeitgeschichte der Menschen, durch die das eigene Leben ebenfalls mitgeprägt wird. Nicht erst seit Tschernobyl gibt es Landstriche, die vom Tod gezeichnet sind, sondern im Ablauf der Geschichte kennt Europa und die Welt die Verheerung durch den Krieg und das Aussterben ganzer Orte und Landschaften durch Pest und andere Seuchen. Immer gibt es da, wo Menschen leben, Enttäuschung und erkaltete Liebe, die sich in Haß verwandelt, Trümmer und Tränen, Schmerz und Vernichtung. An all das erinnert uns das kleine Bild mit seiner Eigengeschichte in Erinnerung an Welt- und Zeitgeschichte im Heute des Menschen. All das hat Maria in ihrer Weise in ihrem Leben erfahren, aber es auch hinter sich gelassen, so daß es Vergangenheit wurde.

Mariens Haupt ist gekrönt und berührt den Himmel. Das macht uns deutlich, daß sie bei aller Belastung durch die Vergangenheit und der Not des Augenblicks die Zukunft nie aus dem Auge verliert. Ihre Gedanken sind auf Gott aus. Dorthin schaut sie, von dort erwartet sie Hilfe zur Veränderung der Situation, bei der der einzelne Mensch nur Werkzeug sein kann.

Wohin der Mensch schaut, dorthin gelangt er. Wer zum Himmel schaut, gelangt auch dorthin und gewinnt alles. Wer zur Erde schaut, kann nichts von dem, auf das er schaut, mitnehmen; er muß alles lassen und verliert so alles, sogar den Lohn, den Jesus all denen verheißen hat, die sein Wort „hören und danach leben".

Maria ist dargestellt als Königin, nicht wegen äußerer Schönheit, sondern wegen ihrer inneren Schönheit ist sie die Schönste von allen, weil ihr Herz im Einklang mit Gott ist. So hat in ihr Gottes Wort Fleisch angenommen. Aus der Unsichtbarkeit und Unbegrenztheit göttlichen Lebens ist Gottes Sohn durch Maria in die Sichtbarkeit und damit auch in die Begrenztheit eines menschlichen Lebens eingetreten. Darin liegt ihre Bedeutung. Das hat Maria so groß gemacht.

Maria erwartet das Heil vom Herrn, nicht von den Menschen, und sie, die sich ganz Gott anvertraut, wird auch von Gott nicht enttäuscht, weil sie sich dem Gott anvertraut, der nicht getäuscht werden kann und der sich selber nicht täuschen kann und deshalb auch den Menschen, der sich ihm anvertraut, nicht enttäuschen, sondern krönen wird mit ewigem Lohn für all das Gute, das er getan, und das Schwere, das auch immer im Leben ertragen wurde. Gott vergißt nichts, Gott belohnt! Darauf weist uns das gekrönte Haupt hin. Von Gott her ist Maria, was sie ist.

Maria ist als Trösterin der Betrübten dargestellt, als die Königin des Himmels und der Erde. Sie steht in dieser Welt, und ihr Haupt berührt die kommende Welt. Mit ihren Gedanken ist sie dort beheimatet, wo ihre Zukunft ist. Ihr Trost ist so nicht nur die Solidarität im Leid, sondern der Trost für sie und die Welt ist ihr Kind, das sie auf dem Arm trägt und dem Pilger und Beter zeigt. Maria trägt Jesus auf dem Arm, an ihrem Herzen, das soll heißen: in ihrem Herzen, und all denen, die sein Wort in ihrem Herzen tragen, ist jene Zukunft offen, die nicht käuflich ist, nicht eine Frage von Karriere noch von Erfolg oder Management, sondern Maria hält den Bittenden und Betenden Christus entgegen, der die Stunde des Karfreitags nicht zum bitteren Ende des Menschenlebens hat werden lassen, sondern zum Durchgang und Zugang zu einer neuen Schöpfung. Das ist der eigentliche Trost der Welt, wie wir es in dem bekannten Osterlied singen: „Christ ist erstanden... Wär er nicht erstanden, so wär die Welt vergangen. Seit daß er erstanden ist, so freut sich alles, was da ist. Des solln wir alle froh sein, Christ will unser Trost sein." Denn seit dieser Wirklichkeit ist die Karfreitagsstunde auch in deinem Leben immer nur ein Augenblick der Zeit, Ostern aber die bleibende Wirklichkeit.

Passion und Kreuz sind jedoch auch für Maria und für uns die Voraussetzung für das ewige Ostern. Für die Zeit der Bewährung und der Bewältigung des Lebens gilt deshalb, wie wir im Schlußgebet der Votivmesse von Kevelaer beten: „Allmächtiger Gott, im Sakrament, das wir empfangen haben, verkünden wir den Tod und die Auferstehung deines Sohnes. Schenke auch uns die Kraft, mit der Mutter Jesu unter dem Kreuz zu stehen und das Leiden ihres Sohnes zu teilen, damit auch wir teilhaben an seiner Auferstehung. So bitten wir durch Christus, unseren Herrn. Amen."

rundstein der Kerzenkapelle on 1643/1645

Die Kerzenkapelle

Nach der Einsetzung des Gnadenbildes wurde auf Veranlassung des Generalvikars von Roermond ein Verein zum Bau einer Wallfahrtskirche gegründet. Am 18. Oktober 1643 konnte schon der Grundstein dazu gelegt werden. Es ist bezeichnend für die Begeisterung und Opferfreudigkeit der Gläubigen im Gebiet zwischen Rhein und Maas, einem von den Kriegswirren so stark in Mitleidenschaft gezogenen Landstrich, daß dieser Bau in zwei Jahren fertiggestellt werden konnte, wegen der Armut der Zeit ohne Turm, nur mit einem Dachreiter geschmückt. Erst in unserem Jahrhundert wurde der wertvolle Grundstein in das Innere der Kirche rechts neben dem Seitenportal eingefügt. Er besagt, ins Deutsche übertragen: „Hendrick van Arssen genannt Bilders, Baumeister dieser Kapelle, hat mit dem Legen des Fundamentes begonnen am 28. Oktober 1643 und den Bau vollendet am 20. November 1645." Erst nach Beendigung des 30jährigen Krieges konnte die Kirche nach dem Vorbild der Kapelle „in het Zand" bei Roermond vollendet werden und wurde eingeweiht am 2. Mai 1649 durch den aus Wesel stammenden Weihbischof von Münster, Johannes v. Sternenberg, Bischof von Sebaste, der gleichzeitig Dechant zu Rees und Propst zu Xanten war.

Die Kerzenkapelle ist eine harmonische Renaissancehalle mit Nachklängen aus der Gotik. Sie ist 32 m lang, 10 m breit und 15 m hoch. Die Wetterfahne ist das Bild der Frau, die gebärt, nach der Geheimen Offenbarung, und der Drache möchte ihre Leibesfrucht vernichten. Wie in allen alten Marienheiligtümern ist auch in Kevelaer ein Patronat des Erzengels Michael. Er krönt die Giebelwand der Kerzenkapelle. Michael sorgt dafür, daß alle Marienverehrung nie größer wird als die wahre Gottesverehrung. Gleichzeitig hält er auch alles Böse fern von Maria, der Mutter Jesu. Die Altäre im Innern sind in barockem Stil. Ganz besonders wertvoll ist der Hochaltar mit seinem Schnitzwerk, in dem die lebendig wirkenden Putten auffallen. Der Tabernakel ist eine wertvolle Treib-

Luigi Kardinal Dadaglio, Rom, enthüllte am 31. Juli 1988 einen Amboß und eine Gedenktafel für den Bischof on Münster, Clemens August Kardinal von Galen, an der Südseite der Kerzenkapelle

arbeit des Antwerpener Goldschmiedes Moermans und wurde 1682 angefertigt. Die Kommunionbank mit Darstellungen aus dem Alten Testament und die Kanzel sind von gelungener Schönheit. Durch eine glückliche Fügung konnte die Kanzel durch eine griechische Ikonenreihe aus dem 18. Jahrhundert geschmückt werden, die, wie dafür geschaffen, sich in die vorhandenen Maße einpaßt.

Die Kerzenkapelle ist schlicht verglast aus der Zeit um 1892. Das linke obere Fenster erhielt das Wappen des Bischofs Hermann Dingelstad von Münster, der das Gnadenbild krönte. Das rechte obere Fenster zeigt das Wappen Papst Leos XIII., der Kevelaer auf vielfache Weise beschenkte. Es folgen dann Fenster aus neuerer Zeit mit den Wappen der folgenden Päpste bis zu Pius XI. Die Darstellungen in den Fenstern mit den Wappen der Bischöfe von Münster, Luxemburg, Roermond, Aachen, Paderborn und Trier wollen, wie die Glasmalereien mit den Ortsnamen der Prozessionen, die Verbundenheit mit dem Marienwallfahrtsort Kevelaer in Erinnerung halten. Die Kerzenkapelle ist die alte und eigentliche Wallfahrts-

Fußpilger vor dem Portal de[r] alten Wallfahrtskirche, der Kerzenkapelle; hier halten s[ie] Einzug und Abschied

kirche. Noch heute halten vor allem die zahlreichen Fußprozessionen, wenn es eben möglich ist, ihren Einzug dort und nehmen auch Abschied von hier. Das verleiht dem Wort über dem Marienbild im Porticus einen besonderen Sinn: „Iter para tutum - Maria, gib sicheres Geleit", damit wir einmal Jesus sehen und bei ihm endlos glücklich bleiben (aus dem Hymnus „Ave maris stella").

In den Nischen um den einfachen Ziegelbau hatten in früheren Jahren Kerzenverkäufer ihren Platz. In unserer Zeit sind nach Entwürfen von Prof. Richard Bellm dort Kerzenständer angebracht. Sowohl an den Sommerabenden wie auch an den Wintertagen werden dort viele brennende Kerzen aufgestellt, so daß der Volksmund von den Kerzenmeeren in Kevelaer spricht. Auf der Seite zur Pax-Christi-Kapelle halten ein Amboß und eine Gedenkplatte ein Wort des großen Bischofs von Münster, Clemens August Kardinal von Galen, fest: „Hart werden! Fest bleiben! Wir sind nicht Hammer, sondern Amboß. Was auf dem Amboß geschmiedet wird, erhält seine Form nicht nur von dem Hammer, sondern auch vom Amboß."

Die Basilika

Der aus Venlo stammende Pfarrer Johann Heinrich Krickelberg faßte, den gewandelten Erwartungen und Notwendigkeiten der Zeit entsprechend, nach den napoleonischen Wirren den Plan, eine große Marienkirche zu errichten. Er konnte sich dabei in den 40 Jahren seines Wirkens am Wallfahrtsort auf die freudige Unterstützung der Gläubigen aus den Niederlanden, dem belgischen Raum und vor allem aus der Kirchenprovinz Köln verlassen. Der Bischof von Münster, Johann Georg Müller (zum Bistum Münster gehörte erst seit ein paar Jahren dieser Teil Deutschlands), verfaßte einen eigenen Hirtenbrief in niederländischer und deutscher Sprache und erbat die Unterstützung der Pilger. Mit deren Hilfe konnte am 12. Juni 1858 mit den Ausschachtungsarbeiten begonnen und am 15. August 1858, dem Fest Mariä Himmelfahrt, der Grundstein gelegt werden. Bischof Johann Georg von Münster konnte am 4. Juli 1864 die Basilika einweihen im Beisein von sieben anderen Bischöfen. Nicht vergessen bleiben soll die besondere Mithilfe der Nachbargemeinden Twisteden, Wemb, Weeze, Kervenheim, Winnekendonk und Wetten durch Hand- und Spanndienste. Sogar entfernter liegende Orte, wie Uedem, Sonsbeck bis hin nach Hülm, unterstützten die schnelle Ausführung des Baues.

Die Basilika hat eine Länge von 70 m und eine Breite von 28 m. Das Querhaus ist 36 m lang mit einer Breite von 14 m. Die Höhe beträgt 22 m.

Die Schwierigkeiten bei dem Erwerb des Grundstücks waren der Grund, die Kirche nicht zwei Joch länger zu bauen, wie zunächst vorgesehen. Erst 20 Jahre später, am 28. August 1884, konnte der Turm mit 93 m Höhe vollendet werden.

Über sieben Stufen betritt man durch das Pilgerportal die Basilika. Dieses Portal erhielt 1978 durch die Großzügigkeit eines Niederländers einen Bronzemantel, gestaltet zum Thema des Konzils „Die Kirche auf dem Weg durch die Zeit". Willi Dirx, Wuppertal, machte dazu den

Entwurf. Beginnend im Sinai-Ereignis erlebt sich Israel als Volk Gottes. Das findet gleichsam eine neue Fassung im Pfingstereignis. Und von dort aus geht der Weg weiter durch die Geschichte der Jahrhunderte. Hierbei ist bewußt auch der ökumenische Akzent im Volk Gottes heute zum Ausdruck gekommen. So finden wir unter den Vielen einen lateinischen Bischof, einen orthodoxen Patriarchen und einen Geistlichen der Reformation. Neben Petrus und Paulus, die beide erkenntlich sind, sind nur noch Benedikt und Franziskus erkennbar herausgenommen. Sobald der Strom der Gläubigen unter dem Kreuz vorübergezogen ist, tragen sie den Nimbus der Heiligen. Das gilt nicht nur für die Zwölf, sondern vor allem auch für die den acht Seligkeiten der Bergpredigt Entsprechenden, die Lahmen und Blinden, die Hungernden und Durstigen, die Gefangenen und Behinderten, in denen, gleichsam verborgen, der Herr selbst mit auf dem Weg durch die Zeit ist. Sie werden geführt von Maria aus Davids Stamm. Sie zeigt auf das Kreuz und weist hin auf ihren wiederkommenden Sohn, an dessen Glanz sie jetzt schon etwas teilnimmt. Neben ihr sind Adam und Eva erkennbar, mit denen die ganze Darstellung im Tympanon, die Vertreibung aus dem Paradies, seinen Anfang genommen hat. Der wiederkommende Kyrios sitzt auf dem Regenbogen, und um ihn herum lautet eine altromanische Inschrift: „Factus homo hominis factor, facti redemptor iudico corporeus corpora corda deus." Dieses schöne lateinische Wortspiel ist vielleicht so am verständlichsten übersetzt: „Mensch geworden ist der Schöpfer des Menschen, und als der Geschaffenen Erlöser werde ich als Menschgewordener über den Leib und als Gott über die Seele urteilen." Gefaßt ist die Mandorla mit den Zeichen der vier lebenden Wesen, entsprechend der Jesaja-Vision und den vier Evangelisten. Aus der gleichen Wolke sind Schöpfungsanfang, das Sinai-Ereignis, das Brausen des Pfingsttages und der auf den Wolken zum letzten Tag kommende Herr angedeutet. Mit dem hebräischen Wortzeichen für „Jahwe", dem Anfang der Pfingstpredigt in der griechischen Sprache und dem lateinischen Wort des wiederkommenden Herrn sind somit die drei sakralen Sprachen, wie sie über dem Kreuz geheftet waren, auch hier festgehalten. Das Wappen von Bischof Reinhard, Münster, und sein Wahlspruch links unten im Portal „Dem wiederkommenden Christus entgegeneilend" geben der ganzen Thematik den Akzent.

Die Stellung Mariens in ihrer Bedeutung ist vom II. Vatikanischen Konzil in der Dogmatischen Konstitution über die Kirche, Nr. 68, verkündet und auf dem rechten Flügel unten festgehalten: „Wie die Mutter Jesu, im Himmel schon mit Leib und Seele verherrlicht, Bild und Anfang der in der kommenden Weltzeit zu vollendenden Kirche ist, so leuchtet sie auch hier auf Erden in der Zwischenzeit bis zur Ankunft des Tages des Herrn als Zeichen der sicheren Hoffnung und des Trostes dem pilgernden Gottesvolk voran."

Hirt und Herde gehen als Pilger hier ein und aus. Daran wollen die beiden Stäbe als Türgriffe erinnern. Durch dieses Portal schritt auch Papst Johannes Paul II. bei seinem Besuch in Kevelaer.

Jetzt hat der Besucher den dreischiffigen Raum vor sich, an dessen Ende – entsprechend einer Wegkirche – der Retabelaltar das Ziel aller Pilgerschaft verdeutlicht. Die Aufnahme Mariens in den Himmel ist

Stimmungsvoller Winterabe am Kapellenplatz. Die Marie Basilika, Wallfahrts- u Pfarrkirche zugleich, links d alte Oratorianerkloster v 1647, heute Priesterhaus, S der Wallfahrtsleitung und d Pfarramtes St. Mari

Patronatstag dieses als Wallfahrtskirche erbauten Gotteshauses. Die Farbpalette ist entsprechend dem Vorbild von Sainte-Chapelle in Paris. Die Marienkirche gibt nach altem Farbcodex das Gold, den Abglanz des Vaters, wieder, im Blau die gnadenhafte Zuwendung Gottes zum Menschen als Farbe des Sohnes und im Rot die Farbe des Geistes und des Feuers. So ist Maria auch dargestellt im Gewölbe über dem Chorraum, kniend vor dem Dreifaltigen Gott. Die Pilgerkirche will aber in ihrer Ausmalung auch andere Dinge ins Bewußtsein rufen. So ist auffallend im unteren Bereich mehr der Ockerton, im mittleren Silber vorherrschend, während nach oben hin und im Gewölbe das viele Gold an die Herrlichkeit des himmlischen Jerusalem erinnern soll. Neben den Fenstern im Obergaden sind die vielen Zinnen und Türmchen dargestellt, wie sie in der Geheimen Offenbarung gesehen werden. Zum Teil stehen an den Eingängen Männer und Frauen als Heilige, die ihr Ziel erreicht haben. Im Langschiff dagegen verhüllt noch ein Vorhang die endlose Zahl der Vielen, wie wir es bei Jesaja und in der Geheimen Offenbarung lesen (Jes 25,7 u. Offb 7,9): Wenn der Herr an seinem Tag das große Gastmahl mit den köstlichen Speisen für die aus allen Völkern und Nationen, von allen Stämmen, ja von den entferntesten Inseln hält, die sich durch sein Wort haben rufen lassen. Wenn einmal der Vorhang fällt, dann werden wir uns alle wundern, wer da ist und wer nicht dabei ist. Wer etwas genauer hinschaut, dem wird auffallen, daß die Apostel und die Evangelisten wie auch die Heiligen und die Patrone der einzelnen Berufsstände fast ausschließlich an den Säulen zur Darstellung kommen. Das soll uns daran erinnern: Die Heiligen sind die Säulen der Kirche.

Einen Augenblick möchten wir noch verweilen bei dem Retabelaltar, der in der neugestalteten Basilika den Tabernakel einschließt, darüber die Darstellung der sieben Schmerzen Mariens, ein Werk von Ferdinand Langenberg, bekrönt mit der Aufnahme Mariens in den Himmel. Wir können dem Stifter nicht dankbar genug sein, daß dieser Altar aus dem Leihvertrag durch Ankauf herausgelöst wurde, um ihn für Kevelaer endgültig sicherzustellen, denn er gibt in seiner Darstellung der sieben Schmerzen Mariens eine Hilfe zum Verständnis auf die Frage: „Was führt die Menschen zur Consolatrix Afflictorum, und welche Antwort kann ich aus dem Leben Mariens ablesen für mein Leben?"

Schauen wir uns nun noch einmal die ganze Altarinsel an: Die wertvollen Chorschranken fassen den Altarraum, damit bei den häufig überfüllten Gottesdiensten die Feier der Liturgie immer den Raum und Ort findet, der dem einzelnen Tun der Liturgen entsprechend ist. Dabei ist es besonders schön, daß über dem Altar an der Schwelle der Vierung zum Chor hin im Gewölbe der Altar dargestellt ist, um den versammelt die himmlische Liturgie gefeiert wird und die Gemeinschaft der Heiligen in der Vierung im Gewölbe wie mit der feiernden Gemeinde im Kirchenraum eine Einheit erfährt. Seit 1956 ist die Basilika auch Pfarrkirche. Dieses Datum ist über dem Portal an der Basilikastraße festgehalten. Dabei ist das Thema „Nachfolge", zu dem der Düsseldorfer Bert Gerresheim das Portal gestaltete, von einer besonderen Aussage und für das Leben in der Gemeinde zutreffend. Wir alle sind aufgefordert zur Imitatio Christi, zur Nachfolge Christi, wie es Thomas von Kempen in seinem Werk formuliert.

Gesamtansicht des Portals von Bert Gerresheim zum Thema „Nachfolge" – Glaube im Alltag gelebt

Da bei den Stiftern auch sehr maßgebend aus Belgien mitgewirkt wurde, ist es verständlich, daß neben Mutter Teresa auch Pater Damian Deveuster einen besonderen Platz hier erhielt. Hier möchte ich auf die Darlegung von Werner Roemer hinweisen. In großer Linie sind hier die Männer und Frauen der aktiven Caritas dargestellt, wie auch neben Edith Stein Hedwig Dransfeld oder Maria Stollenwerk und Josepha Stenmanns, die Mitgründerinnen der Steyler Missionsschwestern. Im oberen Rand der Türflügel finden wir dann Männer und Frauen, die ihr Leben und ihr fachliches Können bewußt aus dem Glauben als Christen mitgestaltet haben, wie Kopernikus, Leibniz, Nils Stensen und Kierkegaard oder Thomas Morus und Windthorst, Musiker wie Bruckner und Bach, Persönlichkeiten wie Annette von Droste-Hülshoff, Gertrud von le Fort, Paul Claudel, Dag Hammarskjöld, Arnold Janssen und Adolf Kolping, um nur einige zu nennen. Unter der Bekrönung ist dann die Nachfolge in einem Fries ausgedrückt, wie die Schwestern und Brüder sie in der verfolgten Kirche erlebten und noch erleben, angefangen von den Tagen des Stephanus bis hin zu Jerzy Popiełuszko in unseren Tagen, sowie die Martyrer von Nagasaki, die Blutzeugen des Boxeraufstandes in China, die Opfer der Französischen Revolution, die grausame Verfolgung, ausgelöst mit der Revolution in Rußland 1917, über den Terror und die Gaskammern von Auschwitz und den am Altar erschossenen Erzbischof Oscar Romero von San Salvador.

Die Krücken, mit denen die Behinderten in Geschichte und Gegenwart hierher kamen, erinnern daran, daß wir alle wie Behinderte sind auf dem Pilgerweg durch die Zeit.

Diesem Portal gegenüber, zum Brunnenhof gerichtet, finden wir die Erinnerung an den Besuch Papst Johannes Pauls II. als Pilger in Kevelaer. Über diesem Portal lesen wir das Wort: „Ich liebe, Herr, die Zierde deines Hauses, die hehre Wohnung deiner Herrlichkeit" (Ps 25). Hier ist zutiefst die freudige Bereitschaft ausgedrückt, die all jene bewegt, das Marienheiligtum so zu gestalten, daß die Dankbarkeit und Verehrung der einen zu Maria dem berechtigten Vertrauen und der Hoffnung der anderen zur Grundlage wird. Das Portal trägt ebenfalls die Handschrift von Bert Gerresheim, und zur detaillierten Interpretation ist die Schrift von W. Roemer zu empfehlen. Der Papst ist hier dargestellt als der mit drei Hammerschlägen das Pilgerportal Öffnende, wobei das Wort „Öffnet die Tore eures Herzens Christus, dem Herrn" das eigentliche Motiv jeder Wallfahrt zum Ausdruck bringen möchte. Auf der anderen Seite kniet er als Beter vor dem Marienbild am Weg und läßt als seine persönliche Votivgabe einen Rosenkranz zurück. Diese Tatsache hat den Künstler inspiriert, die Rosen zum Gestaltungsmotiv zu wählen, die aus den Dornen von unten nach oben hin doch die Blüten tragen. Die Köpfe der Männer und Frauen selbst sind dargestellt wie die Perlen am Rosenkranz. Sie haben alle in irgendeiner Weise auf die Bedeutung Mariens und ihre Nähe zum Leben der Menschen hingewiesen oder es selbst erlebt und gelebt: Theologen aus Orient und Okzident, unter ihnen die Großen der Kirche, wie Augustinus und Ambrosius, Franziskus, Dominikus, Ignatius, Philipp Neri, Petrus Canisius, aber auch Unbekanntere, wie Adolf von Essen und Dominikus von Preußen, auf die die jetzige Art und Weise des Rosenkranzgebetes zurückgeht. Auch Jacopone, dem wir das „Stabat mater" verdanken, ist nicht vergessen. Natürlich sind Lukas, Josef und Gabriel festgehalten, wie auch die Päpste des letzten Jahrhunderts. Und in dieser Reihe ist der jetzige Papst nur einer, der auf Maria und ihr Leben die Aufmerksamkeit auch des modernen Menschen richten möchte. Im Fries ist dann die Kurzgeschichte Kevelaers festgehalten, ausgehend von der Stadt Luxemburg und ihren Studenten, der Weg der beiden Soldaten nach Geldern und Kempen, Hendrick Busman vor dem Hagelkreuz kniend und das Erlebnis seiner Frau Mechel sowie die ersten Patres, die vor der Synode von Venlo aus Scherpenheuvel im heutigen Belgien nach Kevelaer kommen.

Die Portale in Kevelaer wollen erzählende Türen sein und so einen Zugang öffnen zu Dingen, die man sonst schnell überhört und deshalb übersieht.

Die Beichtkapelle

Entsprechend den Notwendigkeiten, wie sie durch die Wallfahrer hervorgerufen wurden, haben sich die kirchlichen Gebäude um den Kapellenplatz aneinandergefügt. So begann man im Jahre 1857/58 mit dem Bau der Beichtkapelle, dem heutigen Klostergang mit den Beichtzimmern und der Sakramentskapelle. Diese war bis zum 2. Weltkrieg speziell für die Niederländer als Beichtkapelle gedacht. Die Beichträume wurden, entsprechend den Erfordernissen der Zeit und den Neuerungen des II. Vaticanum, eingefügt und geben sowohl dem Gang wie dem Beichtraum eine sakrale, ruhige Atmosphäre. Heute ist der erweiterte Raum, im Zisterzienserstil erbaut – die Kapelle trägt einen Dachreiter aus dem Jahre 1890 – die Werktagskirche unserer Gemeinde.

Wenn man diesen Raum betreten möchte, steht man vor dem Portal im Brunnenhof, das nach einem Wort des Bischofs Ambrosius von Mailand gestaltet ist: „Es gibt nicht nur das Wasser der Taufe, sondern auch die Tränen der Buße." Hier wird deutlich: Das Sakrament der Buße läßt das Sakrament der Taufe wieder aufleben, den neuen Anfang machen. Gleichzeitig wird uns aber auch bewußt, wenn wir hier das Requiem für die Verstorbenen unserer Gemeinde feiern, wie sehr „von der Wiege bis zum Grabe" durch diesen Raum unser Gemeindeleben geprägt ist.

Der Klostergang mit seinen beiden Frontflächen war bis zur Zerstörung im 2. Weltkrieg, ähnlich wie die Basilika, ausgemalt nach Entwürfen von Friedrich Stummel. Beim zwingenden Wiederaufbau 1953/54 hat man an Stelle der gemalten Wandflächen Sgrafitti von Heribert Reul gesetzt, die auf das Sakrament der Buße im weiteren Sinne hinweisen. Das Wort „Dein Glaube hat dir geholfen" war hier bei der inneren oder äußeren Heilung maßgebend: der Junge von Naim, der dankbare Samariter, einer von 10, Maria von Bethanien und das Gespräch Jesu mit der Frau am Jakobsbrunnen. Ein Hinweis auf das lebendige, lebenspendende Wasser

Chorraum der Beichtkapelle

ist der Weihwasserbrunnen mit der Aufschrift: Aqua benedicta. In den Wandnischen finden wir Darstellungen der großen Vorbilder für die Verwaltung des Bußsakramentes: Papst Pius X., den hl. Pfarrer von Ars und Johannes Nepomuk. Unter den Bildern der Heiligen finden wir Reliquien, kostbar gefaßt in kleinen Schreinen. Für sie gilt auch: Als Pilger zogt ihr uns voraus den Weg zum ewigen Vaterhaus. In der Beichtkapelle, im eigentlichen Kapellenraum, ist im Zusammenhang mit dem Wiederaufbau der Altar von Will Horsten gestaltet. Aus Steinen der ehemaligen Kanzel der Basilika wurde die Stele für das kostbare Tabernakel von Hein Wimmer, Köln, geschaffen und die Marienstele auf der gegenüberliegenden Seite. Der Engel auf dem Tabernakel hält uns vor Augen das „Geheimnis des Glaubens", und ein Spruchband „Ich bin bei euch alle Tage" ist wie eine Erinnerung an das Versprechen des Herrn am Himmelfahrtstag für seine Gemeinde. Auf der Marienstele steht das Wort: „Monstra te esse matrem - Zeige, daß du Mutter bist." Die Orgel im linken Seitenchor, dem Erzengel Michael geweiht und mit seinem Bild geschmückt, ist für uns so wertvoll wie für die Niederländer im rechten Seitenschiff einer der letzten Seitenaltäre, auf dem Lidwina von Schiedam dargestellt ist. Das begleitende Wort „Herr, laß mein Leiden und Altern teilnehmen an der Passion deines Sohnes, durch die er die Welt erlöst hat", gibt allem Kranksein und Altern einen tiefen Sinn durch die bewußte Compassio mit dem Herrn.

In diesem Sakralbau finden wir dann noch die kleine Kreuzkapelle nahe der Sakristei, eine Memoria für die Sterbenden und Verstorbenen unserer Gemeinde. Hier ist das Karfreitagskreuz das ganze Jahr über aufgestellt, und der neugotisch geschnitzte Altar ist aus der früheren Kommunionbank durch Meisterhand zusammengefügt und gibt diesem Raum mit der Darstellung „Der Tod des Hl. Josef" eine gute Atmosphäre. Hier denken wir an unsere Verstorbenen, die im Jahre des Heiles von uns gegangen sind. Hier ist auch Gelegenheit, daß Priester im kleinsten Kreis eine Hl. Messe feiern können, auch wenn in allen anderen Kirchen Gottesdienste sind. Im kleinen Schrein wird das hl. Oel zur Krankensalbung aufbewahrt.

Die Sakramentskapelle wurde durch meinen Vorgänger, Domkapitular Johannes Oomen, Pfarrer an St. Marien und Rektor der Wallfahrt 1957-1974, gleichsam als sein letzter Wunsch errichtet und hat mit dem 1. Januar 1975 diesen Namen und diese Aufgabe erhalten. Täglich ist in diesem stimmungsvollen Raum, der wie eine Oase anmuten kann, gerade auch dann, wenn es in den Pilgerzeiten auf dem Kapellenplatz lebhaft ist, Gelegenheit zur stillen Anbetung. Das Interieur dieser Kapelle ist aus den verschiedensten Kirchen in und außerhalb Kevelaers zusammengefügt und ergibt dort mit den Schnitzereien aus der alten Kommunionbank, die alle auf die Eucharistie hinweisen, den geschlossenen Eindruck eines für unsere Region zwischen Rhein und Nordsee typisch gestalteten Sakralraumes, wie man zahlreiche Vorbilder, vor allen Dingen in Flandern, findet. Die Schnitzereien im einzelnen bringen zur Darstellung: die Feier des Paschamahles, das Mannawunder, Moses schlägt aus dem Felsen das Wasser und das Melchisedech-Opfer. Über dem Tabernakel ist dargestellt, wie es in der Lesung zum Allerheiligentag aus der Geheimen Offenbarung heißt: „Der auf dem Throne sitzt und das Lamm, umgeben von allen Heiligen." Die griechische Ikone aus dem 18. Jahrhundert stellt Christus dar als den allmächtigen Retter, auf dessen aufgeschlagenem Buch in griechischer Sprache zu lesen ist: „Kommt alle zu mir, die ihr euch plagt und schwere Last zu tragen habt. Ich werde euch Ruhe verschaffen. Nehmt mein Joch auf euch und lernt von mir, denn ich bin gütig und von Herzen demütig. So werdet ihr Ruhe finden für eure Seele, denn mein Joch drückt nicht, und meine Bürde ist leicht" (Mt 11,28-30). Über dem Tabernakel ist eine Einladung an den Besucher ausgesprochen: „Adoro te devote latens deitas - Gottheit tiefverborgen, betend nah ich dir"; und darunter das Wort: „Jesus sis mihi Jesus - Jesus, sei du für mich Jesus." Dieses Wort entstammt ursprünglich der Spiritualität der Oratorianer.

In der Sakramentskapelle. Zeichnung von Richard Bellm 1987

Wenn man die Kapelle verläßt, sieht man auf der Türe den Bronzeguß zweier Kopien, die nach dem Portal von Lorenzo Ghiberti am Baptisterium in Florenz angefertigt wurden: das Sechstagewerk der Schöpfung und die Geschichte Noahs. Zum Paradies hin ziert eine Kunstschmiedearbeit die Türe mit Engeln und macht den Besucher aufmerksam, daß hinter diesem Eingang etwas Besonderes sein muß. In dem kleinen Paradies aus dem Beginn der 80er Jahre wurden einige Figuren aufgestellt, die früher die neugotische Kanzel und den ehemaligen Hochaltar der Basilika zierten.

Pax-Christi-Kapelle und Petrus-Canisius-Haus

Mit Dankbarkeit erwähne ich Dechant Johannes Oomen, der bereits in Erkenntnis und weiser Voraussicht für die Notwendigkeit zuzüglicher Räumlichkeiten unter Dach und im freien Raum 1958 Grundstücke und Häuser am Kapellenplatz erworben hat. Dabei ging es um Kauf, Tausch und Verrentung, so daß es seinem Nachfolger mit dem Kirchenvorstand leichter wurde, einige Grundstücke zur Arrondierung von freundlichen Nachbarn zu erwerben, um das Gelände für die Pax-Christi-Kapelle, den Kreuzgang und den Innenhof für die Gottesdienste im Freien zu erhalten sowie das Petrus-Canisius-Haus zu errichten, das mit dem Altbau zusammen die Familienbildungsstätte, die Öffentliche Petrus-Canisius-Bücherei, den Fahnensaal, d. h. das Foyer zum großen Saal, und den gemütlichen Senioren-Treff beherbergt. Die Wahl fiel auf Petrus Canisius, weil sein Name ein Programm ist, Bildung und Weiterbildung, damit wir als Christen das sein können, wozu wir berufen sind: „Laßt uns ein Instrument Gottes sein" (Petrus Canisius), durch das er wirken kann und auf dem er spielen kann. Darüber hinaus trägt unsere Brüdergemeinschaft, die in Kevelaer gegründet wurde, seinen Namen, und der erste deutsche Jesuit ist in Nijmegen, das damals zum Herzogtum Geldern gehörte, geboren und aufgewachsen, somit dem Grenzland in beiden Ländern besonders verbunden.

Zur Altarweihe der Pax-Christi-Kapelle, die von Bischof Reinhard Lettmann am 6. Juni 1982 vorgenommen wurde, entsandte Papst Johannes Paul II. als persönlichen Legaten Maximilian Kardinal de Fürstenberg, der durch seine Person als gebürtiger Niederländer mit belgischer Nationalität, seiner deutschen Verwandtschaft und mit seinem Grab in Remagen († 1987) schon das zum Ausdruck bringt, was im Rundaltar der Pax-Christi-Kapelle bewußtgehalten werden soll. Ein Zweifaches: Die Kapelle hat den Namen erhalten in Erinnerung an den ersten Pax-Christi-Kongreß auf deutschem Boden 1948. Der Rundaltar (von Roland Friederichsen) macht deutlich: Hier haben alle den gleichen Platz.

Die Reliquien von Liudger, dem ersten Bischof von Münster, und Willibrord, dem Missionar an Rhein und Maas, werden umschlossen von der Gemeinschaft der Heiligen. Neben Liudger und Willibrord finden wir Elisabeth, Hubertus, Liborius, Clemens August von Galen, Edith Stein, Karl Leisner und Sebastian, Patron der Historischen Deutschen Schützenbruderschaften, die diesen Altar gestiftet haben. An den Pfeilern, die das Kapellendach tragen, sind Kerzenleuchter angebracht, welche die Namen der großen europäischen Marienwallfahrtsorte tragen: Luxemburg, Altötting, Lourdes, Fatima, Mariazell, Einsiedeln, Montserrat, Loreto, Maria Bistrica und Ta Pinu (Gozo) auf Malta, wo der Marianische Weltkongreß vor Kevelaer stattfand. Dieser Gedanke wird weitergeführt an den Pfeilern des Kreuzgangs. Dort finden wir: Zaragoza, Beauraing, Visciano (Neapel), N.D. du Chêne, Pont Main, Saštin (CSFR), Piekary (Polen) und Potschajiw (Ukraine). Gleichzeitig bleibt uns so in Erinnerung: Es ist überall die gleiche Jungfrau und Gottesmutter Maria, die Mutter Jesu, um die wir uns versammeln. Die Tore als bewegliche Wände der Kapelle zeigen die Verkündigung und Engelgestalten von Ludwig Baur, die früher in der Basilika in den Obergaden des Chorraumes waren. Die Wappen, die sie umrahmen, sind von den 22 Diözesen aus dem In- und Ausland, die bei der Grundsteinlegung einen Stein ihrer Kathedrale hierher brachten und aus denen regelmäßig jährlich zahlreiche Pilger kommen. Ebenfalls ist im Fußboden eingefügt der Stein aus der Calixtuskatakombe in Rom, den Papst Pius IX. zur Einweihung der Marienbasilika übersandte.

Die 14 Kreuzwegstationen von Hans Dinnendahl sind Zeichen lieber Verbundenheit der sieben Bistümer der Kirchenprovinz von Köln und der Utrechter Kirchenprovinz. Die Wappen der Stifterbischöfe zieren deshalb auch die Pax-Christi-Kapelle. Die großen Wappenfelder in den Toren, die zum Innenplatz - auf die Seite geschoben - den Schutz zur Straße bilden, sind geschmückt mit den Wappen der vielen alten Prozessionen aus Benelux und Deutschland und zahlreicher katholischer Verbände.

Zur Wallfahrt gehören Gottesdienste besonderer Art. Das sind die Sakramentsprozessionen, der Gang des Kreuzwegs und die Lichterprozessionen, die nun unter Dach bei jedem Wetter stattfinden können. Außerdem ist der Innenhof auch der größte Versammlungsraum draußen, der für viele festliche Anlässe immer bereitsteht. Der Ambo, eine Arbeit von Karl Hoß jun., will die vier Evangelisten darstellen, die das eine Evangelium verkünden. Die Tabernakelstele, eine Stiftung der Bocholter Fußwallfahrt, trägt einen Tabernakel aus der Werkstatt Paul van Ooyen.

In der Pax-Christi-Kapelle wird an den besonderen Festtagen im Rahmen eines Wortgottesdienstes der Päpstliche Segen erteilt.

Die Kreuzweganlagen im Wallfahrtsort

Die Wallfahrt hat eigene Formen des gemeinsamen und privaten Gebetes, die einen solchen Tag prägen. Dazu gehören besonders das Gebet des Rosenkranzes, der Gang des Kreuzweges und für viele Prozessionen aus den Niederlanden, die bis in das vergangene Jahrhundert im eigenen Land daran gehindert waren, die festliche Sakramentsprozession. Am Abend ist sehr häufig der Abschluß des Wallfahrtstages geprägt von einer Lichterprozession. Diese Formen der Volksandacht sind bis heute in Kevelaer üblich. Um dies aber sowohl privat als auch in Gruppen oder großen Prozessionen zu planen und durchzuführen, legte der Pfarrer Joseph van Ackeren die großzügige Kreuzweganlage an, die den stadtinneren Friedhof umschließt. Dabei wurde das „rote" Kreuz unter dem großen Baum, die heutige 12. Station, mit einbezogen. Diese Stelle gehört zu den markantesten Zeichen Kevelaers und ist auf allen alten Bildern berücksichtigt. Wer als Fußpilger aus Richtung Geldern nach Kevelaer einzog, machte hier seine erste Begegnung mit dem Wallfahrtsort. Hier sammelten sich auch häufig die Pilger zum festlichen Einzug. Die alte Linde wurde durch ein Unwetter in den 80er Jahren ihrer Baumkrone beraubt, ist jedoch heute fast ein biblisches Zeichen: „Wenn die Wurzel gut ist, kommt der neue Wuchs", so daß die Silhouette des Kalvarienbergs sich schon wieder unverändert zeigt. Hier finden auch in der Regel die Predigten zum Kreuzweg statt.

Herbst auf dem großen Kreuzweg; stilles Gebet an de XII. Station unter der alten Linde (Aufnahme etwa 1975)

Alle Kapellen wurden zum Jubiläumsjahr 1892 fertiggestellt. Es ist zu bewundern, mit welcher Opferbereitschaft damals das Marienheiligtum geschmückt wurde als Zeichen dankbarer Verbundenheit und Verehrung zum Marienbild am Weg in der Stadt im Grenzland. Gerade die Niederländer ließen sich an Hochherzigkeit nicht übertreffen. Das ist ablesbar an den Stiftern: II. Station: Prozession von Utrecht; V.: Prozession Arnheim; VI.: R.I. de Nerée Baberich; VIII.: Prozession Nymwegen; IX.: G.V.D. Bosch V. Guyk; X.: Geschw. Corneli, Dülken; XI.: Hertogenbos'sche Prozession Pf. Kevelaer; XIII.: Prozession von Rotterdam; XIV.: Harlem Bruderschaft. Kapellen, deren Stifter nicht genannt sind, werden bis auf den heutigen Tag seit dem Wiederaufbau 1946/47 von der Frauengemeinschaft, der Kolpingsfamilie, dem Landvolk, dem KKV und der Frauenjugend gepflegt. Die verschiedenen Stifter einigten sich bei der figürlichen Gestaltung auf den Bildhauer Fleige, Münster/Osnabrück und V. Rüller. Die Kreuzigungsgruppe ist älter und wurde von Bildhauer Renard, Köln, ausgeführt. Die heute vom alten Baumbestand geprägte Anlage mit ihrer Fortsetzung und mit Abschluß im Marienpark wurde 1934 nach Plänen von Bierbaum, Düsseldorf, unter Leitung von Konrad Fabricius ausgeführt. Dabei wurden Stationen verlegt und die Schutzmantelmadonna, ein Werk von Henseler, Wiesbaden, die als Ehrenmal auf dem Friedhof stand, in den heutigen Marienpark versetzt. So hat man durch Gartengestaltung einen Freiraum in Kevelaer geschaffen, der für viele Ereignisse ein großartiges Ambiente hergibt, das in dieser Region seinesgleichen sucht. Hier ist ein Ort für kirchliche Feiern, Kundgebungen und großangelegte Gottesdienste, wie es bei Kongressen und ähnlichen Anlässen wünschenswert ist.

Der 2. Weltkrieg hat dem Gelände des Kreuzwegs im Zusammenhang mit der Zerstörung des Klarissenklosters arg zugesetzt. Das Klarissenkloster und der Kreuzweg sind von der Wallfahrtsleitung schon damals wie heute als Einheit gesehen, als Orte der Buße und Compassio mit dem Herrn, auch über die aktuelle Zeit der Wallfahrt hinaus. Deshalb wurde sofort nach Kriegsende der Wiederaufbau von beiden vorgenommen. 1950, am Fest Peter und Paul, konnte die erneuerte Anlage des Kreuzwegs durch einen Franziskanerpater wieder eingesegnet werden, und Dechant H. M. Janssen zog der Prozession voran zur 14. Station, in der die Pfarrer von Kevelaer Joseph van Ackeren, Bertram Brockes, Peter Kempkes als die vorausgehenden Hüter des Heiligtums ruhen. Dort wurde mit dem Te Deum gedankt, daß durch Opferbereitschaft der Kevelaerer in dieser Notzeit das Werk vollendet werden konnte und so von Generation zu Generation weitergepflegt wird, was die Vorfahren begannen.

1991/92 ist der Kreuzweg in Zusammenarbeit von Stadt Kevelaer, Land Nordrhein-Westfalen, Wallfahrtsleitung und Kirchenvorstand von St. Marien neu gestaltet worden. Dabei wurden mit großer Sorgfalt der gesunde Baumbestand erhalten, die Wege geebnet und neue Bäume gesetzt. Eine bodenbedeckende Bepflanzung macht diesen Weg zu einer stillen Grünanlage in der heutigen Stadtmitte. Hier können Beter und Spaziergänger Erholung finden an Leib und Seele. In diesem Zusammenhang der landschaftsgärtnerischen Neugestaltung wurde durch die KAB und durch Kolping dem Kreuzweg eine 15. Station hinzugefügt. Hierin hat das nach dem 2. Weltkrieg bedeutsam gewordene Kreuz der KAB eine

Wallfahrer beten an der XIV. Station des Kreuzweges

endgültige Aufnahme gefunden. Das Kreuz ohne Korpus ist jedoch der deutliche Hinweis auf den am Kreuz, der den Tod besiegte und, wie Jonas im Bauch des Fisches nach drei Tagen neu in die Wirklichkeit entlassen wurde, so ist auch nach drei Tagen der Menschensohn von den Toten auferstanden. Jetzt aber hat er die Schwelle von der Zeit in die Ewigkeit und Herrlichkeit überschritten.

Auch an anderen Stellen Kevelaers finden wir den Kreuzweg in besonders ausgeprägter Weise, so in der St. Antoniuskirche, von Bert Gerresheim gestaltet, mit Einbeziehung zeitgenössischer Personen in den einzelnen Stationen. Wegen der Wetterunsicherheit ist im Kreuzgang der Pax-Christi-Kapelle ebenfalls die Möglichkeit gegeben, draußen und zugleich überdacht den Kreuzweg zu gehen. Unter diesen Stationen von Hans Dinnendahl finden wir als Denkanstoß jeweils ein Wort in der deutschen und niederländischen Sprache, nicht als Übersetzung, sondern bestenfalls als gegenseitige Ergänzung gedacht: I. Veroordeeld - Ausgeliefert; II. Onschuldig - Annahme; III. Gevallen - Menschlich; IV. Bemoediging - Consolatrix; V. Meedragen - Gezwungen; VI. Medelijden - Mutig; VII. Zwakte - Ohnmacht; VIII. Wijzelf - Zuschauer; IX. Aards - Erschöpft; X. Onteerd - Bloßgestellt; XI. Helemaal - Angenagelt; XII. Overgave - Stellvertretung; XIII. Volbracht - Schweigen; XIV. Graankorrel - Samenkorn; XV. Toekomst - Neuschöpfung. Hier ist die 15. Station auf den beiden Spitzen der Pax-Christi-Kapelle sichtbar. Maria von Magdala, eine Frau, hat die erste Begegnung mit dem Auferstandenen und erhält gleichsam als „Apostola" den Auftrag: „Geh du zu meinen Brüdern und sage: Ich bin auferstanden." Dabei ist es Hermann König, Düsseldorf, gelungen, das Evangelium in seiner Bewegung zur Darstellung zu bringen. Der Auferstandene ist, ähnlich wie im Text, Maria von Magdala zugewandt oder abgewandt, weil sie ihn festhalten möchte. „Halt mich nicht fest, ich gehe zu meinem Vater und zu eurem Vater."

In der Beichtkapelle haben die anschaulichen Bilder des Kreuzwegs nur die flämische Unterschrift, und in der Basilika ist das eine Wort jeder Station Impuls zur je individuellen Meditation: I. Preisgegeben; II. Durchkreuzt; III. Schicksal; IV. Erkennen; V. Verstrickung; VI. Zuwendung; VII. Ohnmacht; VIII. Randgruppe; IX. Zusammenbruch; X. Entwürdigt; XI. Entmachtet; XII. Aussichtslos; XIII. Empfängnis; XIV. Einsaat; XV. Auferstehung, Wandgemälde von F. Stummel im nördlichen Querhaus.

Der Gang des Kreuzwegs hält die Augen offen für den Mitmenschen, den Nächsten, den, der jetzt leidet, denn in ihm erkennt man: „Quasi absconditus vultus eius - Sein Antlitz im Menschen."

Wunderbares wird von dir gesagt, Maria!

„Gibt es noch Wunder in Kevelaer?" – so lautet oft die von innerer Neugier oder äußerer Sensationslust bewegt gestellte Frage. Soweit es die Vergangenheit angeht, verweise ich gerne auf die schriftlich vorliegenden alten Berichte. In ihrer Zeit und Umwelt sind sie vergleichbar auch mit anderen Orten und Zeiterscheinungen. Damit unterliegen sie aber auch dem begrenzten Urteil der Zeitgenossen. Und manches, was in der Vergangenheit geradezu wie ein Wunder erschien, unvorstellbar auf andere Weise, würde in unserer Zeit sich durch Erkenntnisse der Medi-

Votivgaben aus alter Zeit in der Gnadenkapelle

zin, Psychologie und anderer Einsichten als im Rahmen der Natur möglich erklären lassen. Das mindert nicht den Erfolg und die Wirkungen für den Betroffenen! Subjektive Erfahrung muß nicht in allem auch objektiv feststellbar sein. Während etwa die Wallfahrt nach Lourdes bis heute auch geprägt ist von der Hoffnung auf wunderbare körperliche Heilung von einer Krankheit, hat die Kevelaer-Wallfahrt wohl schon seit zwei Jahrhunderten einen anderen Akzent. Es hat hier auch nie eine Quelle gegeben, deren Wasser heilende Kraft zugesprochen wurde. Vielmehr ist hier immer der seelische Bereich angesprochen worden. Die Afflicti sind die, denen die Konflikte des Lebens zu schaffen machen: Wie am Boden zerstört, vom Schicksal geschlagen, unfähig, noch eine Perspektive für die Zukunft selbst zu finden, hoffnungslos, im Schicksal allein gelassen, den Ruin der Existenz, den Verlust des Arbeitsplatzes oder des guten Rufes vor Augen, aus der Bahn geworfen, innerlich zerstritten und unversöhnt, mit dem Schicksal hadernd, kommen sie hierher.

Ein sehr unverdächtiger Zeuge ist auch gerade hierfür Heinrich Heine mit seinem Gedicht „Die Wallfahrt nach Kevlaar". Der Sohn, seelisch erkrankt durch den Tod seiner Freundin, macht auf Rat der Mutter eine Wallfahrt nach Kevlaar und erfährt hier, in anderer Weise als erwartet, die Heilung von für ihn unheilbarem Leid. In der Zustimmung der Mutter zu diesem nach außen als doppelten Schicksalsschlag sich darstellenden Tod ihres Sohnes erschaut sie die Heilung, und deshalb sagt sie auch dazu: „Gelobt seist du, Marie."

Die seelische Heilung und Therapie als Wunder von Kevelaer ereignet sich nach wie vor in der Beichtkapelle im anonymen Beichtstuhl oder beim Beichtgespräch im Beichtzimmer. Hier finden viele Heilungen und Führungen statt: Abkehr vom Verkehrten, Umkehr und Heimkehr zum Herrn. Das sind die eigentlichen Wunder von Kevelaer. Die Möglichkeiten, daß Gott durch Menschen wirkt, sind eben unbegrenzt, und auch die Kraft der Einbildung hat nicht selten heilende Wirkung für den, der seine Kraft im Glauben an Gottes Kraft und Wirksamkeit so bestärkt erfährt, daß er, wie der eine Dankbare im Evangelium von den 10 Geheilten, Gott die Ehre gibt.

Wenn wir von Wundern am Gnadenort sprechen, sollten wir uns vor Augen halten: Nicht Wunder bewirken den Glauben, sondern der Glaube erfährt Wunderbares, indem er die Dinge anders sieht, Zusammenhänge plötzlich erahnt und dadurch befähigt wird, ein Schicksal anzunehmen oder auch auf Grund innerer Wandlung tief beglückt die Zukunft des eigenen Lebens neu entdeckt. Hierbei mögen ohne weiteres auch körperliche Kräfte entbunden werden, so daß jemand auf unerklärliche Weise hier erfährt, wie eine M. S. zum Stillstand kommt und danach vier und mehr Jahrzehnte des Lebens einer Ehefrau und Mutter bis zur Stunde ohne weitere Behinderung gelebt werden, wie eine Pilgerin aus dem Aachener Raum berichtet und dies dankbar nur der Wallfahrt zum Marienbild in Kevelaer zuschreibt.

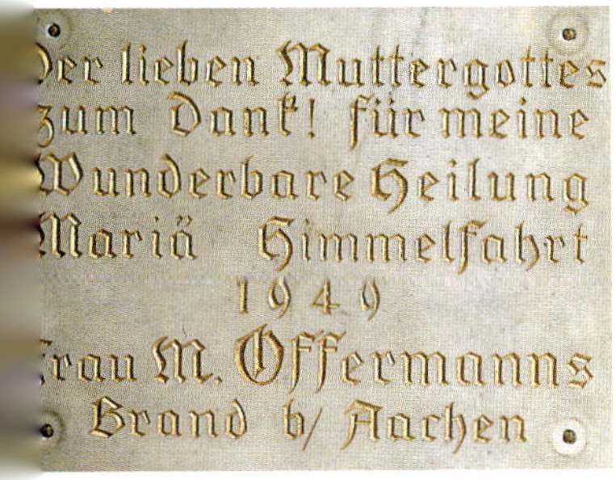

Votivtafel in der Kerzenkapelle

Was hindert es, eine Tatsache anders als einen wunderbaren Vorgang zu bezeichnen, wenn ich persönlich als Seelsorger von jemandem aus der länger zurückliegenden Terroristenszene der 70er Jahre die Mitteilung bekomme: „Ich werde meine Waffe als Zeichen des Aussteigens aus der Szene in vier Wochen nach Kevelaer bringen." Dies dauerte zwar etwas länger, aber nach sechs Wochen lag eine Waffe auf dem Altar der Gnadenkapelle. Wer davon weiß, wie verschworen die Mitglieder solcher Seilschaften sind, den wird es nicht erstaunen, wenn ich einen solchen Vorgang der inneren Loslösung und Wandlung als ein Wunder heute dem glaubenden Zeitgenossen vor Augen stelle.

Da fällt mir seit Jahresfrist ein Besucher von Ansehen auf dem Kapellenplatz auf. Er kommt auf mich zu und fragt: „Kann man in Kevelaer wieder in die katholische Kirche aufgenommen werden?" Meine Antwort ist ja und nein, denn einen solchen Schritt sollte man in der Heimatpfarre tun. Dann aber erzählt er mir in einem längeren Gespräch sein Leben:

Aufgewachsen im Ruhrgebiet, war er mit 23 Jahren aus der Kirche ausgetreten und hatte in vielfacher Weise über Jahre hin auch offen in Medien gegen die Kirche und ihre Einrichtungen agitiert, wie er mir dies durch Zeitungsausschnitte auch belegte. „Aber trotz allem", so sagte er, „war ich jährlich einmal in dieser kleinen Kapelle. Nun war das vergangene Jahr fast um, und ich war nicht hier gewesen. Da hatte ich am 20. 12. einen Termin in Kleve, und ehe ich es bedachte, fuhr ich auf der Rückfahrt über die B 9 eben hierher und stand wieder in der Kapelle. Ich möchte sagen: Wider meinen Willen, ohne Grund stand ich hier. Da nun bekam ich Zweifel am eigenen vorgegebenen Grundsatz und meiner Entscheidung. Nach 27 Jahren kann ich nur feststellen, das war eine meiner großen Fehlentscheidungen. Und deshalb frage ich Sie: Kann ich hier diese meine Entscheidung rückgängig machen?"

Ich habe mich damals gefragt, welche Erklärung habe ich zur Hand, die mich hindern würde, von diesen 27 Jahren eine wunderbare Führung abzulesen, die sich im Leben eines Menschen erweist, auf die das Wort von Paul Claudel paßt: „Gott schreibt gerade auch auf krummen Zeilen." Subjektiv hat der Mann es auf jeden Fall so erfahren: „Das war kein Zufall. Hier haben andere Kräfte mich geführt und die Dinge gefügt."

Der Bericht aus dem Niederländischen soll hier so eingefügt werden, wie er entstanden ist und aus der Zeitung übernommen wurde:

Eveline

Vorig jaar, half februari, hadden we een wandeltocht gemaakt in het noorden en midden van Limburg. We waren ook even de grens over gewipt naar het Duitse plaatsje Kevelaer. Het is een bedevaartsoord, want je kunt er iets vragen aan de Heilige Maagd, met kans op succes.
Dat er gebeden worden verhoord, daarvan getuigen stoffelijke blijken van dankbaarheid in een kapel en een kerk. In het kapelletje zijn het ringen, horloges, juwelen. In de kerk zijn het grote prachtige kaarsen, voorzien van opschriften die de herkomst aangeven. Er zijn er veel bij uit Nederland.
We bezochten de kerk, bewonderden de kaarsen, en Chiel zonderde zich even af. Later, buiten, vertelde hij waarom. De aanblik van de kaarsen had hem geinspireerd ook een gunst van de Heilige Maagd te vragen. Een baby voor zijn zuster en zwager. Die verlangden er al zo´n tien jaar naar een kind te krijgen, maar het was er nog niet van gekomen, hoewel alle concrete voorwaarden toch aanwezig waren.
Zelf ben ik niet katholiek. Chiel wel. Hij weet dan ook hoe het moet in zo´n geval, met het principe van voor wat hoort wat. Als Maria de bede verhoort, moet er iets tegenover staan. De belofte was in dit geval dat we weer naar Kevelaer zouden komen wandelen, met een kaars ditmaal, om die in de kerk aan te steken.
Wat denkt u? Een paar maanden later was Justine, de zuster in kwestie, zwanger. Op 11 januari kwam een welgeschapen meisje ter wereld.

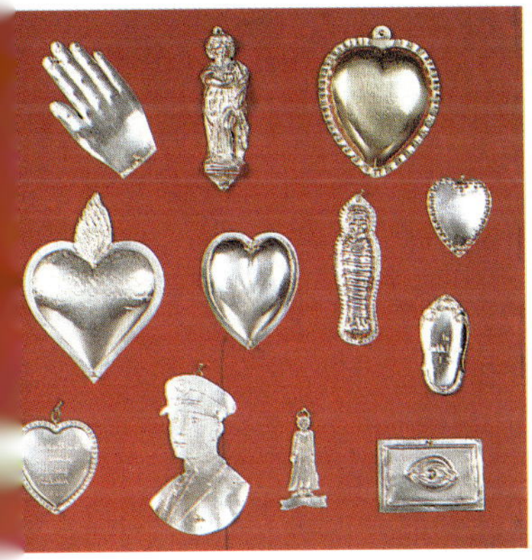

Votivgaben aus alter Zeit in der Gnadenkapelle

Bij de benedictijnen in Egmond Binnen heeft Chiel een schitterende kaars besteld. Een paarse. Met goudverf heeft hij daarop geschreven „Uit dank voor de geboorte van Eveline." Ingepakt in een grote koker kon hij worden meegetorst. Met trein en bus naar Arcen, en daarna nog ongeveer twintig kilometer te voet, terug naar de plaats waar het begonnen was.
In de kerk kon de paarse kaars voorin een plaats krijgen en worden ontstoken. Het was een mooi schouwspel. Eveline was er ook heen gekomen, in de armen van haar moeder. Haar vader was in de weer met film- en fototoestellen, die het allemaal moesten vastleggen.
Ons soort mensen kan heden ten dage over deze dingen niet anders meer dan lacherig praten, als we niet oppassen. Maar ik verzeker u dat het ontroerend was. De moeder was oprecht dankbaar, zonder sentimentaliteit. Ze was een beetje gegeneerd omdat Eveline, waarschijnlijk door de ongewone omstandigheden, begon te huilen en geen zin had er mee op te houden. Nu kan ik dat normaal al een vertederend geluid vinden, maar in deze situatie vond ik het zelfs heel gepast. Uiteindelijk was zij de hoofdpersoon. Op de enige manier die haar ten dienste stond gaf ze te kennen dat ze er was. Een beter bewijs dat er reden was voor erkentelijkheid kon niet gegeven worden.
Zoals gezegd ben ik niet katholiek. Moet ik nou eigenlijk niet geloven dat het maar toeval was dat Eveline werd geboren nadat Chiel zich tot Maria had gericht? Nee, vind ik. Wie het wonder ontkent is een miesmuizer . . .
Waar mensen dankbaarheid tonen tegenover dat wat ze te boven gaat, houden haarkloverijen op en is er alleen nog plaats voor eerbied, sympathie en gedeelde vreugde. (Aart van Zoest „Utrechts Nieuwsblad" april 1980.)

Wann beginnt ein Wunder, wunderbar zu sein? Doch wohl dann, wenn die Umwelt mit Verwunderung und Staunen feststellt: Hier hat sich etwas geändert. Wie bei dem Fernfahrer aus dem Hamburger Raum, der gelegentlich die niederrheinischen Straßen befuhr und entsetzt war über den „Aberglauben", wie er mir am Telefon sagte: Junge Leute, die er zweimal im Laufe des Tages überholte, zogen einem Kreuz folgend in Gruppe über die Landstraßen. Ein Tankwart hatte ihm dann gesagt, das werden wohl Pilger auf dem Weg nach Kevelaer sein. Aus seiner Wohnung rief er mich an und konnte sich nur mit Entrüstung über das „tiefe Mittelalter" äußern, welches in den Bereichen des Niederrheins wohl noch nicht zu Ende sei. Als ich ihm sagte, daß Tausende im Laufe der jährlichen Wallfahrtszeit es den jungen Leuten gleich machten, drohte er mit juristischen Schritten gegen eine solche „Volksverführung". Ich konnte ihn noch eben davon abhalten und lud ihn ein, im August für zwei Tage zum Wochenende hierher zu kommen. Als Choleriker von Natur fand er nur Spuren für seine Vermutungen von Aberglauben und religiösen Wahnvorstellungen. Von Stunde zu Stunde jedoch wurde er ruhiger, nachdenklicher, ernster, bis zu der Feststellung: „Dann kann ich nicht mehr so weiterleben. Ich war nämlich auch mal katholisch." Heute lebt er wieder mit der Kirche und versucht auch, mit seiner Frau und den beiden Kindern den Glauben zu leben. – Ist eine solche Veränderung, die auch ein Kollege, den er später mitbrachte, mir gegenüber feststellte, nicht wunderbar?

Die Diskretion verbietet es mir, in den erwähnten Berichten genauere Daten anzugeben, denn ähnliches geschieht hier immer wieder, und zwar im Sommer wie auch in der stillen Zeit des Winters. In der Kerzenkapelle erzählen zahlreiche Votivgaben und beim Gnadenbild persönlicher Schmuck von der Dankbarkeit der Menschen über solch wunderbare Dinge.

Zeichen der Verbundenheit von Rom und Kevelaer

Zwar hat das II. Vaticanum manche Auszeichnungen und Vorrechte solcher Orte aufgehoben oder modifiziert. So sollen sie dennoch, der geschichtlichen Vollständigkeit wegen, hier im wesentlichen nach F. Dyckmans angeführt werden.

Wie die Chronik ausweist, wurden zum Jubiläum 1742 bereits Vergünstigungen und Ablässe erbeten und gewährt. Auch später zeigte sich die Gunst der Päpste in der Verleihung besonderer Privilegien.

1. Der Portiunkula-Ablaß. Er hat bekanntlich den großen Vorzug, daß man ihn toties quoties gewinnen kann, d. h. so oft, als man von Mittag des 1. August bis Mitternacht des 2. August in der Absicht, den Ablaß zu gewinnen, die betr. Kirche besucht und nach der Meinung des Heiligen Vaters betet. Dieser Ablaß kann am 2. August in der Klarissenkirche, am darauffolgenden Sonntag entsprechend in den andern Kirchen gewonnen werden.
2. Ein toties-quoties-Ablaß kann in der Basilika (Marienkirche), in der die Rosenkranzbruderschaft errichtet ist, am ersten Sonntag im Oktober, dem Rosenkranzfest, gewonnen werden.
3. Alle Christgläubigen, welche nach würdigem Empfang der heiligen Sakramente der Buße und des Altars in der Gnadenkapelle, in der Kerzenkapelle oder in der Marienkirche nach der Meinung des Heiligen Vaters für die katholische Kirche, die Überwindung der Irrlehren und die Eintracht unter den Völkern beten, gewinnen einen vollkommenen Ablaß:
– einmal im Jahre an einem beliebigen Tage;
– am 1. Juni, dem Gedächtnistage der Entstehung der Wallfahrt;
– an den Festen: Unbefleckte Empfängnis, Maria Lichtmeß, Verkündigung, Heimsuchung, Maria Himmelfahrt, Maria Geburt und Opferung;
einen unvollkommenen Ablaß von 300 Tagen gewinnt täglich, wer reumütigen Herzens nach der Meinung des Heiligen Vaters irgend etwas in der Marienkirche oder in einer der Kapellen betet.
Alle diese Ablässe können fürbittweise den Abgestorbenen zugewandt werden.
Pius IX., 12. Mai 1856 und 27. Februar 1874
Die vollkommenen Ablässe zu gewinnen, kann man acht Tage vorher die heilgen Sakramente empfangen.
Leo XIII., 30. März 1895

Eine besondere Auszeichnung wurde dem Pfarrer von Kevelaer als Rektor der Wallfahrt durch Papst Leo XIII. zuteil. Diese Urkunde ist als wertvolle Miniaturmalerei mit in das Rituale übernommen worden, das noch heute verwandt wird, wenn der Pfarrer oder der von ihm dazu Delegierte an den Festtagen bzw. am darauffolgenden Sonntag als äußerer Feier des Festes den Päpstlichen Segen erteilen darf. Dies gilt für das Fest Maria Heimsuchung, Maria Himmelfahrt, Maria Geburt und am Fest Maria, Königin aller Heiligen. Für die Gläubigen ist damit ein vollkommener Ablaß aller zeitlichen Sündenstrafen verbunden unter der Bedingung des Empfangs der hl. Sakramente und des fürbittenden Gebetes für die ganze Kirche, des Bekenntnisses des Glaubens, des Betens vom Vater unser, Ave Maria, Ehre sei dem Vater und des Schuldbekenntnisses. Gegeben zu Rom an St. Peter, Leo XIII., 10. Mai 1884.

Wie außergewöhnlich diese Auszeichnung ist, geht aus der Bemerkung am Rand der Urkunde hervor: „Ne fiat ad exemplum" (Dies ist keine Erlaubnis zum Vorbild für andere).

Bereits am 14. August 1889 verlieh der gleiche Papst für alle Kevelaerer Kirchen und Kapellen das Privileg einer Votivmesse zur Gottesmutter, deren Eingangsgesang mit den Worten beginnt: „Ave spes nostra".

Papst Leo XIII. verleiht dem Pfarrer von Kevelaer, Joseph van Ackeren, das Recht zur Erteilung des Päpstlichen Segens (10. Mai 1884). Buchmalerei von Friedrich Stummel im Rituale zum Päpstlichen Segen

Ein Zeichen besonderer Verbundenheit zwischen dem Papst und Marienheiligtum war auch der Stein aus der Calixtuskatakombe in Rom, den Bischof Johann Georg bei der Grundsteinlegung am 15. August 1858 als Geschenk Papst Pius´ IX. mitbrachte. Dieser befindet sich heute in der Altarstufe der Pax-Christi-Kapelle. In der Sakristei der Basilika sind noch ein Missale Romanum und eine wertvolle Stola aufbewahrt, die von Papst Leo XIII. geschenkt wurden.

Eine für den Wallfahrtsort Kevelaer bedeutsame Auszeichnung erfuhr die große Marienkirche, als am 23. April 1923 Papst Pius XI. diese Kirche zu einer Päpstlichen Basilika erhob und zu einer für den Erdkreis beachtenswerten Kirche erklärte. Zum Jubiläumsjahr 1942 gestattete Papst Pius XII. die Einführung eines besonderen Festes der Consolatrix Afflic-

Papst Johannes Paul II. schenkte dieses Kerzenschild zur Erinnerung an seinen Besuch am 2. Mai 1987

torum von Kevelaer für die Diözese Münster mit der Votivmesse „Ave spes nostra“ als Festmesse. Das Fest wird begangen am Samstag vor dem 7. Ostersonntag. Der gleiche Papst schenkte dem Wallfahrtsort 1954 einen Kelch, eine wertvolle Arbeit aus Limoges. Bischof Heinrich Tenhumberg von Münster erneuerte den Text der Votivmesse und approbierte ihn am Fest Maria Geburt, 8. September 1977. Papst Paul VI. ließ durch den Apostolischen Nuntius in Deutschland, Guido del Mestri, 1977 eine schmiedeeiserne Monstranz überbringen, ein Geschenk an den Papst nach dem Eucharistischen Weltkongreß in Philadelphia, das er, einer alten römischen Gewohnheit entsprechend, weitergab als Zeichen der Wertschätzung an eine andere Kirche des Erdkreises, diesmal dem Wallfahrtsort im Grenzland. Sein Nachfolger, Johannes Paul II., überbrachte dem Gnadenbild persönlich einen goldenen Rosenkranz und hinterließ ein Kerzenschild in Erinnerung an seinen Besuch am 2. Mai 1987. Dieses befindet sich heute in der Kerzenkapelle der Kanzel gegenüber.

Blick auf Kostbarkeiten

Eine Schatzkammer gibt es in Kevelaer nicht. Dafür gibt es zwei Gründe:

Aus der Sorge im Zusammenhang mit den Wirren der Französischen Revolution und als Schutz vor den napoleonischen Truppen wurden, wie die Chronik berichtet, alle kunsthandwerklichen Sakralgegenstände sowie Kultgeräte zur nordfriesischen Insel Nordstrand gebracht. Hier war eine Niederlassung der Kevelaerer Oratorianer. Wir müssen dabei denken an Silberantependien und Leuchter, große Ampeln für das Ewige Licht sowie Kelche und Monstranzen, Altarkreuze und wertvolle Missalien sowie mit Silberbeschlag gezierte Evangeliare. Alle dorthin gelangten Gegenstände wurden das Opfer eines großen Brandes als Folge einer verheerenden Sturmflut. Erst nach 1821 kommen wieder Geschenke und Stiftungen nach Kevelaer. So befindet sich in der Basilika eine wertvolle Silbermonstranz von Johann Raab und ein Kelch aus Tegelen/NL von 1642, der damals als Kopie des Geschenkes an Kevelaer angefertigt wurde und heute gleichsam als Ersatz dafür vor Ort ist.

Der zweite Grund für eine nicht vorhandene Schatzkammer ist darin zu suchen: Die Kirche in Kevelaer ist kein Museum, sondern alle Gegenstände werden im Dienste des Heiligtums das Jahr hindurch noch heute gebraucht. Dazu wurden sie geschenkt oder aus Pilgergaben angefertigt. Und bei diesem Brauch sollte es auch bleiben.

Eine Besonderheit in Kevelaer besteht darin, daß dankbare Menschen hier weniger Votivtafeln anbringen lassen, obwohl es auch diese gibt, als vielmehr den Brauch halten, mit persönlichem Schmuck das Gnadenbild zu beschenken, um so ihre Dankbarkeit und Verehrung zu erweisen. Dieser Brauch gab den Pfarrern und Rektoren der Wallfahrt immer wieder Gelegenheit, aus den Pilgergaben wertvolle Monstranzen, Kelche, Ziborien, Evangeliare – wie das heute in der Basilika gebrauchte, eine Sil-

Drei Kelche: 1642 (Mitte): Kelch aus Tegelen/Niederlande, (rechts): Einziger erhaltener Kelch aus der Zeit vor den französisch-napoleonischen Wirren, 1941 (links): Kelch der Priester im KZ Dachau

bertreibarbeit von Herbert Cürvers – oder Kommunionschalen und Leuchter anfertigen zu lassen. Als wertvollste Votivgabe wird allerdings der vom Material her wertloseste kleine Kelch aus der Kapelle des ehemaligen Konzentrationslagers Dachau angesehen. Er trägt die Inschrift: „Das ist der Kelch, aus dem Hunderte Priester im KZ Dachau die Kraft zum Martyrium getrunken haben." Der spätere Domkapitular Reinhold Friederichs, selbst Häftling in Dachau, hatte beim Einmarsch der alliierten Truppen diesen Kelch für den Gnadenort Kevelaer erbeten. Und so hat er hier seine Bleibe gefunden, und mit ihm wird bevorzugt am Stephanustag jährlich Eucharistie gefeiert. Besondere Beachtung kommt auch dem Kelch aus Pilgergaben zu, der 1892 angefertigt wurde, zu dem später Dechant Holtmann eine schwere Patene gießen ließ, um während des Krieges Gold aus Trauringen vor der Beschlagnahme zu sichern.

Das 250jährige Jubiläum war überhaupt Anlaß, den Wallfahrtsgottesdiensten eine besondere Festlichkeit zu geben durch wertvolles Kultgerät. Hier darf das sehr schöne neoromanische Scheibenkreuz als Prozessionskreuz nicht unerwähnt bleiben, ebenfalls ein kostbares Missale Romanum von 1893, das nun die deutsche und lateinische Fassung der erneuerten Meßtexte enthält. Die übergroßen Ziborien waren vor allem von der Notwendigkeit geprägt, welche die große Zahl der Pilger immer wieder erforderte.

Neugotische Monstranz, 19. Jahrhundert, Zeichnung von Richard Bellm 1976

Im Stil des 19. Jahrhunderts findet sich hier hochwertige Gold- und Silberschmiedekunst in einer Ausführung und Qualität, wie sie in unserer Zeit allein vom Zeitaufwand für dieses Kunsthandwerk nicht mehr zu bezahlen ist. Eine Epoche in der Weiterführung dieser Kultgeräte findet sich dann infolge des II. Vaticanums bis hin zu zwei Geschenken aus Anlaß des jetzigen Jubiläumsjahres 1992: ein Original-Barockkelch einer Stifterin aus Neuss und ein Ziborium, Silbertreibarbeit (18. Jahrhundert) aus Belgien. Es entspricht nicht nur unserem Zeitempfinden, daß die Stifter mit Namen nicht genannt werden wollen und so hinter die Gabe zurücktreten, sondern der Schmuck für das Marienbild und die Kirchen und Kapellen am Kapellenplatz ist nicht angefertigt zu Ehren von N. N., vielmehr ex voto oder grato animo bzw. ad maiorem dei gloriam. Im Normalfall werden auch heute noch Kostbarkeiten eher anonym gegeben als gegen Spendenquittung. Soweit allerdings Namen bekannt sind, werden sie im Archiv der Rektoren aufbewahrt.

Wertvolles Missale von 1893, Goldschmiedearbeit Bausch, neuromanisch. Heute im Gebrauch mit den neuen Texten und einer wertvollen Sammlung von Reproduktionen alter Buchmalereien zu den Festtagen

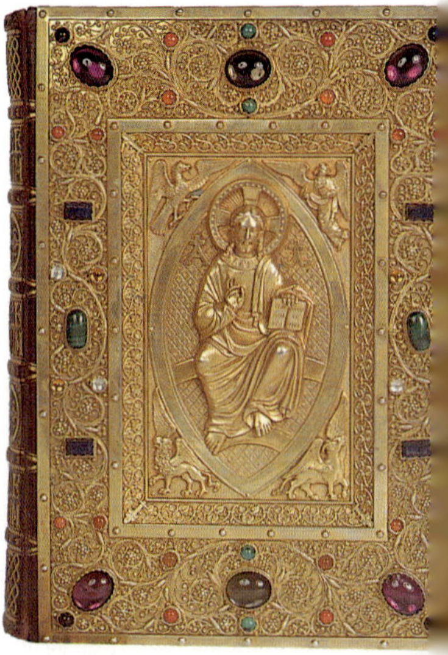

Eine seltene Kostbarkeit, vor allem aus dem 19. Jahrhundert, stellen die gutgepflegten Paramente dar, die auch heute noch in den „Paramentenwerkstätten St. Marien" ehrenamtlich von vielen Helferinnen gepflegt, erneuert oder auch von kunsthandwerklich geschulter Hand neu angefertigt werden. In der Kerzenkapelle werden auch gelegentlich noch Original-Barock- und Renaissance-Gewänder getragen.

Die Bibliothek der Oratorianer ist sicher ein Kulturschatz von besonderer Bedeutung, der im Priesterhaus aufbewahrt wird. Sie beläuft sich auf über 3000 Bände, darunter sind wertvolle Inkunabeln, Wiegendrucke. Zeitweise gehörten zu den Oratorianern und Bewohnern des Priesterhauses bedeutsame Männer, die oftmals in die geistliche Geschichte ihrer Zeit eingegriffen haben. Dank belgischer Großherzigkeit ist diese Bibliothek in ihrer Geschlossenheit dem Hause erhalten geblieben. Die obenerwähnte Sammlung wird z. Z. in Zusammenarbeit mit der Universitäts-Bibliothek Köln neu geordnet, um sie für die Zukunft auch wissenschaftlichen Arbeiten wieder zugängig zu machen. Wertvolle Buchmalereien sind jedoch hier nicht vorhanden, da es sich von der Anlage und dem Zweck des Oratoriums her nur um eine Gebrauchs-, im heutigen Sinne Freihandbücherei handelte, die Hausbewohnern und Gästen des Hauses zur Weiterbildung zur Verfügung stand.

Neben anderen guten Bildwerken besitzt das Priesterhaus vor allem ein Original des Umbriers Niccolo da Foligno gen. Alunno (1430-1502). Der gleiche Meister hat in Assisi die Sterbezelle des hl. Franz ausgemalt. Zu erwähnen wären noch drei wertvolle Alabaster-Arbeiten, wohl spanischen Ursprungs aus dem 17. Jahrhundert: Verkündigung, Geburt Christi und eine sitzende Madonna mit Buch. Ein besonders kostbares Reliquiar mit einer Reliquie des ersten Missionars an Rhein und Maas, St. Willibrord, ein Geschenk von Erzbischof Hengen, Luxemburg, und des

ilber-Ziborium, Treibarbeit, 8. Jahrhundert. Geschenk us Belgien zum 350jährigen estehen der Wallfahrt

Evangeliar der Basilika, Silbertreibarbeit, aus Votivgaben gearbeitet, Werkstatt Herbert Cürvers, Kevelaer

ersten Bischofs von Münster, St. Liudger, die der Bischof von Essen, Franz Kardinal Hengsbach, dem Wallfahrtsort schenkte, aus dem Jahre 1981 wurde in der Goldschmiede Wilhelm Polders angefertigt.

Weltkirche vor Ort

Jahr für Jahr kommen Bischöfe und Pilger aus aller Welt privat oder mit einer Prozession zur Marienstadt Kevelaer. Papst Johannes Paul II. nannte bei seinem Besuch mit Recht unsere Stadt im Grenzland „ein Stück Europa des Glaubens“. Die Gläubigen von Benelux sind hier zu Gast. Daran erinnern nicht nur die niederländischen/flämischen Texte an den Kreuzwegstationen oder am Brunnen im Brunnenhof: „Gods genade stroomt altijd“, und auf der Pilgerpforte der Basilika: „Het Volk Gods onderweg“, sondern auch die sonntäglich gefeierte Liturgie

Teilnehmer am Mariologischen Weltkongreß 1987 in Kevelaer

macht in einer Lesung und im Sommer auch in den Fürbitten die grenzüberschreitende Situation deutlich. Dies ist unserer Stadt von ihrem Ursprung her zu eigen. Bis zu den napoleonischen Wirren gehörte Kevelaer zum niederländischen Bistum Roermond. Der rechtliche Träger des ältesten Oratoriums auf deutschem Boden - das heutige Priesterhaus - war jedoch der Erzbischof von Mechelen. Und ohne die Verehrung der Consolatrix Afflictorum in Luxemburg wäre Kevelaer als Wallfahrtsort nicht zu denken. Geschichtlich gehörte es jedoch zum östlichen Teil, dem Oberquartier, des Herzogtums Geldern, der 1713 unter preußische Herrschaft geriet. Noch heute heißt der Landstrich auf der niederländischen Seite der Grenze „Gelderland“. So war es besonders sinnvoll, daß Papst Johannes Paul II. seinen persönlichen Gesandten, Maximilian Kardinal de Fürstenberg, zur Einweihung der Pax-Christi-Kapelle nach Kevelaer schickte. Ein erzählendes Bild im Priesterhaus hat dieses Ereignis festgehalten. Der Name „Pax-Christi“ soll bleibend an den ersten Pax-Christi-Kongreß 1948 auf deutschem Boden, in Kevelaer, erinnern.

Walter Dorn

Friedrich Stummel und sein Lebenswerk:

Die Ausmalung der St.-Marien-Kirche zu Kevelaer

In der Marienbasilika zu Kevelaer erlebt der Besucher durch das Werk des Malers Friedrich Stummel ein Sichtbarmachen der göttlichen Weltordnung in unsere irdische greifbare Welt. Er wird gleichsam eingebunden in das Leben des Mannes, dessen Leben das eines Sehers und Künders war. Mit begnadetem Talent, einem hart erarbeiteten Können und einem tief gläubigen Empfinden wollte er dem Menschen mit seinen Bildern eine Brücke schaffen aus der für uns erlebbaren Welt in die für uns nicht sichtbare, göttliche Weltordnung.

Friedrich Stummel wurde am 20. März 1850 in Münster in Westfalen als Sohn einer alten Münsteraner Familie geboren. In Münster besuchte er ein bis zwei Jahre die Domschule und brach sechzehnjährig das Gymnasium in Osnabrück ab, um an der Kunstakademie in Düsseldorf das Malstudium aufzunehmen. Vor der Aufnahme in die eigentliche Malklasse stand ein hartes Studium des „Sehen-lernens", des Erkennens der Formen und der verschiedenen Zeichentechniken. Seine Lehrer waren Wilhelm Sohn (1830–1899) und Ernst Deger (1809–1885). An der Düsseldorfer Akademie wurde in der Nachfolge des „Nazareners" Peter Cornelius und Wilhelm von Schadows die religiöse Historienmalerei besonders gepflegt. Vor allem geprägt wurde Stummel durch Prof. Eduard von Gebhardt (1832–1925), durch dessen unbedingt alles forderndes Studium und seine klare, nichts beschönigende Kritik, nicht zuletzt durch die Mitarbeit an Gebhardts großen malerischen Zyklen in bedeutenden protestantischen Kirchen. Später wird in seinem eigenen Werk die Auseinandersetzung zwischen der nazarenischen-romantischen Tradition und den neuen realistischen Tendenzen des 19. Jahrhunderts sichtbar.

Stummels Studien führten ihn auf Wanderungen und Reisen fast in alle wichtigen Kirchen und Baudenkmäler Deutschlands, die mittelalterliche Schätze von Malerei und Plastik besitzen. Unermüdlich zeichnete er alles, was ihm wichtig erschien, in seine Skizzenbücher, deren gespeichertes Gedankengut in seinen späteren Arbeiten so fruchtbar eingesetzt wurde.

In seiner Studienzeit ging er mehrere Male zu Fuß über die Alpen und entdeckte seine große Liebe zu Italien, vor allem aber den großen Reichtum mittelalterlicher Malerei. Das Ineinanderfließen von Natur und Kunst in diesem sonnigen Land befruchtete ihn so, daß er ein Leben lang in immer neuen Bildkompositionen aus diesem festgehaltenen Schatz schöpfen konnte.

Ein glücklicher Umstand führte ihn mit dem Künstler Ludwig Seitz (1844–1908) zu malerischen Arbeiten im Dom zu Treviso zusammen. Ludwig Seitz wurde später Konservator der Vatikanischen Sammlungen in Rom. Durch ihn hatte Stummel ungehinderten Zugang für Studien in den Museen und den berühmten Stanzen in Rom.

Durch die Arbeiten in Treviso und Venedig war der Patriarch von Venedig, der spätere Papst Pius X., Friedrich Stummel freundschaftlich zugetan.

In Rom führte Ludwig Seitz Stummel mit Prof. Friedrich Geselschap (1835–1899) zusammen. Geselschap war von dem neunundzwanzigjährigen Maler, vor allem von dessen detailliertem Wissen und seinen geschulten historischen Malstudien so beeindruckt, daß er Stummel für sich nach Berlin verpflichtete. Beide arbeiteten an der Ausmalung des Zeughauses, unter anderem auch an den Kartons zu den Fassaden des

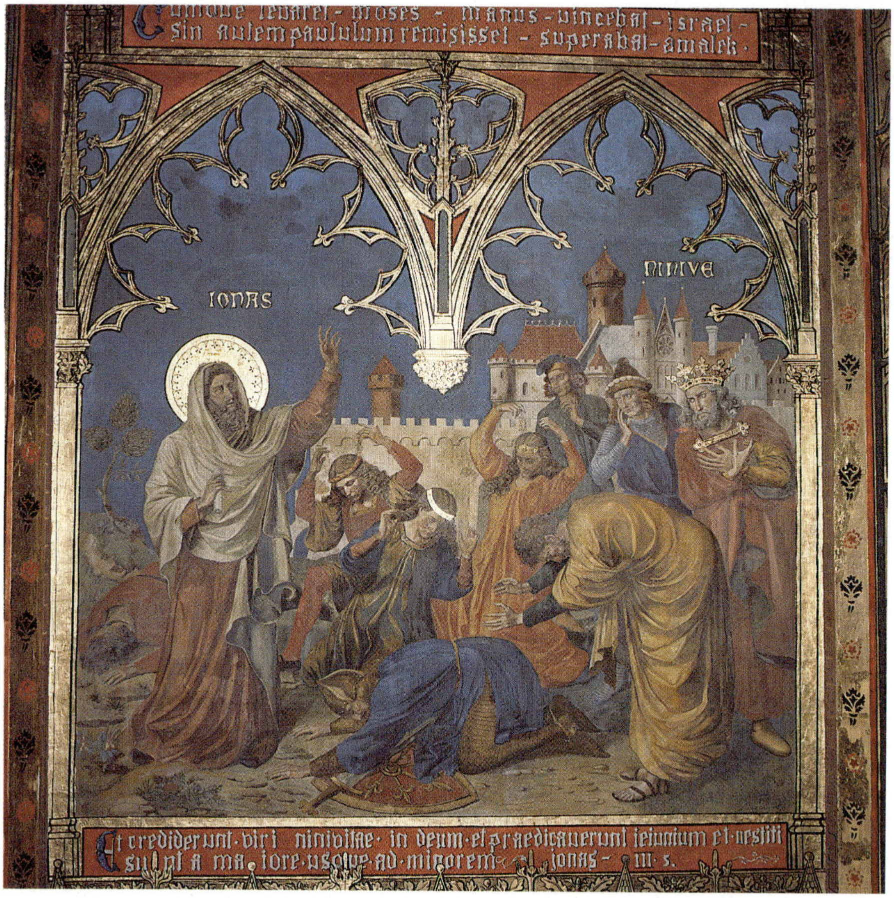

„Und die Leute von Ninive glaubten Gott. Sie riefen ein Fasten aus, und alle, groß un klein, zogen Bußgewänder a (Jona 3,5). Von Friedrich Stummel, Antoniuschor der Marien-Basilika

Kunstgewerbemuseums (Gropiusbau) 1897. In dieser Zeit erhielt Friedrich Stummel auch den Auftrag, die Entwürfe zur Ausmalung der neoromanischen Rosenkranz-Kirche in Berlin-Steglitz auszuführen. Nach eigenem Bekunden blieb ihm jedoch Berlin, diese große Stadt, eine „öde Wüste".

Er war überglücklich, als er durch den Brief des Pfarrers von Kevelaer, Joseph van Ackeren (1830–1903), in einem Brief gebeten wurde, sich mit dem Gedanken einer Ausmalung der Marienkirche in Kevelaer vertraut zu machen.

In Kevelaer war die von dem Kölner Dombaumeister Vinzenz Statz erbaute Marienkirche fertiggestellt. Um die Idee von Pastor Joseph van Ackeren, eine „Biblia Pauperum", eine erzählende Volksbibel im Kirchenraum verwirklichen zu können, hatte Vinzenz Statz die neogotische Marienbasilika im Gegensatz zu seiner sonst fensterbetonten Bauweise mit großen Gewölbe- und Wandflächen gebaut.

Durch den Kalkarer Vikar Wolf auf Friedrich Stummel aufmerksam gemacht, hatte Joseph van Ackeren den oben angeführten Brief nach Berlin geschrieben.

Als Stummel seine Reise von Berlin nach Kevelaer antrat, war dies der Beginn einer glücklichen Symbiose, in der ein Seelsorger mit großem theologischem Wissen und ein begnadeter, gläubiger Künstler die Heilsgeschichte über ihre Zeit hinweg künden sollten. Obwohl die Arbeitsproben in der Beichtkapelle von einem größeren Gremium von Theologen und Kunstexperten große Zustimmung erfuhren, war Stummel selbst letztlich nicht von seiner Bildaussage überzeugt. Er ging wieder nach Italien, um sich erneut mit den Bildkompositionen und Monumentaltechniken der alten Meister auseinanderzusetzen. Im nachhinein kann man die einzelnen Stationen seiner intensiven Studien verfolgen.

Im Markusdom in Venedig studierte er das wunderbare Zusammenklingen einer farbig reichen Bildkomposition in dem alles überstrahlenden Goldmosaik. Zu Padua vertiefte er sich in Giottos „Capella degli Scrovegni all' arena", der allerersten monumentalen Ausmalung einer Kirche überhaupt, um diesen großen Meister in seinem einmaligen Werk in der Kirche des hl. Franz von Assisi zu verstehen. In Florenz beeinflußten ihn die ausgeprägte monumentale Malweise des Malers Ghirlandaio, des Lehrmeisters Michelangelos, sowie die ergreifenden Fresken des Fra Angelico, bei denen er, wie er selbst bekannte, den Wunsch hatte, einmal so malen zu können wie dieser in sich gekehrte Mönch. Wie erwähnt, hatte er durch die Freundschaft mit Ludwig Seitz unbeschränkten Zugang zu den Vatikanischen Museen und den Stanzen des Raffael in Rom, was seinem Werk ebenfalls zuträglich war.

Nach dieser Italienreise hatte Stummel sich von der „Nazarener-Schule" entfernt und seine eigene Bildaussage gefunden, mit der er in Zukunft seine ihm zur Ausmalung anvertrauten Kirchen gestaltete.

Aus den vielen Studien in Italien hatte er die Erkenntnis gewonnen, daß sich in allen monumentalen Malereien aller Epochen ein klares Prinzip in Architektur, Farbgestaltung sowie Zeichnung ausdrückte. Aus diesem Erkennen entwarf er das Konzept für die Ausmalung der Marienkirche.

Zuvor hatte er die Königskapelle Sainte-Chapelle in Paris studiert, deren aussagekräftiges, mittelalterliches Farbkonzept er in den neogotischen Kirchenraum in Kevelaer einfließen ließ.

Die Themen, von Joseph van Ackeren und einem theologischen Kreis vorgegeben, setzte Stummel in mittelalterlicher Ordnung in den Raum um.

Der linke Kreuzarm war in dieser Aufteilung dem Alten Testament: „Gott Vater", der rechte Kreuzarm dem Neuen Testament: „Gott Hl.

Geist", der Chorraum dem Altarssakrament: „Gott Sohn" vorbehalten. Verbunden und getragen wurden die vielen Bildzyklen der Gewölbe und Wände durch die in den Farben der Trinität dekorativ gestalteten Rippen, Gurtbogen, Dienste und Säulen. Der immer wiederkehrende Farbduktus des majestätischen Purpurs für „Gott Vater", das unendliche Blau für „Gott Sohn", das brennende Rot für „Gott Hl. Geist", durchflochten mit dem strahlenden Gold der Dreieinigkeit, fassen den großen Kirchenraum von St. Marien zu einem erhebenden Anblick zusammen.

Nach reiflicher Überlegung wurde die Ausmalung der Kirche nicht wie allgemein üblich im Hochchor, sondern in den äußersten Nebenchörchen begonnen, um Schülern und Gehilfen die notwendige Sicherheit für das große Gesamtprogramm zu vermitteln.

In den Malereien dieser Chörchen ist die persönliche Handschrift von Friedrich Stummel unübersehbar.

Das rechte, südliche Chörchen ist dem hl. Einsiedler und Abt Antonius, dem Pfarrpatron von Kevelaer, geweiht. Im Gewölbe thront im ersten Gewölbezwickel die Mutter Gottes als Königin der Mönche und Einsiedler. Sieben Tauben, die Gaben des Hl. Geistes, umgeben sie und den neben ihr stehenden Jesusknaben. In den übrigen Zwickeln sind die Tugenden dargestellt, die das Ordensleben zieren: die Jungfräulichkeit; die Demut; die Klugheit; der Gehorsam; die Einsamkeit; die Schamhaftigkeit.

Bezeugt werden die Tugenden des Betens, des Fastens und des Almosengebens in dem Blindfenster der rechten Seite, in den Bildszenen des barmherzigen Tobias, des um Buße predigenden Jonas vor Ninive und des betenden Moses in der Schlacht der Israeliten mit den Amalekitern.

Im linken Blindfenster die gleichen Bildthemen, nun im Neuen Testament: Jesus und der reiche Jüngling (die Armut); die Versuchung Jesu durch die Pharisäer (die Jungfräulichkeit); Jesus in der Bergpredigt, in der er die dritte Tugend, den Gehorsam, lehrt.

Den sieben Tugenden im Gewölbe stellt Stummel im Fußboden in einem einzigartigen Mosaik die sieben Laster gegenüber. Eingebunden ist dieser Bilderkreis in die zu den Gewölben strebenden Säulen, auf denen hl. Einsiedler und Mönche dargestellt sind, die nach diesen Tugenden in der Welt lebten.

Das Josefschörchen ist dem hl. Josef, dem Nährvater Jesu und dem Schutzpatron der Kirche geweiht. Auch hier ergänzen sich Altes und Neues Testament in Thematik und Bildgestaltung.

Das Gewölbe mit seinen sechs Kappen erzählt die bilderreiche Geschichte des ägyptischen Josef.

In den Blindfenstern ist das Wirken des hl. Josef dargestellt. Das Blindfenster der Ostseite zeigt in seinem oberen Teil den Fluch der Arbeit durch den Sündenfall, der fortführt in den untersten Teil zur Fron der Israeliten in der Knechtschaft Ägyptens bis zum Fluch der Fron bei Samson und Delila.

Den Hauptblickpunkt des Zyklus stellt aber die hl. Familie dar, bei der Jesus mit Josef schafft. Durch sein helfendes Schaffen nimmt er den Fluch von der Arbeit fort.

Auf der Südwand ist der hl. Josef als Schutzpatron der Kirche zu sehen. Hier hat der Meister auch Papst Pius X., der seine Entwicklung so großzügig gefördert hatte, verewigt.

Auch hier schließen die tragenden Säulen mit Bildkompositionen, diesmal mit den einzelnen Schutzpatronen der Berufe, Zünfte und Gilden den großen Kreis.

Esther legt Fürsprache für ihr Volk ein. Der König neigt sich ihr zu und sagt: „Sei es die Hälfte des Königreiches, es sei dir gewährt" (Est 5,2). Von Friedrich Stummel, Marienchor der Marien-Basilika

Die Ausmalung des Marienchörchens zeigt die wichtigsten Begebenheiten des Marienlebens.

In der Gewölbemalerei wird der Stammbaum Jesse in seiner biblischen Überlieferung dargestellt und in den Gemälden der Stammutter Eva unter dem Baum des Todes und in der Szene der Mutter Gottes mit dem Jesusknaben unter dem Baum des Lebens fortgeführt.

Die Bildszenerie im Blindfenster der Nordseite des Chores erzählt augenscheinlich die Werke Joachims und Annas, die Trauer um ihre Kinderlosigkeit und die Verheißung an Joachim, daß Anna, seine Frau, eine Tochter gebären werde.

Die Gemälde der Ostseite erzählen die Verkündigung, die Geburt und die Erziehung der Jungfrau Maria durch Joachim und Anna.

Die Säulen umfassen Darstellungen der Frauen des Alten Bundes in ihrer typologischen Bedeutung im Hinblick auf das Leben der Gottesmutter.

Das vierte Nebenchörchen ist Johannes dem Täufer gewidmet.

Durch siebenmaliges Waschen in den Wassern des Jordan wird Maaman vom Aussatz geheilt.

In der Szene im großen Gewölbebogen sendet Jesus die Apostel aus, um in der Welt Gottes Wort zu lehren und die Gläubigen zu taufen.

In den Bildern des nördlichen Blindfensters predigt Johannes d. T. am Jordan Buße und Tadel den Zöllnern, Kriegsleuten, Pharisäern und Sadduzäern und tauft die Bekehrten.

Das östliche Blindfenster zeigt Johannes, indem er auf den unter den Zuhörern stehenden Heiland mit den Worten „Ecce Agnus Dei" weist. Im Bild der unteren Zone läßt sich Jesus von Johannes taufen.

„Wenn du vollkommen sein willst, geh, verkauf deinen Besitz und gib das Geld den Armen; so wirst du einen bleibenden Schatz im Himmel haben; dann komm und folge mir nach" (Mt 19, 21). Von Friedrich Stummel, Antoniuschor der Marien-Basilika

Mirjam, die Prophetin, nahm die Pauke in ihre Hand und sang: Lasset uns singen dem Herrn" (Ex 15,20 f). Von Friedrich Stummel, Marienchor der Marien-Basilika

Die figürliche Darstellung der Propheten Jeremias, Malachias und Isaias auf den Säulen weisen auf die Berufung von Johannes dem Täufer hin.

In der Ausmalung des linken und rechten Kreuzarmes und letztlich im Chor wird, wie erwähnt, die mittelalterliche Dreiteilung deutlich: „Im Namen des Vaters, des Sohnes und des Hl. Geistes".

In den zwei Gewölben mit je vier Kappen des rechten Kreuzarmes (1911–1912) sind vor dem mit Cherubinen umstrahlten Gottesthron die sieben Gaben des Hl. Geistes in figürlichen und symbolischen Szenen dargestellt: „die Gabe der Weisheit, des Verstandes, des Rates, der Stärke, der Wissenschaft, der Frömmigkeit und der Furcht des Herrn".

Die Gaben des Hl. Geistes schaffen eine Verbindung mit den Bildern der göttlichen Tugenden im Obergaden der östlichen Seite: „dem Glauben, der Hoffnung, der Liebe und der Gottesverehrung".

In der unteren Zone sind die ersten vier Bilder der acht Seligpreisungen gemalt.

Auf der westlichen Seite des Obergaden korrespondieren die vier Kardinaltugenden: „die Klugheit, die Gerechtigkeit, die Mäßigung und der Starkmut" mit den vier letzten Bildern der acht Seligpreisungen in der unteren Zone.

Dominierend ist im rechten Kreuzarm der umfassende Bildzyklus der sieben Sakramente: „die Taufe, die Firmung, die Priesterweihe, die Ehe, die Buße, die Krankensalbung und die im Mittelfeld betonte Einsetzung des Altarssakramentes beim Letzten Abendmahle".

Auf den Säulen künden die vier Evangelisten Matthäus, Markus, Lukas und Johannes das Wort Gottes, verbunden mit den vier großen Kirchenvätern Ambrosius, Hieronymus, Gregorius und Augustinus. Getragen werden die Künder der frohen Botschaft durch die vier großen Propheten des Alten Bundes Isaia, Jeremias, Ezechiel und Daniel.

Der linke Kreuzarm (1912–1916), Gott Vater vorbehalten, zeigt in acht Gewölbekappen die Schöpfung vom ersten Tag des Chaos bis hin zum siebten Tage der Vollendung.

Der Sündenfall, gemalt im ersten Feld des Obergadens, hat die Vertreibung aus dem Paradies und damit auch Haß, Zwietracht, Not und Verzweiflung durch die erste Untat von Kain an Abel zur Folge.

Hunger, Krieg, Pest und Tod schlagen die Menschheit bis in unsere Tage.

Im Zwickel der unteren Zone sind die vier großen versöhnenden Verheißungen Gottes an die Stammeltern Adam und Eva, die in ihrer Todesstunde den Erlöser von aller Schuld sehen dürfen, und an Abraham, Isaak und Jakob, die Stammväter eines großen Volkes werden, dargestellt.

Auf der Mitte der Säulen finden wir hl. Kirchenväter und Päpste, bedeutende Verehrer der Jungfrau und Gottesmutter Maria.

Im Chor, der Stätte des hl. Meßopfers, umgeben die fünf Geheimnisse des glorreichen Rosenkranzes mit den Bildkompositionen der Auferstehung Christi, der Himmelfahrt des Heilands, der Sendung des Hl. Geistes, der Himmelfahrt Mariens, die in der Mitte des Raumes dominierende Mensa.

Die kurze Zusammenfassung dieses umfassenden Programmes kann nur ein Hinweis auf den detaillierten Inhalt dieser wohl einmaligen „Biblia Pauperum" nördlich der Alpen sein.

Das von Joseph van Ackeren gegebene Wort verwandelte Stummel in immer neue Szenen um. Der Maler nahm für seine Bildinhalte keine aus der Phantasie entstandenen Personen, sondern Mitmenschen aus seiner näheren und weiteren Umgebung. Daher ist es nicht verwunderlich, daß sich nie ein Porträt in den Bildern wiederholt, genauso wie ein noch so feines Ornament nur einmal angewandt wurde.

Friedrich Stummel bezieht den Betrachter durch dreidimensionales Malen in die Bildszenen ein, indem er ihn aus dem eigentlichen kirchlichen Raum in die räumliche Szene der Bildkomposition und durch diese hinaus in die offene Landschaft sehen läßt.

Die Malerei, von dem Meister selbst ausgeführt, ist mit einer solchen Feinheit und Liebe zum Detail gemalt, die wohl einmalig in der monumentalen Malerei ist.

In der Auswahl seiner Schüler und Mitarbeiter war Stummel höchst anspruchsvoll. Das Heranziehen und die gründliche Ausbildung seiner Gehilfen war ein Grundanliegen des Meisters. In seiner Stellungnahme über die Ausmalung der Kirchen beklagte er den mangelhaften Anspruch der künstlerischen Qualität der Auftraggeber im einzelnen und im besonderen der Künstler, die ein religiöses Thema nur schwer überzeugend darstellen könnten.

Stummel zog wie ein Magnet Schüler, Künstler und Kunsthandwerker nach Kevelaer an, die den Entwurf des Meisters sichtbar nachvollzogen und so den kleinen Ort am Niederrhein in der christlichen Kunst im In- und Ausland bekannt machten.

Durch seine umfassenden Studienreisen war Stummel mit allen möglichen Techniken der Wandmalerei vertraut. Er kannte die einzelnen Vorzüge der Malweisen, aber auch ihre Grenzen.

In der Marienkirche waren die gewaltigen Flächen im Gewölbe und an den Wänden für die Maltechnik „fresco buono" vorgesehen.

Im Jahre 1876 hatte Adolf Keim in Augsburg die von Johann Nepomuk Fuchs, Schlotthauer und Wilhelm von Kaulbach um 1850 erfundene, aber nicht befriedigende Wasserglastechnik zu einer reinen Mineralfarben-Maltechnik entwickelt.

Stummel entschied sich nach einer eingehenden Materialprüfung für diese neue, der alten Fresko- überlegenen Maltechnik. Bei der Fresko-Technik mußten verschiedenkörnige, mit lang abgelagertem Kalk gebundene Putzschichten aufgezogen werden, ehe der eigentliche Freskomalgrund aufgetragen wurde.

In diesen auch wieder nur mit Kalk gebundenen, feinkörnigen Malgrund wurde mit in Kalksinterwasser angeteigten Farben gemalt. Es mußte schnell und zügig gearbeitet werden, denn das Malpensum war auf eine Tagesleistung begrenzt. Jeder nicht am Tage fertiggestellte Bildteil mußte am Abend in seinen Rändern sauber abgeschnitten und am nächsten Tag mit frischem Kalkputz genau im Schnitt erneuert werden. Eine Naß-in-Naß-Malerei war Grundbedingung dieser Maltechnik, eine mühselige Arbeit.

Die verschiedenen starken, feucht gehaltenen Kalkputzschichten waren notwendig, um eine starke Sinterschicht an die Maloberfläche ziehen zu können. In dieser Schicht verdunstet das Wasser, gleichzeitig nimmt der Kalk unter Bildung von Kalziumkarbonat Kohlensäure aus der Luft auf. Dadurch bildet sich auf der Oberfläche der Malerei eine transparente, marmorartige Feinschicht, die die Farben wasserunlöslich mit dem Malgrund verbindet.

Die Keimfarbentechnik vereinfachte diesen schwierigen Malprozeß erheblich. Bei dieser Malweise wurde auf gut gebundenen Rauhputz der eigentliche in den Keimwerken in Augsburg hergestellte Malgrund dünnschichtig aufgetragen, den man circa 6 Wochen abbinden ließ. Die auch hier an der Oberfläche gebildete Sinterhaut mußte aufgerauht werden, um eine saugende Verbindung der Malpigmente mit dem Untergrund zu erhalten. Der trockene Malgrund wurde mit destilliertem Wasser angefeuchtet und konnte dann mit den nur in destilliertem Wasser angeteigten Farbpigmenten bemalt werden. Diese Maltechnik ermöglichte durch die von Stummel bevorzugten glatt abgezogenen Malgründe einen aquarellhaften Reiz.

Die angeführte, feuchtigkeitsbetonte und begrenzte Tagesleistung des Freskogemäldes war hier nicht mehr notwendig.

Nach einem Überspritzen mit destilliertem Wasser konnte jederzeit eine unterbrochene Arbeit wieder fortgeführt werden. Die lediglich mit destilliertem Wasser vermalten Farben waren natürlich hochempfindlich und nicht wischfest, so daß sie mit einem aus Wasserglas speziell entwickelten Fixativ gefestigt werden mußten. Durch mehrmaliges, sorgfältiges Überspritzen und am Ende durch Überstreichen mit diesem Fixativ wurde eine so haltbare Festigung von Malerei und Malgrund erreicht, die auch heute noch nicht durch ein anderes Material in der monumentalen Malerei übertroffen ist.

Friedrich Stummel hat sich von 1880 bis zu seinem Lebensende 1919 mit der Ausmalung der Marienkirche befaßt. Die Fertigstellung des so gläubig aufgenommenen Programms hat er nicht erlebt. Seine berühmt gewordenen Schüler setzten nach den gegebenen Entwürfen das Werk ihres Meisters fort.

In den Jahren 1922–1924 wurde die Ausmalung des Hochchores vorgenommen. Durch die jahrelang geplante Hochlegung des Chorraumes und durch das Zumauern der sieben Chorfenster in der unteren Zone entstanden einmalig große Wandflächen. Für diesen Raum entwickelte Stummel die Pläne des größten Kolossalgemäldes des Niederrheins. Seine Schüler Heinrich Holtmann und Karl Wenzel führten die Entwürfe ihres Meisters reichhaltig aus.

Der große Marienzyklus fand seinen Höhepunkt in der von singenden Engeln umgebenen Marienkrönung, die sich mit dem Engelspiel und Engelreigen bis in das Gewölbe fortsetzte. Auf der Wandfläche rechts und links strebten in hellen Scharen die Propheten und Heiligen des Alten und Neuen Bundes dem Mittelpunkt zu, um in den Gewölben mit der Aufnahme Mariens in den Himmel und der Lobpreisung des Lammes einen würdigen Abschluß zu finden.

Als die Ausmalung der Vierung mit dem „Lob der Könige" abgeschlossen war, bedeutete dies in der Nachkriegszeit des Ersten Weltkrieges das Ende der so hoffnungsvoll begonnenen Ausmalung der Marienkirche.

Ab der Vierung blieben Hauptschiff und die beiden Seitenschiffe im Rohzustand stehen.

Der Zweite Weltkrieg schlug der zur Basilika minor erhobenen Marienkirche schwere Wunden. Bombenerschütterungen, Artillerieeinschläge, das Benutzen der Kirche als Kriegsgefangenenlager hatten die Malerei und auch die Ausstattung in einen mehr als desolaten Zustand gebracht.

Am Ende des Ersten Weltkrieges hatte sich langsam ein Umbruch in der kirchlichen Kunst bemerkbar gemacht. Diese Entwicklung setzte sich nach dem Zweiten Weltkrieg fort und führte zu einer aus der Not geborenen, im ersten Eifer nach dem Konzil unter anderem auch zu einer Vereinfachung in der Gestaltung des Kirchenraumes, die über einen weißen Anstrich nicht mehr hinausführte.

Alle Überredungsversuche, die Marienkirche diesem Trend folgend umzugestalten und die als nicht mehr zeitgemäß empfundene Malerei hinter, vielleicht in späteren Jahrzehnten einmal ablösbaren, weißen Farbschichten verschwinden zu lassen, scheiterten letztlich an der Person von Dechant Johannes Oomen, Pfarrer von St. Marien. Auch der neugebildete Pfarrgemeinderat (noch Pfarrkomitee genannt) von St. Marien empfahl schon in seiner ersten Sitzung mehrheitlich den Erhalt der Malerei.

Um die durch das Konzil geschaffene neue Form der Meßopferfeier durchführen zu können, wurde eine grundlegende Änderung des Chorraumes durchgeführt. Der hochgelegene Hauptaltar wurde abgetragen, die eigentliche Mensa dem Volke zugekehrt und im ersten Drittel des Chorraumes aufgestellt.

Um die Planung zügig durchführen zu können, wurden mit Genehmigung der Behörden die Fenster in der unteren Zone der Apsis und der Chorraum aufgebrochen. Dabei wurde das große Gemälde, die „Krönung Mariens", unwiederbringlich zerstört. Nur noch Reste konnten durch einen glücklichen Umstand erhalten werden, die wenige Jahre später, wenn auch nur als Fragmente, in die Chorgestaltung einbezogen werden konnten.

Der spätere Landeskonservator Prof. Dr. Borchers beklagte bei jedem Besuch in der Basilika den nicht mehr gutzumachenden Verlust des Gemäldes, des wichtigsten Zeitdokuments religiöser Wandmalerei des 20. Jahrhunderts am Niederrhein.

Seit 1968 wurde die Ausmalung in Abschnitten restauriert. Die zerstörten Malereien wurden an Hand von Skizzen und Unterlagen zum Verständnis der Bilderzyklen vervollständigt und rekonstruiert.

Im Winterhalbjahr 1972/73 war nach Entwürfen von Prof. Kadow das Hauptschiff in einem Farbduktus gestaltet worden, der einem modernen Kirchenraum wohl angestanden hätte, hier aber zu widersprüchlichen Eindrücken führte.

Als Pastor Johannes Oomen, durch Krankheit bedingt, in den Ruhestand ging, wurde Pastor Richard Schulte Staade mit der Seelsorge von St.

Marien betraut. Hatte Pastor Joseph van Ackeren vor hundert Jahren die Vision einer großen „Biblia Pauperum", so hat Pastor Schulte Staade, indem er das erhaltene Gut von Johannes Oomen übernahm, im „Stummelschen Farbduktus" die Ausmalung der gesamten Marienbasilika zu Ende geführt.

Es wuchs langsam ein Programm heran, in dem das Hauptschiff, „der Kreuzschaft" in der erwähnten mittelalterlichen Raumordnung, der lebenden, der bekennenden Kirche gewidmet wurde.

In sich nie wiederholenden floristischen und abstrakten Ornamenten wurde die Einmaligkeit der Schöpfung in den Seitenschiffen betont.

Die Anrufungen der „Lauretanischen Litanei", auf den Diensten im Chorraum begonnen, wurden mit den in der „Rosa mystica" und der Lilie verflochtenen Symbolen auf den Diensten der Seitenschiffe weitergeführt.

„Judas, mit einem Kuß verrätst du den Menschensohn?" (Lk 22,48). Von Friedrich Stummel, Ölbergkapelle der Marien-Basilika

In den Farben der Trinität gehaltene Säulen tragen das langgestreckte, hochaufstrebende Hauptschiff und seine mit Ornamenten bemalte untere Zone. Die Dienste der großen Säulen umschließen den Obergaden mit seinen zwanzig verschieden gestalteten Türmen. Die Heiligen der bekennenden Kirche sind noch durch Vorhänge verborgen. Über den Zinnen der Türme erstrahlt das Gewölbe mit seinen goldenen Sternen im unendlichen Blau und läßt die Herrlichkeit des „himmlischen Jerusalem" erahnen.

So schließt sich der Kreis des Gedankens, eine Volksbibel zu malen. Ein Werk, vor hundert Jahren begonnen, wurde in unserer Zeit vollendet.

Friedrich Stummel (1850 – 1919)

Die Dekoration der Sainte-Chapelle zu Paris

Die St. Chapelle du Palais, jene Kapelle, welche Ludwig der Heilige in den Jahren 1245 bis 1248 von Peter von Montereau hatte erbauen lassen, um die Dornenkrone und eine große Partikel des hl. Kreuzes dort aufzubewahren, war das Ziel und der Hauptzweck meiner Reise nach Paris. Mit großem Interesse besichtigte ich den feingliedrigen, aus Hausteinen errichteten Bau, der bei seiner Entstehung in einer Weise auf allen Flächen und Gliederungen im Innern mit Gold und Farben bedeckt wurde, wie es seiner Bestimmung würdig und seiner baulichen Konstruktion entsprechend war. Spuren dieser alten Bemalung waren noch so zahlreich vorhanden, daß nach denselben unter der Leitung von Viollet-le-Duc eine sorgfältige Erneuerung möglich war. Die untern Wände wurden in Oel-Wachsmalerei ausgeführt und haben sich gut gehalten. In den obern Theilen, besonders in dem blauen, mit Sternen besäten Gewölbe, ist die Eitempera verwendet worden, gegen deren Gebrauch man nur warnen kann, der in unserem feuchten Klima unausbleiblich eintretenden Fäulniß wegen. Auch hier überzieht ein weißlicher Schimmel verschiedene Stellen und nimmt für ein aufmerksames Auge der Farbe das Feuer. Unter- und Oberkirche sind gleich reich bemalt. Farbe und Gold wechselt in vorzüglicher Auswahl und die Ornamente sind so zierlich und fein, daß jedesmal der Grundton des einzelnen Gliedes voll zur Geltung kommt und das Ornament nur wie ein feines Netz von Linien und Farben dem Grundton Mannigfaltigkeit verleiht, sei es, daß den goldenen Grund ein zierliches Farbenmuster belebt, oder daß der farbige Grund durch goldene Ornamente wie mit einem goldigen, warmen Hauche durchzogen ist.

Der Eindruck des Ganzen ist ein vornehmer und dem Glanze des Goldes und der Farbe sind noch besondere Effekte edler Wirkung hinzugefügt, indem in den Gründen des Maßwerks der Arkatur unterhalb der Fenster sogen. Eglomisé-Malerei eingefügt ist. Dieses ist eine alte Technik, von welcher sich auch im Kölner Dom Spuren erhalten haben an den polychromirten Figuren des hohen Chores. Die Technik besteht darin, daß hinter Glastafeln gemalt und vergoldet wird, wodurch solch ein Zierstück eine emailartige Wirkung erhält. Am Bogen des Lettner sind solche Theile wie einzelne kleine Rauten und Vierpässe nebst edlen Steinen zwischen dem gemalten Ornament verwendet, Aehnliches ist auch an dem Bogen über den königlichen Sitzen angebracht. Wenn so die Malerei in Anwendung ihrer größten Mittel sich bemüht hat, den Raum aus dem Bereiche des Materiellen, des konstruktiven Steinmaterials zu einer durchaus ideellen Bedeutung eines jeden Baugliedes zu erheben, so tritt zu diesem erhabenen Eindruck die mächtige Wirkung der fünfzehn Fenster, welche, nur von den nothwendigen Massen zierlich gegliederter Säulen getrennt, in weiten Feldern den ganzen Bau beherrschen. Eine tiefe, satte Farbenstimmung aus Blau, Roth, Gelb, Weiß läßt ein

Altarbild von Friedrich Stummel, Mittelpunkt des Kevelaer-Altars im südlichen Seitenschiff der Pfarr- und Minoritenkirche St. Remigius in Bonn. Seit 1699 wallfahrtet Bonn nach Kevelaer

gedämpftes, mildes Licht den Raum durchfluthen und vollendet das erhabene Gefühl des Weltentrücktseins.

Die Zahl der Darstellungen eines einzelnen Fensters wechselt zwischen 121 und 30. Figur und Ornament binden sich zu einem gleichwertigen Farbenteppich, aber von dem Inhalt ist nur nach sehr langem Suchen und aufmerksamem Betrachten der Gegenstand der Darstellungen herauszufinden. Es mag dies von Manchem als ein Mangel empfunden werden, besonders von Solchen, welche alles verständig und leicht zergliedern wollen und denen das Gemüth oder auch der Farbensinn fehlt, um diese Fluthen harmonischer Akkorde als etwas Erhebendes zu empfinden. Wenn ich auch das Verlangen nach etwas mehr Erkennbarkeit der Gegenstände nicht als ungerechtfertigt bezeichnen will, so muß ich doch gestehen, daß es ein sehr verkehrtes Unternehmen ist, diese im kleinen Maaßstabe der Figuren mustergültige Kunst unter Anwendung gleicher Ausführung in größeren Figuren modernen Wünschen nach bildartiger Wirkung anzupassen. Es ist schon viel Verkehrtes und Geschmackloses auf diese Weise entstanden. Niemals wird ein Fenster einen schlechten Totaleindruck machen, wenn die einzelnen Glasstücke so zierlich und klein sind, aber wie viele monströse Leistungen sind aus dem Streben hervorgegangen, mit großen Figuren eine, die ganze Umgebung todtschlagende Wirkung hervorzubringen. Wer absolut eine bildartige Wirkung im Fenster wünscht, muß nicht die Mittel der Frühgothik gebrauchen wollen. Die vollen, schweren Töne leiden es nicht in großen Stücken aufzutreten; das Weiß ist hier aber spärlich in dünnen Linien angewandt, umsäumt die Haupteintheilung und kehrt nur in kleinen Theilen innerhalb der Füllung wieder. Die spätere Gothik, welcher in der St. Chapelle die große Rose angehört, mit ihrer reichen Verglasung die Apokalypse darstellend, wendet das Weiß und die neutralen Farben des Violett und Grün vorwiegend an und die Neutralität des Weiß erlaubt schon größere Massen derselben Farblosigkeit, in die dann Blau, Roth und Gelb in kleinern Portionen hineingestreut sein können. Vergleicht man aber die Rose in dieser kühlern Stimmung mit den tiefen und warmen Tönen der übrigen Fenster der frühern Periode, so ist es keine Frage, daß die schönern, erhabenern Akkorde in diesen ältern Glasmalereien angeschlagen sind.

In Selbstvergessenheit war mir die Zeit in St. Chapelle schnell entschwunden, die warmen Strahlen der sich neigenden Wintersonne erhöhten den so schon so feierlichen Eindruck dieses kleinen Gotteshauses und als ich mich endlich aufmachte, die nahe Kathedrale Notre-Dame zu besuchen, war die Dämmerung schon so weit vorgerückt, daß nur die mächtigen Silhouetten der ernsten Formen einen allgemeinen Eindruck hervorriefen . . .

Teilabdruck eines Beitrages in der Zeitschrift für christliche Kunst, Nr. 1, 1893.

Heinz Josef van Aaken

Die Bruderschaft der „Consolatrix Afflictorum"

Die Organisation und Durchführung der Wallfahrtsprozessionen aus den verschiedenen Regionen oblag sogenannten Brudermeistern, welche die Prozessionen über die oft beschwerlichen Wege zum Ziel der Wallfahrt leiteten und hier für eine würdige Gebetsordnung sorgten. Dabei trugen die Brudermeister besondere Kleidungen, Abzeichen und Stäbe. Mit den sogenannten Brudermeisterstäben wurde der Pilgergruppe durch verschiedene Zeichen der Gebetsrhythmus angezeigt. (Das hat sich bis heute nicht geändert.)

Im Laufe der Zeit entstanden in den einzelnen Städten und Regionen die Kevelaer- und Marienbruderschaften, die sich in erster Linie für die Organisation und Durchführung der Wallfahrt nach Kevelaer einsetzten. Band II dieser Festschrift dokumentiert diese an vielen Orten bestehenden Bruderschaften im einzelnen. Diese unabhängigen Kevelaerbruderschaften sind Vereinigungen kirchlichen Rechts und regeln mit ihren individuellen Satzungen das Bruderschaftsleben und ihr Ziel, die Wallfahrt nach Kevelaer. Sie bestehen z. T. seit Jahrhunderten, z. B. die Kevelaerbruderschaft von Köln St. Kunibert seit 1680.

Brudermeisterstab aus dem 18. Jahrhundert

Die Anfänge der Kevelaer-Wallfahrt von 1642 an fielen in eine Zeit religiöser Gegensätze und des 30jährigen Krieges. Oft führten Pilgerwege durch protestantische Gegenden. Was für die einen als Bezeugen ihres Glaubens galt, verstanden andere als Herausforderung. Es ist anzunehmen, daß die ersten Prozessionen bewaffnet und die Brudermeisterstäbe ursprünglich Lanzen waren. Schaut man sich die alten, kunstvoll gestalteten Brudermeisterstäbe an, kann man dies noch an den flächigen, lanzenförmigen Spitzen erkennen. Die Brudermeisterstäbe wandelten sich im Laufe der Zeit. Es entstanden wahre Kleinodien der Silberschmiedekunst, die zur Ehre Gottes in den Prozessionen zum Gebet aufforderten. Jeder der noch vorhandenen Brudermeisterstäbe hat seine eigene Geschichte, die in der Chronik der Brudermeister nachlesbar ist. Gleichen Ursprung könnte das „Brustschild" der Brudermeister haben. Was ursprünglich als persönlicher Schutzschild gedient haben könnte, wird heute in verkleinerter, oft kunstvoll gestalteter Plakettenform als persönliches Aushängeschild für die Zugehörigkeit zur entsprechenden Bruderschaft getragen. Die Weise, durch optische Zeichen mit Lanzen Kommandos zu geben, kannte man schon in der Römerzeit.

Bruderschaften, Vereinigungen kirchlichen Rechts, unterstehen der Aufsicht der zuständigen kirchlichen Autorität. Diese Vereinigungen werden durch ein Dekret des Diözesanbischofs errichtet und einer bestimmten Kirche oder Kapelle zugeordnet. Ihre Mitglieder sind meistens Leute, die sich zu freiwilligen Werken der Frömmigkeit, Buße und Nächstenliebe verpflichten und zum Teil eigene Andachten, Prozessionen und Wallfahrten veranstalten; dabei tragen sie besondere Kleidung und Bruderschaftsabzeichen. Bereits im 4. Jahrhundert kann man die

Ursprünge der Bruderschaften in den sogenannten Totenbestatter- und Krankenpflegerkollegien finden. Sicherlich sind die im 6. Jahrhundert entstandenen Gebetsverbrüderungen als Vorstufe der heutigen Bruderschaften zu bezeichnen. Obwohl im wesentlichen religiöse Ziele verfolgt wurden, ähnelten diese Gebetsverbrüderungen in Struktur und Organisation den in den frühmittelalterlichen Städten entstehenden und wachsenden berufsständisch gegliederten Gilden. Eine enge Verbindung mit dem Zunftwesen war vielerorts personenbedingt gegeben. Ihre Hauptaufgabe sahen die Brudermeister in Pflege und Förderung von Frömmigkeit sowie der tätigen Nächstenliebe.

Die Bruderschaften benannten sich in der Regel nach einem Glaubensgeheimnis, Heiligen oder nach ihrem Zweck (wie z. B. Kevelaerbruderschaften). So blühten im Mittelalter unter anderem die verschiedenen Heiligen-, Sakraments-, Marien-, Rosenkranz-, Herz Jesu- und Christenlehrbruderschaften stark auf. In diesem Geist entstanden auch die Kevelaerbruderschaften. Oft gewannen die Bruderschaften, die in Verbindung mit einem Orden standen, schnell an Ansehen und Macht. Bruderschaften, die ermächtigt waren und sind, sich gleichartige Bruderschaften anzugliedern, werden Erzbruderschaften genannt. Bedeutung und Einfluß der Bruderschaften konnten sich trotz religiöser und weltanschaulicher Auseinandersetzungen bis weit in die Barockzeit und darüber hinaus halten.

Brudermeisterstab aus dem 19. Jahrhundert

Ab dem 19. Jahrhundert wurden die caritativen und religiösen Aufgaben der Bruderschaften zunehmend auch von neuen kirchlichen Vereinigungen wie den Vinzenz- und Elisabethkonferenzen wahrgenommen. Einige Bruderschaften zerfielen, andere konzentrierten sich ausschließlich auf die Durchführung von Wallfahrten und Prozessionen. Sie bestehen in ihrer ursprünglichen Form auch heute noch und führen ihre Prozessionen zu den Wallfahrtszielen. Wieder andere versuchten auf der Grundlage ihrer eigenen Tradition, den Blick nach vorne zu richten, sich der Zeit anzupassen, neu zu formieren und aktuellen Aufgaben zu stellen. Dieses letztere Ziel setzten sich auch die Mitglieder der seit dem Jahre 1757 bestehenden Brudermeistervereinigung in Kevelaer, als sie im Jahre 1975 im 333. Jahr seit Beginn der Wallfahrt beschlossen, beim Bischof von Münster, Heinrich Tenhumberg, die Änderung der bestehenden Satzung und die Umbenennung der Brudermeistergemeinschaft in „Bruderschaft der Consolatrix Afflictorum Kevelaer" zu beantragen. Eines der 25 Gründungsmitglieder erklärte das Anliegen mit den knappen Worten: „Wir wollen das gute Alte bewahren, uns aber dem guten Neuen nicht verschließen."

Das „gute Alte", das die Brudermeistervereinigung über zwei Jahrhunderte bewahrt und gepflegt hatte, war und ist die Wallfahrt zur Consolatrix Afflictorum. Bis dahin war die Brudermeistervereinigung Kevelaer für die Durchführung der jährlichen Prozessionen in den eigenen Pfarrgemeinden verantwortlich und sorgte mit ihren Brudermeisterstäben für die würdige Gebetsordnung. Die Brudermeister trafen sich einmal im Jahr zum Traktament und wählten turnusmäßig den Senior der Bruderschaft, der die Gläubigen in den Prozessionen anführte und der sich von allen anderen Brudermeistern durch einen besonders kunstvoll gestalteten Brudermeisterstab und das Tragen eines großen Brustschildes unterschied. Die alte Bekrönung des Seniorstabes und das große Brustschild der Brudermeistervereinigung werden u. a. in einer Vitrine der heutigen Bruderschaftskirche aufbewahrt. Für die Durchführung ihrer Aufgaben wurden der Brudermeistervereinigung die Erlöse aus den Kollekten am Rosenkranzsonntag und an Fronleichnam zugesprochen. Die Mitglieder der Brudermeistervereinigung waren in ihrer Gemeinde, in ihrem Beruf und in der Öffentlichkeit hoch angesehen und trugen ihre Abzeichen mit Würde. Ältere Kevelaerer kennen wohl im Zusammenhang mit den Brudermeistern den mundartlichen Ausdruck „Saledeicken". Als Saledeicken bezeichnete man die schwarzen Samtkäppchen der Brudermeister. Die Brudermeister hatten das besondere Recht, ihr „Saledeicken" auch während der Gottesdienste zu tragen. Lediglich zwischen dem Sanktus und der Kommunion entblößten sie ihr Haupt. Das Wort hat seinen Ursprung im lateinischen „Soli Deo" (Allein vor Gott). „Das Neue" war und ist nicht der Name, die neue Gemeinschaft, nicht nur das in den Statuten Geschriebene, sondern es sind vielmehr die damit eingegangenen Verpflichtungen und deren Verwirklichung. Es ist die angenommene Herausforderung unserer Zeit. Durch das Dekret des Bischofs von Münster, Heinrich Tenhumberg, vom 30. Mai 1978, das im folgenden zitiert wird, wurde die Vereinigung der „Bruderschaft der Consolatrix Afflictorum in Kevelaer" errichtet.

»Heinrich Tenhumberg, in Gemeinschaft mit dem Nachfolger des hl. Petrus Bischof von Münster, entbietet allen, die dieses Schreiben sehen, Gruß und Segen im Herrn.

„Sei gegrüßt unsere Hoffnung, Gottesgebärerin, Jungfrau Maria", mit diesem Gruß und mit diesem Bittgebet wallfahrten die Menschen aus den Bedrängnissen, beseelt von unendlichem Vertrauen, zum Gnadenbild der seligen Gottesmutter, das in Kevelaer, in Unserem Bistum Münster, den Gläubigen gezeigt wird; dort suchen sie auf die Fürbitte der Mutter Christi Trost zu finden in den Nöten des Leibes und der Seele.

Es ist Unser dringender Wunsch, daß die Verehrung, mit der die allerseligste Gottesgebärerin Maria geehrt wird, Tag für Tag mehr wachse; so soll nach dem Willen der Jungfrau selber bewirkt werden, daß die Gläubigen ihren göttlichen Sohn besser erkennen, inniger lieben und der Kirche, die von ihm gewissermaßen als allgemeines Sakrament des Heiles eingesetzt ist, ganzheitlicher anhängen.

Die Überlieferung berichtet, daß schon im Jahre 1757 fromme, rechtschaffene Männer in Kevelaer zusammengekommen sind, mit dem lobenswerten Vorsatz, die Verehrung der seligsten Jungfrau Maria, der Trösterin der Betrübten, mit ganzem Einsatz zu fördern und dafür zu sorgen, daß diese Verehrung im gläubigen Volk wachse und sich tiefer in die Herzen einsenke.

Im Jahre 1873 wurde dieser Vereinigung frommer und rechtschaffener Männer, die „Brudermeistervereinigung in Kevelaer" genannt wird, ein neues Statut gegeben, auf das sich die Mitglieder bis heute bereitwillig verpflichtet haben.

In unseren Tagen aber haben die Mitglieder die Zeichen der Zeit bedacht, im 333. Jahr nach Einsetzung der Wallfahrt einhellig beschlossen, die Statuten der Vereinigung zu erneuern und der heutigen Zeit anzupassen; zugleich haben sie den Wunsch vorgetragen, daß ihre Vereinigung durch ein offizielles Errichtungsdekret als eine Bruderschaft errichtet würde.

Wir wünschen sehr, daß die Liebe zur Gottesmutter beim christlichen Volk weiter wachse und haben die Bitte der Brudermeistervereinigung sorgfältig erwogen und das Votum des Pfarrers der Basilika in Kevelaer berücksichtigt. Somit erfüllen Wir die vorgetragene Bitte und errichten, setzen ein und bestätigen mit Unserer Ordentlichen Bischöflichen Autorität und mit diesem Schreiben die

CONFRATERNITATEM BEATAE MARIAE VIRGINIS
SUB TITULO
CONSOLATRICIS AFFLICTORUM IN KEVELAER,

und zwar gemäß den Bestimmungen des Codex Iuris Canonici unter Wahrung aller Vorschriften des Rechts, die zu beachten sind.

Ebenso genehmigen Wir die Statuten der genannten Confraternitas; sie wurden von Uns überprüft und sind in einem, in deutscher Sprache verfaßten Exemplar diesem Schreiben beigelegt.

Geist und Herz aller Christgläubigen aber empfehlen Wir jene lichtvollen Worte, die Unser Papst Paul VI. im Apostolischen Mahnschreiben „Marialis Cultus" verkündet: „Dem Herrn gehört, was der Magd geschenkt wird; auf den Sohn geht über, was man für die Mutter tut; und so gehört auch dem König die Ehre, die der Königin erwiesen wird."

Zu Urkund dessen haben Wir dieses Schreiben eigenhändig unterschrieben; es mit Unserem Siegel siegeln lassen und angeordnet, daß es zugestellt wird.

Münster, den 30. Mai 1978

L. S. gez. + Heinrich Tenhumberg
Bischof von Münster«

„Die Statuten" regeln das Bruderschaftsleben, sie sind zugleich Gesetz und Leitfaden für die Mitglieder, die Brudermeister. Nachstehend einige Auszüge aus den Statuten der „Bruderschaft der Consolatrix Afflictorum":

I. 2. Die Mitglieder dieser Bruderschaft, die Brudermeister, sind in besonderer Weise bereit, Christus und seiner heiligen Mutter in der katholischen Kirche zu dienen.
I. 3. Die Bruderschaftskirche ist die große, dem heiligen Michael geweihte Kapelle, die sogenannte Kerzenkapelle in Kevelaer, in der alle Gottesdienste der Bruderschaft gefeiert werden.
II. 1. Religiös gesinnte, in der Regel verheiratete, in Kevelaer (gesamte Stadt) wohnhafte katholische Männer bilden die Bruderschaft der Consolatrix. Die Zahl der aktiven Mitglieder soll möglichst 24 nicht überschreiten. Der Regens ist der jeweilige Pfarrer der St.-Marien-Pfarre und Rektor der Wallfahrt, der als Beauftragter des Bischofs die Aufsicht über die Bruderschaft hat. Sein Stellvertreter ist der jeweilige Pfarrer der St.-Antonius-Pfarre zu Kevelaer.
II. 2. Als Ersten unter Gleichen wählen die Brudermeister ihren Hochmeister für sechs Jahre nach dem kirchlichen Rechtsbuch in geheimer Wahl. Eine einmalige Wiederwahl ist möglich.
II. 8. Ehrenmitglied kann nur derjenige werden, der durch den Regens, seinen zuständigen Pfarrer oder durch eine Wallfahrtsleitung vorgeschlagen und ... gewählt wird, weil er sich in der Leitung oder Durchführung von Wallfahrten

oder in anderer hervorragender Weise in der Verehrung der Gottesmutter, der Consolatrix Afflictorum, verdient gemacht hat. In der Regel ist ein Jubiläum kein Anlaß.
III. 3. Es ist vornehmste Aufgabe der Bruderschaft, an der Gestaltung des täglichen Marienlob in der Kerzenkapelle mitzuwirken und in festgelegter Reihenfolge jeden Werktag den Vorbeter zu stellen. An Sonntagen wird das Marienlob vom Regens oder einem anderen Priester gestaltet.
III. 4. Bei gemeinsamen Prozessionen der Pfarren St. Antonius und St. Marien übernimmt die Bruderschaft die Verantwortung für die Durchführung. Zur Zeit gilt das für folgende Prozessionen: Fronleichnamsprozession, Kevelaer nach Kevelaer, Kevelaer nach Walbeck, Kevelaer nach Boxmeer und die Allerseelenprozession. Weiter erklärt sich die Bruderschaft bereit, an außerordentlichen kirchlichen Veranstaltungen mitzuwirken.
III. 5. Beim Vorbeten in den Prozessionen werden Brudermeisterstäbe mitgeführt, die Eigentum der Bruderschaft sind. Das Brustschild des Hochmeisters ist ebenfalls Eigentum der Bruderschaft. Die Brudermeister-Stäbe sind von den damit beliehenen Brudermeistern zu pflegen und sorgfältig aufzubewahren. Sie sind bei Verlust dem Wert entsprechend zu vergüten bzw. zu ersetzen und bei Ausscheiden aus der Bruderschaft zurückzugeben.

Die Mitglieder der Bruderschaft verstanden die Zeichen der Zeit, als sie am 1. Juni 1975 die Gestaltung des allabendlichen „Marienlob" in der Bruderschaftskirche übernahmen. Neben Lobpreis und Besinnung prägen Bittgebet und Danksagung diese tägliche Andacht. Hier werden die Bitten und Anliegen der Pilger und der anwesenden Gemeinde vorgetragen; denn Ausdruck gegenseitiger Verantwortung ist auch das Gebet füreinander. Das tägliche Marienlob in der Bruderschaftskirche, nahe dem Gnadenbild, ist eine aktuelle Antwort auf die Nöte der Pilger und Beter, die hier in Kevelaer die Gottesmutter um Fürsprache bei ihrem Sohn bitten. Die in den ausliegenden Fürbittenbüchern niedergeschriebenen Anliegen werden in diesen Andachten mitgetragen. Das Marienlob ist zum Kernstück der Bruderschaftsaufgaben geworden.

Brudermeister tragen das Reliquiar mit Reliquien des hl. Ludgerus und des hl. Willibrord

Jährlich wiederkehrende Tätigkeiten der Bruderschaft sind: 1. Mai: Wallfahrtseröffnung, Überführung des Reliquienschreins mit den Gebeinen des hl. Ludgerus und des hl. Willibrord durch die geöffnete Pilgerpforte der Basilika in die Pax-Christi-Kapelle. 1. Juni: Feier der Einsetzung des Gnadenbildes mit Eucharistiefeier. Während der Meßfeier werden neue Mitglieder in die Bruderschaft aufgenommen. Als äußeres Zeichen ihrer Zugehörigkeit zur Bruderschaft wurde den Mitgliedern der Bruderschaft am 1. Juni 1980 das Brustschild in Silber mit Quaste (mit Genehmigung des Bischofs von Münster, Heinrich Tenhumberg; gestiftet vom Regens) feierlich überreicht. 1. November: Nach dem Päpstlichen Segen in der Pax-Christi-Kapelle – am Ende der Wallfahrtszeit – wird der Reliquienschrein wieder in die Beichtkapelle überführt. Bei den in den Statuten erwähnten Prozessionen wird von den Brudermeistern der Rosenkranz im Wechsel mit den Gläubigen gebetet. Die Organisation der Fußwallfahrten obliegt den Brudermeistern. Der jährliche Besinnungstag der Brudermeister ist auf den Sonntag vor „Verkündigung des Herrn“ (Maria Verkündigung) festgelegt.

Das Bruderschaftsbuch enthält das Wappen und den Namenszug Papst Johannes Pauls II. (2. Mai 1987)

Am ersten Freitag nach dem Vollmond im November treffen sich die Brudermeister zum Marienlob mit anschließender Eucharistiefeier für die lebenden und verstorbenen Mitglieder der Bruderschaft in der Bruderschaftskapelle. Im Anschluß lädt der Regens zum Traktament ins Priesterhaus ein. Das Traktament ist mit der Generalversammlung verbunden. Dieser Termin ist seit Gründung der Bruderschaft Tradition. Nach Ableben eines Brudermeisters wird in der Bruderschaftskirche, in Verbindung mit dem Marienlob, in Anwesenheit aller Brudermeister und der Angehörigen des Verstorbenen, für dessen Seelenruhe ein Requiem gefeiert.

Das Leben und Wirken der Bruderschaft wird seit dem 1. Januar 1984 in einer Chronik niedergeschrieben. Sie soll Rechenschaft darüber ablegen, ob die gesteckten Ziele eingehalten werden. Ein Zitat aus der Einleitung weist die Richtung:

„. . . die Bruderschaft . . ., die sich der jahrhundertelang verehrten und gepflegten Begegnungs- und Gebetsstätte von Gläubigen aller sozialen Schichten und aller Nationalitäten, dem Gnadenbild der Trösterin der Betrübten in unserer Heimatstadt Kevelaer, in besonderer Weise verpflichtet weiß. Die Bruderschaft will durch ihr Engagement für das Kevelaerer Marienheiligtum ein Erbe wahren, sowie Wege und Ziele, Glauben zu leben und zu praktizieren, für spätere Generationen aufzeigen."

Parallel zur Chronik wird ein Totenbuch geführt, in dem jeweils ein Foto und der Totenbrief des verstorbenen Brudermeisters eingeklebt wird. Das Totenbuch liegt stets aufgeschlagen in einer Vitrine der Bruderschaftskirche. Die verstorbenen Brudermeister werden in das allabendliche Bittgebet des Marienlob mit eingeschlossen. Ebenso gebetet wird für die vielen ungenannten Pilger und Beter außerhalb Kevelaers, die sich in besonderer Weise der Consolatrix Afflictorum verbunden wissen.

Das „gute Alte", die Gebetsverbrüderung, die Gemeinschaft, aus der sich ursprünglich die Bruderschaften entwickelten, erhielt in Kevelaer durch die Gründung der „Gebetsgemeinschaft der Consolatrix Afflictorum" einen neuen Stellenwert. Im Jahr 1987, in dem Papst Johannes Paul II. und Mutter Teresa den Marienwallfahrtsort Kevelaer besuchten, fand die Kevelaerer Bruderschaft eine weitere aktuelle Antwort auf die Nöte unserer Zeit. Die Mitglieder der Gebetsgemeinschaft verpflichten sich durch ihre schriftliche Anmeldung, täglich ein Fürbittgebet an die Muttergottes zu richten. Dies geschieht inzwischen, von Kevelaer ausgehend, täglich weltweit. Beten ist weder unmodern noch ein bloßes Lippenbekenntnis. Beten ist Hilfe und Hoffnung zugleich auf dem Weg zu einer friedvollen Welt. Dies geschieht vor allem durch die Vermittlung Mariens, der Gottesmutter, der Trösterin der Betrübten. Der tiefe Sinn der Gebetsgemeinschaft läßt sich kaum treffender beschreiben, als dies Mutter Teresa in ihrem Gebet am 19. September 1987 vor dem Gnadenbild in Kevelaer zum Ausdruck brachte:

Maria, Mutter Jesu;
gib mir ein Herz wie das deine,
so schön, so rein, so unbefleckt;
ein Herz so voll Liebe und Demut,
damit ich Jesus empfangen kann
in dem Brot des Lebens
und ihn lieben, wie du ihn liebst,
ihm dienen in der leidenden Gestalt der Armen.
Maria, mach mich zu einem Boten
der Liebe Gottes und des Friedens.

Die Betergemeinschaft ist der Bruderschaft der Consolatrix Afflictorum angeschlossen und wird von ihr betreut. Für die Mitglieder der Gebetsgemeinschaft wird täglich im Marienlob und an jedem Samstagmorgen bei der Eucharistiefeier in der Gnadenkapelle gebetet. Weltweit hat die Gebetsgemeinschaft bereits 4000 Mitglieder und wird vor Ort betreut.

Die Bruderschaft in Rom. Empfang beim Rektor des Campo Santo Teutonico, Prälat Erwin Gatz

Mit Hilfe moderner technischer Büro- und Kommunikationsmittel werden die Anmeldungen registriert und in Teilnehmerlisten geführt. Die Mitglieder der Gebetsgemeinschaft erhalten jährlich zu Beginn der Wallfahrtszeit die aktuellen Informationen und sind daher auch auf diesem Weg mit Kevelaer und der Bruderschaft der Consolatrix Afflictorum stets in Verbindung. Zwischen vielen Mitgliedern der Gebetsgemeinschaft und den sie betreuenden Brudermeistern hat sich inzwischen eine rege Korrespondenz entwickelt, die dazu beiträgt, die Kontakte zu vertiefen, auszubauen und anderen Menschen die Gemeinschaft näherzubringen. Hier hat eine neue Weise der Wallfahrt nach Kevelaer begonnen. Nicht unbedingt persönliche Anwesenheit, sondern die geistige Verbundenheit mit der Mutter Gottes von Kevelaer über weite Entfernungen, mit einer Gemeinschaft im täglichen Gebet füreinander sind hierfür kennzeichnend. Es ist eine Gemeinschaft, die zentral vom Wallfahrtsort aus betreut wird, in der jeder seine persönlichen Anliegen übermitteln kann mit der Gewißheit, daß jedes Schreiben, jede Bitte, jede Gabe und jedes Dankeschön von den verantwortlichen Brudermeistern stellvertretend vor die Consolatrix Afflictorum getragen wird. Hier hat die Bruderschaft eine Aufgabe übernommen, die dem Ausspruch gerecht wird: „. . . und sich dem guten Neuen nicht verschließen." Für das Jahr 1992 ist aus Anlaß des Wallfahrtsjubiläums ein besonderer Wallfahrtstag dieser Gebetsgemeinschaft geplant. Die Organisation und Durchführung der Wallfahrt obliegt der Bruderschaft.

Die Bruderschaft der Consolatrix Afflictorum wäre ihren 1975 formulierten Ansprüchen bezüglich des „Neuen" nicht gerecht geworden, hätte sie sich nicht auch von Kevelaer aus zu fernen Wallfahrtszielen aufgemacht. Die Pilgerkerzen mit dem Siegel der Bruderschaft, die anläßlich der Wallfahrten 1980 in Rom, 1981 in Scherpenheuvel, 1983 in Luxemburg und Trier, 1985 in Beauraing und Dinant, 1987 in Altötting, 1989 in Tschenstochau und Warschau geopfert wurden, unterstreichen die Verbundenheit des Wallfahrtsortes Kevelaer und dessen Bruderschaft der Consolatrix Afflictorum mit der Weltkirche. Die daraus entstandenen wertvollen persönlichen Kontakte zwischen den Mitgliedern der Kevelaerer Bruderschaft und den Verantwortlichen für die jeweiligen Wallfahrtsstätten spiegeln sich in den Eintragungen des Gästebuches der Bruderschaft wider.

Friedrich Rohde

KEVELAER

Hier
hat der Glaube das Wort,
lösen Herzen sich und Lippen,
brennen Kerzen,
tropfen Tränen,
gehen Perlen
durch viele Finger,
kommen laufend Pilger an,
erholen Menschen sich
von den Schlaglöchern
auf ihrem Weg durch's Leben.
Maria nimmt alle auf.
Hier
erwarten Menschen
heilende Liebe,
göttliche Hilfe,
schützendes Obdach
unter dem Kreuz.

Hilde Salzberger

Votivgaben

Als ich der Geschichte der Votivgaben nachging, machte sie mir anrührend deutlich, wie ähnlich damals wie heute die Leiden und Anliegen der Menschheit waren und sind und wie sie des Trostes und der Hilfe höherer Mächte bedürfen.

Es gibt schon frühgeschichtliche Bodenfunde (Jungsteinzeit bis in die römische Kaiserzeit), die als Votivgaben gedeutet werden können. Die Antike kannte einen voll entwickelten Votivkult. Für die Weihegeschenke gab es eigens errichtete Schatzhäuser. Theodoret von Kyrrhos, gestorben wahrscheinlich 458, berichtet aus der christlichen Votivperiode: „Zu den Märtyrern kommen die Christen, indem sie sie anflehen, ihre Fürbitter zu sein. Daß sie aber erlangten, worum sie vertrauensvoll gebetet, das beweisen deutlich ihre Votivgeschenke, die die Heilung kundtun." Aus dem 7. Jahrhundert wird schon von Votivmessen, später auch von Votivwallfahrten und Prozessionen berichtet. In Mitteleuropa hatten viele nachmittelalterliche Votivgaben die Inschrift „ex voto" (auf Grund eines Gelöbnisses, daher auch der spätere Name für diesen Kult). Votive, vom Volk Opfer genannt, sind Gaben, welche überirdischen Mächten gespendet werden, sei es um sie zur Erfüllung einer Bitte zu bestimmen, sei es als Dankerweisung für gewährte Hilfe oder endlich infolge eines Gelübdes. Der Akt der Votivspende kann sowohl in der Darstellung wie auch in der Empfindung sehr vielschichtig sein, vielleicht weil er fast nur aus dem Herzen und Glauben und nicht dem Verstand entspringt. Welche Erlebnisse, Empfindungen und Gefühle an diesen Opfergaben hängen, wird meistens im Dunkeln bleiben. Einsichtiger ist vielleicht die Hinwendung zum hl. Antonius von Padua, dem früher nur die Rückführung verlorener Seelen zugesprochen wurde. Längst hat ihn der Volksglaube auch zum Patron der Vergeßlichen gemacht. Mit der Bitte um Hilfestellung beim Wiederfinden verlorener Gegenstände wird dann mit einem Geldopfer der Armen gedacht.

Die Kirche hat seit jeher streng darüber gewacht, daß die äußere und innere Form des Votivkults nicht zu einem „Zauberkult" ausartet. Die andächtige Hinwendung zu Gott und seinen Heiligen sollte nicht allein in der präzis ausgesprochenen Bitte, hier und jetzt in einem bestimmten Anliegen zu helfen und einzugreifen, gipfeln, sondern der Gläubige soll sich vertrauensvoll dem Schutz der Heiligen und damit dem Willen Gottes anheimstellen. Dies geht aus manchen Votivwerken hervor, die darstellen, daß die „Verlobung" oder das „Sich-Versprechen" einer Person z. B. in einer Krankheit nicht zur Genesung, sondern zum Tode führte. Diese Votivtafeln werden dann zu Gedächtnisbildern für Tote, die damit über den Tod hinaus der Fürbitte der Heiligen anheimgestellt werden.

Votivgaben werden meist an solchen Stätten aufgestellt, an denen durch Gottes Gnadenwalten Gebetserhörungen mit der Verehrung eines

Gnadenbildes verknüpft sind. Das zeigt sich auch in *Kevelaer*, dem Ziel so vieler Bittender und Hilfe Suchender.

In der Gnadenkapelle finden wir das im Laufe der Jahrhunderte stark verblaßte Bild der Madonna mit dem Jesuskind. Es wurde von verschiedenen Spendern ausgeschmückt. Zuerst erhielt es im Jahre 1664 einen vergoldeten Silberrahmen, später wurde es in eine große, kunstvoll verzierte Silberplatte, gestiftet vom Kaiserlichen Kammerherrn und Reichsgrafen von Oettingen, eingelassen. Das Kapitel von St. Peter in Rom stiftete 1892 eine goldene Ehrenkrone, die mit Kleinodien vieler Marienverehrer verziert wurde. Die zwei silbernen, vergoldeten Rosenzweige sind ein Geschenk aus Luxemburg.

Natürlich ist es nicht möglich, die vielen Weihegeschenke, die immer wieder gestiftet werden, alle neben dem Gnadenbild anzubringen, aber sie werden mit der nötigen Ehrfurcht, der materielle Wert spielt dabei keine Rolle, behandelt. In der Basilika, in der Kerzenkapelle und der Hauskapelle des Priesterhauses werden viele Votivgaben aufbewahrt und ausgestellt. Einige, die geschichtlich interessant sind, befinden sich als Leihgabe im Kevelaerer Museum. Das Priesterhaus hat keine Schatzkammer. Alle Geschenke, die nach 1–2 Generationen neueren Gaben Platz machen müssen, sind für den kirchlichen Gebrauch bestimmt. Es werden sakrale Gegenstände daraus angefertigt, die durch ihre Bedeutung immer wieder den Opfervorgang der Spender nachvollziehen. So wurde mir z. B. eine wunderschön gefertigte Monstranz und ein goldenes Ciborium gezeigt. In den Deckel des Ciboriums wurde eine Perlenkette eingearbeitet. Wertvolle Ringe mit den verschiedensten Juwelen zieren kreisförmig den unteren Teil. Als Frau weiß ich, wieviele Erinnerungen und Empfindungen an einem lange getragenen Schmuckstück hängen können. Die bunten Steine schienen mir fast symbolisch die Vielfalt der Wünsche und Bitten der Spenderinnen geheimnisvoll widerzuspiegeln.

Jedes Geschenk ist mit einer Geschichte verbunden, die meist anonym bleibt, oder aber der Pilger erzählt sie dem Priester. Manche Gaben sind so gegenständlich, daß man die Bestimmung in etwa erraten kann. Mir erging es so mit der kleinen Nachahmung des Hirtenstabes, der neben dem Gnadenbild steht. Er wurde von einem früheren Pastor an St. Marien nach seiner Ernennung zum Bischof dort aufgestellt, sicherlich um die bleibende Verbundenheit mit der Gnadenstätte zu bekunden und mit der Bitte um Hilfe und Unterstützung bei seinem neuen, schweren Amt. Bei den paarweise gestifteten Trauringen handelt es sich öfters um Verlobungsringe, die beim Nichtzustandekommen einer Ehe Maria geopfert wurden. Wieviel Enttäuschung, Trauer, vielleicht auch Erleichterung wurden mit ihnen dargebracht?

Es gibt immer wiederkehrende Motive, früher wie heute, die durch ihre teils naive oder künstlerische Goldschmiedearbeit deutlich auf das Anliegen der Pilger hinweisen. Ich denke an all die Herzen, die versilberten oder vergoldeten Gliedmaßen, Augen, Kinderfiguren, Wiegen, Schiffe, Häuser. Besonders in früheren Zeiten wurden auch Abbildungen von kranken Haustieren dargebracht. Selbst abgeschnittene Zöpfe sollten auf eine Erkrankung des Kopfes hinweisen. Votivtafeln aus Marmor oder Holz sprechen von der Dankbarkeit oder von Bitten der Betenden. In

Das Gnadenbild im Schre
inmitten v
Weihegeschenk

den Kapellen und auf dem Kapellenplatz brennen unzählige Kerzen, zu Licht werdende Bitt- oder Dankgebete. Ob die 50 Pfund schwere Kerze des protestantischen Preußenkönigs Friedrich Wilhelm I. auch als Votivgabe gedacht war oder ein Gastgeschenk ist, weiß ich nicht. Er besuchte Kevelaer 1714 und 1738. Sein Wappenschild hängt an hervorragender Stelle neben vielen anderen Wappen in der Kerzenkapelle.

Unter den Besuchern der Marienstadt sind auch zahlreiche Zigeuner, die häufig ihre Kinder dort taufen lassen. Ihre Geschenke sind besonders groß und meist kostbar, wie z. B. Theresientaler und goldene und silberne Symbole für ihr Anliegen. Auf den oft übergroßen Kerzen lassen sie meist ihren Namen oder eine Aufschrift wie „Der Mutter Maria für gute Gesundheit“ anbringen. Ob die Größe der Geschenke ihrem Wunsch eine besondere Unterstützung geben soll oder ob es nur eine Überfülle an Zuwendung ihrem Temperament entsprechend ist? Vielleicht zwingt ihre Außenseiterstellung sie dazu, auch hier als Kinder dieser Welt, also materiell, zu denken. Dafür spricht auch, daß sie sich immer genau erkundigen, wo ihr Geschenk verbleibt und es nach gewissen Zeitabständen nachprüfen.

Auch in der Literatur findet man verschiedene Hinweise auf den Votivkult. Ich möchte dafür zwei sehr verschiedene Beispiele geben:

Das Gelöbnis, das die Dichterin und Schriftstellerin Ricarda Huch in ihrem Buch „Aus der Triumphgasse“ schildert, ist auch von einer gewissen praktischen Überlegung geprägt. Die Armen, die in dieser Gasse wohnen, erfahren Schmutz, Elend, Hunger, Krankheit und Verbrechen. Durch ihre Lebensumstände sind sie gezwungen, abzuwägen. Auch ihre Hinwendung zu den Heiligen ist bei aller Inbrunst mit einer gewissen Skepsis verbunden. So erzählt dort ein kranker Junge:

„Seine Mutter und die Bewohner des Hauses und der Straße hätten beschlossen, eine Wallfahrt auf den heiligen Berg zu unternehmen, was mit beträchtlichen Kosten verbunden sei. Da nämlich auf einem nicht allzu weit entlegenen Berge die gnadenreiche Mutter Gottes verehrt wird, der Mai aber der Marienmonat ist, in welchem die Himmlische sich tiefer als sonst zur Erde neigt, um das Flehen der Menschenkinder zu vernehmen, ist es altes Herkommen, sich ihr in diesem Monat zu verloben und etwa mit dem täglichen Absingen eines Gesanges in der Kirche oder mit einer Wallfahrt sich die Gewährung eines bestimmten Wunsches als billige Gegenleistung zu verdienen.“[1]

Während die Dichterin wie ihre Armen keinen Ausweg und Sinn in deren Leiden sieht, versucht Paul Claudel in seinem Buch „Der seidene Schuh“ den Handelnden bei aller Tragik des Geschehens doch den Glauben an eine göttliche Ordnung mitzugeben: „durch Leiden zur Auferstehung“.

Doña Proëza, die Heldin seines christlichen Mysterienspieles, versucht ihrem ungeliebten Mann zu entfliehen. Sie wird trotzdem nie erreichen, mit dem Mann ihrer Liebe vereinigt zu werden. Vor dem Verlassen des ehelichen Hauses vertraut sie sich fast hellsichtig dem Walten der Mutter Gottes an. Sie streift ihren seidenen Schuh ab und legt ihn zwischen die Hände der Jungfrau:

„Jungfrau und Hüterin dieses Hauses!
. . . Ich kann nicht sagen, daß ich den Mann begreife, den Du mir wähltest, Dich aber, Dich begreife ich, die Du ihm Mutter bist wie mir.

Alte Votivgaben in der Gnadenkapelle

Solange es noch Zeit ist: mein Herz in der einen Hand, mein Schuh in der anderen, stell ich mich Dir anheim, Jungfrau Mutter, wahre in Deiner Hand meinen unseligen kleinen Fuß!
Ich sage Dir voraus, daß ich in Kürze Dich nicht mehr sehen und alles in Bewegung setzen werde gegen Dich!
Doch wenn ich dann versuche, mich ins Böse zu stürzen, dann sei es mit hinkendem Fuß, und will ich die Hürde überfliegen, die Du errichtet hast, so sei es mit lahmem Flügel!
Nun ist meine Kunst zu Ende, Du aber wahre meinen armen kleinen Schuh, halte ihn gegen Dein Herz, oh große Mutter, erschreckende Du."[2]

Dieses dichterische „erschreckende Du" zeigt deutlich das Bangen um den möglichen Zwiespalt zwischen menschlichem Flehen und der göttlichen Entscheidung. Eine Empfindung, die wohl jedes Gelübde begleitet.

Anmerkungen

1 Ricarda Huch, Aus der Triumphgasse. Fischer Tb., Frankfurt 1953.
2 Paul Claudel, Der seidene Schuh. Übers. v. Hans Urs von Balthasar. Salzburg 1939.

Ich sehe dich in tausend Bildern,
Maria, lieblich ausgedrückt,
Doch keins von allen kann dich schildern,
Wie meine Seele dich erblickt.

Ich weiß nur, daß der Welt Getümmel
Seitdem mir wie ein Traum verweht
Und ein unnennbar süßer Himmel
Mir ewig im Gemüte steht.

Novalis
(= Friedrich von Hardenberg, 1772–1801)

Burkhard Schwering

Volkskundliche Aspekte der Kevelaer-Wallfahrt

I. Volkskunde und Wallfahrt

Die 350-Jahrfeier einer Wallfahrt ist zweifellos ein bedeutendes Ereignis für alle diejenigen, die sich ihr in irgendeiner Weise verbunden wissen. Sie gibt Anlaß, zurückzuschauen und ihrer Entwicklung bis zur Gegenwart nachzuspüren. Entwicklung aber bedeutet vor allem Wandel. Dieser Aspekt könnte zugunsten des Eindrucks von Kontinuität, den ein derartiges Jubiläum leicht erwecken kann, nicht die gebührende Beachtung erfahren. Doch auch hier gilt es, Heraklits „Alles fließt" bei einer Kulturanalyse der Wallfahrt nicht aus den Augen zu verlieren.

Die Volkskunde als Wissenschaftsdisziplin, die sich gruppengebundener Kultur im europäischen Bereich als Forschungsfeld annimmt, ist damit zugleich eine „Sozialgeschichte regionaler Kultur" (Brückner), denn sie analysiert die kulturellen Objektivationen nicht um ihrer selbst willen, sondern will über sie hinausweisend deren Indikatorfunktionen für soziale Sachverhalte im Raum transparent machen. So betrachtet ist natürlich auch die Wallfahrt als Ausdruck Populärer Frömmigkeit in ihrer ganzen Komplexität ein genuines volkskundliches Forschungsfeld. Dabei mögen insbesondere Realien und spektakuläre Brauchhandlungen das Forschungsinteresse anregen, zu untersuchen sind überdies und vornehmlich all jene Konstituenten, die das „religiöse Gesamtdenkmal" (Guth) Wallfahrt bedingen. Daß dabei immer auch der subjektive Standpunkt des Forschers einfließt und, allgemeiner, auch die aktuelle Wahrnehmungsfähigkeit den Forschungsergebnissen ihren Stempel aufdrückt[1], ist zwar hinlänglich bekannt, nichtsdestoweniger aber wirkungsbedeutsam und daher zu memorieren.

Was also ist Wallfahrt und was muß volkskundliche Wallfahrtsforschung in den Blick nehmen? Ich möchte nachfolgend davon absehen, die ganze Fülle von einschlägigen und fachfremden Definitionen und Definitionsversuchen vorzustellen. Daß Wallfahrt natürlich auch interdisziplinäres Forschungsanliegen ist, muß, so glaube ich, hier nicht eigens ausgeführt werden. Soviel bleibt festzuhalten: gerade theologische und religionspsychologische Forschungsresultate zum Thema sind neben anderen vom Volkskundler notwendig in seine Forschungen einzubeziehen. Um dennoch einen kleinen Einblick in den wissenschaftlichen Diskurs zu verschaffen, möchte ich drei Bestimmungsversuche volkskundlicher Bedeutung von Wallfahrt bzw. Wallfahren vorstellen, deren z. T. recht unterschiedliche Akzente unschwer zu erkennen sind. So heißt es bspw. 1986 in einem Aufsatz von Klaus Guth:

> „Wallfahrt als Nahwallfahrt in spätmittelalterlich-barocker Gestalt, in Unterscheidung zur Pilgerfahrt in die Ferne, mag vorerst so umschrieben werden: Ein gemeinsames, in gewachsenen Ablaufformen geordnetes Unterwegssein vom Heimat- zum Kultort, das aus religiösen, halbreligiösen Motiven spontan oder termingebunden durchgeführt wird. Auf dem Weg zum Hl. Ort begleiten den von

einem Wallfahrtsführer geleiteten Wallfahrtszug kirchliche Requisiten (Stangen, Fahnen, Wallfahrtsschilder, Kerzen), die eine feste Szenerie für gemeinsame Andachtshandlungen (wie Beten, Singen, Verweilen) beim Wallen oder an traditionellen Haltepunkten schaffen. Nach Erreichen des Zieles, nach Vornahme gewohnter Kult- und Brauchhandlungen, kehrt der Zug wieder an den Ausgangsort in die Heimat zurück."[2]

Diese Definition nimmt sich unzweideutig eine ursprüngliche Form der Wallfahrt, die gemeinschaftlich begangene Fußwallfahrt zum Vorbild. Sie gilt nicht gleichermaßen für die private und mit modernen Verkehrsmitteln unternommene Wallfahrt oder die Groß- und Massenwallfahrt, die laut Gottfried Korff „weitgehend den Gesetzen des Massentourismus"[3] folgt. Eine weitere bezeichnende Aussage stammt von Barbara Goy. Sie bemerkt bezugnehmend auf eine Definition Hans Dünningers:

„Der Unterschied zur Prozession, die liturgisch fest gebunden und geordnet und stets Gemeinschaftsleistung ist, ist im allgemeinen deutlich, auch wo z. B. in der Bittwoche von Pfarrgemeinden benachbarte Wallfahrtskirchen zu einer Station der Litaniae gemacht werden. Hier bleibt stets das gemeinsame Gehen, eben das „procedere", das eigentliche Wesensmerkmal. Entscheidend bei der Wallfahrt dagegen ist die ganz persönliche Beziehung zum Gnadenort, die auch aus einer Gruppe eine Summe von Individuen macht und das Wallfahrtserlebnis von Anfang an vom Ziel her prägt./In dem folgenden Kapitel (Das Wallfahrtswesen, Verf.) wird in diesem Sinne unter ‚Wallfahrt' das Aufsuchen eines Ortes verstanden, an dem sich der einzelne besondere Gnaden erhofft, gleich ob er in Gemeinschaft oder allein kommt, ob ein Termin oder eine besondere Form beobachtet wird oder nicht."[4]

Auch Wolfgang Brückner, der sich in zahlreichen Arbeiten sachkundig und brillant dem Thema gewidmet hat, ist hier zu zitieren:

„Wallen ist kein Akt rein persönlicher Frömmigkeit, sondern Partizipation an einem Gemeinschaftskult - selbst wenn der einzelne allein gehen mag (. . .), er kann nur dann wallfahren, sofern er an einer Wallfahrt teilnimmt, das heißt an einer Prozession oder an einem Konkurs der vielen Einzelgänger."
„processiones, concursus, peregrinantes, diese drei zusammen erst ‚erheben' eine Wallfahrt, wenn ein besonderes Kultobjekt und ein spezieller Kult damit verbunden sind, (. . .)"[5]

Schließlich sprechen sich Martin Scharfe und sein Forschungsteam in ihrer 1985 edierten Arbeit „Wallfahrt – Tradition und Mode. Empirische Untersuchungen zur Aktualität von Volksfrömmigkeit" für eine „Realdefinition" von Wallfahrt (im Gegensatz zu einer „Nominaldefinition") aus:

„Ist es notwendig, an den Anfang eine Definition zu stellen? Sicher nicht; denn es gäbe ja doch allenfalls eine Nominaldefinition vom Typus: ‚Wallfahrt sei . . .'; statt dessen halten wir es lieber mit einer Entwicklung der verschiedenen Facetten, die dann mündet in eine Problementfaltung, wie sie hier und von uns geplant ist, das heißt also: Wir ziehen eine Realdefinition vor – (. . .)"[6]

Die Schwierigkeit der Wesens- und Begriffsbestimmung von „Wallfahrt" und „Wallfahren" klingt bereits mit diesen wenigen hier zitierten Bemühungen an. Brückner zufolge hat „Wallfahrtsforschung als volkskundliche Disziplin (. . .) ihren Ursprung in Altbayern und ist um die Jahrhundertwende ausgegangen von privater Sammeltätigkeit und den dinglichen Zeugnissen religiösen Volksglaubens wie Votiven, Weihegaben und Devotionalien."[7]

Welche Felder nun hat volkskundliche Wallfahrtsforschung gegenwärtig zu beackern? Sie interessiert die Ermittlung des Kulturprofils von Wallfahrt und dies meint zugleich auch immer deren Sozialprofil. Zu analysieren sind demnach Entstehungsumstände und die historischen, politischen, sozialen, ökonomischen, kulturellen und räumlichen Bedingungen, unter denen sich Wallfahrt entwickelt, ihre Träger, also Wallfahrer und Organisatoren, Handlungsmotivationen, -funktionen und Intentionen, Erwartungshaltungen und Verhaltensformen, Herkunftsort und -gemeinde, natürlich auch Kultobjekt und Kultort, Requisiten und Realien. Volkskundliche Wallfahrtsforschung ist somit nicht zuletzt auch immer schwierige Mentalitätsforschung, die den Einsatz von Methoden und Techniken der empirischen Sozialforschung erfordert, vor allem den Einsatz teilnehmender Beobachtung.

II. Wallfahrten am unteren Niederrhein

Wenige Jahre nach Ende des II. Weltkrieges promovierte Ludwig Bergmann mit einer Arbeit über „Wallfahrtsorte und Wallfahrtsbrauchtum am unteren Niederrhein. Werden und Wachsen einer Kultlandschaft."[8] Grundlage der Dissertation ist die Analyse zahlreicher niederrheinischer Kultstätten, die der Autor in ihrer (angeblichen) Eigenschaft als „Wallfahrtsorte" behandelt. Daß diese Kategorisierung im Einzelfall nicht ohne Bedenken vorgenommen wurde, erweisen entsprechende Relativierungen des Autors, so etwa auch folgende Bemerkung: „Es gibt Wallfahrtsorte, die, aus der hagiologischen Situation der Zeit geboren, plötzlich da sind, ohne uns über ihre Entstehung etwas zu sagen. Und gerade bei diesen Wallfahrtsorten zeigt es sich, daß der Begriff ‚Wallfahrtsort' in der Realität schwer abzugrenzen ist."[9] Mit Bezug auf Bergmanns Arbeit, dessen wallfahrtsausweisende Kriterien („Reliquientranslationen, Rechnungsbelege über Oblationen, Kirchweihkonkurse") er als solche nicht anerkennt, verweist Brückner auf die oben bereits zitierten Bedingungen von „Wallfahrt". Halten wir fest: Reliquien- und Bilderverehrung, Pilger-, Prozessions- und Ablaßwesen, Sonderpatronate und Lokalkulte mit ihren speziellen Devotionsformen, kirchenrechtliche Verfügungen und Herrschaftsstrukturen sind formende Kräfte mittelalterlichen Lebensvollzugs, die beteiligt sind an der Entwicklung der spätmittelalterlich-barocken, territorial gebundenen Wallfahrt.

Bergmanns Arbeit erweist den unteren Niederrhein als gewachsene „Kultlandschaft" in starkem Konnex mit den heutigen Benelux-Staaten, ja, mit Verbindungen nach Nordfrankreich.[10] Wenn auch zahlreiche seiner „Wallfahrtsorte" – auch aufgrund der Quellenlage – kaum als solche einzuordnen sind, so beeindruckt doch die Fülle der ermittelten Sonderpatronate, die flächendeckende, zeittypische Verehrung zahlreicher Heiliger in spezifischen Lokalkulten.[11] Dies gilt auch für die beigebrachten Ursprungslegenden mancher Kultstätten. Auch die Ausführungen zum Xantener Märtyrergrab und den dort gehaltenen Viktorstrachten (mit kirchlichen Pflichtprozessionen), zu Reliquientranslationen und -kulten tragen zu einer Klärung der kultgeographischen und kultdynamischen Situation am unteren Niederrhein erheblich bei. All diese Bedingungen konnten einer Wallfahrtsbildung, über deren Realisierung im Einzelfall detailliert zu handeln wäre, sehr förderlich sein.

Im Gegensatz zum Mittelalter, das die Voraussetzungen des späteren Wallfahrtswesens volksbarocker Art schuf, trat die Reformation der Wallfahrtsentwicklung hindernd in den Weg. Dieses betraf gerade auch das Herzogtum Kleve mit seinem in Glaubensfragen schwankenden Landesherrn Wilhelm (dem Reichen) und dessen späteren Nachfolger, den reformationsfreundlichen Kurfürsten von Brandenburg. Die Folgen waren Kultbehinderungen, -einschränkungen und -aufgaben. Vergleichbare Entwicklungen sind für das der neuen Lehre weniger zugängliche Herzogtum Geldern nicht zu belegen. Während im Zuge der gegenreformatorischen Bestrebungen der Wallfahrtsort Kevelaer aufblühte, brachten Aufklärung und Säkularisierung gravierende Erschwernisse der Realisierung populärer Frömmigkeitsformen, insbesonders der Wallfahrten mit sich. Ebenso ließen Ereignisse und Entwicklungen wie der Kulturkampf, das Aufkommen moderner Verkehrsmittel, der Nationalsozialismus und die Not der Kriegs- und Nachkriegszeiten das Wallfahrtswesen nicht unberührt. Dem Einfluß dieser exogenen Faktoren und dem Grad ihrer Wirkkraft wäre im Einzelfall nachzugehen. Für das Jahr 1949, also kurz nach Kriegsende, konnte Bergmann den situativen Befund für den unteren Niederrhein wie folgt formulieren: „Im Großen und Ganzen ist die Gegenwart charakterisiert durch einen unvermindert starken Andrang nach Kevelaer und eine Beschränkung der Wirkkraft aller anderen Wallfahrtsorte auf die nächste Umgebung."[12] Auch heute wäre zu fragen nach Existenz, Stellung und Erscheinungsformen des religiösen Elementes in der Volkskultur, nach psychisch-mentalen Dispositionen, nach Art und Bedeutung der „Kommunikation mit der Überwelt", nach Beharrung und Wandel, denn – und hier ist Brückner vorbehaltlos zuzustimmen – „(D)as christliche Wallfahrtswesen des Abendlandes ist nicht Ausfluß einer zeitlosen volksmenschlichen Grundbefindlichkeit (. . .) und (. . .) menschliches Verhalten (ist) als historisch entwickeltes und damit kulturell vermitteltes, darum zugleich differenziert und wandelbares zu verstehen, und zwar in jeweils bestimmbaren sozialen Beziehungsfeldern."[13]

Kultstätten mit bemerkenswerter Ausstrahlung erscheinen gegenwärtig am unteren Niederrhein mit Kranenburg (Hl. Kreuz) und den beiden marianischen Gnadenstätten Marienbaum und Kevelaer. Unter ihnen eignet dem Wallfahrtsort Kevelaer ein absoluter Sonderstatus.

III. Das Phänomen: Kevelaer

Ich will nachfolgend davon absehen, die räumliche Situation des Ortes, die historisch-politischen, sozialen und ökonomischen Bedingungen der Wallfahrt sowie die konkreten Entstehungsumstände detailliert ins Blickfeld zu rücken. Eine derartige Konzeption hätte eine ungebührliche Ausweitung des Beitrages zur Folge. Im übrigen setze ich aufgrund der reichen einschlägigen Literatur die Resultate der unter diesen Perspektiven analysierten Wallfahrt als weithin bekannt voraus und verweise auf andere Aufsätze des Jubiläumsbandes, die die genannten Gesichtspunkte hinreichend behandeln. Dem gesetzten Aufsatzthema gemäß wird hier selektiert, um bestimmte, volkskundlich relevante Aspekte der Wallfahrt anzusprechen.

In das von Hendrick Busman erbaute Heiligenhäuschen setzte am 1. Juni 1642 der damalige Pfarrer des Ortes, Johann Schink, das von Busmans Frau Mechel erworbene Kleine Andachtsbild der Luxemburger „Trösterin der Betrübten" ein. „Sofort an demselben Tage kam zu dem Heiligenhäuschen eine große Menge Menschen aus Geldern und anderen Ortschaften. Auch geschahen einige Wunder, welche aufgezeichnet sind."[14] Diese auf der Synode zu Venlo 1647 vorgetragene Aussage Bus-

Der überbaute Bildstock mit dem Gedenkstein von 1642 und dem Gnadenbild im Bildschrein. Aktueller Zustand

mans über den spontanen ungeregelten Concursus sowie der Nachweis geregelter Prozessionen zur Gnadenstätte, der Ausbau eines spezifischen Sakralbereichs um ein wundertätiges Kultobjekt, spezifische Kultbetreuung durch Oratorianer und spezielle Kultformen fließen hier zum Vollbild einer Wallfahrt zusammen, die mit historisch bezeugten Entstehungsumständen und in deutlich erkennbarer gegenreformatorischer Prägung in der Not der Zeit wirkmächtig aufblühte. Die geographische Lage im spanisch beherrschten Teil des Herzogtums Geldern, hart an der Grenze zum brandenburgisch-preußisch beherrschten Herzogtum Kleve mit der dort offiziell geförderten neuen Lehre[15], die durch Seuchen (vor allem die Pest)[16] und den 30jährigen Krieg geprägte Zeitsituation, die psychisch-mentale Disposition der Menschen mit ihrer nachmittelalterlichen Wundergläubigkeit und die starke, auch durch die siegreiche Schlacht von Lepanto (1571) gegen die Türken geförderte Marienverehrung bedeuten wesentliche begünstigende Gegebenheiten. Kevelaer scheint unter diesen Umständen als geradezu prädestiniert für die Entstehung einer marianischen Gnadenstätte. „Die Aufnahmebereitschaft des Volkes für einen bestimmten Kult ist Voraussetzung für die Entstehung von Wallfahrtsorten (. . .)“[17] (Bergmann). Die Friedenssehnsucht der Menschen, das Patronat der für alle Nöte und Sorgen „zuständigen“ Gottesmutter, ihre Verehrung als „Schutzfrau der katholischen Lande“, die erfolgten Wunderheilungen und die rasche kirchliche Billigung und Anerkennung ließen Kevelaer zur zentralen Gnadenstätte avancieren, die massenhaften Andrang der Gläubigen bewirkte und deren Kultdynamik eine Ausstrahlung hervorrief, die andere Kultstätten weit übertraf. Die Strukturen festigten sich, es entstanden geistliche Anleitungen zum rechten Wallfahrtsvollzug im Druck[18] und natürlich auch die die wunderbaren Heilungen dokumentierenden Mirakelbücher. All das zählt auch zur gezielten Kultpropaganda ebenso wie die massenhafte Herausgabe Kleiner Andachtsbilder. Bedeutende Multiplikatoren waren die von Kevelaer ausgehenden Devotionalienhändler, deren Tätigkeit um die Mitte des 17. Jahrhunderts bspw. zu einer Klage der reformierten Gemeinde im nahen Weeze führte. Man befürchtete, „Weeze werde ‚ein ander Keveler'“ werden.[19] In Kevelaer selbst wirkten im übrigen auch die dort ansässigen Oratorianer in theologischen Streitschriften gegen die Vertreter der neuen Lehre. Als Apologet besonderer Qualität ist hier Johannes Stalenus herauszustellen, der Reeser Pfarrer, der später ins Oratorium eintrat.

Die aufblühende Kultrelevanz Kevelaers steht in direktem, ursächlichem Zusammenhang mit dem Attraktions- und Bedeutungsschwund anderer niederrheinischer Kultstätten. Dieses betrifft vor allem die Wallfahrten nach Marienbaum und Kranenburg.[20] Daraus erwuchs ein spürbares Konkurrenzverhältnis mit dem gleichermaßen marianisch konstituierten Wallfahrtsort Marienbaum.[21] Selbst zur fernen brabantischen marianischen Gnadenstätte Scherpenheuvel, die entstehungsgeschichtlich in mittelbarem, geistes- und ideengeschichtlich, architektonisch und betreuungsmäßig jedoch in direktem Bezug zu Kevelaer steht, werden rivalisierende Strömungen evident.[22]

Eine der bedeutendsten Quellen zur Erforschung des Wallfahrtswesens ist uns mit den sogenannten Mirakelbüchern überliefert. Sie sind, wie

Kleines Andachtsbild. Darstellung der MARIA KEVELAER in einem Medaillon, umgeben von Miniaturen der ersten acht Wunderheilungen. Die Gottesmutter erscheint über dem mit einem entstehungsgeschichtlichen Hinweis auf die Wallfahrt versehenen Kapellenplatz; teilkolorierter Kupferstich, Jo van Sande, Antwerpen 17. Jahrhundert

wir voraufgehend hörten, Instrumente der Kultverbreitung, Dokumentations- und Werbeschriften. Wir erfahren dort über die Herkunft, evtl. auch den Stand der Betroffenen, über den Strahlungsbereich der Wallfahrt also, über die Votationsanlässe (Krankheiten, Unfälle) und bisweilen über zeitgeschichtliche Umstände. Mirakelbücher sind zudem eine potentielle Quelle, etwas über Votivgaben und Brauchhandlungen zu erfahren, sie sind ein Spiegel gesellschaftlicher Zustände.

Die mir bekannten Kevelaerer Mirakelbücher decken den Zeitraum vom Beginn der Wallfahrt bis zum Ende des 18. Jahrhunderts ab. Beginnend mit einer Aufzählung der ersten acht kirchlich approbierten wunderbaren Heilungen enthält das älteste Buch (1647) neben weiteren Mirakeln in apologetischer Absicht eine theologische Kontroverse mit den Argumenten „Anders gesinter" in Frage- und Antwortform. Der Kontroverscharakter richtet sich hier ganz eindeutig gegen reformierte Kritik am Wallfahrtswesen und an der Heiligenverehrung. Die Schrift schließt mit „Reys-Gebeden", Litaneien (Vom süßen Namen Jesu, Lauretana) und dem „Salve Regina". Bei einer Auswertung des letzten mir bekannten Mirakelbuches (1792) ergibt sich folgendes Bild: die letzte Heilung, vielfach bezeugt, datiert aus dem Jahre 1788. Der durch die Herkunft der Betroffenen zu ermittelnde Einzugsbereich der Wallfahrt und die damit manifeste Kultdynamik erweist Kevelaer als Gnadenstätte, die weit in die Niederlande, das heutige Belgien und Luxemburg, ins Rheinland und nach Westfalen ausstrahlt. Die sich mit ihren Krankheiten, Gebrechen und Unfallfolgen vertrauensvoll an die Gottesmutter wendenden Personen lassen ihrer Standeszugehörigkeit nach ein ständeübergreifendes Sozialprofil erkennen.[23] Unter den Geheilten befinden sich auffallend viele Kinder. Betrachtet man die Votationsanlässe, so muß man feststellen, daß hier ein breites Spektrum bedrückender Krankheitsbilder vorliegt. Neben zahlreichen physischen Gebrechen finden sich des öfteren auch Hinweise auf Phrenesie und Epilepsie. Ein hinsichtlich der Geschichte der Wallfahrt früher Beleg (1647) führt als Votationsmotiv bspw. Besessenheit an:

„bezeten geweest met den boozen geest zoodat hy ondertusschen met ketenen gebonden moest zitten, gelyk hy ook gebonden op de karre naer Kevelaer is begrogt."[24]

Neben den bereits bemerkten Rivalitäten zwischen den Wallfahrtsorten, denen nicht zuletzt ökonomische Motive zugrundelagen und für deren Kenntnis uns die Mirakelbücher ebenso unschätzbare Dienste leisten, ist deren Quellenwert auch im Blick auf Brauchhandlungen und Devotionsformen sowie Realien (Votivgaben) beachtlich. Daß daneben auch religionsgeschichtlich bedeutsame Ausgriffe möglich sind, erweist ein Mirakelbericht des Jahres 1688:

„... Nun ist zu mercken/daß diese Krücken gemacht hatte ein *reformirter* Schulmeister/welcher dieselbe dem Kind gegeben/und spottweiß gesagt hatte: Geh und opffere diese unser lieben Frauen zu Kevelaer. Worauff das Kind geantwortet: Ich wills thuen. Und siehe/kaum ware das Kind nach Kevelaer gebracht/hat es in Gegenwart aller Menschen seine Krücken in der Kapelle weg geschmissen/und ist gesund nach Hauß gangen."[25]

Kleines Andachtsbild. Darstellung des Marienbaumer Gnadenbildes („Zuflucht der Sünder") als Baummadonna, verweisend auf die Ursprungslegende der Wallfahrt. Gut sichtbar die lokalspezifische Sakralarchitektur sowie im unteren Bilddrittel zwei Votanten, Körpervotive und Krücken; Kupferstich, L. Fruytiers, Antwerpen 18. Jahrhundert

Kleines Andachtsbild. Darstellung UNSERER LIEBEN FRAU von Scherpenheuvel (Montaigu), wie vorstehende Abbildung als Baummadonna gestaltet und wie dort die Ursprungslegende „in effigie“ vorstellend. Entsprechend der 2 vorstehenden Abbildungen Rezeption der lokalspezifischen Sakralarchitektur, Andeutung von Volkszulauf („concursus populi“) und Prozessionsdarstellung; Holzstich, 19. Jahrhundert

Positiv sanktioniert wird die Beständigkeit einer Wallfahrt. Materialisierter Ausdruck des vorbildgebenden Verhaltensmusters ist ein „goldener Kranz“.[26] Auch Heilungen erfolgten bisweilen erst nach häufigem Besuch der Gnadenstätte.

Berührungen und Umschreitungen des Gnadenbildes, Gnadenbildtrachten, Lichterprozessionen und Kreuzweggänge sind Bestandteile subjektiven Devotionsverhaltens bzw. Komponenten des gruppengebundenen Vollzugs eines religiösen Programms. All diese Ausdrucksformen religiöser Kultur, die für Kevelaer zu belegen bzw. in teilnehmender Beobachtung zu ermitteln sind, besitzen zeichenhafte Qualität: sie sind Strukturmerkmale im kommunikativen Prozeß des erlösungsbedürftigen, heilsuchenden Menschen mit der transzendentalen Wirklichkeit Gottes und seiner Heiligen.

Nachfolgend möchte ich kurz einige Gedanken auf Sinn und Bedeutung des Votiv- und Opferbrauchtums und seine hier in Kevelaer greifbaren Requisiten verwenden. Auch diesbezüglich sind uns die Mirakelbücher als Quelle unentbehrlich. Brauchhandlungen, die sich um die Votation, die einem Numinosum geltende Anheimstellung eines hilfesuchenden Menschen ranken, haben eine „mehr als dreitausendjährige Geschichte“ und sind damit nicht genuin christlicher Natur.[27] Indikatoren des brauchtümlichen Vollzugs dieser Anheimstellung, des Votationsaktes also, bilden „Votivgaben“, Zeugnisse menschlicher Not und Hilfsbedürftigkeit, aber auch gläubigen Vertrauens. Ganz zu Recht verweist Braun-

Körpervotive, Silber, 19./20. Jahrhundert

eck bei seiner Analyse von Körpervotiven – die durch ihre Form den Sitz von Krankheit und Gebrechen anzeigenden Gegenstände – überdies auf Vorstellungen magischer Kraftübertragung[28], ferner, bezogen auf die Artenvielfalt der Opfergaben, auf die ökonomische Motivation von Nutzen- und Vorteilsgewinn, einerseits „geistlich" für den Votanten selbst, andererseits „materiell" für die „institutionellen Kultträger".[29] Als beliebte Votationsadressaten treten Heilige mit Sonderpatronaten in Erscheinung, denen sich Bergmann für die Kultlandschaft des unteren Niederrheins intensiv widmete. In Kevelaer und anderen marianischen Kultstätten ist es die umfassende „Zuständigkeit" der Gottesmutter für alle Leiden und Nöte [30], die zu Formenreichtum und Aussagevielfalt der zahlreichen Votive führte. Sie sind als Körpervotive Identifikationsopfer, wobei die Opferung eines Votivherzens bspw. zeichenhafte Totalhingabe des Votanten bedeuten kann. Der Weisungscharakter der ausgestellten Votive ist offenkundig: sie bieten eine beeindruckende Schau und Dokumentation der Kraft und geleisteten Hilfe des verehrten Patrons, zugleich auch die Promulgation der erfahrenen Gnadenerweise. Silber- und Wachsvotive, Schmuck und kostbares Sakralgerät, Lampen-, Kerzen-, Wachs- und Geldopfer begegnen uns auch in Kevelaer. Bis ins frühe 20. Jahrhundert wurden bspw. wächserne Körpervotive geopfert.[31] Neben

Schmuckvotive; derartige und sonstige Gegenstände, die primär eine andere Funktion besaßen, gelten als Sekundärvotivgaben; Frauenschmuck der Sonntagstracht, 2. H. 19. Jahrhundert

der Nachbildung unterschiedlicher Gliedmaßen und Organe finden wir nicht selten Säuglingsimitationen – Hinweis auch auf die hohe Kindersterblichkeit der Zeit – in antiquierter Wickeltechnik. Darüber hinaus wurden Krücken und Bruchbänder geopfert und in den Sakralräumen aufgehängt und Danktafeln („Maria hat geholfen") angebracht. Die für die ursprüngliche Wallfahrtskirche gegenwärtig umgangssprachlich benutzte Bezeichnung „Kerzenkapelle" verweist noch anschaulich auf die auch heute noch der Gottesmutter verehrten und dort präsentierten Kerzen. Kerzen- und Geldopfer bilden gegenwärtig den Hauptanteil der Opferleistungen. Die Gnadenkapelle selbst enthält zahlreiche Silbervo-

Wickelkindvotiv, Silber, 19./20. Jahrhundert

tive und im sogenannten Bildschrein eine Fülle geopferter Pretiosen. Diese fast ausschließlich nonverbalen Testate der Gnadenerweise korrespondieren nicht selten den Mirakelberichten und offenbaren das stände- und schichtenübergreifende Sozialprofil der Opfernden. Die Stiftung Hl. Messen sowie das Verlöbnis der heilswirksamen Nutzung sakramentalischer Gnadenangebote („te biegten en te communiceeren") sind hier ergänzend zu nennen. Anschließend einige einschlägige Mirakelberichte und Aussagen zur brauchtümlichen Praxis.[32] Zuvor jedoch der rhetorische Vorwurf des Aberglaubens durch Andersgläubige hinsichtlich des Aufhängens von Votivgaben sowie die darauf zielende „catholijcke antwoorde" des ältesten Mirakelbuchs (1647).

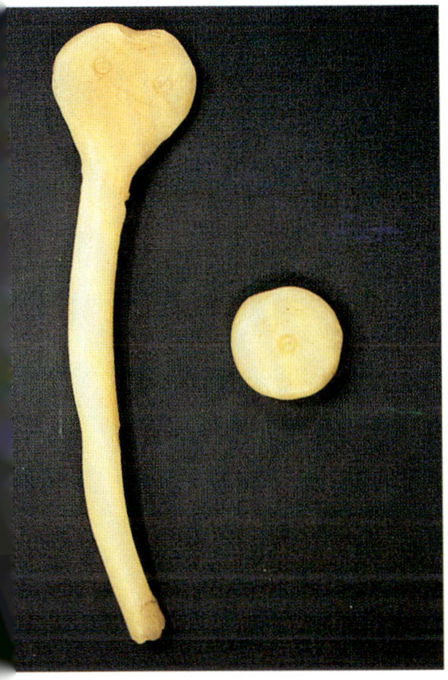

Nachbildungen wächserner Körpervotive, die in Kevelaer bis ins frühe 20. Jahrhundert geopfert wurden. KRISS (Anm. 31) bemerkt dazu: „Kevelaer ist auch in volkskundlicher Sicht eachtenswert, weil sich dort bis an die Jahrhundertwende ine alte, sonst ausgestorbene Sitte, handgeformte Wachsvotive zu opfern, erhalten hat. Die menschlichen Figuren, die rme und Beine bestehen aus einer etwa 20 cm langen lünnen Wachsstange, die am oberen Ende scheibenförmig breitgedrückt ist und primitive Einkerbungen enthält, die je nach dem Objekt bei den menschlichen Figuren, Augen, Nase und Iund, in Form kleiner Kreise, bei den Gliedmaßen, Fingernägel und Zehen ingedrückt zeigen. Daneben gab es auch Rundscheiben allein, die Augen, Gesichter oder Hände mit den tsprechenden Einkerbungen darstellen sollten."

„vyfde Tegenstellinge
Maer ist niet een openbaere superstitie begheckens weerdich datmen teghen de mueren vande Kercke, krucken, banden, handen, voeten &c. van was, silver, ende ander materie is hangende?
Catholijcke antwoorde
Die niet en weten de beduydinghe daer van, die gecken daer mede, maer de Catholycken met reden syn dat grootelyckx achtende, als niet gheschiedende door superstitie, maer ter eeren Godts, want dien pandt, die wort daer ghelaeten tot bekentenisse vande wonderlycke ghenesingen, die hy daer heeft ghelieven te doen door de voorspraecke van syne beminde heylighen: soo dat dese dingen, die daer hanghen aen den muer syn verkondighende die groote ghenade, ende goetheyt Godts, latende een ghedachteniste aende naekommers, ghelyckmen vindt soo dicwils in het oude testament gheschiete wesen tot memorie van de gratien en de weldaeden, diese van Godt ontfangen hadden (. . .)"[33]

„Also ist auch in der Octave U. L. Frauen Himmelfahrt Jahrs 1683, eine sichere Frau kommen nach Kevelaer umb mit Dancksagung in der Capellen zu opffern die Bildnus ihres Manns, welcher von einer tödlichen Kranckheit schier sterbend durch dergleichen Gelübde alsobald ware gesund worden."

„Maria Zimmermans, welche vier Jahr auff Krücken gegangen hatte / ist laut Zeugnus des Ehrwürdigen Patris Agilolphi Capuciner / welcher ihr Beicht-Vatter / wie auch Pauli Swaen Kuster den 9. Augusti 1694. auff einmahl hergestellt worden / also daß sie hernach zu Gedächtnus dieser Wohlthat ihre Krücken auffgeopffert hat."

„Ein anderes neun-jähriges Büblein Nahmens Wilhelm Neuhausen hat auch fünff Jahr lang einen sörglichen sehr grossen Bruch gehabt: wovon er auff eine gar wundere Weise erlöset worden: Es hatte nemblich dieses Kind ein Bildlein der Mutter Gottes von Kevelaer auff einem Mist-Hauffen gefunden / selbiges gesaubert und ins Hauß an eine Maur gehangen / welches seiner Mutter Anlaß gabe sich zu der Wunder-Würckenden Mutter Gottes zu wenden / weil sie den Eiffer und Andacht des Kinds zu diesem Bildlein wahrnahme; Sie hat also einig Wachs durch die nach Kevelaer gehende Pilger der Mutter Gottes auffopffern lassen; und siehe / ohne Nachdencken den Band des gebrochenen Kinds nachsehen wolte / fande sie selbiges vollkommen gesund."

„Michael Aerts, van Roomsch-catholyke en eerlyke ouders geboren, omtrent negen jaeren oud zynde, heeft gekregen de vallende ziekte, door de welke hy, meer dan een half jaer lang, byna dagelyks overvallen wierd. De grootmoeder Henrica Aerts ziet dit elendig kind, en de ouders mistroost; zy valt ter aerden op haere knieen, belooft te Kevelaer te doen eene bedevaerd, aldaer te branden dry keersen, te biegten en te communiceeren, en een wasche kind te offeren. Na deze belofte is het kind gezond geworden, en gebleven tot den hedigen dag, den 29 Mey 1664 . . ."[34]

Kein Geringerer als Heinrich Heine machte mit seiner gleichnamigen Ballade die „Wallfahrt nach Kevlaar" berühmt (s. den Beitrag von J. Heckens, „Gelobt seist du, Marie".) Sie erschien im Jahre 1822 in der Berliner Zeitschrift „Der Gesellschafter oder Blätter für Geist und Herz". Auch dort findet sich ein für das in Kevelaer geübte Brauchtum der Votivspende anschaulicher Beleg:

„Als ich ein kleiner Knabe war und im Franziskanerkloster zu Düsseldorf die erste Dressur erhielt und dort zuerst Buchstabieren und Stillsitzen lernte, saß ich oft neben einem andern Knaben, der mir immer erzählte: wie seine Mutter ihn nach Kevlaar (. . .) einmal mitgenommen, wie sie dort einen wächsernen Fuß für ihn geopfert, und wie sein eigener schlimmer Fuß dadurch geheilt sei."[35]

IV. Aspekte einer Fußwallfahrt: Das Beispiel Bocholt

Jubiläen sind gewöhnlich Anlässe, neben der Realisierung offizieller Feierlichkeiten auch eine „Festschrift", Dokumentation oder einen geschichtlichen „Abriß" herauszugeben. Den Mühen einer derartigen Arbeit hat sich auch Elisabeth Bröker mit ihrer 1983 edierten Darstellung „250 Jahre Fußprozession (!) Bocholt-Kevelaer" unterzogen.[36] Der beinahe 100 Seiten starke Sonderdruck der Zeitschrift „Unser Bocholt" ist eine vorzügliche Dokumentation der Bocholter Fußwallfahrt mit bedeutendem Quellenwert, die hier den nachfolgenden Ausführungen zugrundeliegt. Dabei geht es vorrangig darum, das aktuelle Kultur- und Sozialprofil einer in ursprünglicher Form als geordneter Fußgang vollzogenen Wallfahrt akzentuiert vorzustellen. Die Ausführungen beanspruchen nicht, repräsentativ zu sein.

Es bereitet nicht geringe Schwierigkeiten, die zu einer Wallfahrt bewegenden Motive zu ermitteln. Eine diesbezüglich mit Methoden der empirischen Sozialforschung am Wallfahrtsort selbst durchgeführte Erhebung wurde m. W. bisher nicht geleistet. Ich beziehe mich daher auf die Resultate der teilnehmenden Beobachtung der Autorin (die unzweideutig der Wallfahrt selbst tief verbunden war) sowie auf mittelbare und unmittelbare Hinweise der von Bröker ausgewerteten Quellen.

Auch hier tauchen die alten, von Guth als „Primärmotive" eingeordneten Beweggründe der Buße, der Bitte und des Dankes auf [37], daneben wird vielfach auf die „Not der Zeit" verwiesen, die für die Betroffenen durch besondere ökonomisch bedingte Mißstände und/oder kriegsbedingt entstand: „Die Kevelaer-Wallfahrt ist ein Kind des Krieges."[38] Daß in früheren Zeiten auch Epidemien wie die Pest einen bedeutenden concursus populi bewirkten, ist unstrittig.

Die Erfüllung von Gelübden, Danksagung, Bitten und Trauer werden als Motive der ersten Nachkriegswallfahrer genannt. Die religiöse Motivation des aktuellen Wallens wird eindeutig herausgestellt: „Man fühlt sich ja nicht als ausschwärmende Touristen- oder als lustige Wandergruppe, sondern als ‚pilgerndes Gottesvolk'"; es gibt auf dem Weg allerdings auch „Gebetspausen": „Darin kommt das persönliche Gespräch, das Erzählen mit dem Nachbarn und den Mitpilgern zu seinem Recht. Da werden Scherze gemacht, da gibt's Neckereien, ein herzhaftes Lachen, da werden Wanderlieder gesungen, da wird auch auf der Mundharmonika gespielt."[39] Beweggründe anderer Art werden offenbar, wenn auf die Wallfahrt als Möglichkeit des ephemeren Ausstiegs aus der Härte und Eintönigkeit des Alltags und seinen Sorgen, auf den Ereignischarakter der Wallfahrt unter diesem Aspekt gedeutet wird.[40] Heute scheinen Traditionsbewußtsein und Leistungsstreben zu motivieren.[41] Geistliche „Leitgedanken" und Anliegen, die vor Wallfahrtsbeginn vom „geistlichen Leiter" und „Vorstand" bestimmt werden [42], überhöhen zudem als sinnstiftende Vorgaben das Wallfahrtsgeschehen und dürften internalisiert werden. Als Gründe für den Rückgang an Teilnehmern in den Jahren 1963–1973 (auch als allgemeines Phänomen festgestellt) werden das Erstarken des „Rationalismus" und damit verbundener Glaubensschwund, Wohlstand und mangelnde Not[43] sowie die „allgemeine Krise der Marienverehrung" angeführt, der Wiederanstieg der Zahl nach 1973 (ebenso als im allgemeinen Trend liegend konstatiert) wird wie folgt begründet:

„Die gläubigen Menschen haben das Bedürfnis, schlicht ihren Glauben und ihr Vertrauen zu bekennen, daß Gott ihnen an den Gnadenstätten mit seiner Hilfe besonders nahe ist. Auch in der hochtechnisierten Welt und in der Wohlstandsgesellschaft von heute bleiben Unsicherheit und Gefahren, Sorgen und Leid. Bei allem Streben nach technischer Vervollkommnung sind die Menschen selbst gehetzt, gestreßt und verunsichert. Da mag das Erleben der glaubenden, betenden und einander helfenden Gemeinschaft einer Wallfahrt stärkend und ermutigend wirken."[44]

Nachdrücklich ist mehrfach die Beteiligung junger Leute und deren gesteigerter Zuspruch Gegenstand der Analyse:

„Fragt man, was die Jugendlichen zur Teilnahme an der Wallfahrt veranlaßt, könnten als Antwort verschiedene Beweggründe angegeben werden: das Gemeinschaftserlebnis unterwegs, der Reiz einer gewissen sportlichen Leistung (. . .), das Gefordertsein zu einem Bekenntnis, die Verpflichtung einer jahrhundertealten Tradition (W. Cuypers)."[45]

Interessant ist, was aktuelle Wallfahrtsforschung diesbezüglich an Ergebnissen vorzulegen weiß. So heißt es bspw. in einem 1986 herausgebrachten Aufsatz von Klaus Guth („Die Wallfahrt - Ausdruck religiöser Volkskultur"):

„Die Primärmotive, eine Wallfahrt in gemeinschaftlicher Form zu unternehmen, scheinen offenkundig: menschliche Grundbedürfnisse, sich einer höheren Macht in Formen des Lobes, Dankes, der Bitte und Sühne zu nahen, werden zu allen Zeiten der Wallfahrtsgeschichte virulent, gestalten die vielfältigen Brauchhandlungen der Gemeinschaftswallfahrt unterwegs wie die religiösen Handlungen des Einzelwallfahrers an der Gnadenstätte. Im Falle der marianischen Massenwallfahrt nach Lourdes oder Fatima, bei der neu wieder in Mode gekommenen gemeinschaftlichen Fußwallfahrt scheinen Sekundärmotive, wie Flucht aus dem Alltag, Suche nach Gemeinschaftserlebnissen, Erfahrung der Verbundenheit mit der Natur, Reise in die Ferne, die Primärmotivation, die ursprünglichen Motive der Wallfahrt in spätmittelalterlich-barocker Tradition, zu überlagern und den Sinnzusammenhang zu verdecken. (. . .)
Seit Jahren läßt sich eine Renaissance der Fußwallfahrt gerade bei Jugendlichen und jungen Erwachsenen feststellen. Diese Akzeptanz wird durch das soziale Umfeld verständlich. Eine neue Freizeitgesellschaft, ein Massentourismus neuer Prägung, der Hunger nach echten Erlebnissen, ein Hang zum natürlichen, umweltverbundenen Leben, säkulare Lebensformen einer alternativen Kultur, kumulieren und stabilisieren religiöse Primärmotive und Intentionen, die zwischen Verehrung, Dank und Bitte angesiedelt, den modernen Trend zur Gruppenwallfahrt verstärken. Festgelegte historische Brauchformen, das Erlebnis der Besonderheit einer Fußwallfahrt, die Erfahrung gemeinsamen Betens und Singens, die wiedergewonnene Erkenntnis, zum ‚Volk Gottes' auf dem Weg zu gehören, eine jugendlich-alternative Lebensform, ein neuer Frömmigkeitsstil u. a. m. vermögen Gruppen-, Standes- und Gemeindewallfahrten neu zu beleben."[46]

Die 1985 publizierten „empirischen Untersuchungen zur Aktualität von Volksfrömmigkeit" erkennen ähnlich wie Brückner in der Wallfahrt keinesfalls ein „grundmenschliches Bedürfnis". Dort ist Wallfahrt „(. . .) ein tradiertes religiöses Kulturmuster, das – wenn es als Handlungsvorgabe akzeptiert wird – offensichtlich gewisse Spannungen menschlicher Existenz zumindest vorübergehend erträglicher machen kann" und weiter: „Dies ist möglicherweise eines der wichtigsten Motive für Wallfahren überhaupt heutzutage: die direkte Hinwendung des Individuums, das sich als handelnd erfährt, zur überirdischen Heils- und Hilfeinstanz."[47]

Die voraufgehend genannten Motivationsmöglichkeiten machen hinreichend deutlich, daß der Wallfahrt zahlreiche Beweggründe Basis sein können, deren subjektiv bedeutendste – recht schwierig – jeweils fallweise zu eruieren wären. Daß Fußpilgern unter den Wallfahrern ein Sonderstatus eignet, lassen Schubert, Scharfe und Schmolze anklingen:

„Und wie die Fußpilger das äußere Bild des Geschehens bestimmen, so beherrschen sie auch den intimeren Wallfahrtskonnex. Ihre Mühen und Erfolge finden Beachtung, ihr nicht zuletzt aus öffentlicher Anerkennung gespeistes Selbstbewußtsein als Sachwalter altehrwürdiger Frömmigkeit oder Avantgarde neuer Spiritualität setzt Maßstäbe, ihre Begeisterung hat Resonanz."[48]

Motive, an einer Wallfahrt teilzunehmen, korrespondieren offenbar nicht selten mit der sozialen Lage der einzelnen Wallfahrer. Um das lokal gebundene Kulturmuster „Fußwallfahrt" auf seine sozialen Füße stellen zu können, ist eine „Soziologie der Teilnehmer" notwendig. Auch in diesem Fall steht eine entsprechende Untersuchung noch aus, so daß ich hier auf wenige, gleichsam marginale Bemerkungen zurückgreifen muß. So bemerkt Bröker bspw.: „Die Bocholter Pilger der früheren Zeiten waren meistens Handwerker, Arbeiter und kleinere Landwirte, die sogenannten ‚kleinen Leute', bei denen das Geld knapp war."[49] Auch die übrigen einschlägigen Verweise tendieren in diese Richtung.[50] Der Hinweis, man solle „diese heiligen Züge (Wallfahrtsprozessionen, Verf.) wieder von der Seite sehen, daß sie für Tausende dieser Pilger, welche mehrenteils zum gemeinen Volkshaufen gehören, eine gewisse Art von Erholung von ihrer schweren Haus- und Feldarbeit sind"[51], belegt uns, daß auch die Regierung im frühen 19. Jahrhundert (nun jedoch auf die Wallfahrten allgemein bezogen) vergleichbare Feststellungen traf. Dennoch wird bisweilen sozial differenziert. Im Zuge einer sehr subjektiven Erlebnisschilderung der Wallfahrt bemerkt ein Bocholter „Heimatfreund" im Jahre 1900 hinsichtlich der Nachtquartiere im Stationsort Marienbaum: „Die ganz Feinen gingen zum Bürgermeister, der ein Hotel ersten Ranges betrieb, die anderen zum Küster, zum ‚Blauen Engel', zu den ‚Heiligen Drei Königen' und in andere Gasthäuser" [52], und dem Kevelaerer Bürgermeister verdanken wir in einem Schreiben vom 30. Juli 1877 an den Landrat von Geldern die bemerkenswerte Aussage: „Außerdem ist aber schon seit Bestehen der hiesigen Bahnstation eine stete Zunahme der Einzelbesucher und namentlich des sogenannten besseren Publikums wahrgenommen worden."[53] Schließlich bleibt noch die sporadische, eingeschränkte und neben aller subjektiven Affinität zur Wallfahrt bewußt zeichensetzende Teilnahme Münsteraner Bischöfe anzuführen, die sich auf das durch Art, Alter, relative Kontinuität und Teilnahmefrequenz entstandene Renommee der Bocholter Fußwallfahrt gründen dürfte.

Nachfolgend sollen kurz einige wesentliche Aspekte des Wandels und der ihm zugrundeliegenden Faktoren angesprochen sein. Dabei wird zunächst die Zeit vor Einführung des Pfarrers Vahrenhorst (1859) Berücksichtigung finden. Die nach oraler Tradition auf das Jahr 1733 zurückgehende Fußwallfahrt (es gibt gute Gründe, ein Datum ante quem anzusetzen)[54] erfuhr in dieser Zeit vornehmlich durch die Wirkungen politischer Entwicklungen und aufklärerischer Ideen zu Ende des 18. und im frühen 19. Jahrhundert z. T. einschneidende Beschränkungen. Hier sind sowohl die zentraldirigistischen Maßnahmen und Auflagen der jeweiligen Regierungen wie der kirchlichen Aufsichtsinstanzen entscheidend.[55] Diese wirken sich nicht nur auf die Realisierungsmöglichkeit der Wallfahrt selbst, sondern auch auf die Teilnehmer (Kontrolle) und vor allem auf die Form aus. So findet sich bspw. für das Jahr 1827 kein Beleg für die Durchführung der Wallfahrt, nachdem der Ortsbischof ein entsprechendes Verbot verfügt hatte. Derartige Eingriffe zeitigten allerdings in der Regel wenig Erfolg. Statt in der festen Ordnung einer Prozession „zog man es vor, in kleinen Gruppen ohne Anführer oder Priester – und ohne (den geforderten, Verf.) Paß – zu wallfahren."[56] Die Bocholter hatten in dieser unruhigen Zeit des frühen 19. Jahrhunderts im übrigen einen die Wallfahrtsinitiativen eher bremsenden Pfarrer. Dennoch ist für die Wallfahrt dieser Zeit insgesamt ein Scheitern behördlicher Vorstellungen festzustellen; eine latente Bereitschaft, die Wallfahrten gänzlich einzustellen bzw. nur kontrolliert und eingeschränkt zu realisieren oder sie durch andere Kult- und Frömmigkeitsformen abzulösen, bestand nicht: man leistete mehr oder minder verdeckt Widerstand, Wandlungsphänomene können nur als Resultate eines übergeordneten Zwanges erkannt werden.

Wir dürfen annehmen, daß die Fußwallfahrt um die Mitte des 19. Jahrhunderts wieder in der festen Laufordnung einer Prozession mit Kreuz und Fahnen, zu einem bestimmten Termin, in Begleitung eines Geistlichen und mit „Karren" für Kranke und Behinderte ihrer Wege zog. Die Industrialisierung veränderte das städtische Leben: „Die kleine Ackerbaustadt war auf dem Wege, eine betriebsame moderne Textilstadt zu werden."[57] Interessant ist der Hinweis, daß man die Wallfahrt seit 1853 von zwei auf zweieinhalb Tage ausdehnte. Auch die abendliche Lichterprozession in Kevelaer scheint in dieser Zeit aufgekommen zu sein.[58] Motiv und Initiator(en) dieser Modifikation verrät die eingesehene Quelle nicht. Wesentliche Neuerungen gehen in den 60er und 70er Jahren offensichtlich vom Bocholter Pfarrer Vahrenhorst aus, einer bemerkenswerten sozialaktiven Persönlichkeit, dessen Wirken und Engagement die Wallfahrt prägen sollte. Ihm (und einigen Vorstandsmitgliedern) wird die Einführung der wallfahrtscharakteristischen Bocholter „Gebetsordnung und Singweise" zugeschrieben, ferner die Zusammenfassung bestehender Wallfahrtsgruppierungen zu einer „geschlossenen Prozession". Auch die Integration katholischer Vereinsabordnungen ist sein Werk.

Eine Erweiterung des Wallfahrtsprogramms darf in diesem Zusammenhang nicht unerwähnt bleiben: so wurden zu Jahrhundertende die am Kultort gepflegten religiösen Übungen um den Gang des dort 1892 (zum 250jährigen Wallfahrtsjubiläum) fertiggestellten Kreuzweges vermehrt. Die im Jahre 1895 institutionalisierte Bocholter Bahnwallfahrt hatte nur ein kurzfristiges Absinken der Teilnehmerzahl zur Folge. Der I. Weltkrieg und seine Folgen, politische Wirren, Besatzung und Inflation, weitere ökonomische Notzeiten und der Nationalsozialismus wirkten auch auf Wallfahrt und Wallfahrer. Beide Weltkriege jedoch konnten die Durchführung des Fußganges nach Kevelaer nicht verhindern. Sozial-caritatives Engagement der Teilnehmer, die Änderung des gewohnten Weges (1917 und 1918) und der Ausfall der Wallfahrt im Jahre 1919 stehen hier als Indikatoren zeitspezifischer politischer und ökonomischer Entwicklungen. Da die Besatzungstruppen 1923 die Wallfahrt nach Kevelaer verhinderten, wurde als Surrogat eine Bahn/Fußwallfahrt zum münsterländischen Marienheiligtum in Telgte unternommen.[59] Im gleichen Jahr richtete man erstmals für alle Wallfahrtsteilnehmer eine „Pilgerfeier" ein, die kontinuierlich bis heute den „Abschluß der Wallfahrtszeit" markiert. Trotz Einschränkungen und Behinderungen fand die Fußwallfahrt in den folgenden Jahren weiterhin ihren Weg nach Kevelaer, wobei eine stetige Zunahme der Teilnehmer registriert werden kann. Wirtschaftliche und seelische Nöte und die Erfahrung der sozialen Wärme im Verbund Gleichgesinnter, deren Glauben Anfeindungen ausgesetzt war, dürften diese Entwicklung bewirkt haben.

Inzwischen, d. h. seit einem 1919 gefaßten Beschluß, hatte man (bei zwei[!] Übernachtungen in Kevelaer) die Zeit der Fußwallfahrt auf drei Tage festgesetzt, so daß nun für beide Wegstrecken wie auch für den Aufenthalt am Gnadenort selbst jeweils ein Tag angesetzt war. Trotz behördlichen Verbots zog man auch im Kriegsjahr 1940 aus. Diese Kriegswallfahrten wurden in Form kleiner gemischter Gruppen und, soweit möglich, auch in Begleitung eines Geistlichen durchgeführt. Der spezifische Bocholter Wechselgesang unterblieb dabei nicht. Um den Schikanen und Sanktionen der braunen Machthaber zu entgehen, fanden manche Teilnehmer auch erst vor den Toren der Stadt zusammen.

Die 1933 begangene Jubiläums-Fußwallfahrt (200 Jahre) fällt durch starke Beteiligung, Vergünstigungen, Geschenke und – natürlich – festliche Gestaltung auf. Die Rückkehr in die Stadt Bocholt vollzog sich als Lichterprozession. Diese im System der Brauchhandlungen am Gnadenort integrierte Ausdrucksform kultischen Verhaltens bildete auch eine Komponente im Rahmen einer Translationsfeier im folgenden Jahr, bei der eine vom Kevelaerer Pfarrer geschenkte Gnadenbildimitation in die Bocholter Stationskirche St. Georg übertragen wurde.

Kurz nach Ende des II. Weltkrieges waren es wiederum die politischen und ökonomischen Verhältnisse, exogene Faktoren also, die dem gewohnten Wallfahrtsvollzug hindernd in den Weg traten. So wurde 1945, da keine Genehmigung der Besatzungsbehörde zu erwirken war, eine mehr „private" zweitägige Fahrrad/Fußwallfahrt des Vorstandes, einiger Bürger und eines Geistlichen gehalten, bei der auch der Wechselgesang realisiert wurde. Trotz logistischer Probleme fand im folgenden Jahre die Wallfahrt „in altgewohnter Weise" statt. In 1948 konnte der alte, beinahe ausschließlich benutzte Zugweg über Marienbaum erneut in Anspruch genommen werden, und das 1933 empfangene, durch Kriegseinwirkung zerstörte Geschenk des Kevelaerer Pfarrers wurde 1946 durch ein „Ersatzbild" erneuert und 1951 im Rahmen der Pilgerfeier in die wiederaufgebaute Stationskirche übertragen.

Die anfangs sehr große Beteiligung verminderte sich bis zu Beginn der 50er Jahre kontinuierlich, erreichte schließlich wieder den Vorkriegsstand von 700/800 Teilnehmern, ein bis zu Anfang der 60er Jahre konstanter Sachverhalt. Über die Ursachen dieser und der folgenden Entwicklungen (von 1963–1973 starke Rückläufigkeit, anschließend stetige Zunahme) wurde bereits oben gehandelt. Im Rahmen einer diesbezüglichen Motivforschung sind nicht zuletzt endogen bedingte Auslöser von Wandlungsphänomenen zu analysieren, d. h. Denkstrukturen und Verhaltensformen und die ihnen verbundenen Werte und Normen transparent zu machen.

Betrachtet man abschließend die gruppen- und strukturanalytischen Ergebnisse der „Festschrift" Elisabeth Brökers, so läßt sich für die Bocholter Fußwallfahrt zumindest ansatzweise ein Bild entwickeln, das sehr deutlich Geschichtlichkeit, Beharrung und Wandel offenbart. Schon die Umstände der Entstehung gründen auf Wandel. Es ist die abnehmende Attraktivität Marienbaums und die zunehmende Kevelaers, die der heutigen „Fußprozession" als Nachfolgewallfahrt langsam aber stetig Gestalt verleiht. Offensichtlich von Angehörigen sozialer Mittel- und Unterschichten getragen ist sie mit Kreuz, Fahnen und Karren, mehr oder minder geschlossen und kontinuierlich, ihren Weg nach Kevelaer gezogen, nicht nur den Wirkungen ökonomischer und politischer Entwicklungen, sondern auch kirchlich-administrativer bzw. geistlicher Einflußnahme ausgesetzt. Als Kind ihrer Zeit spiegelt die Wallfahrt gesellschaftliche Zustände und ist vor allem unter geistes-, ideen- und ideologiegeschichtlichen Aspekten zu analysieren. Für die frühen 80er Jahre unseres Jahrhunderts ergibt sich den Brökerschen Recherchen zufolge folgendes Bild: Geprägt von sozialaktiven Persönlichkeiten erscheint die Fußwallfahrt als straff und gut organisiertes Unternehmen mit gewissen vereinsähnlichen Merkmalen. Vorstand und geistlicher Leiter dürften schon ihrer Funktionen wegen in besonderer Gruppenbindung stehen. Durch bereits im 19. Jahrhundert einsetzende zeitliche und programmatische Erweiterungen hat sich eine beachtliche Dauer gemeinschaftsgebundener Verhaltensformen ergeben, unter denen Brauchhandlungen wie die Lichterprozession und das Umkreisen der Gnadenkapelle als spektakuläres Kultverhalten auffallen.[60] Gegenwärtig dürfte die Wallfahrt vornehmlich von sozialen Mittelschichten getragen werden; offiziellen Motivvorgaben, die in vorher beschlossenen „Leitgedanken" anklingen und zudem in Predigten und Ansprachen formuliert und vermutlich auch z. T. internalisiert werden, treten Sekundärmotive zur Seite. Offenkundig hat sich ein Wir-Gefühl und gruppengebundenes Selbstbewußtsein entwickelt, das auf Alter und Tradition, leistungsorientierter Form – sowohl was den physischen Einsatz, als auch religiös-charakterliches Verhalten (Bekenntnisdemonstration auf dem Weg, Beständigkeit/„Treue") betrifft – und gruppenspezifischer Gestaltung (Wechselgesang, eigene Lieder und Requisiten) basieren dürfte. Bestimmte Handlungseinheiten im Brauchsystem „Fußwallfahrt" erlauben wie auch bestimmte Primärmotive, von einer „Kontinuität im Wandel" zu sprechen.[61] Insgesamt jedoch ist Strukturwandel auch an Wallfahrt nicht vorbeigegangen.

V. Das Gnadenbild als Vor-Bild: „Maria Kevelaer" in volkstümlichen Darstellungen[62]

Die von der „Trösterin der Betrübten" ausgehende Wallfahrt hat mit gnadenbildgeschmückten Sachgütern insofern nur mittelbar zu tun, als ihr Erwerb keineswegs eine notwendige (gleichwohl eine gewohnheitsmäßig vielfach belegbare) in den Kult eingelagerte Handlungseinheit war, unmittelbar jedoch durch ihre Herstellung, die ursächlich verbunden ist mit dem, was wir als „Populäre Frömmigkeit" bezeichnen. Als materielle Indikatoren des Kults trugen sie zugleich zu dessen Verbreitung bei.

Der Wunsch nach privater Einvernahme der wundertätigen Kraft, nach Hereinnahme des Bildes mit seiner Zeichenhaftigkeit in den privaten Alltag, ließ „dingliche Andachtshilfen"[63] entstehen. Wir sprechen in diesem Zusammenhang von Devotionalkopien, Gegenständen, die nicht aufgrund möglichst getreuer Wiedergabe des Originals für die Gläubigen primär bedeutsam sind, sondern ihrer Funktion wegen Zuspruch fanden. Es ist im übrigen auch nicht die künstlerische Qualität des Originals, die den Wallfahrer vorrangig interessiert, sondern die mit dem Gnadenbild verbundenen Mirakel, Erhörungen, „Wundertätigkeit" also, überdies ebenso „die merkwürdigen Umstände der Auffindung" und der „herzergreifende Ausdruck und Titel" der Bilder.[64] Das Kevelaerer Gnadenbild selbst ist Devotionalkopie, Abbild der Luxemburger Madonna. Der Erwerber einer derartigen volkstümlichen Nachbildung kann neben den genannten Kaufgründen natürlich auch andere Motive besitzen, die vielfach gleichzeitig seinen Entschluß bestimmt haben: der Erinnerungswert des Gegenstandes etwa, oder seine Eignung als Geschenk für Angehörige, Freunde oder Bekannte. Es leuchtet ein, daß die Wallfahrer die weitaus größte Käufer- und Zielgruppe ausmachten und die Produzenten sich darauf einstellten. Aber auch hier ist hinsichtlich der offerierten Ware zu differenzieren. Die großartigen Prunkschüsseln der niederrheinischen Irdenware dürften z. B. die Kaufkraft der meisten Wallfahrer überstiegen haben und waren in den hochwertigsten Stücken wohl auch nur als Auftragsarbeiten zu erwerben. Ebenso wurden Schützensilber und Brauttruhen nicht von Wallfahrern, sondern von Kevelaerern selbst oder Bewohnern der Umgebung in Auftrag gegeben.

Die Bereitschaft, ja mehr noch der starke Drang, Darstellungen des Gnadenbildes zu erwerben, und das damit verbundene Aufkommen profitabler Produktion seiner Nachbildungen auch in Verbindung mit Gegenständen des alltäglichen Gebrauchs bestimmte also die Entstehung unserer volkstümlichen Gestaltungen der „Trösterin der Betrübten". Sie sind Ausdruck der Akzeptanz ihrer Käufergruppen und spiegeln deren kulturelle Ansprüche, sind hinsichtlich des Gnadenbildes als Vorlage kreativ nachgestaltet, nicht einfach reproduziert, sondern durchaus auch mit individuellen Besonderheiten ihrer Hersteller versehen sowie abhängig von Material und Technik. Wie jedes Sachgut sind auch sie Ausdruck ihrer Zeit. Ihr „Sitz im Leben" vermittelt uns aufschlußreiche Einblicke in die religiöse Vorstellungswelt weitester Kreise und die Bewertung des religiösen Elementes in der Volkskultur. Dem weiten Strahlungsbereich der Wallfahrt gemäß erfuhren viele Nachbildungen entsprechende Verbreitung. Aus ihrem Kreis wurde hier eine begrenzte

Auswahl getroffen, die die Vielfalt der Bildträger angemessen spiegelt und zugleich – wenn auch eingeschränkt – hinweist auf die diesbezügliche Inanspruchnahme von Gerät des alltäglichen Gebrauchs.

Zierschüsseln

Zu den herausragendsten Zeugnissen der Volkskunst zählen fraglos die prächtigen Zierschüsseln und Schauteller der bleiglasierten niederrheinischen Irdenware, die im 17. und 18. Jahrhundert in höchster Blüte stand. Die Produzenten, „Pottbäcker" genannt, übten das Töpferhandwerk oft nebenberuflich aus. Hauptquelle des Broterwerbs blieb die Landwirt-

Zierschüssel mit eingeritzter Darstellung der MARIA KEVELAER, Sevelen 1714

schaft. Die Ware wurde direkt am Ort oder auf den Märkten angeboten, einfache Gebrauchsware oftmals zudem durch ambulante Händler vertrieben. Als guter Absatzmarkt boten sich die benachbarten Niederlande an. Die Herstellung aufwendiger Zierschüsseln und Schauteller setzte künstlerische Begabung und hohes handwerkliches Geschick voraus, Eigenschaften, die natürlich nicht jedem Pottbäcker eigneten. Gefertigt wurden die herausragenden Stücke in der Regel nach Auftrag aus dem Kreis der dörflichen und kleinstädtischen Bevölkerung [65], und zwar aufgrund eines besonderen Anlasses wie bspw. der Hochzeit eines Mitbürgers oder Dorfgenossen. Als Luxusware ausgewiesen erfolgte ihr Erwerb vornehmlich in Zeiten wirtschaftlicher Prosperität der Abnehmer als

Prestigegüter und Statussymbole. Dieser Funktion entsprach ihre häufig nachweisbare Plazierung auf dem Tellerbord des Rauchfangs der offenen Feuerstelle. Der Kauf von Zierschüsseln religiöser Thematik, deren Vorlagen oftmals der Reproduktionsgraphik entstammen, war nicht nur durch den zeitweiligen Wohlstand motiviert, sondern zugleich dinglicher Hinweis des sich Unterstellens und Zeichen der Hoffnung auf Schutz und Hilfe.

Zierschüssel mit reliefierter Darstellung der MARIA KEVELAER, wohl Sonsbeck, 2. H. 18. Jahrhundert

Die Übernahme des Motivs der Consolatrix Afflictorum beschränkt sich zumeist auf die Grundstrukturen: Maria, dargestellt als Königin des Himmels in weitem Kultmantel, wie das Kind auf ihrem Arm versehen mit den Insignien der Macht. Dem horror vacui suchte der Töpfer dadurch zu begegnen, daß er die übrige Fläche des Spiegels und der Fahne in symmetrischer Anordnung mit unterschiedlichen Topoi füllte: stilisierte Kerzenkapelle, Putti, Rosetten, Sonnen und vegetabile bzw. geometrisch-lineare Zierbordüren; bisweilen fügte er auch Schriftkartuschen hinzu, die auf die dargestellte Gottesmutter hinweisen, eine Bitte formulieren, gelegentlich auch Töpfer, Herkunftsort und Datum anführen.

Backmodel

Eine Spezialität der in Kevelaer offerierten Backwaren bildeten runde und eckige Leb- und Pfefferkuchen mit der aufmodellierten Gnadenbildmadonna. Man stellte sie mit Hilfe spezifischer Backmodel her, die zuweilen ein Herstellermonogramm aufweisen und zumeist der Mitte des 19. Jahrhunderts entstammen. Die Darstellung Mariens erscheint häufig in einem reich ornamentierten Mantel, ab und an unter einem angedeuteten Baldachin, oft mit Namen in Majuskeln unter der Darstellung. Auch hier sind leere Flächen mit symmetrisch angeordneten Schmuckformen gefüllt, der innere Rand des eingetieften Kastenmodels mit einem Halbkugelband dekoriert.

Kastenbackmodel, Kevelaer, Mitte 19. Jahrhundert

In Mitteleuropa sind Model bereits aus dem Mittelalter belegt, bestehen anfangs allerdings noch nicht aus Holz. Mit ihren Motiven vermitteln sie eine gleichsam bilderbuchähnliche Schau zeitgenössischer und vergangener Ereignisse und Verhältnisse aus allen Lebensbereichen. Oft stellten die Bäcker ihr Handwerkszeug selbst her, ja, eine derartige Backform war als Gesellenstück durchaus nicht selten gefordert. Als Produzenten können darüber hinaus auch Hirten vermutet werden, die sich mit diesen Schnitzarbeiten ein Zugeld verdienten.

Gnadenbildgeschmückte Kevelaerer Leb- und Pfefferkuchen galten den zahlreichen Wallfahrern nicht nur als nahrhaftes und leckeres Gebäck, sondern bedeuteten als beliebte Mitbringsel zugleich auch ein Zeugnis der Wallfahrt. Letztlich erfährt auch hier menschliche Speise durch Maria, die Vermittlerin geistlicher Nahrung, besondere Weihe und Heiligung.

Tabakdosen

Zu den Requisiten, die vielen Männern im 18. und 19. Jahrhundert unentbehrlich waren, zählen Tabakdosen aus unterschiedlichen Materialien. Ansprechende, aus Messing gearbeitete Stücke der Zweithälfte des 18. Jahrhunderts mit eingraviertem Kevelaerer Marienbild in ellipsoider Form stammen aus den Niederlanden. Ähnlich wie bei den Backmodeln erkennen wir auch hier die der Vorlage nachempfundene reiche Gewandung der Gottesmutter. Hinzugefügt ist im unteren Drittel der Dosenschauseite eine für die Wallfahrt nach Kevelaer werbende Inschrift. Als Souvenirs und Geschenke waren diese Dosen sehr beliebt.

Tabakdose, Niederlande, 2. H. 18. Jahrhundert

Schützensilber

Nach wie vor wird das Schützenwesen am Niederrhein besonders gepflegt. Das gegenwärtig noch allgemein begangene Schützenfest ist die Hauptfeier der Schützenvereinigungen. Dabei wird vielfach auf einen hölzernen Vogel geschossen. Wer ihn von seiner hohen Stange holt, ist „König" und stiftet ein silbernes Erinnerungsschild für die Königskette. Diese Schützenschilde wurden bei ansässigen oder in Ortsnähe wohnenden Gold- und Silberschmieden in Auftrag gegeben, datiert und mit dem

Namen des Königs (evtl. auch der „Königin") versehen. Darüber hinaus findet man Darstellungen des Bruderschafts- oder Namenspatrons, Sprüche, oft auch Berufssymbole oder Hausmarken eingraviert. Nicht selten läßt sich das flachgravierte Gnadenbild auf solchen Schilden nachweisen. Meister- und Beschauzeichen fehlen häufig, so daß der Produzent nur durch einen Stilvergleich mit anderen bestimmbaren Stücken zu ermitteln ist. Die Rezeption des Kevelaerer Wallfahrtsbildes könnte aufgrund eines Marienpatronats erfolgt sein oder um überhaupt die kirchlich-religiöse Bindung und die Bedeutung der Gottesmutter als Schutzfrau der Bruderschaft herauszustellen. Denkbar ist sie auch als Dank für die erlangte Königswürde oder als Hinweis der persönlichen Anheimstellung und besonderen Verehrung.

…hützenschild „Gerrit Iakobs 1745", Silber

Truhen

Truhen zählen zu den ältesten Bewahrmöbeln und kennen in dem mit einem Deckel ausgestatteten ausgehöhlten Teil eines Baumstamms ihre früheste Gestalt. Im Mittelalter kam die Frontstollentruhe auf, eine Konstruktion, bei der der eigentliche Truhenkörper durch frontal gestellte Holzstollen vom Boden abgehoben wird und den Inhalt auf diese Weise vor Bodenfeuchtigkeit schützt. Die niederrheinische Truhe ist in der Regel eine flachdecklige Stollentruhe aus Eiche, deren Schauseite reich verziert ist. Daß besonders prächtig geschnitzte Truhen wie die irdenen Zierschüsseln auch Statussymbole waren, leuchtet ein. Oft lassen sie sich als Brauttruhen einordnen, die die textile Mitgift der Braut enthiel-

Stollentruhe, Kevelaer oder Umgebung, 2. H. 18. Jahrhundert

ten. Einige unter ihnen fallen durch die Darstellung des Kevelaerer Gnadenbildmotivs als flachgeschnitztes, formelhaftes Abbild auf dem mittleren Vertikalriegel auf, reduziert auf die wesentlichsten Strukturen und damit sehr abstrakt gebildet. Diese aus dem 18. Jahrhundert stammenden Truhen sind direkt in Kevelaer oder nächster Umgebung geschaffen worden.

Welches mögen die Gründe gewesen sein, das Bild der Trösterin der Betrübten auf eine Brauttruhe zu setzen? Vermutlich werden mehrere zusammentreffen. So ließe sich das Marienbild als Herkunftsausweis der nach auswärts heiratenden Besitzerin deuten, auch als symbolischer Bezug zum Brautstand und zur späteren Mutterschaft. Naheliegend ist, Maria hier als Garant des Wohlstandes zu interpretieren, und, da die Truhe ja oft benutztes Gebrauchsgerät war, im weiteren Sinne als überirdische Instanz, der das künftige Haus- und Tagewerk unterstellt werden soll. So gesehen ist mit dem Bild der Gottesmutter eine Heiligung des Alltags schlechthin verbunden.

Fassen wir zusammen: Das Kevelaerer Gnadenbild, selbst Nachbildung, war Vorlage zahlreicher volkstümlicher Darstellungen des 18. und 19. Jahrhunderts auf differenzierten Bildträgern unterschiedlichster Funktionen.[66] Erworben wurden die meisten dieser Gegenstände vor allem von den überaus zahlreichen Wallfahrern. Damit ergab sich zwangsläufig ein großer Verbreitungsbereich mit den Schwerpunkten Benelux-Staaten und Westdeutschland. Hergestellt wurden sie von ortsansässigen Handwerkern oder Produzenten aus der näheren Umgebung, mehrfach auch auf Auftrag in anderen Landesteilen. Derartig gestaltet – den Wallfahrern und übrigen Käufern brauchbar erscheinend – abhängig von Material, Technik und individuellem Vermögen, entstanden weitgehend formelhafte Darstellungen der Gottesmutter. Da ohne direkten Gebrauchswert, blieb das Panorama der Stadt Luxemburg, das auf dem Kultbild selbst erscheint, zumeist unbeachtet. Die Möglichkeit der Variation des Marienbildes ist relativ gering und erstreckt sich vornehmlich auf nebensächliche Details, so daß wir hier von Formstabilität sprechen können.

Die Nachfrage der „Verbraucher" wurde offensichtlich durch mehrere Intentionen bestimmt: Man erwarb manchen Gegenstand als Geschenk und Souvenir, auch als Testat der Wallfahrt und des Glaubens, anläßlich bestimmter persönlicher Lebensumstände als Zeichen der Hoffnung und Hilfe, als Garant der Übertragung der wundertätigen Kraft Mariens in die Alltagswelt, als Zeichen des sich Unterstellens unter den Schutz der Gottesmutter, als Dank für erwiesene Hilfe u. a. m. Hier mag vieles zusammenfließen. Es ist sicher nicht überinterpretiert, die Hereinnahme des Glaubens an Marias Kraft, Hilfe und Schutz in die All- und Festtäglichkeit des menschlichen Lebens durch entsprechend gestaltete Dinge sinnlich erfahrbar machen zu können, als allgemeines Motiv der Nachfrage herauszustellen. Andererseits dürften aber auch die Produzenten

Flachplastische Darstellung der MARIA KEVELAER auf der Truhenschauseite

durch die genaue Kenntnis ihres Marktes beachtlichen Einfluß genommen haben. „Volkskunst", so hat ein Forscher einmal treffend formuliert, „quillt nicht aus der Seele, sondern bedarf vieler Hände. Sie kennt auch keine Grenzen, sondern sie gehorcht den Zwängen der Ökonomie."[67]

Gründend auf Populärer Frömmigkeit und Geschäftssinn wird damit ein Gnadenbild als Vorlage, besser noch als Vor-Bild bedeutsam, das, in volkstümlicher Darstellung zahllos verbreitet, hinweist auf die einstige hohe Position des religiösen Elementes in der Volkskultur.

Anmerkungen

[1] Vgl. auch Wolfgang Brückner: Zum Wandel der religiösen Kultur im 18. Jahrhundert, in: Sozialer und kultureller Wandel in der ländlichen Welt des 18. Jahrhunderts, Wolfenbütteler Forschungen, Bd. 19, Wolfenbüttel 1982, S. 80.
[2] Klaus Guth: Die Wallfahrt – Ausdruck religiöser Volkskultur. Eine vergleichende phänomenologische Untersuchung, in: Ethnologia Europaea. Journal of European Ethnology, Volume 16, Kopenhagen 1986, S. 62.
[3] Gottfried Korff: Heiligenverehrung in der Gegenwart. Empirische Untersuchungen in der Diözese Rottenburg, Tübingen 1970, S. 146 f.
[4] Barbara Goy: Aufklärung und Volksfrömmigkeit in den Bistümern Würzburg und Bamberg, Würzburg 1969, S. 129.
[5] Wolfgang Brückner: Zur Phänomenologie und Nomenklatur des Wallfahrtswesens und seiner Erforschung, in: Volkskultur und Geschichte. Festgabe für Josef Dünninger zum 65. Geburtstag, Berlin 1970, S. 411 u. 413.
[6] Martin Scharfe: Wozu eine Dokumentation ‚Wallfahrt heute'?, in: Wallfahrt – Tradition und Mode. Empirische Untersuchungen zur Aktualität von Volksfrömmigkeit (Hrsg. M. Scharfe/M. Schmolze/G. Schubert), Tübingen 1985, S. 10.
[7] Brückner (wie Anm. 5) 393.
[8] Ludwig Bergmann: Wallfahrtsorte und Wallfahrtsbrauchtum am unteren Niederrhein. Werden und Wachsen einer Kultlandschaft Phil. Diss. Masch., Bonn 1949.
[9] Bergmann 36; zitiert auch bei Brückner (wie Anm. 5) 412.
[10] Hinsichtlich der Beziehung zu südlichen Landesteilen konstatiert Bergmann (147): „Die Verbindung mit dem Süden erwies sich auch in unserem Zusammenhang als viel jünger (. . .)"
[11] Bergmann passim.
[12] Ebd. 109.
[13] Brückner (wie Anm. 5) 424.
[14] Zitiert bei Burkhard Schwering: Gelobt seist du, Maria. Volkstümliche Darstellungen des Wallfahrtsbildes von Kevelaer, Freiburg i. Brsg. 1987, S. 75.
[15] Selbstverständlich vertraten die katholischen Landesherren mehr oder minder vehement auch die „katholische Sache": „Politisches Kalkül, religiöser Eifer und landesherrliches Denken flossen in den gegenreformatorischen Maßnahmen der Fürsten zusammen" (Klaus Guth: Geschichtlicher Abriß der marianischen Wallfahrtsbewegungen im deutschsprachigen Raum, in: Handbuch der Marienkunde (Hrsg. W. Beinert u. H. Petri), Regensburg 1984, S. 776). Dieses dürfte mutatis mutandis auch für den kleineren Adel gelten.
[16] Vgl. dazu Bergmann 65.
[17] Ebd. 35.
[18] Als Beispiel mag hier gelten: Theodor Caesar: Eene schoone maniere om de/votelyck naer/Kevelaer/te gaen, groetende aldaer die hey/lige maghet/Maria/(. . .), Roermond 1649.
[19] Bergmann 75.
[20] Diesbezüglich bemerkt Bergmann (75): „Seit dem Anfang des 18. Jahrhunderts lassen die Litterae annuae der Xantener Jesuitenresidenz eine Vermehrung der Kevelaer-Wallfahrten erkennen, hinter welchen die Fahrten nach Sonsbeck, zum Fürstenberg und besonders nach Marienbaum zurücktreten."
[21] Vgl. dazu Bergmann 74 f.
[22] Einen diesbezüglichen Beleg besitzen wir bspw. mit einem Mirakelbericht des Jahres 1659: „Het dogterken van den Heer Gerard-Adolphe Van Bentinck genezen." (1792).
[23] Ob eine auf gesamtgesellschaftliche Verhältnisse bezogene Unter- bzw. Überrepräsentierung der einzelnen Stände vorliegt, müßten breiter angelegte Analysen noch erweisen.
[24] Mirakelbericht (1647) aus: Beschryving/van Kevelaer/Met de opkomste en voortgang/der Devotie/tot de Allerheyligste Maegd/en Moeder Gods/Maria/aldaer/onder den titel/van Troostersse der Bedrukte (. . .), Roermond 1792, S. 30.
[25] Mirakelbericht vom Jahre 1688 in: Anfang und Fortgang der Andacht/Im dem Dorff/Kevelaer/Im dem Hertzogthum Geldern/samt einer kurtzen Verzeichnus approbirter/Miraculen/(. . .), s' Hertogenbosch 1739, S. 55; zitiert auch bei Robert Plötz: Die Wallfahrt nach Kevelaer, Duisburg 1986, S. 29.
[26] Vgl. Bergmann 70.
[27] Dazu Manfred Brauneck (unter Mitarbeit von Hildegard Brauneck): Religiöse Volkskunst, Köln 1978, S. 84.
[28] Brauneck 81.
[29] Ebd. 82.
[30] Dieses gilt natürlich zuvorderst für alle Christus direkt verbundenen Gnadenstätten.
[31] Siehe Rudolf Kriss (unter Mitarbeit von Lenz Rettenbeck): Wallfahrtsorte Europas, München 1950, S. 75; vgl. auch dazu Adolf Marx: Kevelaer. Wallfahrt und Wirtschaft, unveränderter Nachdruck (1922), Kevelaer 1979, S. 66.
[32] Vgl. dazu auch Brauneck 82.
[33] Verhael vande/Mirakelen/door de voor/sprake vande/Alder H. Moeder ende/altoos Maget Maria gheschiet/Int Dorp van/Kevelaer (. . .), Roermond 1647, unpaginiert.
[34] Zitiert bei Schwering 76.
[35] Ebd. 79 f.
[36] Elisabeth Bröker: 250 Jahre Fußprozession Bocholt-Kevelaer 1733–1983, Sonderdruck der Zeitschrift „Unser Bocholt", 34. Jhrg., Heft 2, 1983.
[37] Guth (wie Anm. 2) 74.
[38] Bröker 43.
[39] Ebd. 72 f.

[40] Derartige Motive werden vor allem für Angehörige sozialer Unterschichten im 19. Jahrhundert konstatiert.
[41] Bröker 74 und Bergmann 136.
[42] Ebd. 68 f. (Bröker); als „Leitgedanken" bzw. „Anliegen" der Wallfahrten galt bspw. die Bitte um die „Erhaltung des Friedens", „um und für die Priester", „um die christliche Erziehung (...)", u. ä.
[43] Gottfried Korff: Volkskundliche Frömmigkeits- und Symbolforschung nach 1945, in: Brückner/Korff/Scharfe: Volksfrömmigkeitsforschung, Ethnologia Bavarica, Heft 13, Würzburg u. München 1986, S. 57 bemerkt hierzu: „Arthur Imhoff hat unlängst darauf hingewiesen, daß der Wandel ‚Von der unsicheren zur sicheren Lebenszeit' einschneidende Folgen für unsere Glaubensvorstellungen hatte. ‚Brauchen wir gar keine Ewigkeit mehr, weil wir auf Erden bereits alles bekommen, was überhaupt erstrebenswert ist?'"
[44] Bröker 51.
[45] Ebd. 51.
[46] Guth (wie Anm. 2) 74.
[47] Schubert/Scharfe/Schmolze: Aufschwung 5% sind mehr als 5%, in: Wallfahrt – Tradition und Mode (wie Anm. 6), S. 232 u. 234.
[48] Ebd. 236.
[49] Bröker 66.
[50] Vgl. Ebd. passim.
[51] Ebd. 33.
[52] Ebd. 60 f.
[53] Ebd. 39.
[54] Vgl. Ebd. 24: „Deshalb kann die unbestimmte Aussage über die Wallfahrt nach Kevelaer, ‚wie sie von so vielen Jahren her gebräuchlich ist', nicht dazu beitragen, den Beginn der Wallfahrt eindeutig zu bestimmen. Wollte man diese Aussage zugrundelegen, müßte wahrscheinlich der Beginn früher – vor 1733 – anzusetzen sein."
[55] Derartige Reaktionen gründeten auf ökonomisch-utilitaristischen und moralischen Bedenken sowie der Angst vor Konspiration und Unruhe.
[56] Bröker 29.
[57] Ebd. 36.
[58] Vgl. Plötz 56.
[59] Interessant ist in diesem Zusammenhang der Hinweis Brökers (40) auf die auch in Telgte realisierte Lichterprozession: „Abends veranstalteten sie (die Wallfahrer, Verf.) eine Lichterprozession, die für die Einwohner von Telgte etwas ganz Ungewohntes und Neues darstellte."
[60] Nach Erich/Beitl (Wörterbuch der deutschen Volkskunde, 3. Aufl., Stuttgart 1974 (844) zielt „Umkreisen, Umwandeln, Umlaufen, Umtanzen (. . .) – abgesehen von der oft vorhandenen praktisch-rechtlichen Bedeutung (. . .) – auf magische Bindung nach innen und (oder) Abwehr nach außen. Im Kreis wird Segen festgehalten und verstärkt oder Feindliches gebunden und geschwächt (. . .)." Dem hier festzustellenden kultischen Verhalten ist zweifellos eine christliche Sinndeutung zugeordnet.
[61] „Probleme der ‚longue durée'" spricht auch Gottfried Korff (wie Anm. 43) S. 57 an. Den Titel einer Arbeit von Ilja Mieck aufgreifend fordert er in diesem Zusammenhang: „Wenn Kontinuität, dann ‚Kontinuität im Wandel'".
[62] Die Ausführungen zum Thema entsprechen der Darstellung des Autors in der Zeitschrift „Volkskunst. Zeitschrift für volkstümliche Sachkultur", 12. Jahrg., München 1989, S. 25–30, die dort in etwas erweiterter Fassung erschienen ist. Vgl. zudem vor allem die 1987 herausgebrachte Buchpublikation des Autors: Gelobt seist du, Maria (wie Anm. 14).
[63] Dazu vgl. den Beitrag von Christoph Daxelmüller: Volksfrömmigkeit, in: Grundriß der Volkskunde. Einführung in die Forschungsfelder der Europäischen Ethnologie (Hrsg. Rolf W. Brednich), Berlin 1988, S. 329–351.
[64] Klaus Guth (wie Anm. 15) 799.
[65] Vgl. Wingolf Lehnemann: Konjunktur und Prestigegüter im 18. Jahrhundert am Niederrhein, in: Rhein-Westf.-Zeitschrift für Volkskunde, Bd. 20, Bonn u. Münster 1973, S. 11–24 und Burkhard Schwering: Zeugnisse niederrheinischer Töpferkunst. Prunkstücke bleiglasierter Irdenware im Niederrheinischen Museum f. Volkskunde u. Kulturgeschichte in Kevelaer, in: Weltkunst. Aktuelle Zeitschrift f. Kunst und Antiquitäten, Nr. 5, München 1984.
[66] Primär religiösen Zwecken dienende Gegenstände (z. B. Weihwasserbecken, Andachtsbilder, Hausmadonnen u. a.) blieben hier unbeachtet.
[67] Wolfgang Brückner: Was heißt hier Volkskunst? Eröffnungsvortrag zur Ausstellung „Hinterglasbilder aus unterfränkischen Sammlungen", in: Bayer. Bll. f. Volkskunde, 10. Jhrg., Heft 4, Würzburg 1983, S. 238.

Karl Keller

Die Kevelaer-Wallfahrt in der Literatur

Schon der anonyme Verfasser eines diesbezüglichen Kurzberichtes aus dem Jahr 1935, des bisher einzigen, soweit mir bekannt ist[1], mußte Einschränkungen vornehmen; denn er wies mit Recht darauf hin, daß die Gedichte in alten Pilgerstäben, Kalendern und Zeitschriften über Kevelaer und die Kevelaer-Wallfahrt unzählige sind, so daß er nicht darauf eingehen konnte. Auch nahm er davon Abstand, die Pilgerbüchlein zu erwähnen, die im Laufe der Jahrhunderte erschienen sind. Solche Beschränkung ist wegen des Umfangs der vorhandenen Literatur einerseits und des vorgegebenen Rahmens andererseits auch hier erforderlich. So kommt *im ersten Teil die poetische Kevelaer-Literatur* folgender Autoren zur Darstellung: Th. *Caesar,* A. *Poirters,* J. *Stalenus,* H. *Heine,* J. H. *Krickelberg,* B. *Gröndal,* P. W. *Kreiten,* H. *Hespers* und Th. *Bergmann.* Hierbei kann nur eine geraffte Übersicht geboten werden. Ausführlich werden alle diese Autoren, ihre Dichtungen, und andere, in meinem Buch „Die Kevelaer-Wallfahrt in Liedern und Gedichten" behandelt, das ebenfalls zum 350-jährigen Kevelaer-Jubiläum erscheint.[2]

Im zweiten Teil wird *die prosaische Literatur* zur Kevelaer-Wallfahrt besprochen, wobei neben Berichten und Beschreibungen die Kevelaer-Romane den breitesten Raum einnehmen, zumal die prosaische Literatur in meinem oben genannten Buch nicht enthalten ist: W. H. *Riehl,* A. *Anspach,* F. *Strunk,* H. *Eulenberg,* P. *Bönninghaus,* J. *Lauff,* I. *Seidel,* M. *Willing* und Fr. *Rademaker.*

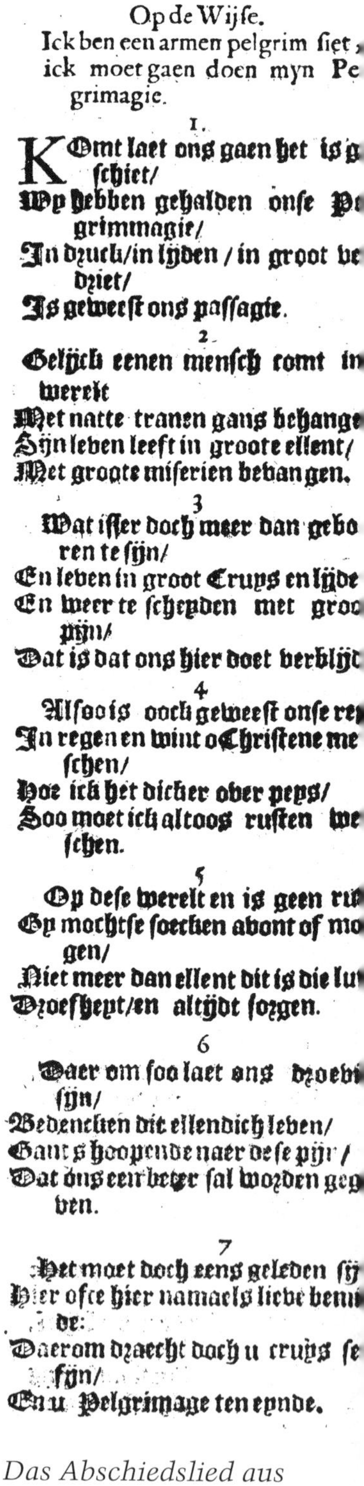
Op de Wijse.
Ick ben een armen pelgrim siet, ick moet gaen doen myn Pe grimagie.

1.
KOmt laet ons gaen het is g schiet/
Wy hebben gehalden onse Pe grimmagie/
In druck/in lyden / in groot ve driet/
Is geweest ons passagie.

2.
Gelijck eenen mensch comt in werelt
Met natte tranen gans behange
Sijn leven leeft in groote ellent/
Met groote miserien bevangen.

3
Wat isser doch meer dan gebo ren te sijn/
En leven in groot Cruys en lijde
En weer te scheyden met groo pijn/
Dat is dat ons hier doet verblijc

4
Alsoo is oock geweest onse re
In regen en wint o Christene me schen/
Hoe ick het dicker over peys/
Soo moet ick altoos ruften we schen.

5
Op dese werelt en is geen ru
Gy mochtse soecken avont of mo gen/
Niet meer dan ellent dit is die lu
Droefheyt/en altijdt sorgen.

6
Daer om soo laet ons droevi sijn/
Bedencken dit ellendich leven/
Gants hoopende naer dese pijn /
Dat ons een beter sal worden geg ven.

7
Het moet doch eens geleden sij
Hier ofte hier namaels lieve benn de:
Daerom draecht doch u cruys se fijn/
En u Pelgrimage ten eynde.

Das Abschiedslied aus Theodor Caesars Wallfahrtsbüchlein von 1649

1. Die poetische Kevelaer-Literatur

Theodor Caesar und sein Wallfahrtsbüchlein von 1649

Es konnte bis heute noch nicht eindeutig nachgewiesen werden, ob dem zeitweiligen Pfarrer von Kevelaer, dem Klever Kanoniker Theodor *Caesar,* die zeitliche Priorität vor Adrian *Poirters* zugesprochen werden kann.[3] Es kommt ihm wenigstens insofern eine Priorität zu, daß er unter anderem den Hymnus „Consolatrix Afflictorum" (Trösterin der Betrübten), nach dem das Luxemburgisch-Kevelaerer Gnadenbild betitelt ist, in sein in Roermond 1649 gedrucktes Wallfahrtsbüchlein[4] in lateinischer und niederländischer Sprache aufgenommen und auch ein selbstverfaßtes Aufruf- und Abschiedsgedicht beigegeben hat, die alle drei seine innige Liebe zur Gottesmutter und seinen anerkennenswerten Eifer, die Wallfahrt nach Kevelaer zu fördern, zum Ausdruck bringen. Die erste Strophe des Aufrufliedes zur Wallfahrt lautet:

Flux op de been ghy Christenmenschen!
Laet ons gaen naer Kevelaer seer fijn!
Daer is eene Moeder die haere sunderen
Kan bevrijen van alle pijn,
Laet ons haer met speel ende ghesangen groeten,
Geven lof ende eer aen den Hemelsen heer,
Wiens soone sy ons heeft geboren hier neer.

Theodor *Bercker* sprach 1953 die Vermutung aus[5], daß neben der niederländischen Fassung des aus 16 Versen zu je drei Strophen bestehenden Hymnus zur Trösterin der Betrübten auch dessen lateinische Th. Caesar selbst zum Autor habe.[6] Die erste Strophe lautet:

Consolatrix Afflictorum Salve Mater orphanorum Salve Virgo Virginum	Troostersse van alle herten Die benauwt sijn vol van smerten Weest gegroet o moeder reyn.

Der Titel „Consolatrix Afflictorum" wurde Ende des 16. Jahrhunderts durch den Jesuiten Petrus Canisius in die Lauretanische Litanei eingefügt. Th. *Caesar* gab in seinem Büchlein folgenden Hinweis: Dieses Gebet oder Lied soll entweder nach der Melodie von „Stabat Mater" so gesungen werden, daß zwei Männer, sofern sie Latein können, zu singen beginnen und die anderen denselben Vers „in duyts" (d. h. in niederdeutscher oder niederländischer Sprache) antworten. Oder es sollten überhaupt die Pilger, die Latein verstehen, diesen Hymnus in Latein und andere ehrerbietig ihn in „deutsch" beten oder singen.

Adrian Poirters und sein „Pelgrimken" von Kevelaer

Denkmal des Paters Adrian Poirters S. J. in Oisterwyk, errichtet 1926

Der Literaturlehrer, der Jesuitenpater Adrian *Poirters* aus Oisterwijk in Nordbrabant, wo heute noch sein 1926 errichtetes Denkmal zu sehen ist, brachte etwa um 1650, vielleicht noch vor Th. Caesar[7], das aus der Frühzeit der Wallfahrt nach Kevelaer berühmteste, teilweise später in Liedern nachgeahmte, aber unübertroffen gebliebene Wallfahrtsbüchlein „Het Pelgrimken van Kevelaer" heraus[8], von dem, soweit mir bekannt ist, nur noch ein einziges originales Exemplar im Museum in Kevelaer vorhanden ist. Theodor *Bergmann*, dem die Wiedergewinnung dieses Exemplars zu verdanken ist[9], hatte um 1935 mit voller Berechtigung geschrieben: „Seine (Poirters) Wallfahrtslieder, Mariengedichte und Gebete sind von einer Innigkeit und Gemütstiefe, wie nur wenige aus der damaligen poesiearmen Zeit auf uns gekommen sind." Das „Pelgrimken" zähle zu dem Besten, was jemals für Kevelaer und sein Gnadenbild geschrieben wurde. Es überrage, meint er, nicht nur durch seinen poetischen Gehalt, sondern auch durch seine Intention, der jede Polemik ferngelegen habe und die tiefe Religiosität und echte Marienverehrung ausstrahle, die literarische Produktion seiner Zeit. Daher ist es verständlich, daß gerade das „Pelgrimken" des A. Poirters in der hiesigen Heimatliteratur öfters gewürdigt und in Auszügen zitiert wurde.[10] Aus dieser poetischen Fülle im „Pelgrimken" soll hier exemplarisch das Lied-Gedicht „O Kevelaer, O heyligh Landt" in der Originalfassung und mit meiner hochdeutschen Übertragung mitgeteilt werden:

O Kevelaer, O heyligh Landt, Waer dat de Maghet wert gevonden, Die met haer Moederlijcke handt Eens sal versoeten onse wonden.	O Kevelaer, du heil'ges Land, dort, wo die Jungfrau ward gefunden, Die mit der mütterlichen Hand Uns soll verbinden uns're Wunden.
Wy hebben no soo menigh Jaer Om eenen vasten peys gebeden, Tot vreughden von ons allegaer, Tot baet en voorspoet van de Steden.	Wir haben nun so manches Jahr Um sich'ren Frieden dich gebeten, Zur Freude von uns allegar, Zu Nutz und Wohlstand in den Städten.

Slaet dan o Maegt u oogen neer,
Aensiet ons opgeheven handen,
Geeft ons doch eens den vrede weer
En jaeght den oorlogh uyt de Landen!

Ghy hebt den peys ons voortgebraght,
Die in den peys oock is gebooren:
Geeft ghy den peys niet door u maght,
So blijft, eilaes, den peys verloren.

Blick jetzt, o Jungfrau, zu uns her,
Zu der wir heben uns're Hände.
Wir bitten um den Frieden sehr,
Den Krieg aus unserm Lande wende!

Den Frieden hast du uns gebracht,
die in dem Frieden ward geboren:
Gibst Du ihn nicht mit Deiner Macht
So bleibt – o weh – er uns verloren.

Der literarische Kampf des Johannes Stalenus (1649)

Zur gleichen Zeit, als Th. Caesar und A. Poirters die Kevelaerer Wallfahrtsliteratur mit Liedern und Gedichten begründeten, mußte der Reeser Pfarrer Johannes *Stalenus* oder *Staell* (1596–1681), der schon 1643 seine Pfarrkinder in einer Prozession nach Kevelaer geführt hatte und der 1649 in die Gemeinschaft der Oratorianer in Kevelaer eingetreten war, einen harten Kampf für die Wallfahrt gegenüber protestantischen Predigern ausfechten. Er verfaßte 1649 seinen berühmten Traktat „Peregrinus ad loca Sancta Orthodoxus"[11], worin er in Prosa versucht, die Kevelaerer Wallfahrt gegen heftige Invektiven von Gegnern zu verteidigen. In meinem erwähnten Buch widme ich dieser Auseinandersetzung eine ausführliche Darstellung, teile mit und kommentiere dabei die verschiedenen „Spottgedichte", die in ihrer Art ebenfalls zur Kevelaerer Wallfahrts-Literatur zu rechnen sind, insbesondere das umfangreiche Gedicht des Reeser Mitstreiters des Stalenus, des Kanonikers Joh. *Spoermachers* „Iam venite Christiani", von dem die erste von 8 Strophen beispielshalber zitiert sei:

Iam venite Christiani
Et fideles orthodoxi
De propinquis, de remotis
Rusticenses, oppidani
Incolae, quae civitatum
Undequaque, mox ab omni
Parte congregamini.

Strömt herbei, Ihr Christen alle,
Ihr getreuen Gläubigen!
Kommt von nahe, kommt von ferne,
Kommt vom Lande, aus den Städten,
Kommt aus aller Herren Länder,
Strömt von überall herbei,
Kommt herbei, Ihr all zuhauf!

Der lateinische Titel des Buches bedeutet übertragen: Der zu den heiligen Orten pilgernde Rechtgläubige.

„Die Wallfahrt nach Kevlaar" von Heinrich Heine (um 1820)

„Das wohl schönste poetische Werk über die Kevelaerer Wallfahrt hat uns der Dichter Heinrich *Heine* geschenkt, das um 1820 geschriebene und weltberühmte Gedicht ‚Die Wallfahrt nach Kevlaar'", ist bei J. *Heckens*[12] zu lesen. Die literarische Bewertung dieser „Kevelaer-Ballade" fand in zahlreichen Publikationen[13] ihren Niederschlag. Die Werturteile jedoch waren aus verschiedenen Gründen nicht durchweg positiv. Nach literarischem Rang bewertet ist diese Dichtung, die zugleich eine ausgezeichnete Deutung pilgerischer Mentalität zum Ausdruck bringt, hoch einzuschätzen. Ja, sie veranlaßte nicht weniger als 13 Komponisten, darunter den berühmten Engelbert *Humperdinck*, zu musikalischer Gestaltung.[14] Die Heine-Ballade wurde auch von HAP *Grieshaber* († 1981) durch fünf rotgolden getönte wertvolle Farbholzschnitte

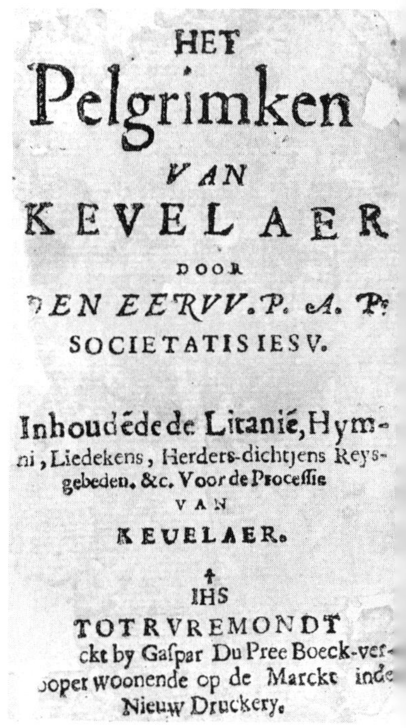
HET
Pelgrimken
VAN
KEVELAER
DOOR
DEN EERVV. P. A. P.
SOCIETATIS IESV.
Inhoudēde de Litanie, Hymni, Liedekens, Herders-dichtjens Reysgebeden. &c. Voor de Processie
VAN
KEVELAER.
IHS
TOT RVREMONDT
...ckt by Gaspar Du Pree Boeck-vercooper woonende op de Marckt inde Nieuw Druckery.

Titelseite des Wallfahrtsbüchleins von Adrian Poirters

PELGROMKEN
LIEDEKEN
Het Pellegrimken singht voo...
ende verweckt syne mede-ghesellen tot de Pellegrimmagie.
op de stemme
Ick ben een arrem pellegrim sie...

Komt Pellegrims komt volgt my naer
Wy willen onse reys beginnen :
Wy sullen gaen groeten te Kevelaer
Die soete Koninginne.

Komt volgt my naer met kloecken moet,
En neemt van daegh eens goe couragie;
Op dat wy altemael te voet
Voldoen ons pelgrimmagie.

Wy zyn doch Pellegrims allegaer,
Wy hebben hier gheen Vaste steden:
Tis hier al droefheyt voor, en naer,
Soo lanck wy syn beneden.

Hoe meenich Son is opghestaen
Die my met droefheyt sach bevanghen!
Hoe dick-wils vont de bleecke Maen
Noch traenen op myn wanghen!
B 2 Wat

„Komt Pellegrims komt..." Seite aus „Het Pelgrimken" von Adrian Poirters

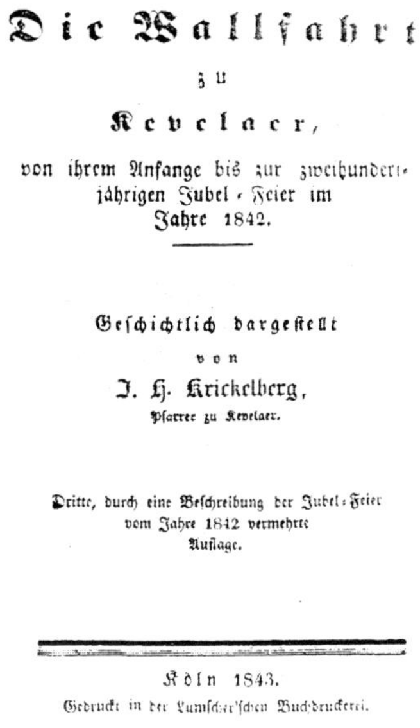
Die Wallfahrt
zu
Kevelaer,
von ihrem Anfange bis zur zweihundertjährigen Jubel-Feier im Jahre 1842.

Geschichtlich dargestellt
von
J. H. Krickelberg,
Pfarrer zu Kevelaer.

Dritte, durch eine Beschreibung der Jubel-Feier vom Jahre 1842 vermehrte Auflage.

Köln 1843.
Gedruckt in der Lumscher'schen Buchdruckerei.

Titelseite von J. H. Krickelbergs Büchlein (1843)

künstlerisch illustriert.[15] Auch diese künstlerischen Ausgestaltungen der Heine-Ballade sind Ausdruck ihrer Wertschätzung. Es sei hingewiesen auf den nachfolgenden Beitrag von J. Heckens: „,Gelobt seist du, Marie!' – Zu Heinrich Heines und HAP Grieshaber ‚Wallfahrt nach Kevlaar'".

Das Jubellied bei J. H. Krickelberg (1842)

Der Kevelaerer Pfarrer J. H. *Krickelberg* nahm in seine Festschrift zum 200jährigen Jubelfest 1842[16] drei Wallfahrtslieder auf, von denen das „Jubel-Lied te Kevelaer" als poetisch wertvolle und inhaltlich bedeutsame Aussage des (noch nicht „entzifferten") Autors J. G. L. S. T. B. vollständig zitiert werden soll:

Jubel-Lied te Kevelaer (1842)

1. Heft nu blijde jubel-zangen,
Broeders! Zusters! vrolijk aan;
Laten solo's 't koor vervangen,
God heeft wond'ren hier gedaan!
Want het is te Kevelaer
Thans het blijde[1] Jubeljaar.
Eeuwen reeds werd onbedwongen,
Hier Maria's lof gezongen:
Troosteres, o Troosteres
Der bedrukten, wees gegroet!

2. U, dien wij eerbiedig nadren;
God van Majesteit en kracht!
U, den God van onze vadren,
Zij ons loflied toegebragt.
Ja, wij danken Hem er voor,
Dat Hij deze plaats verkoor,
Om de Moeder onzes Heeren
Te aller uren[2] te doen eeren.
Troosteres . . .

3. O, hoe groot spreidt[3] Gods genade,
Voor het menschdom zich ten toon,
Daar Hij wil, dat, vroeg en spade,
Hier de Moeder van zijn Zoon,
Eer en hulde zij gebragt,
Van geslachte tot geslacht.
Daarom kan ons niets bedwingen,
Als wij haar ter eere zingen:
Troosteres . . .

4. Wie kan al de wondren roemen,
Door Gods almagt hier verrigt?
Wie der kranken namen noemen,
Hier genezen of verligt?
Wat Maria's voorspraak deed,
Tot verzachting[4] van het leed?
Zie hoe allen zamen dringen
Om eenstemmig hier te zingen:
Troosteres . . .

5. Krukken zijn hier opgehangen,
Banden zijn hier afgelegd:
Offergiften[5], voor 't ontvangen
Van genezing toegezegd,
Spreken krachtig, spreken luid,
Bij dit beeld, haer glorie uit.
Komt, vergeet dan uwe smarten:
Zingt hier, met verruimde harten:[6]
Troosteres . . .

6. Komt dan groote dankbre scharen,
Die uw zonden hebt geboet;
Zegt, hebt gij het niet ervaren,
Wat Gods Moeder voor ons doet:
Wat zij van haar Zoon verwierf[7],
Die aan't kruishout voor ons stierf[8]
Dat dan mond en hart haar roeme
En elk haar met blijschap noeme:
Troosteres . . .

7. Ja, gezegendste aller vrouwen!
Reine Hemel-koningin!
Allen roepen, met vertrouwen,
Hier uw troost en voorspraak in
Als zij door de hoop gestreeld[9]
Nederknielen voor uw beeld;
Waar ontelbre Christen-scharen
Heur gebed en hulde paren:
Troosteres . . .

8. Broeders! Zusters! hier vereenigd,
Heft dan jubelzangen aan!
Zij, die aller smaarten leenigt,
Blijve ook aller troost voortan.
O Maria! Koningin!
Zie op onzen kinderzin:
Sta ons altoos bij in smarte,
Want elk onzer zegt van harte:
Troosteres, o Troosteres
Der bedrukten, wees gegroet!

(1 frohe, 2 Stunden, 3 teilt aus, 4 Linderung, 5 Opfergaben, 6 aus vollem Herzen, 7 erwarb, 8 starb, 9 geschmeichelt)

Die Kevelaer-Ode von Benedikt Gröndal (1858)

Der isländische Dichter Benedikt Sveinbjarnarson *Gröndal* weilte als Kandidat der Philosophie seit Mai 1858 im Oratorianerhaus in Kevelaer, um zu konvertieren. Am 15. August 1858 erfolgte in Kevelaer die Grundsteinlegung der Basilika. „Um bei dieser Gelegenheit", wie es in der Oratorianerchronik (im Besitz der Wallfahrtsleitung) S. 188 heißt, „der Himmelskönigin den Tribut seiner Verehrung zu zollen", verfaßte B. S. *Gröndal* eine begeisterte und begeisternde lateinische Ode von 14 Versen zu je 4 Zeilen. Sie ist ebenfalls ein Hymnus von hoher dichterischer Qualität und zugleich Ausdruck der Ausstrahlungskraft der Trösterin der Betrübten. Die erste Strophe[17] lautet:

Diva solatrix, medicina mundi!
Pauperum tegmen, columen labantum!
Omnium mater, Genetrix salutis
Maxima Virgo!

Himmlische Trösterin, Heilung der Welt,
Der Armen Schutz, der Gefährdeten Halt,
Mutter aller, Gebärerin des Heils,
der Jungfrauen Zier!

Die Kevelaer-Dichtungen von H. Hespers und P. W. Kreiten (1875, 1892)

Hermann *Hespers* aus Viersen gab 1875 ein Buch heraus mit dem Titel „Die Wallfahrt zum Gnadenbilde in Kevelaer". In verschiedenen Gedichtformen und Versmaßen schildert der Dichter seine eigene Wallfahrt nach Kevelaer, Hinfahrt, Aufenthalt und Rückreise. Dann bringt er in vierfüßigen Trochäen die Geschichte der Wallfahrt und des Gnadenbildes Luxemburg – Kevelaer. Wahrheit, Innigkeit und tiefreligiöses Gefühl sprechen aus der Poesie von Hermann *Hespers*, der schon im Alter von 26 Jahren verstarb.

Der Jesuitenpater P. W. *Kreiten* verfaßte zum Jubiläumsjahr 1892 ein umfangreiches Gedicht von 16 Seiten mit dem Titel „Maria Kevelaer, die Trösterin der Betrübten". In seine poetische Schilderung der Entwicklung der Wallfahrt baute er S. 15 eine Art Wallfahrtslied ein, das die Pilger im Chor sangen:

Maria, der Betrübten holdselige Trösterin Du!
Wir ziehen des Elends Straße, der Heimat Frieden zu.
Du Hochgebenedeite, Du reine Gottesmagd,
Dir sei all unser Jammer und sündige Not geklagt.
Versöhn' uns Deinem Sohne, bleib Trost uns immerdar,
In Lebens Not, im Sterben, Maria von Kevelaer!

Die epische Dichtung von Theodor Bergmann (zwischen 1900 u. 1948)

In verschiedenen Versmaßen schildert der bekannte Kevelaerer Heimatdichter Theodor *Bergmann* (1868–1948) in seinen epischen Werken, und zwar ab 1903, die Entwicklung der Wallfahrt von ihrer Entstehung an und läßt seine 1949 erschienene Geschichte des Wallfahrtsortes[18] mit dem Lied beginnen:

Maria Kevelaer
Es steht an Deutschlands Schwelle, am schönen Niederrhein,
Die heilige Kapelle, umstrahlt von Kerzenschein.

Porträt von Theodor Bergmann, Kevelaer

Es grüßt und ehrt dich dort am stillen Gnadenort
Der Pilger fromme Schar: Maria Kevelaer!

Du reinste aller Frauen und Mutter Jesu Christ,
Auf dich schaun mit Vertrauen wir auf zu jeder Frist.
Maria, höre uns! Maria, segne uns!
Beschütz' uns in Gefahr: Maria Kevelaer!

In Ehrfurcht wir dich grüßen, du bist ja hilfsbereit;
Wir legen dir zu Füßen all unser Erdenleid.
Betrübter Trösterin, der Christen Helferin,
Hilf deiner Kinderschar: Maria Kevelaer!

Und legt auf unsre Lider der Tod die kalte Hand,
Dann schau, o Mutter, nieder, führ' uns ins Heimatland!
Am allerhöchsten Thron empfiehl uns deinem Sohn,
Bleib bei uns immerdar: Maria Kevelaer!

Dieses nach der wuchtigen Melodie des Liedes „Ein Haus voll Glorie schauet" gesungen, läßt sich, meine ich, durchaus dem bekannten Weihnachtslied von Friedrich Spee von Langenfeld „Zu Bethlehem geboren ist uns ein Kindelein" zur Seite stellen: Beide Lieder sind schlicht und einfach in ihrer Aussage, innig in ihrer Hingabe an Gott bzw. Maria, hohe Dichtung in Wort, Rhythmus und Metrik, also großartige religiöse Lyrik.

Zum Schluß dieses ersten Teils über die Kevelaerer Wallfahrtspoesie darf ich noch hinweisen auf die beiden *Dramen*: „Der Schmied von Kevelaer" von Th. *Bergmann* und „Die beiden Bildchen" von *Pietz*.

2. Prosaische Literatur zur Kevelaer-Wallfahrt

Als Beispiele wohlgelungener Berichte und Beschreibungen Kevelaers und der Wallfahrt führe ich an: Die Berichte von W. H. *Riehl* von 1867 und den von A. *Anspach*, der die Zeit um 1880 beinhaltet.

Der Kevelaer-Bericht von Wilhelm Heinrich Riehl (1867)

Der bekannte Kulturhistoriker Wilhelm Heinrich *Riehl* (1823–1897) schrieb in seinem „Wanderbuch"[19] einen Aufsatz mit dem Titel „Drei Wunder von Kevelaer": „Jeder gebildete Deutsche kennt die Wallfahrt von Kevelaer aus Heines Gedichten", schreibt *Riehl* im Jahr 1867 und fährt fort: „Übrigens ist Kevelaer auch ohne Heines Verse einer der merkwürdigsten deutschen Wallfahrtsorte, und ich rechne es zu meinem besonderen Reiseglück, daß mir's vergönnt war, einen ganzen schönen Augustsonntag dort zu verweilen, als gerade die Wallfahrer zu Tausenden von allen Seiten zusammenströmten." Für ihn war das erste Wunder von Kevelaer „die echt niederdeutsche gemessene Haltung des Volkes bei einer katholischen Wallfahrt", das zweite Wunder fand er „in der Geschichte des Gnadenbildes selber", daß nämlich dieses so unscheinbare Wunderbildchen zu solch raschem Aufblühen der Wallfahrt in so kurzer Zeit führte, das dritte Wunder schließlich, meinte er, sei ein eher rational faßbares, ein politisches: Die Besuche der protestantischen preußischen Herrscher, Friedrich Wilhelms I. 1714 und 1738 sowie des Kronprinzen 1833 und deren wohlwollende Förderung der Wallfahrt in Kevelaer.

Die Kevelaer-Impressionen von Antonie Anspach (um 1880)

Wie die Kevelaer-Wallfahrt aus einer „lebhaften westdeutschen Stadt" um 1880 sich vollzog, schildert sehr anschaulich Antonie *Anspach.*[20] Sie schreibt u. a.: „Ich bin in meinem späteren Leben viel herum gekommen; ich habe in alten herrlichen, weiten Domen und Kirchen gestanden, habe ihre Kunstschätze auf mich wirken lassen; aber nie hat mich auf Bildern und Gemälden der Leidensweg Christi so erschüttert, wie in jener Nacht bei flackerndem Kerzenlicht und Mondenschein auf dem Kreuzweg in Kevelaer", und nach dem Zitat von zwei Strophen aus H. Heines Kevelaer-Ballade schildert sie eine weitere Impression: „In das prächtig mit Wimpeln, Fahnen und Girlanden geschmückte Städtchen zogen in unabsehbarer Flut die verschiedensten Menschengestalten daher: Frauen, die gefüllten, hochgetürmten Lebensmittelkörbe am Arm, keuchend, ermattet, von Schweiß triefend; Männer, beladen mit Schirmen, Stöcken, Decken, Mänteln . . . Kinder, Jünglinge, junge Mädchen, singend, betend, kauend, Kerzen, Bilder, Fahnen, Rosenkränze, Wachsglieder aller Art in Händen haltend; Krüppel in Wagen, auf Krücken, mit Stöcken einherhumpelnd; Blinde, Taube, Lahme, geführt, getragen, gefahren. Auf allen Gesichtern lag derselbe Ausdruck gesteigerter Spannung, in allen Augen derselbe Glanz, auf allen Lippen dasselbe inbrünstige Gebet . . . Die Christenschar hinter mir sang hell und freudig:

„Milde Königin gedenke, wie's auf Erden nie gehört,
Daß zu Dir ein Pilger lenke, der verlassen wiederkehrt!"

Verschiedene Kevelaer-Romane

Es sei darauf hingewiesen, daß die Kevelaer-Wallfahrt auch in Form von Novellen, Legenden und sogar Sagen in verschiedenen niederrheinischen Büchern Niederschlag gefunden hat. Doch dieses muß hier aus Raumgründen ausgespart werden. Die Kevelaer-Romane freilich nehmen in der Kevelaer-Literatur einen breiten Raum ein:

Ferdinand *Strunk*, Kevelaer, Ein Roman, Berlin, Köln, Leipzig, 1905. In diesem umfangreichen Roman aus dem Jahr 1905 schildert F. Strunk S. 103–153 Selbsterlebtes in Kevelaer; denn in seiner Widmung des Romans für seine Frau in St. Gallen und seinen Sohn in Brüssel schrieb er: „Was ich niederschrieb, ist selbst Erlebtes und selbst Gesehenes, sowohl bei denen, die wallfahrten gehen, den Leuten, die in schlichter Einfalt glücklich sind, wie auch bei denen, die am Babelturm bauen, die in Sprachverwirrung gerieten und sich nicht mehr miteinander verstehen." In bisweilen sich wiederholenden Redewendungen und in psychologisierenden Gedankengängen schildert der Autor, teilweise recht anschaulich, das selbsterlebte Wallfahrtsgeschehen, stets im Hinblick auf die glaubensstarke Wirkung der Trösterin der Betrübten.

Der Dramaturg und Schriftsteller Herbert *Eulenberg* (1876–1949) schrieb u. a. die 1910 in Leipzig erschienenen „Sonderbaren Geschichten" mit der Novelle „Das Marienbild" S. 1–90. Diese Roman-Novelle des Neuromantikers Eulenberg steht dem literarischen Expressionismus sehr nahe. Sie enthält jedoch auch naturalistisch-realistische Elemente. Das Expressiv-Satirische kommt insbesondere in der fast durchweg negativen Charakterisierung des „diabolischen" Küsters, „des Hüters des

Gnadenbildes", zum Ausdruck. Kritische Distanz und positive Beurteilung der Wallfahrt verlaufen parallel zueinander.

Der Kevelaer-Roman von Joseph *Lauff* (1855–1933) aus dem Jahr 1910 ist in mancherlei Hinsicht ein bemerkenswertes Werk; es fand damals und findet auch heute eine zwiespältige Beurteilung. So finden wir im niederrheinischen Heimatkalender Emmerich 1934 S. 128 das Werturteil: Von Jos. Lauff müsse man bei aller Anerkennung seiner meisterhaften Schilderungen niederrheinischer Landschaft bedauernd sagen, daß er kein Verständnis für niederrheinische Menschen hatte, sie aus einem verkehrten und verzerrten Gesichtswinkel sah.[21] Ist diese Beurteilung vielleicht zu negativ, so erscheint mir eine kritische Stellungnahme jedoch durchaus angebracht: Romanhaftes Geschehen ist eingebettet in zeitgenössisches Kolorit des Wallfahrtsgeschehens. Der Roman kann wohl als eine bunte Mischung aus Heimatroman, politischem und religiösem Roman und Liebesroman bezeichnet werden. Dominierend ist dabei die Darstellung des Streites zwischen dem preußischen Staat und der Katholischen Kirche, bzw. zwischen den Nationalliberalen und dem Zentrum oder zwischen den katholischen „Ultramontanisten" und den liberalen Reformkatholiken. Ein persönliches Bekenntnis Joseph Lauffs zu der wunderbaren Wirkung des Kevelaerer Gnadenbildes darf, meine ich, aus seinen Worten S. 215 zu entnehmen sein.

Einen ausgezeichneten Roman über die Entstehung der Wallfahrt schrieb 1913 P. *Bönninghaus* (= Rektor Peter *Veumann*) mit dem Titel „Jan Voß".[22] In den Hintergrund historisch gesicherter Fakten der Zeit zwischen 1635 und 1642 mit den Kriegsgreueln und der wütenden Pest am Niederrhein ist die Biographie des Kevelaerer Schmiedes Jan Voß und seines Sohnes Jan, sowie des Vaters Freundschaft mit dem Gelderner „Begründer der Wallfahrt" Hendrick Busman eingebettet. Sprachlich gekonnte, bildhaft-anschauliche, teilweise poesievolle Schilderungen der niederrheinischen Landschaft und ihrer Menschen und Gepflogenheiten zeichnen das auch kulturkundlich sehr informative Werkchen aus.

Umschlagbild des Kevelaer-Romans „Das Bild der Frau M." von Martin Willing, 1980

In ihr Meisterwerk „Das Wunschkind", den großen historischen Roman von 1930, Ausgabe Stuttgart 1955 S. 337 – der Roman hat die Zeit nach der Französischen Revolution, ab 1792, zum Inhalt – hat die evangelische Pfarrerstochter Ina *Seidel* eine kurze Kevelaerer „Ballade in Prosa" eingebaut, worin sie freilich nicht direkt zur Kevelaerer Wallfahrt Stellung nimmt, sondern den Mainzer Weigandt berichten läßt, er habe „einmal" mit seiner blinden Tochter eine Wallfahrt nach „Kevlar" gemacht, die dort habe ins Kloster gehen wollen. Sie habe auf ein Heilungswunder gehofft, was aber nicht erfolgt sei. Die Äbtissin des Klarissenklosters habe die Blindheit als gottgewollt bezeichnet, „damit sie am inneren Gesicht zunehme".

Mit dem Titel „Kleines erhöht Er" brachte Johannes *Derksen* 1974 in Leipzig eine volkstümliche, romanhafte, mit Phantasie ausgeschmückte Kevelaerer-Wallfahrts-Erzählung heraus.

Den zeitlich jüngsten Kevelaer-Roman legte 1980 der Journalist Martin *Willing* vor.[23] Um ein „Bild der Frau M." rankt sich ein spannungsreiches und ansprechend erzähltes Wallfahrtsgeschehen, worin das Lokalkolorit Kevelaers aufleuchtet. Was sich in den Wirren des Zweiten Weltkrieges ereignete, die Sicherungsverwahrung des echten Wallfahrtsbildchens[24] im Austausch gegen eine Kopie, und was in den Personen des Romans noch gegenwärtig nachwirkt, verdichtet sich als „Geheimnis um die Echtheit des Bildes" für die jungen Leute zu der Frage nach der „Echtheit" ihres Lebens und ihres Glaubens. So wird das Gnadenbild zur Parabel und zum Exempel für die Wahrheit und Aufrichtigkeit des Lebens. Der Autor selbst gibt S. 46 seine eigene Antwort auf die Frage nach der Wirkkraft des echten oder des vermeintlich echten Gnadenbildes: „Nicht das Gnadenbild spendet Trost, wenn man Maria um ihn bittet, sondern Maria selbst ... Es kommt auf den, der zu ihr betet, selbst an ..."[25]

Umschlagbild der Erstausgabe des Kevelaer-Romans von Franziska Rademaker, 1920

Das im Kevelaerer Verlag Butzon & Bercker 1920 erschienene Buch „Das Ave der Heimat" von Franziska *Rademaker* gilt wohl mit Recht als der beste Kevelaerroman, der 1954 das 40.Tausend erreichte. Darin wird das Lebensschicksal dreier Kevelaerer Jungen behandelt, die zwar verschieden von Charakter, aber gleich stark in ihrer Liebe zur niederrheinischen Heimat sind. Das Leben in Kevelaer, wie es in der Wallfahrtszeit in leuchtenden Farben vorüberflutet, ist packend, lebendig und wahrheitsgetreu geschildert. Dieser Roman begründete den Ruf der Autorin als bedeutende Schriftstellerin. Als sie im Jahr 1954 ihren 73. Geburtstag in Kevelaer feierte, wurde ihr Buch in der Rheinischen Post vom 9. Juli 1954 als das beste Buch, das je über Kevelaer geschrieben wurde, bezeichnet. Aus der Reihe ihrer Gedichte sei folgendes zitiert, das zugleich den Abschluß dieses meines Beitrages zur Kevelaer-Wallfahrt in der Literatur bilden soll:

Fackelprozession
Von Franziska Rademaker

1. Nun schlingt ums traute Gnadenbild
der Fackeln hellen Himmelsreigen –
und laßt aus tiefstem Herzensgrund,
heißzitternd in dem heiligen Rund,
die alten Lieder steigen
zur Mutter mild!

2. Hier sind wir Kinder allzumal
und dürfen jubeln, flehen, weinen –
und dürfen in der Mutter Haus,
weltfern vom wirren Zeitgebraus
in Frieden uns vereinen –
im Gnadenstrahl.

3. Tragt Lichter hell und bunt im Zug!
Der Goldgewand die Sonnen leihen,
ein Silbermond zu Füßen glänzt,
das Haupt ein Sterngeschmeide kränzt,
Ihr gilt der Fackelreigen,
die Licht uns trug.

4. Nun bricht es auf wie Zauberschein
aus abertausend Monden, Sternen –
der Himmel wandert auf dem Plan
mit allen Lichtern angetan –
und wir in sel'gen Fernen
und seligrein ...

5. Der weite Platz ein leuchtend Meer –
die Linden säuseln ehrfurchtsleise . . .
Aus tausend Fackeln Liebesglut –
und tausend Seelen ruhen gut
und singen süße Weise
der Jungfrau hehr.

Anmerkungen

[1] Unsere Heimat (UH), Blätter des Vereins für Heimatschutz in Kevelaer, Nr. 11, 1935, S. 7/8. Wahrscheinlich war der anonyme Autor C. Schumacher, Winnekendonk, der Herausgeber dieser Blätter.

[2] Keller, K., Die Kevelaer-Wallfahrt in Liedern und Gedichten. Eine volkskundliche und kulturgeschichtliche Studie. Geldern 1991. Veröffentlichung d. Histor. Vereins f. Geldern u. Umgegend.

[3] Siehe Keller, K., Een Geestelijk Lust-Hoofken, Die Kevelaerer Wallfahrtslieder von 1683, in: Geldrischer Heimatkalender 1969 (GHK) S. 145 ff . . . insbesondere S. 152 ff.

[4] Eene schoone maniere om devotelyck naer *Kevelaer* te gaen, groetende aldaer die heylige maghet *Maria*, verciert met veele godtvruchtige Oeffeningen door Theodorus Caesar Canonicus ende Priester tot Cleve, Tot Ruremonde by Caspar du Pree, gesworen Boek-Drucker van den Ed. Hove van Gelderland, 1649, met Privilegie.

[5] in: UH Nr. 9, 1953.

[6] Den vollständigen lateinischen und niederländischen Text mit hochdeutscher Übertragung s. Anm. 2.

[7] Zur Biographie von A. Poirters s. Keller, K., Adrian Poirters (1605–1674), Leben und Werk des Dichters der ersten Kevelaerer Wallfahrtslieder, in: GHK 1980 S. 89 ff.

[8] Het *Pelgrimken* van *Kevelaer* door den Eerw. P. A. P. Societatis Jesu, Inhoudende Litanie, Hymni, Liedekens, Herdersdichtjens, Reymgebeden etc. voor de Processie van *Kevelaer*, Tot Roermonde (ohne Jahrangabe). Siehe, Keller, A. Poirters . . . (wie Anm. 7).

[9] Siehe UH Nr. 11, 1935 und Nr. 6, 1931.

[10] Vgl. die entsprechenden Hinweise in meinen oben unter Anm. 3 und 7 genannten Beiträgen im GHK 1969 und 1980.

[11] Stalenus, Johannes, Peregrinus ad loca Sancta Orthodoxus, Köln 1649. S. auch Th. Bercker, GHK 1952, S. 28–31 und P. R. Kerkhoff, GHK 1968, S. 63–67.

[12] Heckens, J.,- (Heinemann, J.), Begegnung, Kevelaer in Bildern, Kevelaer 1978, S. 10.

[13] S. Abels, K., Katholischer Kult, Liebe und Tod. Zu Heinrich Heines Ballade „Die Wallfahrt nach Kevlaar", GHK 1974, S. 213 ff.

[14] S. Arbogast, W., Heines Ballade „Die Wallfahrt nach Kevlaar" in der Vertonung von Engelbert Humperdinck, GHK 1983, S. 119–131.

[15] H. Heine – HAP Grieshaber, Die Wallfahrt nach Kevlaar. Text und Reproduktion d. 5 Farbholzschnitte. Nachwort von Fridolin Stier. In Kunstmappe. Kevelaer 1975.

[16] De viering van het 200jarig *Jubelfest* tot vereering van Maria onder den Titel van Troosteres der Bedruckten te Kevelaer, in het Jaer 1842 door J. H. Krickelberg, Pastor te Kevelaer, Uit het Hoogduitsch vertaald, Grave, 1842.

[17] Vollständiger lateinischer Text mit hochdeutscher Übertragung in Keller, „Die Kevelaer-Wallfahrt in Liedern und Gedichten" (s. Anm. 2) als Erstveröffentlichung. Für freundliche Information danke ich P. R. Kerkhoff, Kevelaer.

[18] Bergmann, Th., Der Betrübten Trösterin, Maria Kevelaer, Kevelaer 1903. Zu Leben und Werk von Th. Bergmann siehe Keller, K., „Wor hör ek t' hüß . . .", Der Heimatdichter Theodor Bergmann aus Kevelaer, in: GHK 1965, S. 105–110.

[19] Im 4. Band der „Naturgeschichte des Volkes als Grundlage einer deutschen Sozialpolitik" S. 106–111, auch abgedruckt in einem Beitrag von F. Meyers in: Der Niederrhein, Zeitschrift für Heimatpflege und Wandern, Heft 3, Juli 1987, S. 175–177.

[20] Abgedruckt bei F. Meyers, Das niederrheinische Jahr, Ein Hausbuch für alle Monate, Duisburg, [2]1985, S. 135–139.

[21] Siehe auch G. Kaldewei, Jos. von Lauff (1855–1933), Dichter des Niederrheins und der wilhelminischen Zeit, Kleve 1988. - G. Kaldewei, Joseph Lauffs Roman „Kevelaer" (1910), ein verspätetes Epos des „Kulturkampfes" am Niederrhein, in: GHK 1990, S. 204–221.

[22] Bönninghaus, P., Jan Voß, Eine geschichtliche Erzählung aus der Zeit der Entstehung der Wallfahrt nach Kevelaer, Kevelaer 1913, Neuausgabe mit Vorwort von B. Keuck, Geldern 1983.

[23] Willing, M., Das Bild der Frau M., Kevelaer 1980.

[24] s. Beitr. in diesem Buch v. J. Heckens: „Die Marien-Wallfahrt u. Kirchengemeinde von Kevelaer 1933–1945".

[25] Als Manuskript existiert ein unvollendeter Kevelaerroman von Daniela Krein, wie mir J. Heckens, Kevelaer, mitteilte: Im Schatten der Türme, um 1960.

Josef Heckens

„Gelobt seist du, Marie!"

Zu Heinrich Heines und HAP Grieshabers „Wallfahrt nach Kevlaar"

> „Heine gehört niemandem.
> Besser: Er gehört allen,
> die ihn lieben."
> Golo Mann[1]

Das Gedicht

Der Schüler entdeckte einst überrascht Heinrich Heines Gedicht „Die Wallfahrt nach Kevlaar" und war kindlich-spontan entzückt von der dichterischen Preisung seines Geburtsortes. Eigen-sinnig bewahrte er sich diese Zuneigung, obgleich ihm durchaus geschätzte, wohlmeinende Autoritäten rieten, das „Spottgedicht" rasch zu vergessen, dessen Verfasser Jude sei. Aus der Entdeckung wurde eine lebenslange nachdenkliche innere Nähe und Treue zu diesem poetischen Meisterwerk, das allerdings bis in die Gegenwart manchem Vorurteil und Mißverständnis begegnet, besonders auch in katholischen Kreisen. So ist im „Handbuch der Marienkunde" zu lesen:

> „Heine hatte eine ‚Wallfahrt nach Kevlaar' volksliedhaft besungen, worin er das romantische Motiv von Maria als der Helferin und Trösterin in Not aufgreift und zugleich im Stil einer romantischen Schauerballade nicht ohne geheime Ironie in für ihn typischer Weise verfremdet . . . Das Gedicht erzielt seine ganze Wirkung durch den auf Überraschung des Lesers hin angelegten Schluß, der die zunächst erzeugte erbauliche Erwartungshaltung . . . mit Hilfe einer unerwartet einfachen ‚Lösung' durchbricht. . . . Die Benennung der Reaktion der Mutter des jungen Mannes . . . stellt die hier beschriebene naive Volksfrömmigkeit als sprach- und hilflose Schicksalsgläubigkeit dar . . ."[2]

Das Gedicht selber möge an dieser Stelle den Leser ansprechen:

Die Wallfahrt nach Kevlaar[3]

1

Am Fenster stand die Mutter,
Im Bette lag der Sohn.
»Willst du nicht aufstehn, Wilhelm,
Zu schaun die Prozession?«

»Ich bin so krank, o Mutter,
Daß ich nicht hör und seh;
Ich denk an das tote Gretchen,
Da tut das Herz mir weh.« –

»Steh auf, wir wollen nach Kevlaar,
Nimm Buch und Rosenkranz;
Die Mutter Gottes heilt dir
Dein krankes Herze ganz.«

Es flattern die Kirchenfahnen,
Es singt im Kirchenton;
Das ist zu Köllen am Rheine,
Da geht die Prozession.

Die Mutter folgt der Menge,
Den Sohn, den führet sie,
Sie singen beide im Chore:
Gelobt seist du, Marie!

2

Die Mutter Gottes zu Kevlaar
Trägt heut ihr bestes Kleid;
Heut hat sie viel zu schaffen,
Es kommen viel kranke Leut.

Die kranken Leute bringen
Ihr dar, als Opferspend,

Vor dem Gnadenbild in Kevelaer. Nach einem Gemälde von Arthur Kampf (19. Jh.)

Aus Wachs gebildete Glieder,
Viel wächserne Füß und Händ.

Und wer eine Wachshand opfert,
Dem heilt an der Hand die Wund;
Und wer einen Wachsfuß opfert,
Dem wird der Fuß gesund.

Nach Kevlaar ging mancher auf Krücken,
Der jetzo tanzt auf dem Seil,
Gar mancher spielt jetzt die Bratsche,
Dem dort kein Finger war heil.

Die Mutter nahm ein Wachslicht,
Und bildete draus ein Herz.
»Bring das der Mutter Gottes,
Dann heilt sie deinen Schmerz.«

Der Sohn nahm seufzend das Wachsherz,
Ging seufzend zum Heiligenbild;
Die Träne quillt aus dem Auge,
Das Wort aus dem Herzen quillt:

»Du Hochgebenedeite,
Du reine Gottesmagd,
Du Königin des Himmels,
Dir sei mein Leid geklagt!

Ich wohnte mit meiner Mutter
Zu Köllen in der Stadt,
Der Stadt, die viele hundert
Kapellen und Kirchen hat.

Und neben uns wohnte Gretchen,
Doch die ist tot jetzund –
Marie, dir bring ich ein Wachsherz,
Heil du meine Herzenswund.

Heil du mein krankes Herze –
Ich will auch spät und früh
Inbrünstiglich beten und singen:
Gelobt seist du, Marie!«

3

Der kranke Sohn und die Mutter,
Die schliefen im Kämmerlein;
Da kam die Mutter Gottes
Ganz leise geschritten herein.

Sie beugte sich über den Kranken,
Und legte ihre Hand
Ganz leise auf sein Herze,
Und lächelte mild und schwand.

Die Mutter schaut alles im Traume,
Und hat noch mehr geschaut;
Sie erwachte aus dem Schlummer,
Die Hunde bellten so laut.

Da lag dahingestrecket
Ihr Sohn, und der war tot;
Es spielt auf den bleichen Wangen
Das lichte Morgenrot.

Die Mutter faltet die Hände,
Ihr war, sie wußte nicht wie;
Andächtig sang sie leise:
»Gelobt seist du, Marie!«

Der Dichter

Heinrich Heine wurde am 13. Dezember 1797 in Düsseldorf als ältester Sohn jüdischer Eltern geboren. Der Vater Samson Heine führte einen Manchestertuchhandel. Die Mutter Betty, geborene van Geldern, war die Tochter eines Arztes aus einer schon seit Ende des 17. Jahrhunderts in Düsseldorf ansässigen portugiesisch-holländischen Familie. Heine besuchte das Düsseldorfer Lyzeum, geleitet von Rektor Schallmeyer, einem katholischen Geistlichen, den er später rühmend erwähnt und „Freund unserer Familie" nennt[4]. Nach ergebnislosen Versuchen, das Bank- und Manufakturgeschäft zu erlernen, studierte Heine von 1820 an in Bonn, Göttingen und Berlin Rechtswissenschaft und erwarb 1825 den Doktorgrad. Im gleichen Jahr trat er zum Protestantismus über; den Taufschein nannte er das „Entreebillett zur europäischen Kultur". 1831 übersiedelte Heine nach Paris. 1835 wurden durch Bundestagsbeschluß in Deutschland alle seine bisherigen und künftigen Schriften (als einem der Wortführer der Schriftstellergruppe des Jungen Deutschland) verboten. 1840 heiratete er Crescentia Eugénie Mirat, die er Mathilde nannte; nach der Ziviltrauung fand auf Wunsch seiner Frau die katholisch-kirchliche Trauung in der Kirche Saint-Sulpice zu Paris statt. 1848 erkrankte er schwer und blieb an das Krankenlager gefesselt bis zu seinem Tod am 17. Februar 1856.

Heine war lyrischer und politischer Dichter in einem, ein brillanter, freier Geist, ein Kritiker des Christentums. Er beherrschte den Rhythmus des Volksliedes, es gelangen ihm in lichter Sprache leicht dahinfließende Verse, „an denen er endlos korrigiert und verbessert, ein sehr gewissenhafter Dichter" (P. Grappin)[5].

Das Gedicht „Die Wallfahrt nach Kevlaar" wurde erstmalig am 10. Juni 1822 veröffentlicht in der Berliner Zeitschrift „Der Gesellschafter oder Blätter für Geist und Herz" (92. Blatt). Heine fügte folgende Fußnote hinzu:

»Der Stoff dieses Gedichtes ist nicht ganz mein Eigenthum. Es entstand durch Erinnerung an die rheinische Heimath. – Als ich ein kleiner Knabe war, und im Franziskaner-Kloster zu Düsseldorf die erste Dressur erhielt und dort zuerst buchstabiren und stillsitzen lernte, saß ich oft neben einem andern Knaben, der mir immer erzählte: wie seine Mutter ihn nach Kevlaar (im Geldernschen) mitgenommen, wie sie dort einen wächsernen Fuß für ihn geopfert, und wie sein eigener schlimmer Fuß dadurch geheilt sey. Mit diesem Knaben traf ich wieder zusammen in der obersten Klasse des Gymnasiums, und als wir, im Philosophen-Collegium bei Rektor Schallmeyer, neben einander saßen, erinnerte er mich lachend an jene Mirakel-Erzählung, setzte aber doch etwas ernsthaft hinzu: jetzt würde er der Muttergottes ein wächsernes H e r z opfern. Ich hörte später, er habe damals an einer unglücklichen Liebschaft laborirt, und lange vernahm ich dann nichts mehr von ihm. – Vor einigen Jahren,

Der Gesellschafter
oder
Blätter für Geist und Herz.

1822. Montag den 10. Juni. 92stes Blatt.

Die Wallfahrt nach Kevlaar. *)

Von H. Heine.

I.

Am Fenster stand die Mutter,
Im Bette lag der Sohn.
„Willst Du nicht aufstehn, Wilhelm,
Zu schau'n die Prozession?“ –

„Ich bin so krank, o Mutter,
Daß ich nicht hör' und seh';
Ich denk' an's todte Gretchen,
Da thut das Herz mir weh.“ –

„Steh' auf, wir woll'n nach Kevlaar,
Nimm Buch und Rosenkranz;
Die Muttergottes heilt Dir
Dein krankes Herze ganz.“ –

Es flattern die Kirchen-Fahnen,
Es singt im Kirchenton:
Das ist zu Cölln am Rheine,
Da geht die Prozession.

Die Mutter folgt der Menge,
Den Sohn, den führet sie,
Sie singen Beid' im Chore:
Gelobt sey'st Du, Marie!

II.

Die Muttergottes zu Kevlaar
Trägt heut' ihr bestes Kleid;
Heut' hat sie viel zu schaffen,
Es kommen viel' kranke Leut'.

Die kranken Leute legen
Ihr hin, als Opferspend',
Aus Wachs gebildete Glieder,
Viel wächserne Füße und Händ'.

Und wer eine Wachshand opfert,
Dem heilt an der Hand die Wund';
Und wer einen Wachsfuß opfert,
Dem wird der Fuß gesund.

Nach Kevlaar ging Mancher auf Krücken,
Der jetzo tanzt auf dem Seil',
Gar Mancher spielt jetzt die Bratsche,
Dem dort kein Finger war heil.

Die Mutter nahm ein Wachslicht,
Und bildete d'raus ein Herz.
„Bring' das der Muttergottes,
Dann heilt sie Deinen Schmerz.“

Der Sohn nahm seufzend das Wachsherz,
Ging seufzend zum Heiligenbild;
Die Thräne quillt aus dem Auge,
Das Wort aus dem Herzen quillt:

„Du Hochgebenedeite,
Du reine Gottesmagd,
Du Mutter aller Gnade,
Dir sey mein Leid geklagt.

Ich wohnte mit meiner Mutter
Zu Cölln, der heil'gen Stadt,
Der Stadt, die viele hundert
Kapellen und Kirchen hat.

Und neben uns wohnte Gretchen,
Doch die ist todt jetzund –
Marie, Dir bring' ich ein Wachsherz,
Heil Du meine Herzenswund'.

Heil' Du mein krankes Herze,
Ich will auch spät und früh
Inbrünstiglich beten und singen:
Gelobt sey'st Du, Marie!“

Erstveröffentlichung des Gedichtes am 10. Juni 1822

Heinrich Heine, Jugendbildnis. Farbige Miniatur von Colla, um 1820. Original im Besitz der Wiener Familie von Heine-Geldern (heute: Zweig Geldern, USA). Etwa in diesem Alter dichtete Heine „Die Wallfahrt nach Kevlaar"

als ich zwischen Bonn und Godesberg am Rhein spazieren ging, hörte ich in der Ferne die wohlbekannten Kevlaar-Lieder, wovon das vorzüglichste den gedehnten Refrain hat: „Gelobt seyst du, Maria!" und als die Prozession näher kam, bemerkte ich unter den Wallfahrtern meinen Schulkameraden mit seiner alten Mutter. Diese führte ihn. Er aber sah sehr blaß und krank aus.

Berlin, den 16ten des Maymonds 1822, H. Heine.«

In der später etwas veränderten Nachbemerkung gibt Heine statt „Vor einigen Jahren . . ." ein genaues Datum an: „Im Jahre 1819, als ich in Bonn studierte . . ." Das Gedicht, in der poetischen Form der Ballade geschaffen, entstand wahrscheinlich im Frühjahr 1822, kurz vor dem Datum der Anmerkung, nicht im Rheinland, sondern in Berlin „durch Erinnerung an die rheinische Heimat." Das „vorzüglichste Kevlaar-Lied", dessen Refrain Heine im Gedicht verwendet, konnte bisher nicht gesichert identifiziert werden.

Zum zweiten Male erschien das Gedicht am 25. August 1822 im „Rheinischen Unterhaltungsblatt" (Nr. 34). Im gleichen Monat schickte Heine es an seinen Freund und Dichter Johann Baptist Rousseau und meinte, es bringe den klaren Beweis, daß er nicht bloß wild und sinnlich, sondern auch fromm und kindlich dichten könne[6]. Der Liebesschmerz infolge unerwiderter Zuneigung zu seiner Hamburger Cousine Amalie, Tochter des reichen Onkels Salomon, und andere erlittene Kränkungen mögen sich in die Melodie des Gedichtes eingemischt haben, doch ergaben neuere Forschungen, „daß das Verhältnis des Dichters zu seiner Hamburger Cousine nicht so ausschlaggebende und verheerende Folgen hatte, wie früher angenommen wurde"[7]. „Die Wallfahrt nach Kevlaar" ist eines der letzten Gedichte der „Madonna-Periode", über die Heine 1854 in seinen „Geständnissen" schreibt:

„. . . auch darf ich mich rühmen, weder das Dogma noch den Kultus je durch Witz und Spötterei bekämpft zu haben . . . Ich war immer ein Dichter, und deshalb mußte sich mir die Poesie, welche in der Symbolik des katholischen Dogmas und Kultus blüht und lodert, viel tiefer als andern Leuten offenbaren, und nicht selten in meiner Jünglingszeit überwältigte auch mich die unendliche Süße, die geheimnisvoll selige Überschwenglichkeit und schauerliche Todeslust jener Poesie: auch ich schwärmte manchmal für die hochgebenedeite Königin des Himmels, die Legenden ihrer Huld und Güte brachte ich in zierliche Reime, und meine erste Gedichtesammlung enthält Spuren dieser schönen Madonna-Periode, die ich in spätern Sammlungen lächerlich sorgsam ausmerzte."[8]

Die „Kevlaar-Wallfahrt" aber fand Aufnahme im „Buch der Lieder", das 1827 erschien und bald Heines literarischen Ruhm begründete. Das Kapitel „Die Heimkehr" schließt mit diesem Gedicht; es bewahrt und dort in seinem Werk placiert zu haben, ist zweifellos biographisch bedeutsamer als die hinzugefügte Anmerkung, damit weder Vorneigung noch Abneigung durch das vorherstehende Gedicht „Almansor" anzudeuten.

Der Schriftsteller Levin Schücking berichtete im Mai 1883 in „Westermanns Monatsheften" über sein öfteres Zusammentreffen mit Heine (um 1845) in Paris: „Ich schrieb nach meiner Rückkehr für die Kölnische Zeitung ‚Ein Blatt aus einem Reisetagebuche'. Es enthielt so ungefähr das, was er [Heine] im ganzen damals über sich gesagt zu sehen wünschte und was ich nach meiner eigenen Ansicht darüber sagen konnte . . . Er sprach viel von Deutschland, von seinen Schriftgelehrten und von der Romantik seiner Jugend. Ja, er gab sogar auch zu, er habe eigentlich ein katholisches Element in sich; seine Wallfahrt nach Kevlaar hätte er nicht dichten können ohne ein inniges Verständnis der Poesie, welche im mittelalterlichen Kultus gelegen habe . . ."

Der Pariser Germanist und Heine-Forscher Pierre Grappin, der während eines Düsseldorf-Aufenthaltes den Wallfahrtsort Kevelaer besuchte, führte vor dem Internationalen Heine-Kongreß 1972 u. a. folgendes aus: „Wenn der Dichter je zu einem wundertätigen Heiligtum wallfahren sollte, dann nach Kevelaer, wo auch die Liebeswunden geheilt werden könnten. Heines Vorstellung der Katholizität ist grundsätzlich im Reich Mariae beheimatet, wo die Liebe ausstrahlende Kraft und Mitte des Universums ist. Damit soll nicht gesagt werden, der junge Heine sei ein katholischer Dichter. Das Antlitz Mariae hatte es ihm angetan. Die rheinländische Marienfrömmigkeit, der Kölner Dom und die Legenden der Landschaft am Niederrhein boten Heine und seinen poetischen Freunden, J. B. Rousseau, Smets und manchen anderen,

Buch der Lieder

von

H. Heine.

Hamburg
bei Hoffmann und Campe.
1827.

Heinrich Heine, Buch der Lieder. Titelseite der Erstausgabe Hamburg 1827 bei Hoffmann und Campe. Kritisch gesichtete Sammlun von Heines Jugendlyrik. Das Kapitel „Die Heimkehr" schließt mit dem Gedicht „Die Wallfahrt nach Kevlaar Heinrich-Heine-Institut, Düsseldorf

eine Fülle von Themen, die ihnen allen gemeinsam sind und die in den regionalen poetischen Zeitschriften, den Almanachen eine bedeutende Rolle spielten. Hier fand auch Heine einen Nährboden für seine dichterische Phantasie."[9]

Übersetzungen

War das Kevlaar-Gedicht auch ein frühes Werk, so verlor Heine es doch nicht aus den Augen. Er übersetzte es wahrscheinlich im Frühjahr 1848 gemeinsam mit Gérard de Nerval ins Französische: „Le pèlerinage à Kevlaar"[10]; in dieser Fassung wird es hier wiedergegeben. Es wäre ein eigenes Forschungsvorhaben, alle Übersetzungen des „Buches der Lieder" mit dem Kevlaar-Gedicht in andere Sprachen und die Verbreitung in den Ländern und Erdteilen nachzuweisen. Mit Sicherheit kann gesagt werden, daß es weltweite Verbreitung gefunden hat. Hier sei eine Übersetzung ins Italienische von 1962 (Turin[11]) und eine Übersetzung ins Englische von 1982 (Boston[12]) dargeboten. Auf eine spanische Übersetzung von 1962 kann nur hingewiesen werden; sie verwendet den Namen Kevlaar nicht und verfremdet durch Adaptierung. Aus einer chinesischen Übertragung seien die Überschrift des Gedichtes, die erste Strophe und die erste Zeile der Anmerkung wiedergegeben.

凱夫拉尔朝聖歌①

I

窗畔站着母親，
床上躺着兒子。
"威廉，你不起來
看迎聖母的唱歌行列？"

① 凱夫拉尔(Kevlaar)：在海涅故鄉杜塞尔多夫的西北，傍

Chinesische Übertragung des Gedichtes: Überschrift Die Wallfahrt nach Kevlaar", 1. Strophe und 1. Zeile der Anmerkungen

Le pèlerinage à Kevlaar[10]

1

A la fenêtre se tient la mère; le fils est couché dans le lit. – «Ne veux-tu pas te lever, Wilhelm, pour voir la procession?»

– «Je suis si malade, ô ma mère! que je n'entends ni ne vois; je pense à ma chère morte, et cela me déchire le cœur.»

– «Lève-toi, nous irons à Kevlaar, prends tes Heures et ton rosaire; la mère de Dieu guérira ton cœur endolori.»

Les bannières de la croix flottent au vent, les saints cantiques retentissent, c'est à Cologne sur le Rhin, que passe la procession.

La mère et le fils suivent la foule, tous deux chantent en chœur: «Gloire à toi, Marie!»

2

Notre-Dame de Kevlaar porte aujourd'hui ses plus beaux habits; aujourd'hui elle a beaucoup à faire, il lui vient des malades en foule.

Les malades lui présentent comme offrande des membres de cire, beaucoup de pieds et de mains de cire.

Et celui qui offre une main de cire, sa main malade devient saine, et celui qui offre un pied de cire, son pied se guérit.

Bien des gens allèrent à Kevlaar avec des béquilles qui maintenant sautent à la corde, beaucoup jouent maintenant du violon qui y vinrent ne pouvant remuer un seul doigt.

La mère prit un cierge et en forma un cœur. – «Porte cela à la mère de Dieu, elle guérira ton mal.»

Le fils prit en soupirant le cœur de cire, le porta en soupirant devant la sainte image; les larmes lui jaillirent des yeux, ces mots lui jaillirent du cœur:

«Très-glorieuse Marie, servante immaculée et mère de Dieu, reine du ciel, entends ma plainte.

«Je demeurais avec ma mère dans la ville de Cologne, la ville qui compte par centaines les chapelles et les églises.

«Et près de nous demeurait la petite Margaretha qui dernièrement est morte; Marie, je t'apporte un cœur de cire, guéris-moi la blessure de mon cœur.

«Guéris-moi mon cœur endolori, et je dirai et chanterai matin et soir avec ferveur: Gloire à toi, Marie!»

3

Le fils malade et la mère dormaient dans leur chambrette; survint la mère de Dieu qui entra sur la pointe du pied.

Elle se pencha sur le malade, appuya légèrement sa main sur son cœur, sourit doucement et disparut.

La mère vit tout comme dans un rêve et a même vu quelque chose de plus; elle sortit de son assoupissement; les chiens dans la cour aboyaient si fort!

Son fils était là, étendu sur son grabat, et il était mort; les lueurs rouges du matin se jouaient sur ses joues blanches.

La mère joignit pieusement les mains, et pieusement à voix basse elle chanta: «Gloire à toi, Marie!»

Il pellegrinaggio a Kevlaar[11]

I.

Giace il figliolo a letto,
la madre sta al balcone.
«Su, Guglielmo, non vuoi
veder la processione?»

«Sto cosí male, mamma,
che piú nulla mi preme;
penso alla Ghita morta,
e tutto il cuor mi geme».

«Su, andiamo a Kevlaar; prendi
libro e corona; là
il tuo cuore la santa
Madonna guarirà».

Sventolan gli stendardi,
salmodian le persone;
attraverso Colonia
passa la processione.

La madre regge il figlio,
con la folla si avvia;
cantano entrambi in coro:
Sii lodata, Maria!

II.

La Madonna oggi a Kevlaar
ha i vestiti piú ornati;
oggi ha molto da fare,
vengon molti malati.

Ciascun le porta in voto,
secondo ciò che chiede,
membra fatte di cera,
una mano od un piede.

E chi una mano ha offerto,
gli guarisce la mano;
e chi un piede ha recato,
ecco il suo piede è sano.

Or danza sulla fune,
chi qua venne attrappito;
ed or suona il violino,
chi il dito ebbe guarito.

La madre prese un cero
e ne compose un cuore.
«Alla Madonna portalo,
guarirà il tuo dolore».

Il figlio sospirando
lo prende, e va all'altare;
sgorga il pianto dall'occhio,
dal cuore il suo parlare:

«O santa o benedetta
pura ancella di Dio,
a te, del ciel Regina,
lamento il dolor mio!

Con la mamma abitavo
a Colonia, il paese
che ha molte centinaia
di cappelle e di chiese.

La Ghita a noi vicino
abitava; ora è morta . . .
Ti porto un cuor di cera,
tu il mio cuore conforta.

Sana il mio cuor ferito,
e la preghiera mia
sarà mattina e sera:
Sii lodata, Maria!»

III.

Dormono madre e figlio
nella piccola stanza;
ed entra la Madonna
e lieve lieve avanza.

Si chinò sul malato,
la mano gli posò
lieve lieve sul cuore,
sorrise e dileguò.

Questo in sogno la madre
ed altre cose ha scorte;
e si destò che i cani
abbaiavano forte.

Là giaceva disteso
il suo figliolo morto;
la chiara aurora scherza
sopra quel volto smorto.

Essa giunge le mani,
e non sa come sia;
canta devota piano:
Sii lodata, Maria!

The Pilgrimage to Kevlaar[12]

I
The mother stood at the window,
In bed the son did lie.
"Oh, won´t you get up, William,
To see the crowd go by?" –

"I am so sick, dear mother,
I cannot hear or see;
I think of my dead Gretchen,
And my heart aches in me." –

"Get up, we´ll go to Kevlaar,
Take book an beads and bowl;
The Mother of God will heal you
And make your sick heart whole."

The churchly banners flutter,
A churchly hymn ascends;
Through Köllen on Rhine river
The slow procession wends.

The mother follows the pilgrims,
Her son she leads somehow,
And both of them join the chorus:
"Hail Mary, praised be thou!"

II
The Mother of God in Kevlaar
Has the finest clothes to wear;
She ist so very busy,
So many sick come there.

The sick and ailing come there
And bring, as offering,
Limbs molded out of waxwork,
Wax feet and hands they bring.

Whoever brings a wax hand,
His hand is healed that day;
And he who brings a wax foot
Walks well and sound away.

To Kevlaar came many on crutches
Who now go dancing again,
And many who now play the viol
Could not move a finger then.

The mother took wax tapers,
A wax heart she did make.
"Bring this to Jesus' Mother,
And she will heal the ache."

With sighs he took the wax heart,
And went to the shrine with sighs;
These words welled up from his bosom
As tears welled in his eyes:

"O blessed in the highest,
O saint of purity,
O virgin queen of Heaven,
I wail my woe to thee!

"We lived in Köllen city,
My mother and I, in town –
The city of hundreds of churches
And chapels of renown.

"And near to us lived Gretchen,
But death took her away –
I bring thee a wax heart, Mary,
Heal my heart's wound, I pray.

"Heal thou my heart of its sickness,
And early and late, I vow,
Thou wilt hear me fervently singing:
Hail Mary, praised be thou!"

III
The sickly son and his mother,
They slept in their little room;
And there the Mother of Jesus
Came softly through the gloom.

She bent low over the sick one,
And laid her hand upon
His heart with tender softness,
Smiled gently, and was gone.

The mother saw all this dreaming,
And still more did she see;
She woke up from her slumber,
Dogs howled so noisily.

There lay, outstretched before her,
Her son, and he was dead.
His pale cheeks in the dawn light
Were painted a sunrise-red.

She folded her hands in silence,
She felt – she knew not how.
She softly sang devoutly:
"Hail Mary, praised be thou!"

Druckausgabe de
Komposition von Engelbe
Humperdinck, Titelseite un
Notenbil

Zur Wirkungsgeschichte der Ballade gehören auch die Vertonungen. Von Robert Schumann liegt ein Kompositionsentwurf der ersten 3 Strophen vor, der unvollendet blieb[13]:

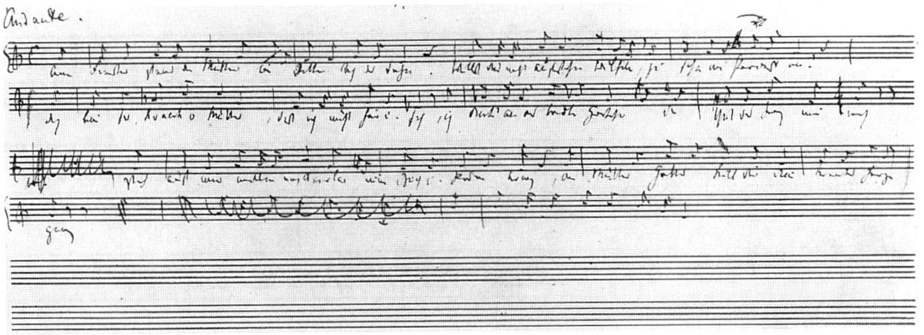

Kompositionsentwurf der ersten drei Strophen von Robert Schumann. Original im Heinrich-Heine-Institut, Düsseldorf

Engelbert Humperdinck war von Heines Gedicht sehr angetan und komponierte es für Soli, Chor und Orchester. Das Werk wurde im Druck in einer Neufassung veröffentlicht vom international bekannten Main-

zer Musikverlag B. Schotts Söhne mit den Zweigverlagen in London, Paris und Brüssel. Die Uraufführung einer ersten Fassung erfolgte 1878 in München, der Neufassung von 1885/86 im Gürzenich zu Köln 1887 und im gleichen Jahr nochmals in Köln beim 24. Tonkünstlerfest des Allgemeinen Deutschen Musikvereins in Anwesenheit von Johannes Brahms. Erwähnenswert ist, daß Humperdinck die Umarbeitung seines Werkes 1885 bei einem Aufenthalt in Xanten nahe Kevelaer begann und daß er den Wallfahrtsort mehrfach besuchte.[14] Im Druck erschienen auch Kompositionen des Gedichts von Felix Weingartner in Berlin, von August Söderman in Stockholm, von Charles Villiers Stanford in London und Leopold Lenz in Mainz.[15]

A. W. Arbogast nennt noch 8 weitere Vertonungen. Auf seine zwei inhaltsreichen musikgeschichtlichen Beiträge zu diesem Thema sei hingewiesen.[16] Eine von G. Metzner bearbeitete Bibliographie der Heine-Vertonungen[14], die in Teilbänden vorliegt, dürfte eine umfassende Übersicht aller Vertonungen des Kevlaar-Gedichtes bieten.

„Das himmlische Heimweh..."

Neunmal steht das Wort ‚Herz' im Kevlaar-Gedicht. Es ist ein Schlüsselwort zu seinem Verständnis. Wir erkennen in der sechsten bis neunten Strophe die Zuwendung des Dichters zur irdischen Hoffnung leidender Menschen. Die Bitte des kranken Sohnes um Heilung, soll sie Erfüllung finden, führt das Gedicht in eine transzendente Dimension. Heine, dieser oft widersprüchliche, freie, immer kritische Geist auf der Spur Gottes?

„Die Geschichte seiner geistigen Entwicklung ist die Geschichte seines Glaubens, freilich eine wechselvolle Geschichte", schreibt Dolf Sternberger.[17] Und Martin Greiner: „Die Idee Gottes steht wie der Polarstern als Richt- und Orientierungspunkt über Heines Leben."[18] In Heines Essay „Zur Geschichte der Religion und Philosophie in Deutschland" (1834, zweite Auflage 1852) stehen die Sätze: „Der Verfasser dieser Blätter ist sich einer solchen frühen ursprünglichen Religiosität aufs freudigste bewußt, und sie hat ihn nie verlassen. Gott war immer der Anfang und das Ende aller meiner Gedanken."[19] Es ist der Gott der Bibel, der Gott des Mose, zu dem Heine in der Endzeit seines Lebens zurückgefunden hat, wenn er auch „dazu keines Kirchenschlüssels bedarf"[20]. „Ja, ich bin zurückgekehrt zu Gott, wie der verlorene Sohn, nachdem ich lange Zeit bei den Hegelianern die Schweine gehütet. War es die Misère, die mich zurücktrieb? Vielleicht ein minder miserabler Grund. Das himmlische Heimweh überfiel mich . . ." (Nachwort zum „Romanzero", 1851).[21] „Die Wiedererweckung meines religiösen Gefühls verdanke ich jenem heiligen Buche [der Bibel], und dasselbe ward für mich ebensosehr eine Quelle des Heils als ein Gegenstand frömmster Bewunderung" (Geständnisse, 1854)[22]. „In meinen schlaflosen Marternächten verfasse ich sehr schöne Gebete, die ich aber doch nicht niederschreiben lasse und die alle an einen sehr bestimmten Gott, . . . den Gott unserer Väter gerichtet sind" (An seinen Bruder Maximilian am 3. Dezember 1848).[23]

Es ist der eine Gott der Juden und Christen.

„Die Feder des Genius ist immer größer als er selber, sie reicht immer weit hinaus über seine zeitlichen Absichten", lesen wir in der Einleitung Heines zum „Don Quixote". Dieses Wort ist auch gültig für den Genius Heine, und wir dürfen es verbinden mit seinem Kevlaar-Gedicht.

Zeitgenössische Darstellung von Heines Grab auf dem Montmartre-Friedhof in Paris, mit Illustrationen zu Gedichten Heines: „Die Wallfahrt nach Kevlaar" echts oben), „Ich weiß nicht, was soll es bedeuten" (links oben), „Ein Fichtenbaum steht einsam" (Mitte). Farblithographie nach einer Zeichnung von E. Abeille, Paris. Original im Heinrich-Heine-Institut, Düsseldorf

Als die Schriftstellerin Camille Selden, die den todkranken Heine oft besucht hatte, die er „Mouche" nannte und der seine letzten Gedichte gewidmet sind, den toten Dichter auf dem Sterbebett sah, gedachte sie „der großen Trösterin, der himmlischen Gestalt, die er in dem Gedicht ‚Die Wallfahrt nach Kevlaar' gezeichnet hat".[24] „Die Heimkehr" des Heinrich Heine . . .

„Wohin gehen wir? – Immer nach Hause!“ (Novalis)

Beim Versuch einer Deutung hilft uns der heiter-gelöste, doch keineswegs ironische Fingerzeig des Dichters in seinem Nachwort zum „Romanzero“ (1851): „Auch Dich scheint es zu betrüben, daß ich Dir Valet sagen muß; Du bist gerührt, mein teurer Leser . . . Doch beruhige Dich, wir werden uns wiedersehen in einer besseren Welt, wo ich Dir auch bessere Bücher zu schreiben gedenke . . . Sei getrost, es gibt eine Fortdauer nach dem Tode . . .“

Worte anderer Großer vertiefen diesen Gedanken. „Unruhig ist unser Herz, bis es in dir ruht; denn für dich hast du uns geschaffen“ (Augustinus). „Unsere Heimat aber ist im Himmel“ (Paulus an die Philipper 3,20). Heinrich Böll bekennt sich zu der „Tatsache, daß wir alle es eigentlich wissen - auch wenn wir es nicht zugeben -, daß wir hier auf der Erde nicht zu Hause sind, nicht ganz zu Hause sind . . .“[25] Edith Stein lehrt uns: „Zum vollen Menschenleben gehört ein Seinsverständnis, das vor den letzten Dingen nicht die Augen schließt. Die Erwägung des Todes sollte uns zum Verständnis des eigentlichen Seins helfen.“[26]

In diesem Geiste verstanden, kann uns Heines Gedicht ein Gleichnis der irdischen Wanderschaft sein. „Wallfahrten, das sind unsere Wege. Wir sind unterwegs zum Ziel, zur Vollendung unseres Menschseins“, heißt es an anderer Stelle dieses Buches.[27] In ihrer symbolhaften Bildsamkeit ist Heinrich Heines „Wallfahrt nach Kevlaar“, wenn auch betrübend gestimmt, letztlich doch tröstlich, wie uns der Dichter in der letzten Strophe am Beispiel der Mutter lehrt.

Wir dürfen mit ganzem Herzen in die Lobpreisung des Tübinger Theologen Fridolin Stier einstimmen, „daß eines der schönsten Gedichte deutscher Sprache der Mutter Gottes von Kevelaer zur Ehre gereicht“.

Das Kunstwerk

Fridolin Stier hatte das Treffen mit HAP Grieshaber, dem berühmten Holzschneider vermittelt. Am 9. Mai 1974 durfte der Verfasser dieses Beitrags in Begleitung von Professor F. Stier, der Theologin Eleonore Beck und des Verlegers Dr. Edmund Bercker dem Künstler auf der Achalm bei Reutlingen vortragen, wie er Heines Kevlaar-Gedicht bereits als Schüler einfach schön gefunden, es sich, vermeintlich guten Ratschlägen zum Trotz, im Gedächtnis bewahrte, wie es ihn durch eine böse Zeit begleitete und daß er, dankbar sich erinnernd, still versprach, einmal diesem Gedicht und seinem Verfasser, der es gar nicht ironisch oder spöttisch gemeint habe, von Kevelaer aus die verdiente Ehrung erweisen zu helfen. Diese Geschichte schien dem Meister zu gefallen, seine Augen funkelten und der Entschluß, Bilder zum Gedicht zu machen, schien ungesagt wohl schon in diesem Augenblick gefaßt. Die Kleinheit des Bildes von Kevelaer, in einer Wiedergabe des 18. Jahrhunderts vorgezeigt, bewegte den Künstler, besonders auch der Schrein mit dem Gnadenbild inmitten der vielen kostbaren Votivgaben. Der Meister erbat ein größeres Foto, wollte genauer sehen. Anfang Oktober 1974 kam ein Brief mit der Nachricht: „. . . aus der ‚Wallfahrt nach Kevlaar' ist eine wirkliche geworden." Das Werk war schon vollendet. Die Unbekümmertheit des Künstlers hatte es jedoch in einen überraschenden, unerwarteten, größeren Zusammenhang gebracht von kevelaer-geschichtlicher, ja sogar weltkirchlicher Bedeutung.

HAP GRIESHABER
741 Reutlingen-Achalm

Verlag Butzon & Bercker
KEVELAER

Sehr geehrter Herr Heckens,

aus der WALLFAHRT NACH KEVLAAR ist eine wirkliche geworden.
Sie ist z.Zt. bei Don Pasquale Macchi, dem Sekretär des Papstes.
Ende dieses Monats wird der Heilige Vater darüber befinden, ob die Originale vom Vatikan in die Sammlung aufgenommen werden.
Haben wir Seinen Segen, dann kann der Heine zum "Heiligen Jahr" erscheinen.
Ich stelle mir das Format für die Repros wie die beigelegte Maquette vor und hoffe auf eine hohe Auflage bei Ihnen. Jedenfalls werde ich dem Vatican und whom it may concern – falls sie einverstanden sind – sagen und vertraglich festlegen, daß das kleine Büchlein bei Ihnen herauskommt.

Bitten Sie auch beim Gnadenbild, daß alles so geht und seien Sie schönstens gegrüßt

Hap Grieshabers überraschende Mitteilungen vom 4. X. 1974

„Die Wallfahrt nach Kevlaar" im Vatikan

Papst Paul VI., der Freund und Förderer moderner Kunst, hatte die Herausgabe einer Sammlung mit Originalgraphiken aus Anlaß des Heiligen Jahres 1975 zum Thema „Versöhnung" angeregt. Sein Sekretär, Monsignore Don Pasquale Macchi, beauftragte Ende Mai 1974 den Londoner Galeristen Felix H. Man mit der Herausgabe. Zu den eingeladenen Künstlern gehörte HAP Grieshaber. Als Karl Schmidt-Rottluff, den Grieshaber hoch schätzte, ihn bat, seinen 1919 entstandenen Holzschnitt „Kristus unter den Frauen" erstmalig für die geplante vatikanische Sammlung zu drucken, entschloß wohl auch Grieshaber sich, Bilder zu Heines Kevlaar-Gedicht beizutragen. Dieser Farbholzschnitt-Zyklus ist im Werkverzeichnis seiner Druckgraphik, Band 2, wie folgt aufgeführt:

Die Wallfahrt nach Kevlaar. 5 Holzschnitte in Mappe Anno Santo, zum Heiligen Jahr 1975. I – X für den Vatikan. 1 – 90 und 1 – 9 h. c. numeriert und signiert. – Exemplar 1/90 im Besitz der Vatikanischen Museen. 74/23 Gnadenbild in Kevlaar. 74/24 Maria mit dem Rosenkranz. 74/25 Ave Maria. 74/26 Ave du Himmelskönigin. 74/27 Maria.[1] – Das Blatt 74/23 wurde 2-farbig (rot, gelb) gedruckt, die Blätter 74/24 bis 74/27 4-farbig (rot, gelb, blau, weiß mit Mischtönen, vor allem grün, durch kunstvollen Übereinanderdruck). Der Zusammenhang mit dem Gedicht von Heinrich Heine ist im Werkverzeichnis nur durch Hinweis auf die Kevelaerer Edition[4] erwähnt. Die Ausmaße der bedruckten Bildfläche sind beim Blatt 74/23 56 x 48 cm, bei den Blättern 74/24 bis 74/27 50 x 40 cm.

Grieshaber hatte die Holzschnitte mit dem in großen Lettern gesetzten Kevlaar-Gedicht in einer Klarsichtfolien-Mappe zusammengefaßt. Blatt 74/23 als Titelbild obenauf, die 4 Madonnen Heines Text gegenübergestellt. Das Werk muß im Vatikan einen starken Eindruck hervorgerufen haben. Grieshaber schrieb: „Man sei begeistert, höre ich." Es fand sogleich Aufnahme in die aus Anlaß der 3. Bischofs-Synode in Rom veranstaltete Ausstellung „Evangelizzazione e Arte" (Evangelisation und Kunst). Diese fand im Oktober – November 1974 im Atrium der Audienzhalle des Vatikans als erste Ausstellung solcher Art der Galerie moderner religiöser Kunst der Vatikanischen Museen statt. Papst Paul VI. eröffnete die Ausstellung und gab ein Geleitwort zum Katalog.[2] Dort finden wir unter Nr. 52: Heinrich Heine: Die Wallfahrt nach Kevlaar. Tafeln von HAP Grieshaber. s. n. t. – Auch Grieshabers Werk „Totentanz von Basel" und sein „Kreuzweg" mit den Meditationen des polnischen Kardinals Stefan Wyszynski waren unter den ausgestellten 74 Publikationen zu christlichen Themen, illustriert von zeitgenössischen Künstlern, Bernard Buffet, Marc Chagall, Salvador Dali, Ernst Fuchs, Oskar Kokoschka, Alfred Manessier, Max Pechstein, Georges Rouault, Emil Wachter und anderen. „Künstlerische Mitte der Ausstellung waren die illustrierten Publikationen – das christliche Buch als Gefäß der Bilder", schrieb Anton Henze im „Osservatore Romano".

In einer weiteren Abteilung der Ausstellung waren 86 Kunstwerke zum Thema „Das Antlitz Christi" zu sehen, u. a. von Max Beckmann, Aldo Carpi, Giorgio De Chirico, Emilio Greco, Ernst Günter Hansing, Giacomo Manzù, Karl Schmidt-Rottluff, Lelli Scorzelli, Graham Sutherland. Welch hohe Ehrung für den großen deutschen Meister der Holz-

Titelbild zur Kevelaerer Edition, Farbholzschnitt von HAP Grieshaber

schnittkunst von internationalem Rang in dieser Umgebung klangvoller Namen !

Und Heinrich Heine im Vatikan! Wer denkt da nicht an Heines Bemerkung in den „Geständnissen": „Von fanatischer Feindschaft gegen die römische Kirche kann bei mir nicht die Rede sein . . . Ich kenne zu gut meine geistige Taille, um nicht zu wissen, daß ich einem Kolosse, wie die Peterskirche ist, mit meinem wütendsten Anrennen wenig schaden dürfte . . ."[3]

Heines und Grieshabers „Wallfahrt nach Kevlaar" in Rom, aber immer noch nicht in Kevelaer!

Im Oktober 1974 zeigte Grieshaber den neuen Holzschnitt-Zyklus in einer Essener Galerie anläßlich der Ausstellung seiner Bilder. Die Lyrikerin Margarete Hannsmann las ergriffen das Gedicht Heines, während Grieshaber mit einem schelmischen Lachen jedes Blatt einzeln hoch erhoben den erstaunten Teilnehmern zeigte; sie mag sich bei der Lesung daran erinnert haben, wie Grieshaber trotz einer gesundheitlichen Schwächung die 18 Druckstöcke dieses Kunstwerkes mit Hingabe geschaffen hatte. Es ist wahrhaft ein Meisterwerk der Holzschnittkunst!

4 Farbholzschnitte von HAP Grieshaber zum Gedicht von Heinrich Heine „Die Wallfahrt nach Kevlaar“

Die Härte des Holzes ist aufgehoben durch die Poesie der Darstellung und Farben im höchst kunstvollen farbigen Zusammendruck. Dem Betrachter dieser Bilder kommt ein Wort in den Sinn, das der Künstler in seinen letzten Lebenstagen über sich selbst sagte: „Man wird sehen, daß er ein Maler war.“

Die Kevelaerer und Münchener Edition

Der Gerechtigkeitssinn des Meisters verhalf auch Kevelaer zu seinem Recht. Die aquarellierte Maquette einer kleinen Buch-Devotionalie, für sich liebenswert, fand allerdings nicht die erwartete Zustimmung. In Kevelaer sollte Heine zu Ehren eine repräsentative Ausgabe in großem Format erscheinen. Grieshaber sah es ein und schnitt als kostbare Beigabe zur Reproduktion der 5 Holzschnitte den Farbholzschnitt „Consolatrix nostra“ (Unsere Trösterin). Diesen Titel des Blattes schlug Eleonore Beck vor. Der Meister verwendete ein altes fränkisches Lebkuchenmodel. Das Blatt wurde in Kevelaer von den Holzstöcken gedruckt und der Edition als Original beigegeben. Deren Werdegang begleitete er mit sorgfältiger Aufmerksamkeit, gab genaue Anweisungen und schenkte nach der Fertigstellung im Oktober 1975 der druckerischen und verlegerischen Leistung sein hohes Lob. Die Edition erschien in 3 Ausgaben[4]; die handsignierte, numerierte Vorzugsausgabe war besonders begehrt und schon am Erscheinungstag vergriffen.

Der Farbholzschnitt „Consolatrix nostra“ ist im Werkverzeichnis der Druckgraphik, Band 2, als Nummer 75/2 aufgeführt.[5] Er wurde gedruckt in den Farben Spektralgrün, Gold, Violett und Silber.

Grieshaber hatte das Kunstwerk geschaffen, ohne vorher in Kevelaer gewesen zu sein. Am 1. Juli 1975 kam er zur Signierung nach Kevelaer und besuchte anschließend sehr ehrfürchtig das Marienbild in der Gnadenkapelle, dem er wie Heine sein Werk gewidmet hatte. Beim Betreten der Kapelle kniete er fromm nieder und war, als er vor dem Schrein stand und mitten darin das Bild erblickte, entzückt, „wie nah es

den Menschen ist". Der Bildermacher nahm den „Geist des Ortes" mit einem Augen-Blick wahr. Draußen schaute er noch einmal durch das geöffnete Fenster auf den alten Bildstock, verbeugte sich abschiednehmend und sagte im schwäbischen Dialekt: „Des war *mei* Wallfahrt nach Kevlaar!"

Margarete Hannsmann, die ihn begleitete, notierte in ihrem Tagebuch: „. . . der Weg nach Rostock führt über Flandern und Kevlaar, die Muttergottes dort muß geschwind einen Wallfahrtsgruß von Heinrich Heine kriegen."[6]

Das Titelbild des Kunstwerkes schmückt seit 1976 mit Erlaubnis Grieshabers den Umschlag des offiziellen Kevelaerer Pilgerbuches „Gebete und Gesänge zur Kevelaerwallfahrt".

Die Kevelaerer Edition erntete viel Lob. „Nicht nur die Sammler religiöser Graphik werden staunen." – „Eine Kostbarkeit für die Freunde religiöser Graphik und der Dichtung Heinrich Heines." – „Eine Huldigung an die Kevelaerer Madonna in leuchtenden Farben und in einer Gestaltung, die an die Nähe der Volkskunst rührt." – „‚Consolatrix nostra', eine zugleich kraftvolle und innige Komposition."

Im Herbst 1975 erschien in einer Münchener Galerie die schon erwähnte Graphiksammlung „Anno Santo 1975"[7] mit einem handgeschriebenen Geleitwort vom Papst Paul VI. Alle Blätter waren von den Künstlern handsigniert. Außer Grieshaber mit den 5 Bildern zu Heines Gedicht und 4 Blättern mit dem Text dieses Gedichtes waren mit je einem Blatt beteiligt: Eduard Bargheer, Ernst Fuchs, John Piper, Karl Schmidt-Rottluff, Lelli Scorzelli und Amerigo (Imre) Tot. Die anerkennenden Worte des Papstes gelten auch den Bildern Grieshabers: „. . . Wieder einmal mehr zeigt sich die schwierige Problematik, vor die sich der Künstler gestellt sieht, in vernehmbarer Rede Dinge auszusprechen, die das Wahrnehmbare übersteigen und die noch dazu aus Elementen geschöpft werden, die unserem gewohnten religiösen Alphabet fernstehen, so daß die Enthüllung der geheimnisvoll-mystischen Botschaft, die in ihnen enthalten ist, neu und großartig aufscheint wie ein unerwartetes Sichtbarwerden des Göttlichen . . ."[7]

Geleitwort Papst Pauls VI. zu Graphik-Kassette „Anno Santo 1975“, u. a. mit den 5 Farbholzschnitten „Die Wallfahrt nach Kevlaar“

Queste immagini sono state concepite e sono qui raccolte non tanto per fermare lo sguardo a ciò che esse rappresentano, ma per stimolare il pensiero verso ciò a cui esse si riferiscono.

Si riferiscono ai temi spirituali dell'Anno Santo. Esse vogliono iniziare una riflessione, avviare una più alta meditazione, che potrebbe sconfinare in un momento di contemplazione. Più che figure, esse sono una parola, un senso, un linguaggio. All'espressione artistica figurativa esse intendono aggiungere, infondere anzi, uno scopo, un valore concettuale; vogliono aiutare a capire.

Questa intenzione non è insolita in tante forme dell'arte contemporanea, la quale sembra spesso prescindere da esigenze puramente rappresentative ed estetiche, desiderosa qual è di definirsi come esperienza sensibile, sì, dell'artista, ma intesa a comunicare, a trasmettere, per via visiva e subito quindi cogitativa, un momento psichico dell'artista stesso.

Ma qui, nelle immagini che sono offerte allo sguardo, e più ancora all'animo dell'osservatore, l'artista sorpassa se stesso in cerca di quella parola, che gli ha ispirato l'opera sua, la parola dell'Anno Santo, e che egli vorrebbe in qualche modo strappare dalla sua ineffabilità, dal suo mistero, e rendere accessibile non tanto all'occhio, quanto allo spirito di chi cerca di leggerla nella figurazione rappresentata.

E' una lettura dunque che qui è richiesta; e chi sa leggere in questi quadri il significato da essi delineato intravede l'epopea interiore dell'Anno Santo: rinnovamento, riconciliazione.

Il valore rappresentativo di queste immagini diventa perciò religioso; e una volta di più il problema dell'artista si fa difficile, obbligandolo ad esprimere in un discorso sensibile cose soprasensibili, e per di più attinte da elementi di per sè remoti dal consueto alfabeto religioso, così che la scoperta della parola mistica, che in essi si trova, si fa nuova e meravigliosa, come una inattesa teofania.

Gli Artisti, che hanno raccolto l'invito a misurarsi con tale difficoltà, sono tali da vincerne la prova; e l'osservatore ne può essere testimonio, se il suo occhio è limpido e penetrante; e sarà gaudio comune il plauso spirituale che scaturirà così dall'offerta visione.

Paulus PP. VI

Nella festa di S. Luca, 18 ottobre 1975.

Consolatrix nostra
Farbholzschnitt von HA
Grieshaber für die Kevelaere
Editio

„Man glaubt mir alles, nur den Heine nicht . . . Aber ich weiß sehr wohl, was ich mit meinem Alter anfange", heißt es in einem Brief Grieshabers an den Verfasser dieser Würdigung. Waren die Kevlaar-Bilder ein Zufall in Grieshabers Gesamtschaffen? Bei einer Begegnung antwortete er mir auf die Frage, wie er die Zeit des Verbotes jeder künstlerischen Tätigkeit während des sog. Dritten Reiches habe ertragen können, sinngemäß: „Durch Erinnerung an die Kindheit in Rot, an die farbige Bildwelt im Kloster Rot, an den bilderreichen Kult, den ich dort erlebte" und fügte mit schwäbischem Dialekt unterstreichend hinzu: „Von waas denn sonscht?"

Hier liegt der Schlüssel, warum in Grieshabers Lebenswerk zwischen seinen naturverbundenen Bildern, Arbeiten mit politischen Aufrufen für Freiheit und Menschenrechte, sozialen Anklagen zugunsten Rechtloser und von Minderheiten und zeitkritischen Mahnungen immer wieder religiöse Motive aufscheinen: biblische Themen des Alten Testamentes (z. B. Josefslegende), des Neuen Testamentes (z. B. Kreuzwege), Madonnen, Engel, Hirten, Mönche.

Der Holzschneider

HAP (Helmut Andreas Paul) Grieshaber wurde am 15. Februar 1909 in Rot an der Rot in Oberschwaben geboren. Dort wurde im 12. Jahrhundert das älteste schwäbische Prämonstratenserkloster durch Norbert von Xanten gegründet. Die jetzige Kirche wurde 1783/84 vollendet und besitzt Fresken und reiches Chorgestühl. Die alten Klostergebäude blieben erhalten. Selbstbiographisch schrieb Grieshaber:

„Wenn es stimmt, daß die ersten Kindheitsjahre bestimmend sind, muß ich das Kloster Rot an der Rot als bestimmendes Lebensgefühl angeben. Anders als bei der Landschaft, wo ein Leben vielleicht nicht ausreicht, um über eine Wacholderalb zu kommen, bin ich davon von Anfang her geprägt. Ganz unmöglich ist es also nicht, meine Heimat Oberschwaben mit heutigen Augen wiederzusehen und zu deuten. Mehr als ein halbes Jahrhundert habe ich gebraucht, um mich dahin wieder zu begeben. Es war ein Osterritt über die Alb . . . Mein erster Gang führte mich in die Klosterkirche. Sie hatte ich am besten in Erinnerung. Die Mutter sagte oft: ich soll stets dort zu finden gewesen sein, nach Weihrauch gerochen und das Kreuz wie ein Alter geschlagen haben. Die Bauern von Rot müssen mich, als ich dort wieder auftauchte, für ganz besonders fromm gehalten haben, sahen sie mich doch versunken knien vor allen Altären. Obwohl der Grund einfach nur der war, alles in Augenhöhe eines 4-jährigen zu haben. Was vor der Nase des kleinen Jungen war, ist nicht die Institution der Kirche gewesen. Nicht mehr an christlichem Lebensgefühl als das, was das Kind sah . . . Hoch an der Kuppel der bunte Spätbarockhimmel mit einer davonschwebenden Maria in blau, weiß und rot. Und überall musizierende Engel. Ich erkannte sogar das Häschen wieder in der rechten Ecke eines Altarbildes. Sah wieder die vielen Tiere von Sankt Norbert . . ."[8]

Kurt Martin hat die religiöse Dimension in Grieshabers Werk beleuchtet: „Der Papst in seiner lichten Erscheinung – deutlich ist an Johannes XXIII. gedacht – wird im ‚Totentanz' nicht kreatürlichem Sterben preis-

Begegnung auf der Frankfurte Buchmesse 1975. Von recht HAP Grieshabe Verlagssekretärin Ing Eisenbach und der Verfasse dieses Beitrage

gegeben, sondern ist dankbar und demütig dem Jenseitigen zugewandt. Es bleibt nicht bei solchen noch von Menschen getragenen Inhalten; das Heilige selbst wird aufgenommen. Im ‚Kreuzweg' und anderen Blättern ist Christus nicht mehr personhaft gesehen, sondern ganz ins Gestalthafte, sogar ins Gestaltlose erhoben. Die Handlungen bleiben ohne alle Einzelheiten, sind nur noch Beispiel, gesammelt und behauptet in verdichteter Gebärde. In ihr sagt das Geschehen sich selbst aus, erhält das Unbegreifliche wahrnehmbare Existenz. Dieses Wahrnehmbare aber beherbergt sowohl die Wirkung des Unvergänglichen, als auch des Gegenwärtigen, ist Aussage zum Hier und Jetzt und steht zugleich in der Beharrung des Gültigen."[9]

Und Heinz Spielmann schreibt: „Trotz einer unverkennbaren Frömmigkeit sah sich Grieshaber kaum als ein kirchlich geprägter Christ, aber er fühlte sich mit den Kirchen durch Respekt, mit vielen Kirchenmännern durch persönliche Zuneigung verbunden. Nicht anders war aber auch sein Verhältnis zum jüdischen Glauben oder zum Islam. Ebenso, wie er Christen an ihre Verständigungspflicht erinnerte, bemühte er sich um Brücken zwischen Arabern und Juden. Die Aufforderung zum Verständnis füreinander galt ihm nicht als eine künstlerisch vorgestellte

Proklamation; er brauchte jeweils den konkreten, ihn betreffenden Anlaß, das ihm persönlich bekannte Gegenüber, also die konkrete Anforderung, um aus der Idee das Bild werden zu lassen."[10]

HAP Grieshaber nahm die „konkrete Anforderung" aus „Kevlaar" an und schuf ein beglückendes Kunstwerk, dessen Lobpreis durch Fridolin Stier wir uns wieder zu eigen machen wollen: „Ein Glanz wie noch nie fällt auf Heinrich Heines Gedicht von HAP Grieshabers herrlich leuchtenden Farbholzschnitten, die es Seite an Seite begleiten. Diese bedürfen, um als das zu erscheinen, was sie sind, des beschreibenden und deutenden Wortes nicht. Doch sei die Bemerkung verstattet, dieses Kunstwerk sei über sein Selbst hinaus, als das es geschaffen ist, gewertet und bewundert wird, eine huldigende Gabe des Meisters von der Achalm an die Madonna von Kevelaer, die ‚Trösterin der Betrübten'. In diesem Werk lebt eine so bezwingende Weise und Kraft des Ausdrucks, daß das Angeschaute zu Anschauendem wird, das tröstend in die Trübnis der Menschheit blickt."[11]

HAP Grieshaber, dessen Bildwerk weiterlebt und -wirkt, starb am 12. Mai 1981. Er ruht auf dem Friedhof zu Eningen nahe der Achalm.

Anmerkungen

Das Gedicht

[1] Heine, wem gehört er? Vortrag von G. Mann auf dem Internationalen Heine-Kongreß 1972 in Düsseldorf. In: Heine-Studien. Hrsg. v. M. Windfuhr. Referate und Diskussionen. Hamburg 1973, S. 22.
(Heine-Studien: weiter unten abgekürzt: HS)
[2] K.-J. Kuschel, Maria in der deutschen Literatur des 20. Jahrhunderts. In: Handbuch der Marienkunde. Hrsg. v. W. Beinert u. H. Petri. Regensburg 1984, S. 671 f.
[3] Zitiert nach: H. Heine, Lyrik und Prosa. Erster Band. Hrsg. v. M. Greiner. Frankfurt 1969, S. 141 ff.
[4] H. Heine, Werke. Zweiter Band. Hrsg. v. M. Greiner. Stuttgart 1962, – In: Geständnisse (1854). S. 860.
[5] Heines lyrische Anfänge. Vortrag v. P. Grappin auf dem Internationalen Heine-Kongreß 1972 in Düsseldorf. HS S. 63.
[6] Heinrich-Heine-Säkularausgabe, Berlin u. Paris 1970 ff (HSA) XX, 56.
[7] P. Grappin/W. Rose, a. a. O.[5], S. 70.
[8] a. a. O.[4], S. 858.
[9] a. a. O.[5], S. 53.
[10] Heinrich Heine, Historisch-kritische Gesamtausgabe der Werke. Hrsg. v. M. Windfuhr. Bd. I/1: Buch der Lieder. Text. Bearb. v. P. Grappin, Hamburg 1975, S. 494 ff.
[11] H. Heine, Il libro dei canti. Traduzione di Amalia Vago. Torino 1962, Einaudi Editore. S. 273 ff.
[12] The Complete Poems of Heinrich Heine. A Modern English Version by Hal Draper. Boston/Frankfurt 1982, Suhrkamp/Insel. S. 120 ff. © by Hal Draper.
[13] Handschrift im Robert-Schumann-Archiv des Heinrich-Heine-Instituts Düsseldorf.
[14] G. Metzner, Heine in der Musik. Bibliographie der Heine-Vertonungen. Band 4: Komponisten G-J. 1989. Verlag Hans Schneider.
[15] Die Drucke der genannten Vertonungen sind im Besitz des Heinrich-Heine-Instituts Düsseldorf.
[16] Heines Ballade „Die Wallfahrt nach Kevlaar" in der Vertonung von Engelbert Humperdinck. Geldrischer Heimat-Kalender 1983, S. 119 ff. . . . Vertonungen der Ballade von Heinrich Heine. Geldrischer Heimatkalender 1987, S. 144 ff. Verlag Historischer Verein f. Geldern u. Umgegend, 4170 Geldern.
[17] D. Sternberger, Heinrich Heine und die Abschaffung der Sünde. Düsseldorf 1972. Zitiert nach W. Gössmann, Die theologische Revision Heines in der Spätzeit. Vortrag auf dem Internationalen Heine-Kongreß 1972, HS S. 326.
[18] a. a. O.[4], M. Greiner, Nachwort, S. 973.
[19] a. a. O.[4], S. 468.
[20] a. a. O.[4], in „Geständnisse", S. 849.
[21] a. a. O.[3], S. 462.
[22] a. a. O.[4], S. 847.
[23] Zitiert nach L. Cuby, Die theologische Revision in Heines Spätzeit. Vortrag auf dem Internationalen Heine-Kongreß 1972, HS S. 337.
[24] C. Selden, Les derniers jours de Henri Heine, Paris 1884, S. 106.
[25] K.-J. Kuschel, Weil wir uns auf dieser Erde nicht ganz zu Hause fühlen. München 1985, S. 65.

[26] Edith Stein, Welt und Person. Bd. VI. Freiburg 1962, S. 105.
[27] Th. Buckstegen, Wir sind alle Pilger.

Quelle, in den Anmerkungen nicht genannt:
Heinrich Heine, Historisch-kritische Gesamtausgabe der Werke. Band I/2: Buch der Lieder. Apparat. Bearb. v. P. Grappin. Hamburg 1975.

Frau Inge Hermstrüwer im Heinrich-Heine-Institut, Düsseldorf, danke ich für Hinweise und freundliche Hilfe.

Das Kunstwerk

Für diesen Beitrag benutzte der Verfasser die persönlichen Notizen über seine elf Begegnungen mit HAP Grieshaber im Zusammenhang mit der Entstehung und Veröffentlichung des Kunstwerkes und das Archiv des Verlages Butzon & Bercker Kevelaer.

Frau Ricca Grieshaber, Reutlingen (Achalm) und Frau Margot Fürst, Stuttgart, danke ich für die Abdruckerlaubnis der 6 Farbholzschnitte von HAP Grieshaber.

[1] Margot Fürst, Grieshaber. Die Druckgraphik. Werkverzeichnis Band 2. 1966–1981. Einleitung Heinz Spielmann. Stuttgart 1984.
[2] Ausstellungskatalog „Evangelizzazione e Arte". Città del Vaticano 1974. Tipografia Poliglotta Vaticana.
[3] H. Heine, Werke. Zweiter Band. Hrsg. v. M. Greiner. Frankfurt 1969. S. 857.
[4] Heinrich Heine/HAP Grieshaber, Die Wallfahrt nach Kevlaar. Mit den Abbildern der fünf Farbholzschnitte im Besitz der Vatikanischen Museen. Der mehrfarbige Originalholzschnitt „Consolatrix nostra" ist beigegeben. Nachwort von Fridolin Stier über die Wallfahrt und das Gedicht. In Mappe. 34 x 44 cm. Text auf 7 Blättern. Bilder der Ausgaben A und B auf handgeschöpft Japanpapier. Ausgabe A: 500 Exemplare handsigniert, numeriert. Ausgabe B: 1000 Exemplare numeriert. Ausgabe C: Volksausgabe. Verlag Butzon & Bercker, 4178 Kevelaer, 1975.
[5] a. a. O.[1].
[6] Sancho Pansa, Chauffeur bei Don Quijote. Wie HAP Grieshaber in den Bauernkrieg zog. Düsseldorf 1977. S. 48.
[7] Anno Santo 1975. Graphik-Kassette. Originalgraphiken bekannter Künstler. Herausgegeben aus Anlaß des Heiligen Jahres 1975. Geleitwort von Papst Paul VI. vom 18. Oktober 1975. Herausgeber Felix H. Man. Verlag: Galerie Wolfgang Ketterer, München. Drucker: Schröder. 67 x 52 cm. 10 Exemplare numeriert I-X für den Vatikan, 9 Exemplare gekennzeichnet mit H. C. für die Mitarbeiter, 90 Exemplare numeriert 1–90.
Die Galerie Wolfgang Ketterer bestätigte dem Verfasser am 17. 9. 1990, daß der Kassette „Anno Santo 1975" die Originalholzschnitte Grieshabers zusammen mit dem Gedicht-Text Heines auf 4 Blättern beigelegt wurden. Die von Margarete Hannsmann in ihrem Buch "Pfauenschrei – Die Jahre mit HAP Grieshaber" (Hamburg 1986, S. 381) hierzu gemachten anderslautenden Ausführungen sind nicht zutreffend.
[8] a. a. O.[6]. S. 224 ff.
[9] Kurt Martin, Rede zur Übergabe des Dürer-Preises der Stadt Nürnberg an HAP Grieshaber am 14. Mai 1971. Festschrift. Stuttgart 1971, S. 62 f.
[10] a. a. O.[1], S. 18.
[11] a. a. O.[4].

Wilhelm Willms

wenn wir „die wallfahrt nach kevlaar“ von heinrich heine lesen

dann könnte man fragen
wie kommt dieser aufgeklärte
hochgebildete jude dazu
so etwas zu schreiben
und wie kann man uns
so etwas zumuten . . .
heute

jude war heinrich heine
als er so
und so etwas
dichtete
aber
er hat sich nicht lustig gemacht
wie es heutzutage
sogenannte intellektuelle
sich glauben erlauben
zu können

heinrich heine steht hier
auf der seite
des sogenannten volkes
mit seinem noch reichen fundus
an gemüt und volksweisheit

ihm - heine -
war das volkstümliche
näher als kalter
lebloser intellektualismus
und so schaute er dem volk
liebendgern
aufs maul
auch liebeskummer kannte heine
in vielerlei schattierungen
wie alle wahrhaft großen
die allzu oft
verrat und verlassensein
von sogenannten Freunden
erfahren

so gibt sich heine
ganz hinein
in die erlebniswelt
einer kölnischen mutter und
witwe
und ihres sohnes wilhelm
der an betrübnis leidet
her-rührend vom plötzlichen tod
seines geliebten gretchens
heute hieße das
er leidet an depressionen

wilhelm ist untröstlich
und verkriecht sich
am hell-lichten tag
in den schlaf
er will nicht mehr
auf-stehn

heine weiß
was er schreibt
und so nimmt er
die religiös-katholisch fromme
szene des gläubigen volkes
sehr ernst
sie ist ihm ernst
und er schildert
die prozession nach kevlaar
den volksbrauch mit dem
wachsherz
in dem das liebeskranke herz
des sohnes wilhelm
leibhaftig sichtbar wird
und spricht

das volk äußert
sein inneres
seinen kummer
nicht in einer welt
die unfähig ist zu trauern
und nicht mehr weinen kann

heine läßt
an einem konkreten fall
zu seiner zeit
die vergehende zeit

der romantik
auf-leben
er kennt auch
die realität
daß traum wirklichkeit wird
und ist
und wie menschen
im traum vorbereitet werden
auf ein kommendes
geschehen
und wir heutigen lernen
mit dem sterben und
mit dem tod umzugehen
und vertraut zu werden
als uns nichts-fremdes

DA LAG DAHINGESTRECKET
IHR SOHN
- UND DER WAR TOT -
ES SPIELT AUF SEINEN
WANGEN
DAS LICHTE MORGENROT

DIE MUTTER FALTET DIE
HÄNDE -
IHR WAR
SIE WUSSTE NICHT WIE -
ANDÄCHTIG SANG SIE LEISE
GELOBT SEIST DU MARIE -

die-hände-falten
sagt
ohnmächtig bin ich vor dem
was hier geschehen ist
hier ist alle aktivität
die sich dem
was hier uns sich zeigt
widersetzen will
am ende sinn-los
ein anderer nimmt das weitere
in die hand

das meint auch
der tief-religiöse
und an falscher aufklärung
leidende dichter
der aus unserer nähe kommt
aus der düsseldorfer altstadt
und sich bei uns
wegen seiner welt-offenheit
nicht halten konnte
da waren und sind
unsere bürger zu bürgerlich
als daß sie weitblicken könnten

er - heinrich heine -
ist auch seinem zeitgenossen
dem dichterfürsten goethe
überlegen

wilhelms leiden bei heine
ist nicht
werthers leiden bei Goethe
der seinem liebeskummer
eigenmächtig
ein ende macht -
und das machte damals schule

die mutter in heines ballade
nimmt das sterben
ihres sohnes
keineswegs
leicht
sie meint und sagt auch nicht
ich habe ver-standen
be-griffen
daß es so kommen mußte

GELOBT SEIST DU MARIE

dies ist auch ausdruck ihrer
gelassenheit
sie läßt ihn gehen
hält ihn nicht fest
läßt es geschehen
nicht im sinne von nihilistischem
schicksalsglauben
sondern
ihre haltung ist eingeübt
daß sterben heimgang
in die vollendung ist
nicht das letzte
dies ist für eine welt und zeit
wie der unseren
für die alles
begreif-bar sein muß
unbegreiflich

es ist aber ein zeichen
von bodenloser armut

und hilflosigkeit
wenn der mensch
nur das
für existent hält
was unser verstand ver-steht

dies aber ist einem dichter
heinrich heine
fremd
nicht nur ihm
sondern dem dichterischen . . .

insofern ist gott
der dichter schlechthin
DER POET
das heißt
der schöpfer
der aus einem großen-ganzen
schöpft
und immer noch
ist ER
UN-ERSCHÖPFLICH

Paul Reding

Brennende Mauern

Beton kann nicht brennen,
Mauern aus Stein auch nicht.
Aber die Wände rund um den
Kapellenplatz in Kevelaer
stehen in Flammen.
Da ist eine Flut,
eine Sturmflut von Lichtern,
feuerzungengleich,
die hineinbricht in den
verbrauchten Tag.
Alles Glaubenslichter,
Lebenslichter, keine Irrlichter.
Gerade entfacht, auflebend,
sich zuneigend, gemeinsam
hundertfach heller.
Dann niedergebrannt, ausgebrannt,
in eigenen Wachspfützen erstickt.
Ein dauerndes, wechselhaftes
Aufglühen und Verlöschen,
ein Werde, Sein, und Sterbe.
Brennende Mauern für die Stunde,
den Tag, für gestern, heute,
für ein neues Morgen.
Mit dem Licht das Warten auf
einen Hauch von Gnade,
von Barmherzigkeit.
Hoffen auf Nachsicht, Vergebung, Liebe.
Wunschlicht des Verlangens und Dankens.
Feuer entfacht in der Endlichkeit
für die Ewigkeit.
Lichtspur für den Weg nach innen.
Vor den Mauern aus Licht
gebrechliche Mütter,
murmelnde Alte,
fragende Junge,
zwischen den Mauern viele Gebete,
viele Lieder und Worte und Tränen.
Die Mauern in Kevelaer
brennen.

Martin Willing

Mit 40000 PS den Glauben erfahren

Die Wallfahrt der Motorradfahrer

Wir sind glücklich, daß Gaby und Micha
ihren Motorradunfall überlebt haben.

(anonymer Dankzettel, geschrieben beim Wortgottesdienst der Motorradfahrer-Wallfahrt '90)

„Geht das?", fragen zwei junge Frauen den Pfarrer. Und als der nickt, holen sie ihre beiden Männer herbei, nehmen die Ringe ab, legen sie in die offene Hand und lassen sie segnen. Das ist am Sonntagvormittag gewesen, kurz nach dem Wortgottesdienst auf der Wiese an der Schützenhalle, am dritten Wochenende im Juli, an dem – seit 1985 – die Motorradfahrer nach Kevelaer kommen.

Motorradfahrer-Wallfahrt, das sind 40000 PS, verteilt auf 700 Maschinen. Das sind tausend Menschen mit knallharten Schutzanzügen über weichen Herzen, die empfindlich sind gegenüber Verletzungen und empfindsam sind gegenüber kleinen Zeichen wie jenem, das im Bildstock der Gnadenkapelle bewahrt wird.

Die Leute sehen nur anders aus. Ihre Aufmachung wirkt trotz modischer Auflockerungsübungen martialisch wie weiland die blinkende Ritterrüstung; Helm mit Visier und Schutzpolster an Schulter, Ellenbogen und Knie untermauern den Vergleich. Trotzdem werden sie nicht „Ritter der Straße" genannt und obendrein oft als Krachtütenfahrer abgelehnt: Ihr Dampf unter der Nockenwelle ist so gewaltig, ihr Beschleunigungsvermögen so stürmisch, daß sie durch die Autofahrerbrille eher wie Drängler mit Herrschaftsanspruch wirken denn wie „Ritter der Straße". Dabei kann man gerade in diesem Fahrerlager erleben, daß es Ritterlichkeit gibt.

Was, um Himmelswillen, veranlaßt einen aufgeklärten Zeitgenossen, sich auf nur zwei statt vier Räder zu setzen, der Sturzgefahr ausgesetzt und bei Regen durchnäßt bis auf die Knochen? Die zwei Räder und die damit zwangsläufig verbundenen physikalischen Gesetze können's allein nicht sein, denn zunehmend rollen auch dreirädrige Motorräder über unsere Straßen – Gespanne also, deren Fahrer ein Stoßgebet zum Himmel schicken würden, käme jemand auf die Idee, sie aus dem Kreis der Motorradfahrer auszugrenzen. Nicht einmal die PS-starken Triebwerke, die mit dem relativ geringen Gewicht und der Reibung von nur zwei Rädern leichtes Spiel haben, stellen allein das „Geheimnis" des Reizes dar; wo blieben dann all die Motorradfahrer, die sich mit schnapsglasgroßen Hubräumen begnügen wollen oder müssen?

Motorradfahrer haben sich etwas erhalten, was im Auto kaum noch nachempfunden werden kann. Wenn sie zur Fahrt aufbrechen, müssen sie sich mit den natürlichen Gegebenheiten, mit Wetter und Umwelt, auseinandersetzen und sich entsprechend kleiden, um das „Abenteuer" durchzustehen – Gefühle, Einstellungen, Beziehungen, die von der vier-

Einfahrt der Motorradwallfahrer zum Kapellenplatz

rädrigen Massenmotorisierung hinweggefegt sind. Der „Bock" aber, heute die Maschine, in Pionierzeiten das Pferd, trägt einen „tapfer" bis zum Ziel und hat Streicheleinheiten verdient: Er wird geputzt, daß er nur so blinkt. Zwischen den beiden baut sich eine emotionale Beziehung auf, die so tief reichen kann, daß das Motorrad zum „Ein und Alles" für den Eigner wird. Dieses Gefühl kennen auch Segler, die in diesem Punkt mit Motorradfahrern auf der gleichen Welle gleiten, oder Segelflieger, die sich die empfundene Freiheit ebenfalls Meter um Meter „erkämpfen".

Das sind Menschen, die einen roten Abendhimmel nicht kitschig, sondern zum Träumen schön finden, und Menschen, die bei allem Spaß an

Technik so etwas wie Ehrfurcht vor dem Unbegreiflichen empfinden. Und die sich, wie wir an den beiden Wallfahrtstagen wieder gespürt haben, die Fähigkeit erhalten, von kleinen Zeichen ergriffen zu werden.

„Herr, wir danken Dir für das schöne Wetter und für die vielen Menschen an den Straßen, die uns als Motorradfahrer herzlich aufnehmen", steht in krakeliger Schrift auf einem der vielen Zettel, die Wallfahrer beim Wortgottesdienst geschrieben haben. „Ich danke Dir für meine Gesundheit und dafür, daß gerade jetzt die Familie zusammenhält." Und auch dieser Zettel findet sich: „Ich, 65 Jahre, danke Gott, daß mein Sohn mich hier jedes Jahr nach Kevelaer mitnimmt und mit mir zusammen seinen Urlaub verbringt."

Der Kapellenplatz ist, wenn die vielen hundert Maschinen endlich ihren Platz in der Enge gefunden haben und die Motoren ruhen, für einige Minuten in blauen Dunst gehüllt. Da stehen sie nun, die rund 40 000 PS, ein Kraftpaket neben dem anderen; aber wichtig wird auf einmal das, was in keinem Kraftfahrzeugbrief steht. Was mag jener Fahrer durchgemacht haben, der da seine glücklichste Erfahrung so beschreibt: „Daß Gott mir nach dem Unfall das Leben geschenkt hat! Daß mich meine Kollegen während dieser Zeit nicht vergessen haben!"

Da macht es nichts, daß auf dem Kapellenplatz bei den Fürbitten die Antworten der Gemeinde ein wenig dünn ausfallen und die Kevelaerer Zuschauer mit kräftiger Stimme aushelfen müssen! Viele sind jetzt hier, die keine große Übung besitzen und vielleicht seit Jahren schon keine Kirche mehr von innen gesehen haben; aber sie sind gekommen und beten in diesen Minuten auf ihre Weise und setzen sich, diesmal so viele wie noch nie, am nächsten Morgen auf die Wiese in die Nähe von Pfarrer Erich Fuchs, der hier seit der ersten Wallfahrt 1985 sonntags einen Wortgottesdienst hält.

Der nebensächliche Umstand, Motorradfahrer zu sein, wird zum wichtigen Hilfsmittel, eine Hürde zu überwinden. Und was in längst vergan-

Danke für 364 Tage Vorfreude und Hoffnung auf eine Wallfahrt in Gemeinsamkeit, Beisammensein und Nähe zu Gott.

Für uns war es ein tolles Erlebnis bei der Fahrt zum Kapellenplatz von den Bewohnern hier so freundlich aufgenommen zu werden.

Ich freue mich, daß meine Frau mich nach 18 Jahren trotz meiner vielen Fehler und Schwächen immer noch sooo liebt. Mit Sicherheit steht Gott dahinter

M.

Ich danke Gott für 250000 Unfallfreie Motorradkilometer

Versammelt um die Gnadenkapelle zum Schlußgebet der Motorradfahrer-Wallfahrt

genen Zeiten mehr zum Spaß mit dem putzigen Begriff „Maria-hilf-Motor" bezeichnet wurde, nämlich der magere Motor an einem Fahrrad, liegt auch hier vor: Ein nebensächlicher Gegenstand wird zum hilfsweisen Kanal, auf dem sich eine neue Verständigung zwischen Mensch und Gott anbahnen kann – wenn man so will: Der PS-strotzende Donnerbolzen wird zum Maria-hilf-Motor, und darüber sind die Piloten auch noch glücklich.

Die Motorradfahrer-Wallfahrt klingt aus. Pfarrer Erich Fuchs aus der Eifel bittet vor dem Schlußsegen jeden, der noch etwas sagen möchte, nach vorn zu kommen. Eine junge Frau geht ans Mikrofon und spricht eine Fürbitte für einen etwa 40 Jahre alten Motorradfahrer, der im vorigen Jahr an der gleichen Stelle für andere gesprochen und eingestanden hatte, daß er an AIDS erkrankt war. „Ich sehe ihn nicht unter uns", sagte die Frau und bat mit Tränen in den Augen, die Gemeinschaft möge an ihn denken.

Tausend Menschen fahren mittags auf ihren Maschinen in alle Richtungen davon; ihr Zuhause liegt irgendwo in Deutschland, in Holland, in Österreich. Ein paar müssen zurück bis Bulgarien. Unter jeder Lederjacke hängt diesmal ein kleines, schlichtes Holzkreuz mit einer Mariendarstellung, ein Geschenk der Wallfahrtsleitung, damit sie alle zur nächsten Motorradfahrer-Wallfahrt gesund wiederkommen.

impression
bei der wallfahrt
der motorradfahrer
in kevelaer

schwarzglänzend
ledern
die motorradfahrer
die sonst geächtet
wegen ihrer raserei

sie stehen da
am gnadenbild und
zünden kerzen an

entblößten hauptes
jugendfrisch und
blondgelockt

den helm andächtig
unterm rechten arm
die hände faltend

o gott
ist dies
dein charme
der neue…scheue
der sich in
deinen kirchen nicht
mehr finden läßt

wird dies
die zukunft sein
die du uns
hoffen läßt

wilhelm willms

Theodorus Gerardus Antonius Hendriksen

Kevelaer – Nederlandse bedevaartsplaats

Als ons in Noord Nederland gevraagd wordt of we een belangrijke nederlandse bedevaartsplaats hebben, dan zeg ik: „Ja! Kevelaer!" En dat niet zozeer omdat het onder het bisdom Roermond viel toen het bedevaartsoord werd, zodat in Venlo de kerkelijke processen er over plaats vonden, maar veeleer omdat het in ons onvrije noorden zoveel heeft betekend voor de „Hollandse zending". Voor de trouwgebleven gelovige katholieken, die thuis last konden krijgen wanneer ze openlijk een kruisteken dorsten te maken of doodstil in alle soberheid clandestien hun eucharistie vierden, was het wel een verademing als ze in Kevelaer op straat gewoonweg rooms konden zijn en in een echte kerk luisterrijke liturgie meemaakten. Lang voordat elders naast orgel andere instrumenten tijdens de liturgie toegestaan waren, mochten in Kevelaer de veelstemmige gezangen ook door strijkmuziek begeleid worden. `t Was er echt een roomse kerk-mis, kermis, met processies en al. `t Is te begrijpen dat de „drommen" pelgrims uit Noord-Nederland naar Kevelaer al een eeuw eerder begonnen te komen, dan die uit het Zuiden, waar dichter bij huis nog vrije bedevaartsoorden waren. De officële processie van Amsterdam hierheen is in 1690 al opgericht. Ondanks wisseling van grenzen bleef het onze bedevaartsplaats, al brachten wereldoorlogen daar tijdelijke terugloop in.

Eine niederländische Prozession mit reicher Ausstattung und großem Fahnenschmuck zieht majestätisch durch die Straßen des Wallfahrtsortes, um 1910

Wie rechtstreeks uit Lourdes komen kunnen de volgende dag gerust naar Kevelaer gaan, omdat ze er iets totaal anders ontmoeten. We voelen in Lourdes meer „pruisisch"-centrale leiding dan in het nederduitse Kevelaer waar een soort „franse" improvisatie kans krijgt; iedere groep

Besonders di niederländische Prozessionen halten gerne au dem Kapellenplatz de Sakramentsumzug, hier di Prozession von Utrech

kan er zich zelf zijn, zonder dat de centrale dienstverlening en leiding ontbreekt. Op de eerste zondag van september in 1979 stond ik in de vroege morgen te genieten op de Kapellenplatz en zag binnen een uur tien bedevaarten processiegewijs binnenkomen, ieder met eigen muziek en allure. Ze kwamen met wandelstok in of fiets aan de hand; velen hadden hun voertuigen aan de rand van het stadje achtergelaten. Voorheen kwamen er ook nog al per trein; het ligt aan de lijn Nijmegen-Keulen. Een eeuw geleden (1880) schreef H. A. Banning: „Toen ik het vorige jaar midden in de zomer van Keulen naar Goch stoomde en de locomotief bij een tussenstation stopte, hoorde ik een mijner medereizigers vragen: ‚Wat is hier te doen?‘ We stonden voor het station Kevelaer. Het perron was zwart van mensen van elke leeftijd en uit alle standen der maatschappij. Velen hadden een rozenkrans in de hand en ofschoon allen in weinige ogenblikken plaats moesten nemen, was er geen zweem van gewoel of luidruchtigheid . . . Ik zag ook nog hoe sommigen weemoedig het hoofd omdraaiden naar de plaats, die zij verlaten hadden, zoals een jongeling, die de wijde wereld ingaat, meermalen naar het ouderlijk huis omziet waar hij zijn hart achterlaat. ‚Wat is hier te doen?‘ De man, de deze vraag stelde, mocht wel een vreemdeling in Jerusalem genoemd worden; want in geheel Nederland, zowel als in Noordelijk Duitsland weet men van geslacht tot geslacht waar Kevelaer ligt, wat Kevelaer is . . . Gedurende de gehele zomer tot diep in de herfst stromen de katholieken uit alle oorden daarheen. Daar zijn dagen in het jaar dat zich meer dan 10 000, soms

Der Erzbischof von Utrecht, Adrianus Kardinal Simonis, als Pilger in Kevelaer

wel 20 000 pelgrims te Kevelaer bevinden; die stroom . . . neemt in weerwil van heersend ongeloof en de zucht naar zingenot in de laatste jaren nog meer en meer toe . . . Daarom zullen er wel haast geen katholieken in ons land te vinden zijn, die niet weten waar Kevelaer ligt en wat Kevelaer is; wellicht zijn er onder mijn lezers zelfs slechts enkelen die dat heiligdom nooit bezocht hebben . . ." Zo was dat een eeuw geleden.

Zelf heb ik in onze 20ste eeuw van jongsaf allerlei bedevaarten erheen mee mogen maken. Wat me bijzonder heugt is een bedevaart met een stadswijk waarvan men zei dat velen er tweemaal per jaar hun Pasen hielden, één keer in Kevelaer en één keer als de wijkzuster jarig was. Ik zie de enorme bloemenpracht nog voor me die ze hadden meegebracht en als waren het geweldige toortsen ronddroegen.

Ook bijzonder noemenswaard in Kevelaer is, dat de geestelijkheid er niet alleen geholpen wordt door broeders en zusters, maar ook door de bewoners, die onder meer al van ouds voor een machtig koor en orkest zorgen, die op zondagen en vaak ook door de week ('s avonds) de eucharistieviering tot een onvergetelijk feest maken. Een burgemeester die zelf koorlid is naast zovele anderen van zijn gemeentenaren.

Er zijn heel wat broederschappen van O. L. Vrouw van Kevelaer, wijd en zijd vertakt ter verspreiding van de devotie tot haar en de pelgrimage in de geest of in levende lijve naar dat genadeoord. Maar het aardige is dat in Kevelaer zelf vanuit de Middeleeuwen (vòòr 1642) nog een broederschap van St. Antonius Abt bestaat met als levende traditie een bezoek aan zijn kapelleke op zijn feestdag. Ergens staat hem de ondeugende opmerking in de mond gelegd: „Voordat O. L. Vrouw werd, was ik."

Aus: J. J. Antier, Th. G. A. Hendriksen:
De Pelgrimage weer ontdekt. Paris 1979,
Editions du Centurion, S. 405ff.

Die Fußprozession aus Eupen und Umgebung mit ihrem ehemaligen roten Begleitwagen

Viktor Gielen

Eupener Fußwallfahrt

Als Seelsorger habe ich der „religiösen Wanderung", d. h. der *Wallfahrt,* eine besondere Bedeutung beigemessen. Mag eine Wallfahrt mit Bahn, Bus, Schiff oder Flugzeug auch noch so schön sein, sie kommt an die *Fußwallfahrt* nicht heran. Damit soll keineswegs der Wert anderer Wallfahrten herabgemindert, sondern lediglich gesagt werden, daß die Fußwallfahrten die erlebnisreichsten sind. Sie verbinden mit der Natur, der Landschaft, der Heimat, den Menschen - auch anderer Nationen - und nicht zuletzt mit dem Schöpfer. Mit anderen Worten: Sie sind ein Ganzheitserlebnis, und gerade das ist sehr wichtig.

Gerne denke ich zurück an die sechstägige Fußwallfahrt des Eupener Landes nach Kevelaer, die ich oft begleiten durfte. Beeindruckend bei diesem Unterwegssein war das Erlebnis der Gemeinschaft, die über die Wallfahrt hinaus fortdauerte. Diese Fußwallfahrt nach Kevelaer ist eine grenzüberschreitende Wallfahrt. Sechs Tage waren wir unterwegs auf den Straßen des belgischen, des niederländischen und des deutschen

Grenzlandes. Dabei zeigte sich, daß eine solche Wallfahrt auch die Völker miteinander verbindet: Das Band einer Einheit wird sichtbar, die im Religiösen wurzelt. Das verstand auch der Zöllner am Grenzübergang Brüggen, wo wir 140 DM Wegegeld zu zahlen hatten für die beiden Lkw´s, die uns begleiteten. „Ach was", erklärte er, „die streichen wir. Sie brauchen nichts zu zahlen. Beten Sie stattdessen einen Rosenkranz für das Vereinte Europa!"

Diese Fußwallfahrt hat auch heute noch nichts von ihrer Anziehungskraft verloren. Im Gegenteil: Die Zahl der Wallfahrer nimmt zu, nicht zuletzt die der jugendlichen. Ich freue mich immer wieder, wenn sie des Weges ziehen und das Wallfahrtslied singen, das ich im Jahre 1955 verfaßte, worin es in der letzten Strophe heißt:

Segne, Mutter, Eupens Jugend,
daß sie sei voll Zucht und Tugend,
ähnlich werde deinem Sohn.
Segne Eupens Land und Leute,
die wir dir empfehlen heute.
Bitt für sie an Gottes Thron!

Aus: Erwin Gatz (Hg.), Erinnerungen rheinischer Seelsorger aus den Diözesen Aachen, Köln und Lüttich (1933-1986). Einhard-Verlag, Aachen 1988.

Wilhelm Gobbers

Jugendwallfahrt 1942

Erinnerungen eines Zeitzeugen

Für uns Krefelder gab es vor Jahrzehnten im Zusammenhang mit dem Wort Wallfahrt nur einen Wallfahrtsort: Kevelaer, den Marien-Wallfahrtsort am Niederrhein.

Der Bischof von Münster, Graf Galen, hatte im Juli/August 1941 seine berühmten Predigten gehalten in St. Lamberti zu Münster. Wir kannten ihren Inhalt: Er hatte gegen die Tötung von Menschen protestiert, die von den damaligen Machthabern als „lebensunwert" angesehen wurden.

Bei unserem früheren Religionslehrer Dr. Besouw trafen wir uns öfters zu abendlicher Runde in seiner Wohnung. Er hatte erfahren, daß Bischof Graf Galen am Sonntag, dem 7. Juni 1942, nach Kevelaer kommen würde. Durch ein Telefonat dort im Pfarramt vergewisserten wir uns: Ja, am Sonntag ist in Kevelaer ein Pontifikalamt. Das genügte uns. Wir wollten dabei sein. In aller Frühe ging es mit den Rädern los. Mit etwa 15 Jungen von St. Norbertus. In Abständen von etwa 10 Minuten fuhren jeweils 4 – 5 Jungen mit dem Fahrrad Richtung Kevelaer. In Kevelaer wollten wir den „Löwen von Münster" aus der Nähe erleben. Es war ein „niederrheinischer Frühsommertag", etwas Regen, etwas Wind, graue Wolken am Himmel. Etwa bis Aldekerk waren wir einsame Radfahrer. Lieder, Gebete, Gespräche, wir traten in die Pedale. Einer war zufällig auf Urlaub, Hans P. Er fuhr in Wehrmachtsuniform mit uns. Bald wurde es auf der Landstraße lebendiger. Viele Radfahrer waren wie wir unterwegs. Gleichgesinnte Wallfahrer. Nahe Geldern war es eine einzige Fahrradgruppe, die ein Ziel hatte: Kevelaer. Etwa 2 km vor Kevelaer kam uns ein HJ-Streifendienst entgegen. Von unserem Soldaten wollten sie die Personalpapiere sehen. Hans verweigerte es. Wir ließen uns nicht aufhalten, um rechtzeitig am Ziel zu sein.

Die Hauptstraße dort war schon voller Menschen. Wir hatten die Zeit richtig geschätzt, aber unterschätzt die große Zahl der Wallfahrer, so daß die Basilika schon um 9.30 Uhr überfüllt war. Nur mit Mühe fanden wir einen Platz. Vor dem Beginn des Gottesdienstes stimmten einzelne Gruppen immer wieder Bekenntnislieder an, und sofort fielen alle darin ein. Es war ein machtvoller Gesang, und auch die Vielen draußen, die keinen Platz mehr fanden, hörten durch die geöffneten Portale die Lieder und sangen mit. „Lobt froh den Herrn, ihr jugendlichen Chöre!" . . . „Nun Brüder sind wir frohgemut!" . . . Dann zog der Bischof mit einer großen Schar Priester und Meßdiener ein. Es war ein beeindruckender Gottesdienst. Der Bischof hielt eine kurze Predigt. Nach dem bischöflichen Segen und dem feierlichen Auszug strömten die Menschen, viele Tausend, auf den Platz zwischen Gnadenkapelle, Kerzenkapelle, Priesterhaus und Basilika.

Jeder versuchte eine Erhöhung zu erreichen, zuerst wurden vereinzelte Rufe laut, nach kurzer Zeit verstärkten sich die Rufe zu einem mächtigen: „Wir wollen unseren Bischof sehen". Unbeschreiblicher Jubel, als er dann im Priesterhaus am Fenster erschien, seine Hand zum Segen hob und kurz zu uns sprach. Niemand verließ den Platz, obwohl es inzwischen stärker regnete. „Es regnet nicht nur hier, sondern in ganz Deutschland ist der Himmel verhangen. Aber es wird auch wieder nicht nur über Kevelaer, sondern über ganz Deutschland die Sonne scheinen", so sprach er sinngemäß. Bei dieser Ansprache hörte ich einen Gedanken, den ich bis heute behalten habe: „Wir sind in diesem Augenblick nicht Hammer, sondern Amboß; auch er formt das Eisen. Der Amboß hält meistens länger als der Hammer. . ." Trotz des Regens war der Jubel groß. Der Bischof bemühte sich, alle zu beruhigen. Ihm ging es nicht um Ovationen und Jubelrufe, er sprach vielmehr von der Kraft des Gebetes und des Glaubens.

Danach stärkten wir uns durch die mitgebrachten Butterbrote, nahmen uns nur kurz Zeit, denn zum Dankgottesdienst am Nachmittag wollten wir rechtzeitig in der Kirche sein. Aber bereits um 14.00 Uhr war sie überfüllt, eine Stunde bevor die Dankandacht des Bischofs begann. Wieder fanden viele keinen Platz und standen vor den Türen. Auch diesmal dasselbe Bild wie vor dem Pontifikalamt. Bekenntnislieder wurden gesungen: „Lobe den Herrn, den mächtigen König der Ehren!", „Großer Gott wir loben dich", „Ein Haus voll Glorie schauet". Dann begann die Dankandacht. Wieder zog die große Gestalt des Bischofs feierlich mit vielen Priestern und Meßdienern ein. In seiner Predigt aus Anlaß des 300jährigen Jubiläums des Wallfahrtsortes Kevelaer sprach er zu uns über Maria, die Trösterin der Betrübten und über die Mutter Gottes als unsere Hoffnung. Er sprach vom Kampf um die Erhaltung des Glaubens und flehte um den Schutz Mariens für die Soldaten und alle, die den Gefahren des Krieges ausgesetzt waren. Kraftvoll sprach der Bischof aus seinem Glauben und über den Glauben. Ein Mann, der sich dem Zeitgeist widersetzte. Nach diesem uns prägenden Erlebnis fuhren wir nach Hause. Der Tag hatte jeden von uns geformt, er hatte unsere Gruppe gefestigt.

Noch einmal fuhren wir im gleichen Jahr nach Kevelaer. Aus Anlaß der 300-Jahrfeier der Wallfahrt fand am 6. September 1942 eine Wallfahrt der Diözese Aachen mit dem Apostolischen Administrator Weihbischof Dr. Sträter statt, der um 10.00 Uhr das feierliche Pontifikalamt in der Basilika hielt. Aus unserer Pfarre St. Norbertus fuhren über 40 Mädchen und Jungen mit den Rädern in der Frühe des Sonntags, aufgeteilt in mehreren Gruppen, dorthin. Es waren vor allem junge Menschen aus dem ganzen Bistum Aachen dort, die zum größten Teil mit den Fahrrädern angereist waren und hier ein Bekenntnis zur Kirche und zu ihrem Bischof ablegten. Am Nachmittag gingen wir den großen Kreuzweg, wo bei der 12. Station der Aachener Diözesan-Jugendseelsorger Euskirchen zum Abschluß der Wallfahrt zu uns sprach.

Wallfahrer waren wir gewesen, waren uns aber dessen bewußt, daß wir immer Wallfahrer sind.

Peter Martens

Sent Mechel op de Kerzekapell

Sent Mechel op den Torn,
hän hörd de Klöckskes klenge.
On mänge hondert Johr
van onder her dat Senge.

Dä Mechel in sinn Höcht
süht all di Schöppkes trecke.
Se trecke hemmelaan
met Bäje, Klank on Präke.

Et es as schinnt de Sonn
üt düsende Gesechter.
Wärn ömmer hoppt on glövvt
dreggt an sinn Päckske lechter.

Wörd bej Sent Mechel ok
de Sönder genne Fromme:
Enns sinn se allemol
toch werr nor Hüß gekomme.

De Klöckskes ömmer werr
de Lüj nor Moder brenge.
Dör all de Dage gett
dat Bäje on dat Senge.

erzenkapelle, Zeichnung von Richard Bellm

Heinz Aengenheyster

Auch Kevelaer pilgert nach Kevelaer

Wenn ich einem Fremden sage, daß auch eine Prozession von Kevelaer zur Gnadenkapelle zieht, schaut er mich erstaunt und ungläubig an. Oft höre ich dann: „Weit habt ihr es ja nicht!" Die Weite des Weges ist aber wohl nicht maßgeblich für eine Wallfahrt, sondern die innere Gesinnung. Die Kevelaerer Pfarren wallfahrten auch nach anderen Orten, so nach Luxemburg zum Muttergnadenbild Kevelaers (Buswallfahrt), Walbeck (St. Lucia), Boxmeer/Niederlande (Hl. Blut), Kranenburg (Hl. Kreuz) und Velden/Niederlande (St. Andreas), wobei der Weg zu Fuß oder mit dem Fahrrad gemacht wird.

Der Brauch, daß die Pfarre Kevelaer zum eigenen Gnadenbild wallt, ist alt. Die älteste Erwähnung in der Wallfahrts-Chronik stammt aus dem Jahre 1784, einer unruhigen Zeit, kurz vor der Französischen Revolution. Der Ort Kevelaer zählte damals etwa 1100 Einwohner. Pfarrer von Kevelaer war der Oratorianerpater Emmanuel Verkinderen. Nun zeugen aber einige Brudermeisterstäbe aus dem Jahre 1757 davon, daß schon früher von der Pfarre Prozessionen gehalten wurden. Aus diesem Grunde ist die Annahme berechtigt, daß die Wallfahrt von Kevelaer nach Kevelaer älter ist.

In den ersten Jahren zog man jeweils im September, später im Oktober am Rosenkranzsonntag. Bis zum Zweiten Weltkrieg, als die Brudermeister-Vereinigung die Kollekte am Rosenkranzfest für die Deckung der Prozessionskosten erhielt, bekamen die Meßdiener und Sängerknaben einen kleinen Honigkuchen geschenkt (Päperkuukssonndag). Die Wallfahrt begann mit einer hl. Messe in der St. Antonius-Pfarrkirche. Man zog nicht auf dem kurzen Weg zum Kapellenplatz, sondern wie noch vor einigen Jahren in einem weiten Bogen zur Gnadenkapelle. Vier Bräutchen trugen eine 30-pfündige Kerze, die in der Kerzenkapelle aufgestellt wurde. Danach begann dort ein Levitenamt. Nach Fertigstellung der Basilika 1864 war das Pilgeramt dort. Ob man wieder zur Pfarrkirche zurückzog, ist nicht bekannt. Einige Familien beteten an dem Tag den Kreuzweg oder besuchten am Nachmittag eine Andacht. Jetzt findet die jährliche Wallfahrt am ersten Samstag im Mai statt.

Ob ein Gelübde oder welch anderer Grund zu diesem Brauch des Bittgangs geführt hat, ist nicht überliefert. Es wird sich wohl um eine Dankwallfahrt handeln. Wieviel haben wir Kevelaerer der Trösterin zu verdanken!

Alte Silbertreibarbeiten mit den Patronen von Pfarrkirche und Wallfahrtsheiligtum: St. Antonius und die „Trösterin der Betrübten". Zeichnungen von Richard Bellm, 1976

Alfred Voss

„Mduduzeli wabalusizi" – „Du Trösterin der Betrübten"

Die Missionsstation Kevelaer in Südafrika

Der südafrikanische Wallfahrtsort, der nach Kevelaer benannt worden ist, liegt in Natal im Südosten des schwarzen Erdteils. Er wurde gegründet von dem Abt Franz Pfanner, der von 1880 bis 1909 in Südafrika eine segensreiche Missionstätigkeit entfaltete. Das Zentrum seiner Gründungen war Mariannhill, die heutige Diözese, zu der die Gnadenstätte Kevelaer gehört. Allen Missionsstationen in den Räumen Natal, Kap und Transvaal, die Abt Pfanner ins Leben rief, gab er die Namen der bedeutendsten Marienwallfahrtsorte Europas.

Auf einer der weiten und schwierigen Reisen, die der Abt mit einem von 18 Ochsen bespannten Wagen zurücklegte, faßte er 1888 den Entschluß zu einer Neugründung, die er in wenigen Monaten verwirklichte. In einem abseits gelegenen Gebiet erwarb er von Farmersleuten für rund 250 Pfund (5 000 Mark) das Gelände, auf dem er die neue Missionsstation erstehen ließ. Die finanzielle Grundlage dazu hatte kurz zuvor ein unbekannter Wohltäter aus Kevelaer gelegt, der dem Abt eine ansehnliche Spende hatte zukommen lassen. Diese Beziehung zum Wallfahrtsort in Deutschland veranlaßte den Abt, die Neugründung „Maria Kevelaer" zu nennen und der Trösterin der Betrübten zu weihen.

Die Armut im afrikanischen Kevelaer war anfangs sehr groß. Drei Jahrzehnte später aber war Kevelaer ein blühendes Missionszentrum, das in

Das südafrikanische Kevelaer, gebettet in die bewaldeten Hügel von Natal; Vorbereitung eines großen Wallfahrtstages

Das Gnadenbild des südafrikanischen Kevelaer wird bei der Lichterprozession von einheimischen Franziskanerbrüdern getragen

den umliegenden Reservaten zehn Filialen umfaßte und bereits mehrere tausend Katholiken zählte (heute 16 500 Katholiken). In 11 Schulen werden etwa 2 500 Kinder unterrichtet. Aus dieser rührigen Missionsgemeinde sind bisher drei einheimische Priester hervorgegangen.

Das südafrikanische Kevelaer ist nicht nur nach unserer Stadt benannt worden, sondern hat in seinem Heiligtum auch ein Doppel des Gnadenbildes der Trösterin der Betrübten. Dieses Bildchen war seit dem Dreißigjährigen Krieg Erbstück einer in der Nähe von Krefeld wohnenden Familie. Die Familienchronik berichtet, daß ein Soldat dieses Bild von einer Wallfahrt nach Luxemburg seinem Hauptmann als Andenken mitgebracht habe. Als Pater Vitalis Fux, Pastor des südafrikanischen Kevelaer, 1933 während seiner Exerzitien in Feldkirch davon hörte, suchte er diese Familie auf. Er erhielt das Bild als Geschenk von der alten Mutter. Eine Witwe aus Nürnberg entschloß sich, das Bildchen ebenso reich und kostbar in Gold, Silber und Edelsteine fassen zu lassen wie das Kevelaerer Gnadenbild. Eine Kevelaerer Goldschmiedewerkstätte erhielt den Auftrag für die Ausführung. Ein Wohltäter aus der Schweiz stiftete für den Schrein einen kostbaren Altar. Unter dem Altartisch steht lebensgroß die Schmerzhafte Mutter. Zwei Engel tragen ein Spruchband mit der Inschrift: „Mduduzeli wabalusizi" – „Du Trösterin der Betrübten". In der Mitte zwischen den Engeln ist in einem goldenen Strahlenkranz wie in einer Monstranz der Schrein mit dem Bild eingesetzt. Dem Hauptbau der Kirche wurde eine kleine Kapelle angegliedert, in welcher der Altar für das Bild Aufstellung fand. In der Altarnische wurde zunächst nur ein Farbdruck des Bildes angebracht. Das kostbare alte Bildchen selbst verblieb noch für Jahre im Mariannhiller Noviziatshaus in Brig, wo auch Pater Vitalis tätig war. Im Frühjahr 1947 trat er die Rückreise nach Afrika an. Große Schwierigkeiten und

Gefährdungen waren zu überwinden, bis es ihm gelang, das Bild mit dem Schrein an seinen Bestimmungsort zu bringen. Zum Empfang prangte die Missionsstation Kevelaer in festlichem Schmuck. In der Kapelle wurde das Bild der Gottesmutter in den schönen Monstranzaltar eingesetzt. In Gold und Silber trägt das Heiligtum die Widmung: „Sei gegrüßt, du gütige Mutter, Trösterin der Betrübten! Bitte für die Völker und Stämme Afrikas, damit auch an ihnen die Versöhnung und der Segen in Erfüllung gehe und sie sich freuen mögen als Kinder Gottes."

Die Kunde von der Ankunft des Bildes ging durch die ganze Diözese Mariannhill. Fromme Pilger fanden bald auch von anderen Missionsstationen her den Weg nach Kevelaer. Am Feste Mariä Himmelfahrt 1952 erklärte Bischof Dr. Streit diese Missionsstation zum Wallfahrtsort seiner Diözese. 8 000 Pilger kamen zum feierlichen Eröffnungsfest. Seither sieht das südafrikanische Kevelaer alljährlich viele Einzelpilger, Wallfahrtsgruppen und Prozessionen. Große Wallfahrtstage erleben bis zu 10 000 Pilger, so wie es im Jahre 1956 war, als unser Bischof Michael Keller von Münster dort am Fest Mariä Himmelfahrt eine Pontifikalmesse zelebrierte.

Und nun hat die Gnadenstätte am Niederrhein, die ihrer kleinen Schwester im äußersten Winkel des fernen schwarzen Erdteils ihren Namen geben durfte, die große Freude, die Patenschaft über sie zu übernehmen.

Nach Eintragungen in der Schulchronik der St. Hubertus-Schule Kevelaer, 6. 10. 1957

Patenschaft über das südafrikanische Kevelaer

Festsitzung des Rates der Stadt Kevelaer am Rosenkranzfest, Sonntag, den 6. 10. 1957, im festlich geschmückten Sitzungssaal des Rathauses. Anlaß dieser Festsitzung war die feierliche Übernahme der Patenschaft der Stadt Kevelaer am Niederrhein über das südafrikanische Kevelaer.

Der Rat faßte einmütig den folgenden Beschluß, der wörtlich in die Patenschaftsurkunde übernommen wurde:

„Wir, Bürgermeister, Rat und Verwaltung der Marienstadt Kevelaer am Niederrhein im Lande Nordrhein-Westfalen der Bundesrepublik Deutschland in der Gewißheit, dem aufrichtigen Wunsch der Bevölkerung zu entsprechen, mit deren unmittelbarer Interessenvertretung wir beauftragt sind, haben am Rosenkranzfest, dem 6. Oktober 1957, in einem Festakt im Sitzungssaal des Rathauses in Anwesenheit des Hochwürdigsten Herrn Bischofs Dr. Alphonsus Streit aus Mariannhill in Südafrika die Patenschaft über den südafrikanischen Marienwallfahrtsort *Kevelaer* übernommen und damit die feierliche Verpflichtung: Dauernde Bindungen zu unterhalten, zwecks Schaffung des lebhaften Gefühls großer Brüderlichkeit durch eine bessere gegenseitige Verständigung.

Dem Frieden und der Versöhnung der Völker sollen fortan die gemeinsamen Anstrengungen in steter Hilfsbereitschaft und Zusammenarbeit dienen.

Kevelaer, den 6. Oktober 1957

Der Bürgermeister:
gez.: Plümpe
Der Stadtdirektor:
gez.: Holtmann

Die Ratsherren:
Es folgen die Unterschriften der anwesenden Ratsmitglieder

Aus der Niederschrift über die Festsitzung des Rates der Stadt Kevelaer

Kevelaer in der Dritten Welt, eine blühende Missionsstation

Seit 1957 bestehen Kontakte zwischen unserem Kevelaer in Deutschland und der 1888 gegründeten Missionsstation Kevelaer in Südafrika.

Sie liegt etwa 250 km nordwestlich von Durban, und entsprechend den in Südafrika streng aufgeteilten Wohngebieten in schwarz, weiß, coloured und asiatischer Herkunft ist Kevelaer im schwarzen Gebiet gelegen.

Die Menschen dort sind Zulus. Nicht mehr als zehn Weiße leben auf der Missionsstation und in dem 3 km davon gelegenen kleinen Ort Donnybrook. Im Umkreis von 25 km gehören zur Großpfarre von Kevelaer in Südafrika ca. 20 000 Katholiken. Rund um diese Missionsstation wohnen Zulus. Sie leben von den kargen Erträgen der Berglandwirtschaft, denn Kevelaer liegt 1 800 m hoch und kennt daher die Hitze und Kälte Afrikas.

Mit den drei weißen Schwestern und der schwarzen Schwester Francis werden dort sieben Außenstationen mit festen kleinen Kirchbauten in Form einer besseren Lagerhalle betreut, und an weiteren sieben Stellen wird in Schulen regelmäßiger Gottesdienst gehalten.

Darüber hinaus gibt es aber noch ungefähr zehn Einzelstellen, an denen im Kral bei zwei bis drei Familien gelegentlich die heilige Messe gefeiert werden kann, weil ja noch nicht alle Täler ganz christlich sind, wenn auch der Eifer und das Interesse der Zulus beeindruckend ist.

Am beeindruckendsten aber für mich war, als in einer kleinen Feierstunde auf einer dieser Außenstationen im Anschluß an einen Gottesdienst zum Dreikönigstag eine der Anna-Frauen – bei uns würde das die Vorsitzende der Frauengemeinschaft sein – u. a. sagte: „It is incredible for us to know, that you like us in spite of that you are white and we are

Lichterprozession beim jährlichen großen Wallfahrtstag im August

Zulu-Schönheiten, die Wange mit dem Wallfahrtsabzeichen geschmückt, dessen Aufdruck lautet: „Yethi mame wase Kevelaer – Sei gegrüßt, du Mutter von Kevelaer.

black" – „Es ist unglaublich für uns, sich vorzustellen, daß ihr uns mögt, obwohl ihr weiß seid und wir schwarz sind!"

Hier hat sie wohl bewußt die ganze Bedeutung der Patenschaft mit der Dritten Welt zusammengefaßt. Man muß dies vor dem Hintergrund einer für uns nicht vorstellbaren Apartheid-Politik sehen. Unter den Auswirkungen dieser Politik müssen dort aber unsere Schwestern und Brüder als Katholiken leben und arbeiten.

Durch einen glücklichen Zufall – noch am Neujahrsmorgen wurde mir vor der Abreise ein Umschlag mit einer großen Spende überreicht – war es mir möglich, im Namen von Kevelaer in Deutschland 15 000 DM für den Aufbau einer weiteren notwendigen Kirche dem Pfarrgemeinderat dort zu übergeben. Eine besondere Überraschung war es, daß eine auswärtige Geberin einen Kelch zu Weihnachten schenkte für die Weltmission. Diesen Kelch konnte ich dann mit der Gravur ‚Kevelaer in Deutschland an Kevelaer in Südafrika in Erinnerung an 25 Jahre Patenschaft' überreichen.

Nach einem Bericht von Richard Schulte Staade, 1983.

Das „Gegrüßet seist du, Maria" in der Sprache der Zulus

Yethi Maria, ocwele igrazia, inkosi inawe, ubusisiwe wena ezifacaneni kubusisiwe nenzalo yesisu sako uJesu. Maria ocwebileyo, nina ka-Nkulonkulu, mausikulekele thina soni kaloku nangesikathi sokufa kwethu. Amen.

Quelle: 1957 – 1982 Kevelaer Niederrhein – Kevelaer Südafrika. 25 Jahre Patenschaft. Eine Dokumentation, herausgegeben vom Pfarrgemeinderat St. Marien Kevelaer, 1983.

Karl Dingermann

Kirchenmusik im Dienst der Liturgie

„Vivat Cäcilia!" Mit diesem Ruf begrüßen sich die Mitglieder des Musikvereins Kevelaer, wenn sie zum 22. November eines jeden Jahres das Cäcilien-Fest beginnen. Es geht auf die hl. Cäcilia als Namens- und Schutzpatronin der Kirchenmusik zurück. Der Name dieser Märtyrerin zum Ende des 2. Jahrhunderts n. Chr. lebt fort im Spiel der Orgel und im Gesang der Chöre, deren himmlische Patronin sie ist, weil ihre Legende anhebt mit dem Klang des Hochzeitsreigens. Wo immer auf dem weiten Erdkreis ein Priester an den Altar tritt und das heilige Opfer darbringt, spricht er zwischen Wandlung und „Vater unser" im ersten Hochgebet ihren Namen.

Sprechen wir von der Kirchenmusik, so nennen wir diese nur allzu gerne die „musica sacra", „heilige Musik". Durch dieses Beiwort „heilig" wird sie herausgehoben unter allen Arten der Musikschöpfung. Die Kirchenmusik ist ausgezeichnet unter allen übrigen künstlerischen Ausdrucksformen vor allem deshalb, weil sie als der mit dem Wort verbundene gottesdienstliche Gesang einen notwendigen und integrierenden Bestandteil der feierlichen Liturgie ausmacht (Artikel 112 der Konstitution über die heilige Liturgie). Dieses erste offizielle Dokument des II. Vatikanischen Konzils vom 4. Dezember 1963 ließ vor allem den Eingang der Volkssprachen beim Mitvollzug der Liturgie zu. Danach sind erlaubt alle Formen wahrer Kunst, welche die erforderlichen Eigenschaften besitzen. Unter ihnen kommt dem Cantus Gregorianus als dem der römischen Liturgie eigene Gesang traditionsgemäß die erste Stelle zu. Andere Arten der Kirchenmusik, besonders die Mehrstimmigkeit, werden für die Feier der Liturgie keineswegs ausgeschlossen, wenn sie dem Geist der Liturgie entsprechen.

Auch im deutschsprachigen Raum blieben diese Aussagen nicht unverhallt; ob sie immer die angemessene Interpretation erfuhren, mag dahingestellt bleiben. Es kam teilweise zu radikalen Umbrüchen, wie sie durch das Konzil keineswegs nur annähernd gewollt waren. Die Betonung der aktiven Teilnahme der Gemeinde am liturgischen Gesang und die Empfehlung einer eifrigen Pflege des religiösen Volksgesanges führten teilweise zu einer nicht beabsichtigten Überreaktion, die manchem Kirchenchor geschadet hat. Dank einem getreuen Verständnis dessen, was das II. Vatikanische Konzil wollte, ist ein solcher Einbruch an St. Marien in Kevelaer nicht erfolgt. Es sind auch hier Türen geöffnet worden, jedoch ohne bereits offene zu versperren.

Wenn es stimmt, daß derjenige, der singt, doppelt betet (bis orat, qui cantat), dann haben die Mitglieder des Musikvereins Kevelaer einen gewaltigen Vorsprung im Beten gegenüber den anderen. Kirchenmusik am Wallfahrtsort Kevelaer ist undenkbar ohne gleichzeitige Nennung des „Musikvereins Kevelaer". So nennen sie sich, die Mitglieder des gemischten Chores mit großer Jugendschola, die Mitglieder des Orchesters sowie die Mitglieder der angeschlossenen Blasmusik, letztere auch im weltlichen Bereich der Stadt nicht wegzudenken. Sie führen diesen Namen seit dem Jahre 1872, obwohl sie weit früher mit ihren Stimmen den Kirchenraum erfüllt haben. Hören wir einmal, was J. H. Krickelberg, Pfarrer zu Kevelaer von 1818 – 1863 anläßlich der 200-jährigen Jubelfeier im Jahre 1842 zu diesem Fest gesagt hat:

„Nach der Bekanntmachung der bischöflichen Verordnung des Bischofs von Münster Caspar Maximilian vom 5. April 1842 schritt die Vorbereitung rasch voran; Ehrenbögen wurden verfertigt und so eingerichtet, daß sie für die ganze Dauer der Jubelzeit stehen bleiben konnten, man zählte derer im ganzen elf; Häuser und Ehrenbögen wurden mit Inschriften und Danksprüchen verziert, Maien gepflanzt und Alles herbeigeschafft, was zur größeren Feier nur einigermaßen beitragen konnte.

Madonna inmitten des Orgelprospektes der großen Basilika-Orgel zu Kevelaer. Kirchenmusik am Wallfahrtsort als Gotteslob und zur Verehrung Mariens

Die Vorfeier begann am letzten Tag des Monats Mai, also am Vorabende des großen Festes, mit einer musikalischen Abendandacht und mit Anrufung des hl. Geistes; unter Aussetzung des Hochwürdigsten Gutes, dann folgte in allen Kirchen ein halbstündiges Feiergeläute. Am Abend versammelte sich das Musik- und Sänger-Chor beim Gnadenbilde vor der kleinen Kapelle, wo die drei eigens für die Jubelfeier bestimmten Lieder mit der Musik abwechselnd gesungen wurden. Am ersten Juni, also am ersten Tage des Jubiläums, wurde um 9 Uhr die Feier mit einer Predigt im Freien, vor der kleinen Kapelle, eröffnet, nach welcher in der großen Kapelle ein feierliches musikalisches Hochamt folgte."

Auszug aus der Prozessionsordnung: „Der beinahe 100 Pfund schweren Kerze . . . folgen das Sänger- und Musik-Chor mit einer Fahne und zwei Knaben, Jahresschriften tragend, an der Spitze."

Aus dieser Zeit können wir einem Totenzettel entnehmen, daß der „wohlachtbare Mitbürger Joh. Hermann Schellen, gestorben am Weihnachtsfeste 1870 im Alter von 85 Jahren und 2 Monaten, als siebenjähriger Knabe in den Gesangchor der Mutter-Gottes-Kapelle eingetreten ist und demselben seit 1807 volle 58 Jahre als Direktor mit ungeschwächter Kraft und Ausdauer gedient hat. Nachdem er 1865 in den wohlverdienten und erwünschten Ruhestand getreten, bewogen ihn Neigung und Talent mit seiner trefflich erhaltenen Stimme an den kirchlichen Feierlichkeiten bis nahe vor dem Tode sich zu beteiligen." Er war im übrigen der Begründer einer Blaskapelle, die ab dieser Zeit die Prozessionen abholte.

Vor dem Jubiläum verstorben, am 14. Februar 1828, war der „wohlachtbare Jüngling Johannes Henricus Selders als Mitglied des Musikanten- und Sänger-Chores zu Kevelaer. Der Verblichene war mit dem wohlthätigen Vermögen, hienieden die prachtvollen Werke Gottes schauen zu können, nicht begabt." Eine sicherlich interessante Umschreibung seines Blindseins. „Seine Lieblingssache war, beim Gottesdienst seine melodische Stimme durch Absingung der hl. Gesänge erschallen zu lassen. Seine Tugend läßt uns hoffen, daß er jetzt mit den Engelchören dem Heiligsten Gesange ewiger Liebe und des Dankes singe; doch weil er wegen noch nicht völlig abgebüßten menschlichen Schwächen vom himmlischen Jubelgesange vielleicht noch zurückgehalten werden könne, so lassen wir ihm durch Fürbitte zu Hülfe eilen, damit er desto eher in die Kirche der seligen Sänger möge aufgenommen werden."

Was sie zu damaliger Zeit gesungen haben oder haben singen lassen, wir wissen es nicht. Vielfach sind es auch Eigenkompositionen gewesen, zu denen sie mangels anderer Erscheinungen und deren Vervielfältigung fast gezwungen waren. Was es auch immer gewesen sein mag, sie haben den Grundstock gelegt und Pionierarbeit geleistet für eine Entwicklung, wie sie schon bald einsetzen sollte.

Es folgte die große Zeit der geistlichen Chordirektoren, die mit Stanislaus Aenstoots am 24. Mai 1871 ihren Anfang nahm und über Felix Achtermann, Lilie, Franz Schmäing, Konrad Thielen, Johannes Real und Heinrich Kempkes bis zu dessen Tod am 8. April 1955 fortgesetzt wurde, um anschließend mit Josef Lohmann in weltliche Hände gelegt zu werden. Aenstoots gründete im Jahre 1872 den Zusammenschluß aller musizierenden Gruppen unter dem Namen „Musikverein Kevelaer". Sie alle nannten und nennen sich „Chordirektor", und alle machten und machen diesem Titel Ehre. Es begann die Zeit der Orchestermessen, anfänglich sogar gegen die Grundsätze des Cäcilienvereins, dann aber vor allem durch das „Motu proprio" Pius X. vom Dezember 1903 sanktioniert, wo es heißt: „Auch die moderne Musik ist in den Kirchen zugelassen, indem auch sie Kompositionen von derartiger Schönheit, Ernst und Würde darbot, daß sie in keiner Weise der liturgischen Funktionen unwürdig sind."

Die Wallfahrts-Chronik berichtet uns folgendes Ereignis: Am 3. September 1932 besuchte der Apostolische Nuntius für Deutschland mit Sitz in Berlin, Erzbischof Dr. Cesare Orsenigo, unseren Wallfahrtsort. Pfarrer Wilhelm Holtmann geleitete ihn zu den Wallfahrtsstätten; in der Gnadenkapelle feierte der hohe Gast das hl. Meßopfer. Beim Besuch der St. Marien-Basilika ließ Organist Böse das große Orgelwerk erklingen

Vier ehemalige Direktoren des Basilika-Chors und -Orchesters (von links): Konrad Thielen, Wilhelm Lilie, Heinrich Kempkes, Franz Schmäing

durch den Vortrag mehrerer Orgelkompositionen. Der Nuntius lobte das meisterhafte Orgelspiel und überreichte dem Basilika-Organisten als Zeichen der Anerkennung die St. Petrus-Medaille. Beim Rundgang durch das Priesterhaus kam der Nuntius auch in den Musiksaal, wo die Sängerknaben gerade zur Probe unter Leitung von Chordirektor Konrad Thielen versammelt waren. Den hohen Besucher ehrten sie durch den Vortrag eines „Ave Maria" und erhielten zur Erinnerung Bildchen und Medaillen als Geschenk. Nuntius Dr. Orsenigo fand zum Abschied nochmals lobende Worte für das in Kevelaer Geschaute und Gehörte.

Nun möge ein Beobachter sprechen, der als „Rektor der Wallfahrt" in schwieriger Nachkriegszeit sich große Verdienste um den geistigen Wiederaufbau erworben hat: Fritz Dyckmans. In seinem Büchlein: „Kevelaer, das Marienheiligtum am Niederrhein" schreibt er mit Datum vom 10. Mai 1951 u. a.:

„Bei den vielen Gottesdiensten, die für die Wallfahrt gehalten werden müssen, verlangt die liturgische Feier und ihre musikalische Gestaltung besonders hingebende Sorge. Wenn man heute die reifen Darbietungen des Basilika-Chores und seines Orchesters hört, dann spürt man, wie gerade die Vokal- und Instrumentalmusik eine liebevolle Pflege genießt, welche auf eine bis in die Anfänge des vorigen Jahrhunderts zurückreichende Tradition zurückblickt. Das wirkte sich schon aus, als in der Mitte des 19. Jahrhunderts die Kirchenmusik überall neue Begeisterung weckte. Das Kostbarste am Kevelaerer Chor sind seine Sängerknaben, deren Können manchen Domchor in den Schatten stellt. Durch eine selten gute Beherrschung des Chorals lassen sie jedes Hochamt zu einem Erlebnis werden. Wie aber erst, wenn in den großen Orchester-Messen etwa von Beethoven oder Schubert ihre glockenklaren Stimmen durch den Raum jubeln als würdige Interpreten solcher Meisterwerke zur höheren Ehre Gottes. 90 Knaben, 45 Männer, 35 Streich- und 24 Blasinstrumente bedeuten doch einen respektablen Klangkörper, auf dessen Leistungen der Wallfahrtsort stolz sein kann und den zu hören jeden frommen Pilger begeistert. Die Beanspruchung des Chores ist außerordentlich. Es hat Tage gegeben, an denen sechs oder sogar acht Hochämter zu singen waren. So werden in bunter Abwechslung die großen Klassiker der Kirchenmusik zu Gehör gebracht, aber auch Werke moderner Meister: Palestrina, Gabrieli, Beethoven, Schubert, Bruckner, Nicolai, Rheinberger, Witt, Mitterer, Filke, Czajanek, Markus Koch, Weirich, Karl Pembaur, Kraft, Ravanello, Refice, Butz, Cuypers, Heydt, Lilie, Karl Koch, Kromolicki, Haas, Lang, Philipp, Schroeder. Das Orchester baut sich auf einer regelrechten Orchesterschule auf, in der der Nachwuchs herangezogen wird. Daß man bei solcher Durchbildung sich an ganz große Messen und Oratorien, wie Händels ‚Messias' und im außerkirchlichen Raum an Symphoniekonzerte heranwagen darf, ist erklärlich. Selten wird man eine Stadt von der Größe Kevelaers finden, die mit Dilettanten solche Leistungen hervorbringt."

Der Basilikachor (Bildausschnitt) unter der Leitung von Chordirektor H. Kempkes beim Gottesdienst während einer Rundfunk-Übertragung (1954)

Nach nahezu 35 Jahren ist das von Fritz Dyckmans gezeichnete Bild sicherlich anders geworden. Doch an den Grundfesten hat sich so gut wie nichts geändert. Etliche der aufgezählten Komponisten sind der Zeit zum Opfer gefallen, weil sie letztlich den gestiegenen Ansprüchen nicht mehr genügten, andere sind dafür an ihre Stelle getreten: Mozart, Haydn und Vivaldi, um nur einige zu nennen. Vor allem Mozart und Haydn haben im Repertoire förmlich einen Siegeszug angetreten, scheinen doch deren Schöpfungen ganz besonders der Musikgemeinschaft zu liegen und dem Geschehen am Altar gerecht zu werden. Das schon erwähnte II. Vatikanische Konzil hat zu keiner Zeit die Gefahr mit sich gebracht, die Tradition zu vernachlässigen. Man hat alles bisherige Gute belassen und ausgebaut und sich dem Neuen nicht verschlossen. Zum Glück hat die Vielzahl der Ämter an einem Tag ihr Ende gefunden. Davon profitiert die Qualität. Der gemischte Chor ist durch Frauenstimmen sinnvoll ergänzt worden und ohne diese kaum noch vorstellbar. Und es gibt sie gleichwohl noch, die Sängerknaben, wenngleich es schon von der Leitung her eines Einsatzes bedarf, der seinesgleichen suchen muß. Unter diese Knabenstimmen schleicht sich auch hin und wieder eine Mädchenstimme ein, so daß die Knabenschola durch die Hintertür zur Jugendschola wird, ohne den Charakter zu verändern. Mit Freude darf angemerkt werden, daß die hohe Kunst des Gregorianischen Chorals nach wie vor einen besonderen Rang einnimmt. Vor allem in den stillen Wintermonaten ist der schöne Choral an allen Sonntagen in einem Hauptgottesdienst, von einer eigenen Schola gesungen, zu hören. Und wie der Chor arbeiten Orchester und Blasmusik in regelmäßiger Probearbeit daran, ihr Können auf einem beachtlichen Niveau zu halten. Dank Funk und Fernsehen ist die Beachtung und Anerkennung um ein Vielfaches größer geworden. Die Verleihung der Palestrina-Medaille und der Zelter-Plakette im Jahre 1972 sind zusätzliche äußere Anerkennung. Über diese Arbeit hinaus hat sich der Chor zur Aufgabe gestellt, das Liedgut des „Gotteslob" an die Gemeinde zu vermitteln. Selbst Liedgut anderer Länder, vornehmlich der Niederlande und Luxemburg, wird, mit deutschen Texten versehen, gerne übernommen. Daneben bieten sich die herausragenden Zeiten des Kirchenjahres, die Advents-, Weihnachts- und Passionszeit an, deren Liturgien anzureichern oder in eigenen musikalischen Andachten auf die Zeit hinzuweisen.

Es sind um die 300 Personen aller Altersschichten, die dem Herrn ihr Lob verkünden in der Musik und die Gottesmutter preisen an einem Ort, den sie sich selbst erwählt hat. Wo gibt es dies im weiten Umfeld in solchem Maße und solcher Intensität? Dabei kann die Bedeutung über den kirchlichen Raum hinaus, insbesondere die der Blasmusik, nicht Gegenstand dieser Betrachtungen sein.

Das Musikleben an St. Marien weist zwei weitere Besonderheiten auf.

Da gibt es zum einen seit fast 15 Jahren den Theodosius Chor, der entstanden ist aus dem Kevelaerer Männer-Gesang-Verein 1896 e. V. Dieser Männergesangverein mit etwa 70 aktiven Sängern führt immer dann den Namen Theodosius-Chor, wenn er die Feier der Byzantinischen Liturgie mitgestaltet. Durch Mitglieder des Chores war man schon früher auf Gesänge und Chorwerke der ukrainischen orthodoxen Liturgie aufmerksam gemacht worden. Jährlicher Höhepunkt ist der Ostkirchentag mit

Schola, Chor und Blasorchester der Basilika unter der Leitung von Chordirektor Josef Lohmann begrüßen Johannes Paul II. bei seinem Besuch am 2. Mai 1987

einem feierlichen Gottesdienst in der Basilika gemäß der Liturgie des Johannes Chrysostomus. In mühevoller Arbeit kann heute der gesamte Gottesdienst durch Gesänge in ukrainischer Sprache (in Lautschrift) umrahmt werden. Der Chor hat von sich hören gemacht, so daß Auftritte bei Katholikentagen in Aachen und Düsseldorf und eine Einladung nach Berlin nicht ausgeblieben sind.

Schließlich gibt es noch den Kukuzel-Männer-Kammerchor, der es sich unter seiner bulgarisch-gebürtigen Dirigentin Stefka Michel zur Aufgabe gestellt hat, festliche Gesänge in Altbulgarisch, Russisch und Kirchenslawisch einzustudieren und vorzutragen. Diese musikalische Gruppe steht sozusagen noch am Anfang und hat gleichwohl bereits mehrere Einladungen (Düsseldorf, Wegberg, Belgien) zu verzeichnen gehabt. Anerkennung erfuhr die Chorgemeinschaft vor allem durch den bulgarischen Metropoliten Simeon, der für die Bulgarisch-Orthodoxen in Westeuropa zuständig ist und sich bei einem Besuch in Kevelaer bei Gesängen in der Beichtkapelle von den Leistungen überzeugen konnte.

Schließen möchte ich diesen Bericht, der letztlich nur die große Vielfalt herrlicher Kirchenmusik an St. Marien andeuten konnte, mit 2 Strophen eines Liedes aus dem „Gotteslob" (268), deren Text für alle Mitglieder einer kirchlichen Musikgemeinschaft Verbindlichkeit besitzt:

Singt dem Herrn ein neues Lied, niemand soll's euch wehren;
daß das Trauern ferne flieht, singet Gott zu Ehren.
Preist den Herrn, der niemals ruht, der auch heut noch Wunder tut,
seinen Ruhm zu mehren!

Darum laßt uns Lob und Preis vor sein Antlitz bringen
und auf seines Worts Geheiß neue Lieder singen.
Allsoweit die Sonne sieht, singt dem Herrn ein neues Lied,
laßt es hell erklingen!

Wolfgang Seifen

Die Orgeln rund um den Kapellenplatz und ihre Geschichte

Die Orgel in der Kerzenkapelle

Für den derzeitigen Besucher der Kirchen rund um den Kapellenplatz in Kevelaer entsteht bei interessierter Betrachtung ein eindrucksvolles Bild großartiger Orgelbaukunst der Vergangenheit (ab etwa 1840) und Gegenwart. Die ersten Belege dortiger Orgelbaukunst zeigen ein Orgelgehäuse in der Kerzenkapelle, der ersten Wallfahrtskirche am Kapellenplatz, welches wohl um 1800 entstanden und ein Orgelwerk beherbergte, dessen Erbauer bis heute unbekannt geblieben ist. Um 1840 aber schuf der Kevelaerer Orgelbaumeister Wilhelm Rütter unter Verwendung eben dieses alten Gehäuses und etlicher vorhandener Pfeifen ein neues Orgelwerk, welches wohl sicher als „Probestück" im Wettbewerb um die Vergabe des Orgelneubaues in der Marienbasilika gewertet werden muß. Dabei vergrößerte Rütter den Klangreichtum um ein eigenständiges Pedalwerk und gab der Orgel durch eine charakteristische Disposition (Registerauswahl) ein majestätisches Klanggewand, würdig genug, um die ankommenden und scheidenden Pilgergruppen des Marienheiligtums bei ihren Gesängen zu stützen und „die Herzen der Gläubigen mächtig zu Gott emporzuheben" (II. Vaticanum). Diese Orgel mit 28 klingenden Registern wurde auch von den damaligen Orgelfachleuten gelobt und gepriesen.

Pläne um 1845, die Orgel geringfügig zu verändern (Dispositionsänderungen und Bau einer Schwellvorrichtung für das Unterwerk), wurden leider nie in die Tat umgesetzt. Als Musterexemplar der Orgelbaukunst W. Rütters für viele nachfolgende Orgelbauten am Nieder- und Mittelrhein sowie in Holland begeisterte diese Orgel Interessenten aus nah und fern. Leider ist uns kein einziges Klangdokument erhalten geblieben, da 1962 unter der Leitung der damals Verantwortlichen sämtliches Pfeifenwerk und die gesamte technische Anlage der Mechanik (Spiel- und Registertraktur etc.) entfernt wurden.

Die Orgelbauwerkstätte Romanus Seifert, durch den Orgelbauauftrag einer großen Orgel für die Marienbasilika im Jahre 1906 nach Kevelaer übergesiedelt, erstellte nunmehr ein neues Werk hinsichtlich klanglicher Konzeption und technischem Aufbau. Lediglich der Grundsatz zum Wiederbau einer mechanisch traktierten Orgel und die Erhaltung der alten Prospektfront waren Maßgabe für den Neubau. Die vorangegangene Orgelbaubewegung trug ihren Teil dazu bei, daß die hohen künstlerischen Werte der alten Orgel nicht erkannt und sogar abgelehnt wurden. Romantisierende Grundprinzipien Rütterscher Klangvorstellungen wurden ebenso verworfen wie die Konzeption der Spiel- und Registertrakturführung des alten Vorbildes.

Aus dem stolzen und majestätischen Orgelwerk Rütters wurde ein „Kind der Orgelbewegung" mit seinen typischen Merkmalen der Übersättigung durch neobarocke Klangvorstellungen. Der Umbau des Unterwerks in ein klingendes Rückpositiv (damals stand in der Front lediglich ein „Scheinrückpositiv" mit „bemalten Holzknüppeln" als Pfeifenattrappen) sollte sich bald als ein klanglicher und konzeptioneller Irrtum herausstellen.

Die notwendig gewordenen Reinigungsmaßnahmen in und an der Kerzenkapelle 1986/87 ließen auch die Notwendigkeit zur Reinigung der Seifert-Orgel laut werden. Aus dieser Reinigungsaktion konnte der derzeitige Basilikaorganist und Custos der Orgeln am Kapellenplatz mittels eines einwandfreien Gesamtkonzeptes in Zusammenarbeit mit der

Die Orgel in der Kerzenkapelle

Orgelbauwerkstätte Romanus Seifert & Sohn die Pfarrgremien und Verantwortlichen von einer grundlegenden Umgestaltung im Rütterschen Sinne überzeugen. Der Plan einer Rekonstruktion der ehemaligen Rütterorgel wurde zur Arbeitsgrundlage gemacht. Klanglich, technisch und optisch sollten die Grundsätze Rütterscher Orgelbaucharakteristik wieder Wurzeln fassen, und so begann eine mühevolle Arbeit der „Spurensuche". Etliche niederrheinische und holländische Orgelwerke Rütters dienten als Arbeitsgrundlage für das neue Konzept. Der Verfasser sorgte für die klanglichen Fakten (Disposition und Mensuration) – Mitarbeiter der Orgelbauwerkstätte Seifert erstellten die Mechanik und die Rekonstruktion des alten Ober- und Unterwerkgehäuses. Das Rückpositiv wurde wieder zum Scheinpositiv, nun aber mit echten Zinnpfeifen versehen. Die Register (24 klingende Stimmen) wurden der Zuordnung gemäß in die Gehäuseabschnitte verteilt und das „ergänzte" Pedalwerk in einem eigenen neuen Gehäuse hinter alter Prospektfront auf ebener Erde plaziert. So konnte die Rüttersche Optik wieder zu ihrer Geltung kommen. Das Unterwerk wurde nach den Plänen Rütters mit einer „Schwellvorrichtung" versehen und somit als Echo- und Positivwerk einsetzbar. Das Oberwerk erhielt einige zusätzliche Register gemäß der alten Rütterschen Vorlage vergleichbarer Orgelwerke. Die Orgel ist (wie bei Rütter!) wieder „seitenspielbar", und so konnte das Hauptgehäuse weiter zur Brüstung hin postiert werden. Alle Zungenstimmen sind in Baß- und Diskantlage geteilt, und selbstverständlich fehlt auch die Baß- und Diskantkoppelanlage Rütterscher Prägung nicht. Die Disposition lehnt sich in allen Belangen an die noch existierenden Vorbilder an und weist einen leicht romantisierenden Charakter auf. In Abweichung von der Rütterschen Vorlage wurden Manual- und Pedalumfang mit Rücksicht auf die zu bewältigende Literatur (ausgehend von der Barockzeit) erweitert (Manualumfang C-g''', Pedalumfang C-f'). Die klanglichen Ergänzungen ergeben sich aus der Rütterschen Anlehnung an den französischen Orgelbau des 19. Jahrhunderts und stellen eine Bereicherung des Gesamtkonzepts dar. Der „Cornet" wurde auf die Fünfchörigkeit erweitert, der Zungenchor um ein „Clairon" ergänzt. Im Unterwerk fand das Register „Larigot 1 1/3'" Platz, um eine ausgeglichene Relation zur Klangkrone des Oberwerks erreichen zu können. Aus Kostengründen mußten einige Register der Seifert-Orgel von 1962 Verwendung finden, jedoch konnten die Pfeifen durch „Aufrücken" oder sonstige Bearbeitungen an die neue Substanz angeglichen werden. So soll die abschließend aufgelistete Disposition der neuen Seifert-Orgel als Rekonstruktion des Rütterwerkes von 1843 den Bericht über das erste Pfeifenwerk am Kapellenplatz abrunden.

Disposition der Seifert-Orgel in der Kerzenkapelle zu Kevelaer
Rekonstruktion der Rütter-Orgel aus dem Jahre 1843

Oberwerk (II. Manual) C-g'''

Prestant		8'
Bourdon		16'
Viola di Gamba		8'
Cornett 5f.	ab c'	8'
Flûte harmonique		8'

Registeranordnung analog zur Anordnung der Züge am Spielschrank.

Spielhilfen: Manualkoppel I an II
Pedalkoppel II an P

Principal		4′
Rohrflöte		4′
Octave		2′
Mixtur	4f.	2′
Trompete	Baß	8′
Trompete	Diskant	8′
Clairon	Baß	4′
Clairon	Diskant	4′
Tremulant		

Unterwerk (I.Manual) C-g‴

Das Unterwerk ist schwellbar und kann daher auch als Echowerk dienen.

Salicional		8′	
Bourdon		8′	C-H gemeinsam mit Bourdon
Flauto traverso		4′	
Quinte		2 2/3′	
Flauto		2′	
Terz		1 3/5′	
Larigot		1 1/3′	
Cromhorne	Baß	8′	
Cromhorne	Diskant	8′	
Tremulant			

Pedalwerk C-f‘

Subbaß	16′
Violoncello	8′
Bourdon	8′
Octave	4′
Posaune	16′

Disposition: Wolfgang Seifen, Kevelaer
Mensuren: Wolfgang Seifen, Kevelaer in Zusammenarbeit mit Orgelbau Seifert
Intonation: Klaus Cuylen, Orgelbau Seifert in Zusammenarbeit mit Wolfgang Seifen
Konstruktionstechnik: Karl Renard und Norbert Luyven

Die Orgelwerke der Marienbasilika

Schon 1878, vierzehn Jahre nach Fertigstellung der großen Marienkirche, wurde die erste große Orgel mit 35 klingenden Registern, erbaut von Wilhelm Rütter (1812–1887) aus Kevelaer, eingeweiht. Das umfangreiche Oeuvre der Rütterschen Werkstatt ist über ein Gebiet von Essen im Osten bis Zierikzee (Nl. Provinz Zeeland) im Westen und von Krefeld im Süden bis in den Raum Nijmegen-Arnheim im Norden verteilt. Um so mehr verwundert der geringe Bekanntheitsgrad dessen, der es geschaffen hat. Viele seiner Neubauten wurden durch Unverständnis, Modernisierungssucht oder Kriegseinwirkung vernichtet. Rütters prächtigste und größte Orgel mit drei Manualen und Pedal baute er für die Wallfahrtskirche St. Marien, die heutige Marienbasilika zu Kevelaer. Das Gehäuse wurde von einheimischen Handwerkern nach der Zeichnung von Hilger Hertel (1831–1890) erstellt, der zunächst in Köln, bis 1857 als freier Architekt in Kevelaer und schließlich als Diözesan-Baumeister in Münster tätig war und zahlreiche kirchliche Bau- und Kunstwerke schuf, u. a. den Turm der Basilika. Bei dem Bau der Orgel wirkten u. a. drei der Söhne Rütters mit. Eine Orgelpfeife in Till kennzeichnet der Sohn Carl Rütter mit „Facteur d'Orgue" – etwas ungewöhnlich, eine französische Inschrift am Niederrhein in der Glanzzeit von „Preußens Gloria"! Sollte er zeitweise in Paris, womöglich bei dem berühmten Orgelbauer Aristide Cavaillé-Coll (1811–1899) gewesen sein?

Es gehört zur Tragik der zweiten Rütter-Generation, daß sie den damaligen vermeintlichen Fortschritt auf dem Gebiet des Orgelbaus, die Entwicklung des pneumatischen Systems, nicht mitmachte, den tradierten Grundsätzen mechanischer Konstruktion treu blieb, darum im Zeitalter der aufkommenden „Fabrikorgel" als hoffnungslos veraltet gelten mußte und keine Neubauaufträge mehr bekam. So ging die Firma Anfang unseres Jahrhunderts ein.

Disposition der Rütter-Orgel von 1878

Hauptwerk – 1.Manual

Principal		8′
Principal		16′
Bordun		16′
Gambe		8′
Hohlflöte		8′
Flaut major		8′
Octav		4′
Flûte harmonique		4′
Quinte		2 2/3′
Cornet	3f.	2 2/3′
Octav		2′
Mixtur	4f.	
Trompete		16′
Trompete		8′

Positiv – 2. Manual

Geigenprincipal	8′
Salicional	8′
Bordun	8′
Flauto dolce	4′
Traversflöte	4′
Quintflöte	2 2/3′
Piccolo	2′
Clarinette	8′

Schwellwerk – 3. Manual

Lieblich Gedackt	8′
Harmonika	8′
Gemshorn	4′
Oboe	8′
Tremulant	

Pedalwerk

Contrabaß	16′
Subbaß	16′
Violonbaß	16′
Oktavbaß	8′
Violoncello	8′
Octave	4′
Posaune	16′
Trompete	8′
Clarine	4′

Die Orgel hatte rein mechanische Spiel- und Registertraktur. Noch bevor man sich Gedanken machte, ein neues Orgelwerk für die Wallfahrtskirche St. Marien anzuschaffen, entwarf der damalige Organist Gerhard Korthaus eine Disposition zur Erweiterung der Rütter-Orgel. Daraus ergab sich folgendes:

Hauptwerk

+ Fugara 8′
+ Harmonika 8′
+ Erweiterung des Cornetregisters um einen Chor, also 4-fach.
+ Erweiterung der Mixtur um einen Chor, also 5-fach.

Positiv (schwellbar geplant!)

+ Gedackt		16′	
+ Rohrflöte		8′	
+ Gambe		8′	(statt Salicional 8′)
+ Quintaton		8′	
+ Viola		4′	
+ Mixtur	4f.		

Schwellwerk

+ Principal	8′	
+ Bordun	8′	
+ Salicional	8′	(aus Positiv)
+ Flöte	8′	
+ Aeoline	8′	
+ Vox coelestis	8′	
+ Traversflöte	4′	

Ob es zu einer Durchführung des Umbauplanes von G. Korthaus kam oder nicht, ist von keiner Seite her belegbar. Da diese Rütter-Orgel nach Meinung des Organisten G. Korthaus und des Chordirektors Felix Achtermann „nicht mehr den Anforderungen entsprach und dem Stand der Orgelbautechnik in keiner Weise mehr genügte", empfahlen diese beiden Kirchenmusiker von St. Marien den Neubau einer großen Orgel für die Wallfahrtskirche in Kevelaer.

Die große Seifert-Orgel der Marienkirche zu Kevelaer aus dem Jahre 1907

Nach eingehender Prüfung des Vorschlages zum Neubau einer großen Orgel für die Wallfahrtskirche erteilte der Rektor der Wallfahrt, Prälat Brockes, im Jahre 1905 der Firma Ernst Seifert (Köln-Mannsfeld) den Auftrag zum Bau der neuen Orgel, welche 1907 fertiggestellt wurde. Dieses Instrument mit seinen riesigen Ausmaßen (113 klingende Register, verteilt auf drei Manuale und Pedal) löste die erste Orgel der 1864 konsekrierten Marienkirche, erbaut von W. Rütter ab. Als Auflage für die Vergabe des Neubaues bestand Prälat Brockes auf der Eröffnung eines Filialbetriebes der Kölner Orgelbaufirma. Romanus Seifert, ein Sohn des Orgelbaumeisters Ernst Seifert, wurde mit der Leitung dieses Filialbetriebes in Kevelaer beauftragt, der in der Folgezeit zu hoher Blüte geführt wurde. Bereits 1926 wurde die „neue" Seifert-Orgel der Marienkirche, welche pneumatische Membranladen besaß, elektrifiziert und um ein 18-registriges Fernwerk, auf der Nordempore der Kirche plaziert, erweitert und vereinigte nunmehr 131 klingende Register auf vier Manualen und Pedal (bei dieser Gelegenheit erhielt die Orgel auch einen neuen viermanualigen Spieltisch!). Diese Orgel zählte zu den größten Orgelwerken Europas und wurde schon bei der Einweihung aufgrund ihres hervorragenden Klanges und der präzisen Technik hoch gelobt und gefeiert. Wie viele Kunst- und Bauwerke hat jedoch auch die große Seifert-Orgel der Marienbasilika die Wirren des Zweiten Weltkrieges nicht unbeschadet überstanden. In den letzten Kriegstagen wurde das Fernwerk durch eine Bombe völlig zerstört. Die Hauptorgel blieb zwar verschont, wurde aber in der nachfolgenden Zeit an Prospekt und Technik stark beschädigt und demontiert, da die Kirche vorübergehend als Durchgangslager diente und die Schutzsuchenden ihre „Wohnung im Innern der Orgel einrichteten", da diese in eine Turmkammer hineingebaut wurde.

So wurden z. B. die heute wieder sichtbaren wertvollen Prospektfiguren gerade noch vor der Säge gerettet. Nach Kriegsende durchgeführte Reparaturarbeiten konnten nur von provisorischer Art sein, da es an geeignetem Material fehlte. Die Orgel wurde mit etwa 110 Registern not-

Die große Basilika-Orgel

dürftig wiederhergestellt und funktionierte „nach Wetterlage". Eine baldige gründliche Restauration blieb aus finanziellen Gründen aus. Ständig durch das schadhafte Dach eindringende Feuchtigkeit und schließlich der heiße, trockene Sommer des Jahres 1976 beeinträchtigten die Funktion der Orgel mehr und mehr, so daß am Ende dieses Jahres die einst so gelobte Riesenorgel als unspielbarer Torso trostlos stumm blieb. 1977 endlich erhielt die Orgelbauwerkstätte Romanus Seifert & Sohn aus Kevelaer vom jetzigen Pfarrer und Rektor der Wallfahrt, Domkapitular Richard Schulte Staade, den Auftrag zu einer umfassenden Renovierung und Restaurierung, welche aber wegen der Wallfahrt nur in den Wintermonaten durchgeführt werden konnte. Trotz der insgesamt gelungenen Restaurationsmaßnahmen soll nicht verschwiegen werden, daß dabei Änderungen vorgenommen wurden, die bei kritischer Betrachtungsweise bemängelt werden müssen. Anstelle der vielen 16+8-füßigen Streichregister wurden hohe und grelle Mixturen konzipiert, die, wenn sie zum übrigen Registerfundus hinzugezogen werden, den vollen, dunklen und grundtönigen Gesamtklang der Orgel stören. Weiterhin ist die Wegnahme der voll ausgebauten Koppelanlage (Sub- und Superoktavkoppeln waren in jedem Manual und Pedal vorhanden!) zu bedauern. So mußte ein „Ersatz" für diesen „Klangschwund" gefunden werden. Anläßlich des Papstbesuchs im Jahre 1987 konnten drei im Orgelwerk befindliche „Chamade-Trompeten" (in horizontaler Bauweise ausgeführt!) hinzugefügt werden. Diese Trompeten („Tuba magna 16'", „Tuba mirabilis 8'" und „Cor harmonique 4'") stellen eine Kopie der Chamadetrompeten der Cavaillé-Coll-Orgel in der Basilika Sacre Coeur in Paris dar und ordnen sich prächtig in das gewaltige Klanggewand dieses „symphonischen Orgelgiganten" ein. Sie sind zugleich ein „grundtöniger Ersatz" für die entfernten Grundstimmen und die stilvolle Koppelanlage.

Heute besitzt die große Seifert-Orgel der Marienbasilika zu Kevelaer 128 klingende Register auf vier Manualen und Pedal. Über 10 000 Pfeifen lassen den weiten und hohen neogotischen Kirchenraum „in Schwingung versetzen" und faszinieren immer wieder zahllose Zuhörer im Pianissimobereich wie auch im gewaltigen Fortissimo. Das Prospektgehäuse hat eine Höhe von 14 Metern, eine Breite von 9 Metern und eine Tiefe von 10 (!) Metern. Das wertvolle Orgelgehäuse, ein Entwurf des Kunstmalers Friedrich Stummel aus Kevelaer, wurde von den Kevelaerer Bildhauern Holtmann und van Bremen errichtet. Die Restauration dieses Orgelteils besorgte die Kevelaerer Kunstschreinerwerkstätte Karl Neuy.

Die zerstörten Teile wurden nach einem aus dem Jahre 1909 stammenden Foto rekonstruiert und bilden damit den sichtbaren Abschluß einer umfangreichen Restauration, in deren Zuge auch wieder hochprozentige Zinnpfeifen in den Prospekt gestellt werden konnten, nachdem man die ursprünglichen Pfeifen im Ersten Weltkrieg durch billige und minderwertige Zinkpfeifen „ersetzt" hatte. So präsentiert sich die große Seifert-Orgel der Marienbasilika zu Kevelaer heute trotz ihrer wechselvollen Geschichte als würdige Vertreterin der Orgelbaukunst der Jahrhundertwende.

Neben den feierlichen Liturgien der Marienwallfahrt und des Pfarrgemeindelebens führt der 1983 vom derzeitigen Basilikaorganisten ins Leben gerufene Freundes- und Förderkreis der Basilikakonzerte unter seiner künstlerischen Leitung regelmäßig Konzerte durch, angefangen von den jährlich im März stattfindenden Internationalen Orgeltagen bis hin zu vierzehn, über das ganze Jahr verteilten Orgelkonzerten mit namhaften Organistenpersönlichkeiten aus der ganzen Welt. Seit 1989 findet in regelmäßiger Abfolge einmal jährlich ein Symphonisches Konzert für Orgel und großes Symphonieorchester statt. Steht der liturgische Dienst an erster Stelle und im Vordergrund, so werden die Verantwortlichen auch der Intention nach konzertanten Veranstaltungen gerecht.

Disposition der großen Seifert-Orgel (Stand: 1991)

I. Manual (Echo) C-c''''

Pommer	16'	Octävlein	2'
Principal	8'	Querpfeife	2'
Grobgedackt	8'	Spitzquinte	1 1/3'
Octave	4'	Sesquialter	2fach
Koppelflöte	4'	Scharff	4fach

Cymbel	3fach
Cor anglais	16′
Hautbois	8′
Tremulant	

Jeux des Chamades

Tuba magna	16′
Tuba mirabilis	8′
Cor harmonique	4′

II. Manual (Grand Orgue) C-c′′′′

Principal	16′
Bordun	16′
Principal major	8′
Principal	8′
Flaut major	8′
Doppelflöte	8′
Gemshorn	8′
Gedeckt	8′
Quintviole	8′
Fugara	8′
Gambe	8′
Quinte	5 1/3′
Seraphon-Octave	4′
Octave	4′
Hohlflöte	4′
Flauto	4′
Fugara	4′
Terz ab g°	3 1/5′
Quinte	2 2/3′
Octave	2′
Flöte	2′
Octavin	1′
Rauschquinte	2fach
Cornett ab c°	4fach
Mixtur	5fach
Cymbale	4fach
Tuba	16′
Trompete	8′
Feldtrompete	4′

III. Manual (Positif) C-c′′′′

Gedackt	16′
Principal	8′
Doppelgedackt	8′
Rohrflöte	8′
Flûte harmonique	8′
Quintaton	8′
Seraphon-Gambe	8′
Cello	8′
Dolce	8′
Vox angelica ab c°	8′
Octave	4′
Rohrflöte	4′
Violine	4′
Flauto dolce	4′
Nasard	2 2/3′
Octave	2′
Piccolo	2′
Terz	1 3/5′
Septime	1 1/7
Progressio	1–3fach
Mixtur	4fach
Scharff	5fach
Octavcymbel	3fach
Fagott (durchschlagend)	16′
Trompete	8′
Clarinette (durchschlagend)	8′
Schalmei	4′

IV. Manual (Récit expressif) C-c′′′′

Liebl. Gedackt	16′
Principal	8′
Geigenprincipal	8′
Konzertflöte	8′
Gedackt	8′
Aeoline	8′
Vox coelestis ab c°	8′
Octave	4′
Nachthorn	4′
Gemshorn	4′
Traversflöte	4′
Flûte célèste	4′
Quintflöte	2 2/3′
Septième	2 2/7′
Flautino	2′
Terzflöte	1 3/5′
Quinte	1 1/3′
Sifflöte	1′
Cornet	4fach
Mixtur	5fach
Carillon ab c°	3fach
Terzcymbel	3fach
Tuba	16′
Trompete	8′
Oboe	8′
Krummhorn	8′
Vox humana	8′
Clairon	4′
Celesta	4′
Cymbelstern	
Vogelstimme	
Tremulant	

Pedal C-f′

Contrabaß (volle Länge)	32′
Untersatz	32′
Principalbaß	16′
Octavbaß	16′
Subbaß	16′
Violon	16′
Salicetbaß	16′
Terzbaß	12 4/5′
Quintbaß	10 2/3′
Principal	8′

Baßflöte	8′
Dulciana	8′
Quinte	5 1/3′
Octave	4′
Flöte	4′
Fugara	4′
Clarine (labial)	2′
Hintersatz	5fach
Mixtur	6fach
Bombarde (volle Länge)	32′
Posaune	16′
Quint-Trompete	10 2/3′
Trompete	8′
Fagott (durchschlagend)	8′
Clairon	4′

Normalkoppeln: IV an II, IV an I, IV an III, III an II, I an II , IV an P, III an P, II an P, I an P; Quintkoppel I Pedal; Quintkoppel II Pedal

Zwei freie Kombinationen; eine zusätzliche Pedalkombination; Zungenabsteller, Walze, Dämpfer für die Celesta 4′ sowie vier Festeinstellungen.

Die Chororgel im Josefschor der Basilika

Im Jahre 1980 wurde als Chororgel für die Marienbasilika ein zweimanualiges Werk erstellt, dessen Obergehäuse aus einem neogotischen Altaraufbau besteht und bei zehn klingenden Registern auf zwei Klaviere und Pedal mittels Schleiflade rein mechanisch traktiert wird. Diese Chororgel ist unabhängig von der restaurierten Hauptorgel und dient in erster Linie den Gastorganisten der vielen Pilgergruppen, die in den Sommermonaten die Pilgergottesdienste mitgestalten, als liturgisches Begleitinstrument. Es bieten sich aber auch andere Verwendungsmöglichkeiten, etwa als Orgelpositiv oder als Soloinstrument und Duettpartner im Zusammenspiel mit der großen Orgel.

Disposition der Chororgel der Marienbasilika (Seifert & Sohn)

1. Manual C-f‴		
Rohrflöte		8′
Principal		4′
Flauto		4′
Mixtur	2–3f.	1 1/3′
2.Manual C-f‴		
Liebl. Gedackt		8′
Blockflöte		4′
Principal		2′
Sesquialter	1–2f.	
Pedal		C-d′
Untersatz		16′
Pommer		8′
Manualkoppel		II an I
Pedalkoppeln		II an P
		I an P

Obgleich dieses Werk sehr edel intoniert ist und im großen halligen Raum der Basilika eine aparte und erstaunlich große Klangfülle aufweist, muß jedoch auch auf die dispositionellen und bautechnischen Fehler (Manualumfang nur bis f‴, Pedalumfang gar nur bis d′) hingewiesen werden. Eine adäquate Lösung wäre ein 8-Fuß-Instrument mit geschlossenem Principalchor bis hin zur Mixtur, sowie einer vollbechrigen Zunge im 1. Klavier. Der Verfasser dieses Aufsatzes erlaubt sich, dies als einen Wunsch mit in diese Zeilen hineinfließen zu lassen.

Die Orgel der Beichtkapelle neben der Basilika

Die wachsende Zahl der Beichtenden ließ vor mehr als hundert Jahren den Plan zum Bau einer eigenen Beichtkapelle reifen. Nach den Vorschlägen des Kölner Dombaumeisters Ignatz Statz kam 1857/58 eine doppelschiffige Kapelle von 42 m Länge und 10 m Breite zur Ausführung.

Josefs-Orgel (Chororgel) in der Marien-Basilika

Später mußten drei Joche dieser Kapelle der neuen Sakristei der Basilika geopfert werden. Nach einem Plan von Münzenberger fügte man die dreischiffige neue Beichtkapelle nach Norden hin an, 27 m lang, 18 m breit und 12 m hoch. Bis zum Jahre 1984 konnten nur Orgelnotlösungen getroffen werden, da die finanziellen Mittel zur Restauration der Basilika sowie der anderen Kapellen und des Priesterhauses nötig waren. Die regelmäßig stattfindenden Gottesdienste der Pfarrgemeinde St. Marien an den Wochentagen (drei Gottesdienste mit Orgel täglich!) machten den Plan für eine Orgel unumgänglich. Die Orgelbauwerkstätte Seifert & Sohn lieferte 1984 nun auch hier ein zweimanualiges, rein mechanisches Werk mit zehn klingenden Registern auf Schleifladen stehend. Diese Orgel wurde im ersten Joch des linken Seitenschiffes, seitlich des Zelebrationsaltars aufgestellt. Auch hier besticht die erstaunlich raumfüllende Intonation dieser Orgel, es bleibt jedoch auch hier der Mangel an weitsichtiger technischer Funktion bezüglich des Tastenumfanges und der Auswahl der Register (Disposition!).

Michaels-Orgel in der Beichtkapelle

Disposition der Orgel von 1984 in der Beichtkapelle

1. Manual	*C-c''' (!)*		
Gedackt		8'	
Principal		4'	
Octave		2'	(als Vorabzug aus Mixtur)
Mixtur	2–3f.	2'	
Krummhorn		8'	(Stiftung der Firma Seifert & Sohn!)

2. Manual	*C-c'''(!)*	
Gemshorn		8'
Rohrflöte		4'
Quinte		2 2/3'
Terz		1 3/5'

Pedal	C-d' (!)
Subbaß	16'
Manualkoppel	II an I
Pedalkoppeln	II an P
	I an P

Das als Übergangslösung dienende Positiv (Seifert & Sohn) mit drei Registern auf einem Klavier ohne Pedal (Gedackt 8', Rohrflöte 4' Principal 2') steht heute in der Hauskapelle des Priesterhauses und wird während vieler Exerzitien das ganze Jahr über bespielt. Der Raum verfügt über eine hervorragende Akustik, so daß sich dieses kleine Instrument klanglich herrlich entfalten kann.

Wolfgang Seifen, Basilikaorganist und Custos der Orgeln am Kapellenplatz, am Spieltisch der Basilikaorgel

Es ist selbstverständlich, daß aufgrund dieser vielen Instrumente das Musizieren im Gottesdienst und auch außerhalb einen wesentlichen und wichtigen Platz einnimmt, gemäß der Konzilsbeschlüsse des II. Vaticanum. Immer mehr Gläubige, Orgelliebhaber und Touristen lernen die hervorragenden Möglichkeiten niveauvoller Orgelmusik in der Liturgie und im Konzert kennen, und so wächst das Interesse daran kontinuierlich. Für mich als den Custos der Orgeln am Kapellenplatz ist es jedesmal ein erhabenes und ergreifendes Erlebnis, diese Instrumente spielen zu können und die grandiosen Klänge der Instrumente den vielen tausend Besuchern der Kirchen vorzuführen. Viele Orgelvorführungen finden im Lauf eines Jahres statt, und die Interessenten gehen sehr oft mit strahlenden Gesichtern und innerer Ergriffenheit in ihren Alltag zurück.

Mögen die Orgeln am Kapellenplatz noch recht lange Grund zur Freude und Erbauung vieler Menschen sein und ihre Wertschätzung Jahrhunderte überdauern – zum Lobe Gottes und der Jungfrau Maria, der Trösterin aller Betrübten.

Martin Pauli

Dienste für das leibliche Wohl der Gäste Kevelaer-Wallfahrt früher und heute

Im Jahre 1947 erhielten meine Eltern eine Einladung zur „Wirteversammlung", auf der eine erste Vorbesprechung zur Durchführung des Pax-Christi-Kongresses 1948 stattfinden sollte. Ich nahm für meine Eltern an dieser Versammlung teil. Hauptthema der Besprechung war aber nicht die Organisation dieser ersten Nachkriegs-Großveranstaltung, sondern die Frage, ob das „Kaffeewasser" in der kommenden Wallfahrtszeit 30 oder 35 Pfennige kosten sollte. „Kaffeewasser" zu reichen war in Kevelaer eine alte Tradition und fehlte auf keiner Preistafel für Pilger. Diese brachten ihr Kaffeemehl von zu Hause mit. In allen Gasthöfen gab es heißes Wasser mit oder ohne Milch, mit oder ohne Zucker. Erst ab 1954 wurden immer mehr Portionen Kaffee bestellt, und das „Kaffeewasser" gehörte nach und nach der Vergangenheit an.

Früher war das freilich anders. 1649 zählte das kleine Dorf Kevelaer 100–150 Einwohner. Der einzige Wirt hieß Geurt Rheyners. Die Pilger versorgten sich selbst durch mitgebrachte Speisen, lagerten in der Heide oder schliefen unter dem Verdeck ihrer Reisekarren. Die Bewohner Kevelaers erkannten aber bald, daß die Sorge für die Unterbringung der Fremden, besonders der wallfahrenden Kranken, nicht nur notwendig, sondern auch gewinnbringend sei. Deshalb siedelten sie sich in der Nähe der Gnadenkapelle und des Oratorianerklosters an und richteten ihre Häuser zu Herbergen für die Pilger ein.[1] Kevelaer gestaltete sich zu einem Ortskern mit mehr als 150 Häusern und zählte bald zu den besten und größten Dörfern der Umgebung.

Jedoch gelang es nicht, die Frage der Unterbringung der Wallfahrer optimal zu lösen. Die geistlichen Behörden mußten mehrmals ordnend einschreiten, so z. B. der Bischof von Roermond, Reginaldus Cools, mit einer Verfügung vom 8. April 1700.[2] Es strömten schon in frühester Zeit an einzelnen Tagen tausende Wallfahrer nach Kevelaer. Eine im Jahre 1667 gedruckte Historie berichtet, daß vornehmlich an den Marienfesten (Maria Heimsuchung, Maria Himmelfahrt und Maria Geburt) mehr als 20 000 Personen in Kevelaer anwesend waren. Die Oratorianer legten neben der Seelsorge und Betreuung der Pilger besonderen Wert auf die Ordnung des Fremdenverkehrs. Wenn auch ab 1742 nach dem Jubiläumsjahr ein wirtschaftlicher Aufschwung erfolgte, so war Kevelaer in der Fremdenversorgung doch nicht vorgerückt, denn ein Erlaß des Bischofs von Roermond, Johannes Antonius Robiano, vom 18. Mai 1751 besagte u. a.: „Als wir neulich in Kevelaer waren, da erblickten wir manche Mißbräuche, die sich bei dem großen Zusammenströmen der Pilger dort eingeschlichen haben."[3]

Aber die ersten bekannten Zahlen über die Ausübung der Fremdenversorgung sind erst aus den Steuerlisten 1770 und den nachfolgenden Jahren bekannt. Hiernach waren vorhanden[4]:

Art der Betriebe	*1764*	*1765*	*1775*	*1784*
Wein-Schenken	5	5	4	5
Bier-Schenken	21	47	54	55
Schnaps-Schenken	15	24	23	18

Die Inhaber der Schankwirtschaften führten ihre Lokale im Nebenberuf. Nach der Einführung der Gewerbesteuer (Gesetz wegen Entrichtung der Gewerbesteuer vom 30. Mai 1820) waren die Gasthöfe offene Lokale, um Personen mit oder ohne Kost zu beherbergen. In Schankstätten dagegen sollten nur Speisen und Getränke angeboten werden. Flugs gaben die schlauen Wirte von Kevelaer ihren gelernten Beruf als Hauptberuf und die Führung der Gaststätte als Nebenberuf an. So wurden um 1830 als Pilgerwirte festgestellt: 12 Schuhmacher, 10 Landwirte, 8 Zimmerleute, 7 Bäcker, je 3 Krämer und Tagelöhner, je 2 Schneider, Sattler, Anstreicher, Siebmacher, Holzschuhmacher, je 1 Weber, Blaufärber, Seiler, Böttcher, Maurer, Barbier und Briefträger.[5] Weiterhin weist das zitierte Archiv etwa 50 Einwohner nach, die während der Wallfahrtszeit Haus und Stuben zur Aufnahme und Beköstigung der Pilger öffneten.

Ein stimmungsvolles Bild auf dem Kapellenplatz, wie es ähnlich an vielen Tagen der Wallfahrtszeit vom 1. Mai bis Allerheiligen jeden Betrachter beeindruckt

War bereits seit dem Jubiläumsjahr 1842 erneut ein stärkerer Fremdenverkehr feststellbar, so brachte die Inbetriebnahme der Eisenbahnlinie Cöln-Cleve im Jahre 1863 erstmals die Möglichkeit, in Sonderzügen größere Pfarrwallfahrten durchzuführen, die organisatorisch leicht durchführbar waren, gemeinsames Singen und Beten ermöglichten, wie es bisher nur bei Fuß- und Radwallfahrten möglich war. Die frühzeitige Bekanntgabe der Termine für die Sonderzüge wiederum ließ die Gastronomie in Kevelaer aufhorchen. Sie dehnte sich erheblich aus. Zum Jubiläumsjahr 1892 standen für die Aufnahme der Pilger in Kevelaer bereit[6]:

29 hauptgewerbliche Betriebe mit	360 Betten
27 nebengewerbliche Betriebe mit	200 Betten
70 temporäre Wirtschaften, die nur im Sommer geöffnet waren, mit	400 Betten
insgesamt	960 Betten

Vergleicht man die Anzahl der Prozessionen – siehe nachfolgende Liste – so stellt man fest, daß 1890 insgesamt 558 Prozessionen nach Kevelaer wallfahrteten. 1891 sank die Zahl der Prozessionen auf 332 ab. In diesem Jahr fand die Heilig-Rock-Wallfahrt nach Trier statt (erstmals seit 1842). Viele Pfarreien fuhren dorthin. Im Jubiläumsjahr 1892 belief sich die Anzahl der Prozessionen auf nur 294. Die im Frühsommer angemeldeten Wallfahrten hatten Rekordbeteiligungen. So entsandten z. B. die Pfarreien Gelsenkirchen-Buer 1200 statt bisher 600 und Ahaus statt 400 sogar 1500 Teilnehmer. Mitten in der Hauptwallfahrtszeit brach in Deutschland (Hamburg) die Cholera aus. Auch für das Rheinland wurde eine Verkehrssperre angeordnet. Sonderzüge aus dem Ausland wurden grundsätzlich verboten. Das erste Verbot traf am 25. August 1892 den Pilgersonderzug aus Antwerpen. Sonderzüge aus Zevenaar und Oosterwijk liefen am 4. September 1892 bis zur Grenze und mußten dann heimkehren. Am 11. September 1892 wurden auch die deutschen Sonderzüge eingestellt. Kevelaer erlebte eine besorgte Zeit.

Die Anzahl der Prozessionen von 1860 bis 1933

Jahr	*Prozessionen*	*Jahr*	*Prozessionen*
1860	290	1874	299
1861	279	1875	265
1862	291	1876	273
1863	302	1877	262
1864	306	1878	270
1865	309	1879	263
1866	170[7]	1880	274
1867	317	1881	280
1868	312	1882	279
1869	322	1883	292
1870	170[8]	1884	296
1871	312	1885	309
1872	313	1886	318
1873	304	1887	340

Jahr	*Prozessionen*	*Jahr*	*Prozessionen*
1888	337	1911	540
1889	347	1912	562
1890	558	1913	576
1891	332[9]	1914	239[11]
1892	294[10]	1915	383
1893	383	1916	423
1894	384	1917	132
1895	406	1918	180
1896	420	1919	215
1897	423	1920	358
1898	430	1921	478
1899	433	1922	519
1900	443	1923	126[12]
1901	448	1924	436
1902	408	1925	450
1903	470	1926	487
1904	479	1927	522
1905	489	1928	511
1906	504	1929	463
1907	505	1930	488
1908	512	1931	471
1909	519	1932	451
1910	544	1933	408

Uneinheitliche Preisnotierungen und ein höherer Anspruch der Pilger an die in Kevelaer dargebotenen Leistungen führten 1902 auf Drängen der Gemeindebehörde zur Gründung eines Wirtevereins, der sich 1907 selbst in 3 Klassen einteilte und einheitliche Preise festsetzte. 12 Wirte gehörten zur Klasse 1, 39 Wirte wurden in die Klasse 2 eingestuft, während 69 Beherbergungsbetriebe, temporäre Gaststätten und private Zimmervermieter die Bewertungsnote 3 erhielten.[13]

1913 wurden in 57 ganzjährig geöffneten und in 85 temporären Wirtschaften 4500 Fremdenbetten für Übernachtungsgäste angeboten. Privatleute stellten zusätzlich 500 Betten zur Verfügung.[14]

Der Wallfahrtsverkehr wurde durch den Weltkrieg 1914/18 erheblich beeinträchtigt. Viele Wirte verkauften in der Not der damaligen Zeit ihre Betten – insgesamt sollen es 1500 gewesen sein. Erst 1920 blühte die Wallfahrt wieder auf. Von 180 Prozessionen 1918 stieg ihre Zahl im Jahre 1921 auf 478. Die Anzahl der Pilgersonderzüge macht dies sehr deutlich. Neben den traditionsreichen Fußwallfahrten und aufblühenden Radfahrprozessionen fuhren nach Kevelaer:

1913	344	Sonderzüge	1918	85	Sonderzüge
1914	108		1919	62	
1915	161		1920	164	
1916	220		1921	224	
1917	60				

Mit der Besetzung des Ruhrgebietes 1923 durch französische Truppen wurden die Wallfahrten nach Kevelaer fast unmöglich. Grenzenlose Arbeitslosigkeit und Teuerung (Inflation), Unruhe und Plünderung hatten zur Folge, daß 1923 als das Jahr mit den wenigsten Besuchern in die Geschichte der Wallfahrt eingegangen ist. Immerhin gab es 1929 wieder 27 Hotels, die ganzjährig geöffnet und 26 temporäre Gaststätten, die nur während der Wallfahrtszeit geöffnet waren.

Bis 1933 lag die Anzahl der Prozessionen konstant über 400. Neben dem bestehenden Wirteverein wurde am 16. Januar 1934 eine Vereinssatzung des Ende 1933 gegründeten ersten Verkehrsvereins Kevelaer e. V. verabschiedet. In der Niederschrift der Jahreshauptversammlung 1937 ist zu lesen: „Im Jahre 1936 weilten wiederum annähernd 600 000 Fremde in Kevelaer . . . Nicht einmal ein Zehntel aller Besucher bleibt noch über Nacht . . . Für die Gasthofbesitzer muß die Parole lauten: Aufrichtige Gastlichkeit auch bei kleinstem Geldbeutel . . ."

Eine völlig andere, bis dahin unbekannte Erfahrung machte Kevelaer in der Zeit des nationalsozialistischen Regimes und des Zweiten Weltkrieges 1939/45. Der erst einige Jahre bestehende Verkehrsverein beendete seine Aktivitäten. Sonderzugfahrten aus dem In- und Ausland wurden eingestellt. Aber das alte Sprichwort „Not lehrt beten" führte selbst in den Kriegsjahren tausende Wallfahrer in den niederrheinischen Wallfahrtsort. Die Pilger reisten privat, kamen in kleinen Gruppen zu Fuß oder per Fahrrad. Kevelaer wurde auf Grund der Bettenkapazität Garnisonstadt. Überall in den Hotels und Gaststätten wurden Soldaten einquartiert. Das Haus der Wallfahrtsleitung wurde Lazarett. Mittagessen, in den wenigen noch aufnahmefähigen Restaurants, gab es nur bei Abgabe von Lebensmittelmarken. Doch aus eigener Erfahrung weiß ich, daß viele Wirte leidvoll geplagten Wallfahrern auch eine Suppe oder Eintopfessen „ohne Marken" geboten haben. Das Jubiläumsjahr 1942 erhielt zwar durch den fast allsonntäglichen Besuch eines Bischofs eine beson-

Heimkehrende Wallfahrer; noch vor Jahrzehnten ein gewohntes Bild auf den Straßen der Niederrhein-Ebene: das Begleitfahrzeug mit Pferdegespann, das Geschirr mit Kevelaer-Fähnchen geschmückt

dere Note, größere Wallfahrten oder gar Festlichkeiten fanden nicht statt. Als 1945 der unselige Krieg zu Ende war, begannen wie überall die Instandsetzungs- und Aufräumungsarbeiten.

Der 1902 gegründete Wirteverein rief seine Mitglieder zusammen und begann mit einer Neu-Organisation aller an der Wallfahrt Beteiligten. Besonders gefordert wurde die hiesige Gastronomie bei den großen Jugendwallfahrten mit Prälat Wolker, bei den Wallfahrten der Kolpingssöhne, der Historischen Deutschen Schützenbruderschaften usw. Internationalität erlangte aber erst der Pax-Christi-Kongreß im Jahre 1948. Ein Jahr später kamen auch die ersten Niederländer (aus Nijmegen) in 3 Omnibussen nach Kevelaer. Obgleich 1949 (nach der Währungsreform) wieder 94 Sonderzüge große Pilgerscharen nach Kevelaer brachten, erreichten die Sonderzugfahrten 1954 im Marianischen Jahr mit 146 Zügen, davon 3 aus den benachbarten Niederlanden, ihren absoluten Höchststand in der Nachkriegszeit. Eine Verschiebung des Wallfahrtsverkehrs „von der Schiene auf die Straße" hatten die Omnibusunternehmer schnell entdeckt, und sie boten nun ihrerseits auch kleineren Gruppen eine individuelle Wallfahrt nach Kevelaer an. 1955 wurden bereits 2643 deutsche und 657 ausländische Omnibusse in Kevelaer gezählt. Hinzu kam der schon nach der Währungsreform langsam, aber stetig ansteigende Pkw-Verkehr. In seinem Jahresbericht teilte der Bahnhofsvorsteher mit Schreiben vom 22. November 1955 der Bundesbahndirektion u. a. mit:

„. . . Charakteristisch in diesem Jahr war der überaus starke Omnibus- und Pkw-Verkehr. An verschiedenen Tagen wurden bis zu 750 Personenkraftwagen gezählt. Der Pilgerverkehr verlagert sich von Jahr zu Jahr immer mehr auf den Pkw-Verkehr . . . Sonderzüge, die im Jahre 1954 verkehrten, aber im Jahre 1955 nicht mehr fuhren, waren u. a. Kirchhellen, Betuwe, Ahrtal 2, Ahaus 2, Friedrichsfeld und Hamborn. Hamborn war mit 26 Omnibussen hier und Kirchhellen mit etwa 20."

Aus den Aufzeichnungen der Bundesbahn und des Verkehrsamtes der Stadt Kevelaer sind uns überliefert:

Jahr	*Sonderzüge*	*Deutsche Omnibusse*	*Ausländische Omnibusse*
1955	135	2643	657
1956	115	2325	915
1957	128	2315	938
1958	100	2848	770
1959	99	2952	875
1960	92	2100	1012
1961	85	2651	1673
1962	86	2226	1320
1963	80	2660	1721
1964	74	2475	1728
1965	67	2750	2100
1966	59	2200	1750
1967	44	1950	1650
1968	44	1850	1600
1969	34	1600	1590
1970	28	1973	1715

Die rückläufige Anzahl der Sonderzüge setzte sich bis 1989 fort. In diesem Jahre wurden nur noch 7 Sonderzüge nach Kevelaer geführt. Dagegen nimmt die Zahl der Omnibus-Reisenden und Pkw-Fahrer stetig zu. So wurden schon am 13. September 1970 5297 Personenkraftwagen bei der Einfahrt in Kevelaer gezählt. Man muß allerdings auch berücksichtigen, daß ein Großteil der Pilger nicht mehr wie früher einen ganzen Tag in Kevelaer bleibt, sondern die Wallfahrt mit einem anderen Ziel am Niederrhein verbindet.

1968 wurde ein neuer Verkehrsverein gegründet, der sich vor allem die Aufgaben stellte, die Wirtschaftsstruktur der Stadt zu verbessern und die Wallfahrt nach Kevelaer zu fördern. Über 300 Mitglieder traten dem Verein bei und sind es bis heute. Die hervorragende Zusammenarbeit zwischen Stadt, Wallfahrtsleitung und Verkehrsverein ermöglichte es, das bisherige Einzugsgebiet von der Mosel über das Siegtal im Westen und weiter nach Niedersachsen bis zur Nordsee im Nordosten nunmehr auf den süddeutschen Raum zu erweitern. Zwar wurden schon 1912 – vor Ausbruch des Ersten Weltkrieges – Pilgersonderzüge aus dem Saargebiet und Hessen, ja sogar aus dem entfernten Sachsen-Anhalt und Schlesien in Kevelaer willkommen geheißen; der große Zuzug von Wallfahrern aus südeuropäischen Regionen erfolgte erst nach der Gründung des Verkehrsvereins.

Im jährlichen bzw. mehrjährigen Turnus haben die Diözesen Hildesheim, Augsburg, Bamberg, Eichstätt, Fulda, Freiburg, Luxemburg, München-Freising, Passau, Regensburg, Stuttgart-Rottenburg, Straßburg und Würzburg Wallfahrten nach Kevelaer in ihrem Programm. Darüber hinaus besuchten aber auch Gruppen aus dem Saarland, aus Baden-Württemberg, Schleswig-Holstein, Niedersachsen, Rheinland-Pfalz, Nordrhein-Westfalen, Bayern, Hessen, Hamburg, Bremen und Berlin unseren Wallfahrtsort.

Aus dem Ausland konnten wir begrüßen: Gruppen aus Österreich, Italien, Jugoslawien, Polen, USA, England, Japan, Israel, Frankreich, Belgien, aus der Schweiz und den Niederlanden. Weit hergereiste Gruppen befinden sich meistens auf einer Europatournee; andere wählen Kevelaer als Standquartier. Mit einem Wallfahrtstag verbinden sie an den folgenden Tagen Ausflüge in das benachbarte Holland (Amsterdam, Tulpenfelder, Nordsee), besuchen den St. Viktordom in Xanten oder das Missionshaus in Steyl/Holland.

Die Teilnehmerzahlen bei den traditionsreichen und organisierten Wallfahrten aus dem „alten" Einzugsgebiet erfuhren in den letzten Jahren einen geringen Auf- bzw. Abwärtstrend. Hierbei gewinnen die zum angekündigten Wallfahrtstermin mit Pkw anreisenden Pilger immer mehr an Bedeutung. So kommt es häufig vor, daß Pfarreien mit ca. 100 Personen daheim abfahren, aber mit 300 oder noch mehr Pilgern in Kevelaer einziehen. Eine Umfrage bei 20 Kevelaer-Bruderschaften brachte folgendes Ergebnis:

Die Prozession von Essen-Byfang setzt bei Orsoy über den Rhein. Sie zieht seit 1837 jährlich nach Kevelaer

Wallfahrt	*Teilnehmer* 1988	1989	*Gesamtstrecke der Fuß- bzw. Radpilger*
Aachen-Fußprozession	76	72	210 km
Bonn-Fußprozession	129	130	248 km
Bocholt-Fußprozession	1150	1200	104 km
Bocholt-Rad-Frauen	1185	1130	52 km Rückf. p. Bus
Bocholt- Rad-Männer	520	490	104 km
Duisburg-Mitte-Fußproz.	132	124	120 km
Köln-Fußprozession	150	150	200 km
Rheine-Bahnprozession	752	812	
Siegtal-Bahnprozession	550	525	
Trier-Bahnprozession	258	292	
Amsterdam/NL*)	367	358	
Bergen op Zoom/NL	480	474	
Betuwse Processie/NL	745	738	
Breda/NL	383	440	
Haarlem en Rhijnland/NL	375	373	
Oost-Twentse Proc./NL	296	285	
Raalte/NL	349	313	
Tilburg/Nl.-Radproz.	129	151	220 km
Eupen/Belgien-Fußproz.	114	143	210 km

*) Die Wallfahrten aus den Niederlanden erfolgen ausschließlich in Omnibussen.

Nicht unbeteiligt an den stagnierenden Pfarrwallfahrten sind die verstärkt zunehmenden Wallfahrten der Standesvereine, Verbände in Kath. Trägerschaft, Interessengemeinschaften und der Diözesan-Pilgerstellen. Sie nehmen inzwischen einen bedeutenden Platz in der Fremdenverkehrsstatistik ein. Wir konnten und können in Kevelaer begrüßen: Die Wallfahrten der Kolpingsfamilien, Landjugend, Jungschützen, Alten- und Rentnergemeinschaften im Bistum Essen, Historischen Schützenbruderschaften aus Deutschland und den Niederlanden, KAB Bistum Münster, Kath. Kaufmännische Vereine (KKV), Ordensberufe Bistum Aachen, Aussiedler im Bistum Essen, Caritaskonferenzen, Gehörlosen Erzbistum Köln, Gläubigen der Ostkirche, Kommunionkinder, Jugend aus dem Bistum Essen, Europäischen Pfadfinder, Lourdes- und Fatimafreunde, Motorradfahrer, Familien, Ehrengarden aus dem Bistum Essen und die Wallfahrten des Kath. Deutschen Frauenbundes, Malteser-Hilfsdienstes Köln sowie des Kath. Berufsverbandes für Pflegeberufe Bistum Mainz.

Eine Neuerung in der Statistik sind aber auch die Wallfahrten der Spanischen Mission Köln, der Slowaken und Slowenen, der Kath. Ungarischen Mission Köln und der Koreanischen Gemeinde Frankfurt, der Polen, Kroaten, Portugiesen und Italiener, die in Deutschland eine neue Heimat gefunden haben. Nicht unerwähnt bleiben dürfen auch die Wallfahrten der Kath. Schiffergemeinde der Niederlande und vor allem die Wallfahrten der „Kristelijke bonden van gepensioneerden", afd. Mechelen, Antwerpen, Turnhout und Leeuwen aus Belgien, die alle an jeweils vier aufeinanderfolgenden Tagen mit bis zu 70 Omnibussen anreisen. 1989 hatten sich insgesamt 838 Prozessionen und Gruppen bei der Wallfahrtsleitung angemeldet. Diese setzten sich wie folgt zusammen:

495 deutsche Bahn- oder Omnibus-Prozessionen bzw. Gruppen
191 ausländische Omnibus-Prozessionen bzw. Gruppen
114 Fußprozessionen aus Deutschland
3 Fußprozessionen aus dem Ausland
31 Radprozessionen aus Deutschland
3 Radprozessionen aus dem Ausland
1 Motorradwallfahrt

Nicht mitgerechnet sind diejenigen, die unangemeldet unseren Wallfahrtsort besuchen und die vieltausend privat Reisenden, die mit ihren Personenkraftwagen von Januar bis Dezember in unserer Stadt anzutreffen sind, ein Orgelkonzert oder „Advent in Kevelaer" besuchen.

Die Gesamtzahl der Wallfahrer und Touristen ist mit jährlich 600 000 Besuchern eher zu niedrig als zu hoch geschätzt. Die außerordentlich guten Verkehrsanbindungen an das europäische Autobahnnetz machen es möglich, daß aus einem Umkreis bis 150 km mit mehr als 12 Millionen Einwohnern Kevelaer schnell erreichbar ist.

Wie bewältigt die Stadt Kevelaer die völlige Umstrukturierung der Wallfahrten?

Seit einigen Jahren ist die Stadt bemüht, ihr Erscheinungsbild zu verbessern. Hierzu gehört die Umwandlung der Hauptstraße in eine Fußgängerzone sowie die Umgestaltung aller zum Kapellenplatz führenden Straßen in verkehrsberuhigte Zonen, wovon einige durch das Land Nordrhein-Westfalen preisgekrönt wurden. Zur Verbesserung der Infrastruktur wurden darüber hinaus zusätzliche Parkplätze für Omnibusse und Pkw geschaffen, obgleich festgestellt wurde, daß jeder Einstellplatz täglich bis zu 5-mal benutzt wird. Eine Zählung der Omnibusse ist nicht mehr möglich. Viele Omnibuswallfahrten enden einige Kilometer vor Kevelaer. Die letzte Strecke wird zu Fuß zurückgelegt. Der Omnibus fährt nach Hause und holt am Abend die Pilger dort wieder ab, wo sie ausgestiegen sind. In solchen Fällen kommt der ursprüngliche Charakter der Wallfahrt zum Ausdruck. Wieder andere besuchen als Abschluß eines Jahresausfluges für kurze Zeit das Gnadenbild, nehmen am alltäglich stattfindenden Marienlob oder an einer Lichterprozession teil und fahren dann nach Hause. Für Cafés und Restaurants bedeutet dies die Offenhaltung ihrer Lokale bis in den späten Abend.

Andenken. Die Käufer bestimmen das Angebot

Das geänderte Besucherverhalten und die größere Mobilität der Menschen führten zwangsläufig dazu, daß die Tagesbesucherzahlen stark angestiegen sind, während die Übernachtungszahlen leichte Rückläufe zu verzeichnen haben. Gab es 1963 noch 42 Beherbergungsbetriebe mit 798 Fremdenbetten und 7 Pilger-Tagesstätten, so sind es 1989 nur noch 24 Hotels mit insgesamt 616 Betten, aber 15 Speiserestaurants, 18 Schankwirtschaften und Cafés sowie 10 Schnellrestaurants.

Durch die Öffnung des Hauses der Wallfahrtsleitung und der Schwesternhäuser für die Aufnahme von Übernachtungsgästen stehen hier weitere 150 Fremdenbetten zur Verfügung. Private Zimmervermieter bieten außerdem 120 Übernachtungsmöglichkeiten an, so daß z. Zt. 886 Fremdenbetten angeboten werden können. Neben den Hotels und Pensionen bietet die Jugendherberge 130 Schlafplätze an. Die sowohl im

Stadtzentrum als auch in der näheren Umgebung neu errichteten Hotels bieten allen Komfort. Weitere Hotel-Neubauten im Zentrum der Stadt sind in Planung.

Das ist auch schon deshalb erforderlich, weil die Stadt Kevelaer als Tagungsort immer mehr Freunde gewinnt. Das mit allen technischen Einrichtungen ausgestattete Konzert- und Bühnenhaus bietet sich als Kommunikationszentrum nicht nur für internationale Tagungen, Kultur- und Gesellschaftsveranstaltungen aller Art, sondern auch für große kirchliche Kongresse und Jubiläumsveranstaltungen der Prozessionen geradezu an.

Um die Zukunft der Wallfahrt nach Kevelaer bin ich nicht besorgt. Auch im nächsten Jahrtausend werden zahlreiche Besucher zum Gnadenbild der „Trösterin der Betrübten" kommen. Und Kevelaer wird sich seiner Verantwortung bewußt bleiben.

Anmerkungen

1 Beschryving van Kevelaer, Roermond 1792, S. 8.
2 St. Aenstoots, Maria Kevelaer, Dülmen 1899, S. 129.
3 Archiv Stadt Kevelaer.
4 A. Marx, Kevelaer-Wallfahrt und Wirtschaft, Kevelaer 1922, S. 49.
5 Archiv Stadt Kevelaer.
6 J. van Ackeren, Die Wallfahrt in Kevelaer, Kevelaer [5]1924.
7 1866: Krieg Preußen gegen Österreich.
8 1870: Deutsch-Französischer Krieg.
9 1891: Heilig-Rock-Wallfahrt nach Trier.
10 1892: Cholera in Deutschland.
11 1914: Ausbruch des Weltkrieges 1914/18.
12 1923: Inflation.
13 Marx, S. 55.
14 Marx, S.55.

Zeichnung von Richard Bellm

„So ein kleines Bild,
es ist wie das Senfkorn
im Evangelium."
Worte von
Papst Johannes Paul II.
am 2. Mai 1987
vor dem Gnadenbild

das gnadenbild
von kevelaer
das senfkorn
unter allen
gnadenbildern
das kein wort
wahrhaft
schildern kann
es nimmt dich
wenn du stehst
davor
so wundersam
in seinen bann

es ist so
wie ein mittelpunkt
der sich nicht
wichtig hält
doch ist es so
wenn er nicht wär'
ein kreis ganz
aus-ein-ander fällt

der kleine
punkt •
der mittelpunkt
erfüllt den
weiten kreis
mit einer
wunderbaren
kraft . . . von der
kein lied zu
singen weiß

wer von
diesem bannkreis
wird gehalten
fällt aus
dem rahmen
dieser welt –
es wird ihn
eine and're kraft
durch-walten
die allen falschen
glanz
in schatten stellt

das kleinste korn
wird größter baum
zu einem traumhaft
himmelweiten
lebensraum

o kleines bild
o nadelöhr
eröffne mir
die augen
das gehör
daß auf mir geh
was noch verhüllt
als blüte
in der knospe schwillt

Wilhelm Willms

Martin Große Boes / Karl Keller

Kevelaer-Bibliographie

Abels, Kurt: Katholischer Kult, Liebe und Tod: zu Heinrich Heines Ballade „Die Wallfahrt nach Kevlaar". - In: Geldrischer Heimatkalender (1974) S. 213ff.

Ackeren, Joseph van: Die Wallfahrt in Kevelaer. - Kevelaer, ^{4} 1907. - Neu hrsg. von P. Kempkes. - Ebd., ^{5} 1924

Aenstoots, Stanislaus: Geschichte der Wallfahrt nach Kevelaer. - In: Maria und Muttergottesrosen Jg. 1 (1890)

Aenstoots, Stanislaus: Maria Kevelaer, die Trösterin der Betrübten. - Dülmen, 1890

Amberg, Gottfried: Die Kölner Kevelaer-Bruderschaft von 1672: Geschichte und Leben. - Köln, 1974

Amberg, Gottfried: Noch einmal Wallfahrten nach Kevelaer. - In: Alt-Köln, Mitteilungen Jg. 14 (1974)

André, Emile: Die Geschichte des Festes des Offiziums und der Messe der „Consolatrix Afflictorum". - Trier: Theologische Fakultät, 1980. - Dipl.-Arbeit, maschinenschr.

Angerhausen, Julius: Von Tor zu Tor: Türen und Portale der Kevelaerer Wallfahrtsstätten; Denkanstöße / Fotos von Hartmut Vogler. - Kevelaer, 1983

Arbogast, Alois W.: Heines Ballade „Die Wallfahrt nach Kevlaar" / in der Vertonung von Engelbert Humperdinck. - In: Geldrischer Heimatkalender (1983) S. 119-131

Arbogast, Alois W.: Die Wallfahrt nach Kevlaar: die Vertonungen der Ballade von Heinrich Heine. - In: Ebd. (1987) S. 144-150

Aus 300 (dreihundert) Jahren Wallfahrtsgeschichte. - In: Unsere Heimat: Blätter des Vereins für Heimatschutz und Museumsförderung Kevelaer Jg. 5 (1954) Nr. 6

Bäumer, R.: Marienfrömmigkeit und Marienwallfahrten im Zeitalter der Katholischen Reform: der Widerschein des ewigen Lichtes / hrsg. von German Rovira. - Kevelaer, 1984. - S. 169-187

Die Basilika zu Kevelaer / De Basiliek van Kevelaer / The Basilica in Kevelaer s. Große Boymann, Guido; Große Boymann, Olga Llop de

Bausinger, Hermann s. Plötz, Robert: Wallfahrten...

Beiträge zur Geschichte der Stadt Kevelaer / Hrsg. Gregor Hövelmann; u. a.: Marx, Adolf: Kevelaer, Wallfahrt und Wirtschaft. - Kevelaer, 1922 (Nachdruck). - Kevelaer, 1979

Bellm, Richard; Schulte Staade, Richard: Kevelaerer Skizzenbuch. - Kevelaer, 1979. - Überarb. Ausg., ^{2} 1988. - (Text 4-sprachig: deutsch, niederländisch, französisch, englisch)

Bensch, Erich: Wegmarken 1933-1945 / hrsg. von C. Riewerts. - Vechta, 1986

Bercker, Theo: Die Bischöfe als Hüter der Wallfahrt im 17., 18. und 19. Jahrhundert. - In: Unsere Heimat: Blätter des Vereins für Heimatschutz und Museumsförderung Kevelaer Jg. 2 (1951) Nr. 8 (Unpagin.)

Bercker, Theo: Die Marientracht vor 100 Jahren. - In: Unsere Heimat: Ebd., Nr. 4 (Unpagin.)

Bercker, Theo: Nochmals Kevelaer. - In: Ebd.

Bercker, Theo: Peregrinus ad loca sancta orthodoxus: über Johannes Stalenus. - In: Geldrischer Heimatkalender (1952) S. 28-31

Bercker, Theo: Das Haus Wissen und die Kevelaerer Wallfahrt. - In: Unsere Heimat: Blätter des Vereins für Heimatschutz und Museumsförderung Kevelaer Jg. 5 (1954) Nr. 8 (Unpagin.)

Bercker, Theo: Das Kapuzinerkloster zu Geldern in seinen Beziehungen zu Kevelaer. - In: Ebd. Nr. 10

Bercker, Theo: Scherpenheuvel. - In: Ebd. Jg. 5 (1954) Nr. 11 (Unpagin.)

Bercker, Theo: Nochmals Scherpenheuvel. - In: Ebd. Jg. 5 (1954) Nr. 12 (Unpagin.)

Bercker, Theo: Et Pelgrimken van Kevelaer. - In: Geldrischer Heimatkalender (1955) S. 96-103

Bercker, Theo: Kevelaerer Andachtsgegenstände. - In: Ebd. (1957) S. 91-95

Bergmann, Ludwig: Wallfahrtsorte und Wallfahrtsbrauchtum am unteren Niederrhein: Werden und Wachsen einer Kultlandschaft. - Bonn/Kevelaer, 1949. - Philosoph. Diss., maschinenschr.

Bergmann, Ludwig: Mirakelberichte aus den Wallfahrtsorten Marienbaum und Kevelaer. - In: Das Gold-Blaue Buch Geldrischer Geschichte. - Geldern, 1951. - S. 137-147

Bergmann, Ludwig: Wallfahrtsbräuche. - In: Unsere Heimat: Blätter des Vereins für Heimatschutz und Museumsförderung Kevelaer Jg. 2 (1951) Nr. 9

Bergmann, Ludwig: Die Beziehungen der Wallfahrtsorte des unteren Niederrheins zu den westlichen Nachbargebieten. - In: Niederrheinisches Jahrbuch: Bd. 8. - Krefeld, 1965. - S. 78-82

Bergmann, Ludwig: Kevelaer / Hrsg. Rheinischer Verein für Denkmalpflege und Landschaftsschutz. - Neuß, ^{2} 1976. - (Rheinische Kunststätten; H. 45)

Bergmann, Ludwig: Kevelaer-Wallfahrt. - In: Wallfahrt im Rheinland. - Pulheim, 1981. - S. 67-78

Bergmann, Theodor: Der Betrübten Trösterin, Maria Kevelaer. - Kevelaer, 1903

Bergmann, Theodor: Der Schmied von Kevelaer: Schauspiel mit Gesang in 5 Akten. - Kevelaer, o. J.

Bergmann, Theodor: Adriaan Poirters und sein Pelgrimken van Kevelaer. - In: Niederrheinischer Heimatkalender (1932) S. 57-59

Bergmann, Theodor: Der Wallfahrtsort Kevelaer. - Kevelaer, 1949

Bibliographie Bedevaart - Pelerinage - Wallfahrt: Maas - Rijn - Rhein -Mense, Rhein Maas/hrsg. vom Landschaftsverband Rheinland, ARL. - Köln, 1982

Blum, M.: Literatur des Gnadenbildes Mariä, der Trösterin der Betrübten, in der Kathedrale zu Luxemburg. - In: Ons Hémecht (Luxemburg), [2]. - Festschrift 1834-1904

Bönninghaus, P.: Jan Voss: eine geschichtliche Erzählung aus der Zeit der Entstehung der Wallfahrt nach Kevelaer/mit einem Vorwort von Bernhard Keuck. - Geldern, 1983

Bosch, Heinz: Der Zweite Weltkrieg zwischen Rhein und Maas: Dokumente der Kriegsereignisse im Kreise Geldern 1939-1945. - Geldern, 1970. - S. 245

Brocquart, P.: Miracula et curationes admirandae quae Maria Consolatrix Afflictorum in Sacello suo juxta Luxemburgum operari dignata est. - Trier, 1640

Bröker, Elisabeth: 250 (zweihundertfünfzig) Jahre Fußprozession Bocholt - Kevelaer 1733-1983. - In: Unser Bocholt Jg. 34 (1983) H. 2, S. 3-96

Bussmann, Claus: Die Wallfahrt nach Kevelaer in der Zeit von 1794-1814. - In: Juni: Magazin für Kultur und Politik Jg. 3 (1989) Nr. 2-3, S. 96ff., hier S. 102

Caesar, Theodor: Eene schone maniere om de / votelyck naer / Kevelaer / te gaen, groetende aldaer die heylige maghet / Maria / (. . .). - Roermond, 1649

Ceyssens, L.: Nordstrand et le Jansenisme. - In: Augustiniana XIX; Löwen, 1969

Cornelissen, Georg s. Cürvers, Herbert: Mundartwörterbuch . . .

Corsmit, W.: Een vlaamse bedevaart naar Kevelaer anno 1898. - In: Jaarboek de Zannekin Jg. 2 (1979)

Cürvers, Herbert: Kevelaerer Mundartwörterbuch von A bis Z: Land und Leute zwischen Rhein und Maas / hrsg. von Robert Plötz. Mit einer Einführung und Gebrauchsanweisung von Georg Cornelissen. - Kevelaer, 1983. - (Veröffentlichungen zur Volkskunde und Kulturgeschichte; 1)

Cürvers, Herbert: Kevelaer: bedevaartsplaats tussen Maas en Rijn. - In: Jaarboek de Zannekin Jg. 9 (1986) S. 85-89

Cürvers, Herbert: Ein Papst als Pilger in Kevelaer. - In: Geldrischer Heimatkalender (1988) S. 7ff.

Cuypers, Wilhelm: Initiative eines Verlages trägt Früchte: Kevelaer als Wallfahrtsort in Kunst und Dichtung. - In: Ebd. (1979) S. 37-40

Cuypers, Wilhelm: Kevelaer zwischen Tradition und Fortschritt. - In: Ebd. (1980) S. 6-9

Cuypers, Wilhelm: Marienstadt Kevelaer: eine Gebetsstätte für den Frieden der Welt. - In: Niederrheinische Blätter (Beilage zur Rheinischen Post) (4. 5. 1982) Nr. 2

Cuypers, Wilhelm: Papstbesuch und Marianischer Weltkongreß: ein Jahrhundertereignis für Kevelaer und das Gelderland. - In: Geldrischer Heimatkalender (1988) S. 10ff.

Daverkosen, Hubert: Kevelaer in der Dichtung. - In: Niederrhein, Duisburg-Kleve Jg. 2 (1979) S. 5-6

Dohms, Peter, in Verbindung mit Wiltrud Dohms und Volker Schroeder: Die Wallfahrt nach Kevelaer zum Gnadenbild der „Trösterin der Betrübten". Nachweis und Geschichte der Prozessionen von den Anfängen bis zur Gegenwart. – Kevelaer, 1992 – (350 [dreihundertfünfzig] Jahre Kevelaer-Wallfahrt 1642 – 1992, Band II)

Doornick, Theodor van: Die Entstehung der Wallfahrt in Kevelaer und ihre Entwicklung innerhalb der ersten Jahrzehnte. - Münster, 1977. - Theol. Dipl.-Arbeit, maschinenschr.

Doornick, Theodor van: Über das Wallfahrtsleben in Kevelaer im 17. Jahrhundert. - In: Von Wachtendonk bis Kevelaer: Veröffentlichung des Historischen Vereins für Geldern und Umgegend / Gregor Hövelmann (Hrsg.). - Geldern, 1978. - S. 32-38

Dyckmans, Fritz: Kevelaer: das Marienheiligtum am Niederrhein. - Kevelaer, [6] 1970

Dyckmans, Fritz s. a. „Offizielles Kevelaer-Wallfahrtsbuch . . ."

Erinnerung an Kevelaer / Musikverein Kevelaer. - Kevelaer, 1981. - Langspielplatte

Faber, Thomas F. s. Smets, Josef: Kevelaer: Gesellschaft . . .

Faltz, Michael: Heimstätte Unserer Lieben Frau von Luxemburg. - Luxemburg, [3] 1948

Faltz, Michael: Unsere Liebe Frau von Luxemburg in Kevelaer. - Letzeburger Sonndesblad (1967) Nr. 21, S. 248-285

Faltz, Michael: Von Geldern nach Kevelaer: eine Jubiläumsprozession aus dem Jahre 1742. - In: Ons Hémecht (Luxemburg) Jg. 19 (1967) S. 175-180

Festliche Altarweihe in der Pax-Christi-Kapelle. - In: Rheinische Post (7. 6. 1982)

Festschrift zu dem 250 (zweihundertfünfzig)-jährigen Jubiläum der Wallfahrt nach Kevelaer am 1. Juni 1892: 1642 - 1892. - Köln, 1892

Flinterhoff, Fritz: Eine Wallfahrt nach Kevelaer. - 1909

Frankewitz, Stephan: Die Kevelaerer Gottesmutter in Bonn. - In: Geldrischer Heimatkalender (1980) S. 36-43

Frankewitz, Stephan s. a. Gorissen, Friedrich: Kevelaer im Jahre 1809 . . .

Freudenhammer, Ludwig: Verhülsdonk, Heinrich: Aus der Geschichte unserer Pfarre und der Pfarrkirche. - In: Unsere Heimat: Blätter des Vereins für Heimatschutz und Museumsförderung Kevelaer Jg. 3 (1952) Nr. 6

Freudenhammer, Ludwig: 300 (dreihundert) Jahre Gnadenkapelle zu Kevelaer. - In: Geldrischer Heimatkalender (1954) S. 50-51

Freudenhammer, Ludwig: Geschichte der Marienverehrung in Kevelaer. - In: Niederrheinische Kirchengeschichte / hrsg. von Gregor Hövelmann. In Zusammenarbeit mit Kurt Abels . . . - Kevelaer, 1965. - S. 112-118

Freudenhammer, Ludwig: 500 (fünfhundert) Jahre Pfarre Kevelaer. - In: Geldrischer Heimatkalender (1972) S. 149ff.

Friedensbotschaft des Papstes in Kevelaer: Tausende hörten die Stimme des Heiligen Vaters am Kapellenplatz. - In: Rheinische Post (4. 7. 1983)

Fußwallfahrt von Bocholt nach Kevelaer seit 250 Jahren. - Ebd. (23. 8./30. 8. 1983)

Gahlings, F. J.: Die Kevelaerer Wallfahrt im Lichte einiger Mitteilungen aus dem 17. Jahrhundert. - In: Kalender für das Klever Land (1959) S. 111-112

Gebete und Gesänge zur Kevelaerwallfahrt / hrsg. von Richard Schulte Staade. Unter Mitarbeit von Josef Lohmann, Josef Cornelißen und Schwester Almud von der Göttlichen Vorsehung. - 7. erw. Aufl. - Kevelaer, 1988

Gebete und Gesänge zur Kevelaerwallfahrt. - Ebd. 1988. - Großdruckausgabe

Gebeden en gezangen voor de bedevaart naar Kevelaer / uitgegeven door Richard Schulte Staade. - Samengesteld door Jules de Bruin, Jan Hendriks, Peter van der Horst, Harry Wiggers und Alphons Woolderink. - 2., vermeerderde druk. - Kevelaer, 1984

Godsdienstige gezangen en gebeden ten dienste van de leden der Prozessie naar Kevelaer en voor andere godvruchtige verenigingen. - Maaseyck, 1910

Gorissen, Friedrich: Kevelaer im Jahre 1809: aus dem Reisetagebuch des Predikanten Dr. Jan Scharp von Rotterdam. - In: Epitaph für Gregor Hövelmann: Beiträge zur Geschichte des Niederrheins / hrsg. von Stephan Frankewitz. - Geldern, 1987. - S. 259-268

Grieshaber, HAP s. Heine, Heinrich: Die Wallfahrt nach Kevlaar . . .

Die größte niederländische Wallfahrtsgruppe: mit 37 Reisebussen kamen 1 400 Pilger aus Sittard. - In: Rheinische Post (13. 9. 1983)

Große Boymann, Guido; Große Boymann, Olga Llop de: Die Basilika zu Kevelaer. - München/Zürich, 2 1986. - (Schnell, Kunstführer Nr. 1100.) - Übersetzungen: Niederld.: Ebd.: De Basiliek van Kevelaer. - Ebd., 2, 1984. - Ebd. - Engl.: Ebd.: The Basilica in Kevelaer. - Ebd., 1979. - Ebd.

Große Boymann, Guido; Große Boymann, Olga Llop de: Kevelaer: Gnadenkapelle. - München/Zürich, 2 1990. - (Schnell, Kunstführer Nr. 1180)

Hagen, Ursula: Die Wallfahrtsmedaillen des Rheinlandes in Geschichte und Volksleben: Bd. 9. - In: Werken und Wohnen. - Köln, 1973

Hahn, M.: Siedlungs- und wirtschaftsgeographische Untersuchung der Wallfahrtsstätten in den Bistümern Aachen, Essen, Köln, Limburg, Münster, Paderborn und Trier. - Köln, 1969

Hambach, Wilhelm K.: Das Rheinische Wallfahrtslied. - Regensburg, 1933. - Diss., im Beethovenarchiv Bonn als vollständiges Manuskript

Hambach, Wilhelm K.: Geschichte und Ästhetik des Rheinischen Wallfahrtsliedes. - Musica Sacra (1933) Nr. 10, S. 216-221. - Erschienen als Teildruck der Diss. „Das Rheinische Wallfahrtslied“ vom gleichnamigen Verfasser; in Manuskriptform

Hechtermans, H.: Scherpenheuvel - Kevelaer. - In: Middelares en Koningin 54. Jg. (1987) Nr. 4

Heckens, Josef: Begegnung, Kevelaer in Bildern: Text deutsch, niederld., franz. und engl. / Photos von Jürgen Heinemann. - Kevelaer, 1978

Heckens, Josef: Trost in der Betrübnis. - In: Kraemer, K. W.: „. . . voll der Gnade“: Marienverehrung im Rheinland. - Köln, 1986

Heckens, Josef: „Am Gnadenort ein Gnadenwort“: die Wallfahrt zum Gnadenbild der „Trösterin der Betrübten“ in Kevelaer. - In: L'Osservatore Romano 17. Jg. (20. 3. 1987) Nr. 12. - Deutsche Ausg.

Heckens, Josef: „ER macht die Kleinen groß“: die Wallfahrt zum Gnadenbild der „Consolatrix Afflictorum“ in Kevelaer. - In: Theologisches. - Abensberg, 1987. - Jg. 17 Nr. 4

Heckens, Josef: Ein geschichtliches Ereignis für den Niederrhein: wie es zum Besuch des Papstes kam. - Niederrhein-Kammer, Zeitschrift der IHK Duisburg - Wesel - Kleve (1987) H. 5

Heckens, Josef / Schulte Staade, Richard (Hrsg.): Consolatrix Afflictorum. Das Marienbild zu Kevelaer. Botschaft, Geschichte, Gegenwart. – Kevelaer, 1992 – 350 [dreihundertfünfzig] Jahre Kevelaer-Wallfahrt 1642 –1992, Band I)

Heere, L.: De prozessie van Maaseyck naar Kevelaer en het prozessieverbod. - In: Maasgow Jg. 83 (1964) S. 25-30

Heine, Heinrich: Die Wallfahrt nach Kevlaar / mit 5 Farbholzschnitten von HAP Grieshaber und dem Zusatzblatt „Consolatrix nostra“; Nachwort von Fridolin Stier. - Kevelaer, 1975. - Text des Gedichtes auf 7 Einzelblättern

Heinemann, Jürgen s. Heckens, Josef: Begegnung . . .

Hemmer, M.: Der Wallfahrtsort Kevelaer - die Prägung von Raumstrukturen durch die Gruppe der Wallfahrer: Hausarbeit im Rahmen der 1. Staatsprüfung für das Lehramt an der Sekundarstufe II am Staatl. Prüfungsamt für Erste Staatsprüfungen für Lehrämter an Schulen. - Münster, 1988. - S. 36; NW HA, BR 1011-326

Hendricks, W.: Voor de prozessie naar Kevelaer: aus der Geschichte der Venloer Wallfahrt. - In: Geldrischer Heimatkalender (1960) S. 31-35

Hendriksen, Th. G. A./J. J. Antier, De Pelgrimage weer ontdekt. Paris, 1979, S. 405ff.

Heupers, E.: Ter bedevaart naar Kevelaer. - In: Nederlands Volkleven Jg. 21 (1972) Nr. 1

„Hier sollst du mir ein Kapellchen bauen": die Geschichte des Kapellenplatzes in Kevelaer/eine Schrift des Pfarrgemeinderates St. Marien zu Kevelaer. - Kevelaer, 1982

Höhepunkt der Wallfahrtszeit 1982 in Kevelaer: Kardinal de Fürstenberg als Papst-Gesandter anwesend. - In: Kirche und Leben (20. 6. 1982) S. 10

Hövelmann, Gregor: Geschichte des Kreises Geldern. Erster Teil: 1816-1866. Geldern, 1974

Hövelmann, Gregor s. Freudenhammer, Ludwig: Geschichte . . .

Holländische Wallfahrt für Prinz Claus in Kevelaer: 800 Pilger sangen die Nationalhymne. - In: Rheinische Post (5. 11. 1982)

Holtmann, Wilhelm: Kevelaer, die Gnadenstätte der Trösterin der Betrübten. - Kevelaer, 1934

Holtmann, Wilhelm: Kevelaer, eine Stätte der Heiligung. - In: Sanctificatio nostra Jg. 5 (1934) S. 337-340

Holtmann, Wilhelm s. a. „Offizielles Kevelaer-Wallfahrtsbuch . . ."

[Hubens, Christian]: Beschryving van Kevelaer met de opkomste en voortgang der Devotie tot de Allerheyligsten Maegd en Moeder Gods Maria aldaer/onder den Titel van TROOSTERESSE DER BEDRUKTE mitgaeders eene herhandeling over de Bedevaerden met korte Reysgebeden/door C. H., Priester van ´t Oratorie van den Heer Jesus. - Roermond, 1792. - Weitere, 2. Ausg.: Ebd., Geldern, 1792

Jahr für Jahr 750 (siebenhundertfünfzig) Prozessionen und 600 000 Besucher in Kevelaer. - In: Kirche und Leben (28. 4. 1985)

Johannes Paul II.: Maria, Leitstern meines Weges: Gebete und Gedanken an den Marienwallfahrtsorten in aller Welt; mit Ansprache und Gebet am 2. 5. 1987 in Kevelaer. Hrsg. von Josef Heckens. - Kevelaer, 1988

Johannes Paul II. in Kevelaer: ein Papst als Pilger am Niederrhein; eine Bilddokumentation zum 2. 5. 1987. - Kleve, 1987

Juten, A. J.: De prozessie naar Kevelaer: 200-jahrig bestaan 1726-1926. Bergen op Zoom, 1926

Kaiser, Joseph H.: Die Politische Klausel der Konkordate. - Berlin/München, 1949

Kaldewei, Gerhard: Josef Lauffs Roman „Kevelaer" [1910]: ein verspätetes Epos des „Kulturkampfes" am Niederrhein. - In: Geldrischer Heimatkalender (1990) S. 204-222

Kamps, C.: Mitteilungen aus der Geschichte des Kapuzinerklosters zu Geldern. - In: Veröffentlichungen des Historischen Vereins Geldern und Umgegend (1933) H. 35, S. 18

Keller, Karl: Een Geestelijck Lust-Hoofken: die Kevelaerer Wallfahrtslieder von 1683. - In: Geldrischer Heimatkalender (1969) S. 145-156

Keller, Karl: Die Melodien der Poirterschen Wallfahrtslieder. - In: Ebd. (1971) S. 142-145

Keller, Karl: Zwei Gelderner Jubiläumswallfahrten nach Kevelaer: 1742 und 1792. - In: Ebd. (1971) S. 142-145

Keller, Karl: Adriaan Poirters (1605-1674): Leben und Werk des Dichters der ersten Kevelaerer Wallfahrtslieder. - Ebd. (1980) S. 89-94

Keller, Karl: Die Kevelaer-Wallfahrt in Liedern und Gedichten: eine volkskundliche und kulturgeschichtliche Studie. - Geldern, 1991. - (Veröffentlichung des Historischen Vereins für Geldern und Umgegend, 92)

Kerkhoff, Radbert: Das Oratorium und seine Bibliothek. - In: Geldrischer Heimatkalender (1968)

Kerkhoff, Radbert: Ausländer in Kevelaer: Gästebücher. - In: Ebd. (1978) S. 43-52

Kertelge, Karl: „Kevelaerer Gespräche": „Maria und die Ökumene", am 4. 2. 1986 als Vortrag gehalten. - Erstveröff. in: Catholica (1986) Nr. 4, S. 253-269

Kettenberger, Oswald s. Willms, Wilhelm: Kevelaerer Kredo . . .

Kevelaer - Europa des Glaubens: Papst Johannes Paul II. am Wallfahrtsort der „Trösterin der Betrübten". - Kevelaer, 1987

Kevelaer - Gnadenkapelle s. Große Boymann, Guido . . .

Kevelaer - Stätte der Besinnung: Wegweiser und Information/in Zusammenarbeit von P. Radbert Kerkhoff und Heribert Schlensok. Hrsg. von der Wallfahrtsleitung Kevelaer. - Kevelaer, 1986

Fremdsprachige Ausgaben o. g. Titels:

Niederländisch: Kevelaer - Plaats van bezinning: wegwijzer en informatie/Übersetzung: H. J. Knoors. - Ebd., 1986

Französisch: Kevelaer - Lieux de recueillement: guide et information/Übersetzung: Martine Renard. - Ebd., 1987

Englisch: Kevelaer - A Place for Contemplation: information and guide/Übersetzung: Norman Payne. - Ebd., 1987

Spanisch: Kevelaer - Un lugar de oración/Übers.: Enrique Banús und José Garcia. - Ebd., 1988

Italienisch: Kevelaer - Un luogo di contemplazione/Übersetzung: Alessandra Schreiner. - Ebd., 1988

Kevelaer-Bruderschaft Bonn: Marianisches Gebet- und Gesangsbuch, besonders für die Prozession von Bonn nach Kevelaer. - Rheidt (bei Siegburg), 1964

Kevelaers Wallfahrt und die erste preußische Verwaltung. - In: Unsere Heimat: Blätter des Vereins für Heimatschutz und Museumsförderung Kevelaer Jg. 1 (1950, 2. Ausg.) Nr. 4 (Unpagin.)

Als eine Kevelaerwallfahrt noch „Ersatz für Ferien" war: anläßlich der 200. Wallfahrt aus Bergen op Zoom nach Kevelaer. - In: Rheinische Post (16. 6. 1983)

Die Kirchweihe zu Kevelaer am 3. 7. 1864. - In: Unsere Heimat: Blätter des Vereins für Heimatschutz und Museumsförderung Kevelaer Jg. 2 (1951) Nr. 5 (Unpagin.)

Klausener, Erich: Ein Priester in Preußen: das Leben des Feldpredigers in Potsdam, Pater Raymundus Bruns aus dem Dominikaner-Orden. Berlin, 1981, S. 50-53

Kleiner Führer durch das Heimatmuseum. - Kevelaer, 1955

Knippenberg, Johannes: Historia Ecclesiastica Ducatus Geldriae. - Brüssel, 1719

Koller, Gabriel: Das Panorama in Altötting. - In: Arbeitsheft des Bayerischen Landesamtes für Denkmalpflege. - München, 1990 (H. 48). -S. 23: u. a. Kevelaer

Kraemer, K. W. s. Heckens, Josef: Trost . . .

Kranz, Gisbert: Eine katholische Jugend im Dritten Reich. – Freiburg, 1990. – S.26, 80

Kreiten, P. W.: Maria Kevelaer, die Trösterin der Betrübten. - Mönchengladbach, 1892

Krickelberg, Johann H(einrich): Die Wallfahrt zu Kevelaer von ihrem Anfang bis zur 200-jährigen Jubelfeier im Jahre 1842. - Köln, 1842

Krickelberg, Johann H(einrich): De bedevaart te Kevelaer. – O. O., 1842

Krickelberg, Johann H(einrich): De viering von het 200-jarig Jubelee tot vereering van Maria onder den Titel van Troosteres der Bedruckten te Kevelaer, in het Jaer 1842/door J. H. Krickelberg, Pastor te Kevelaer. - Grave, 1842. - Uit het Hoogduitsch vertaald

Kriss, Rudolf; Rettenbeck, Lenz: Wallfahrtsorte Europas. - München, 1950

Die Leiden und Abenteuer des jungen Jan Voß: ein Buch über die Entstehung der Wallfahrt nach Kevelaer. - In: Rheinische Post (10. 9. 1983)

Leupertz, G.: Die siedlungsgeographische und wirtschaftliche Entwicklung der Stadt Kevelaer unter dem Einfluß des Wallfahrtswesens. - O. O., 1957. - Maschinenschr.

Liederboekje voor de bedevaarders naar onze Lieve Vrouw Troosteres der bedrukten te Kevelaer. - Maaseyck, 1956

Lipp, Johannes: Die Wallfahrten der St. Vitus-Pfarre Oedt nach Kevelaer. - In: Oedter Heimatblätter (1973) S. 14-21

Loose, Helmuth Nils s. Schwering, Burkhard: Gelobt . . .

Machtiging der arrondissements-administratie van Aken tot de processie naar Kevelaer: van de broederschap van O. L. Vrouw te Sittard in het jaar 1797. - In: Maasgow Jg. 34 (1912) Nr. 4

Maertz, Joseph: „300 Jahre Patronin der Stadt Luxemburg". - In: Ons Hémecht (Luxemburg) Jg. 18 (1966)

Maertz, Joseph: Entstehung und Entwicklung der Wallfahrt zur Trösterin der Betrübten in Luxemburg 1624-1666. - In: Ebd., Nr. 1

Maertz, Joseph: Notre-Dame de Luxembourg: Consolatrices des Affergés, vénérée pendant 300 ans dans le Province belge de Luxembourg. - In: Ebd., (1978) S. 7-154

Maria Kevelaer im Bild: Vera effigies Matris Jesu/bearb. von Robert Plötz. - Kevelaer, 1987. - (Führer des Niederrheinischen Museums für Volkskunde und Kulturgeschichte Kevelaer; 21)

Maria Mater Fidelium - Mutter der Glaubenden: Nachlese zum 17. Marianischen und 10. Mariologischen Weltkongreß in Kevelaer vom 11.-20. 9. 1987/Hrsg. Wallfahrtsleitung Kevelaer. - Kevelaer, 1988

Markowitz, I. s. „Wallfahrten am Niederrhein"

Marx, Adolf: Kevelaer, Wallfahrt und Wirtschaft: nach alten Urkunden und Geschichtsquellen. - Kevelaer, 1922

Marx, Adolf: Kevelaer in der Literatur. - In: Unsere Heimat: Blätter des Vereins für Heimatschutz und Museumsförderung Kevelaer (1935) Nr. 11und (1936) Nr. 3

Marx, Adolf s. a. Beiträge zur Geschichte der Stadt Kevelaer

Meyers, Fritz: Junge Kevelaerer protestierten, als die Partei 1941 Bischof Clemens August angriff. - In: Geldrischer Heimatkalender (1982) S. 127-136

Meyers, Fritz: Hüter unter dem Haken-Kreuz: zwei Episoden aus dem Leben des Dechanten Wilhelm Holtmann, Kevelaer. - In: Ebd., (1983) S. 65-77

Meyers, Fritz: Hendrik Busmann erfüllte den Auftrag der Stimme . . . - In: Rheinische Post (18. 4. 1987)

Meyers, Fritz: Wilhelm Heinrich Riehl: drei Wunder von Kevelaer. - In: Der Niederrhein (1987) Nr. 3, S. 175-177

Mirakelbericht vom Jahre 1688. - In: Anfang und Fortgang der Andacht / In dem Dorff / Kevelaer / In dem Herzogtum Geldern / samt einer kurzen Verzeichnis approbirter / Miraculen / (. . .). - s'Hertogenbosch, 1739. - S. 55. - Zitiert auch bei Plötz, Robert: Die Wallfahrt nach Kevelaer. - Duisburg, 1986. - S. 29

Molls, Hans Heinz s. Der Weg . . .

Müller, A.: Das heilige Deutschland. - Köln, 1987. – S. 81-85

Nettesheim, Friedrich: Geschichte der Stadt und des Amtes Geldern: von den Ursprüngen bis 1863. - Crefeld, 1863. - Neudruck: Kevelaer, 1963

Neues Wallfahrtszentrum mit Pax-Christi-Kapelle. - In: Niederrheinische Blätter (Mai 1982) Nr. 2/3 und Kirche und Leben (30. 5. 1982) Nr. 22, S. 9

Neuheuser, Hans P.: Das Archiv der Stadt Kevelaer. - In: Beiträge zum Rheinischen Archivwesen I, Archivberatungsstelle Rheinland, 15. Archivheft. - Köln, 1983. - S. 123-128

Neumann, Hans: 300 (dreihundert) Jahre Kölner Wallfahrt nach Kevelaer: 1672-1972. - Siegburg, 1972

Neutsch, Cornelius: Religiöses Leben im Spiegel von Reiseliteratur: Dokumente und Interpretationen über Rheinland und Westfalen um 1800. - Köln (u. a.), 1986. - S. 46-52 (Veröffentlichungen zur Religionsgeschichte; 9)

Niederberger Festschrift zum 150-jährigen Jubiläum. - Mönchengladbach, 1892

Offizielles Kevelaer-Wallfahrtsbuch: Gebete und Wallfahrtslieder; Ausgabe für alle deutschen Diözesen/Hrsg. Wilhelm Holtmann, neubearb. von Fritz Dyckmans. - Kevelaer, 1950

Oomen, Johannes: Kevelaer, Entstehung und Geschichte der Wallfahrt und ihre Heiligtümer. - Kevelaer, 1975

Oomen, Johannes: Ein Pilgertag in Kevelaer. - Kevelaer, o. J. - Mit Schallplatte

Die Oratorianer. - In: Unsere Heimat: Blätter des Vereins für Heimatschutz und Museumsförderung Kevelaer Jg. 1 (1950) Nr. 6 (Unpagin.)

Der Papst in Münster und Kevelaer: eine Video-Kassette. Hrsg. Kirche und Leben, Münster/W.

Papst Johannes Paul II. in Kevelaer, Samstag 2. Mai 1987/hrsg. von der Wallfahrtsleitung Kevelaer. - Text- und Liedheft, als Manuskript gedruckt. - Kevelaer, 1987

Papst würdigt Bedeutung der Wallfahrtsstadt Kevelaer: Altar und Kreuzweg feierlich eingeweiht. - In: Kirche und Leben (6. 6. 1982) und (13. 6. 1982)

Das Papstportal von Kevelaer. Text von Werner Roemer / Rudolf Häselhoff. – Wallfahrtsleitung Kevelaer, 1991

Het Pausportaal van Kevelaer. – Übers. v. Andreas Caldelas. – Wallfahrtsleitung Kevelaer, 1992

Pax-Christi, Kevelaer 1948 - Kevelaer 1988: die Anfänge der Pax-Christi-Bewegung in Deutschland/hrsg. vom Pfarrgemeinderat der Pfarrei St. Marien Kevelaer. - Kevelaer, 1988

Het Pelgrimken van Kevelaer s. [Poirters]

Pesch, Dieter s. Wallfahrtsfähnchen . . .

Philippen, J.: Die früheste Ausstrahlung von Scherpenheuvel in das Rheinland. - In: Maria Kevelaer im Bild = Vera effigies Matris Jesu/Sammlung Josef Thoenissen. - Goch, 1987. - (Führer des Niederrheinischen Museums für Volkskunde und Kulturgeschichte; 21)

Pilgrim, P.: Maria Kevelaer. - In: Frankfurter zeitgemäße Broschüre Jg. 7 (1886) S. 309-348

Pilgrim, Maria zu dir kommen wir. - Kevelaer, 1892

Plate, Joseph: Kevelaer: eine heilige Kirmes; Kindheitserinnerungen eines Kevelaer-Wallfahrers. - In: Geldrischer Heimatkalender (1980) S. 15-21

Plötz, Robert: De bedevaart tot Maria in Kevelaer. - In: De Liemers op bedevaart/Liemers Museum te Zevenaar. - Zevenaar, 1980. – S. 20-23. - Ausstellungskatalog

Plötz, Robert: Alt-Kevelaer: 256 Bilder aus 300 Jahren/Burkhard Schwering (Mitarb.). - Geldern, 1982. - (Veröffentlichung des Historischen Vereins für Geldern und Umgegend; 83)

Plötz, Robert: Wirtschaft und Wallfahrt in Kevelaer. - In: Niederrhein-Kammer, Zeitschrift der IHK Duisburg - Kammerbezirk Wesel/Kleve 3. Jg. (1983) S. 115-123

Plötz, Robert: Die historisch-politischen Hintergründe der Kevelaerer Wallfahrt: Vortrag, gehalten auf der Arbeitstagung des Institutes für geschichtliche Landeskunde der Rheinlande am 28. 9. 1984. Maschinenschr.

Plötz, Robert: Die Wallfahrt nach Kevelaer: ein Wallfahrtsort und seine Geschichte. - Duisburg, 1986

Plötz, Robert: Belgien - Spanien - Portugal: marianische Präsenz westlich von Kevelaer. - In: Schmitt-Lieb, Willy: Das Marienbild im Wandel von 1300-1800: Ausstellung zum Mariologischen Weltkongreß 1987 in Kevelaer. - Würzburg, 1981. S. 685-695

Plötz, Robert: Kevelaer im Bild: de imagene vetera. - In: Kevelaer im Bild. - Kevelaer, 1987. S. 3-10. - (Führer des Niederrheinischen Museums für Volkskunde und Kulturgeschichte; 19)

Plötz, Robert: Unsere Wallfahrtsstätten. - Frankfurt a. M., 1988. S. 56-59. - (Deutschland - das unbekannte Land/hrsg. von R. Pörtner; 7)

Plötz, Robert: Das verschwundene Heiligenhäuschen an der St. Antoniuskirche in Kevelaer. - In: Geldrischer Heimatkalender (1988)

Plötz, Robert: Betreffend Panorama: Colossal-Rundgemälde in Kevelaer. - In: Ebd., (1989) S. 120-133

Plötz, Robert: Ein unbekanntes Kircheninventar der Pfarrkirche St. Antonius in Kevelaer . . . - In: Ebd., (1990) S. 133ff.

Plötz, Robert: Wallfahrten. - In: Reisekultur: von der Pilgerfahrt zum modernen Tourismus/hrsg. von Hermann Bausinger (u. a.). - München, 1991. - S. 31-38

(Poirters, Adriaan): P., P. A.: Het Pelgrimken van Kevelaer: Inhoudende Litanie, Hymni, Liedekens, Herdersdichtjens, Reymgebeden etc. voor de Processie van Kevelaer/door den Eerw. P. A. P. . . . - Tot Roermond, o. J.

Pörtner, R. s. Plötz, Robert: Unsere Wallfahrtsstätten . . .

Poncelot, A.: Histoire de la Compagnie de Jésus dans les anciens Pays-Bas: 2 Bde. - Brüssel, 1928

Predigten und Ansprachen von Papst Johannes Paul II. bei seinem Zweiten Pastoralbesuch in Deutschland sowie Begrüßungsworte und Reden, die an den Heiligen Vater gerichtet wurden: 30. April-4. Mai 1987; offizielle Ausgabe/Hrsg. Sekretariat der Deutschen Bischofskonferenz. - (Verlautbarungen des Apostolischen Stuhls; 77). - S. 50-59

Radermacher, H. J.: Pilgerfahrten nach Kevelaer: ihr Weg und Geist. - Kevelaer, 1933. S. 42ff.

Rasqué, Friedrich: Seit über 300 Jahren eng verbunden: Freundschaft zwischen Kevelaer und Luxemburg. - In: Geldrischer Heimatkalender (1967) S. 37-42

Reiners, Adam: Die Wallfahrt der Luxemburger nach Kevelaer am 17. und 18. August 1892. - In: Obermosel-Zeitung (1892) Nr. 84, 87 und 94

Reißner, Hanswerner: Ave Spes Nostra: Gedanken zur Kevelaer-Messe. - Kevelaer, 1965

Reißner, Hanswerner (u. a.): Wir alle sind Pilger. - Rundbrief aus Kevelaer, 1969

Reißner, Hanswerner: „Wir gehen zur Mutter der Kirche". - Kevelaer, 1977

Der Reliquienschrein in der Pax-Christi-Kapelle. - In: Rheinische Post (10. 6. 1982)

Rettenbeck, L. s. Kriss, R.: Wallfahrtsorte Europas . . .

Reulandt, Hubertus: Wunderwerck und gnadenreicher Häyllungen So unsere Liebe Frau die Trösterin in ihrer / nechst bey Lützemburg / durch die Patres der Societet Jesu erbawten Capelle / von ihrem Anfang her / das ist / vom Jahre 1624, bis ins jetzt angehende 1648, an viel betrengten Menschen miltiglich erzeugt. - Getruckt zu Mainz, 1648. - Das Mirakelbüchlein enthält sämtliche Wunderberichte von 1624 bis 1648

Richardt, P. A.: Kort verhael van het zegen-praelen in Kevelaer, 1742. - Vollständige Inh.-Angabe und Besprechung in: Keller, Karl: Die Kevelaerer Wallfahrt in Liedern... - Geldern, 1991

Riehl, W. H.: Wallfahrtsort an der Schwelle der Niederlande. - In: Geldrischer Heimatkalender (1959) S. 82-84

Riehl, W. H.: Drei Wunder von Kevelaer: aus dem Wanderbuch des W. H. Riehl. - Florenz, 1988. - Bibliophile Edition

Riewerts, C. s. Bensch, Erich: Wegmarken . . .

Roemer, Werner: s. Das Papstportal...

Roemer, Werner: Das Portal der Nachfolge Christi. – Niederländisch: Het Portaal "De Navolging van Christus". Übers. v. Maurice Reneerkens. – Wallfahrtsleitung Kevelaer, 1992

Rovira, German: Maria, Mutter der Glaubenden: Dokumentation des Rahmenprogramms zum 17. Marianischen Weltkongreß. - S. 35. - Kevelaer, 1987

Rovira, German: Die Schrift zur Verteidigung der Wallfahrten von Johannes Stalenus (1596-1681). - In: De cultu Mariano saeculis XVII-XVIII, Bd. IV: de cultu Mariano apud scriptores ecclesiasticos sac. XVII. - Rom, 1987. S. 425-452

Rovira, German: Der Marianisch-Mariologische Weltkongreß in Kevelaer. - Kevelaer, 1988

Rovira, German s. a. Bäumer, R.: Marienfrömmigkeit . . .

Rovira, German s. a. „Der Widerschein des Ewigen Lichtes"

Rudniki, H. von: Die berühmtesten Wallfahrtsorte der Erde. - Paderborn, 1891

Schäfer, Bernhard: Maria Kevelaer: Geschichte der Wallfahrt; Beschreibung der Andachtsstätten und des Wallfahrtslebens. - Kevelaer, ^{6} 1911

Schlafke, Jakob: Wallfahrt im Erzbistum Köln. S. 161ff., S. 372ff. - Köln, 1989

Schmidt-Eppendorf, Peter: Die katholischen Geistlichen auf Nordstrand ab 1654. - Nordstrand, 1976-1990. - Loseblattsml. - Erscheint voraussichtlich 1992 als Monographie

Schmitt, Georges: Luxemburger Kupferstecher in ihrem Zusammenhang mit dem Andachtsbild der Trösterin der Betrübten. - Ons Hémecht (Luxemburg) Jg. 18 (1966) Nr. 3, S. 297-310

Schmitt-Lieb, Willy: Das Marienbild im Wandel von 1300-1800: Ausstellung zum Mariologischen Weltkongreß 1987 in Kevelaer. - Würzburg, 1981

Schmitt-Lieb, Willy s. Plötz, Robert: Belgien . . .

Schollen, M.: Die marianische Bruderschaft unter dem Titel der Kevelaer-Prozession in der Pfarrkirche St. Peter. - Aachen, 1896

Scholten, R.: Das Cistercienserkloster Grafenthal oder Vallis Comitis zu Asperden im Kreis Kleve. - Kleve, 1899. - (151 und Anh. Urkunde Nr. 77)

Scholten, R.: Einige Beiträge zur alteren Geschichte von Kevelaer. - In: Niederrheinischer Geschichts- und Altertumsfreund. Jgg. 6, 7 und 8 (1905) und 1 und 2 (1906)

Scholten, R.: Beiträge zu den Kämpfen zwischen Katholiken und Protestanten am Niederrhein und Johannes Stalenus aus Calcar. - (Veröffentlichungen des Historischen Vereins für den Niederrhein Jg. (1909) S. 332f., S. 338ff.

Schreiber, Chr.: Wallfahrten durch das deutsche Land. Eine Pilgerfahrt zu Deutschlands heiligen Stätten. - Berlin, 1928

Schütz, J. H.: Die Gnadenorte Luxemburg und Kevelaer: mit einer geschichtlich-dogmatischen Einleitung über Wunder, Gnadenorte; ein Wallfahrtsbuch für alle Katholiken. - Kevelaer, 1911

Schulte, Paul-Günter: Zur Orgelempore der Basilika zu Kevelaer. Kunst und Politik im Kirchenraum. - In: Frankewitz, Stefan (Hrsg.), Epitaph für Gregor Hövelmann. Beiträge zur Geschichte des Niederrheins, dem Freund gewidmet von Kurt Abels u. a. - Geldern, 1987

Schulte Staade, Richard: Neue Akzente an Kevelaers Kapellenplatz: Petrus-Canisius-Haus, Innenhof mit Pax-Christi-Kapelle und Kreuzweg. - In: Geldrischer Heimatkalender (1984) S. 19-24

Schulte Staade, Richard: Das Marienbild am Weg. Gedanken zum Wallfahrtsbild von Kevelaer. – Wallfahrtsleitung Kevelaer, 1989.

Schulte Staade, Richard (Hrsg.): 350 [dreihundertfünfzig] Jahre Kevelaerwallfahrt 1642 – 1992. Band I: s. Heckens, Josef u.a., Consolatrix Afflictorum... – Band II: s. Dohms, Peter, Die Wallfahrt nach Kevelaer...

Schulte Staade, Richard s. a. Bellm, Richard . . .

Schulte Staade, Richard s. a. „Gebete und Gesänge zur Kevelaerwallfahrt“ . . .

Schulte Staade, Richard s. a. „Gebeden en Gezangen voor de bedevaart naar Kevelaer“

Schumacher, Carl: Das erste Jubelfest zu Kevelaer. - In: Unsere Heimat: Blätter des Vereins für Heimatschutz und Museumsförderung Kevelaer Jg. 8 (1921) Nr. 1 sowie Jg. 9 (1921) Nr. 2

Schumacher, Carl: Die Leuther Prozession zieht bei der 200-jährigen Jubelfeier nach Kevelaer. - In: Ebd. (1925) Nr. 7, S. 4-6

Schwering, Burkhard: Das kleine Andachtsbild: mit zahlreichen Abbildungen aus Beständen des Kevelaerer Museums. - Straelen, 1982. - Ausstellungskatalog Kevelaer, 22. 8.-3. 10. 1982

Schwering, Burkhard: Zeugnisse niederrheinischer Töpferkunst: Prunkstücke bleiglasierter Irdenware im Niederrheinischen Museum für Volkskunde und Kulturgeschichte in Kevelaer. - In: Weltkunst: Aktuelle Zeitschrift für Kunst und Antiquitäten. - München (1984) Nr. 5

Schwering, Burkhard: Gelobt seist du, Maria:volkstümliche Darstellungen des Wallfahrtsbildes von Kevelaer. 64 Farbbilder von Helmuth Nils Loose. - Freiburg, 1987

Schwering, Burkhard: Overleden te Kevelaer den 14. 11. 1817. In: Geldrischer Heimatkalender (1988)

Schwering, Burkhard: „Unter deinem Schutz und Schirm“: ein westfälisches Sägehahl und seine Bedeutung als Träger des Kevelaerer Gnadenbildes. - In: Ebd. (1990) S. 256-258

Schwering, Burkhard s. a. Plötz, Robert: Alt-Kevelaer

Senn, Ekkehard: Funktionalität und Erscheinungsbild des Wallfahrtsortes Kevelaer: eine zentralörtliche und soziogeographische Betrachtung. - Mannheim, 1971. - Unveröffentlichte maschinenschriftliche Examensarbeit, Exemplar im Archiv des Kreises Kleve in Geldern

Smets, Josef: Kevelaer - Gesellschaft und Wirtschaft am Niederrhein im 19. Jahrhundert/Thomas F. Faber (Mitarb.). - Kevelaer, 1987

Spamer, Adolf: Das kleine Andachtsbild vom 14. bis zum 20. Jahrhundert. München, [2] 1980. S. 155, S. 266

Spoorenberg. J.: De bedevaart van Eindhoven naar Kevelaer 1742-1991 (I). In: 't Grunn Buukse van de Heemskundige Stadiekring „Kempenland“ Eindhoven en Omgeving Jg. 20 (1991) Nr. 3, S. 83-104

Staell (Stalenus), Johannes: Verhael van de Mirakelen int Dorp van Kevelaer. - Ruremonde (Roermond), 1647

Staell, Johannes: Concio de consecratione et dedicatione ecclesiae: habita in ipsa consecratione majoris sacelli seu ecclesiae agri Kevelaeriensis. - Köln, 1649

Staell, Johannes: Peregrinus ad Loca Sancta/a Johanne Staleno, Canonico et Pastore Resensi. - Köln, 1649

Staell, Johannes: Unsere Heimat: Blätter des Vereins für Heimatschutz und Museumsförderung Kevelaer Jg. 2 (1951) Nr. 9

Steinert, Johannes D.: Kevelaer: eine niederrheinische Region zwischen Kaiserreich und Drittem Reich. - Kevelaer, 1988

Stier, Fridolin s. Heine, Heinrich . . .

Suckow, Wilhelm: Kevelaer, 1949: das Jahr der Stadterhebung. - In: Geldrischer Heimatkalender (1950) S. 35-38

(Swert, Petrus de:) Chronicon Congregationis Oratorii Domini Jesu / per Provinciam Archiepiscopatus Mechliniensis diffusae. - Lille, 1740

Ein Tag in Kevelaer. - In: Deutscher Merkur: wissenschaftliche Beilage zum Altkatholischen Volksblatt, Jg. 30 (1899) S. 91-96. - Photokopie im Kreisarchiv in Geldern

Teggers, Heribert: Kevelaer in der Geschichte. - In: Niederrhein, Goch Jg. 8 (1936) Nr. 89

Thiemann, R.: Wallfahrt in der Gegenwart: exemplarisch dargestellt an den Wallfahrten nach Kevelaer, Telgte und Eggerode. - Hannover, 1979. - Hausarbeit zur Prüfung für das Lehramt an Berufsbildenden Schulen, maschinenschr.

Torsy, J.: Die Geschichte des Bistums Aachen während der französischen Zeit. - Bonn, 1940. S. 229f.

Die Trösterin der Betrübten zu Kevelaer in der Rheinprovinz. - In: Luxemburger Marienkalender Jg. 7 (1883) S. 15-19

Trost in Kevelaer: Psychotherapie auf katholisch. - In: Rheinische Post (19. 8. 1983)

T'voet naar Kevelaer. - In: Limburg, Bisdom Roermond Jg. 2 (1948/49) Nr. 5

Unser Heiligtum wieder im alten Glanze. - In: Unsere Heimat: Blätter des Vereins für Heimatschutz und Museumsförderung Kevelaer Jg. 1 (1950) Nr. 5 (Unpagin.)

Verhuven, R.: Die Schlacht bei Krefeld (1642) und Bauern- und Landnot am Niederrhein im Dreißigjährigen Krieg. - In: Die Heimat, Zeitschrift für Niederrheinische Heimatpflege Jg. 15 (1936) Nr.1 , S. 15-21

Vom Hofe, Falk: Kevelaer: Wallfahrt durch Wallfahrt: eine Reportage über eine Stadt, die auf den Glauben setzt. - In: Niederrhein. - Hamburg, Mai 1984. - S. 86-92. - (Merianheft)

Vorsselmans, J.: Op bedevaart naar Kevelaer. - In: Calmthoutania (1970) Nr. 22, S. 156-157

Wallfahrer in Kevelaer: Glauben, Zweifel. - In: Rheinische Post (24./25. 12. 1982)

Wallfahrt im Rheinland/hrsg. vom Amt für rheinische Landeskunde in Verbindung mit dem Volkskunderat Rhein-Maas und dem Niederrheinischen Freilichtmuseum: Bd. 14. - Werken und Wohnen. - Köln, 1981

Wallfahrt nach Kevelaer/Hrsg. Wallfahrtsleitung Kevelaer. - Limburg, 1982. - Tonbildserie

Wallfahrt nach Kevelaer: Broschüre mit Liedern und Gebeten für die Wallfahrt von Geldern nach Kevelaer. - Kevelaer, 1984

Wallfahrt nach Kevelaer: menschlich betrachtet. - In: Rheinische Post (20. 8. 1983)

Die Wallfahrt zum Gnadenbild/hrsg. von zwei Priestern. - Geldern, 1889

Wallfahrt nach Kevelaer zum Gnadenbild „Maria, Trösterin der Betrübten": zur Erinnerung an das 250-jährige Jubiläum der Wallfahrt und der Krönung des Gnadenbildes . . . - Dülmen, 1892

Wallfahrt ´83: meilenweit zur Mutter Gottes von Vreden 90 km nach Kevelaer. - In: Kirche und Leben (1. 5. 1983) S. 16

Wallfahrten am Niederrhein: Katalog einer Ausstellung vom 25. 8.-31. 10. 1982 im Stadtmuseum Düsseldorf/hrsg. von I. Markowitz. - Düsseldorf, 1982

Wallfahrtsbüchlein für die Fußwallfahrt Oberbruch - Kevelaer. - Oberbruch-Grebben, o. J.

Wallfahrtsfähnchen, religiöse Druckgrafik: Bestandskatalog/Dieter Pesch (Bearb.). - (Führer und Schriften des Rheinischen Freilichtmuseums und Landesmuseums für Volkskunde in Kommern; 26). - Köln, 1983

Der Weg in den Frieden: erste Internationale Arbeitstagung der „Pax-Christi" in Kevelaer, 1. - 4. April 1948; hrsg. i. A. d. Deutschen Zweiges „Pax-Christi" von Hans Heinz Molls. - Köln, 1948

Werner, Hans: Altes und Neues über Hendrik Busman. - In: Unsere Heimat: Blätter des Vereins für Heimatschutz und Museumsförderung Kevelaer Jg. 25 (1974) Nr. 1 (Unpagin.)

Wester, Heinrich: Kevelaer, Wallfahrt und Pfarrei: eine rechtsgeschichtliche Studie. - Kevelaer, 1936. - Theol. Diss. (Auszug)

Der Widerschein des Ewigen Lichtes: Marienerscheinungen und Gnadenbilder als Zeichen der Gotteskraft/hrsg. von German Rovira. - (Marianische Schriften des Internationalen Mariologischen Arbeitskreises Kevelaer) - Kevelaer, 1984

Wilkes, C.: Quellen zur Geschichte der Pfarreien. - In: Das Gold-Blaue Buch Geldrischer Geschichte. - Kevelaer, 1951

Wilkes-Valkyser, Renate: Hundert Jahre Basilika zu Kevelaer. - In: Geldrischer Heimatkalender (1965) S. 102-105

Wilkes-Valkyser, Renate: Kevelaer ´73. - In: Ebd., (1973) S. 14-21

Willms, Wilhelm: Kevelaerer Kredo: Wahrheit wortbrüchig/mit Fotos von Oswald Kettenberger. - Kevelaer, 1976

Wothe, Franz-Josef: Kevelaer, neuer Pilgerführer. - Kevelaer, o. J.

Wynands, Dieter P. J.: Geschichte der Wallfahrten im Bistum Aachen. - Aachen, 1986. - (Veröffentlichungen des Bischöflichen Diözesanarchivs Aachen; 41)

Wynands, Dieter P. J.: „Rheinmaasländische Wallfahrten des 19. Jahrhunderts im Spannungsfeld von Politik und Frömmigkeit"/veröffentlicht in den Annalen des Historischen Vereins für den Niederrhein, 191 (1988) S. 115-131

Verzeichnis der Autoren

van Aaken, Heinz Josef, Dipl.-Ing.,
Brudermeister der Bruderschaft „Consolatrix Afflictorum", Kevelaer

van Ackeren, Joseph, Pfarrer von Kevelaer 1863 – 1903

Aengenheyster, Heinz, Kaufmann, Hochmeister der Bruderschaft „Consolatrix Afflictorum" 1977 – 1990, Kevelaer

Bargel, M. Bernadette, Klarissin, Kevelaer

Bäumer, Remigius, Dr. theol., Universitätsprofessor für Mittlere und Neuere Kirchengeschichte, Freiburg Br./Kirchzarten

Bercker, Theodor, Verleger und Heimatforscher in Kevelaer, † 1975

Bergmann, Ulrike, Dr. phil., Kunsthistorikerin bei der Dombauverwaltung, Köln

Bergmann, Winfried, Studiendirektor a. D., Kevelaer

Bischof, Heinrich, Pfarrer der Kath. Kirchengemeinde St. Johannes der Täufer, Bottrop-Kirchhellen

Bours, Johannes, Spiritual am Priesterseminar in Münster, Pfarrer, Schriftsteller, † 1988

Buckstegen, Theodor, Lic. theol., Domkapitular, Geistlicher Rat, Münster/W.

Dingermann, Karl, Justizoberamtsrat a. D., Vorsitzender des Musikvereins, Ehrenbürgermeister, Hochmeister der Bruderschaft „Consolatrix Afflictorum", Kevelaer

Dohms, Peter, Dr. phil., Staatsarchivdirektor am Nordrhein-Westfälischen Hauptstaatsarchiv in Düsseldorf, Schriftleiter der Zeitschrift „Der Archivar", Meerbusch

van Doornick, Alois, Pfarrer der Kath. Kirchengemeinde St. Antonius, Kevelaer

Dorn, Walter, Restaurator, Kerpen-Buir

Gatz, Erwin, Dr. theol., Professor,
Rektor des Campo Santo Teutonico, Vatikanstadt

Gielen, Viktor, Pfarrer im Ruhestand, Eupen-Kettenis

Gobbers, Wilhelm, Ing. grad., Krefeld

Große Boes, Martin, Bibliothekar, Brühl

Heckens, Josef, Verlagsleiter a. D./Verlag Butzon & Bercker, Kevelaer

Hendriksen, Theodorus Gerardus Antonius, Weihbischof, Utrecht

Hengen, Jean, Dr. theol., Erzbischof em., Luxemburg

Horst, Thomas, Benediktiner der Abtei Gerleve, Billerbeck

Janssen, Friedrich, Dr. theol., Professor für Fundamentaltheologie an der Universität Osnabrück-Vechta, Vechta

Janssen, Heinrich, Weihbischof der Diözese Münster und Regionalbischof für den Niederrhein, Xanten

Janssen, Heinrich Maria, Pfarrer von Kevelaer 1949 – 1957, Bischof von Hildesheim 1957 – 1982, † 1988

Johannes Paul II., Papst, Bischof von Rom

Karels, François, Pfarrer im Ruhestand, Luxemburg

Keller, Karl, Dr. phil., Oberstudiendirektor a. D., Geldern

Kerkhoff, Radbert, Dr. theol., Benediktiner der Abtei Gerleve, Wallfahrtsseelsorger, Verwalter der Oratorianer-Bibliothek im Priesterhaus, Kevelaer

Kertelge, Karl, Dr. theol., Universitätsprofessor em. für Exegese des Neuen Testamentes, Domkapitular, Münster/W.

Kornyljak, Platon, Dr. theol., Apostolischer Exarch für katholische Ukrainer des byzantinischen Ritus in Deutschland und Skandinavien, München

Kötting, Bernhard, Dr. theol., Universitätsprofessor em. für Alte Kirchengeschichte, Christliche Archäologie und Patrologie, Domkapitular em., Münster/W.

Lettmann, Reinhard, Dr. jur. can., Dr. theol. h. c., Bischof von Münster

Madey, Johannes, Dr. phil., Dipl.-Theol., Professor h. c. für vergleichende orientalische Theologie und Ökumene an der Theologischen Fakultät des Bischöfl. orientalischen Institutes für religiöse Studien, Vadavathoor, Kottayam/Kerala (Indien); Paderborn

Martens, Peter, Kaufmann, Heimatdichter, Kevelaer

Michel, Gunther Maria, Dr. phil., Sekretariat zur Vorbereitung des Papstbesuches und des Internationalen Mariologischen und Marianischen Weltkongresses 1987, Kevelaer

Novalis (= Friedrich von Hardenberg, 1772 – 1801)

Otterbeck, Franz Norbert, stud. jur., Kevelaer 2

Pauli, Martin, Geschäftsführer a. D. des Verkehrsvereins e. V., Kevelaer

Plötz, Robert, Dr. phil., Direktor des Niederrheinischen Museums für Volkskunde und Kulturgeschichte, Kevelaer

Ratzinger, Joseph, Kardinal, Präfekt der Kongregation für die Glaubenslehre, Vatikanstadt

Reding, Paul, Maler, Bildhauer, Schriftsteller, Dorsten

Reißner, Hanswerner, Oberstudienrat a. D., Religionslehrer, Kevelaer

Reißner, Ilma, Journalistin, Buchautorin, Kevelaer

Reuter, P. Jakob, SVD, Sekretariat Arnold Janssen, Missionshaus St. Michael Steyl/NL., Nettetal 2

Riedel-Spangenberger, Ilona, Dr. theol., ehem. Ökumene-Referentin im Bischöflichen Generalvikariat Münster, Professorin für Kirchenrecht an der Universität Trier

Rohde, Friedrich, Schriftsteller, Wesel

Rovira, German, Dr. theol., Geschäftsführer des Internationalen Mariologischen Arbeitskreises Kevelaer, Essen

Salzberger, Hilde, Kevelaer

Schlafke, Jakob, Domkapitular em., Köln

Schmidt-Eppendorf, Peter, Pfarrer der Kath. Kirchengemeinde St. Knud, Msgr., Nordstrand

Schönberg, Klaus, Pastor der Evangelisch-freikirchlichen Gemeinde, Kevelaer

Schroeder, Volker, Archivar, Meerbusch

Schröer, Alois, Dr. theol., Dr. phil., Honorarprofessor für Kirchengeschichte des westfälischen Raumes, Ehrendomkapitular, Münster

Schulte Staade, Richard, Pastor an St. Marien, Rektor der Wallfahrt, Domkapitular, Kevelaer

Schwering, Burkhard, Dr. phil., stellv. Direktor des Niederrheinischen Museums für Volkskunde und Kulturgeschichte, Kevelaer

Seifen, Wolfgang, Organist an der St. Marien-Basilika und Custos der Orgeln am Kapellenplatz, Kevelaer

Spaemann, Heinrich, Priester des Bistums Münster, Pfarrer am Vianney-Hospital, Überlingen

Stark, Sebald, Mitglied der Brüdergemeinschaft der Canisianer, Sekretär der Wallfahrtsleitung, Kevelaer

Stenmans, Peter, Studiendirektor i. R., Neuss

Stöhr, Johannes, Dr. theol., Professor für Dogmatische Theologie an der Otto-Friedrich-Universität, Bamberg

Stummel, Friedrich, Kirchenmaler, 1850 – 1919

Theune, Eva Maria, Predigthelferin in der Evangelischen Kirchengemeinde, Kevelaer

Vermehren, Mutter Isa, RSCJ, Direktorin a. D., Bonn

von Volckamer, Volker, Dr. phil., Fürstl. Archivdirektor, Leiter der Fürstlich Oettingen-Wallerstein'schen Sammlungen Schloß Harburg, Harburg

Voss, Alfred, Kaplan an St. Maria Himmelfahrt, Kleve

Willing, Martin, Verleger, Journalist und Schriftsteller, Kevelaer 3

Willms, Wilhelm, Propst im Ruhestand, Schriftsteller, Heinsberg

Wirtz, Nicolas, Dompfarrer, Luxemburg

Wothe, Franz Josef, Dr. theol., Professor em., Apostolischer Protonotar a.i.p., Ap. Visitator Gedanense em., Hildesheim

Wynands, Dieter P. J., Dr. phil., Privatdozent für rheinische Landesgeschichte, Aachen

Bildnachweis

(Ziffer = Seitenzahl, o = oben, u = unten, l = links, r = rechts)

Richard Bellm XV (Rosengeflecht), XX, 125 u, 129 o, 145, 271, 314, 346, 601, 602, 648, 673, 685, 686 o, 785, 797, 798, 834 / Thea Bellm, Karlsruhe 15, 63, 123, 130 u, 132 u, 135, 137 u, 660, 661 / Erich Bensch 629 / Fam. Bergmann, Kevelaer 751 / Bischöfliches Diözesanarchiv, Aachen 192 / Bischöfliches Generalvikariat Fachstelle Kunstpflege, Münster 369, 374, 376, 377, 378 / Bischöfliches Generalvikariat Bistumsarchiv, Münster 427, 430 / Foto Blau (Alfred Niedecken), Bonn 701 / Bruderschaft „Consolatrix Afflictorum", Kevelaer 703, 704, 707 / Bruder Burkhard, Münster 120, 121 / Butzon & Bercker Verlagsarchiv, Kevelaer XV, 191 u, 645, 722, 753, 754 / Dompfarramt Luxemburg 278, 279 l / Alois van Doornick, Kevelaer 364 u / Walter Dorn, Kerpen-Buir 4, 6, 7, 38, 61, 85,141, 683, 690, 694, 695 / EK Service Porth, Saarbrücken 295, 296, 297 / Lutz Engelhardt, Hildesheim 157 / Ulrich Engelmann, Geldern 372, 381 o, 440, 571, 574, 578, 581 / Reinhard Ernst – Wallfahrtsleitung Kevelaer 28, 29, 31, 59, 64, 65, 67, 78, 113, 125 o, 127, 130 o, 132 o, 134, 153 o, 156, 169, 175, 176, 197, 228, 239, 303, 313, 315, 320, 321, 333, 347, 382 u, 385, 402, 405, 407, 452, 551, 553, 564, 658, 663 o, 677, 679, 681, 686 u, 687 o, 716, 757, 787, 788, 792 / Evangelische Kirchengemeinde, Kevelaer 651 / Evangelisch-freikirchliche Gemeinde, Kevelaer 653 / Erwin Gatz, Citta del Vaticano 391, 392 / c. E. Gmeiner, Bunte-Burda Syndication, Offenburg 482 / Kurt Gramer, Bietigheim-Bissingen, Verlag Schnell & Steiner, München 124, 805, 817 / HAP Grieshaber 773, 774, 775, 777 / Hedwig Groß, Pax Christi, Bad Vilbel 546, 547 / Ludwig Grüntjens, Kevelaer 584 / Josef Heckens, Kevelaer 251, 288, 450 / Jürgen Heinemann, Werther 43, 126, 128, 136, 142, 144, 148, 152, 371, 381 u, 382 o, 657, 664, 676, 712, 715, 779, 784, 791, 793, 830, 833 / Heinrich-Heine-Institut, Düsseldorf 761, 763, 769 / Fotohaus Hirsch, Nördlingen 342 / Imperial War Museum, London 435, 436 / François Karels, Luxemburg 276, 353, 355, 358, 359 / Kath. Pfarramt St. Johannes d. T., Bottrop-Kirchhellen 159, 160, 161, 163 / Kath. Pfarramt St. Antonius, Kevelaer 292, 296 r / Kath. Pfarramt St. Kunibert, Köln, 386, 387, 388 / Kath. Kirchengemeinde, Marienbaum 725 / Kath. Pfarramt St. Knud, Nordstrand 362, 364 / Kath. Pfarramt, B-Scherpenheuvel 210, 211 / Karl Keller, Geldern 399, 746, 747, 749 / August Kersten, Kevelaer 585, 659 / Kevelaer-Bruderschaft, Aachen St. Peter 254, 256 / Kevelaer-Bruderschaft, NL-Bergen op Zoom 257 / Kevelaer-Bruderschaft, Rheine 268 / Kevelaer-Bruderschaft, Walberberg 260 / Hellmut Kijewski, Köln-Ehrenfeld 305 o / Klarissenkloster, Kevelaer 636, 640 / Walter Klein, Düsseldorf 760 / Klijn-present, Foto present, Essen 607 / KNA-Bild, Frankfurt M. 485 / Krapohl Kunstanstalt u. Verlag, Grevenbroich 21, 23, 33, 40, 47, 55, 79, 87, 90, 131, 137 o, 150, 165, 693, 699 / Landesbildstelle Rheinland, Düsseldorf 762, 767 o / Andreas Lechtape, Nottuln-4 293 / Helmuth Nils Loose, F-Grenoble (aus: B. Schwering, Helmuth N. Loose, Gelobt seist du, Maria, Verlag Herder, Freiburg 1987): 226, 227, 233, 282 / Arturo Mari, Citta del Vaticano 460 u, 461, 463, 471, 472, 474, 475, 479, 491, 493, 494, 499, 500, 617, 710, 810 / Günter Martens, Kevelaer 167 / L. A. Mettler CMM 800, 802, 803 / Musikverein, Kevelaer 807, 808 / E. Neser, L-Rambrouch 358 / Werner Neumeister, München 177 / Niederrheinisches Museum für Volkskunde und Kulturgeschichte, Kevelaer 207, 307, 308, 310, 311, 724, 727, 728, 729, 737, 738, 739, 740, 741, 742, 743, 748 / Martin Pauli Privatsammlung, Kevelaer 69, 305 u / J. C. Pellerin, F-Epinal 357 / H. R. Piez, Traben-Trarbach 535 / Gerhard Pöppel, Weeze 11, 13, 45, 53, 57, 93, 140, 147, 181, 183, 184, 236, 331, 350, 687 / Rheinisches Bildarchiv, Köln 218 (Nr. 158918) / aus: L. J. Rogier, Geschiedenis van het Katholicisme in Noord-Nederland in de 16e en de 17e eeuw. Erste deel. Amsterdam ^{2}1947 300 / Foto Ruelfs, Kevelaer 277, 345 / Schündelen, Kevelaer 590 / Burkhard Schwering, Kevelaer 726 / Sekretariat Arnold Janssen N-Steyl, Nettetal 595, 597, 599 / Lé Sibenaler, Luxemburg, 352 / Fam. Simon, Kevelaer 790 / Staatsmuseum, Luxemburg, 220, 354 / Stadtarchiv, Geldern 286 / Steyler Missionsschwestern, Nettetal 604, 606 / Steyler Missionswerk, Nettetal 615 / Norbert Thill, Luxemburg 356 / Hartmut Vogler, Ratingen 81, 109, 110, 115, 133, 138, 155, 164, 191 o, 539, 545, 611, 644, 669, 825 / Ulrich de Waal, Koblenz 395, 396 / Wallfahrtsleitung, CH-Einsiedeln 497 / Wallfahrtsleitung, Kevelaer 5, 14, 42, 49, 50, 77, 153 u, 174, 195, 199, 202, 209, 229, 235, 240, 241, 243, 244, 245, 248, 250, 263, 265, 284, 294, 309, 322, 326, 327, 328, 349, 375, 393, 408, 409, 413, 417, 425, 460 o, 467, 537, 540, 543, 550, 589, 627, 631, 632, 633, 635, 643, 663 u, 767 u, 799, 821, 822, 823, 828 / Colordruck u. Verlag H. Wegener, Gladbeck 18, 27, 35, 72, 122, 671 / Weto Albrecht Weber, Meersburg 812 / René Weydert, Luxemburg 214 / Jean Weyrich, Luxemburg 275, 279 r, 280, 281 / Foto van Wickeren, Kevelaer 39, 76, 89, 95, 97, 99, 102, 105, 129 u, 168, 217, 230, 280 r, 299, 302, 313, 316, 325, 337, 339, 410, 448, 470, 481, 503, 504, 507, 508, 511, 513, 515, 516, 517, 518, 555, 559, 566, 568, 667, 684, 688, 708

Einige Bildnachweise konnten nicht ermittelt werden.

Nachwort der Herausgeber

Es ist uns eine liebe Pflicht, herzlich Dank zu sagen
den *Verfasserinnen und Verfassern* für ihre Beiträge zu diesem Buch und für die harmonische Zusammenarbeit,
Frau *Thea Bellm*, Karlsruhe, für ihre Illustrationen und für die Erlaubnis, die Kevelaer-Skizzen ihres Mannes *Richard Bellm († 1988)* verwenden zu dürfen,
den *Fotografen, Pfarrämtern, Bruderschaften, Archiven, Museen, Agenturen, Firmen und Privatpersonen* für die Überlassung des Bildmaterials und für die Erlaubnis des Abdrucks,
Frau *Ilma und* Herrn *Hanswerner Reißner* für die mühevolle Anfertigung der Register, die den praktischen Wert des Buches bedeutend erhöhen,
den *genannten und ungenannten Förderern,* deren Stiftung die Drucklegung ermöglichte,
dem *Verlag Butzon & Bercker,* Kevelaer, für die verlegerische Betreuung, insbesondere Herrn *Otto Paustian,* der die Intentionen der Herausgeber für die Buchgestaltung verwirklichte und mit Engagement und Sorgfalt die Herstellung des Buches leitete,
den *an der Herstellung beteiligten Firmen* für fachgerechte Arbeit des Satzes, der Bildreproduktion, des Drucks und Einbandes,
Frau *Margret Druyen* im Sekretariat der Wallfahrtsleitung und des Pfarramtes St. Marien für ihre ungezählten guten Dienste,
Frau *Johanna Heckens* für vielseitige Mithilfe und für ihre mittragende Begleitung während der langen Vorbereitungszeit.

Die Herausgeber wünschen diesem Buch aufnahmebereite Lesende und Schauende.

Möge die CONSOLATRIX AFFLICTORUM wie seit 350 Jahren auch in aller Zukunft Fürsprecherin bittender Menschen sein bei ihrem Sohn, unserem Herrn JESUS CHRISTUS !